图解万物大百科

史前三叶虫

数字视频摄录机

银河系俯视图

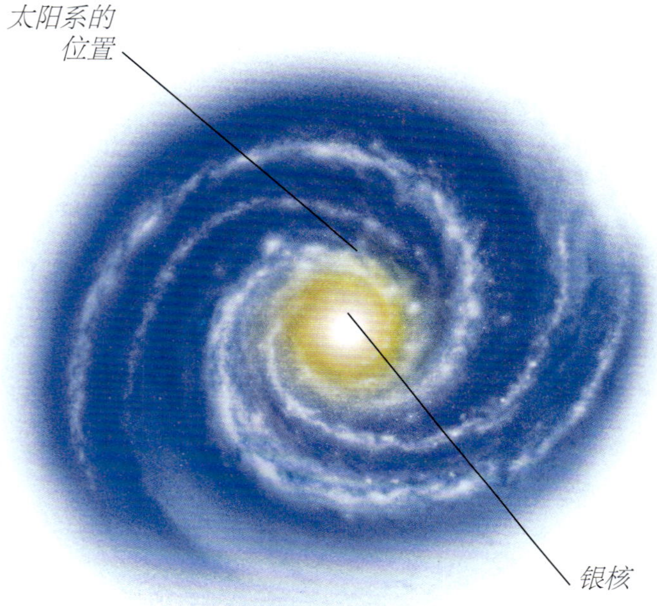

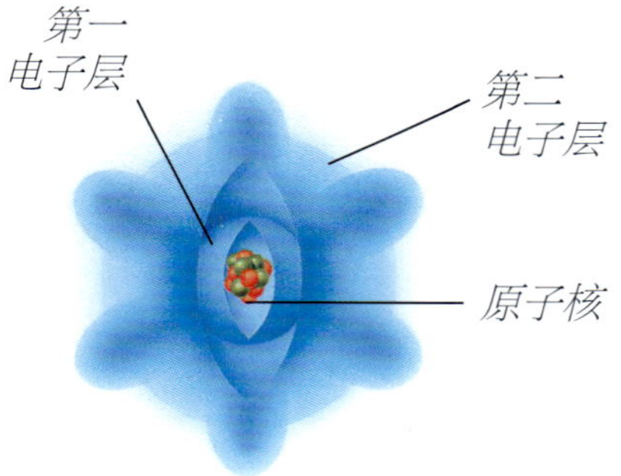

氟-19原子结构图

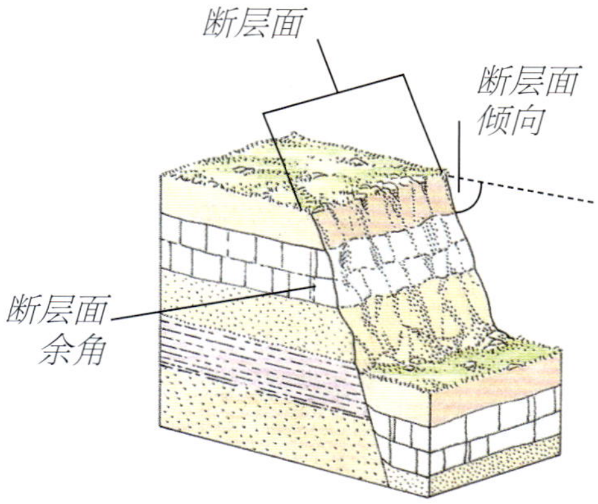

地质断层示意图

维络赛特顶置凸轮轴引擎

马赛克设计

福特T形车

图解万物
大百科

[英]DK出版公司　编著　施鸣　马巍　等译　王冬　审校

草莓

電子工業出版社
Publishing House of Electronics Industry
北京・BEIJING

DK | Penguin Random House

版权贸易合同登记号 图字：01-2012-6201

图书在版编目（CIP）数据

DK图解万物大百科 / 英国DK出版公司编著；施鸣等译.
北京：电子工业出版社, 2017.4
书名原文: Ultimate Visual Dictionary 2011
ISBN 978-7-121-29919-3

Ⅰ. ①D… Ⅱ. ①英… ②施… Ⅲ. ①科学知识－少儿读物 Ⅳ. ①Z228.1

中国版本图书馆CIP数据核字（2016）第221514号

策划编辑：苏 琪 责任编辑：苏 琪
文字编辑：吕姝琪 封面设计：孙 莹 版式设计：许建华
印 刷：北京华联印刷有限公司
装 订：北京华联印刷有限公司
出版发行：电子工业出版社
北京市海淀区万寿路 173 信箱 邮编：100036
开本：889×1194 1/16 印张：39 字数：1372.8 千字
版次：2017 年 4 月第 1 版 印次：2023年 2月第 11 次印刷
定价：268.00 元

译者名录

刘 茜 刘 夙 马 巍
陈彦坤 李金镇 初 鹏
王钟强 孙 萌 魏晓凡
施 鸣 黄蔷薇 闫起山

审 校

王 冬

感谢以下专家老师对不同主题内容的审校：
“宇宙”内文由北京师范大学天文学副教授余恒审校修订；
“人体”内文由解放军总医院神经外科李昉晔博士审校修订；
“史前地球”和“地质、地理和气象”内文由中国地质博物馆工程师尹超老师审校修订；
另外，也感谢王冬老师对本书部分内文的审校修订。

凡所购买电子工业出版社图书有缺损问题，请向购买书店调换。
若书店售缺，请与本社发行部联系，联系及邮购电话：（010）88254888，88258888。
质量投诉请发邮件至 zlts@phei.com.cn，盗版侵权举报请发邮件至 dbqq@phei.com.cn。
本书咨询联系方式：（010）88254161 转 1837，suq@phei.com.cn。

混合产品
纸张 | 支持负责任林业
FSC www.fsc.org FSC® C018179

For the curious
www.dk.com

SUPER 2飞机侧视图

目　录

蜘蛛的外部特征

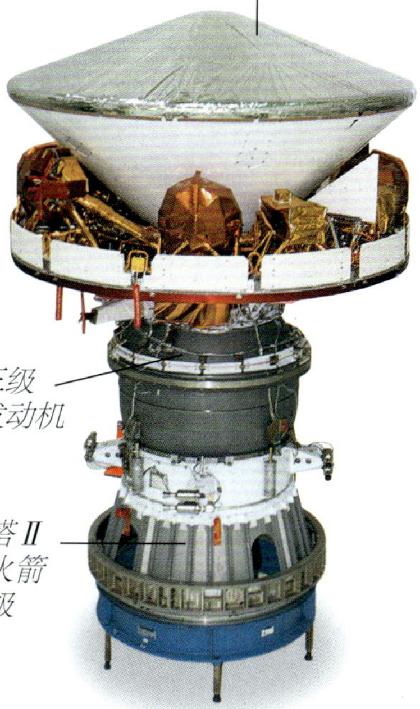

火星探路者号

钢笔和墨水

索尼爱宝机器狗

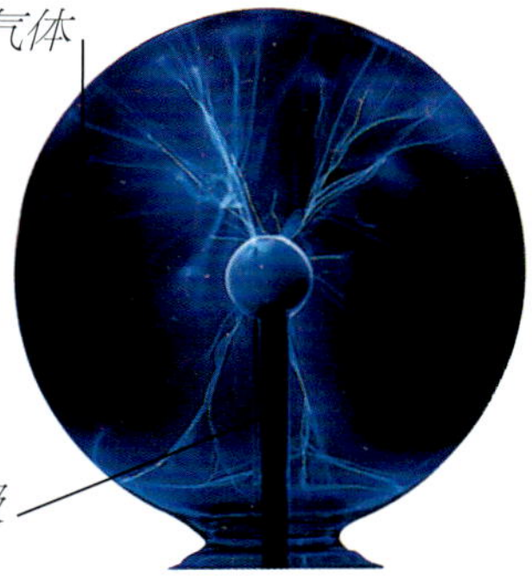

充满高温气体
(等离子体)的球

缟玛瑙

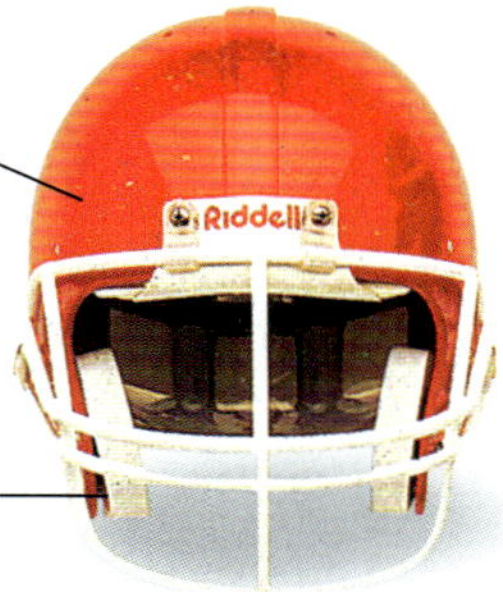

美式橄榄球头盔

前言

不同于以往字典简单的字义解释，《DK图解万物大百科》是一本全新的参考书，配有详细的注释和直观的照片与插图，能够帮助读者建立明确且具体的图像与文字关联。图片配合注释，您无需阅读注释文字，就可以形象地“看到”并理解术语。本书的图片清晰易懂，注释深入浅出，内容丰富全面，是一本独特而实用的参考书。

如何使用

《DK图解万物大百科》简单易用。摒弃了按术语首字母排序的方法，其内容分为14章，涵盖宇宙、史前地球、植物、动物和人体等。每章开篇的目录列出了本章的主要内容。例如，视觉艺术囊括素描、蛋彩画、壁画、油画、水彩、粉彩、丙烯画、书法、版画、镶嵌画和雕塑等相关条目，每个条目都配有简明介绍，说明照片和插图的目的，以及注释的意义。

如果您知道某物体的样子，但不确定它的名字，您只需按图索骥，寻找图片对应的注释即可。

假设您想确定小指末端骨头的名称，使用普通字典可能让人感觉无从下手。但是，借助《DK图解万物大百科》，您只需简单地打开“人体”章节中条目“手”对应的页面，就可以找到四幅带有完整注释的彩图，进而直观了解人体手部的皮肤、肌肉和骨头，并快速确定小指末端的骨头叫作远节指骨。另外，您还可以了解到远节指骨通过远端指间关节与中节指骨相连。

或者，您想知道催化转换器的样子。使用普通字典查找“催化转换器”，您可以知道它是什么，可以做什么，但无法获知它的形状或材质。然而，在《DK图解万物大百科》中查找“催化转换器”，您可以阅读说明并获得催化转换器的基本信息。借助《DK图解万物大百科》，您不仅可以看到催化转换器的样子，而且能够知道催化转换器两端连接的部件分别是排气落水管和消音器。

无论查找名称，还是根据名称寻找图片，您都可以信赖《DK图解万物大百科》，例如明确鞋面的位置，区分倒卵形叶和披针形叶，认识旋涡星系，判断鸟类是否有鼻孔。有这本书在手，您可以轻松解答十万个为什么，丰富您的知识储备。

《DK图解万物大百科》精心编排的照片、插图和注释，不仅可以显示目标对象的构成部件名称，还能够帮助您了解各部件之间的相互关联及其功能原理。

借助《DK图解万物大百科》，您只需数秒钟即可找出目标文字或图片。或者，您也可以翻阅本书，发现阅读的乐趣。取代标准字典或传统百科全书并非本书的目的，它是传统参考书的出色补充与创新，可以帮助您熟悉天文学家、建筑师、音乐家、机械师、科学家和运动员的“行话”，适合所有年龄段的专家和普通读者。

《DK图解万物大百科》的章节

《DK图解万物大百科》分为14章，包括超过3万条术语，涵盖广泛的主题：

第一章“宇宙”中，我们选配了壮观的照片和插图，用于介绍恒星和行星的名称，呈现并说明太阳系、星系、星云、彗星和黑洞的结构。

“史前地球”一章主要讲述我们的星球自形成以来的演变过程，其中包括一系列史前植物和动物与恐龙模型，以及部分解剖切片，展现了多姿多彩的史前地球环境。

种类丰富的植物是我们周围世界的重要组成。除了色彩艳丽的植物照片，本章还包括一系列介绍植物细节的显微照片，例如花粉、孢子和茎与根的切面特写。

“动物”一章包括大量的骨骼、解剖图与动物身体部位图例，以及详尽的注解，可以引导读者熟悉动物学分类和动物生理学专业词汇。

在“人体”一章，您可以全面了解人体的结构、部位及内部系统，其中包括逼真的三维模型和最新假彩色图像示例。明确且权威的注解可以帮助您准确理解解剖术语。

“地质、地理与气象”揭示了从地球内核到外大气层的地球结构，解释各种地理现象，例如帮助塑造地球表面的火山、河流、冰川和气候等。

“物理和化学”一章是一场奇幻的视觉旅程，您也可以从中了解物质宇宙的基本原理，以及基础物理和化学词汇。

“铁路和公路”是我们熟悉的场景，您可以从中发现不同类型的火车、电车和公共汽车，以及汽车、自行车和摩托车。高清分解图片可以让您深入了解它们的机械细节。

“航海与航空”一章详细列出了数以百计的船只和飞机部件的名称，包括民用飞机和战斗飞机，以及古代和现代舰船与飞机。

“视觉艺术”一章囊括了画家、雕塑家、版画家和其他艺术家使用的工具与材料。我们选用了著名的组合，以说明特定艺术技巧及效果。

“建筑”一章包括一系列建筑典范的模型照片，以及圆柱、穹顶和拱门等众多细节特征的图示。

“音乐”一章形象介绍了音乐和乐器这一特殊的语言，并结合照片和注释一一列举了所有重要的传统乐器分类，例如铜管乐器、木管乐器、弦乐器和打击乐器，以及现代电子乐器。

“体育运动”一章是一个指南，可以帮助您了解比赛场地、队形和装备，以及众多当今最流行的运动的技巧。

“当代世界”这章中，我们会拆解很多日常生活中熟悉的物品，以了解其内部运行，介绍其制造商使用的语言。同时，我们也会阐述很多深入影响21世纪世界的系统和概念，例如互联网。

宇宙

宇宙构造

宇宙包括存在的万事万物，小到最小的亚原子粒子，大到超星系团（已知的最大结构）。谁也不知道宇宙到底有多大，不过天文学家们估计它包含至少1250亿个星系，平均每个星系有1000亿颗恒星。最被广泛接受的宇宙起源理论是大爆炸理论，认为宇宙源于一场巨大的爆炸，发生在距今100亿到200亿年之前。宇宙最初是一团由炽热而致密的气体组成的火球，这些气体经过膨胀和冷却，在大约一百万年后局部凝结成一团团的“原星系”。在接下来的50亿年里，原星系继续凝聚，形成星系，同时恒星在星系中诞生。几十亿年后的今天，宇宙整体仍在膨胀，但在某些局部区域，天体由于引力的作用而互相靠拢，例如星系聚集成团。大爆炸理论由于发现了来自各个方向的又冷又暗的均匀的宇宙背景辐射而得到了支持，这些辐射被认为是大爆炸时产生的辐射的残余。宇宙背景辐射中小小的温度“涟漪”被认为是早期宇宙轻微涨落的证据，这种轻微的涨落导致了星系的产生。天文学家们还不知道宇宙是“闭合”的还是“开放”的，前者意味着宇宙将停止膨胀开始收缩，后者则意味着宇宙将永远膨胀下去。

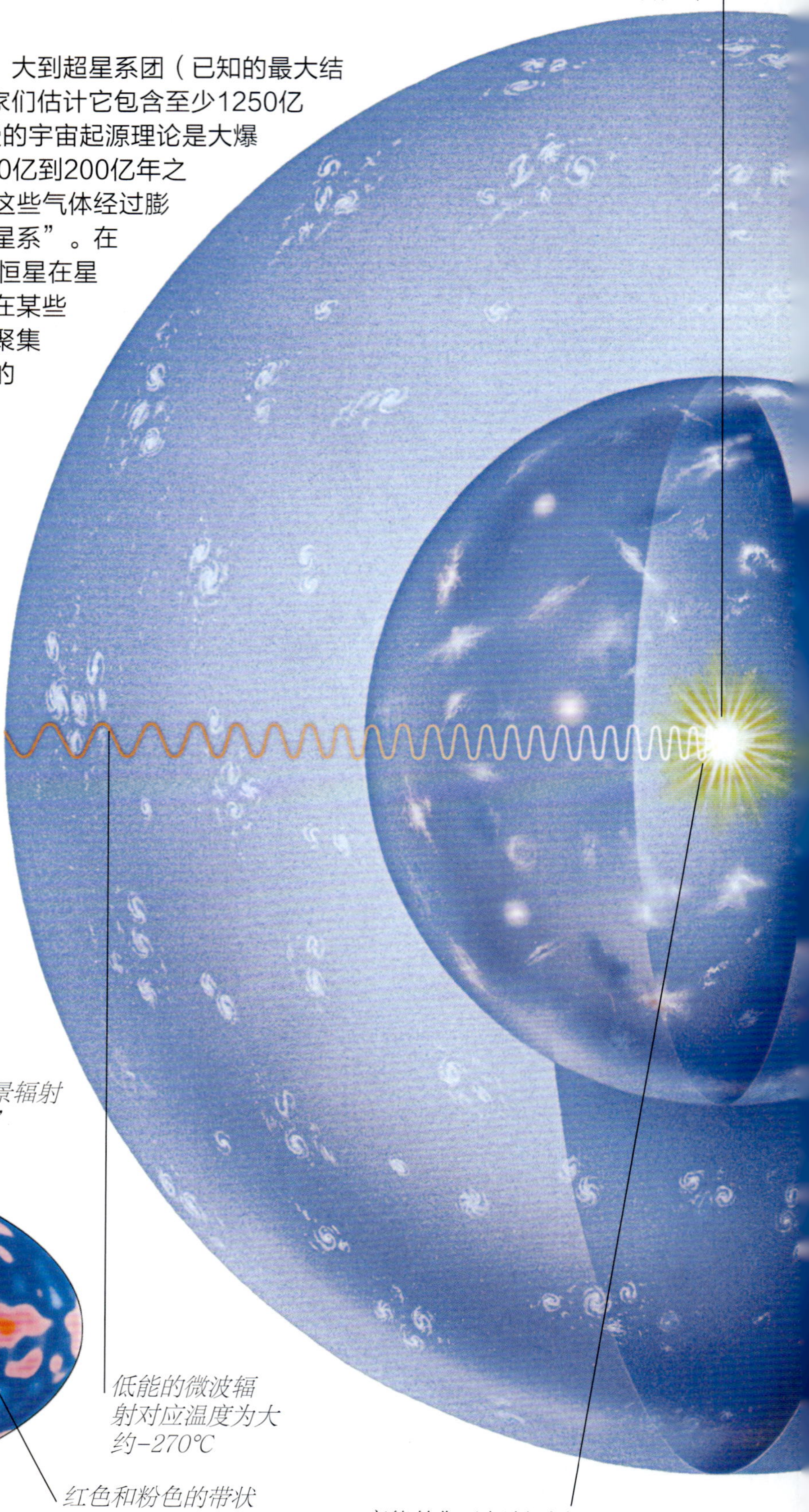

假彩色的宇宙微波背景辐射图

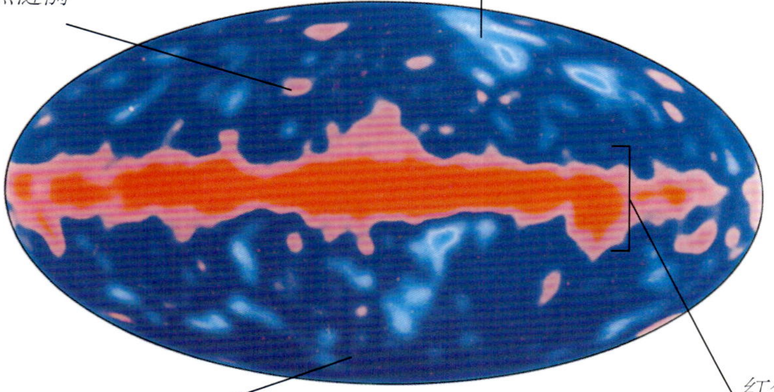

宇宙的起源和膨胀

宇宙中的天体

室女座星系团

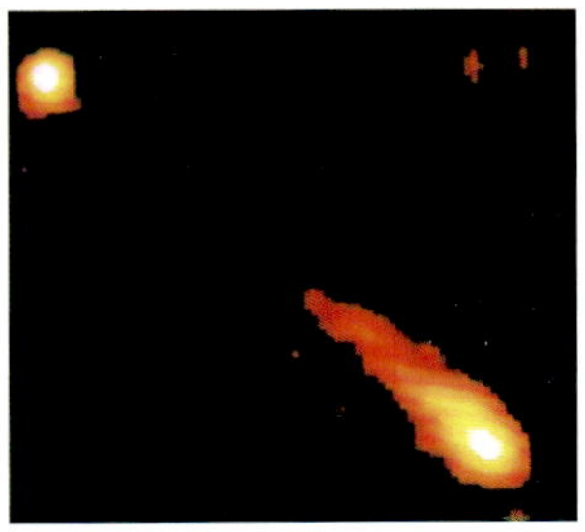
类星体3C273的假彩色图像

NGC 4406（椭圆星系）

NGC 5236（棒旋星系）

NGC 6822（不规则星系）

玫瑰星云（弥散星云）

宝盒星团（星团）

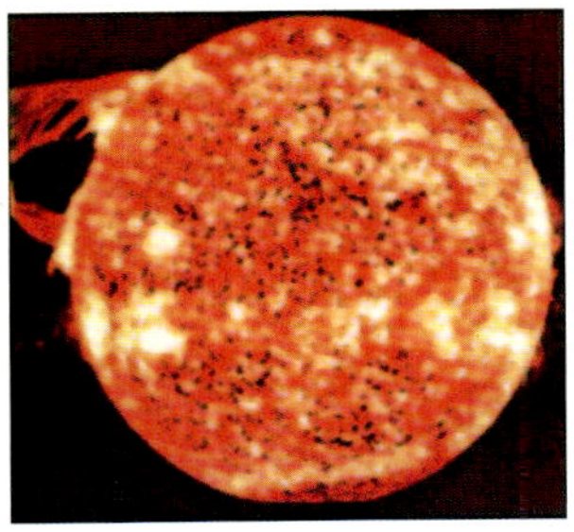
太阳（主序星）

地球

月球

星系

草帽星系，一个旋涡星系

星系是质量巨大的恒星、星云和星际物质的总和。最小的星系包含大约10万颗恒星，最大的则多达3万亿颗恒星。星系的主要类别按照形状分为三种：椭圆星系，呈现椭圆形；旋涡星系，从中央的核球向外伸出旋臂（旋臂中央的核呈现棒状，而非球形的星系也归入此类）；不规则星系，没有明显的形状。有时候，星系相撞会改变一个星系的形状。天文学家们认为类星体是遥远的星系核，但由于距离太远而无法确定细节。它们是致密的、极其明亮的天体，位于我们能探测到的宇宙的外沿：已知最远的“普通”星系离我们大约120亿光年，而已知最远的类星体离我们大约130亿光年。活动星系，比如赛弗特星系和射电星系，辐射非常强烈。赛弗特星系的辐射来自星系核，射电星系的辐射来自星系核和星系两侧的射电瓣。天文学家认为，活动星系和类星体的辐射是由落入中央黑洞的物质产生的。

NGC4486（椭圆星系）的光学图像

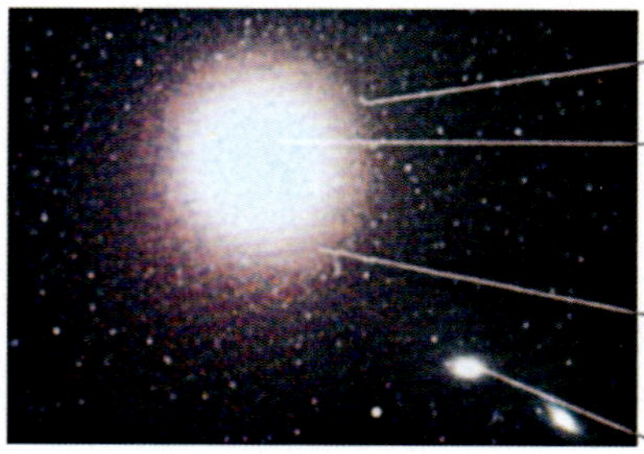

大麦哲伦星云（不规则星系）的光学图像

NGC 2997（旋涡星系）的光学图像

半人马座A（射电星系）的光学图像

半人马座A的假彩色射电图像

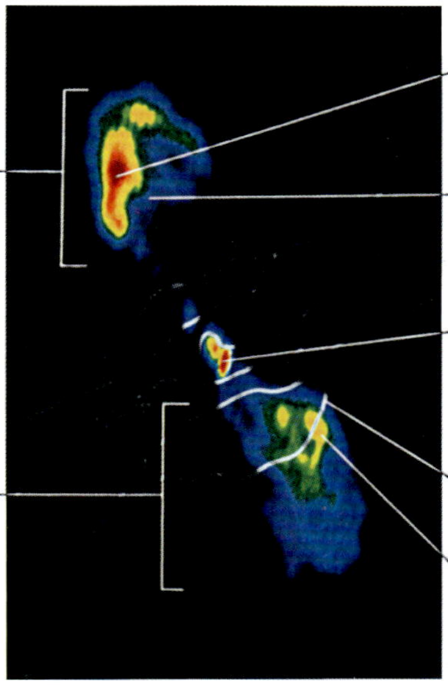

类星体3C 273的假彩色射电图像

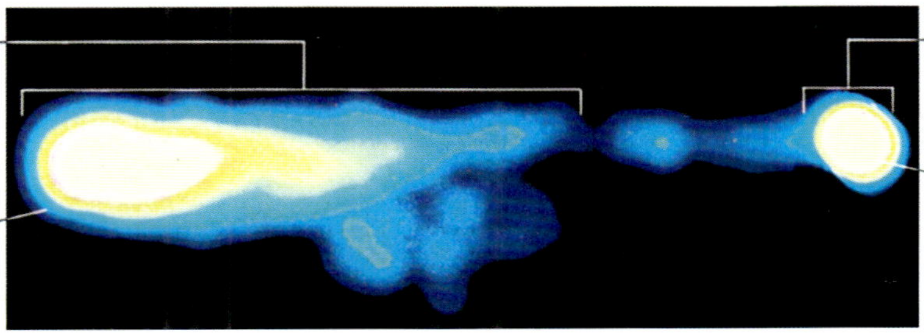

NGC1566（赛弗特星系）的光学图像

NGC5754（两个相撞的星系）的假彩色光学图像

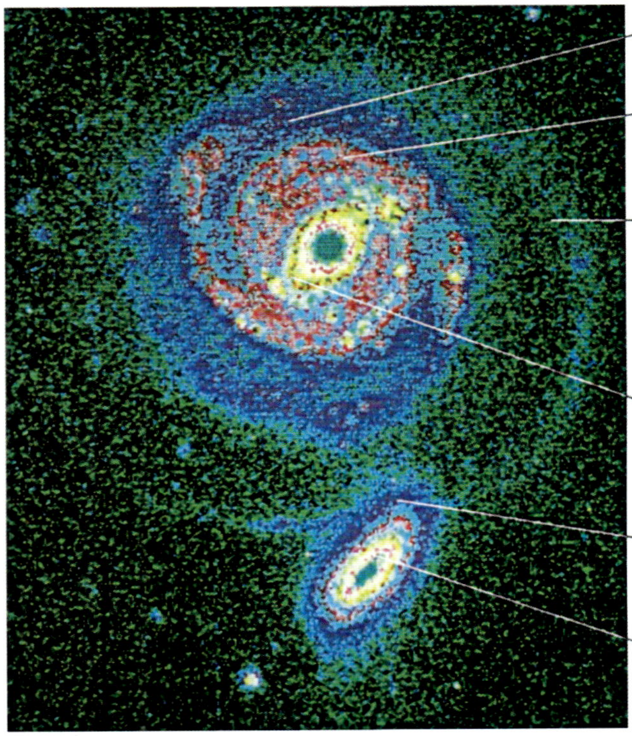

银河

银心景象

银河是人们给夜空中那条横贯星空的暗淡光带起的名字。这些光来自银河系里的恒星和星云。天文学家相信银河系是一个棒旋星系，由一个致密的中央棒状核和四条向外延伸的旋臂组成，外层分布着低密度的银晕。由于太阳系位于银河系的一条旋臂“猎户臂”（又叫“本地旋臂”）上，我们无法看到旋臂的形状。从我们所处的位置观察，银河系的中心完全被尘埃云遮挡，因此光学图像只能呈现银河系有限的一部分。不过，可以通过研究射电、红外和其他辐射来得到更为完整的图像。银河系的中心部分相对较小，比较致密，主要包含了红色和黄色的年老恒星。银晕的密度较小，最年老的那些恒星都位于这里，其中一些和银河系本身年龄相当（可能有130亿年）。旋臂包含了主序星和年轻的高温蓝色恒星，星云（尘埃和气体云，恒星在这样的云中产生）也位于这里。银河系非常庞大，直径约有10万光年（1光年约为9.46万亿千米）；相比之下，太阳系就显得太小了，直径只有12光时（约130亿千米）。银河系整体在空间中自转，但内侧恒星的速度比外侧恒星快。太阳位于银河系从中心向外大约三分之二半径的位置，围绕银心转动一周需要约2.2亿年。

银河系侧视图

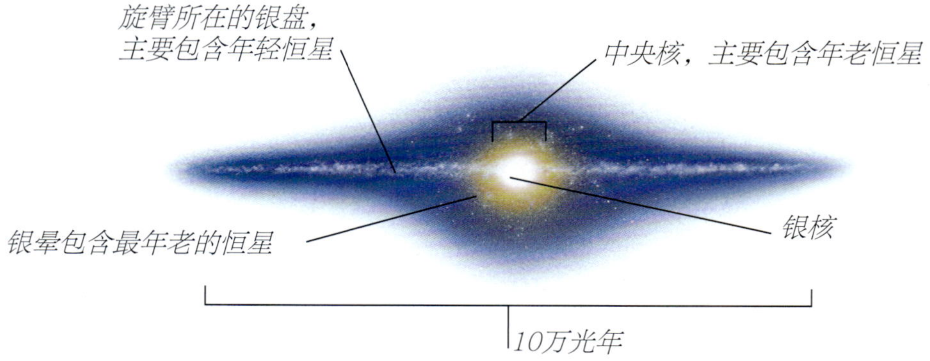

银河系俯视图

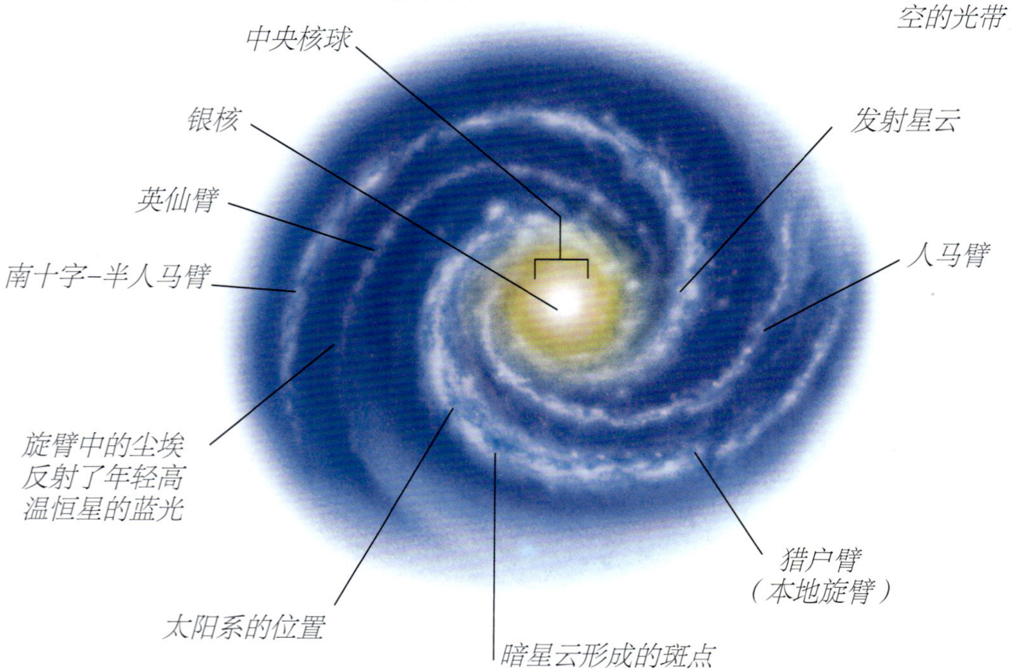

银河系及邻近星系的全景光学图像

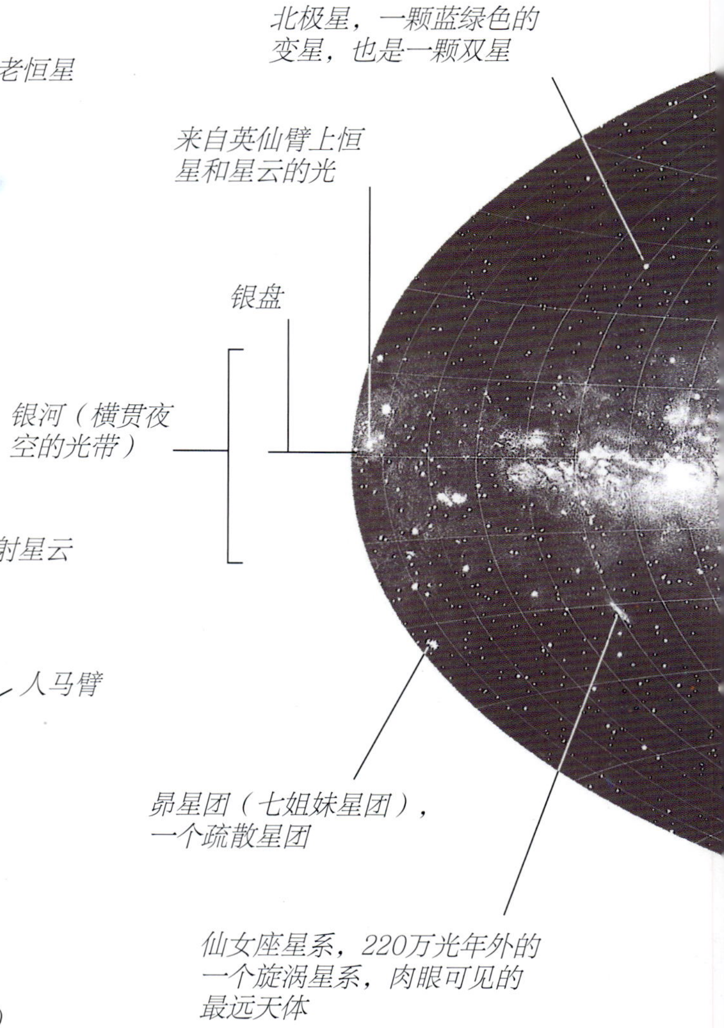

银河系的全景射电图像

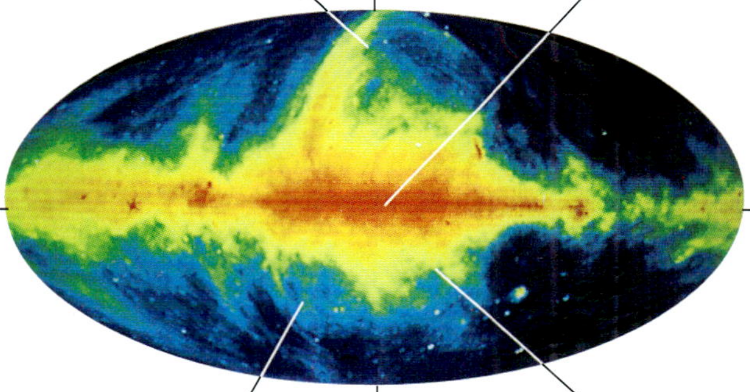

银河系的全景红外图像

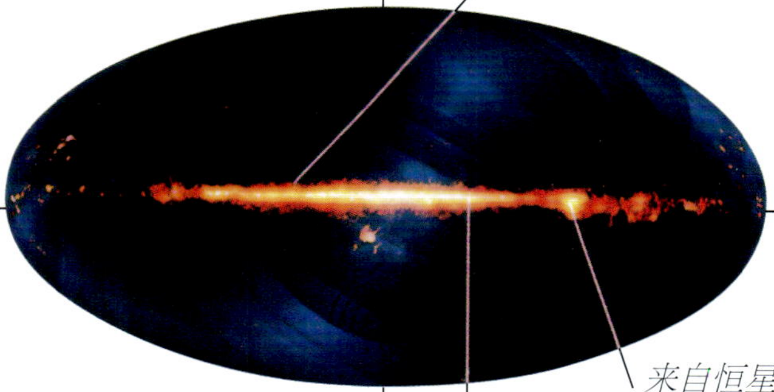

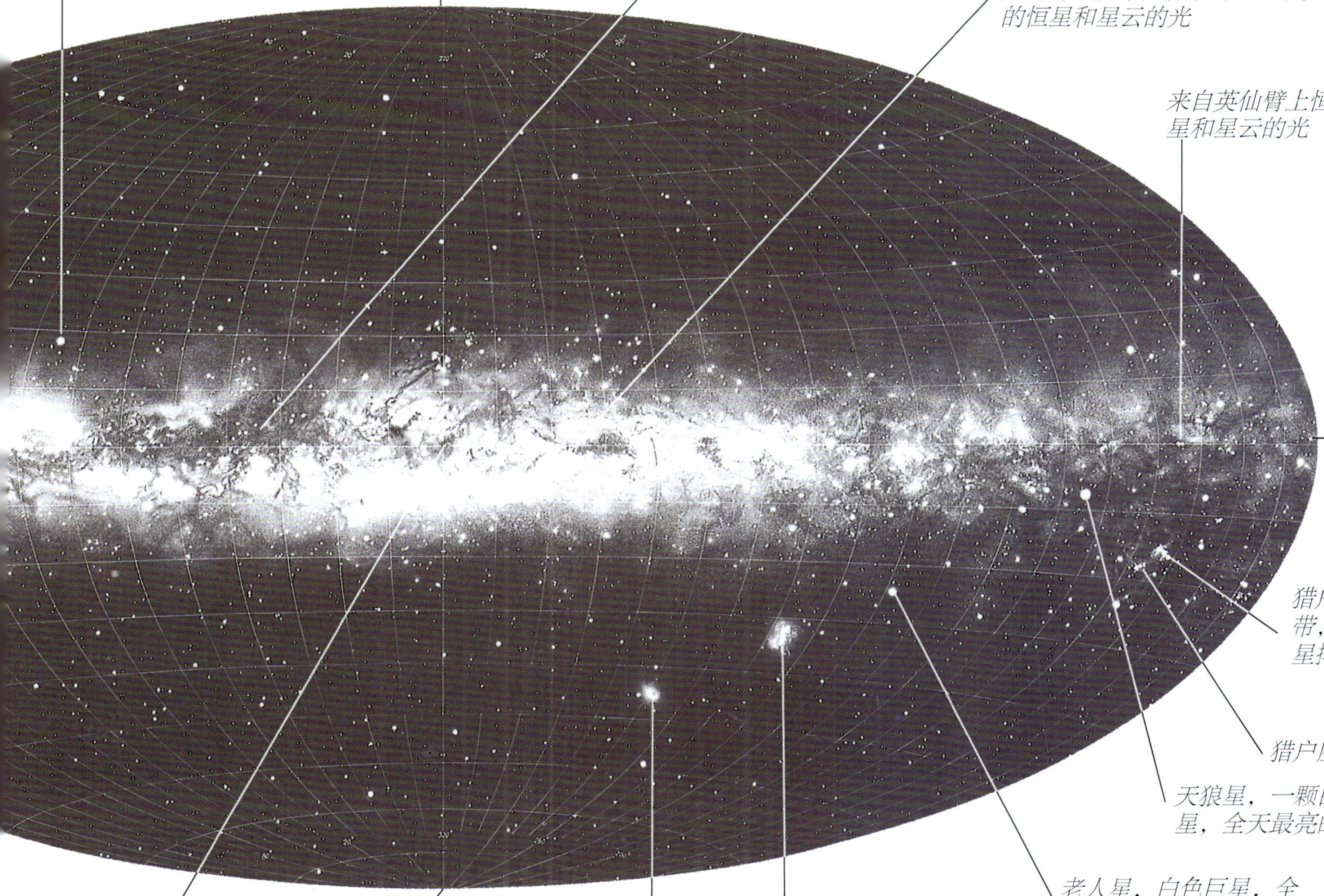

星云和星团

霍奇11球状星团

星云是星系内部的一种气体尘埃云。能被我们看到的星云，要么是组成星云的气体本身发光，要么反射星光，或者遮挡住远方恒星的光。发射星云的光是因为气体被炽热的年轻恒星激发，反射星云的光是因为尘埃反射了它内部或附近的恒星的光。暗星云能呈现出轮廓是因为它们遮住了身后的亮星云或恒星的光。有两种星云总是和垂死的恒星联系在一起：行星状星云和超新星遗迹。这两种星云都由膨胀的气体壳组成，曾经是恒星的外壳。行星状星云是被垂死的恒星内核抛出的气体壳。超新星遗迹则是在剧烈爆炸后以高速向外移动的气体壳，这样的爆炸被称为超新星爆发。恒星常常聚集在一起形成星团。疏散星团是几千颗年轻恒星组成的松散星群，它们从同一片星云中诞生，正在彼此漂离。球状星团的恒星更密集，星团的形状接近球形，由几十万颗较为年老的恒星组成。

三叶星云（发射星云）

昂星团（疏散星团）及其周围的反射星云

马头星云（暗星云）

猎户座大星云（发射星云）

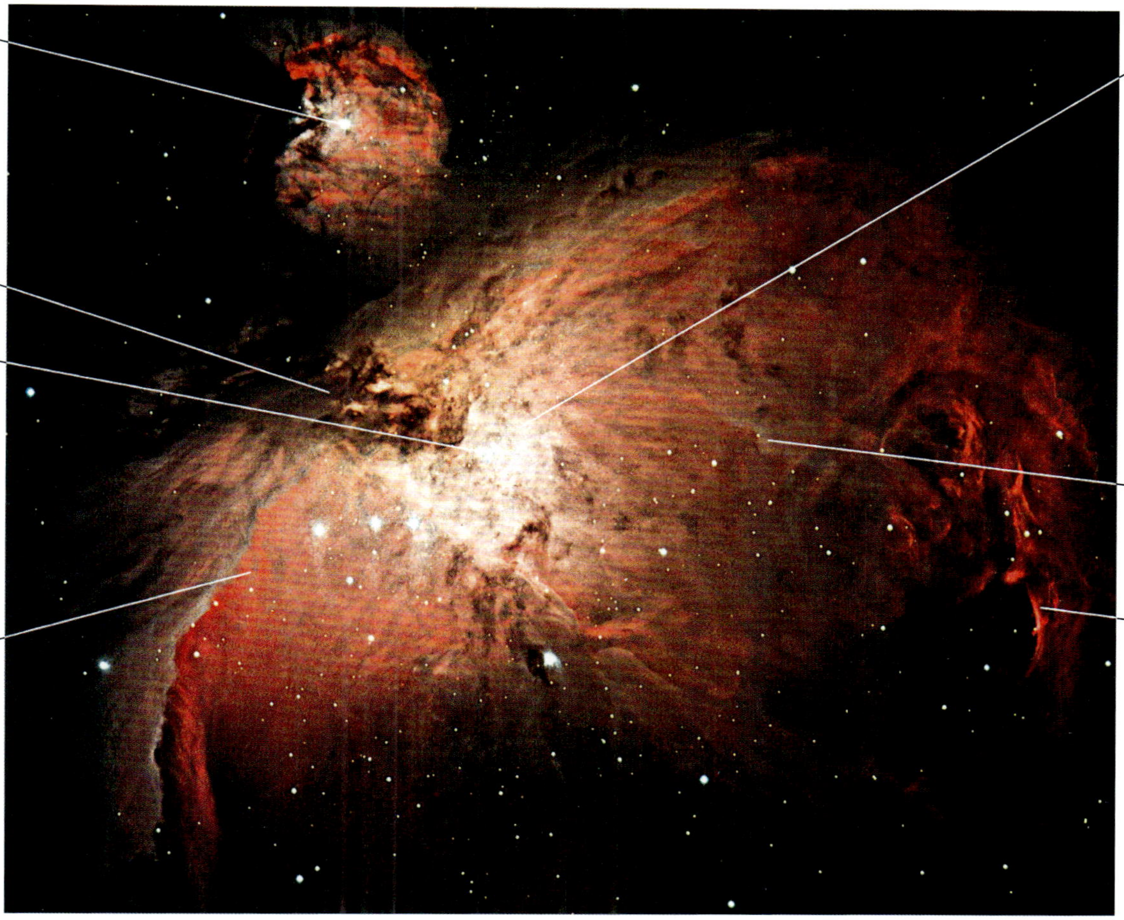

船帆座超新星遗迹

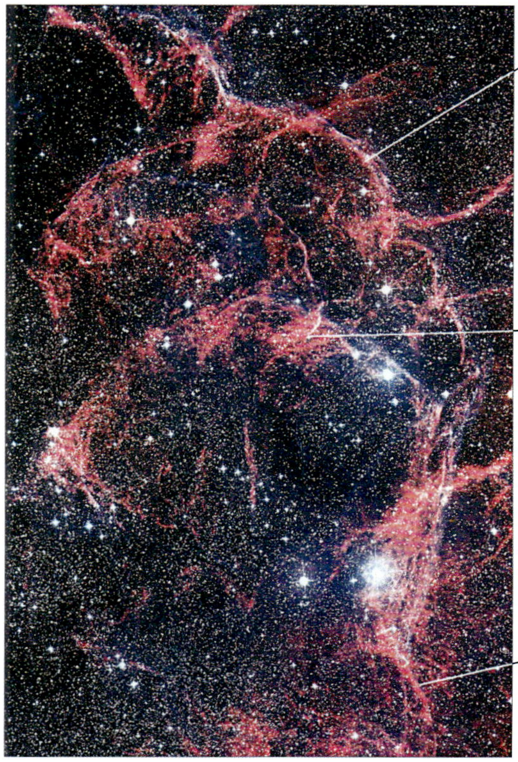

螺旋星云（行星状星云）

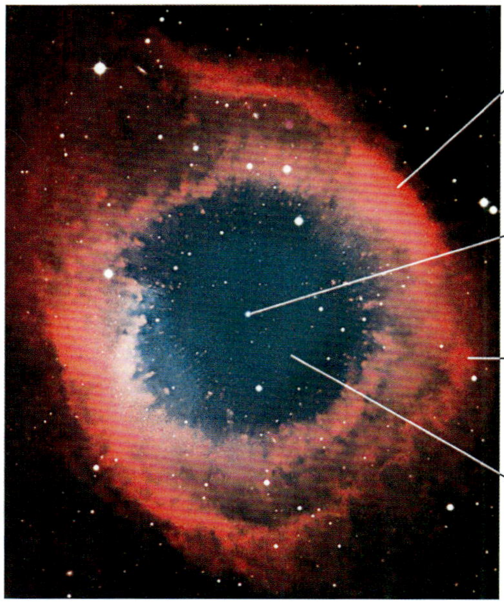

北天恒星

当你仰望北天星空时，你面对的是远离银心密集部分的方向，所以北天星空通常不如南天星空那么明亮。北天最著名的星座是大熊座和猎户座。某些古代文明相信恒星固定在围绕地球运动的天球上，现代的星图也基于相似的概念。南天极和北天极是天球上的假想点，各自位于地球南北极的正上方，地球自转轴与天球相交的交点上。北天极位于本页星图的中心，北极星离它非常近。天赤道是地球赤道在天球上的投影。黄道在星空中标记出了太阳移动的轨迹，它其实是地球围绕太阳运行的轨道。月球和其他行星在星空背景上移动，这是因为恒星距离太遥远了。离太阳系最近的恒星（半人马座比邻星）也比木星远50000多倍。

猎户座

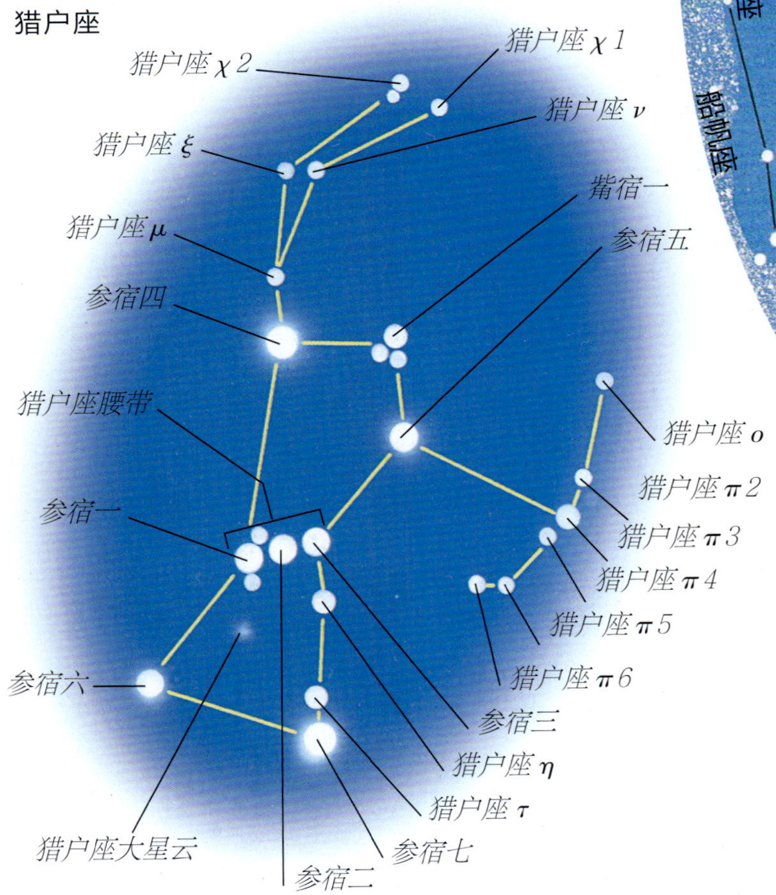

北天星座图

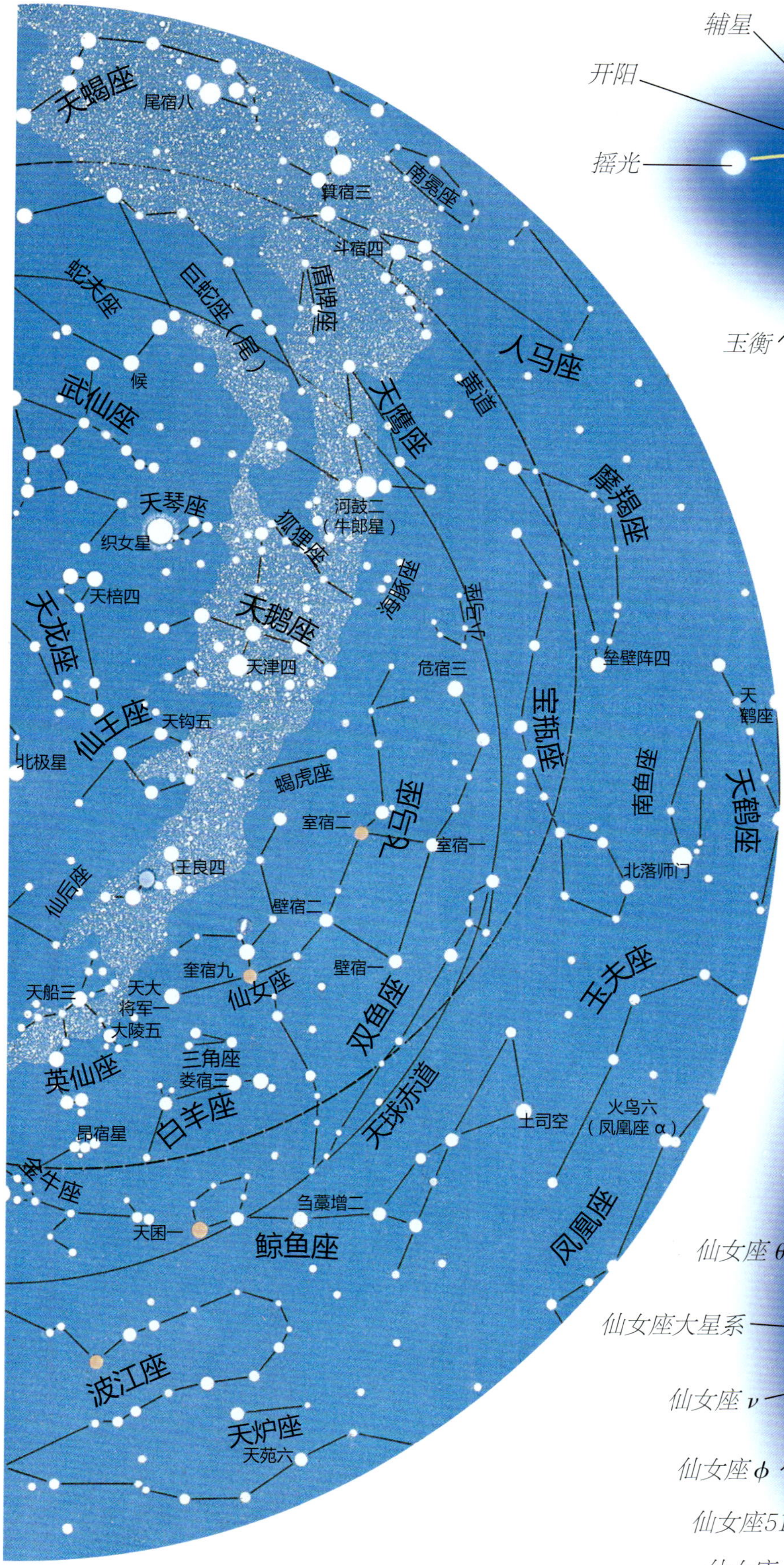

北斗七星,大熊座的一部分

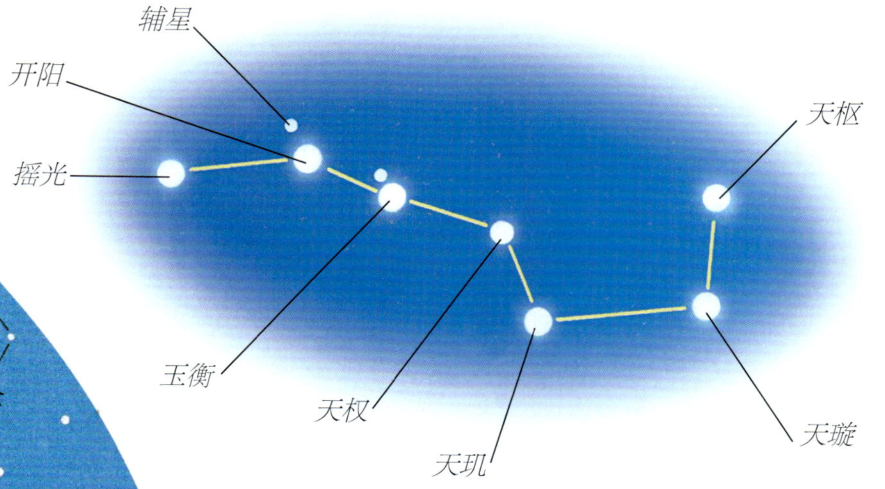

飞马座和仙女座

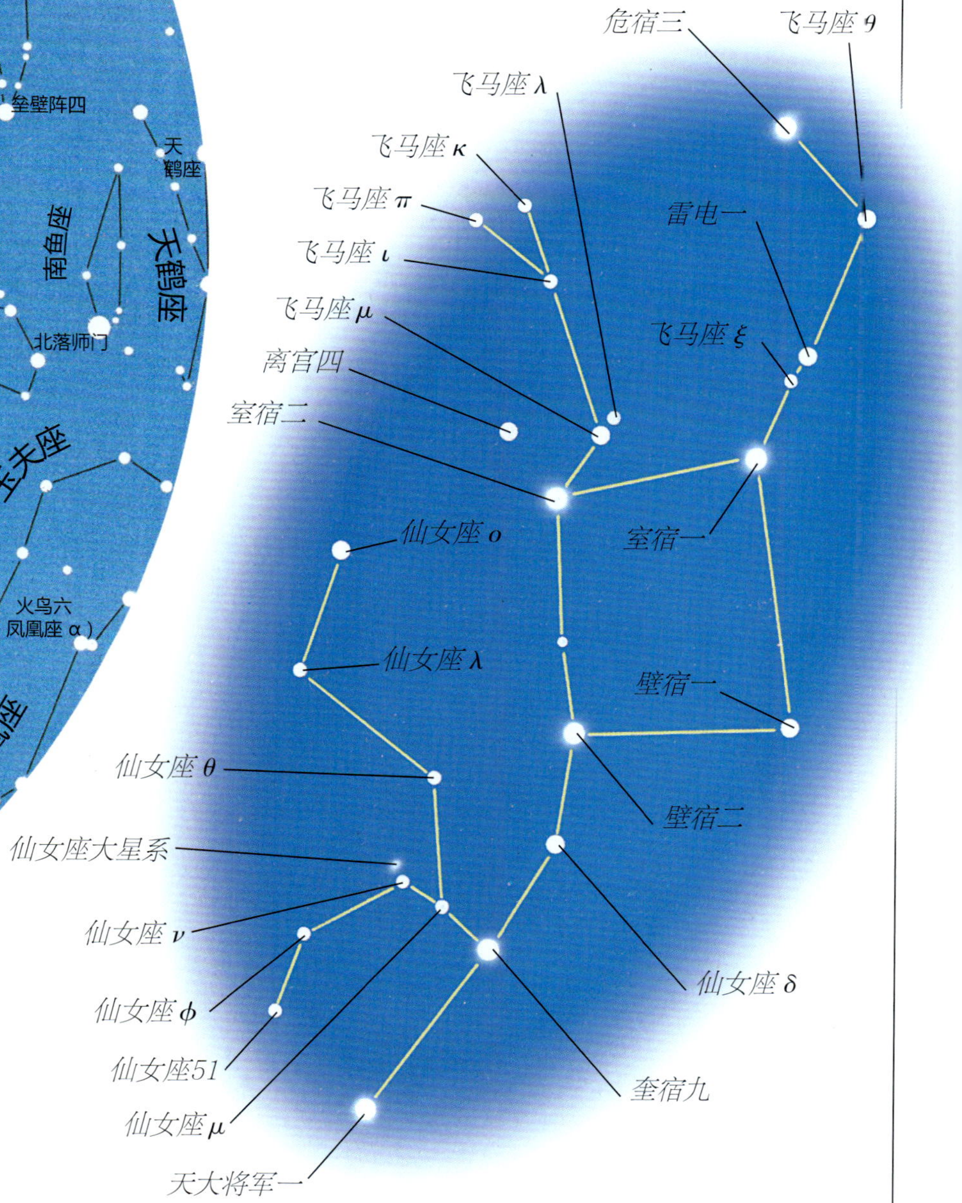

南天恒星

当你望向南天恒星的时候，面对的是银心方向，有着大量的恒星。因此，南天的银河显得比北天明亮。南天还有大量的星云和星团，包括大小麦哲伦星云，它们是离银河系最近的星系之一。恒星在星空中组成固定的图案，这就是星座。不过，同一星座的恒星只是从地球上看上去显得成群结队，它们之间的真实距离有可能非常遥远。由于恒星的自行，星座的形状在几千年间有着轻微的改变。星座在夜空中的位置变化是由地球的运动导致的。地球每天的自转使得星座东升西落，而它围绕太阳的公转则让不同天区的星座出现在不同季节的夜空中。夜晚能看见哪些星座还取决于观察者在地球上的位置。比如，在一年中的某些时候，天赤道附近的恒星能被南北两个半球的观察者同时看到，而天极附近的恒星（南天极位于本页星图中心）则永远不会被另一个半球的观察者看见。

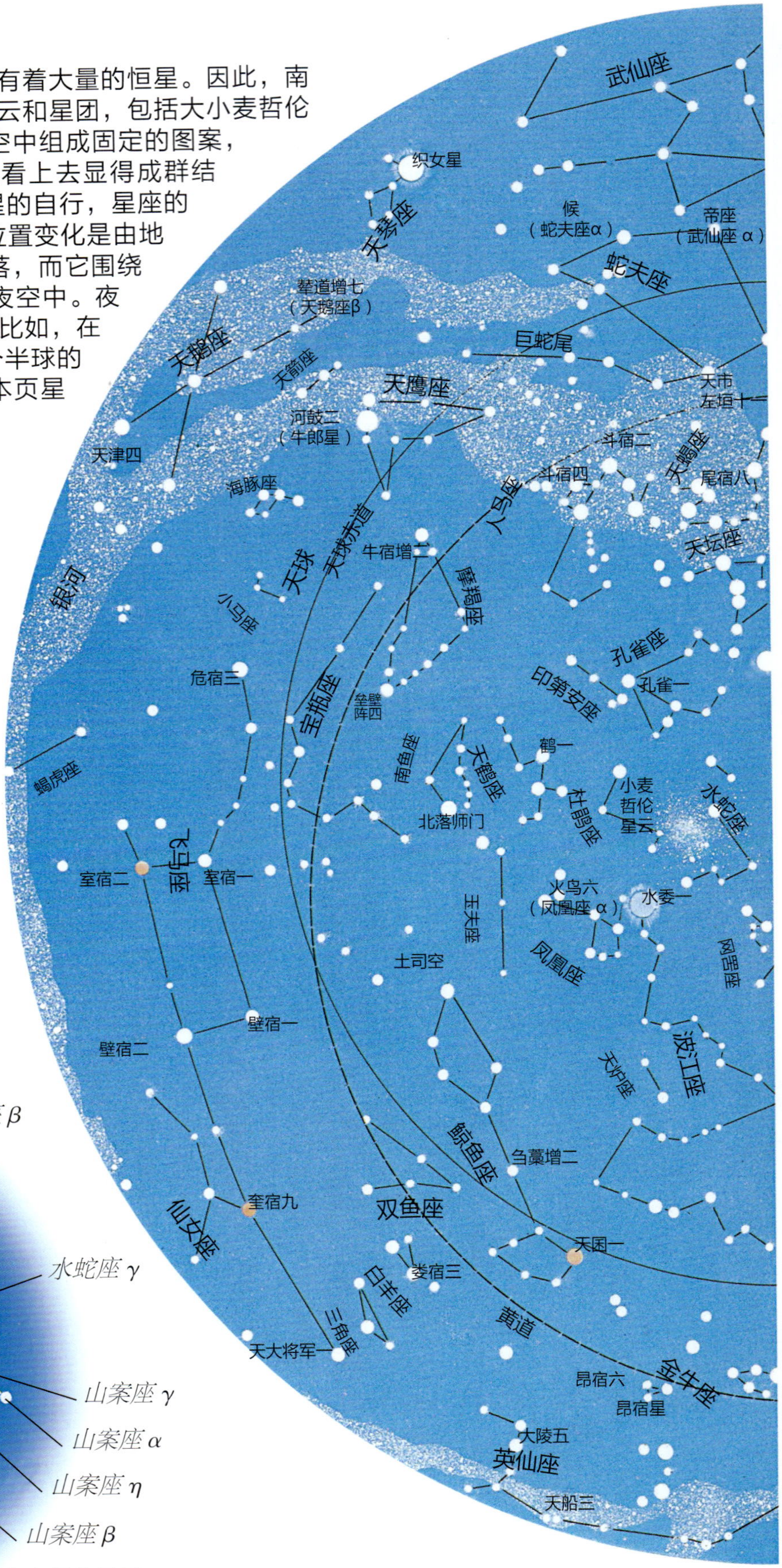

南天星座图

水蛇座和山案座

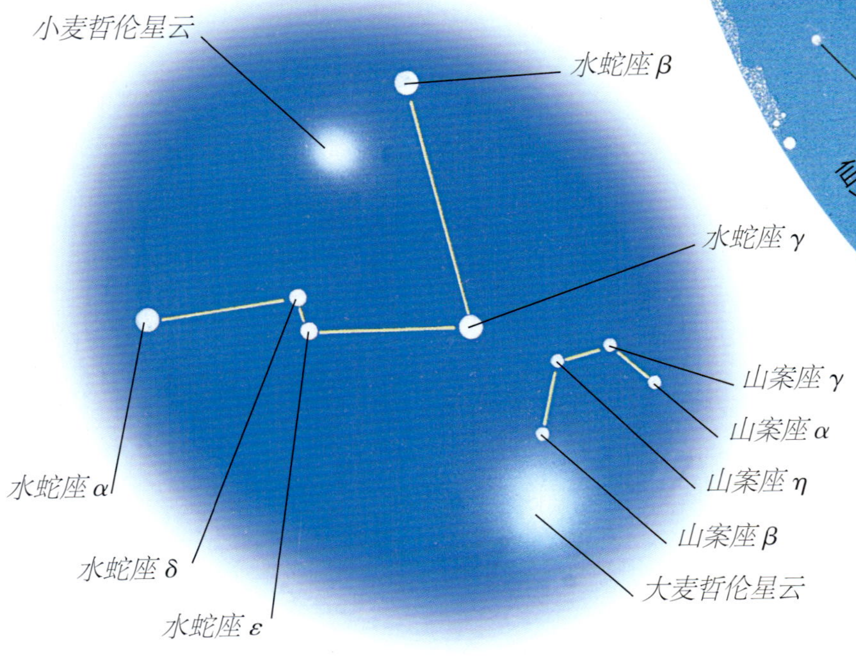

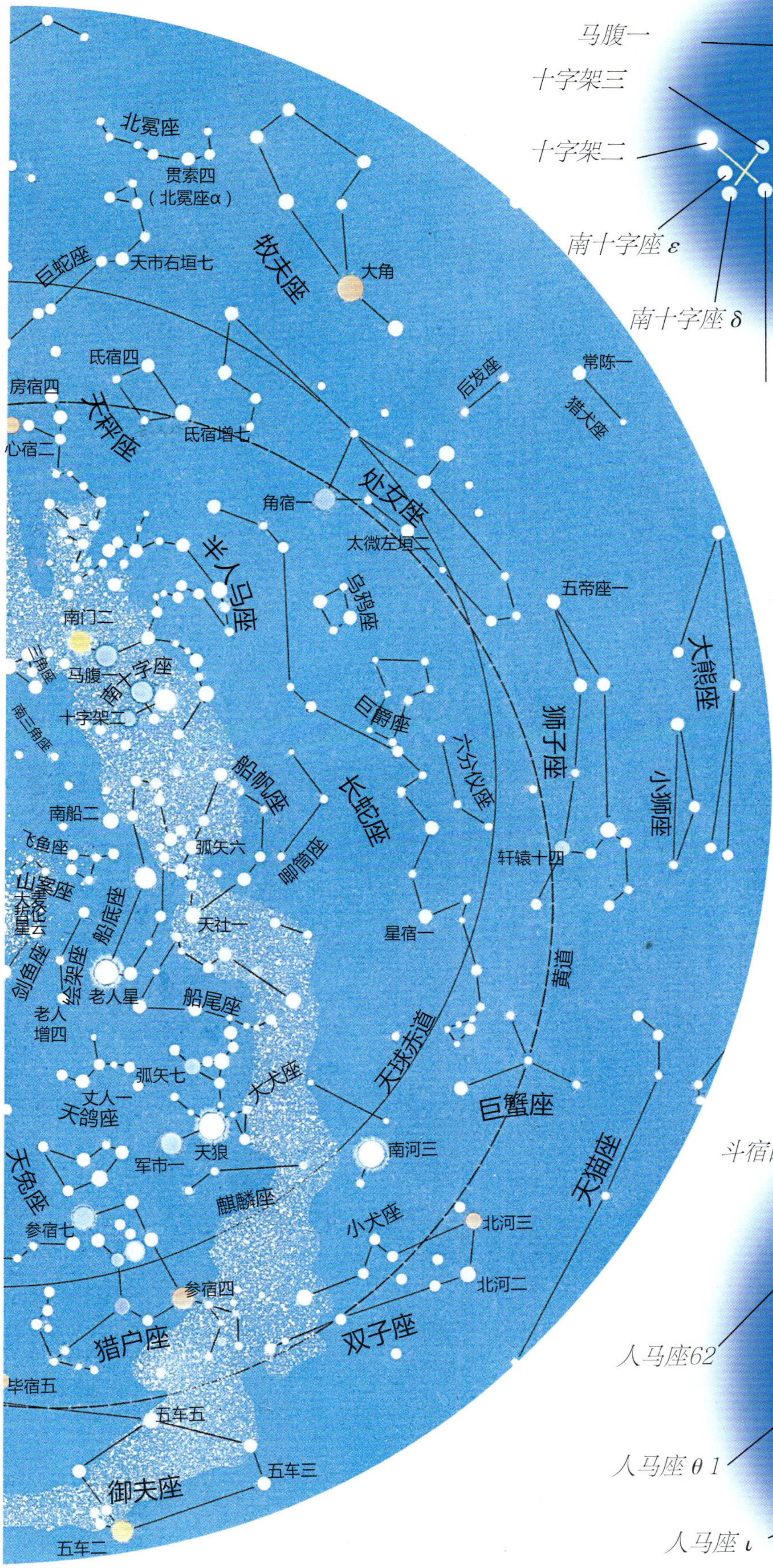

半人马座和南十字座

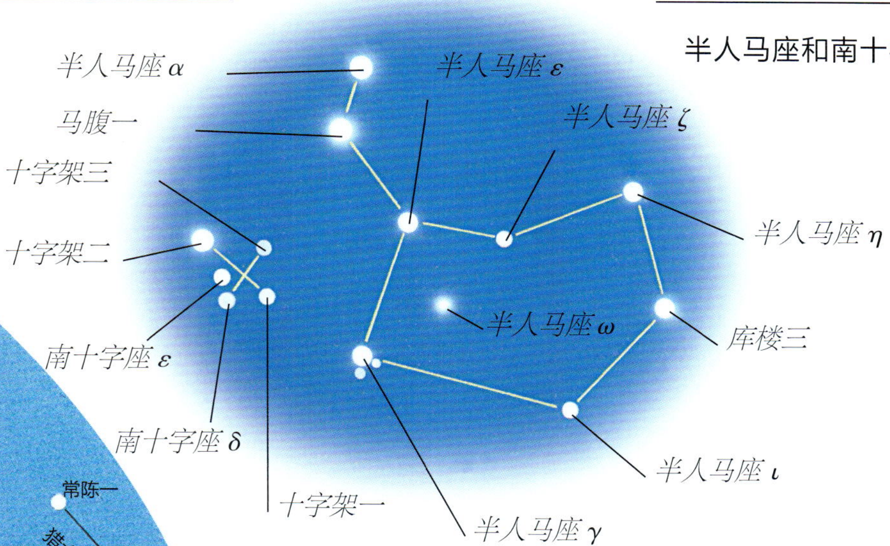

大犬座

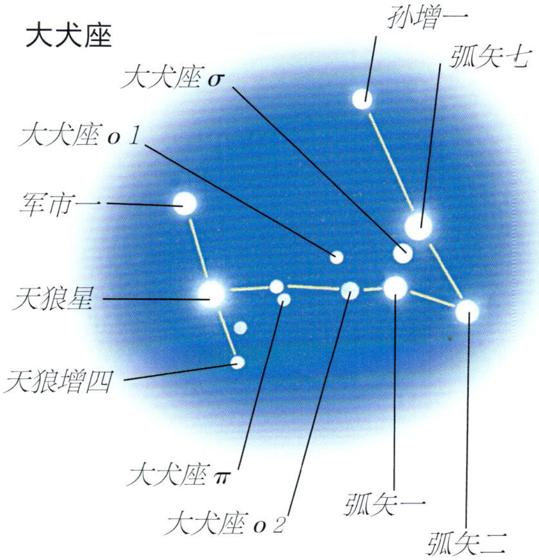

半人马

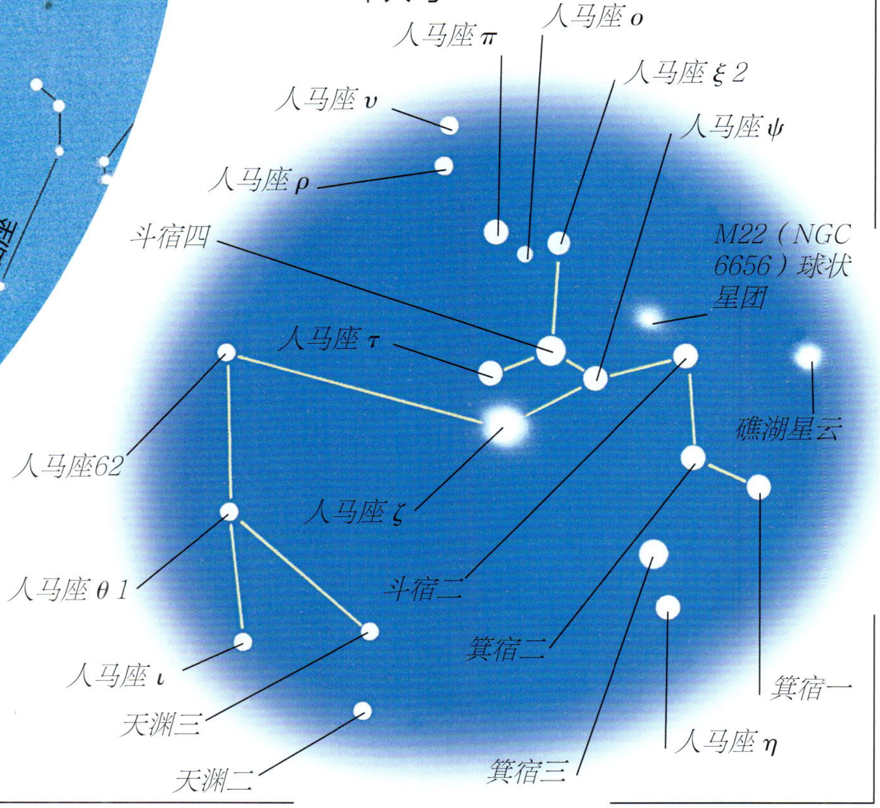

恒星

疏散星团和尘埃云

恒星是从星云中诞生的、由炽热的发光气体构成的天体。它们的大小、质量和温度都非常惊人：直径从比太阳小450倍到比太阳大1000多倍不等；质量大致在太阳的1/20到50倍间变化；表面温度的范围在3000℃到50000℃之间。恒星的颜色由温度决定：最热的恒星是蓝色的，最冷的则是红色。太阳的表面温度约为5500℃，在上述两个极端之间，呈现出黄色。发光恒星辐射出的能量通常是由恒星内核的核聚变提供的。衡量恒星亮度的单位是星等，恒星越亮，星等的数字越小。星等分为两种：视星等代表从地球上看到的亮度；绝对星等代表在离恒星10个秒差距（32.6光年）的标准距离上看到的亮度。恒星发出的光分解后形成光谱，呈现为连续背景上的多条暗线（吸收线）。吸收线形成的不同组合代表了特定元素的存在，这让天文学家们得以推断出恒星大气的元素组成。把恒星的星等和光谱型（颜色）分别作为横竖坐标，绘成的图称为赫茨普龙-罗素图，图中的恒星几乎都落在几个明显的分区内，主要的分区包括主序星（以氢作为燃料，产生氦的恒星）、巨星、超巨星和白矮星。

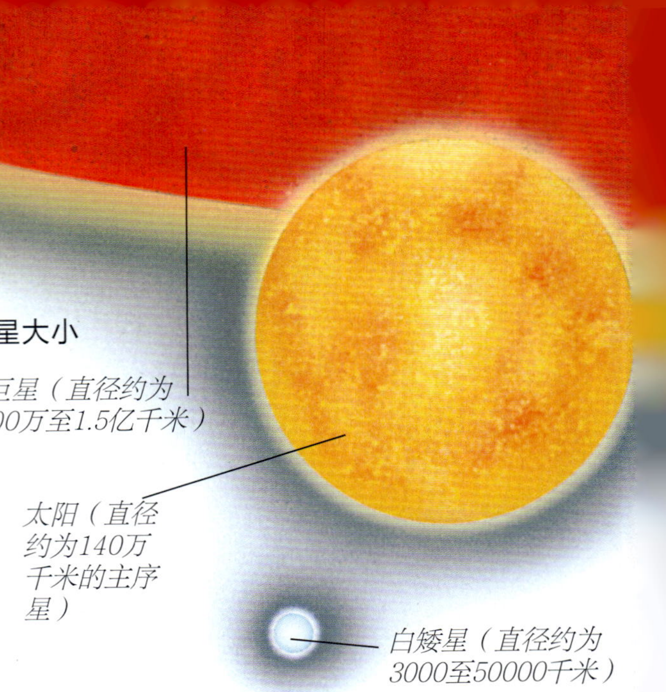

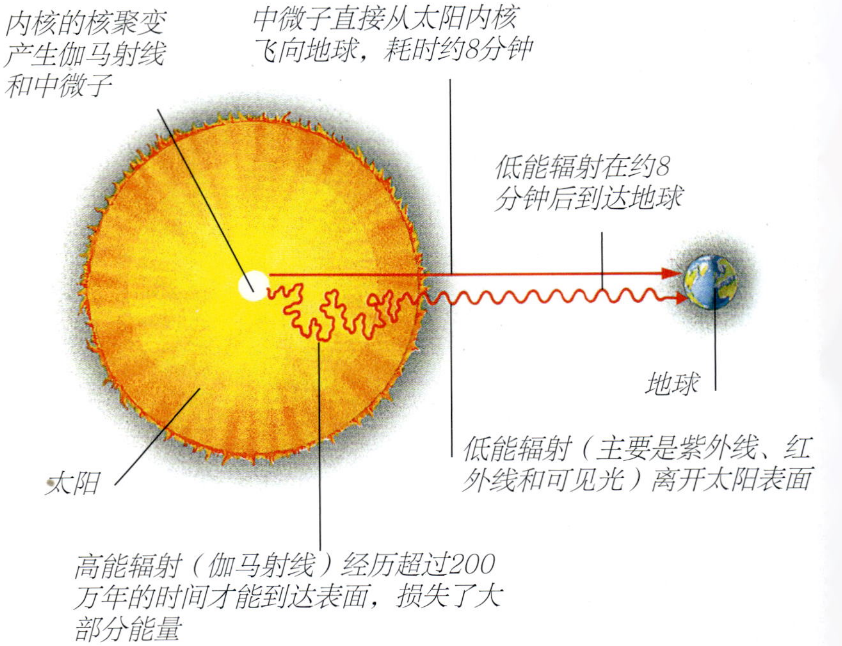

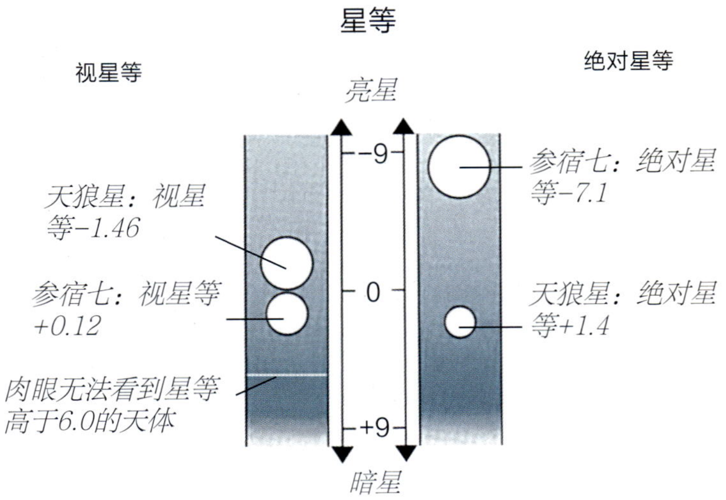

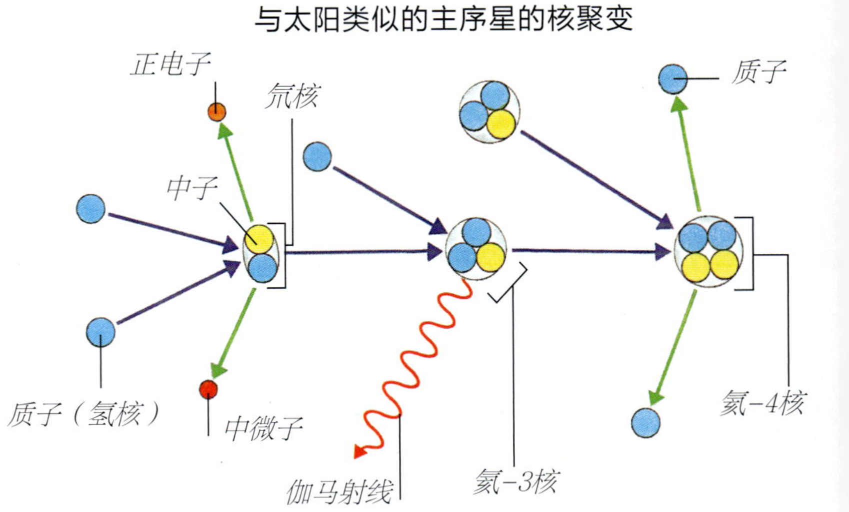

赫茨普龙–罗素图

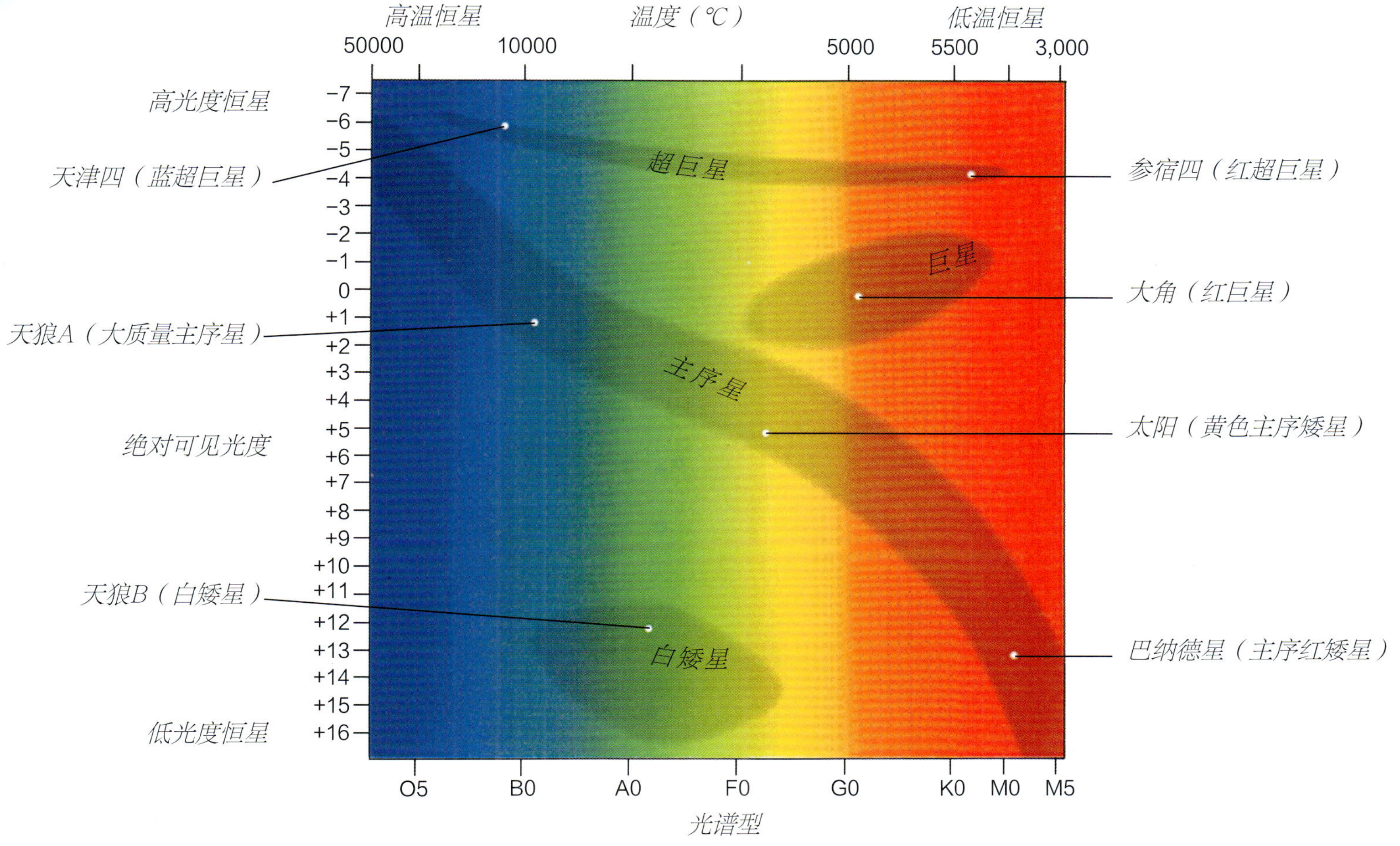

恒星光谱吸收线

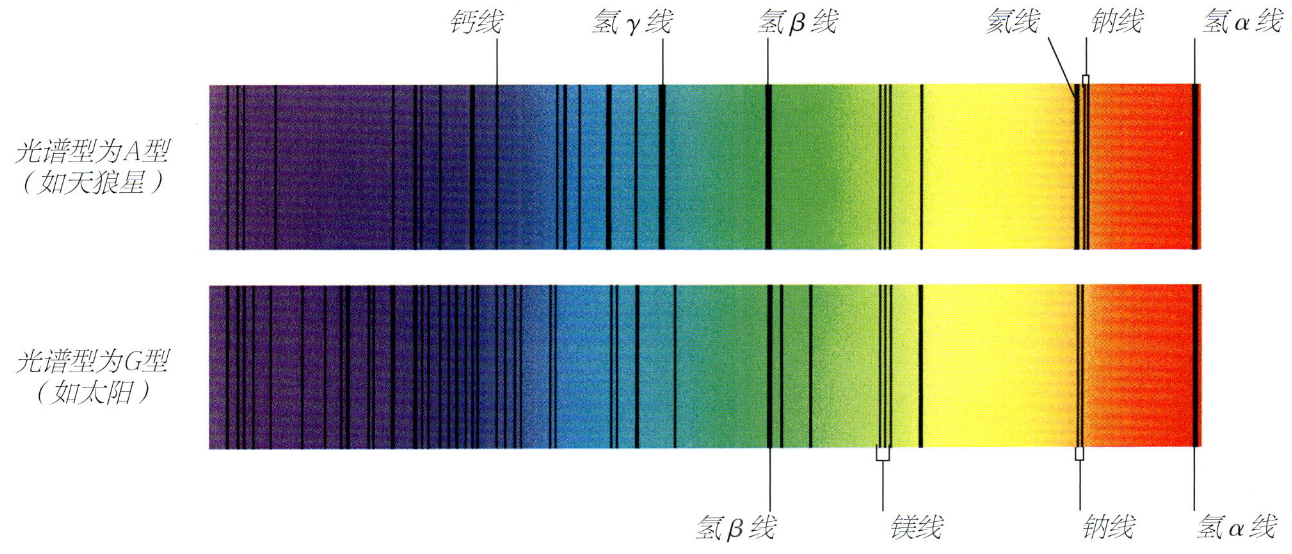

小质量恒星

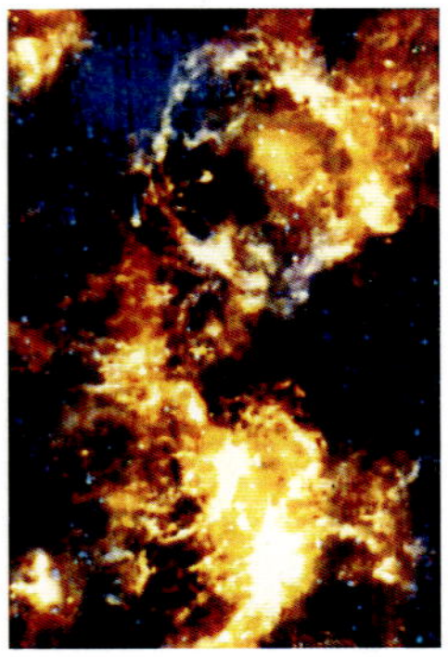

猎户座内的恒星诞生区

小质量恒星是指质量不超过太阳质量1.5倍的那些恒星。当星云中密度较大的区域由于尘埃和气体自身的引力收缩成巨大的球体，恒星的形成就开始了。在球体内部物质坍缩的区域，温度升高，物质变得红热，形成原恒星。如果原恒星具备了足够多的物质，中心温度达到800万摄氏度，就足够启动让氢聚变为氦的核反应。核反应释放出能量，阻止恒星继续坍缩，同时也让恒星发光，现在这颗恒星成为了一颗主序星。一颗质量与太阳相似的主序星将在主序阶段停留大约100亿年，直到恒星内核中的大部分氢转化为氦。由氦组成的核开始收缩，只在包裹着它的壳层上继续发生着核反应。氦核变得很热，达到让氦开始聚变为碳的水平，同时恒星的外层开始膨胀和冷却。这种外层膨胀的恒星被称为红巨星。当内核的氦燃烧完毕，恒星外层将被吹向宇宙空间，形成一个膨胀的外壳，这就是行星状星云。剩下的核（大约是恒星原本质量的80%）开始进入生命的尾章。它变成了一颗白矮星，慢慢冷却和暗淡。当它再也不发光的时候，这颗死亡的恒星就成为了一颗黑矮星。

主序星内部结构

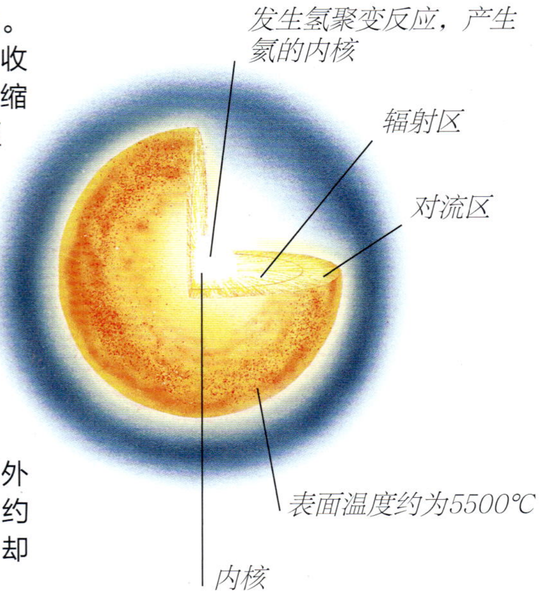

星云内部结构

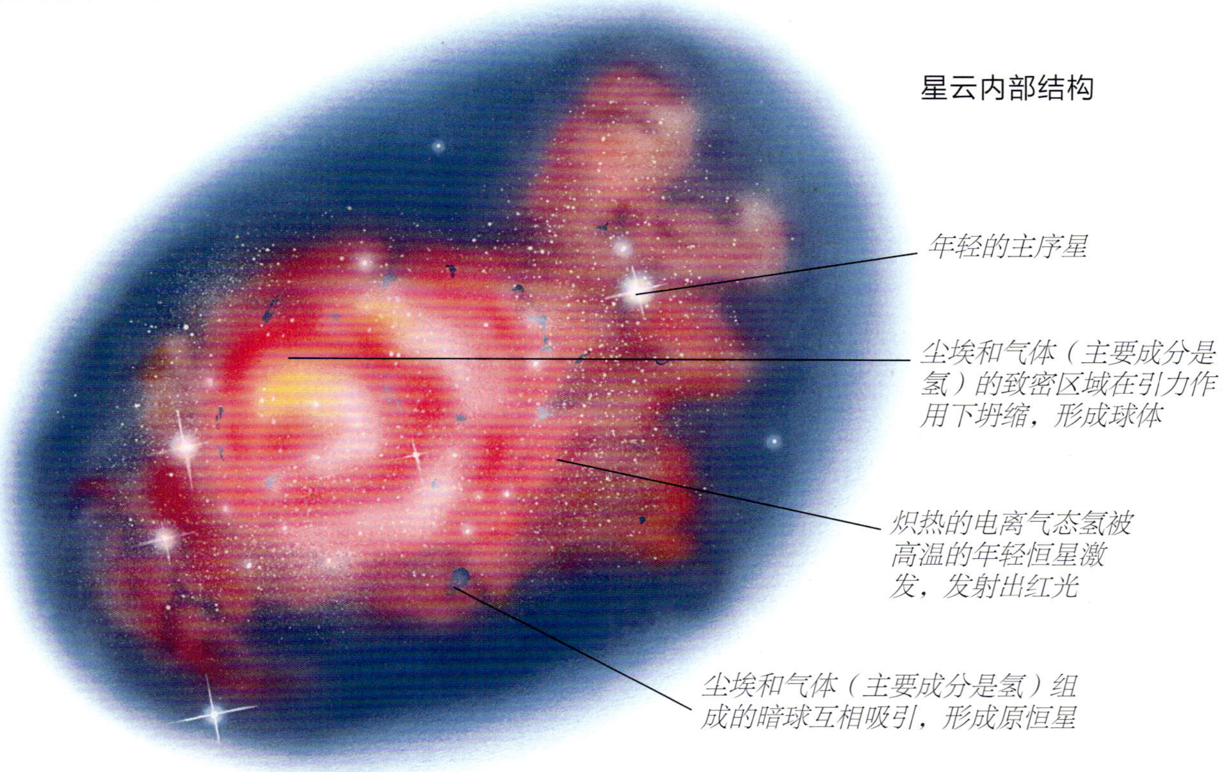

与太阳质量相仿的小质量恒星的一生

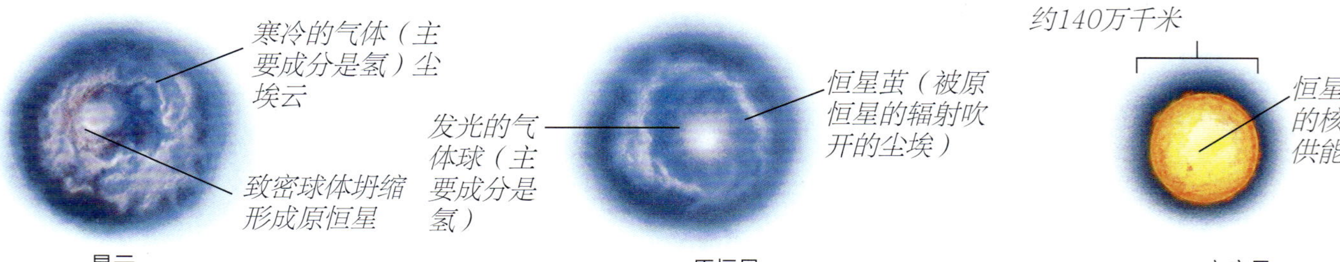

星云

原恒星
持续时间：5000万年

主序星
持续时间：100亿年

红巨星内部结构

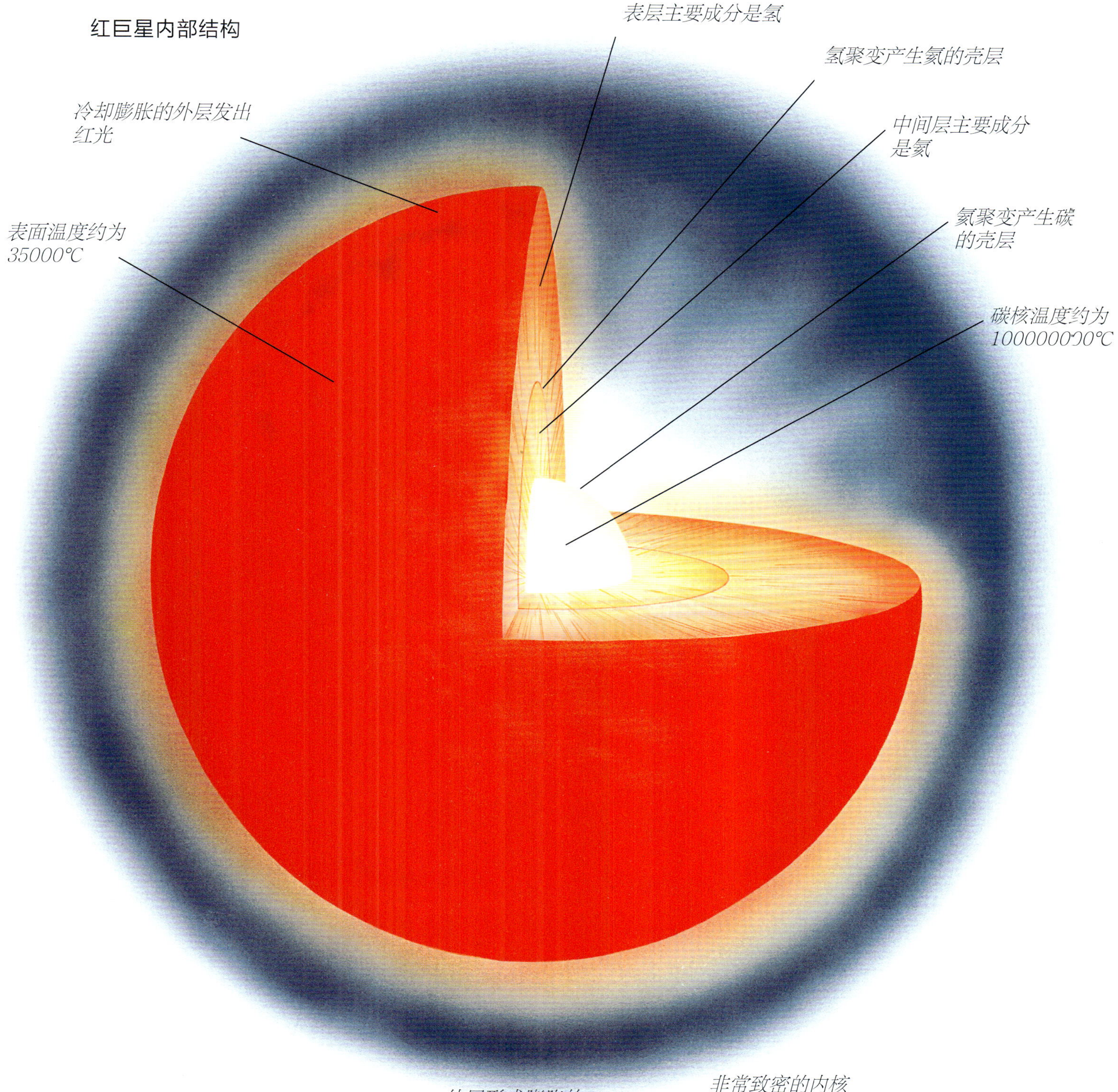

表层主要成分是氢
氢聚变产生氦的壳层
冷却膨胀的外层发出红光
中间层主要成分是氦
表面温度约为35000℃
氦聚变产生碳的壳层
碳核温度约为100000000℃

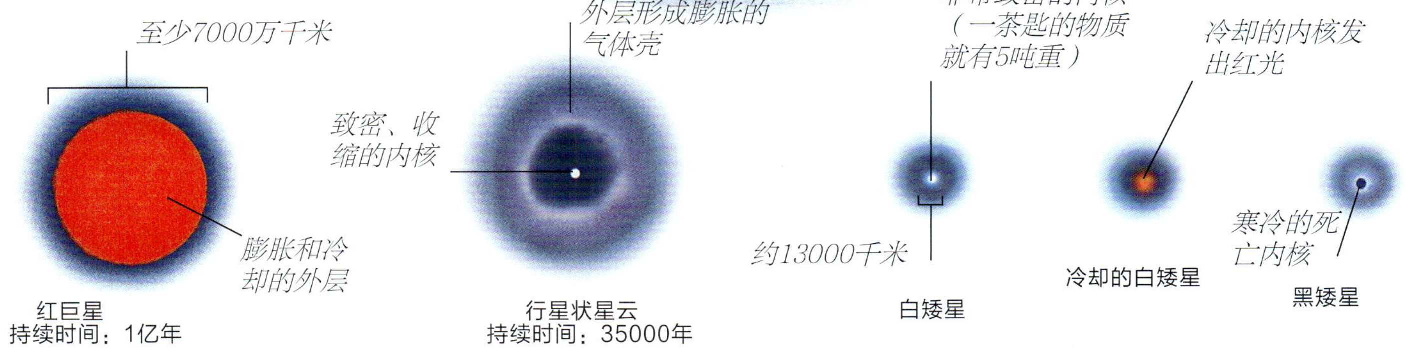

至少7000万千米
膨胀和冷却的外层
红巨星
持续时间：1亿年
外层形成膨胀的气体壳
致密、收缩的内核
行星状星云
持续时间：35000年
非常致密的内核（一茶匙的物质就有5吨重）
约13000千米
白矮星
冷却的内核发出红光
冷却的白矮星
寒冷的死亡内核
黑矮星

大质量恒星

大质量恒星指的是那些质量至少在太阳质量3倍以上的恒星，其中一些的质量达到太阳质量的50倍。大质量恒星到达主序星阶段之前的演化过程比小质量恒星简单。它在主序星阶段稳定发光，直到内部的氢全部聚变为氦。这个过程对小质量恒星来说需要几十亿年，但大质量恒星只需要几百万年。然后它变成一颗红超巨星，内部是一颗氦核，外层是冷却膨胀的气体。在接下来的几百万年间，在包覆铁核的一层层外壳上，一系列的核反应形成不同的各种元素。内核最终会在不到一秒的时间内坍缩，导致一场剧烈的爆炸，也就是超新星爆发，爆炸的激波将把恒星的外层气体远远吹走。超新星在短时间内发出的光比一整个星系都要明亮。有时候，恒星的内核会在超新星爆发中幸存下来。如果这个幸存的核的质量介于太阳质量的1.5倍到3倍之间，它将坍缩成一颗小而致密的中子星。如果核的质量超过太阳质量的3倍，它将继续坍缩，成为黑洞。

超新星

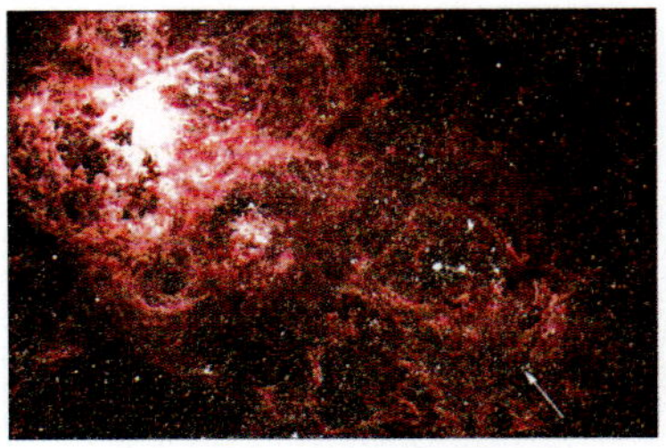

超新星爆发前的蜘蛛星云

红超巨星内部结构

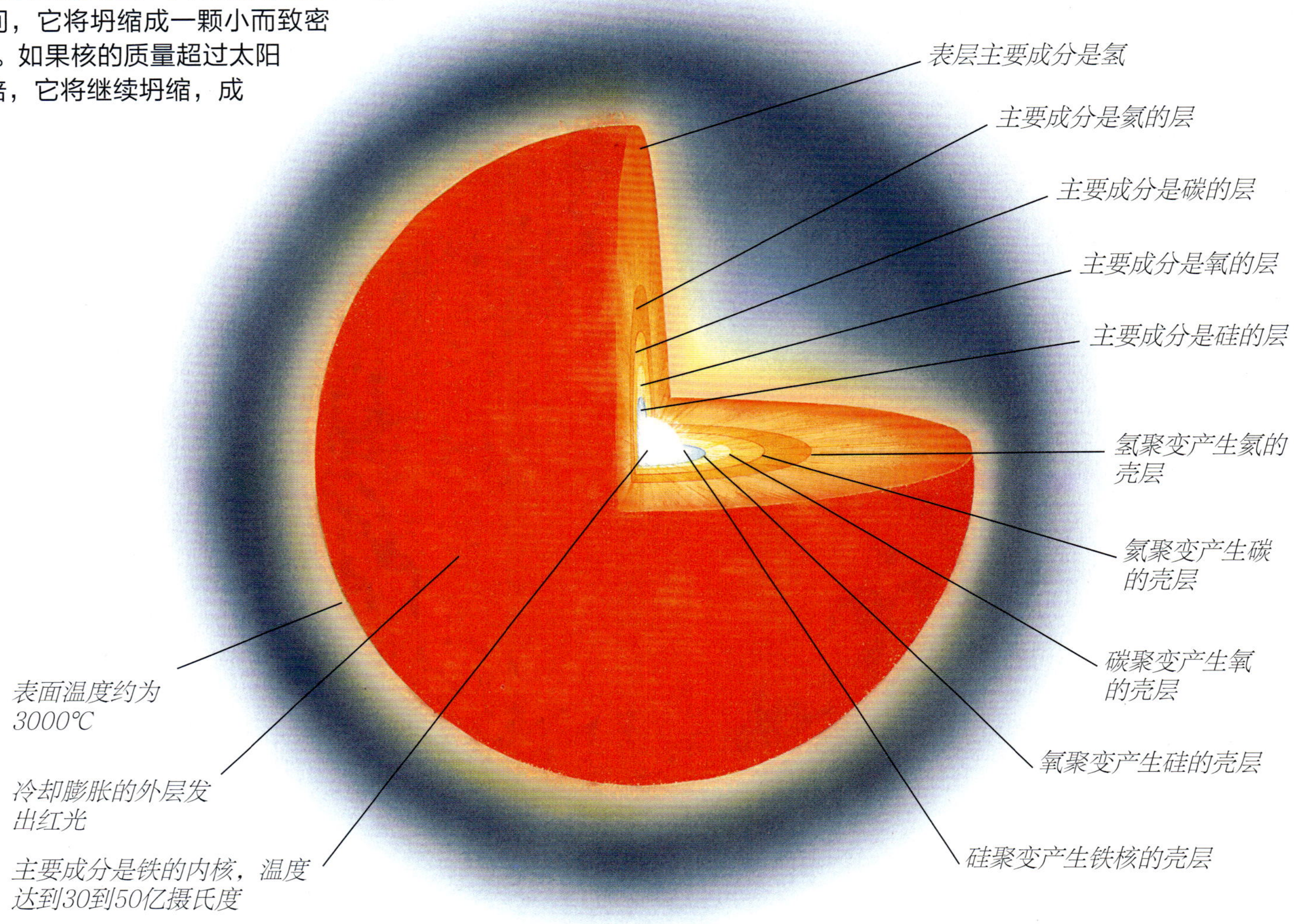

大约10个太阳质量的大质量恒星的一生

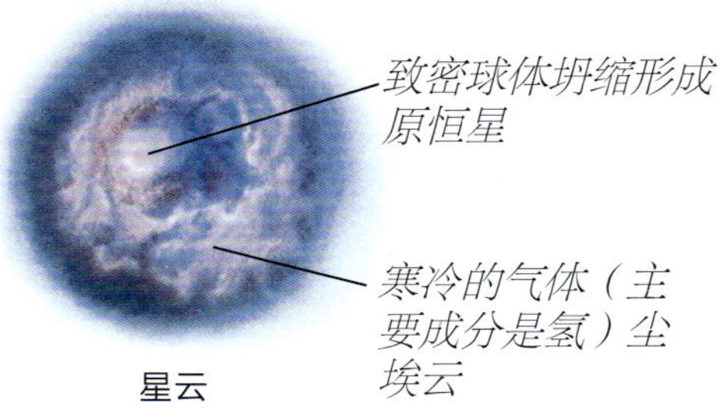

星云

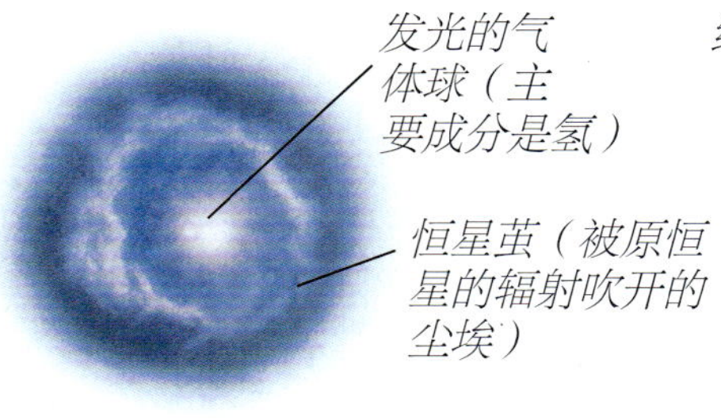

原恒星

持续时间：几十万年

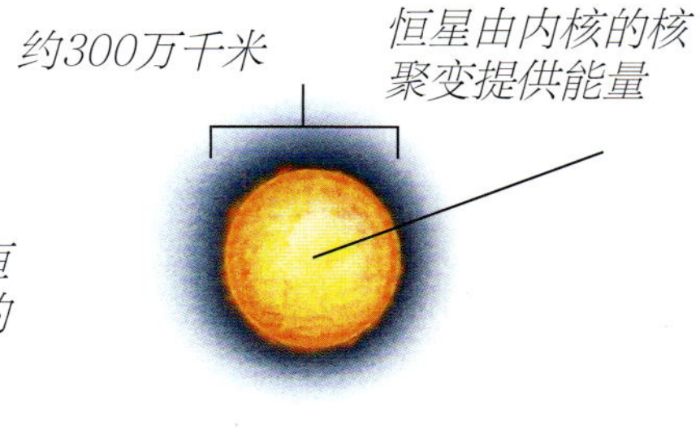

主序星

持续时间：100万年

超新星爆发特征

1987年超新星爆发后的蜘蛛星云

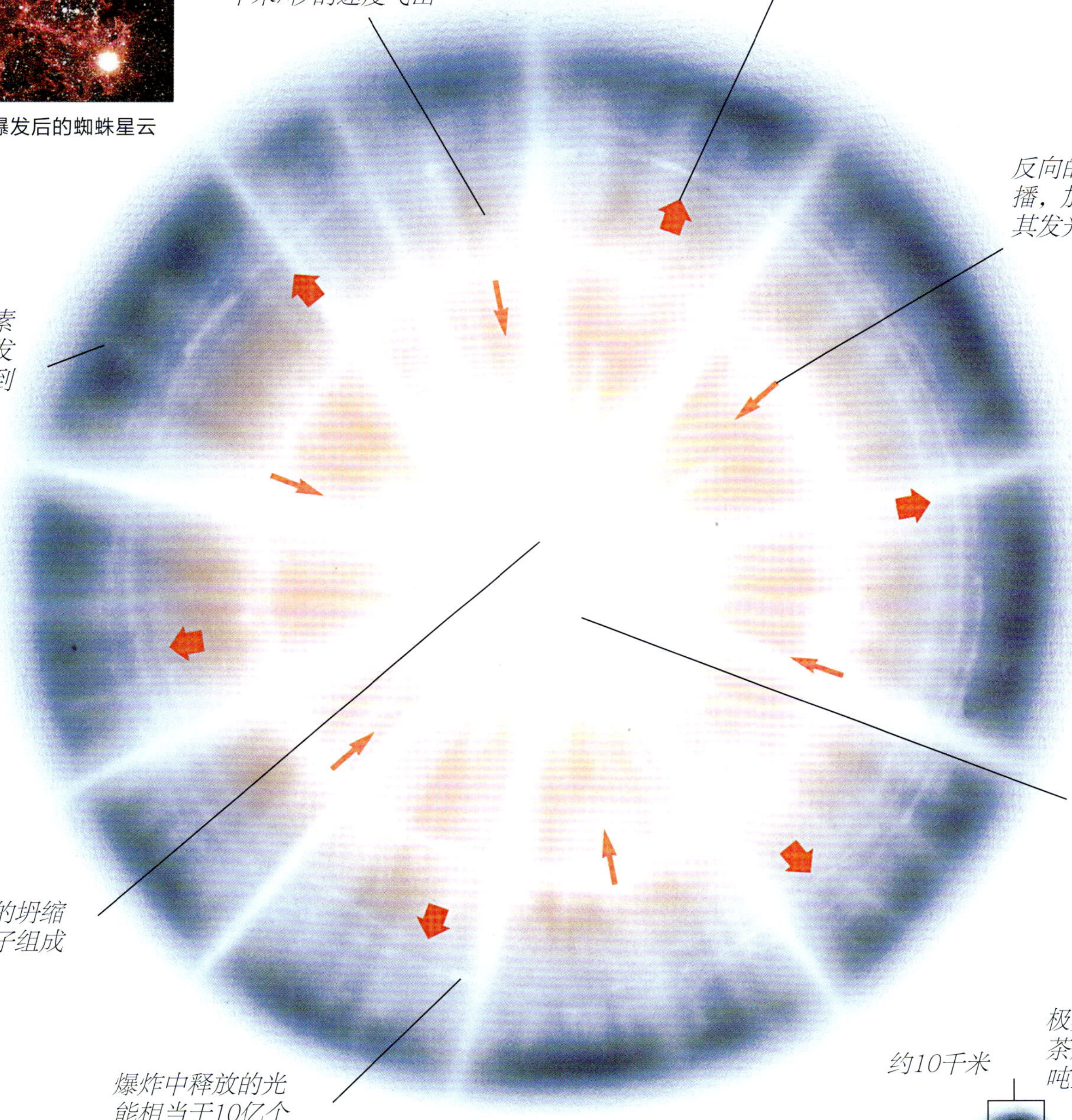

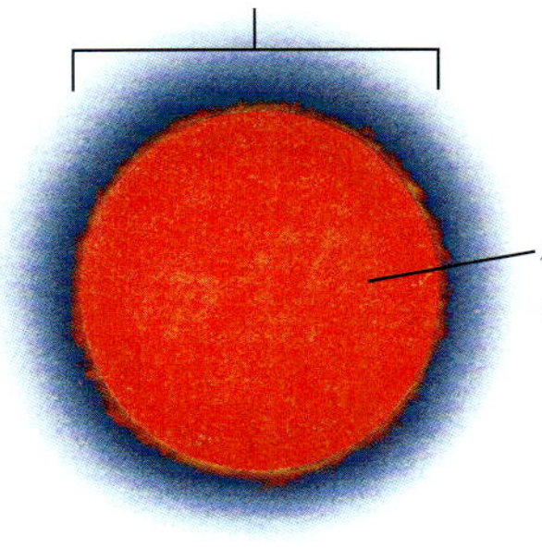

红超巨星

持续时间：400万年

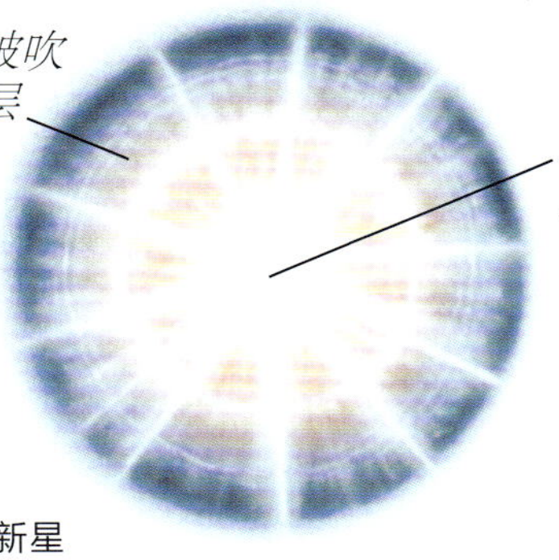

超新星

持续可见时间：1到2年

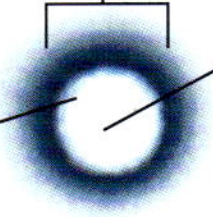

中子星

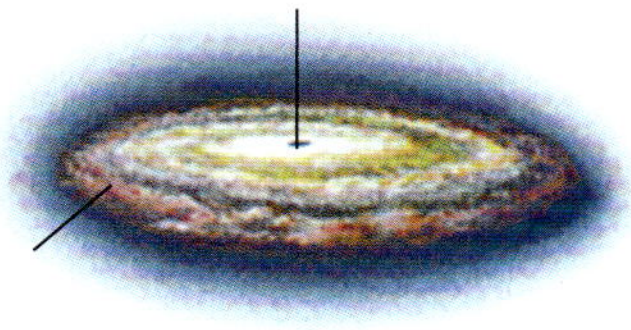

黑洞

中子星和黑洞

中子星和黑洞都是由超新星爆发后残留的星核形成的。如果残留的核质量在太阳的1.5倍到3倍之间，它将坍缩成为中子星。如果残留的核质量超过太阳的3倍，它将坍缩成为黑洞。典型的中子星直径只有大约10千米，主要成分是一种亚原子粒子——中子。这样的恒星密度非常大，一茶匙的物质就有大约10亿吨重。被观测到的那些中子星又叫脉冲星，因为它们发射出的两束射电波在中子星飞快自转的时候扫过天空，地面探测到的是一个个短短的脉冲。黑洞最大的特点是它们的引力极其强大，连光也无法从这里逃脱，因此黑洞是不可见的。不过，如果黑洞身边有一颗伴星，它就能被探测到。黑洞的引力会从伴星身上拉走气体，形成一个围绕黑洞高速旋转的吸积盘，在旋转中被加热而发出辐射。最终，旋转着的物质会落入事件视界（黑洞的边界），永远从可见的宇宙中消失。

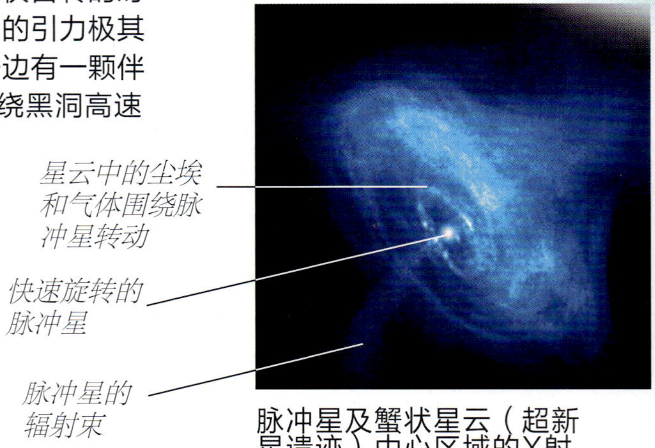

脉冲星及蟹状星云（超新星遗迹）中心区域的X射线图像

脉冲星（快速旋转的中子星）

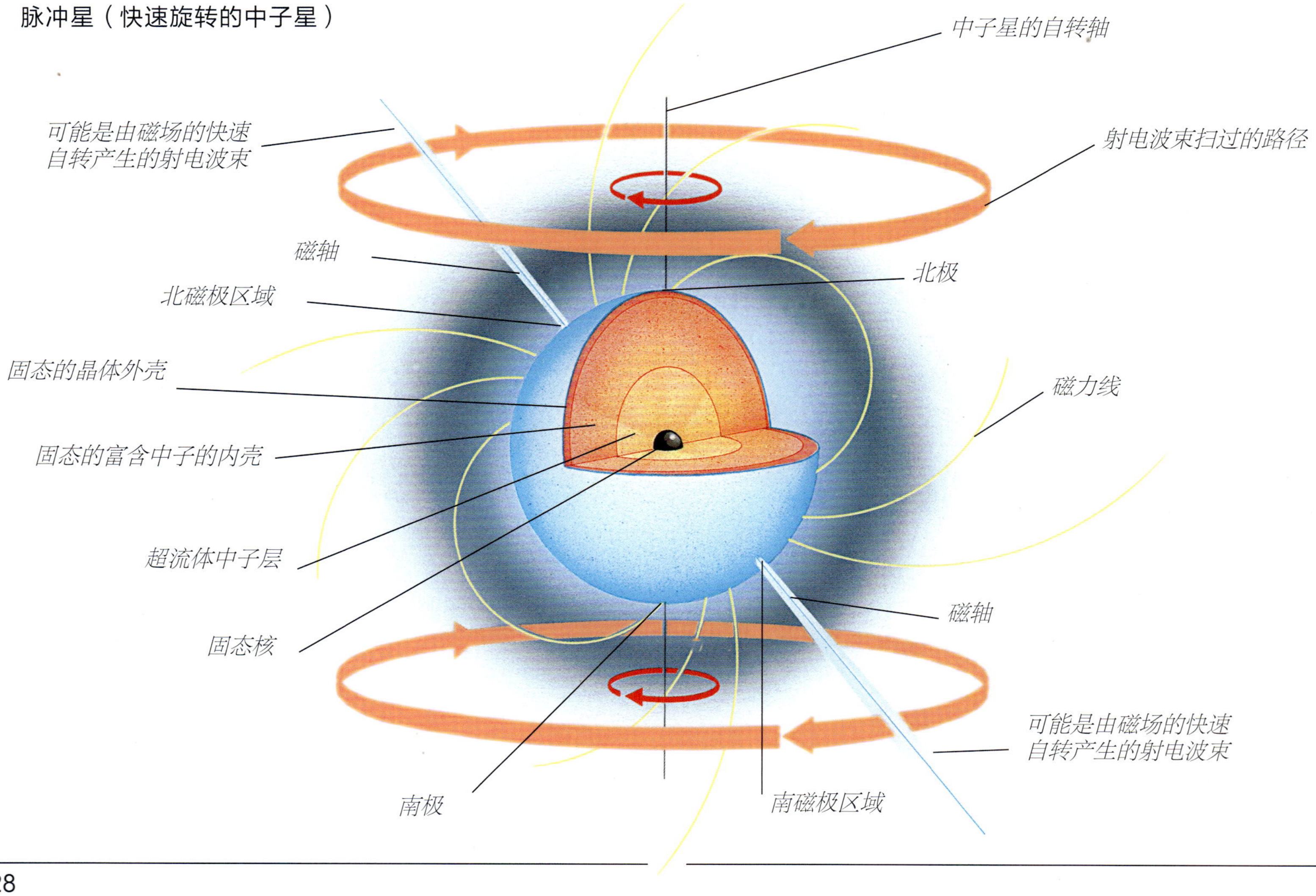

恒星级黑洞

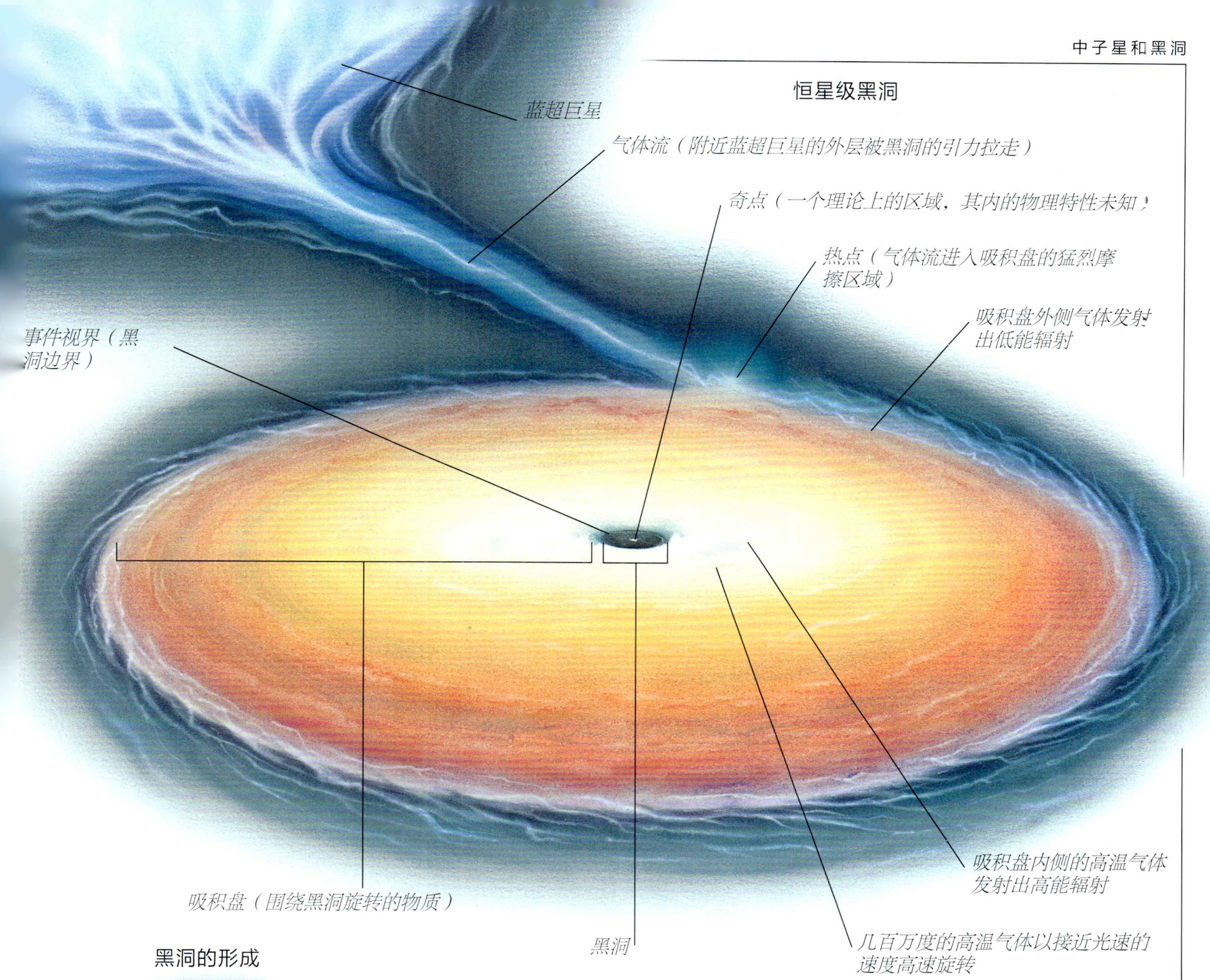
蓝超巨星
气体流（附近蓝超巨星的外层被黑洞的引力拉走）
奇点（一个理论上的区域，其内的物理特性未知）
热点（气体流进入吸积盘的猛烈摩擦区域）
吸积盘外侧气体发射出低能辐射
事件视界（黑洞边界）
吸积盘内侧的高温气体发射出高能辐射
吸积盘（围绕黑洞旋转的物质）
黑洞
几百万度的高温气体以接近光速的速度高速旋转

黑洞的形成

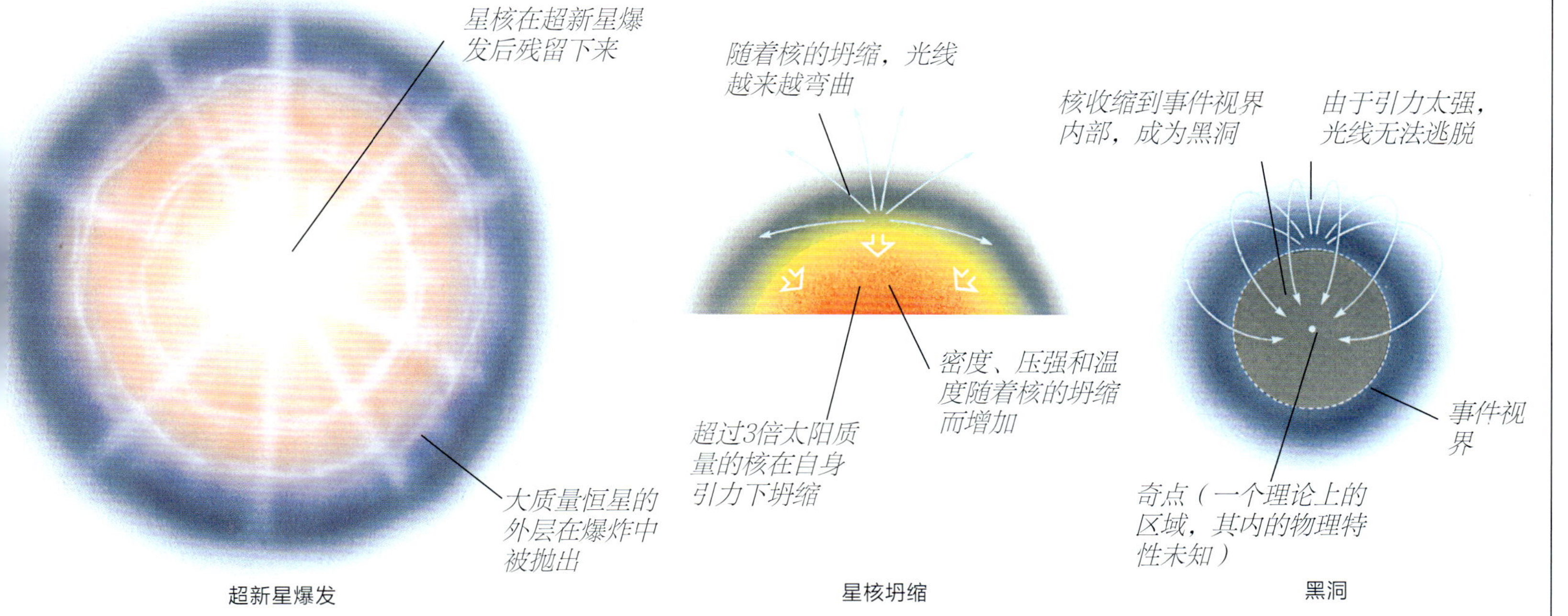
星核在超新星爆发后残留下来
大质量恒星的外层在爆炸中被抛出
超新星爆发
随着核的坍缩，光线越来越弯曲
超过3倍太阳质量的核在自身引力下坍缩
密度、压强和温度随着核的坍缩而增加
星核坍缩
核收缩到事件视界内部，成为黑洞
由于引力太强，光线无法逃脱
事件视界
奇点（一个理论上的区域，其内的物理特性未知）
黑洞

太阳系

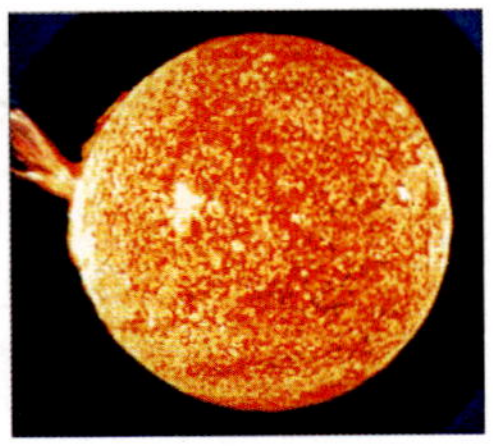

太阳

太阳系由中央恒星（太阳）和围绕它运行的天体们组成。这些天体包括8颗行星和它们迄今已知的160多颗卫星、矮行星、柯伊伯带天体、小行星、彗星和流星体。行星际气体和尘埃也是太阳系的一部分。行星分为两类：四颗较小的岩质行星离太阳较近（水星、金星、地球和火星）；四颗巨行星位于外围（木星、土星、天王星、海王星）。在岩质行星和巨行星之间是小行星带，由数以万计的围绕太阳运行的石块组成。柯伊伯带和更远的奥尔特云都位于海王星之外。太阳系中绝大部分的天体都在椭圆形轨道上绕着太阳运行，轨道所在的平面与太阳赤道非常接近。行星们按照同一个方向围绕太阳公转（从上方看为逆时针），除了金星和天王星之外，行星的自转方向也保持一致。卫星们在围绕行星公转的同时也保持自转。太阳系整体围绕着银河系的中心转动。

行星轨道
（图中比例稍作夸张）

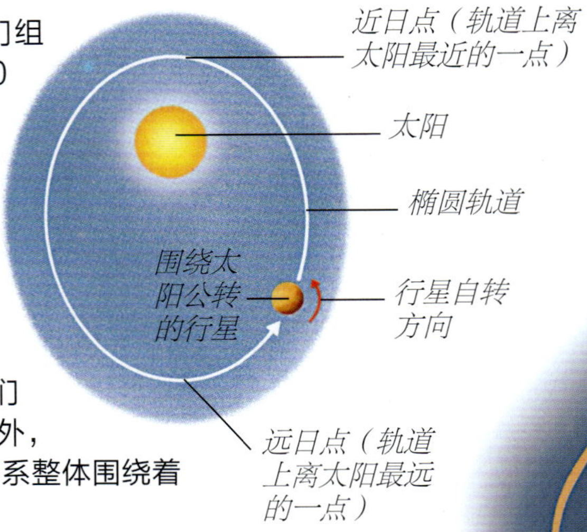

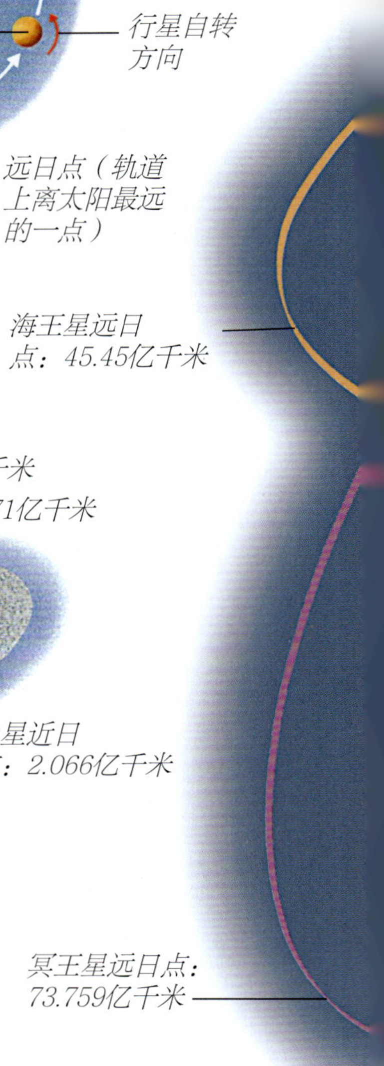

内行星轨道

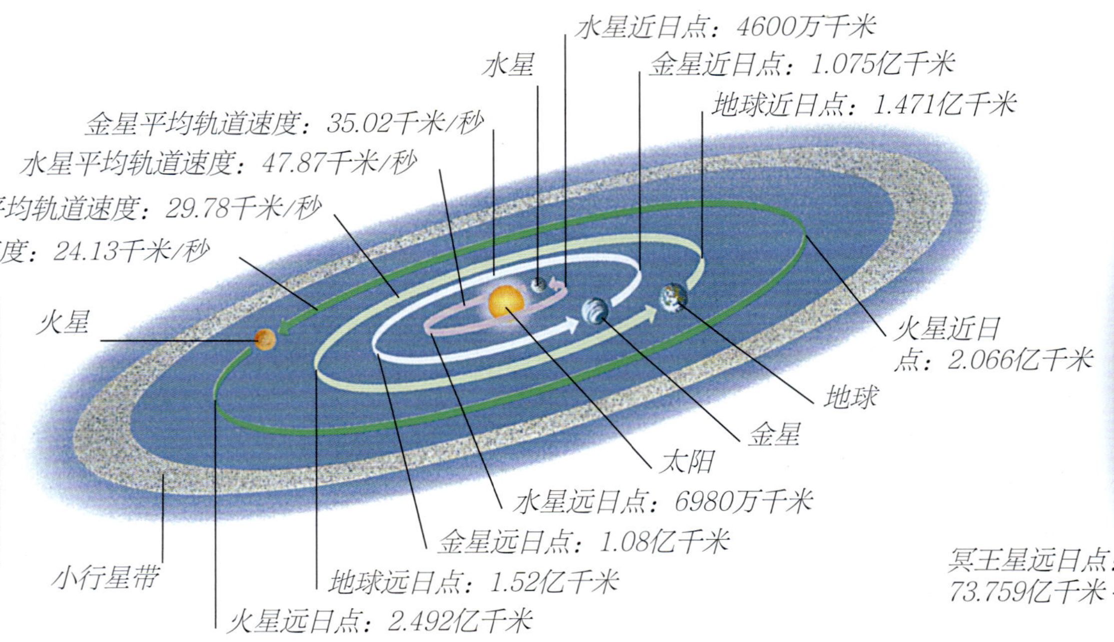

水星
公转周期：87.97地球日
质量：0.06地球质量
直径：4878千米

金星
公转周期：224.7地球日
质量：0.81地球质量
直径：12103千米

地球
公转周期：365.26地球日
质量：1地球质量
直径：12756千米

火星
公转周期：1.88地球年
质量：0.11地球质量
直径：6786千米

木星
公转周期：11.87地球年
质量：317.83地球质量
直径：142984千米

外行星轨道

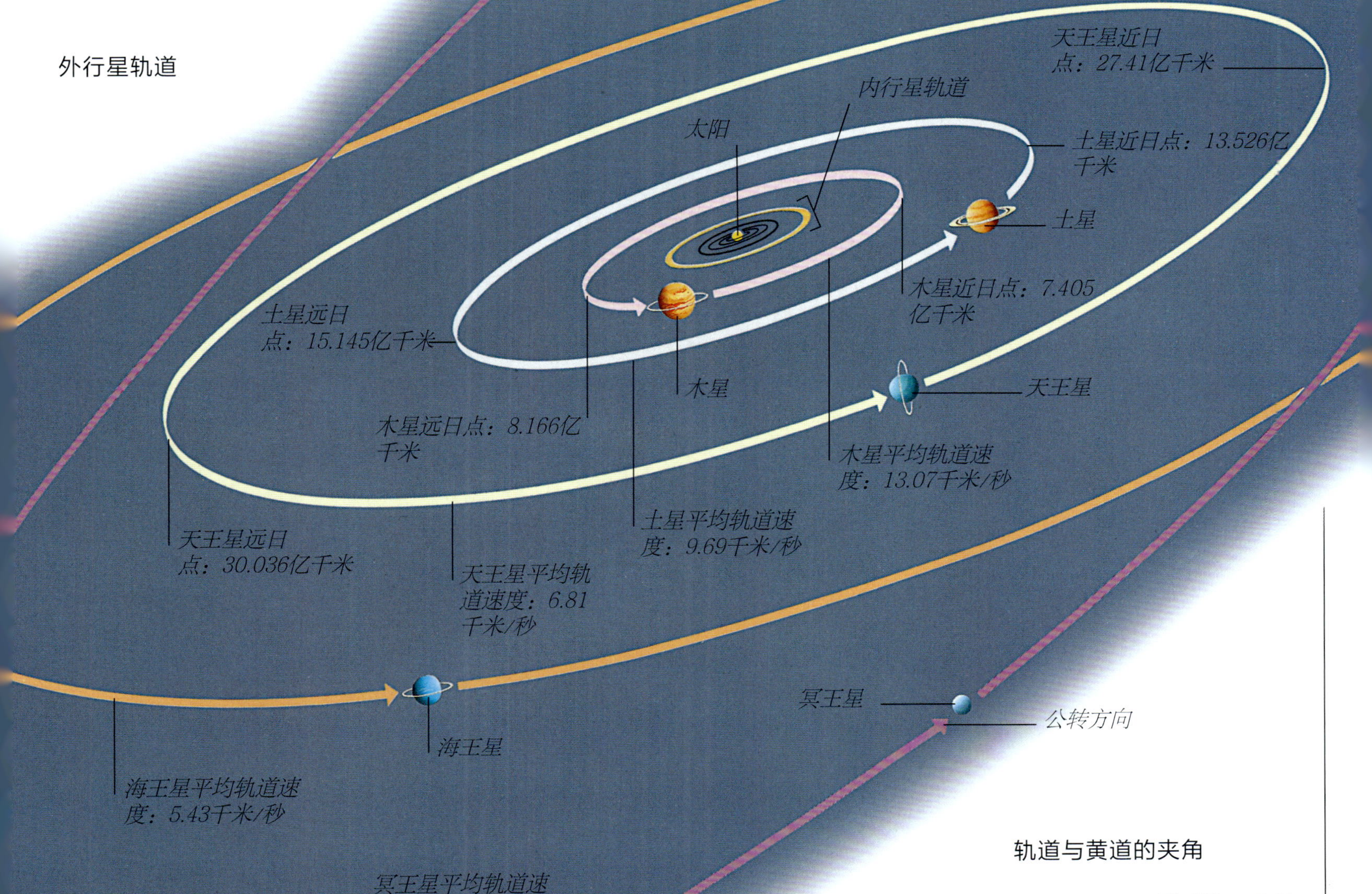

轨道与黄道的夹角

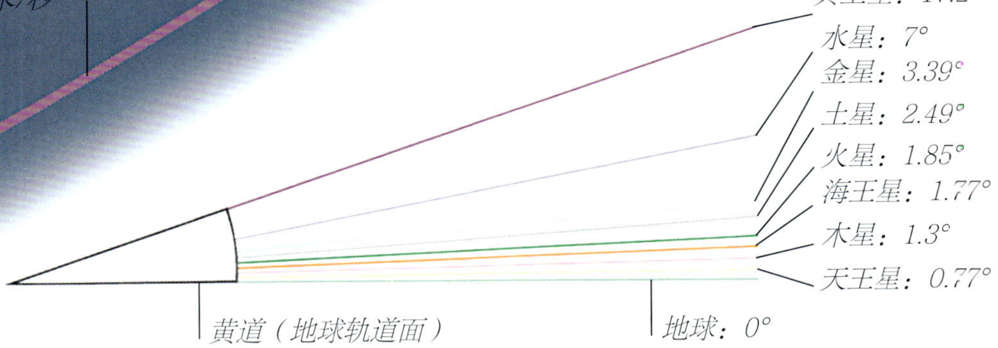

土星
公转周期：29.66地球年
质量：95.16地球质量
直径：120536千米

天王星
公转周期：84.13地球年
质量：14.54地球质量
直径：51118千米

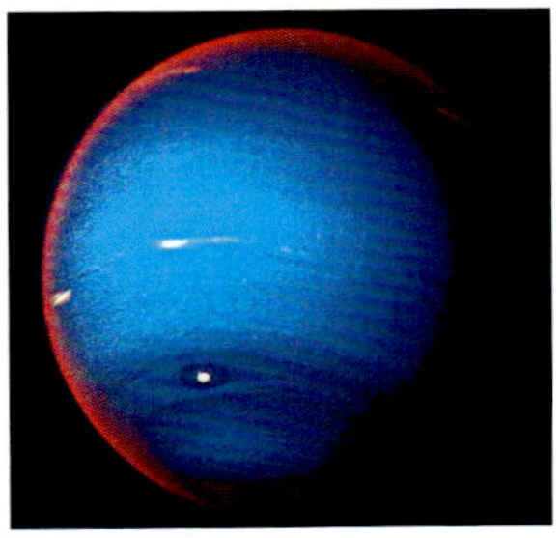

海王星
公转周期：164.70地球年
质量：17.14地球质量
直径：49528千米

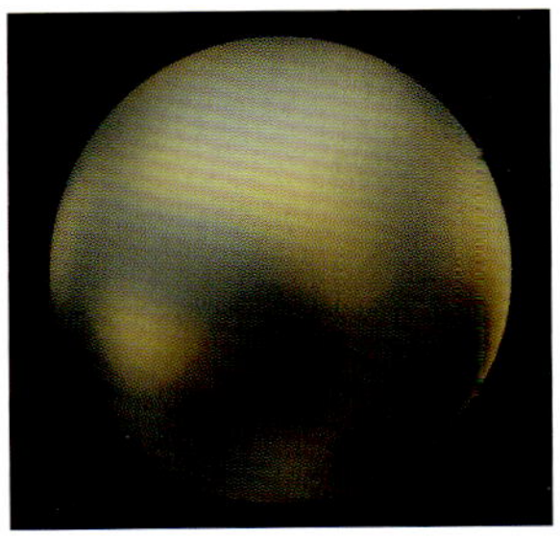

冥王星
公转周期：248.09地球年
质量：0.0022地球质量
直径：2274千米

太阳

太阳光球层

太阳是太阳系的中央恒星。它目前大约50亿岁，还将像现在这样继续发光50亿年。太阳是一颗黄色的主序星，直径约为140万千米。它几乎完全由氢和氦组成。在太阳核内，氢在聚变反应中转化为氦，放出能量。核释放出的能量经过辐射区和对流区，来到光球层（可见的表面），以光和热的形式离开太阳。光球层上常常有暗斑，它们的温度比周围低一些，这就是太阳黑子，它们通常成对或成群出现，是由磁场的冷却效应形成的。其他的太阳活动还有耀斑和日珥。耀斑常常和黑子同时出现，突然释放出高能辐射和粒子。日珥是延伸到太阳大气层内的巨大环状或丝状结构，有的持续几个小时，有的能持续几个月。在光球层上方是色球层（内层大气）和极度稀薄的日冕（外层大气），日冕向空间中延伸出几百万千米。从日冕逃逸的微小粒子是太阳风的源头，以每秒几百千米的速度流过空间。在月球遮挡太阳、形成日全食的时候，能够从地球上观测到色球层和日冕。

日食原理

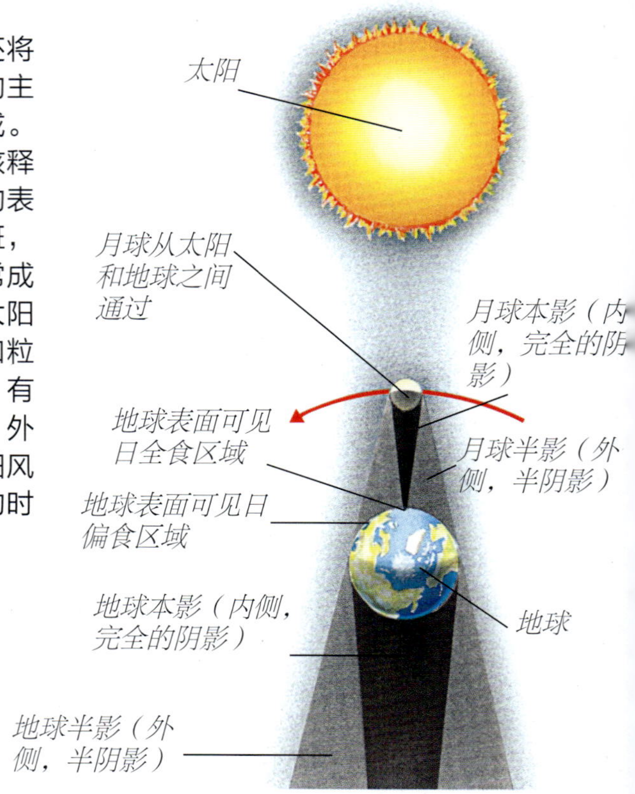

日全食

表面特征

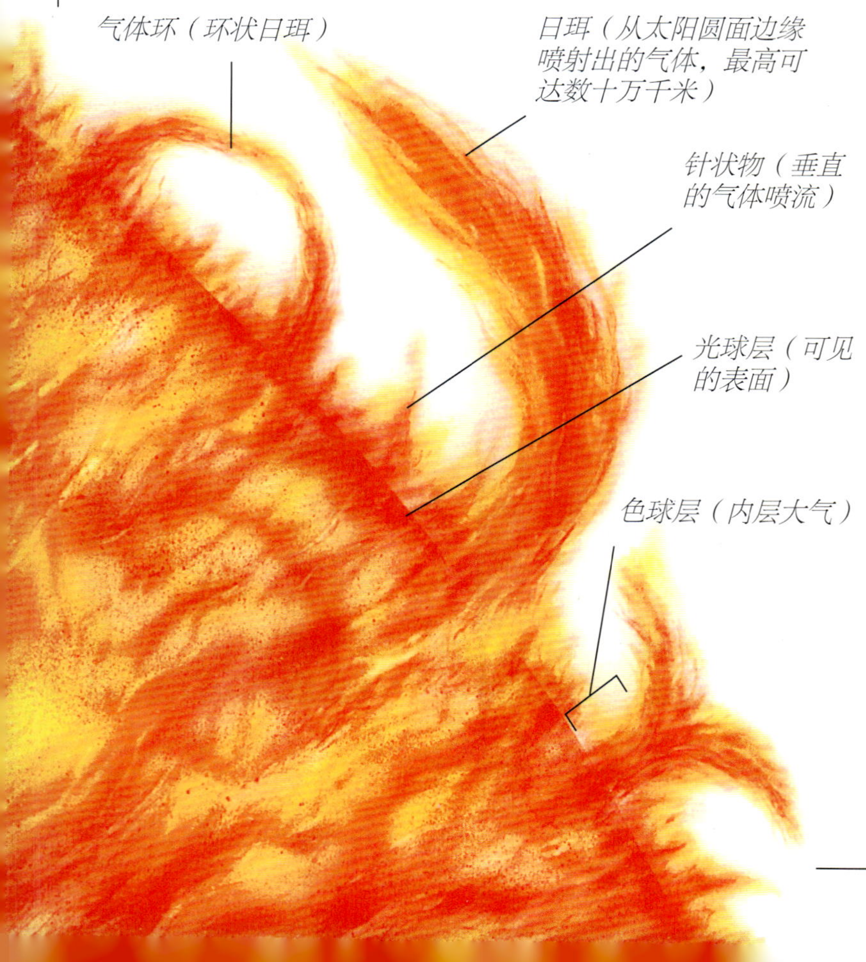

太阳黑子

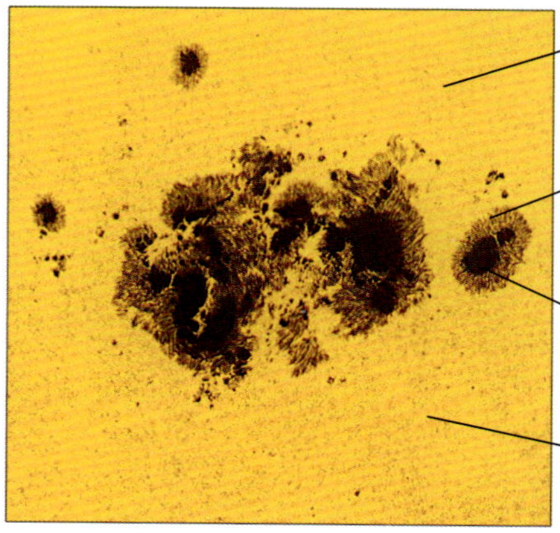

太阳表面特征和内部结构

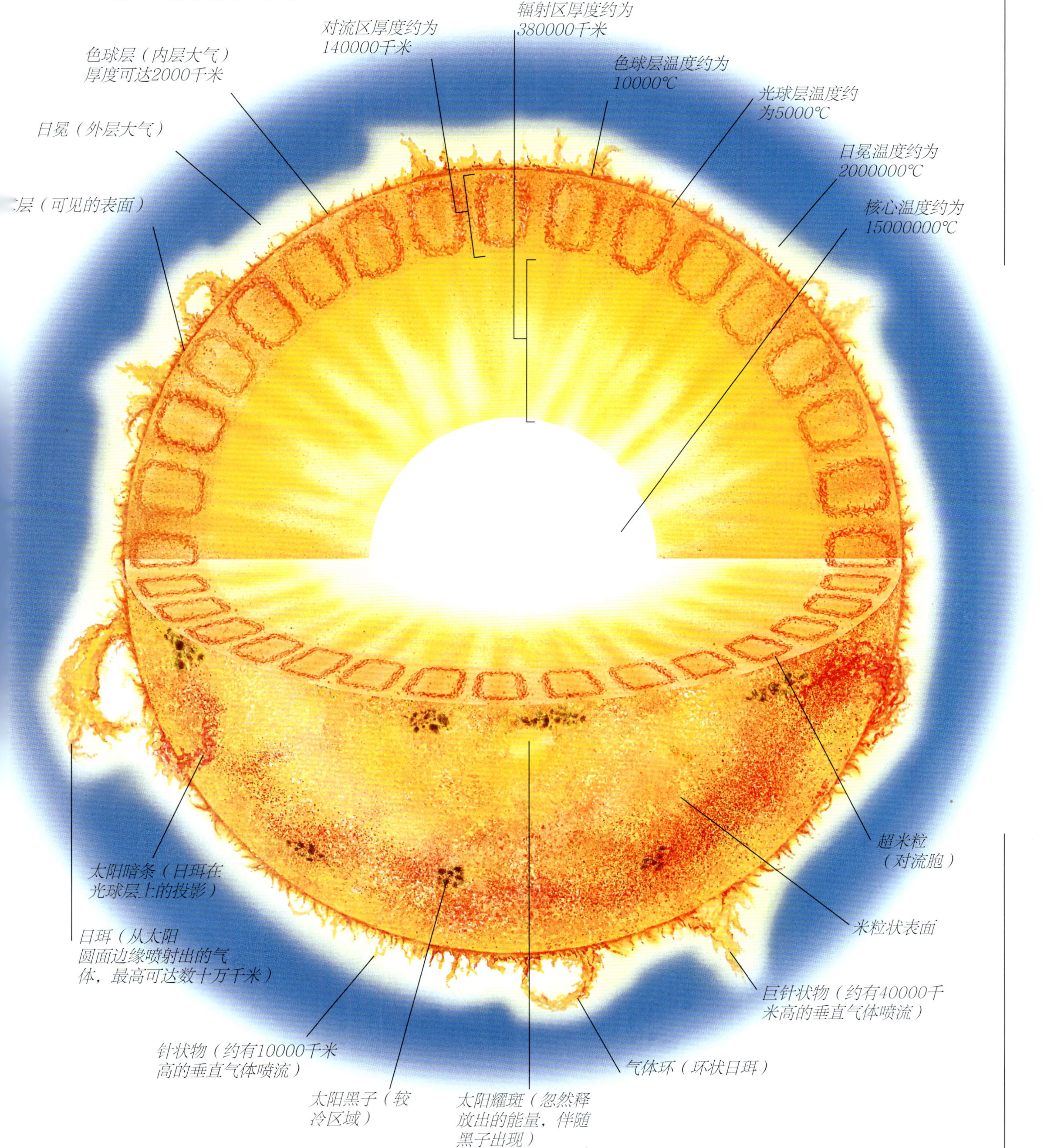

水星

水星

水星是离太阳最近的行星，和太阳的平均距离约为5800万千米。由于距离最近，水星围绕太阳运行的速度也比其他行星都快，平均速度接近每秒48千米，绕太阳一圈只需不到88天。水星是一颗很小的（只比月球大40%）岩质行星，表面绝大部分布满了严重撞击形成的陨石坑，但也有几乎没有陨击坑的平滑的熔岩平原。卡路里盆地是水星表面最大的陨击坑，直径约有1300千米。它可能是由一颗直径60千米的小行星撞击水星时形成的，被撞击同时产生的环形山围绕着。水星表面还有许多峭壁，这是在40亿年前形成的，当时这颗年轻行星的高温内核冷却下沉，行星表面弯曲，造成了这些断层。水星的自转速度非常慢，自转一周需要将近59个地球日。因此，水星上的一个太阳日（两次日出之间的时间）长度约为176个地球日——相当于两个88天的水星年。水星表面温度非常极端，日照面最高温430℃，背光面最低温只有-170℃。温度在入夜后急剧下降，这是因为水星表面几乎没有大气，只有从太阳风中捕获的极少量氢和氦，外加痕量的其他气体。

水星自转

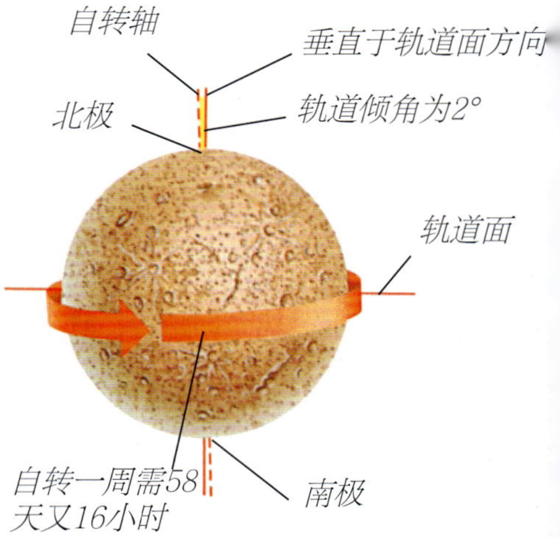

德加环形山和勃朗特环形山（辐射纹环形

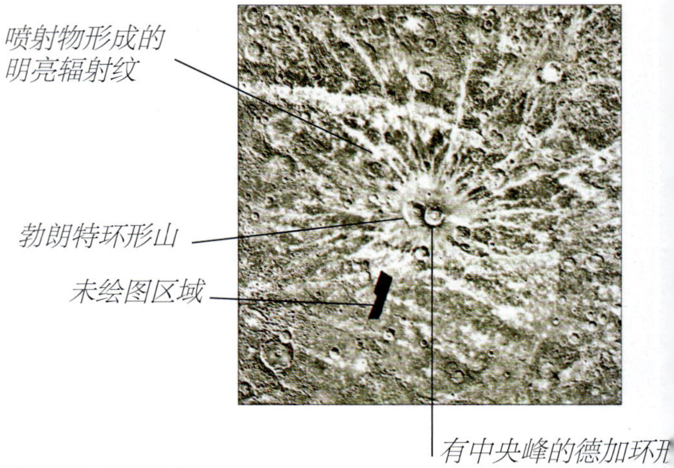

辐射纹环形山的形成

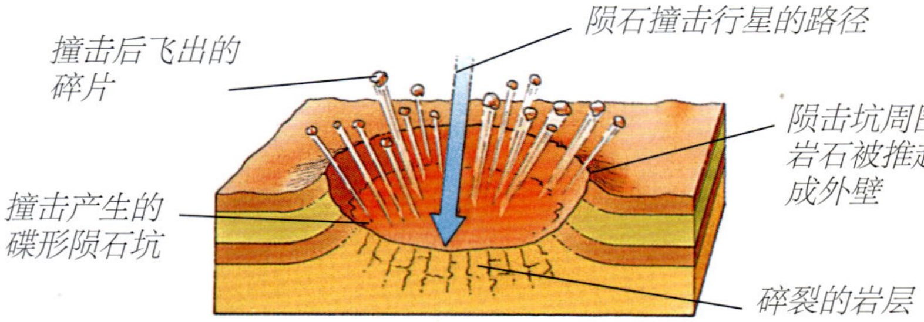

陨石撞击

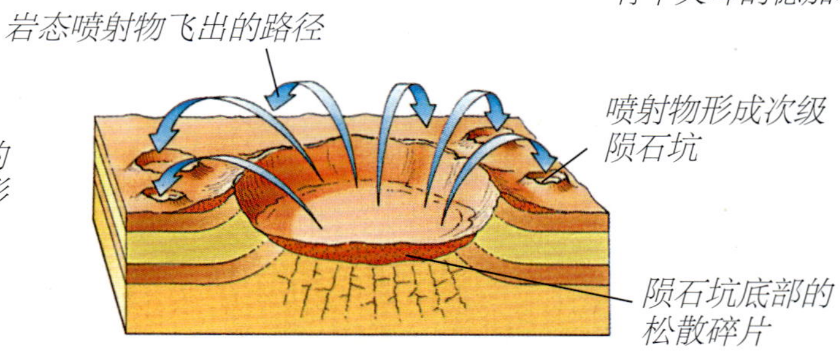

次级陨石坑

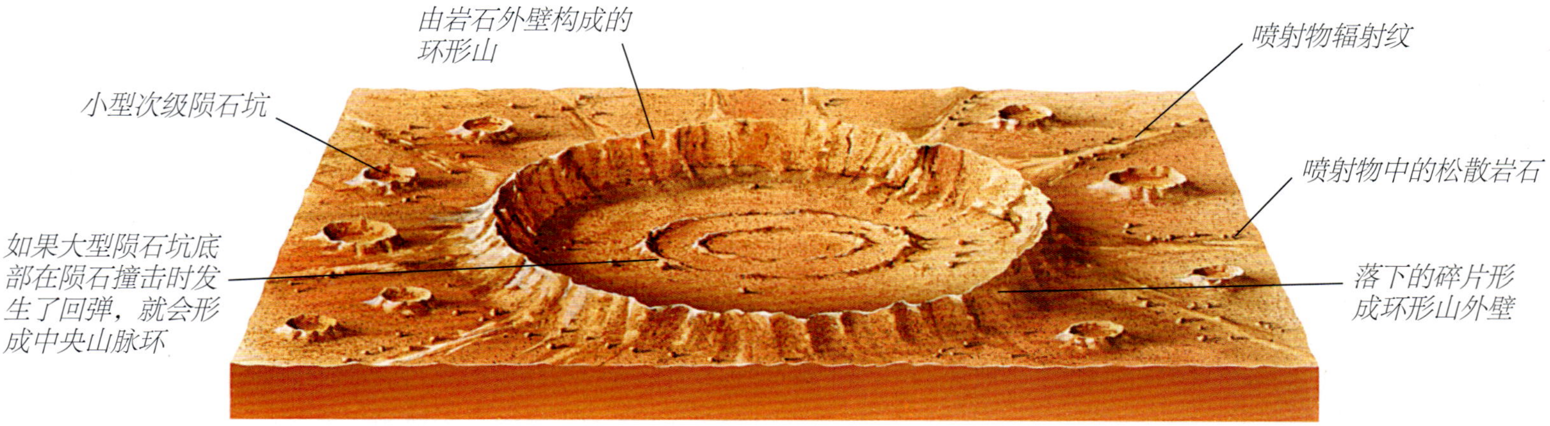

辐射纹环形山

大气构成

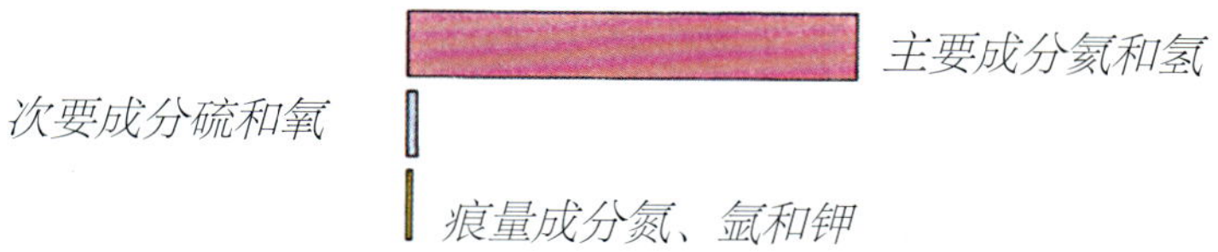

水星北极附近的陨击坑和平原

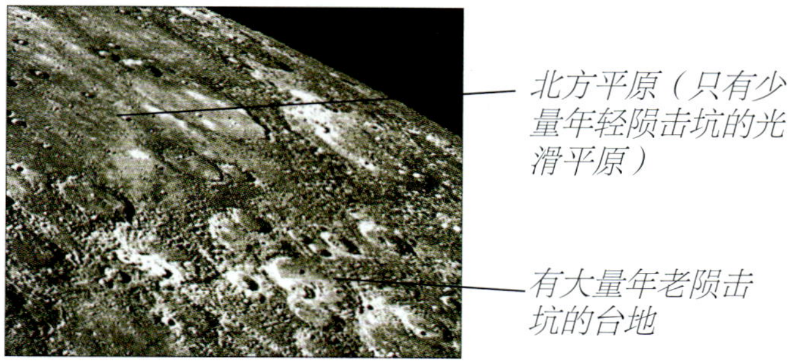

水星表面特征和内部结构

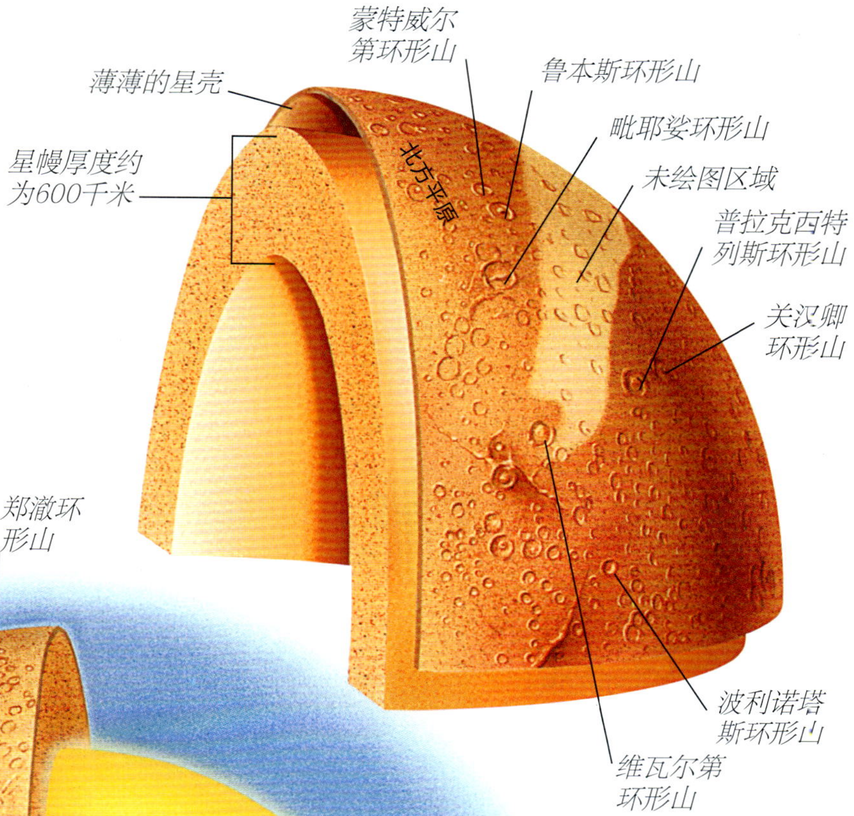

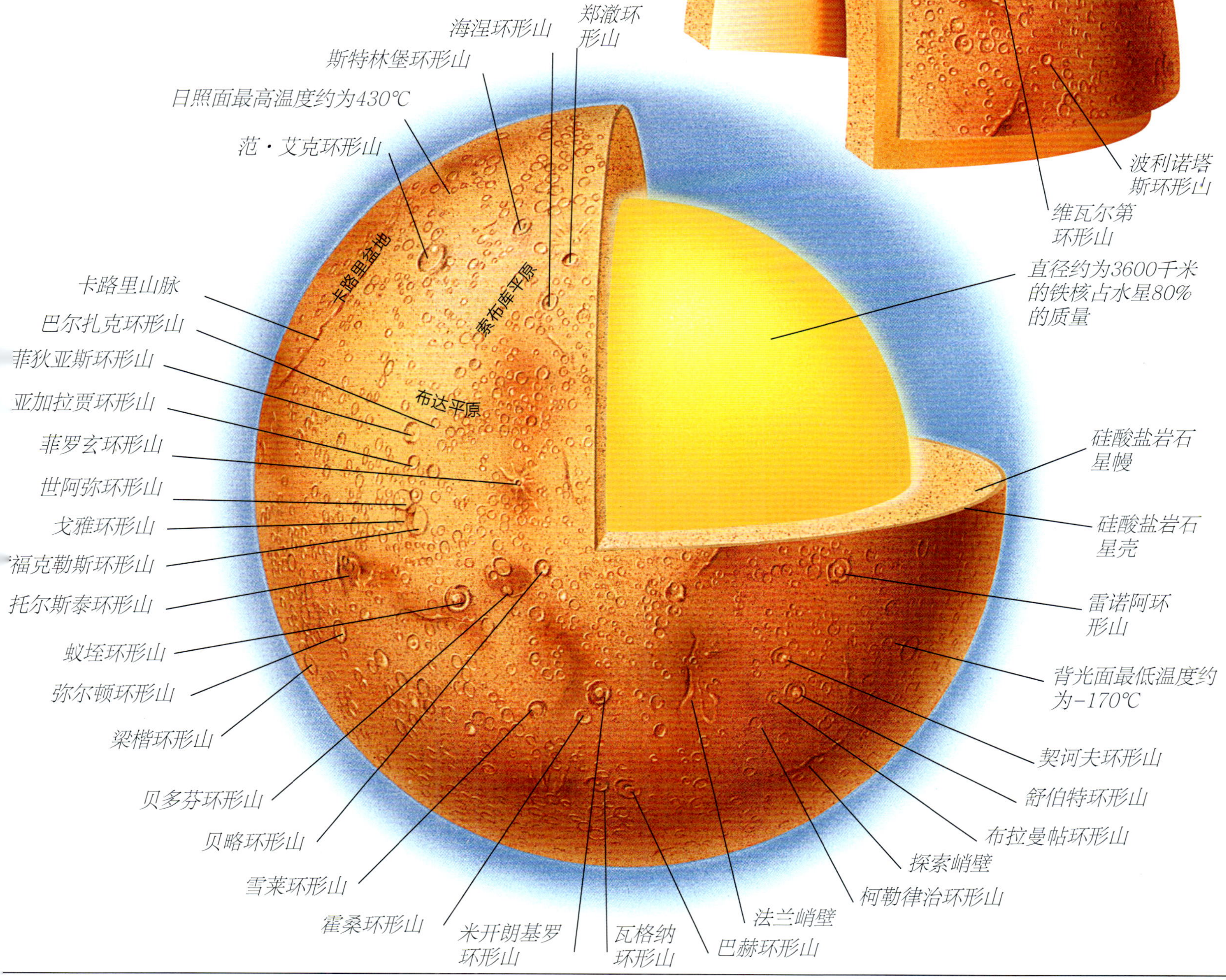

金星

金星的雷达图像

金星是离太阳第二近的一颗岩态行星。金星的自转非常缓慢，方向与公转方向相反，因此自转周期在太阳系内最长，约为243个地球日。它比地球略小，内部结构很可能非常相似，也有一个半固体的金属核，外层包裹着岩态的星幔和星壳。金星是天空中除太阳和月亮外最亮的天体，因为它的云层能强烈地反射太阳光。金星大气的主要成分是二氧化碳，因此它的温室效应远远比地球厉害得多。所以，金星是太阳系内最热的行星，表面最高温度约为480℃。厚厚的云层里含有大量硫酸液滴，被速度高达每小时360千米的强风送到行星表面每一个角落。金星自转一周需要243天，但强风吹送的云层环绕整个行星一周却只需要4天。高温、硫酸云和巨大的大气压力（大约是地球表面的90倍）使得金星的表面环境非常严酷。不过，空间探测器还是登上了金星，拍下了它充满尘土的干燥表面。探测器还利用能够“看穿”云层的雷达装置绘制了金星表面地图。地图展示了布满撞击坑、山脉、火山口的高原，在另外一些区域，凝固的熔岩流形成平原，覆盖在古老的撞击坑上。金星上有两个巨大的高地区域，分别是阿芙罗狄蒂台地和伊什塔尔台地。

金星自转

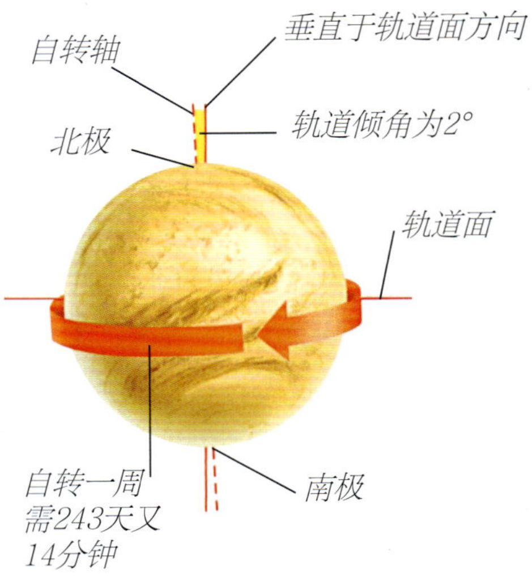

云层特征

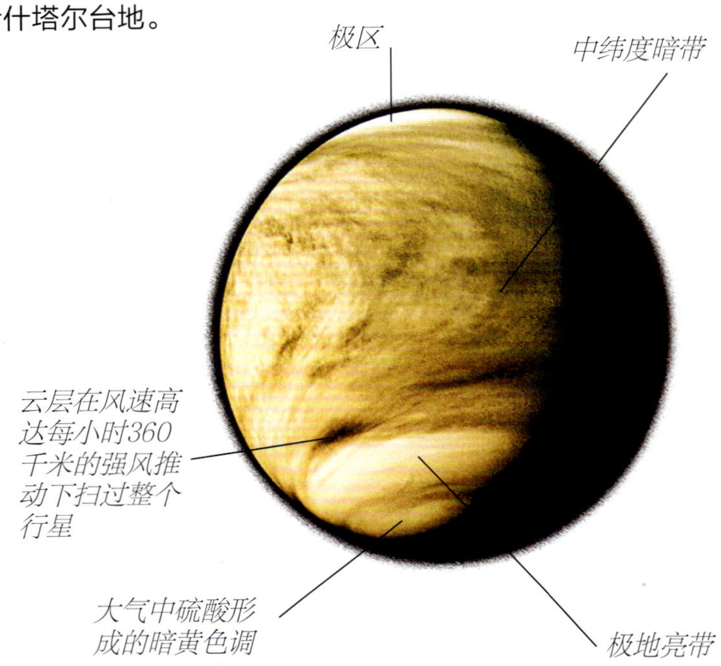

金星环形山

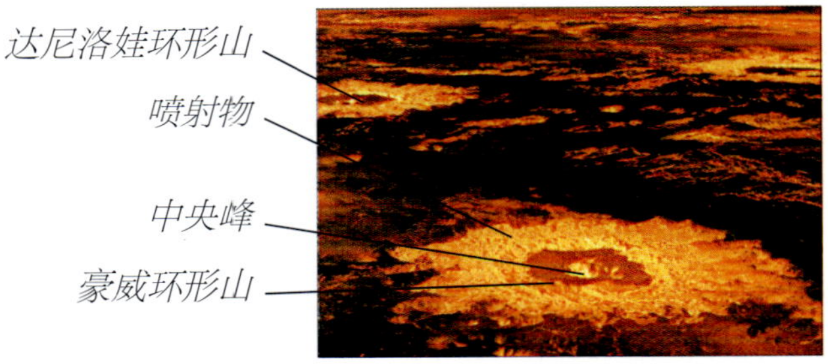

金星表面假彩色雷达图像

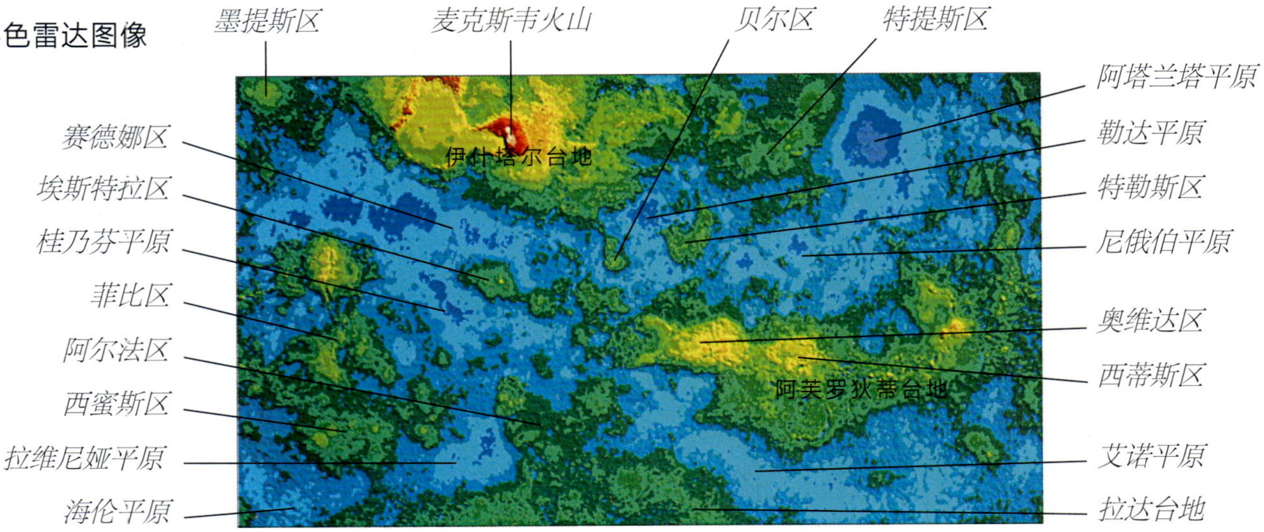

金星表面特征和内部结构

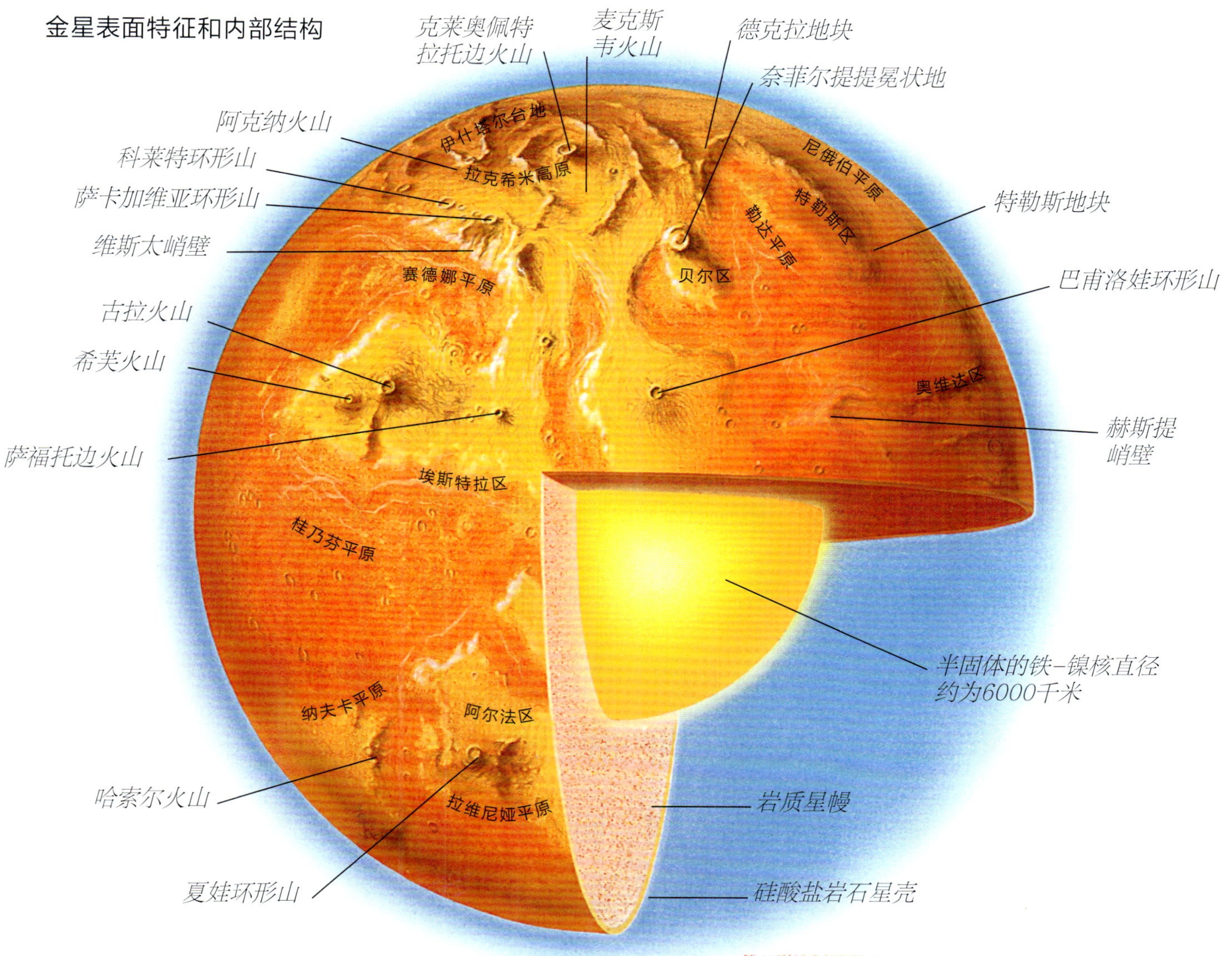

大气

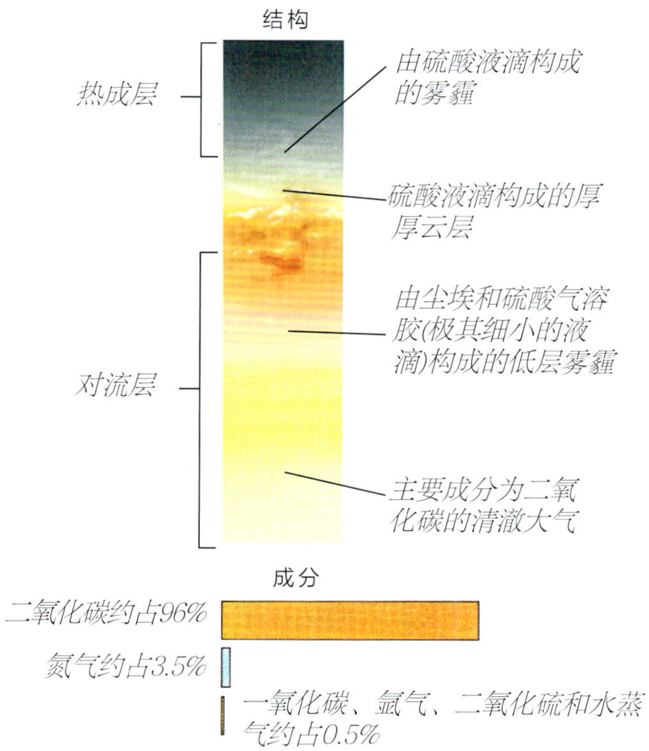

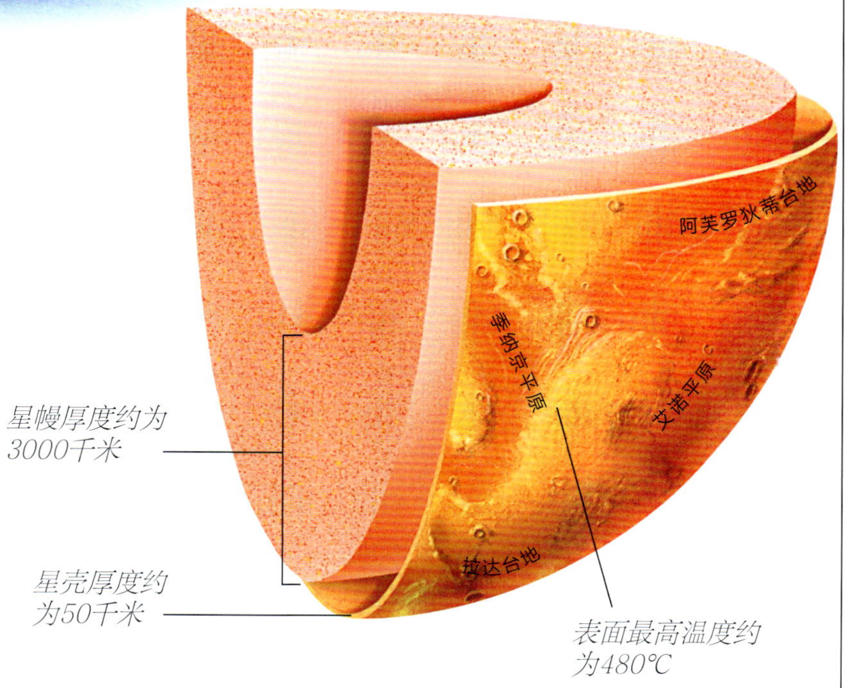

月球

从地面看到的月球

月球是地球唯一的天然卫星。它在卫星里算是大个头，直径约为3470千米——稍稍超过地球的四分之一。月球的自转周期和它围绕地球公转的周期相同，都是27.3天，因此它总是用同一面朝向我们。不过，我们能看到多少月球的表面（即月相）取决于朝向我们的这一面有多少被太阳照亮。月球干燥而荒芜，没有大气和水。它的主要成分是固态的岩石，不过也有可能在核心藏有熔融状的岩石和铁。月面覆盖着尘土，高地上布满陨石撞击坑，而在低洼处，大型撞击坑被熔岩流填充，凝固后形成被称为月海的阴暗区域。月海主要分布在朝向地球的一面，这里的月壳比月背薄。多数撞击坑的边缘围绕着环形山，形成撞击坑的外壁，有时能有几千米高。

月球自转

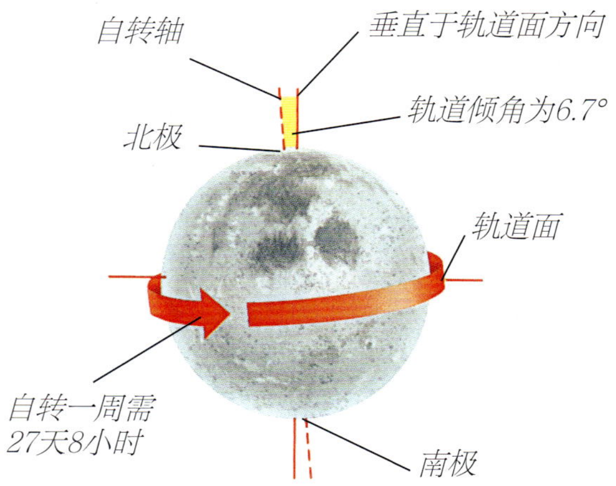

风暴洋上的撞击坑

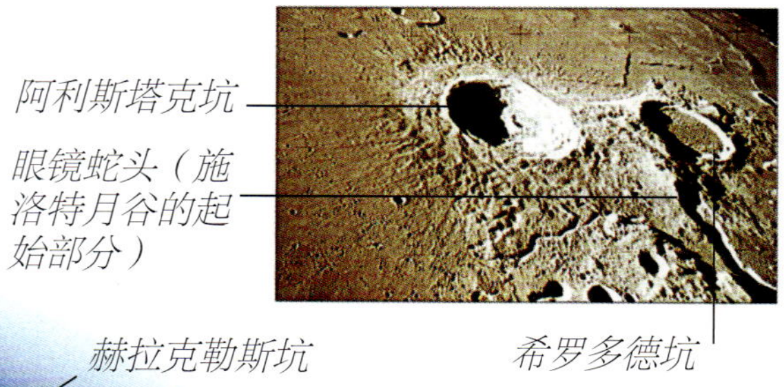

月球正面

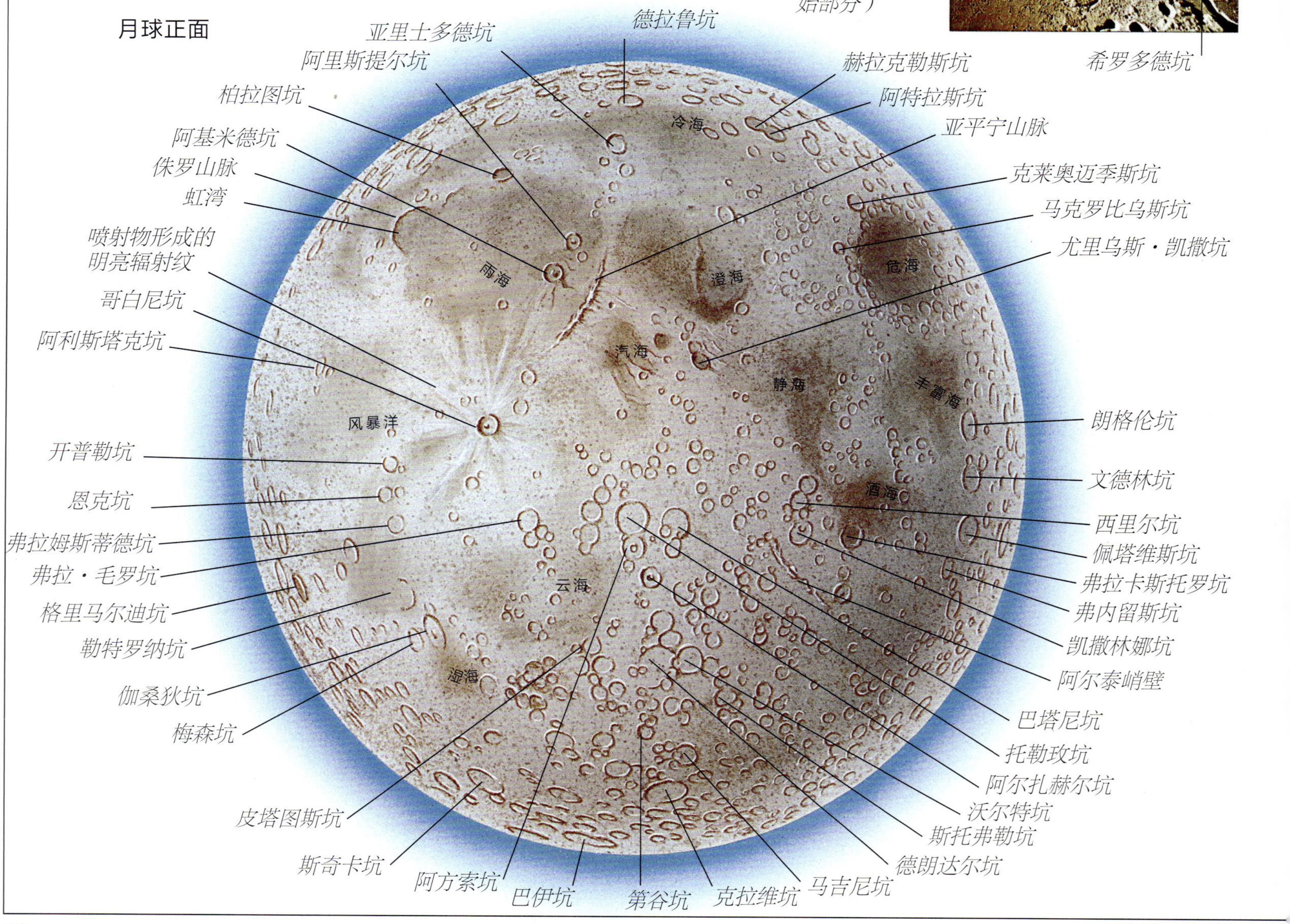

月相

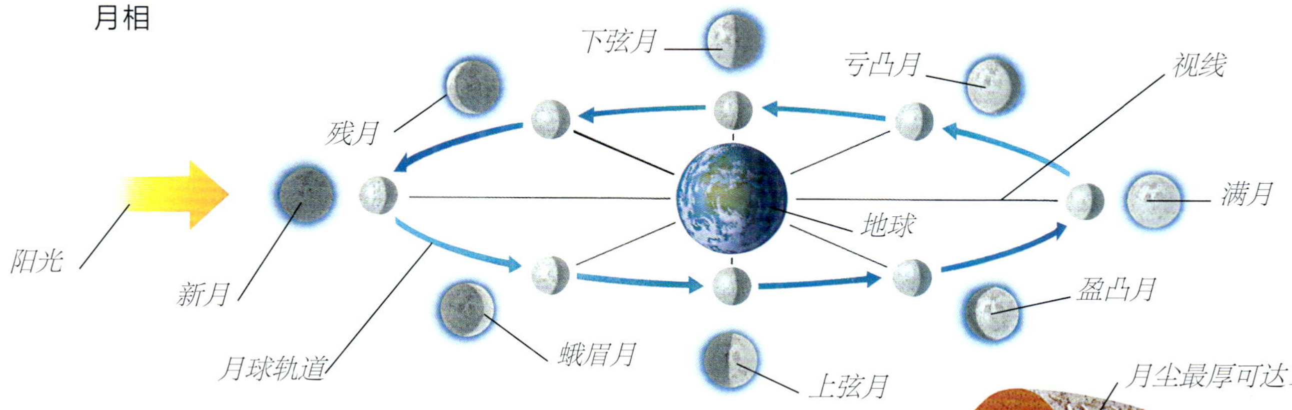
下弦月
亏凸月
视线
残月
满月
阳光
新月
地球
盈凸月
月球轨道
蛾眉月
上弦月

月球背面

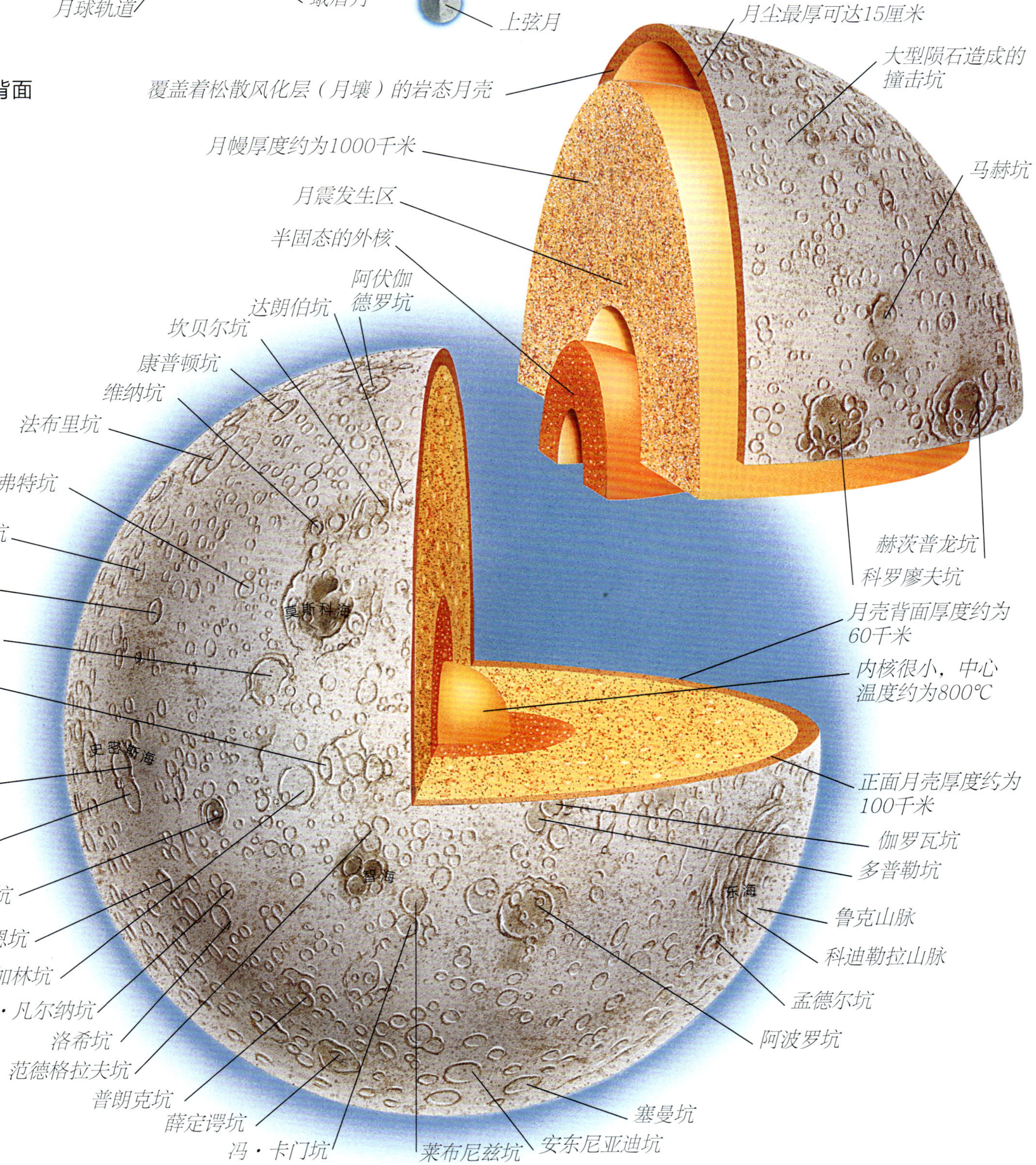
月尘最厚可达15厘米
覆盖着松散风化层（月壤）的岩态月壳
大型陨石造成的撞击坑
月幔厚度约为1000千米
马赫坑
月震发生区
半固态的外核
阿伏伽德罗坑
达朗伯坑
坎贝尔坑
康普顿坑
维纳坑
法布里坑
赛弗特坑
约里奥坑
弗莱明坑
门捷列夫坑
基勒坑
莫斯科海
史密斯海
赫茨普龙坑
科罗廖夫坑
月壳背面厚度约为60千米
内核很小，中心温度约为800℃
巴斯德坑
希尔伯特坑
正面月壳厚度约为100千米
伽罗瓦坑
多普勒坑
齐奥尔科夫斯基坑
智海
东海
鲁克山脉
米尔恩坑
科迪勒拉山脉
加加林坑
孟德尔坑
儒勒·凡尔纳坑
洛希坑
阿波罗坑
范德格拉夫坑
普朗克坑
塞曼坑
薛定谔坑
冯·卡门坑
莱布尼兹坑
安东尼亚迪坑

火星

火星

火星这颗红色的行星，离太阳的距离排在第四位，是最靠外的岩质行星。19世纪的天文学家首先观测到一些当时认为与火星生命有关的迹象，包括表面上看起来像是运河的线条，还有当时猜测是菜地的深色小块区域。现在已经知道，所谓的“运河”是视觉上的错觉，而深色的小块只是火星表面的红色尘土被狂风刮走后露出的地面。微细的尘埃常常被狂风卷起，形成尘暴，这几乎在火星上的每一个地方都时有发生。残留在大气中的尘埃使大气呈现粉红的色调。火星的北半球有许多巨大的平原，这是由凝固的火山熔岩流形成的，南半球则有大量陨击坑和撞击产生的巨大盆地。这里还有不少巨大的活火山，包括太阳系内已知的最大火山——奥林匹斯火山，直径达到600千米，有25千米高。火星表面还有许多峡谷和分支状的河道。峡谷是由星壳的表面运动形成的，河道则来自曾经在这里奔流的河水，虽然现在早已干涸。火星大气比地球稀薄得多，云层和早上的雾霾都很少。火星有两个形状不规则的小卫星，名叫火卫一和火卫二。从大小看来，它们很可能是被火星引力俘获的小行星。

火星自转

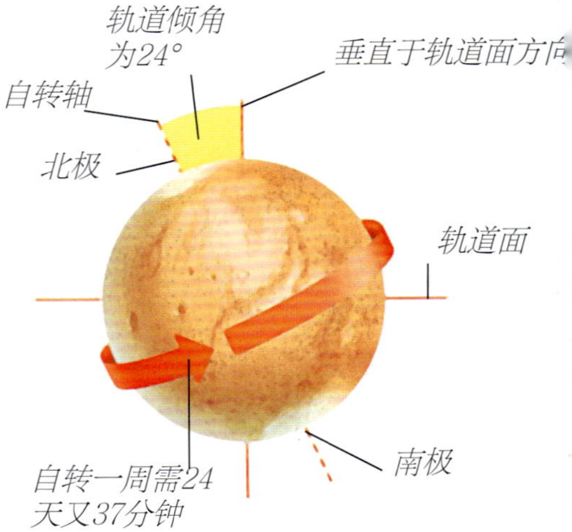

火星表面特征

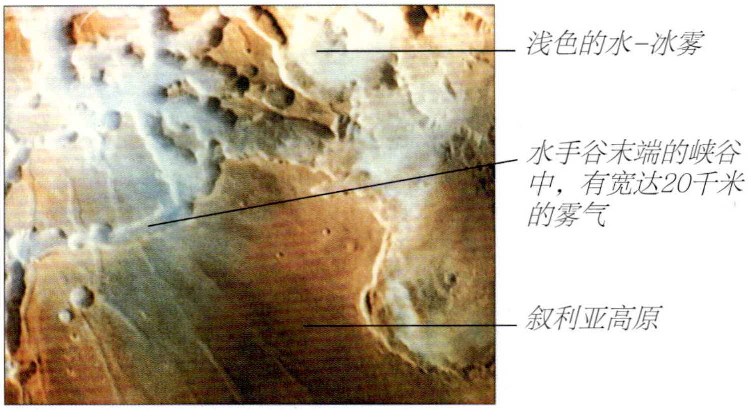

诺克提斯沟网（峡谷系统）

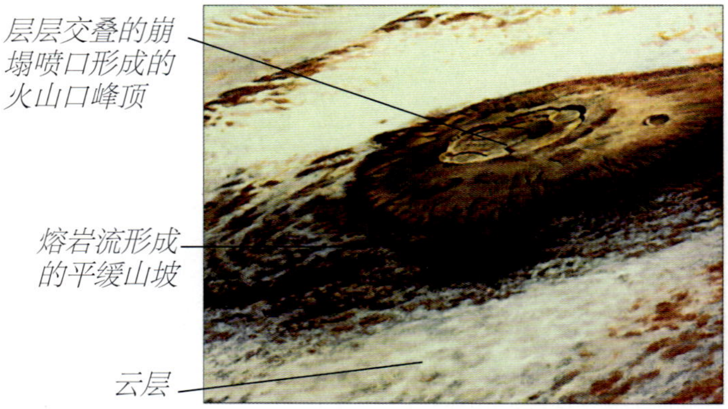

奥林匹斯山（盾状火山）

火星表面

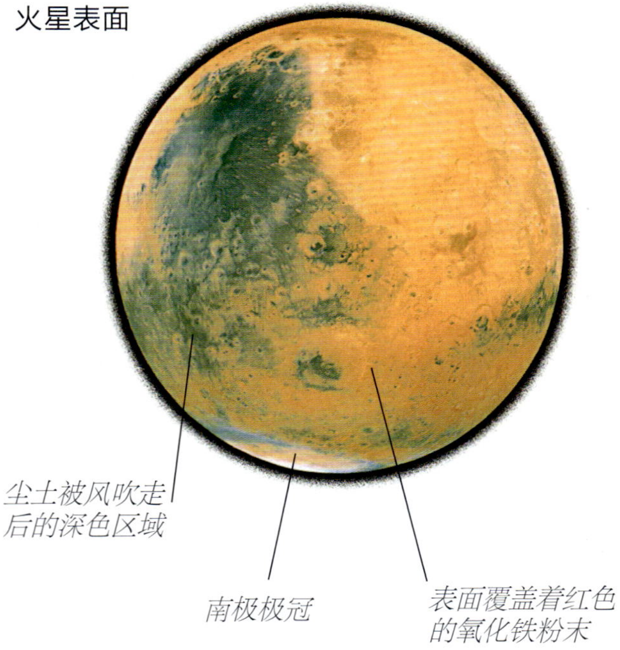

火星的卫星

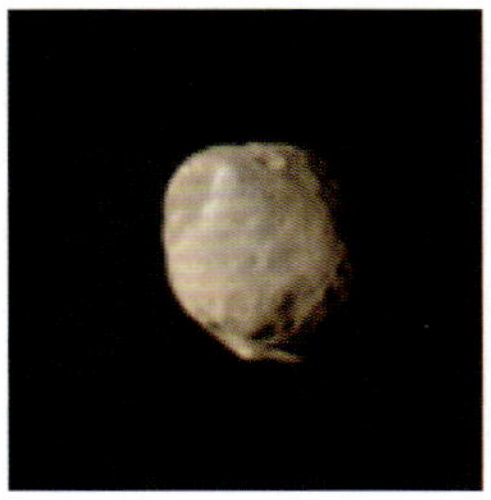

火卫一
平均直径：22千米
与火星平均距离：9400千米

火卫二
平均直径：13千米
与火星平均距离：23500千米

火星表面特征及内部结构

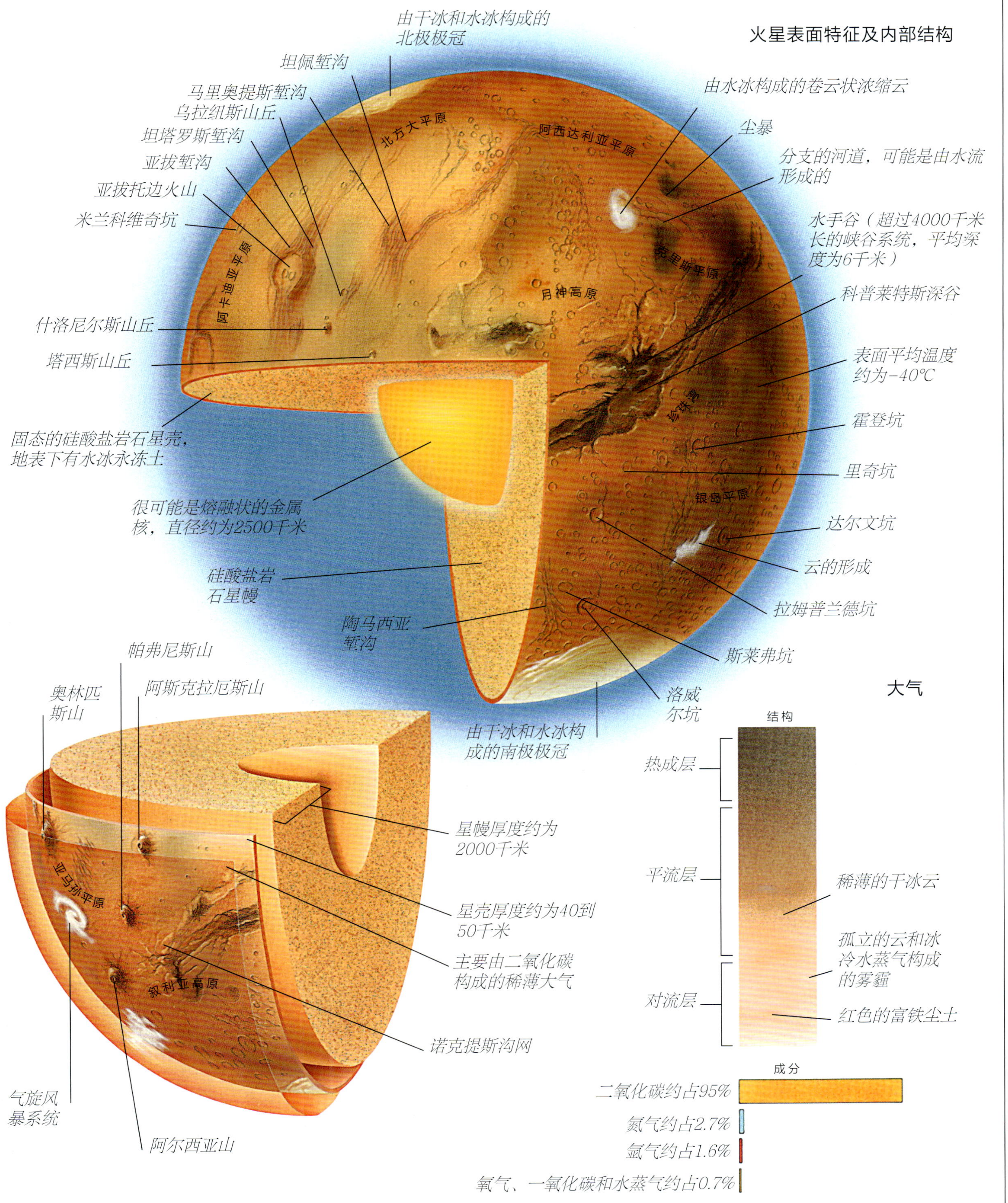

木星

木星

木星是离太阳第五近的行星，在四个巨行星里最靠近太阳。它的体积和质量都是太阳系所有行星之冠，直径是地球的11倍，质量是其他行星质量总和的2.5倍。天文学家认为木星有一个很小的岩态核，被金属氢（看起来像金属的液态氢）构成的内幔包裹着。在内幔外，是液态的氢和氦构成的外幔，外幔的表层与气态的大气融合。木星自转很快，这让大气里的云形成了一条条环绕整个行星的云区和云带，这些区和带都与木星赤道平行。“带”指的是颜色较暗、高度较低、相对温暖的云层，“区”则指的是较为明亮、高度也更高的较冷的云层。在带和区之间，湍流使得云层形成了白卵斑和红斑等结构，它们都是巨大的气旋风暴。其中最明显的一个被称为大红斑，由直径相当于三个地球的一个旋转云柱构成，一直延伸到上层大气外8千米的高度。木星有一道稀薄暗淡的光环，这是它的主环，主环内侧有一道由微小粒子组成的非常纤细的“光晕环”，外侧是分为两个部分的宽广而暗弱的“薄纱环”。木星共有68颗已知的卫星。其中最大的四颗（又被称为伽利略卫星）是木卫三、木卫四、木卫一和木卫二。木卫三和木卫四是冰质的，表面有陨击坑。木卫二也是冰质的，表面光滑，可能有地下水形成的海洋。木卫一表面布满了明亮的红色、橙色和黄色斑点，这些颜色是由来自活火山的硫化物造成的。火山喷发时的熔岩流高达数百千米。

木星自转

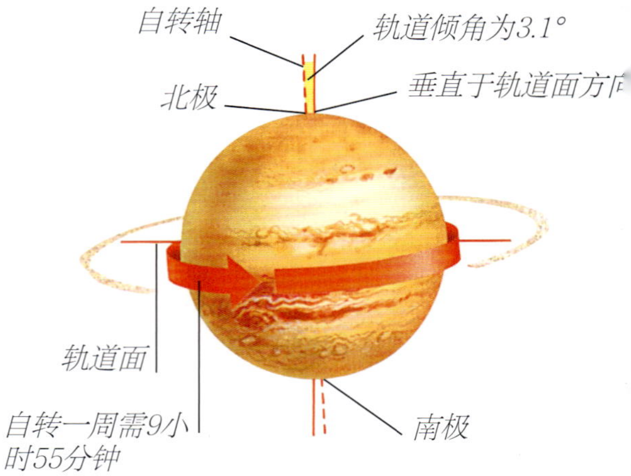

大红斑和白卵斑

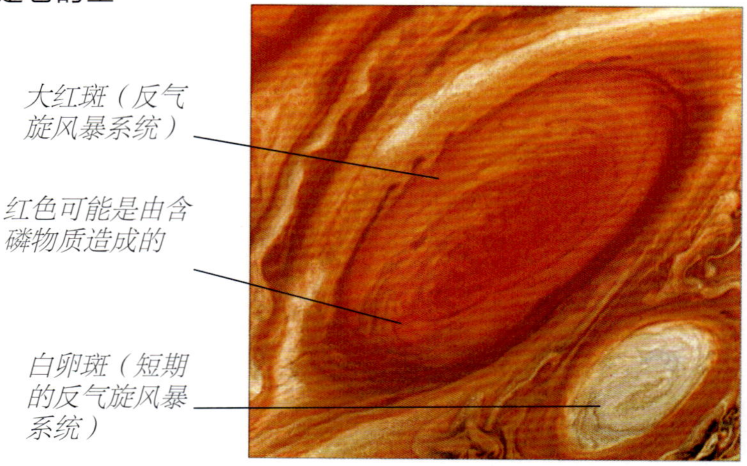

木星的伽利略卫星

木卫二
直径：3130千米
与木星平均距离：670900千米

木卫四
直径：4806千米
与木星平均距离：1883000千米

木卫三
直径：5268千米
与木星平均距离：1070000千米

木卫一
直径：3642千米
与木星平均距离：421800千米

木星内环

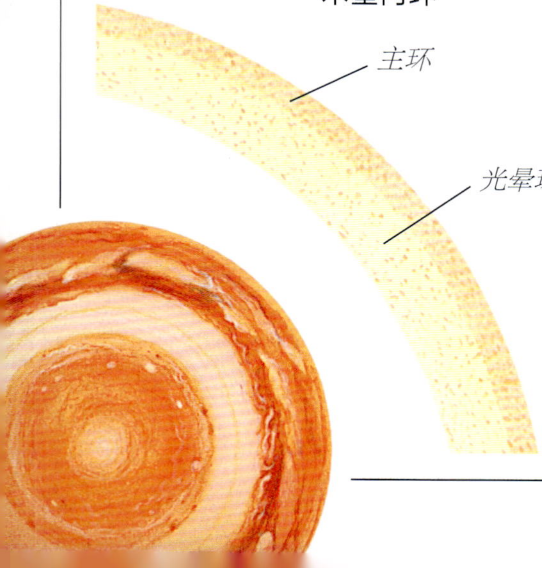

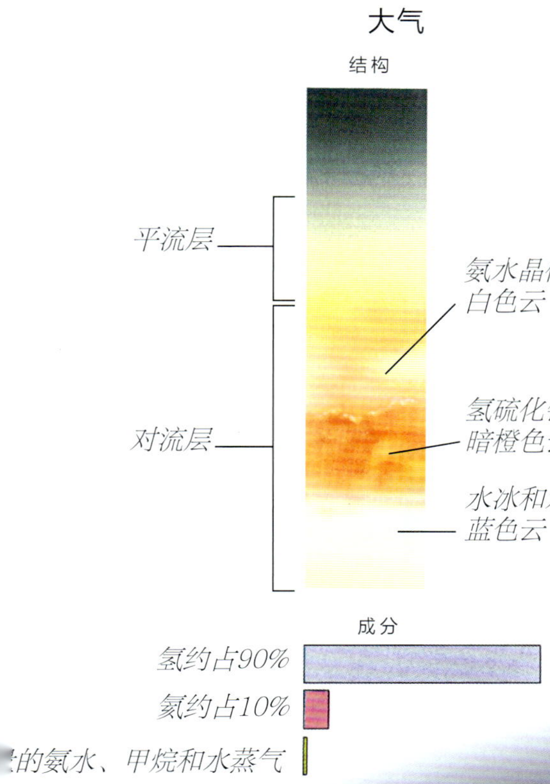
大气
结构
平流层
对流层
氨水晶体形成的
白色云
氢硫化铵晶体形成的
暗橙色云
水冰和水滴形成的青
蓝色云
成分
氢约占90%
氦约占10%
的氨水、甲烷和水蒸气

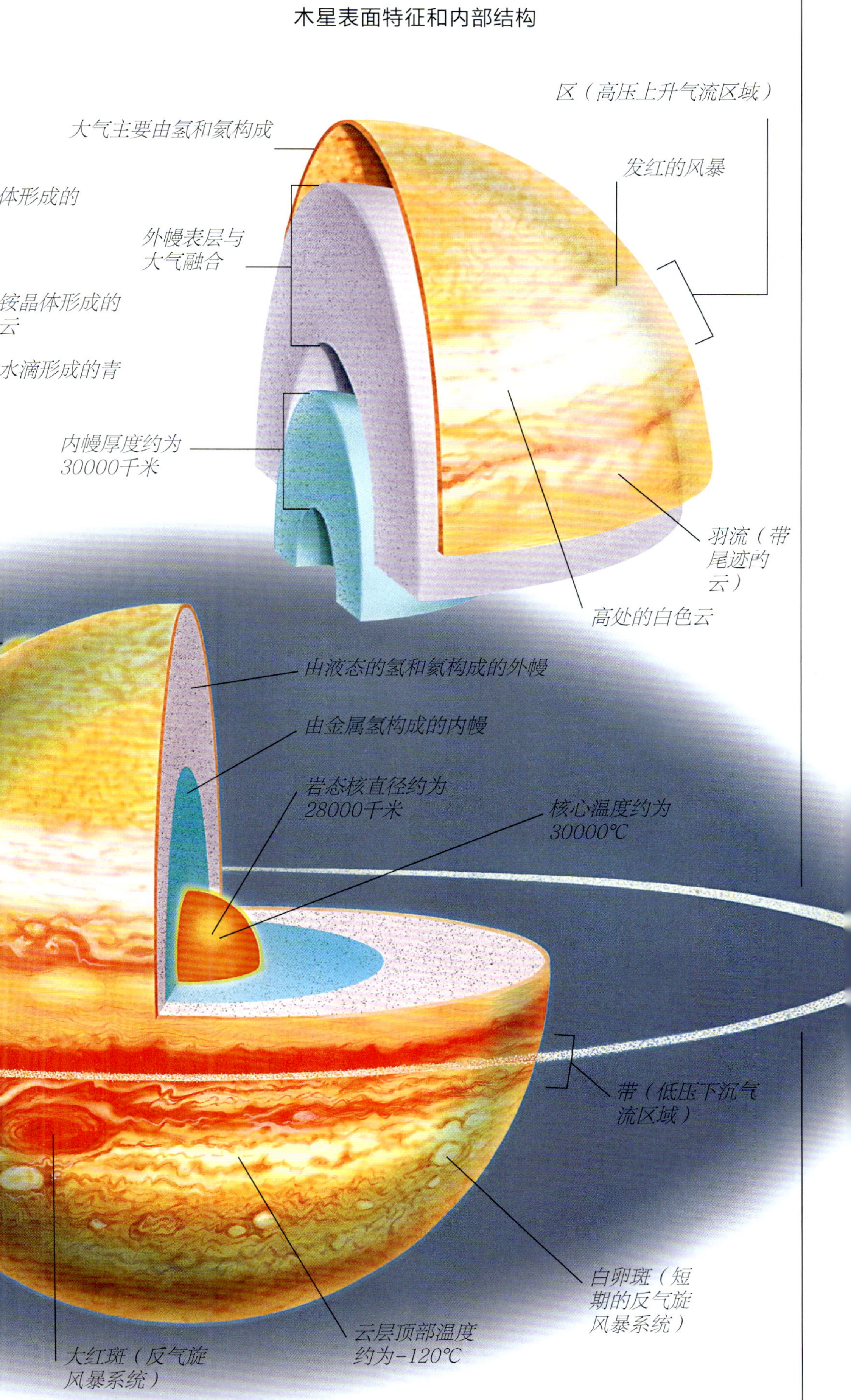
木星表面特征和内部结构
区（高压上升气流区域）
大气主要由氢和氦构成
发红的风暴
外幔表层与
大气融合
内幔厚度约为
30000千米
羽流（带
尾迹的
云）
高处的白色云
北极光
北温带区
北温带
北热带区
北赤道带
赤道区
南赤道带
南热带区
南温带
南温带区
闪电
由液态的氢和氦构成的外幔
由金属氢构成的内幔
岩态核直径约为
28000千米
核心温度约为
30000℃
带（低压下沉气
流区域）
白卵斑（短
期的反气旋
风暴系统）
云层顶部温度
约为-120℃
大红斑（反气旋
风暴系统）

土星

土星

土星是离太阳第六近的行星。它是和木星差不多大的气态巨行星，赤道直径约为120500千米。天文学家认为土星有一个由岩石和冰混合而成的核，核外包裹着金属氢（看上去像金属的液态氢）构成的内幔。在内幔外侧是由液态氢构成的外幔，其表层与气态的大气层融合。土星的云层也像木星一样形成带和区的结构，但被更外层的雾霾遮挡。云层中也有气旋和涡流，看上去是红色或白色的卵斑。土星的光环系统薄而宽广，厚度不到1000米，却一直延伸到距离行星表面420000千米远处的宇宙空间。光环主体可以分为几千条窄环，每一条都由冰质的石块构成，尺寸范围在微粒到几米直径的大块岩石之间变化。D环、E环和G环很暗，F环稍微亮一点，A环、B环和C环从地球上用双筒望远镜就能看见。2009年，在主环外侧600万千米的地方发现了一道巨大的尘埃环。土星有60多颗已知的卫星，其中一些的轨道在光环里，天文学家认为它们的引力影响了光环的形状。比较特别的是，所有这些卫星里有7颗是共轨的——它们与别的卫星分享同一条轨道。这种共轨卫星可能是由一颗单独的卫星分裂而成的。

土星自转

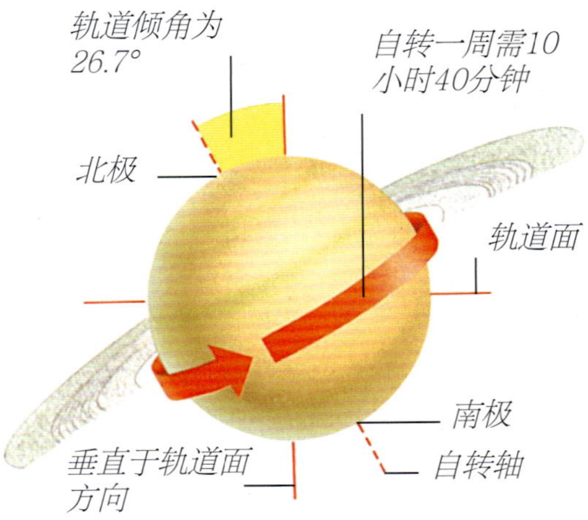

土星云层特征的假彩色图像

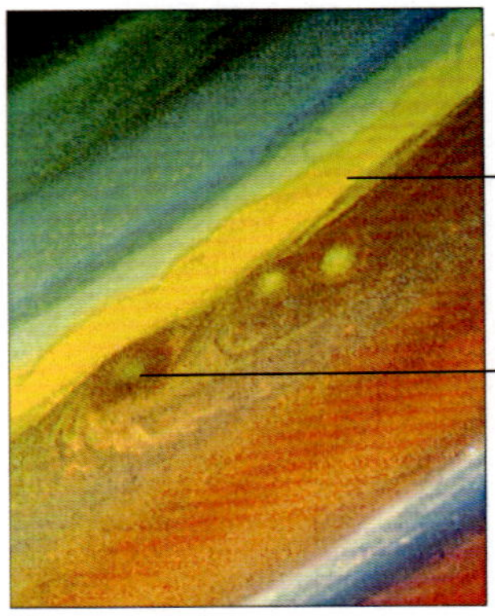

土星内环

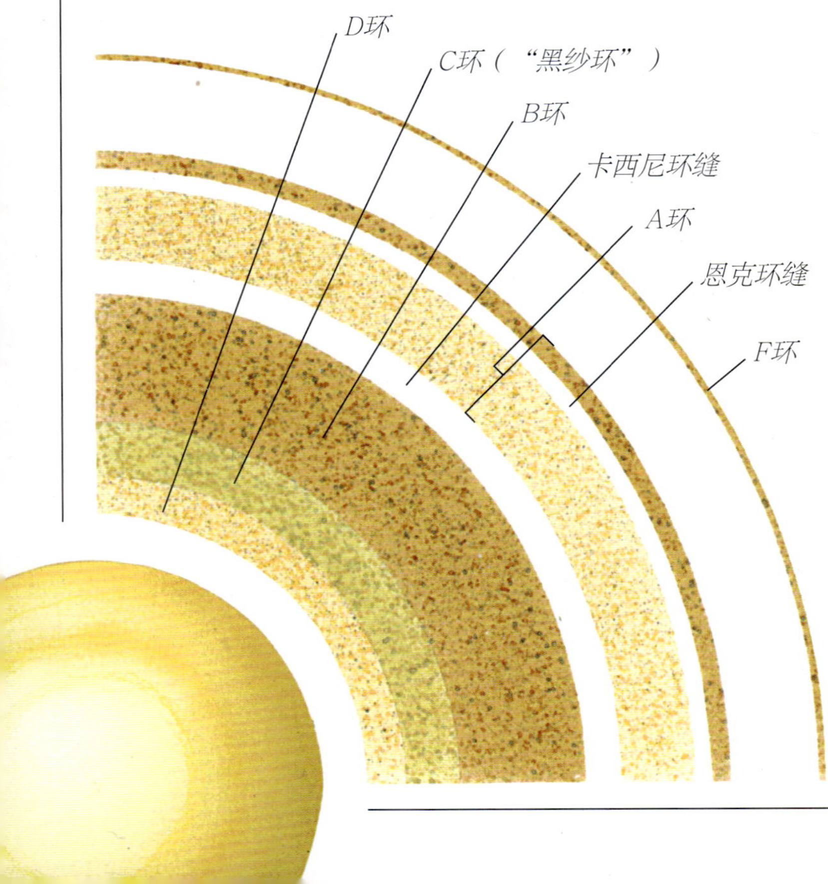

土星的卫星

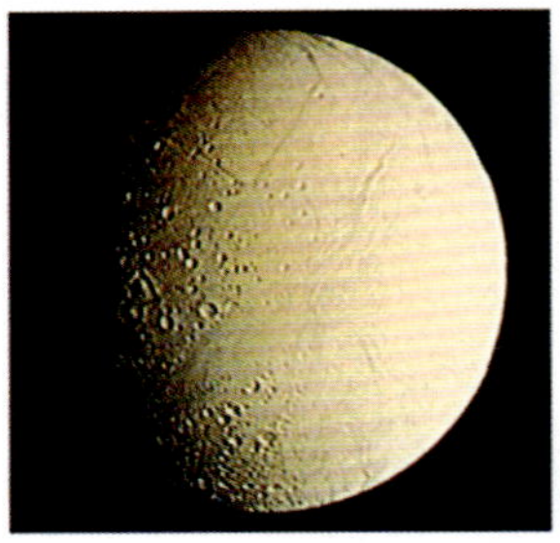
土卫二
直径：498千米
与土星平均距离：238000千米

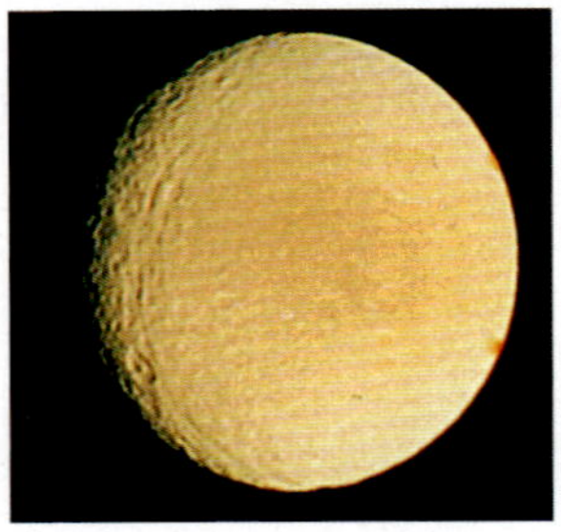
土卫三
直径：1066千米
与土星平均距离：295000千米

土卫四
直径：1123千米
与土星平均距离：377000千米

土卫一
直径：397千米
与土星平均距离：186000千米

土星表面特征和内部结构

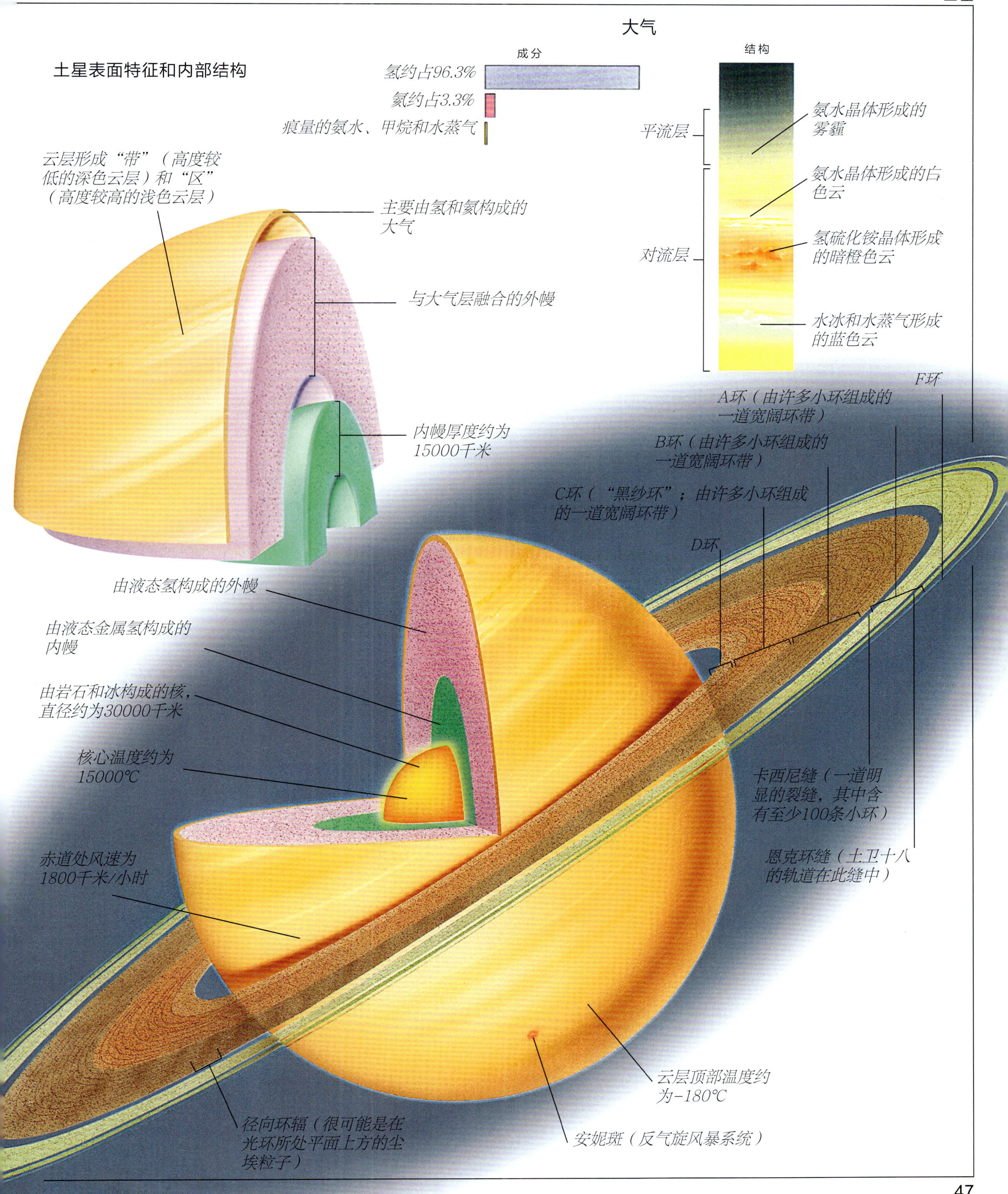

天王星

天王星的假彩色图像

天王星是太阳系由内到外的第七颗行星，体积排名第三大，直径约为51000千米。天文学家认为在它的固态核外包覆着由不同种类的冰和气体组成的致密混合物。天王星的大气含有痕量的甲烷，让这颗行星呈现蓝绿色调，云层顶部的温度约为−210℃。它在我们近距离观察过的行星里是最缺乏表面特征的一个，迄今为止只发现了少量的甲烷冰云。天王星有一点在太阳系所有行星里独树一帜：它的自转轴和公转轨道平面贴得很近。由于自转倾角非常大，天王星实际上是在公转轨道上“躺着”，而其他行星的自转基本都是“站着”的。天王星的主环由岩石碎块组成，环与环之间由尘埃带间隔开，更远的外环则完全由尘埃构成。天王星的光环非常细，里面还包含了一些在太阳系里算得上最暗的物质，所以非常难以探测：许多小环的宽度不到10千米，而土星每道环的宽度动不动就有好几千米。天王星共有27颗已知的卫星，全部都是冰质的，绝大多数位于光环系统外侧。其中13颗内卫星很小很暗，直径全都小于160千米，而5颗大卫星的直径则在470到1600千米之间。大卫星们的表面特征各不相同。天卫五的表面起伏最大，大片的撞击坑区域上布满了高达20千米的环形山和峭壁。在大卫星们外侧，是9颗更远的卫星，直径小于150千米。

天王星自转

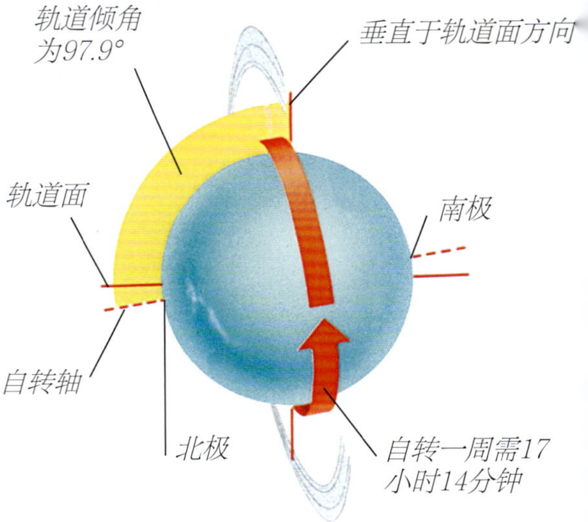

大卫星

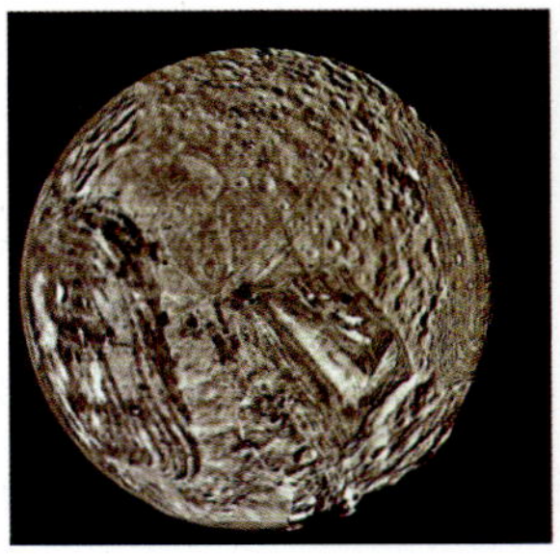

天卫五
直径：470千米
与天王星平均距离：129800千

天王星的光环

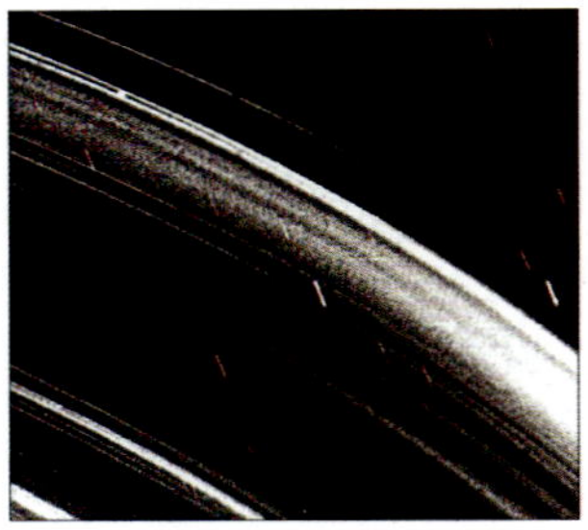

光环和尘埃带

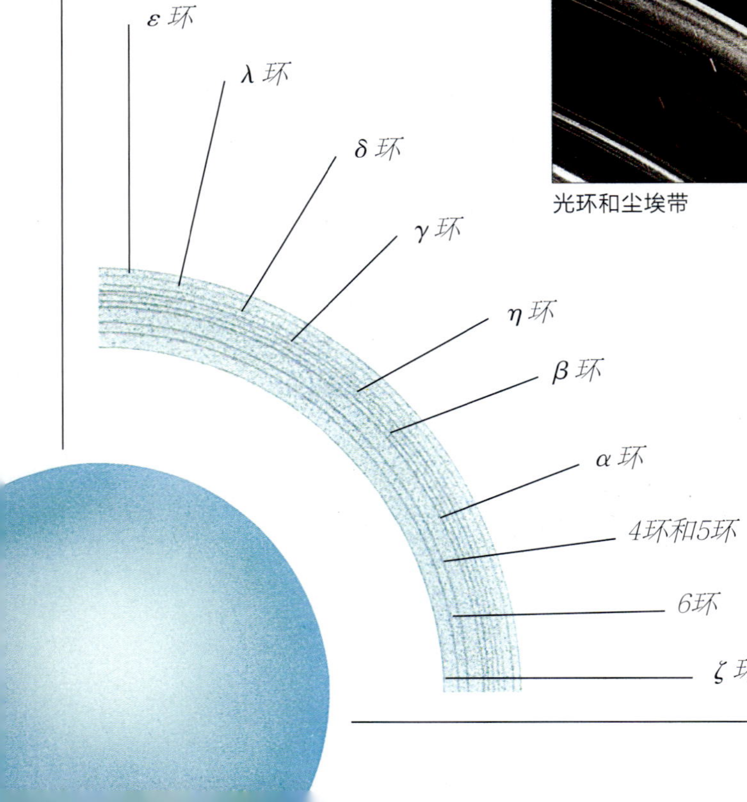

天卫一
直径：1158千米
与天王星平均距离：191200千米

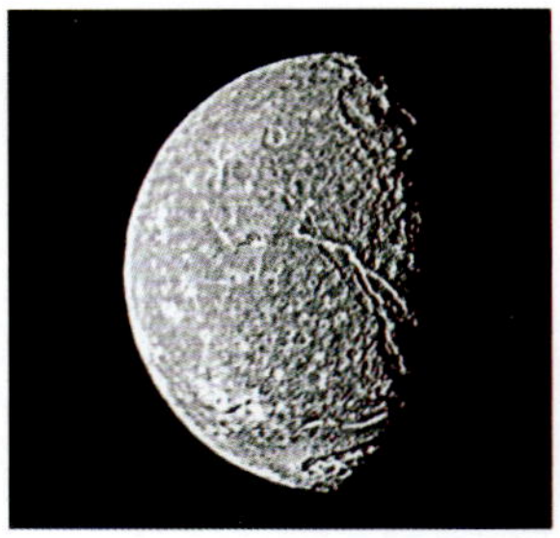

天卫三
直径：1578千米
与天王星平均距离：435800千

天卫二
直径：1170千米
与天王星平均距离：266000千米

天卫四
直径：1523千米
与天王星平均距离：583600千米

天王星表面特征和内部结构

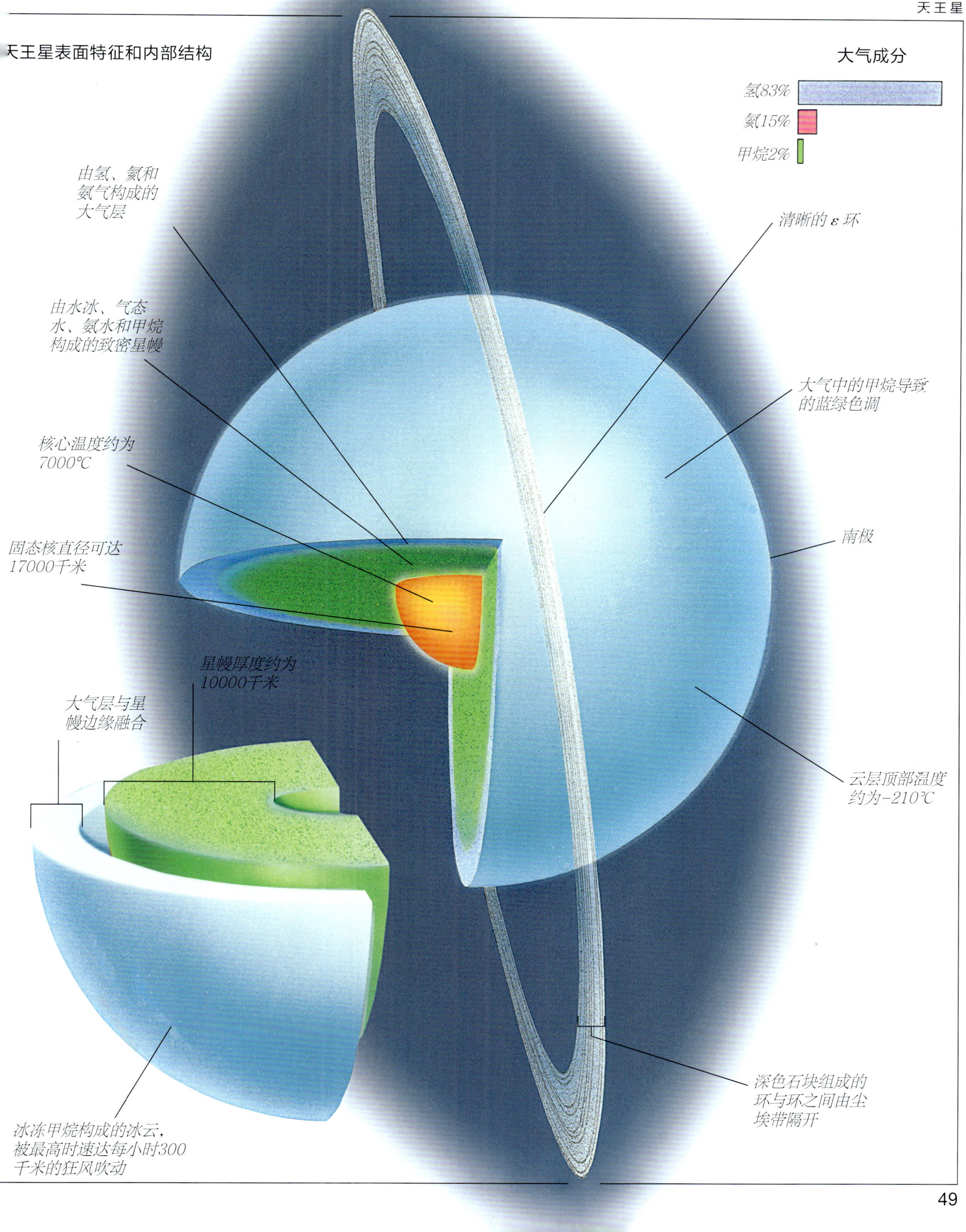

海王星和冥王星

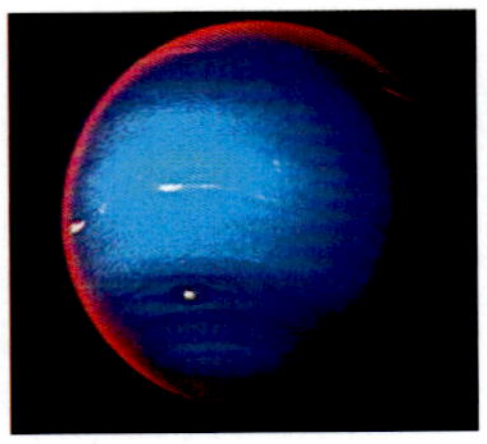

海王星的假彩色图像

海王星是太阳系离太阳最远的行星，和太阳的平均距离约为45亿千米。它在气态巨行星里体积最小，核可能也很小，核外包覆着各种液体和气体的混合物。人们在海王星的大气层中观测到好几个不稳定的云层特征，其中最大的一个是“大黑斑”，直径和地球相当，另外还有“小黑斑”和“速可达”。大小黑斑都是巨大的风暴，在时速高达2000千米/时的狂风吹动下扫过行星表面。“速可达”是一大片卷云区。海王星有6道纤细的光环和13颗已知的卫星。海卫一是海卫里最大的一个，也是太阳系里最冷的天体，表面温度为-240℃。和太阳系里绝大多数的卫星不同，海卫一围绕海王星旋转的方向与海王星的自转方向是相反的。从海王星轨道向外延伸的区域充满了柯伊伯带天体和矮行星。它们分布在像是一个巨大甜甜圈的区域中，这就是柯伊伯带。柯伊伯带天体是岩石和冰的混合物，形状很不规则，直径小于1000千米。比较大的矮行星，包括冥王星，形状都接近球体。冥王星是第一个被发现的海外天体，曾经被认为是一颗行星，直到2006年“矮行星”这个类别被划分出来。它由岩石和冰构成，直径为2274千米。冥王星有三颗已知的卫星。最大的一个叫冥卫一，直径约为冥王星的一半，很可能与冥王星有相同起源。

海王星自转

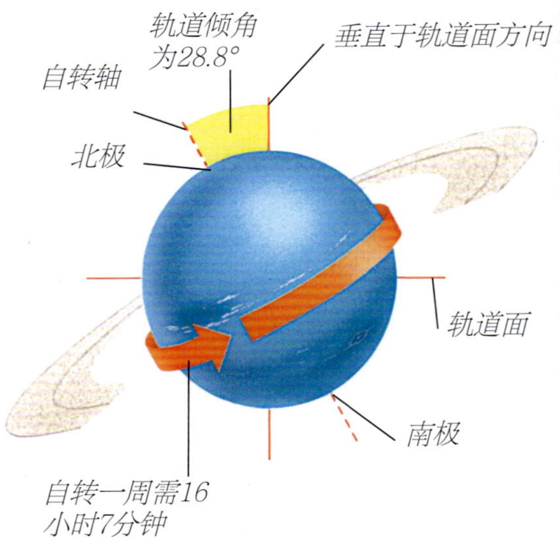

海王星的云层特征

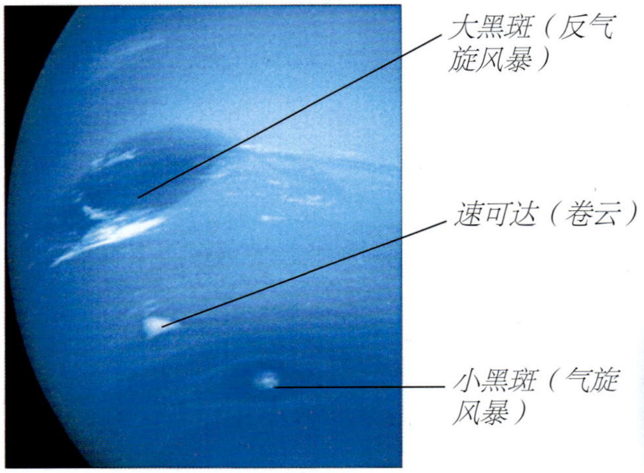

海王星的光环

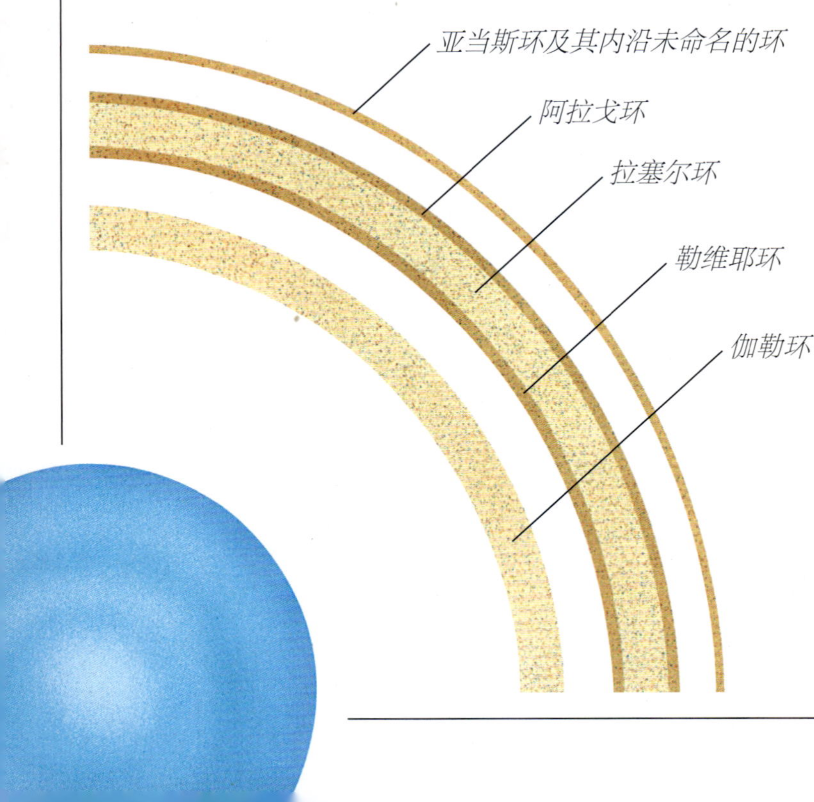

高处云层

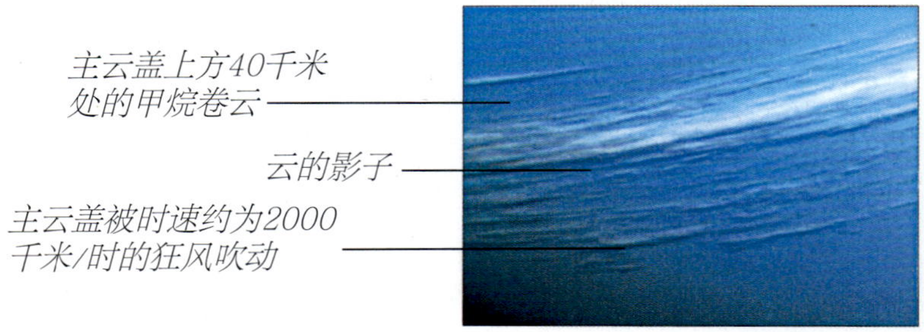

海王星的卫星

海卫一
直径：2705千米
与海王星平均距离：354800千米

海卫八
直径：416千米
与海王星平均距离：117600千米

海王星表面特征和内部结构

大气成分

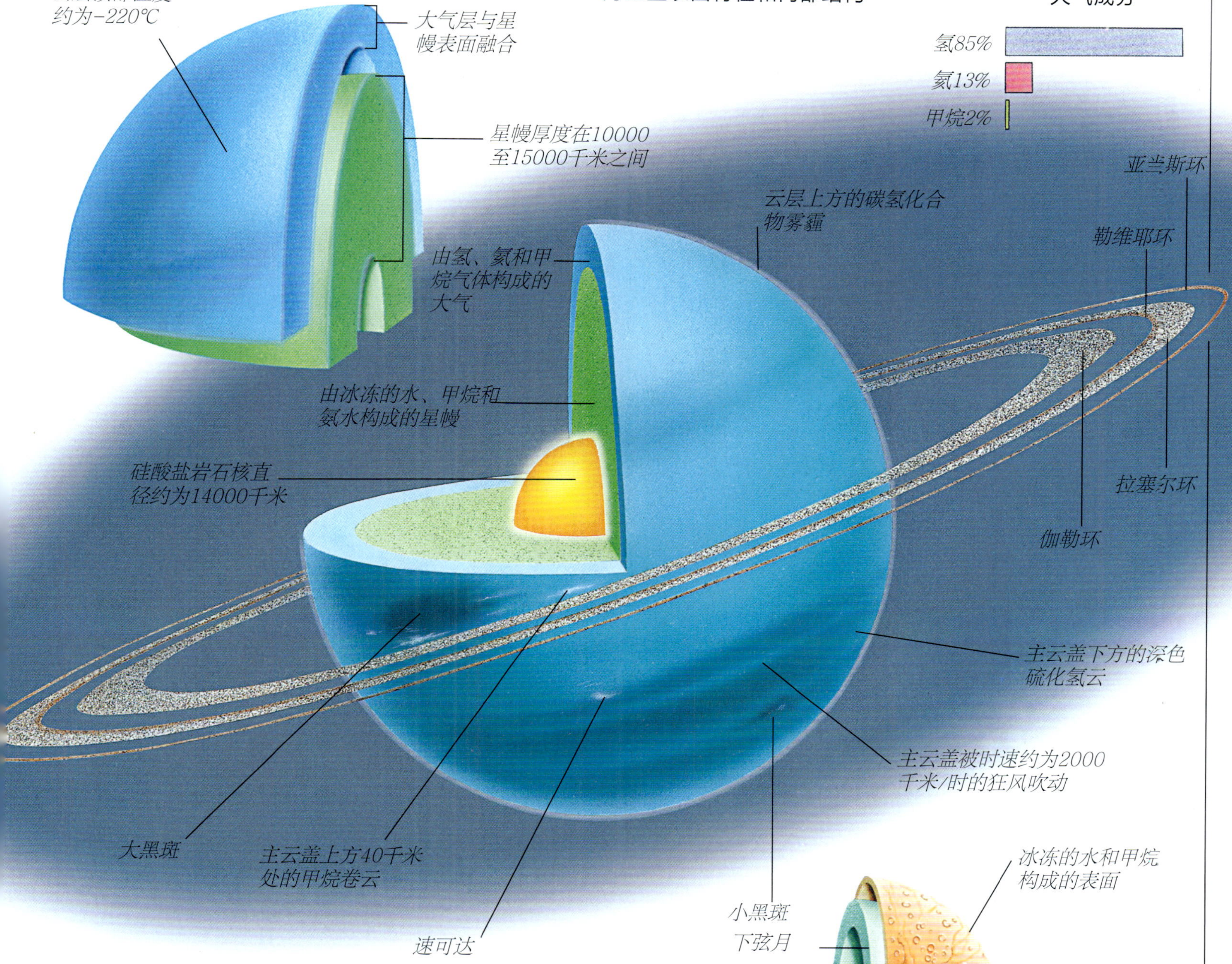

冥王星自转

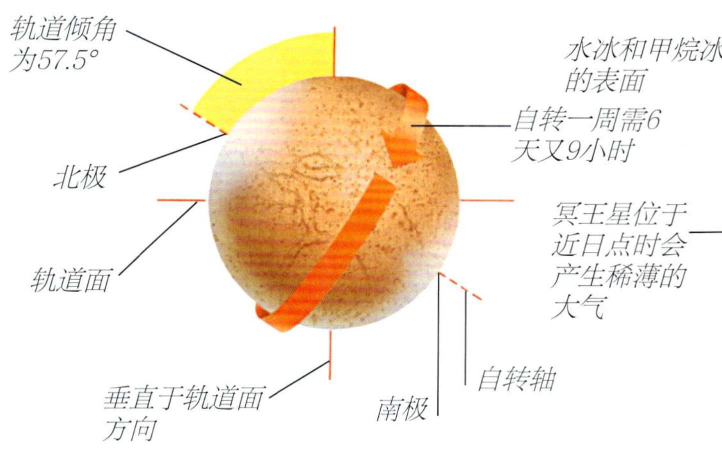

冥王星表面特征和内部结构

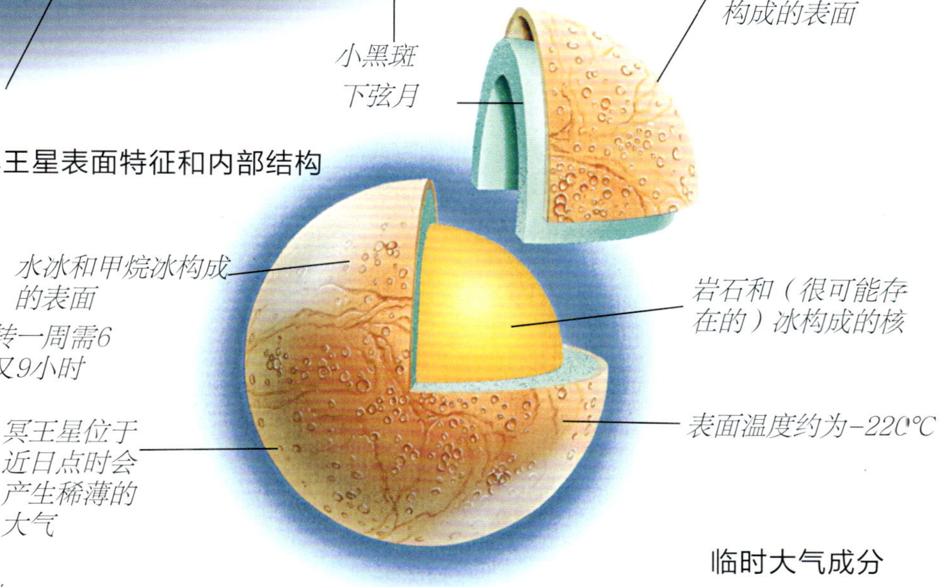

临时大气成分

小行星、彗星和流星体

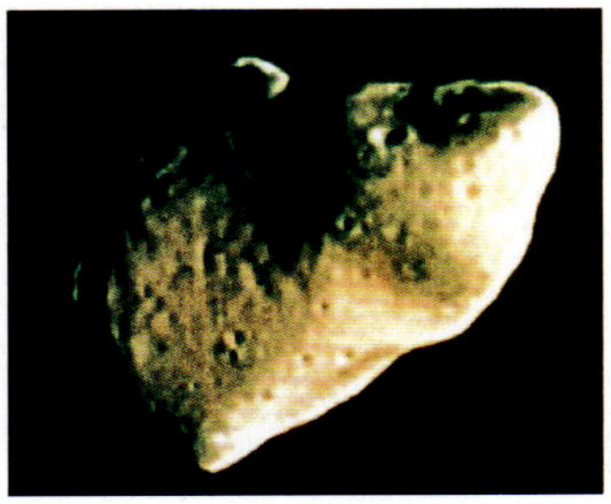

小行星951加斯帕

小行星、彗星和流星体都是在46亿年前从太阳星云诞生的过程中遗留下来的碎片。小行星是岩态天体，最大直径可达1000千米，但绝大多数比这个尺寸小得多。大部分小行星在位于火星和木星之间的小行星带中环绕着太阳运行。彗星核位于环绕在行星轨道外的一片巨大的云（称为“奥尔特云”）中。它们由冰冻的水和尘埃构成，直径约几千米。偶尔会有一颗彗星从奥尔特云中偏离，进入长椭圆轨道，前往离太阳更近的地方。当彗星接近太阳时，彗核开始在太阳的热量中蒸发，产生明亮的彗发（包裹在彗核外的巨大的气体尘埃球），还有气体彗尾和尘埃彗尾。流星体是由来自小行星和彗星的碎片组成的小团块，有的是石质，有的是石铁混合，尺寸范围在微小的尘埃粒子和直径几十米的天体之间。流星体进入地球大气层时，会摩擦生热，呈现明亮的尾迹，这就是流星。当地球从某颗彗星留下的尘埃粒子中经过时，会产生流星雨。绝大多数流星体会在大气层中燃烧掉，只有少数足够大的能留下来到达地面，这就是陨石。

哈雷彗星的光学图像

哈雷彗星的假彩色图像

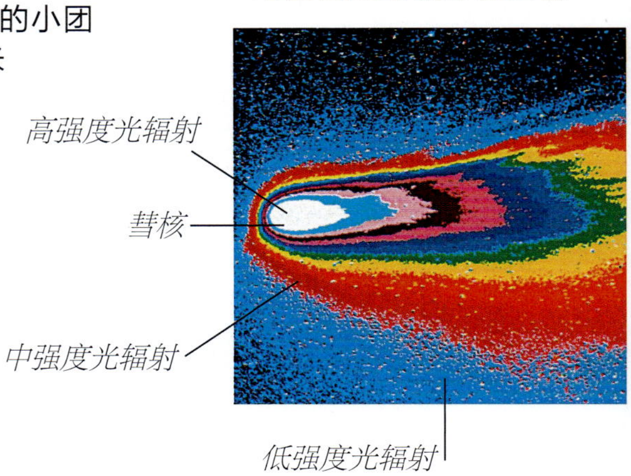

狮子座流星雨的假彩色图像

陨石

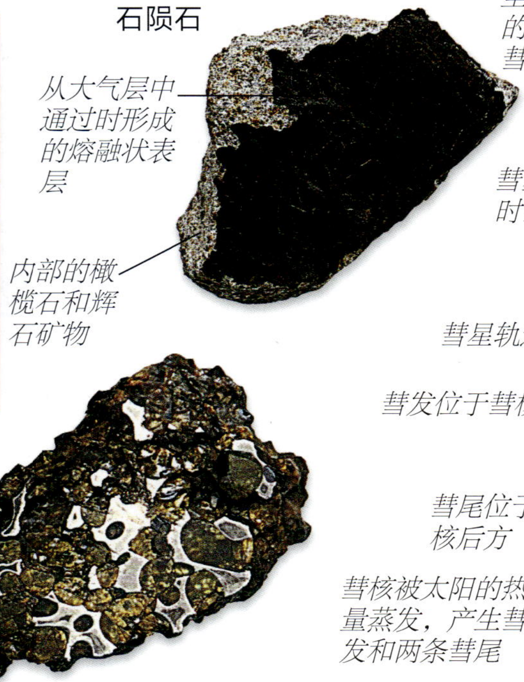

彗尾的变化过程

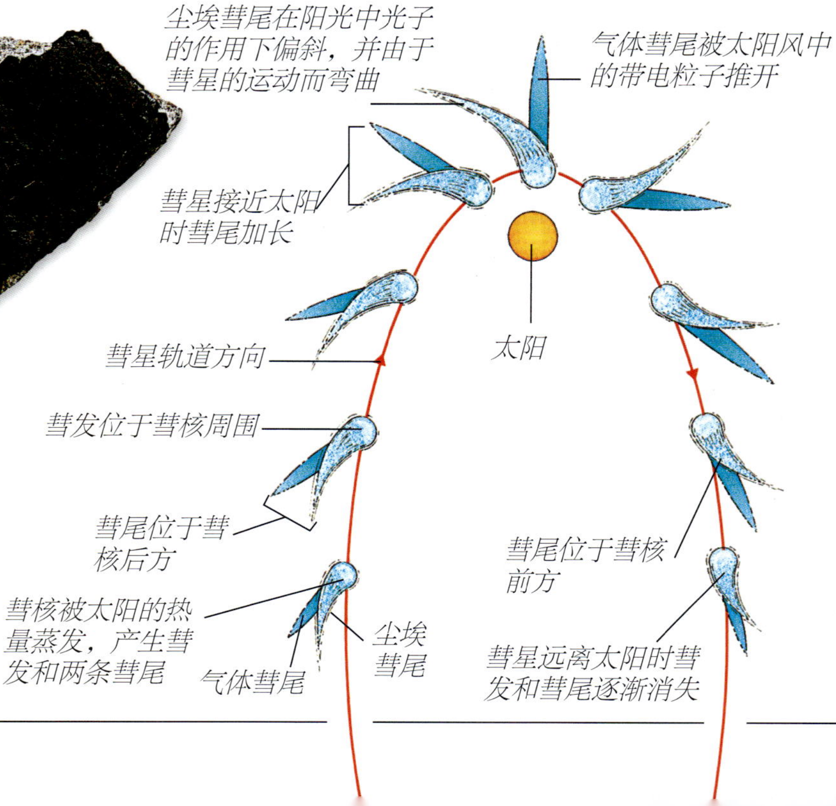

彗星特征

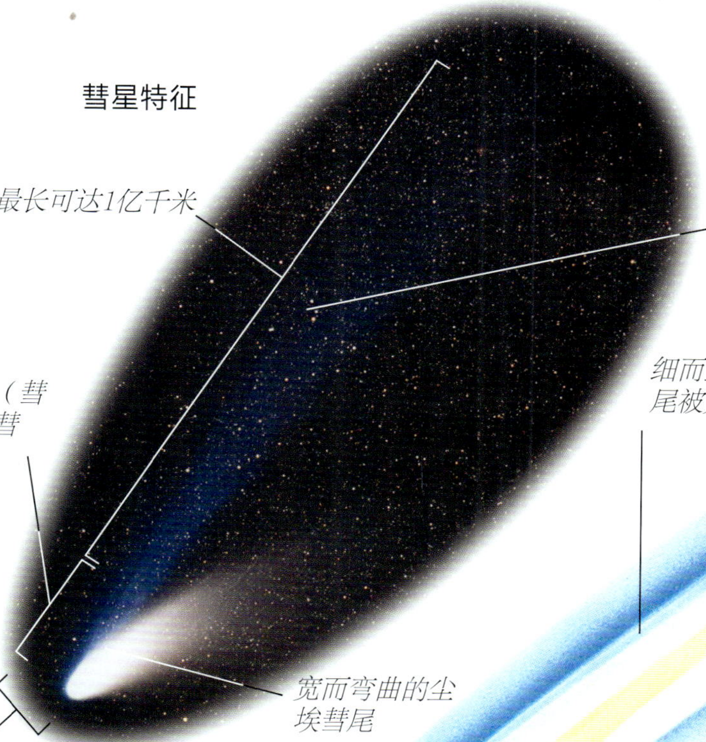

彗尾最长可达1亿千米
细而直的气体彗尾
彗头（彗发和彗核）
宽而弯曲的尘埃彗尾
彗核周围的彗发

彗星结构

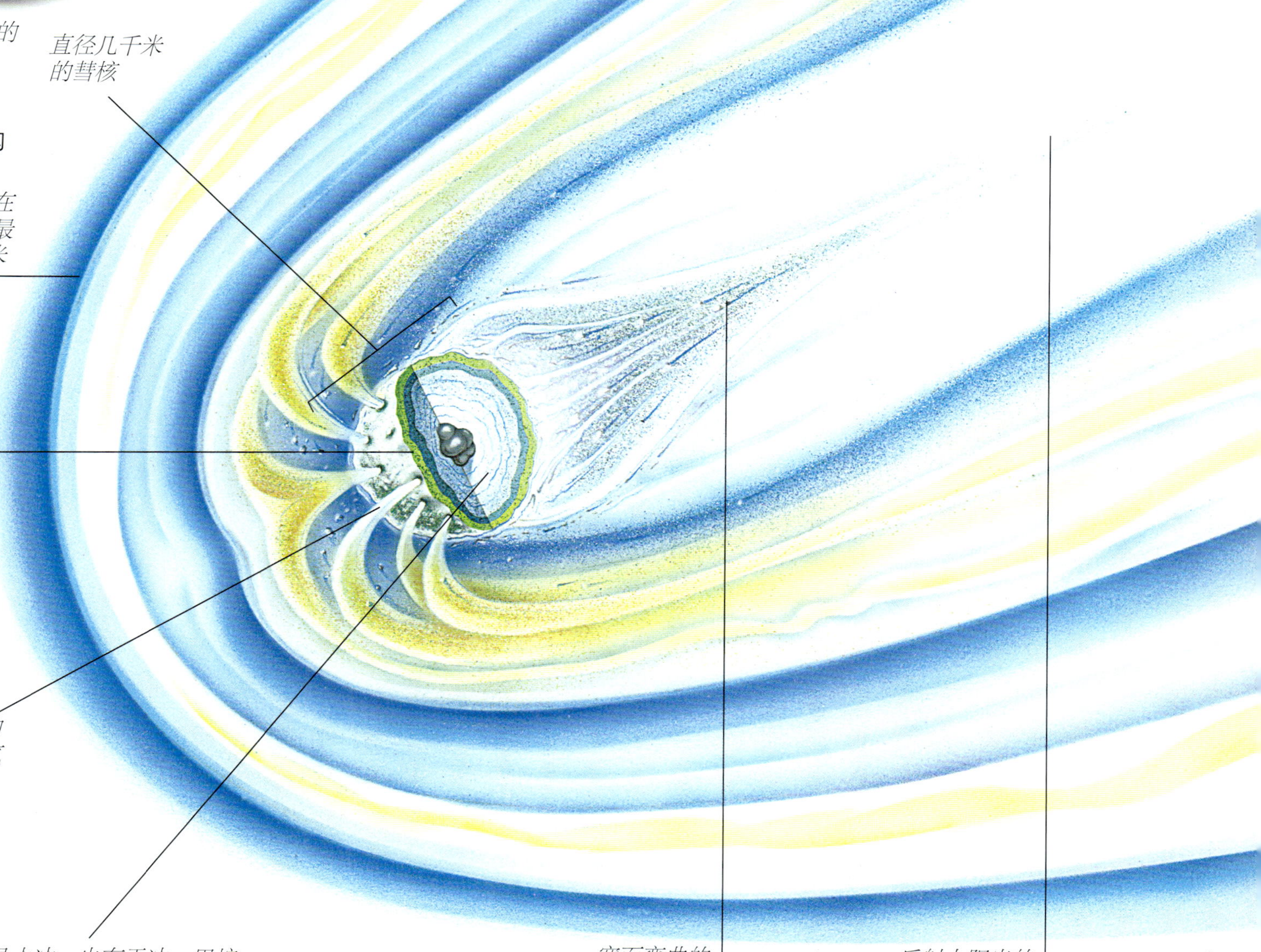

气体分子被太阳激发而发光
细而直的气体彗尾被太阳风吹动
直径几千米的彗核
光的彗发包覆在核周围，直径最可达100万千米
埃层，其的活动区喷射出气尘埃喷流
核被太阳照射的面蒸发，产生气尘埃喷流
冰（主要成分是水冰，也有干冰、甲烷冰和冻结的氨水）
宽而弯曲的尘埃彗尾
反射太阳光的尘埃粒子

史前地球

变化的地球

地球是在46亿年前由宇宙中漂浮的尘埃和气体形成的。密度大的矿物聚集到地球的中心，密度较小的构成一层薄薄的岩石外壳。已知早期的生命形式——细菌和蓝绿藻——直到38亿年前才出现，大约4亿年前出现较为复杂的植物和动物，从那以后成千上万种的物种开始进化。有些物种，如恐龙，生存了1.6亿年，有些却迅速灭绝了。地球自始至终持续变化着。

各大陆在5千万年前就基本处在今天的位置，现在依旧在地球表面漂移。像喜马拉雅山这样的山脉，大约在4千万年前形成，到现在仍在不断地升高。气候也在变化，地球经历了一系列冰川时期，两次冰期之间是温暖时期（最近一次冰期在1～2万年前到达鼎盛时期）。

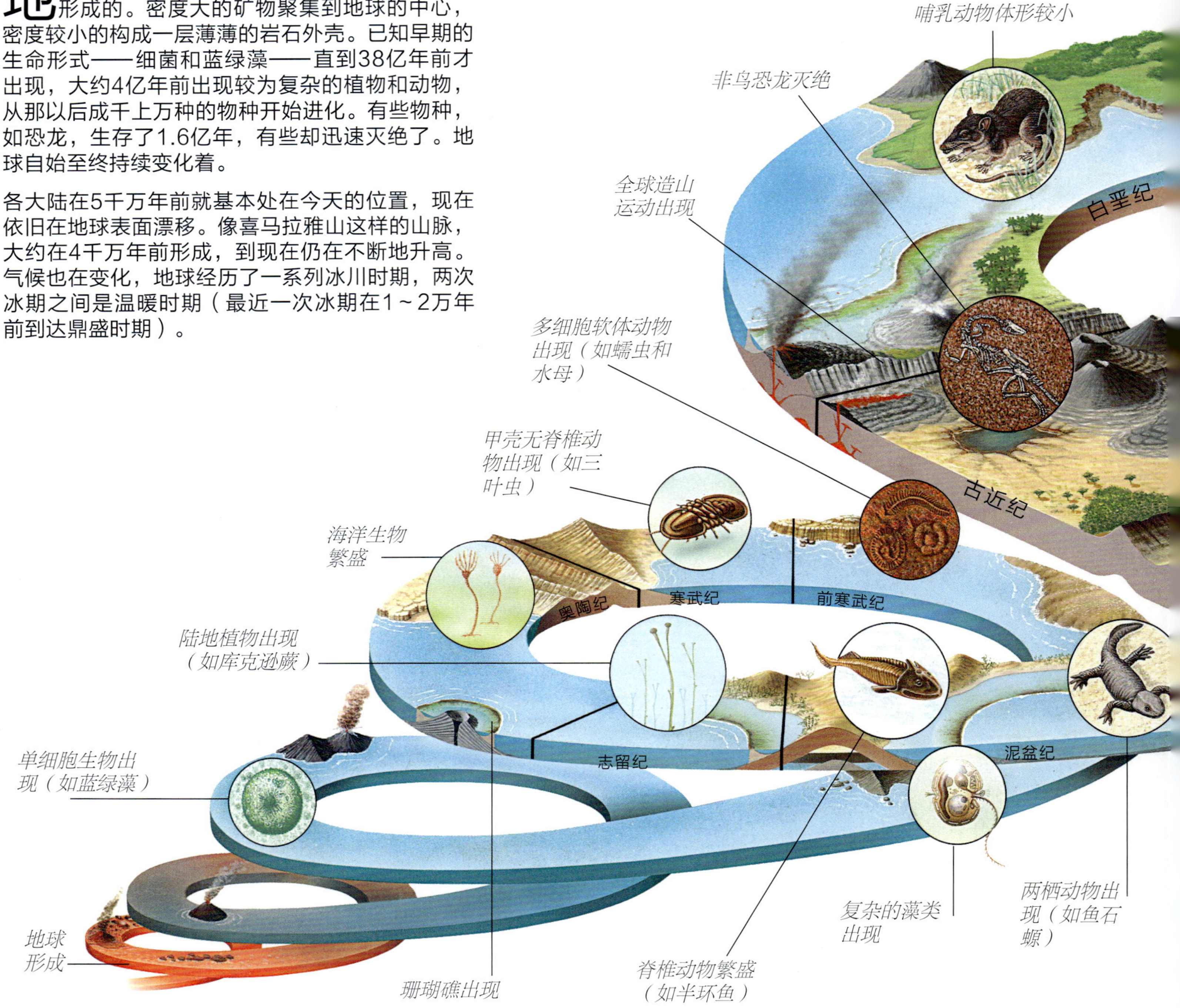

Ⅱ 地质年表（据2017年地层年代表）

数百万年前

4600–541	541–485	485–443	443–419	419–358	358–323	323–298
					密西西比纪（北美洲）	宾夕法尼亚纪（北美洲）
前寒武纪	寒武纪	奥陶纪	志留纪	泥盆纪	石炭纪	
	古生代					

地球的演化

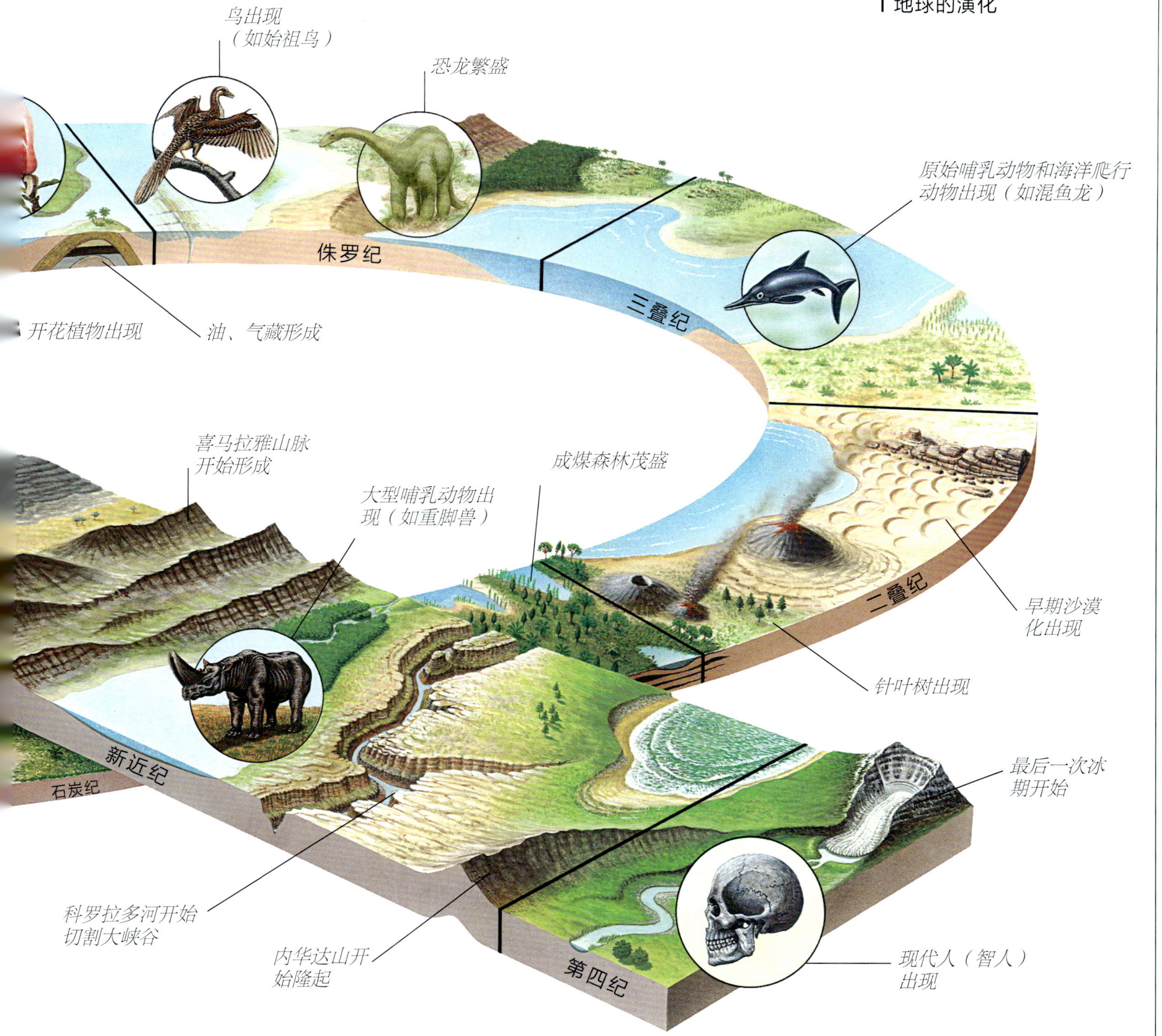
鸟出现
（如始祖鸟）
恐龙繁盛
原始哺乳动物和海洋爬行
动物出现（如混鱼龙）
侏罗纪
三叠纪
开花植物出现
油、气藏形成
喜马拉雅山脉
开始形成
成煤森林茂盛
大型哺乳动物出
现（如重脚兽）
二叠纪
早期沙漠
化出现
针叶树出现
新近纪
石炭纪
最后一次冰
期开始
科罗拉多河开始
切割大峡谷
内华达山开
始隆起
第四纪
现代人（智人）
出现

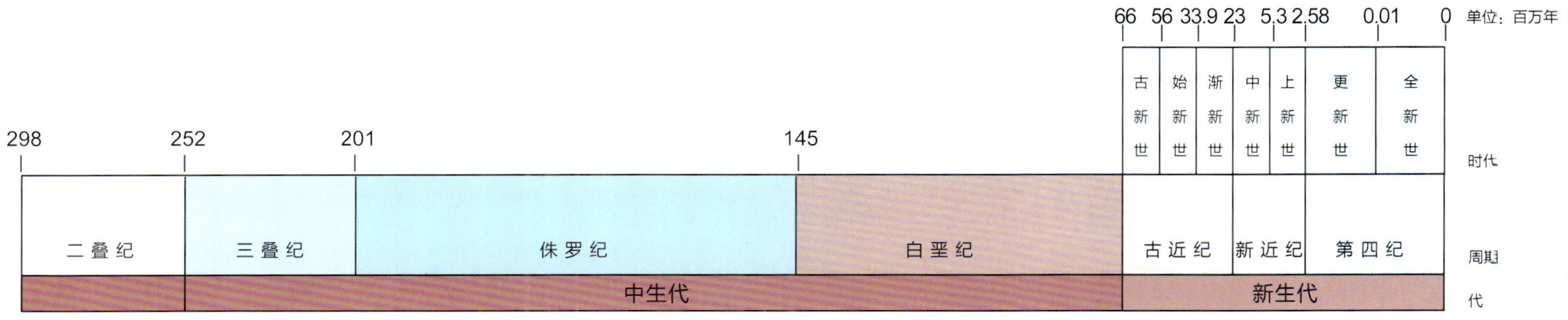
66 56 33.9 23 5.3 2.58 0.01 0 单位：百万年
古新世
始新世
渐新世
中新世
上新世
更新世
全新世
时代
298 252 201 145
二叠纪
三叠纪
侏罗纪
白垩纪
古近纪
新近纪
第四纪
周期
中生代
新生代
代

地壳

地壳是地球的固体外壳，有大陆地壳（约33千米厚）和海洋地壳（约6千米厚）之分。地壳和地幔上部分构成岩石圈。岩石圈在软流圈（地幔上部半熔化部分）上作相对运动，这个过程就是众所周知的地球板块构造论，这一理论解释了大陆漂移说。在大洋中部，这一运动使洋底扩展并形成洋中脊；在陆地上，这种地球板块运动造成裂谷。当板块相撞时，其中一块可能俯冲到另一块之下。这种情况发生在海洋将形成海沟和火山岛弧，引发地震活动。在海洋地壳俯冲到大陆地壳下面，或两个大陆板块相撞的地方，地面会隆起形成山脉。板块也可能相互滑动——例如沿圣安德列亚斯断层。大陆地壳运动会引发地震，海洋地壳运动会引发海啸。

组成地壳的化学元素

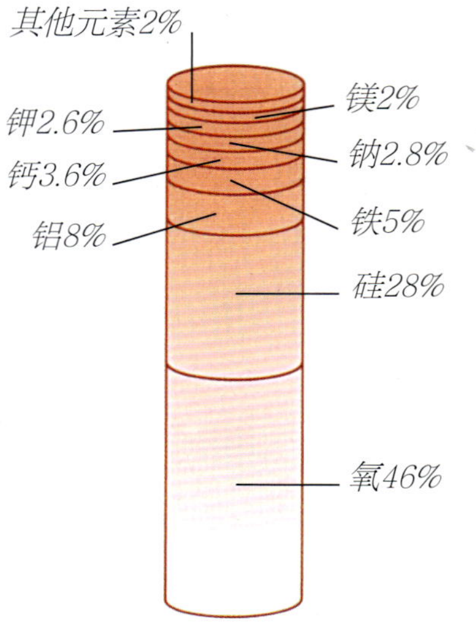

板块移动的特点

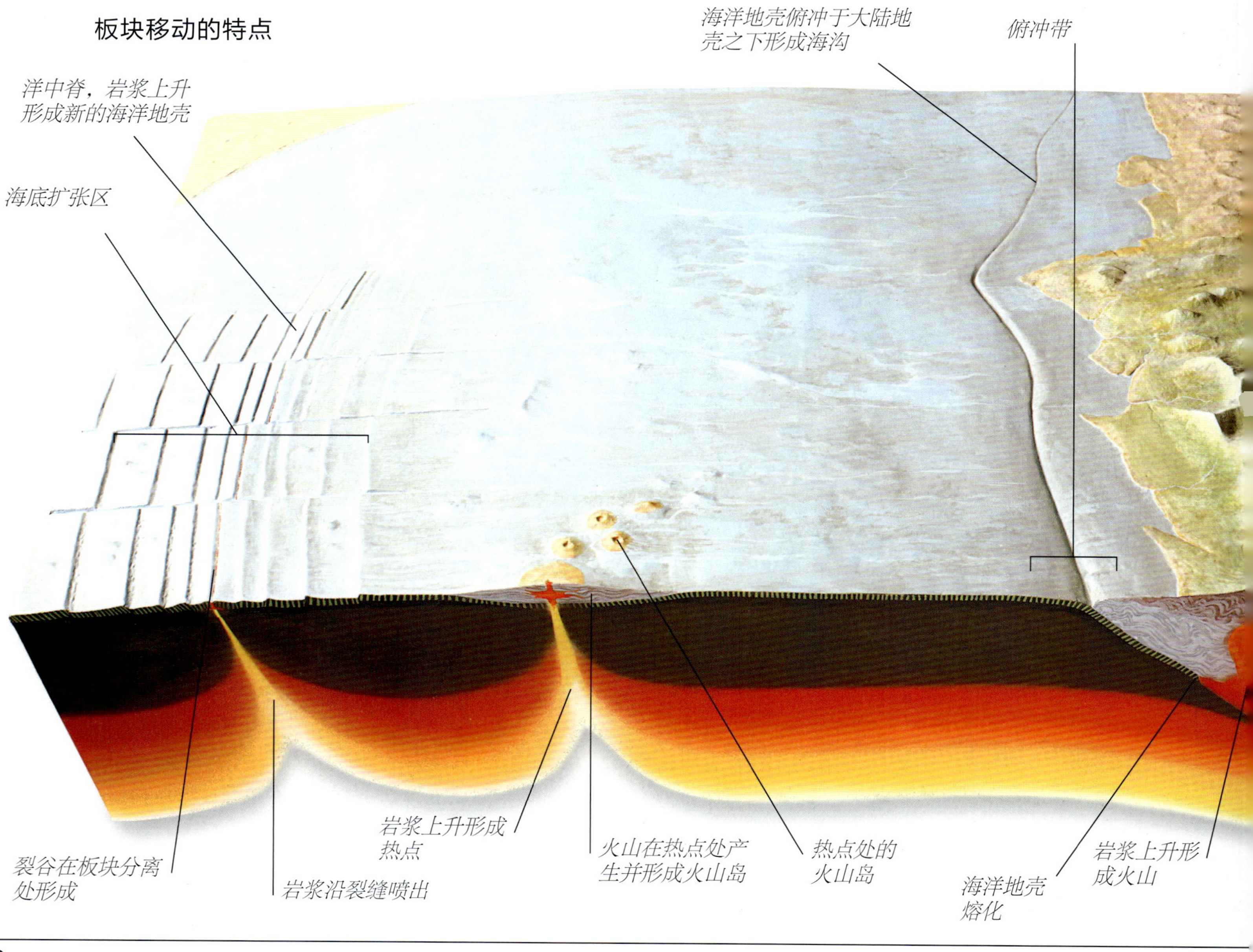

地壳主要板块

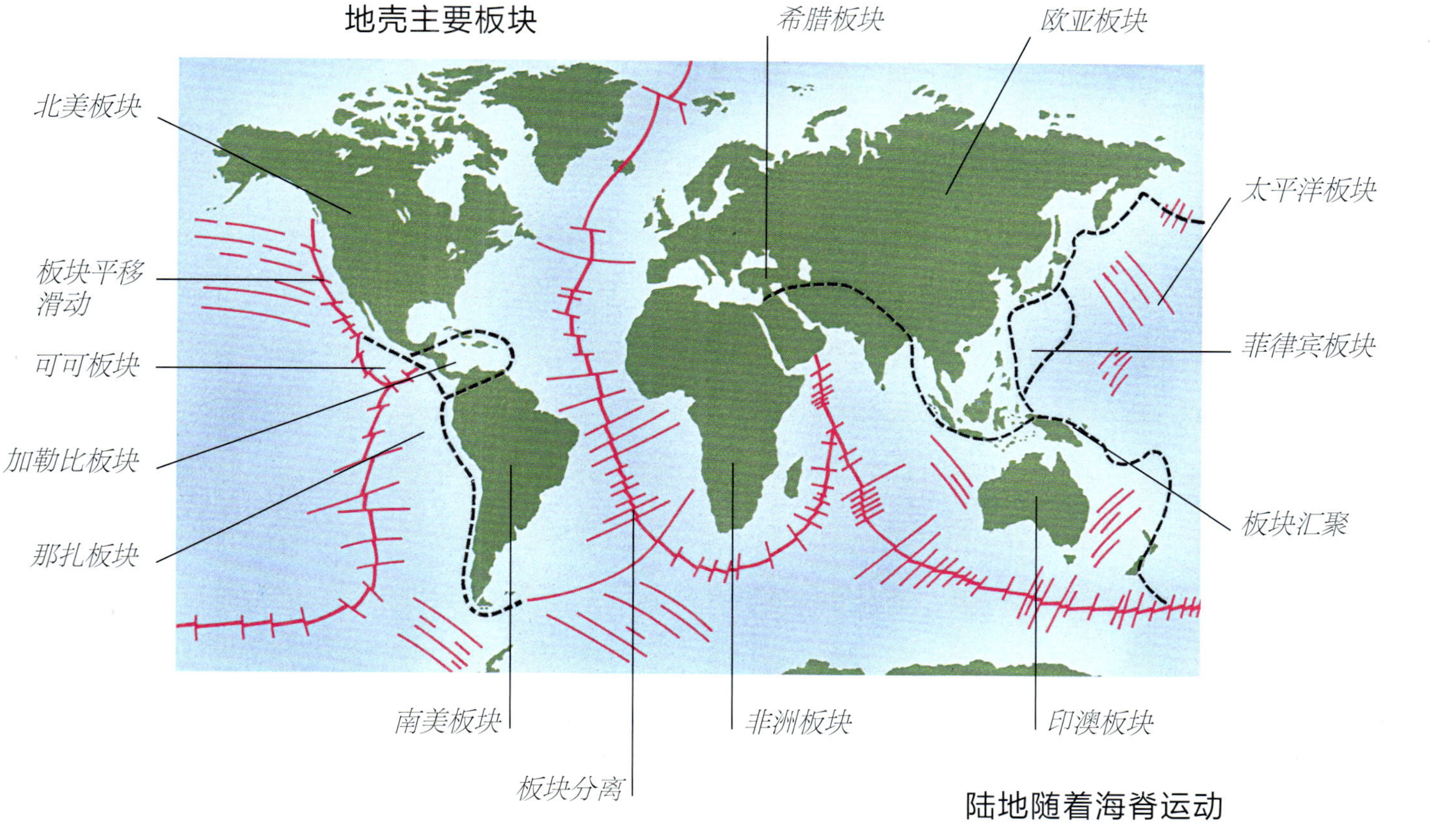

陆地随着海脊运动

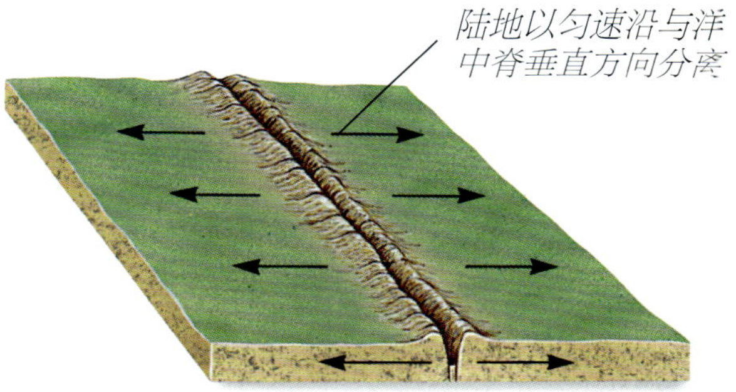

直线形洋中脊

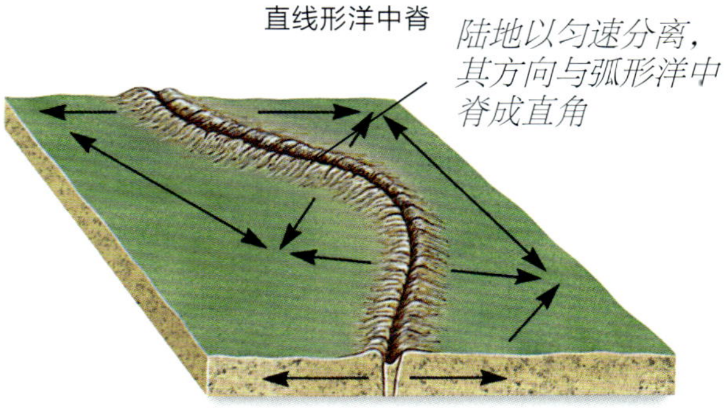

弧形洋中脊

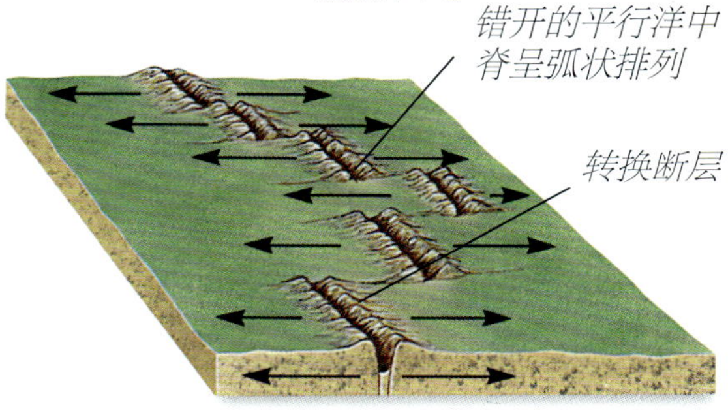

挤压分裂成若干部分

断层和褶皱

地壳板块持续运动，岩石不断受到挤拉，乃至变形或断裂，从而形成断层和褶皱。断层是在岩石中发生的断裂，沿着这一裂缝两个断面做相对运动。这种运动可能是垂直、平行或者倾斜的。岩石受到挤压或拉伸可能形成断层。断层往往发生在坚硬的岩层中，因为坚硬的岩石易断。最微小的断层可发生在单一晶体中，只有用显微镜才能观察到，最大的断层是非洲大裂谷，大约于500万年到10万年前形成，长达9000千米。褶皱是由于岩层受到挤压后弯曲而成。褶皱现象发生在有弹性的岩石中，这种岩石受压后变形但不折断。褶皱主要有两类：背斜褶皱和向斜褶皱。褶皱的大小有很大差别，小到几毫米，长到数百千米的山脉，如喜马拉雅山和阿尔卑斯山。除了断层和褶皱之外，与岩石变形有关的现象还有节理香肠构造、窗棂构造和雁行式裂隙等。

褶皱的结构

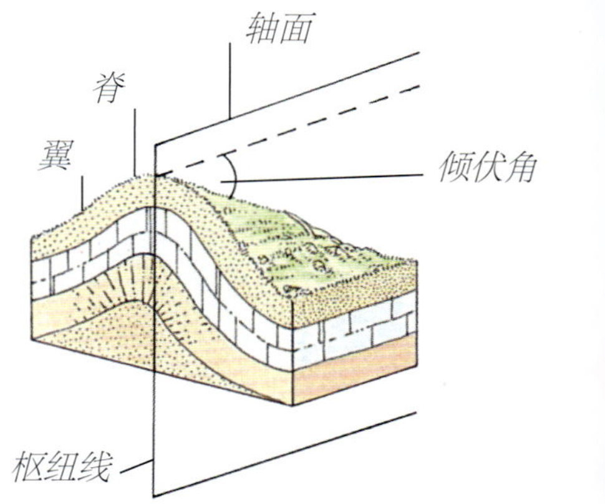

断层的结构

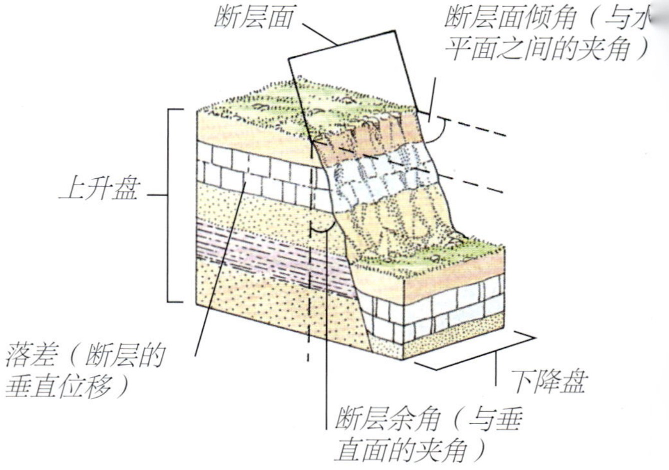

褶皱岩层

斜坡的结构

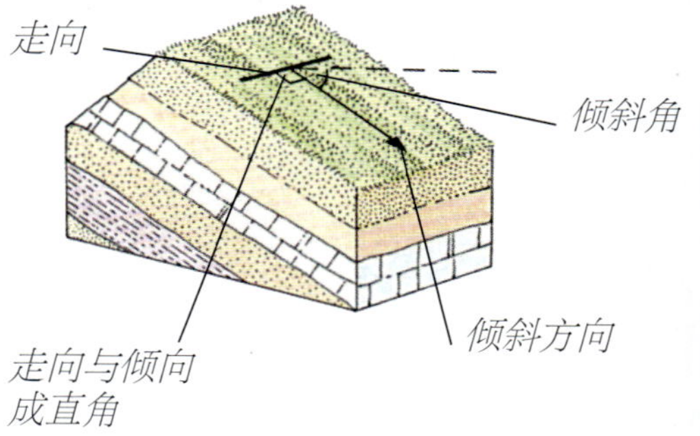

受侵蚀的褶皱地层纵切面

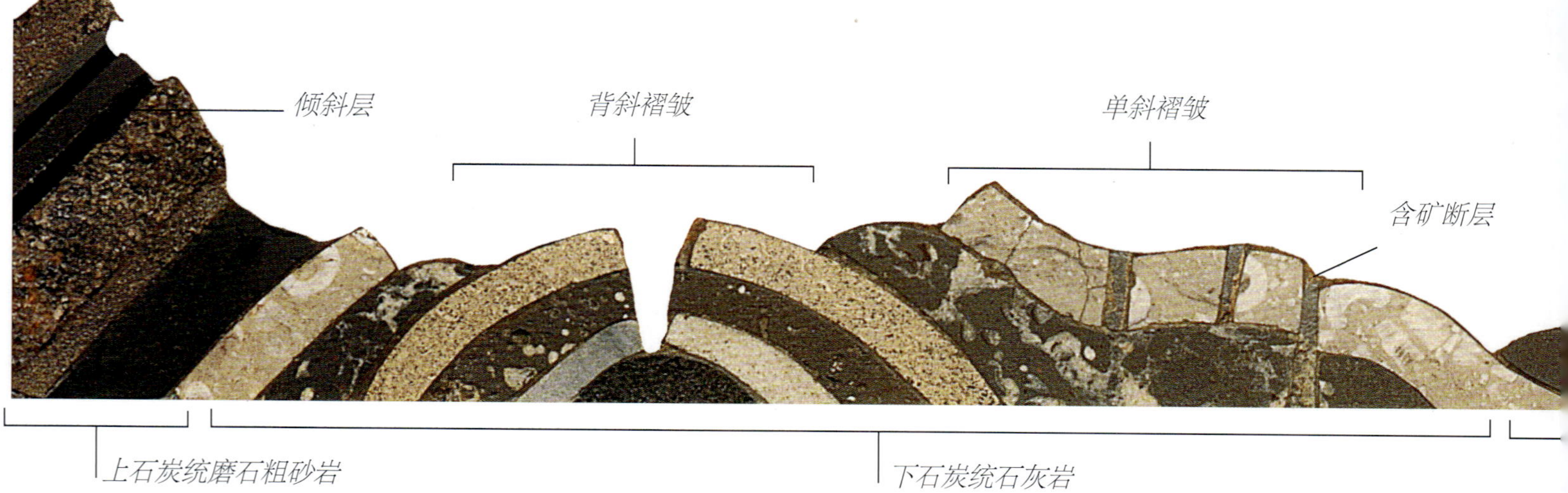

褶皱示例

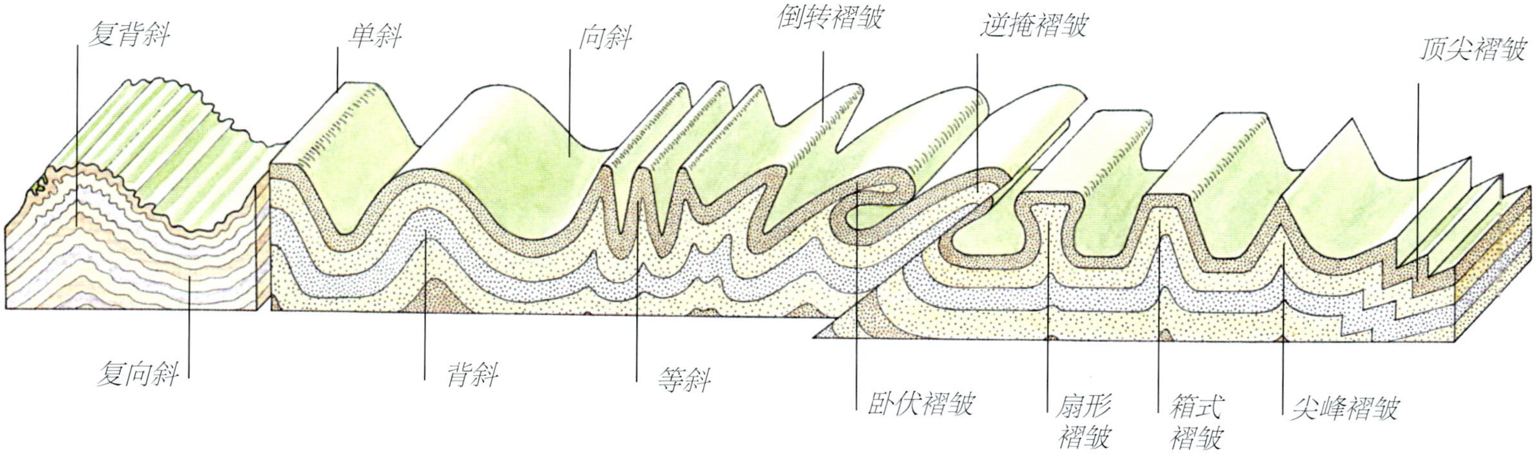

断层示例

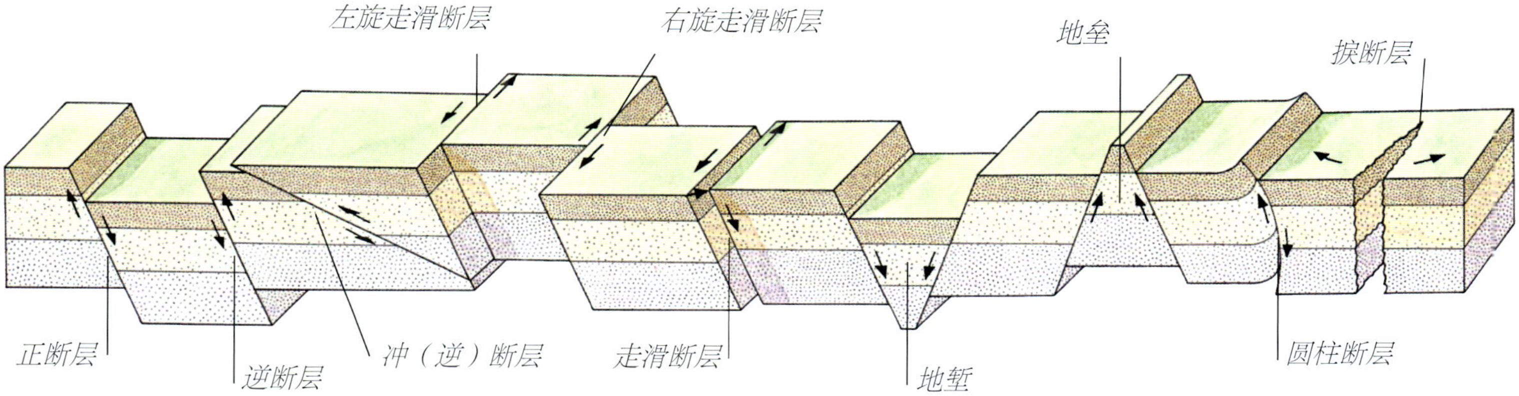

小岩石变形

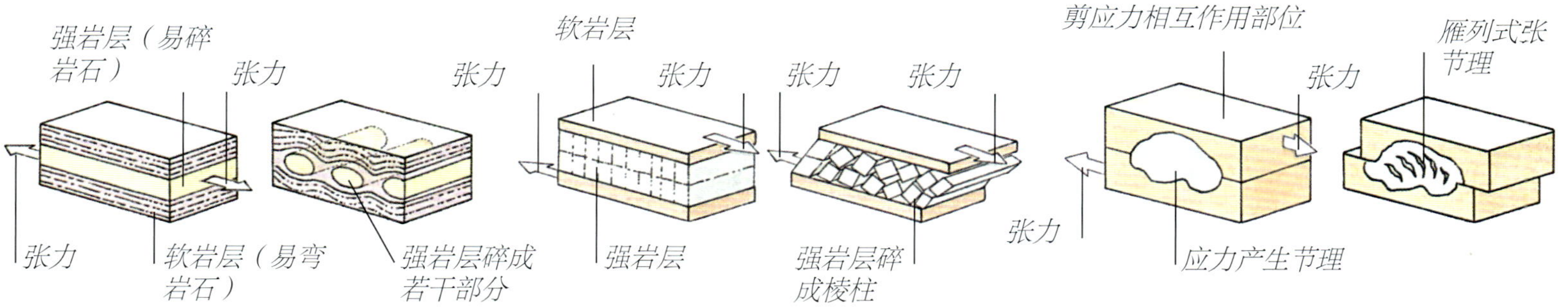

香肠构造

窗棂构造

雁列裂隙

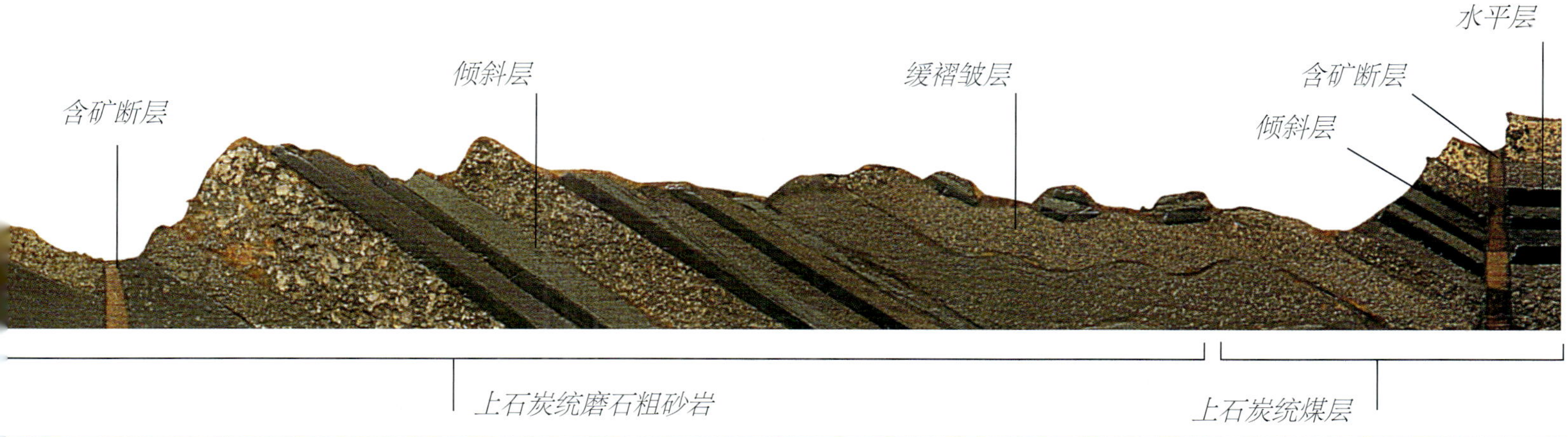

造山运动

地球板块相互运动导致了造山运动。地球上主要有三种山脉：火山、褶皱山和断块山。大多数火山分布在板块边缘，即板块相接或板块分离地带。这一地带岩浆和岩屑从地球内部喷到地表，落在火山口周围形成锥形山体。当板块相撞时，岩石隆起形成褶皱山脉。比如印度板块与亚洲板块相撞，沉积物和部分海洋地壳在两个板块间隆起，喜马拉雅山就开始形成。当海洋地壳与密度稍小的大陆地壳相撞时，海洋地壳挤到大陆地壳下面，大陆地壳高高隆起，阿巴拉契亚山脉就是这样形成的。地壳受到挤压或拉伸作用，可能形成断层，两个断层盘中的一块隆起形成断块山。沿断层带的地壳运动常常持续数百万年，两个板块沿断层带突然滑动时可能造成地震。

喜马拉雅山帕吉拉迪峰

喜马拉雅山的形成

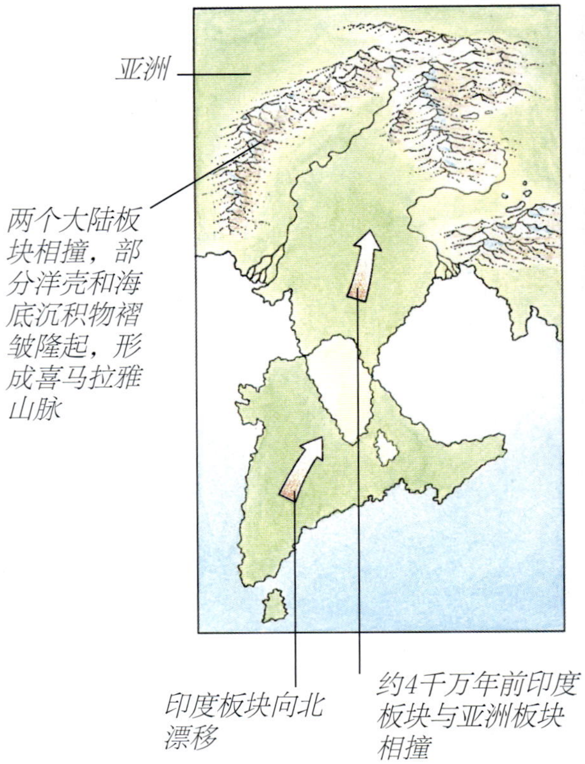

山脉示例

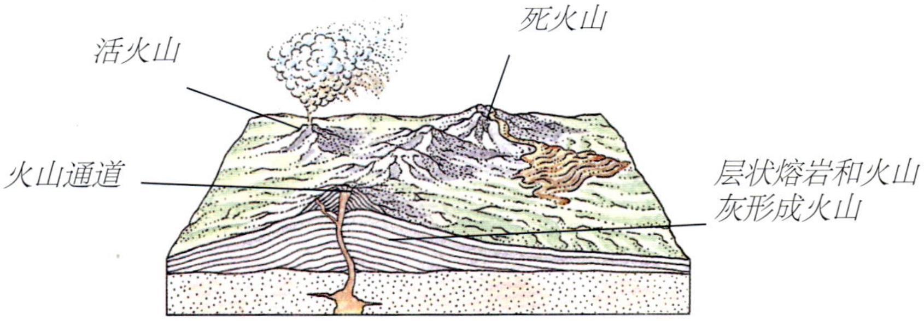

火山

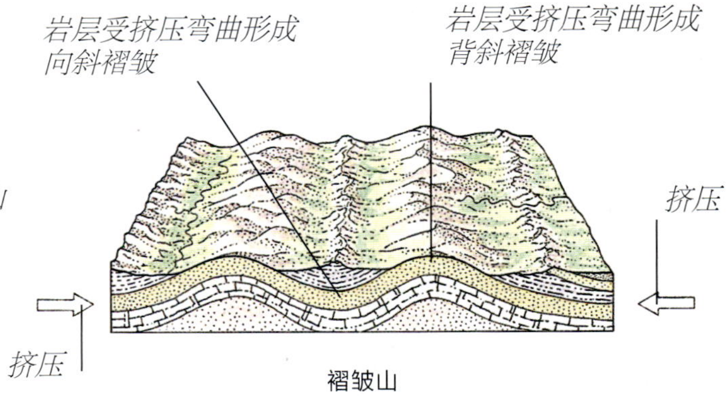

褶皱山

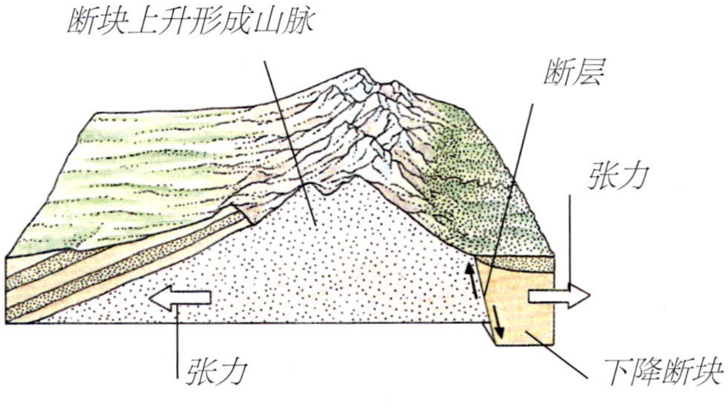

断块山

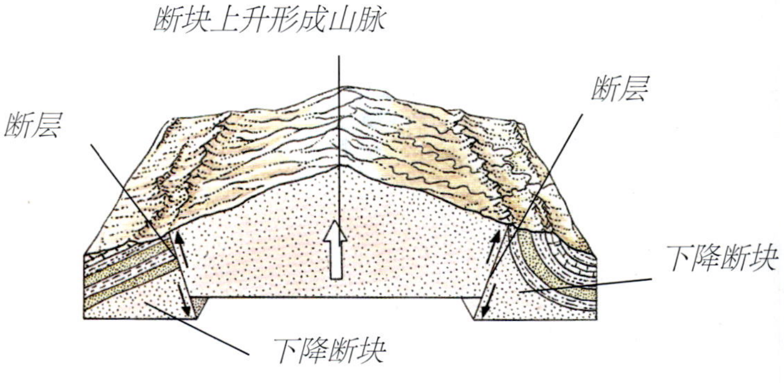

断块上升形成山脉

喜马拉雅山脉形成的各个阶段

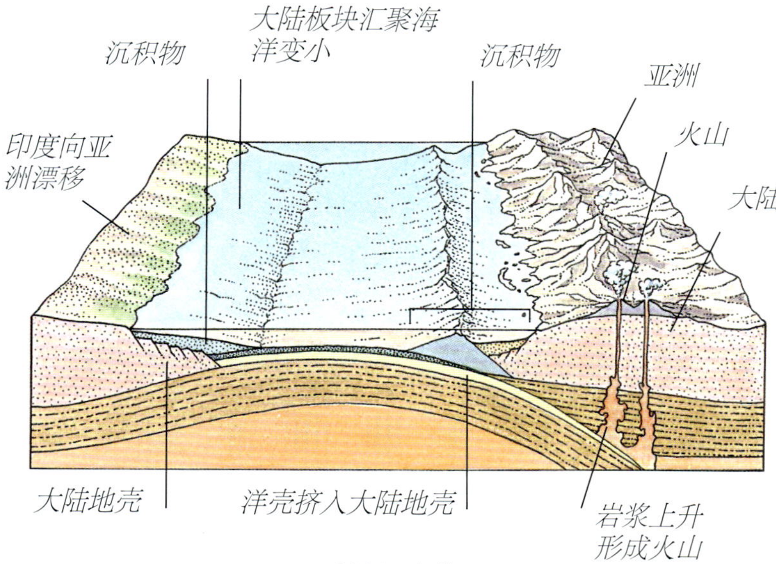

6000万年前

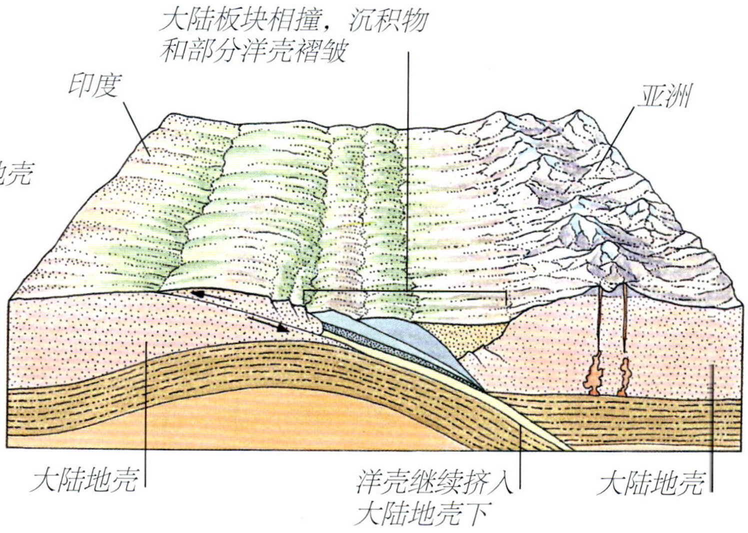

4000万年前

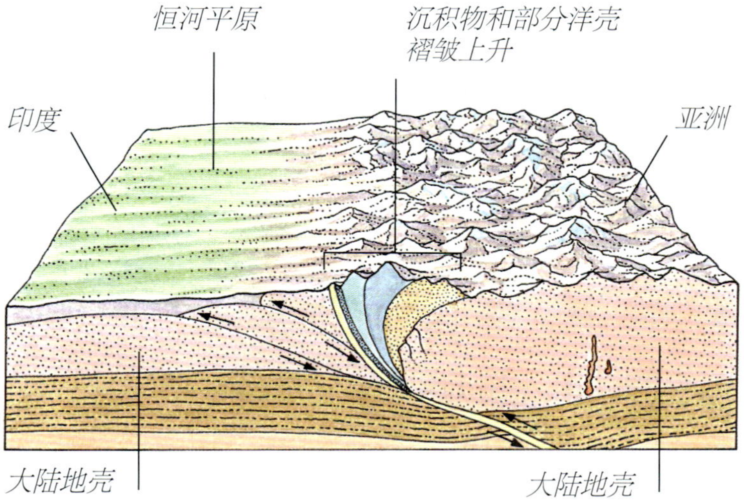

2000万年前

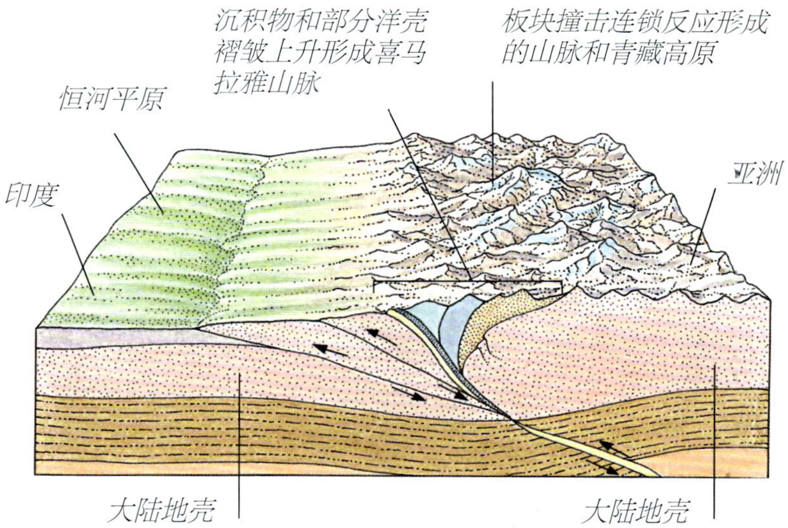

现在

圣安德列亚斯断层

地震

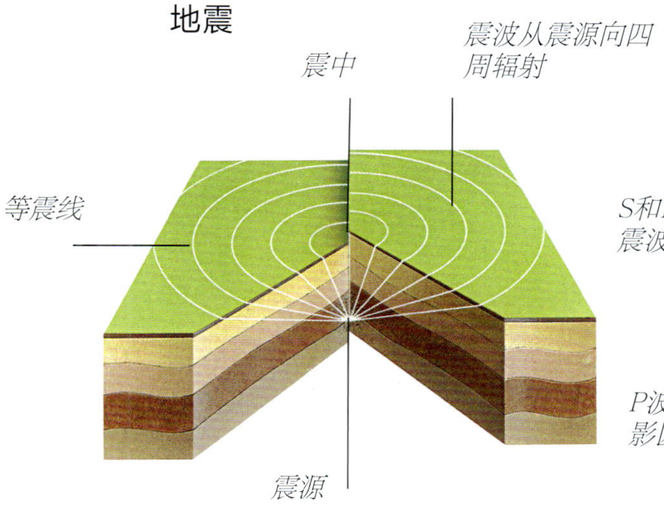

地震示意图

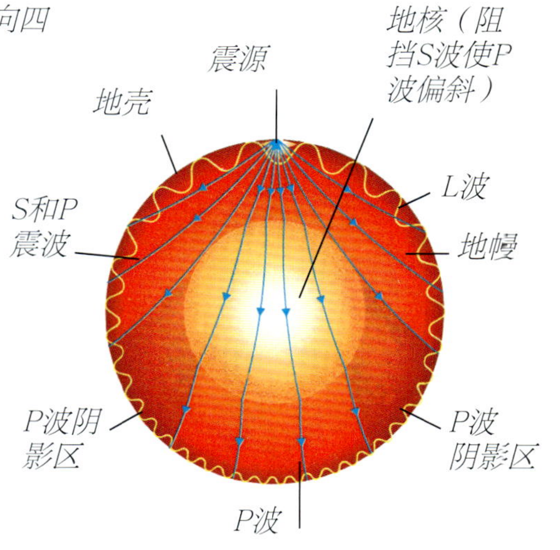

震波传播路径

前寒武纪到泥盆纪

46亿年前，当地球刚刚形成的时候，大气由少氧的火山气体所组成，不适合任何生物生存。南极地区有一个超级大陆——冈瓦纳大陆，一些稍小的大陆散落于地球各地。地壳板块持续地运动，大陆随之在地球表面不断漂移。最早的原始生命出现在约38亿年前的温暖浅海。聚集的氧气在地球周围形成一个臭氧保护层，保护生物免受太阳有害光线的伤害，并促使大气层的形成，从而使生命得以繁衍。最早的脊椎动物出现在约4亿7千万年前的奥陶纪（4.85亿年前至4.43亿年前），最早的陆生植物出现在约4亿年前的泥盆纪（4.19亿年前至3.58亿年前），最早的陆生动物在约3千万年以后才出现。

当今大陆在奥陶纪中期的位置

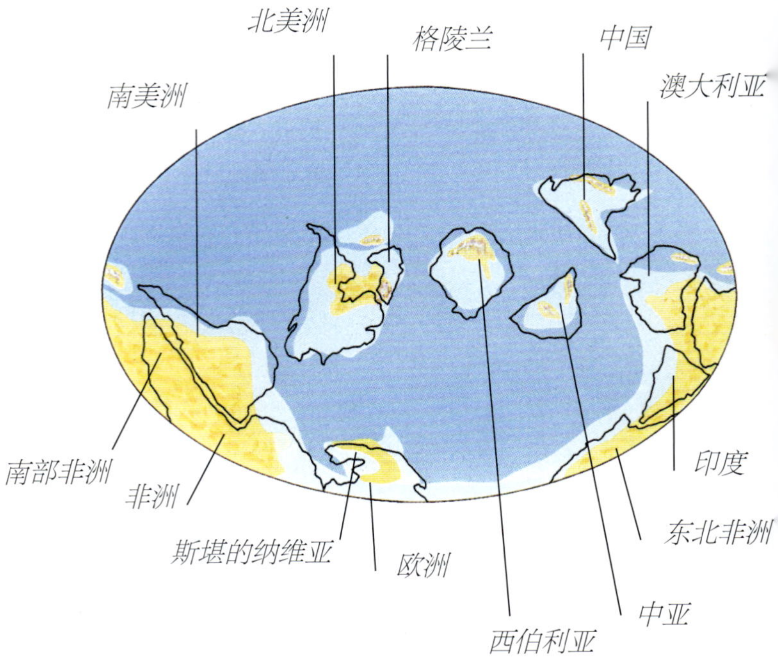

前寒武纪到泥盆纪植物群

当代石松
（石松）

当代陆地植物
（文竹）

已灭绝的陆地植物化石
（半球库克逊蕨）

已灭绝的沼泽植物化石
（兰诺维拉工蕨）

前寒武纪到泥盆纪的三叶虫

古球接子虫
科：古球结子科　长：8毫米

眼镜虫
科：眼镜虫科　长：4.5厘米

小油栉虫
科：小油栉虫科　长：6厘米

爱尔纳虫
科：褶颊虫科　长：2厘米

奥陶纪中期的地球

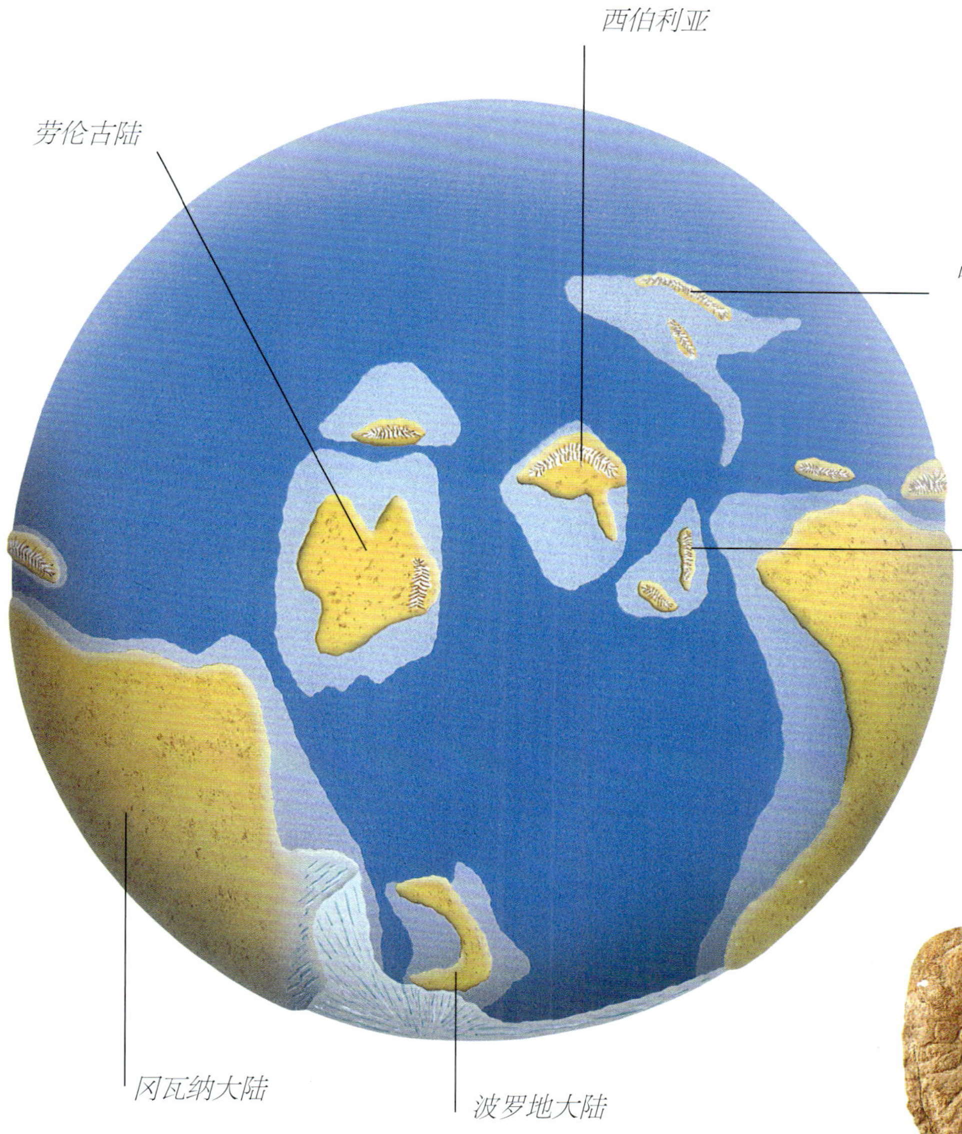

早期海洋无脊椎动物

鹦鹉螺化石
（爱斯托尼角石）

腕足动物化石
（双腔贝）

遗迹化石
（莫森水母）

笔石动物化石
（单笔石）

泥盆纪鱼类

鸟嘴鱼 科：褶齿鱼科
长：15厘米

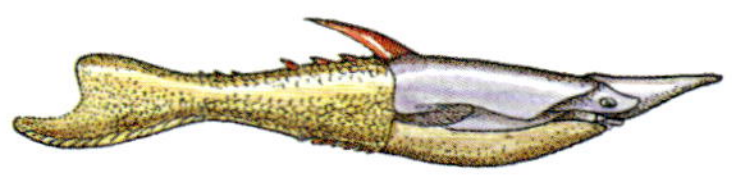
鳍甲鱼 科：鳍甲鱼科
长：25厘米

粒骨鱼 科：粒骨鱼科
长：35厘米

沟鳞鱼 科：沟鳞鱼科
长：40厘米

肢棘鱼 科：棘鱼科
长：30厘米

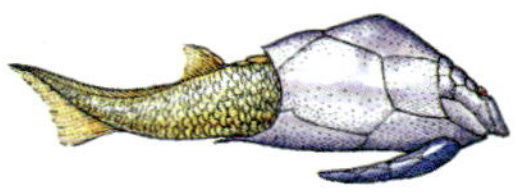
翅鱼 科：星鳞鱼科
长：15厘米

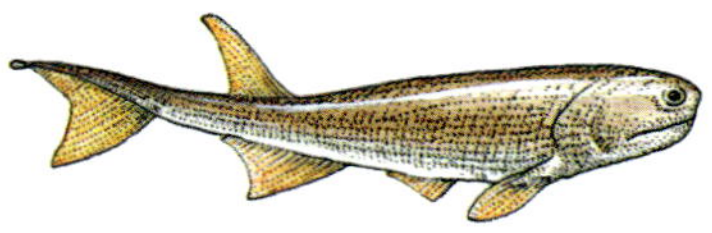
足鳞鱼 科：足鳞鱼科
长：17厘米

头甲鱼 科：头甲鱼科
长：22厘米

石炭纪到二叠纪

石炭纪（3.58亿年前至2.98亿年前），因该纪地层煤炭含量丰富而得名，在本纪因为热带森林沼泽反复被浅海淹没而形成煤炭。在整个石炭纪，北部大陆和赤道大陆气候湿润，地球表面首次生长出茂密的植被。在石炭纪早期，最早的爬行动物出现。防水卵（羊膜卵）的出现，其内部具有自我保护结构，结束了动物必须在水中生存的历史。在石炭纪末期，劳亚大陆与冈瓦纳大陆相撞，形成巨大的泛大陆。在二叠纪（2.98亿年前至2.52亿年前），冰川覆盖了南半球的许多地方，包括南极洲、澳大利亚的一部分、南美洲、南部非洲和印度南部的不少地区。冰川凝聚了地表很大一部分水，北半球的广大地区海平面下降。远离两极的地区，主要是沙漠和干热气候。这些条件是造成二叠纪末期地球上空前的生物大灭绝的重要原因之一。

当今大陆在石炭纪晚期的位置

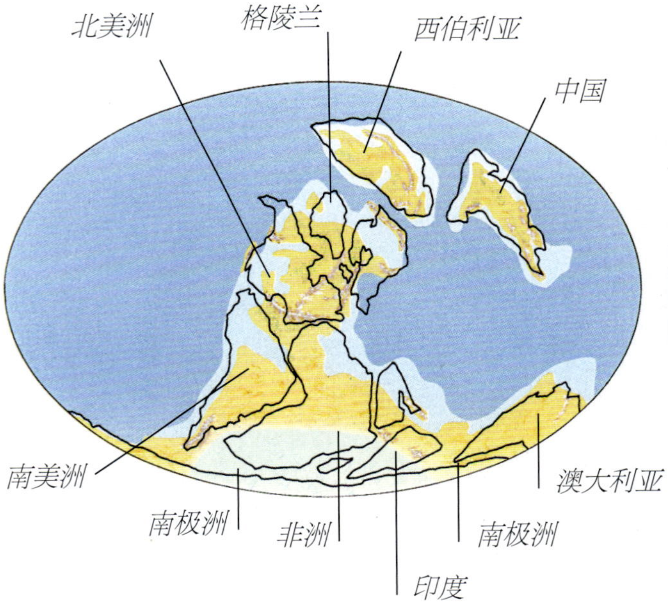

石炭纪和二叠纪植物群

当今的冷杉
（科罗拉多冷杉）

已灭绝的蕨类植物化石
（再依拉蕨）

已灭绝的马尾松化石
（木贼）

已灭绝的石松化石
（鳞木）

石炭纪和二叠纪树木

栉羊齿
科：合囊蕨科　高：4米

大偶脉羊齿
科：髓木科　高：5米

畸羊齿
科：未分类　高：5米

髓木
科：髓木科　高：5米

石炭纪晚期的地球

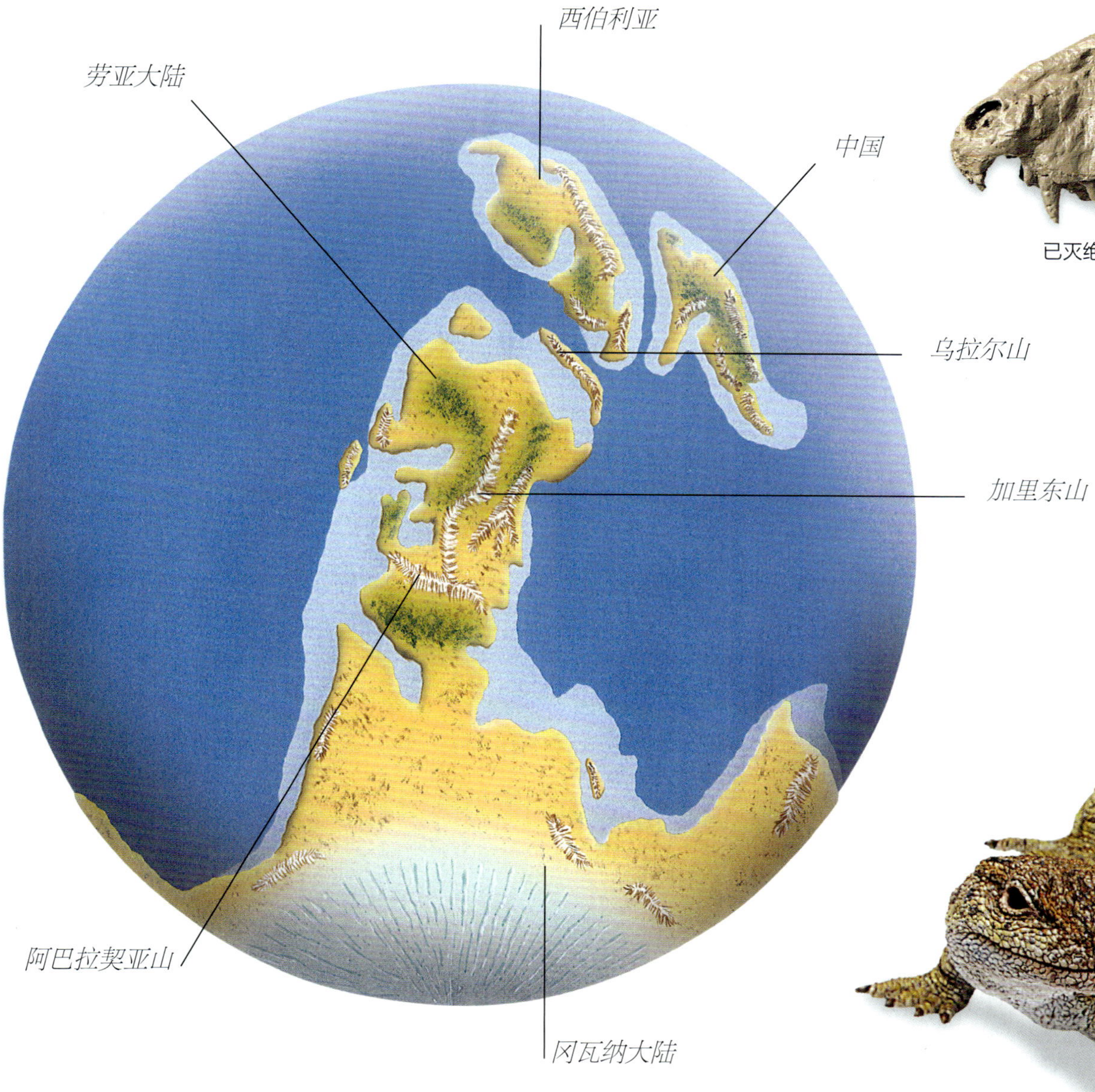

石炭纪和二叠纪动物

已灭绝的下孔亚纲爬行动物的头骨
（卢米斯异齿龙）

已灭绝的鲨鱼牙齿化石
（别索诺夫旋齿鲨）

已灭绝的石炭纪爬行动物模型
（西洛仙蜥）

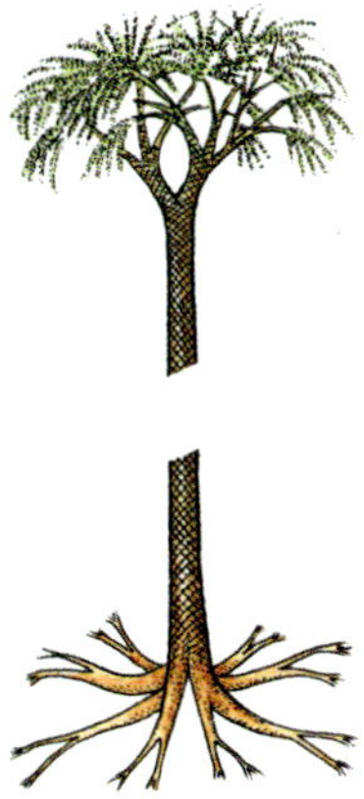

鳞木
科：鳞木科 高：30米

科达
科：科达科 高：10米

舌羊齿
科：舌羊齿科 高：8米

真羊齿
科：髓木科 高：5米

三叠纪

三叠纪（2.52亿年前至2.01亿年前）是恐龙时代（中生代）开始的标志。在这个时期，当今各个大陆连在一起，组成一个巨大的泛大陆。这个大陆历经几种截然不同的气候，在江河湖海附近是郁郁葱葱的绿色，而内陆则是干旱不毛的大沙漠。唯一的植物类型是无花植物，如针叶类、蕨类、苏铁类和银杏等；开花植物还没有进化出来。主要的动物门类包括原始的两栖动物、喙龙和原始鳄类动物。恐龙在约2亿3千万年前——晚三叠世初期出现。已知最早的恐龙是食肉的埃雷拉龙和斯托里克龙。最早的植食性恐龙出现在晚三叠世时期，包括板龙和科技龙。到三叠纪末，又发生了一次生物灭绝事件，之后恐龙主宰了世界。

当今大陆在三叠纪的位置

三叠纪植物群

当今的铁树（进化铁树）

当今的银杏树（二叶银杏）

当今的裸子植物（南洋杉）

已灭绝的蕨类植物化石（肥羊齿）

已灭绝的铁树叶化石（铁树）

三叠纪恐龙

黑丘龙 黑丘龙类
身长：12.2米

鼠龙 板龙类
身长：2到3米

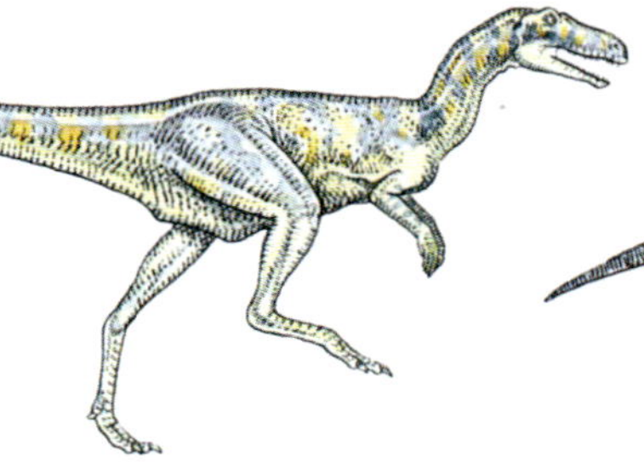
埃雷拉龙 埃雷拉龙类
身长：3米

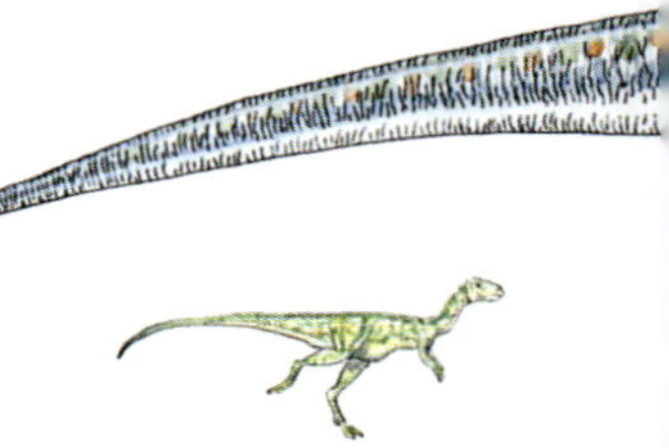
皮萨诺龙 原始鸟臀类
身长：90厘米

三叠纪地球

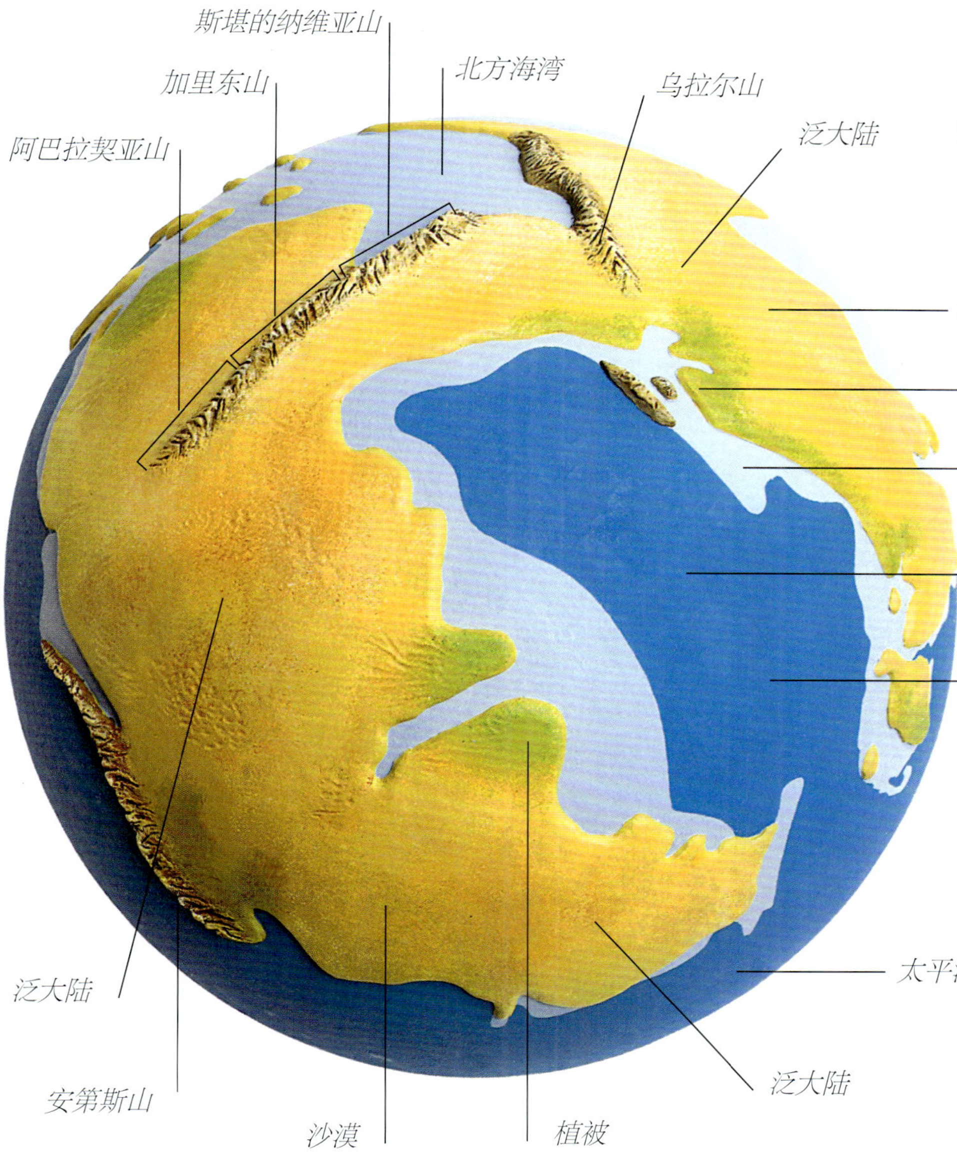

三叠纪动物

已灭绝的两栖动物

鹦鹉螺类软体动物
（鹦鹉螺）

已灭绝的软骨鱼
（鳞鱼）

已灭绝的幻龙类爬行动物
（肿肋龙）

已灭绝的喙龙类爬行动物
（费沙氏异平齿龙）

板龙 板龙类
身长：7.9米

科技龙 原始鸟臀类
身长：1米

腔骨龙 腔骨龙类
身长：3米

十字龙 十字龙类
身长：2米

侏罗纪

侏罗纪属中生代的中期，距今2.01亿年到1.45亿年。在侏罗纪，泛大陆分裂成冈瓦纳大陆和劳亚大陆，海平面上升并淹没低洼地区。侏罗纪气候温暖湿润，银杏、马尾松和针叶林生长茂盛，巨杉出现，最早的开花植物也在这时期出现。丰富的植物种类，适合大量植食性恐龙的繁衍，如巨大的蜥脚类恐龙和剑龙。食肉恐龙捕食各种动物（其中包括植食性恐龙）也得以大量繁衍。侏罗纪的动物还有类似鼩鼱的哺乳动物、翼龙（会飞的爬行动物）、蛇颈龙和鱼龙（二者均为海洋爬行动物）。

当今大陆在侏罗纪的位置

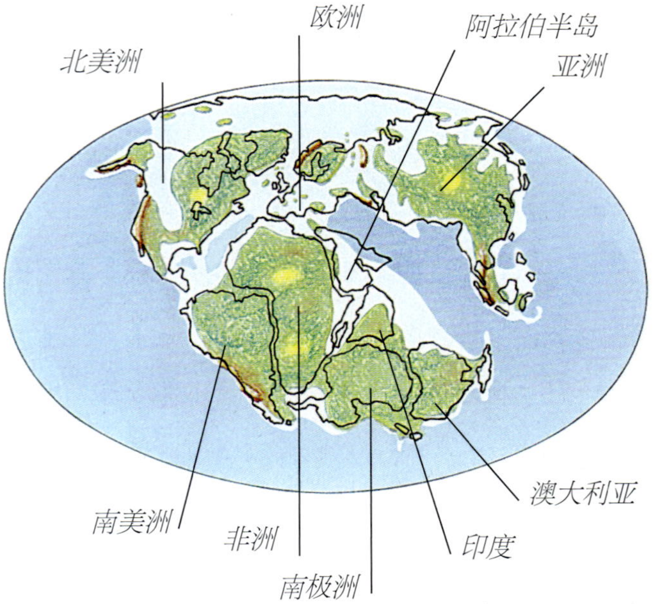

侏罗纪植物群

当今蕨类植物（塔斯马尼亚蚌壳蕨）

当今马尾松（问荆）

当今针叶树（欧洲红豆杉）

已灭绝的针叶树叶化石（红豆杉）

已灭绝的巨杉树叶化石（巨杉）

侏罗纪恐龙

梁龙 梁龙类
身长：26.8米

弯龙 弯龙类
身长：4.9到7米

森林龙 森林龙类
身长：3到4米

侏罗纪地球

侏罗纪动物

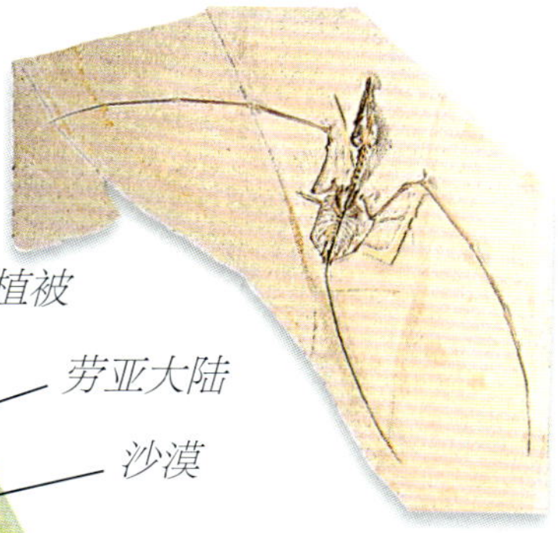
已灭绝的翼龙
（喙嘴龙）

已灭绝的头足类（枪铡
箭石）

已灭绝的喙龙类爬行动物
（普切尔似龙）

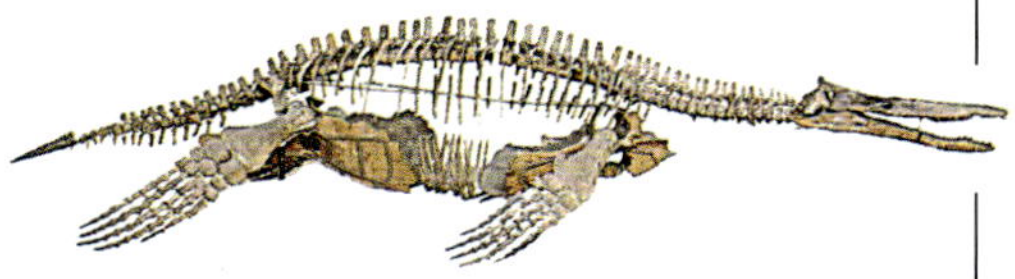
已灭绝的蛇颈龙（费拉尔培龙）

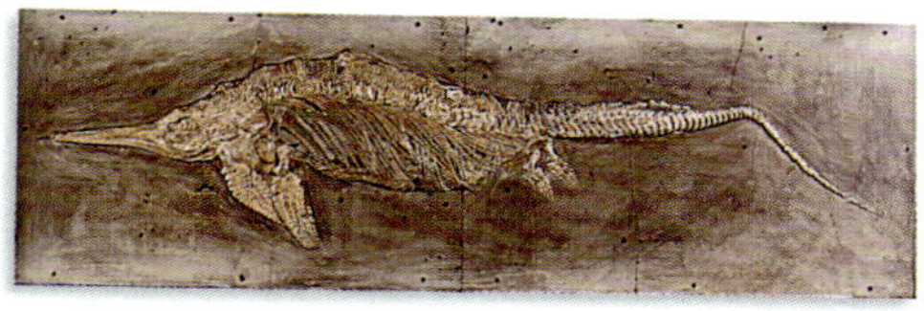
已灭绝的鱼龙（巨头鱼龙）

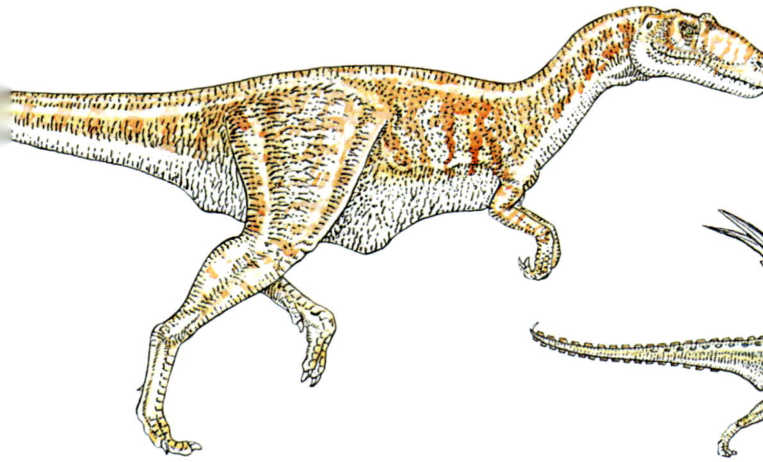
异龙 异龙类
身长：11米

踝龙 踝龙类
身长：4米

剑龙 剑龙类
身长：9.1米

白垩纪

中生代的最后一个纪是白垩纪，大约距今1.45亿年到0.66亿年。在白垩纪，冈瓦纳大陆和劳亚大陆分解成若干块大陆，非常接近现代大陆。气候仍然温暖湿润，已经有季节更替。开花植物，包括落叶树，取代了许多裸子植物、蕨类植物和针叶植物。动物物种更为繁多，进化出许多哺乳动物、昆虫、鱼类、甲壳动物和龟类。在白垩纪，恐龙演化出许多新种；半数以上的已知恐龙——包括禽龙、恐爪龙、霸王龙和棱齿龙——生活在这一时期。到白垩纪末，非鸟恐龙灭绝。这种大规模灭绝的原因仍不清楚，可能是气候变化造成的，气候变化的原因，或是陨星与地球发生过灾难性碰撞，或是大规模的火山爆发。

当今大陆在白垩纪的位置

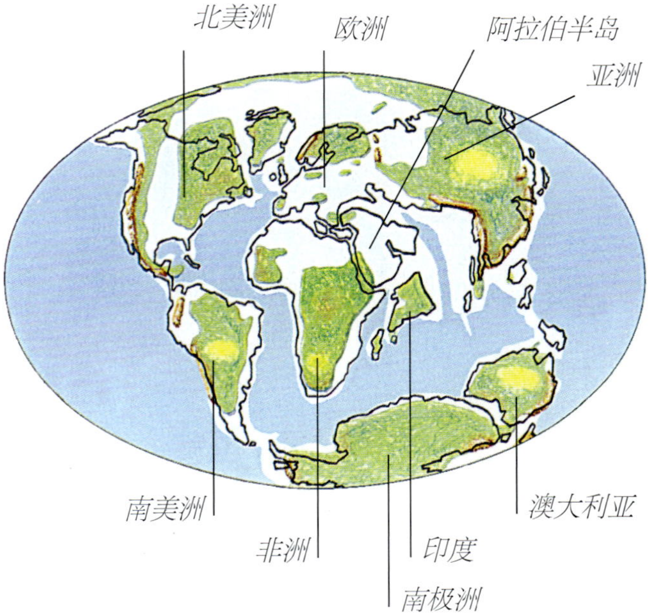

白垩纪植物群

当今针叶树
（针叶松）

当今落叶树
（木兰）

已灭绝的蕨类植物化石
（宽裂楔羊齿）

已灭绝的一种银杏化石
（多裂银杏）

已灭绝的落叶树叶化石
（紫荆）

白垩纪恐龙

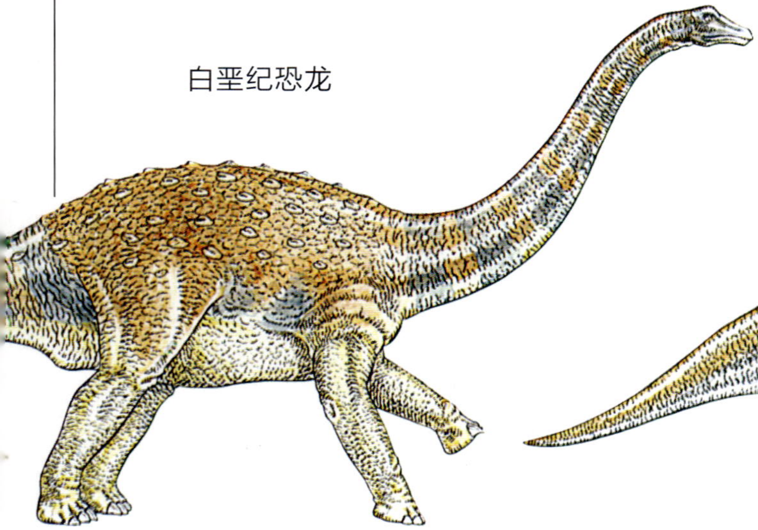
萨尔塔龙 萨尔塔龙科
身长：12.2米

刺角龙 角龙科
身长：7.6米

棱齿龙 棱齿龙科
身长：1.4到2.3米

白垩纪地球

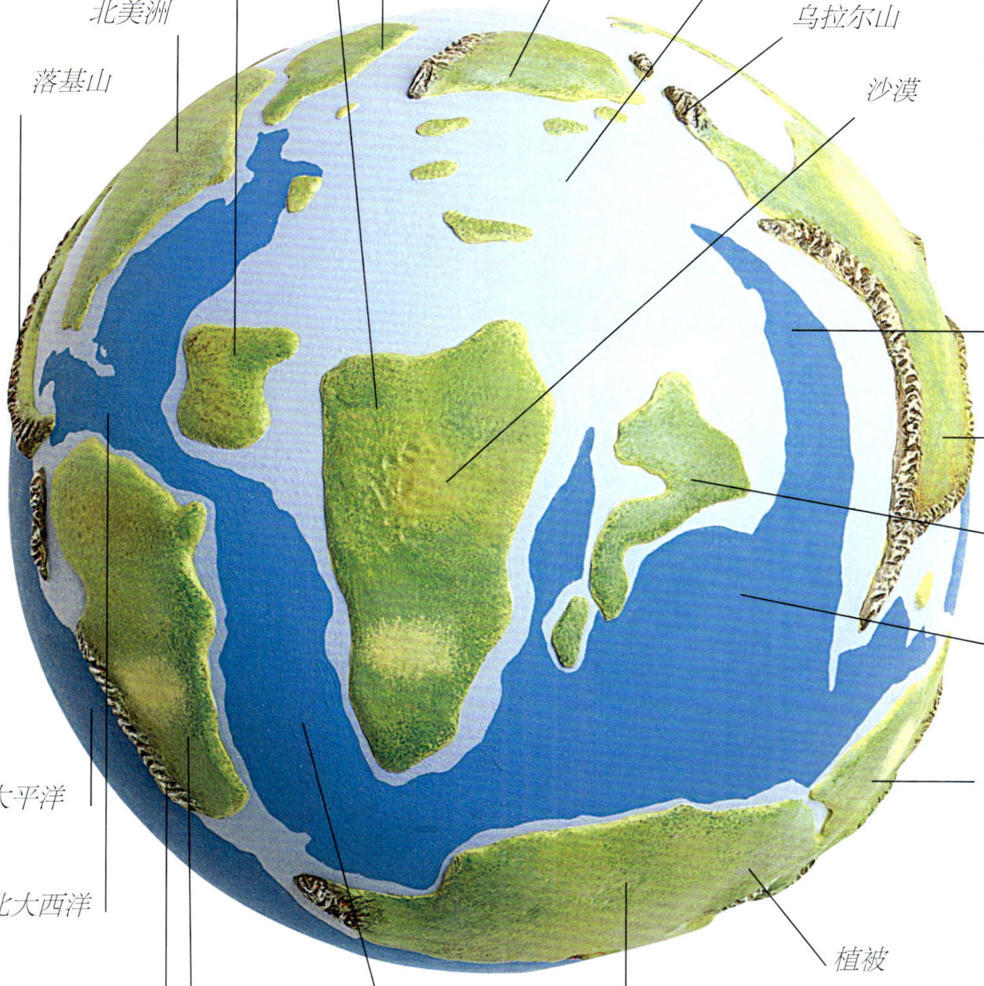

白垩纪动物

蜻蜓化石
（长翅蜓）

龟类化石
（宽盾蛇颈龟）

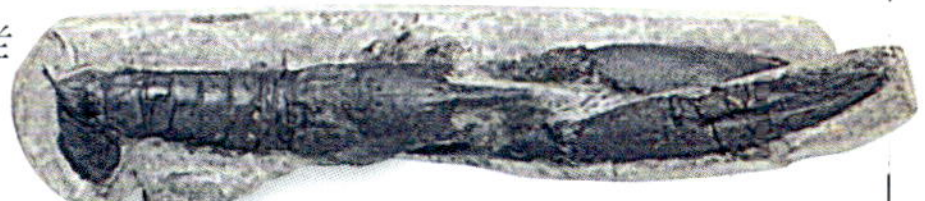
已灭绝的甲壳动物（鳌龙虾）

已灭绝的一种鳄类化石

已灭绝的一种硬骨鱼（鳞齿鱼）

暴龙 暴龙科
身长：12.2米

恐爪龙 奔龙科
身长：2.3到3.4米

禽龙 禽龙科
身长：9.1米

古近纪和新近纪

随着非鸟恐龙在白垩纪末期灭绝，新生代早期的第三纪（6600万年亿年前至258万年前，国际地科联已将第三纪划分为古近纪和新近纪）以哺乳类动物大规模繁衍为特征。胎生哺乳动物是在子宫孕育新生命。白垩纪只有3个胎生哺乳动物目，第三纪则有25个目，其中有早期的类人动物——非洲的南方古猿。在第三纪早期，地球各大陆已经几乎位于当今的位置。特提斯海（古地中海）开始收缩变小，形成地中海，这使陆生动物得以在西欧和非洲间迁徙。印度板块与亚洲板块相撞形成喜马拉雅山脉。第三纪中期，像马类的哺乳动物取代林中栖息的食草哺乳动物，成为主要的动物，因为它们更适合在开阔的无树草原上吃草。第三纪温度不断降低，南极洲成为冰雪覆盖的大陆。

当今大陆在第三纪（古近纪和新近纪）的位置

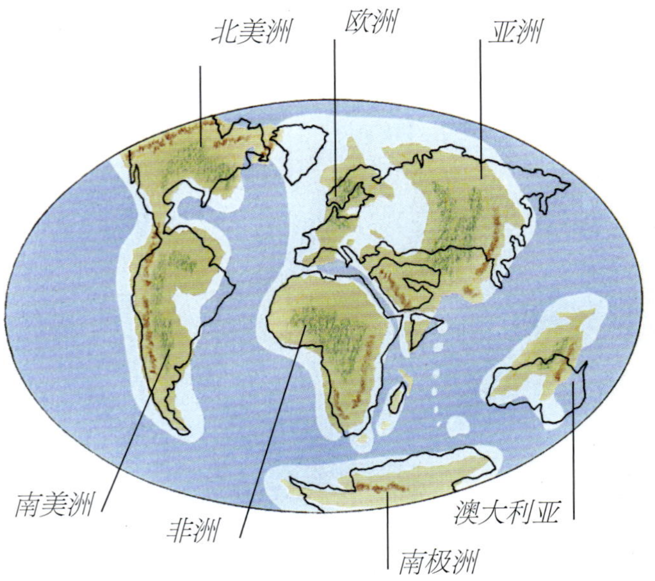

第三纪（古近纪和新近纪）植物群

当今栎树（沼泽栎）

当今桦树（粗桦木）

已灭绝的桦树叶化石（拟桦）

已灭绝的棕榈树干化石（棕榈木）

第三纪（古近纪和新近纪）动物

鼹齿兽 鼹齿兽科
身长：2米

巨蹄兔 上新蹄兔科
身长：2米

恐鹤 恐鹤科
身长：1.5米

萨摩麟 长颈鹿科
身长：3米

第三纪（古近纪和新近纪）地球

第三纪（古近纪和新近纪）动物

已灭绝的哺乳动物
（重脚兽）

已灭绝的哺乳动物
（库尔博森东岳齿兽）

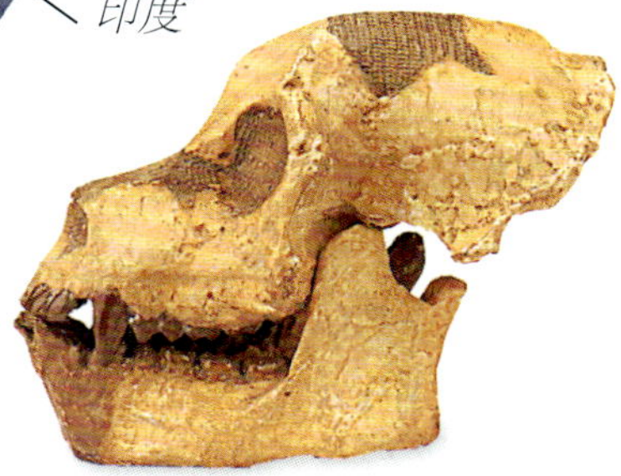

已灭绝的类人动物
（埃及猿）

已灭绝的腹足类软体动物
（方褶艾克螺）

乳齿象 乳齿象科
身长2.5米

四棱齿象 嵌齿象类
身长：2.5米

第四纪

第四纪（258万年前至今）构成新生代（6600万年前至今）的第二阶段，其特点是冰川期与间冰期交替出现。在寒冷期，冰盖和冰川在南部和北部各大陆形成。寒冷的环境迫使北美洲、欧亚大陆、南美洲南部和澳大利亚部分地区的许多生物向赤道方向迁移。只有猛犸象和披毛犀长着厚厚的皮毛和脂肪，很好地适应了寒冷气候。在整个更新世（258万年前至10万年前），人类在非洲得以进化，并迁徙到欧洲和亚洲。现代人类（智人）3万年前生活在寒冷的欧洲大陆，捕食哺乳动物为生。最后一个冰期后，1万年前气候发生变化，造成更新世的哺乳动物大量灭绝，但人类却繁衍生息。

当今大陆在第四纪的位置

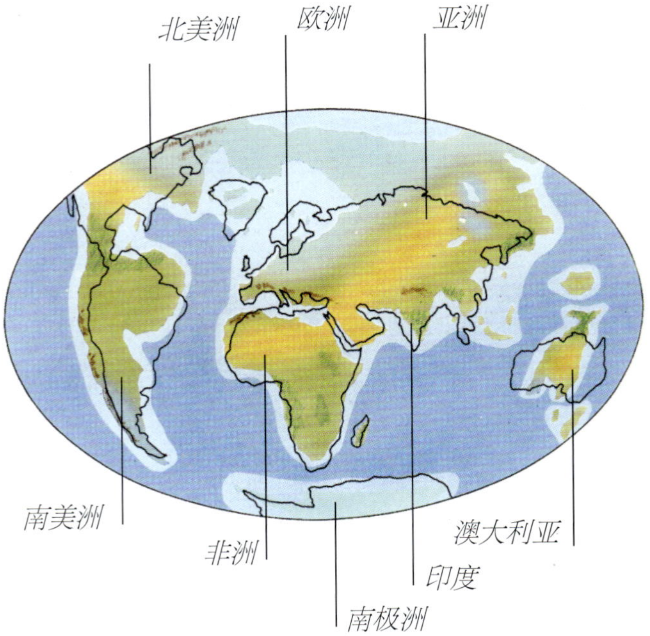

第四纪植物

当今桦树（黑桦）

当今胶皮糖香树（枫香树）

胶皮糖香树叶化石（欧洲枫香树）

桦树叶化石（桦木）

第四纪动物

巨型短面袋鼠 袋鼠科
身长：3米

双门齿兽 双门齿兽科
身长：3米

弓齿兽 弓齿兽科
身长：3米

猛犸象 象科
身长：3米

第四纪地球

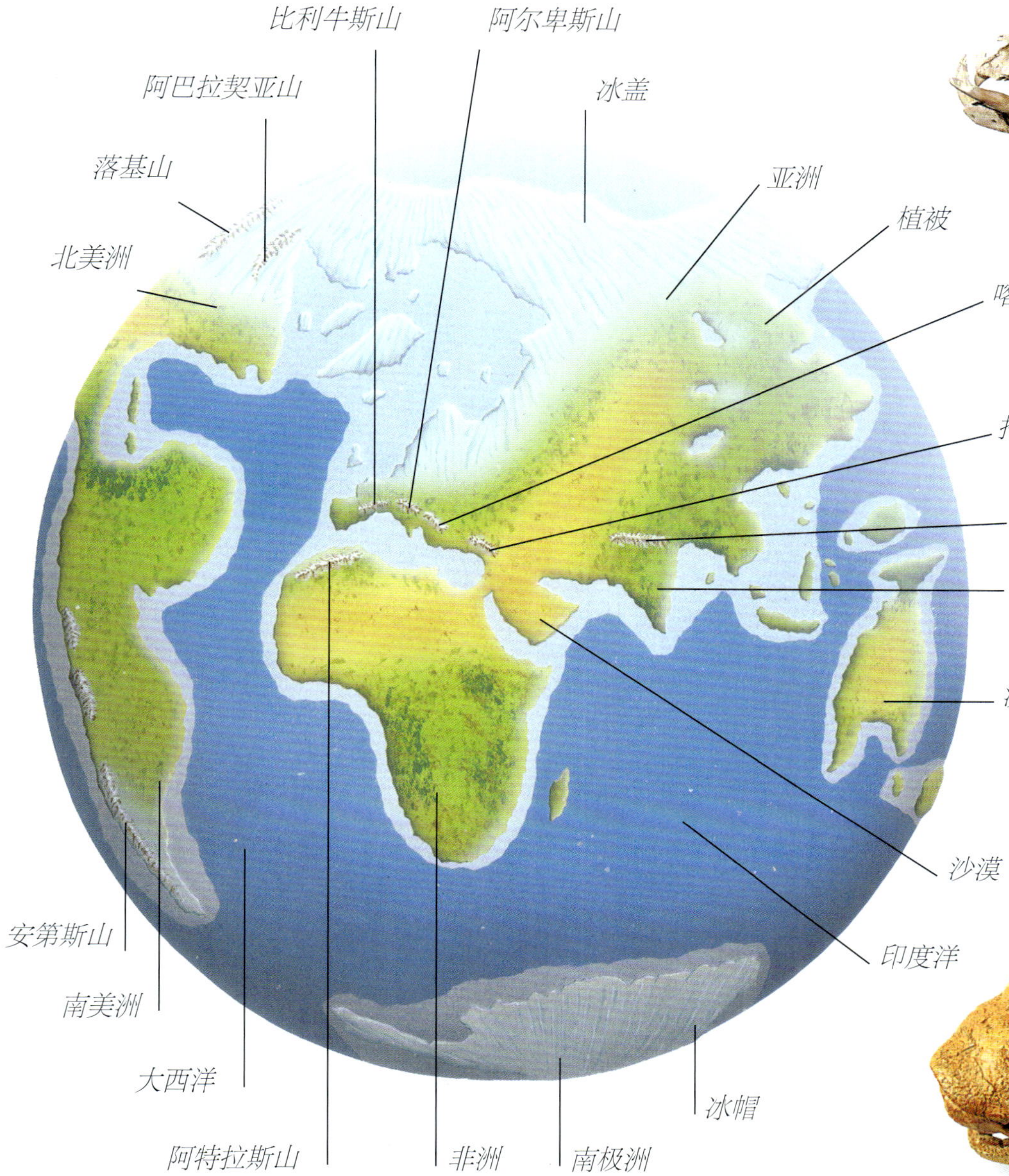

第四纪动物

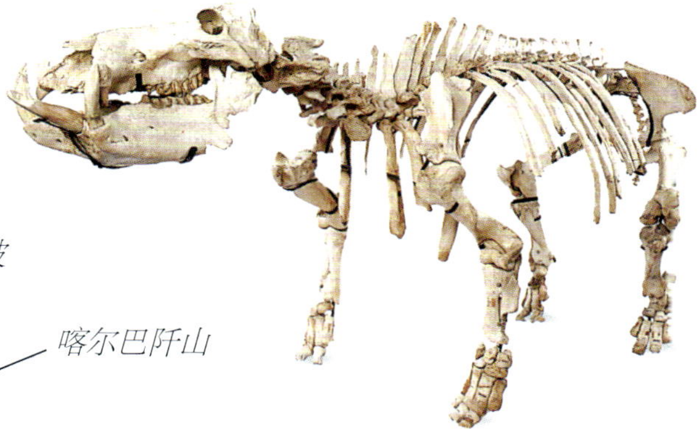
哺乳动物骨骼（河马）

已灭绝洞熊头骨（洞熊）

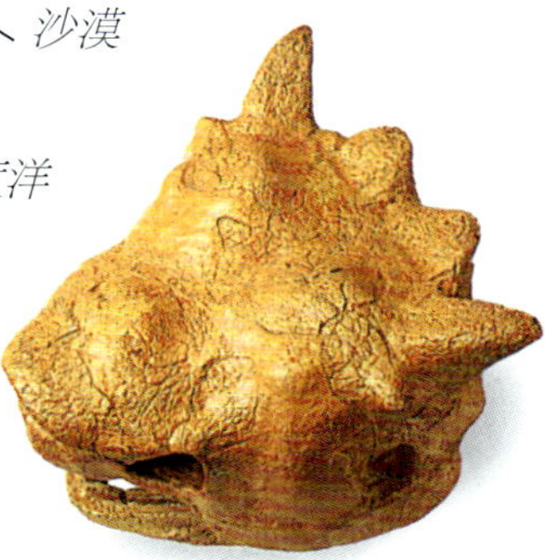
已灭绝龟头骨
（宽头小角龟）

猛犸牙齿（猛犸象）

恐象 恐象科
身长：4米

披毛犀 犀牛科
身长：4米

南方古猿 人科
身长：1.2米

早期生命迹象

在地球形成后约8亿年间，地球上没有已知生命。大约38亿年前，海洋中出现了最早的简单有机结构，它们可能是由特定的化学分子相结合而成。如蓝绿藻这样的原核单细胞微生物能进行光合作用，产生氧气。10亿年之后，地球大气层的氧气大量增加，多细胞生物得以在前寒武纪末期大量繁殖。水母、珊瑚和蠕虫在7亿年前称霸海洋。到寒武纪（大约5.4亿年前至4.85亿年前）三叶虫出现，这是第一个硬体壳生物。到泥盆纪（4.19亿年前至3.58亿年前）早期才出现原始陆生植物，如星木长着贮存水分的角质层，生存不再依赖多水的环境。在3.58亿年前，第一个两栖动物爬上陆地，不过它们还得爬回水中产下软皮的卵。早期爬行动物在石炭纪出现后，动物才完全不再依赖水生存。

叠层石灰岩

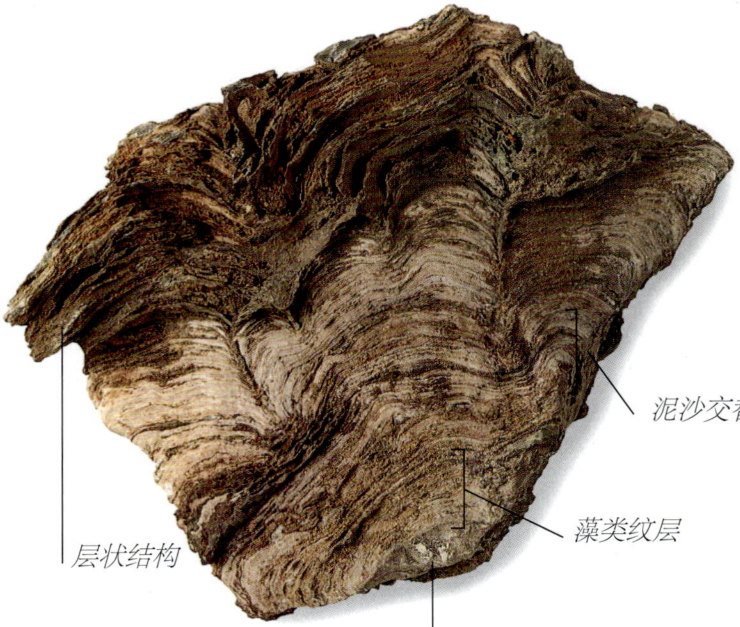

无颌鱼化石

三叶虫化石

海星化石

海星化石正面

海星化石背面

板足鲎动物化石背面

已灭绝的虾化石

复原的星木

两栖动物和爬行动物

最早的两栖动物，如棘螈和鱼石螈，生活在3.6亿年前的泥盆纪（4.09亿年前至3.58亿年前）末期。它们可能是从肺鱼等演化而来。肺鱼用鳍在湖底爬行，有些还能在水面呼吸，其肌肉发达的鳍进化成四肢。这些两栖动物虽然能够在陆地上生存，但却离不开潮湿多水的环境，因为它们的皮肤无法贮存水分，而且还必须回到水中产卵。爬行动物最早见于石炭纪（3.58亿年前至2.98亿年前）。西洛仙蜥是已知最早的爬行动物，生活在3.38亿年前。爬行动物的卵有一层羊膜，胚胎在富有水分的羊膜里，外层有防水卵壳保护，这让爬行动物摆脱了依赖多水环境生存的状况。长鳞片的皮肤避免爬行动物在陆地上脱水，其生存地域更加广阔。恐龙是中生代（2.52亿年前至0.66亿年前）主要的陆地爬行动物。

棘螈头骨化石

鱼石螈复原模型

蚓螈骨骼

西洛仙蜥骨骼化石

锯齿龙骨骼化石

西洛仙蜥模型

肺鱼化石

恐龙

在中生代（2.52亿年前至0.66亿年前），成群的恐龙统治着陆生脊椎动物。恐龙出现在约2亿3千万年前，它们区别于其他爬行动物的重要特征是四肢能够保持直立。这一特征让部分恐龙能够两足站立前行，不同于其他爬行或半爬行的爬行动物。恐龙的股骨与髋臼连接在一起，行动灵活有效。根据骨盆结构的不同，恐龙分成两大类：蜥臀目恐龙和鸟臀目恐龙。大多数蜥臀目恐龙的耻骨向前突出；而鸟臀目恐龙的耻骨向后倾斜，同坐骨平行。恐龙曾经是发育得最好的陆生脊椎动物，种类繁多，在地球上生活了1亿6500万年，直到6600万年前才灭绝。

蜥臀目恐龙腰带结构

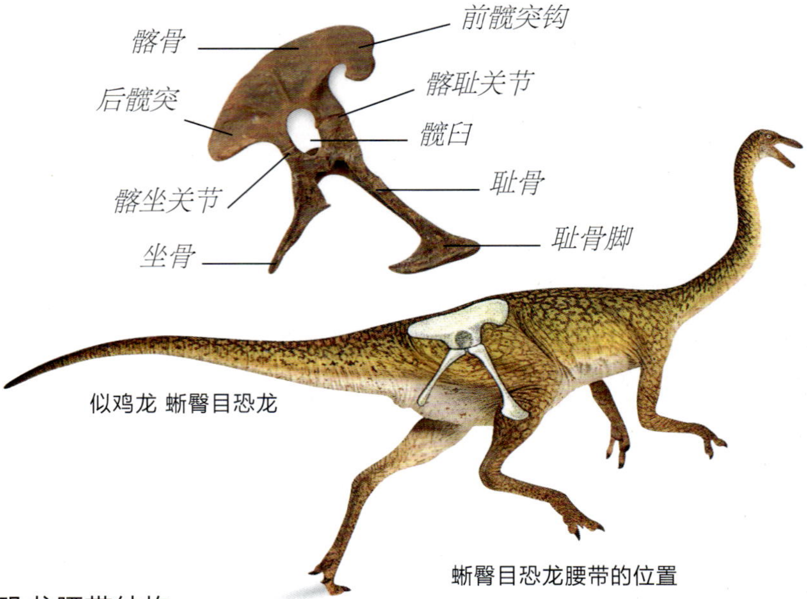

似鸡龙 蜥臀目恐龙

蜥臀目恐龙腰带的位置

鸟臀目恐龙腰带结构

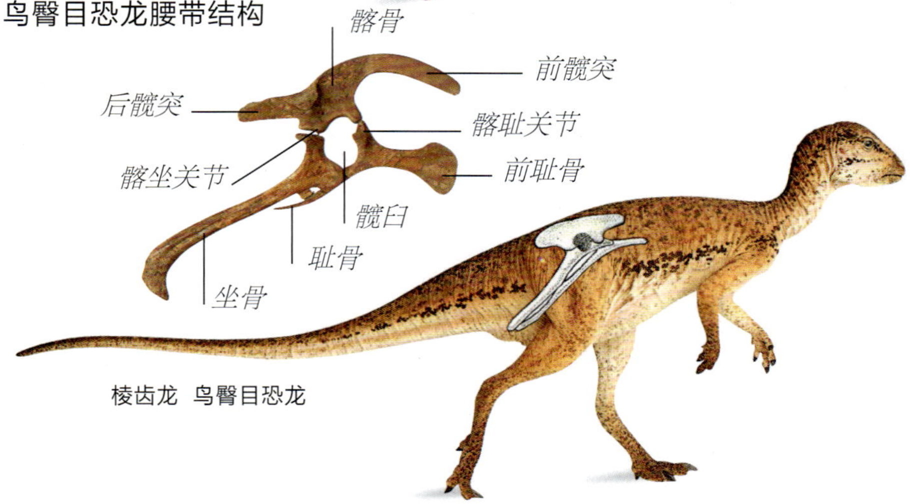

棱齿龙 鸟臀目恐龙

鸟臀目恐龙腰带的位置

重龙 蜥臀目恐龙

动物行走姿势

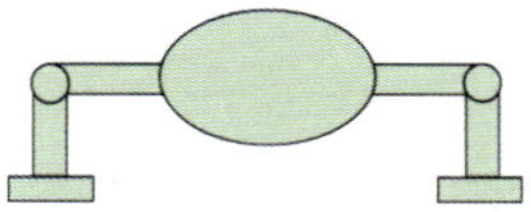

爬姿 大腿和上臂从身体两侧直伸出去，膝部和肘部都成直角。

鬣鳞蜥 当代爬行动物

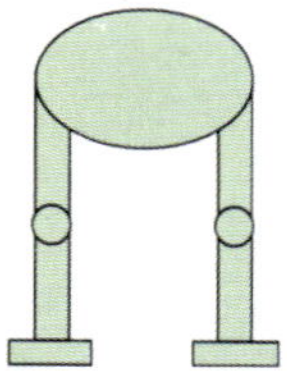

直立姿势 大腿和前臂向下伸直，膝部和肘部关节伸直。

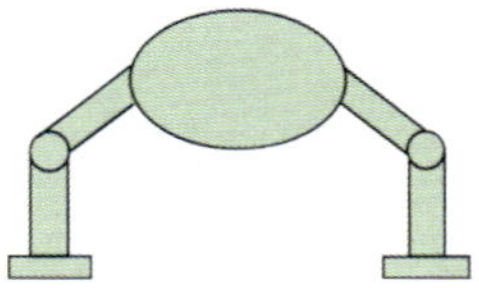

半爬姿 大腿和上臂向斜下方伸出，膝部和肘部微弯曲。

侏儒鳄 当代爬行动物

恐龙爪示例

重爪龙拇指爪

大椎龙拇指爪

雷龙拇指爪

似鸟龙指爪

恐龙谱系树

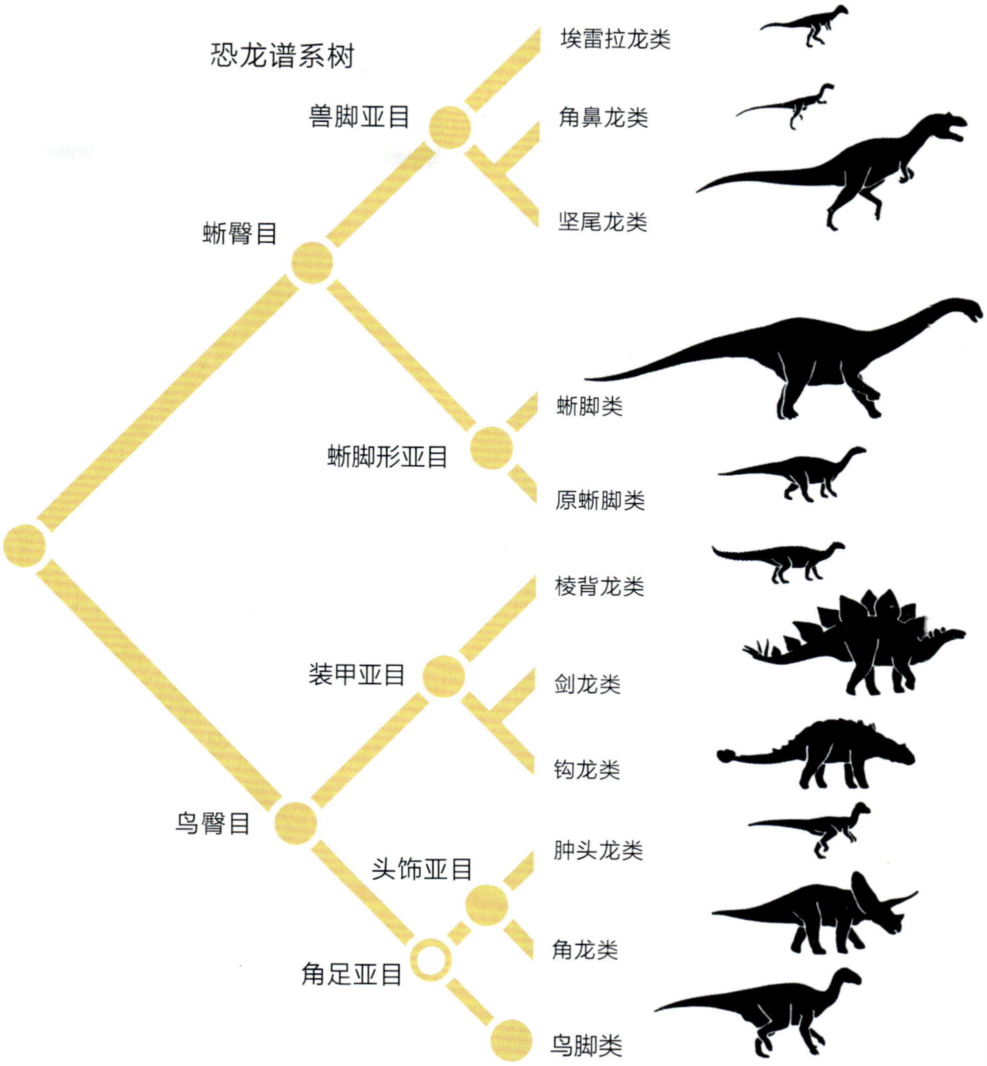

畸齿龙头骨和下颌骨

重爪龙头骨和下颌骨

兽脚亚目 1

在距今2.3亿年的三叠纪末期，蜥臀目亚目之一——兽脚亚目恐龙出现，其已知最早标本在南美出土。兽脚亚目恐龙在整个恐龙时代（2.3亿年前至0.66亿年前）一直繁衍生息。典型兽脚亚目恐龙前肢短小有利爪，颌骨强壮有力，牙齿尖锐，S形的颈项，后肢长且肌肉发达，脚有四爪。许多兽脚亚目恐龙可能是热血动物，绝大多数食肉。它们中体型小的不比鸡大多少，大的有像霸王龙和重爪龙那样的庞然大物。兽脚亚目还包括长得像鸵鸟和有喙无牙的食草恐龙，如似鸵龙和似鸡龙。许多科学家认为，鸟类是从小型兽脚类恐龙演化而来。体小长羽毛的始祖鸟是已知最早的鸟，与恐龙共存于同一时代。

艾伯塔龙腿解剖图

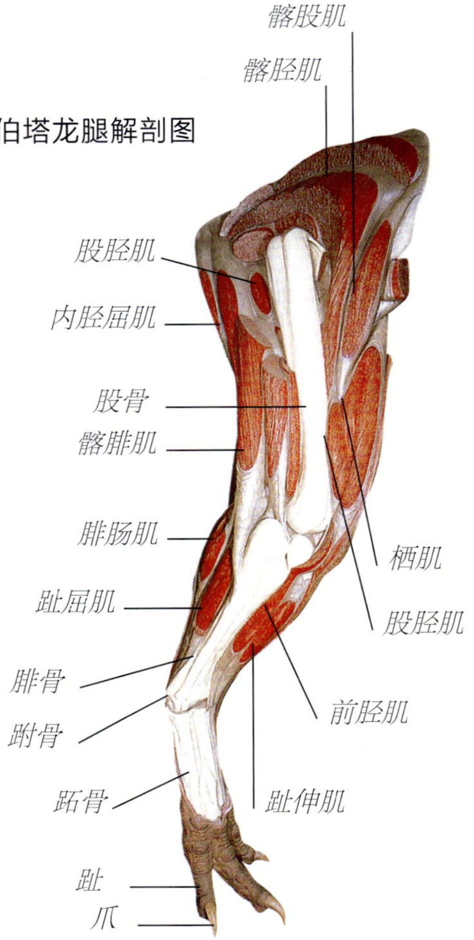

霸王龙骨骼

霸王龙复原图

始祖鸟骨骼化石

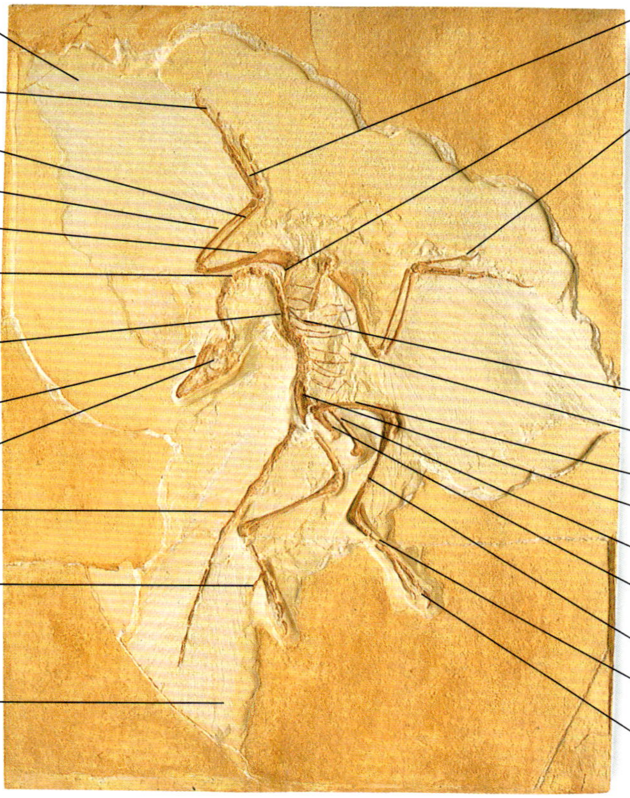

重爪龙前肢骨骼

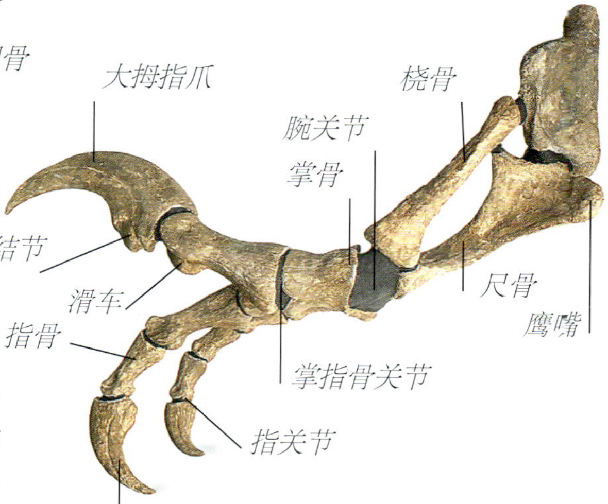

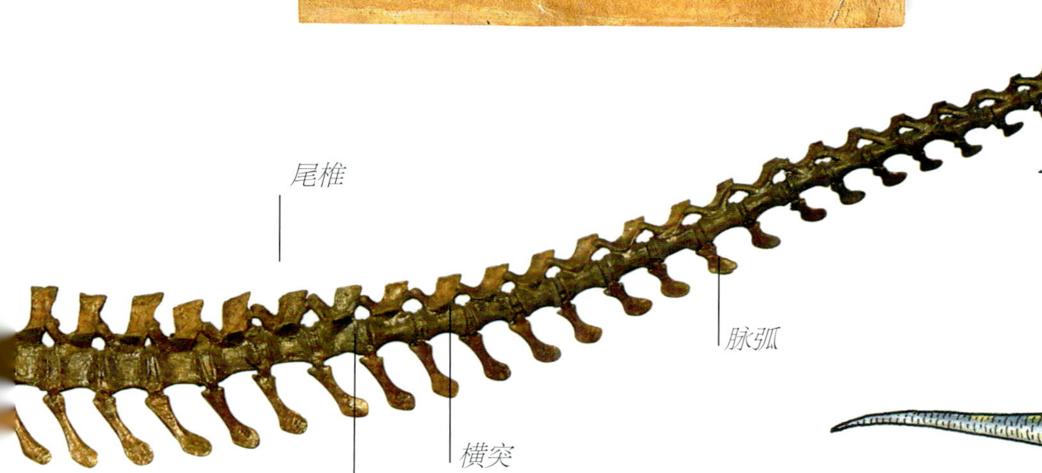

异龙头

大型兽脚亚目恐龙

扭椎龙
斑龙科 身长：7米

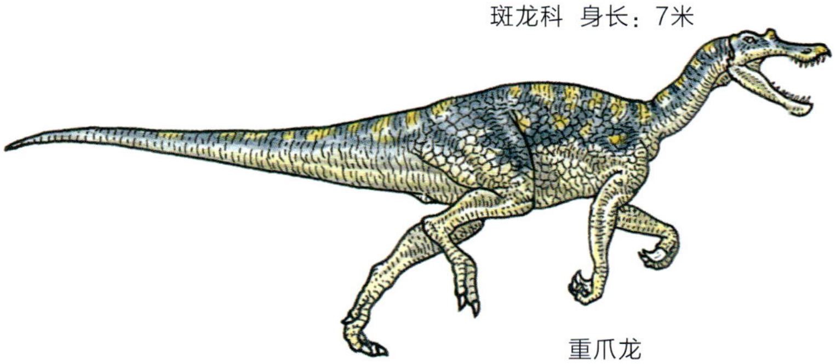

重爪龙
重爪龙科 身长：9.1米

永川龙
中华盗龙科 身长：10米

兽脚亚目 2

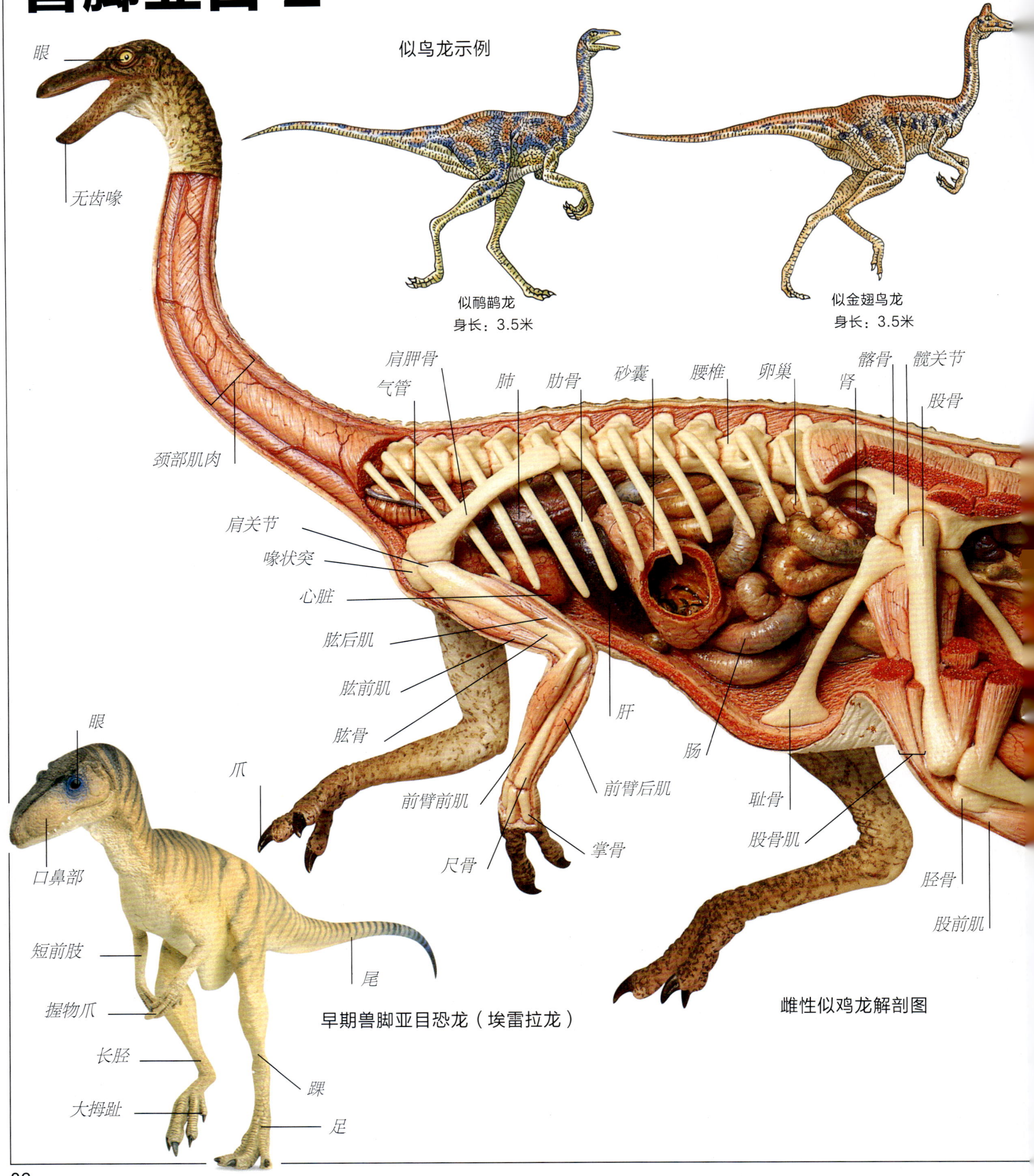

雌性似鸡龙解剖图

早期兽脚亚目恐龙（埃雷拉龙）

小型兽脚亚目恐龙

似鸵龙
身长：3.5米

纤手龙
身长：2米

似鸟龙
身长：1.5米

虚骨龙
身长：1.8米

原美颌龙
身长：1.2米

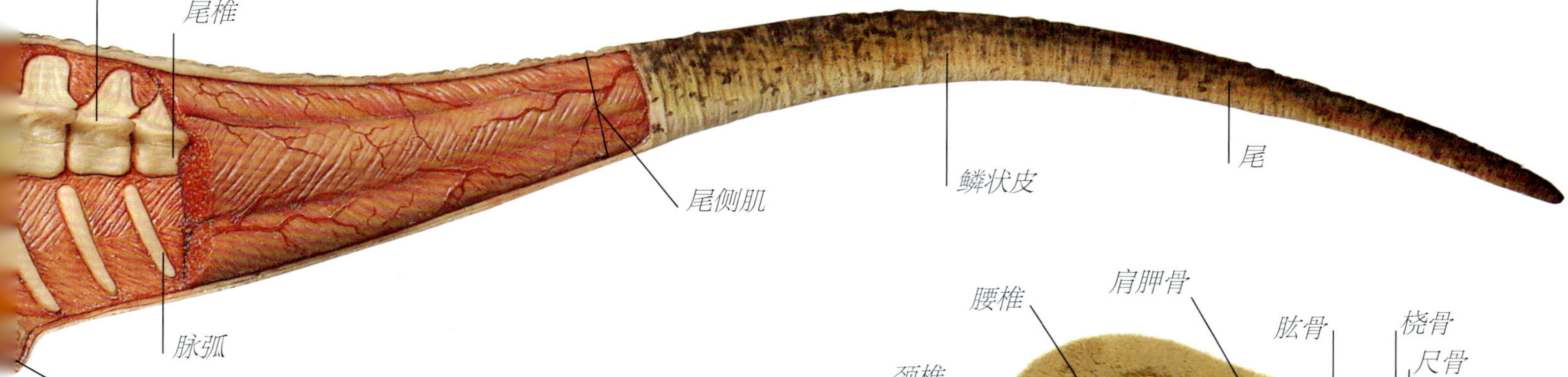

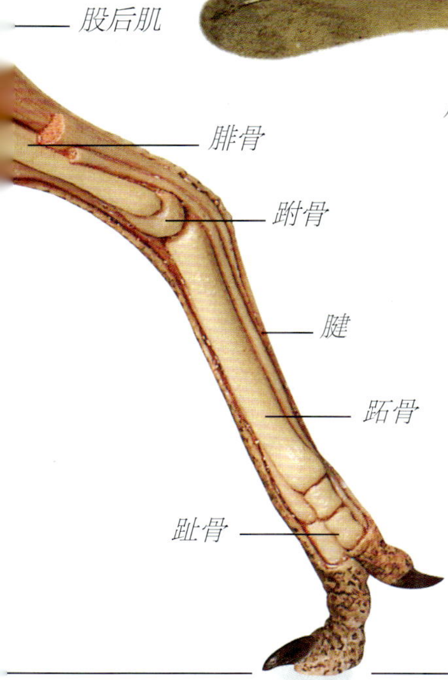

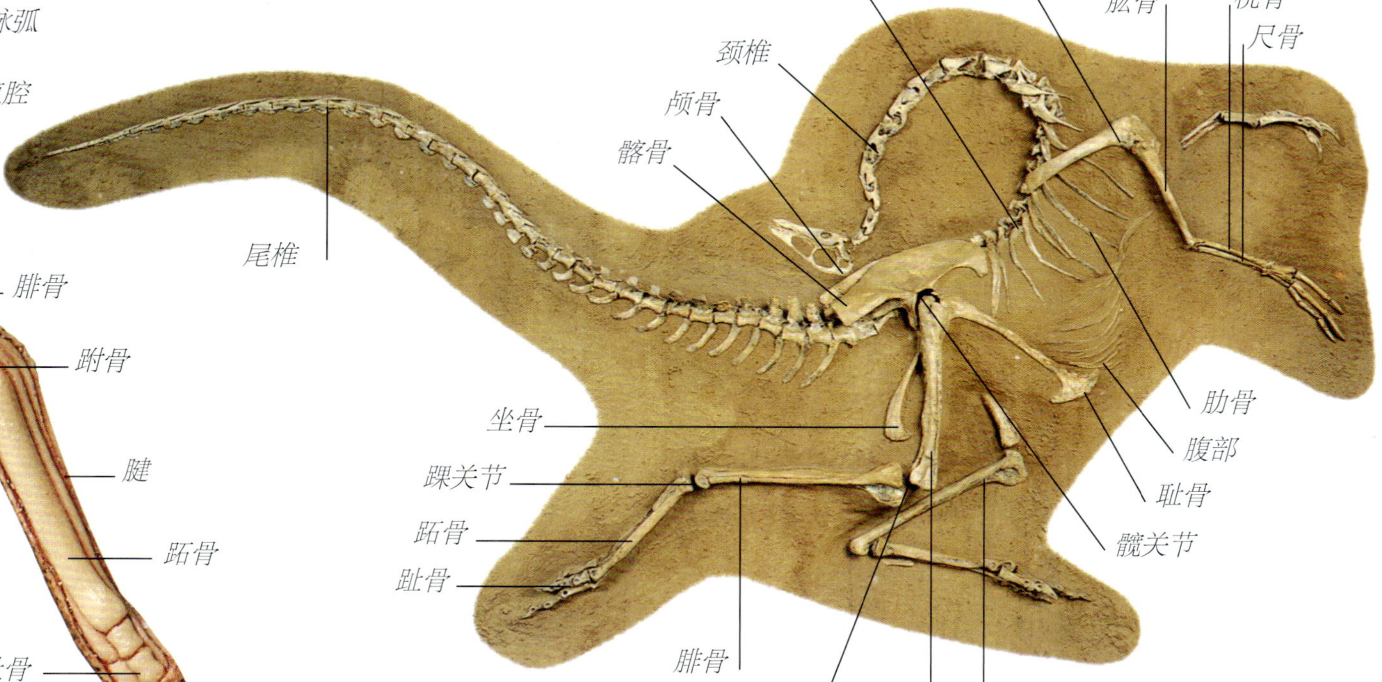

似鸵龙骨骼化石

蜥脚亚目 1

槽齿龙

蜥脚亚目是食草恐龙，属于蜥臀目的一个亚目，包括原蜥脚类和蜥脚类两类。它们的特点是头小，体型庞大，长颈，长尾。原蜥脚类恐龙生活在三叠纪晚期到侏罗纪早期（2.25亿年前至1.8亿年前），其成员小到安琪龙，大到板龙。到侏罗纪中期（大约1.65亿年前），蜥脚类取代原蜥脚类，分布在地球各地，包括体型最庞大、体重最重的恐龙，比如梁龙和腕龙。它们结群迁徙，利用庞大的体型和强壮的尾巴保护，躲避兽脚亚目恐龙的捕杀。蜥脚类恐龙繁衍到白垩纪晚期（大约6600万年前），它们是侏罗纪晚期（大约1.45亿年前）之前最常见的大型食草恐龙，当北方大陆的同类灭绝之后，它们在南部大陆似乎还延续了一段时期。

板龙头骨和颌骨

板龙骨骼

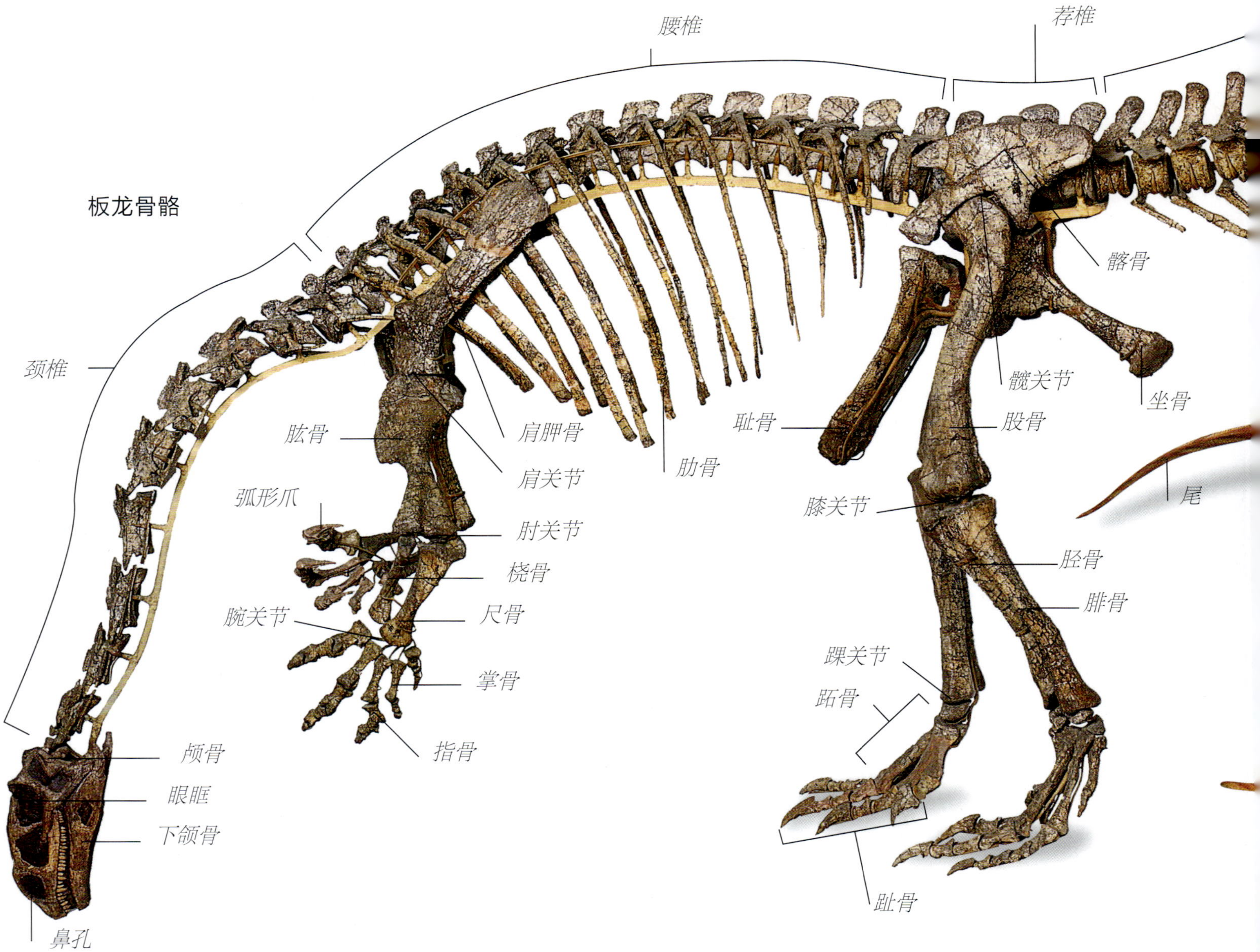

原蜥脚类恐龙

大椎龙拇指爪

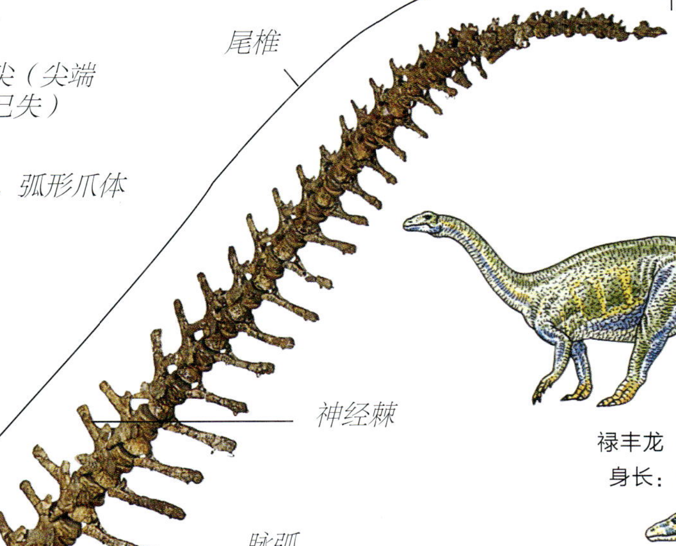
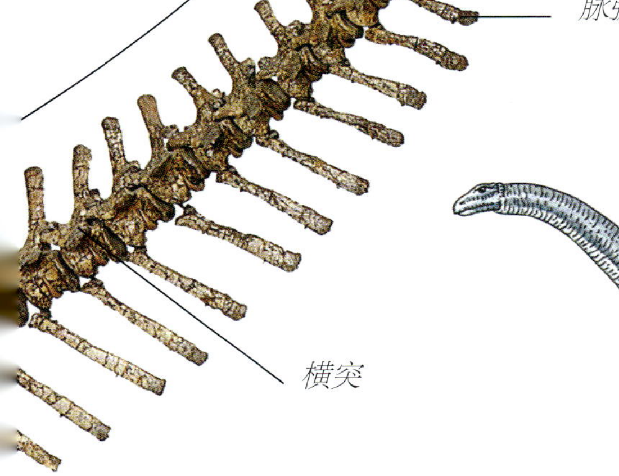

大椎龙 大椎龙科
身长：4米

禄丰龙 板龙科
身长：6.1米

里奥哈龙 里奥哈龙科
身长：11米

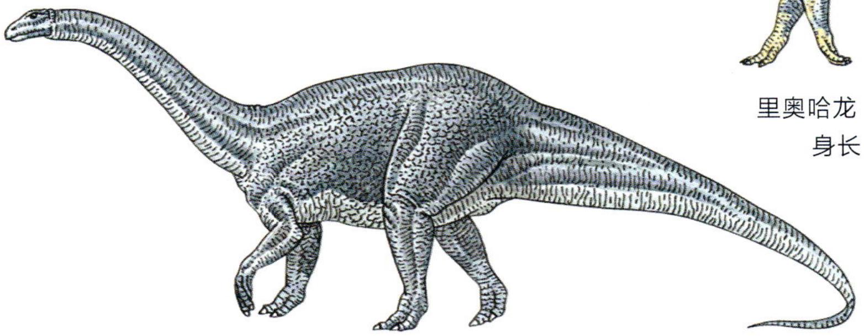

黑丘龙 黑丘龙科
身长：12.2米

安琪龙外形

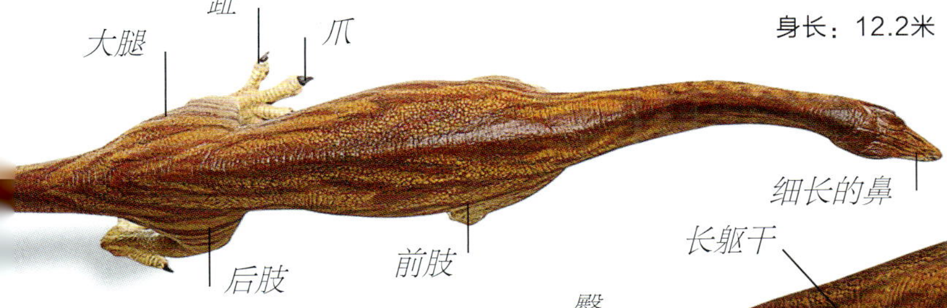

安琪龙俯视图

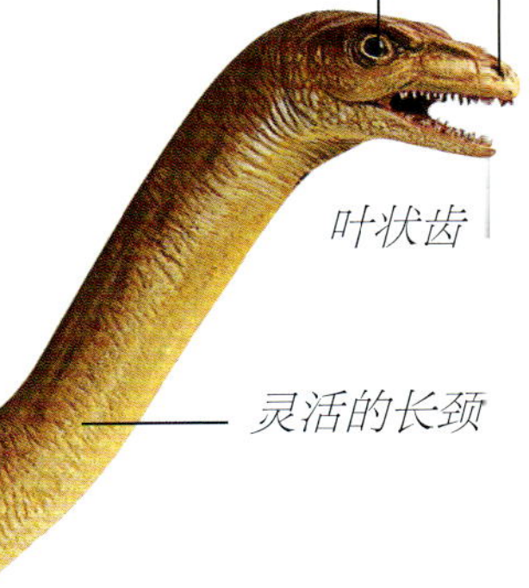
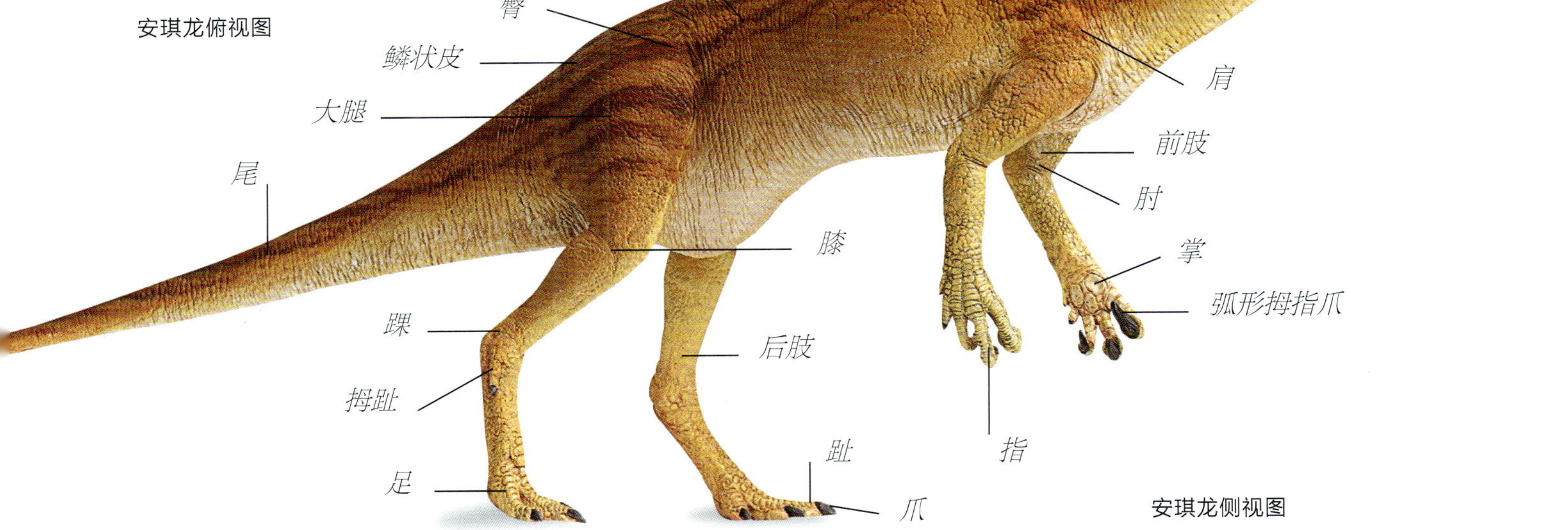

安琪龙侧视图

蜥脚亚目 2

梁龙头骨和下颌骨

象前足

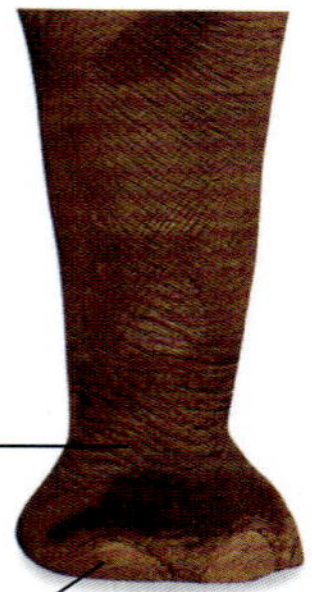

梁龙和象的前足

象前足骨

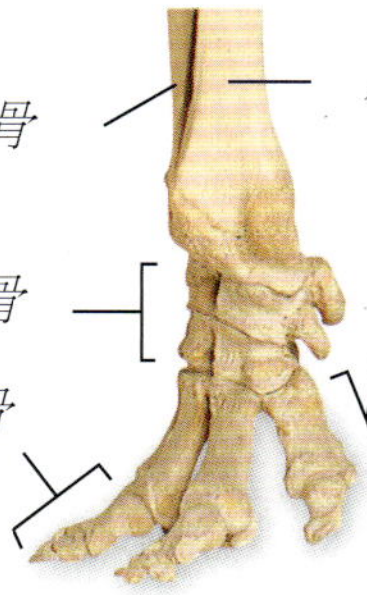

梁龙前足骨

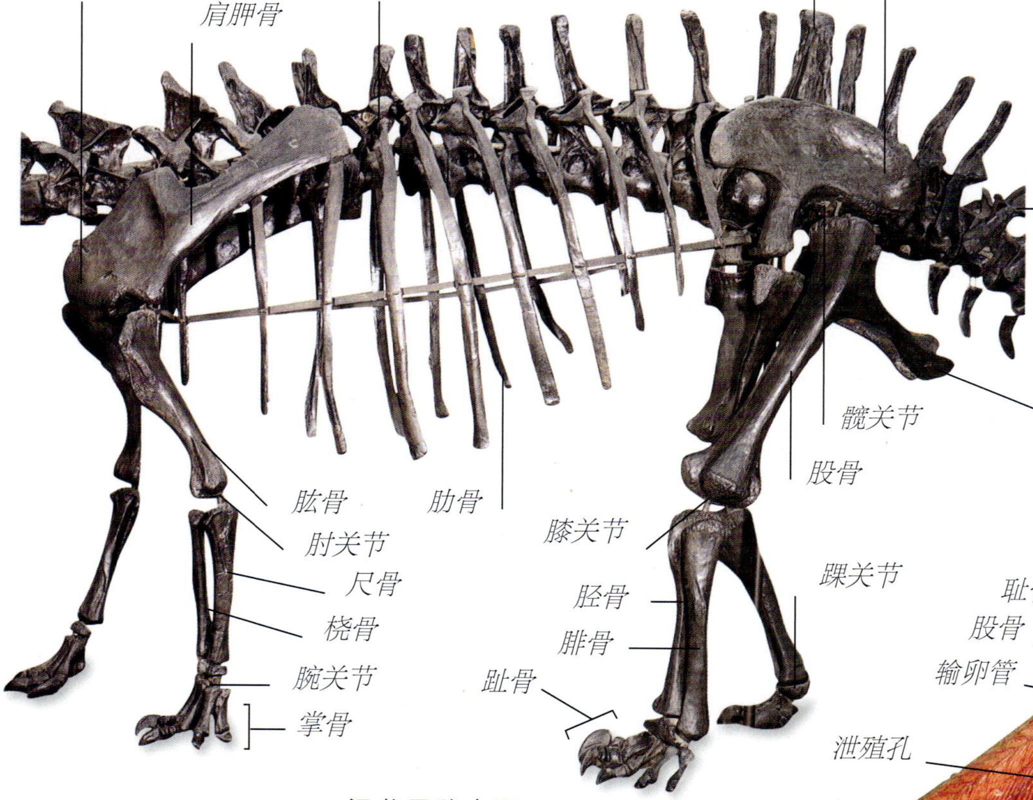

梁龙骨骼中段

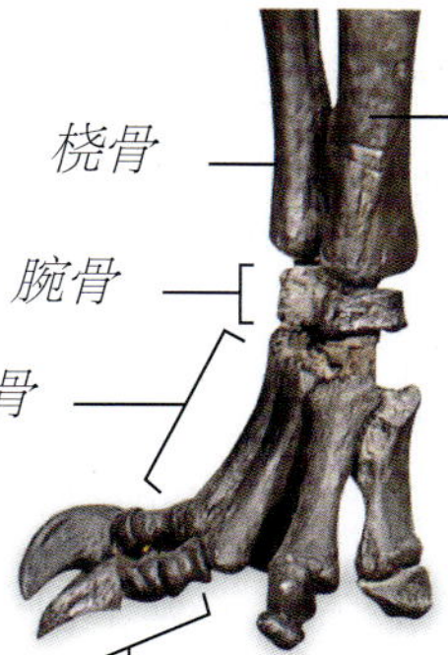

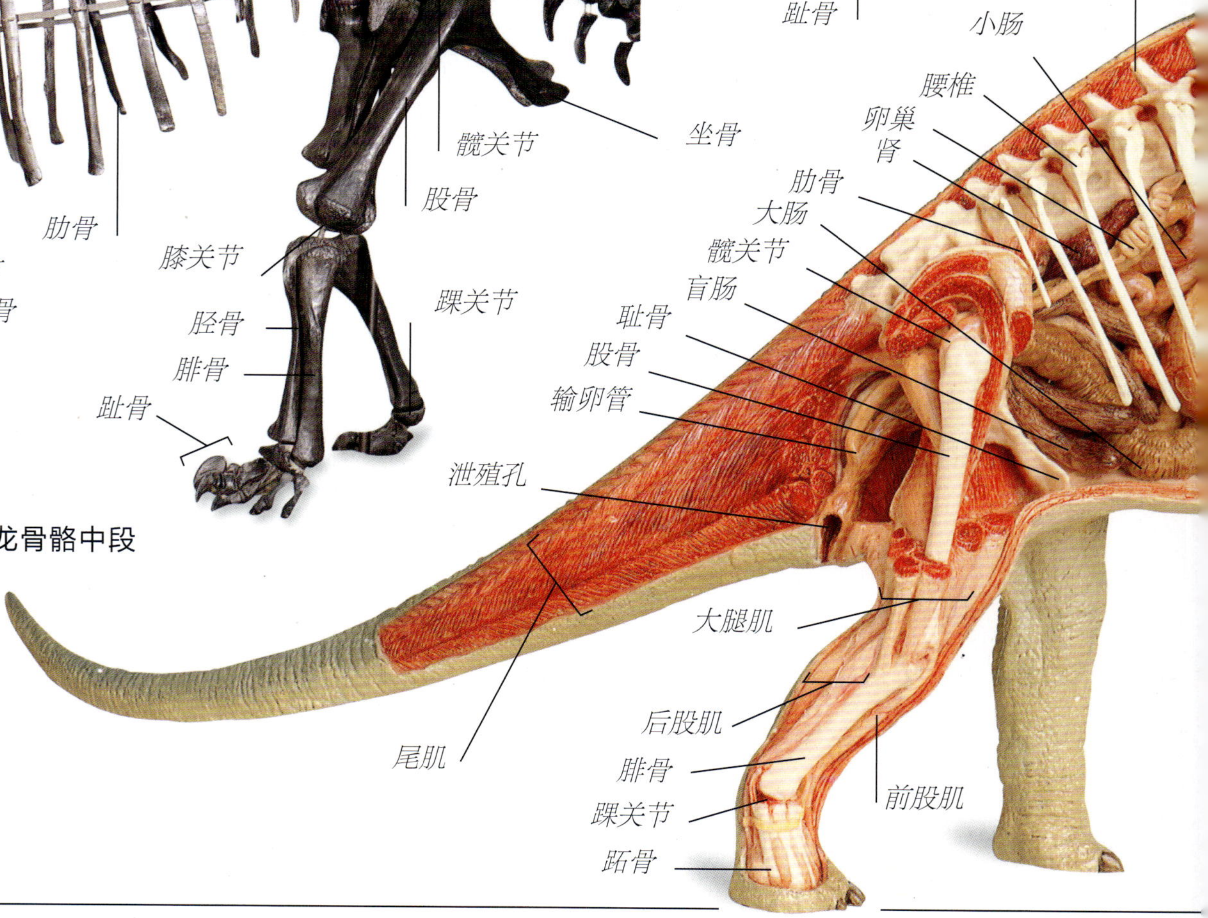

萨尔塔龙蛋化石

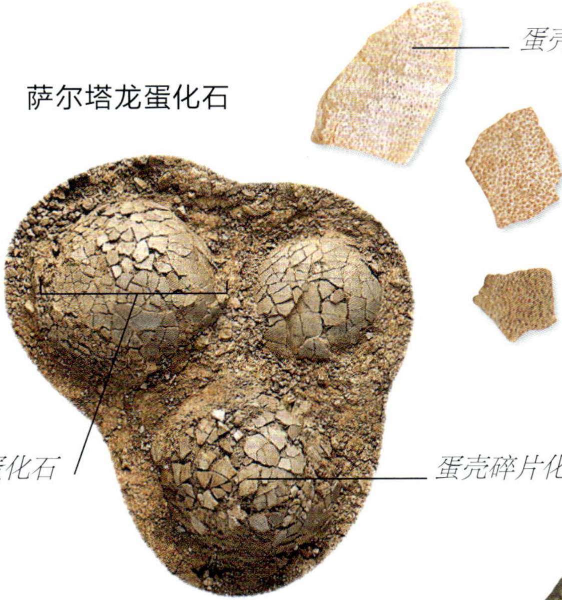

圆顶龙头骨和下颌骨

雌性腕龙解剖图

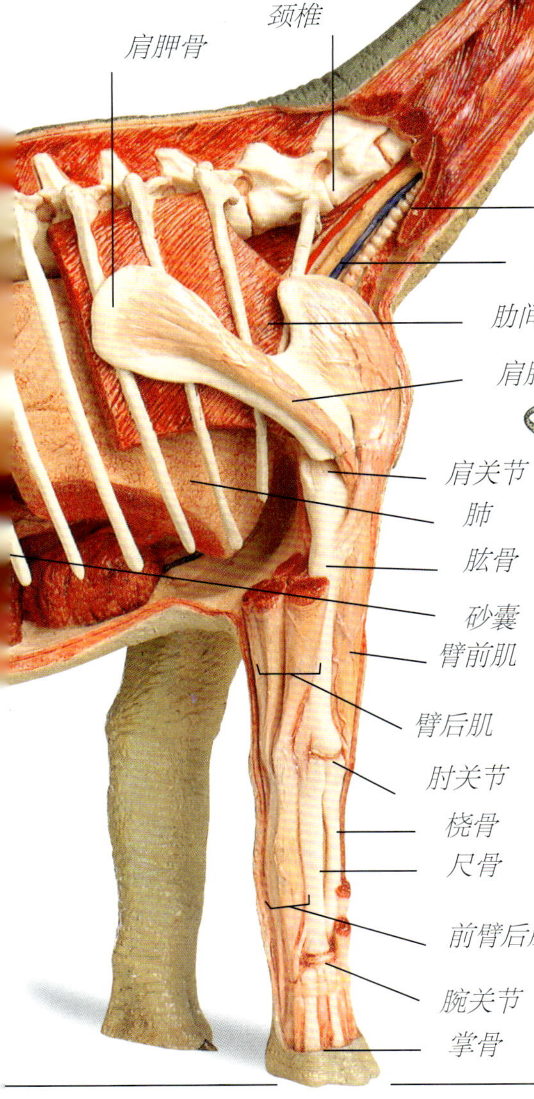

似鲸龙 鲸龙科
身长：18米

蜀龙 真蜥脚类
身长：10米

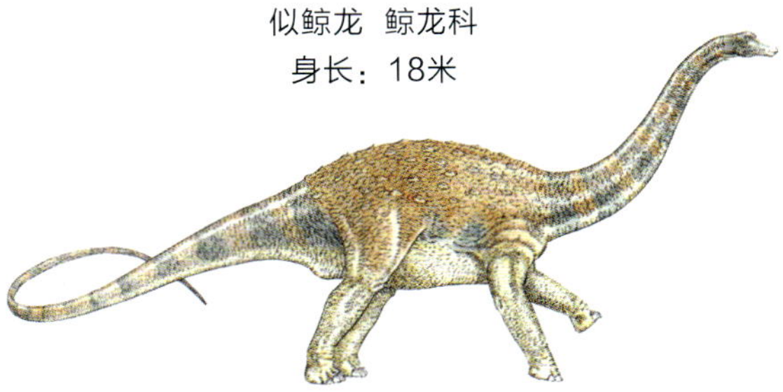

萨尔塔龙 萨尔塔龙科
身长：12.2米

梁龙 梁龙科
身长：27.4米

鸟脚亚目1

禽龙牙齿

鸟脚亚目是鸟臀目恐龙的一个亚目。这些食草恐龙长着角质喙，适于咀嚼植物的臼齿；骨盆和尾巴区域由骨质肌腱构成，使尾部硬直挺翘；颌骨和牙齿进化完善，适合嚼烂植物。这些特征让它们从侏罗纪中期到白垩纪晚期（1.65亿年前至0.66亿年前）活跃在北美、欧洲、非洲、中国、澳大利亚和南极洲。有些鸟脚亚目比狗还小，有些是长达15米的庞然大物。其中的禽龙科，鼻子前段长着宽大的无齿喙，颌骨宽大，上面紧密排列着适于咀嚼植物的牙齿，体型庞大，尾巴笨重。禽龙巨大拇指是圆锥尖状，强壮有力，能够刺伤敌人。鸭嘴龙科，如格里芬龙和鸭嘴龙，生活在白垩纪晚期（0.97亿年前至0.66亿年前），长着宽大的“鸭嘴”喙。它们头颅纵深长，牙齿成排紧密排列，其中有些恐龙，如盔头龙和兰氏龙，长着高大的中空骨质头冠。

禽龙骨骼

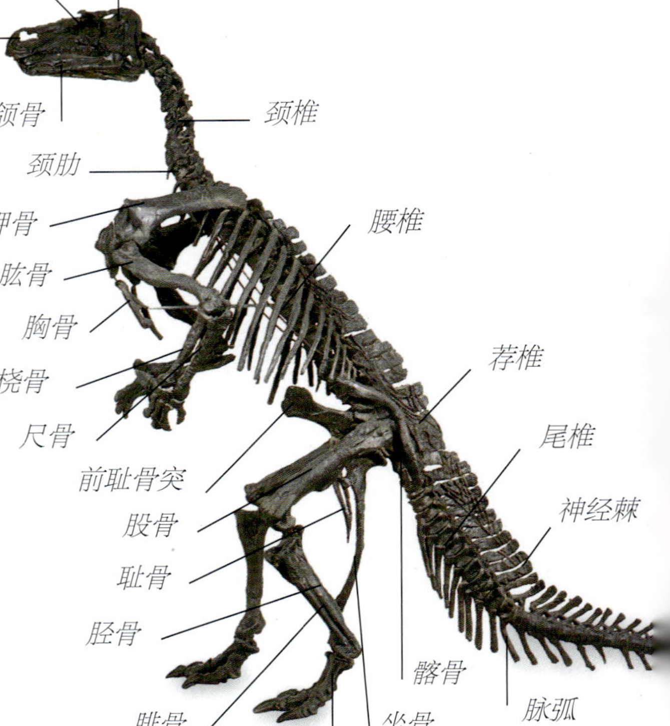

禽龙外形

幼年曼特尔龙头骨和下颌骨

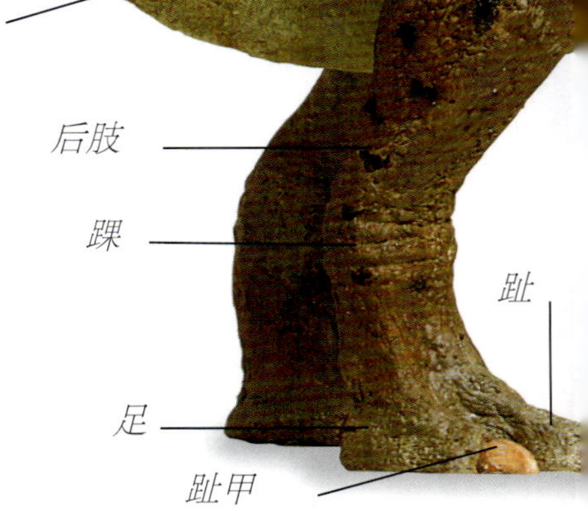

禽龙示例图

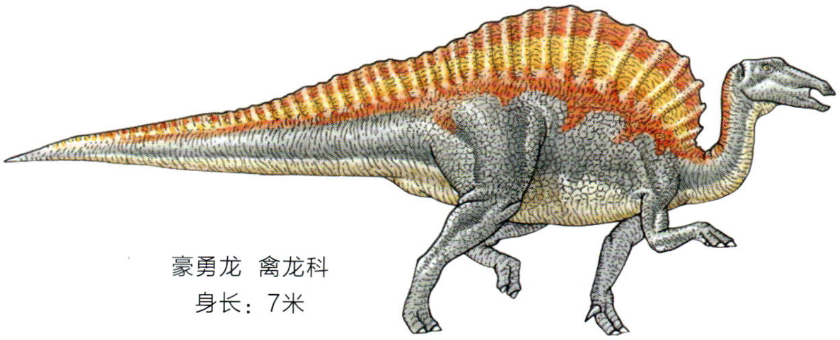

豪勇龙 禽龙科
身长：7米

弯龙 弯龙科
身长：4.9-7米

木他龙 禽龙科
身长：7米

原巴克龙 鸭嘴龙科
身长：6.1米

禽龙后肢解剖图

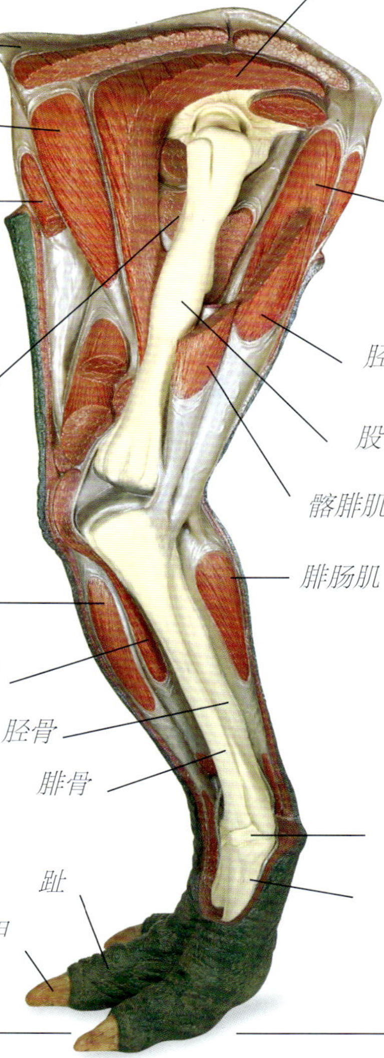

鸟脚亚目 2

短冠龙

身长：7米

兰氏龙

身长：14.9米

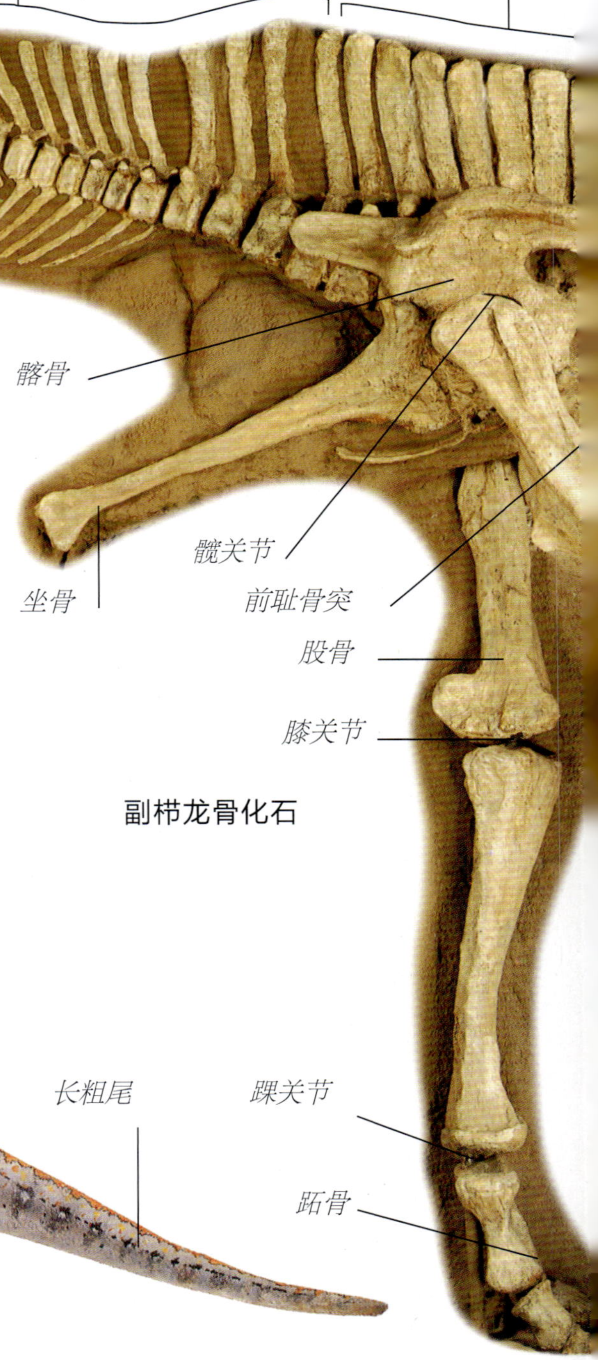

副栉龙骨化石

慈母龙孵卵巢模型

盔头龙外形

鸭嘴龙科示例图

亚冠龙
身长：9.1米

鸭嘴龙
身长：7.9～10米

格里芬龙
身长：7.9～10米

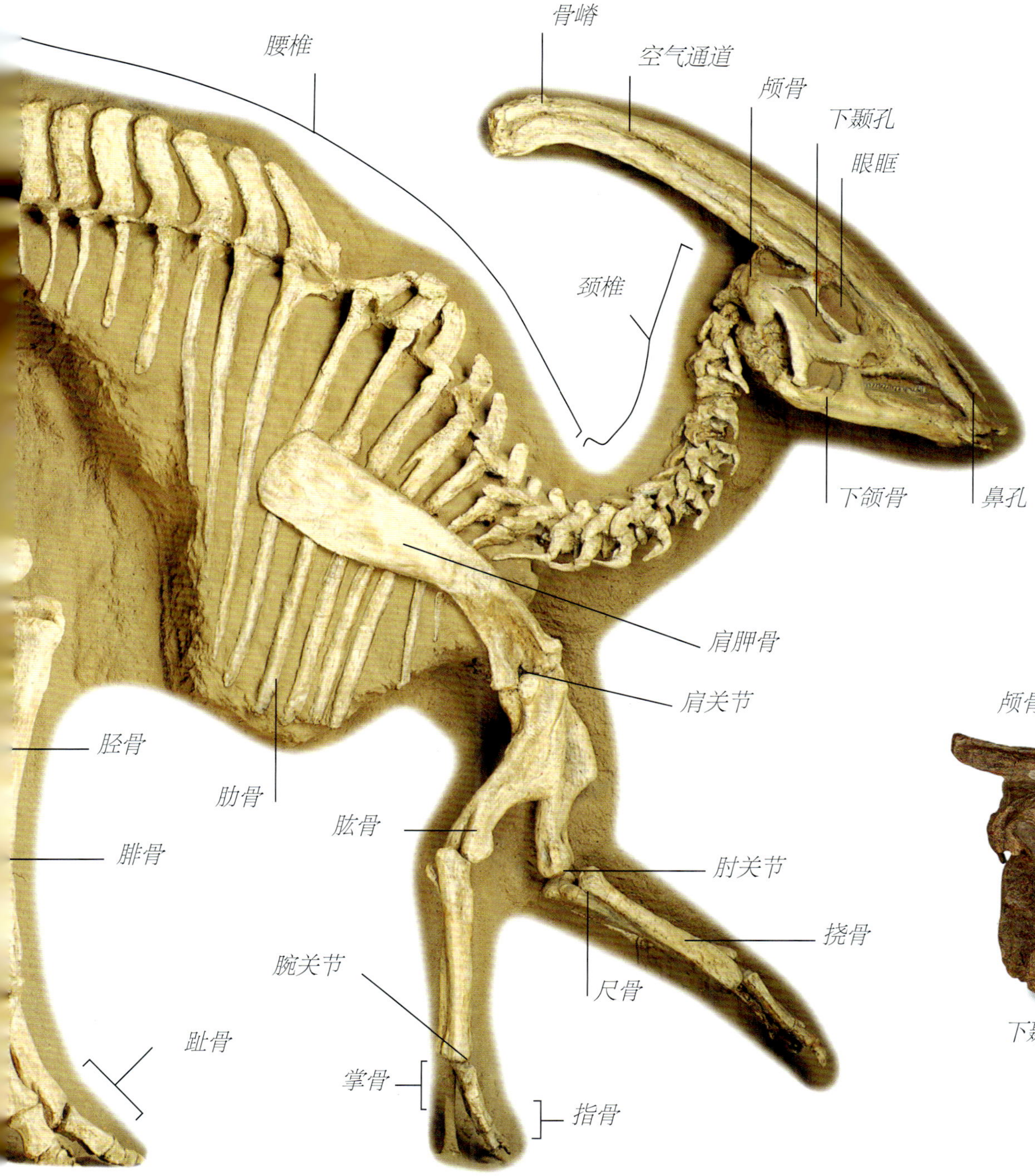

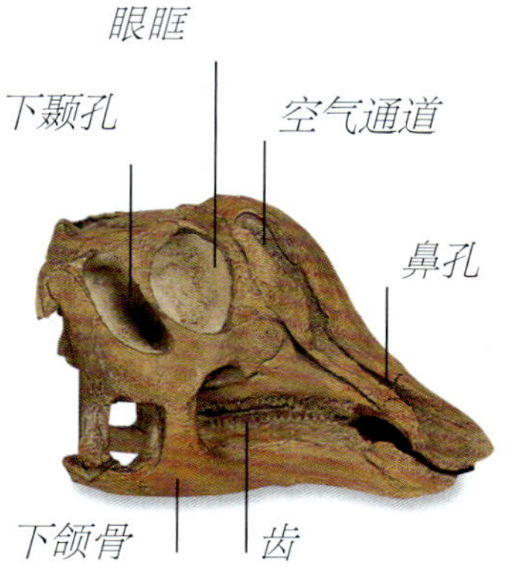

幼年兰氏龙头骨和下颌骨

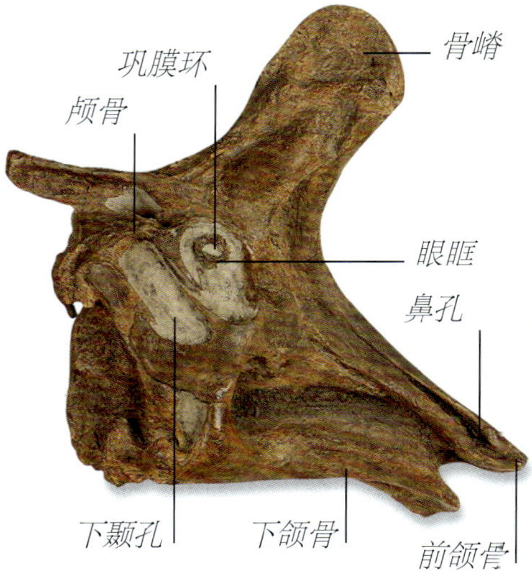

成年兰氏龙头骨和下颌骨

缘头龙类 1

倾头龙撞头

缘头龙类属于鸟臀目恐龙，它们头部后长着一个狭深的骨质突起。缘头龙类很可能与鸟脚亚目有着共同的祖先，活跃于白垩纪（1.46亿年前至0.65亿年前），生活在今天的北美、非洲、亚洲和欧洲。它们分为肿头龙亚目（如肿头龙和剑角龙）和角龙亚目（如三角龙和鹦鹉嘴龙）。当肿头龙因争夺地盘或配偶顶斗时，厚厚的突起可以保护头部，其髋部和脊椎也足以抵抗冲撞。而角龙进攻时，其骨板突起更加可怕；粗壮的颈部，可以承受冲撞和支撑巨大的头部；头部长着切割食物的喙，颌骨强壮有力。这样的角龙对于最庞大的捕食者来说也是强大的对手。角龙亚目生活在晚白垩世（0.97亿年前至0.66亿年前）大量的食草恐龙之中。

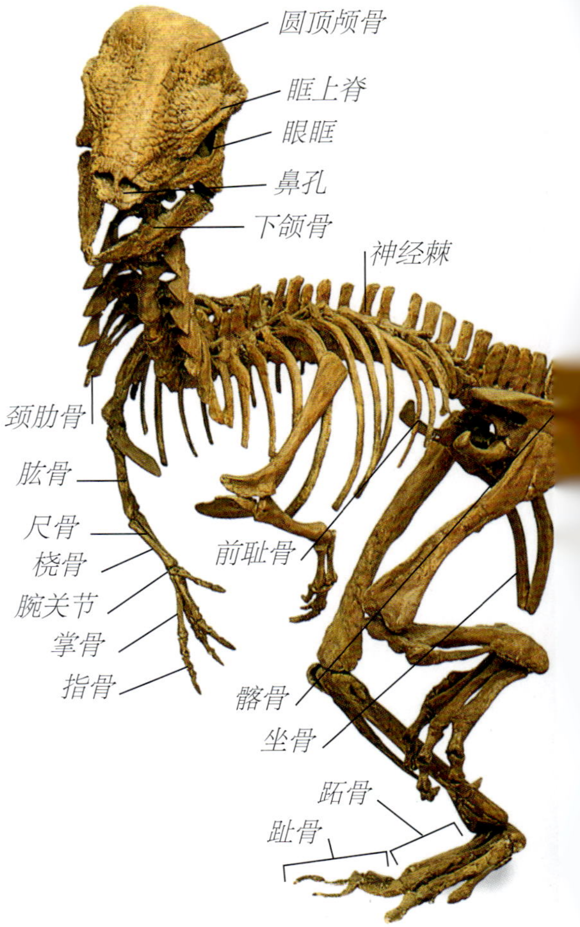

肿头龙头骨

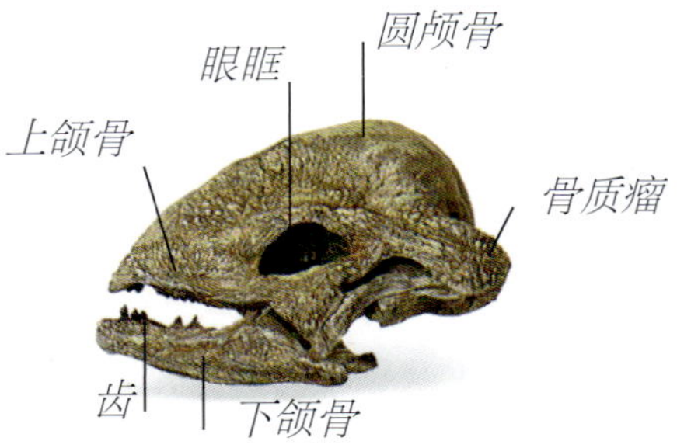

剑角龙头骨和下颌骨

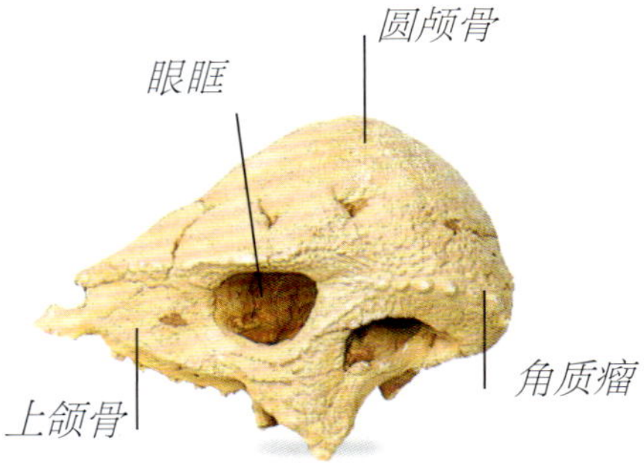

倾头龙头骨

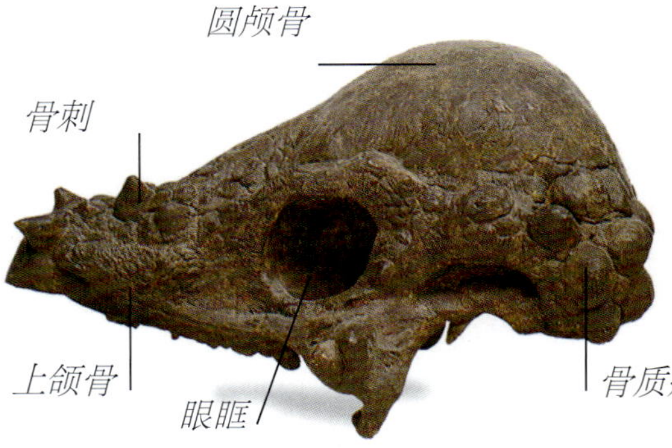

肿头龙头骨

肿头龙外形

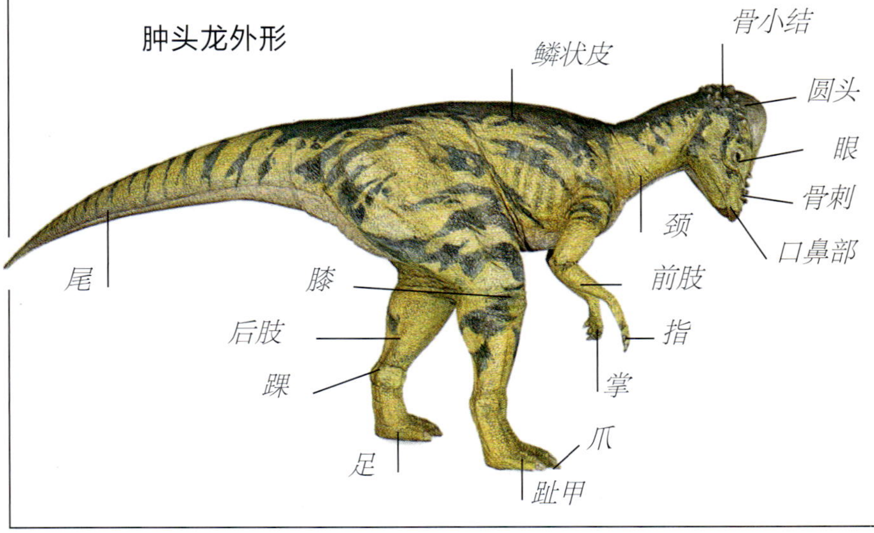

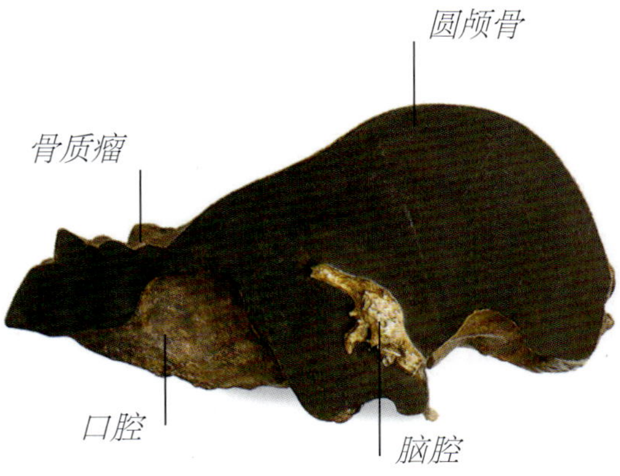

肿头龙头骨纵切面

肿头龙

平头龙 肿头龙亚目
身长：3米

皖南龙 肿头龙亚目
身长：60厘米

倾头龙 肿头龙亚目
身长：2.4米

剑角龙骨骼

剑角龙外形

缘头龙类 2

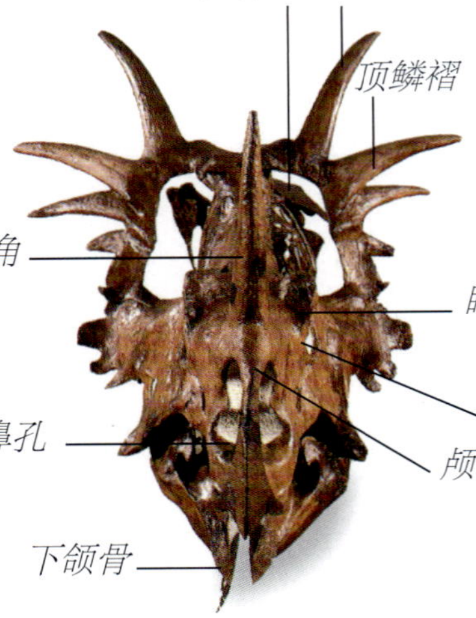

戟龙头骨和下颌骨

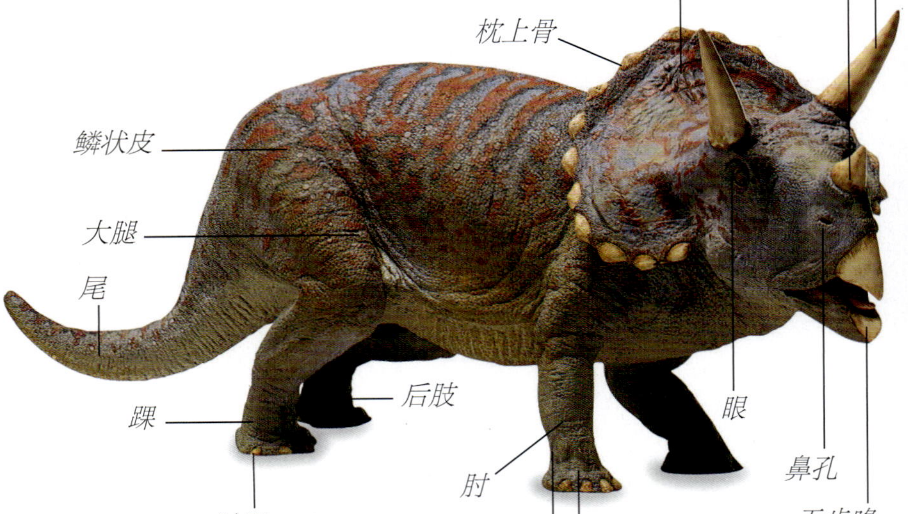

三角龙外形

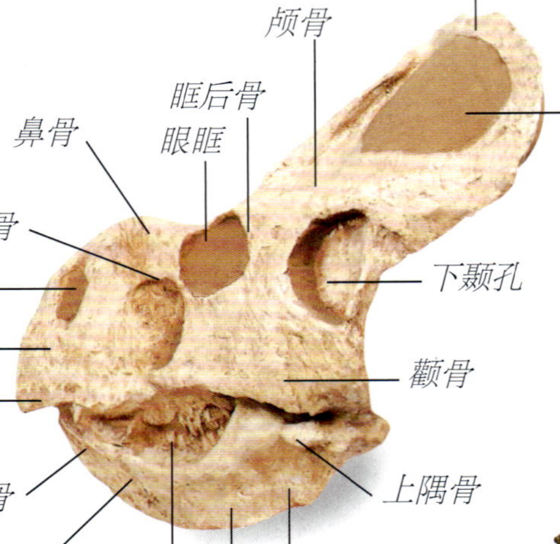

原角龙头骨和下颌骨

三角龙骨骼

鹦鹉嘴龙

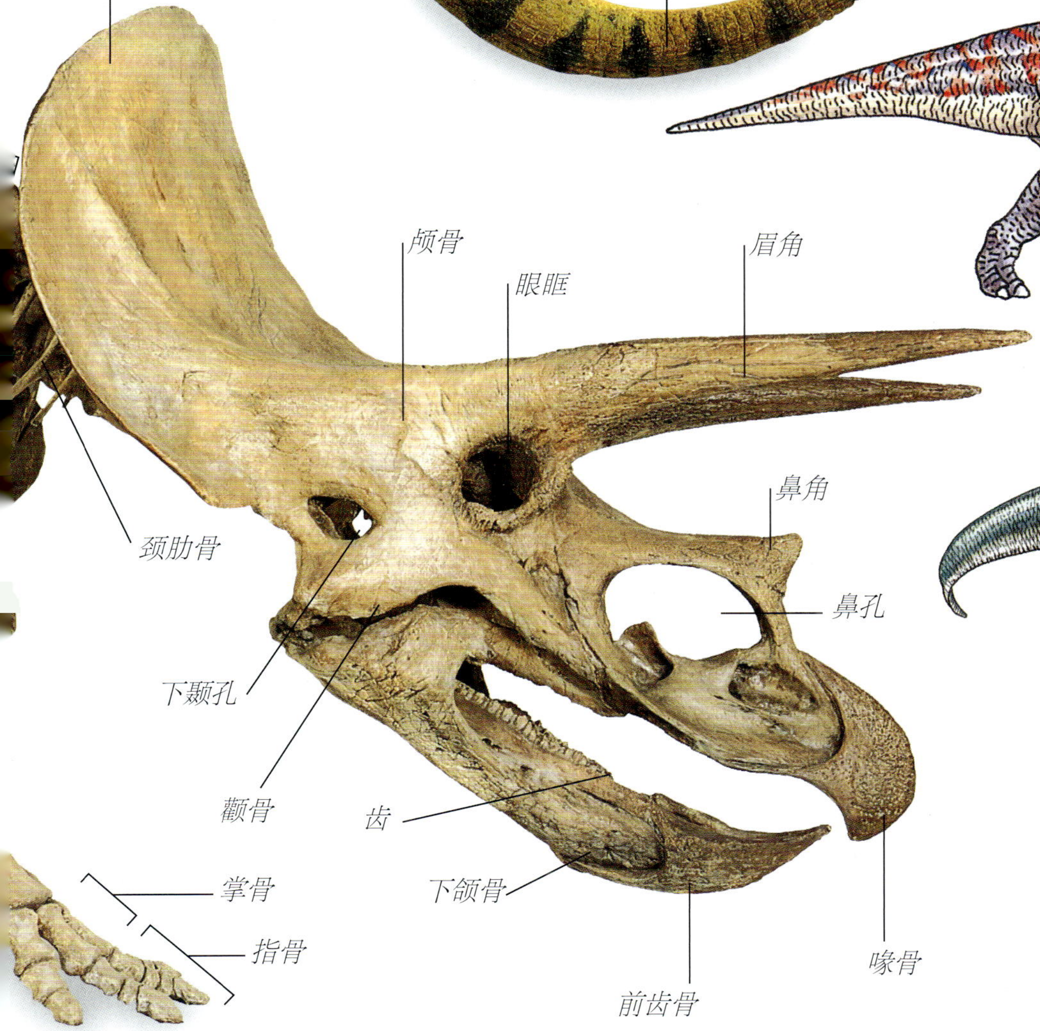

角龙亚目

原角龙 原角龙科
身长：2.7米

戟龙 尖角龙科
身长：5.5米

三角龙 角龙亚科
身长：9.1米

厚鼻龙 尖角龙亚科
身长：5.5米

纤角龙 纤角龙科
身长：2.1米

哺乳动物 1

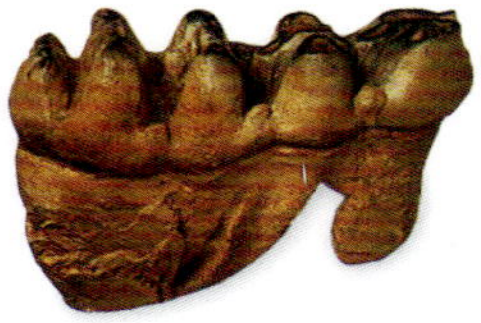

四齿象臼齿

自6600万年前绝大多数恐龙绝迹后，哺乳动物（和鸟类）成为统治地球的脊椎动物，它们生活在陆地、水里和天空。哺乳动物是从兽孔目爬行动物进化而来，最早真正的哺乳动物体型小、夜间活动，类似啮齿类动物，如巨齿兽出现在2亿多年前的三叠纪（2.52亿年前至2.01亿年前）。哺乳动物进化出不同于其祖先的特征：四心室心脏让这些动物的活动保持高水平；全身厚皮毛保持着体内恒温；进化的四肢结构更适合运动；胎生母乳喂养使其群体数量迅速增多，种类极其繁多，比如奇蹄目（本目包括腔齿犀和现代马）是古近纪（约5400万年前）最常见的动物。当今哺乳动物中最为常见的是啮齿目（老鼠）、翼手目（蝙蝠）、灵长目（猴子和猿）、食肉目（熊、猫和狗）、偶蹄目（牛、鹿和猪），以及长鼻目。长鼻目从前有过很多属，如渐新象、始祖象、四齿象。数百万年前澳大利亚和南美洲大陆分离，这导致各种种类的有袋目动物激增，澳大利亚演化出不同于其他大陆胎生动物的有袋目群体。

巨齿兽模型

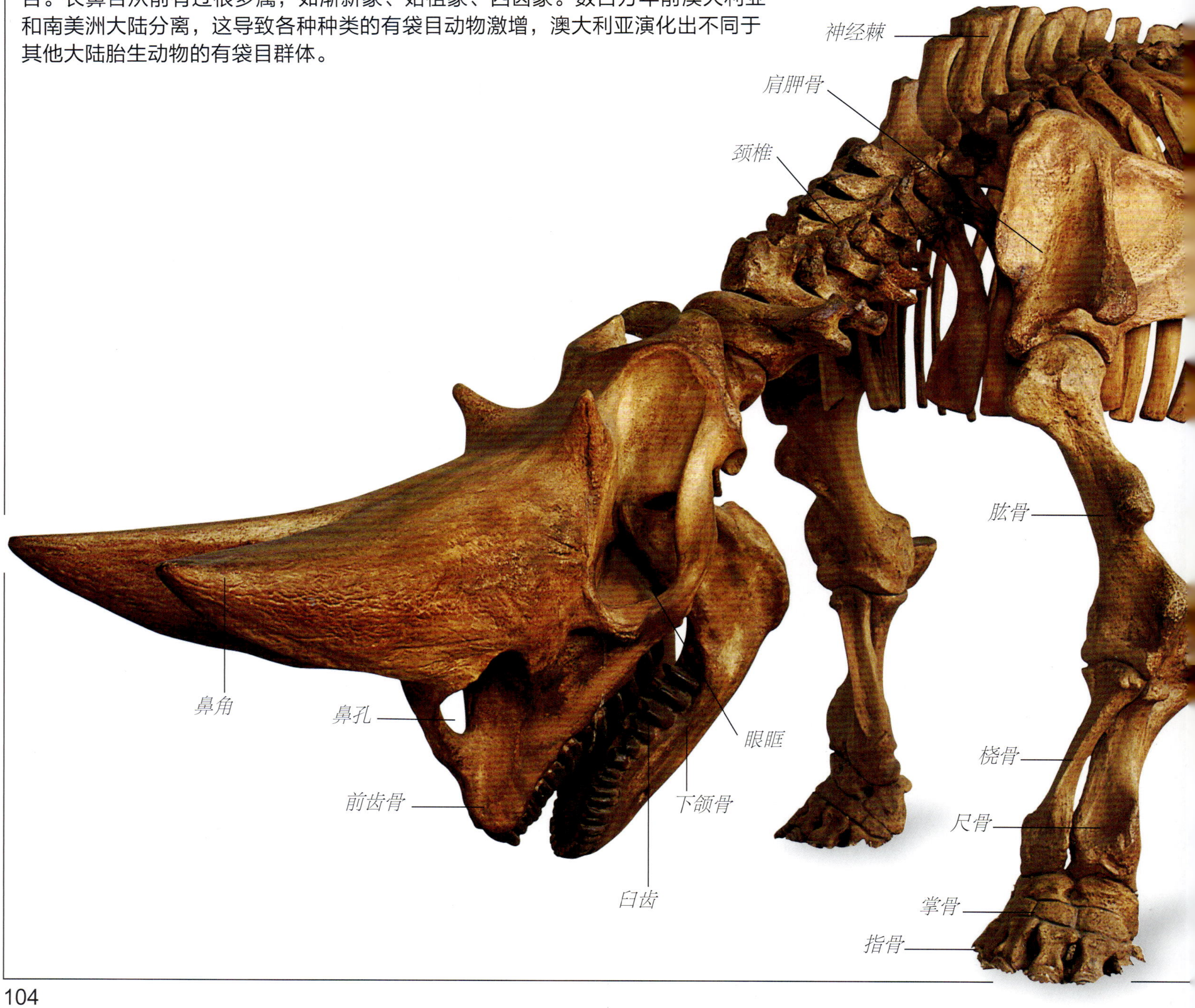

马的上颌骨

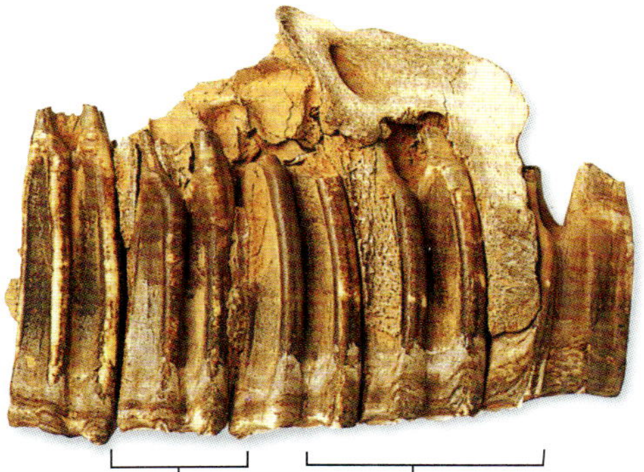

马蹄骨

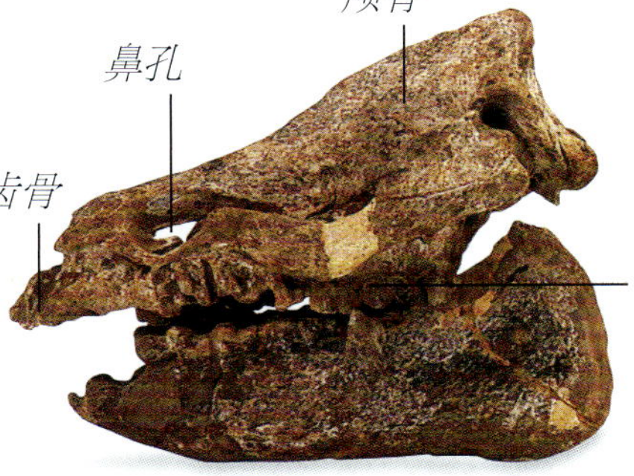

始祖象头骨和下颌骨

渐新象头骨和下颌骨

渐新象模型

蝙蝠骨骼化石

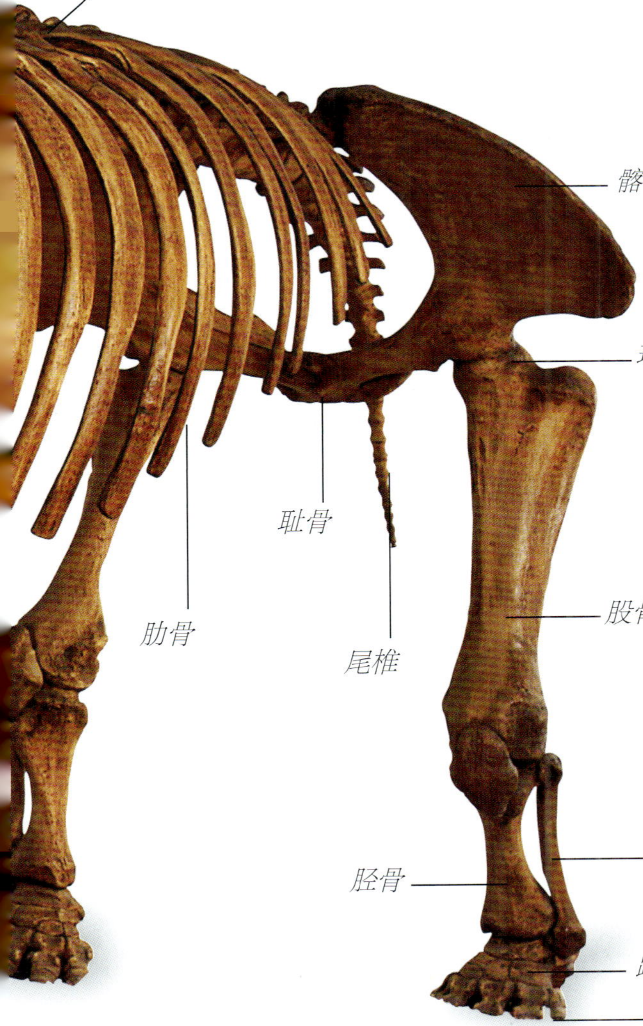

重脚兽骨骼

哺乳动物 2

熊下颌骨

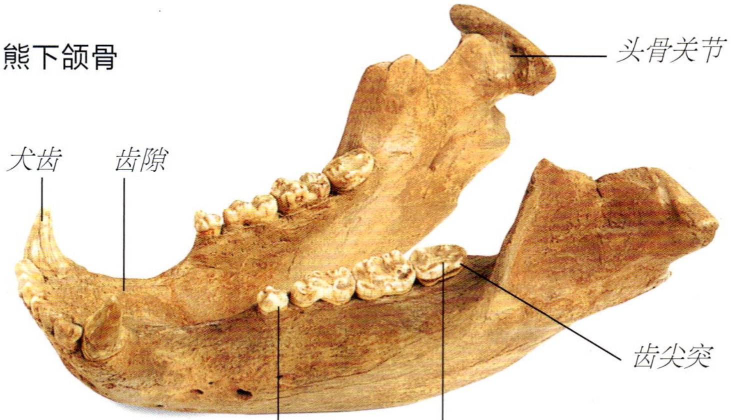

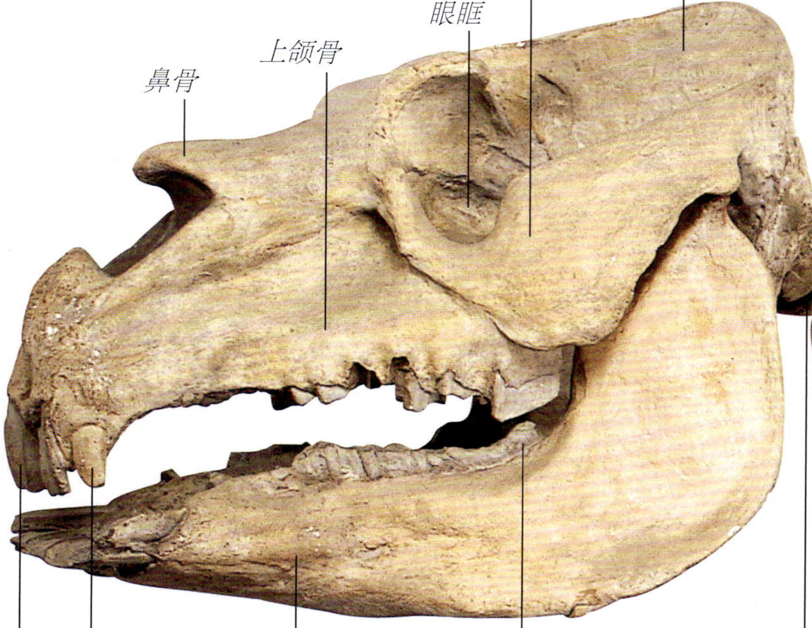

箭齿兽骨骼

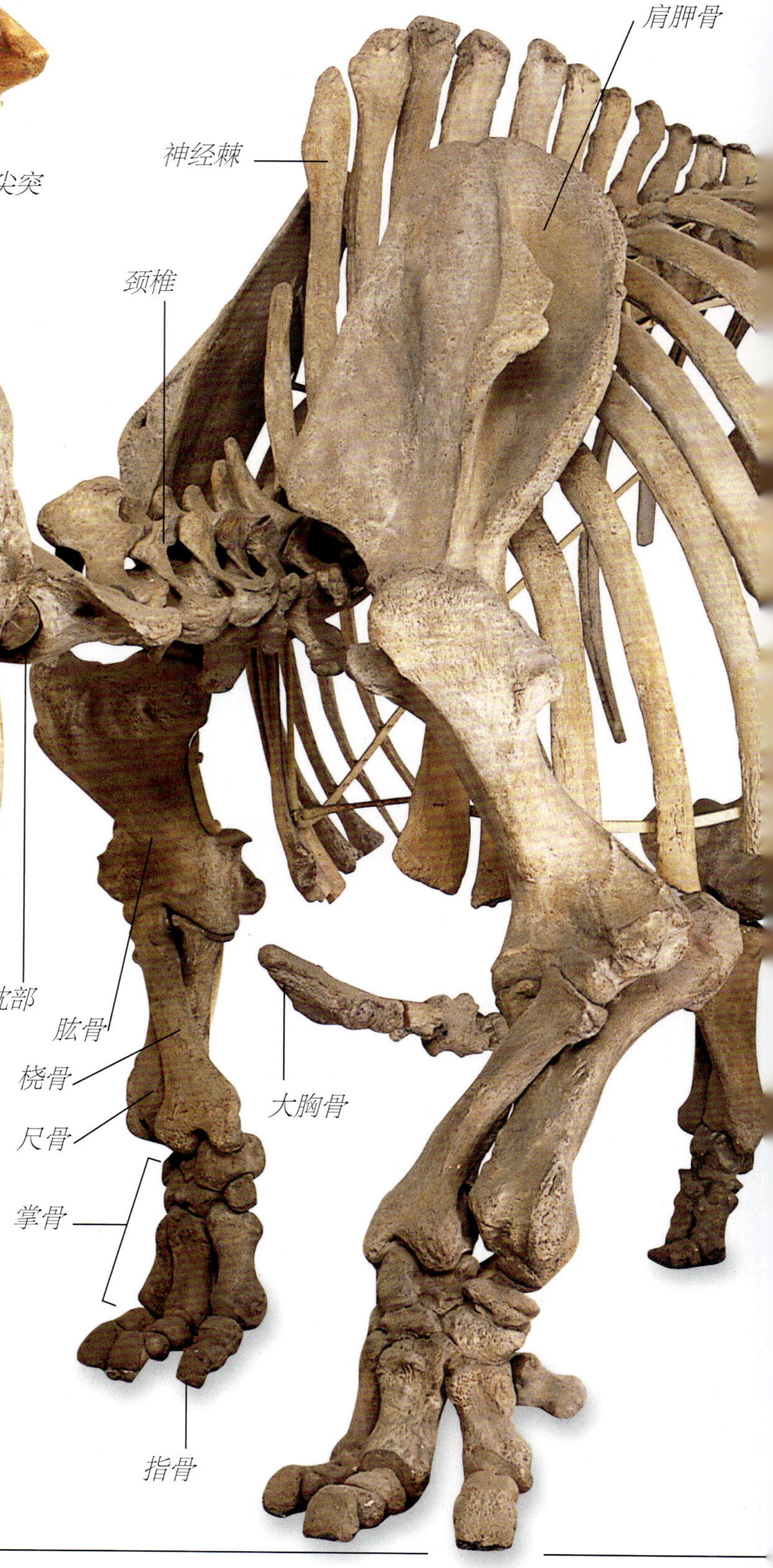

负鼠颅骨

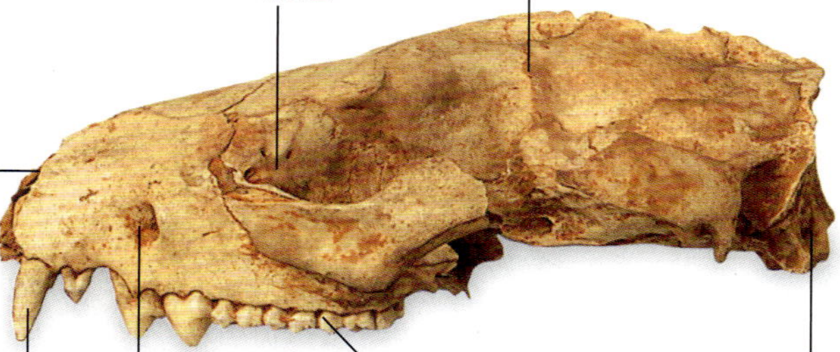

鬣齿兽头骨化石

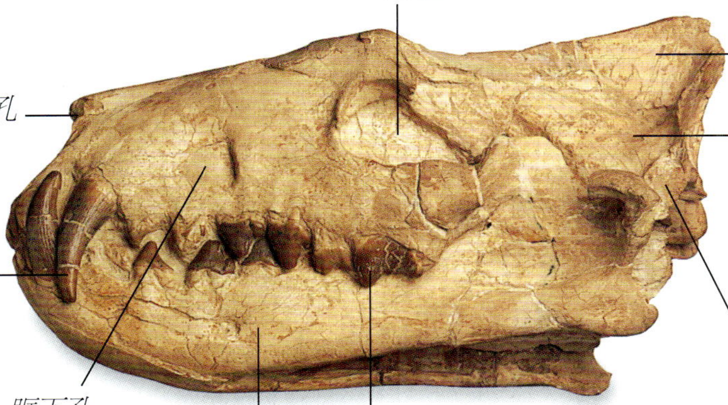

南方古猿下颌骨

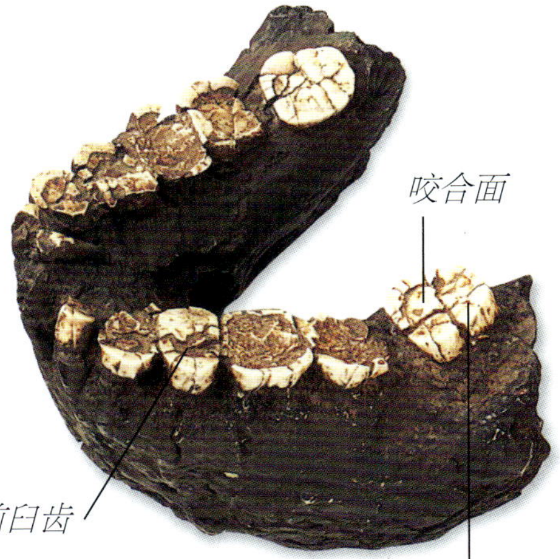

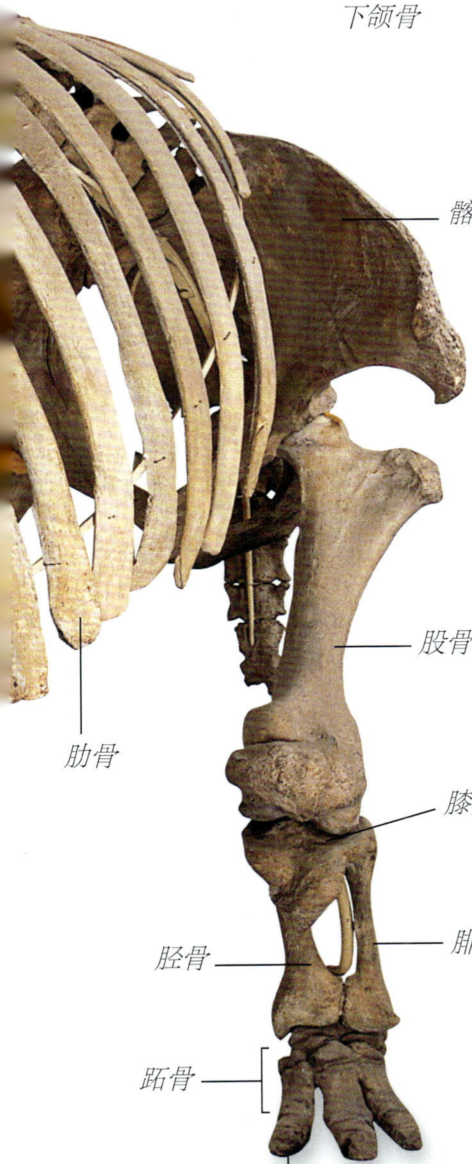

剑齿虎头骨

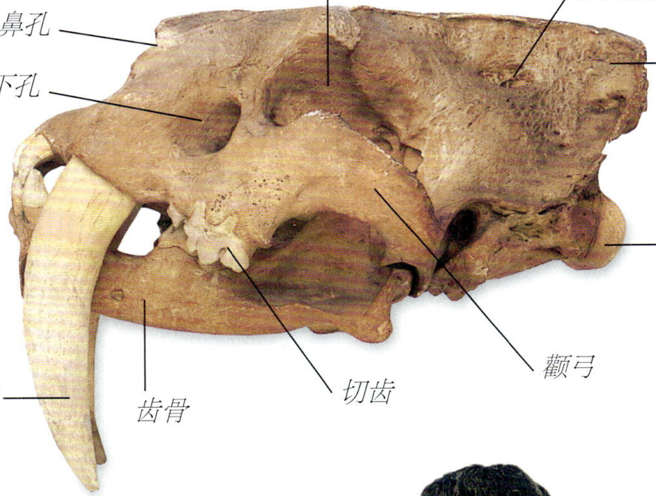

猛犸象复原图

早期人类

现代人类属于哺乳纲灵长目，起源于5500万年前，属于灵长目14个科中唯一的人科。早期人类的分支包括地猿和南方古猿，二者大脑较小，介于类人猿和人类大脑之间，直立行走。人属最早成员能人，出现在至少200万年前。他们大脑更为发达，心灵手巧，开始制造狩猎工具。最早的直立人出现于180万年前的非洲，大约80万年后繁衍至亚洲。他们牙齿比能人小，开始使用火煮食物。尼安德特人是现代人的近亲，大约出现在20万年前，而智人（现代人）大约在10万年后出现在非洲。二者共存数千年之久，到约3万年前智人占据主导地位，而尼安德特人灭绝了。与祖先相比，智人的分类更有争议。智人的分类不仅仅依据骨骼结构，还根据其具体行为——谋划未来行为的能力、遵循传统的能力、使用符号交流的能力，包括复杂的语言使用和辨识符号的能力。

南方古猿颌骨

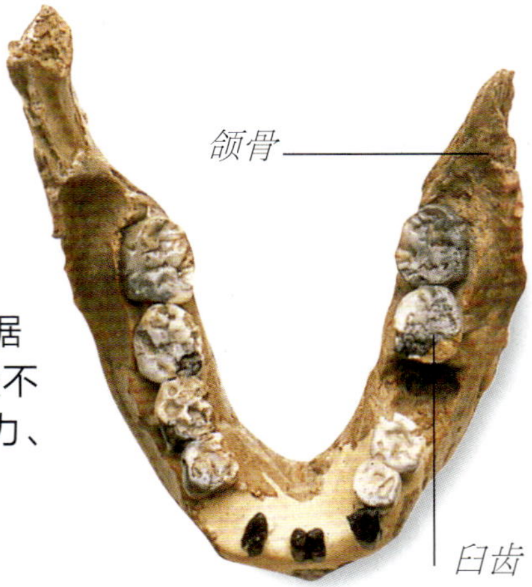

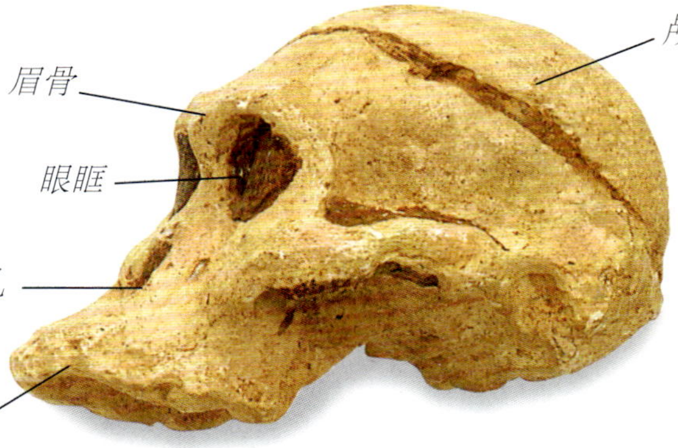

南方古猿头骨

能人头骨

直立人头骨

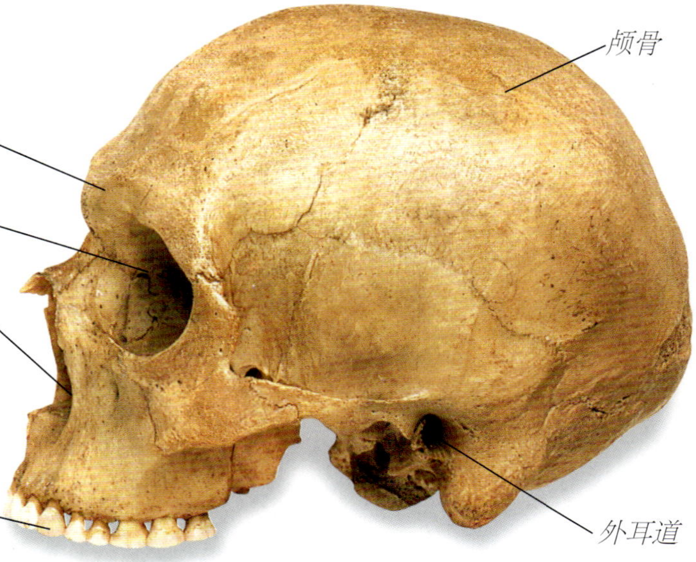

智人头骨

约25万年前的燧石工具

燧石斧

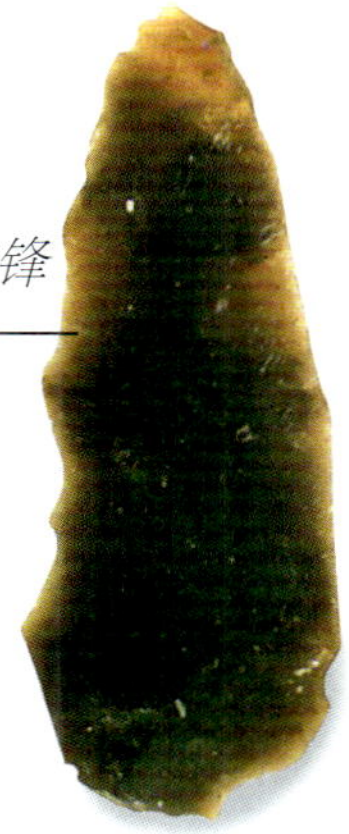

燧石片

鹿角锤

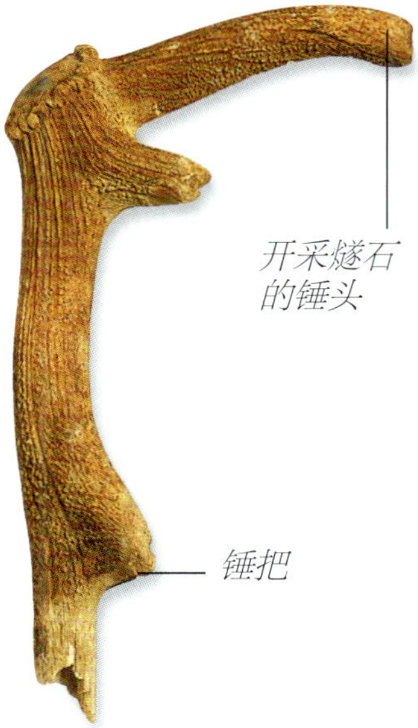

红鹿角锤子

智人的工具

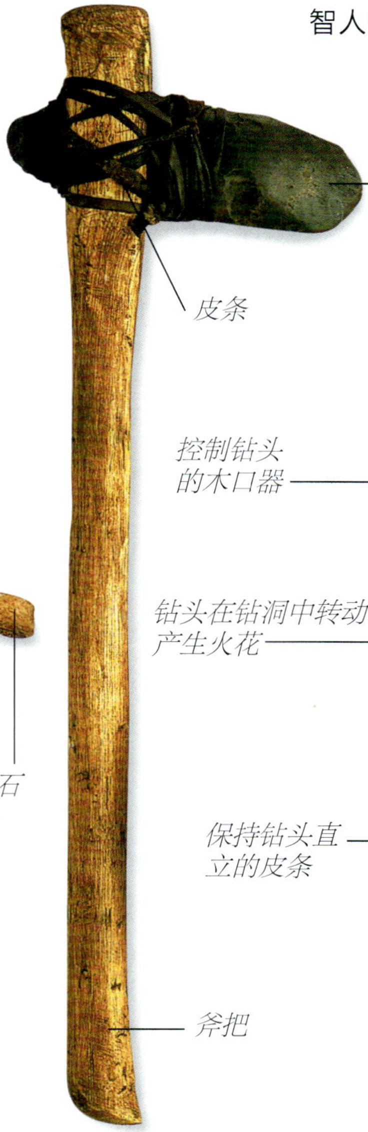

耕地的斧子

生火用具

木口器

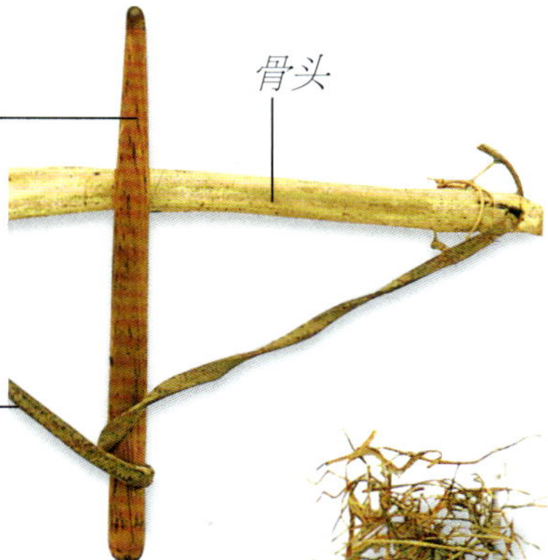

钻弓

干草

钻木取火

古人类食物样品

薄荷

麦粒

鲑鱼

矛头和箭头

鱼叉

钓鱼工具

木质箭

燧石箭

植物

植物的多样性

有花植物
凤梨科植物
松果凤梨

全世界有超过300000种的植物。它们在形态和生活习性上显示出巨大的多样性。举例来说，纤弱的苔类适应于潮湿环境下的生活，而仙人掌类却可以在沙漠中生存；玉米这样的草本植物在一年内就能完成它的生活史，而高大的巨杉却可以屹立几千年。这种多样性反映了植物对极为广泛的环境的适应性。有花植物（属于被子植物门）的多样性尤为卓著，它们的种类是最多的，超过250000种，分布也最广泛，从热带到极地都能见到。尽管有这样巨大的多样性，植物仍然有其共性：典型的植物是绿色的，通过光合作用获取有机养分；绝大多数植物要在某种基质（比如土壤）中或其上面生长，不能主动运动。藻类（属于原生生物界）和真菌（属于菌物界）具有一些类似植物的特征，常常与植物放在一起研究，但它们并不是真正的植物。

鼓藻绿藻的显微照片
（*Micrasterias* SP.）

蕨类植物
树蕨
（*Dicksonia Antarctica*）

苔藓植物
藓类
（*Bryum* SP.）

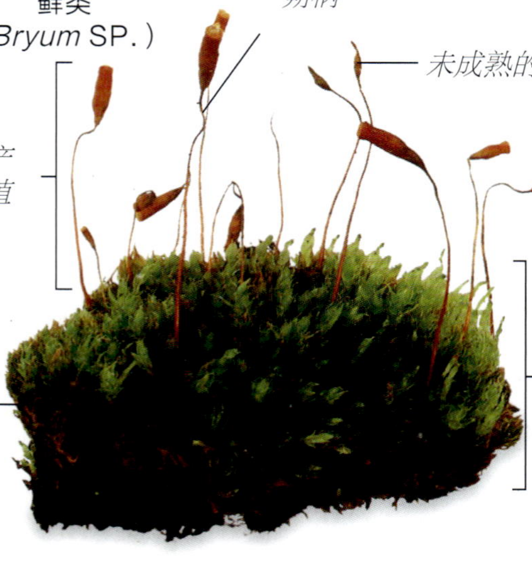

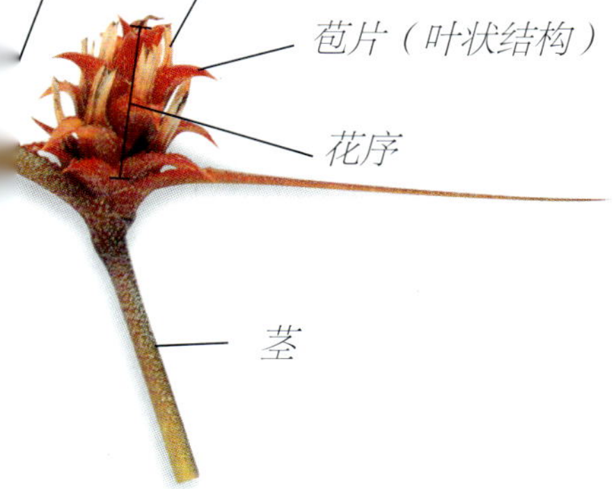

有花植物
多肉植物
非洲奇葫芦
（Kedrostis Africana）

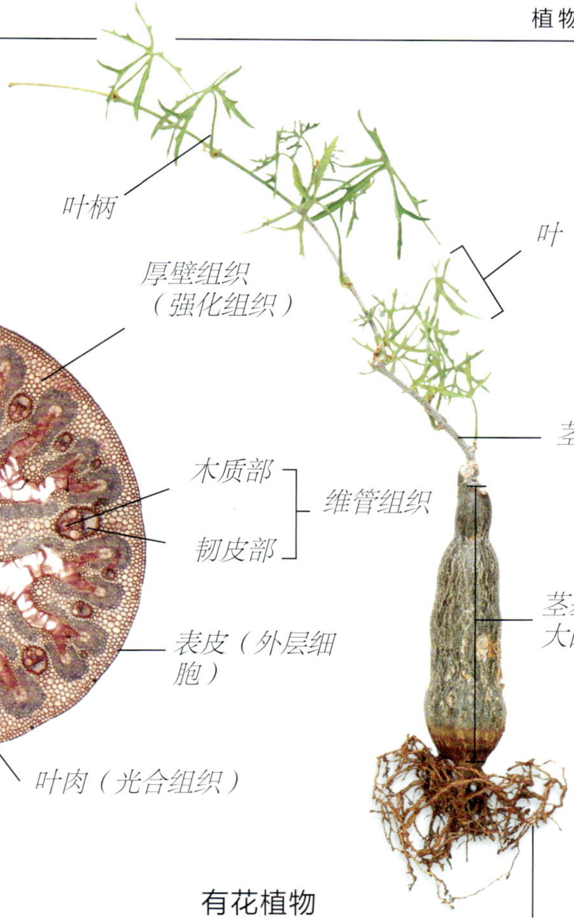

叶横切面的显微照片
滨草
（Ammophila Arenaria）

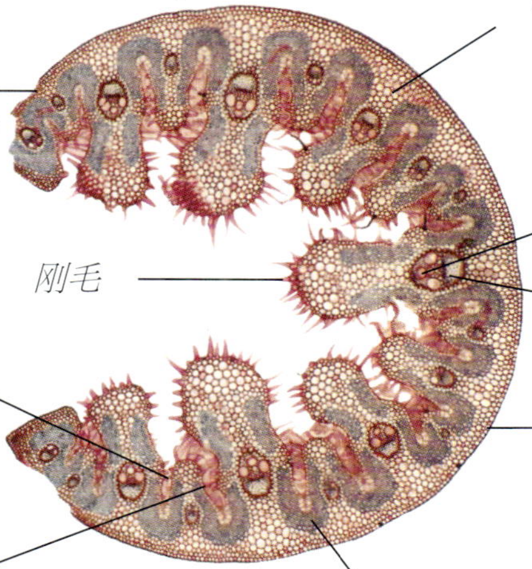

有花植物
匍匐冰草
（Agropyron Repens）

有花植物
瓶子草
（Sarracenia Purpurea）

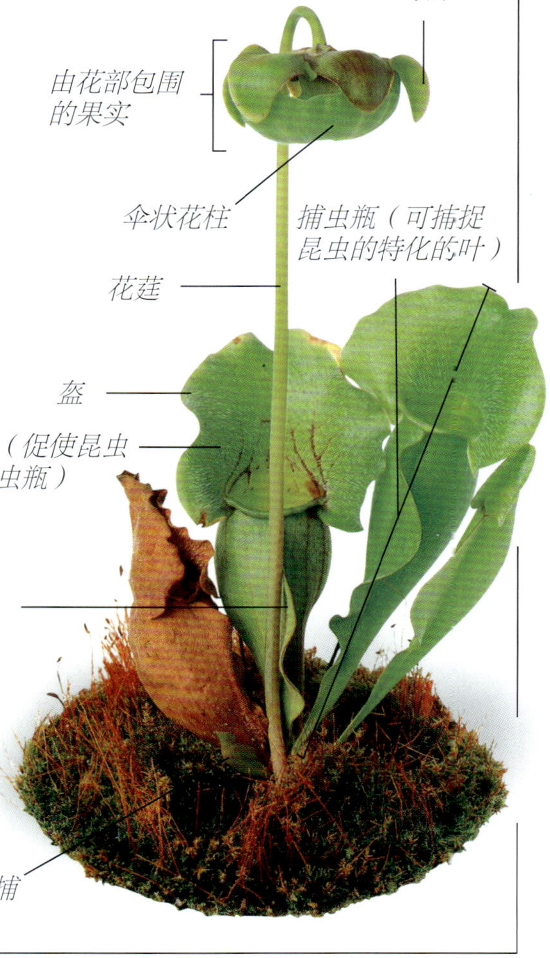

真菌和地衣

真菌曾经一度被视为植物，但现在已经归入独立的菌物界。菌物界不仅包括人们熟知的蘑菇、马勃、鬼笔和霉菌，还包括酵母、黑粉菌、锈菌和地衣。大多数真菌是多细胞生物，包含大量丝状的菌丝，它们合起来构成菌丝体。然而，较简单的真菌（如酵母）是显微镜下才能看见的单细胞生物。真菌通常靠孢子繁殖。大多数真菌以死掉或腐败的物质为食，或是寄生在活生物体上。少数真菌从植物或藻类那里获得养分，它们与后者形成互惠共生关系。地衣就是藻类和真菌的共生组合。地衣有6种类型，最常见的3种是壳状地衣（扁平壳状）、叶状地衣（形似叶片）和枝状地衣（形似灌木）。有些地衣（如一种学名为*Cladonia floerkeana*的石蕊）是这些类型的组合。地衣以孢子或粉芽（粉末状的营养体片段）繁殖。

真菌示例

肺形侧耳
（*Pleurotus Pulmonarius*）

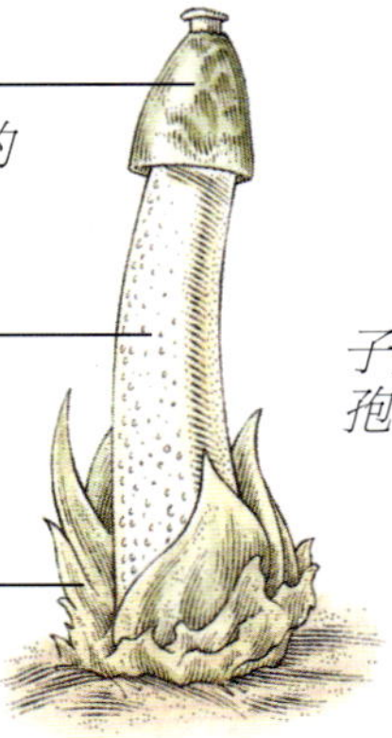

白鬼笔
（*Phallus Impudicus*）

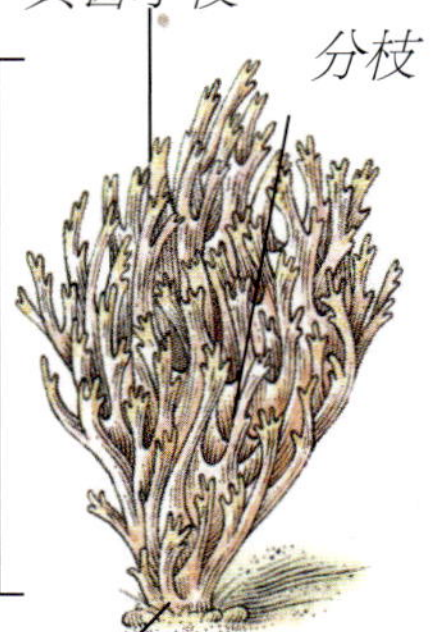

粉红枝瑚菌
（*Ramaria Formosa*）

地衣示例

枝状地衣
奇异石蕊
（*Cladonia Portentosa*）

叶状地衣
袋衣
（*Hypogymnia Physodes*）

鳞状和枝状的地衣体
红头石蕊
（*Cladonia Floerkeana*）

叶状地衣的切面，示通过粉芽繁殖

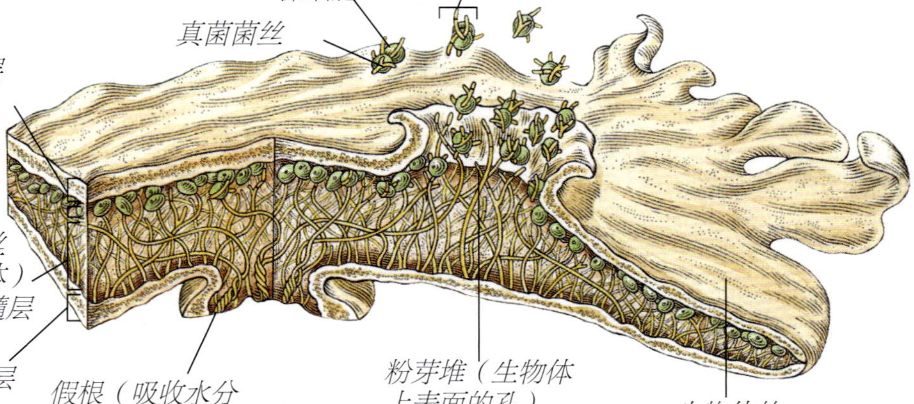

橙黄硬皮马勃
（*Scleroderma Citrinum*）

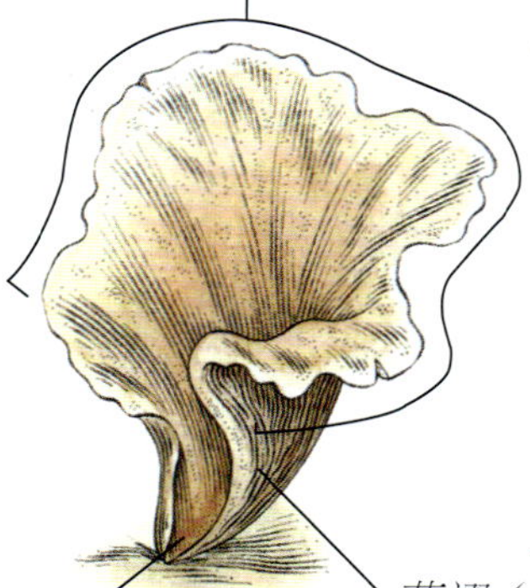

勺状亚侧耳
（*Hohenbuehelia Petaloides*）

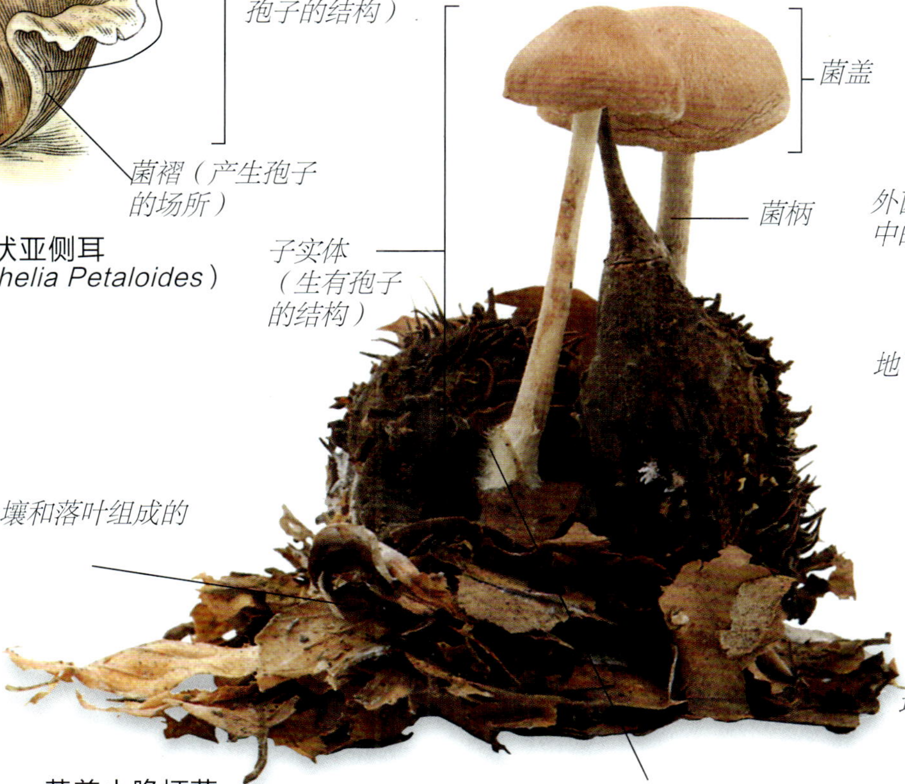

黄盖小脆柄菇
（*Psathyrella Candolleana*）

蘑菇的生活史

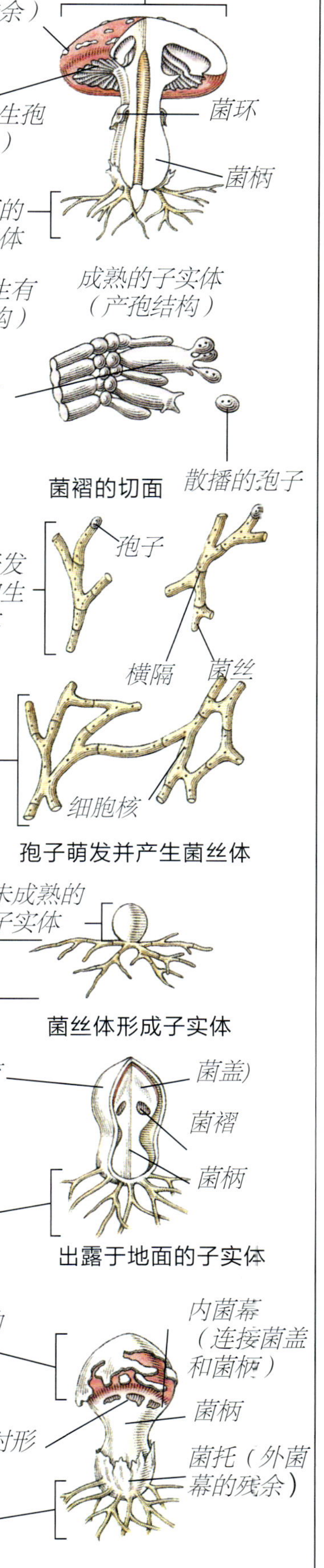

藻类

藻类不是真正的植物。它们是原生植物界中的一群多样化的、类似植物的生物。同植物一样，藻类也具有叶绿素这类绿色色素，并通过光合作用自行制造有机养分。许多藻类还含有其他色素，由此可以对它们进行分类。例如，褐藻中就含有叫做岩藻黄质的褐色色素。藻类可分10个门，一些门的藻类全部是单细胞生物；另一些门也包括细胞集合成丝状或群体的种类。有三个门的藻类——绿藻（属绿藻门）、红藻（属红藻门）和褐藻（属褐藻门）——中有较大的、多细胞的、扁平叶状的海生生物，通称为海草。多数藻类可进行有性生殖。例如，鹿角菜这种褐藻类海草的配子（性细胞）是在生殖托（带片的可育顶端）中的生殖窝里产生的。在配子散播到海水中之后，游动精子（雄配子）和卵（雌配子）相融合，所产生的合子在岩石上固着下来，就发育成一棵新的海草。

褐藻类海草
沟鹿角菜
（*Pelvetia Canaliculata*）

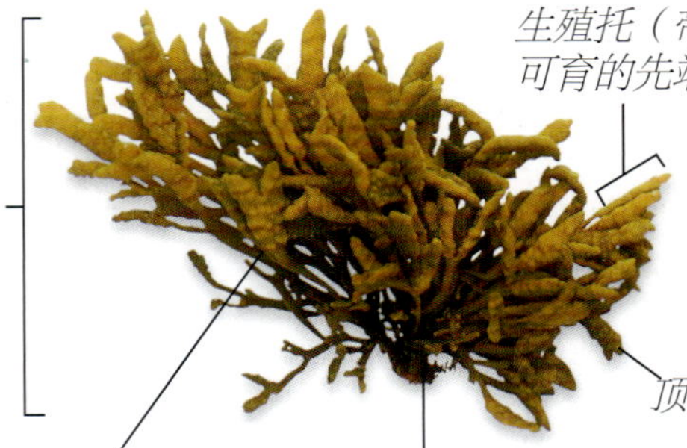

褐藻类海草
螺旋墨角藻
（*Fucus Spiralis*）

藻类示例

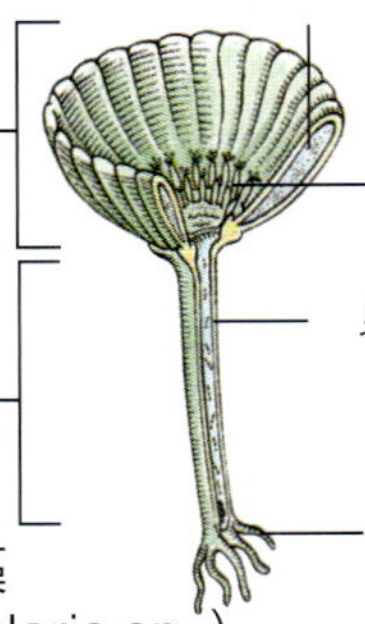

绿藻
伞藻（Acetabularia sp.）

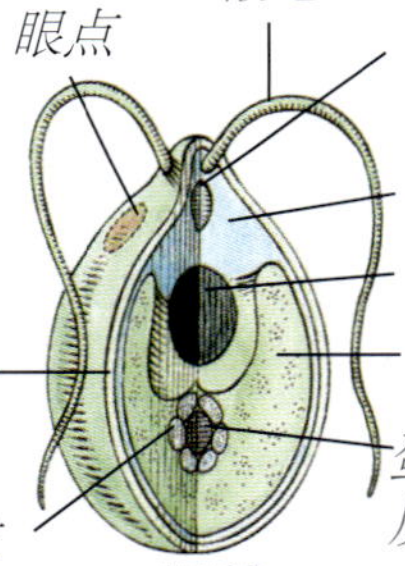

绿藻
衣藻（*Chlamydomonas* sp.）

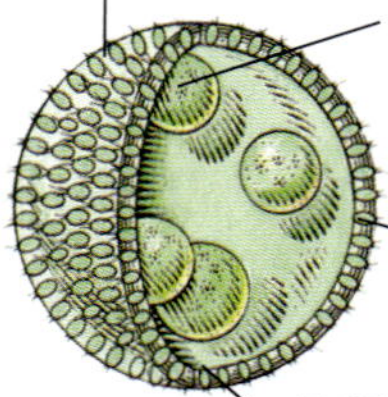

绿藻
团藻（*Volvox* sp.）

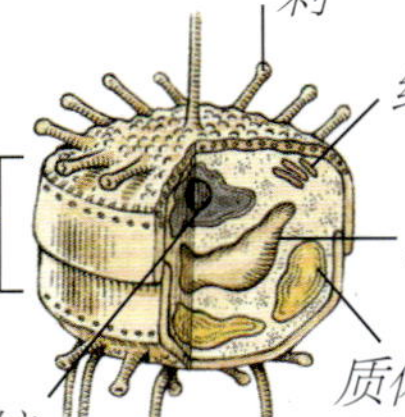

硅藻
海链藻
（*Thalassiosira* sp.）

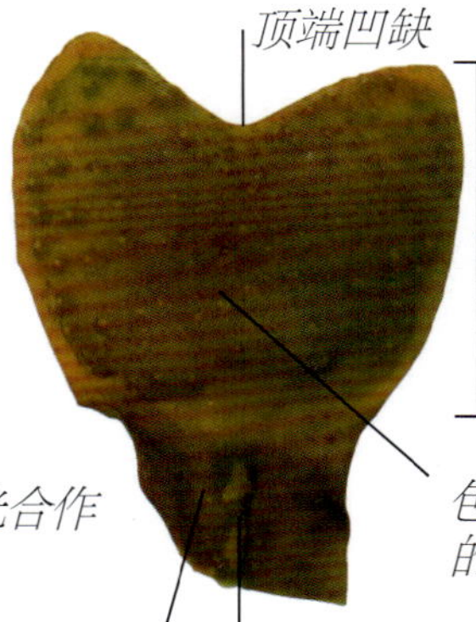

生殖托
螺旋墨角藻
（*Fucus Spiralis*）

褐藻类海草
掌状海带（*Laminaria Digitata*）

绿藻类海草
缘管浒苔
(*Enteromorpha linza*)

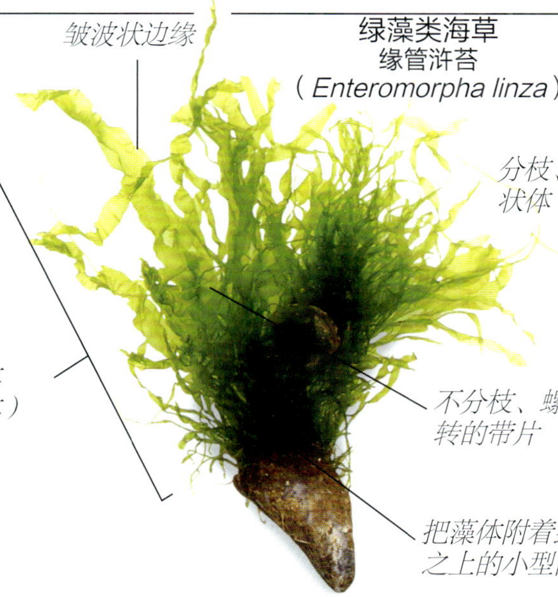

红藻类海草
珊瑚藻
(*Corallina officinalis*)

褐藻的生命周期

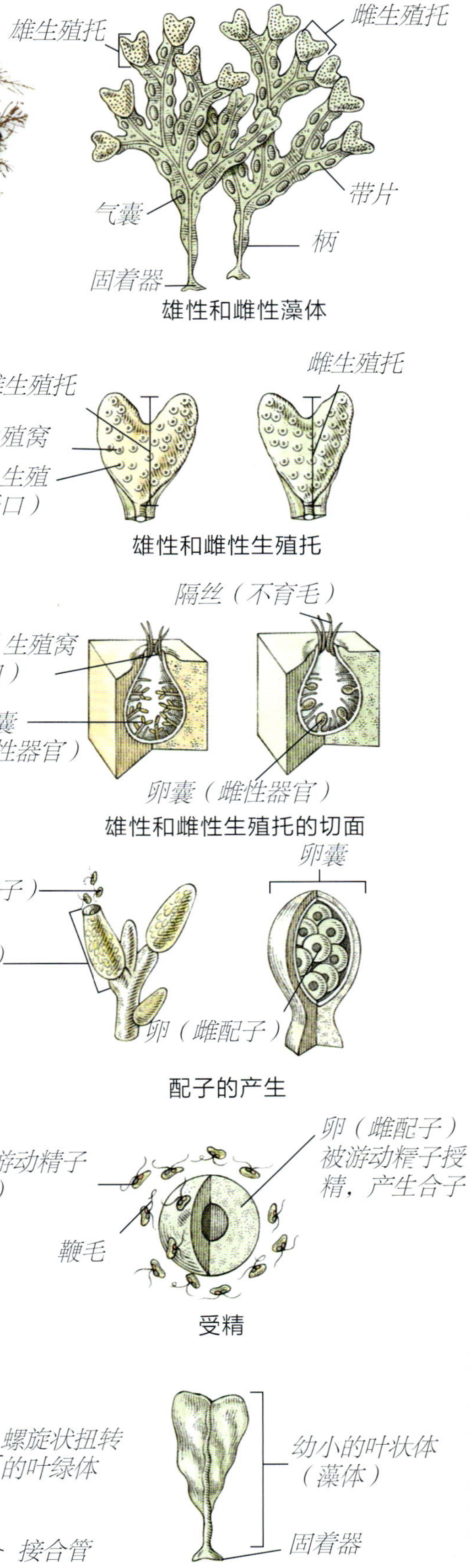

红藻类海草
假红带菜
(*Dilsea Carnosa*)

绿藻
水绵
(*Spirogyra* sp.)

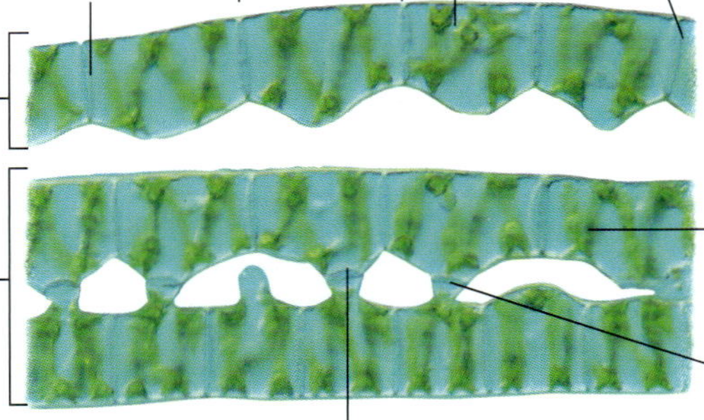

苔藓

苔藓属于苔藓植物门，是一类体形小、生长缓慢的植物。苔藓植物没有真正的茎、叶和根（它们靠假根固着在地面上），也不像高等植物那样具备运输水分和养分的维管组织（木质部和韧皮部）。因为植物体表面没有防水的角质层，苔藓植物很容易干枯而死，所以通常只能生长在潮湿的生境中。苔藓植物的生活史有两个阶段。在第一阶段中，绿色的植物体（配子体）产生雄性和雌性的配子（性细胞），二者融合后形成合子。在第二阶段中，合子发育成孢子体，仍然附着在配子体上。孢子体产生孢子，孢子散播出去并萌发为新的绿色植物体。苔类（属于苔纲）是水平生长的，有的种类为扁平带状或“叶状”。藓类（属于藓纲）则通常具有竖直的“茎”，在茎上螺旋排列着“叶”。

叶状苔类
波瓣合叶苔
（Scapania undulata）

扁平带状苔类
地钱
（*Marchantia Polymorpha*）

芽杯的细节观

雌性配子体

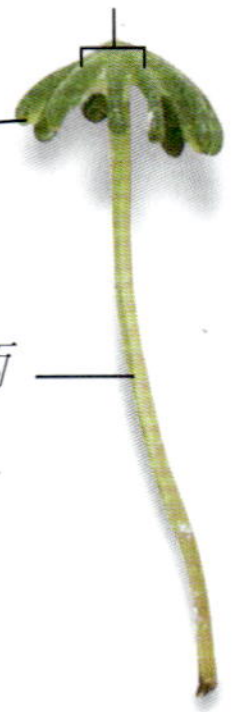

雌生殖托的侧面观

雌生殖托的底面观

雌生殖托裂片的显微照片

叶状体的显微照片
蛇苔
（*Conocephalum Conicum*）

一种常见藓类
大金发藓（*Polytrichum Commune*）

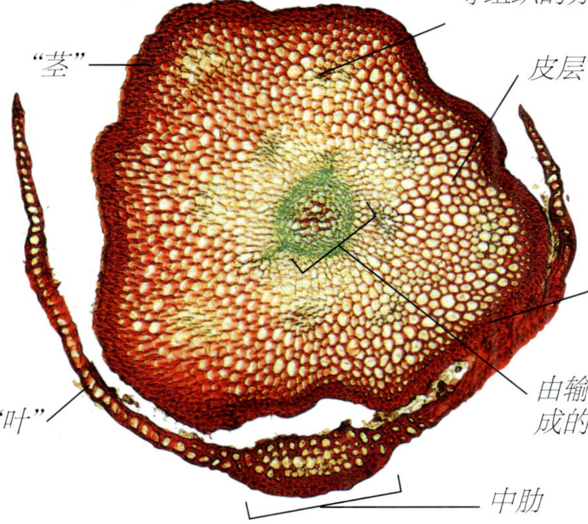

茎和叶横切面的显微照片

藓类孢子的显微照片
葫芦藓（*Funaria Hygrometrica*）

藓类的生活史
葫芦藓（*Funaria* sp.）

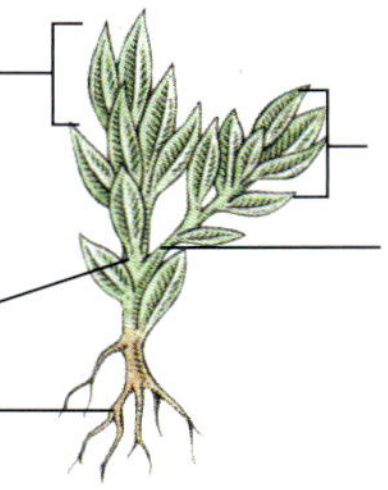

配子体

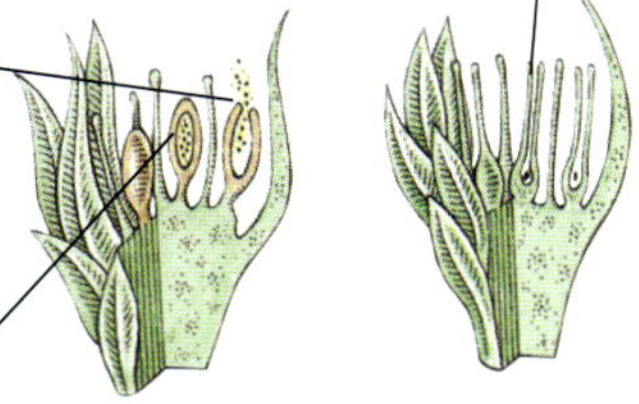

成熟雄器苞的横切面　成熟雌器苞的横切面

孢蒴的横切面

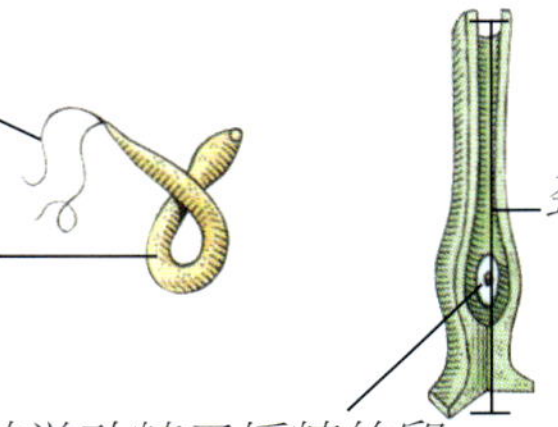

受精

孢子体

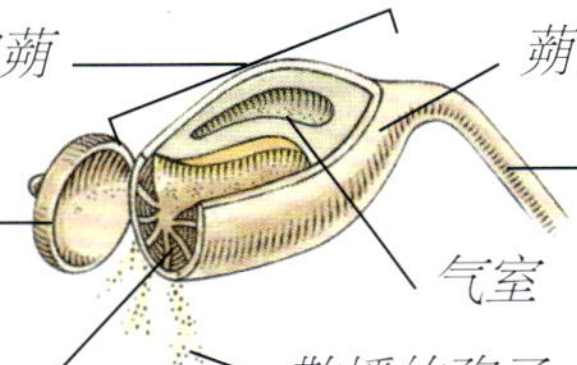

成熟孢蒴

发育中的配子体

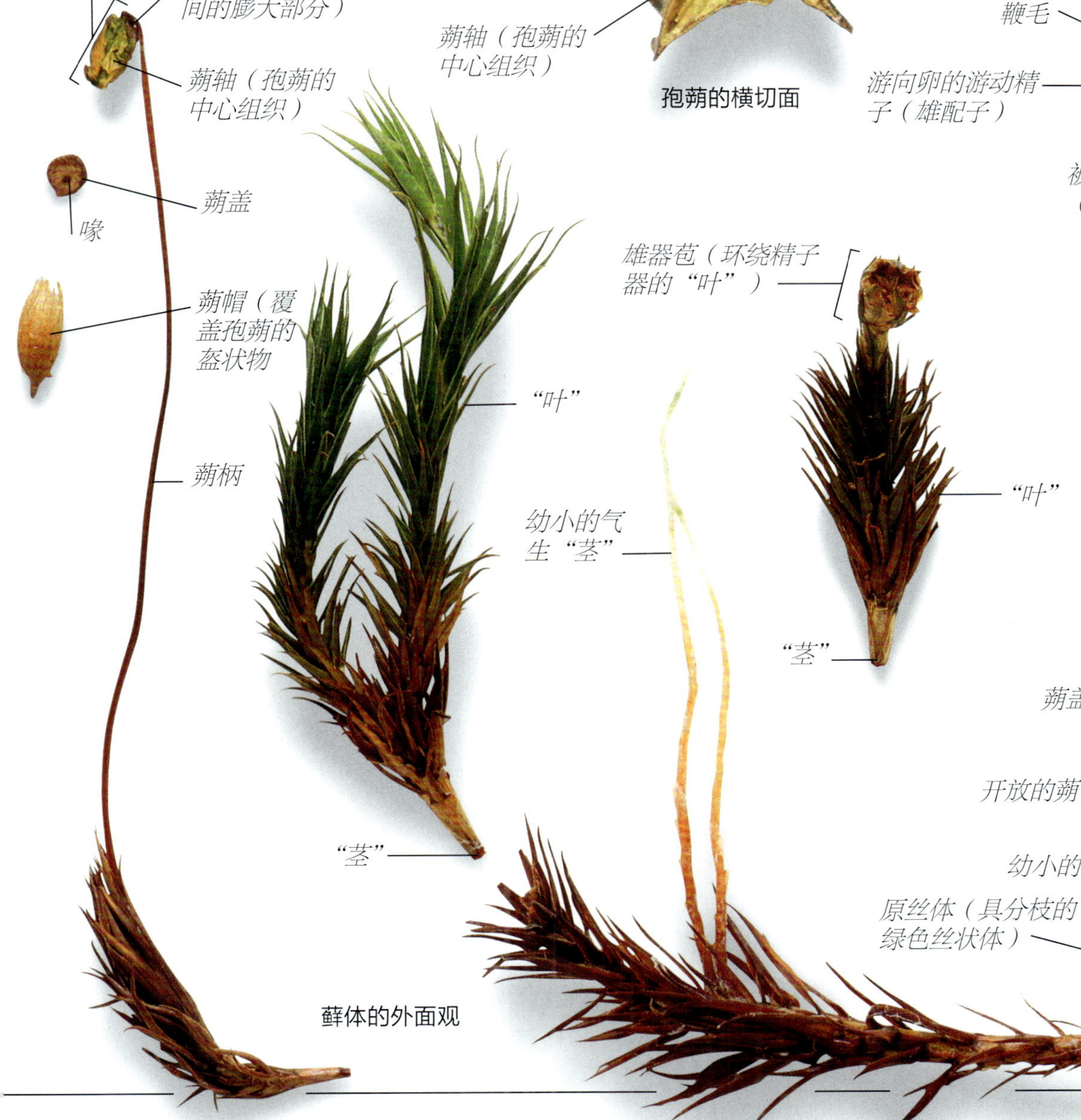

藓体的外面观

木贼、石松和真蕨（真蕨，还是蕨类？）

蕨叶
欧洲鳞毛蕨

木贼、石松和真蕨是原始的陆生植物，它们像高等植物一样有茎、根、叶及输导水分、矿物质和有机养分的维管系统。然而，和高等植物不同，它们在生殖时不产生种子。它们的生活史包括两个阶段。在第一阶段，孢子体（绿色植物体）在孢子囊中产生孢子。在第二阶段，孢子萌发，发育为小型、短命的配子体，配子体产生雄性和雌性配子（性细胞）；雌雄配子融合为合子，合子萌发成为新孢子体。木贼（属于楔叶植物门）具有直立、绿色的茎，茎上的枝排成轮状；有些茎是能育茎，顶端具有单个的孢子叶球（孢子囊的集合体），能产生孢子。石松（属于石松植物门）通常具有小型叶，在茎上螺旋状排列，一些茎的顶端具有孢子叶球，能产生孢子。真蕨（属于真蕨植物门）通常具有大型、羽状的叶；孢子囊集合为孢子囊群，发育于能育叶的下表面。

石松植物
石松
（*Lycopodium* sp.）

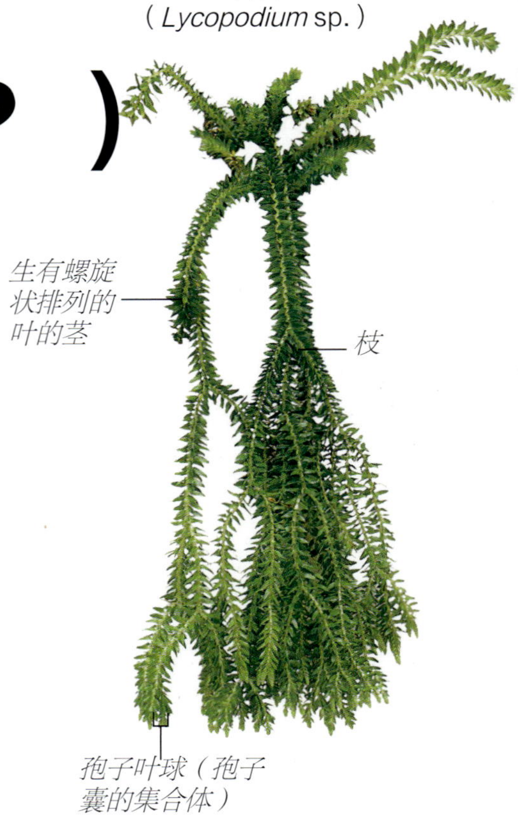

石松植物
卷柏
（*Selaginella* sp.）

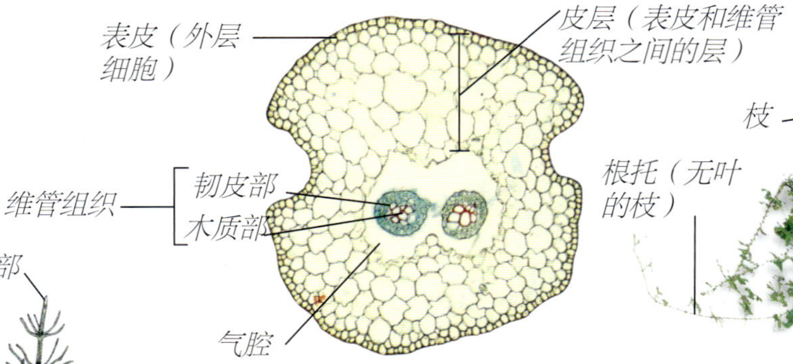

石松植物茎横切面的显微照片

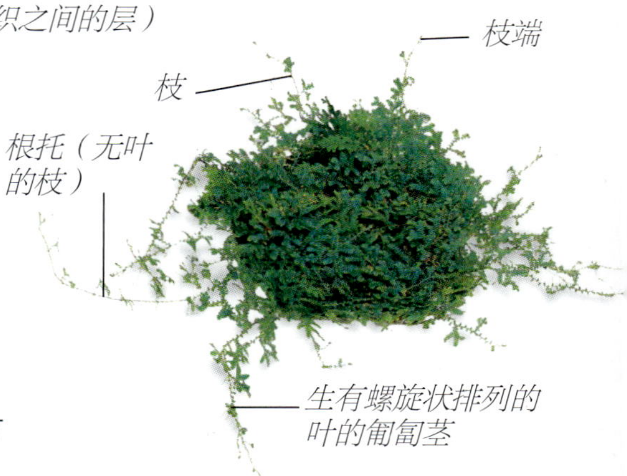

木贼植物
问荆
（*Equisetum Arvense*）

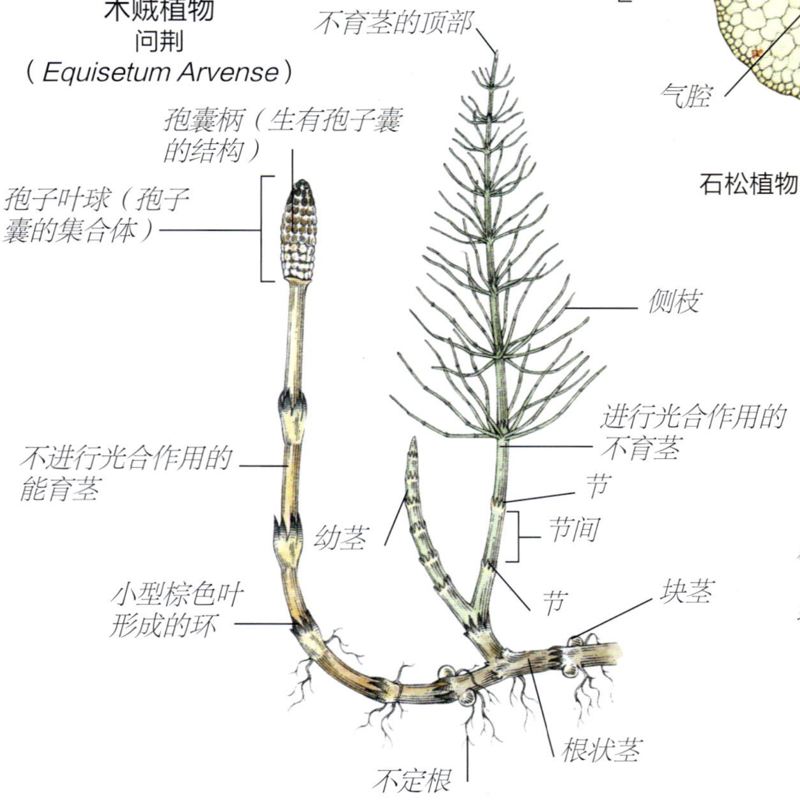

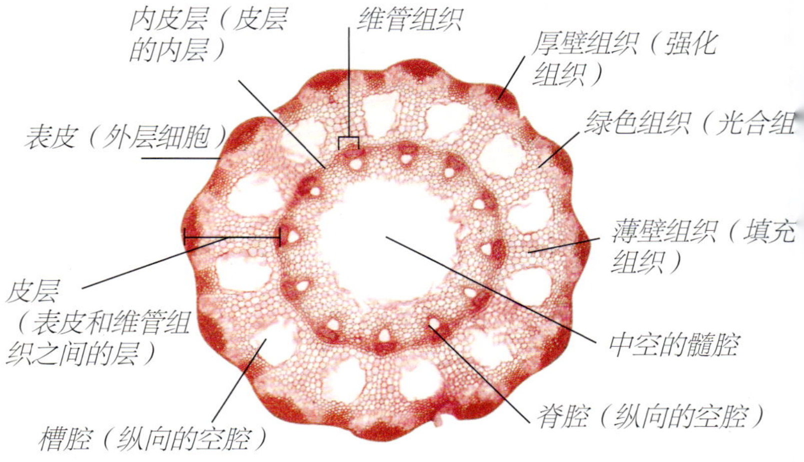

木贼植物茎横切面的显微照片

真蕨孢子的产生

欧洲蕨
eridium aquilinum）

可育小羽片下表面的显微照片

可育小羽片下表面的孢子囊的显微照片

真蕨的生活史

孢子体

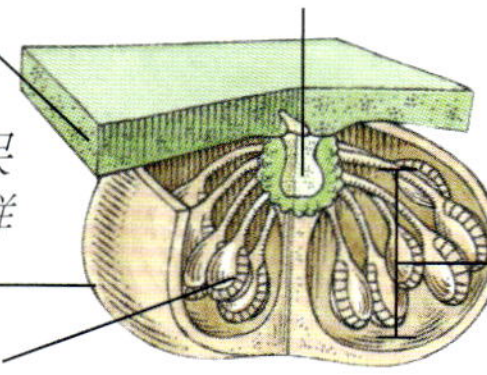

成熟小羽片的切面

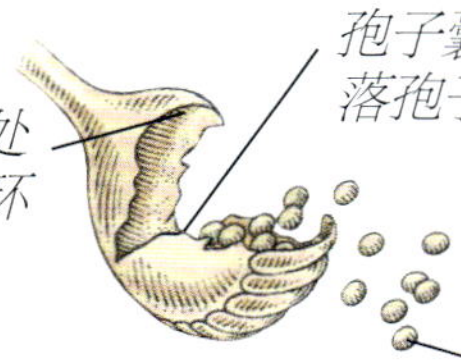

孢子从孢子囊的散播

孢子的萌发

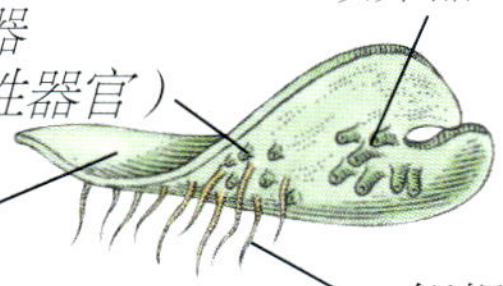

配子体产生配子

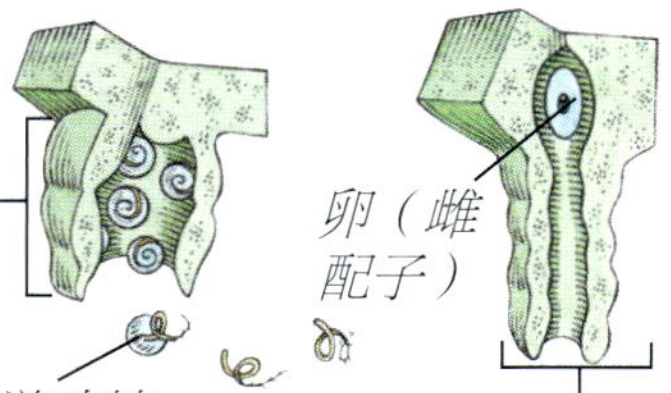

受精

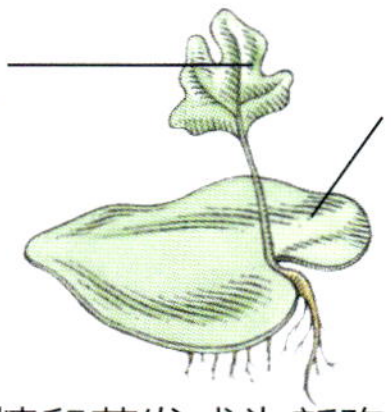

受精卵萌发成为新孢子体

真蕨

欧洲鳞毛蕨
（Dryopteris filix-mas）

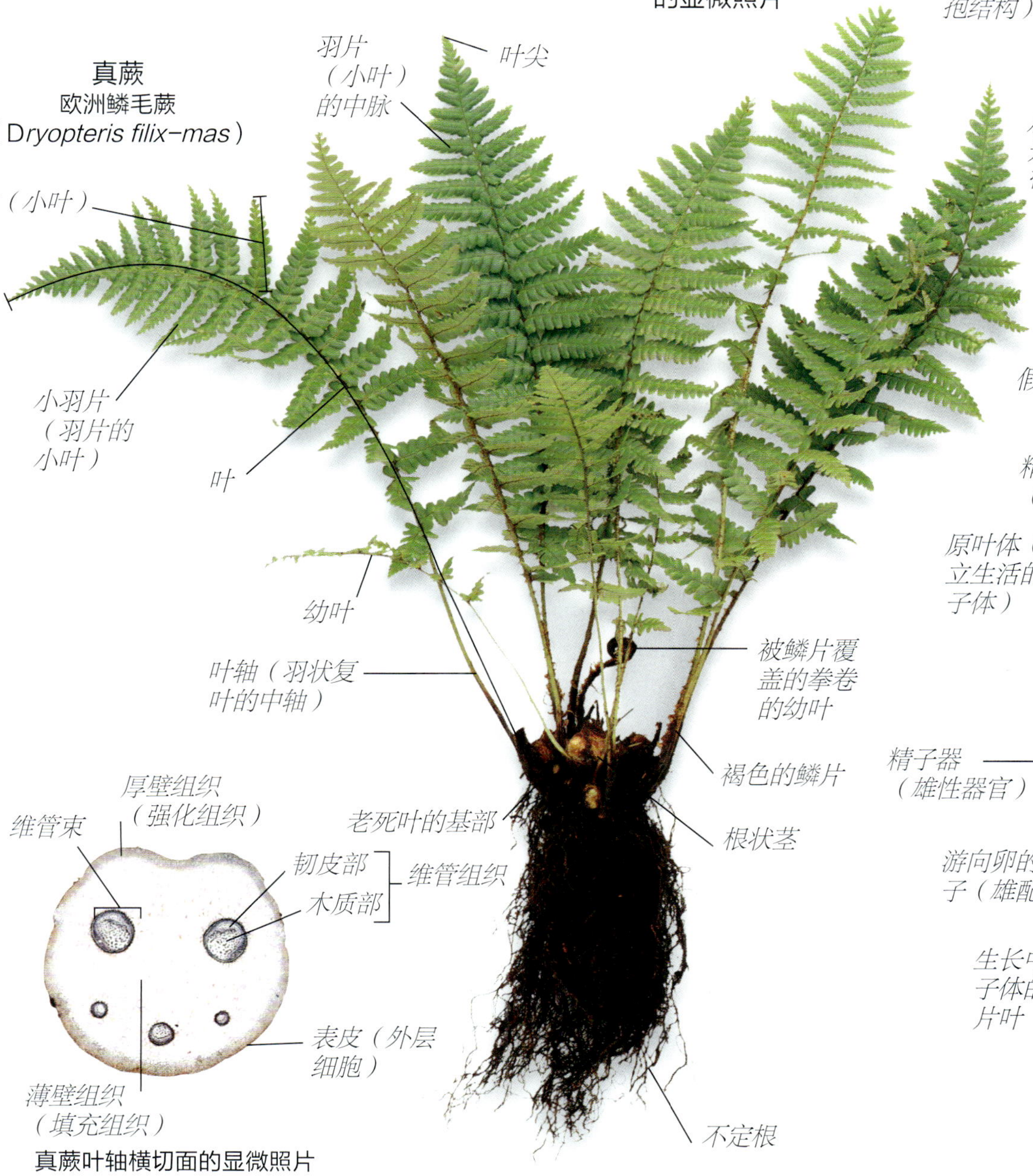

真蕨叶轴横切面的显微照片

裸子植物 2

雌球花（一年生）

加州沼松的枝条
（*Pinus Muricata*）

枝条的末端区域

松针（叶）横切面的显微照片

松树松针（绿叶）的显微照片

雌球果（三年生）

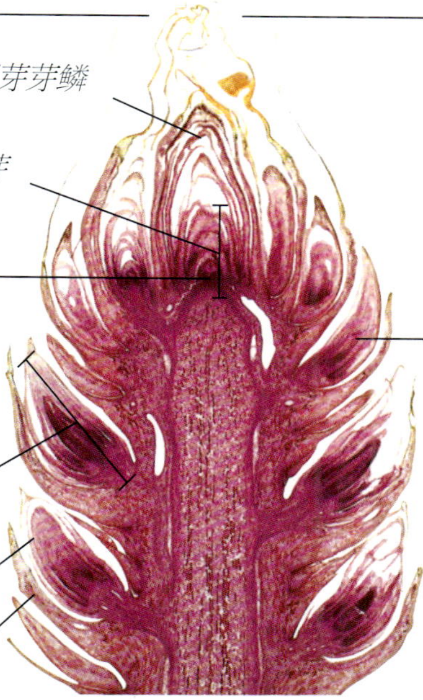

松树（*Pinus* sp.）茎尖纵切面的显微照片

加州沼松成熟茎的横切面

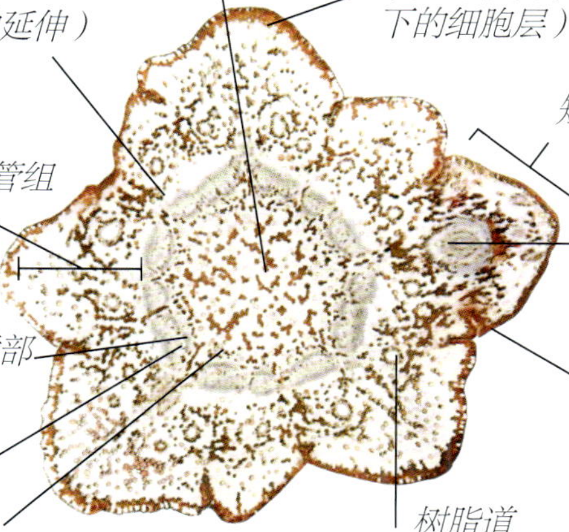

松树（*Pinus* sp.）幼茎横切面的显微照片

松树（*Pinus* sp.）幼根横切面的显微照片

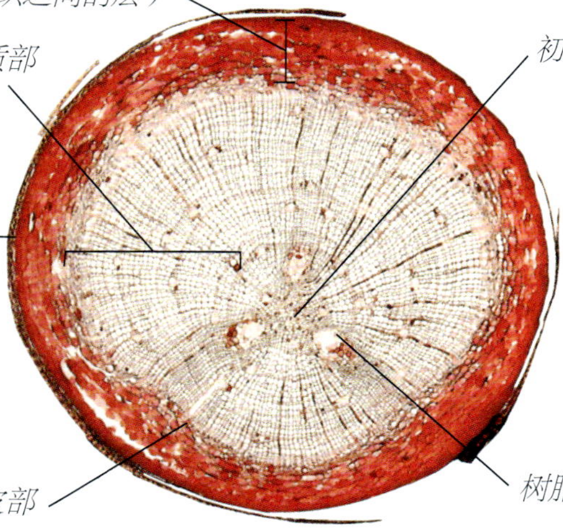

松树成熟根横切面的显微照片

单子叶植物和双子叶植物

有花植物（被子植物门）分为两个纲：单子叶植物纲和双子叶植物纲。单子叶植物的典型特征是：种子具有一枚子叶；叶片狭窄，具平行叶脉；花的各组成部分的数目为3的倍数；萼片和花瓣无区别，统称为花被片；维管（输导）组织在茎中分散为无规律分布的束；由于茎中缺乏形成层（能够产生木质的活动分裂细胞），多数单子叶植物为草本植物。双子叶植物的典型特征是：种子具有两枚子叶；叶宽阔，具一条中脉和分枝的侧脉；花的各组成部分的数目为4或5的倍数；萼片通常小，绿色；花瓣大而鲜艳；维管束在茎的边缘附近排列成一个环；由于许多双子叶植物的茎具有能够产生木质的形成层，双子叶植物中既有草本植物，又有木本植物。

单子叶植物叶基的横切面

单子叶植物和双子叶植物的比较

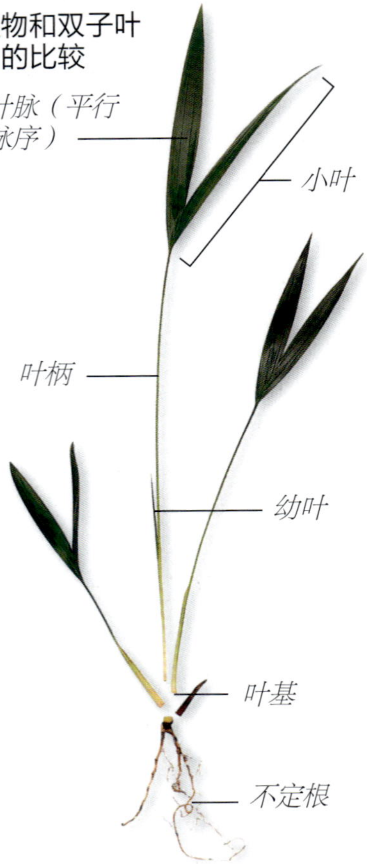

单子叶植物
豪爵椰
（*Howea Forsteriana*）

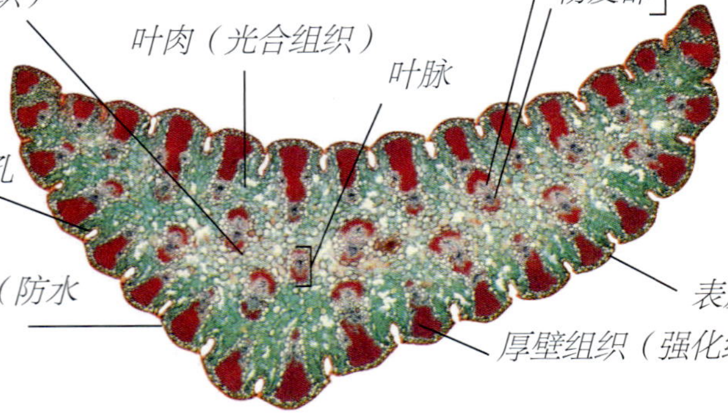

单子叶植物叶横切面的显微照片
丝兰（*Yucca* sp.）

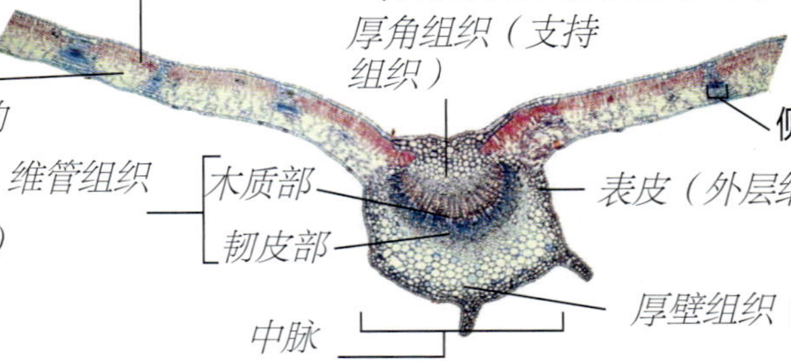

双子叶植物叶横切面的显微照片
海棠（*Malus* sp.）

单子叶植物的花
兰花（*Phalaenopsis* sp.）

双子叶植物的花
朱槿（*Hibiscus rosa-sinensis*）

单子叶植物的叶基形成茎
棕榈（*Trachycarpus Fortunei*）

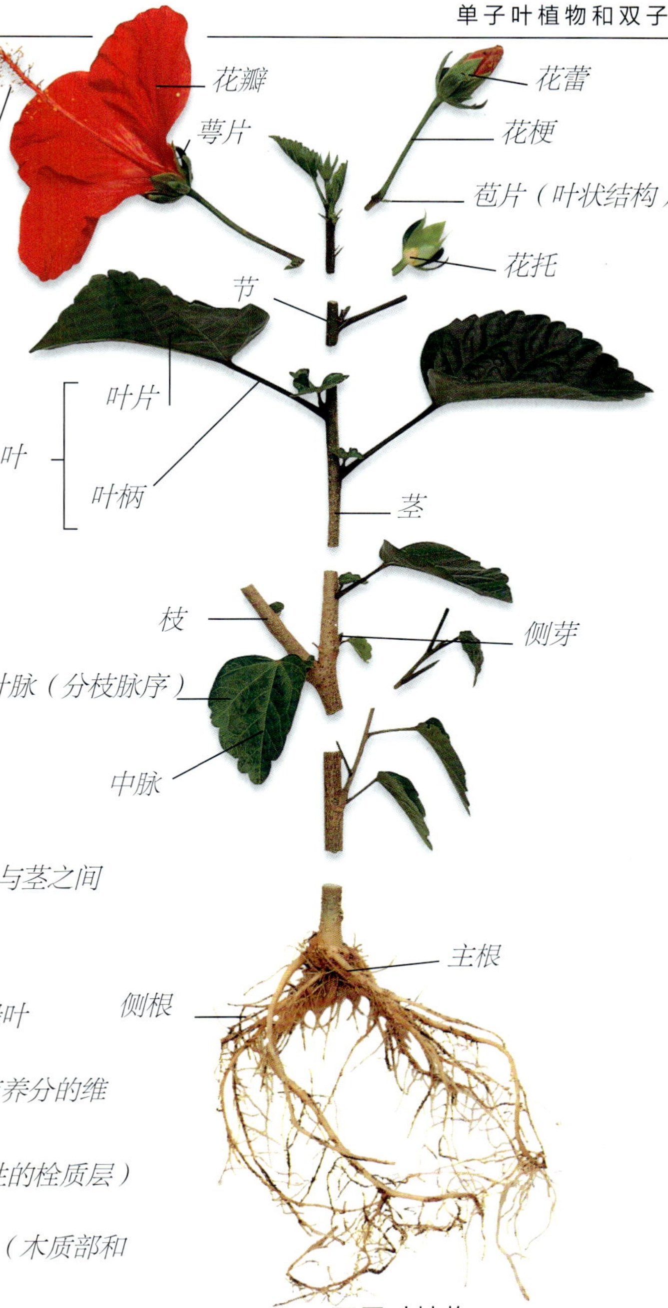

双子叶植物
朱槿（*Hibiscus rosa-sinensis*）

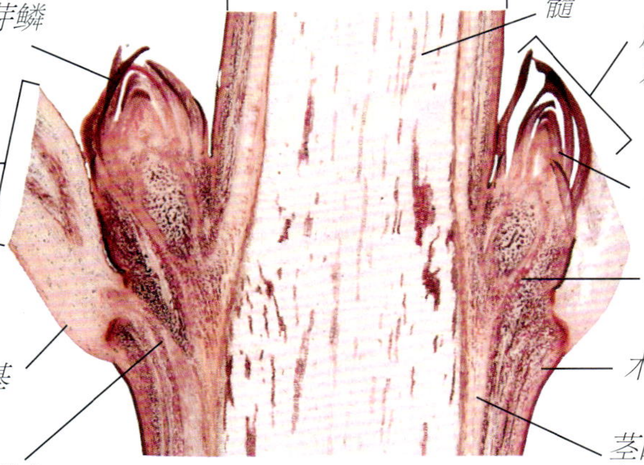

木本双子叶植物茎纵切面的显微照片
枫树（*Acer* sp.）

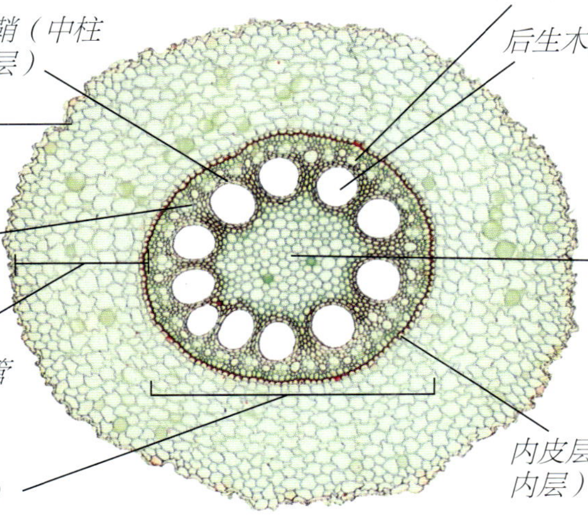

单子叶植物根横切面的显微照片
玉米（*Zea Mays*）

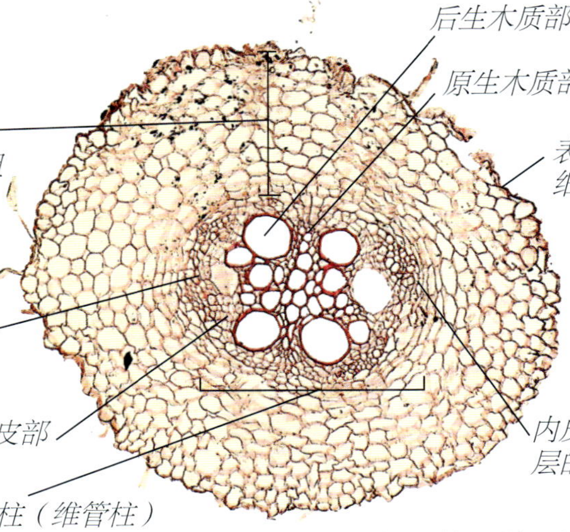

双子叶植物根横切面的显微照片
毛茛（*Ranunculus* sp.）

草本有花植物

草本有花植物通常具有非木质的绿色茎，植株寿命一般较短。许多草本植物只能生活一到两年。一年生植物（如香豌豆）在一年内完成从种子萌发到开花结实到死亡的全过程。二年生植物（如胡萝卜）的生命周期则为两年。第一年，种子长成植株，生出叶，并在地下的储藏器官中贮存养分；然后茎和叶在冬天死亡。第二年，新的茎从储藏器官发出，生出叶、花和种子，然后整个植株死亡。有些草本植物（如马铃薯）是多年生的。它们可以连年生长，春天长出茎叶和花，夏天在地下的块根、块茎或根状茎中贮存养分，秋天地上部分死去，靠地下部分挨过冬天。

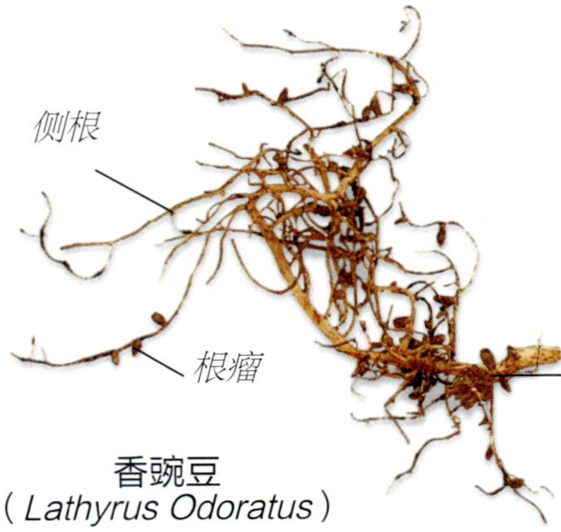

香豌豆
（*Lathyrus Odoratus*）

草莓
（*Fragaria × ananassa*）

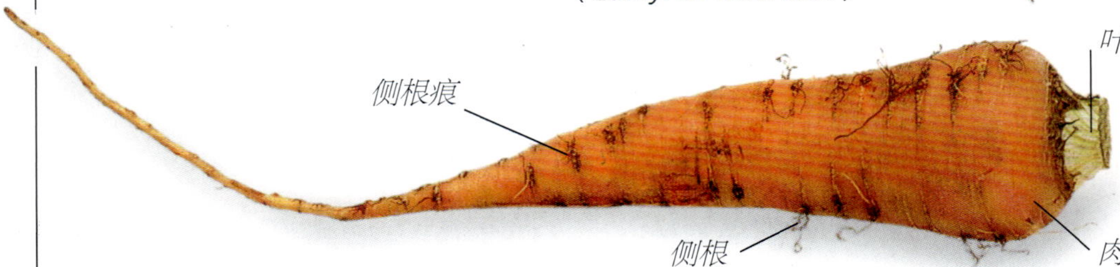

胡萝卜
（*Daucus Carota*）

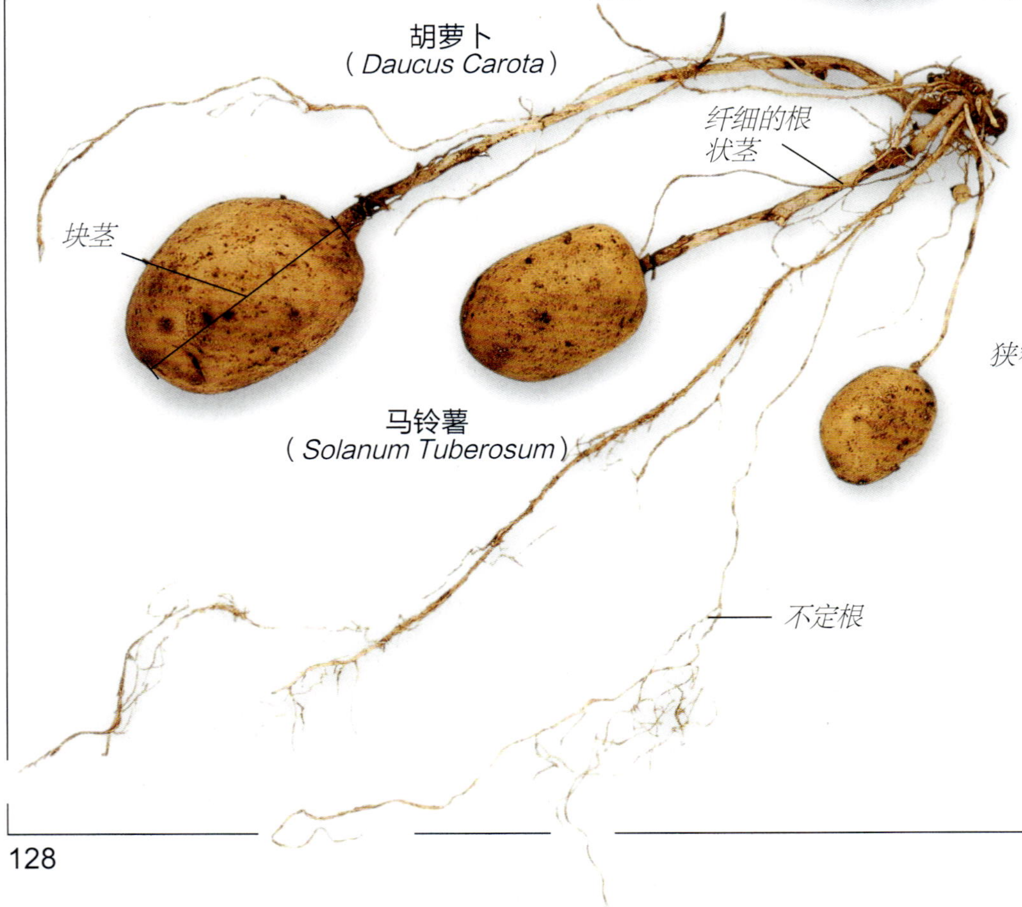

马铃薯
（*Solanum Tuberosum*）

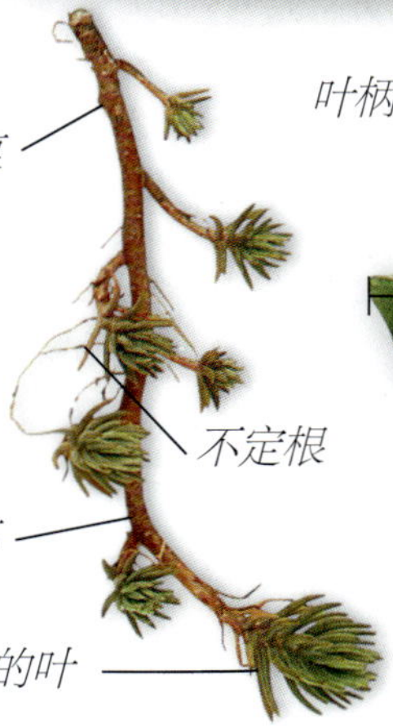

石生景天
（*Sedum Rupestre*）

草本有花植物的各部位

小苞片
苞片（叶状结构）
中脉
聚伞花序（花序的一种）
肉质卵圆形单叶
外部舌状的辐射花
内部管状的盘花
花蕾
节
花序梗
齿状叶缘
节间
长药八宝
（Sedum Spectabile）
具分裂的单叶
头状花序（花序的一种）
叶
花序梗
花蕾
叶柄
叶柄
叶基
茎
肉质茎
叶痕
侧芽
皮刺
菊花
（Chrysanthemum Morifolium）
线形的叶
球根秋海棠
（Begonia × Tuberhybrida）
苞片（叶状结构）
头状花序（花序的一种）
中空的茎
叶基形成的鞘
刺齿状叶缘
齿状叶缘
无翅的叶轴（羽状复叶的中轴）
柳穿鱼
（Linaria sp.）
狭头飞廉
（Carduus Tenuiflorus）
叶轴（羽状复叶的中轴）
有翅的茎
托叶（叶基部的一种结构）
卷须
茎节
有翅的叶轴（羽状复叶的中轴）
花序梗
花蕾
欧洲独活
（Heracleum Sphondylium）
羽片（小叶）
叶状枝边缘
齿状缺刻
苞片（叶状结构）
花被片
叶柄
六出花
（Alstroemeria Aurea）
花序轴
叶状枝（扁平的枝）
茎分枝
总状花序（花序的一种）
宽叶山黧豆
（Lathyrus Latifolius）
蟹爪兰
（Schlumbergera Truncata）
花瓣
萼片

木本有花植物

木本有花植物是多年生植物，它们可以连续很多年生长、繁殖。木本有花植物具有一到多枚永久性的地上茎和很多比茎小的枝条。茎和枝条都有高度木质化的中心，既能支持植物体，又包含有输送水分和养分的维管组织。在木质中心之外是一层粗糙、保护性的树皮，树皮上有皮孔（微小的孔洞），气体可以由此进出。木本有花植物可分为灌木、密灌木和乔木。灌木从地面上伸出几枚茎；密灌木是分枝繁多、枝叶稠密的灌木；乔木则通常只具有一枚竖直的茎（树干），树干上生有枝条。落叶木本植物（如蔷薇）的叶子，一年会落光一次，留下无叶的植株过冬。常绿木本植物（如常春藤）的叶子则依次凋落，所以全年都能保持完整的叶被。

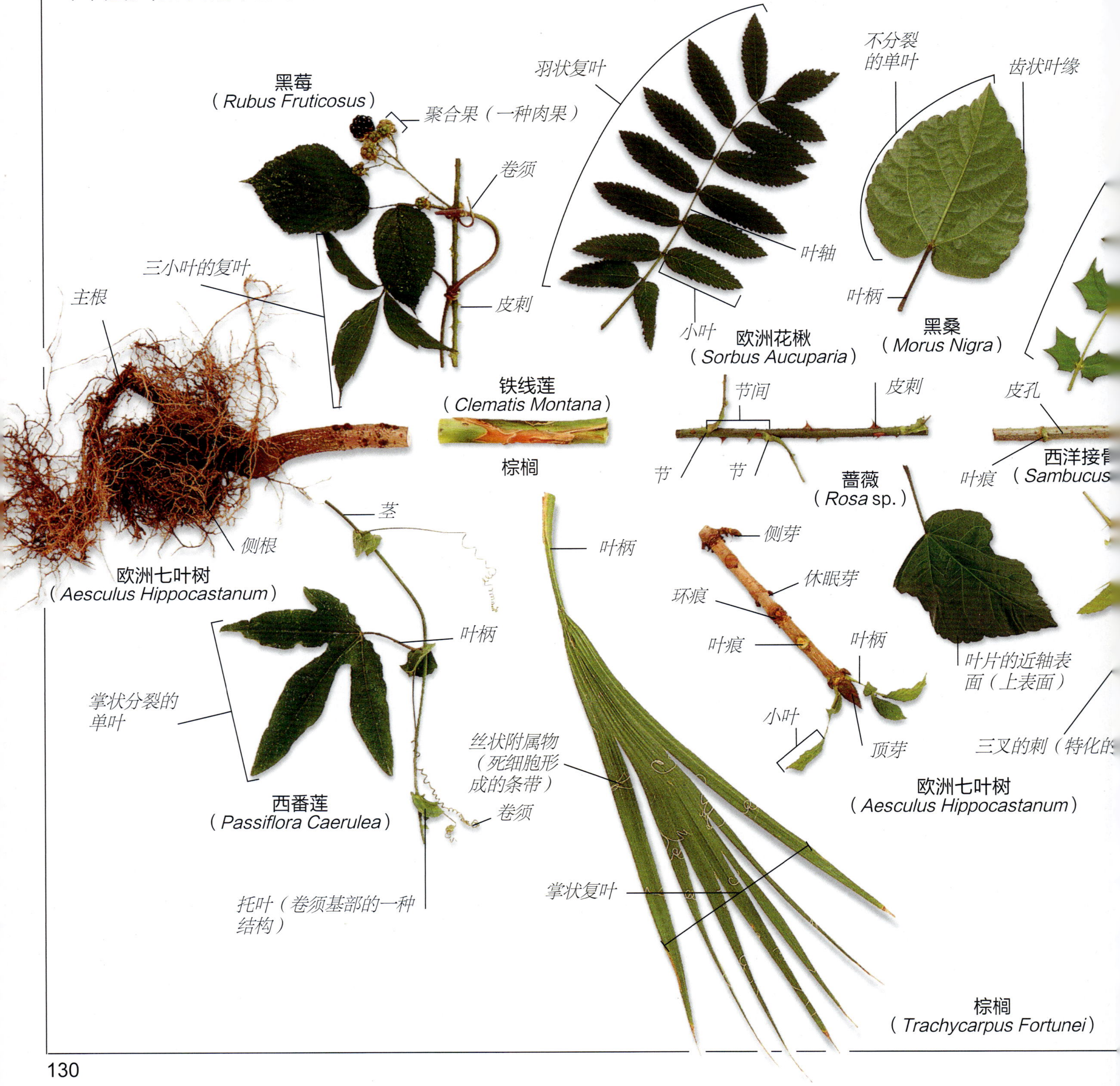

木本有花植物的各部位

无梗花栎
（Quercus Petraea）
具分裂的倒卵圆形单叶
中脉
苞片的残余
坚果（一种干果）
未成熟的栎
腋芽
羽叶复叶
刺
羽片（小叶）
十大功劳
（Mahonia lomariifolia）
有杂斑的叶片
不定根
茎
洋常春藤
（Hedera helix ‘Goldheart’）
花梗
花序梗
梨果（一种肉果）
花柱的残余
欧洲花楸
（Sorbus Aucuparia）
节
竹类
（Arundinaria Nitida）
秆（具膨大节的茎）
侧芽
环痕
欧洲花楸
（Sorbus Aucuparia）
花蕾
萼片
花托
花梗
苞片
托叶（叶基部的一种结构）
小叶
蔷薇
雄蕊
花瓣
萼片
子房
蔷薇
（Rosa sp.）
花瓣
叶柄
花蕾
花梗
铁线莲
叶柄
叶脉
叶片的近轴表面（上表面）
花葵
（Lavatera Arborea）
茎
叶片
三叉的刺（特化的叶）
小檗
（Berberis sp.）
花柄
双翅果（具翅的干果）
果翅
包围种子的果皮
欧亚枫
（Acer Pseudoplatanus）
茎
叶柄
披针形单叶
花序梗
核果（一种肉果）
桃
（Prunus Persica）
花序梗
花梗
复合花序（圆锥花序）
木藤首乌
（Polygonum Baldschuanicum）

根

根是植物的地下部分，有三个主要功能。首先，根把植物固定在土壤中。其次，根从土壤颗粒的间隙吸收水分和矿物质。在根尖后方生有根毛，根毛提高了根的吸水性能，可以最大程度地吸收生命所需的物质。第三，根是植物输导系统的一部分：木质部把水和矿物质从根运输到茎叶，韧皮部则把有机养分从叶运输到根系的任何部分。除此之外，一些植物（如胡萝卜）的根还能储藏养分。根的结构包括最外层的表皮，被表皮覆盖的、由薄壁组织（填充组织）构成的皮层，以及由维管组织构成的中柱。当根向土壤伸展时，这种排列方式有助于根抵抗所遇到的压力。

初生根发育的显微照片
甘蓝（*Brassica* sp.）

胡萝卜
（*Daucus carota*）

典型根的放大观
毛茛（*Ranuuculus* sp.）

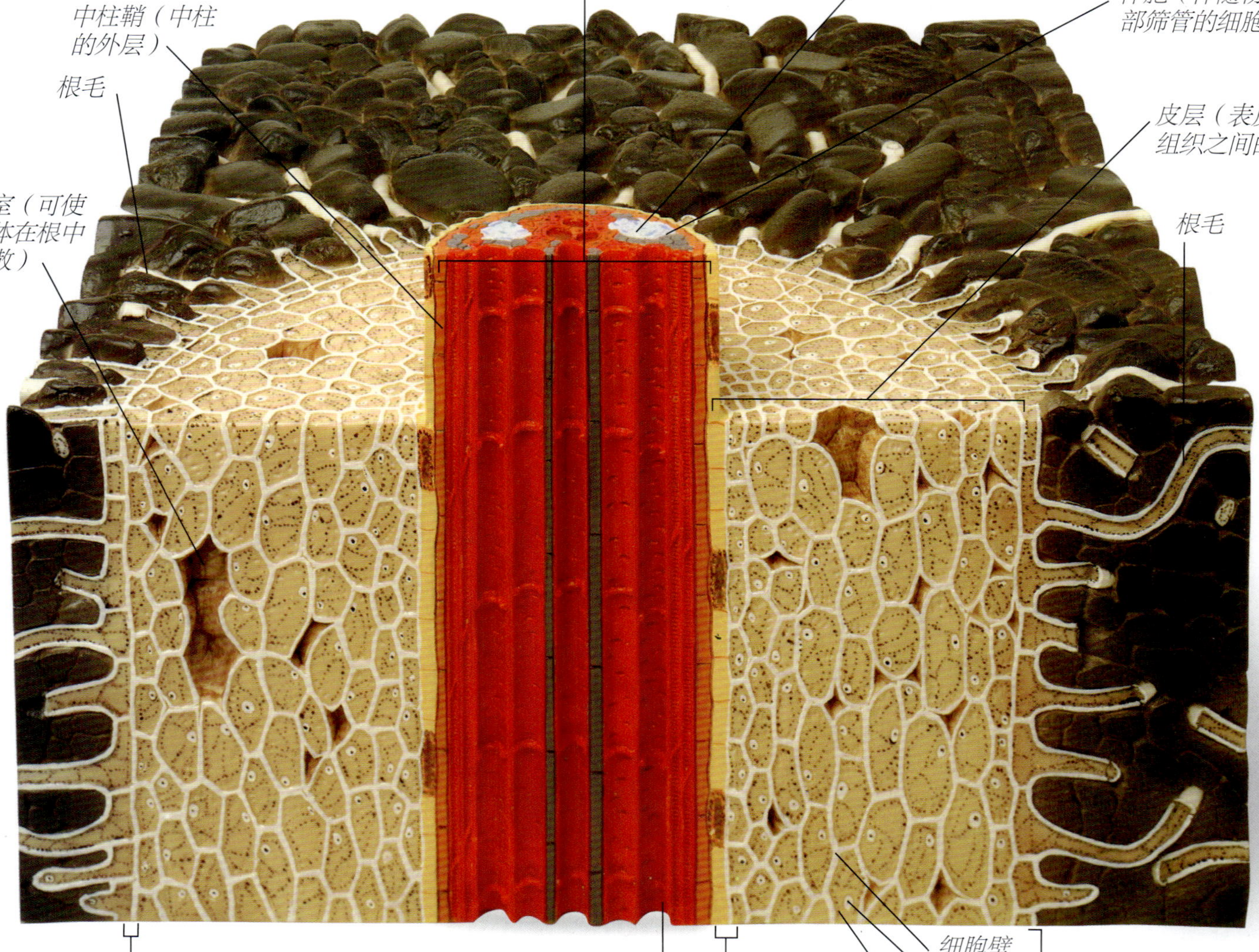

初生根及根切面的显微照片

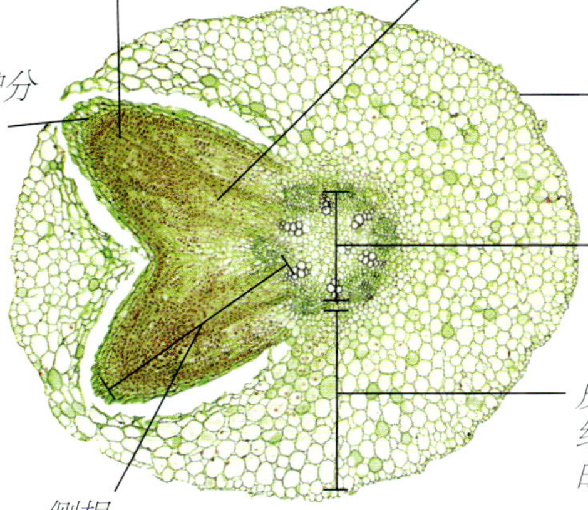

蚕豆（*Vicia faba*）根的横切面

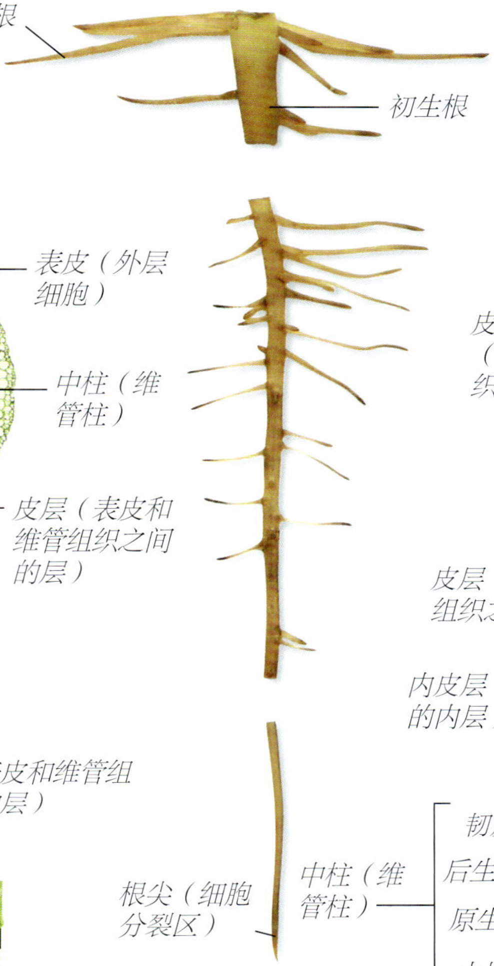

蚕豆的初生根

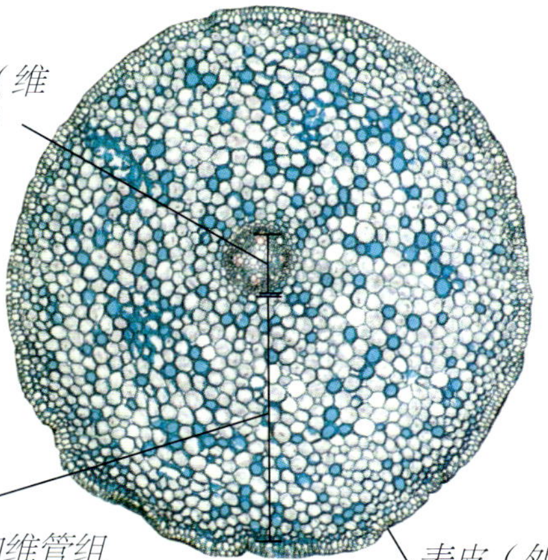

毛茛（*Ranunculus* sp.）根的横切面

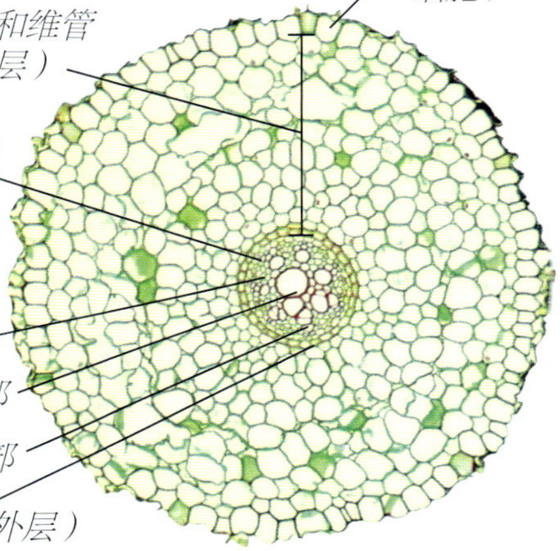

百合（*Lilium* sp.）根的横切面

蚕豆根尖的纵切面

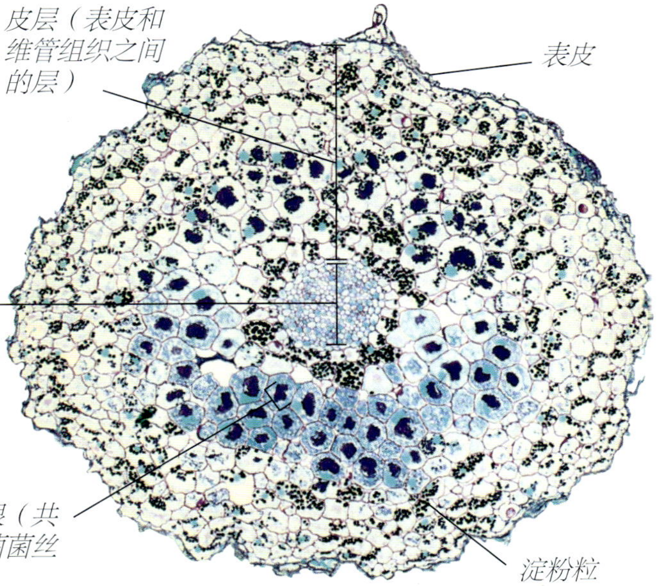

兰花根的横切面，示与真菌共生而成菌根

茎

茎在地面上生长，是支持一株植物的主要部位。茎的节上生有叶、芽和花。叶是进行光合作用的器官；芽（被保护性鳞片覆盖的幼枝）的生长部位在茎尖（顶芽）或在叶和茎的夹角中（腋芽或叫侧芽）；花则是繁殖结构。茎构成植物输导系统的一部分：茎中的木质部组织把水分和矿物质从根输送到植物体的地上部位，韧皮部组织则把由叶制造的有机养分输送到植物体的其他部位。茎组织还可以储存水分和食物。草质（非木质）茎最外部是保护性的表皮；表皮覆盖着皮层，皮层主要由薄壁组织（填充组织）构成，但也含有一些厚角组织（支持组织）。草质茎的维管组织排列成束，每一束都包含木质部、韧皮部和厚壁组织（强化组织）。木质茎最外部的保护层是粗糙的树皮，其上被皮孔贯穿，由此可以进行气体交换。树皮内侧是一圈次生韧皮部，再往内则是由次生木质部构成的核心。

茎尖纵切面的显微照片
鞘蕊花（*Coleus* sp.）

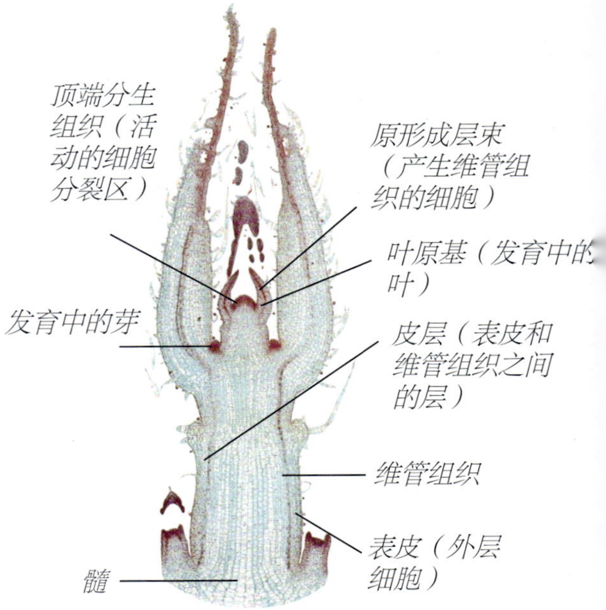

幼年的木质茎
椴树（*Tilia* sp.）

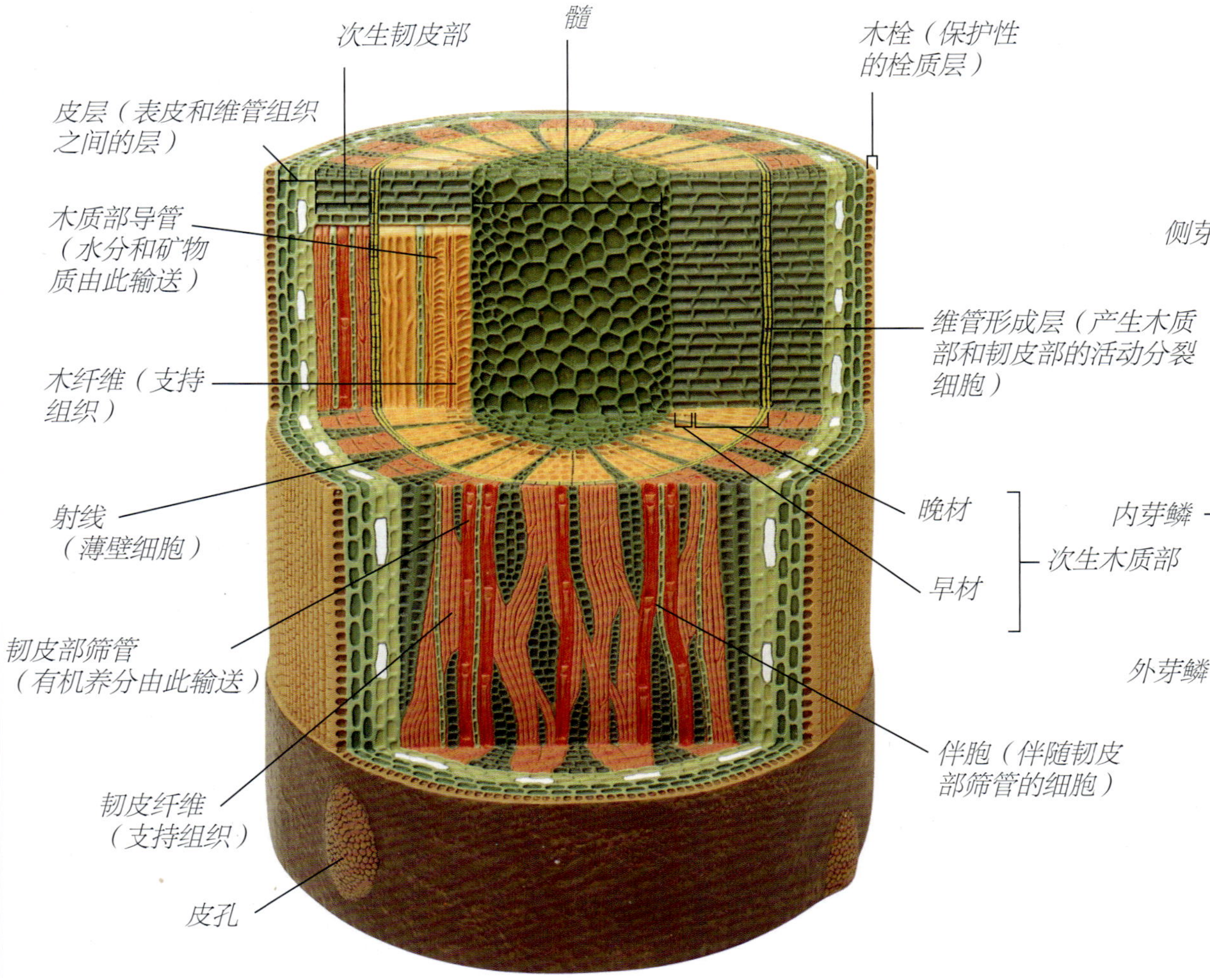

萌发的芽
悬铃木（*Platanus* × *acerifolia*）

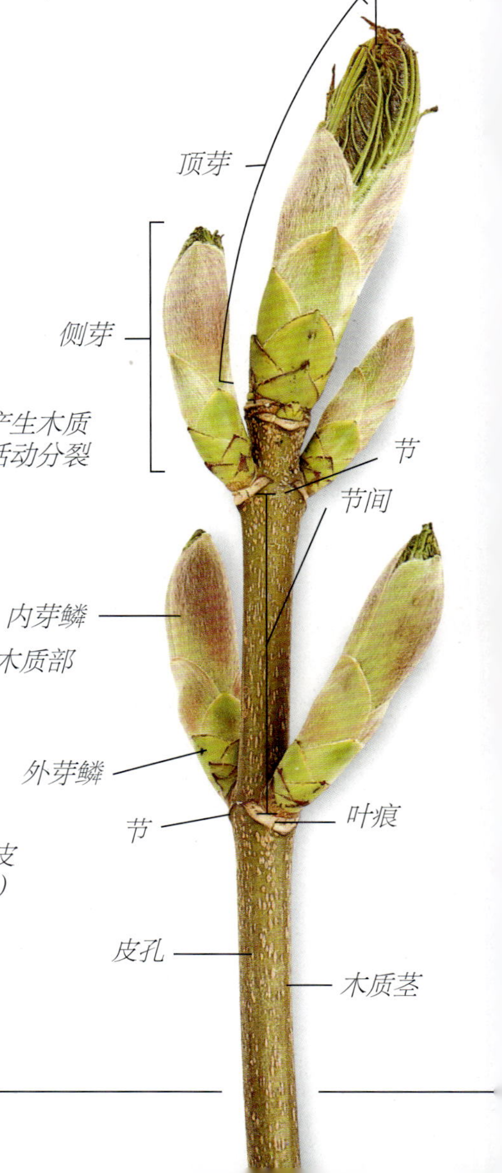

各种茎横切面的显微照片

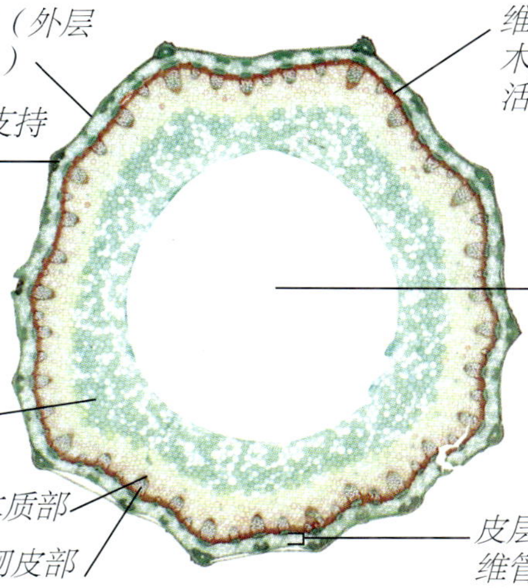

峨参
（*Anthriscus* sp.）

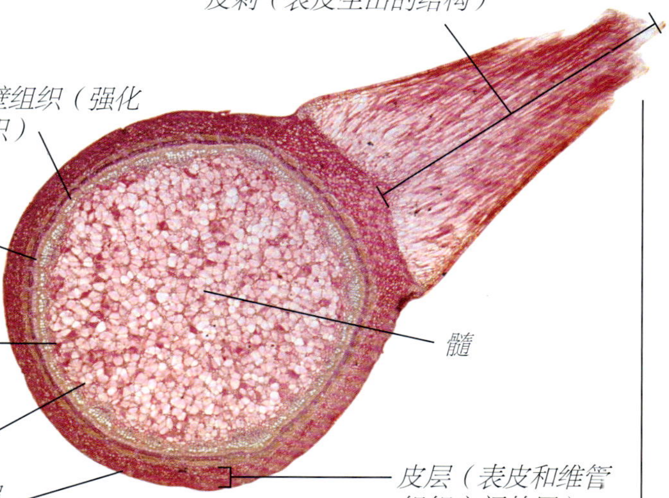

蔷薇
（*Rosa* sp.）

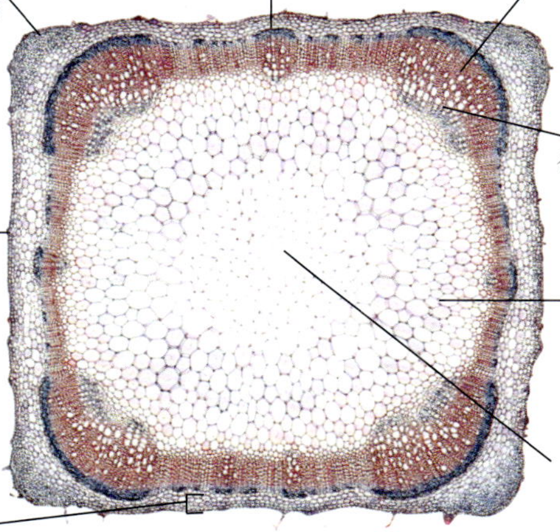

野芝麻
（*Lamium* sp.）

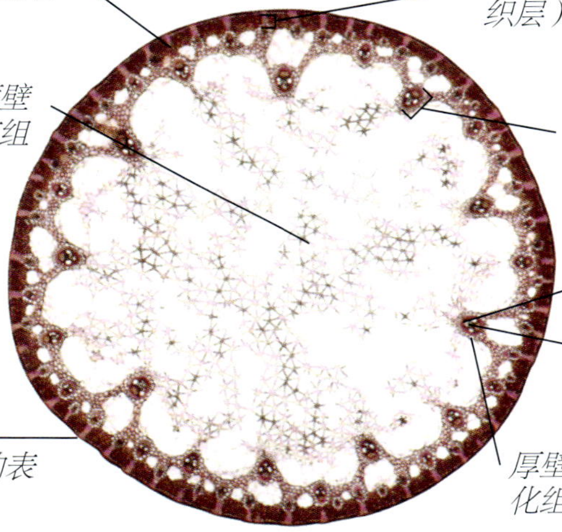

灯芯草
（*Juncus* sp.）

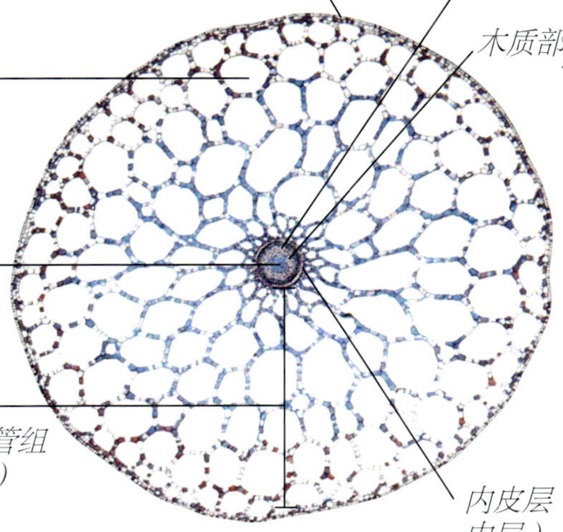

杉叶藻
（*Hippuris vulgaris*）

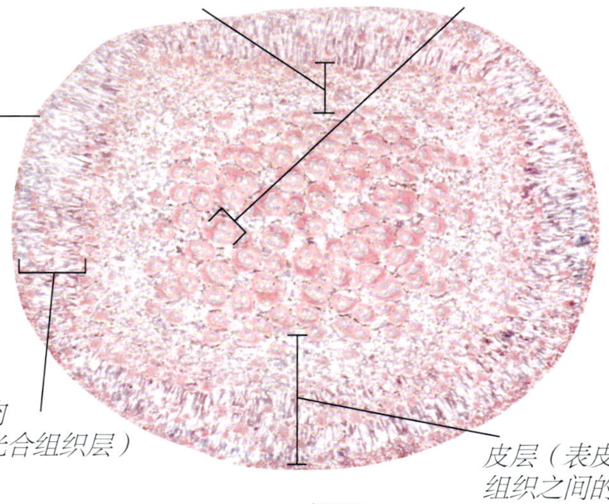

椰子
（*Cocos nucifera*）

叶

检葵

叶是植物进行光合作用和蒸腾作用（由蒸发造成的水分消耗）的主要场所。叶通常包括叶片、叶柄和叶基（叶柄在此处与茎连接），其中叶片是由叶脉构成的网状支撑起来的薄而扁平的结构。叶可以分为单叶和复叶。单叶的叶片形成单一的结构，复叶的叶片则分离为不相接触的小叶。复叶又可分为羽状复叶和掌状复叶。羽状复叶的羽片（小叶）在叶轴（叶的主轴）两侧排列，而掌状复叶的小叶则从叶柄顶端的同一点处伸出。根据叶片的整体形状和叶尖、叶缘及叶片基部的形状，还可以对叶进行进一步的分类。

单叶的形状

提琴形
变叶木
（*Codiaeum variegatum*）

披针形
沙棘
（*Hippophae rhamnoides*）

叶的一般特征

欧洲栗
（*Castanea sativa*）

复叶的形状

奇数羽状
刺槐
（*Robinia pseudoacacia*）

倒卵形
多花蓝果树
（*Nyssa sylvatica*）

菱形
波斯常春藤
（*Hedera colchica* ‘Sulphur Heart’）

椭圆形
榕树（*Ficus* sp.）

近圆形
山茶（*Camellia japonica*）

线形
鸢尾（*Iris lazica*）

掌状分裂
洋常春藤（*Hedera helix*）

角形
波斯常春藤（*Hedera colchica*）

偶数羽状
黑胡桃（*Juglans nigra*）

指状
小花七叶树（*Aesculus parviflora*）

二回羽状
美国皂荚（*Gleditsia triacanthos*）

二回三出状
铁线莲（*Clematis* sp.）

掌状三出状
毒豆（*Laburnum* × *watereri*）

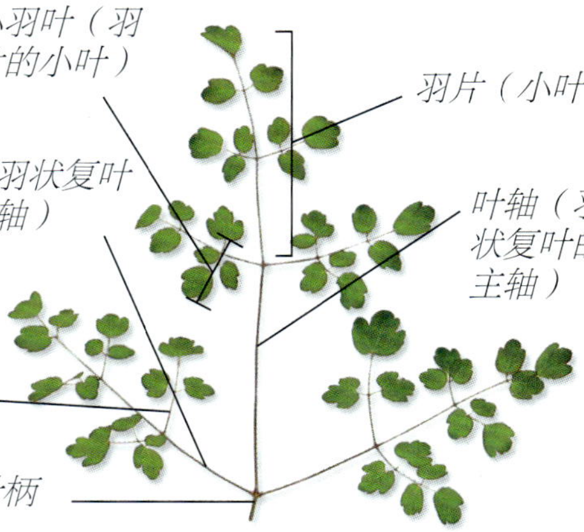

三回羽状
唐松草（*Thalictrum delavayi*）

光合作用

光合作用是植物用阳光、水和二氧化碳制造有机养分的过程。光合作用发生在叶肉细胞里叫做叶绿体的专门结构中。叶绿体中含有叶绿素，这是一种能吸收太阳光能量的绿色色素。通过光合作用，植物用吸收的能量把二氧化碳和水结合在一起，形成葡萄糖这种糖类，它是整个植物体的能量来源。植物同时还制造氧气，它是光合作用的无用的副产物，被释放到空气中。叶是光合作用的主要场所，为了这一功能，叶具有多种多样的适应特征：扁平的叶片为阳光的吸收提供了广大的表面；叶片下表面上的气孔使气体（二氧化碳和氧气）可以进出叶片；叶脉形成繁密的网络，把水分输送到叶中，并把由光合作用产生的葡萄糖输送到植物体的其他部分。

叶的显微照片
百合（*Lilium* sp.）

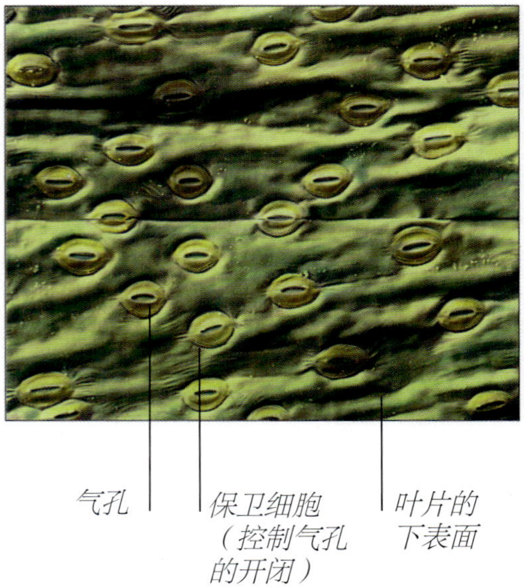

光合作用的过程

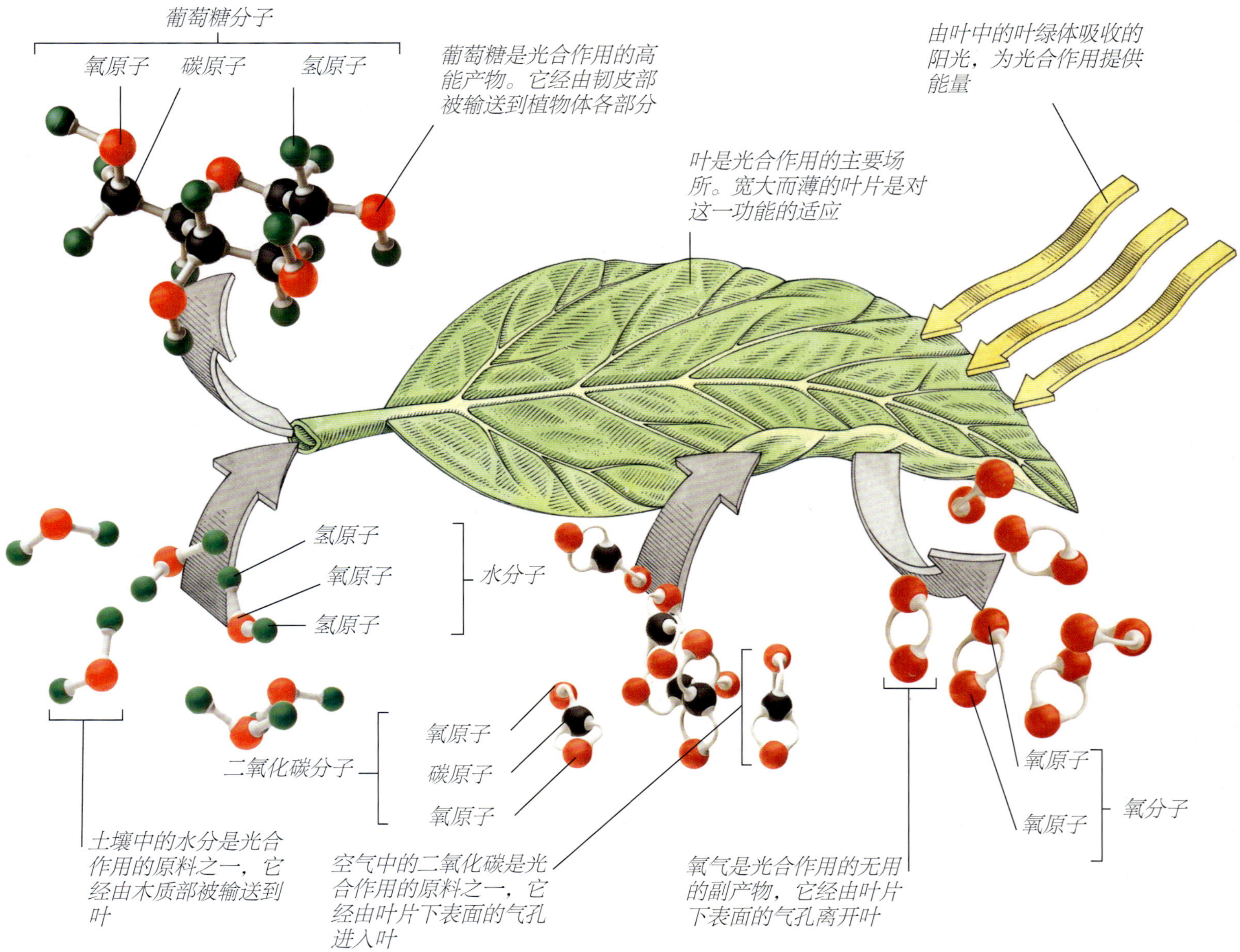

叶的横切面

黑铁筷子（*Helleborus Niger*）

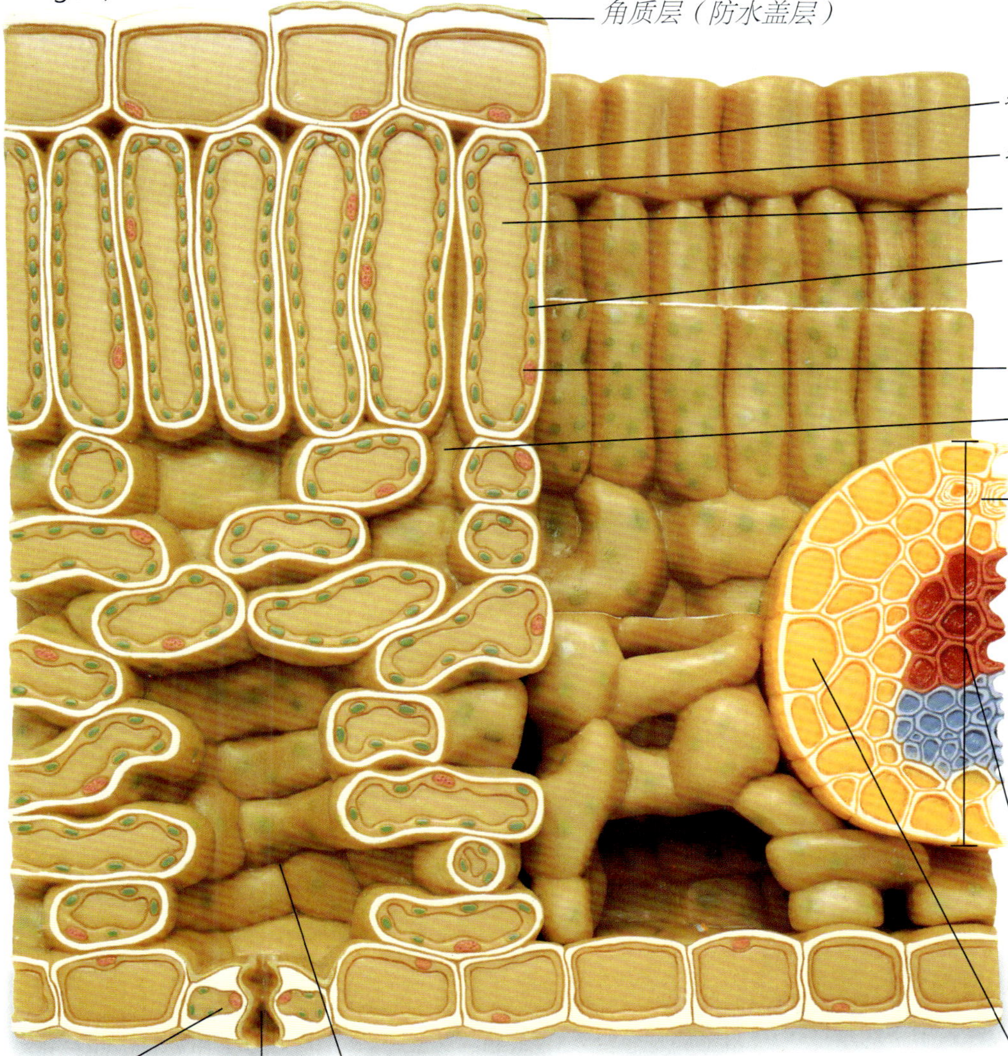

叶绿体的内部观

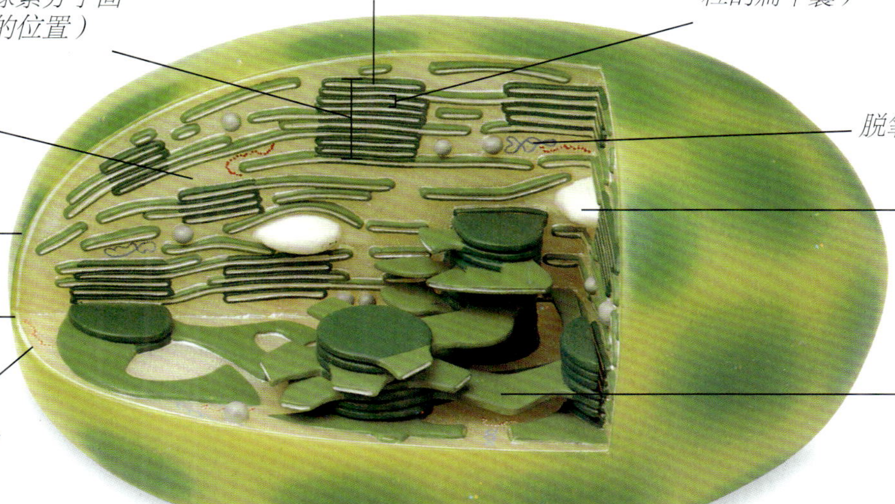

花 1

花是有花植物进行有性生殖的场所。花的各组成部分围绕花托（花梗的先端）排列成轮状。萼片（所有萼片合起来总称花萼）是最外层，通常较小，绿色，作用是保护发育中的花。花瓣（所有花瓣合起来总称花冠）通常较大，颜色鲜艳，位于萼片内侧。在单子叶植物的花中，萼片和花瓣没有区别，都叫做花被片（所有花被片合起来总称花被）。花瓣包围着雄性和雌性生殖结构（雄蕊群和雌蕊群）。雄蕊群由雄蕊（雄性器官）组成；每一枚雄蕊由花丝和花药构成。雌蕊群具有一或多枚心皮（雌性器官）；每一枚心皮由子房、花柱和柱头构成。有些植物（如百合）的花在花梗上单生；其他植物（如接骨木和向日葵）的花则在一个总梗（花序梗）上排列成组（花序）。

外面观

单子叶植物的花
百合（*Lilium* sp.）

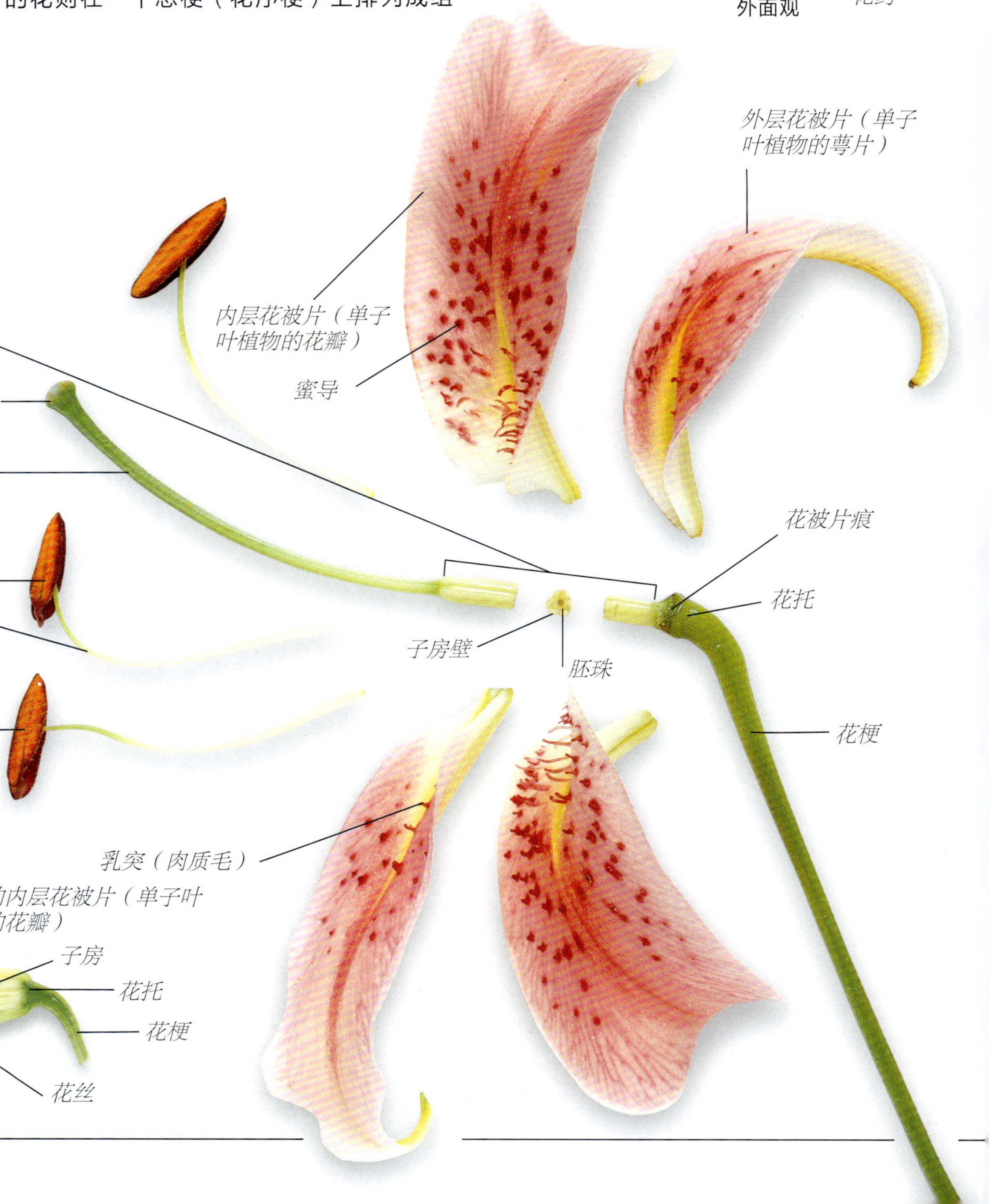

花蕾的纵切面

双子叶植物的花
翠雀（*Delphinium Orientale*）

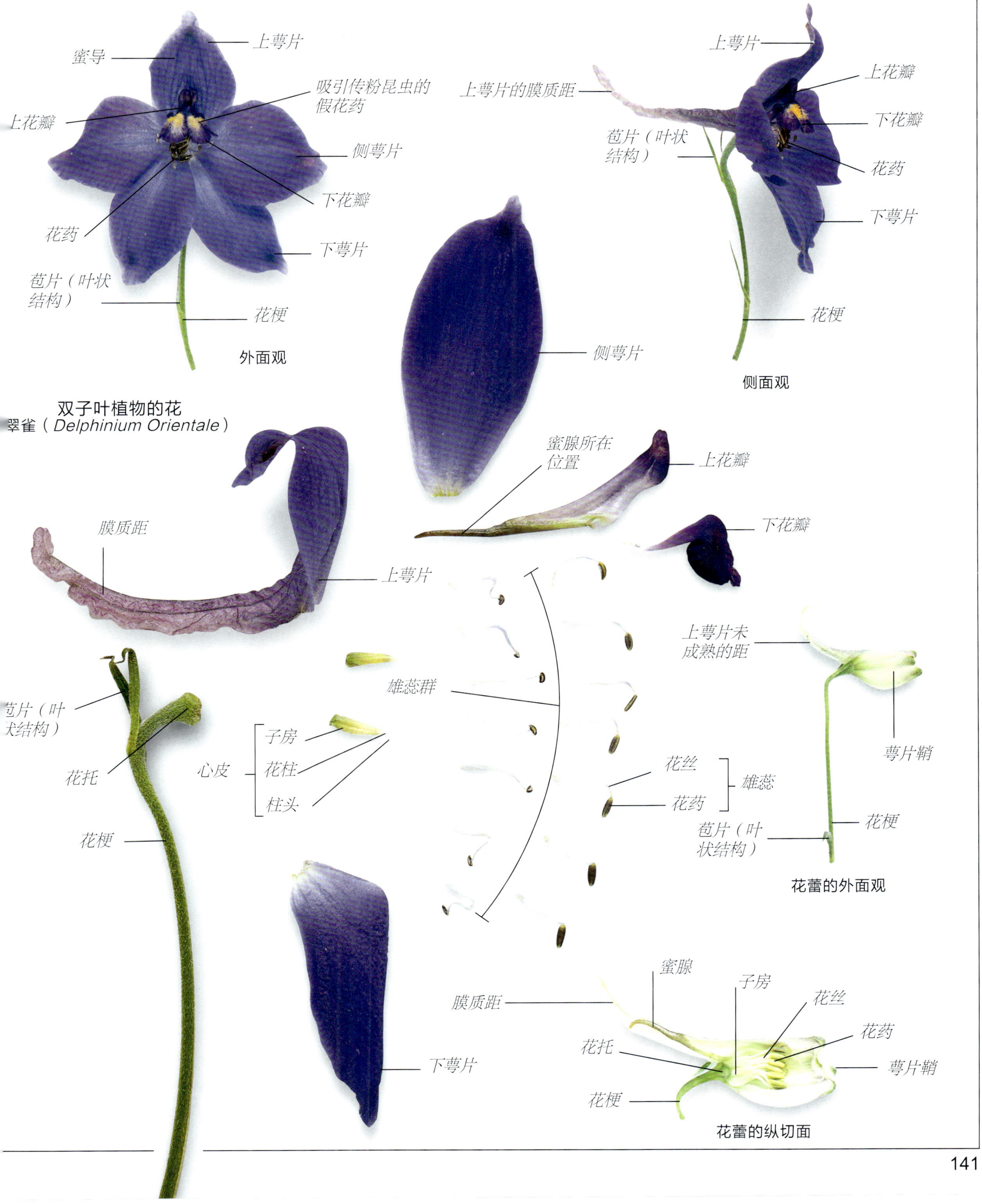

传粉

传粉是把花粉（含有雄性细胞）从花药（雄性生殖器官的一部分）传播到柱头（雌性生殖器官的一部分）的过程。这一过程在受精之前进行。传粉可在同一朵花内进行（自花传粉），或在同一物种的不同植株的花之间进行（异花传粉）。大多数植物靠昆虫传粉（虫媒传粉）或靠风传粉（风媒传粉）。也有少数植物以鸟、蝙蝠或水作为传粉媒介。靠昆虫传粉的花通常颜色鲜艳，气味浓郁，并能产生供昆虫食用的花蜜。这样的花往往具有只有在紫外线下才可见的图案，许多昆虫可以看到，但人类看不到。这些特征能够吸引昆虫，当它们访问一朵花时，全身便粘满黏性或带钩的花粉粒，然后昆虫再把这些花粉粒传给它们访问的下一朵花。靠风传粉的花通常较小，较不显眼，没有气味。它们会产生大量光滑的花粉粒，易于被风吹到其他的花上。

风媒植物的生殖结构
欧洲栗
（*Castanea sativa*）

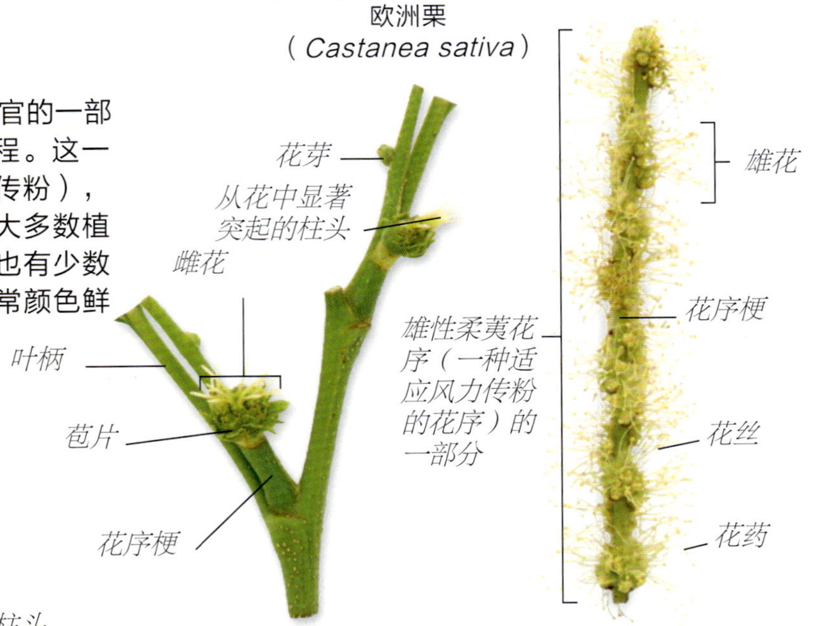

虫媒植物的生殖结构

心皮（雌性器官）的显微照片
穿心龙胆

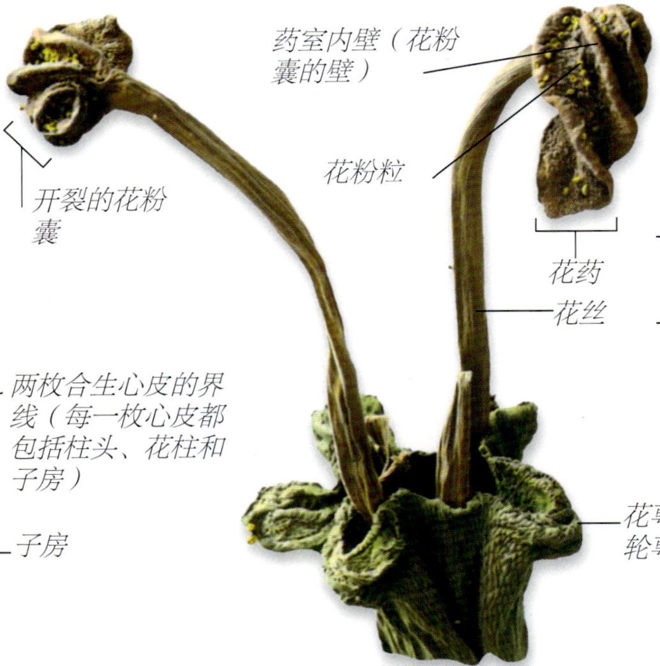

雄蕊（雄性器官）的显微照片
欧洲百金花

花粉粒的显微照片

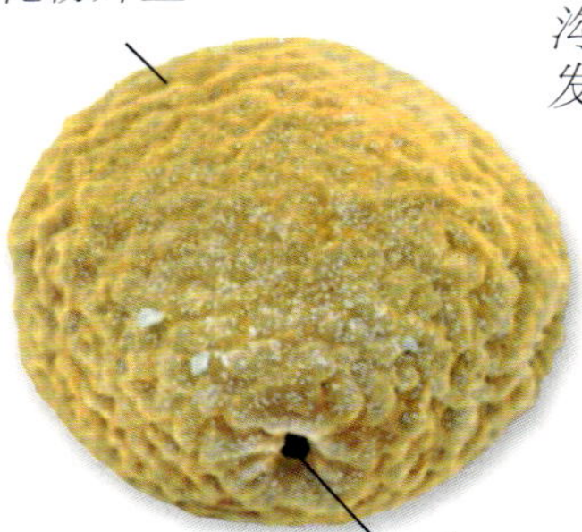

欧洲小叶榆
（*Ulmus minor*）

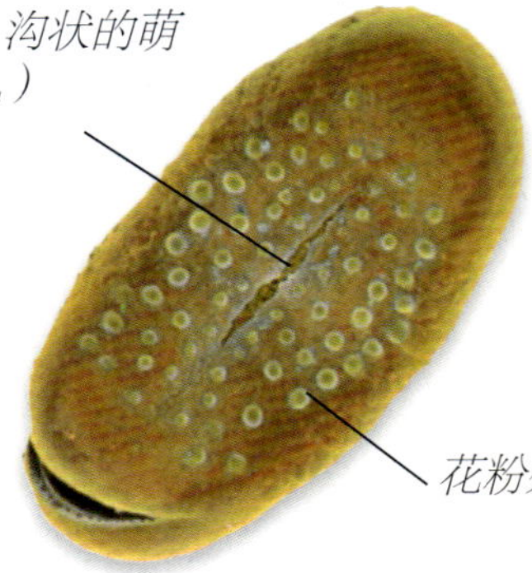

黄花番爵床
（*Justicia aurea*）

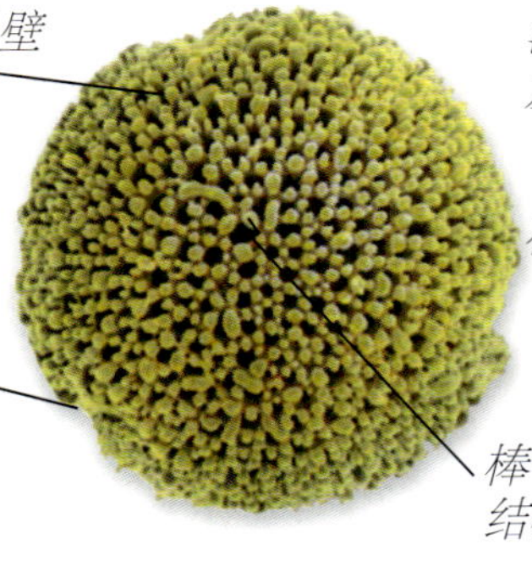

草地老鹳草
（*Geranium pratense*）

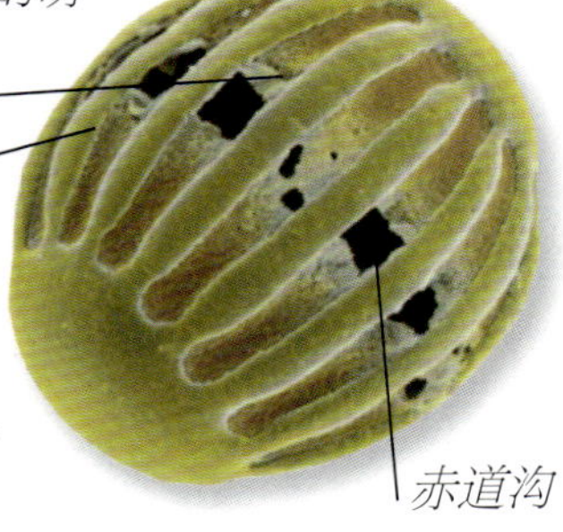

黄杨远志
（*Polygala chamaebuxus*）

昆虫为草地鼠尾草（*Salvia pratensis*）传粉的过程

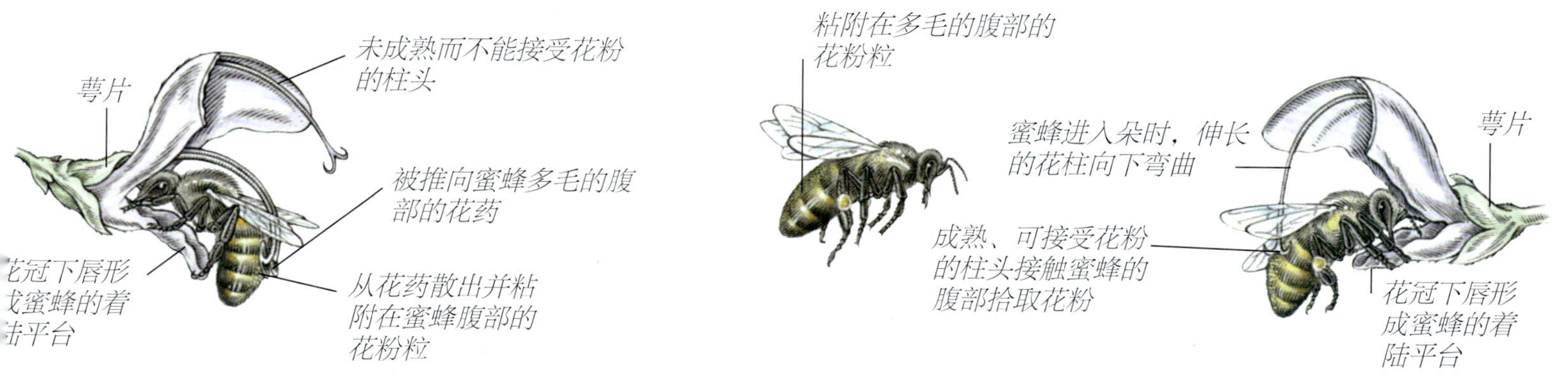

（蜜蜂访问花药成熟、但柱头未成熟的花）（蜜蜂飞向其他的花）（蜜蜂访问花药已枯萎、柱头成熟的花）

可见光和紫外线下的向日葵（*Helianthus annuus*）

可见光下

紫外线下

可见光和紫外线下的贯叶连翘（*Hypericum perforatum*）

可见光下

紫外线下

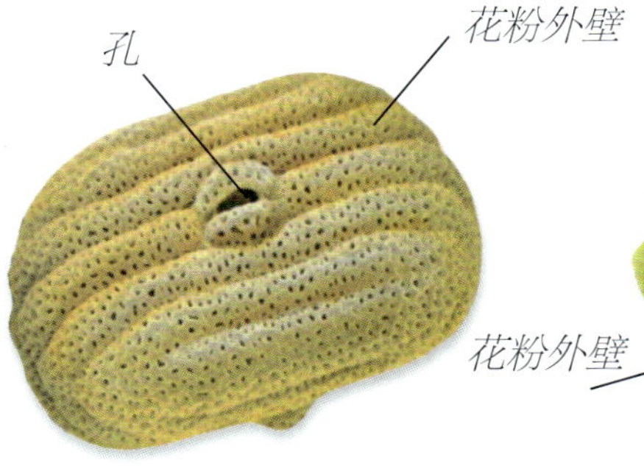

并蒂马蓝（*Mimulopsis solmsii*）

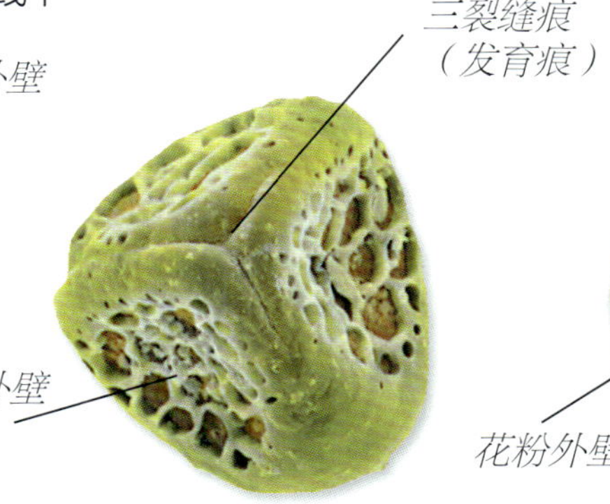

高山百蕊草（*Thesium alpinum*）

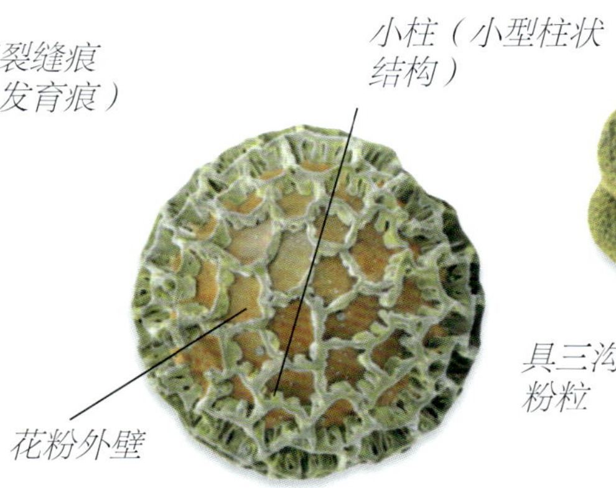

大花芦莉草（*Ruellia grandiflora*）

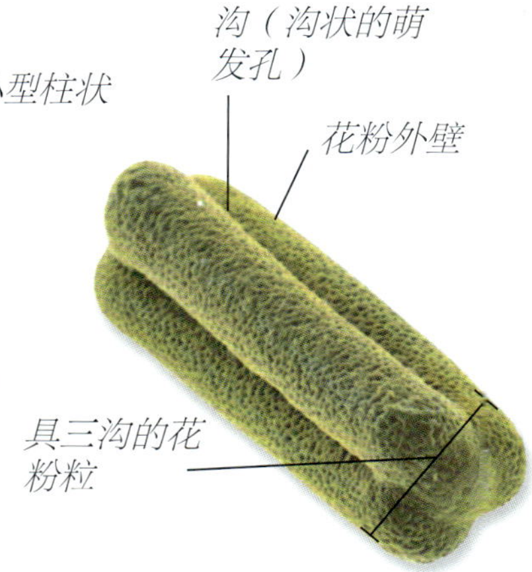

红花十字爵床（*Crossandra nilotica*）

受精

受精是雌雄配子（性细胞）融合产生合子（胚）的过程。在传粉之后，含有雄配子的花粉粒到达柱头之上，离胚珠里的雌配子（卵）还有一段距离。为了雌雄配子的会合，花粉粒萌发出花粉管，花粉管向下生长到达胚囊（胚珠的里面部分，含有卵）。两个雄配子移动到花粉管的先端并进入胚囊。一个雄配子与卵融合，形成合子，将来发育成胚。另一个雄配子和两个极核融合，形成胚乳，为胚的发育储藏养分。受精过程也引发了其他变化：珠被（胚珠的外面部分）形成包围胚和胚乳的种皮；花瓣凋落；柱头和花柱枯萎；子房壁形成包围种子的层，叫做果皮。果皮和种子合起来形成果实，包括果皮肉质的肉果和果皮干燥的干果。有些种（如黑莓）可以进行无融合生殖：种子的形成不需要雄配子给卵授精，但胚乳的形成和果实发育过程则与其他种相同。

香蕉
（*Musa*‘*Lacatan*’）

肉果的发育
黑莓
（*Rubus fruticosus*）

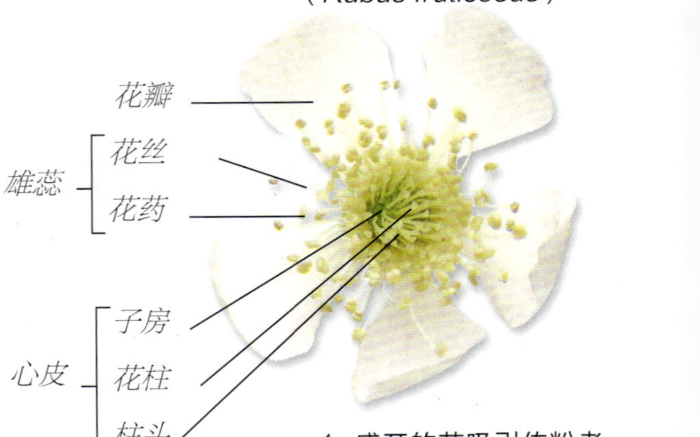

1. 盛开的花吸引传粉者

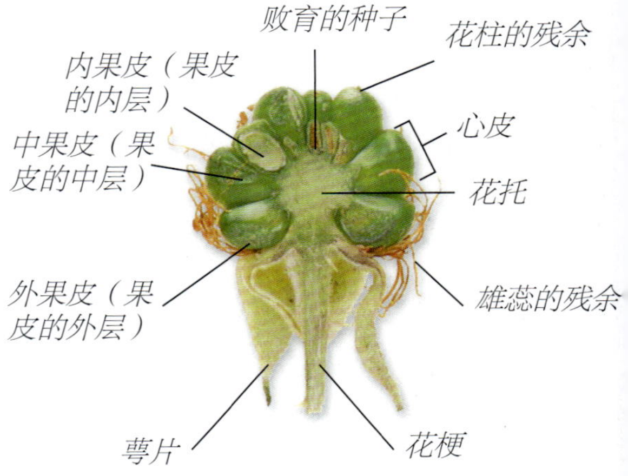

4. 果皮形成果肉、表皮和坚果的内层（以切面显示）

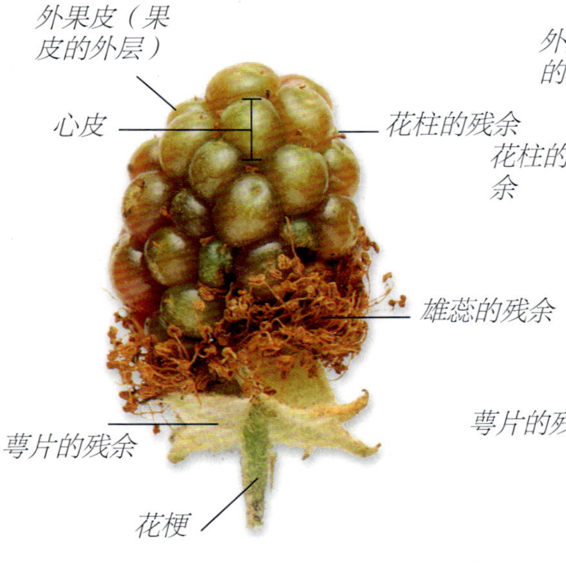

7. 每枚心皮的中果皮（果皮的肉质部分）开始变色

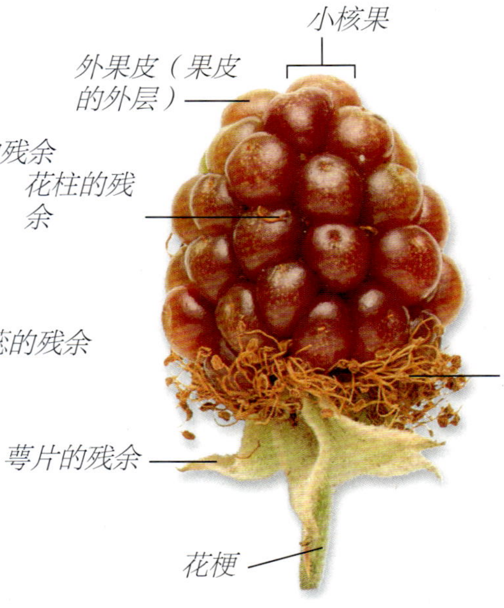

8. 成熟心皮发育为小核果（小型肉果，具单独1枚包围有坚硬内果皮的种子）

9.小核果的中果皮颜色变得更深，味道更甜

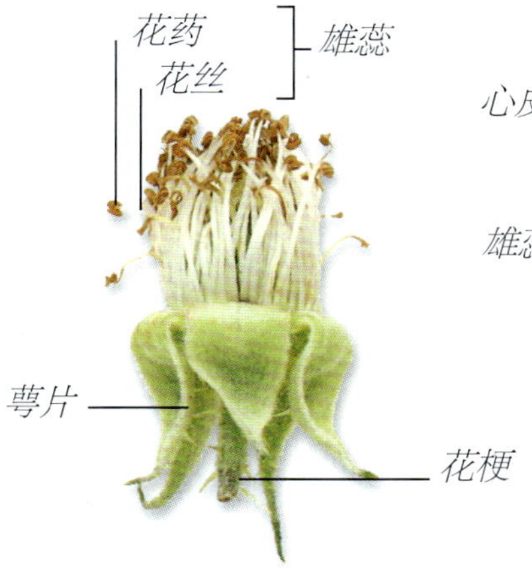

2. 受精已完成，花瓣脱落

3. 子房开始膨大，雄蕊枯萎而死

受精的过程

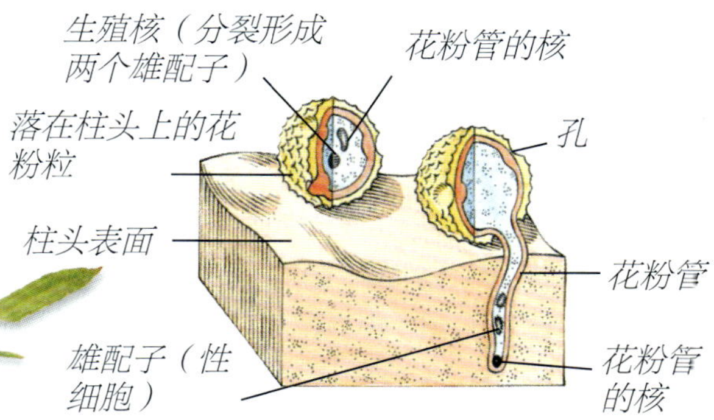

花粉粒萌发

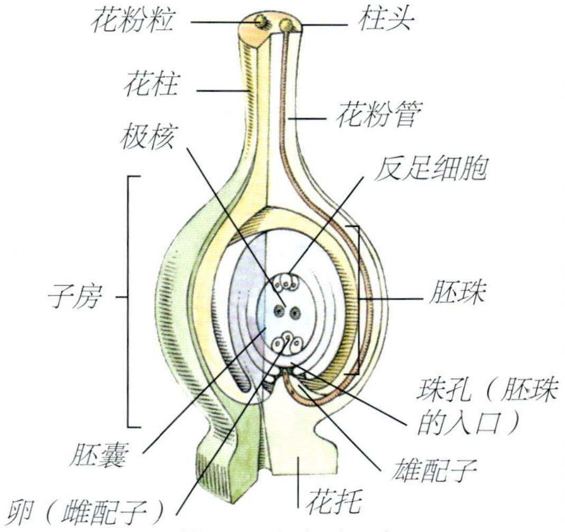

雄配子移动到胚囊

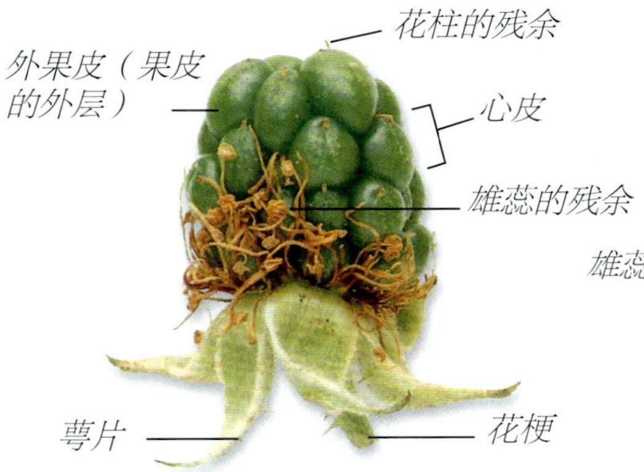

5. 心皮膨胀，更加肉质化

6. 心皮继续膨胀

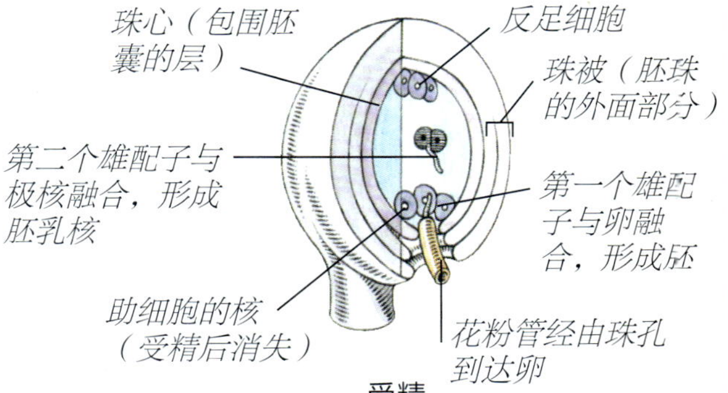

受精

10. 小核果（合起来总称聚花果）

11. 小核果完全成熟

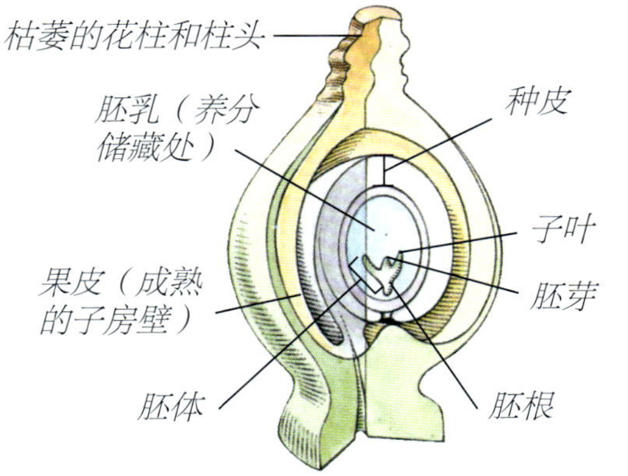

胚的发育

肉果

果实是完全发育成熟的子房（植物雌性生殖器官中生产种子的部分）。果实可分为肉果和干果（见150-151页）。肉果是肉质的，颜色鲜艳，因而能够吸引动物摄食，种子即可借此传播到远离植物母体的地方。肉果的果皮可分三层：外侧的外果皮，中间的中果皮和内侧的内果皮。在不同类型的果实中，这三层的厚度和质地变化很大，甚至可能彼此混淆不清。肉果又可以分为单果（由单个子房发育而来）和复果（由多个子房发育而来）。单肉果包括浆果和核果；浆果通常含有多数种子，核果通常只有单独一枚果核（如樱桃和桃）。复肉果包括聚合果和聚花果；聚合果由一朵花内的多个子房发育而成，聚花果由多朵花的子房发育而成。有些果实除了由子房发育而来外，花的其他部分也参加了发育，这样的果实叫假果。例如，苹果的果肉就是由花托（花梗的顶端）发育而成的。

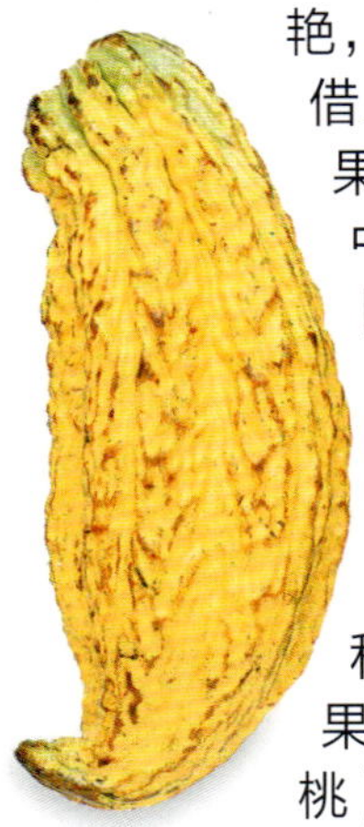

浆果
可可
（*Theobroma cacao*）

柑果（一种浆果）
柠檬（*Citrus limon*）

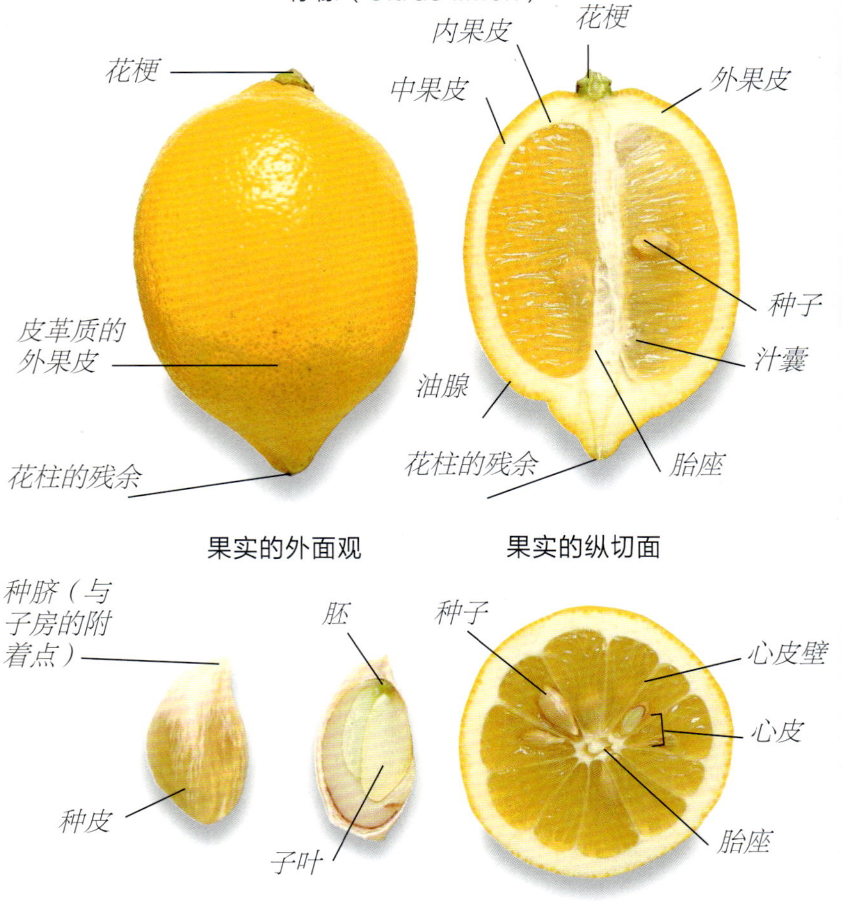

榕果（一种假果）
无花果（*Ficus carica*）

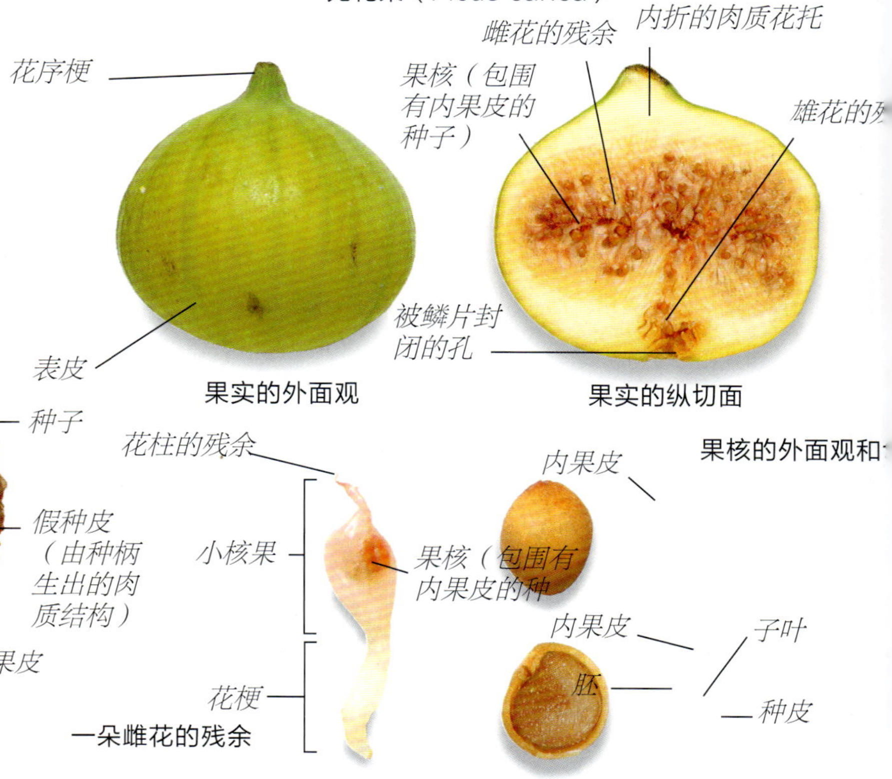

具有肉质假种皮的果实
荔枝（*Litchi chinensis*）

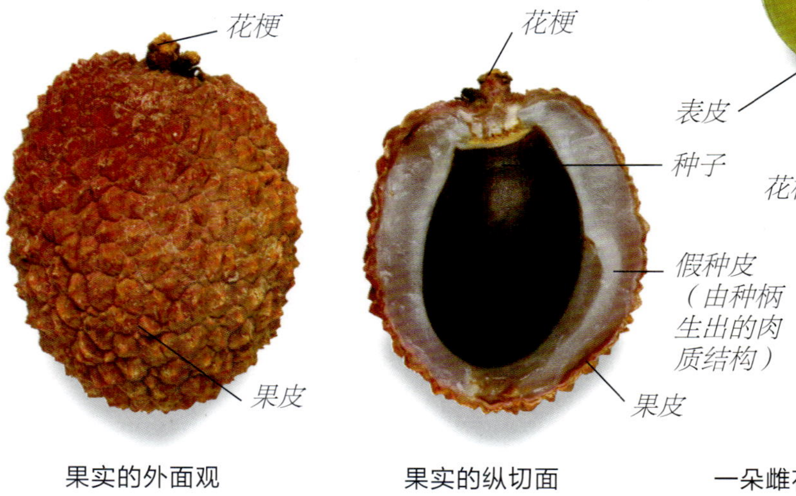

浆果
灯笼果
（Physalis peruviana）

果实的外面观

果实的内面观

聚合果
覆盆子
（Rubus idaeus）

果实的外面观

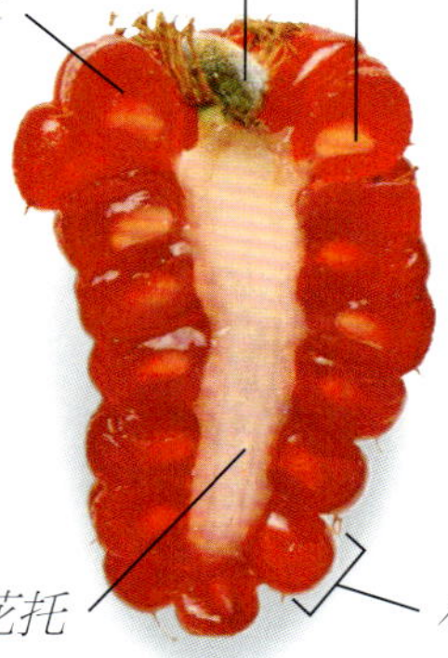

果实的纵切面

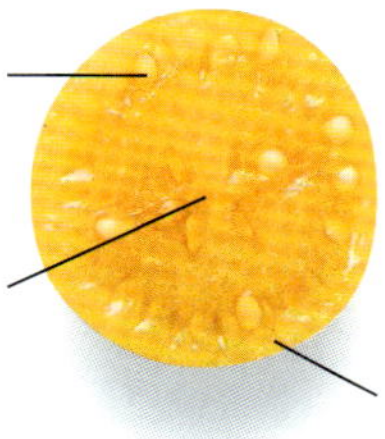

果实的切面

种子的外面观

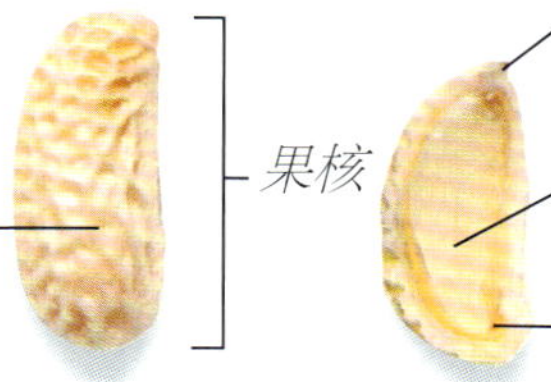

果核的外面观和切面

梨果（一种假果）
苹果（Malus sylvestris）

果实的外面

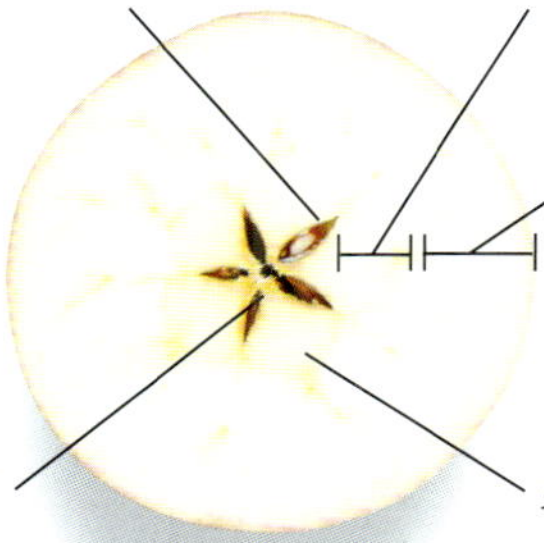

果实的切面

种子的外面观和切面

瓠果（一种浆果）
甜瓜（Cucumis melo）

果实的外面观

果实的切面

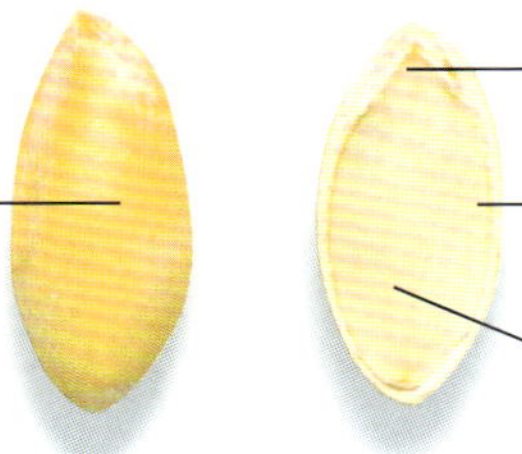

种子的外面观和切面

干果

与肉果具有肉质果皮（见148–149页）不同，干果的种子外面包围的是坚硬、干燥的果皮。干果可分为三种类型，即裂果、闭果和分果。裂果的果皮开裂，散出种子；闭果不开裂；分果的果实开裂，但不露出种子。裂果包括蒴果（如黑种草）、蓇葖果（如翠雀）、荚果（如豌豆）和角果（如银扇草）。裂果的种子通常靠风传播。闭果包括坚果（如欧洲栗）、小坚果（如拉拉藤）、瘦果（如草莓）、颖果（如小麦）、翅果（如榆树）和连萼瘦果（如蒲公英）。有些闭果通过“翅膀”（如榆树）或“降落伞”（如蒲公英）的帮助靠风传播；其他一些闭果（如拉拉藤）果皮上有钩，可以挂在动物的皮毛上传播。分果包括双悬果（如独活）和双翅果（如欧亚枫），是靠风传播的。

小坚果
拉拉藤
（*Galium aparine*）

荚果
豌豆（*Pisum sativum*）

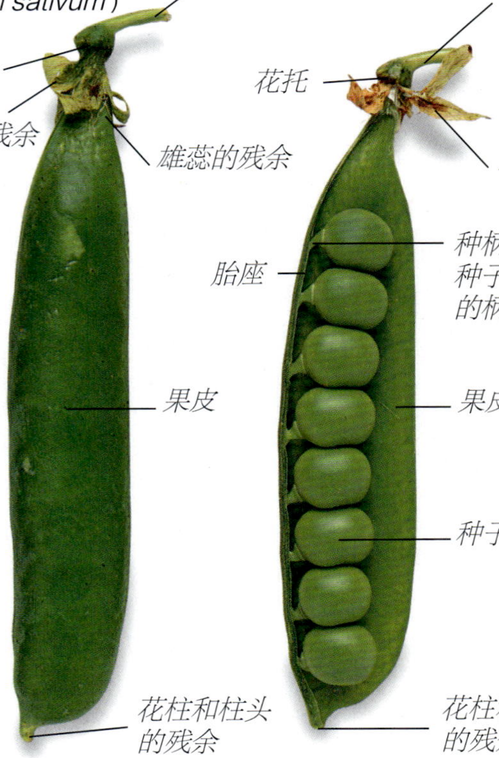

果实的外面观　果实的内面观

种子的外面观和切面

坚果
欧洲栗（*Castanea sativa*）

包围有壳斗的果实的外面观

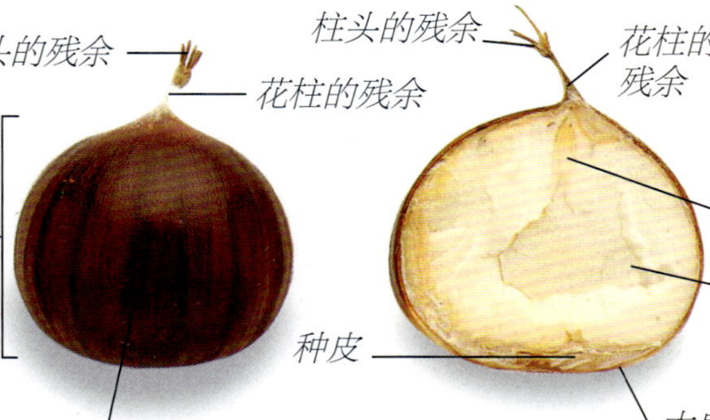

果实的外面观和切面

瘦果
草莓（*Pisum sativum*）

果实的外面观　果实的纵切面

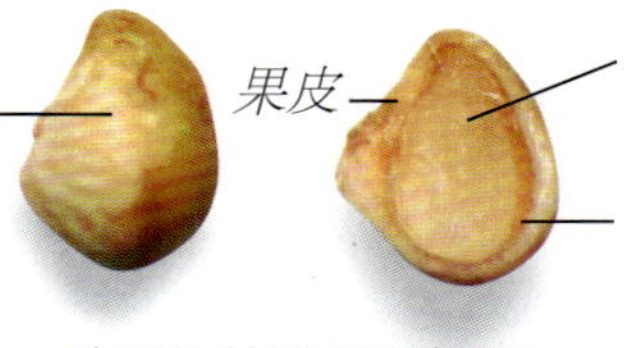

种子的外面观和切面

双翅果
欧亚枫
(*Acer pseudoplatanus*)

蓇果
黑种草(*Nigella damascena*)

果实的外面观

果实的纵切面

果实的横切面

种子的外面观和切面

双悬果
独活(*Heracleum* sp.)

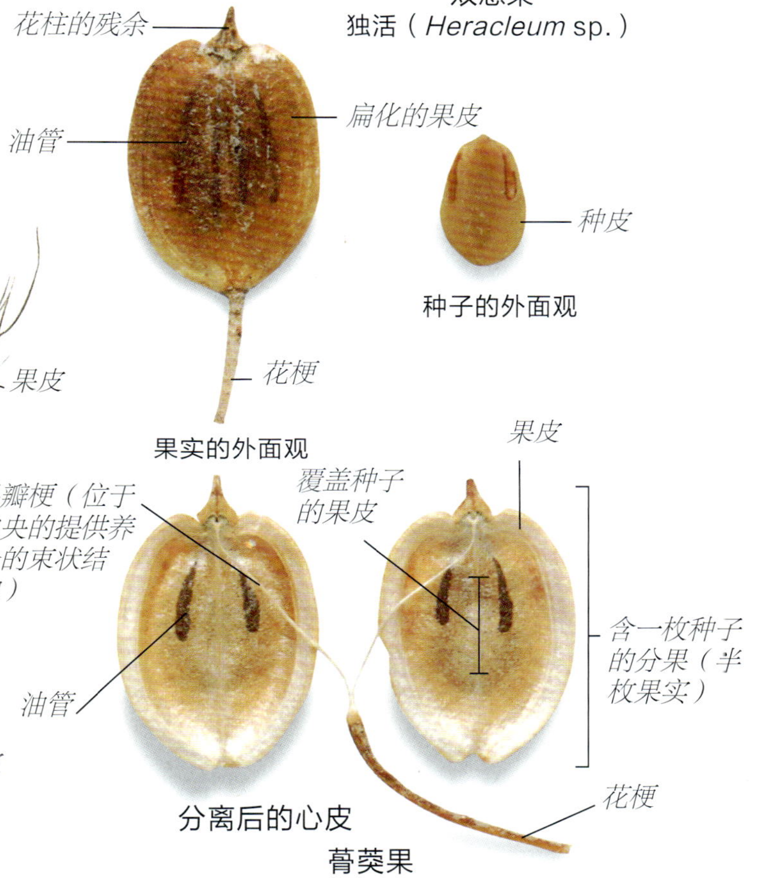

种子的外面观

果实的外面观

分离后的心皮

角果
银扇草(*Lunaria annua*)

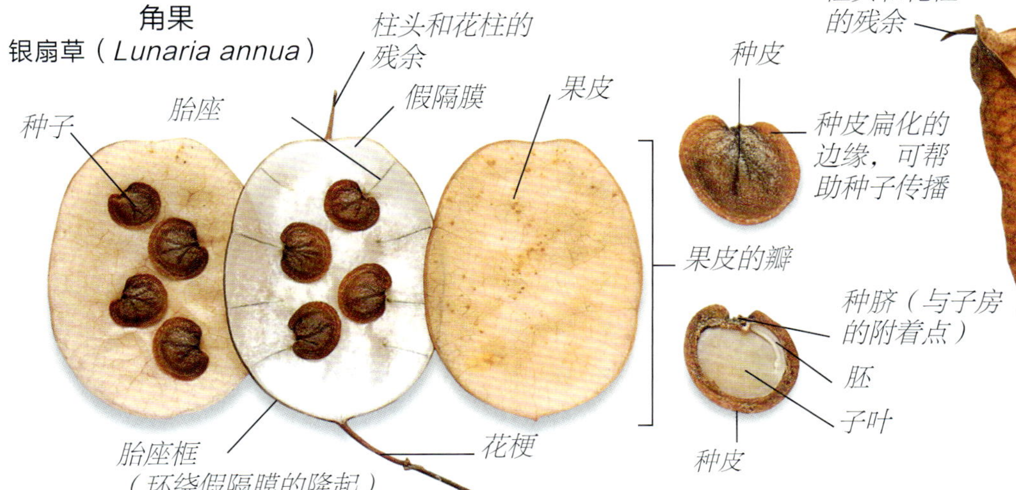

已开裂果实的各部分

种子的外面观和切面

蓇葖果
翠雀(*Delphinium* SP.)

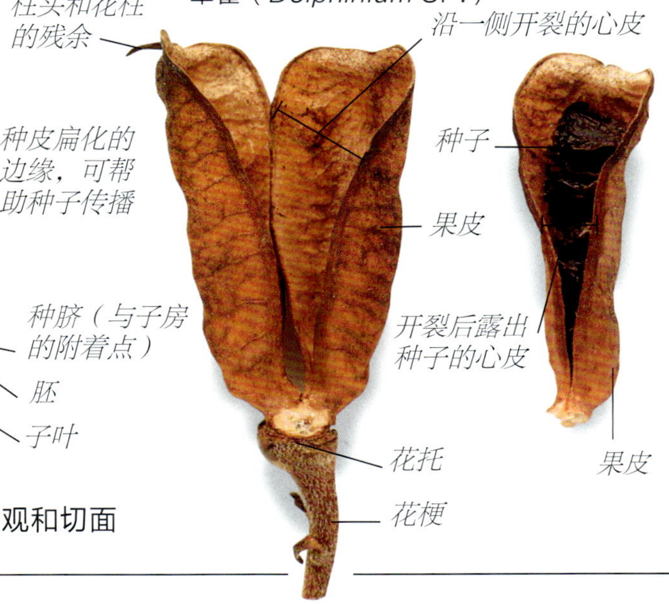

萌发

萌发是种子长成幼苗的过程。当地下的种子开始活动时，萌发开始；当最早的真叶在地面上长出时，萌发完毕。种子包括胚、胚乳（胚的养分储藏处）以及包围二者的种皮。胚由连接在中轴之上的一枚或两枚子叶构成。中轴的上部包括上胚轴和上胚轴顶端的胚芽。中轴的下部则包括下胚轴和胚根。种子从母体传播出去之后会脱水，进入一个休眠期。休眠期之后，如果周围有足够的水分、氧气、温度，有时候还需要有光照，那么种子就开始萌发。在萌发的第一阶段中，种子吸收水分；胚开始动用其养分储备；胚根胀大，撑破种皮向下生长。之后，不同种类的种子会有两种进一步萌发的方式。如果是子叶出土式萌发，那么下胚轴会伸长，把胚芽和保护胚芽的子叶顶出土壤。如果是子叶留土式萌发，那么子叶会仍然留在土壤中，上胚轴伸长，把胚芽向上推。

子叶留土式萌发
蚕豆（*Vicia faba*）

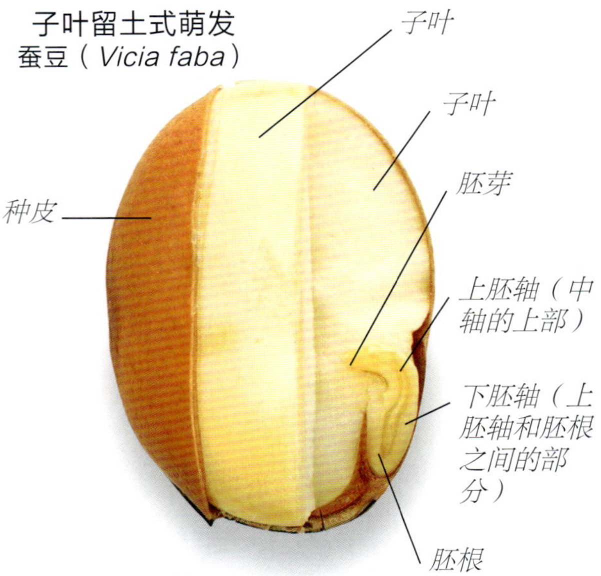

萌发开始时的种子

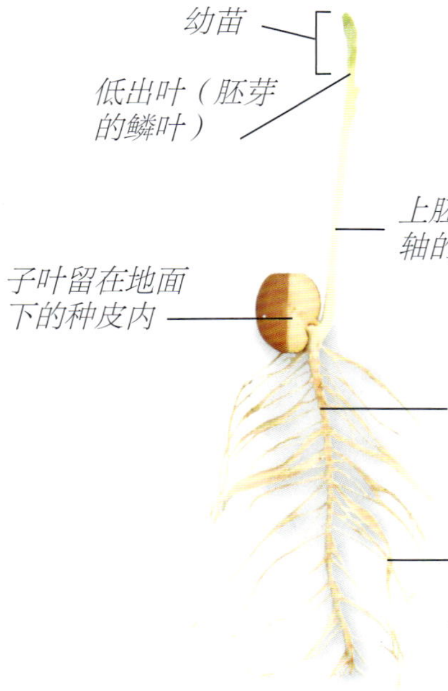

幼苗出露土壤之上

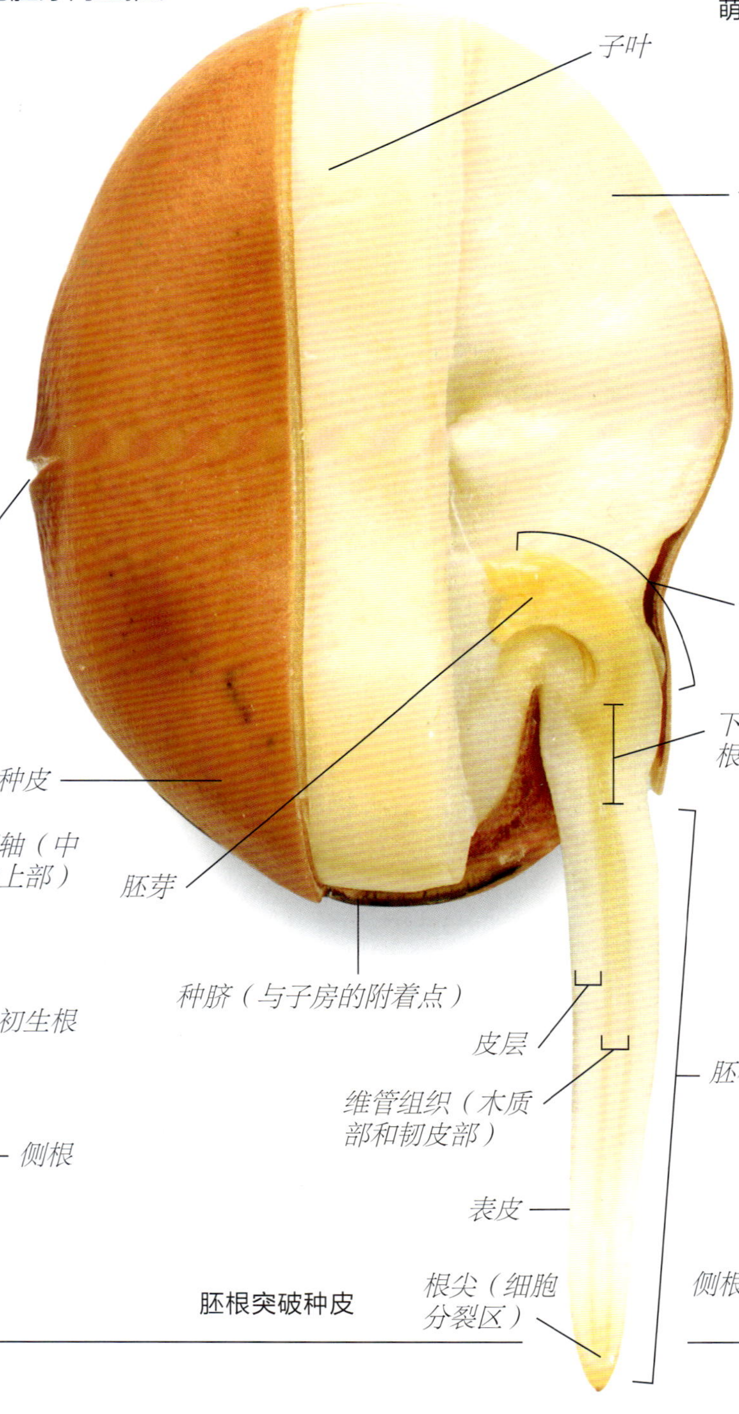

胚根突破种皮

绿叶长出

子叶出土式萌发
菜豆（*Phaseolus* sp.）

萌发开始时的种子的外面观

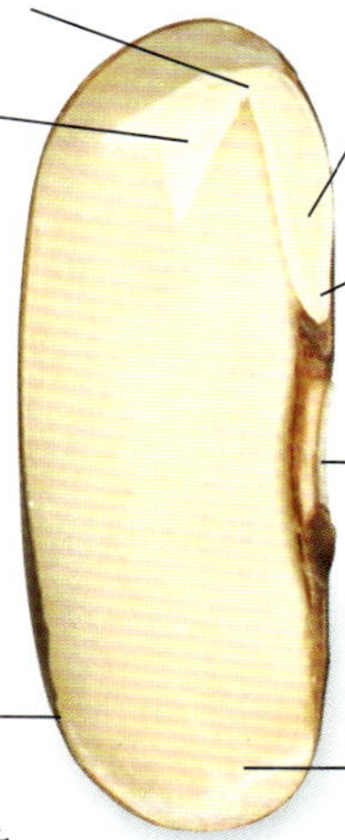

萌发开始时的种子的纵切面

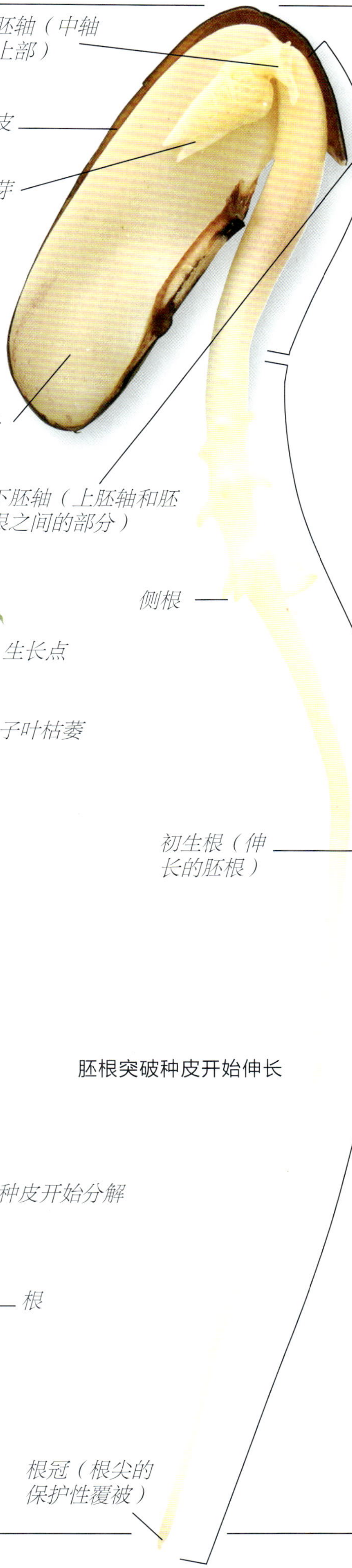

胚根突破种皮开始伸长

下胚轴“钩”出露土壤之上

下胚轴伸直，把叶和子叶拉出土壤

第一片绿叶完全发育

营养繁殖

球茎
唐菖蒲
（*Gladiolus* sp.）

许多植物可以通过营养繁殖增加自己的数量。在进行营养繁殖时，植物体的一部分脱落生根，长成一株新植物。营养繁殖是无性生殖的一种类型，也就是说，它只涉及到一株母体植物，而且没有配子（性细胞）的融合。植物用于营养繁殖的结构是多种多样的。一些植物用地下的储藏器官繁殖。这样的储藏器官包括根状茎（在地下水平伸展的茎）、鳞茎（膨大的叶基）、球茎（膨大的茎）、块茎（地下增厚的茎）和块根（膨大的不定根）。根状茎的分枝可以产生新植株；鳞茎和球茎可以产生和母体相分离的子鳞茎和子球茎；块茎和块根也可以和母体分离。其他可用于营养繁殖的器官还有纤匍茎、匍匐茎、珠芽和不定芽。纤匍茎和匍匐茎是水平伸展的茎，生根之后就产生新植株；珠芽是在茎上或在本来长花的位置上生长的小鳞茎，掉落之后可长成新植株；不定芽是具体而微小的植物体，在叶缘形成之后掉落到地面，就可长成成熟植株。

不定芽
大叶落地生根（*Kalanchoe daigremontiana*）

在花的位置上生长的珠芽
珠芽百合
（*Lilium bulbiferum*）

匍匐茎
欧活血丹

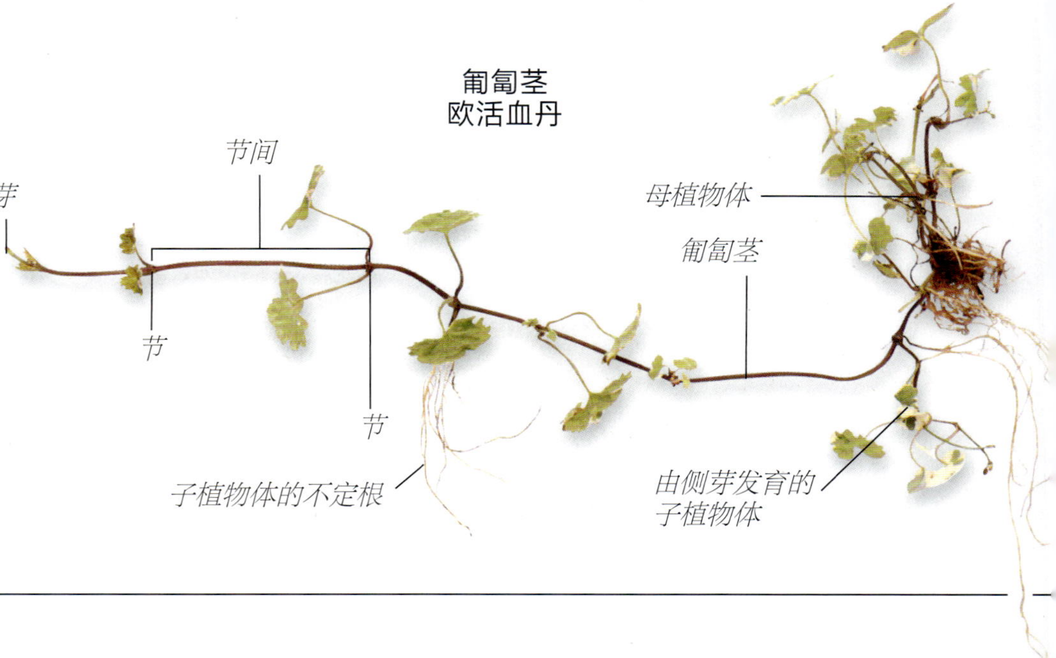

块根
番薯（*Ipomoea batatas*）

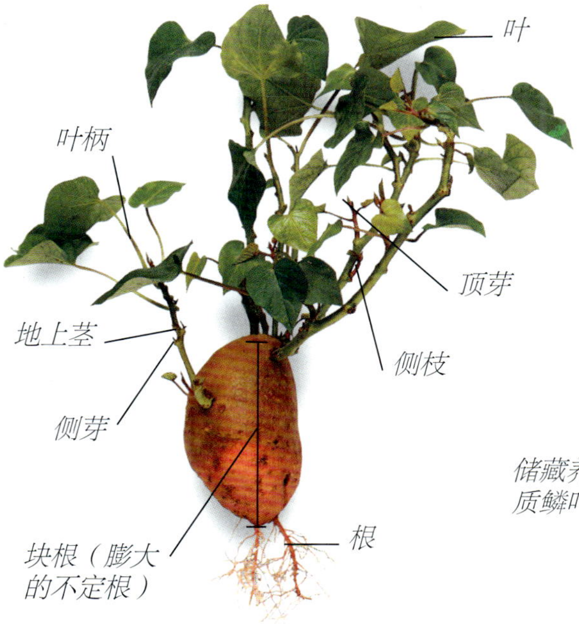

茎生珠芽
百合
（*Lilium* sp.）

萌发的鳞茎
蓝壶花（葡萄风信子）
（*Muscari* sp.）

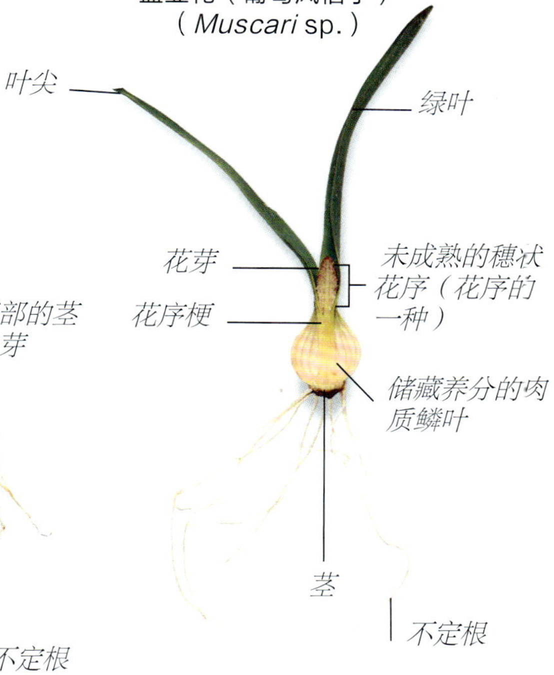

块根
球根秋海棠
（*Begonia* × *tuberhybrida*）

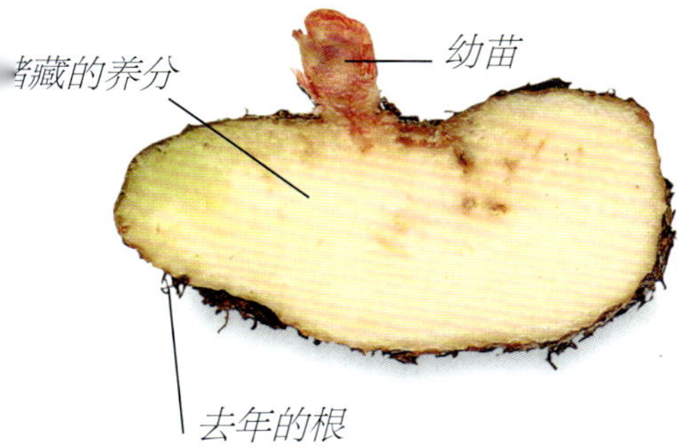

球茎
唐菖蒲
（*Gladiolus* sp.）

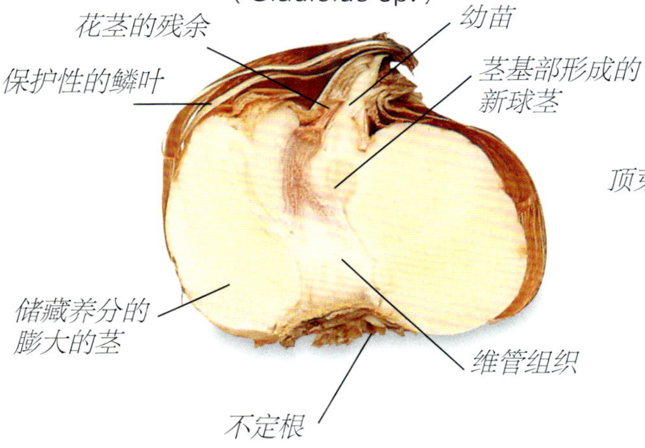

具幼苗的鳞茎
朱顶红
（*Hippeastrum* sp.）

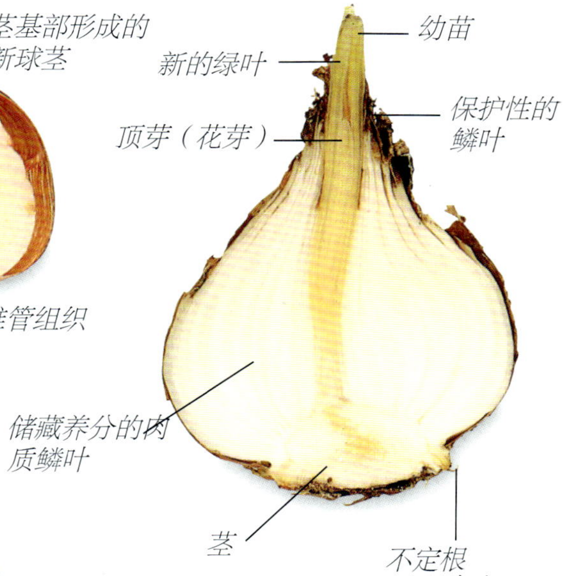

根状茎
姜（*Zingiber officinale*）

外面观

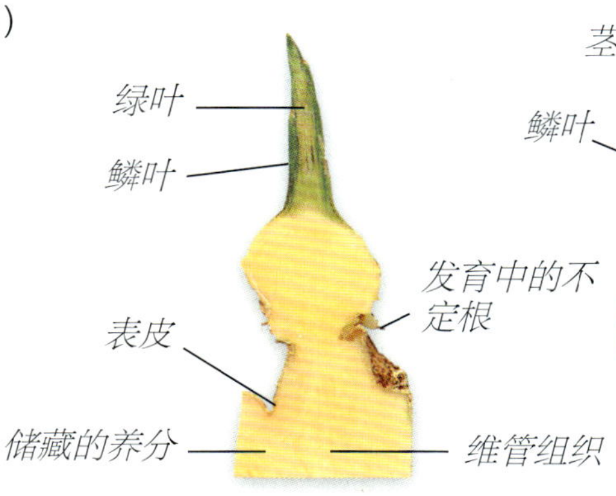

地上幼苗的纵切面

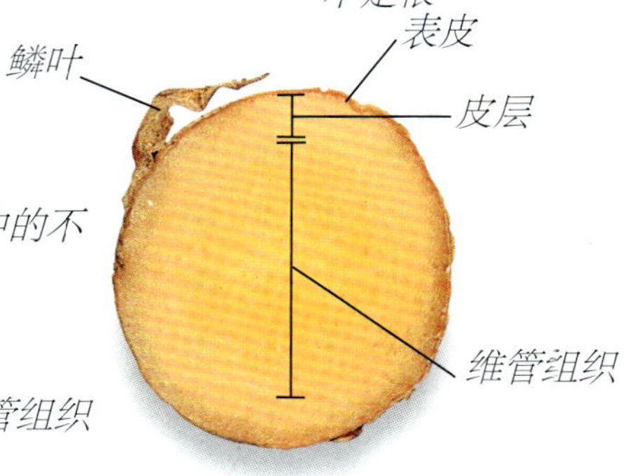

根状茎的切面

旱生植物

叶多肉植物
生石花
（*Lithops* sp.）

旱生植物能够在不适宜的生境下生存。所有旱生植物多见于水分供应奇缺的环境，有些生长于可导致叶片过度失水的高温环境下。旱生植物显示出对干旱条件的众多适应特征，如叶面积减小，叶片卷合，气孔下陷，植物体具毛、刺和厚的角质层等。旱生植物中的一种类型叫多肉植物，在叶、根或茎中特别膨大的海绵组织中储存水分。叶多肉植物具有膨大、肉质、储水的叶。块根多肉植物具有大型的地下储水器官及短命的地上茎叶。茎多肉植物以仙人掌类（属仙人掌科）为代表。仙人掌类的茎为肉质，绿色，可以进行光合作用。仙人掌类的茎通常有棱或被成列的瘤突覆盖，叶则退化为刺，或完全不存在。

茎多肉植物
金琥
（*Echinocactus grusonii*）

茎的纵切面

外面观

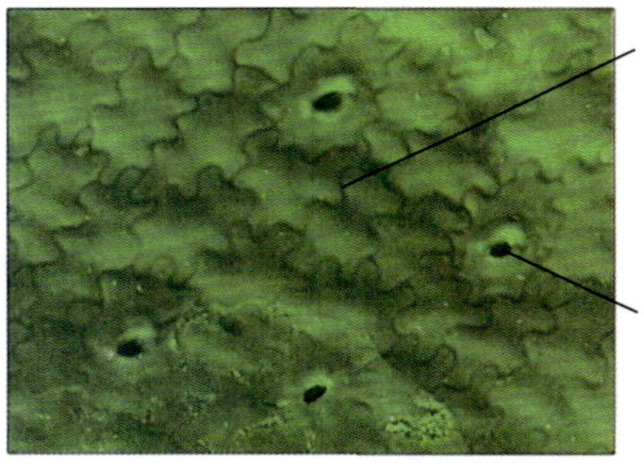

茎表面的显微照片

茎表面的特写

叶多肉植物
玉扇蛇尾兰（*Haworthia truncata*）

叶的纵切面

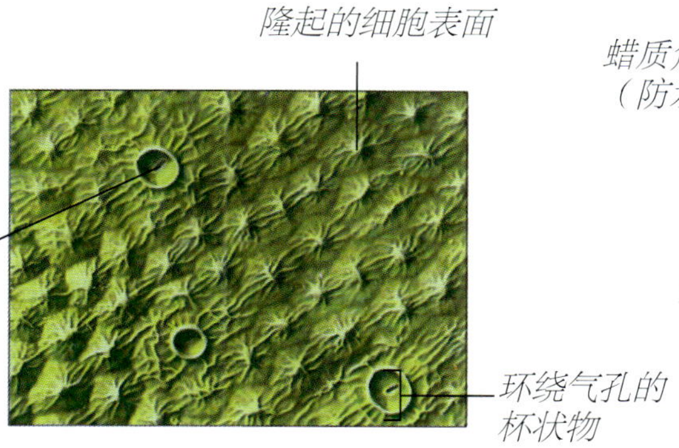

叶表面的显微照片

叶多肉植物
玄玉生石花（*Lithops bromfieldii*）

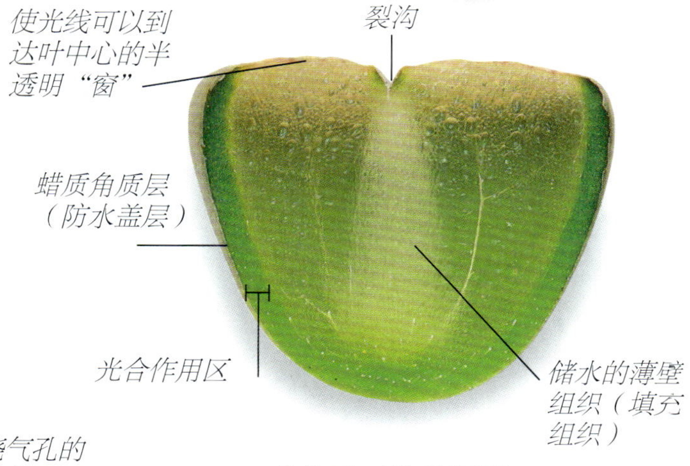

合生叶对的纵切面

根多肉植物
酢浆草（*Oxalis* sp.）

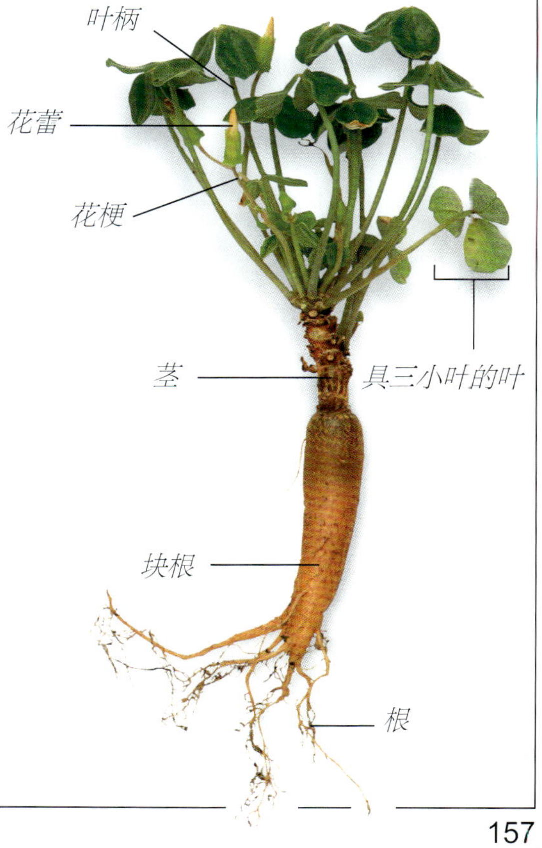

茎、块根多肉植物
心蔓吊灯花（*Ceropegia woodii*）

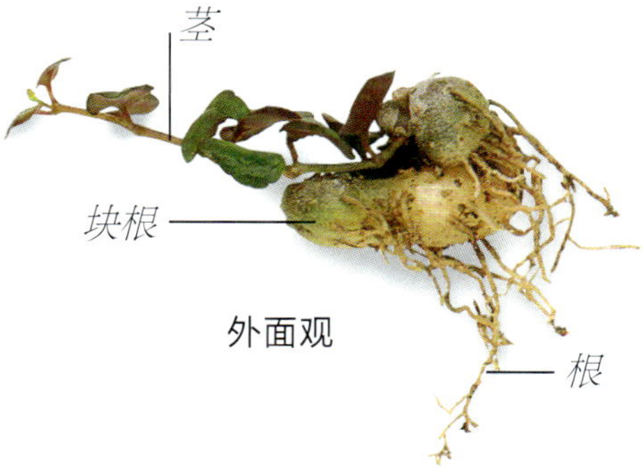

外面观

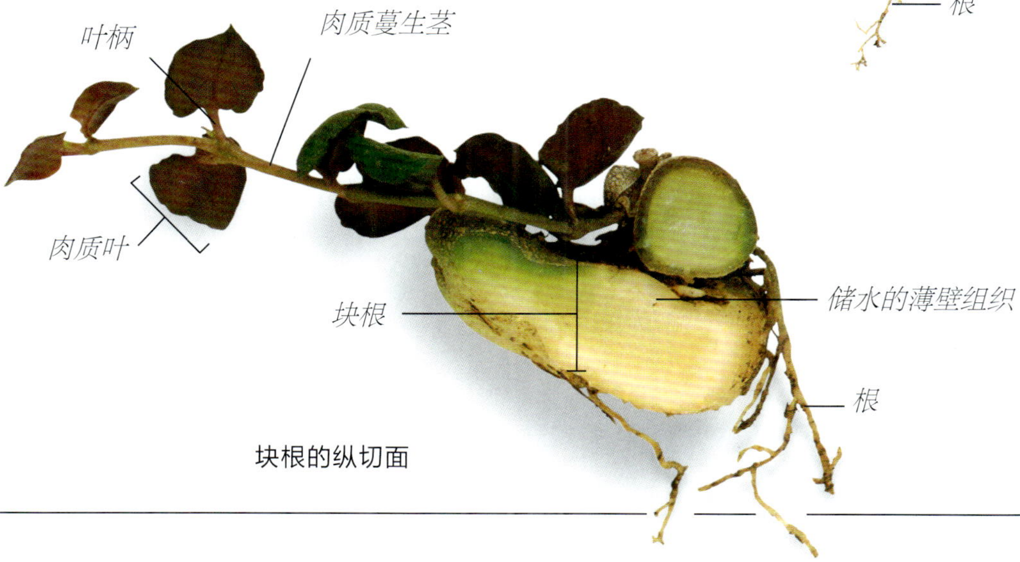

块根的纵切面

食肉植物

食肉植物（也叫食虫植物）除了用叶子进行光合作用制造有机养分之外，还以昆虫和其他小动物为食。从捕捉的昆虫那里吸收的养分，可以使食肉植物在缺乏必需的矿物质（尤其是硝酸盐）的酸性沼泽土壤上繁茂生长，而大部分其他植物在这样的土壤上是不能存活的。所有的食肉植物都有部分叶特化为捕虫器，许多食肉植物用鲜艳的颜色和有气味的蜜汁来吸引猎物，大多数食肉植物还用酶来消化猎物。捕虫器有三种类型。捕虫瓶植物（如猪笼草和眼镜蛇草）的叶片特化为瓶状的陷阱式捕虫器，其中有半满的水，昆虫一旦被引诱到捕虫器口之内，便会从滑溜的表面上失足跌入水中，要么腐烂，要么被消化掉。捕蝇草采用的是弹性捕虫器机制：当昆虫接触到叶的内表面上的触发毛时，捕虫器的两瓣便猛然合拢。捕虫堇和茅膏菜则利用叶表面黏性的液滴困住猎物，之后叶的边缘会缓慢卷合，包住猎物并将其消化。

捕虫瓶植物

眼镜蛇草（*Darlingtonia californic*

眼镜蛇草特化叶的发育

捕蝇草

（*Dionaea muscipula*）

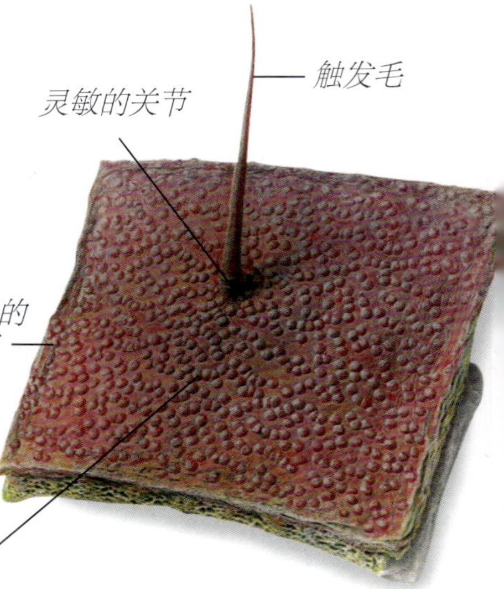

捕蝇草捕虫器瓣的显微照片

猪笼草
（Nepenthes mirabilis）

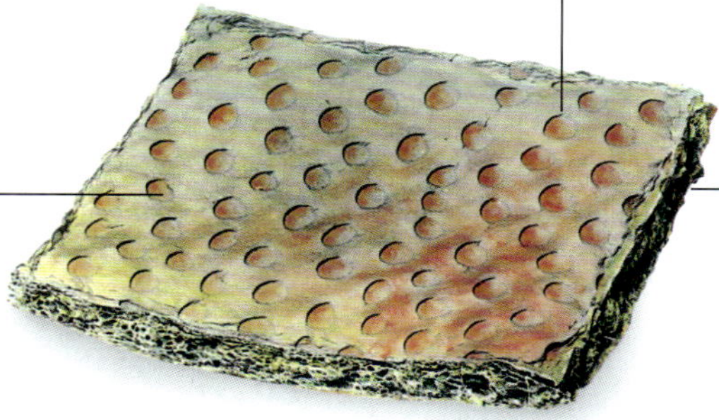

捕虫瓶壁的显微照片

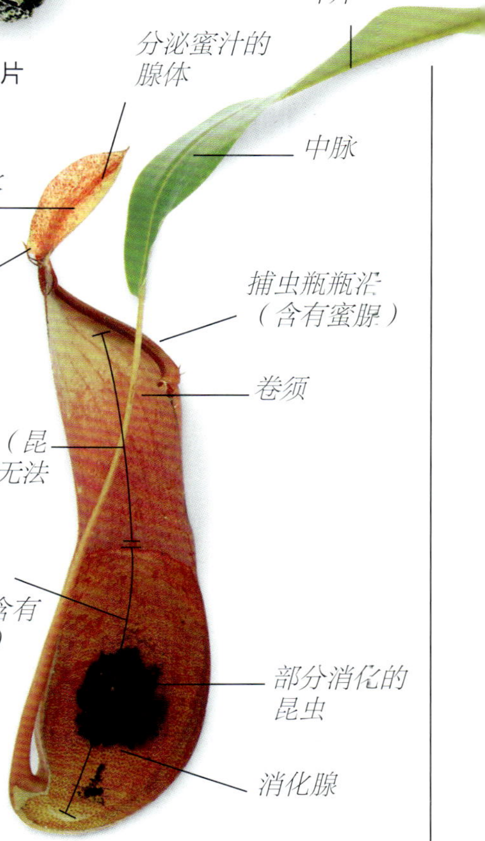

捕虫瓶的切面

猪笼草特化叶的发育

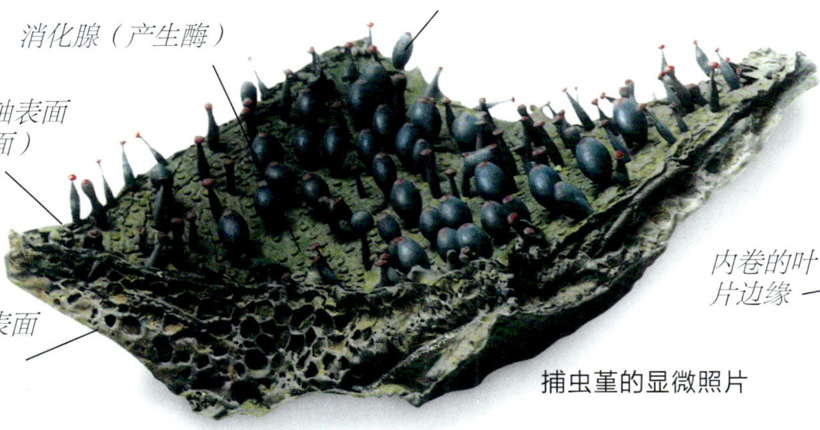

捕虫堇的显微照片

捕虫堇

附生植物和寄生植物

附生植物和寄生植物生长在其他有生命的植物之上。附生植物通常并不扎根于土壤中，相反，它们生活在地面以上，附着在其他植物的茎和枝条上。附生植物通过捕捉雨水和空气中的湿气获取水分，从积累在它们所附着的植物表面的有机质中获取矿物质。和其他绿色植物一样，附生植物通过光合作用自行制造有机养分。附生植物包括热带的兰花和凤梨类（气生植物），以及温带地区的一些藓类。寄生植物从它们所寄生的寄主植物那里获得全部所需的养分。寄生植物可生长出吸器。吸器是根状的器官，可以穿透寄主的茎或根并向内生长，与寄主的维管组织融合。这样，寄生植物通过吸器即可从寄主的维管组织那里吸收水分、矿物质和有机养分。因为不需要自行制造有机养分，寄生植物缺乏叶绿素这类用于光合作用的绿色色素，也没有绿叶。半寄生植物（如槲寄生）从寄主植物那里获取水分和矿物质，但有绿色的叶和茎，因此能够通过光合作用自行制造有机养分。

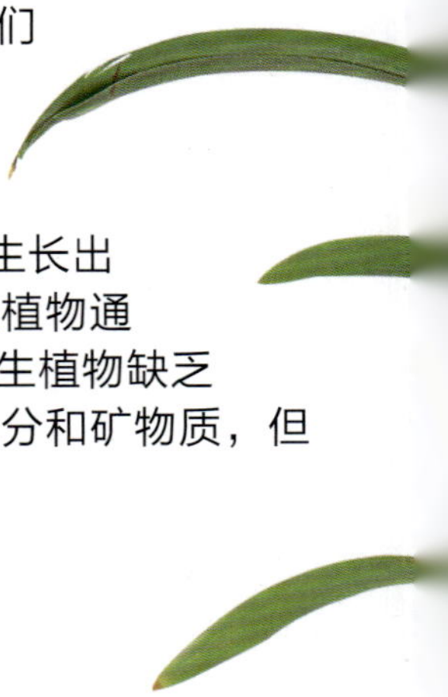

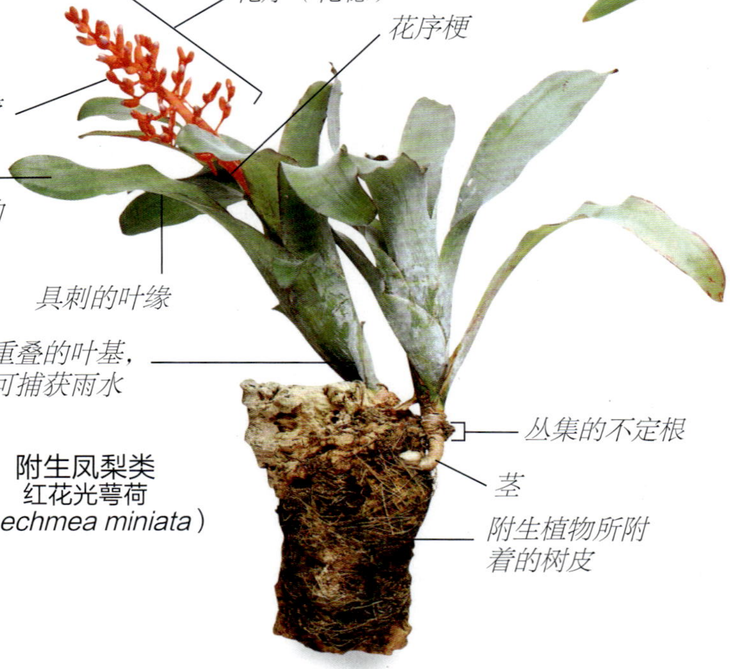

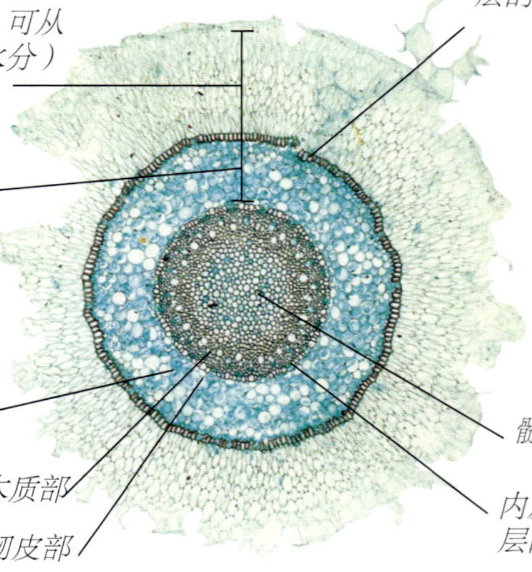

附生兰气生根横切面的显微照片

附生凤梨类的纵切面

星花凤梨

（*Guzmania lingulata*）

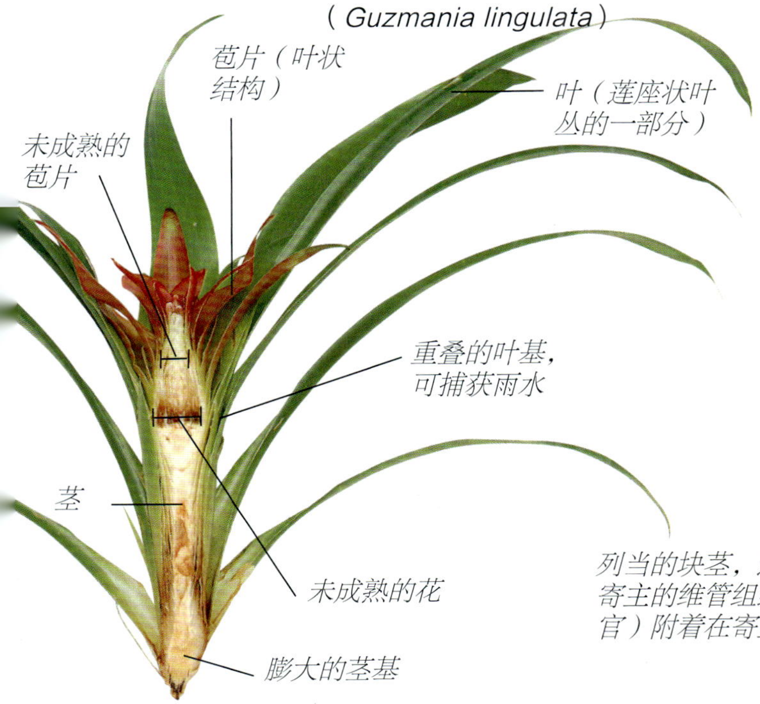

根寄生植物

列当（*Orobanche* sp.）

茎寄生植物

欧洲菟丝子

（*Cuscuta europaea*）

寄生有菟丝子的植物的外面观

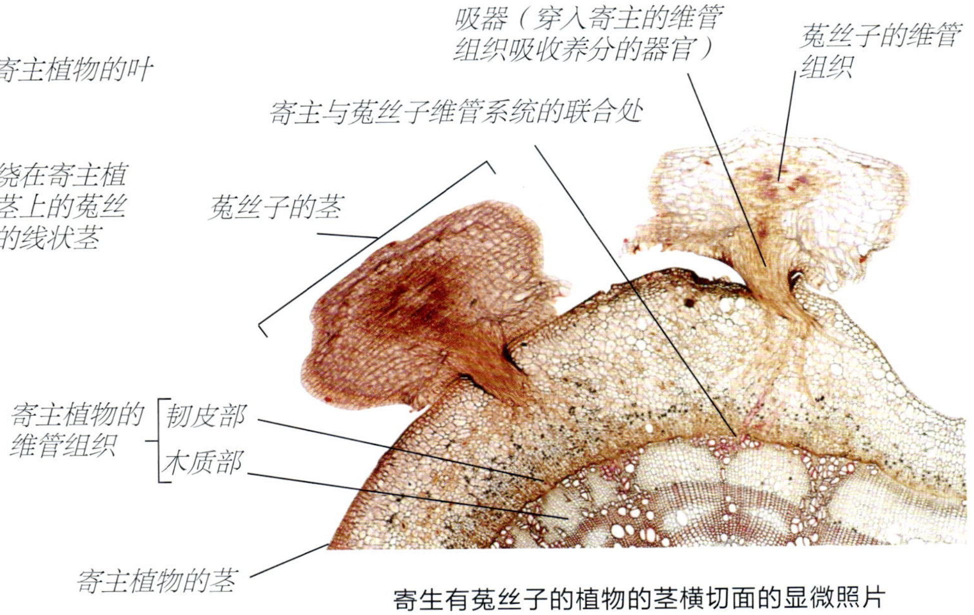

寄生有菟丝子的植物的茎横切面的显微照片

动物

海绵、水母和海葵

海绵是多孔动物门中最重要的海洋物种，也是世界上最原始的动物之一：它仅由两层细胞构成，没有任何组织或器官，细胞层之间是胶质层（中胶层），中胶层的矿物骨针或蛋白纤维骨丝可以加固和支撑身体。海绵最主要的结构是孔隙和进排水孔组成的水沟系统。海绵的特殊细胞（领细胞）具有鞭状结构（鞭毛），可以扰动水流，使海水通过水沟系统，进而过滤食物微粒并为海绵细胞提供营养。水母（钵水母纲）、海葵（珊瑚虫纲）和珊瑚（同样为珊瑚虫纲）都属于刺胞动物门，也称为腔肠动物门。腔肠动物的结构比海绵复杂，拥有辐射对称的身体和简单的组织（例如神经组织），以及专门的口腔和口腔周围由刺细胞（刺细胞）构成的触须。

海绵解剖图

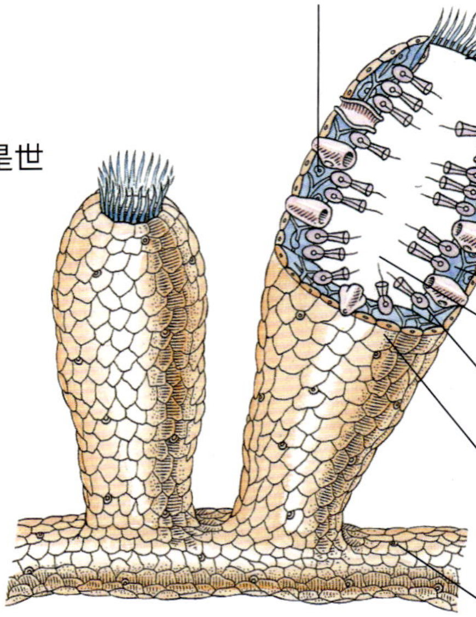

海绵骨架

海葵的外部特征

海葵样本

水母的外观

水母的内部结构

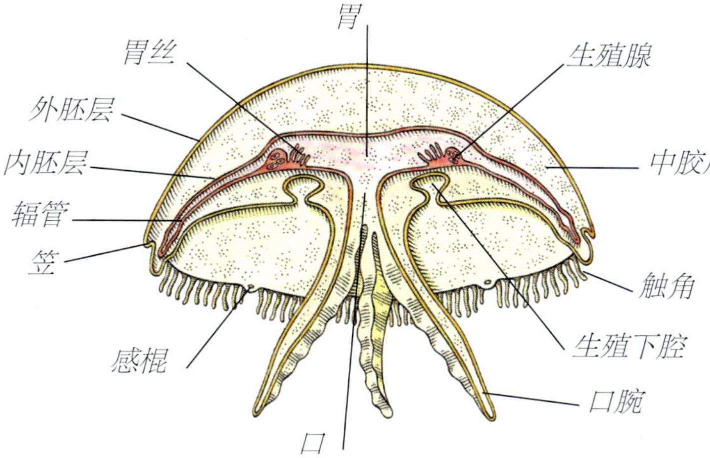

珊瑚样本

蜂巢珊瑚
（角星珊瑚）

蘑菇珊瑚
（珊瑚石芝）

星珊瑚
（*Balanophy regia*）

刺细胞结构

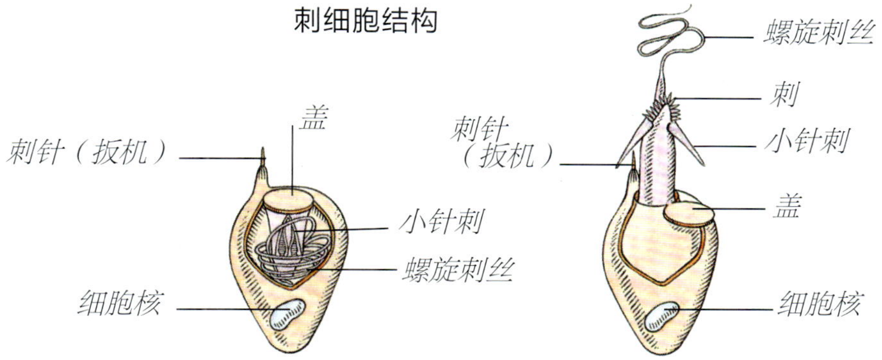

发射前　　外胚层

海葵内部解剖图

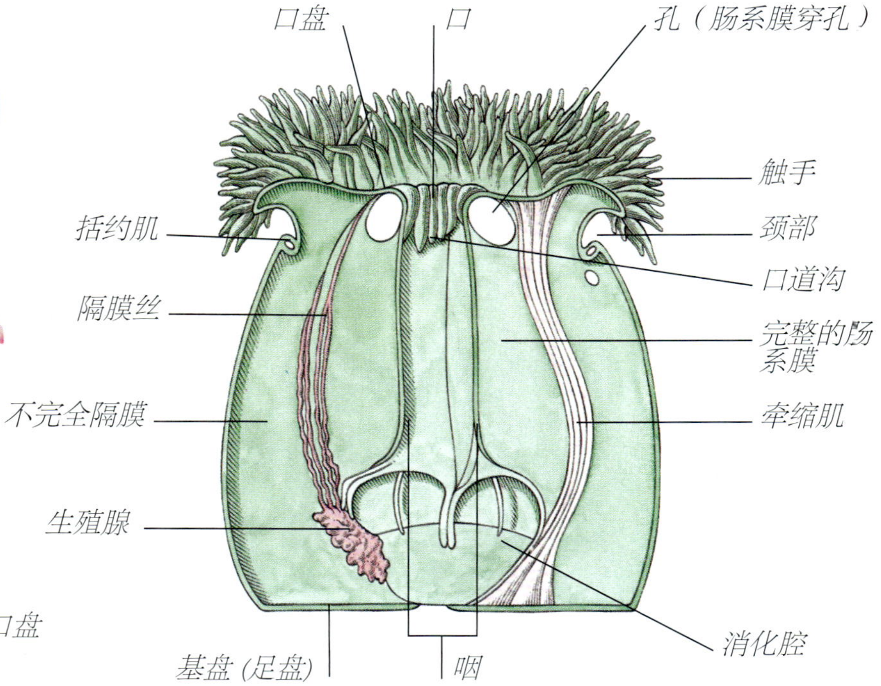

昆虫

蛹（茧）

“昆虫”一词表示小型无脊椎动物，特指节肢动物。昆虫包括甲虫、蚂蚁、蜜蜂、蝴蝶和飞蛾等，它们分别属于昆虫纲下不同的目，也是节肢动物门的重要组成。外骨骼（外部骨骼）是所有昆虫共同的特征之一，其他共性包括三对附节肢、三分体节（头、胸、腹）以及一对触角。甲虫（鞘翅目）是昆虫纲的第一大目，大约有30万个种类（在所有已知昆虫中约占30%）。一对坚硬的鞘翅（翅鞘，变异翅膀）是鞘翅目的明显特征，鞘翅的主要作用是保护用于昆虫在飞行时的后翅。蚂蚁、蜜蜂和黄蜂属于膜翅目，该目包含约20万类物种。膜翅目的特点是明显收缩变细的胸腹节连接。蝴蝶和飞蛾属于鳞翅目，种类数量约为15万。鳞翅目的名称源于翅膀上覆盖着微小的鳞片（鳞翅表示“带鳞片的翅膀”）。蝴蝶和飞蛾分类主要是人为的结果，因为两者之间并没有差异明显的特征。不过，总体来说，多数蝴蝶在白天出没，而蛾类则大多在夜间活动。包括蝴蝶和飞蛾在内，部分昆虫在不同阶段会出现完全变态发育的生命形态蜕变（变换）。例如，蝴蝶在一生中会经历从卵到幼虫（毛毛虫）然后到蛹（茧）和成虫（蝴蝶）的形态变化。

昆虫样本

大黄蜂

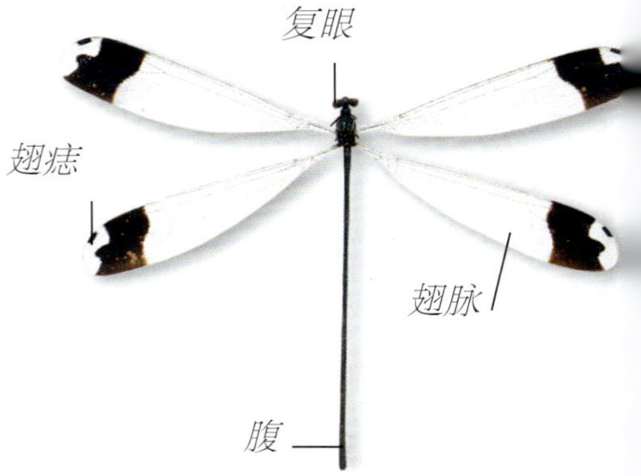

蜻蛉

甲虫的外部特征

蟋蟀

蚂蚁

苍蝇

蠼螋

毛虫的外部特征

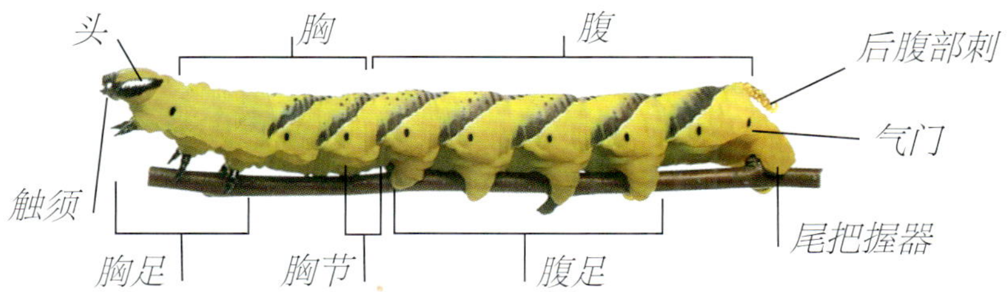

蝴蝶的外部特征

蝴蝶的内部解剖图

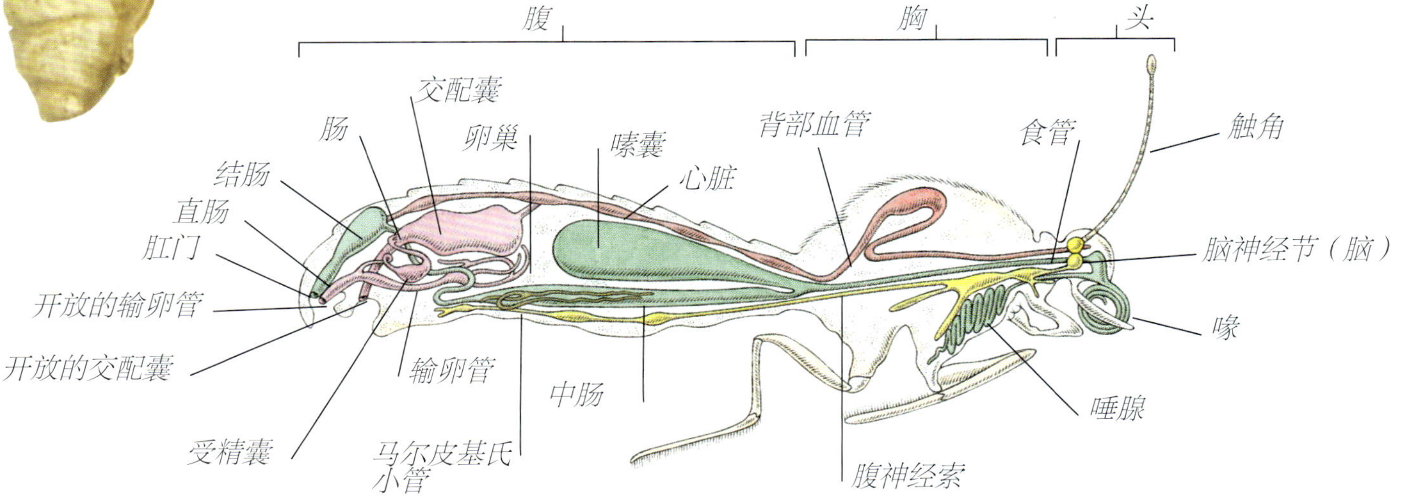

甲壳纲

甲壳亚门拥有节肢动物门中最大的种群，包括多个纲，其中最重要的是软甲纲和蔓足纲。软甲纲包括螯虾、螃蟹、龙虾和小虾，其典型特征包括分为两部分的身体（头部和胸部结合形成的头胸部，以及腹部）、外骨骼（外部骨骼）和覆盖头胸部的甲壳（头胸甲）、有柄复眼和两对触须。藤壶是蔓足纲物种之一，但与其他甲壳纲动物不同，藤壶成年后会一直附着在石头等物体的表面。蔓足纲的其他特性包括覆盖石灰质的外壳和外骨骼、几乎完全由胸节构成的身体（腹部和头部大幅退化）和六对用于滤食的胸附肢（蔓足）。

螃蟹的外部特征

虾的外部特征

小龙虾的外部特征

茗荷的外部特征

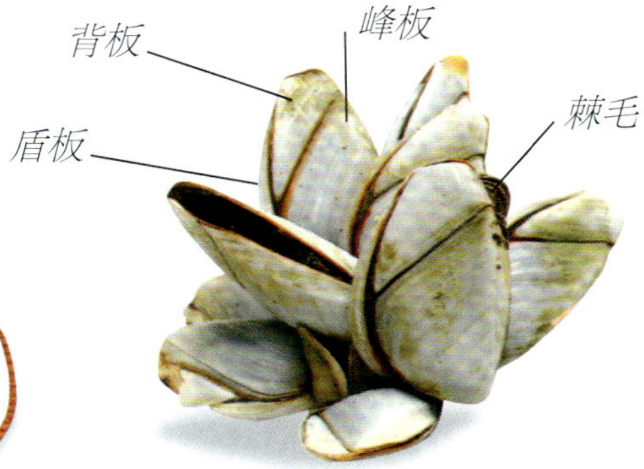

茗荷的内部解剖图

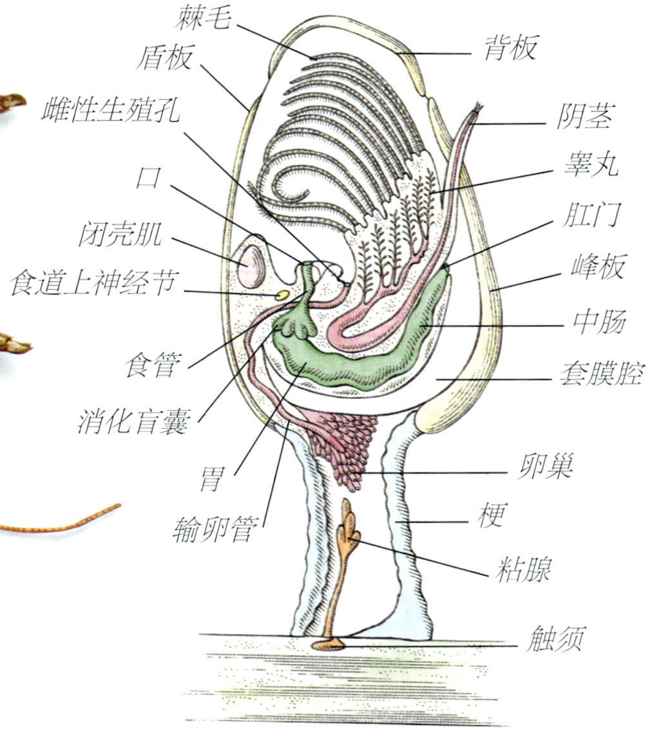

雌性小龙虾的内部解剖图

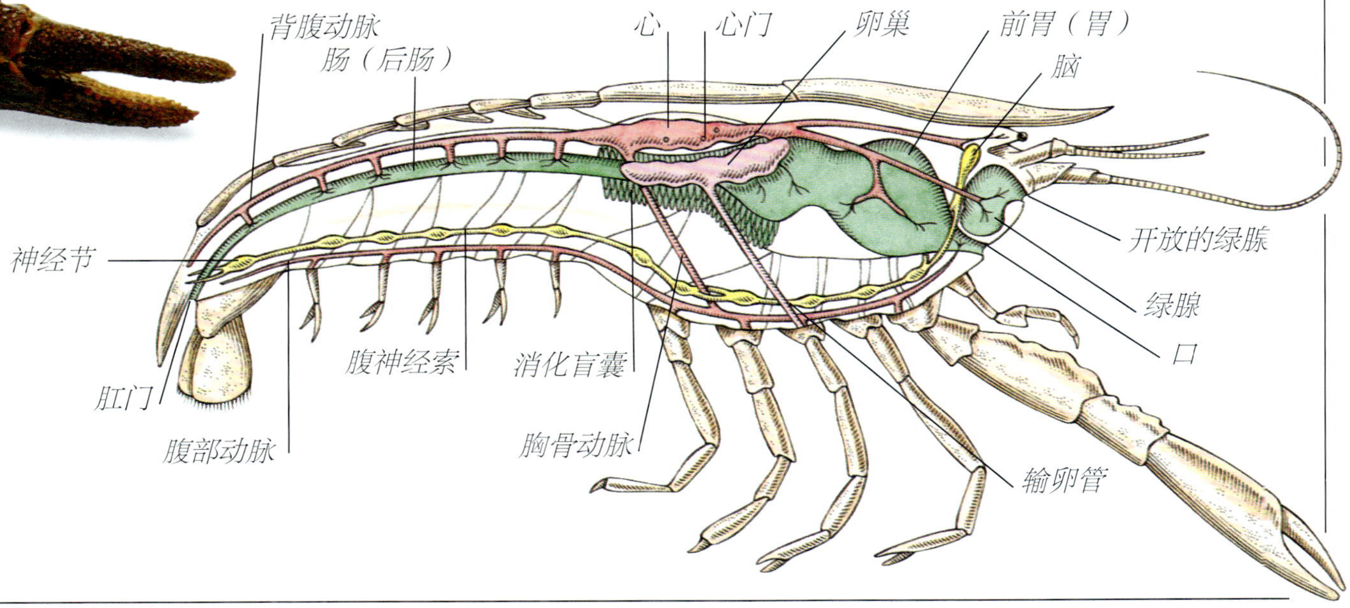

海星和海胆

海星、海胆及其近亲（包括海羽星蛇尾、筐蛇尾、雏菊、海百合和海参）共同构成棘皮动物门。水管系统是棘皮动物的一个独有特征，包括覆盖数千条管足的水管道。管足可以用于移动、觅食或呼吸。其他特征包括五星辐射对称（即身体分为五个从中心辐射的部分）、无头部、无大脑的分散神经系统、无排泄器官。通常，棘皮动物包含内骨骼（内部骨架），内骨骼由体壁内的硬方解石小骨组成，经常包括凸刺或结节。小骨片可以结合形成介壳（例如海胆），或者独立存在（例如海参）。

海星的外部特征
（上面、反口面或表面）

海星的内部解剖图

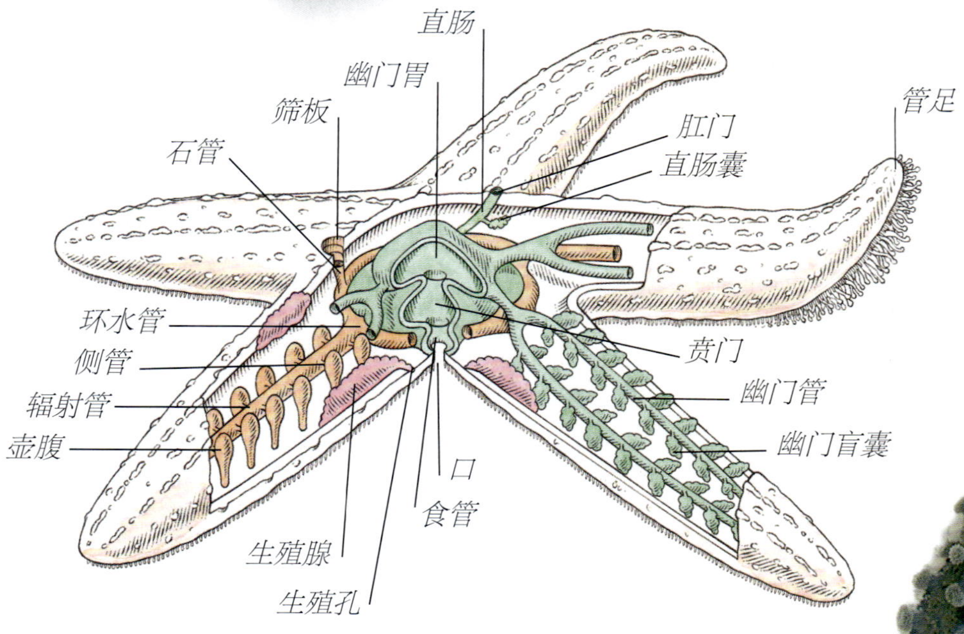

海胆实例

普通海胆
(*Echinus esculentus*)

加利福尼亚紫海胆
(*Strongylocentrotus purpuratus*)

笔板岩海胆
(*Heterocentrotus mammillatus*)

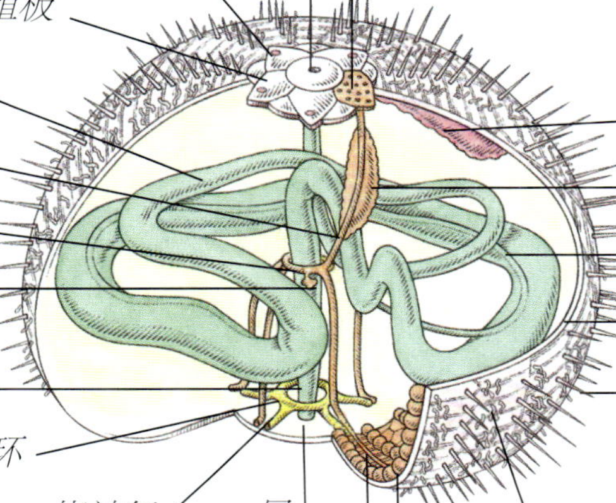

海胆的内部解剖图

海胆的外部特征
(上面、反口面或表面)

常见海蛇尾

海星实例

面包海星
(驼海燕)

常见海星
(红海盘车)

海星的外部特征
(简单构造、口部、表面)

软体动物

软体动物门包括章鱼、蜗牛和扇贝，是一个庞大的种群。章鱼及乌贼和墨鱼等近亲共同组成了头足纲。头足纲动物的头部通常包括齿舌（类似锉的摄食器官）和类似喙的撕裂器官，具有高度发达的神经系统、带吸盘的触腕以及肌肉膜（体壁的一部分），无或有小甲壳。头足纲动物可以通过肌肉膜虹吸管排水的方式推动身体移动。蜗牛与蛞蝓、帽贝、鲍鱼等动物构成腹足纲。腹足纲动物通常带有螺旋外壳，蛞蝓等部分种类只有小的内部壳或没有壳；平足，头部包含触角和齿舌的头部。扇贝和蛤蜊、贻贝和牡蛎等种类都属于双壳纲（也称为斧足纲）。双壳纲的特征包括一对贝壳（瓣膜），用于呼吸和滤食的瓣状大腮，无齿舌。

扇贝的外部特征

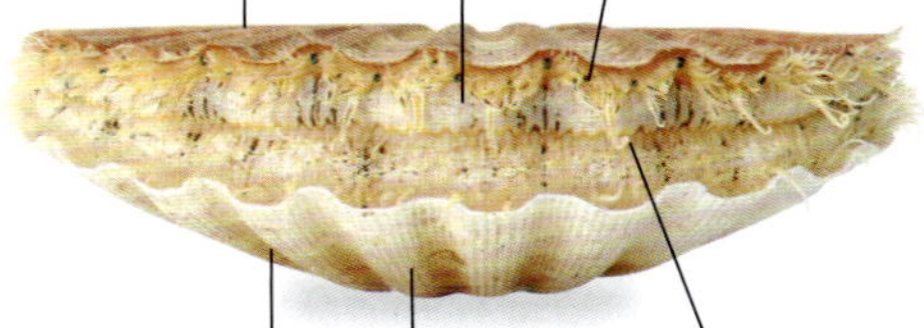

章鱼的内部解剖图

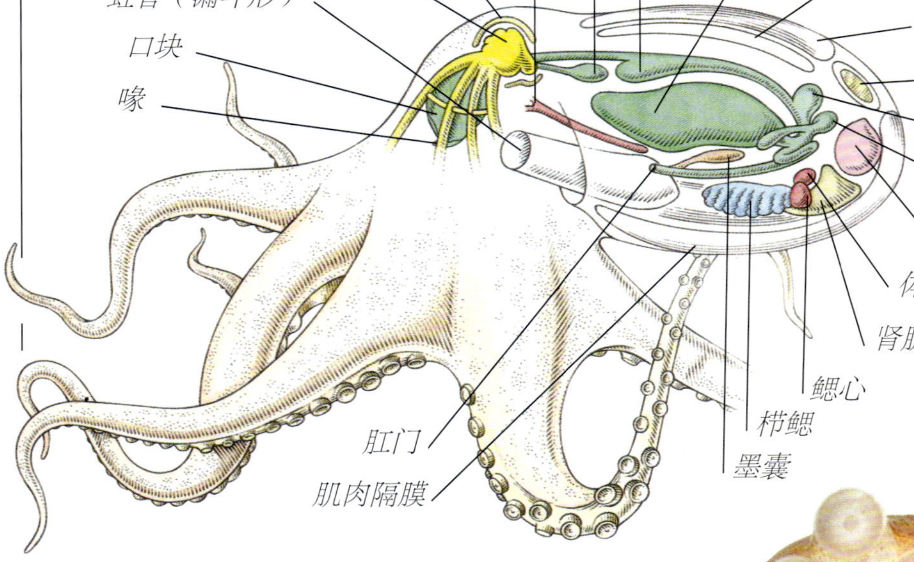

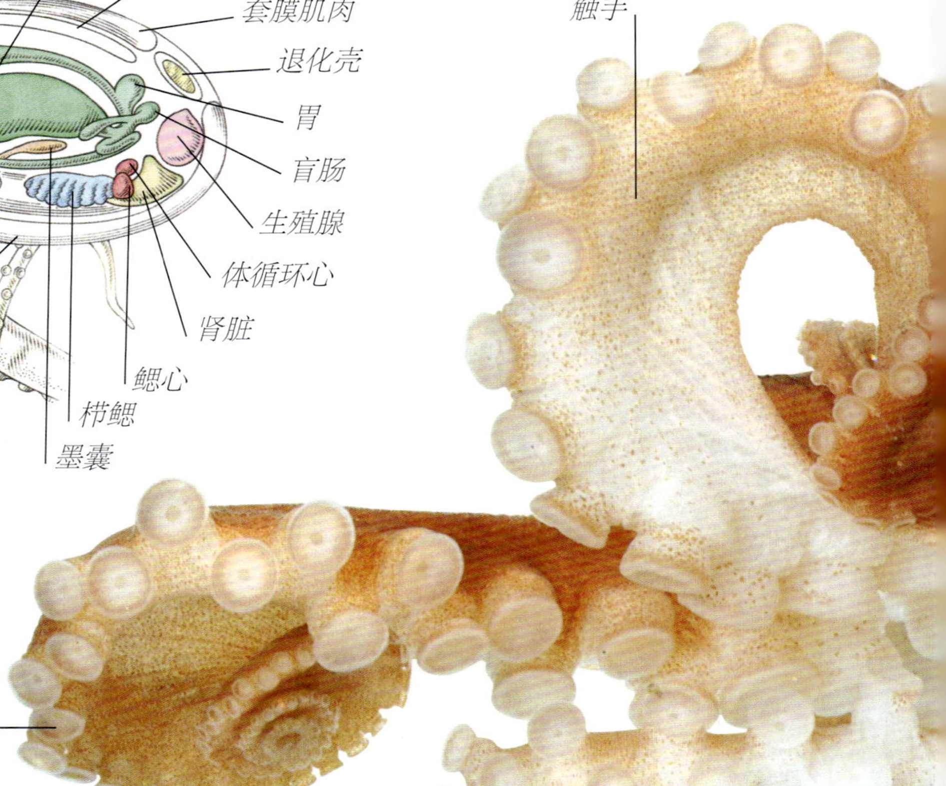

蜗牛的外部特征

蜗牛的内部解剖图

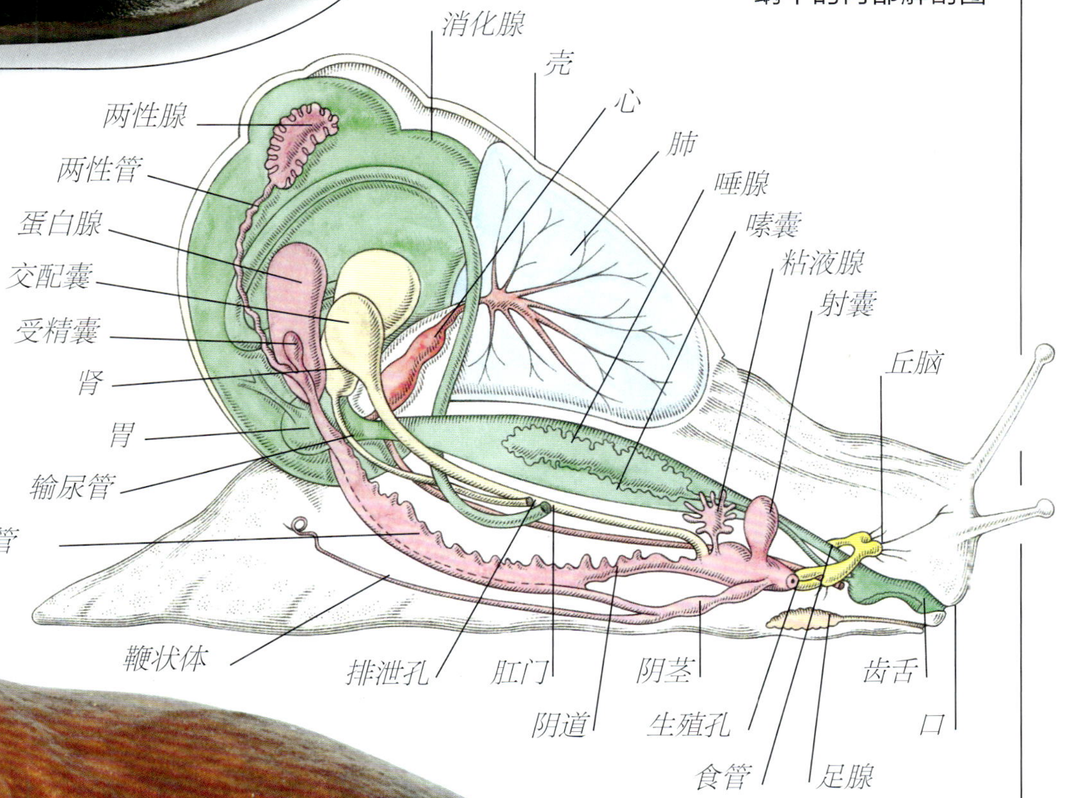

章鱼的外部特征

鲨鱼和无颚鱼

狗鲨（实际是小鲨鱼）、鳐鱼和魟都属于软骨鱼纲，颚口超纲（即“有颚的口”）的一个子类。鲨鱼及其近缘种族有时也被称为板鳃鱼，但软骨骨架（软骨鱼名称的由来）是它们区别于硬骨鱼的最重要特征。软骨鱼的其他重要特征包括粗糙的表皮面、盾形鳞片，没有鱼鳔。无颚鱼，包括七鳃鳗和盲鳗，属于原始类鳗鱼，是无颚总纲子类——圆口目（即“圆嘴”）的主要族群。除了类似吸盘的无颚圆口特征，圆口鱼也可能具有黏滑的皮肤，无鳞、奇鳍。

鲨鱼的口

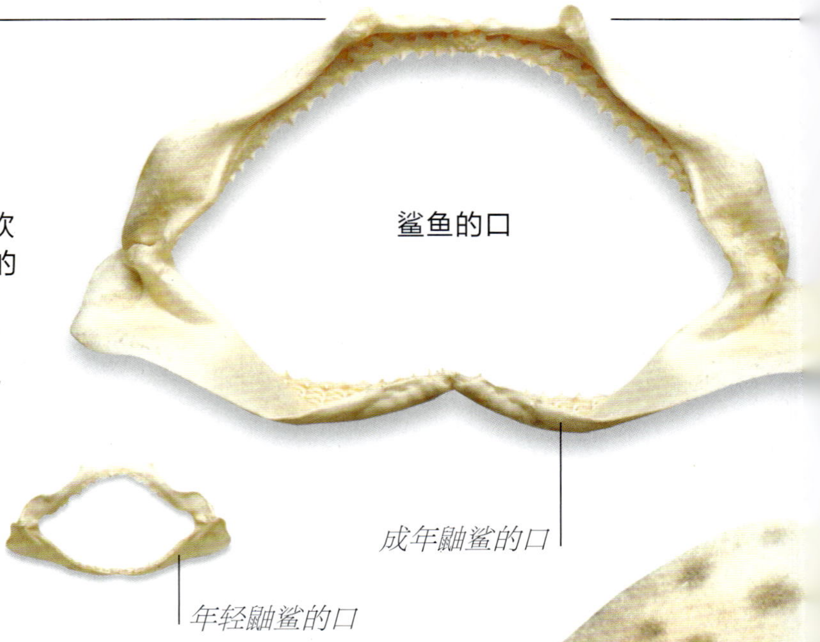

狗鲨的外部特征

七鳃鳗的头部特征

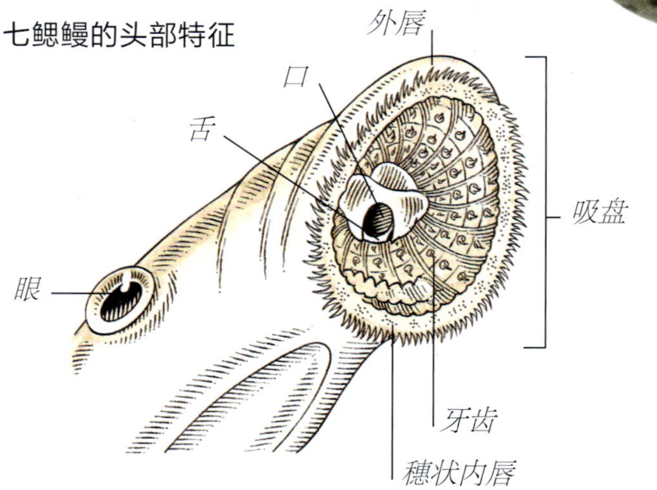

七鳃鳗的外部特征

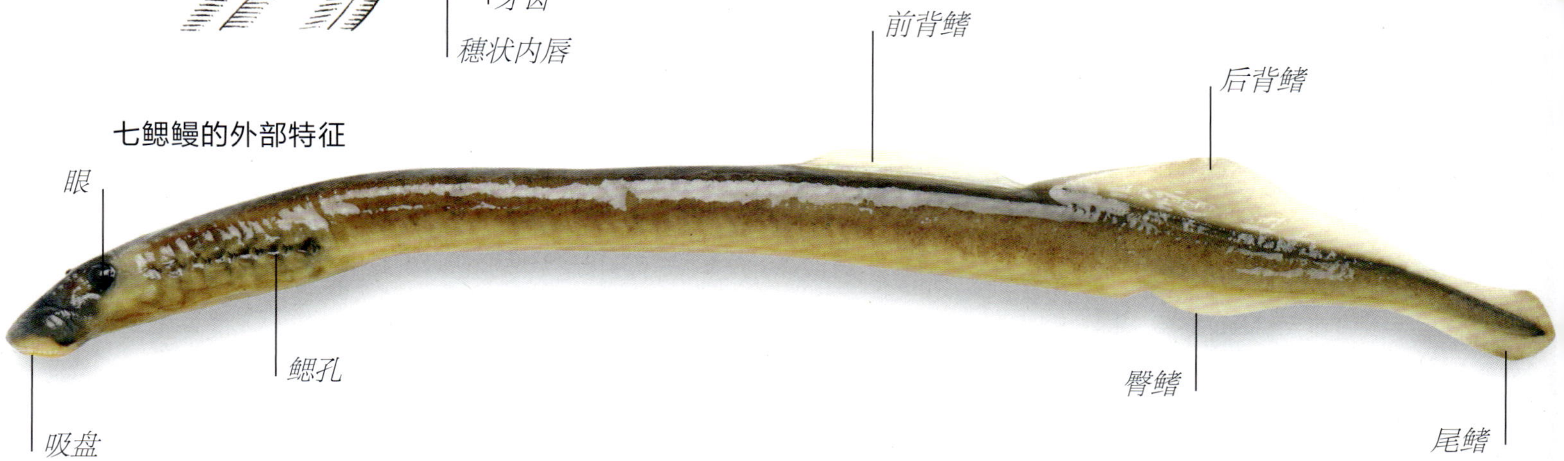

软骨鱼的样本

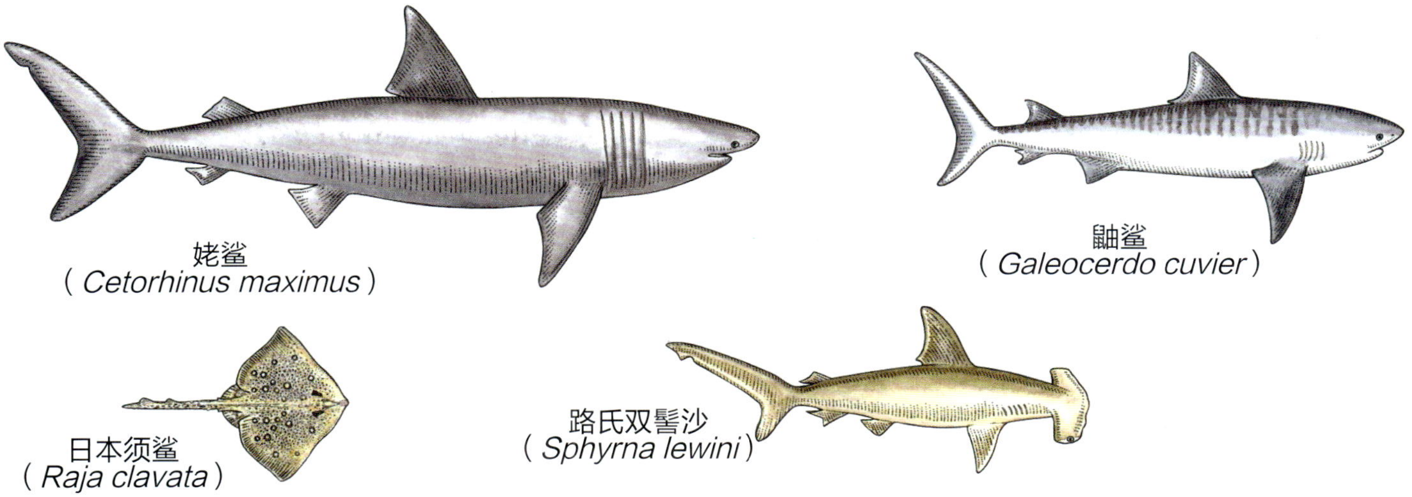

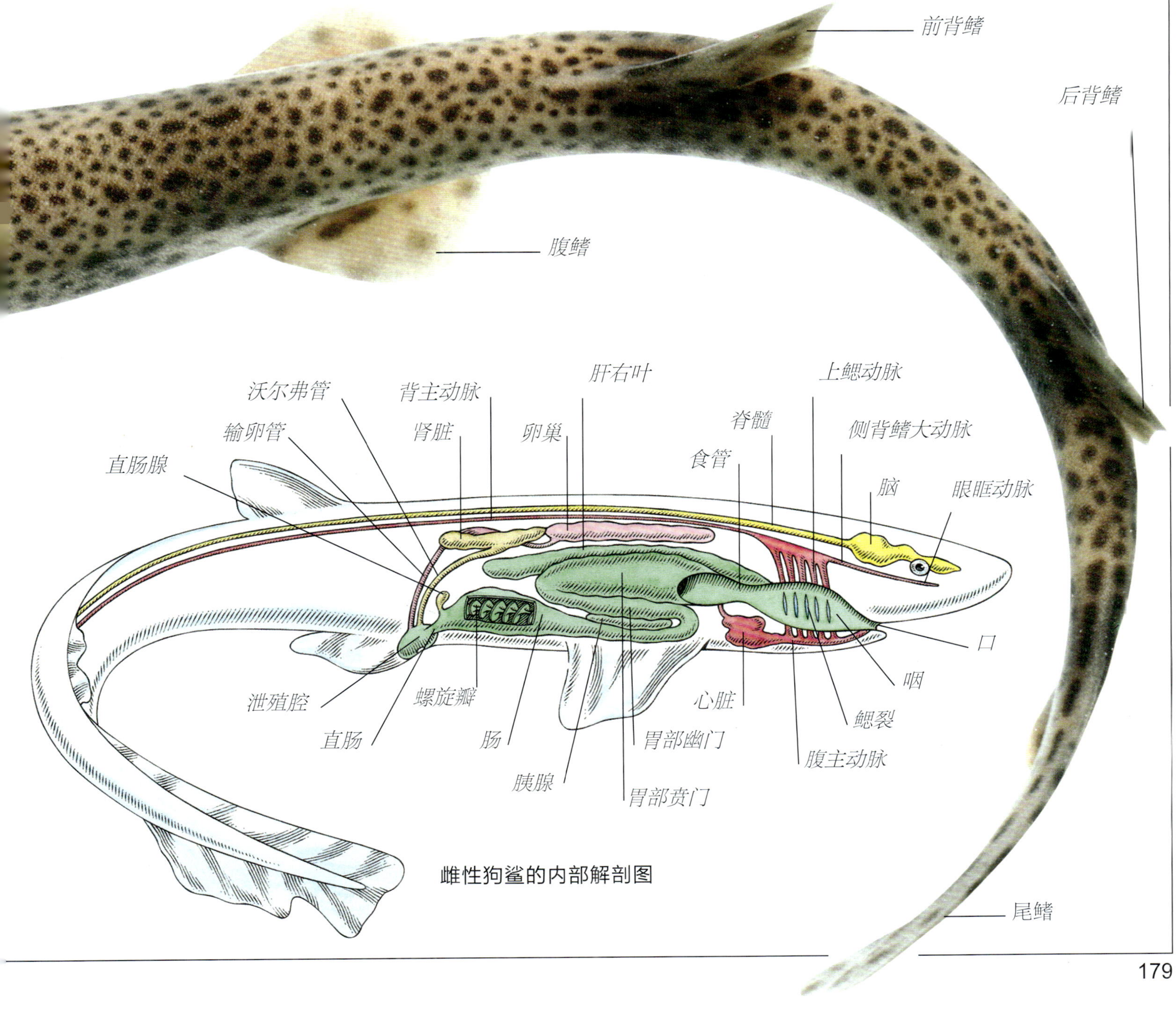

雌性狗鲨的内部解剖图

硬骨鱼

硬骨鱼，例如鲤鱼、鳟鱼、鲑鱼、鲈鱼、鳕鱼，是目前分布最广且种类最多的鱼类种群（超过2万种，占所有已知鱼类的95%以上）。顾名思义，不同于鲨鱼、无颚鱼和其他软骨鱼类，硬骨鱼具有硬质骨架，并且通常包含鱼鳔（能够改变浮力的器官，可以让鱼毫不费力地停留在任何深度）、相对薄的骨质鳞片、覆盖鳃的鳃瓣（称为鳃盖）以及偶数胸鳍与腹鳍。科学上来说，硬骨鱼属于硬骨鱼纲——有颚总纲的一个子类。

鱼如何呼吸

鱼通过鳃从水中“呼吸”氧气。水从口腔吸入，鳃盖同时闭合，以防止水流出。随后，颚闭合，口、咽和鳃盖组成一个腔体，腔壁的肌肉收缩，水经过鳃并通过鳃盖排出。有些鱼类会在游动时张着嘴，以保证水流经过鳃。

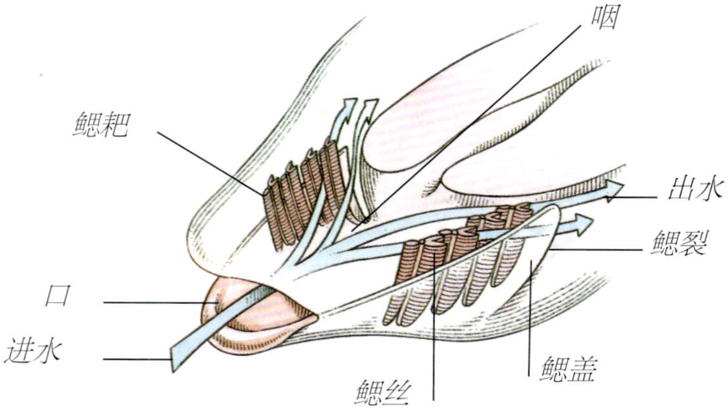

硬骨鱼的样本

花斑连鳍
(*Synchiropus splendidus*)

大海马
(*Hippocampus kuda*)

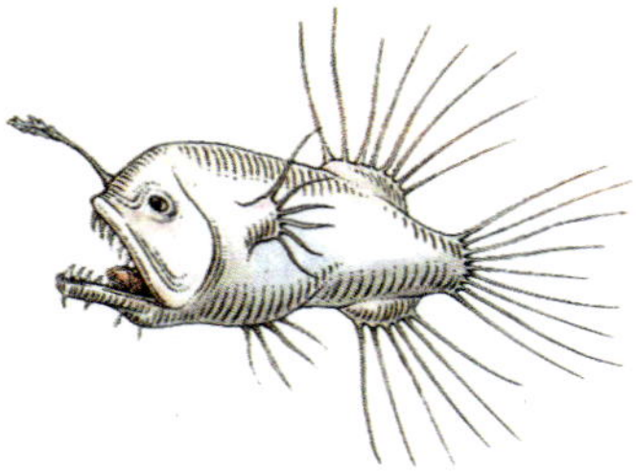
乔石茎角鮟鱇
(*Caulophryne jordani*)

蓑鲉
(*Pterois volitans*)

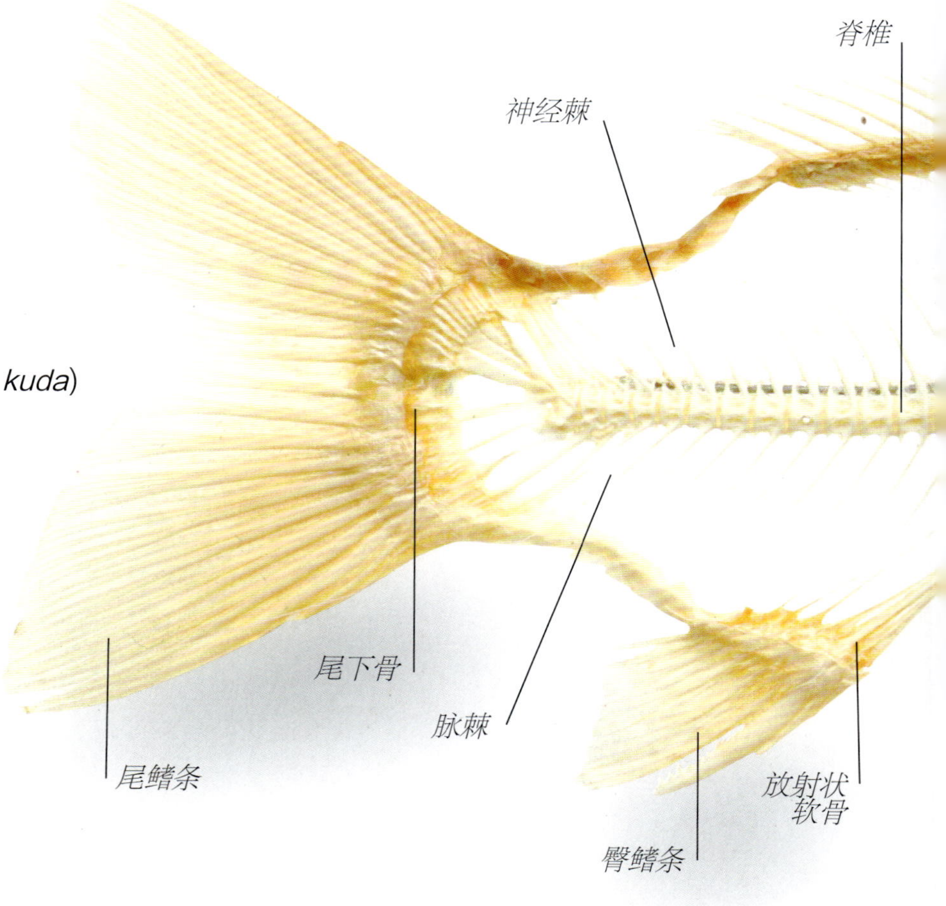

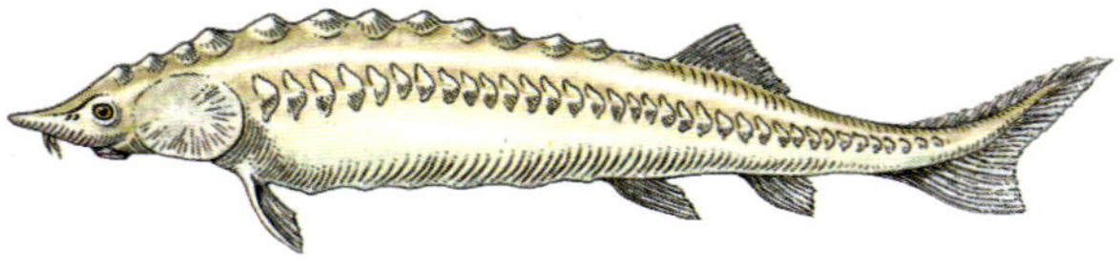
大西洋鲟
(*Acipenser sturio*)

云纹蛇鳝
(*Echidna nebulosa*)

雌性硬骨鱼的内部解剖图

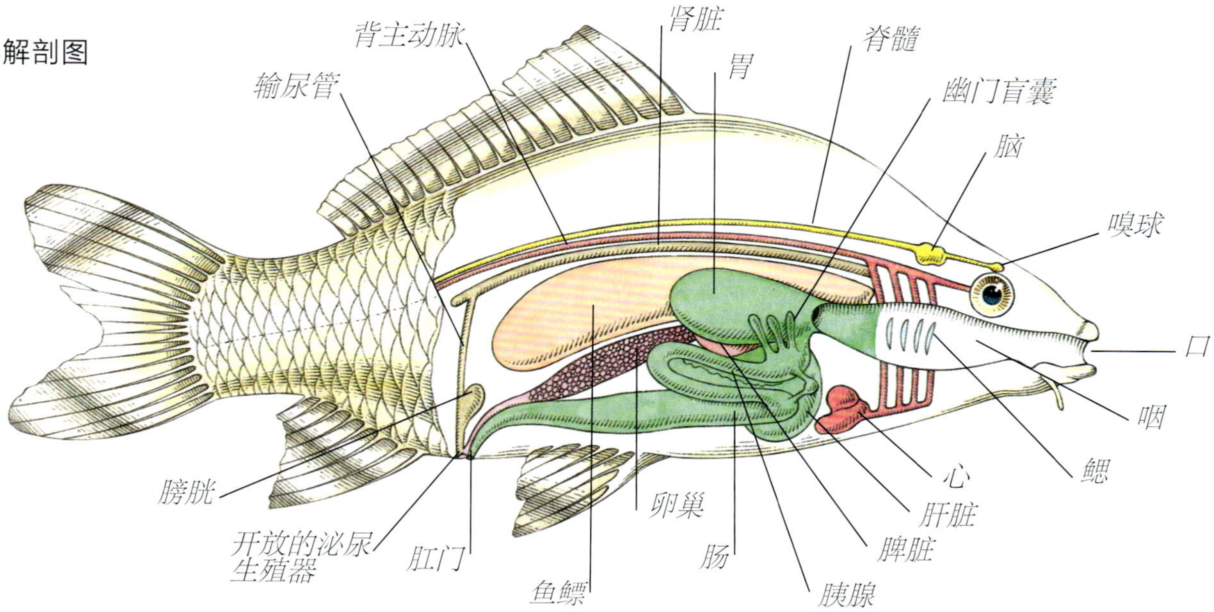

硬骨鱼的骨架

硬骨鱼的外部特征

卵

一颗卵是一个单细胞，雌性能够产卵，卵可以发育成新的个体。卵可以在母体内孵化（例如大多数动物），也可以在母体外孵化。体外孵化的卵通常被覆外保护壳。蛋黄可以为幼体提供营养。体内孵化的卵一般没有蛋黄，因为母体可以直接提供营养。有些体外孵化的卵可能也没有或只有很少的蛋黄，因为孵化的个体可能是动物幼体（例如毛虫），幼体可以自己进食并成长为成体。鸟类和爬行动物的卵覆有硬壳，并且有蛋黄来提供营养，直到卵孵化为成熟的幼体破壳而出。

鸡蛋的切面图

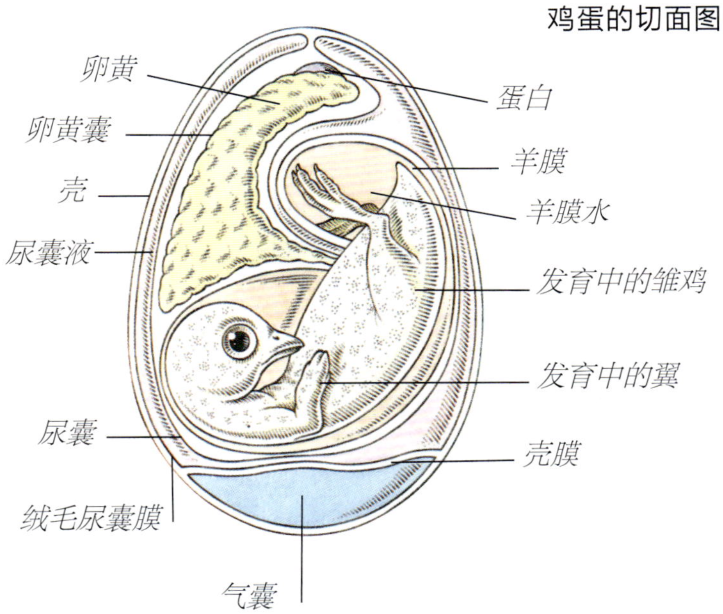

卵的多样性

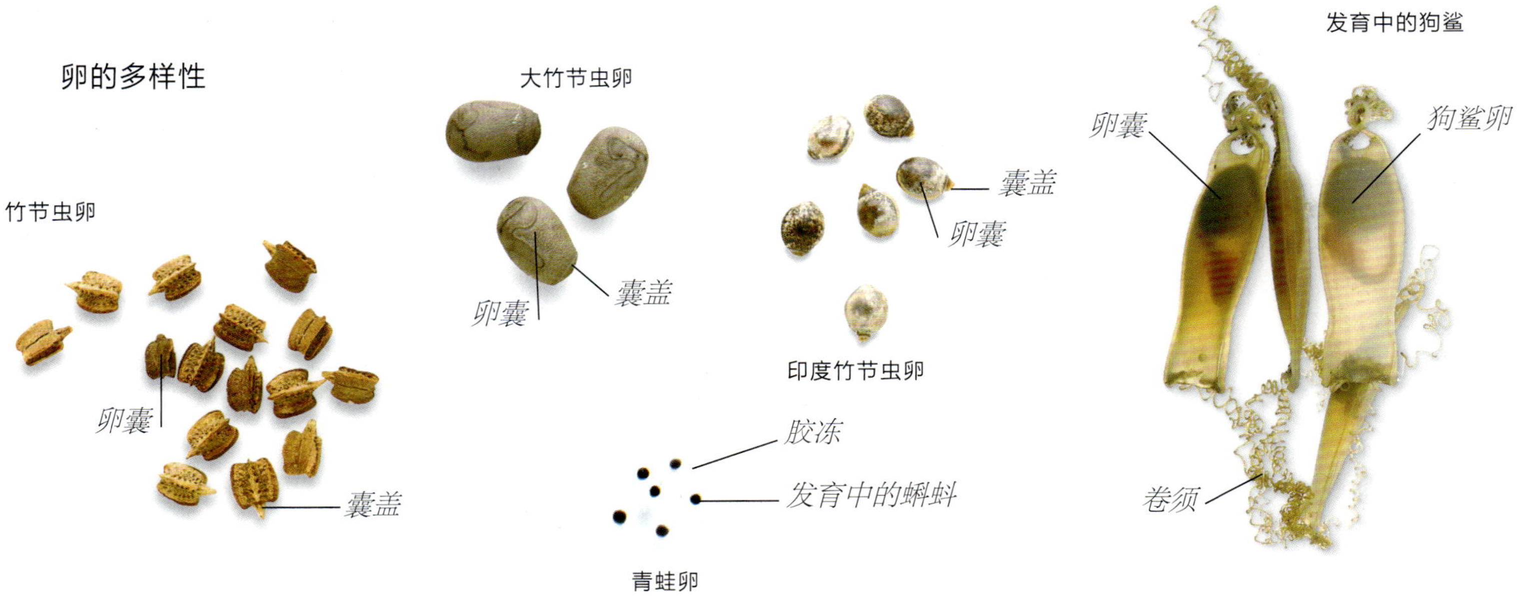

鹌鹑蛋的孵化

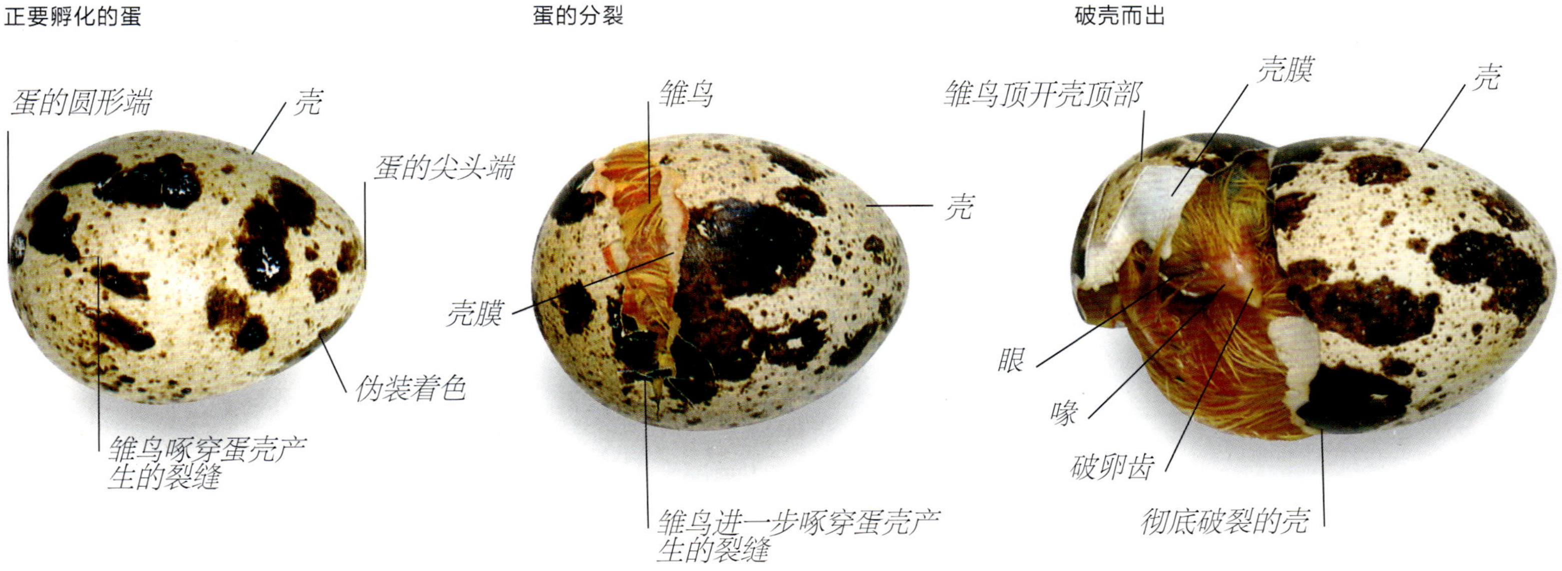

鸟蛋的样本

大黑背鸥
（*Larus marinus*）

吸蜜蜂鸟
（*Calypte helenae*）

非洲鸵
（*Struthio camelus*）

橙腹拟鹂
（*Lcterus galbula*）

柳雷鸟
（*Lagopus lagopus*）

普通燕鸥
（*Sterna hirundo*）

小嘴乌鸦
（*Corvus corone*）

苍头燕雀
（*Fringilla coelebs*）

出壳

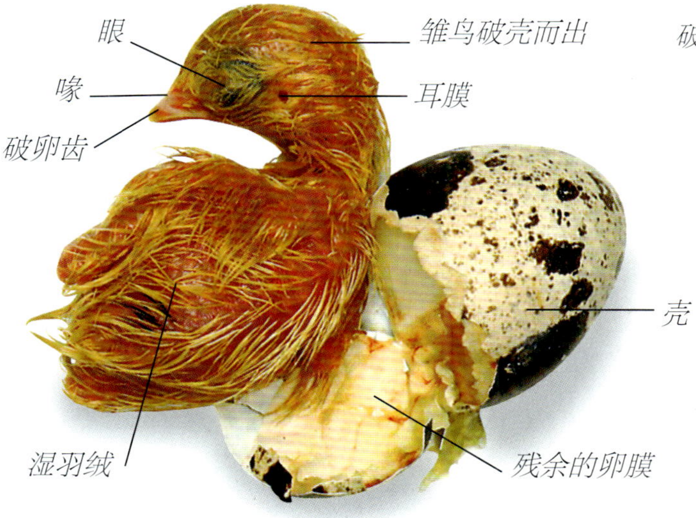

新孵化的雏鸟

食肉动物

哺乳纲食肉目包括猫、狗、熊、浣熊、熊猫、鼬鼠、獾、臭鼬、水獭、灵猫、猫鼬和鬣狗等，肉食习性是大多数食肉目动物的特征，也是食肉目名称的由来。食肉动物的典型特征与其狩猎的生活方式相匹配：敏捷、灵活，锋利的爪子和发达的犬齿，非常适合撕咬和杀死猎物；裂齿（颊齿）能够轻松切割肉食，集中在前方的视线可以提供出色的距离判断。然而，食肉目的部分物种，例如熊、獾和狐狸，它们的食谱更杂，有些是纯粹的食草动物（完全以植物为食，例如熊猫）。相比食肉动物，食草动物没有裂齿，并且速度较慢。

狮子的头骨

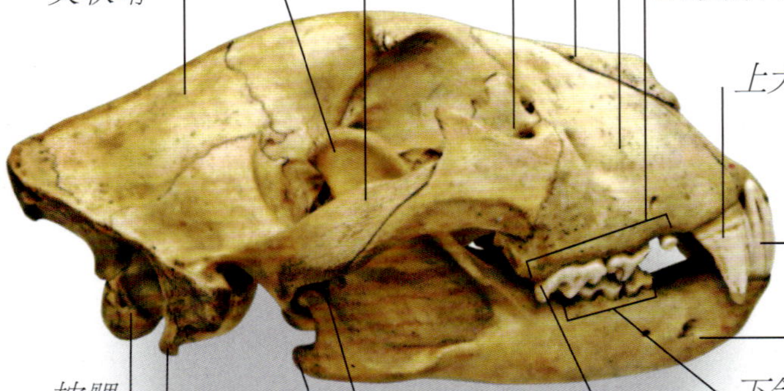

熊的头骨

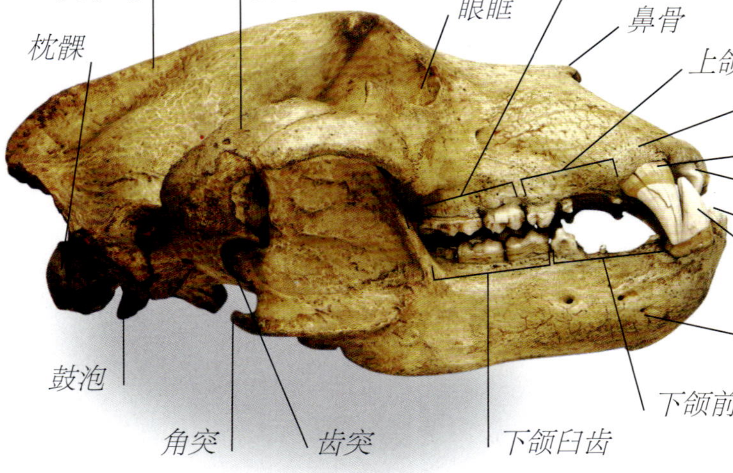

雄狮的外部特征

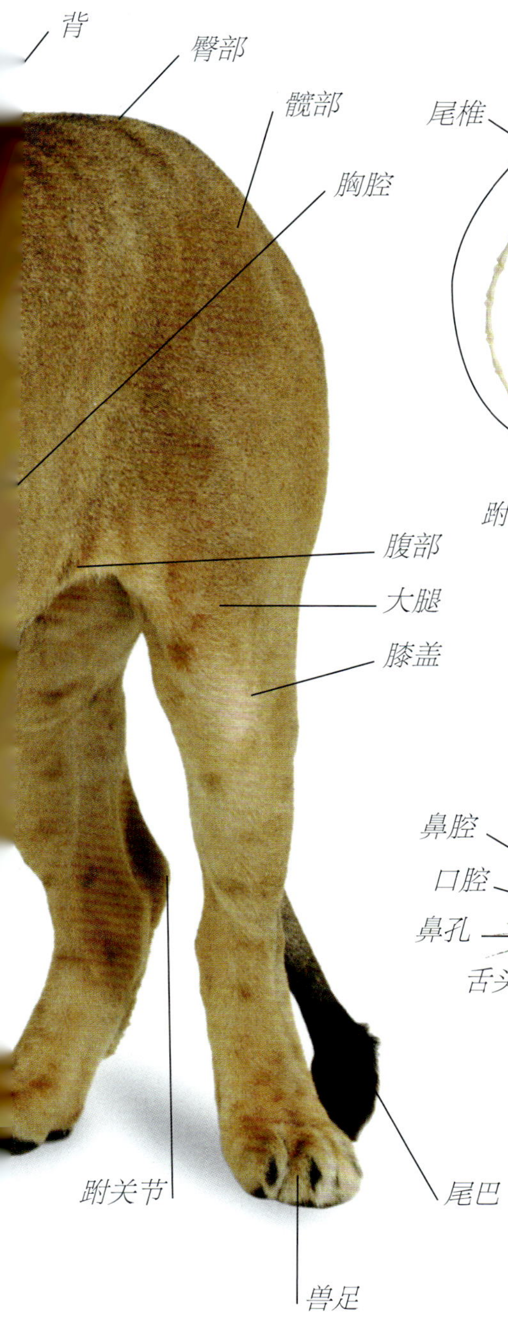

食肉动物的样本

家猫的骨架

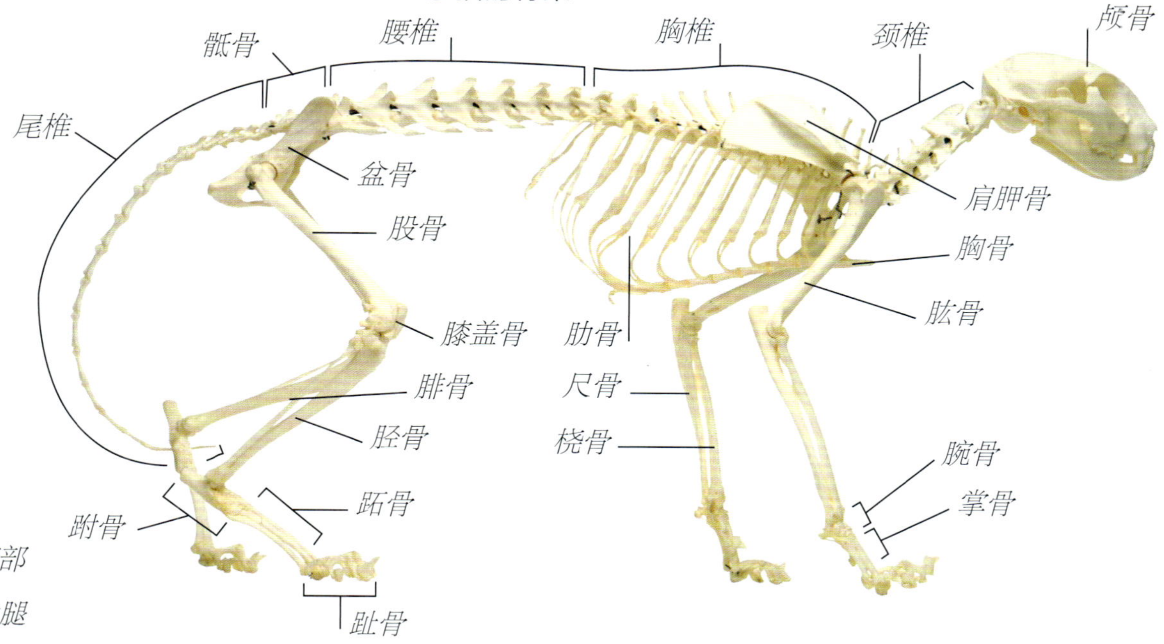

雄性家猫的内部解剖

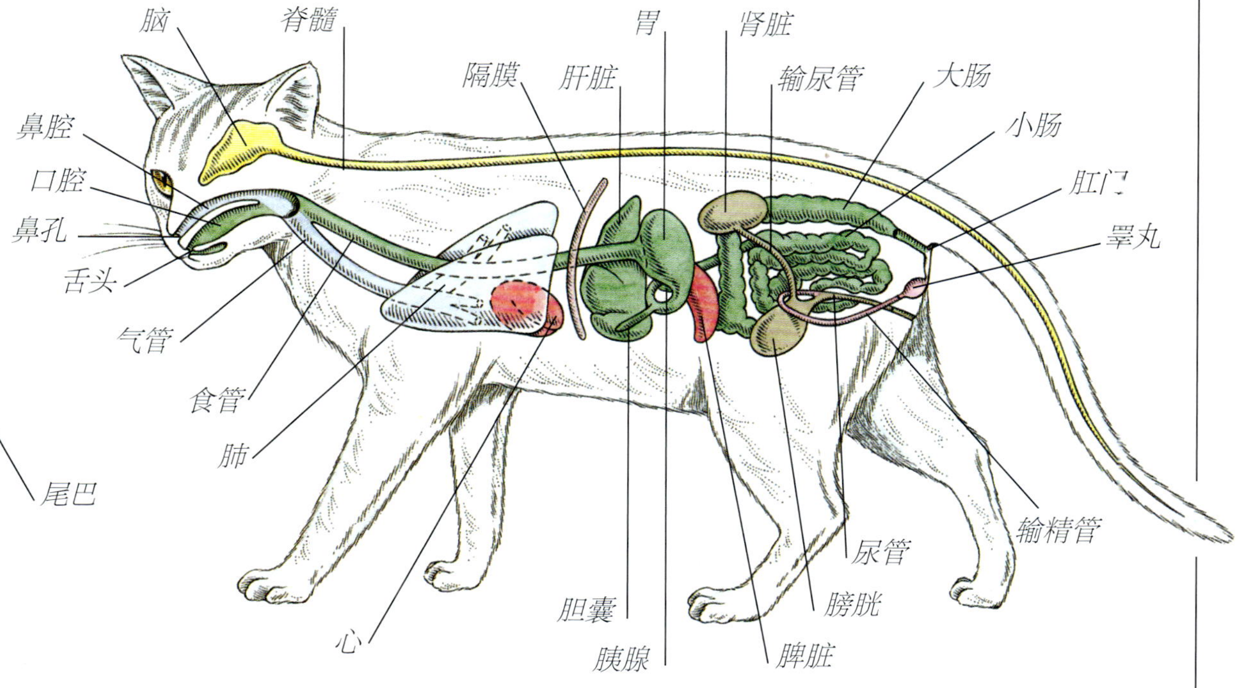

兔子和啮齿动物

尽管分属哺乳纲不同的目，兔子和啮齿动物仍存在一些共性，其中包括持续生长的凿形切牙，以及进食自己的粪便并从中提取更多营养的习性。兔子和野兔都属于兔形目，通常有四个上颌切牙和两个下颌切牙，适合跳跃的强壮后腿，适应穴居的前肢，长耳朵和短尾。啮齿动物属于啮齿目，包括松鼠、海狸、金花鼠、地鼠、老鼠、旅鼠、沙鼠、豪猪、豚鼠和水豚等，有超过1700种，是哺乳动物中最大的种群。典型的啮齿动物特征包括上下各一对切齿、适合抓握食物的短前肢和能够存储食物的颊囊。

鼠的外部特征

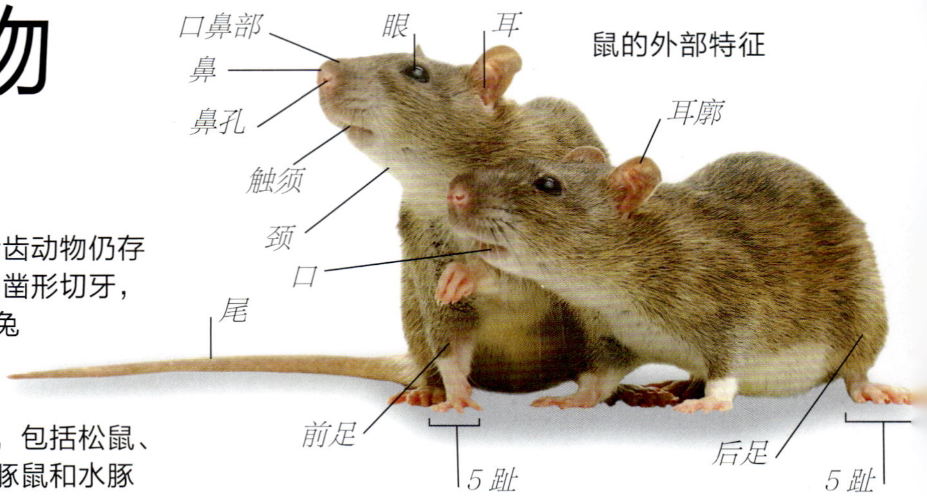

兔子的外部特征

雄兔的内部解剖

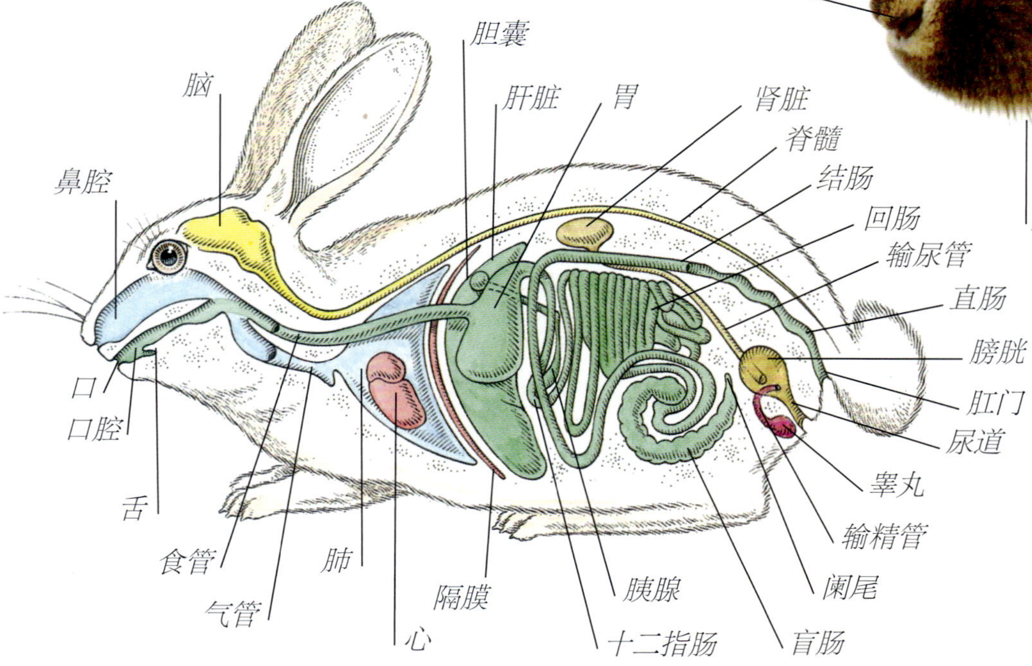

野兔的骨架

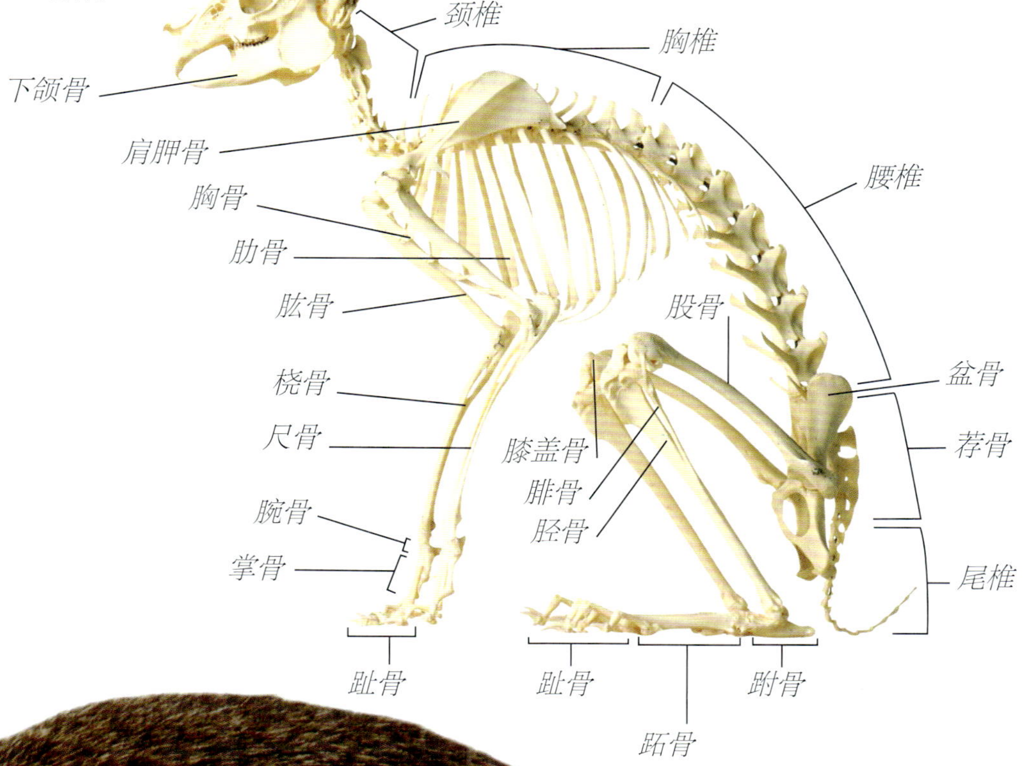

啮齿动物样本

北美灰松鼠
（*Sciuris carolinensis*）

平原鼠兔
（*Lagostomus maximus*）

非洲冕豪猪
（*Hystrix africaeaustralis*）

美洲河狸
（*Castor canadensis*）

水豚
（*Hydrochoerus hydrochaeris*）

有蹄类动物

有蹄类动物包括马、牛及其近亲，通常表示大型有蹄类哺乳动物。有蹄类动物根据脚趾数码分为两类——一个或三个脚趾的奇蹄类（奇数脚趾）动物，包括马、驴和斑马（单趾）与犀牛和貘（三趾）；以及两个或四个脚趾的偶蹄类（偶数脚趾）动物。大多数偶蹄动物有两个脚趾，通常包裹在蹄鞘中。两个脚趾的偶蹄动物包括牛、绵羊、山羊、羚羊、鹿和长颈鹿，以及骆驼和无峰驼。大多数双趾偶蹄动物是反刍动物，也就是说它们有四腔胃并且会反刍。四趾偶蹄动物主要包括猪、野猪和河马。

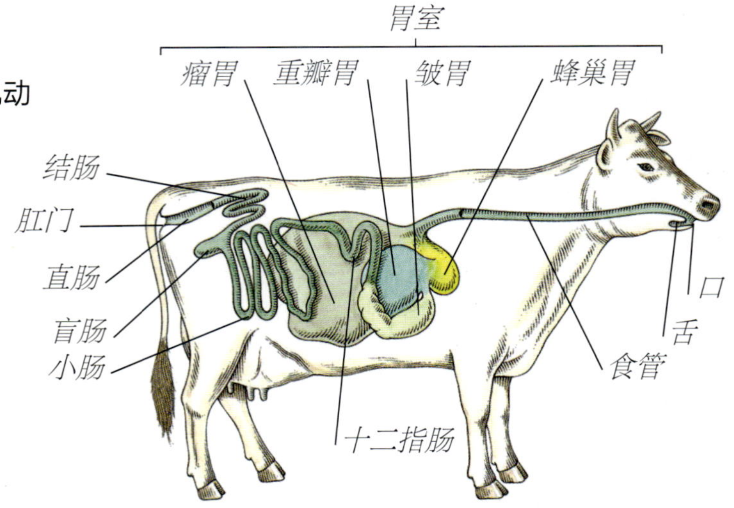

牛的消化系统

马和牛的前蹄比较

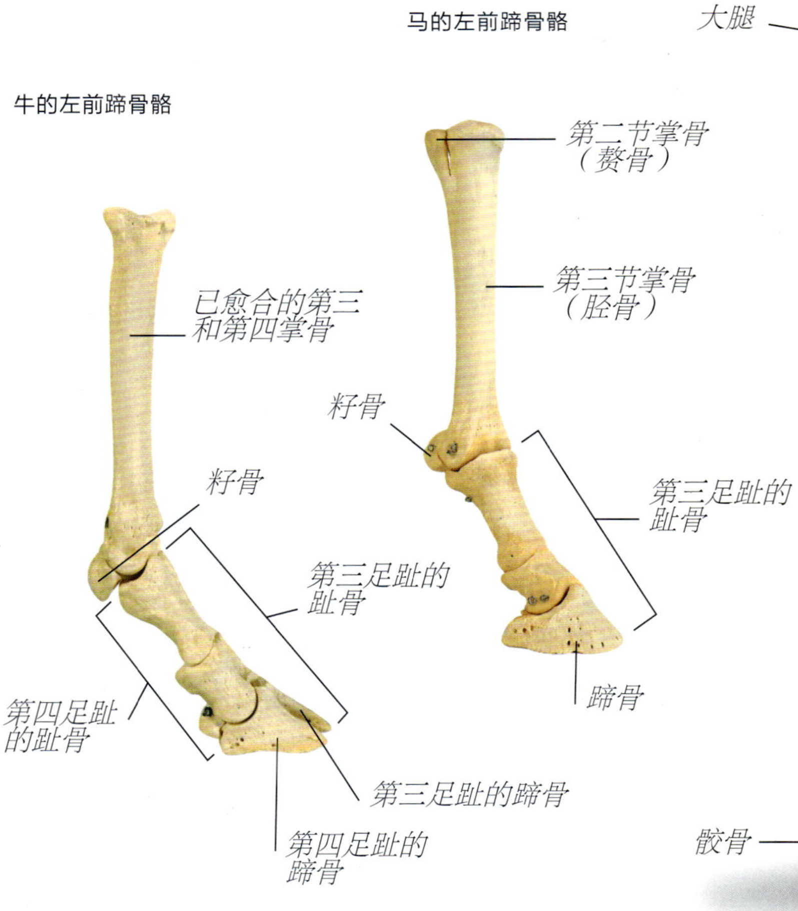

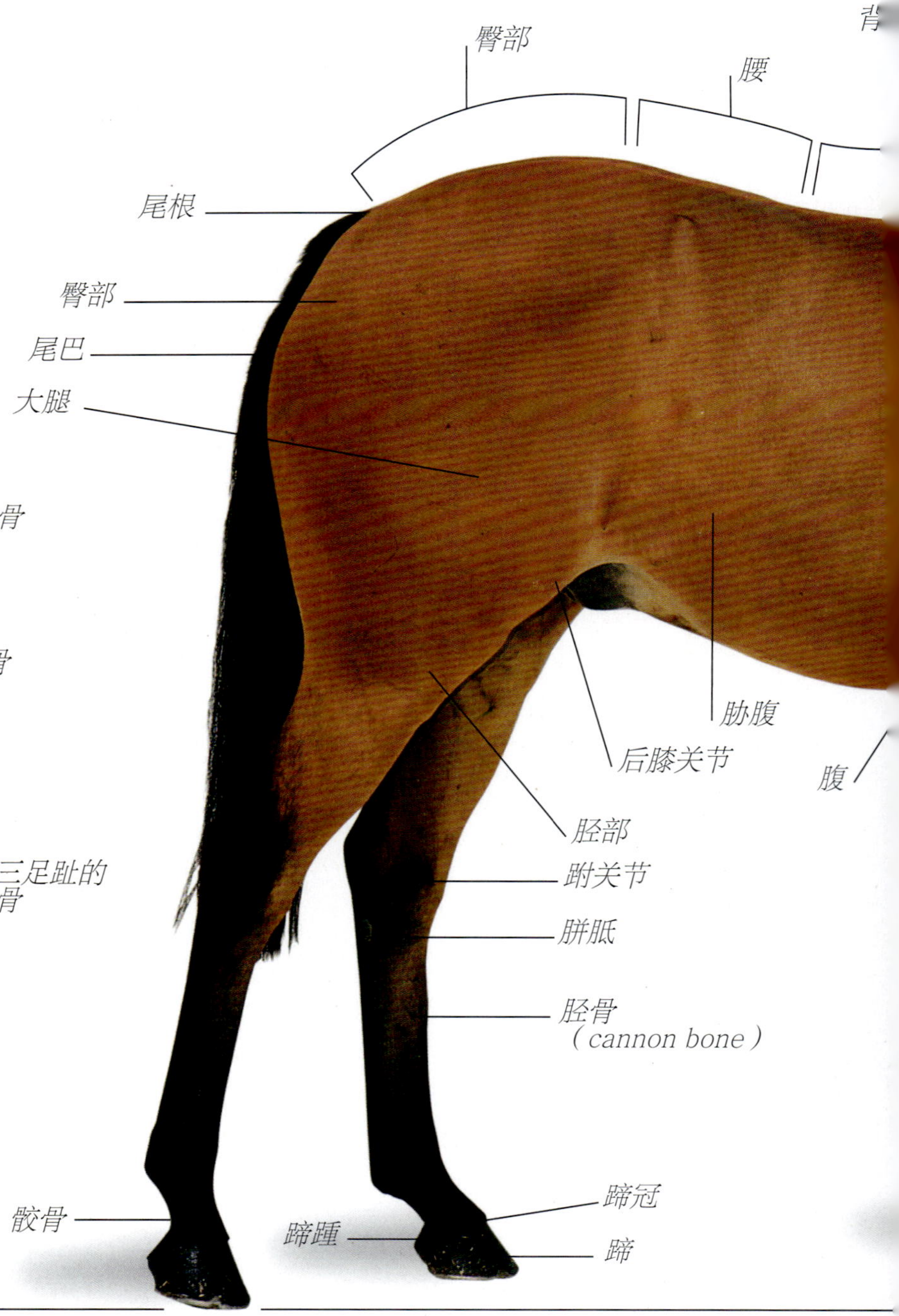

有蹄动物的样本

马鹿
（*Cervus elephas*）
偶蹄目

双峰驼
（*Camelus ferus*）
偶蹄目

长颈鹿
（*Giraffa camelopurdalis*）
偶蹄目动物

黑犀牛
（*Diceros bicornis*）
奇蹄目动物

的外部特征

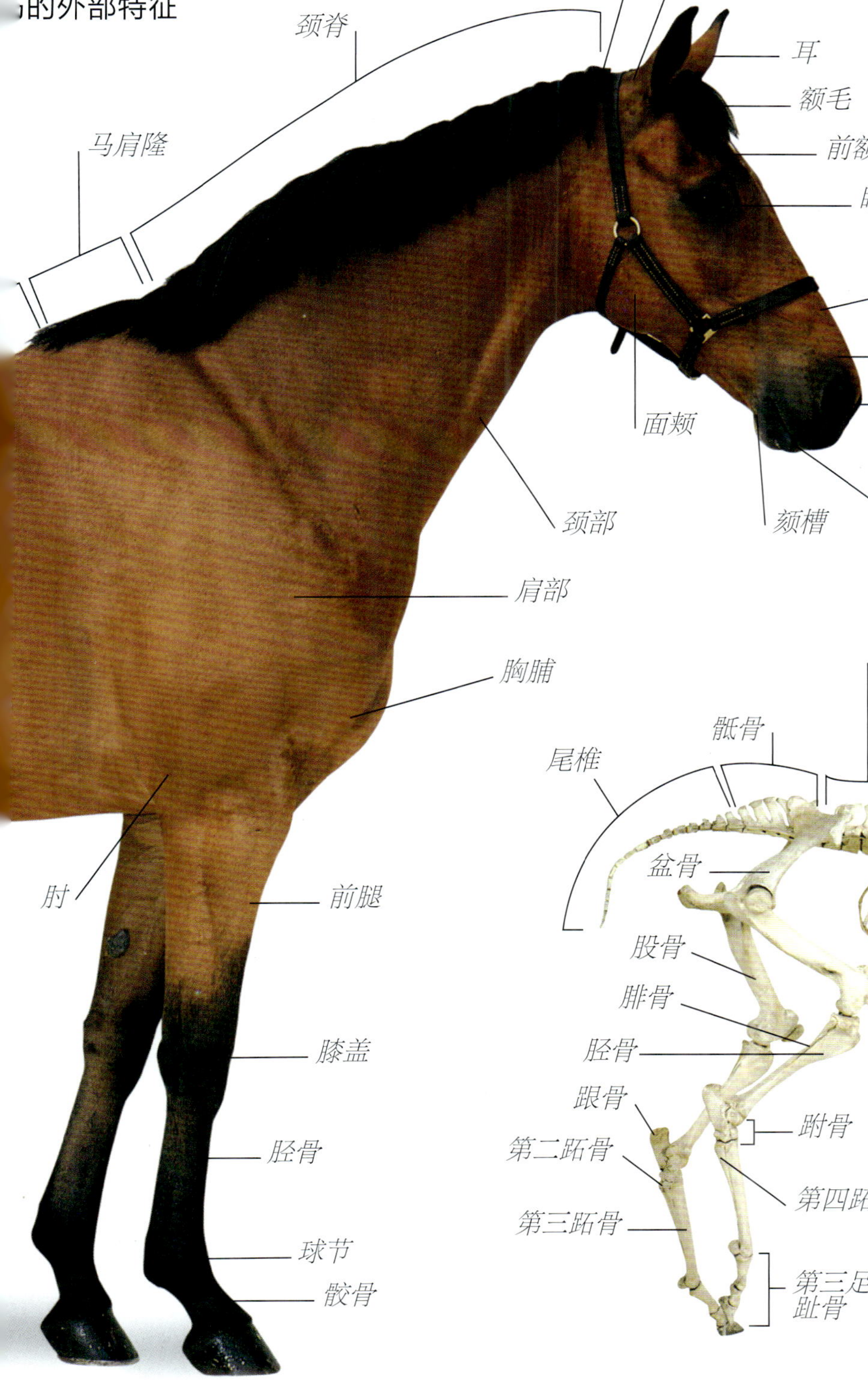

马的骨架

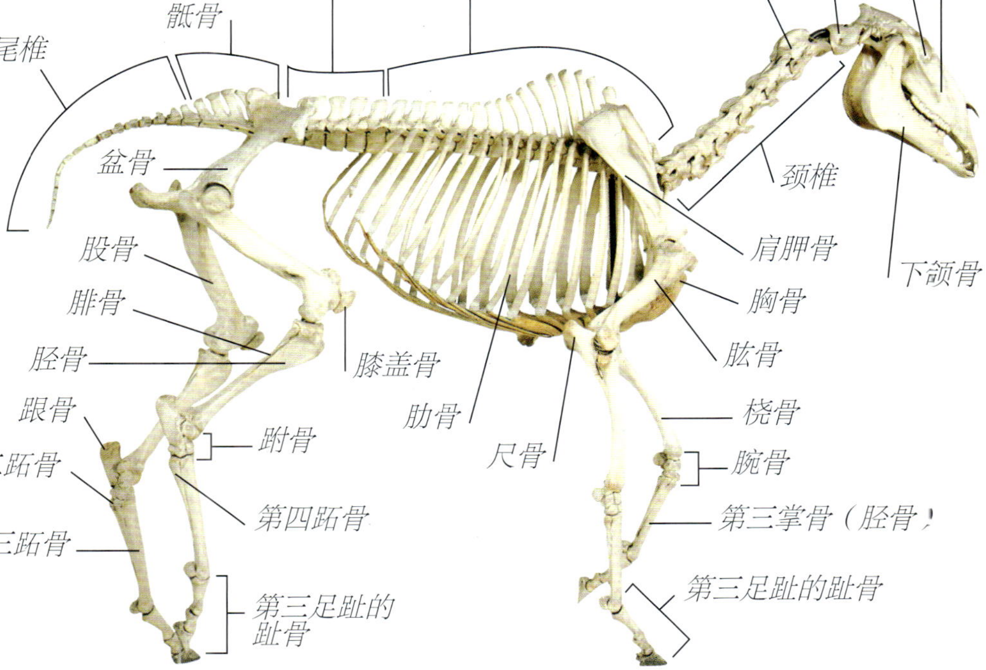

大象

大象包括两个种群——非洲象和亚洲象，是现存仅有的哺乳纲长鼻目动物。非洲象体型更大，也是最大的陆地动物：成年雄象可以达到4米高、7吨重。而成年雄性亚洲象可以达到3.3米高、5.4吨重。象鼻是鼻子和上唇的延伸，是大象最明显的特征，可以用于抓握和提举、进食、喝水和喷洒、闻、触摸以及发声。其他特征包括一对用于防御和压碎植物的门牙、粗壮的四肢和巨大的身体以及能够帮助散热的扇耳。

非洲象和亚洲象的区别

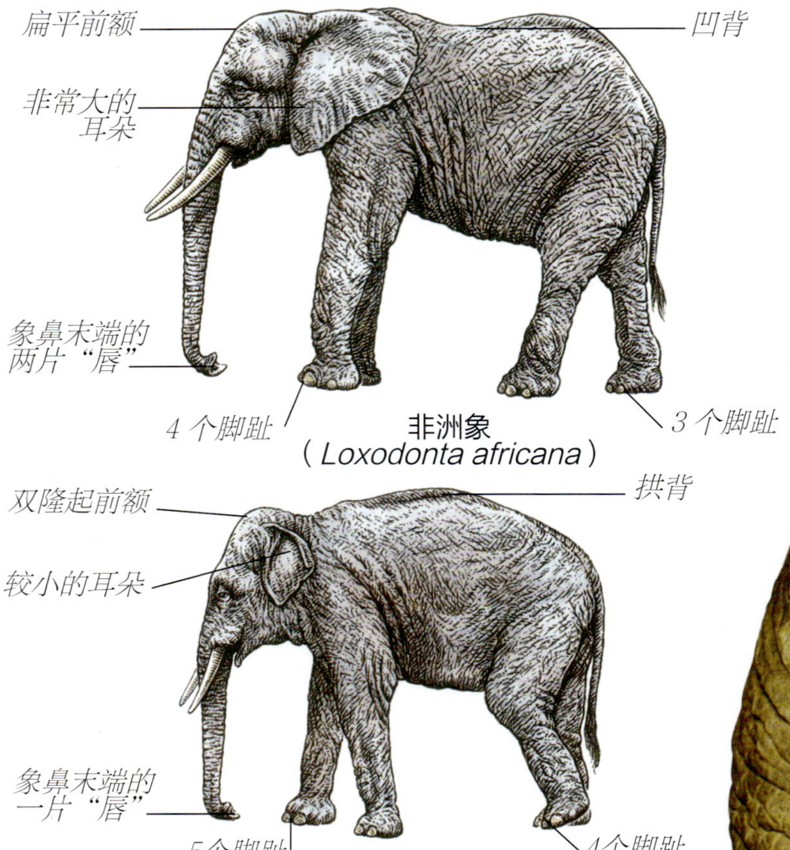

非洲象
（*Loxodonta africana*）

亚洲象
（*Elephas maximus*）

雌象的内部解剖

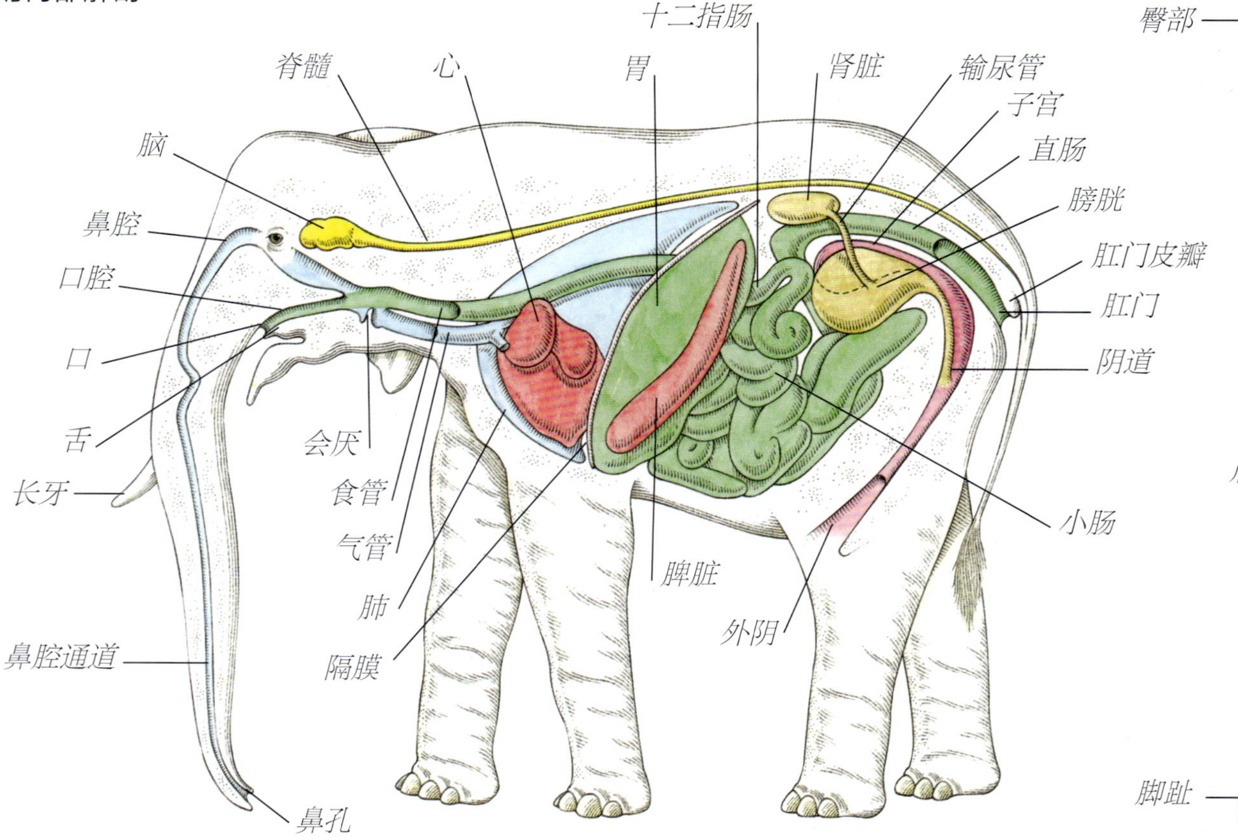

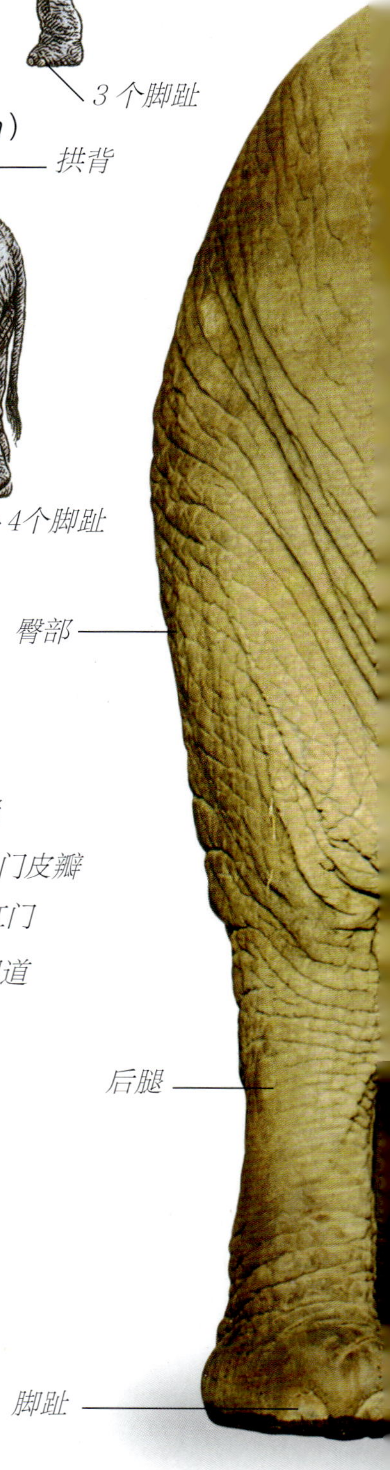

雌非洲象（去掉了长牙）的外部特征

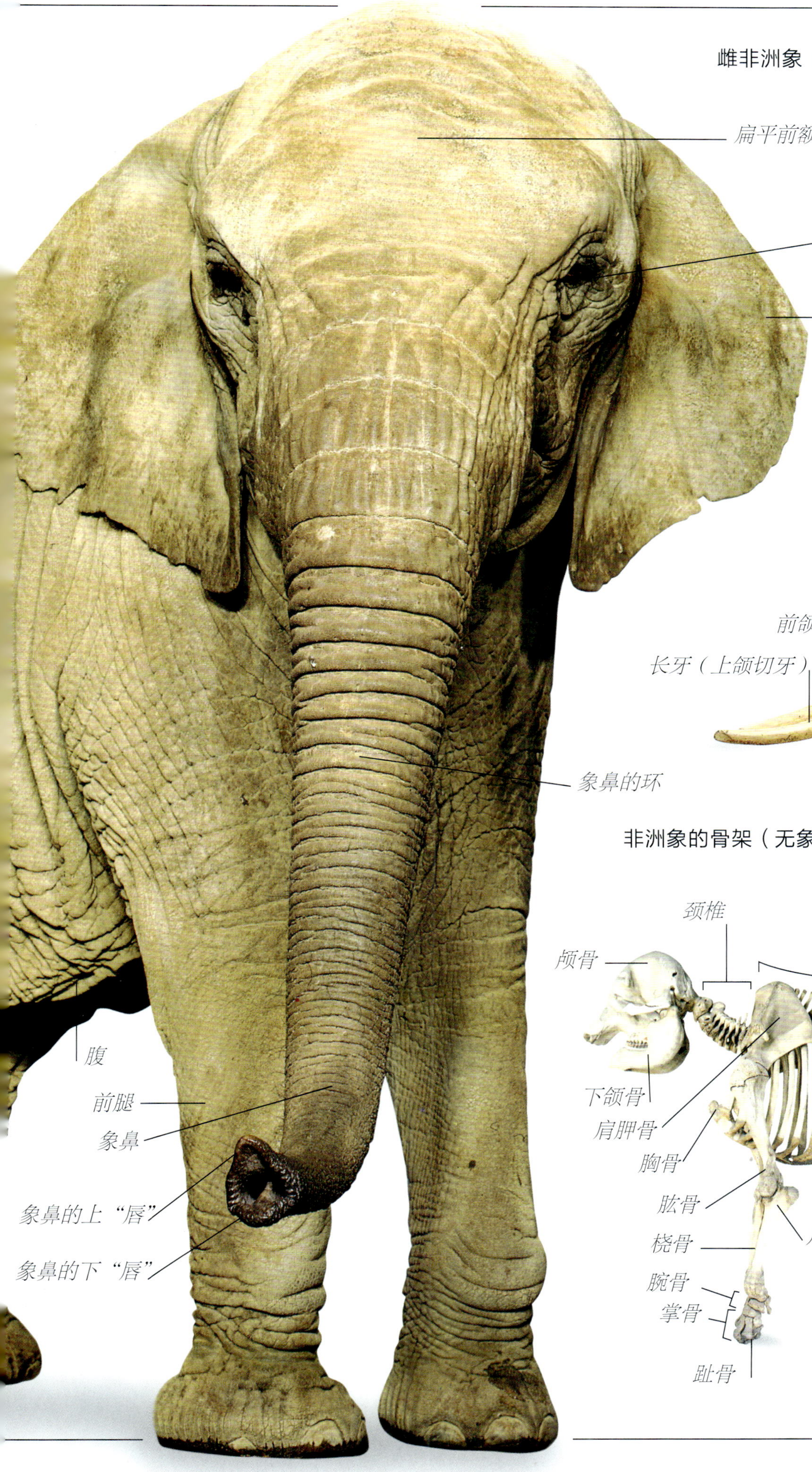

亚洲象的颅骨

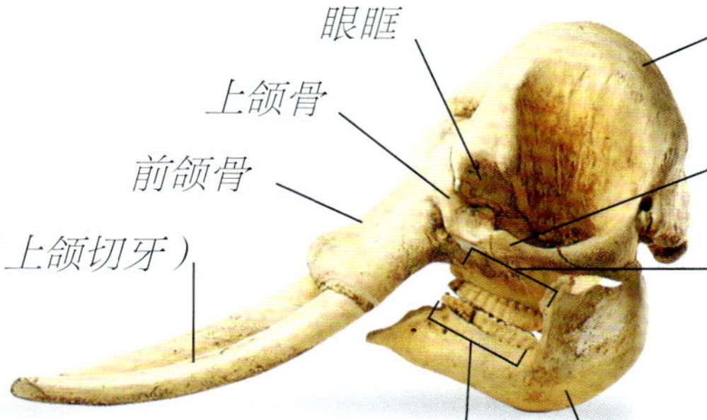

非洲象的骨架（无象牙）

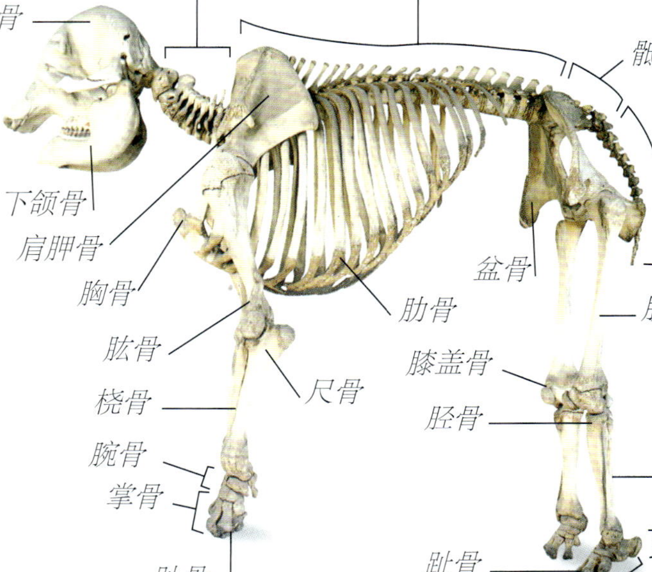

灵长目

哺乳纲灵长目包括猴子、猩猩及其近亲（包括人类）。灵长目包括两个亚目：原猴亚目，即原始灵长类动物，包括狐猴、眼镜猴和懒猴；类人猿亚目，即高等灵长类，包括猴子、猿类和人类。类人猿亚目分为新世界猴、旧世界猴和人科。新世界猴鼻孔开向侧方且间距较宽，部分种类有卷曲适合缠绕的长尾。新世界猴主要生活在南美洲，包括狨猴、绢猴和吼猴。旧世界猴的鼻孔较小，鼻孔向前或向下，无尾巴或尾巴不卷曲。旧世界猴生活在非洲和亚洲，包括叶猴、山魈、猕猴和狒狒。人科有发达的大脑，没有尾巴，包括猿（黑猩猩、长臂猿、大猩猩和猩猩）和人类。

雌黑猩猩的内部解剖

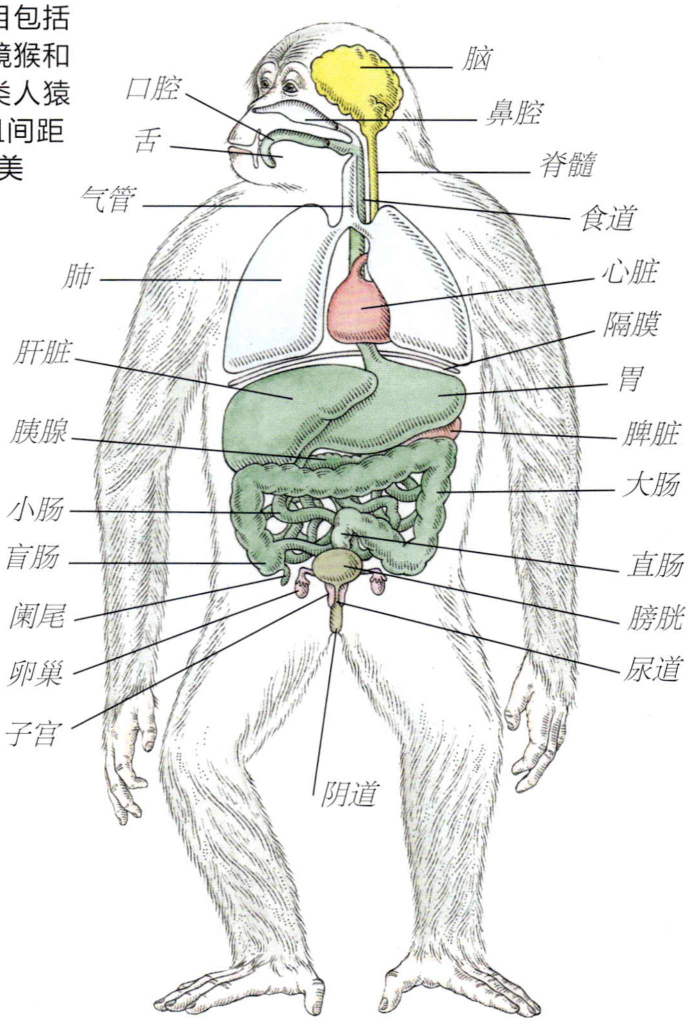

猕猴的骨架

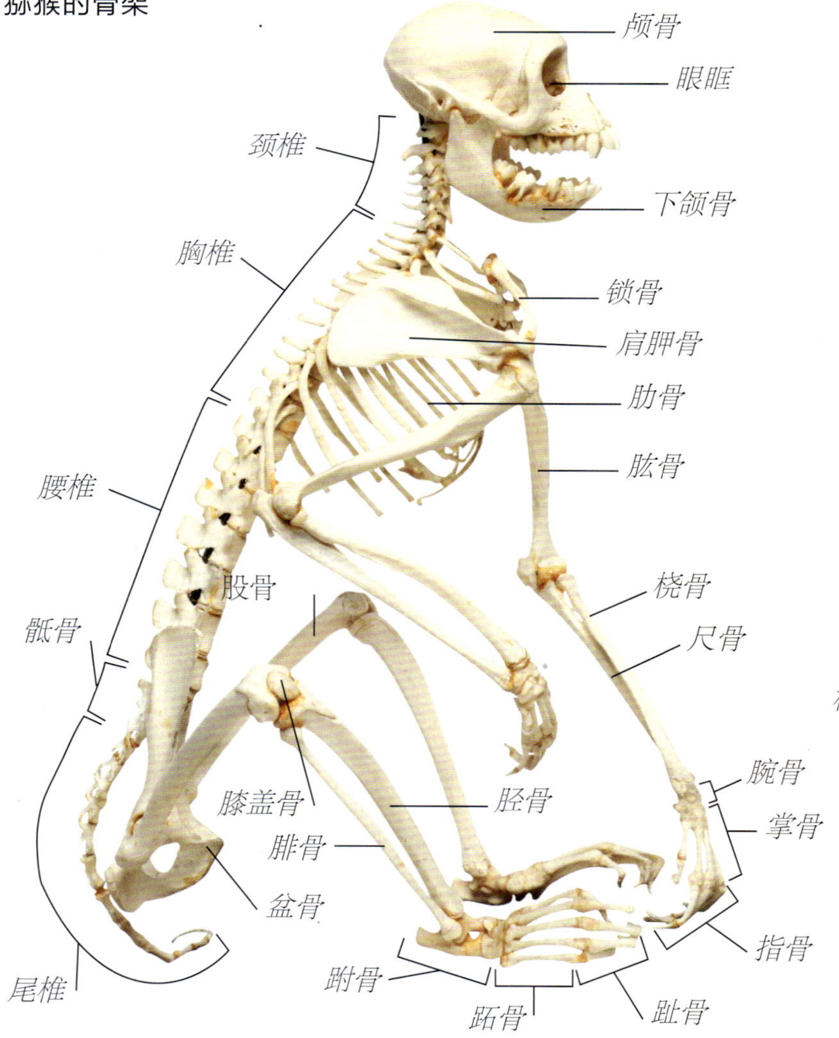

黑猩猩的颅骨

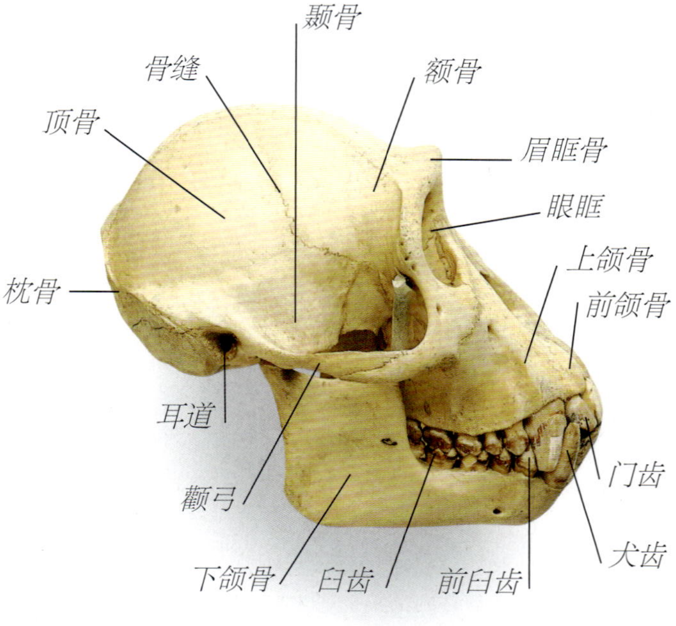

灵长类样本

环尾狐猴
(*Lemur catta*)
原猴类

雄红吼猴
(*Alouatta seniculus*)
新大陆猴

雄山魈
(*Mandrillus sphinx*)
旧大陆猴

黑猩猩
(*Pan troglodytes*)
类人猿

金狮面狨
(*Leontopithecus rosalia*)
新大陆猴

幼年大猩猩的外部特征

海豚、鲸鱼和海豹

海豚、鲸鱼和海豹属于水生哺乳动物中两个不同的目。海豚和鲸鱼都属于鲸目，典型特征包括和鱼一样的流线体型、进化为鳍的前肢、退化消失的后肢、水平尾鳍以及厚重的皮下脂肪层。鲸目主要分为两个亚目：齿鲸亚目，包括抹香鲸、白鲸、剑吻鲸、海豚和鼠海豚；须鲸亚目，包括鳁鲸、灰鲸和露脊鲸。蓝鲸是鳁鲸的一种，也是地球上最大的动物：成年蓝鲸身长可以达到30米、体重能够达到130吨。海豹与海狮和海象等近亲属于鳍足亚目，典型特征包括流线型身躯、鳍状前肢和后肢、厚脂肪层、无外耳。

海豹的外部特征

海豹的骨架

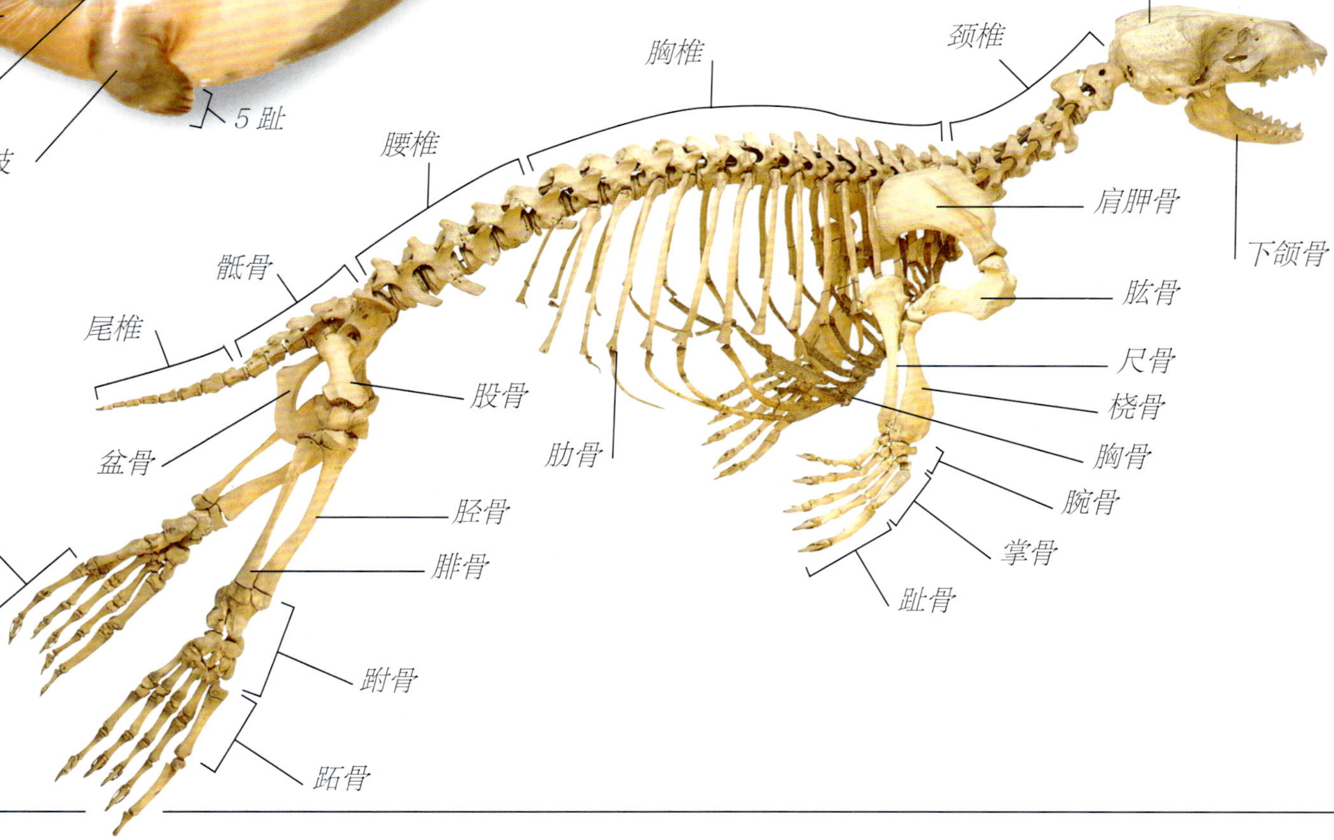

海豚、鲸鱼和海豹

鲸类动物样本

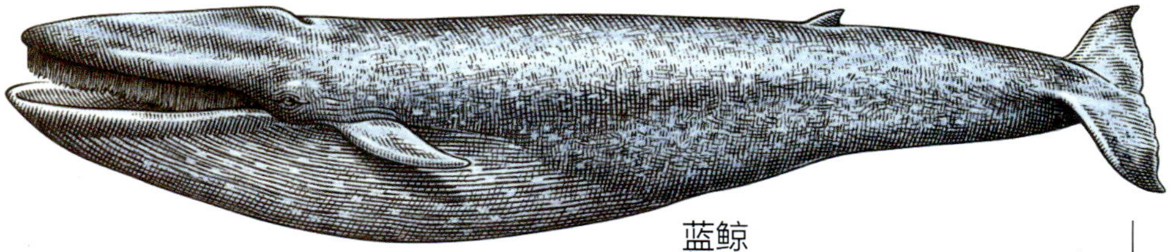

蓝鲸
(*Balaenoptera musculus*)

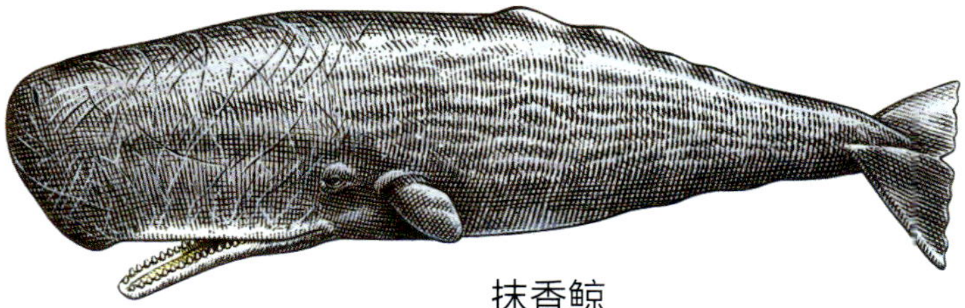

抹香鲸
(*Physeter catodon*)

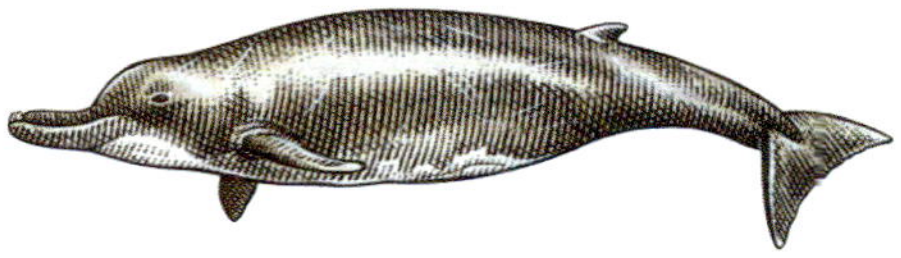

贝氏剑吻鲸
(*Berardius bairdi*)

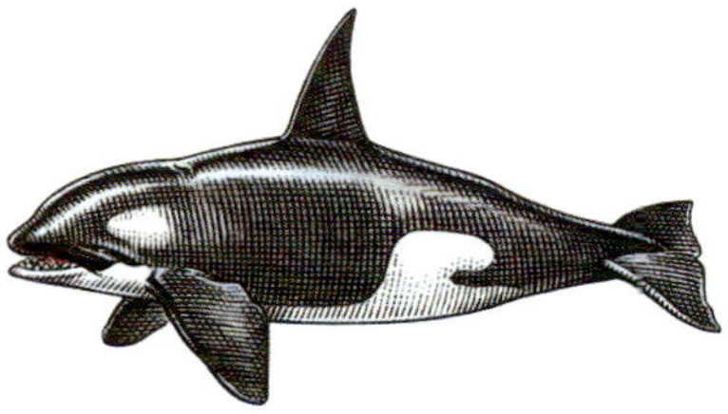

雄性虎鲸
(*Orcinus orca*)

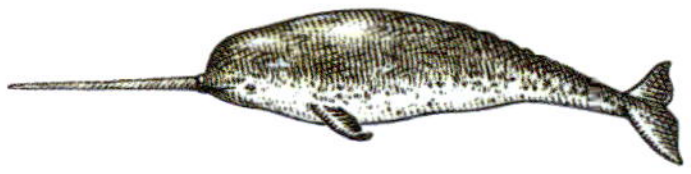

雄性独角鲸
(*Monodon monoceros*)

雄性海豚的内部解剖

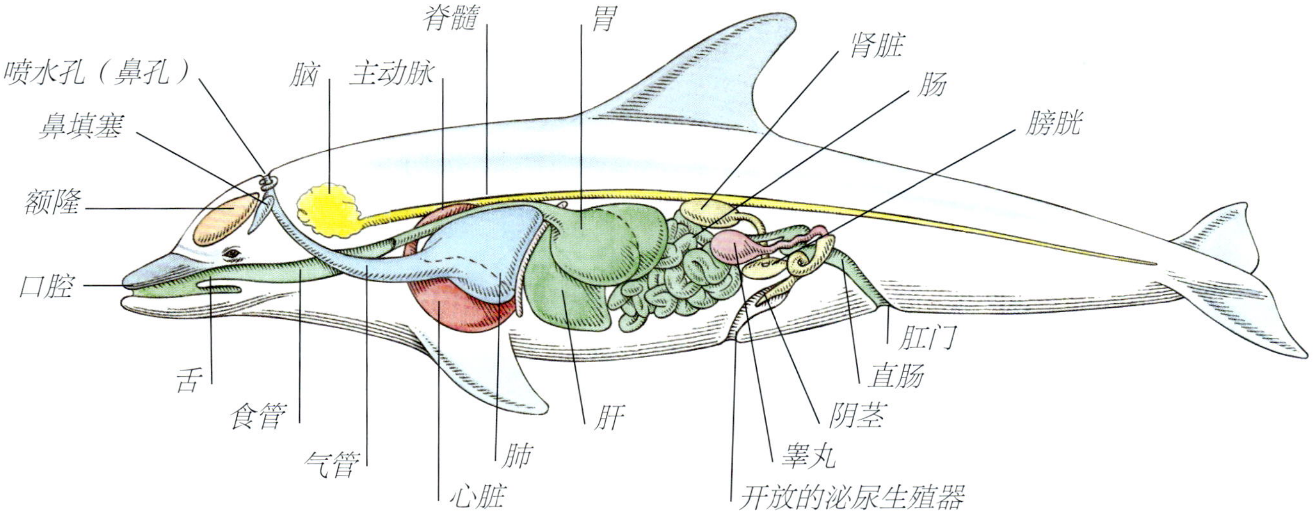

有袋目和单孔目

哺乳纲有袋目和单孔目具有哺乳动物中最独特的幼崽孵育方式。有袋目意为表示有孵育袋的哺乳动物，包括袋鼠和其他有袋动物。通常，有袋目幼体会在发育的极早期出生，出生后的幼体将爬到母体腹部的孵育袋中，孵育袋中有乳头，可以为幼体发育成长提供营养。大多数袋鼠生活在澳大利亚，负鼠分布在美洲（尽管被划分为有袋目，但负鼠并没有袋）。单孔目包括鸭嘴兽和针鼹（或者刺食蚁兽）。单孔目属于母体孵化的卵生原始哺乳动物，仅存于澳大利亚和新几内亚。

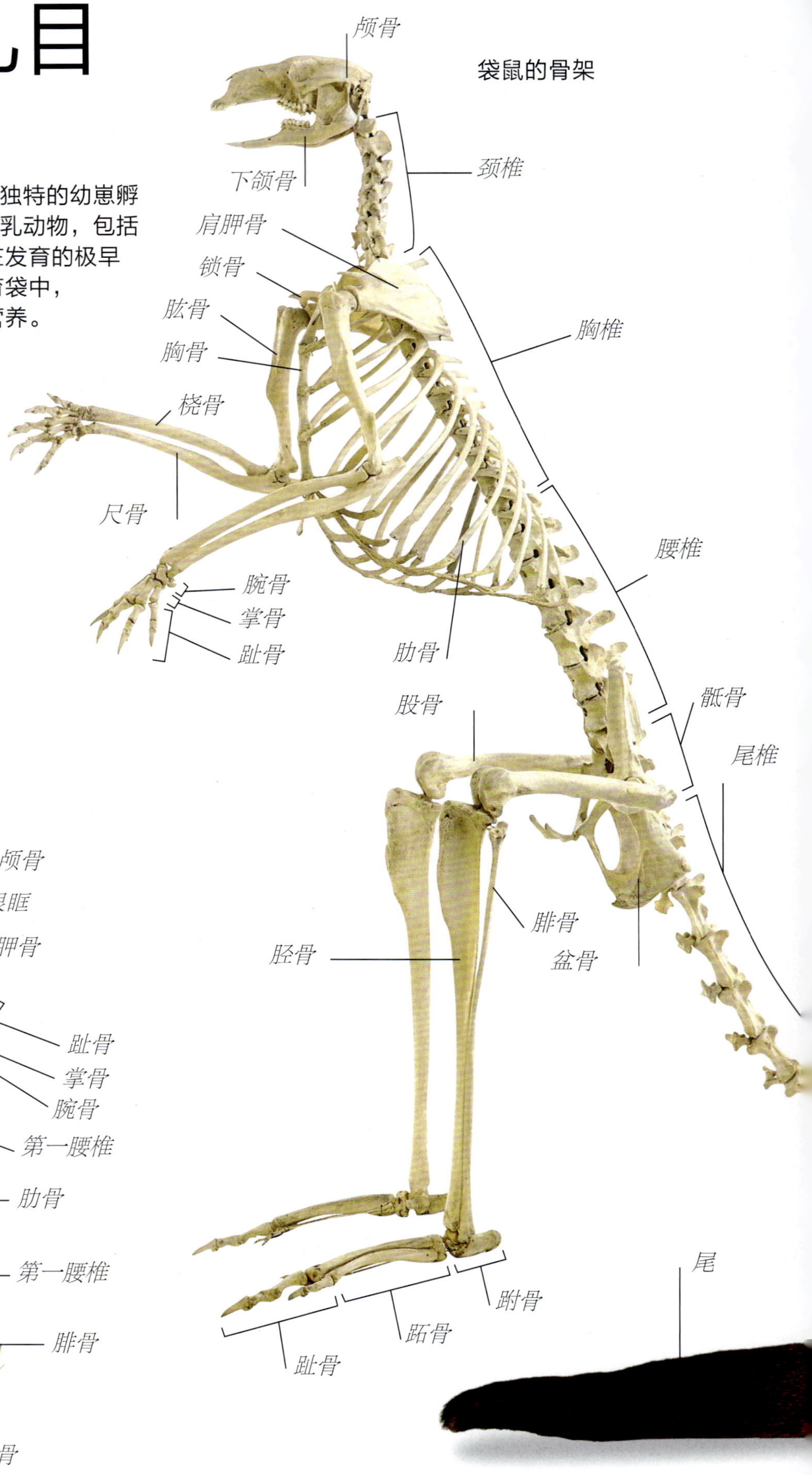

袋鼠的骨架

鸭嘴兽的骨架

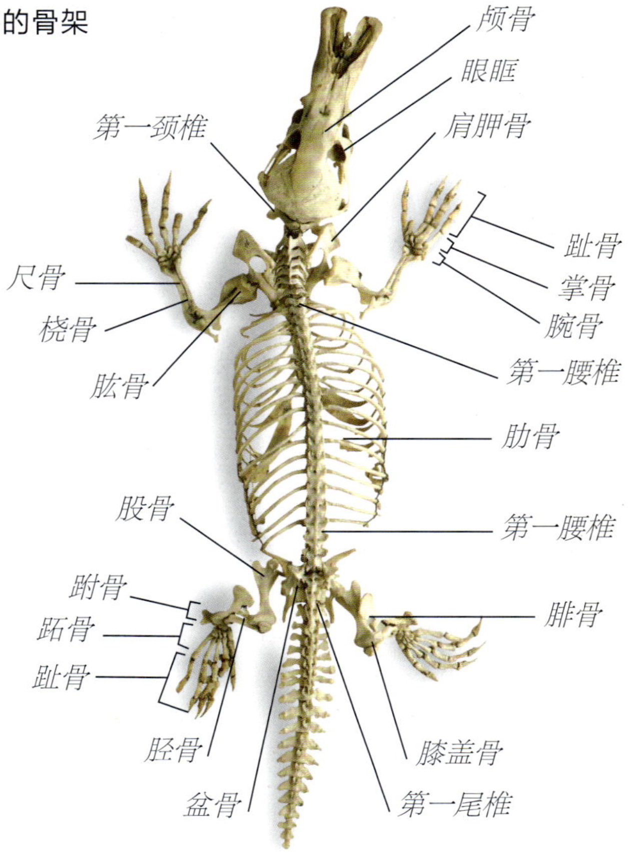

有袋目和单孔目样本

树袋熊
(*Phascolarctos cinereus*)
有袋类动物

鸭嘴兽
(*Ornithorhynuchus anatinus*)
单孔类动物

袋獾
(*Sarcophilus harrisii*)
有袋类动物

北美负鼠
(*Didelphis virginiana*)
有袋类动物

袋鼠的外部特征

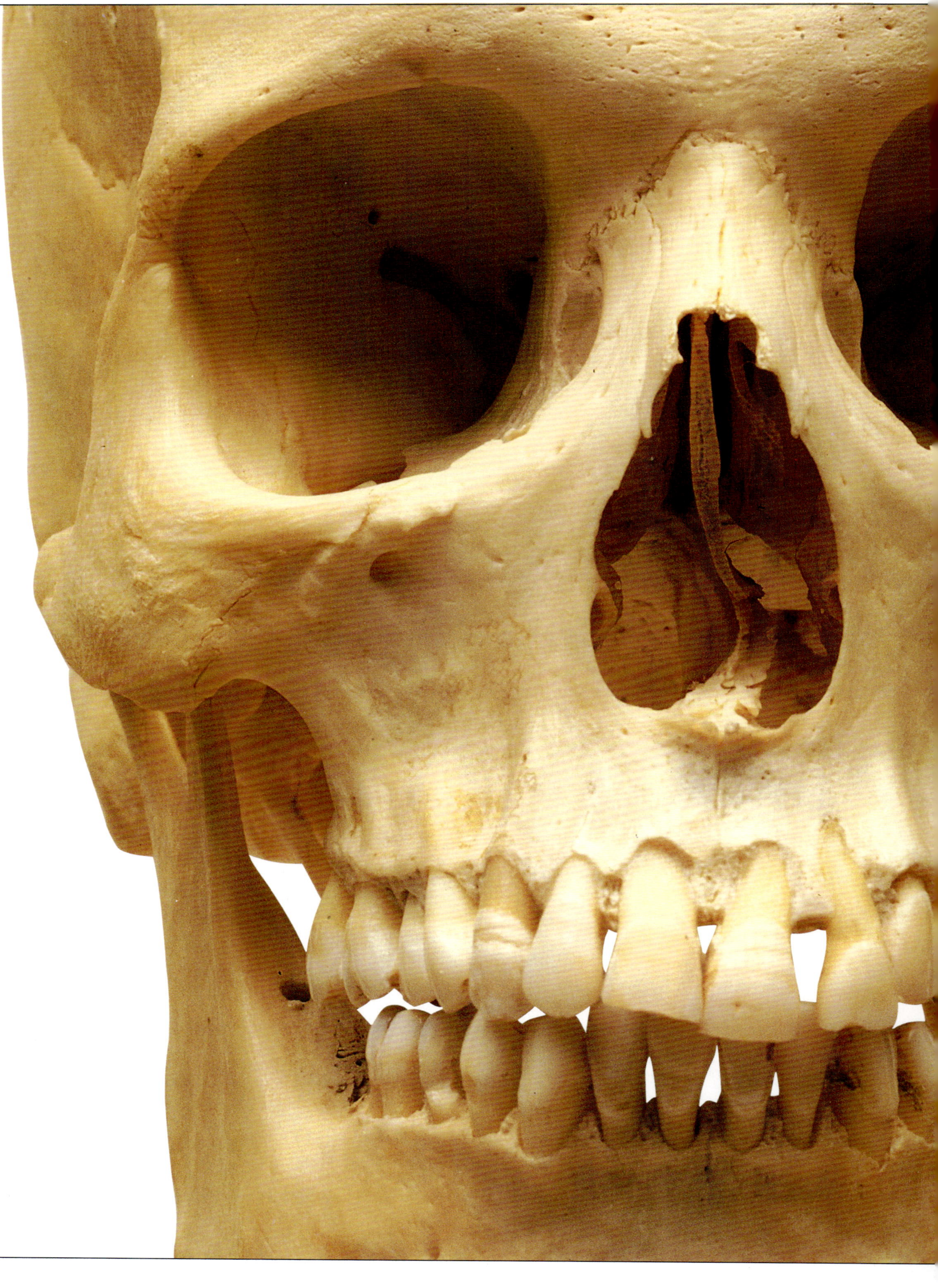

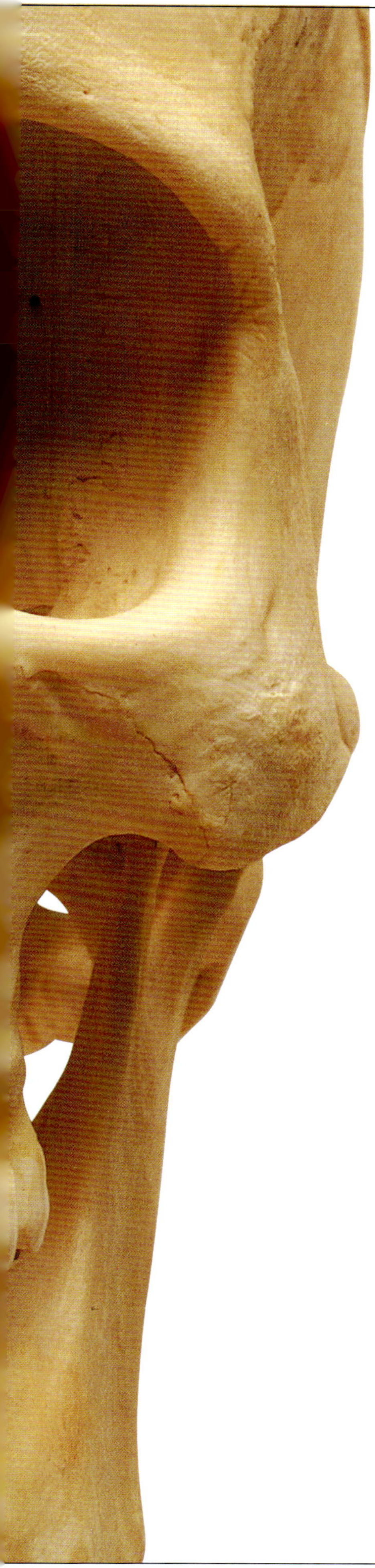

人体

人体特征

尽管外形差异巨大，人体的基本功能完全一致。骨骼尺寸、肌肉线条、皮下脂肪层厚度、皮肤弹性或松弛度以及年龄和性别等等因素，都可以造就人类个体独特的外部体貌特征。通常，男性身高更高，肩膀更宽，身体的毛发更浓密，男女迥异的皮下脂肪层分布不尽相同。女性的肌肉比例较低，骨盆浅且宽，适合繁育后代。

男性与女性的背视图

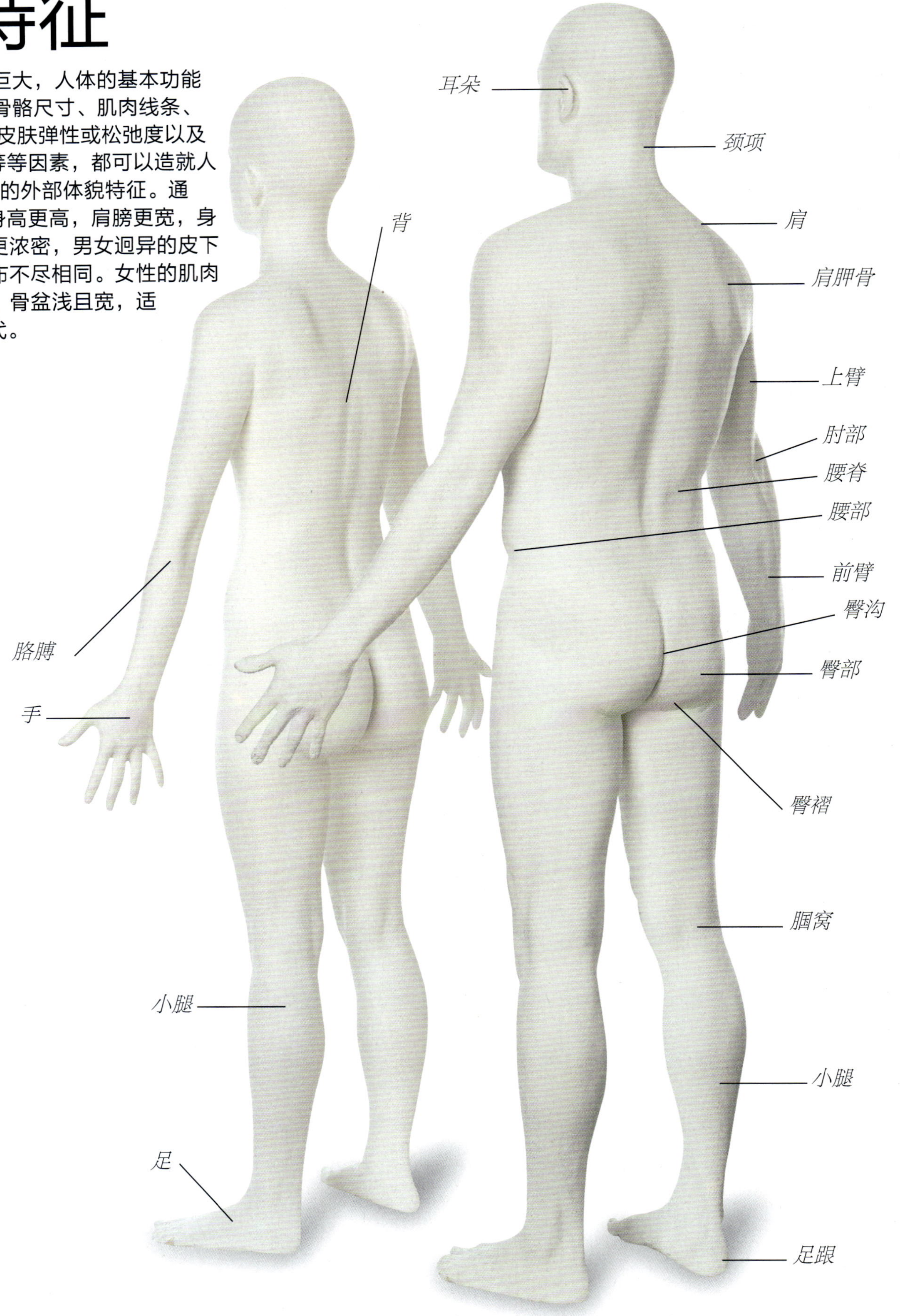

男性与女性前视图

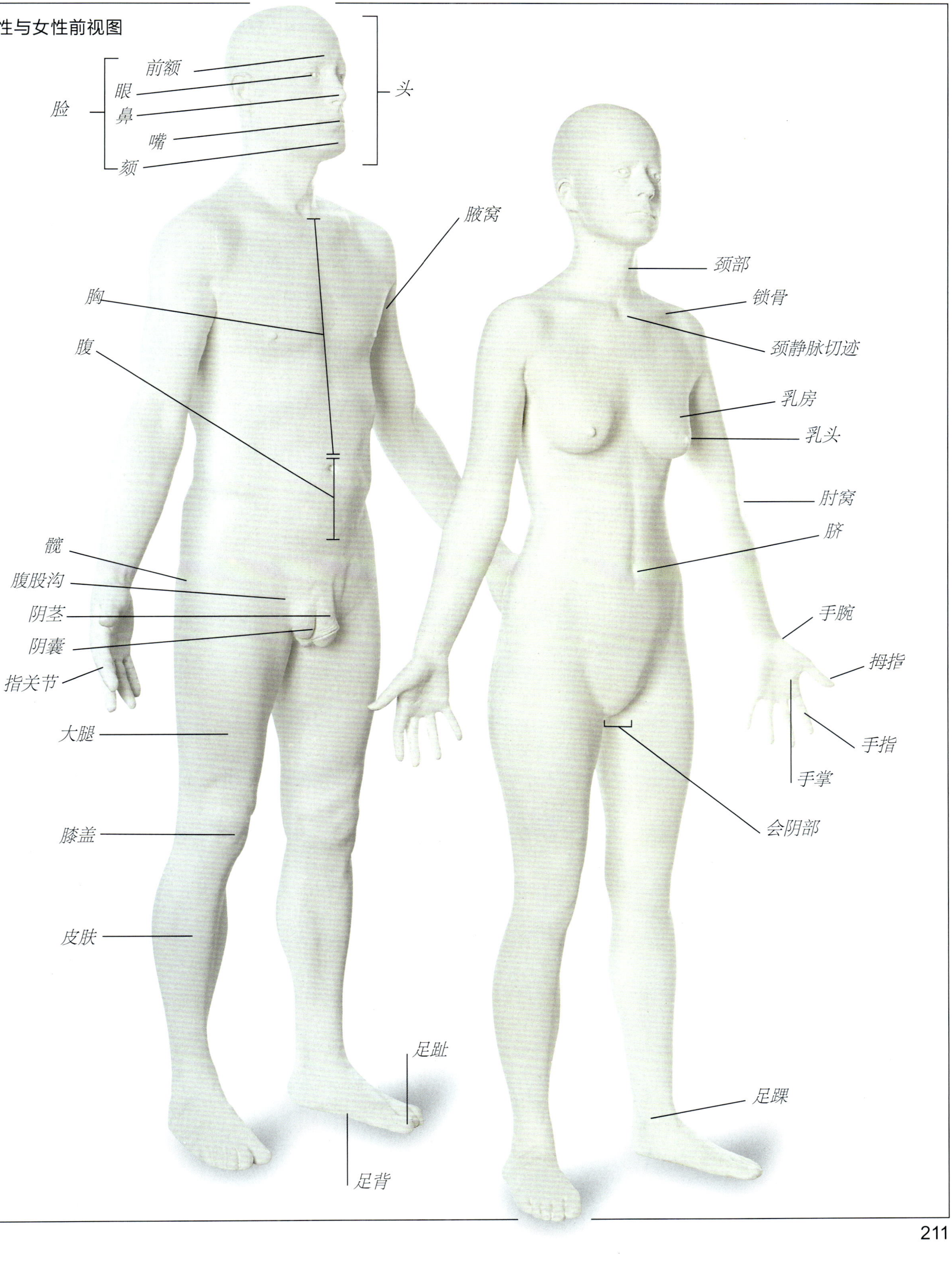
前额
眼
脸
鼻
嘴
颏
头
腋窝
胸
腹
髋
腹股沟
阴茎
阴囊
指关节
大腿
膝盖
皮肤
足趾
足背
颈部
锁骨
颈静脉切迹
乳房
乳头
肘窝
脐
手腕
拇指
手指
手掌
会阴部
足踝

头部

新生儿的头部可以占到整个身长的四分之一，成年人后该比例降至八分之一。人体的重要感觉器官集中在头部：眼睛、耳朵、探测气味的嗅神经和舌头的味蕾。这些感官获得的信号将传输到人体最重要的协调中心——大脑。包裹大脑的坚硬颅骨可以提供出色的保护。头顶的毛发能够阻止热量流失，成年男性可能脸部也有茂盛的毛发。头部包括三个重要通道：两个用于传输空气的鼻孔，以及用于摄入营养和作为语音辅助的口腔。人类的头部功能并无二致，但大小、形状和肤色的区别让世界变得丰富而精彩。

头部的外特征

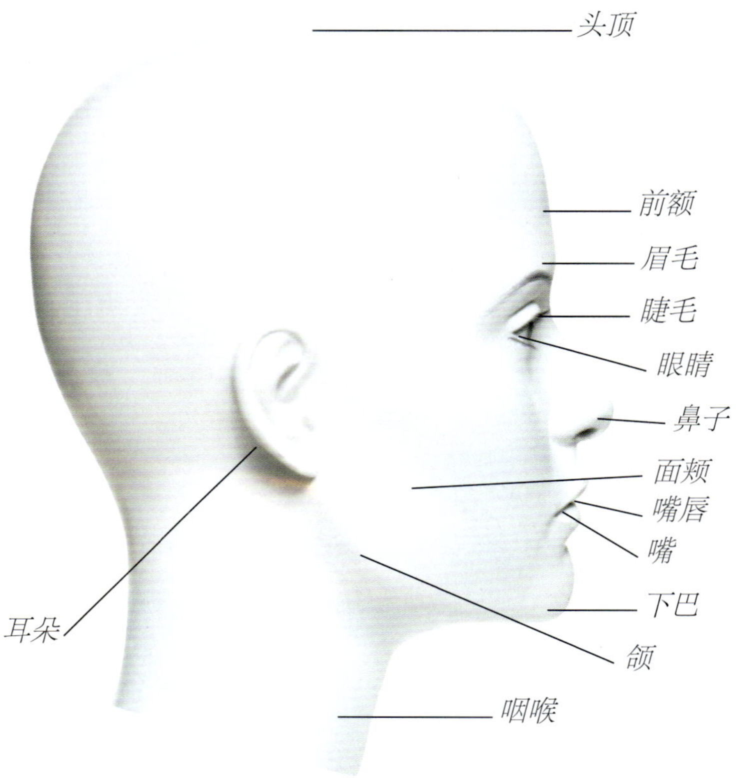

头部切面

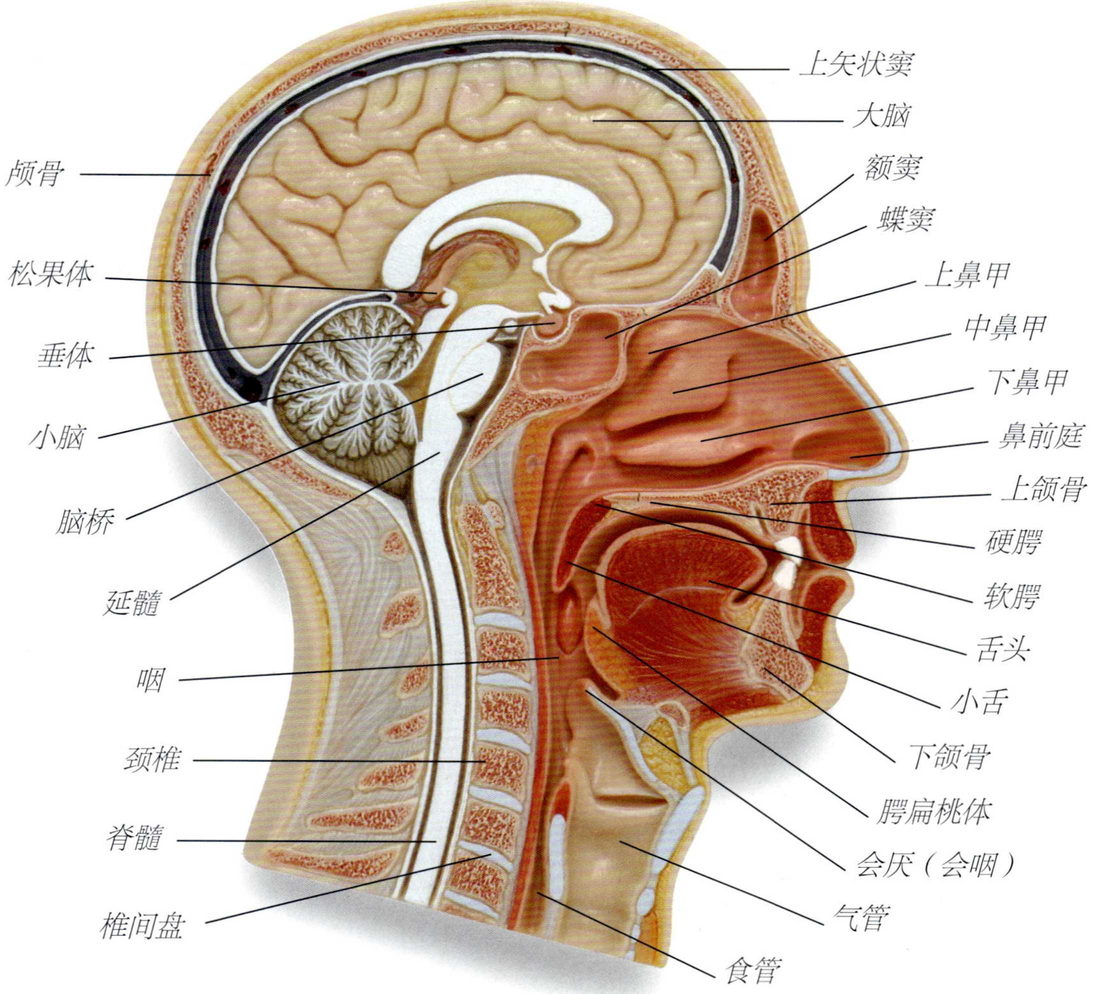

头部的外部特征（前视图）

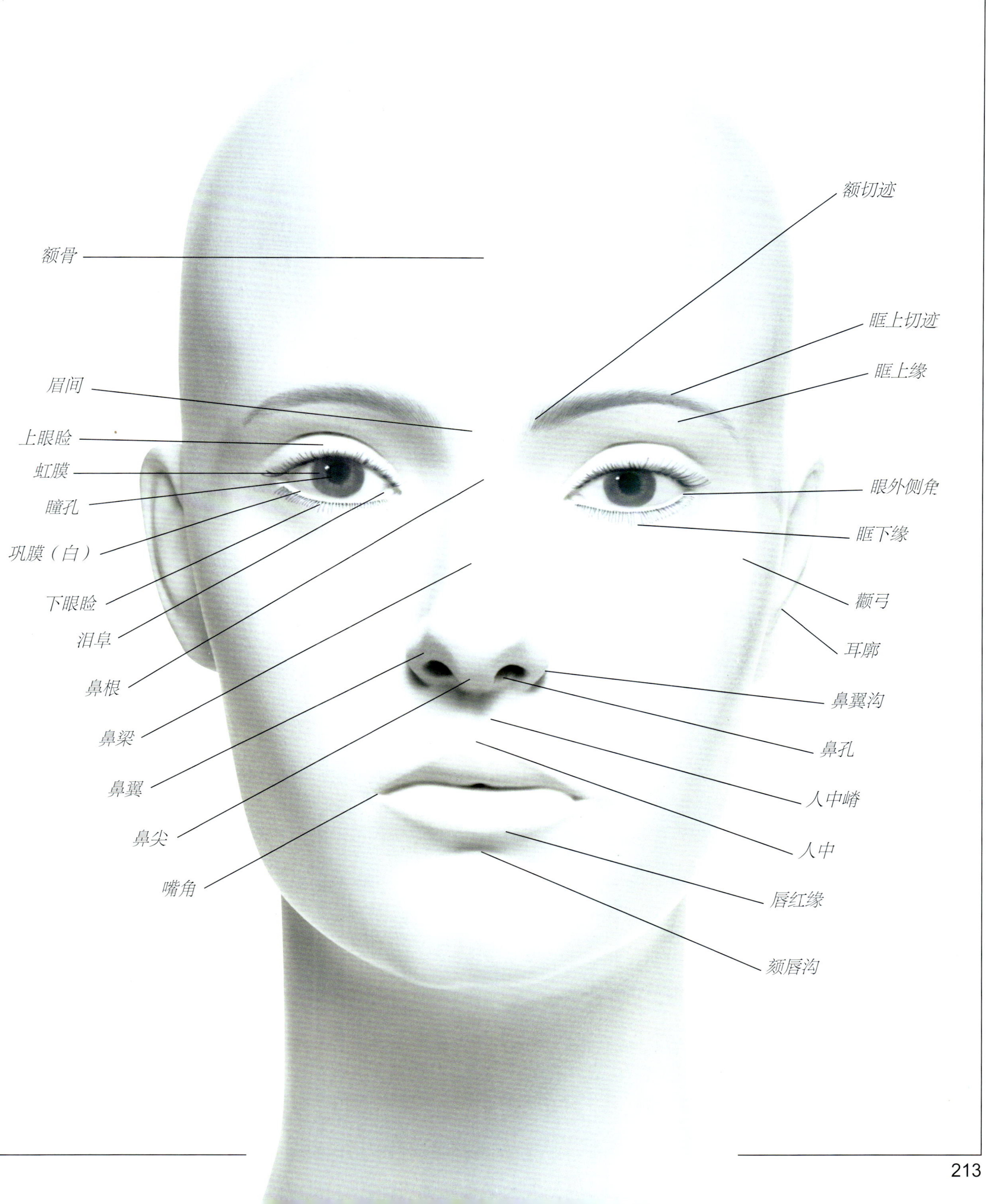
额切迹
额骨
眶上切迹
眶上缘
眉间
上眼睑
虹膜
眼外侧角
瞳孔
眶下缘
巩膜（白）
颧弓
下眼睑
泪阜
耳廓
鼻根
鼻翼沟
鼻孔
鼻梁
人中嵴
鼻翼
人中
鼻尖
唇红缘
嘴角
颏唇沟

人体器官

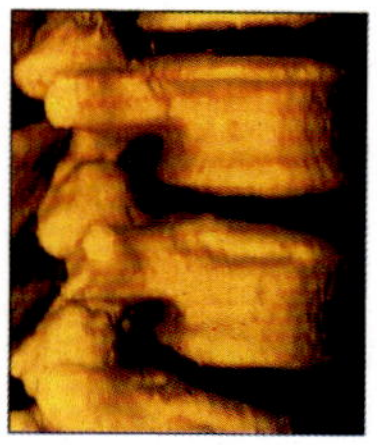

除了大脑之外，所有重要的人体器官都包裹在躯干（头部和四肢以外的部分）中。躯干包括上下两个腔室，中间由一层肌肉膜分割，这层肌肉膜称为横膈膜。横膈膜上方为胸腔，包括心脏和肺等器官；下方是腹腔，包含胃、肠、肝和胰腺等消化系统器官，与肾脏和膀胱等泌尿系统器官以及生殖系统器官。随着X射线造影和扫描等当代成像技术的发展，现在我们无需切开人体的皮肤、脂肪、肌肉和骨头等保护层即可观察和研究人体器官的机能和病变。

重要的内部结构

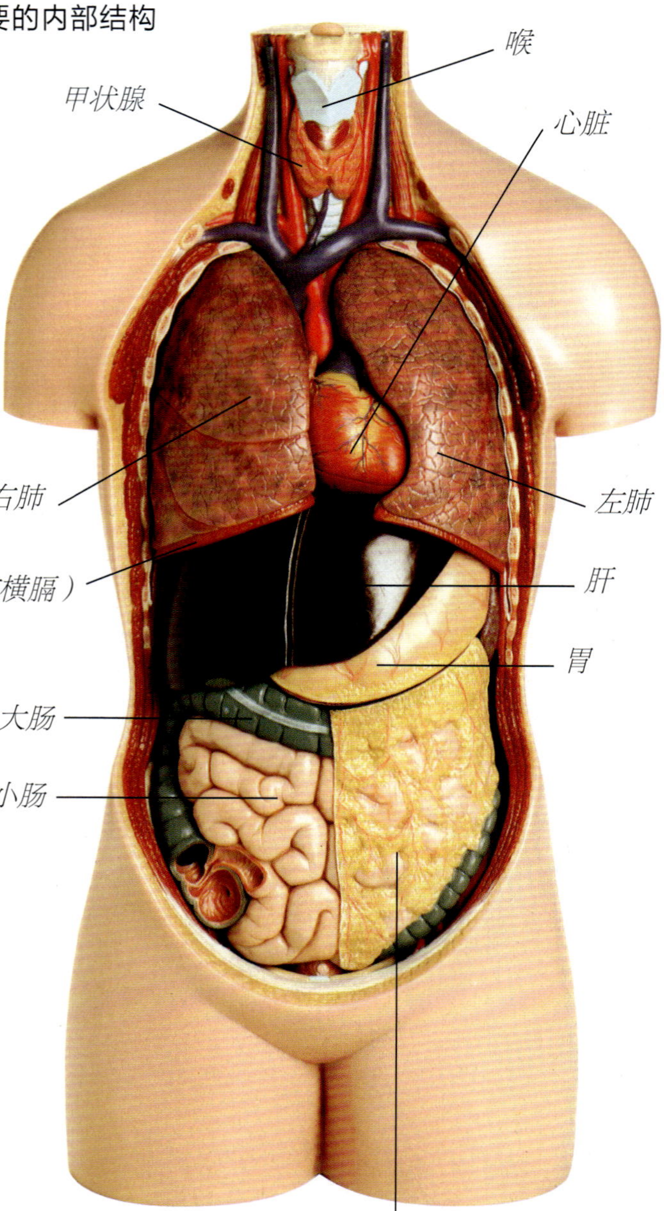

人体成像

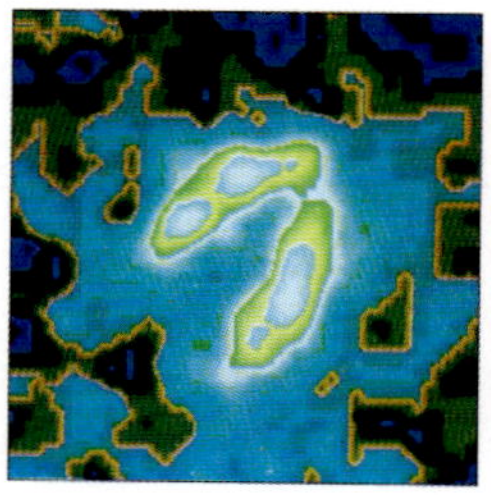

心室闪烁扫描图

右肺血管造影图

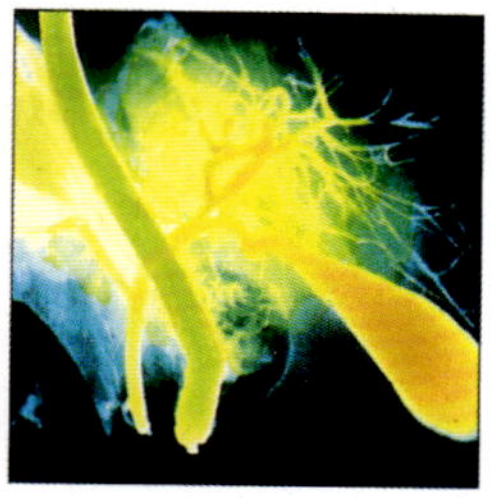

胆囊X射线造影

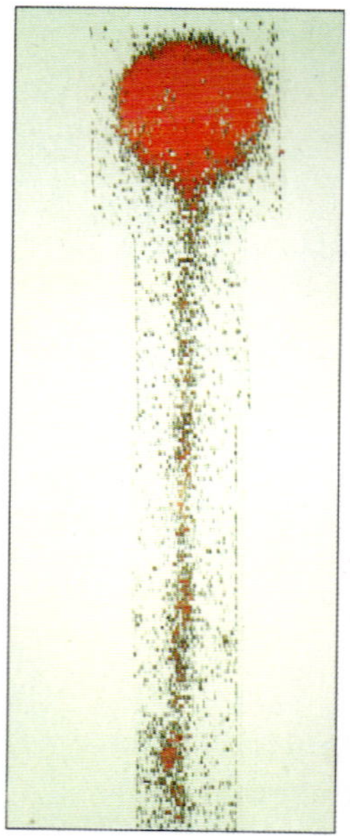

神经系统闪烁扫描

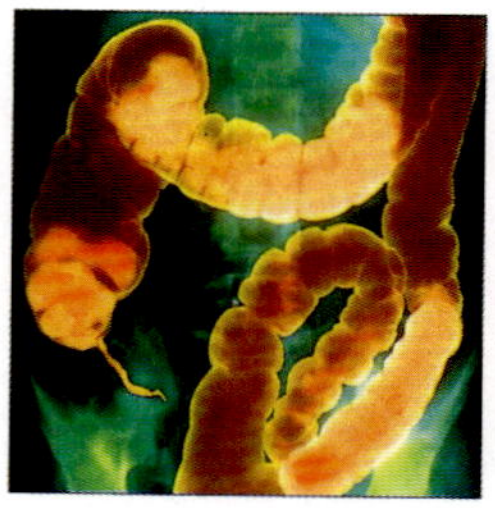

结肠X射线双对比造影

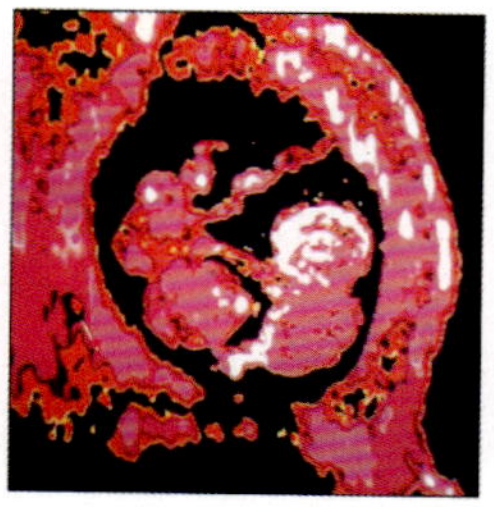

子宫双胞胎超声波扫描

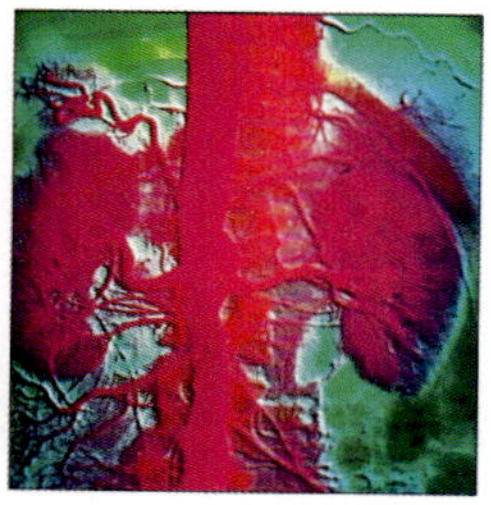

肾脏血管造影

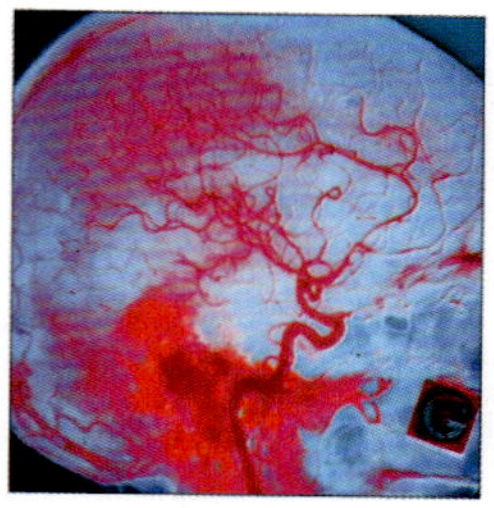

头部动脉血管造影

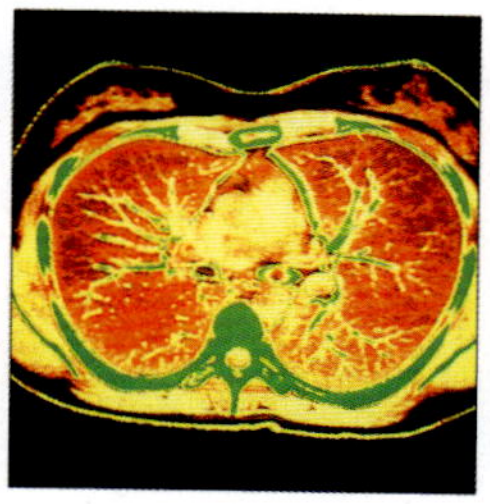

女性胸部CT扫描

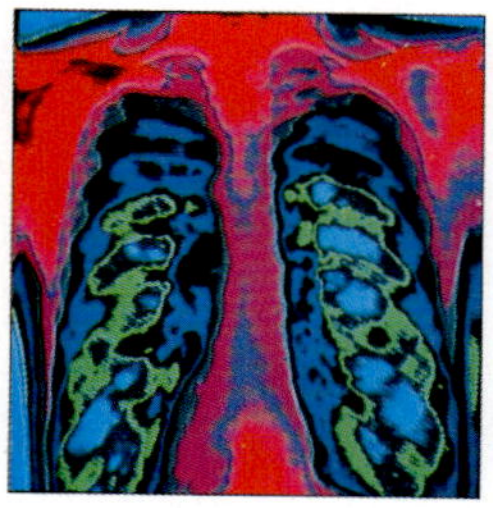

胸部热谱图

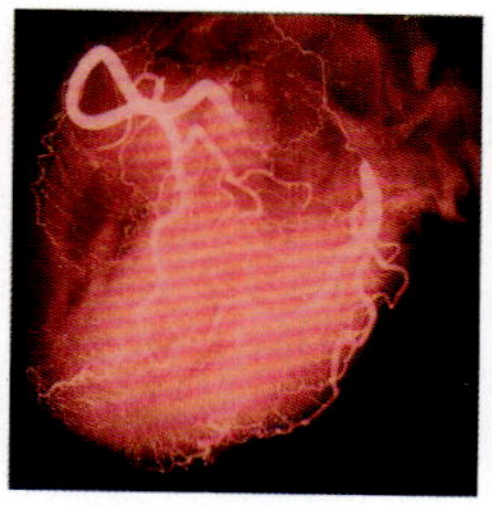

心脏冠脉血管造影

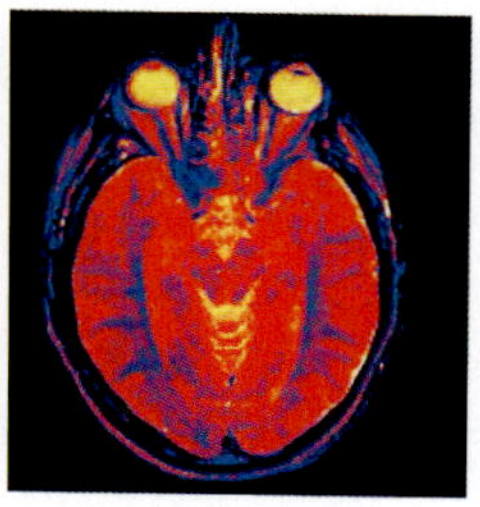

眼层面磁共振扫描

移除部分器官的胸腔和腹腔

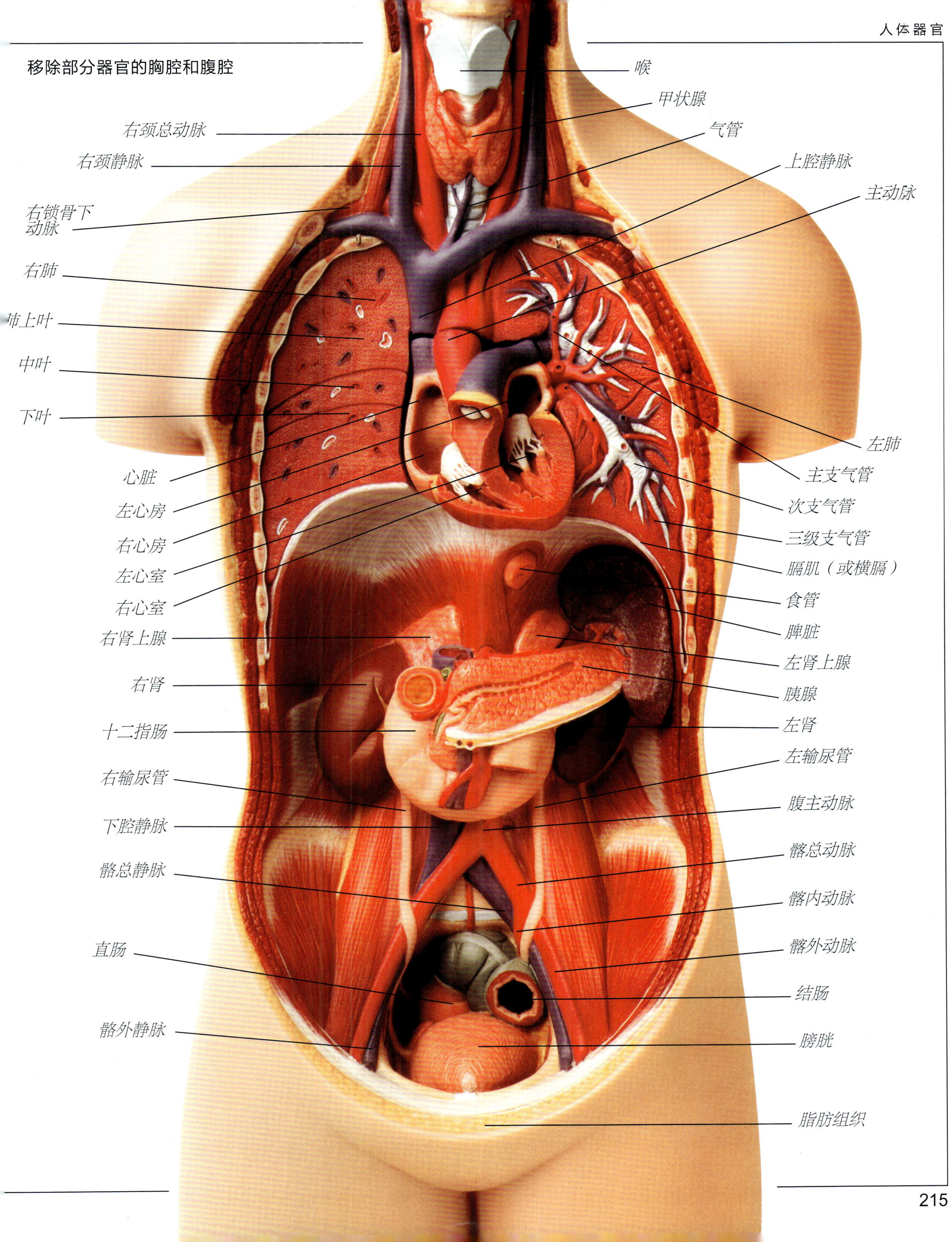

体细胞

人体包含数十亿的细胞，不同类型的细胞是人体、骨骼、肌肉、神经、皮肤、血液和其他所有身体组织的基础。每个细胞都有独特的功能，而且不同类型的细胞能够相互结合以发挥不同的机能，满足广泛的生命需求。大多数体细胞的结构基本相同，每个细胞都包括外层（细胞膜）和液态物质（细胞质）。细胞质包含众多特殊的结构（细胞器），最重要的细胞器是细胞核，其中包含关键遗传物质，也是细胞的控制中心。

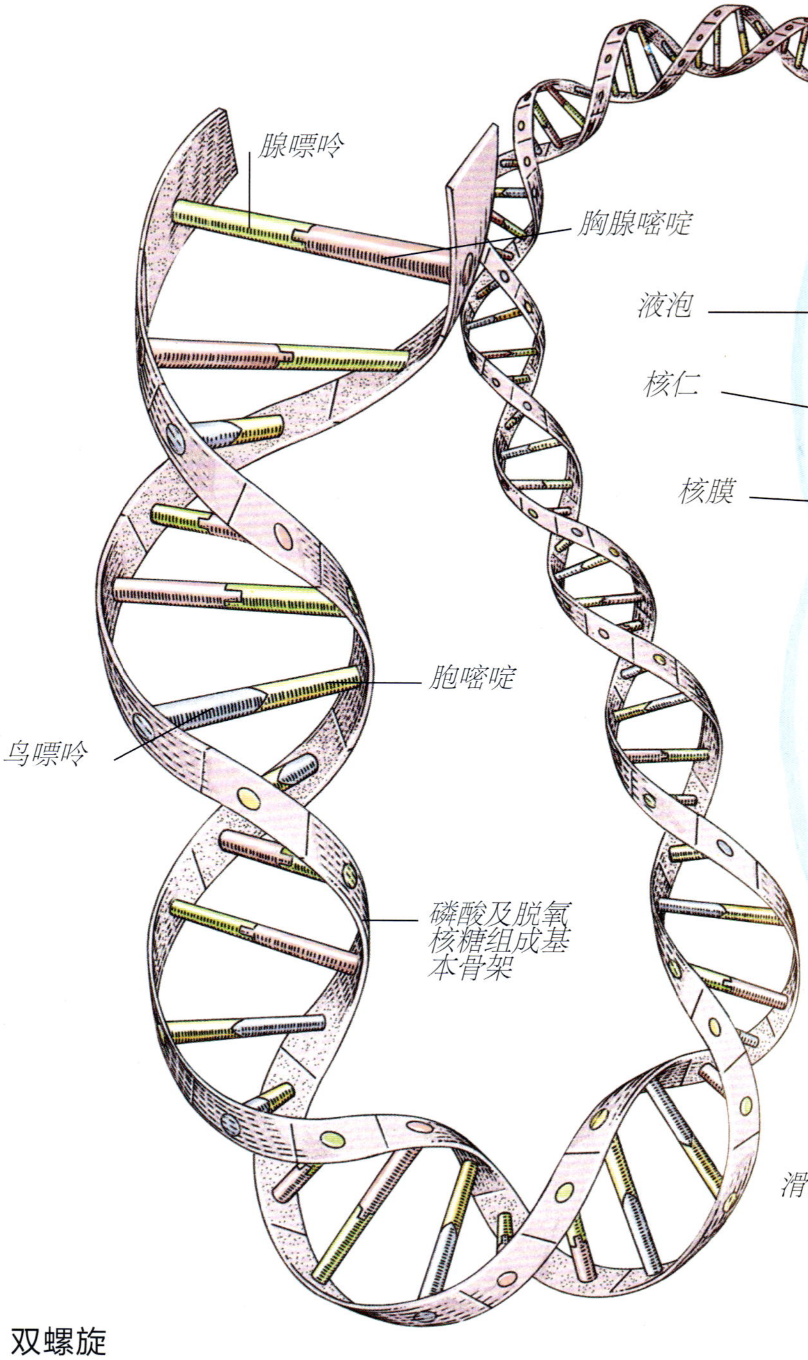

双螺旋

双螺旋模型是一个螺旋梯结构，可以实现直观的脱氧核糖核酸（DNA）显示。DNA包含所有关键遗传信息和指令代码，是生命维系和持续的基础。

一般人体细胞

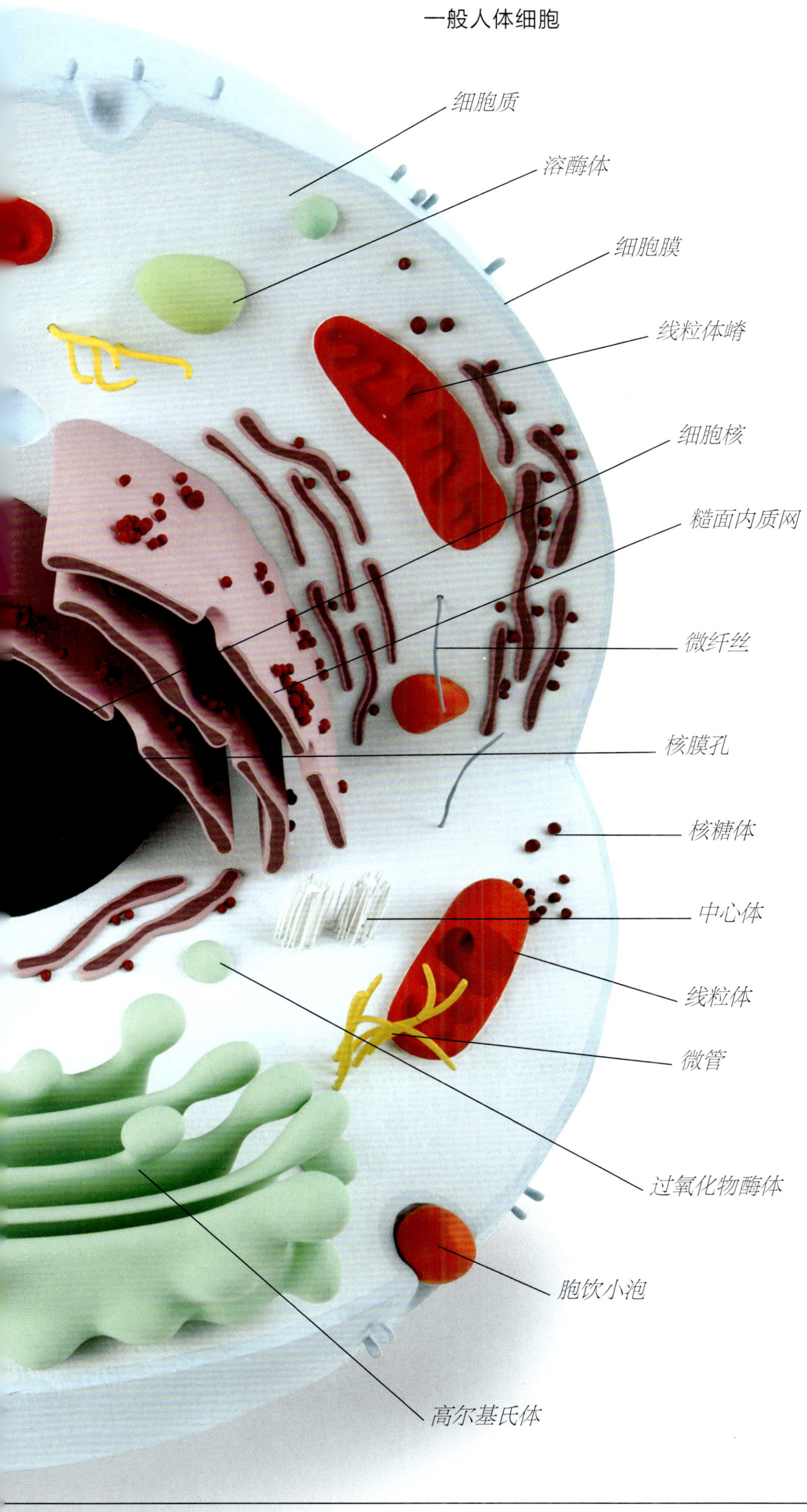

细胞类型

成骨细胞

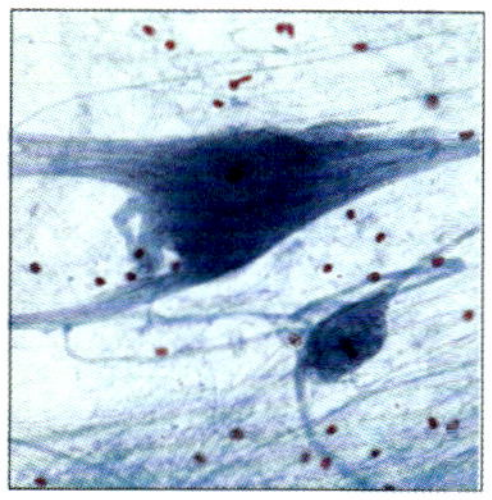

脊髓神经细胞

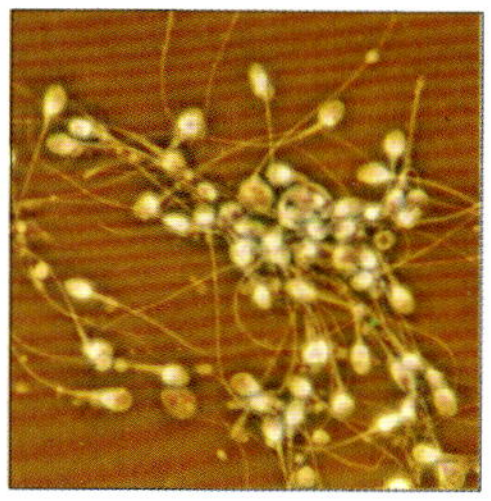

精液中的精子

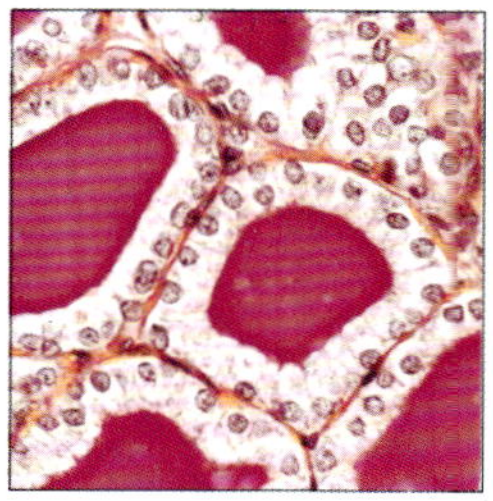

甲状腺滤泡

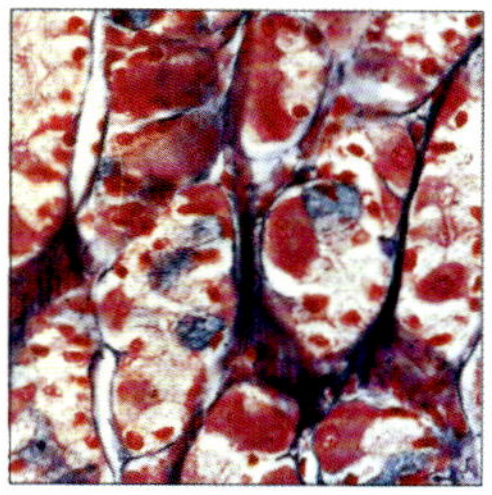

胃粘膜泌酸腺

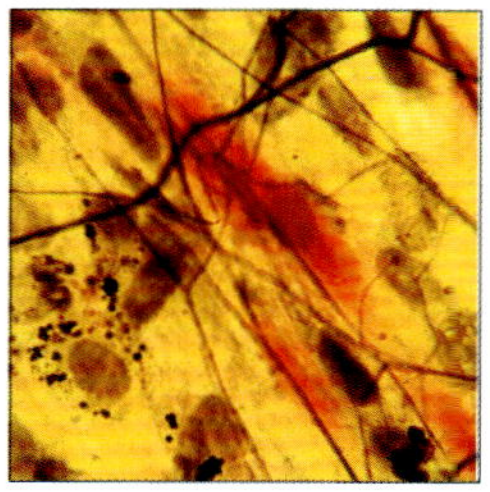

结缔组织细胞

十二指肠黏液分泌细胞

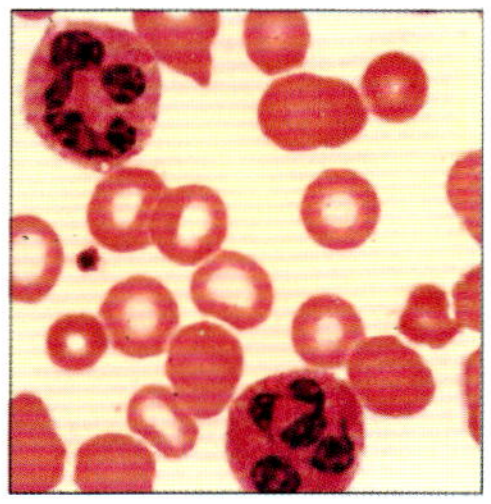

红细胞和两个白细胞

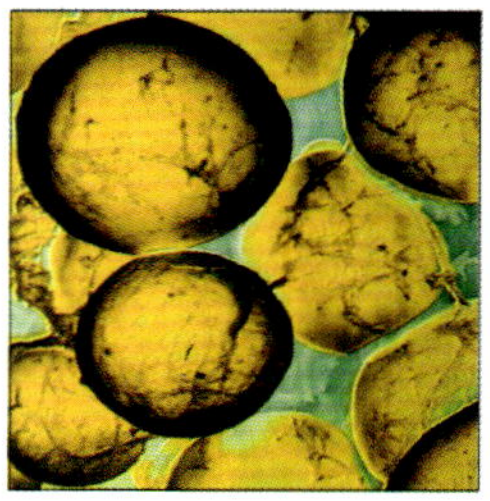

脂肪组织的脂肪细胞

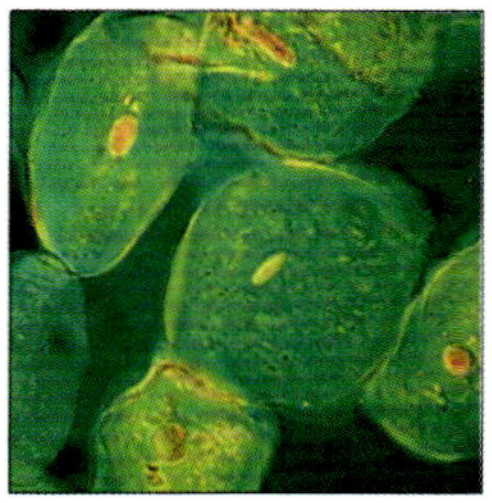

脸颊上皮细胞

骨骼

人体骨骼包括206块骨头，其中手和脚约占一半。单块骨头十分坚硬，而完整的骨骼不仅能够支撑身体，而且还能可以实现极为精细的动作。通常，女性的骨骼细、弱而且轻，骨盆浅而且宽。

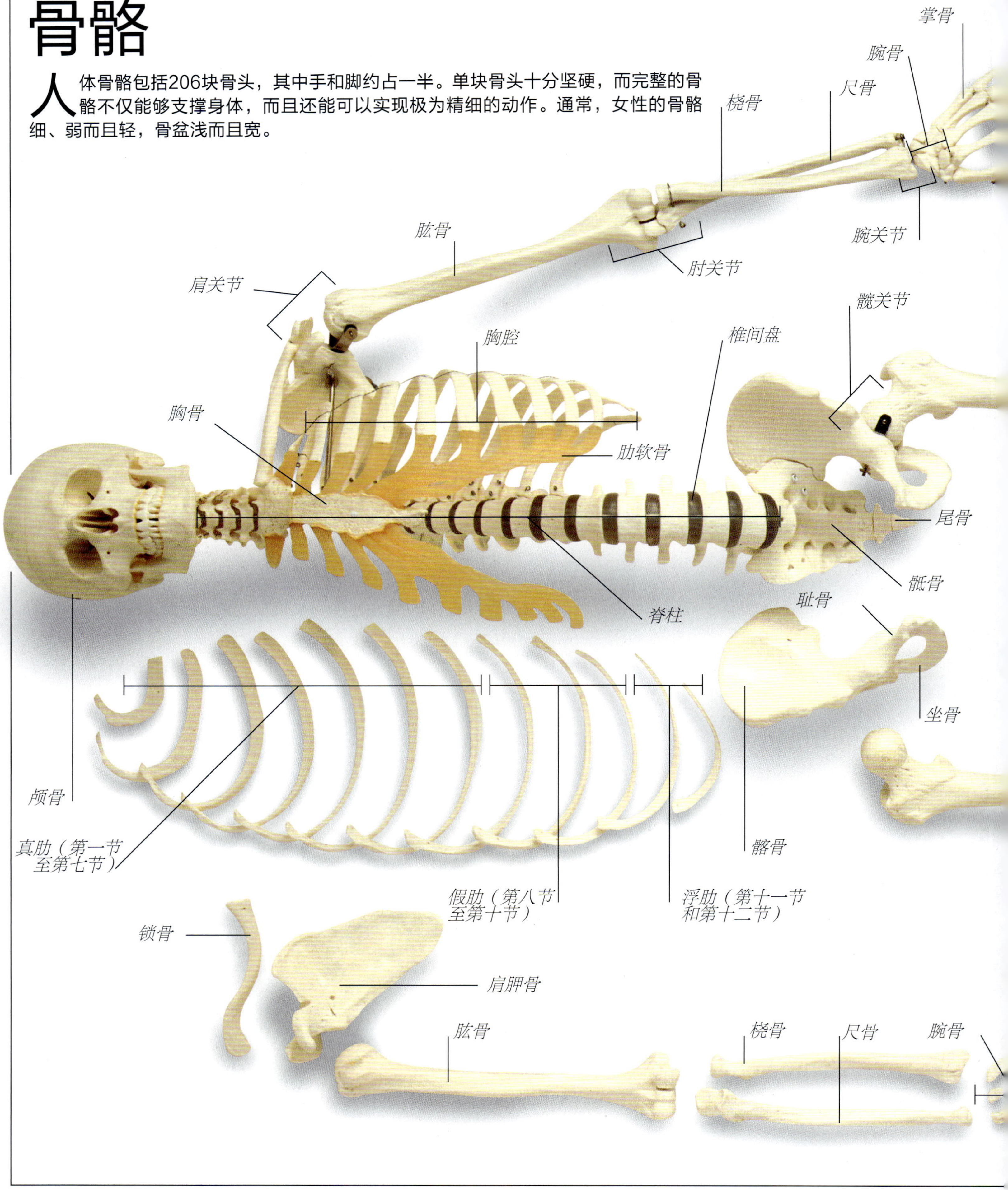

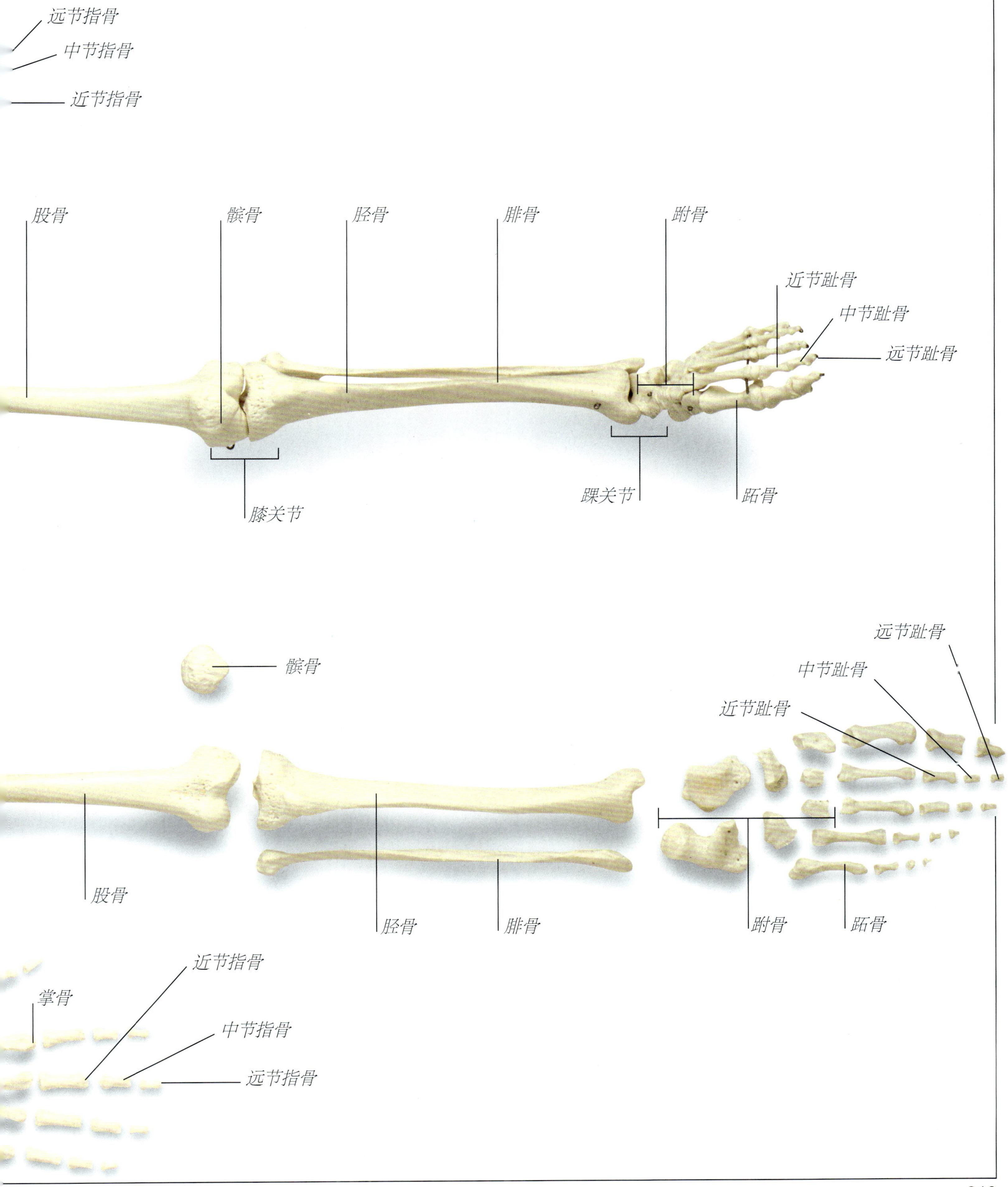
远节指骨
中节指骨
近节指骨
股骨
髌骨
胫骨
腓骨
跗骨
近节趾骨
中节趾骨
远节趾骨
膝关节
踝关节
跖骨
远节趾骨
中节趾骨
髌骨
近节趾骨
股骨
胫骨
腓骨
跗骨
跖骨
近节指骨
掌骨
中节指骨
远节指骨

颅骨

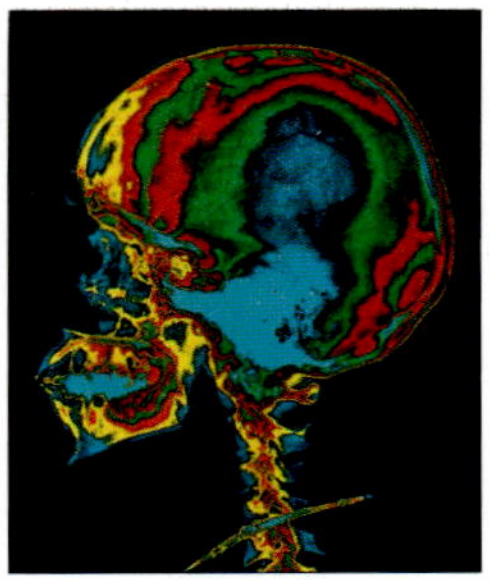

颅骨是人体最复杂最精密的骨质结构，每一部分都有它特定的作用。颅骨内腔分为三个窝室，颅内面承托脑，凹凸起伏与脑表面形态相配。颅后底部有一个巨大的圆孔，称为枕骨大孔，脊髓通过枕骨大孔与颅腔连接。枕骨大孔下方有很多小的开孔，是神经、动脉和静脉与大脑连接的通路。颅骨顶部包括四块薄的弧形骨，顶骨在婴儿长到大约两岁时才会完全骨化密合。颅骨前部为面颅，包括两个承载眼球的眶窝和一个容纳鼻子导气管的中孔。颌骨通过两侧的骨突与面颅连接，连接位置与耳朵齐平。

胎儿颅骨右侧视图

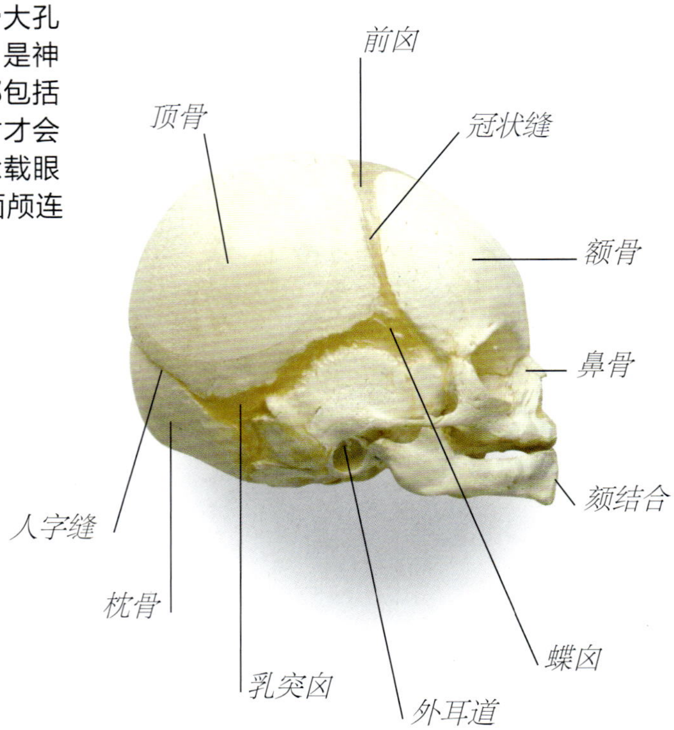

颅骨右侧视图

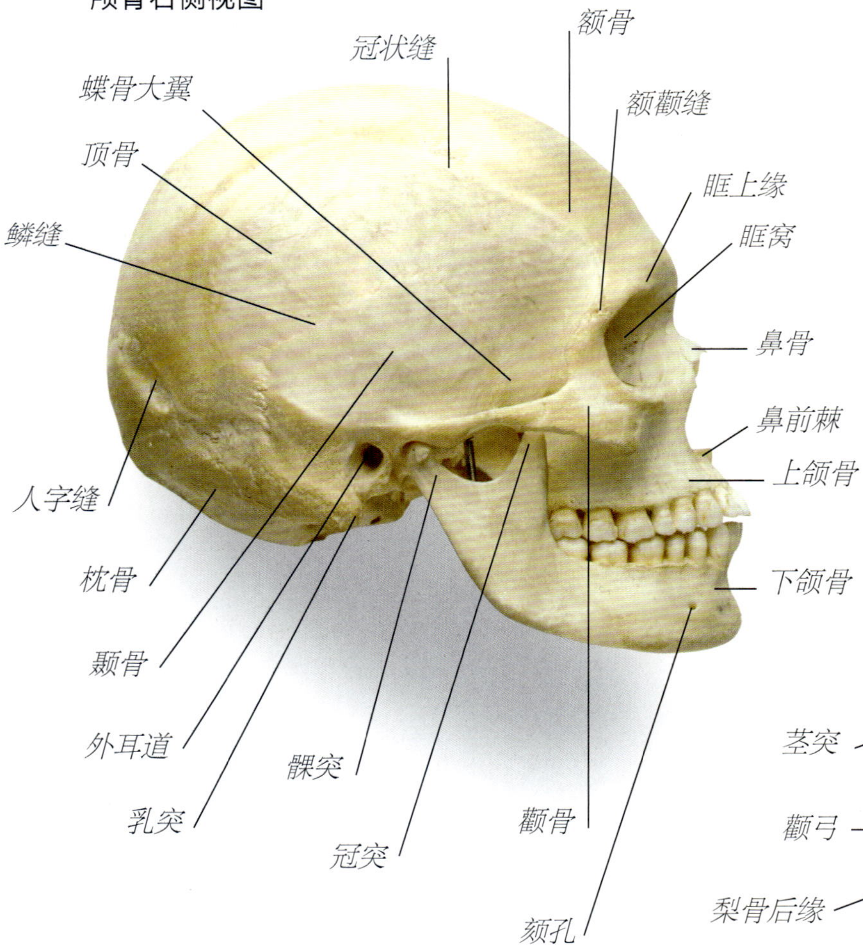

颅骨下视图

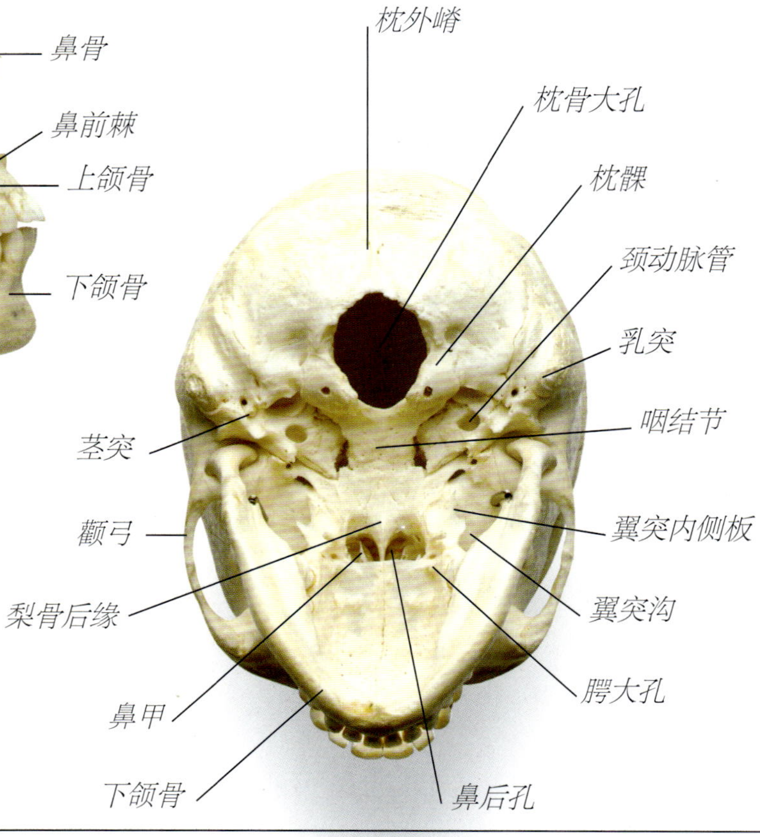

颅骨前视图

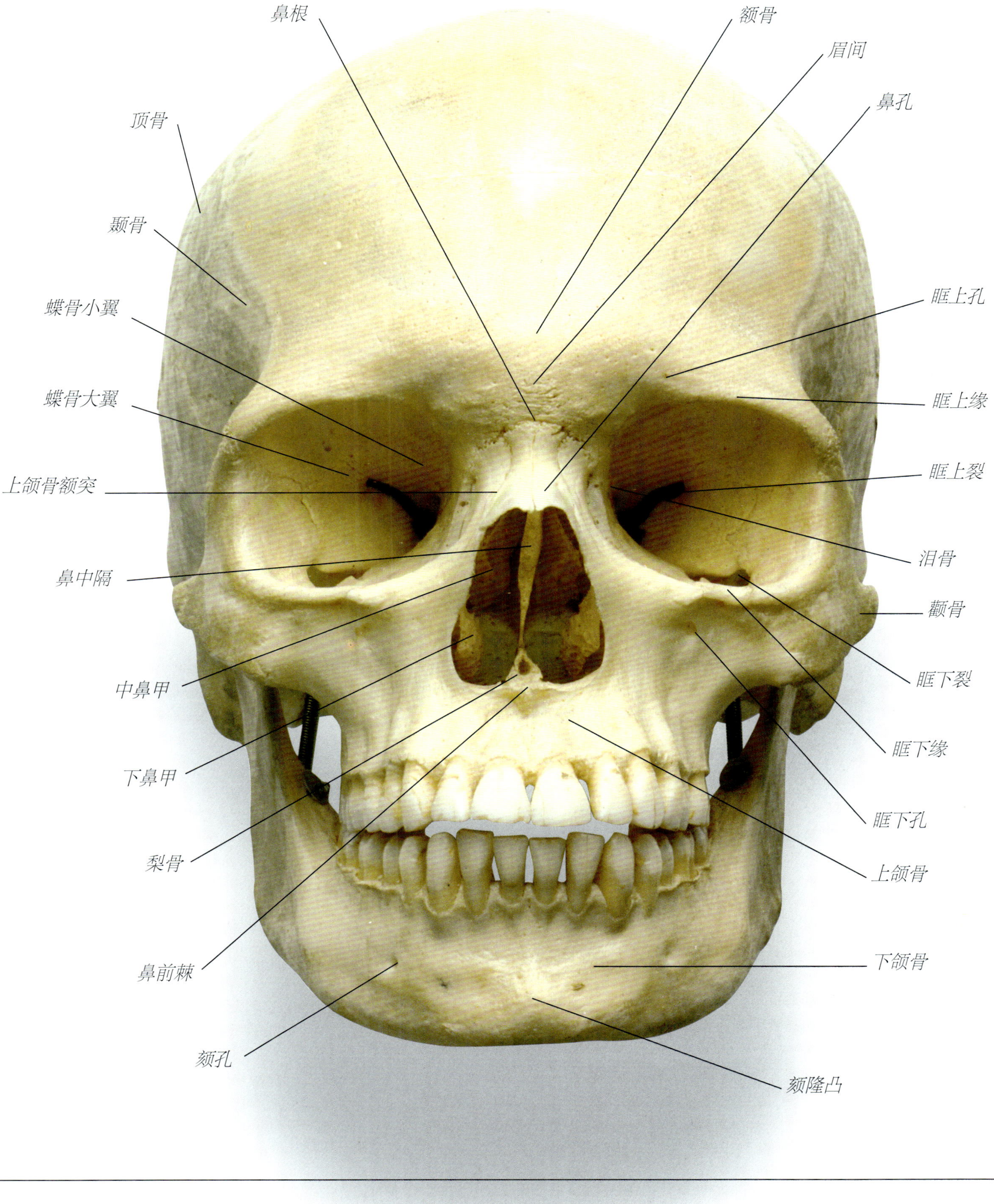
鼻根
额骨
眉间
鼻孔
顶骨
颞骨
蝶骨小翼
蝶骨大翼
上颌骨额突
鼻中隔
中鼻甲
下鼻甲
犁骨
鼻前棘
颏孔
眶上孔
眶上缘
眶上裂
泪骨
颧骨
眶下裂
眶下缘
眶下孔
上颌骨
下颌骨
颏隆凸

脊柱

脊柱有两个重要的功能：保护脆弱的脊髓，作为骨骼的中轴支撑。脊柱包括24块形状各异的独立骨头（椎骨），底部是一个弯曲的三角形骨头（骶骨）。骶骨是多块椎骨合成的一块骨头，下端是小骨组成类似尾巴的结构，称为尾骨。每对椎骨之间都有软骨盘，可以在移动时为椎骨提供缓冲垫。最上方的两节椎骨与其他椎骨不同，属于一对：第一节椎骨称为寰椎，第二节椎骨称为枢椎，两者结合可以构成寰齿关节，以支撑颅骨左右上下自由移动。

脊柱分段

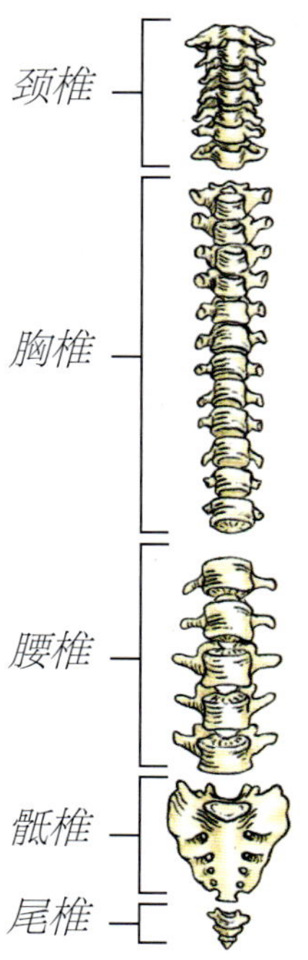

椎骨类型

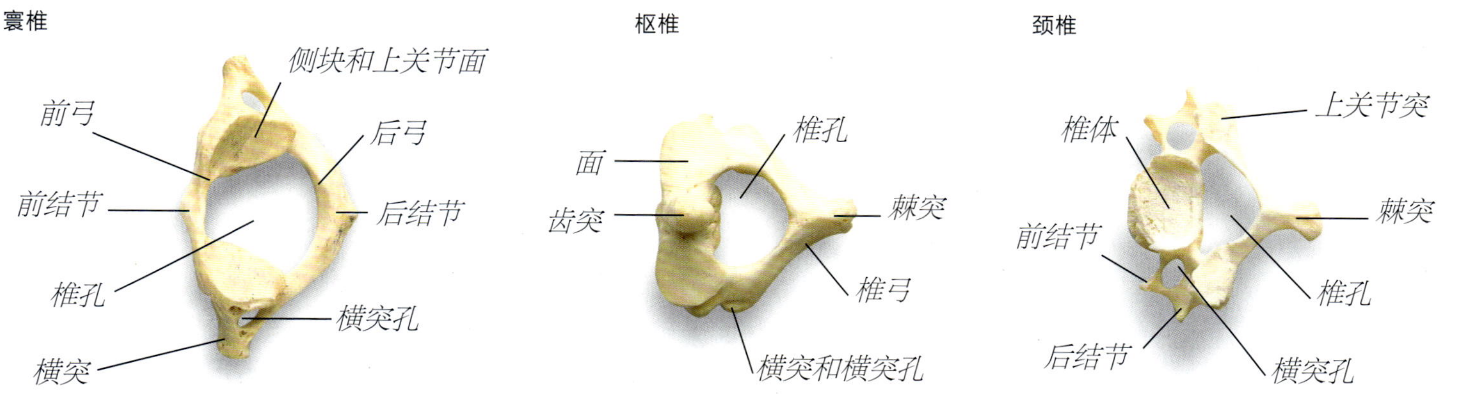

颅骨与脊柱

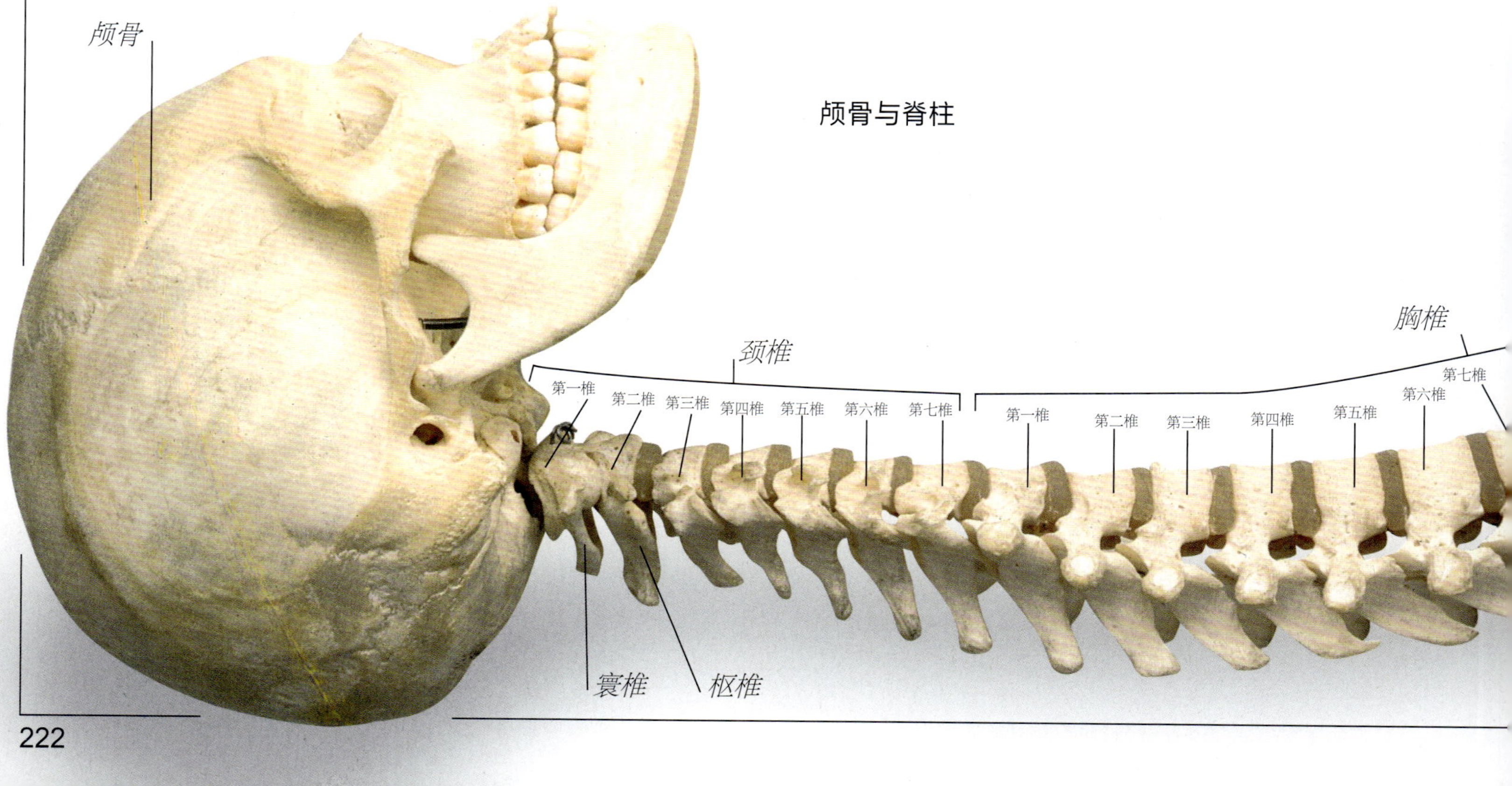

右侧视图

后视图

颈椎和脊髓切面

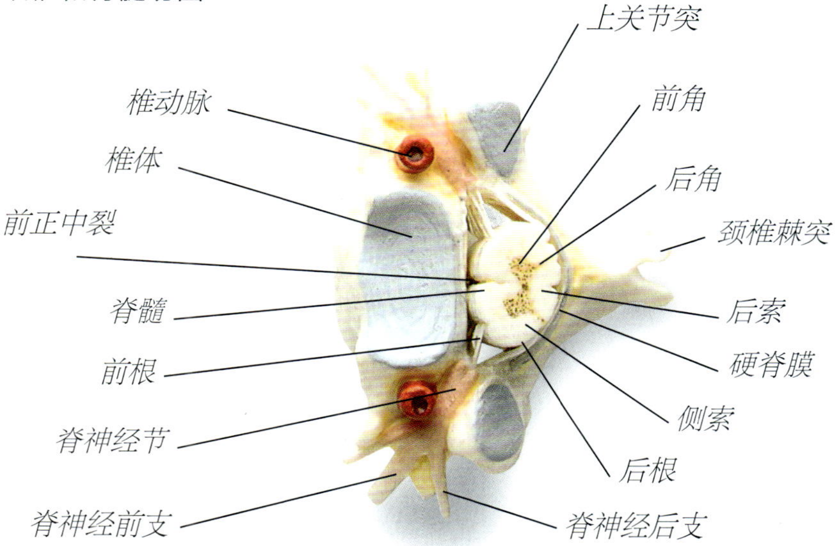

胸椎

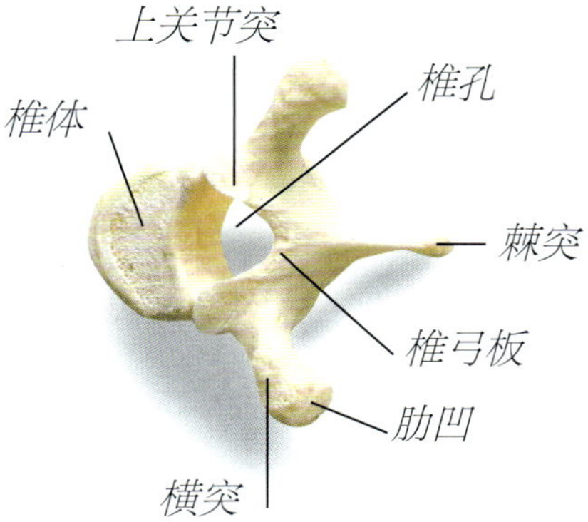

腰椎

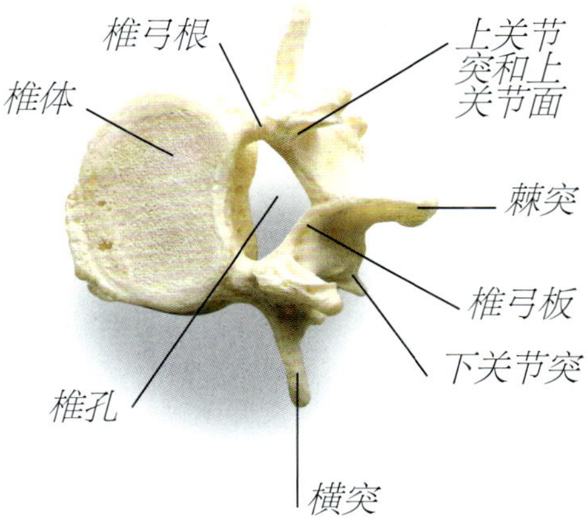

骶骨

尾骨

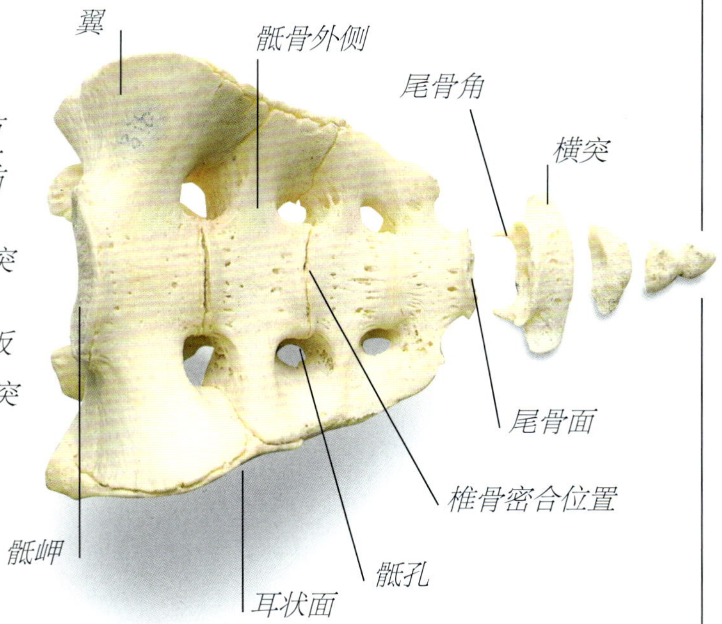

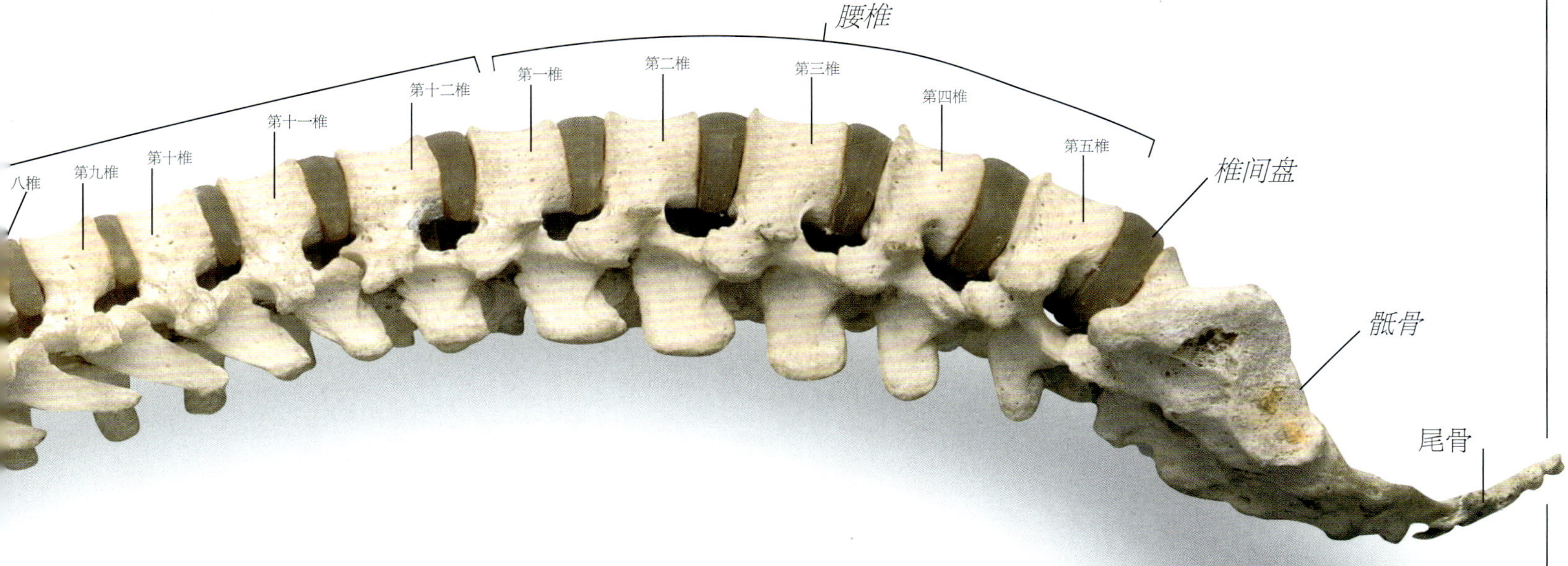

骨骼和关节

骨骼是人体硬质骨架的统称。每块骨骼都有坚硬紧致的外表，可以保护其中较轻的海绵状组织。股骨等四肢的长骨包括一个中空腔，其中为骨髓。骨骼的主要成分为钙、磷和称为骨胶的纤维物质。骨骼之间通过不同类型的关节连接。例如，髋关节属于球窝结构，可以支撑股骨大幅度移动；指关节属于简单的滑车关节，只允许屈伸运动。关节周围都有称为韧带的纤维束，可以固定和限制关节；关节末端覆盖着透明软骨，而滑液膜的衬垫和润滑作用可以确保顺畅的关节运动。

髋关节周围的韧带

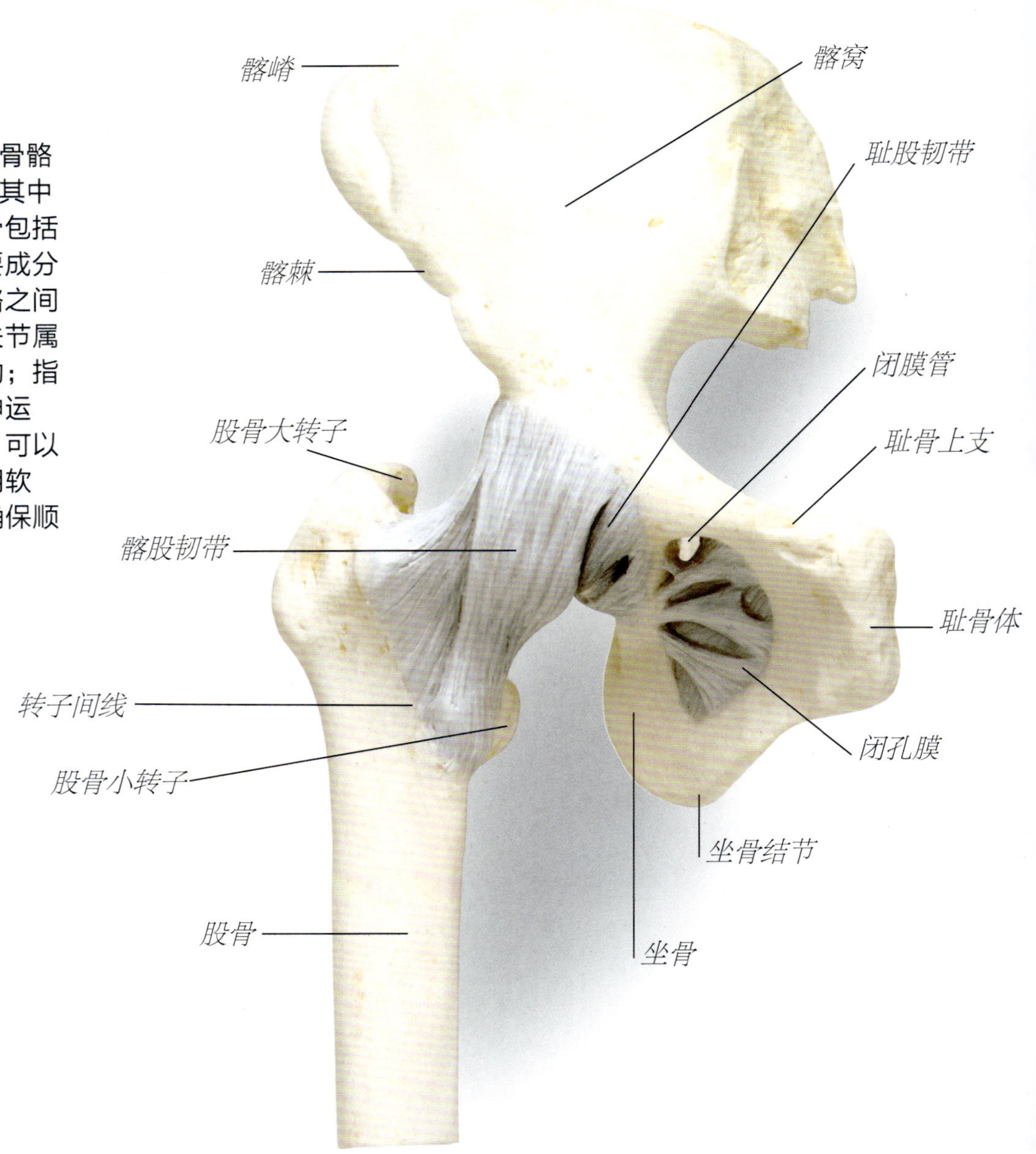

左股骨横切面

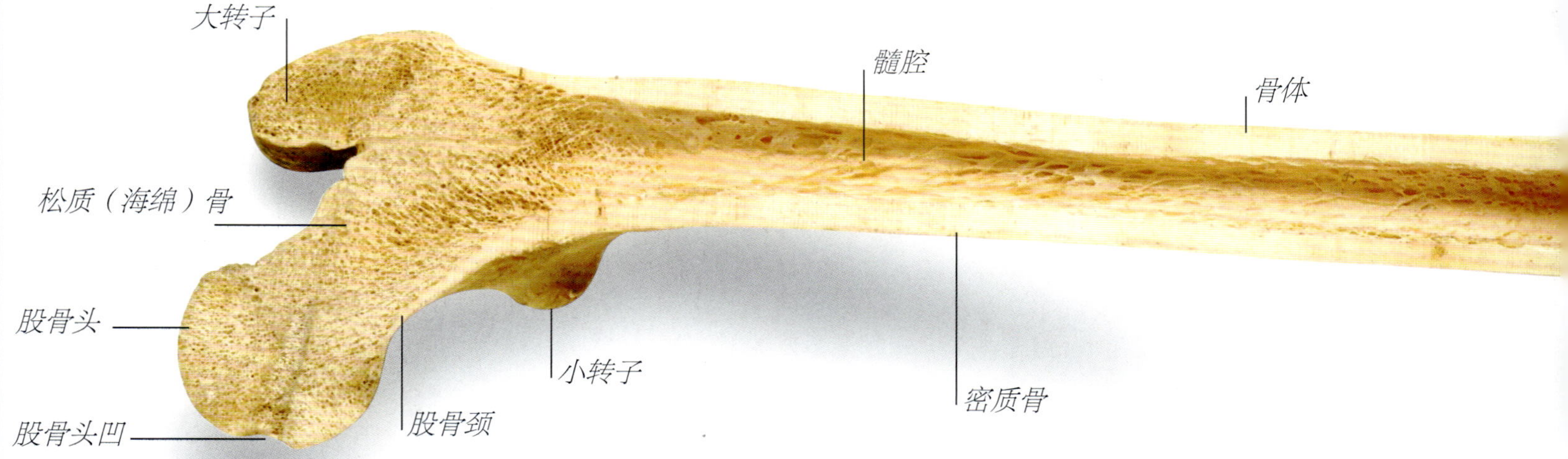

髋关节切面

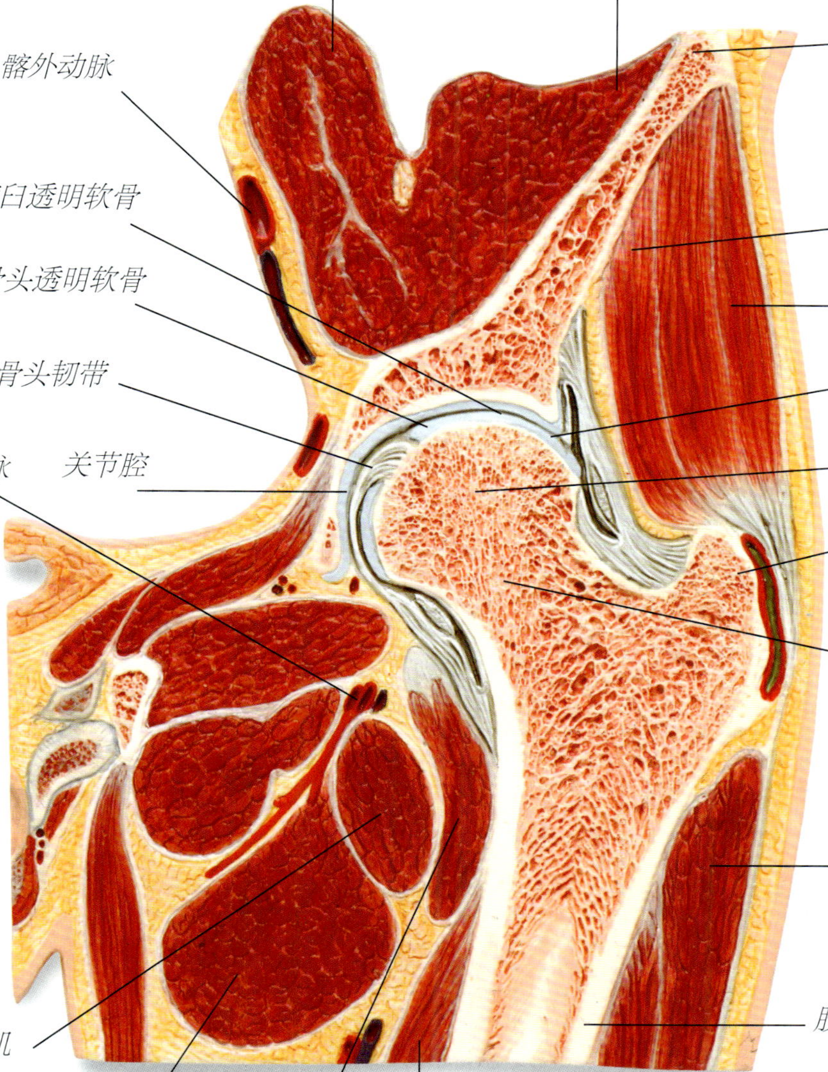

密质骨切面

同心圆方式层叠的致密骨板构成了坚硬的骨骼。

骨髓涂片

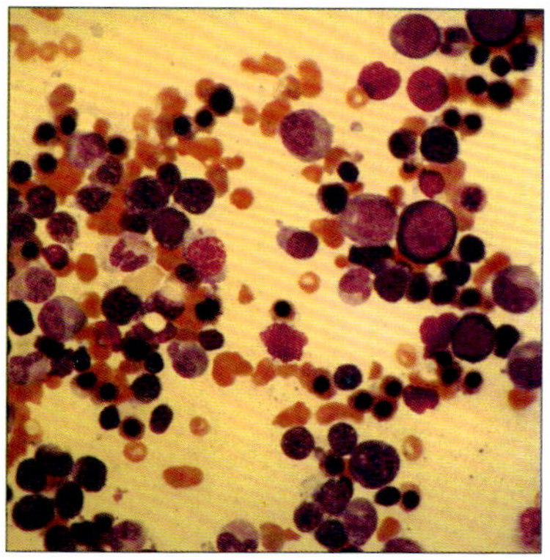

骨髓主要由红细胞和白细胞组成，填充骨骼中间的骨髓腔。

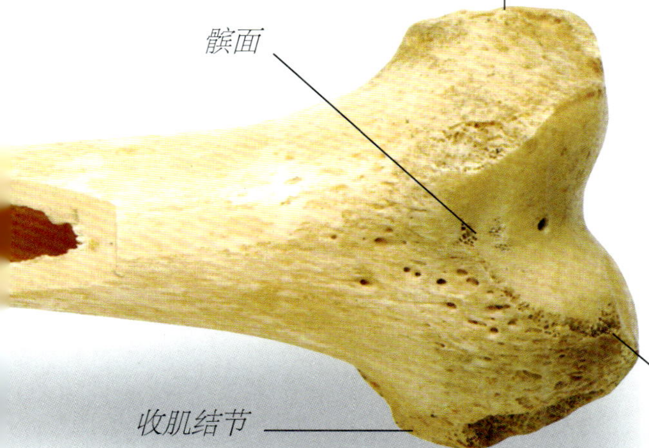

长骨切面

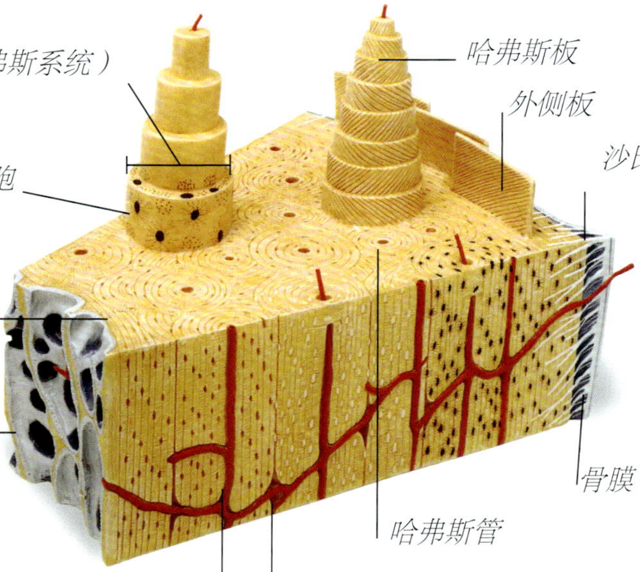

肌肉1

人体的肌肉分为三类：骨骼肌（也称随意肌，即可以随心意控制的肌肉）、平滑肌（也称为不随意肌，即意志无法控制的肌肉）和心肌。人类拥有600多块骨骼肌，形状、大小和功能各异。骨骼肌（通过肌腱）直接或间接附着在骨骼上，并且成对存在（作用相反，一组肌肉收缩，对应的对抗肌将放松），是各种人体运动的动力，包括行走、穿针引线甚至面部表情。平滑肌存在于身体内部器官的内壁，能够通过收缩和扩张动作完成各种功能，例如蠕动让食物通过肠道、收缩子宫以完成分娩、通过血管泵血等。

表层骨骼肌

前视图

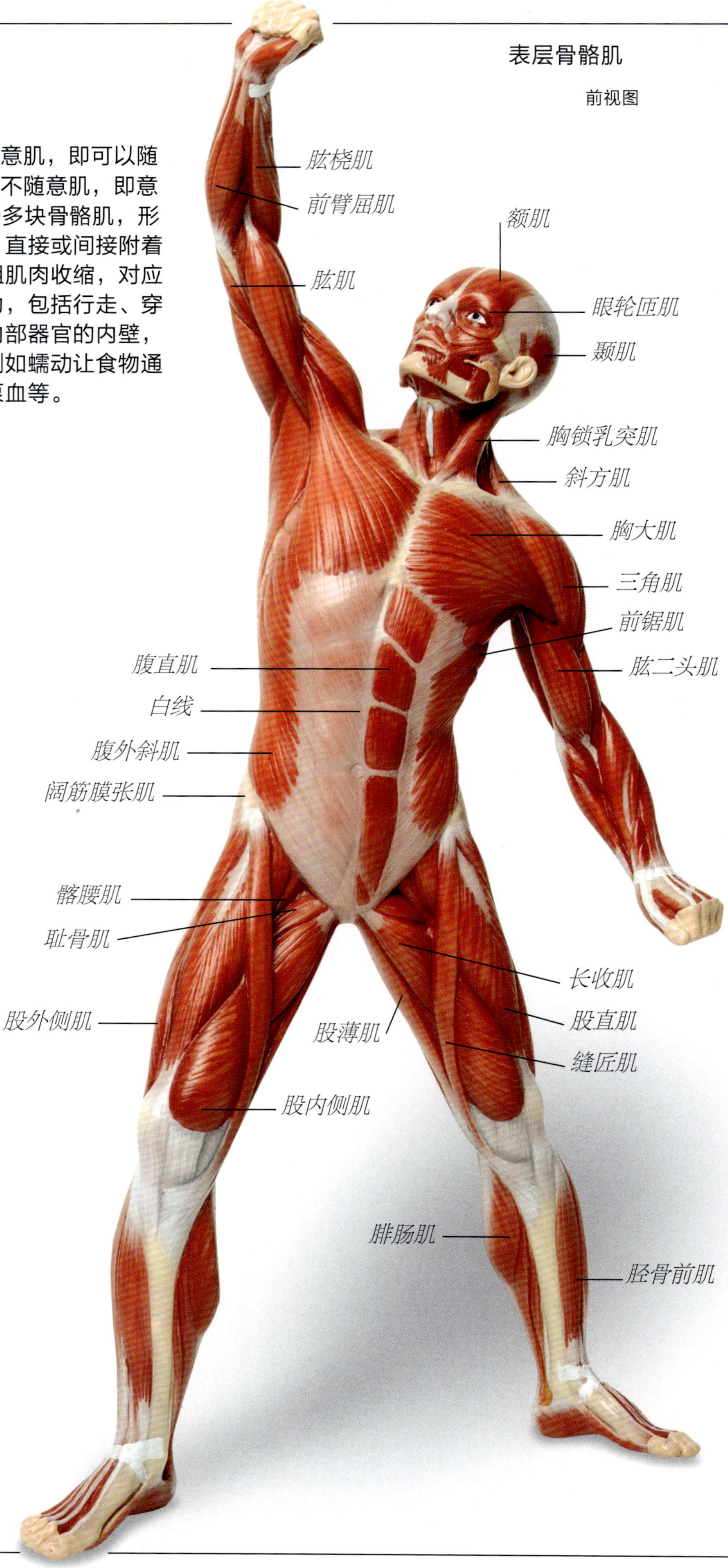

部分类型的人体肌肉

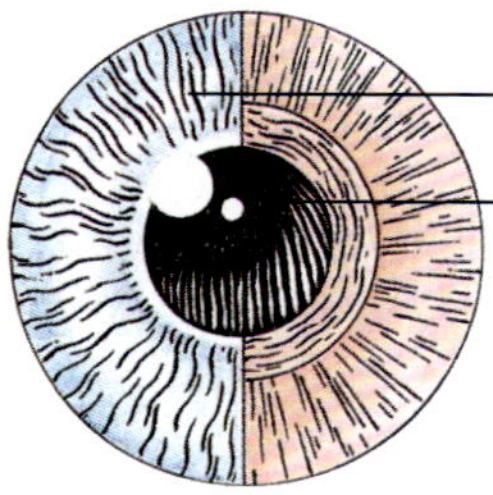

虹膜
肌肉纤维收缩和扩张以改变瞳孔大小。

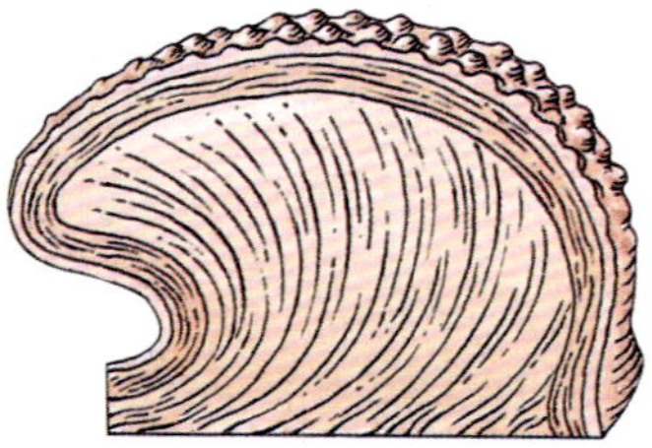

舌头
交织分层的肌肉结构使舌头极为灵活。

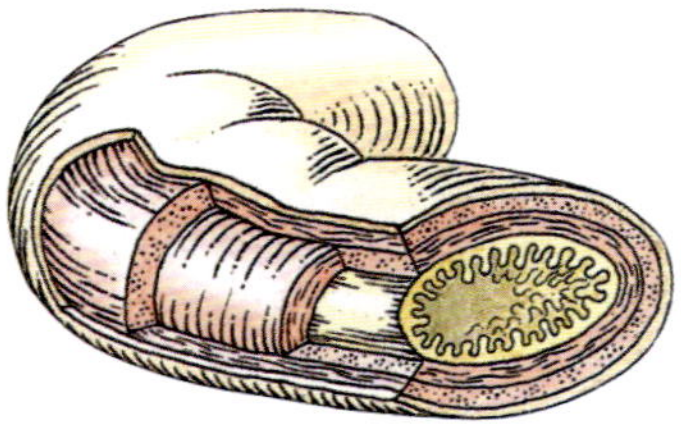

回肠
肠壁肌肉收缩和舒张运动交替进行输送食物。

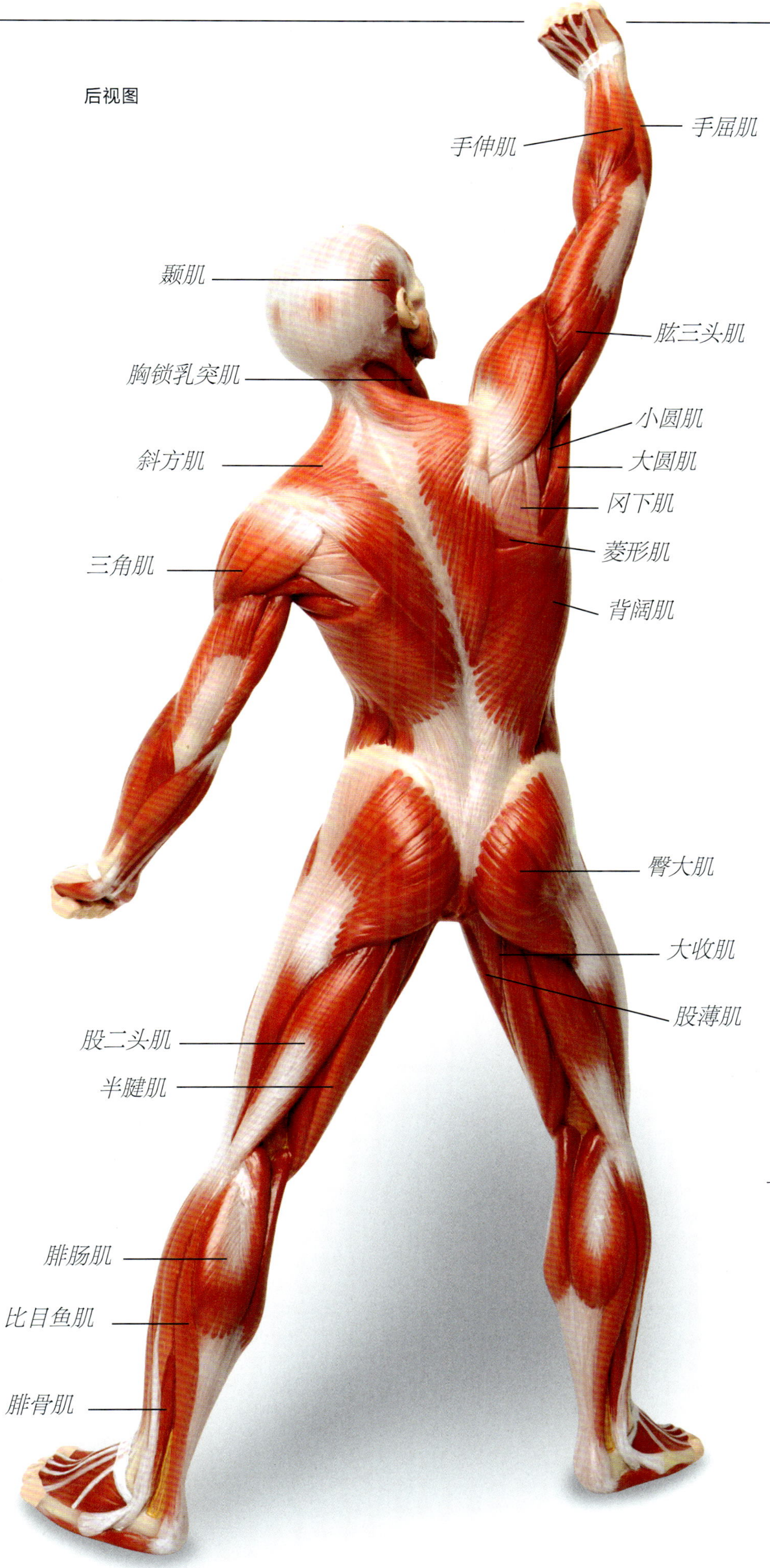

前臂运动

在大脑意志的协调下，对抗肌的放松和收缩带动四肢运动。要举起前臂，二头肌（双头肌肉）收缩变短，三头肌（三头肌肉）放松；反之则前臂放下。

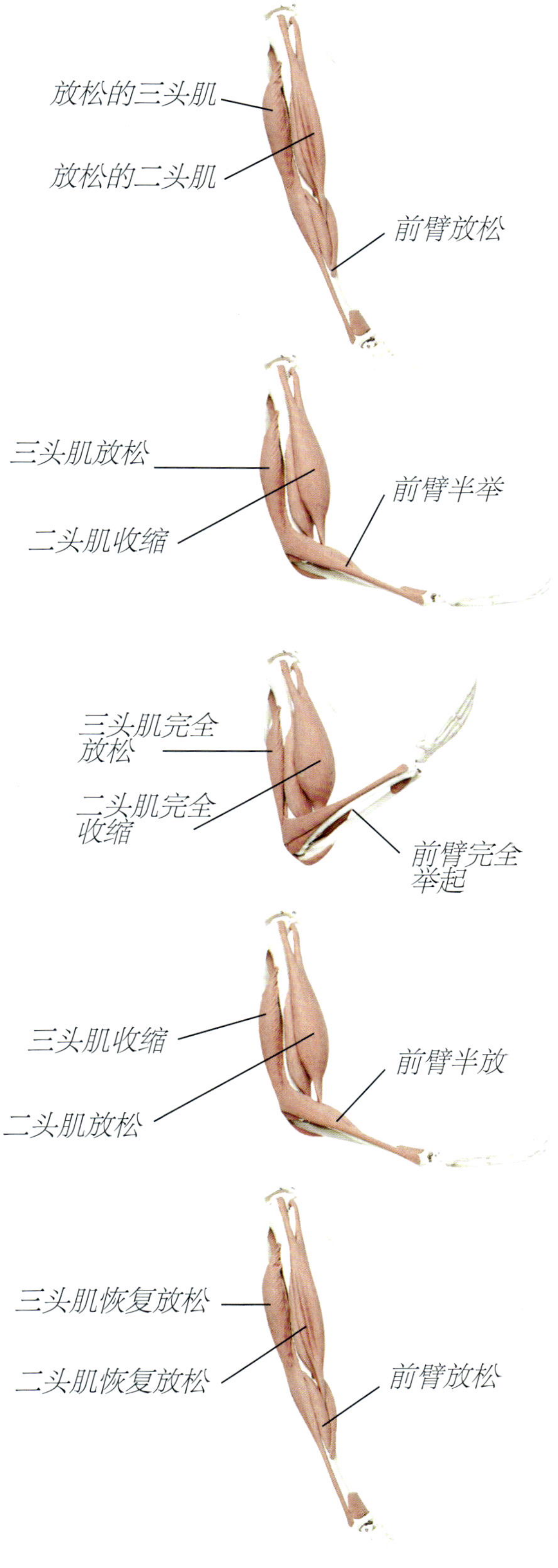

肌肉2

骨骼肌纤维

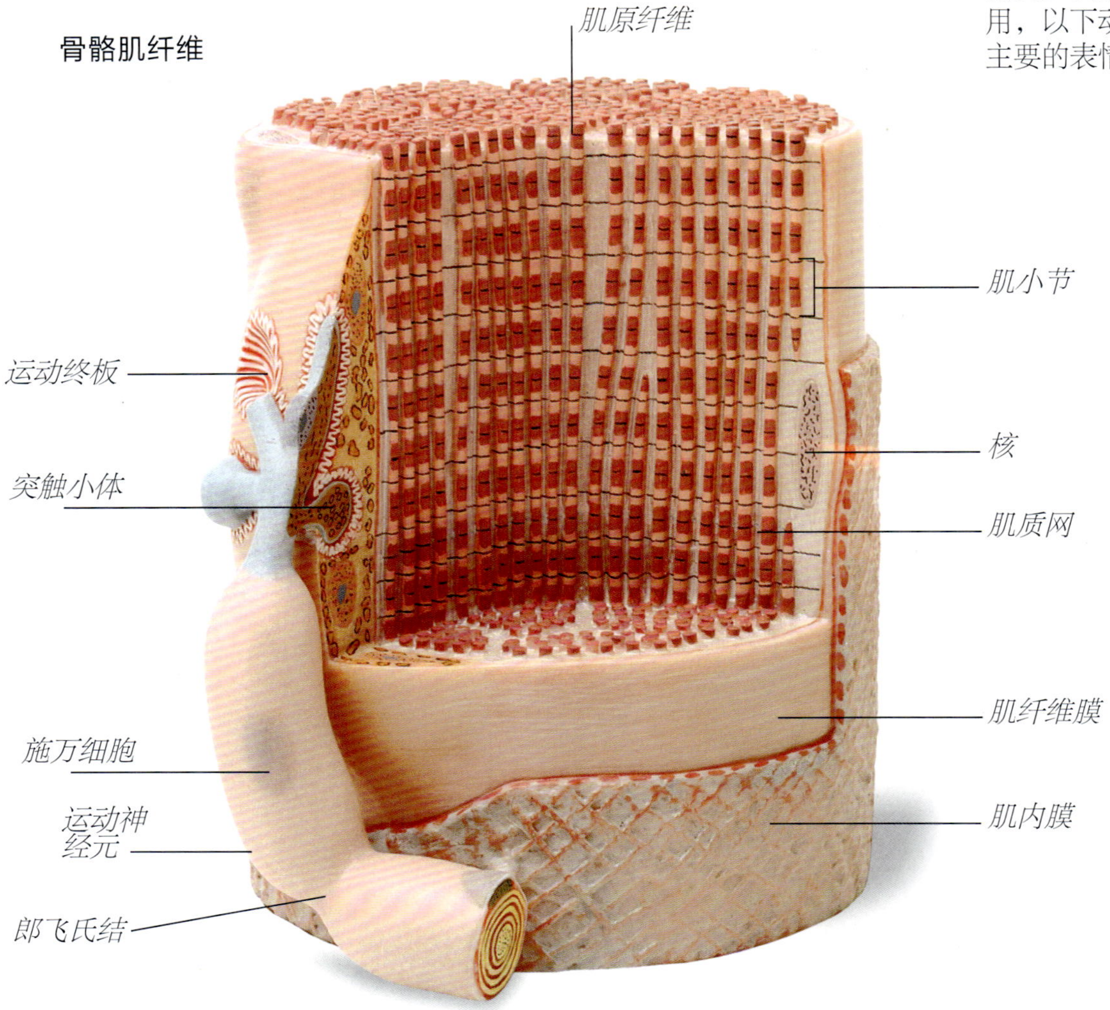

肌肉类型

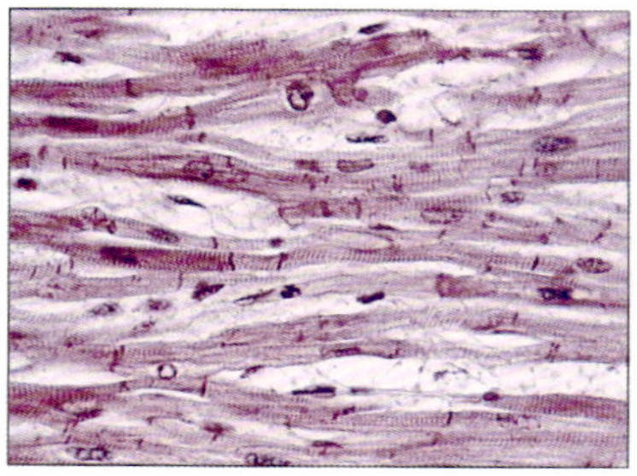
心肌

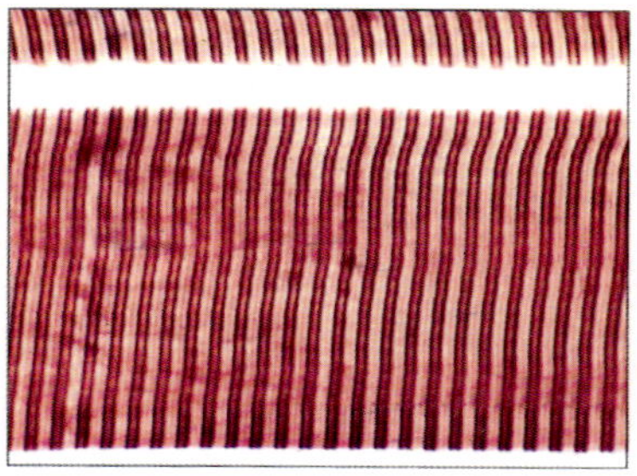
骨骼肌

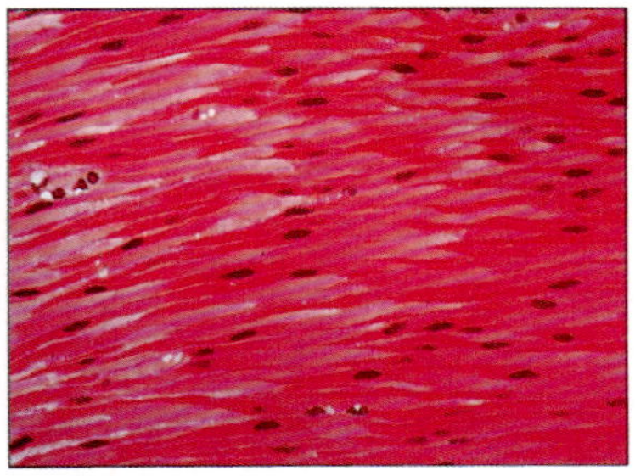
平滑肌

骨骼肌收缩

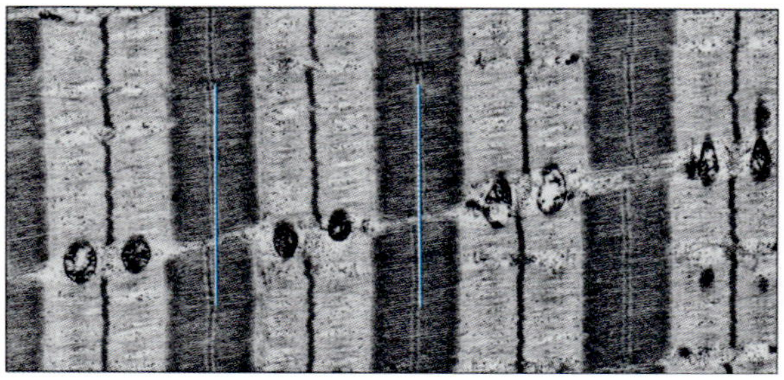
放松状态

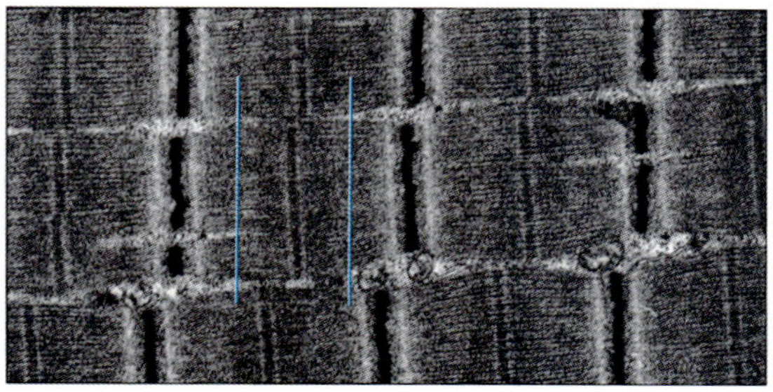
收缩状态

面部表情肌肉

一个简单的面部表情需要多块肌肉协同作用，以下动作显示了主要的表情肌。

额肌

皱眉肌

口轮匝肌

颧大肌

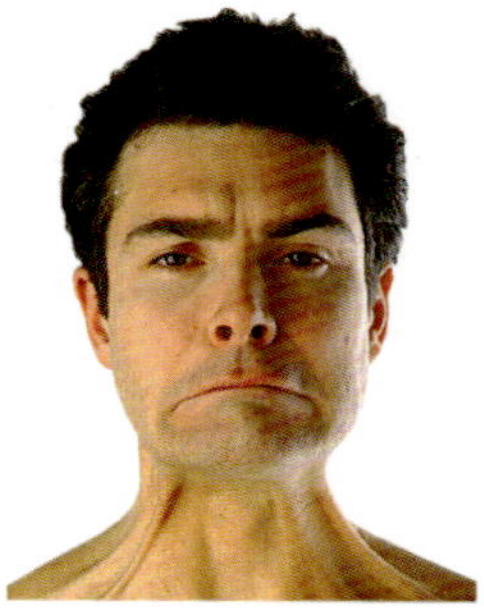
降口角肌

头部和颈部肌肉

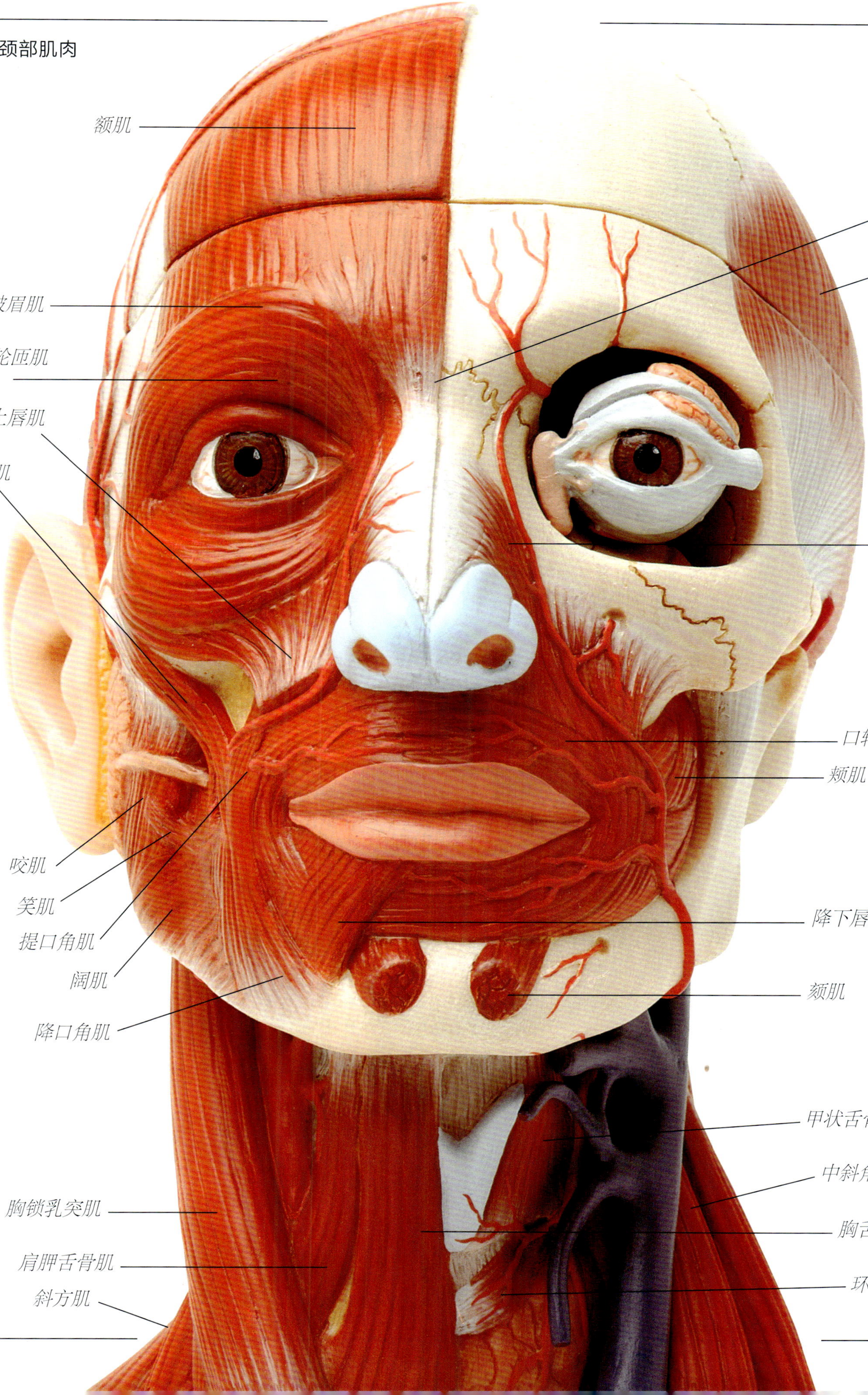
额肌
皱眉肌
眼轮匝肌
提上唇肌
颧大肌
降眉间肌
颞肌
鼻肌
口轮匝肌
颊肌
咬肌
笑肌
提口角肌
阔肌
降下唇肌
降口角肌
颏肌
甲状舌骨肌
中斜角肌
胸锁乳突肌
胸舌骨肌
肩胛舌骨肌
环甲软骨肌
斜方肌

足

足和趾是人体运动的基础，负担并支撑走和跑等人体运动的重量，而且能够帮助人体在位移过程中保持平衡。足部包括26块骨头，超过100根肌腱和33块肌肉，其中部分肌肉与小腿连接。足后跟和足弓具有缓震作用，能够吸收移动时足与地面接触产生的震动。

足部骨骼

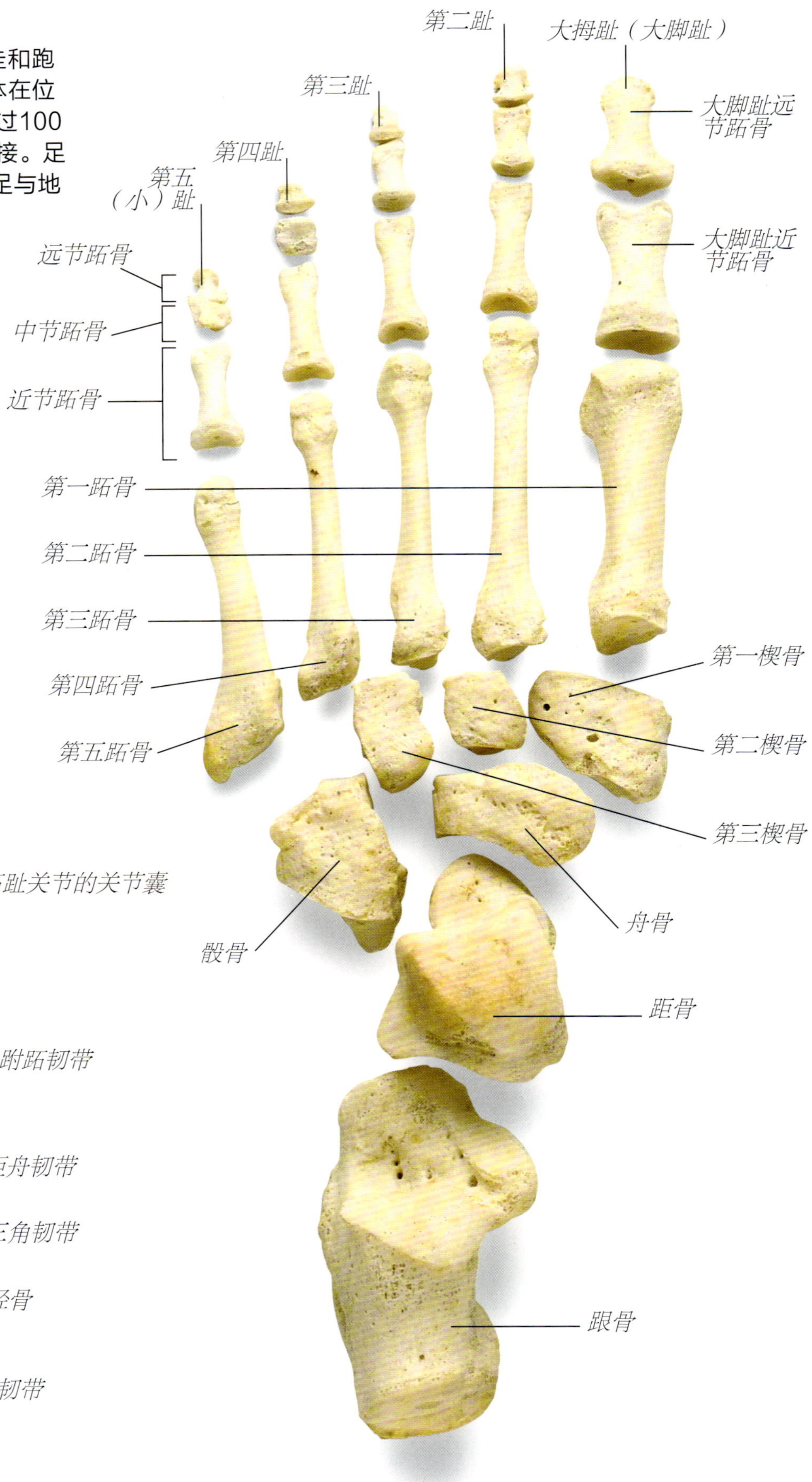

足部韧带

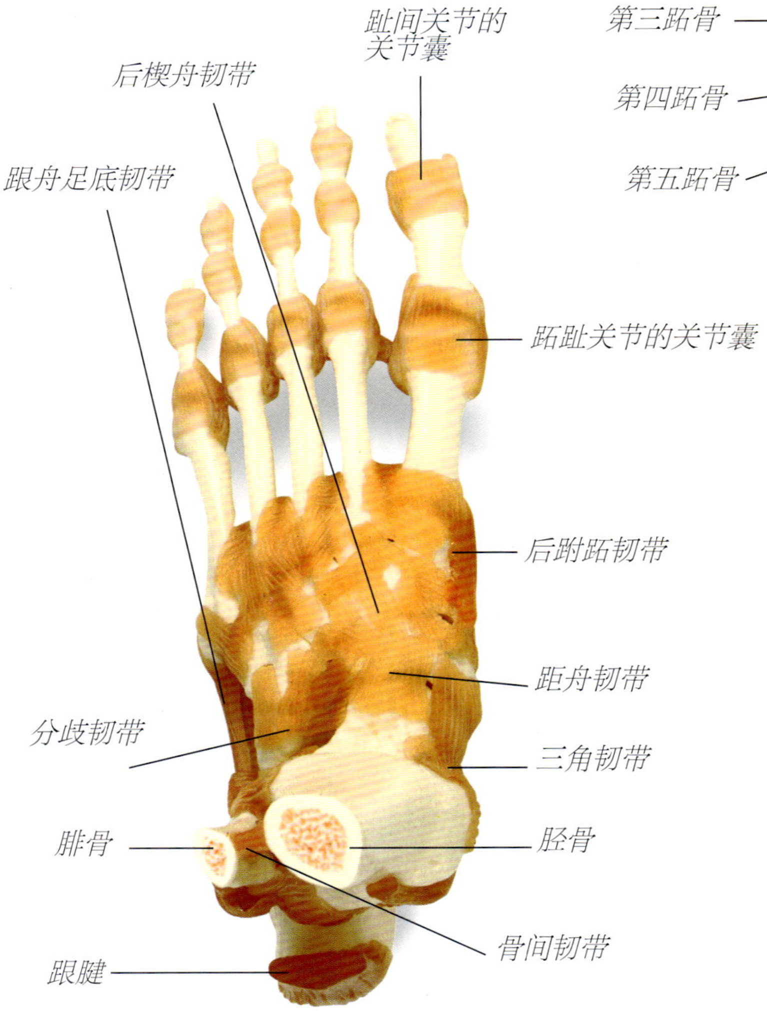

足部结构解剖图

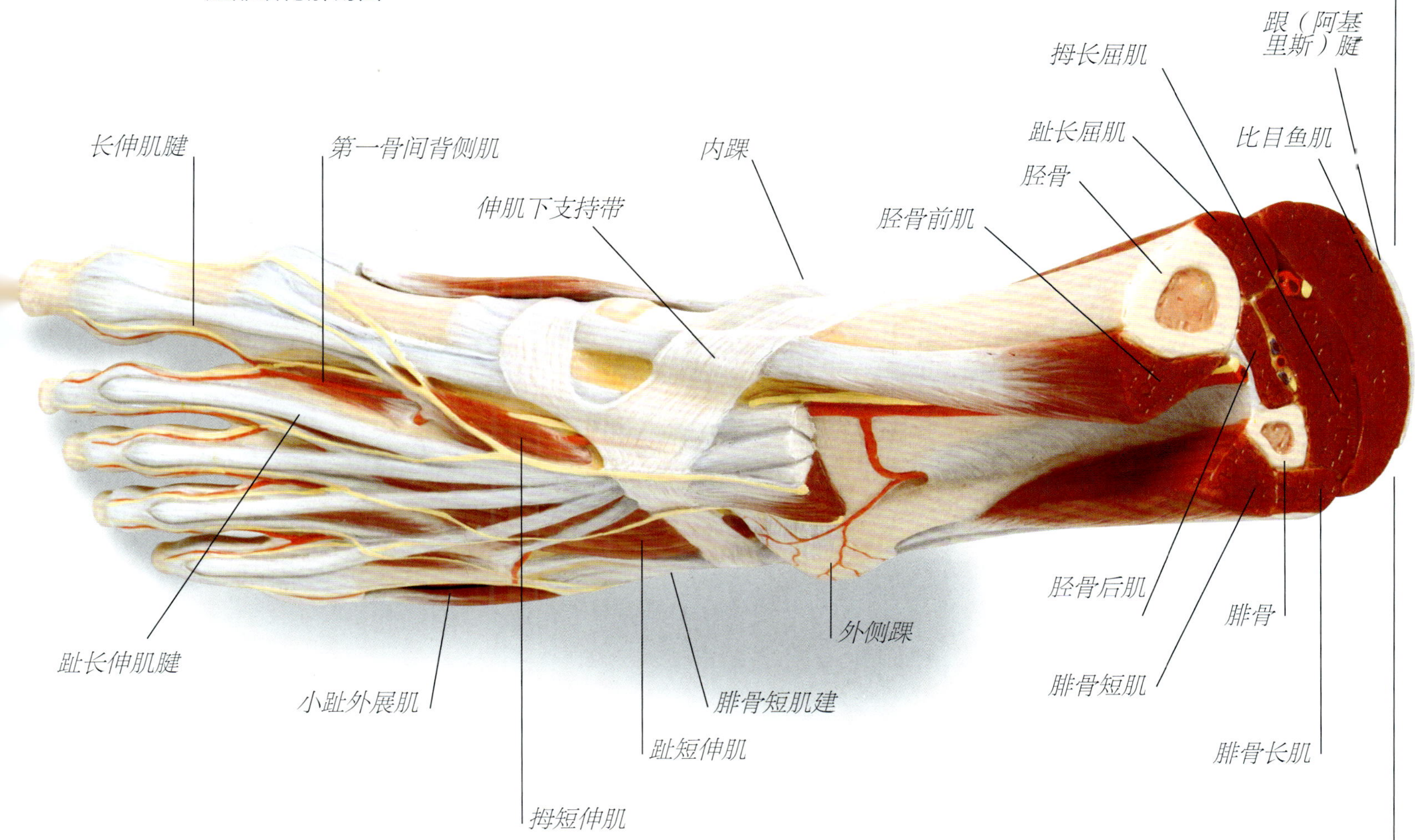

足部外特征

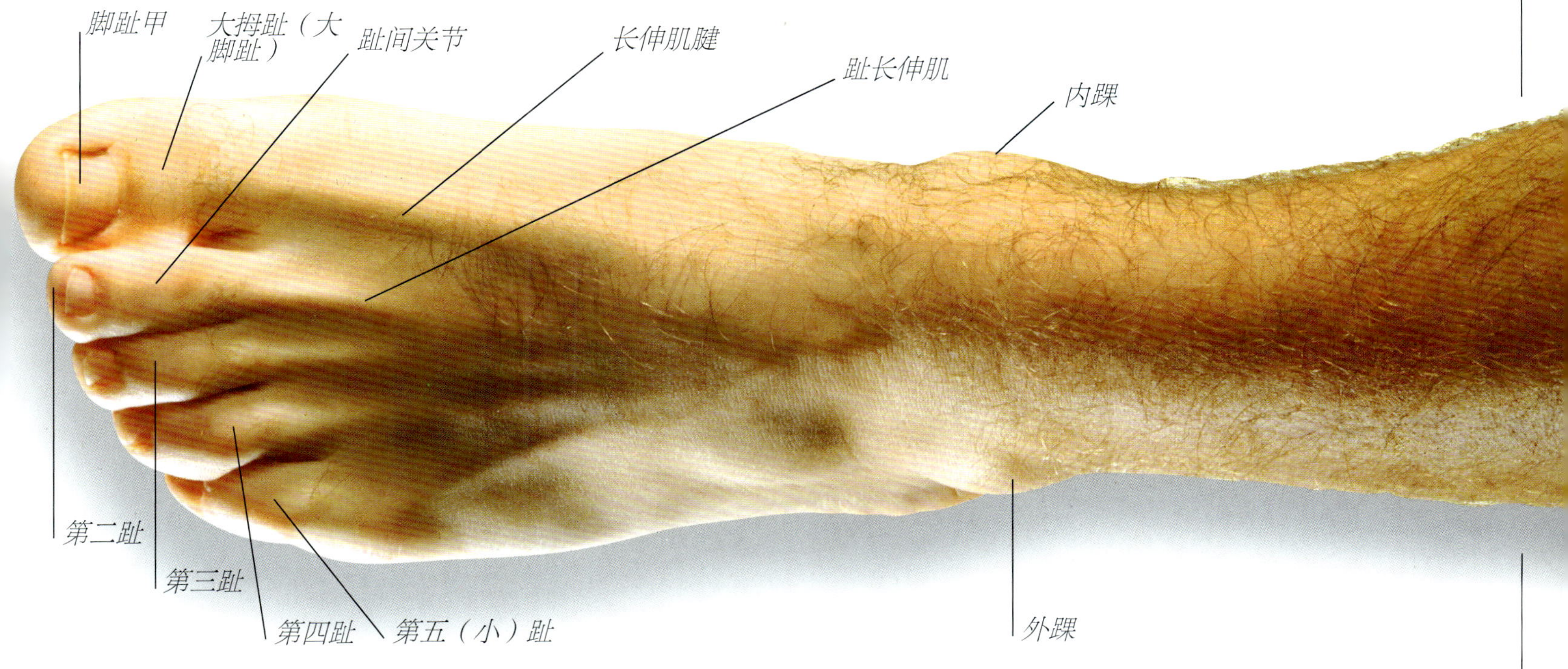

皮肤和毛发

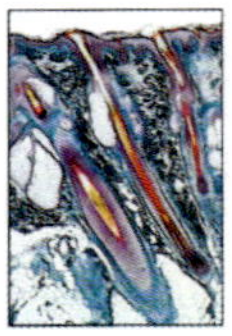

皮肤是人体里面积最大的器官，不仅防水，而且能够保护内脏器官，防止其受到感染、损伤和阳光直射。并且，皮肤也是重要的感觉器官，可以帮助控制体温。皮肤的外层称为表皮，表皮的最外层是坚硬、粗糙的角质蛋白构成的角质层。角质蛋白也是头发和指甲的主要成分。皮肤表面的细胞会不断地死亡脱落，并被表皮基底层的新细胞取代。同时，基底层也会产生皮肤色素——黑色素。表皮层下面是真皮层，集中了大部分的生命结构，包括神经末梢、血管、弹性纤维、帮助皮肤降温的汗腺以及保持皮肤柔软滋润的皮脂腺。真皮层下方是皮下组织，富含脂肪和血管。毛囊位于真皮和皮下组织，露出皮肤的部分称为毛干。除了手掌和足底之外，毛发分布几乎遍及人体的全身。

毛发切面

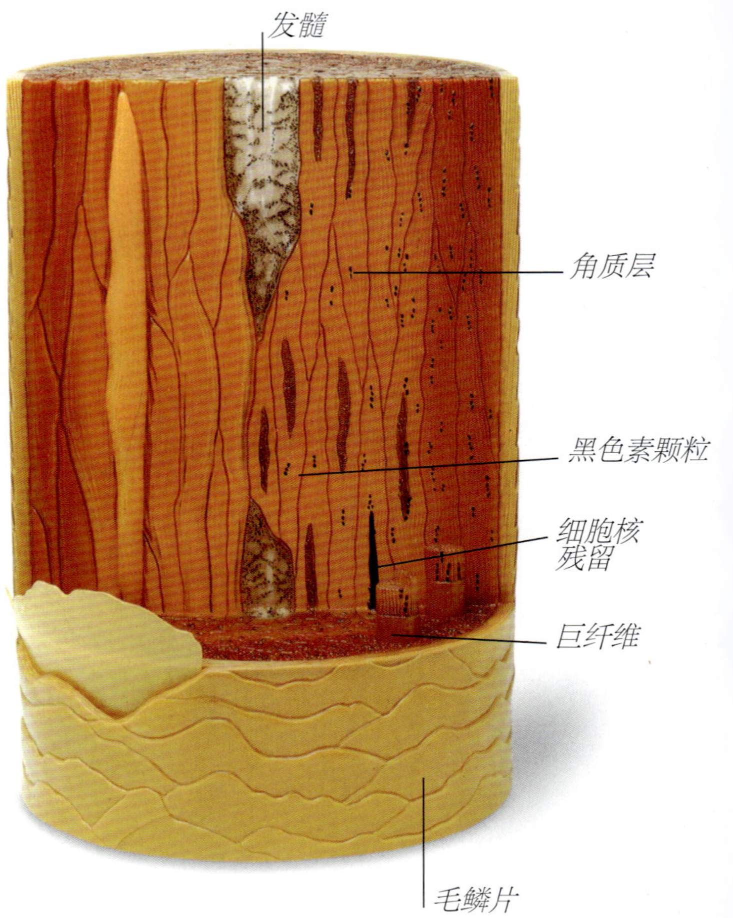

皮肤切面

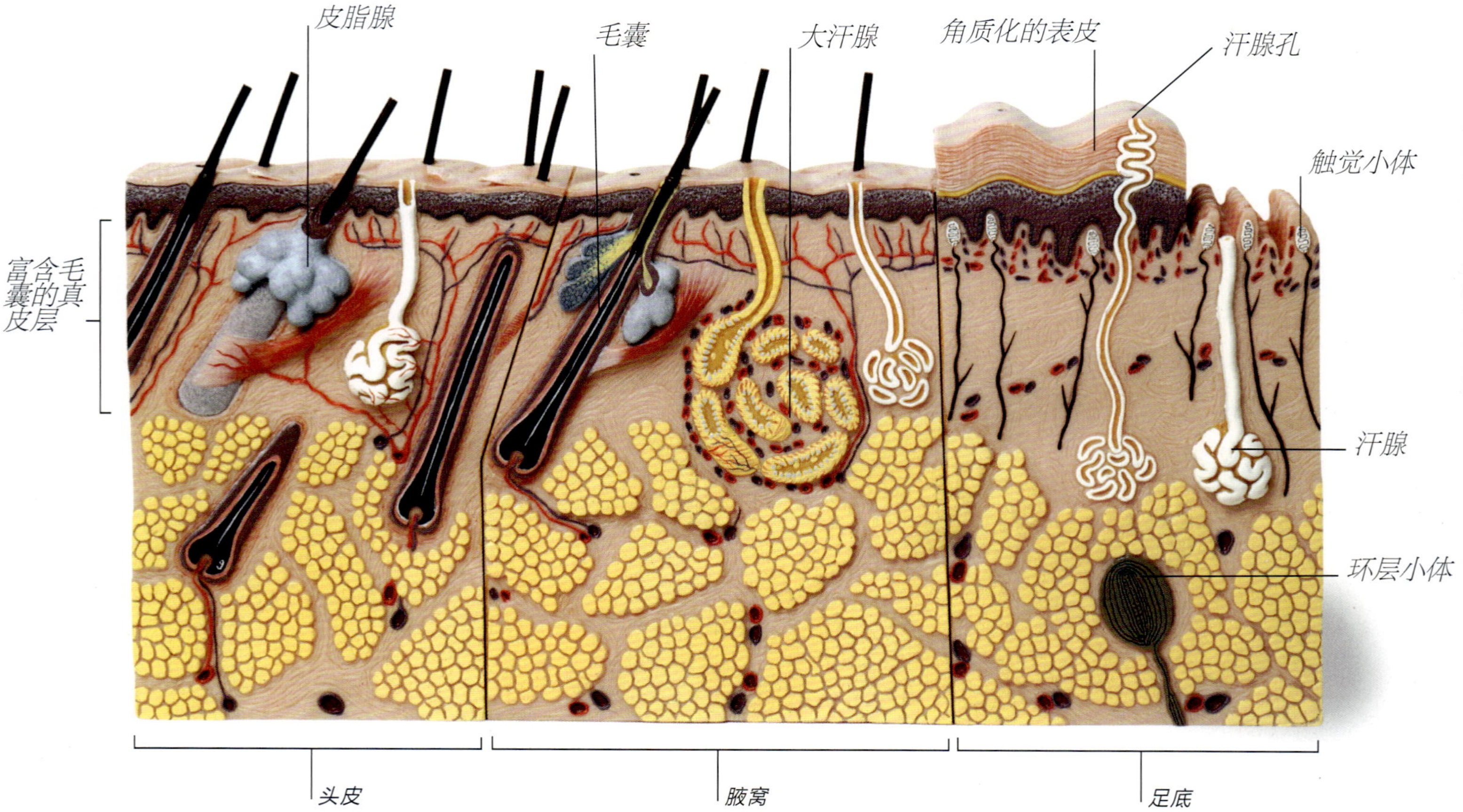

皮肤切面

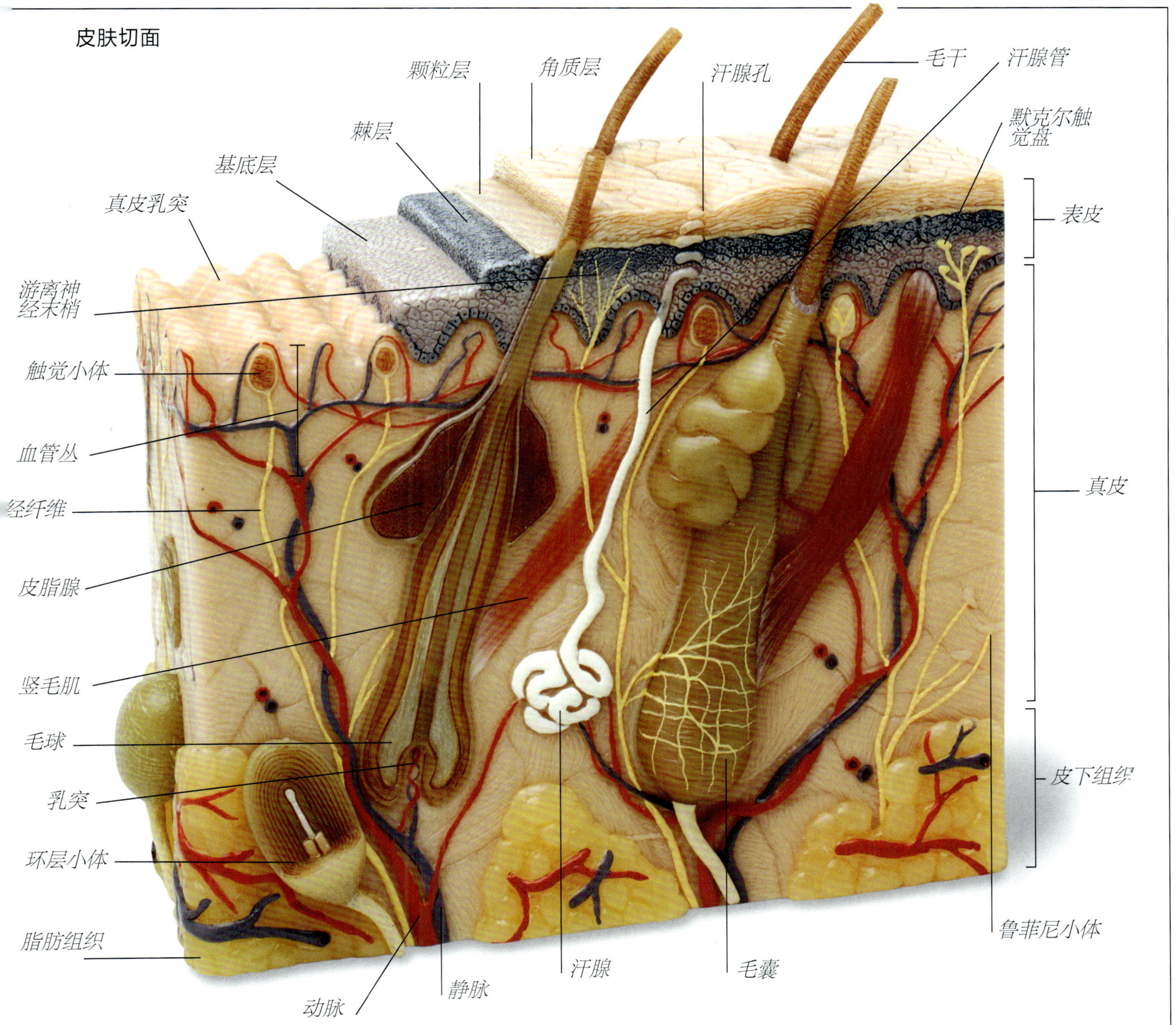

皮肤和毛发的显微照片

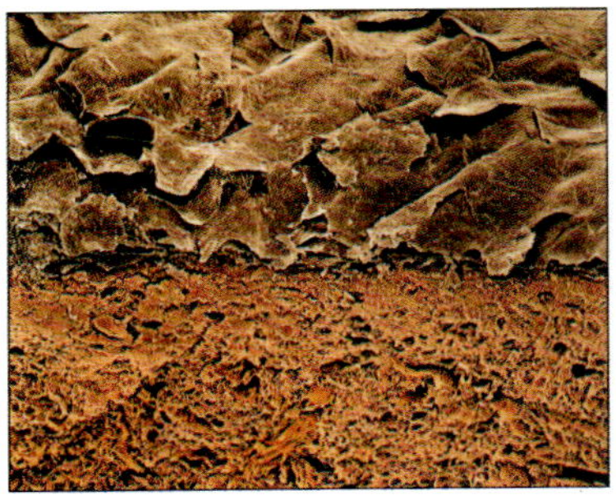

皮肤切面
皮肤表面的薄片细胞会不断地脱落。

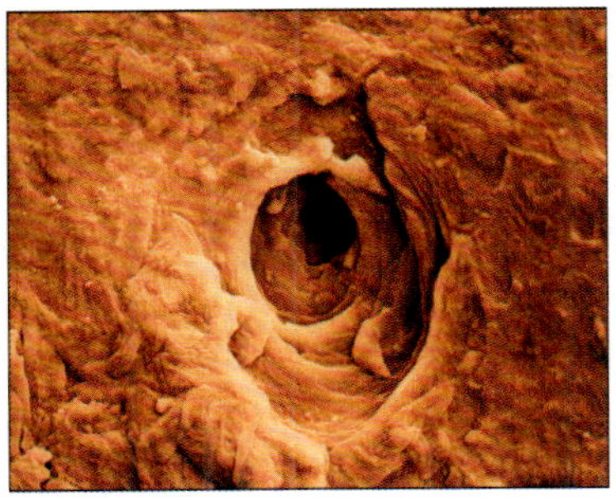

汗腺孔
发汗可以帮助调节体温。

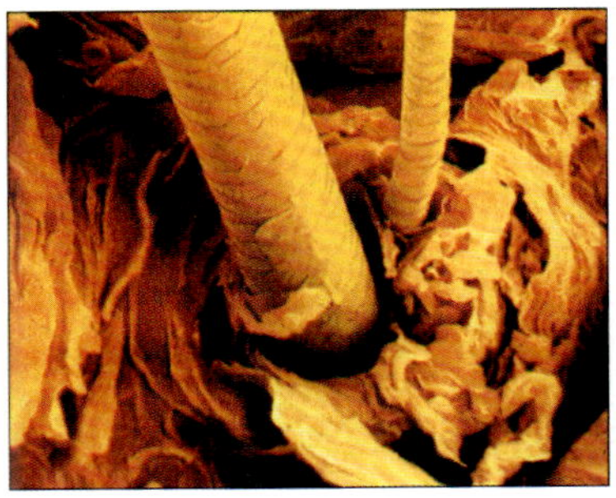

体毛
两根毛发穿透皮肤的表层。

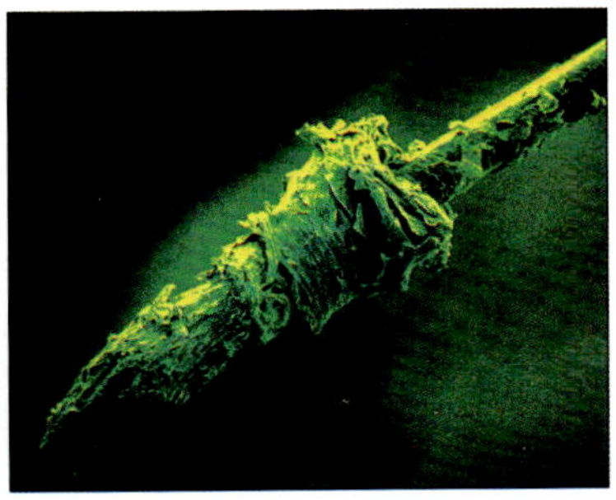

头发
头发的发根和部分发干。

脑

脑是中央神经系统的核心器官，是人体自发和无意识行为的控制中心，也是思想、记忆、情感和语言的载体。成人的脑重量可达到1.4千克左右，包括超过百亿个神经细胞，分为三个部分——脑干、小脑和大脑，脑干控制呼吸和消化等重要的人体机能，小脑主要协调人体运动和保持身体平衡。大脑包括左右大脑半球，中间由胼胝体连接，是创造性和智慧的源泉。

脑部横切面核磁共振检查

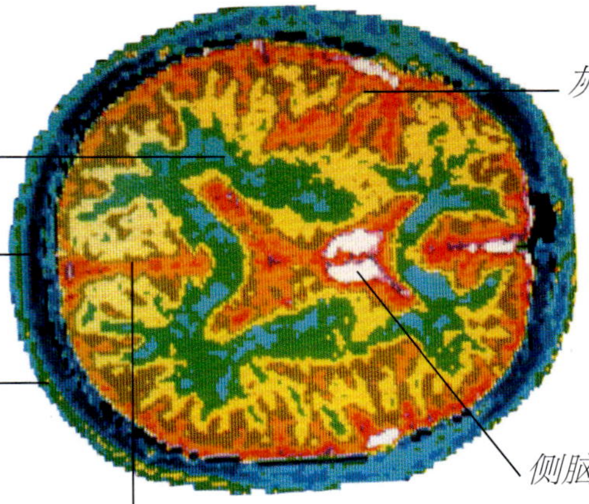

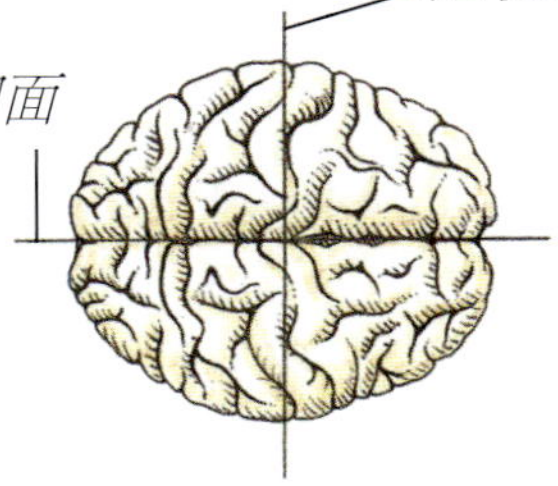

脑矢状切面

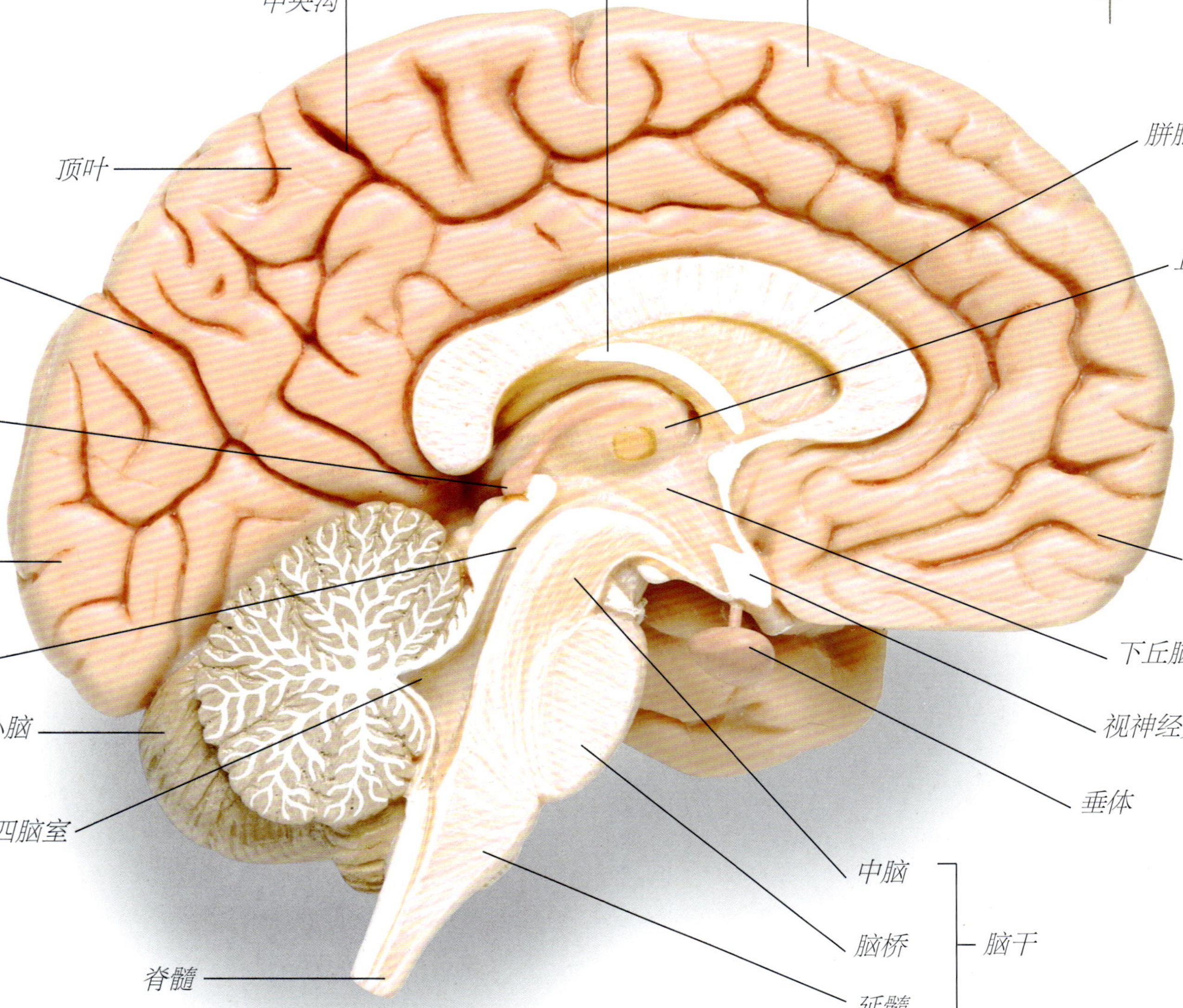

颅骨和脑切面

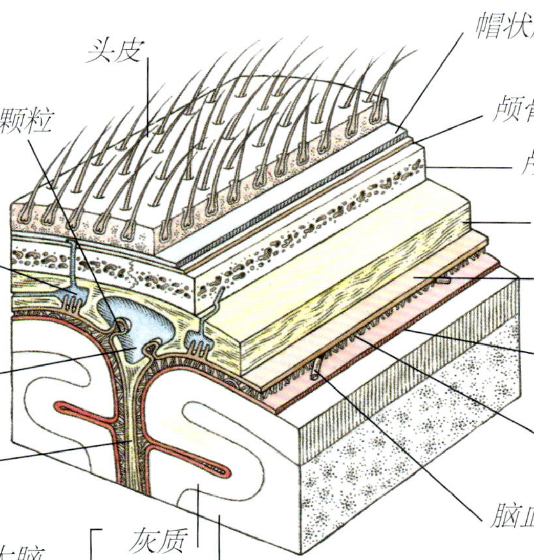

大脑外部结构

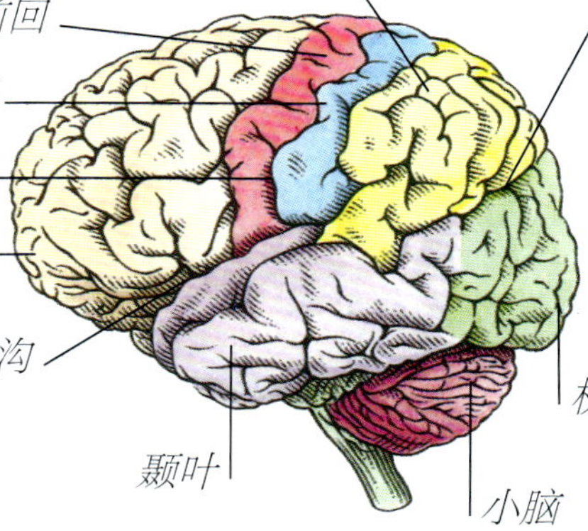

大脑分区的作用

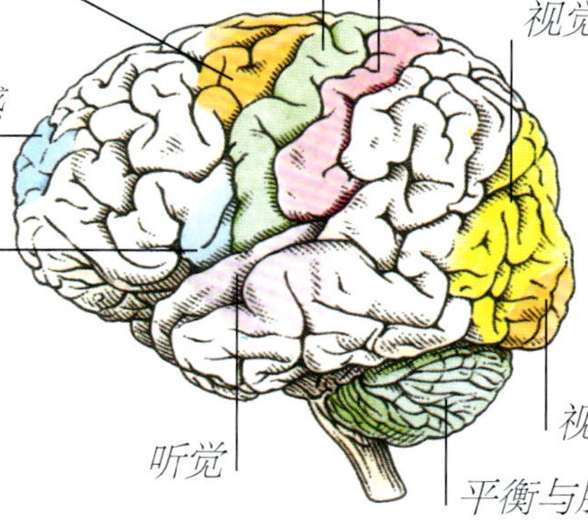

脑部冠状缝切面

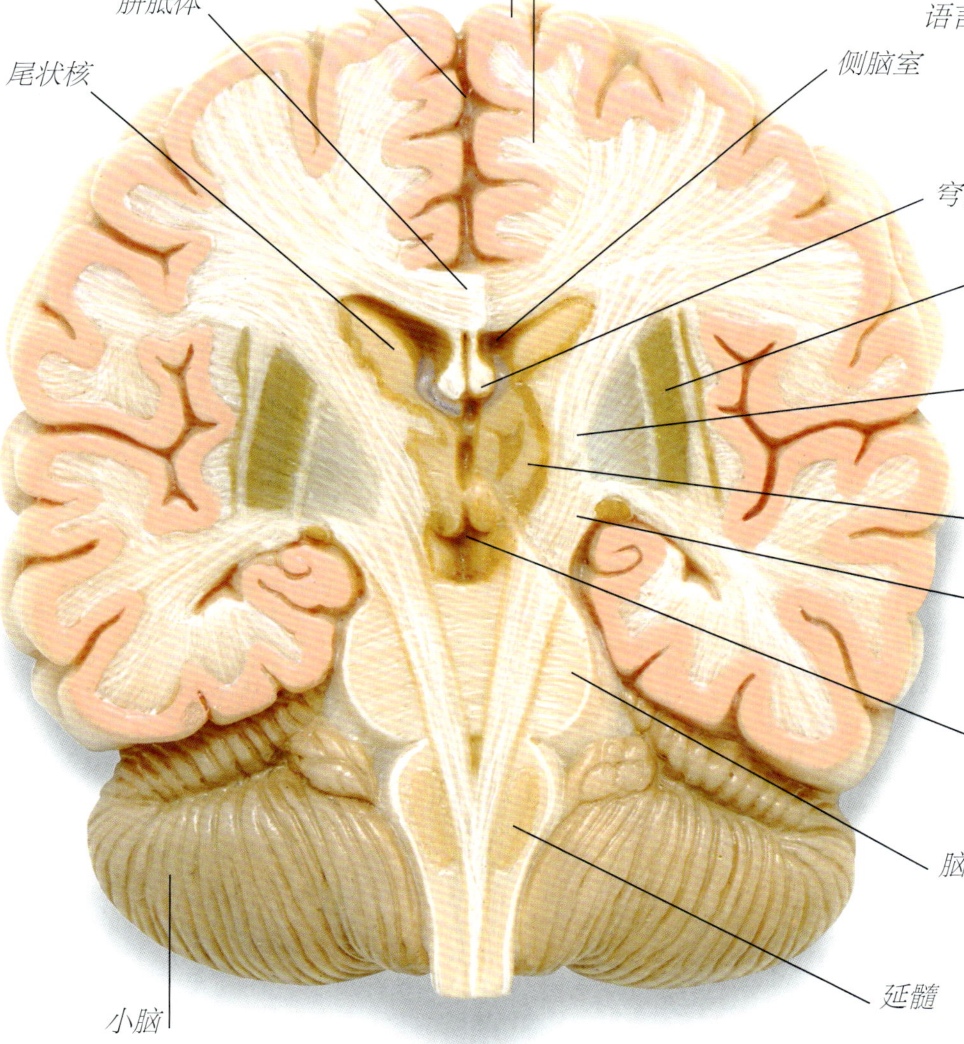

脑部神经细胞

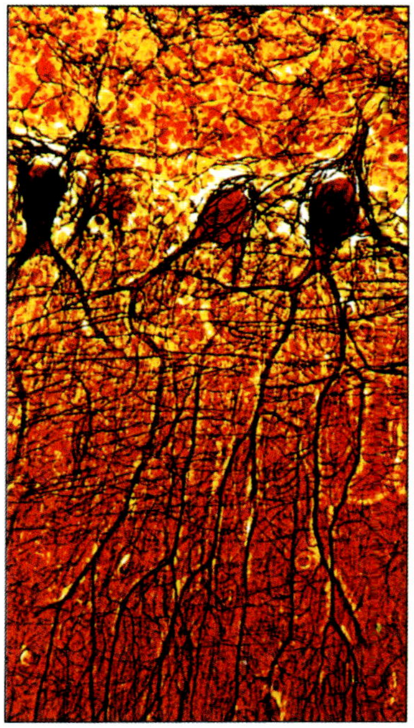

深色细胞属于浦肯野细胞，是人体最大的神经细胞。

眼睛

眼睛是视觉器官，包括两个眼球，通过视神经与大脑直接连接，骨质眼眶包裹能够提供保护，眼睑、眉毛和泪膜可以提供外部防护。每只眼球附着六条肌肉，可以控制眼球的运动。光线进入眼睛，角膜和晶状体会调整光线焦距，以便在视网膜上形成清晰的图像。视网膜包括数百万光感细胞，称为视杆和视锥，可以将图像转变为神经脉冲，然后沿视神经传递至大脑。两条视神经的信息经过大脑处理后能够生成一幅协调的图像。

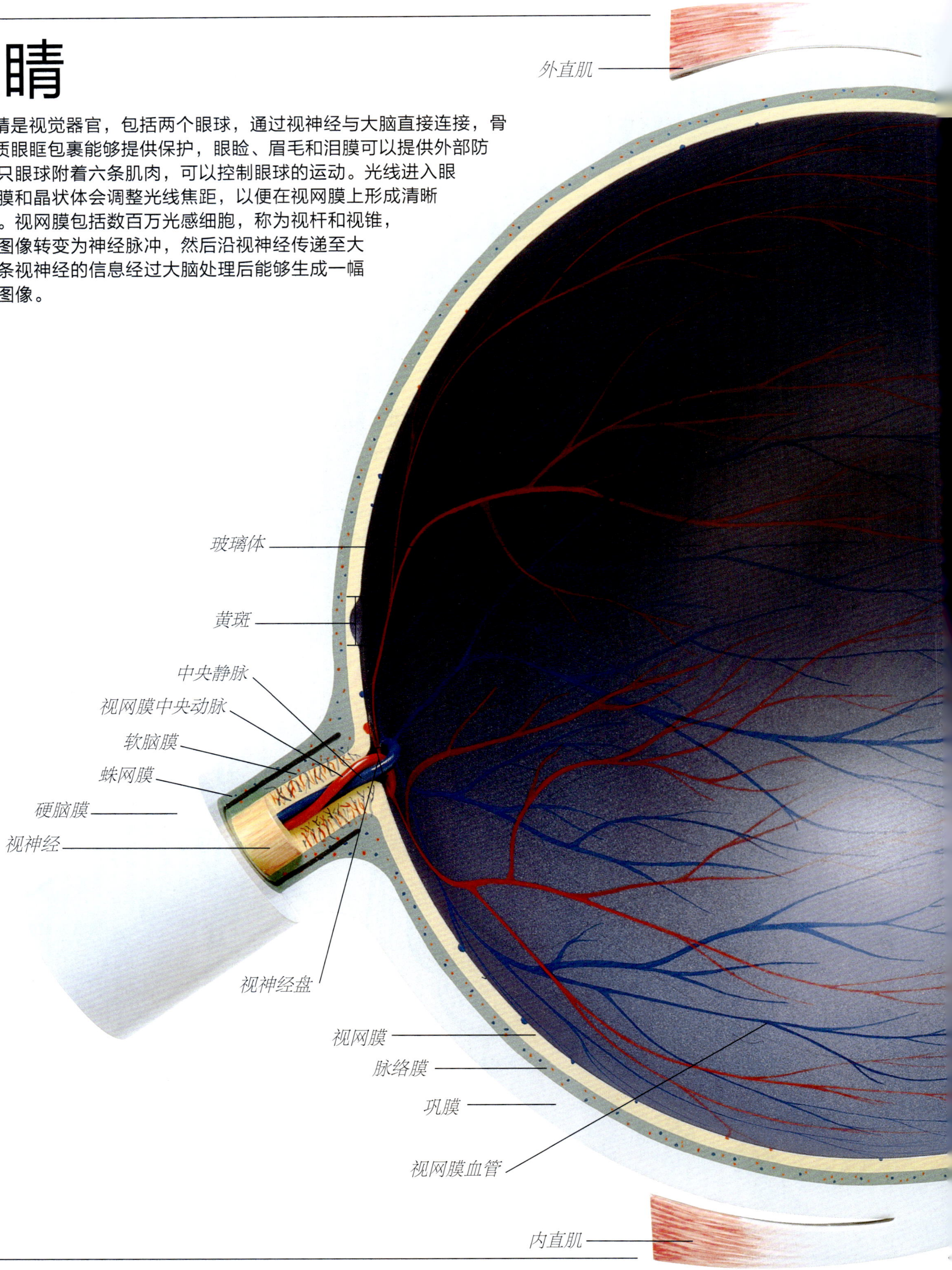

左眼切面

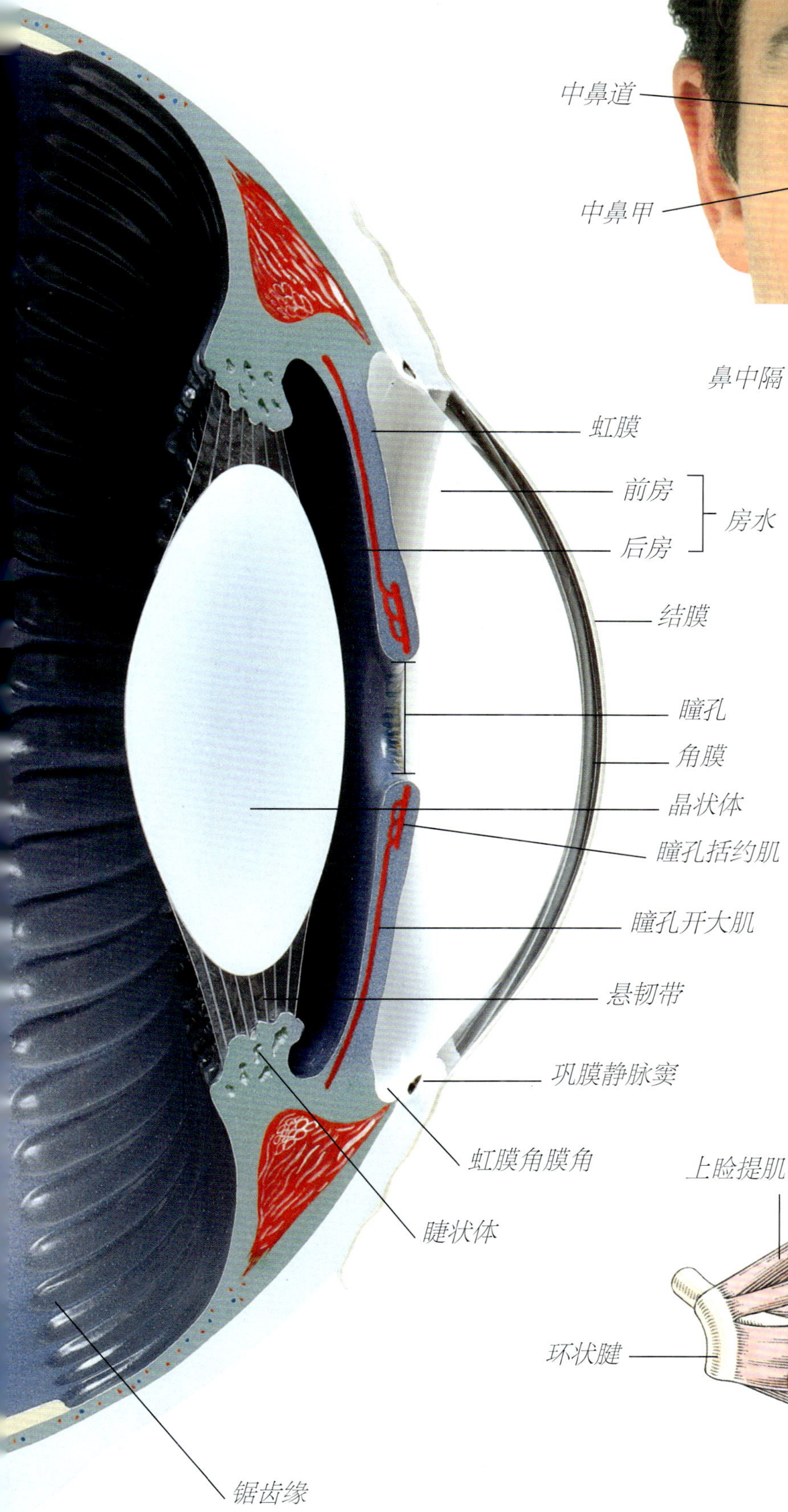

泪腺

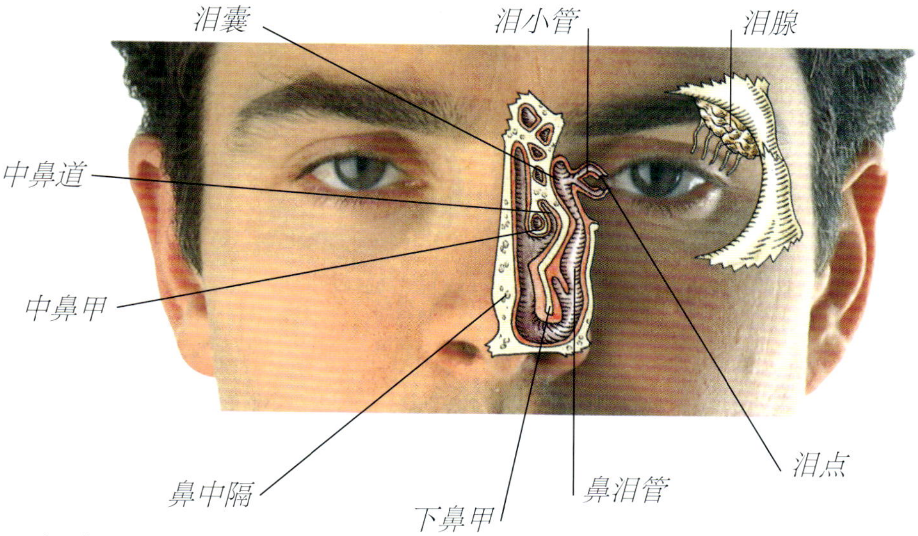

视网膜眼底图

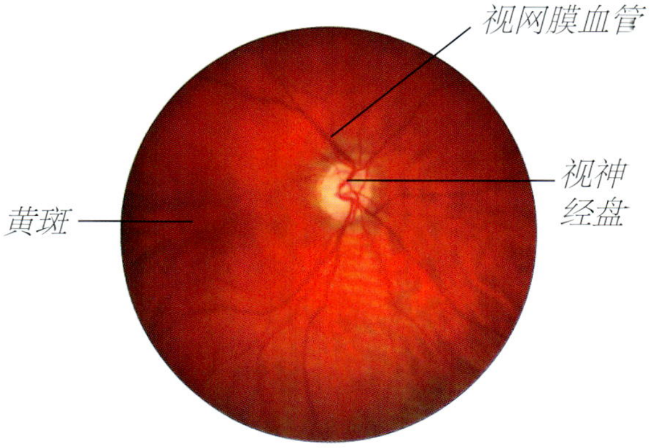

盲点是视神经在视网膜上留下的点，表现为图像中心区域的一个圆形光斑。

右眼球周围的肌肉

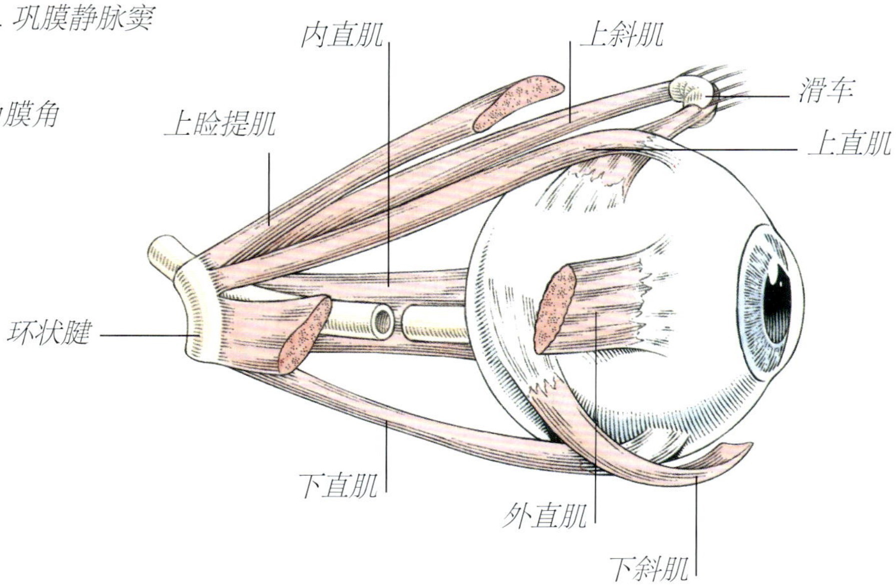

耳朵

耳朵是听力和平衡器官。外耳包括称为耳廓的皮瓣和外耳道，中耳和内耳包裹在颅骨中，是发挥功能的主要器官。中耳包括三块小骨（听小骨）和连接耳与鼻后部的咽鼓管，内耳由螺旋形状的耳蜗与平衡器官（半规管和前庭）组成。外耳廓接收的声波沿外耳道到达鼓膜（耳膜），声波在此转变为震动，然后经听小骨到达耳蜗。耳蜗中包括数以百万的微毛，可以将震动转换成能够被大脑解读的神经电信号。

耳解剖图

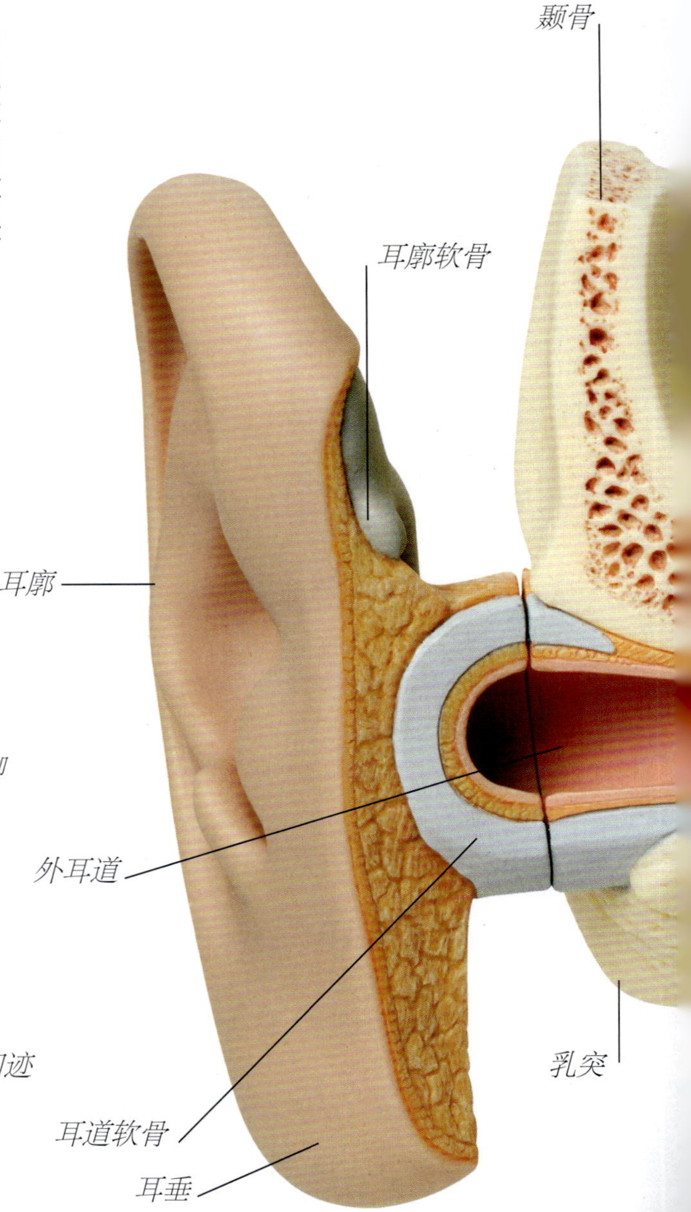

右耳廓

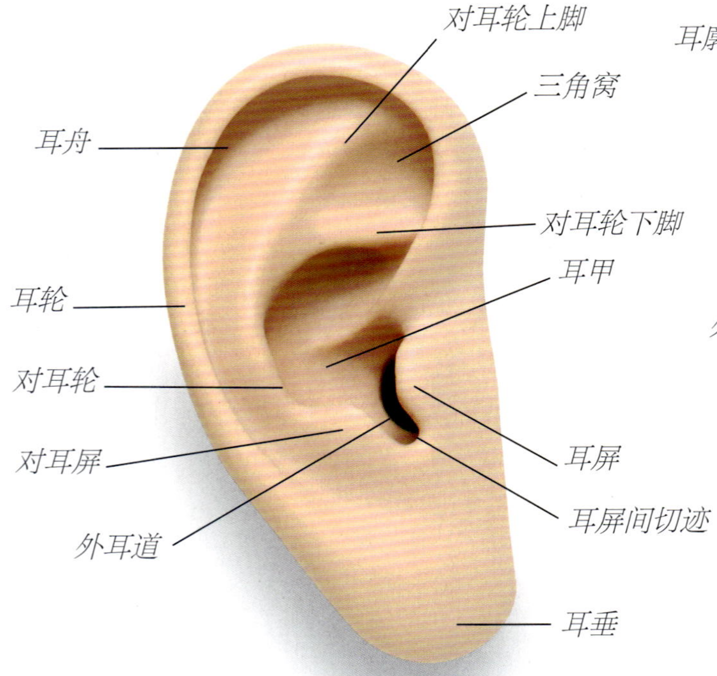

中耳听小骨

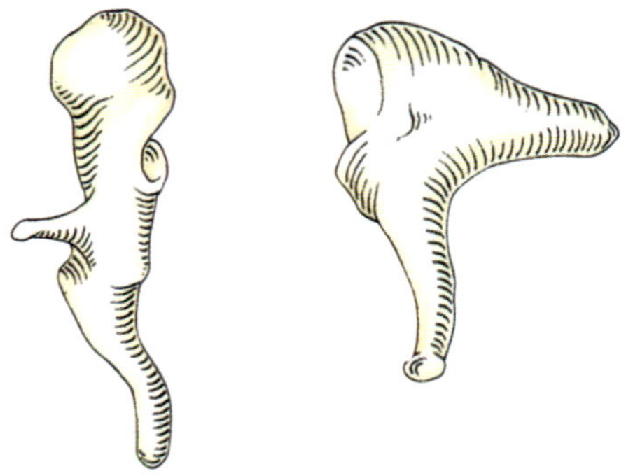

三块听小骨在鼓膜与卵圆窗之间形成听骨链，结合膜系统可以将声音震动传递到内耳。

壶腹解剖图

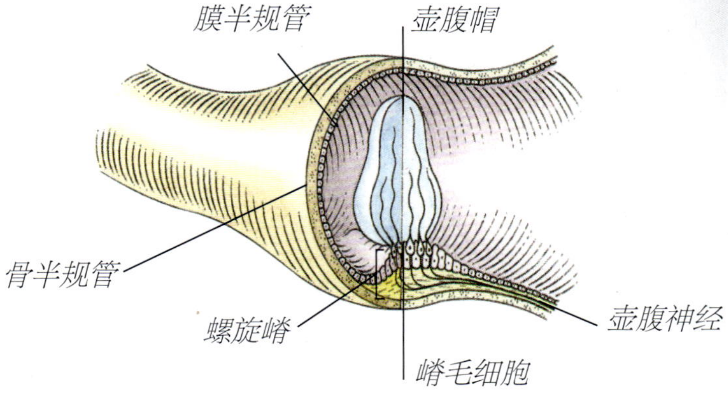

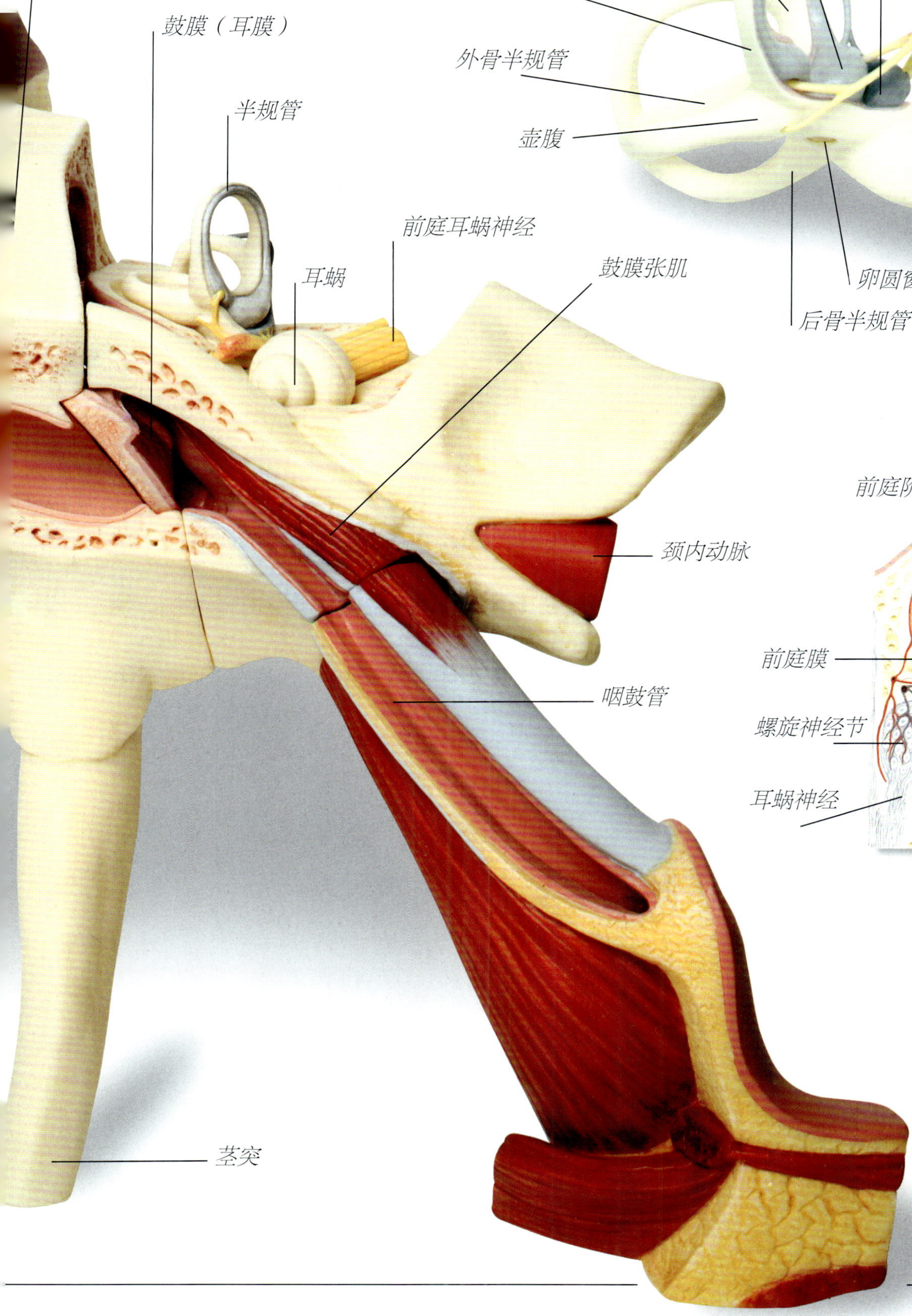
耳道硬骨
鼓膜（耳膜）
半规管
耳蜗
前庭耳蜗神经
鼓膜张肌
颈内动脉
咽鼓管
茎突

迷路

椭圆囊
球囊
前庭神经
总脚
鼓阶
前骨半规管
蜗管
前庭阶
外骨半规管
耳蜗
壶腹
耳蜗神经
卵圆窗
后骨半规管

耳蜗切面

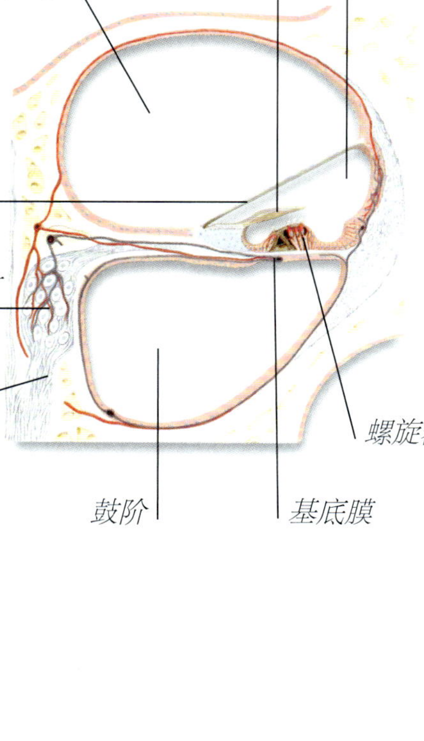
盖膜
蜗管
前庭阶
前庭膜
螺旋神经节
耳蜗神经
螺旋器
鼓阶
基底膜

鼻、口和喉

每次呼吸，空气都会通过鼻腔向下经由咽、喉和气管进入肺。鼻腔湿润清洁吸入的空气，调节温度，内衬黏膜能够防止异物进入，保护呼吸道。吞咽时，舌头前后移动，喉上升，会厌关闭气管入口，软腭隔开鼻腔与咽。口腔包括三对唾液腺，可以在吞咽时分泌唾液，以润滑食物，同时开始初步的化学分解，并帮助产生味道。味觉和嗅觉紧密关联，都依靠舌头味蕾和鼻嗅觉神经末端的感受器来探测溶解分子。

舌的结构

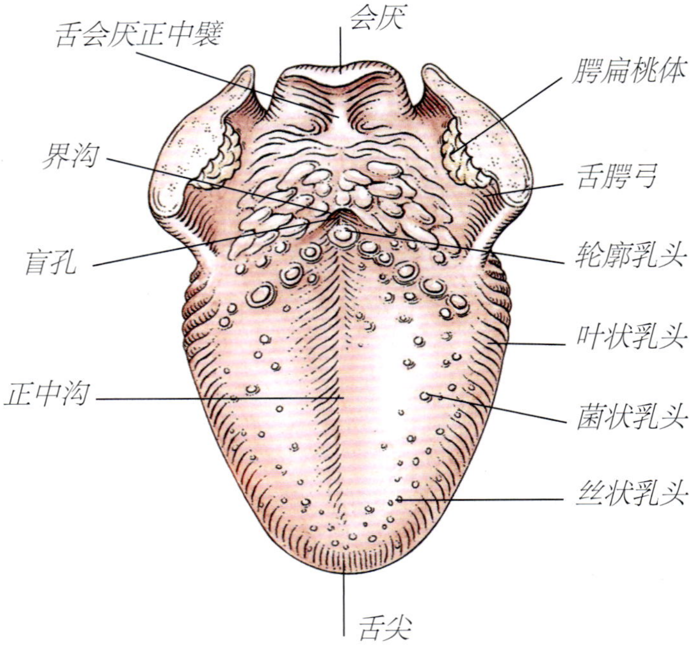

舌的味觉分区

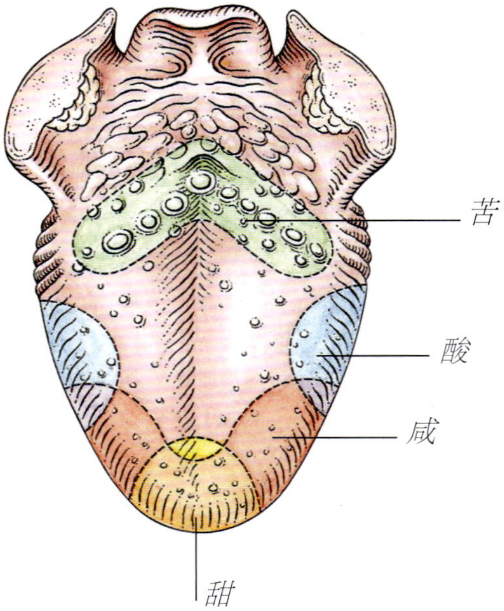

咽周围解剖图

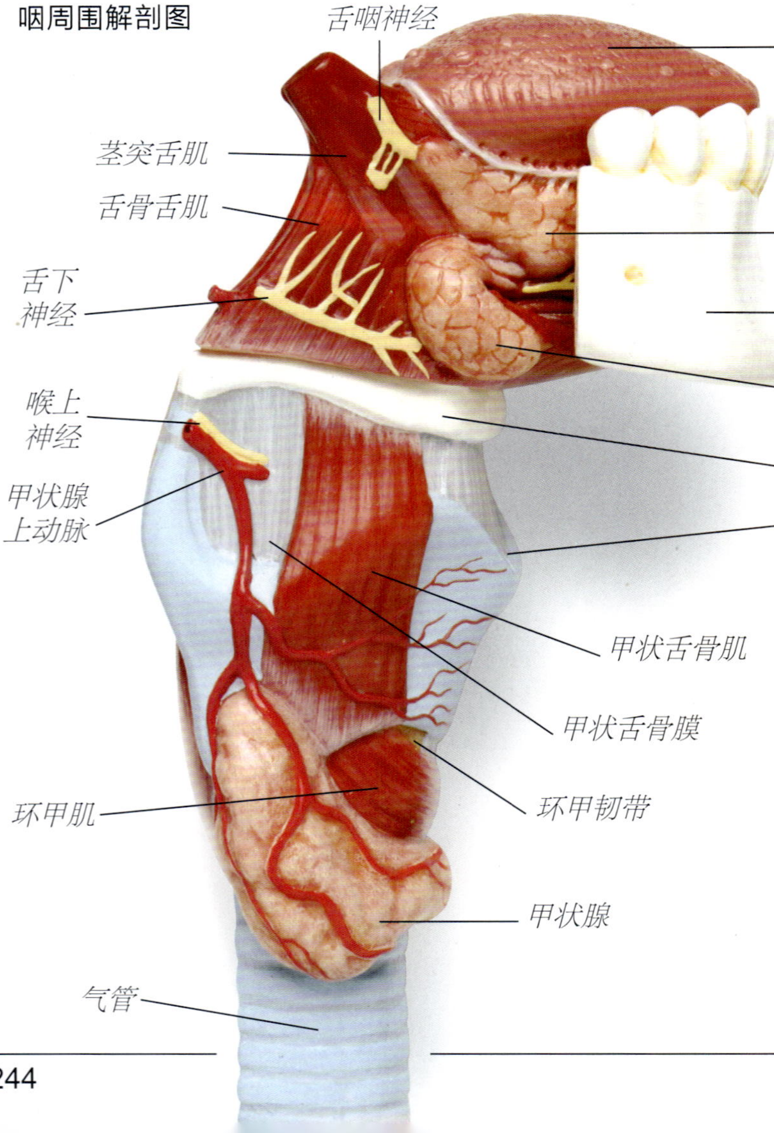

乳头类型

丝状乳头

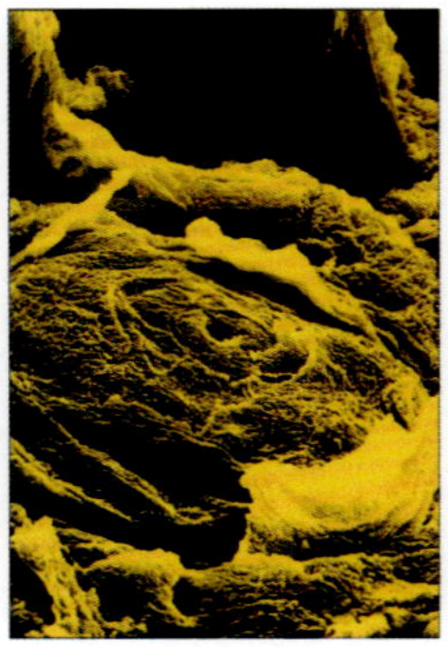

菌状乳头

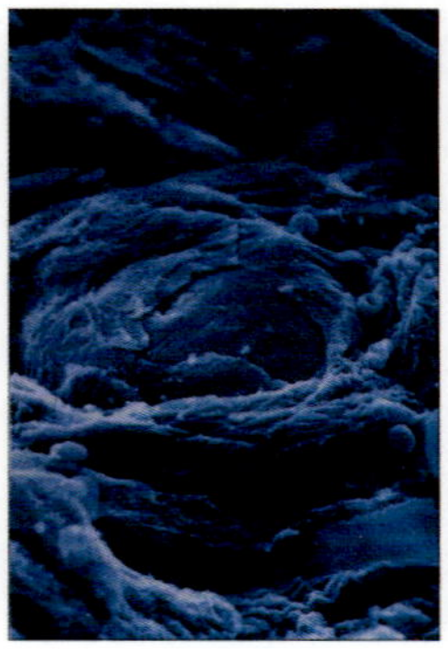

轮廓乳头

鼻、口和喉切面

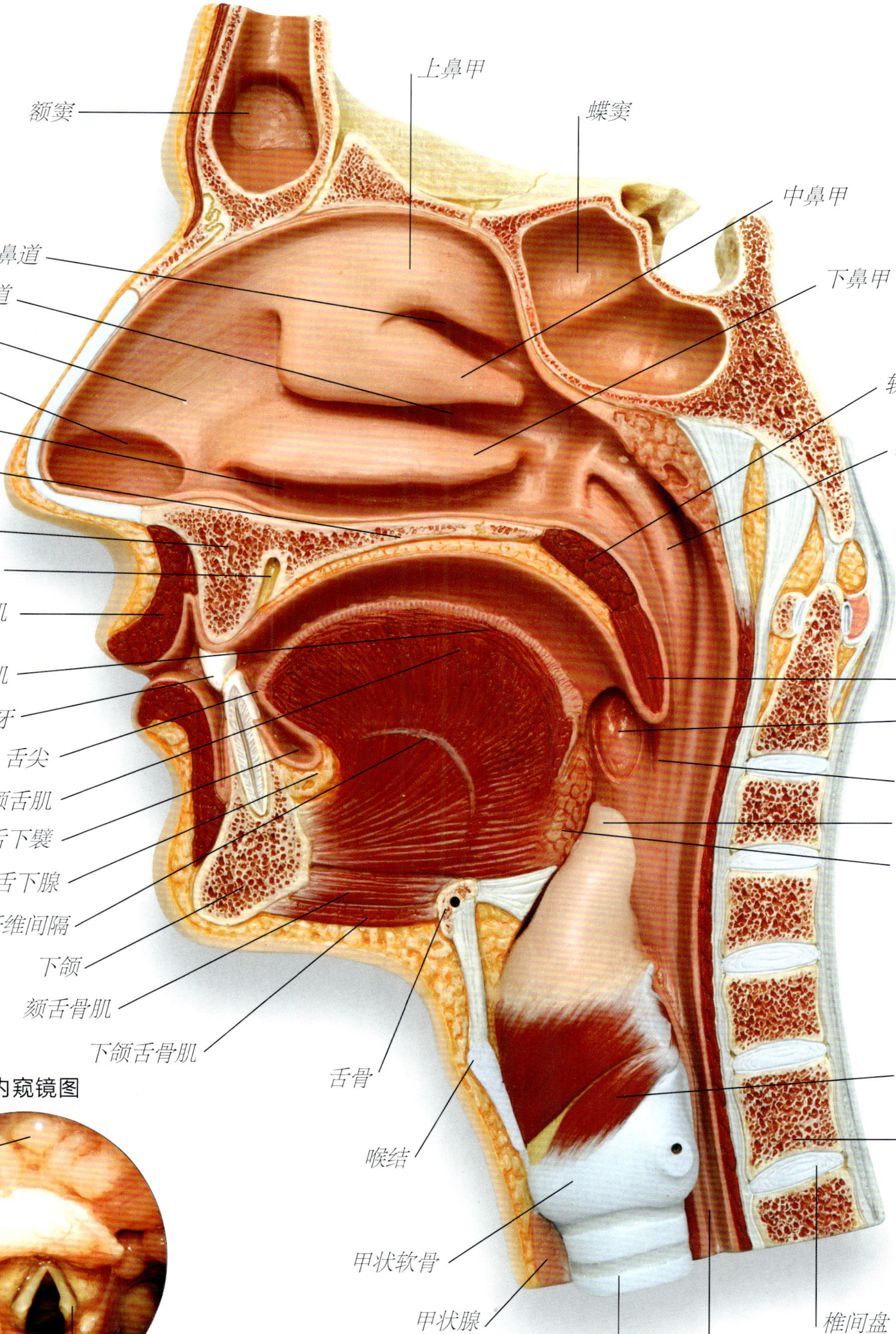

声带内窥镜图

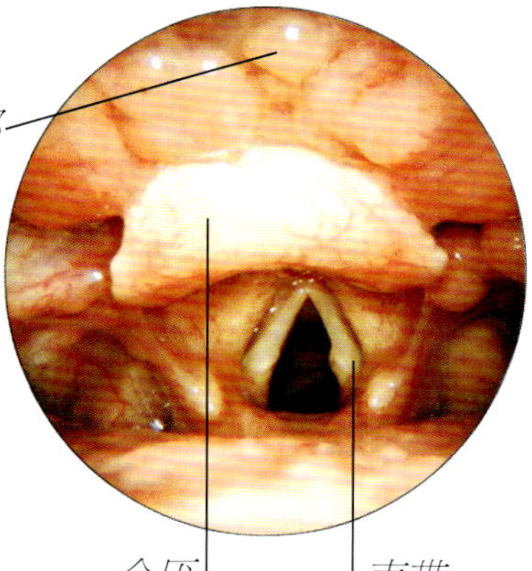

消化系统

消化系统的作用是分解食物，并通过血液向身体的各个部位输送营养。从口到直肠长达9米的消化道是消化系统的核心，消化道肌肉收缩可以蠕动食物。食物在咀嚼后首先由食道进入胃，混合胃酸后成为流质，然后到达十二指肠、空肠和回肠——共同组成长且蜿蜒的小肠。胆囊和胰腺分泌的消化液在小肠混合，共同分解食物颗粒，小肠内壁的肠绒毛可以筛选吸收营养物质进入血液。最后，结肠中未消化的食物形成排泄物，通过肛门排出体外。

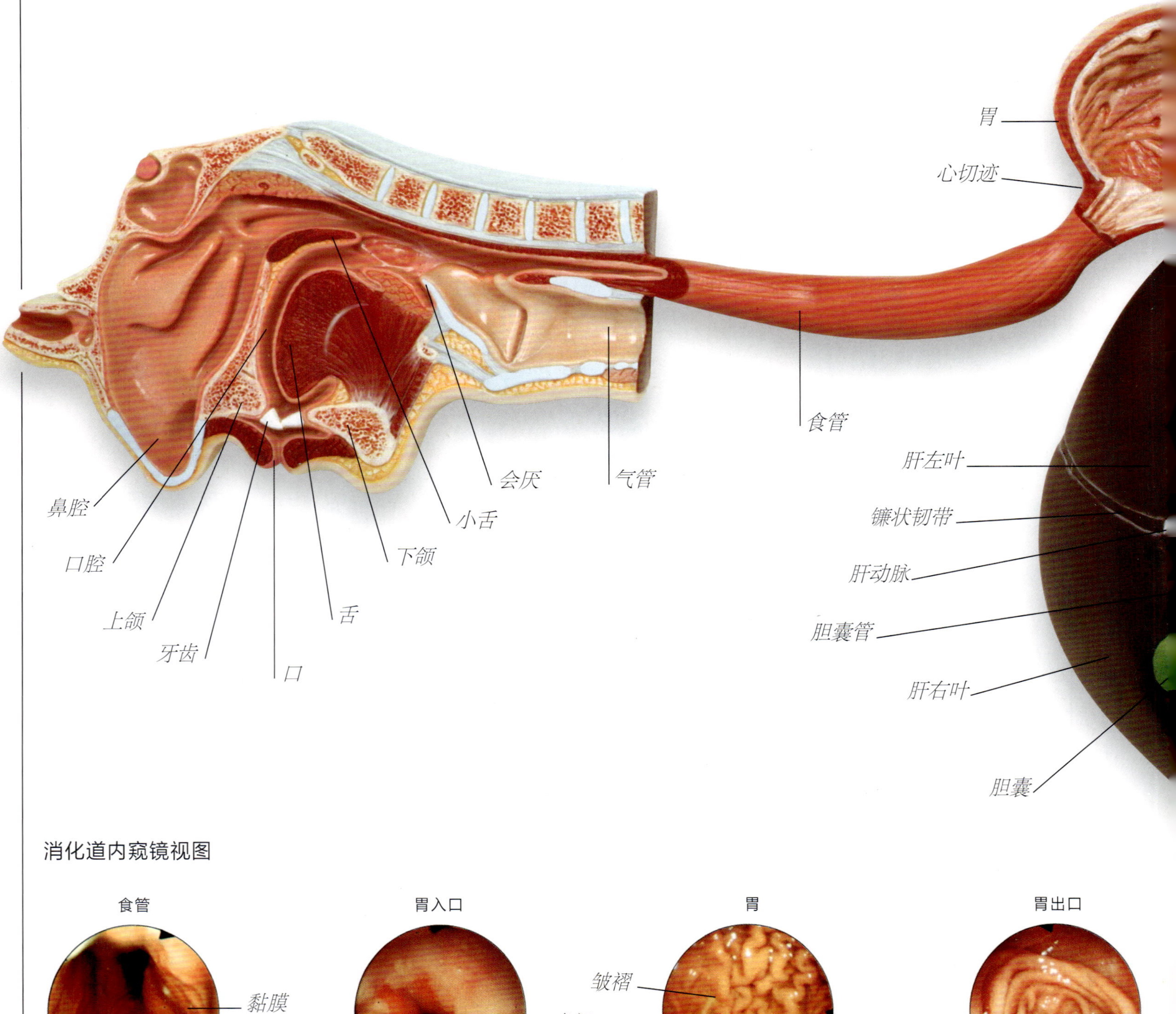

消化道内窥镜视图

食管

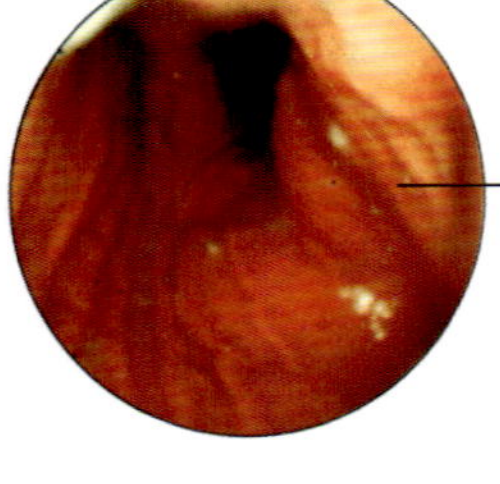

胃入口

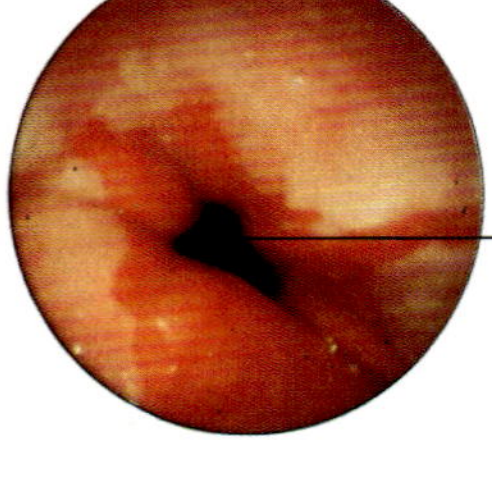

胃

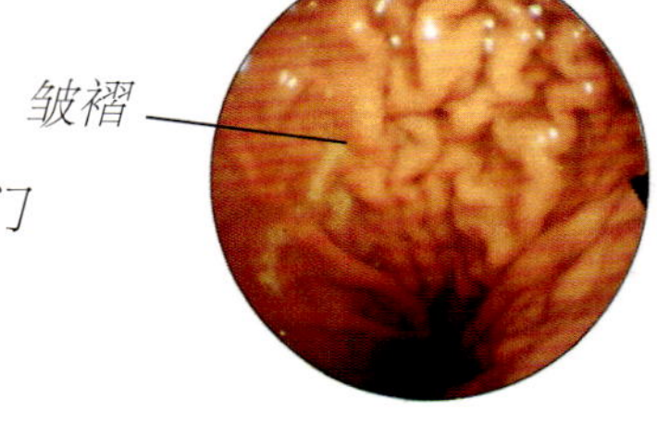

胃出口

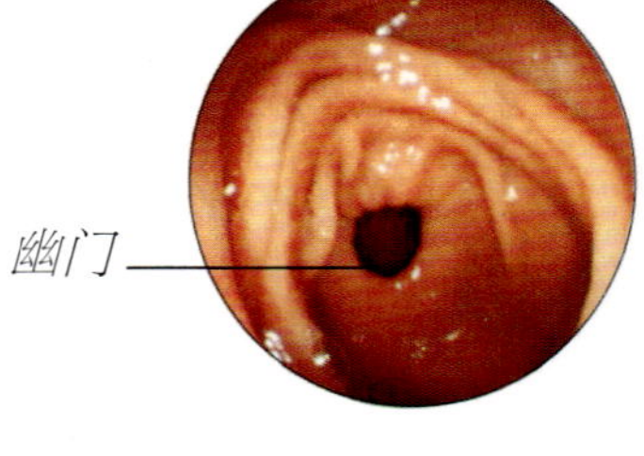

消化道

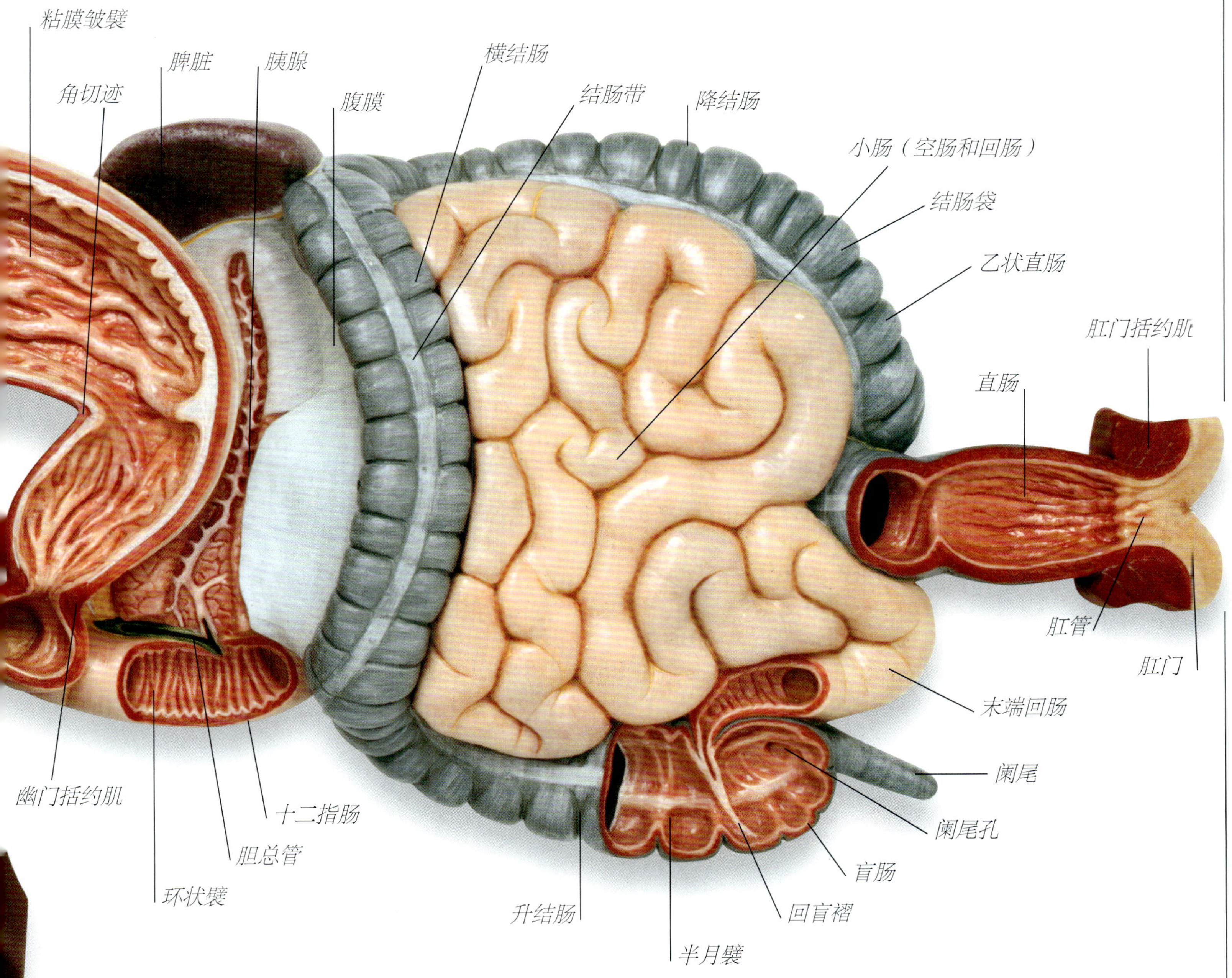

十二指肠

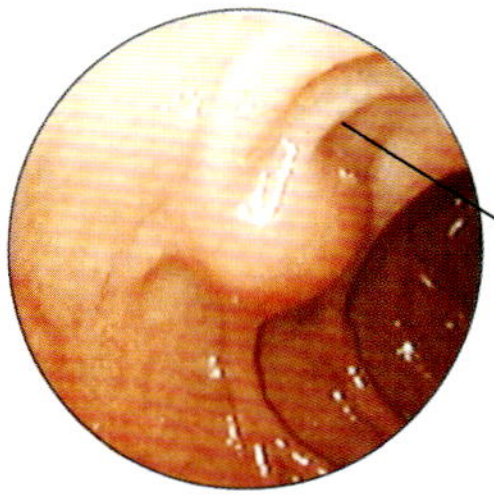

回肠

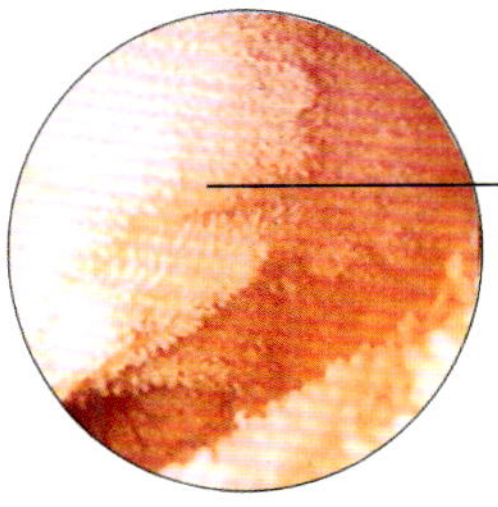

结肠

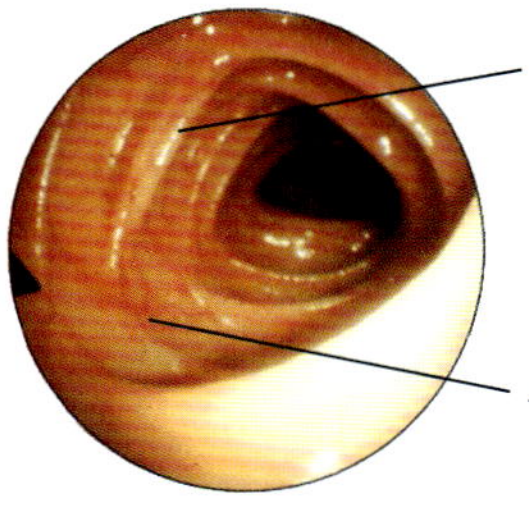

直肠

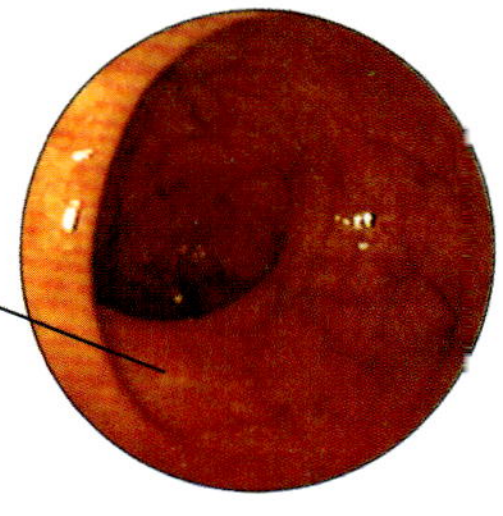

循环系统

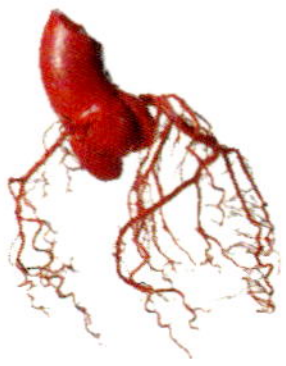

心脏和血管组成循环系统，共同维持持续的全身血液循环。心脏为血液流动提供动力，将肺输出的富氧血液通过动脉和小动脉血管网络输送到全身。同时，缺氧血液通过小静脉汇集到主干静脉血管，返回心脏。小动脉和小静脉依赖称为毛细血管的微细血管网络形成循环，完成血液细胞与身体细胞之间的氧和二氧化碳交换。红细胞、白细胞、血小板和液体血浆是血液的主要成分。

脑部动脉系统

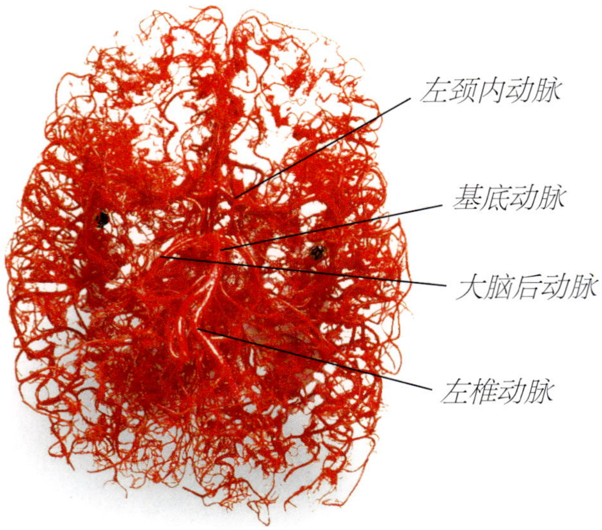

肝部循环系统

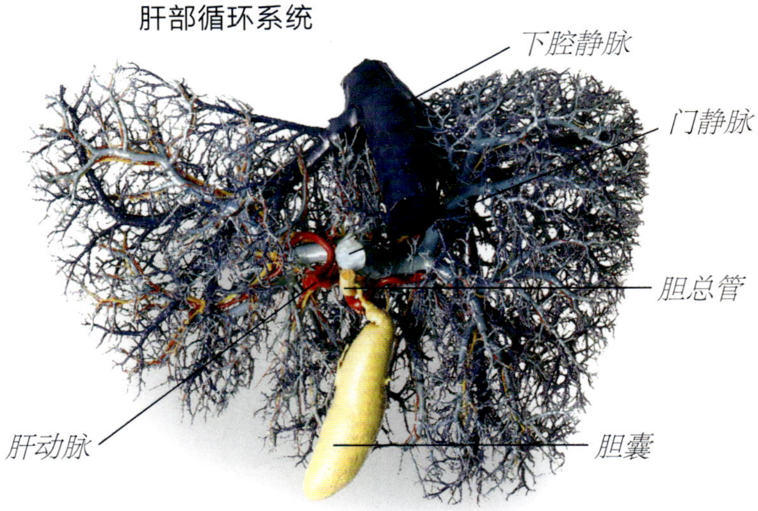

心脏与肺循环系统

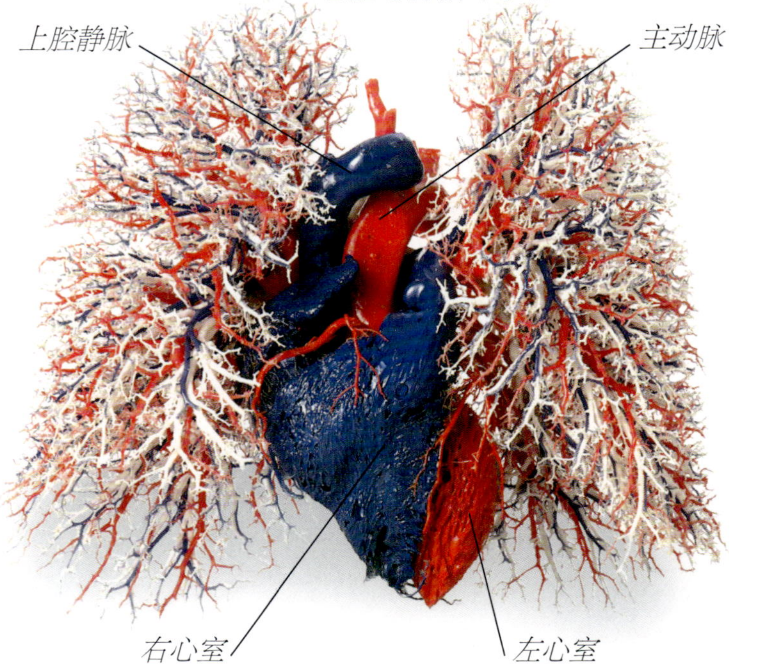

主动脉切面

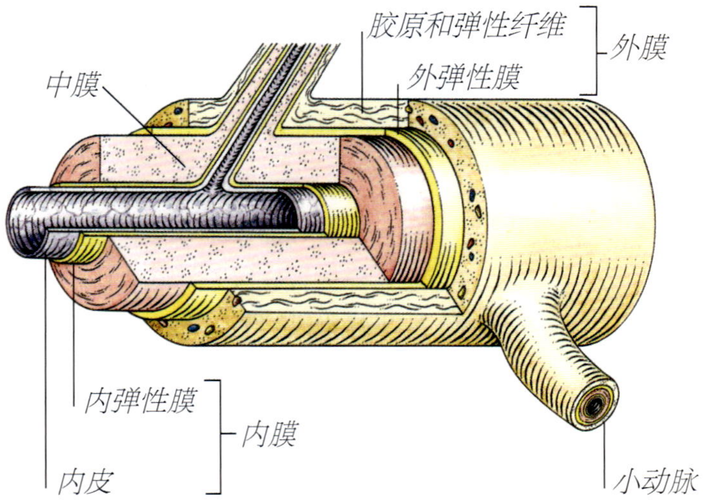

主静脉切面

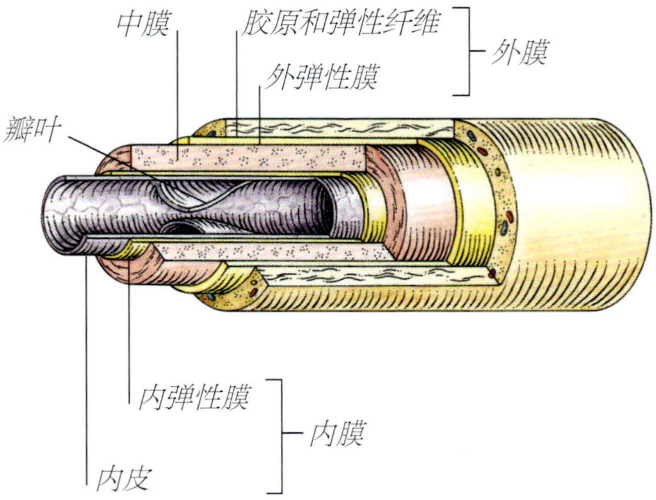

循环系统主要的动脉和静脉

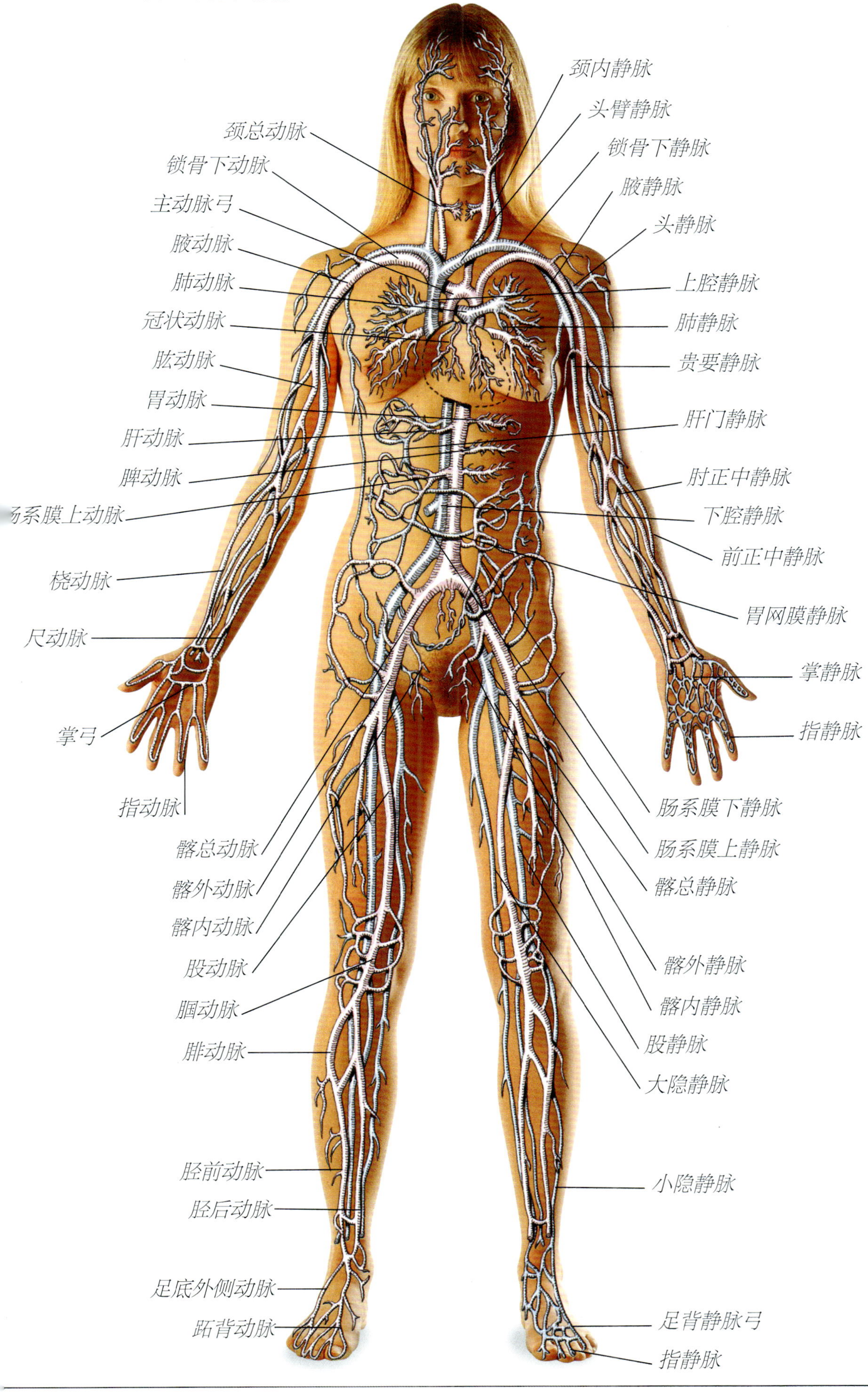

血细胞类型

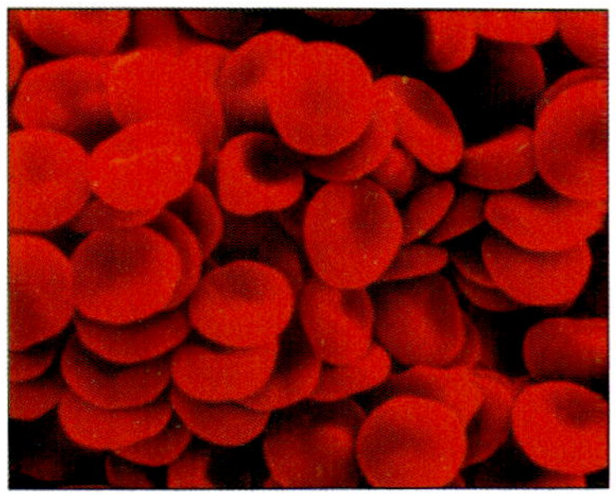

红细胞
双面凹陷，具有出色的携氧能力。

白细胞
淋巴细胞是最小的白细胞，能产生防治疾病的抗体。

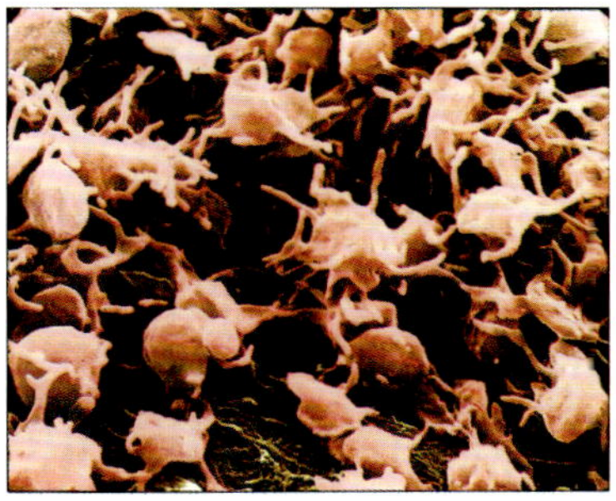

血小板
体积非常小，主要作用是凝血止血和修补破损的血管。

血液凝结

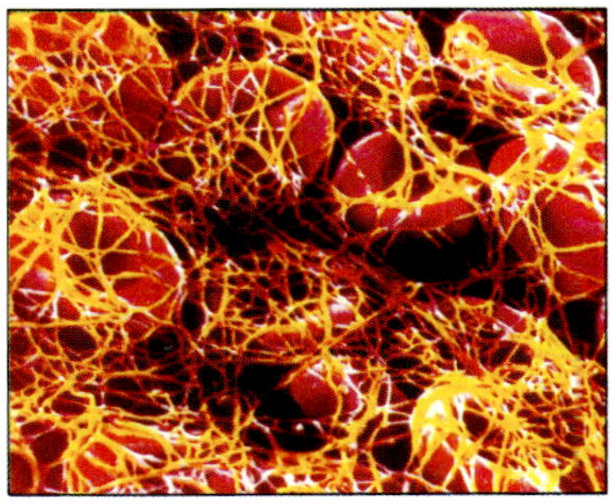

纤维蛋白彼此交联形成纤维蛋白网可以延缓血液的流动，有助于凝血的完成。

呼吸系统

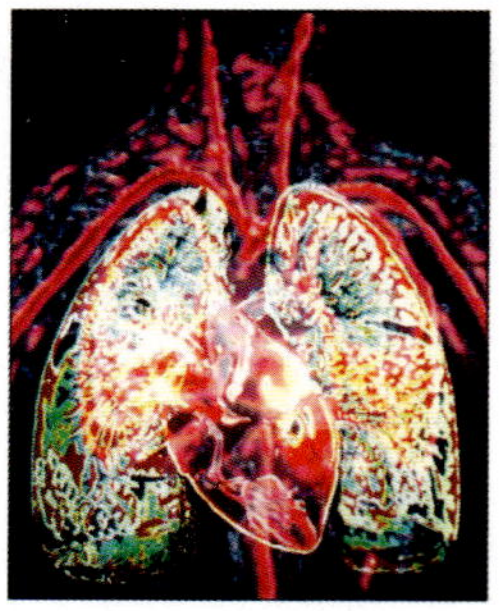

呼吸系统提供人体细胞需要的氧气，带走二氧化碳废物。吸入的空气通过气管和两根较细的支气管到达肺部。肺包括左右肺叶，其中布满了称为细支气管的气管分支，细支气管末端膨胀形成数量庞大的肺泡。气体穿过肺泡薄壁与毛细血管网络完成气体交换。肋间肌和肺下方的膈肌协调可以扩张和收缩肺部，实现固定间隔的空气吸入和呼出。

细支气管和肺泡

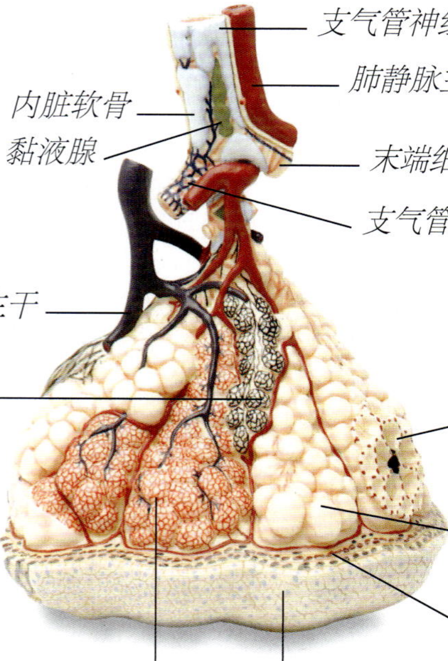

树状支气管分支

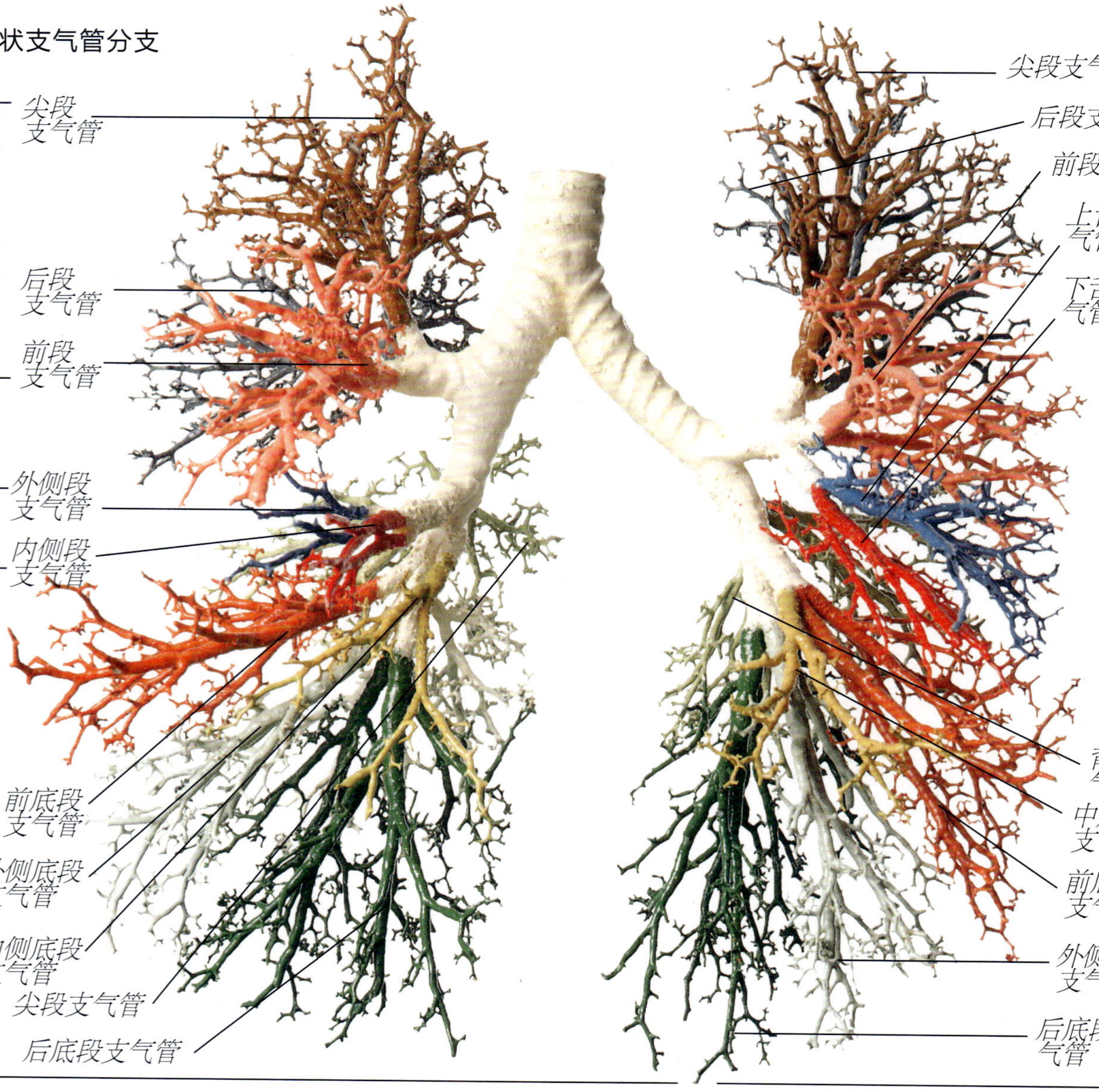

胸腔结构

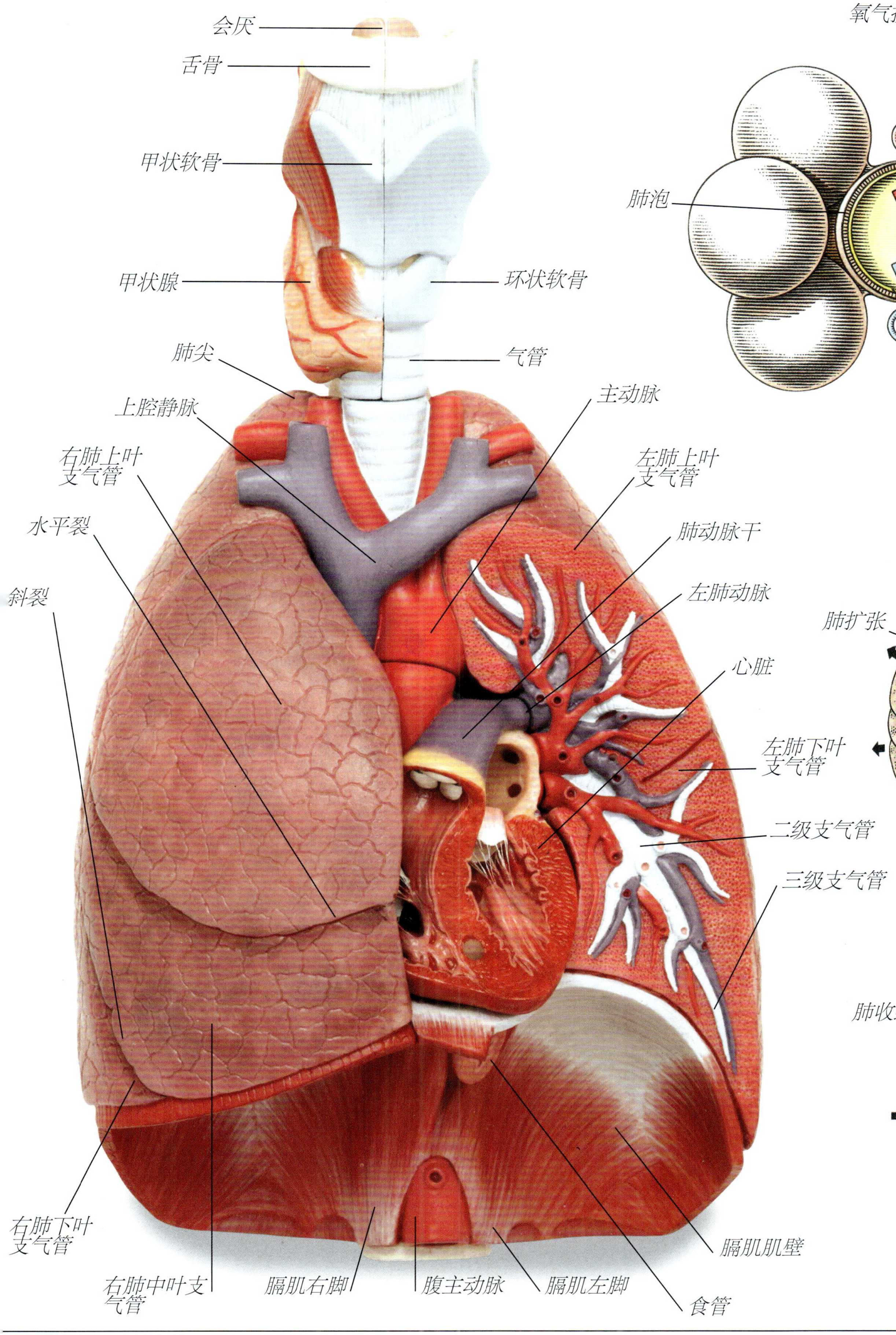

肺泡的气体交换

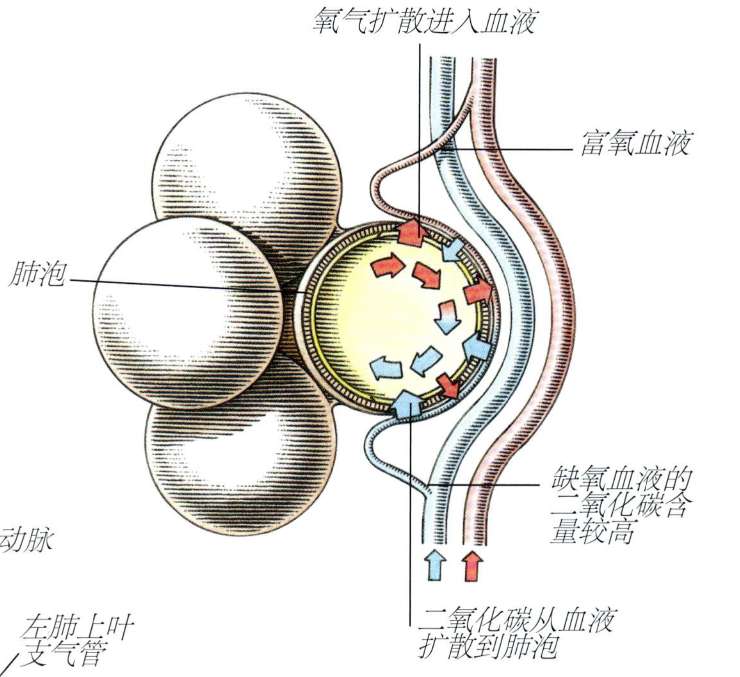

呼吸过程

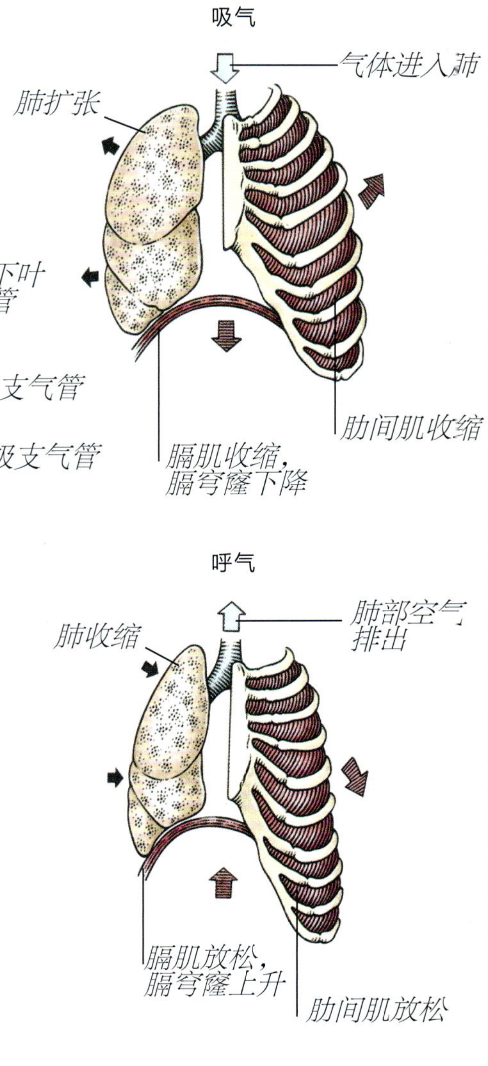

泌尿系统

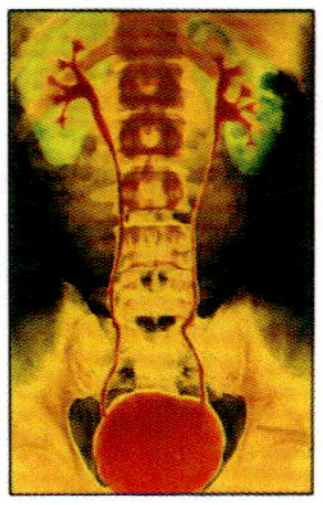

泌尿系统主要用于过滤血液中的废物，并通过管道系统排出体外。肾脏是拳头大小的成对扁豆状器官，是血液过滤的核心组织。肾动脉输送血液进入肾，肾静脉输出过滤后的血液。每个肾脏由约一百万肾单位组成，每个肾单位包括肾小管、称为肾小球的过滤单元和肾小囊三部分。肾小球是一个毛细血管团，外侧围绕着中空的肾小囊。肾脏过滤血液会产生尿，尿液经由两根输尿管进入膀胱。膀胱是一个储尿器官，与尿道相连，可以将储存的尿排出体外。

肾脏动脉系统

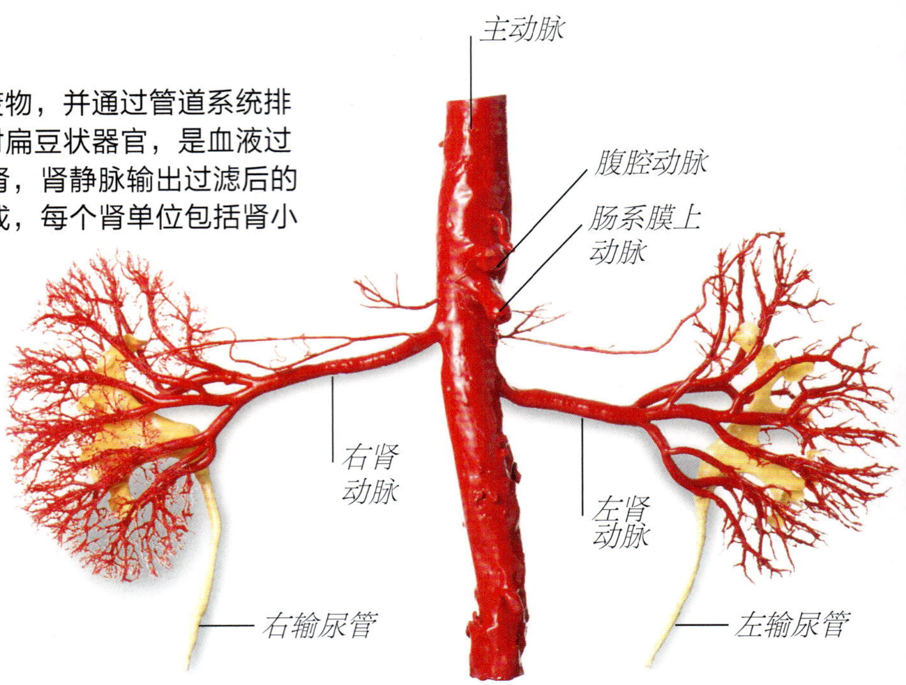

左肾切面

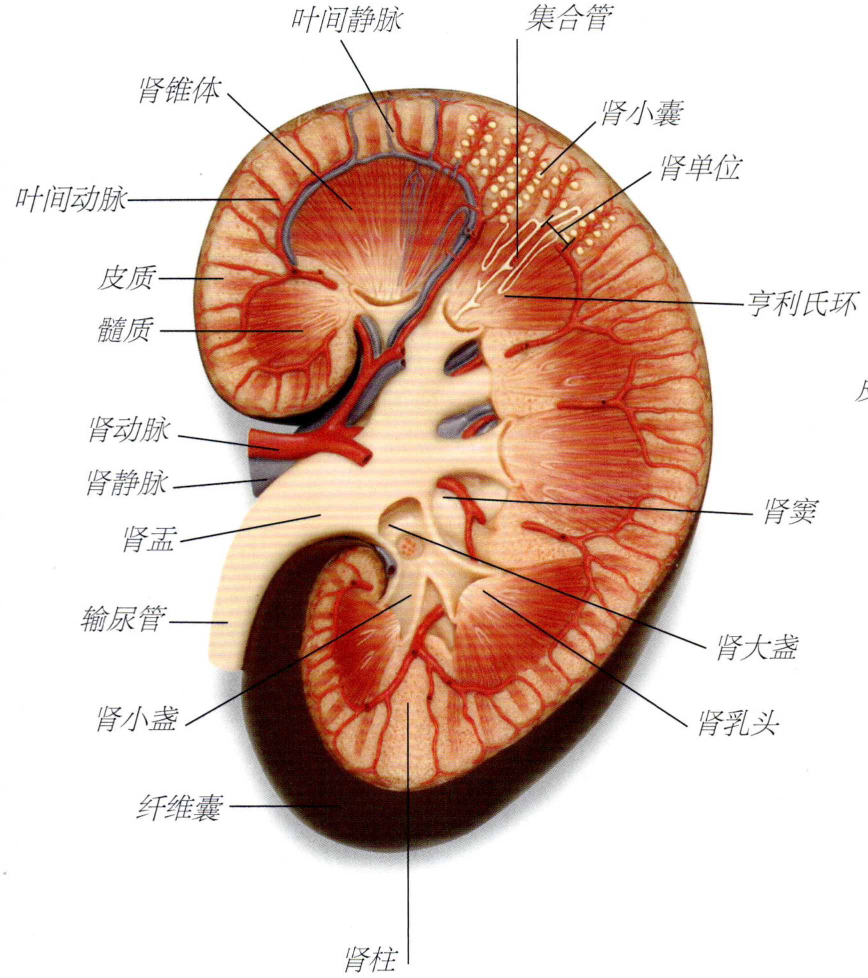

肾切面

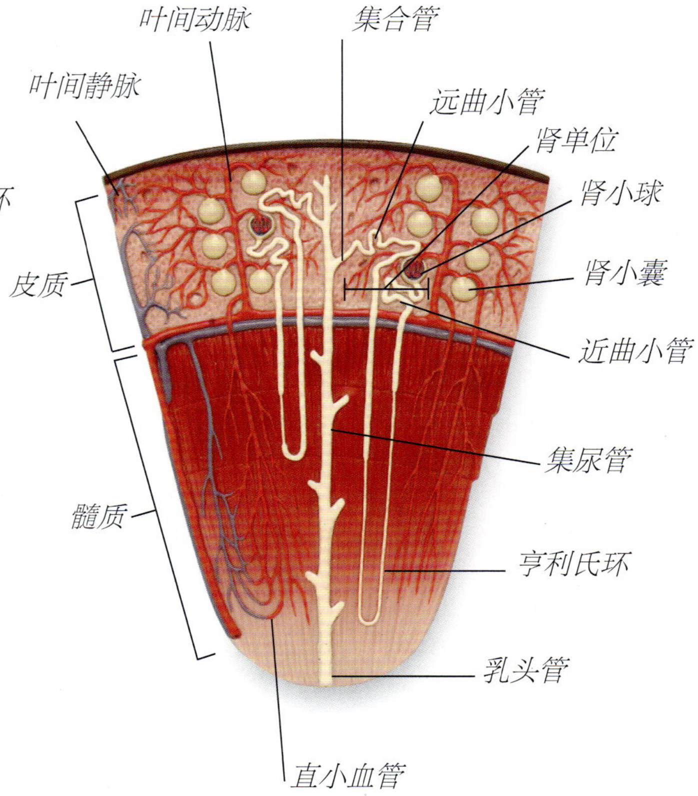

男性泌尿道

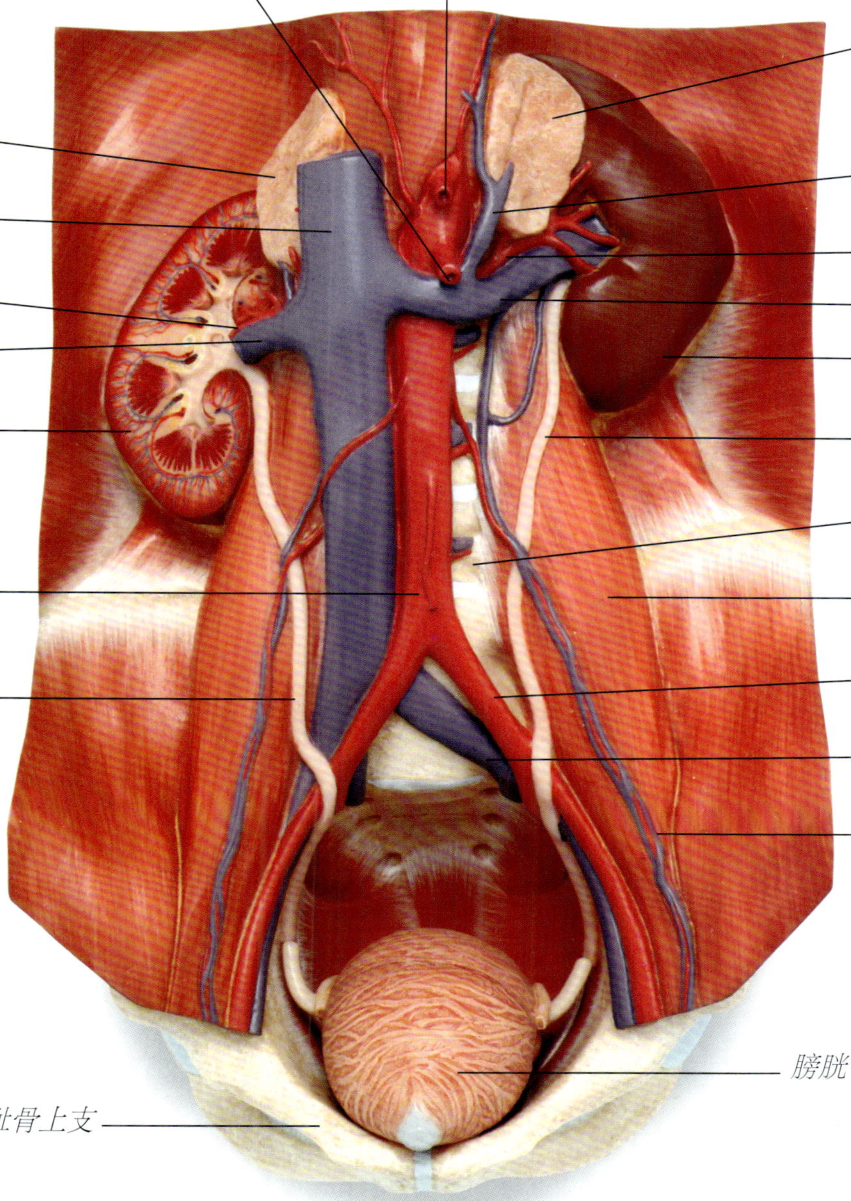

肾小囊切面

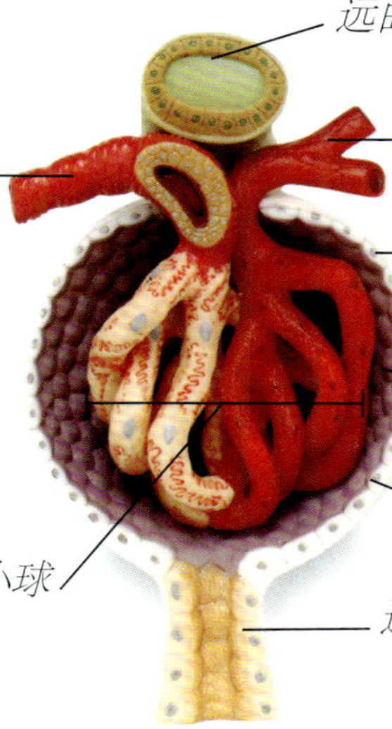

男性膀胱切面

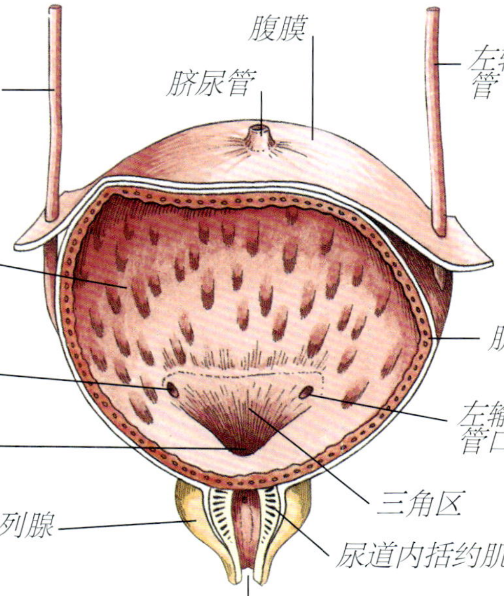

生殖系统

性器官包裹在盆腔中，是新生命诞生的场所。女性卵巢每个月会产生一枚成熟的卵子，卵子经过输卵管进入子宫，一个梨状大小的肌肉器官。男性有两个椭圆腺体——睾丸，可以产生微小的蝌蚪形状的精子。男性准备在女性阴道内释放精子时，数以百万的精子通过尿道和阴茎离开身体。精子向上通过阴道进入子宫和输卵管，但只有一个精子有可能进入卵子完成受精。受精卵会嵌到子宫壁上，成长为新的个体。

卵巢切面

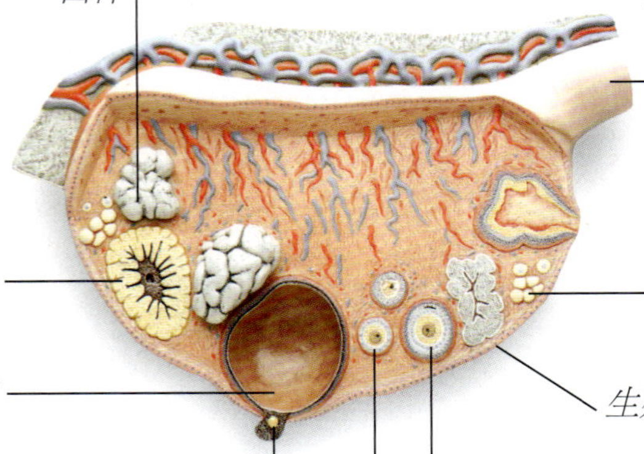

女性骨盆区切面

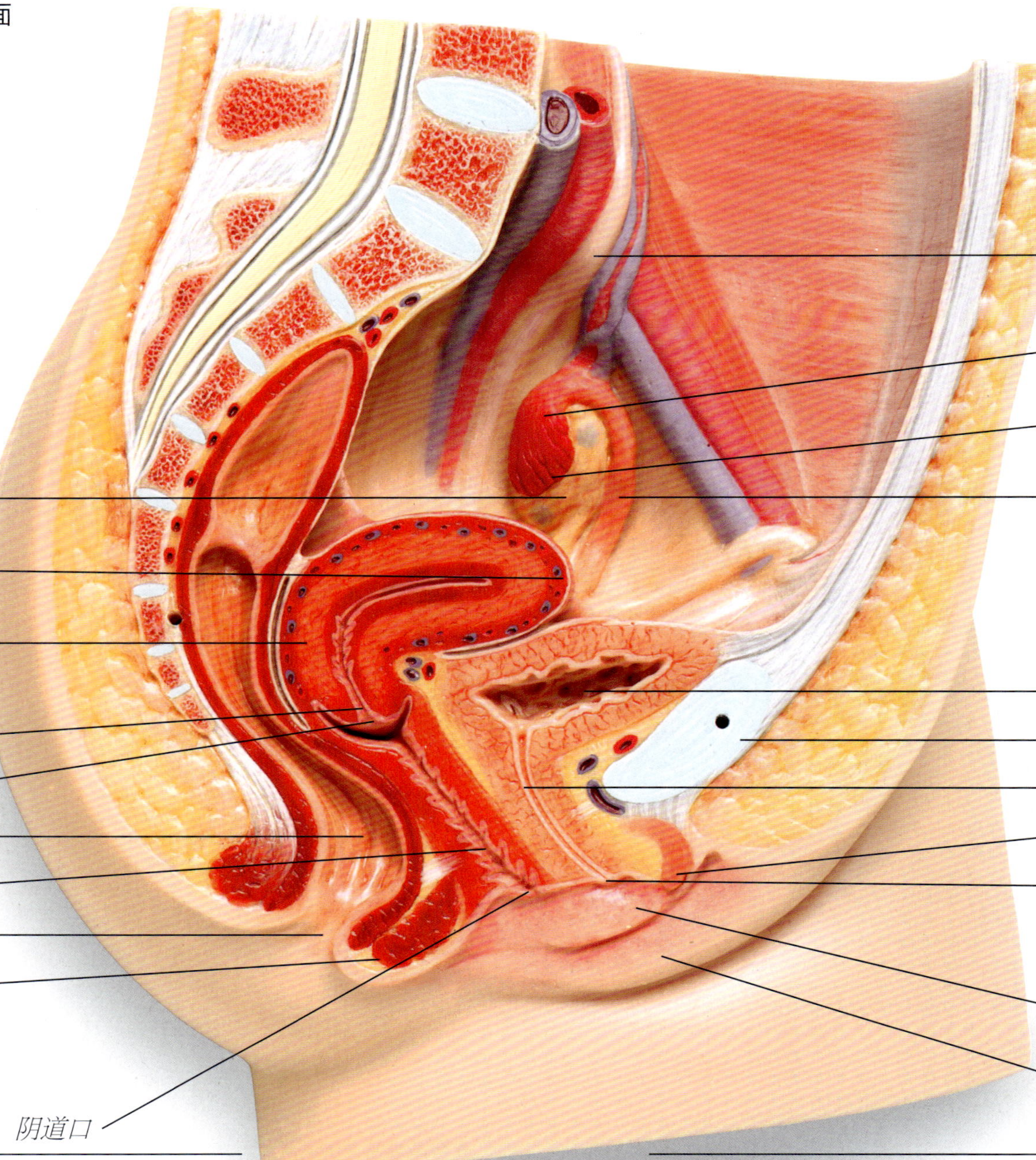

女性生殖器官

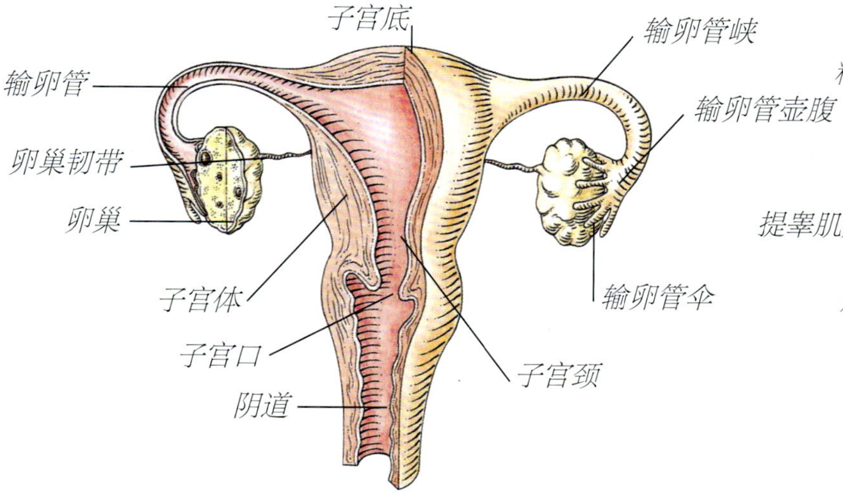

男性生殖器官

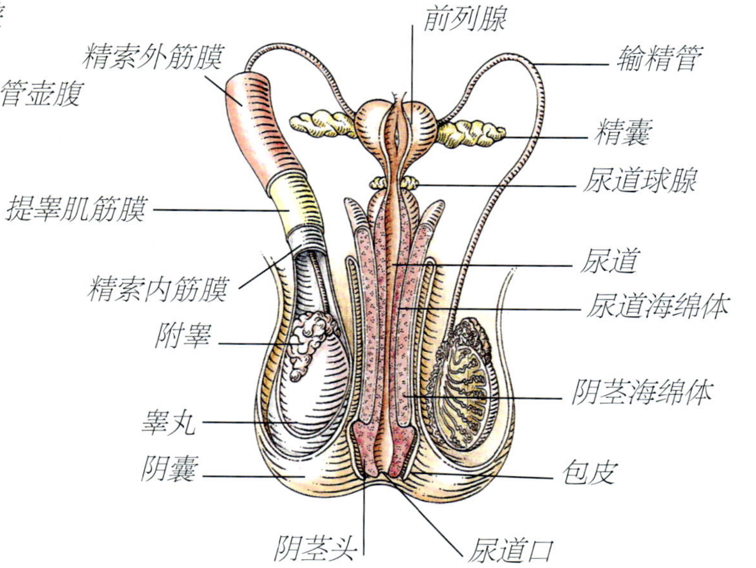

男性骨盆区切面

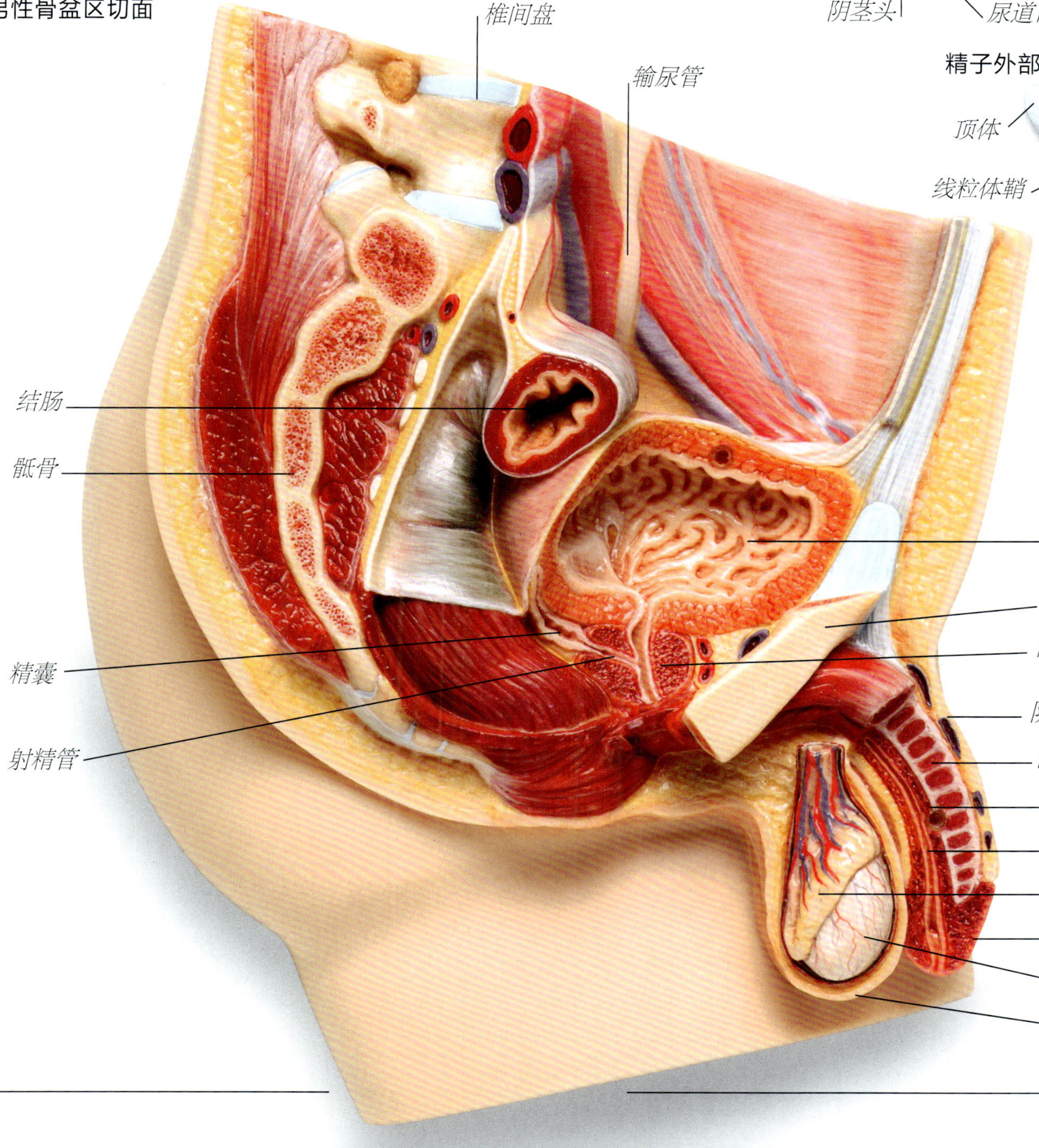

精子外部结构

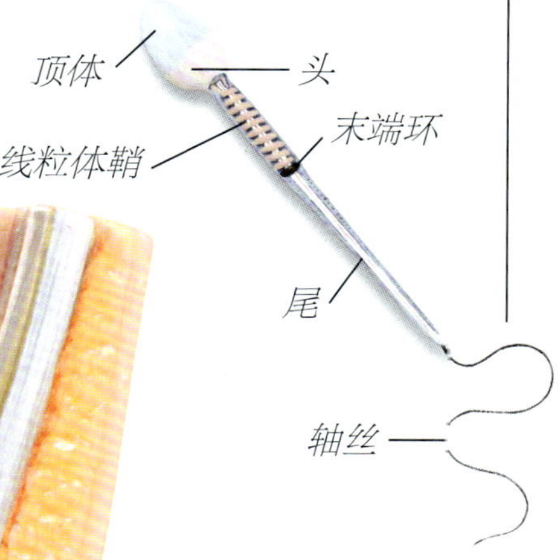

胎儿的发育

人的孕期约为40周，胎儿需要母体的滋养和保护，并且会经历受精卵、胚胎和胎儿的发育过程。胎盘包括大量植根子宫壁的血管，通过脐带与胎儿连接，是供应营养与氧气和排泄废物的器官。包裹胎儿的袋子称为羊膜囊，其中充满液体，可以保护胎儿，避免突然的震动。孕期的最后几周，胎儿体重的增速较快，头部转向下：婴儿做好了出生的准备。

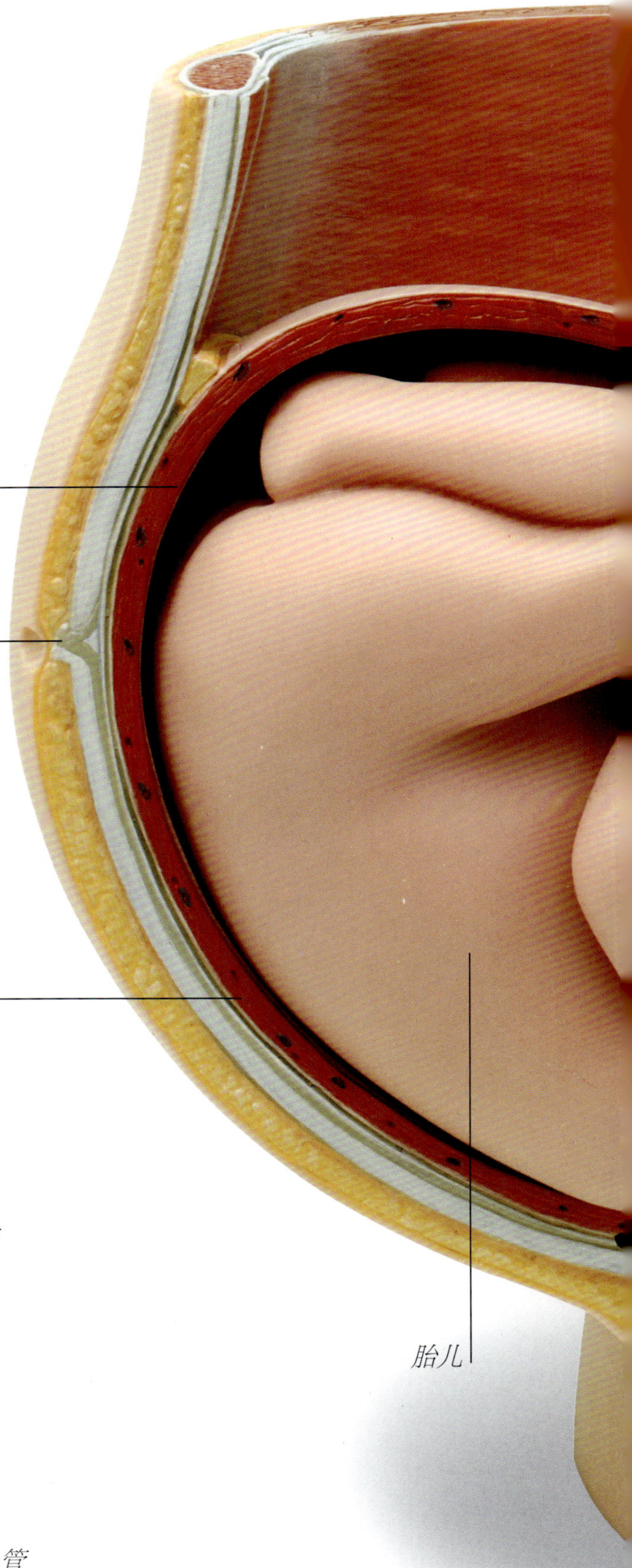

5周时的胚胎

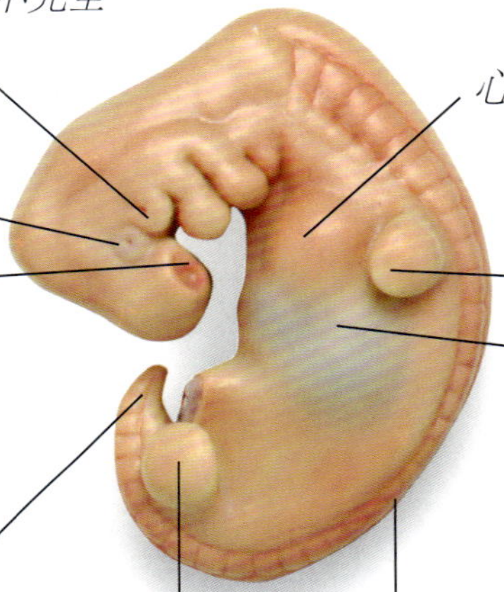

胎盘切面

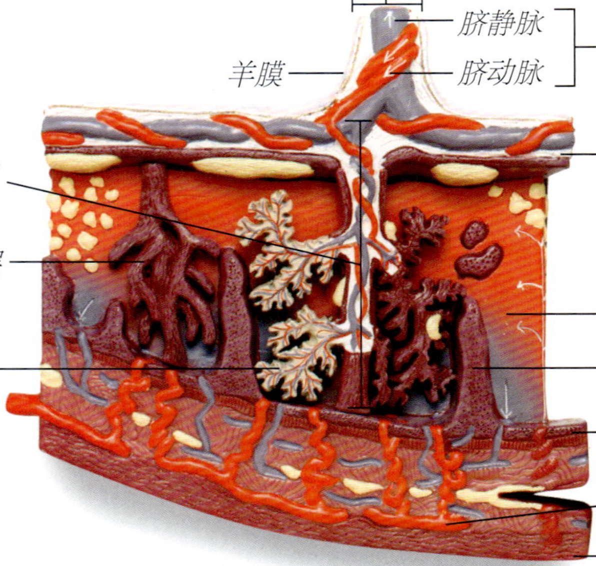

怀孕第九个月

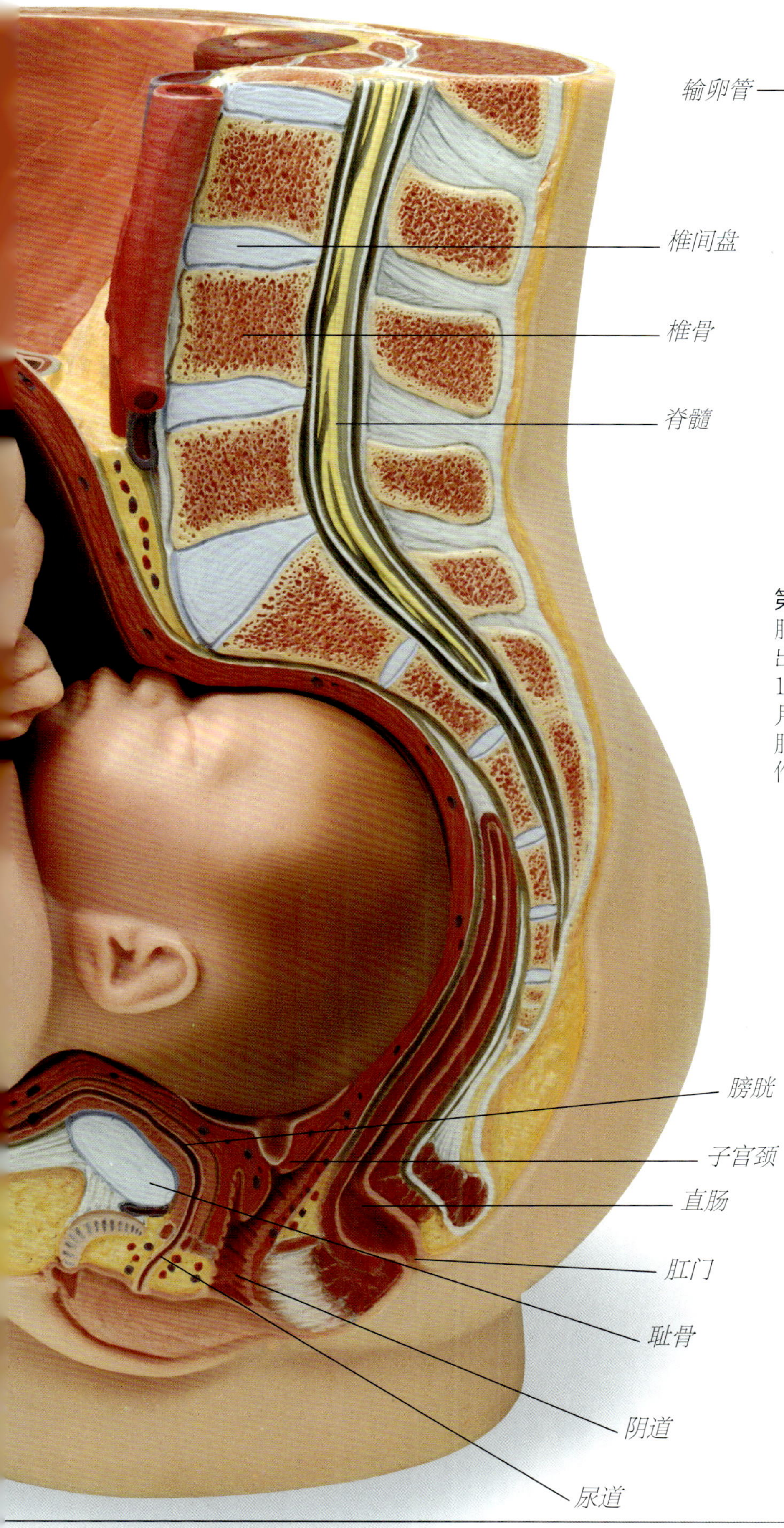

发育的胎儿

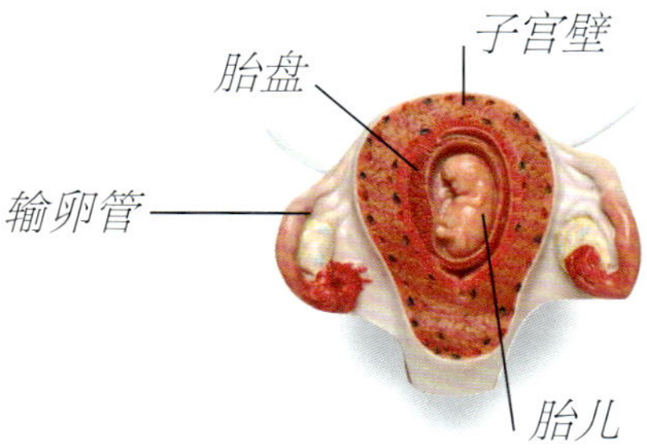

第二个月
所有内脏器官已经形成。

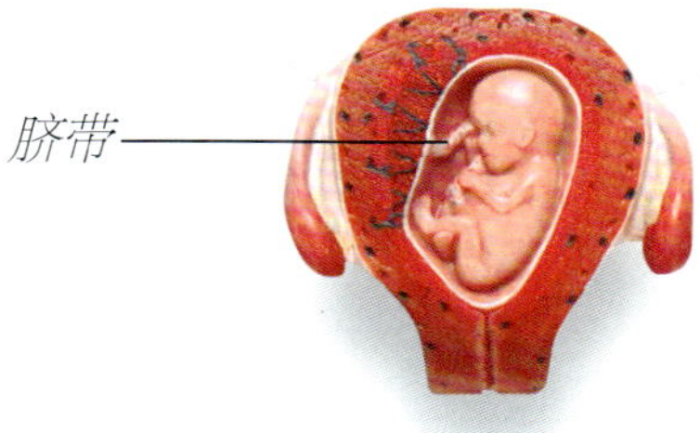

第三个月
胎儿完全成形，开始快速发育。

第五个月
胎儿处于坐位，出生前将颠倒180度。第五个月，胎动增加，胎儿开始对声音作出反应。

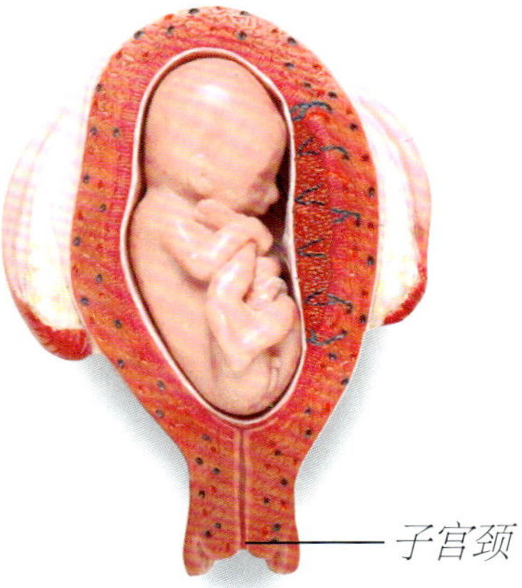

第七个月
内脏器官逐步成熟，开始准备适应子宫外的生活。胎儿身长增加，子宫内的空间减少。

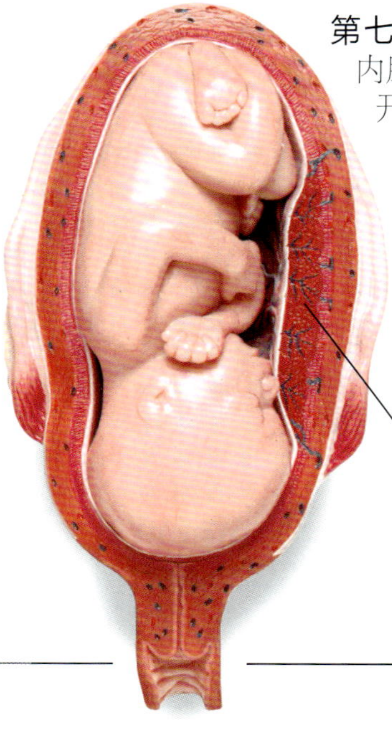

火山

火山是地壳中岩浆（源自地壳深层的熔岩）喷发到地表的孔隙或裂隙。它们通常发生在地壳板块的边缘，大部分火山位于环太平洋火山带内。根据火山喷发的猛烈程度和频率可将火山分类。溢流式火山通常发生在离散板块边界，喷出的物质形成流动的玄武岩熔浆，并迅速蔓延覆盖到广大区域，形成较为平缓的火山锥。爆发式火山多发生在汇聚板块边界，产生黏稠的流纹岩熔浆，也可喷发火山粉尘和火山碎屑（熔岩的碎片）。火山熔岩无法在冷却之前流动到很远，因此逐渐形成了陡峭的圆锥形火山。有些火山喷发出熔岩和火山灰，则形成复合型的火山堆。喷发频繁的火山被称为“活火山”；那些很少喷发的火山被称为“休眠火山”；而那些几乎停止喷发的的火山则被称为“死火山”。和火山本身一样，其他的一些地貌如间歇泉、热矿泉、硫气孔、喷气孔和冒泡的泥浆池等也与火山地区有关。

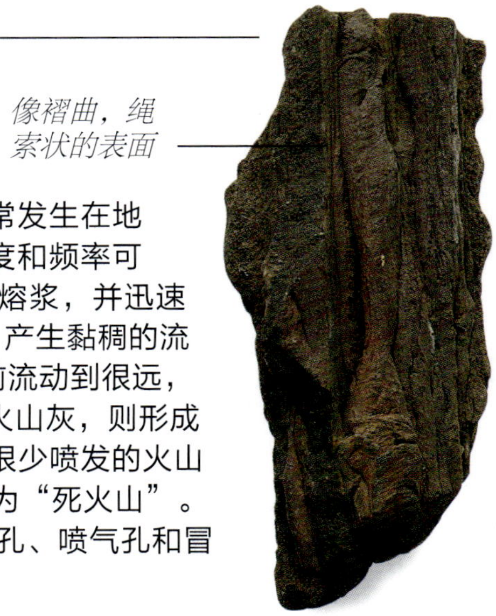

绳状熔岩

间歇泉，新西兰

火山类型

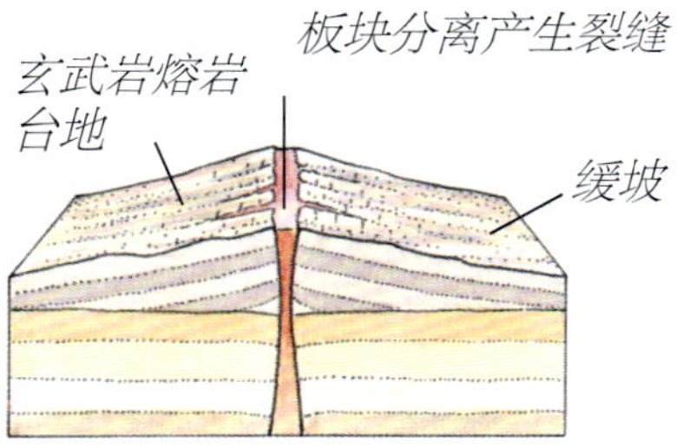

裂隙式火山

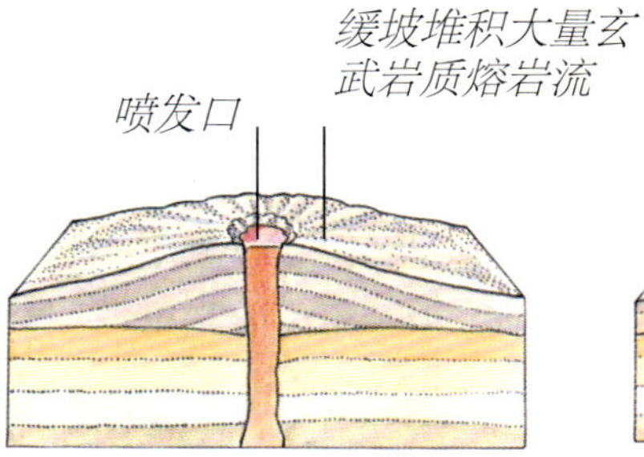

基本的盾形火山

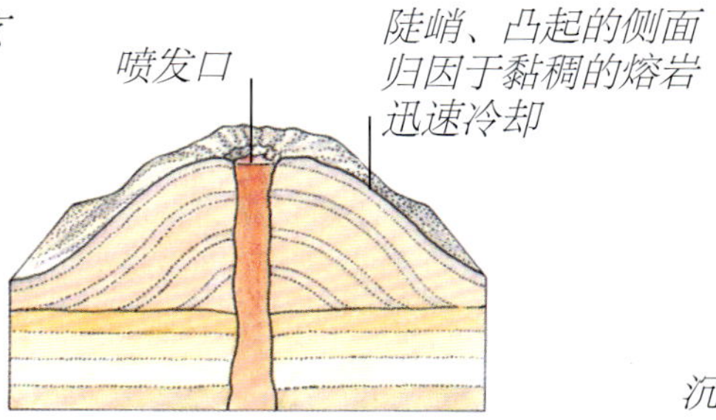

穹形火山

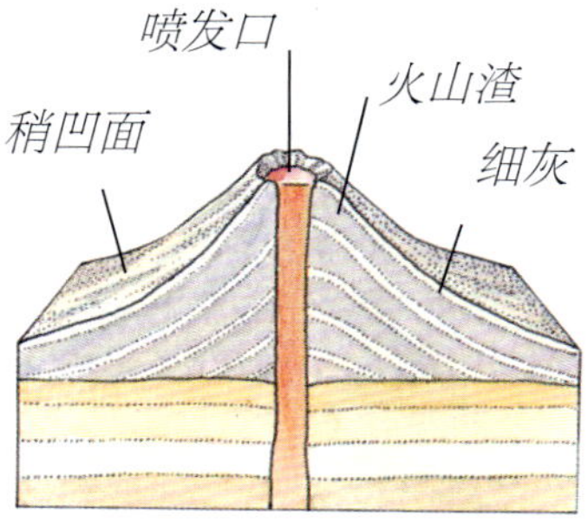

火山渣锥

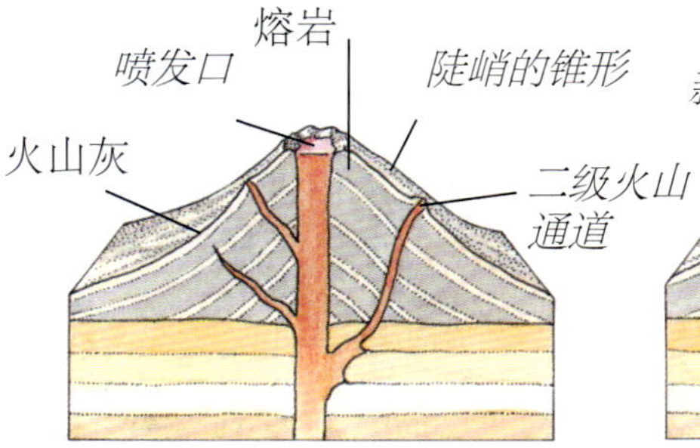

复合型火山

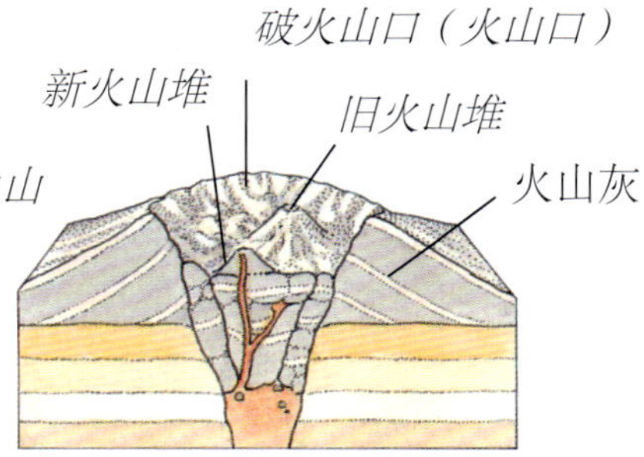

破火山口

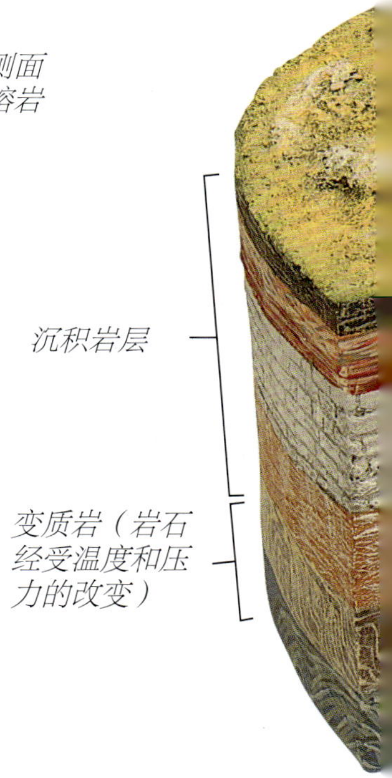

岩颈的形成

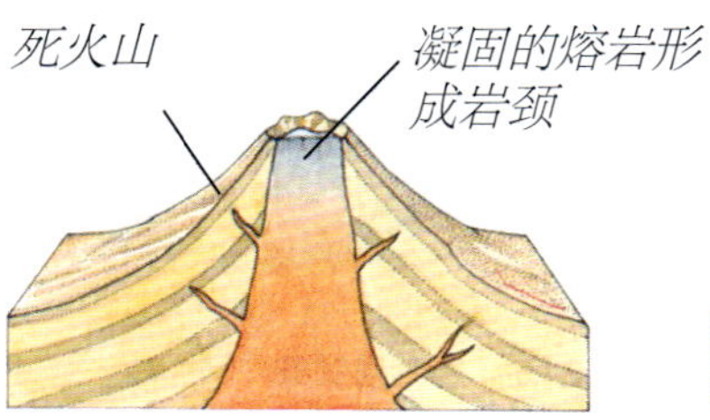

岩颈构造

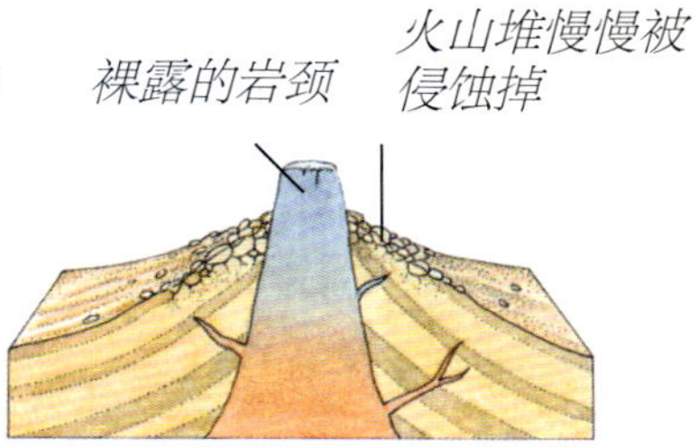

岩颈四周初步被侵蚀

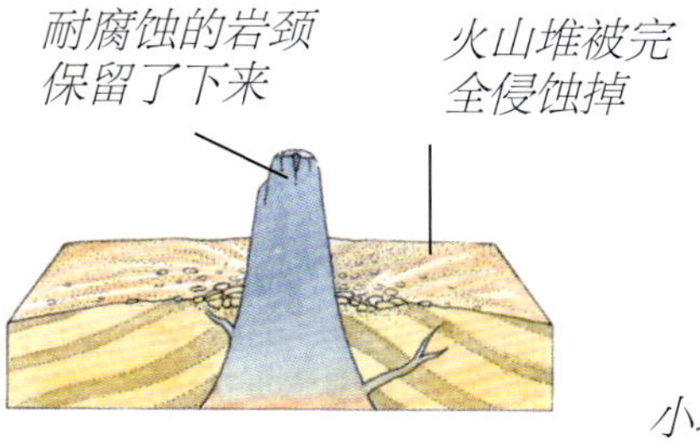

完全裸露的岩颈

火山砾（熔岩碎块）

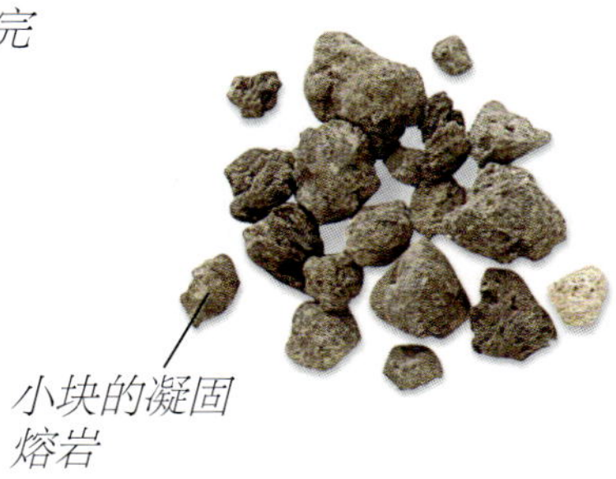

熔岩类型

块状熔岩

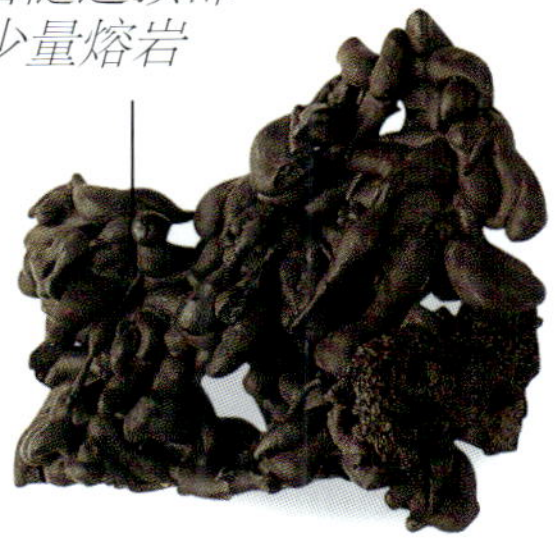

重熔熔岩

火山的位置

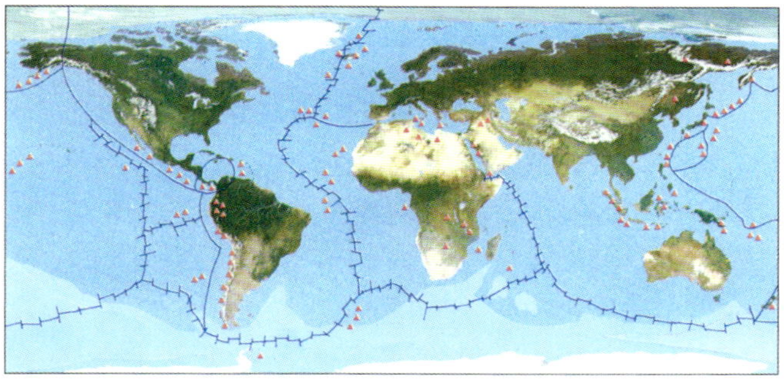

▲火山　板块边界

火山的结构

火山地貌

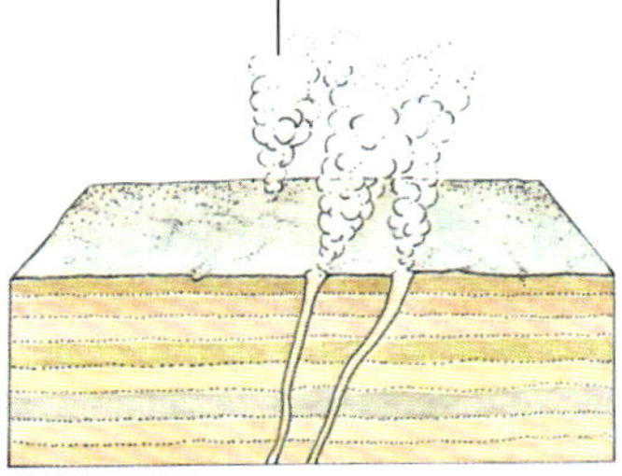

硫气孔

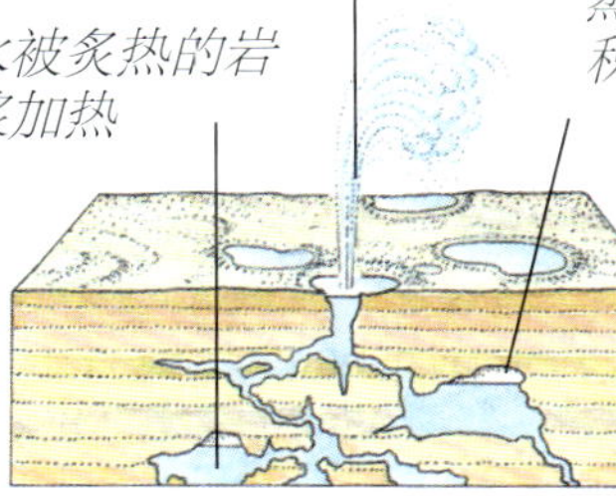

喷泉

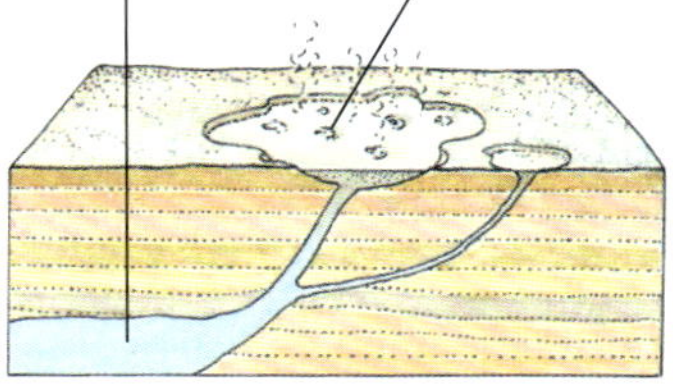

泥浆池

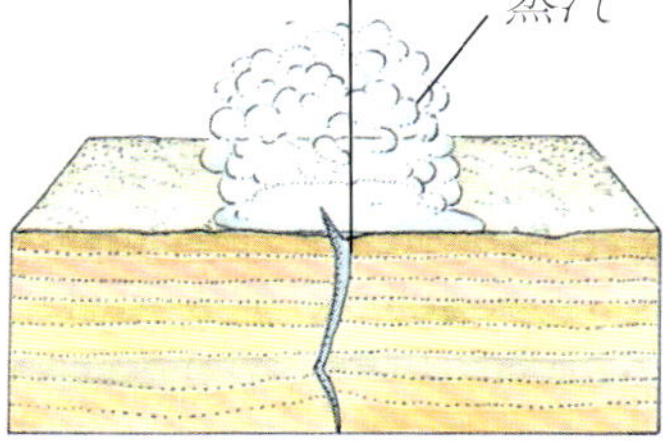

喷气孔

岩浆岩和变质岩

岩浆岩是由岩浆（源自地壳深处的熔岩）冷凝固结形成的。岩浆岩主要有两种类型：侵入岩和喷出岩。侵入岩形成于地下深处，岩浆侵入岩石裂隙或两个岩层之间的空隙形成岩床、岩墙和岩基等构造。岩浆冷却缓慢，形成粗粒的岩石，如辉长岩和伟晶岩。喷出岩由喷发到地表的熔岩（火山爆发喷出的岩浆）形成，熔岩迅速冷却，形成细粒的岩石，如流纹岩和玄武岩。变质岩是经受温度（接触变质作用）或压力（区域变质作用）强烈改造的岩石。接触变质作用是原岩受到岩浆及热液烘烤及化学成分的交代而发生的变质作用。区域变质作用发生在造山带中，岩石经受褶皱挤压的过程。变质岩可以来自岩浆岩、沉积岩甚至其他的变质岩。

玄武岩柱体

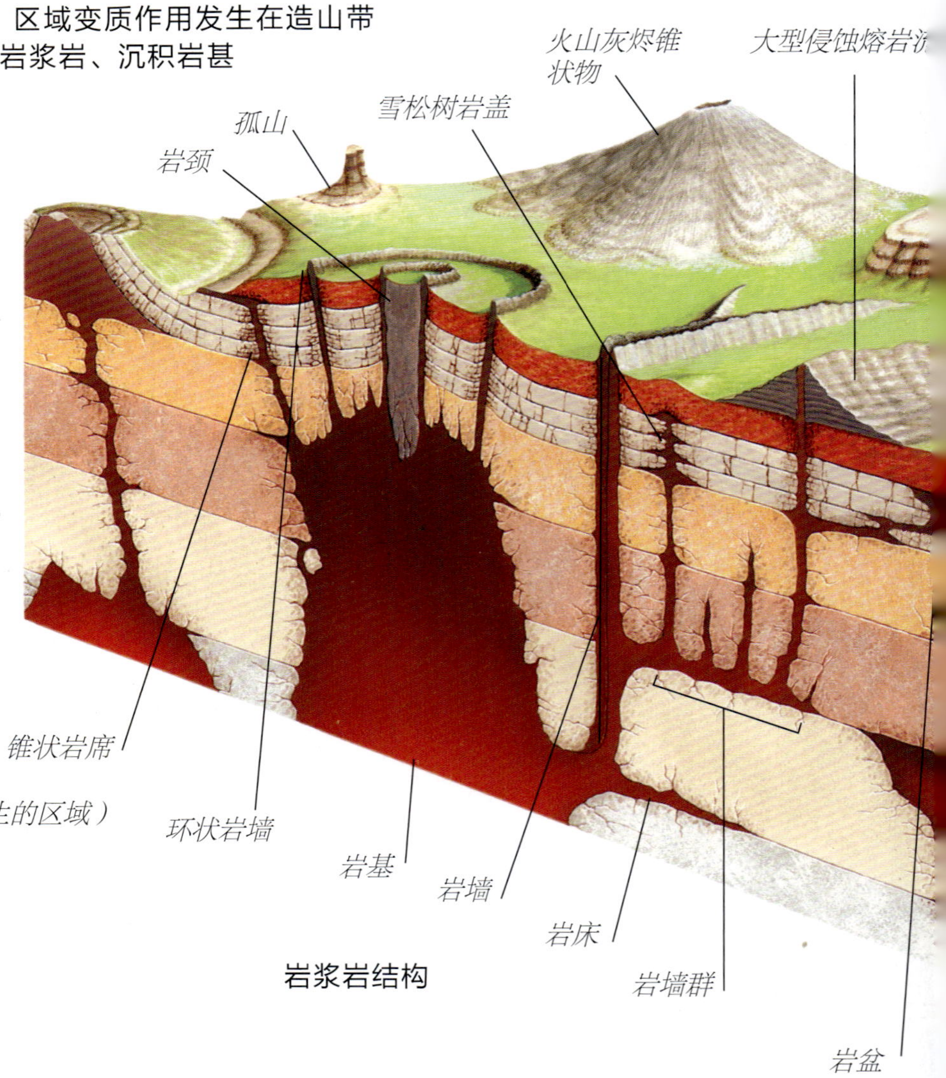

岩浆岩结构

接触变质作用

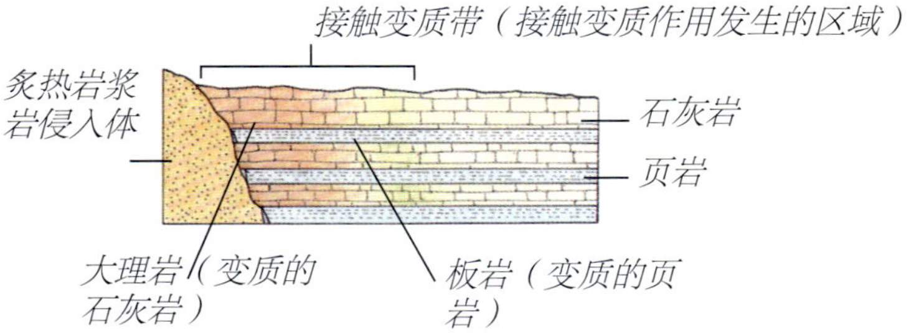

区域变质作用

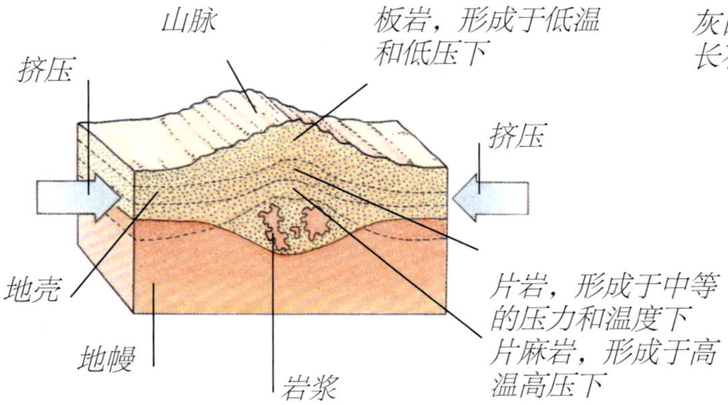

变质岩实例

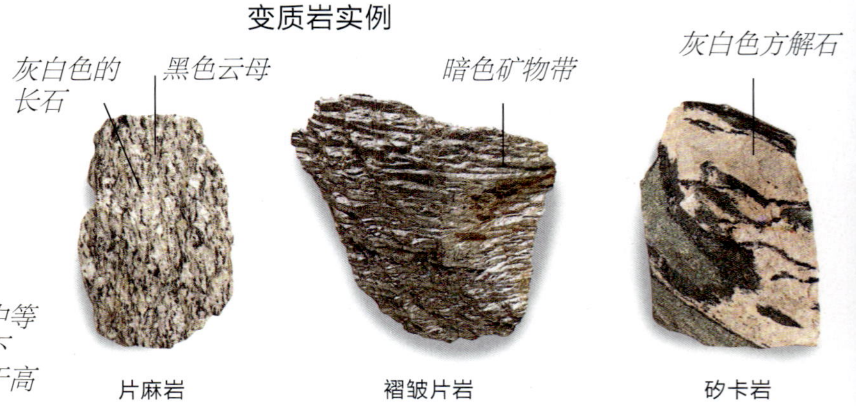

喷出岩实例

流纹岩

玄武岩

浮石

斑状安山岩

黑曜石

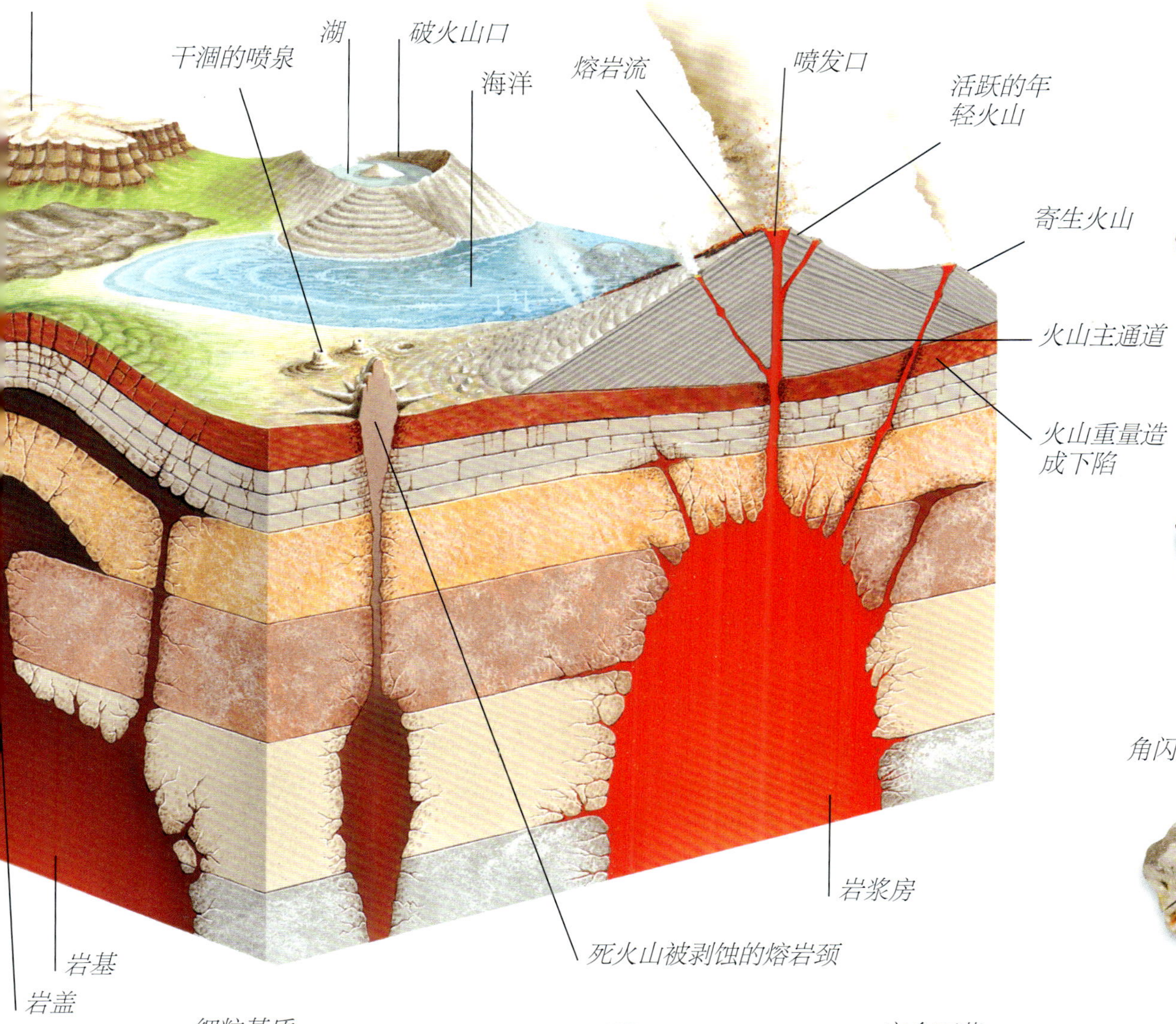

侵入岩实例

金伯利岩

橄榄辉长岩

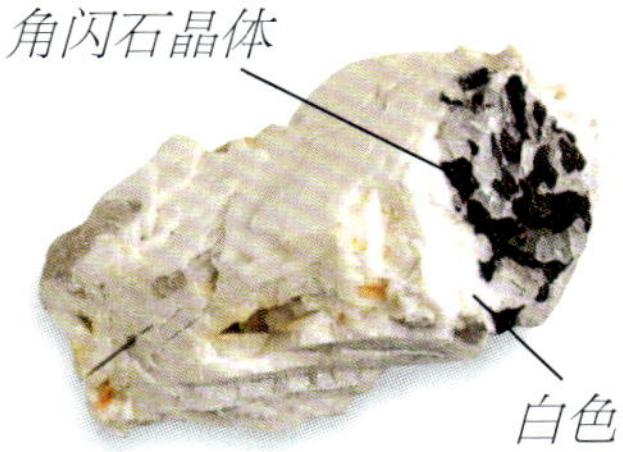

长石伟晶岩

含黄铁矿板岩

空晶石角岩

绿色大理岩

长英角岩

正长石

沉积岩

沉积岩是由沉积物的积聚作用和固结作用形成的，可分为三种主要类型。碎屑岩，如角砾岩或砂岩，是其他岩石经受风化作用破碎成碎片，再被搬运到别的地方沉积而成。生物成因的沉积岩，如煤，来自植物和动物的残留体。化学成因的沉积岩形成于化学过程，例如，岩盐是由溶解于水中的盐分当水分蒸发时沉淀而成的。沉积岩以层状的形式沉积下来，称为地层或岩层。新地层水平地沉积于老地层之上。当沉积序列发生间断时，称为不整合，代表在一段时间内没有新的沉积物沉积，或较早的沉积物抬升到地表后，发生了剥蚀作用。

美国大峡谷

不整合面实例

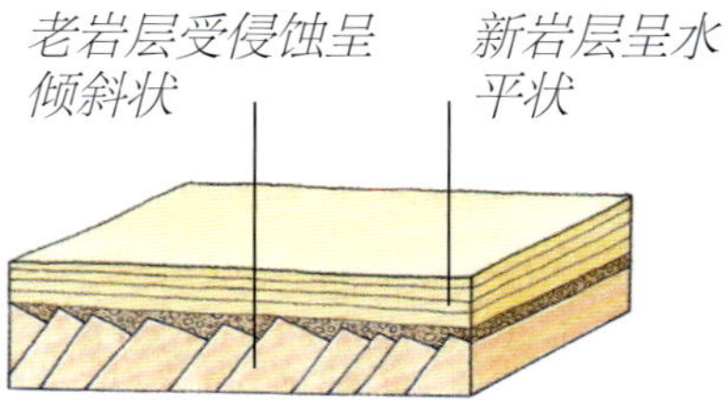

角度不整合

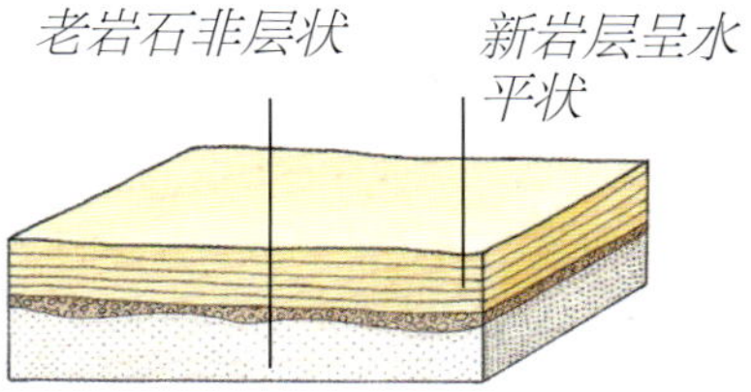

不整合

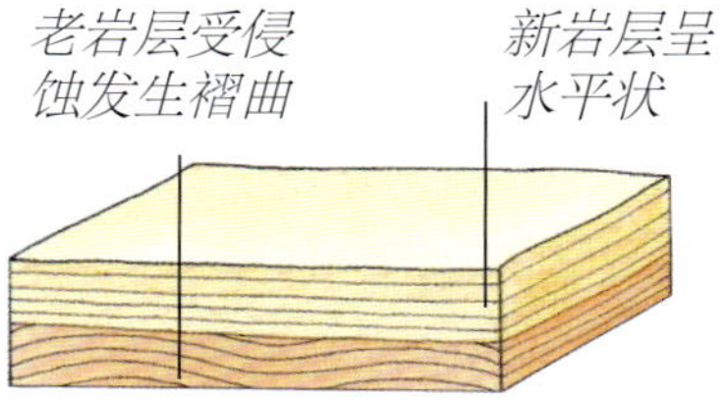

假整合，平行不整合

大峡谷地区的沉积岩层

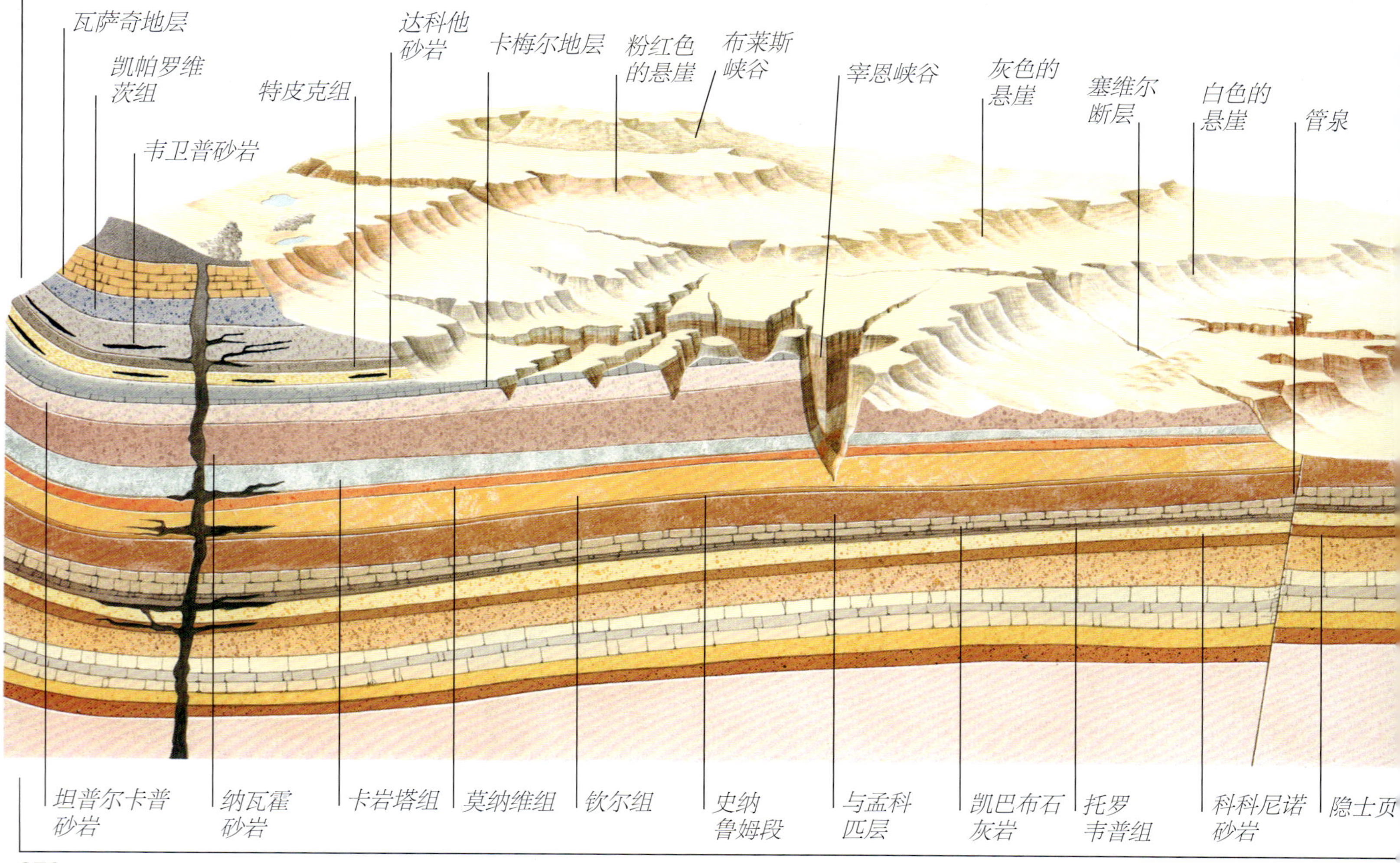

沉积岩实例

白垩岩

带纹铁矿石

熔融角砾岩

红砂岩

燧石

橙色岩盐（岩盐）

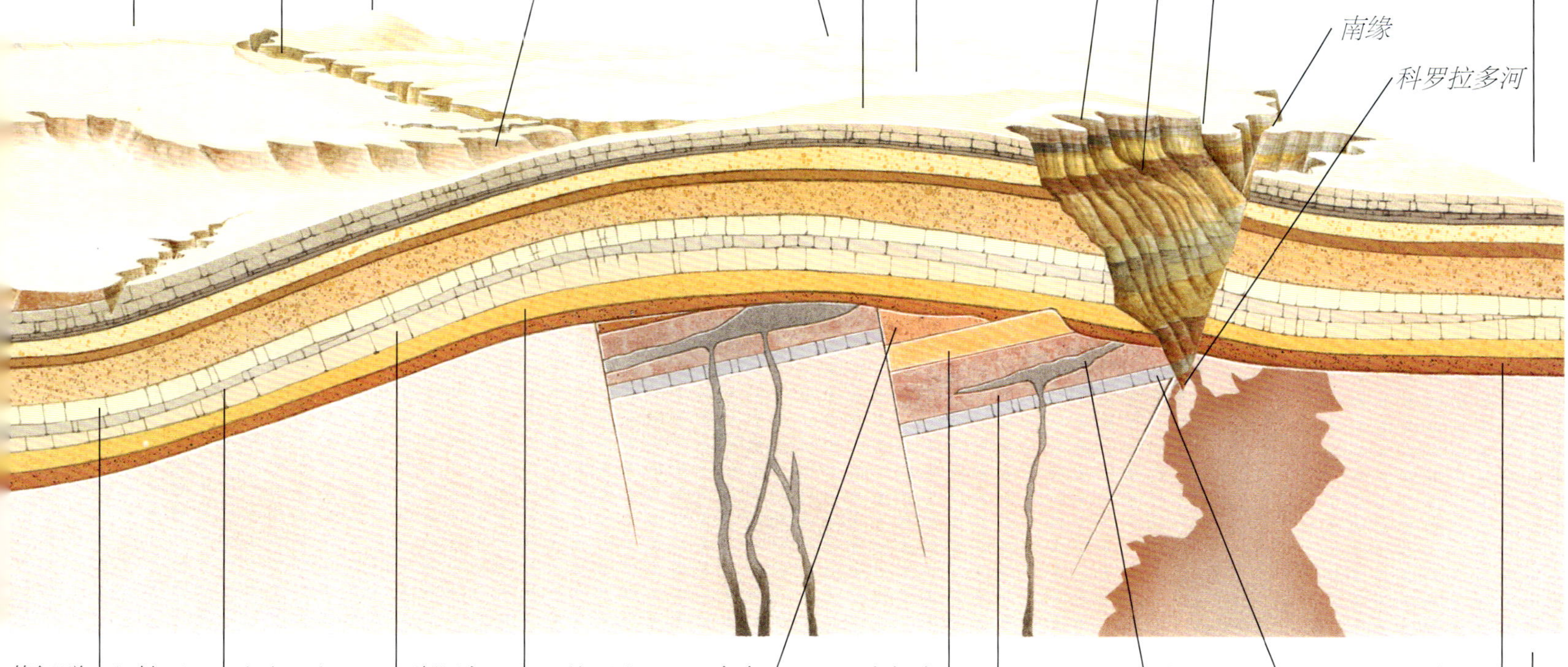

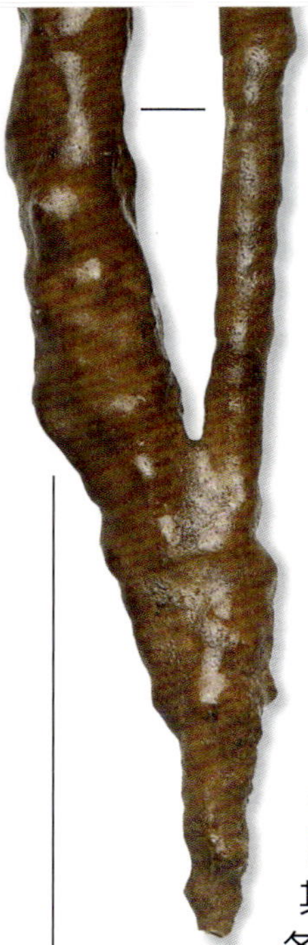

合并钟乳石

溶洞

溶洞通常形成于石灰岩地区，尽管在海岸线上溶洞也存在于其他的岩石中。石灰岩是由方解石（碳酸钙）组成的，其溶解于雨水中天然存在的碳酸和植物腐烂时产生的腐植酸中，酸性水从石灰岩的裂隙和节理中滴下进入岩层之间，将表面的地形分割成石芽（岩块）。水流被岩沟（深沟）分隔开，然后被灰岩坑（也称落水洞或锅穴）打断，地表溪流可能就此消失。在地下，酸性水溶解裂隙周围的岩石，打通了一个通道和溶洞的网络，若发生洞顶塌陷，其将形成大型的溶洞。当被溶解的碳酸钙发生再沉积时将形成各种各样的地貌，比如，它可能沿着地下河再沉积形成蘑菇石（一连串的碳酸钙岭），或者在溶洞和通道里形成钟乳石和石笋。钟乳石发育在从洞顶滴落的水滴残留碳酸钙的地方，当其滴落到地面时，就形成了石笋。

钟乳石的环形标志

表面地貌的溶洞系统

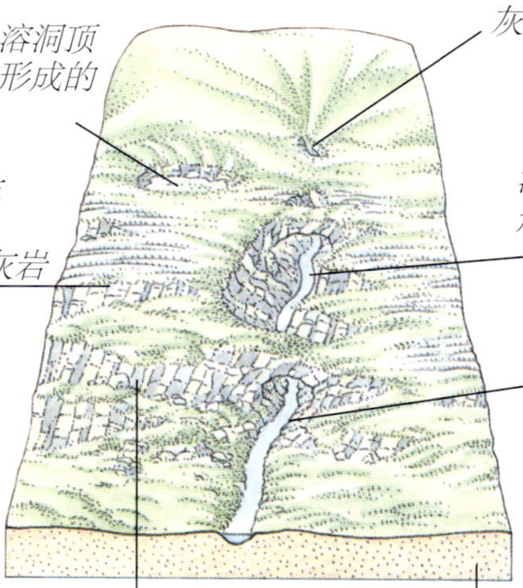

石笋形态

结晶的石笋基底

石灰华

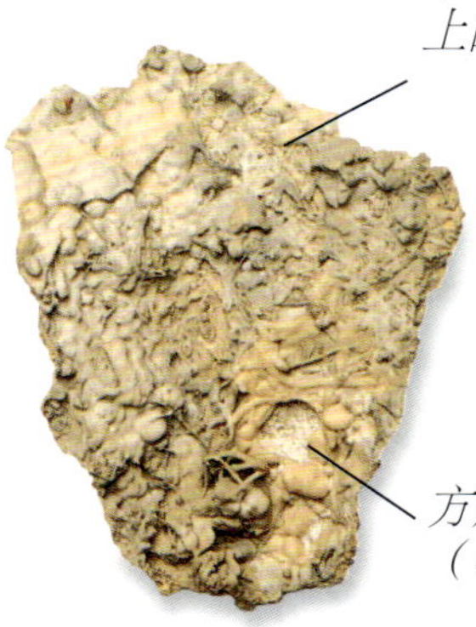

石笋基底

石笋状岩瘤

溶洞系统的进化

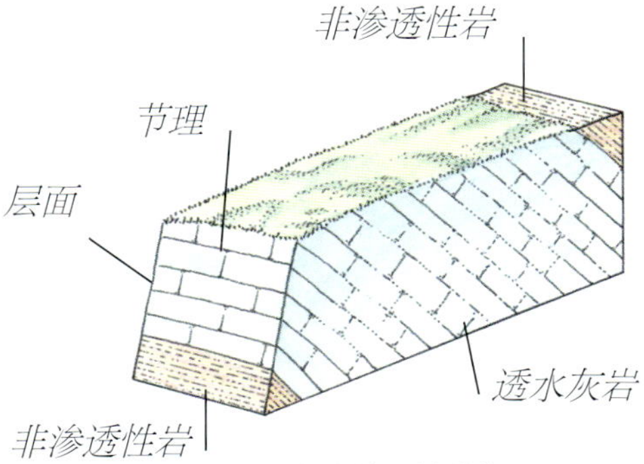

石灰岩地层的结构

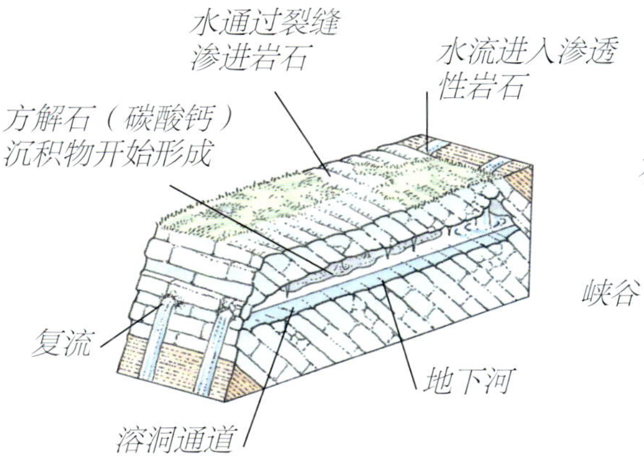

最初的溶洞

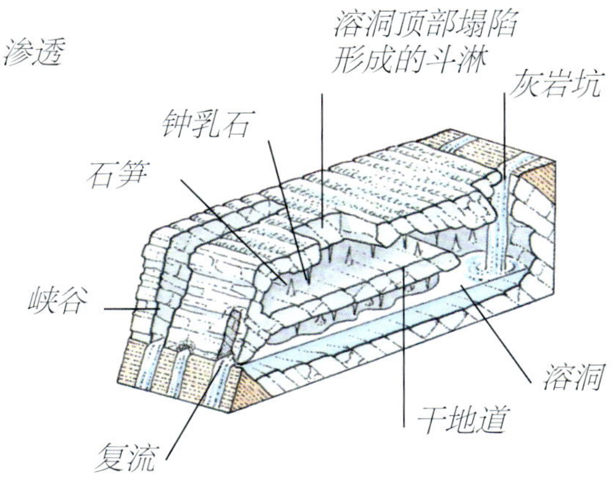

扩展的溶洞系统

互相连接的溶洞系统

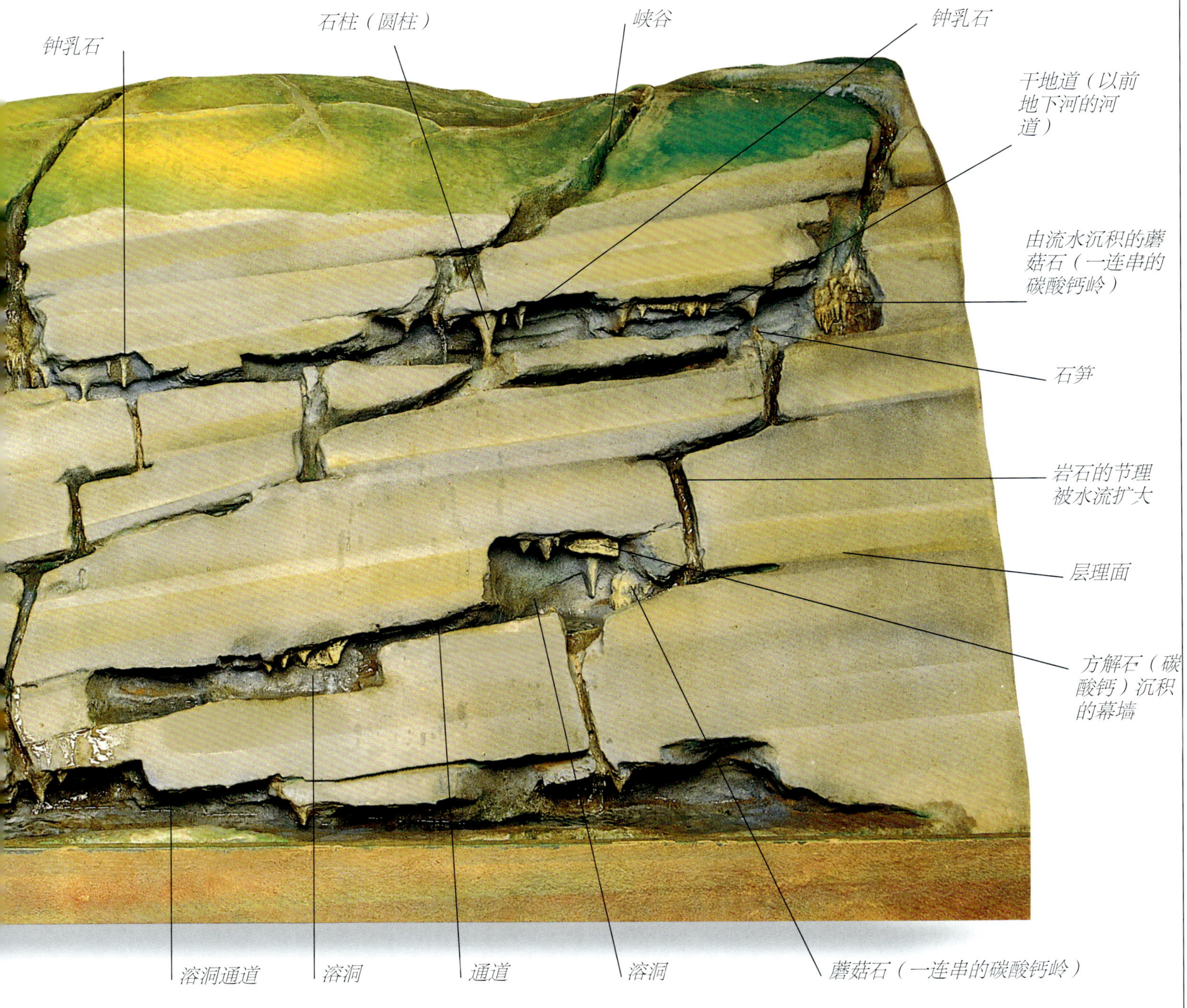

冰川

冰川湾，阿拉斯加

山谷冰川是形成于陆地并在其自重作用下缓慢下移的大量冰的集合体。它的形成来源于聚集于盆地（山谷洼地，也称冰斗）中的雪，随着越来越多的雪聚积在一起，雪被压缩成了冰。冰斗受冻楔作用和磨蚀作用而加深，而毗邻的盆地之间则发育险峭的山脊。最后，众多的冰聚集在一起，然后冰川开始向下滑降。当冰川滑动的时候聚集了冰碛石（岩屑），其颗粒范围从粉尘微粒到巨砾。在冰川底部的岩石侵蚀了冰川谷，使其形成U形的横截面。在冰川下面，羊背石（坚硬岩石的侵蚀露头）和冰堆丘（岩石和黏土的圆丘）被留在谷底。在冰川消亡的边界（露头）处，冰川融化的速度和到达的速度一样。一旦温度上升，冰融化的速度大于其到达的速度，则冰川消退。消退中的冰川留下它所携带的冰碛石和漂砾（孤立的卵石），起源于正在融化中冰川的冰河沉积形成了蛇形丘和冰砾阜（沙和砂砾形成的脊和丘），但带走了比较细的沉积物，形成了分层的冰水沉积平原，大圆冰块被带到这些平原上，融化后形成的空洞称为锅穴。

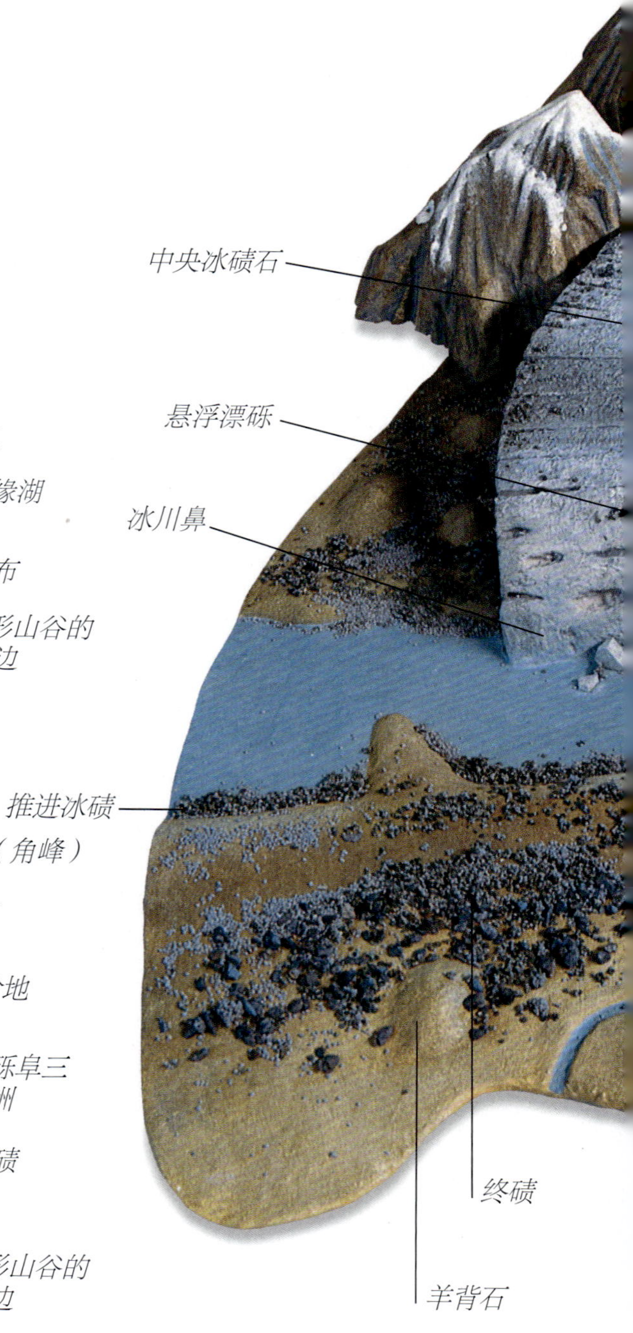

山谷冰川

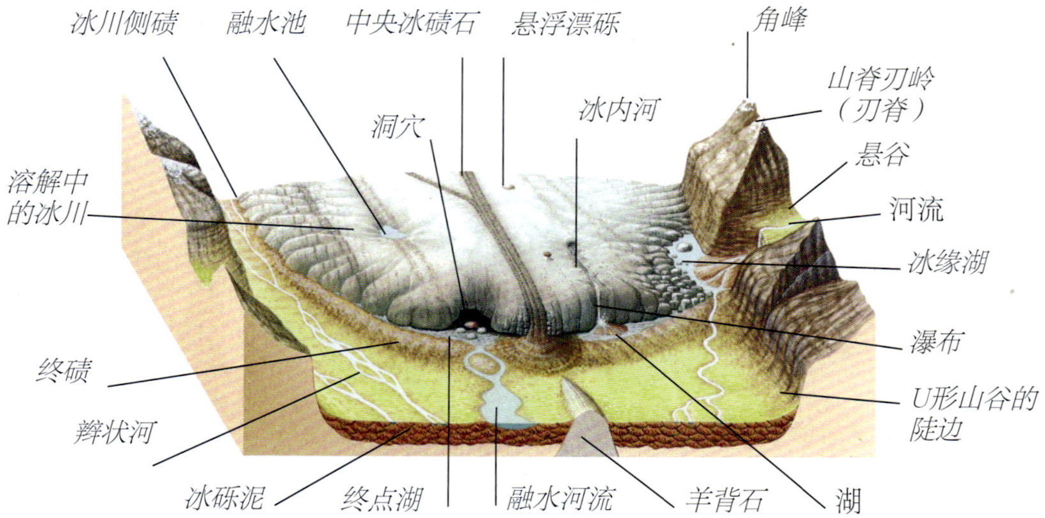

冰期后山谷

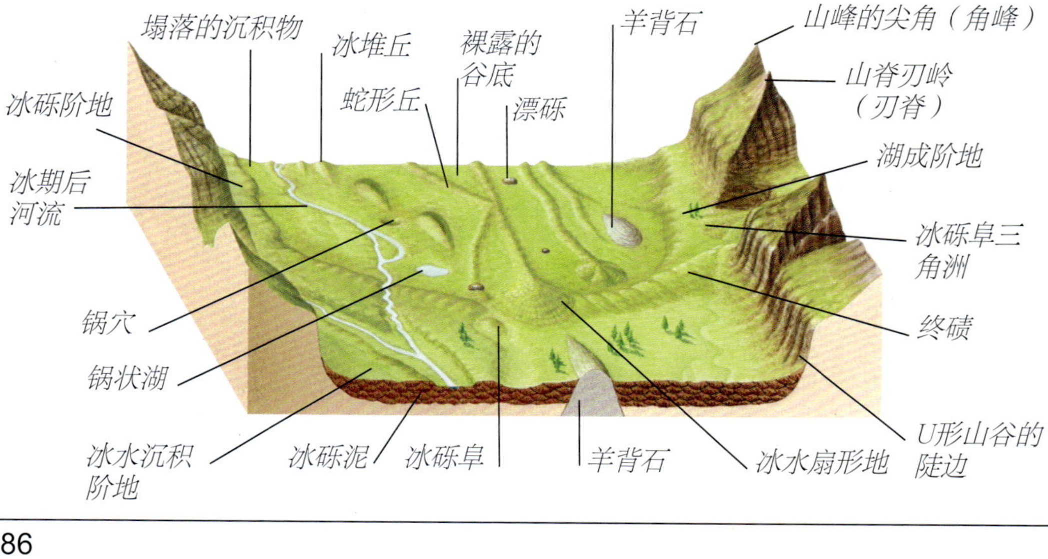

冰川地貌

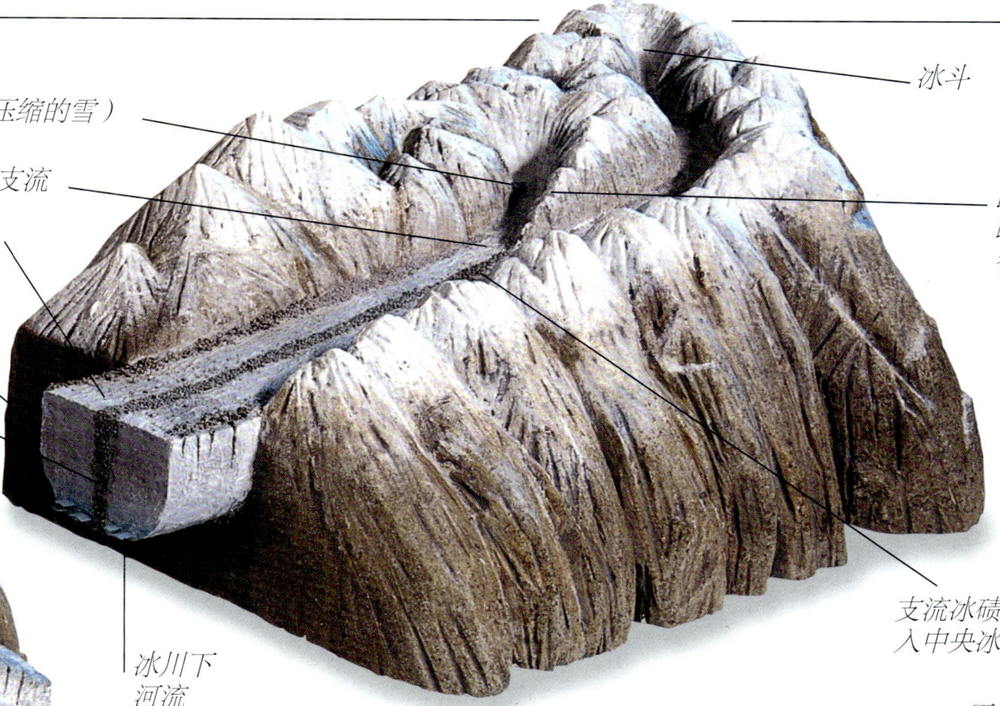

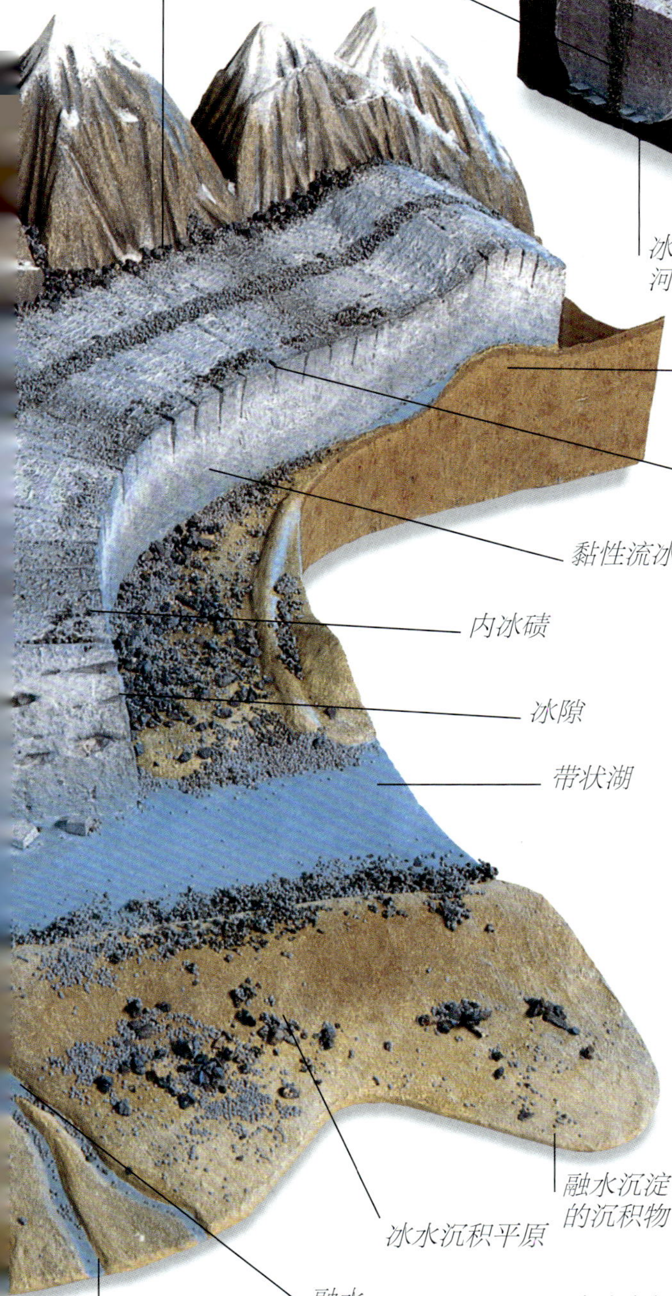

冰瀑布

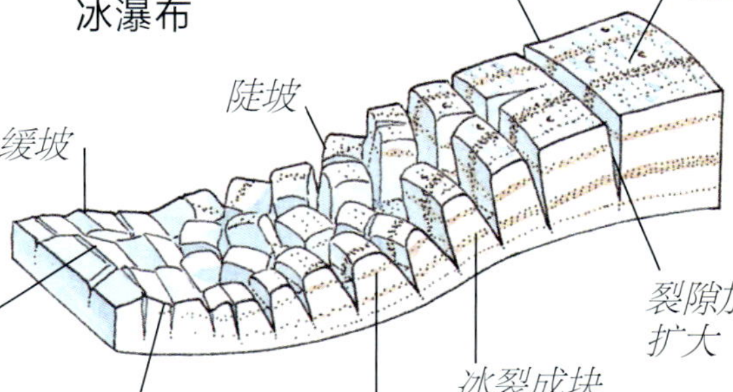

冰斗地貌

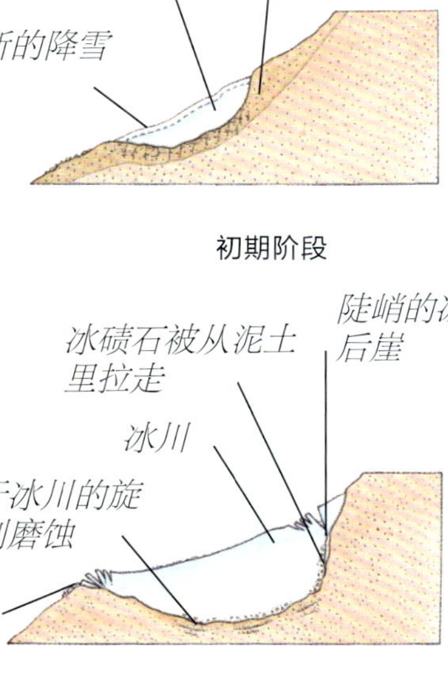

初期阶段

晚期阶段

U形谷地貌

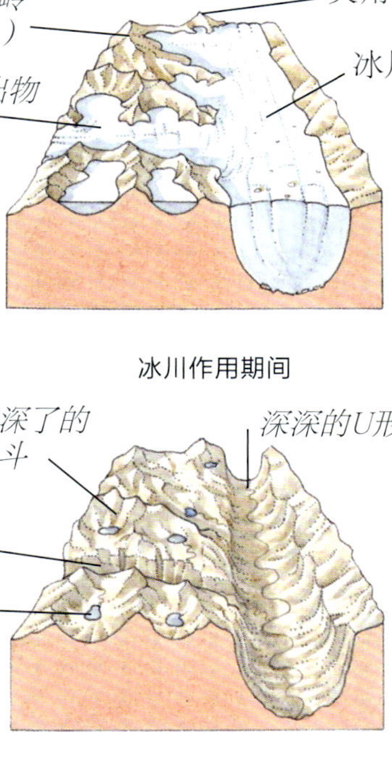

冰川作用期间

冰川作用之后

河流

河流是水循环（水在陆地、海洋和大气中连续不断的循环系统）的一部分。河流的源头可能是山泉、湖泊或融化的冰川。随后的河道取决于其流经地的地形坡度以及岩石类型和构造。在其上游，流经山地阶段时，河流从岩石和巨砾上倾泻而下，切割出陡峭的V形山谷；在更远的下游，河流在沉积物上缓慢流动而蜿蜒曲折，侵蚀侧壁形成宽阔的河谷和平原。到达海岸时，河流可能留下沉积物而形成河口湾或河口三角洲。

河流袭夺

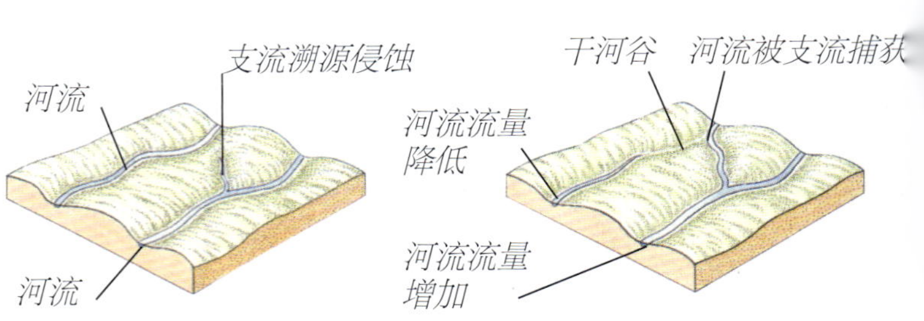

水循环

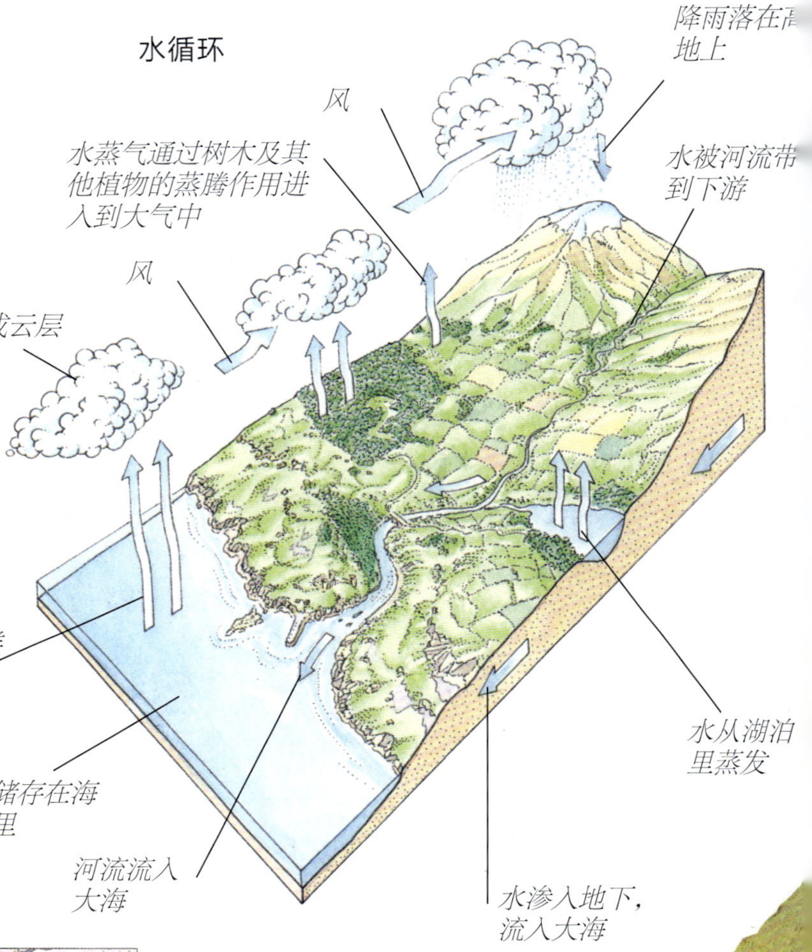

孟加拉国恒河三角洲的卫星图像

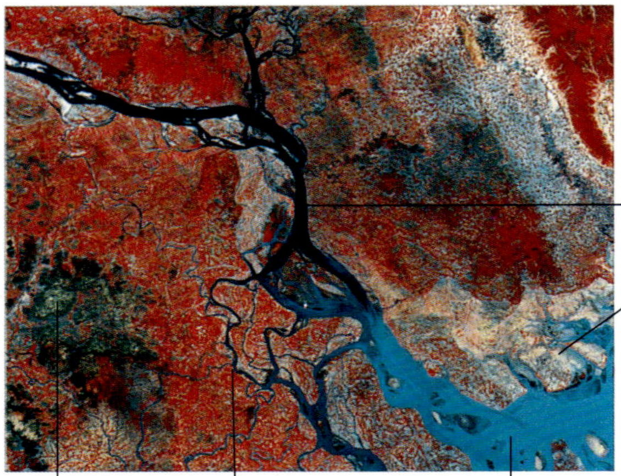

流域模式

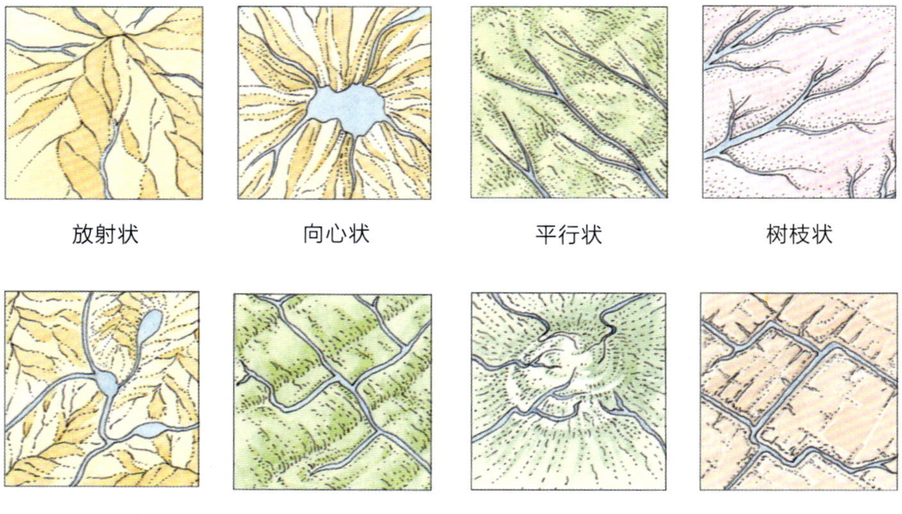

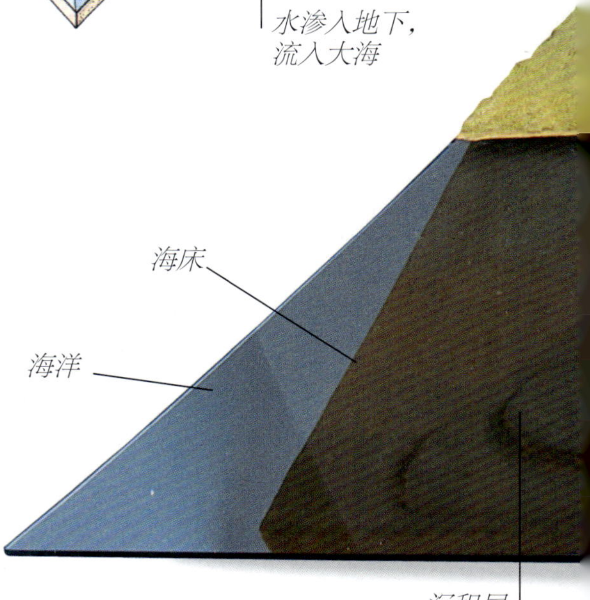

河流的各个发展阶段

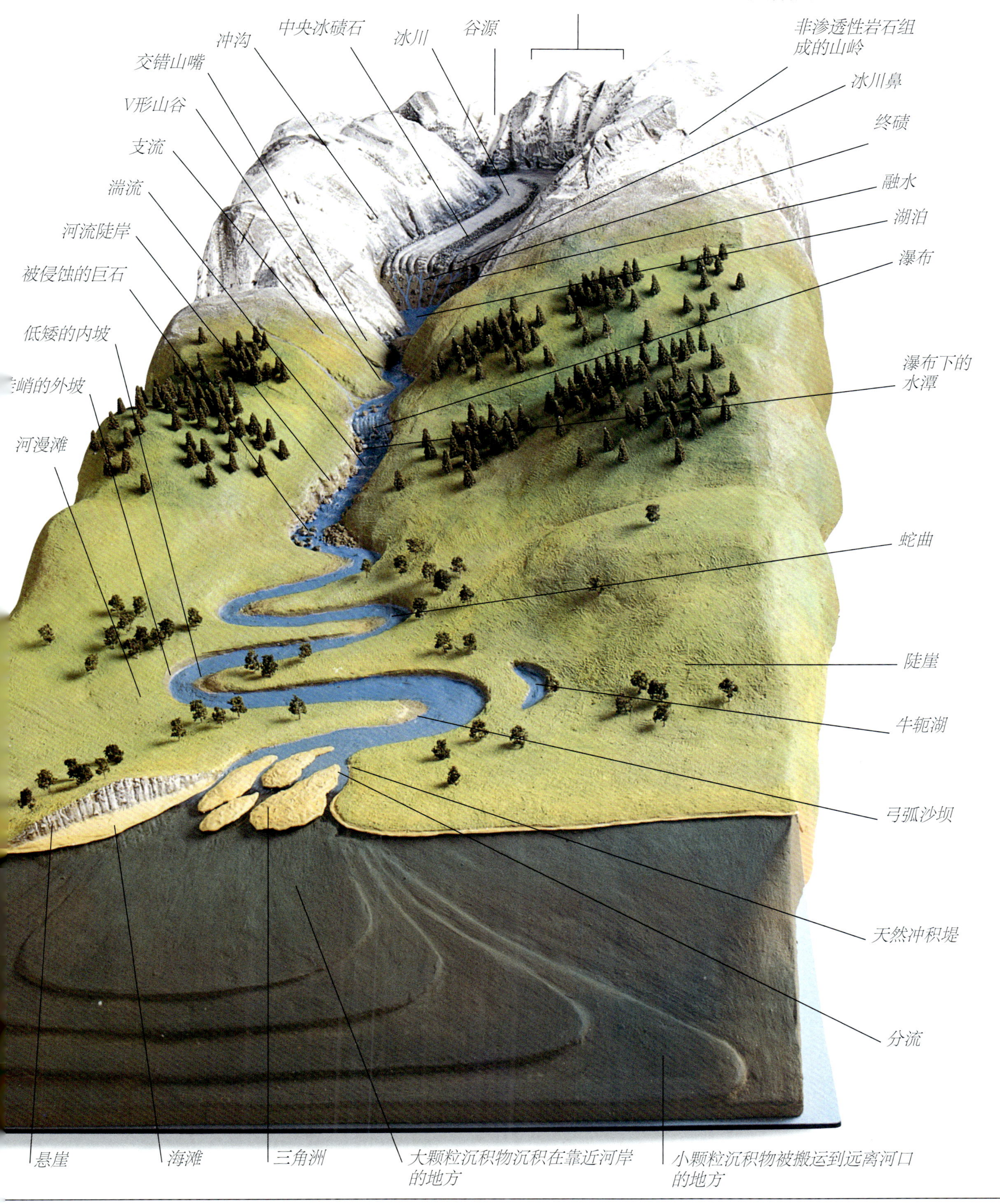
分水岭（排水系统之间的界限）
冲沟
中央冰碛石
冰川
谷源
交错山嘴
非渗透性岩石组成的山岭
V形山谷
冰川鼻
终碛
支流
湍流
融水
湖泊
河流陡岸
瀑布
被侵蚀的巨石
低矮的内坡
瀑布下的水潭
峭的外坡
河漫滩
蛇曲
陡崖
牛轭湖
弓弧沙坝
天然冲积堤
分流
悬崖
海滩
三角洲
大颗粒沉积物沉积在靠近河岸的地方
小颗粒沉积物被搬运到远离河口的地方

河流地貌

河流是造就地形的主要因素之一，接近源头的地方，河流是陡峭的，它向下侵蚀，切割形成V形山谷和深深的峡谷。瀑布和急流形成于河流从坚硬岩石到较柔软、易受侵蚀的岩石的地方。到了更远的下游，形成曲流并有更多的横向侵蚀，结果形成宽阔的河道。有时候河流发生截弯取直形成牛轭湖。沉积物通过曲流河沉积在谷底，在洪水来袭的时候形成冲积平原。洪水也可能将沉积物冲到河岸上形成堤坝。当河水涌进海洋或湖泊时，其携带的大量沉积物可能沉淀下来形成三角洲。三角洲是一片由河口沙洲、沼泽和潟湖组成的区域，河水分成几个通道从其中穿过，称为支流，例如密西西比三角洲。通常，海平面上升会淹没河口，形成宽阔的河口，即潮汐段，海水在这个地方与淡水混合。

瀑布和急流是如何形成的

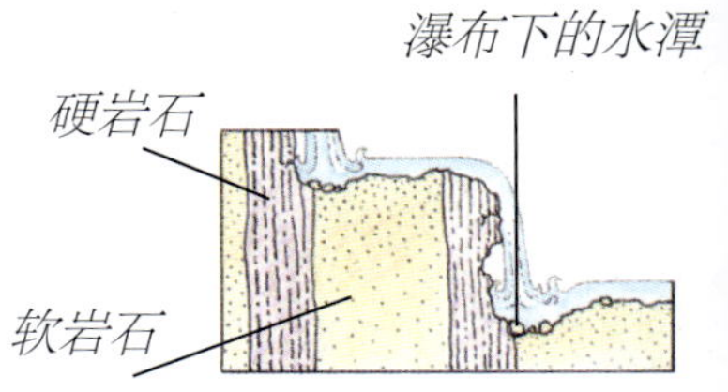

瀑布

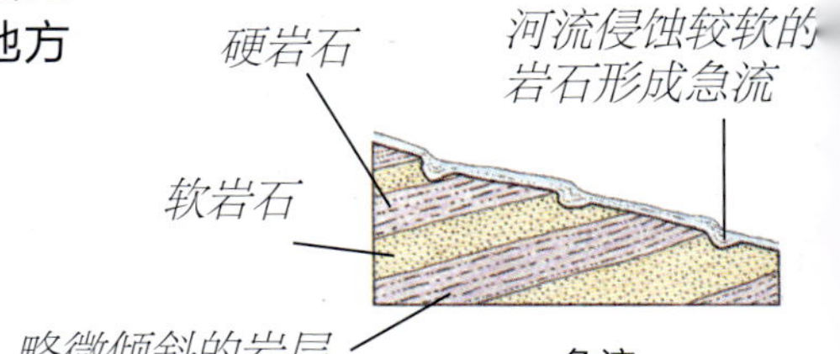

急流

河谷排水系统

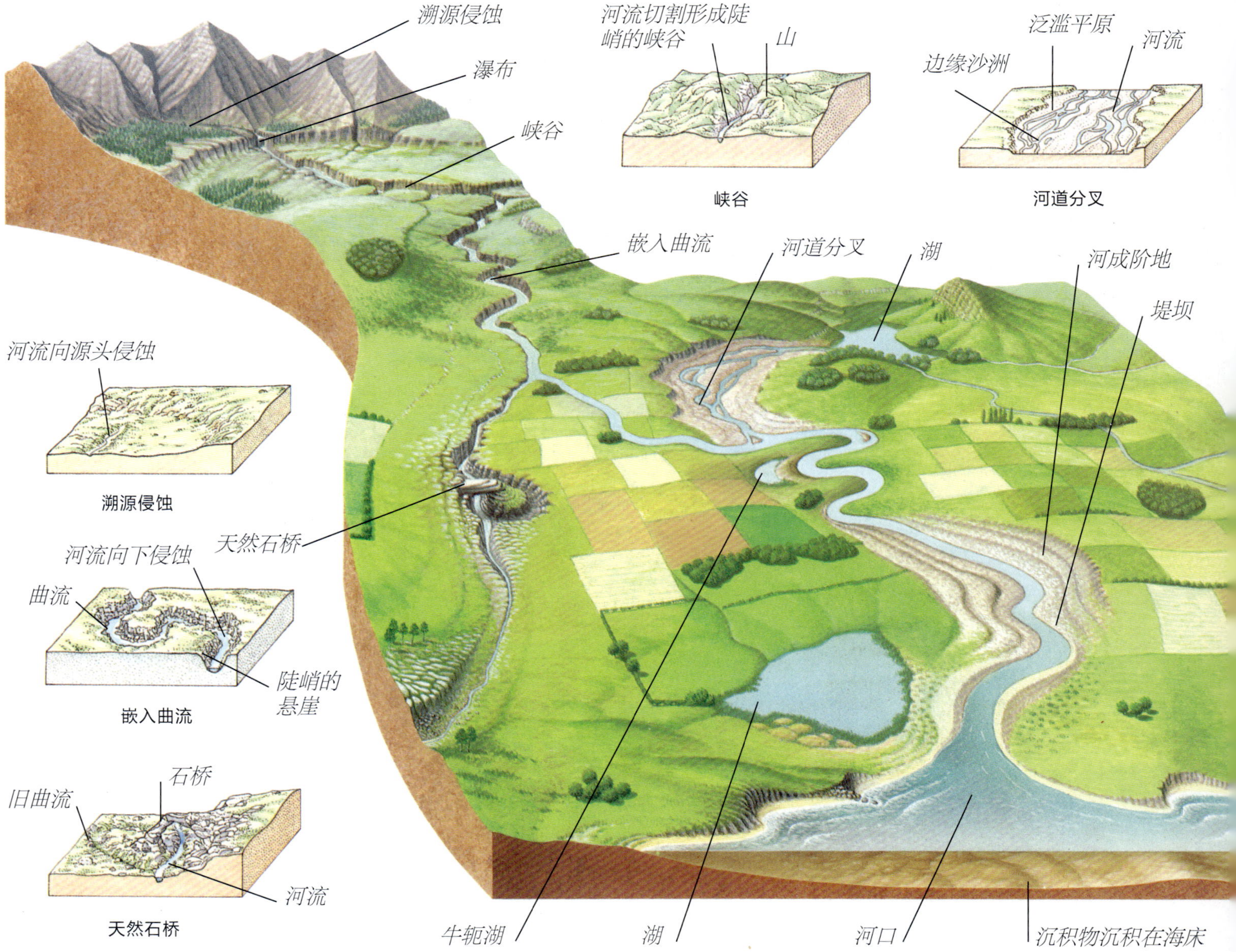

峡谷

河道分叉

溯源侵蚀

嵌入曲流

天然石桥

瀑布地貌

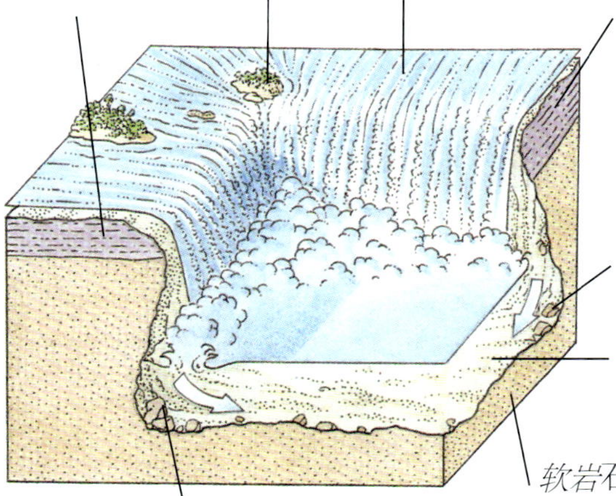

密西西比三角洲

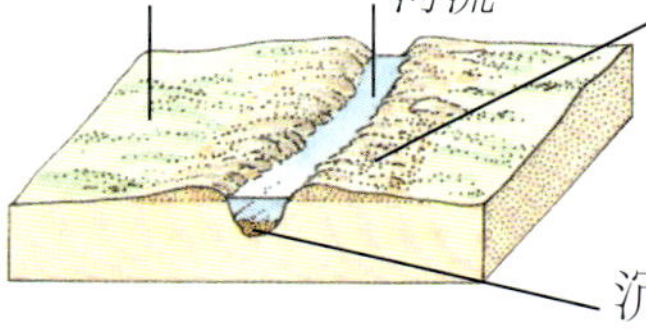

堤坝

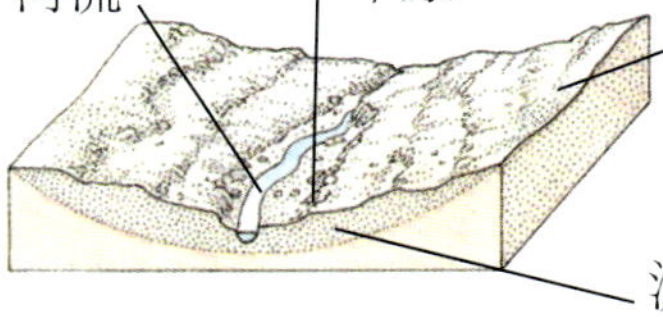

河成阶地

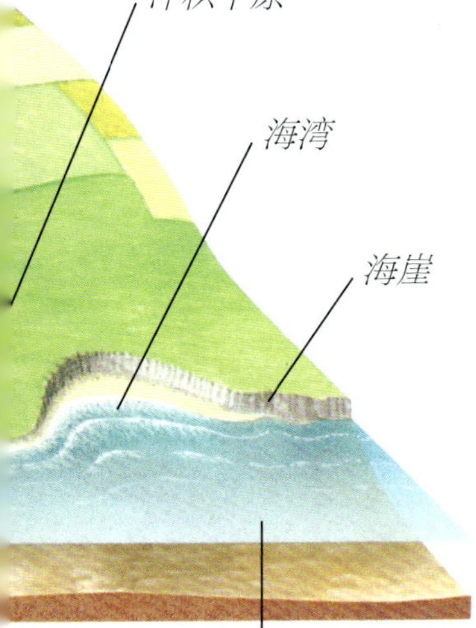

三角洲构造

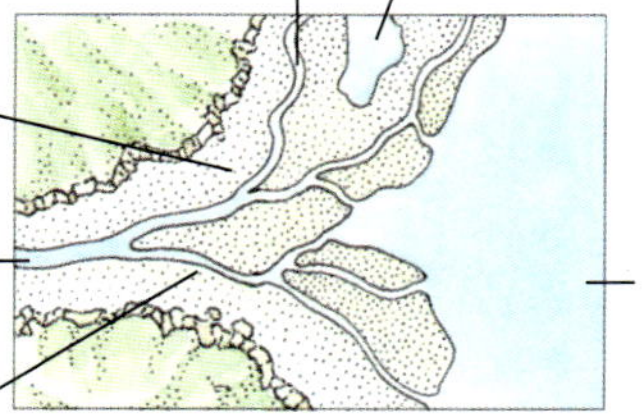

早期

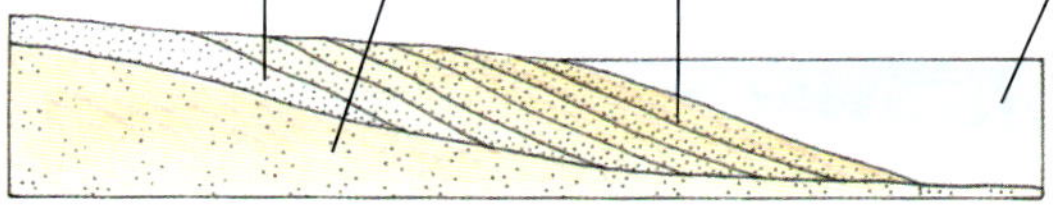

部分通过三角洲

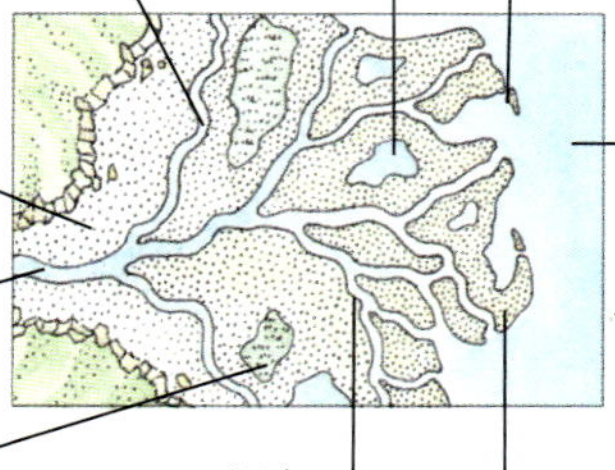

中期

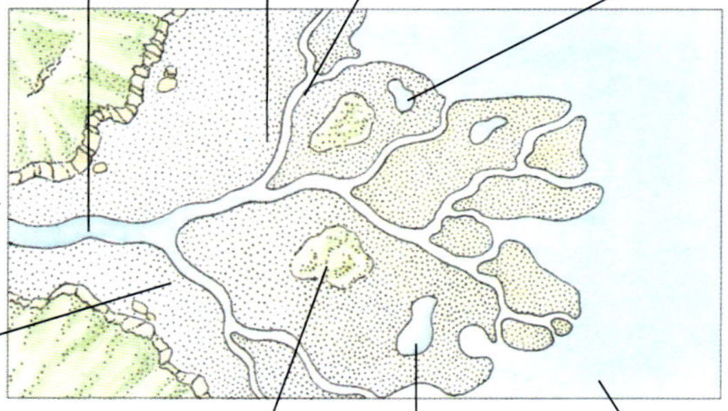

晚期

湖泊和地下水

天然湖泊存在于大量的水聚集的非渗透性岩石形成的洼地，或是由于障碍物（如冰碛石或凝固的熔岩）的阻拦而使水无法排去的地方。通常湖泊是个相对短寿命的地貌，因为它们容易被流入它们的溪流和河流所携带的沉积物充填。一部分寿命比较长的湖泊被发现于地壳垂直运动形成的较深的大裂谷中，例如，世界上最深的淡水湖——位于俄罗斯的贝加尔湖，和世界上咸度最高的湖泊之一——位于中东的死海。这些地方的水能流走，它们渗入地下直到非渗透性岩层，然后聚集于其上的渗透性岩石中，该饱含水的渗透性岩层称为含水层。饱和含水层在深度上的变化受季节和气候变化的影响，在潮湿多雨的条件下，雨水储存于地下；而在干旱期间，地下水逐渐减少。当饱和含水层的上边缘——潜水面——触及地面时，水就成为泉水涌出。在自流泉盆地，含水层在隔水层（非渗透性岩层）的下方，整个流域的水位取决于其边缘的高度，在盆地的中央，潜水面高于地面，盆地中的水被限制在潜水面以下而能在其自身的压力下通过断层线或竖井喷涌而出。

贝加尔湖，俄罗斯

泉水实例

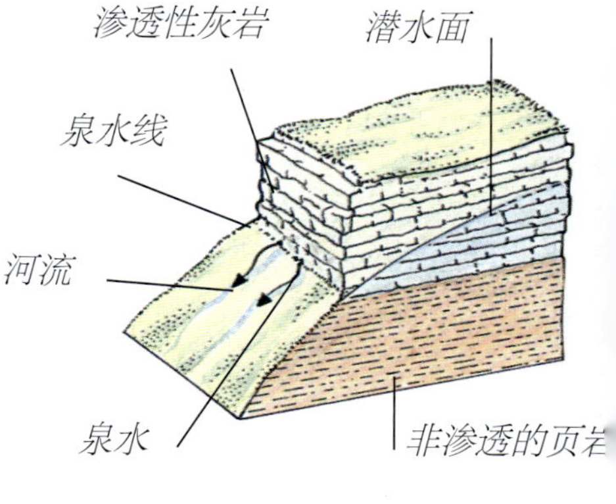

灰岩泉

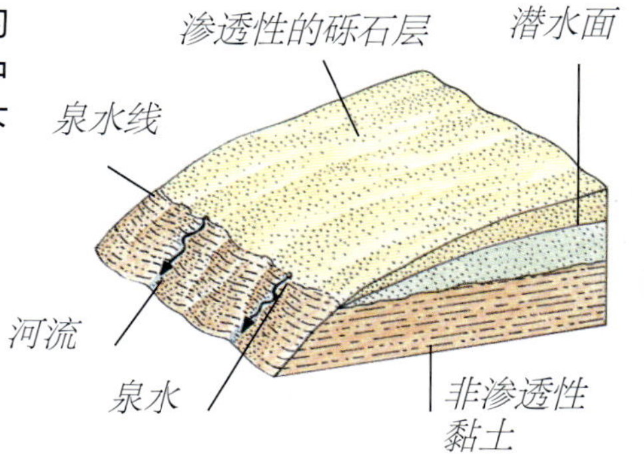

海岸（山谷）泉

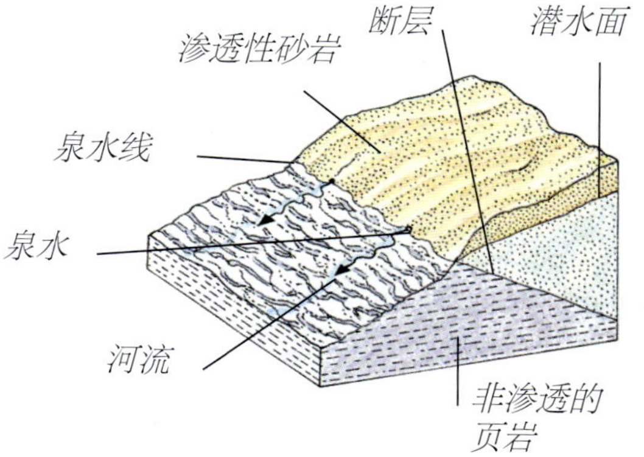

断层泉

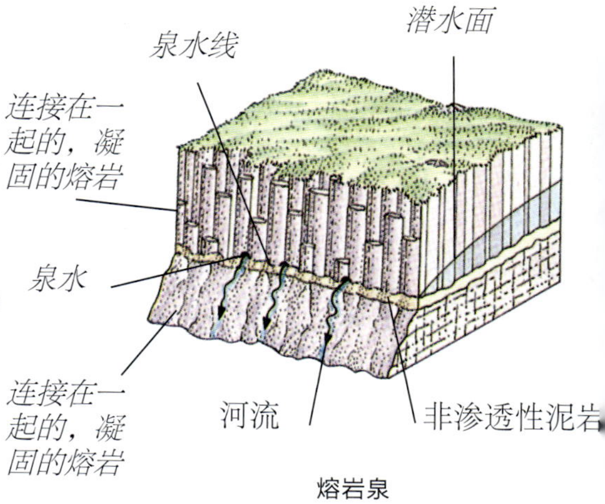

熔岩泉

自流泉盆地的结构

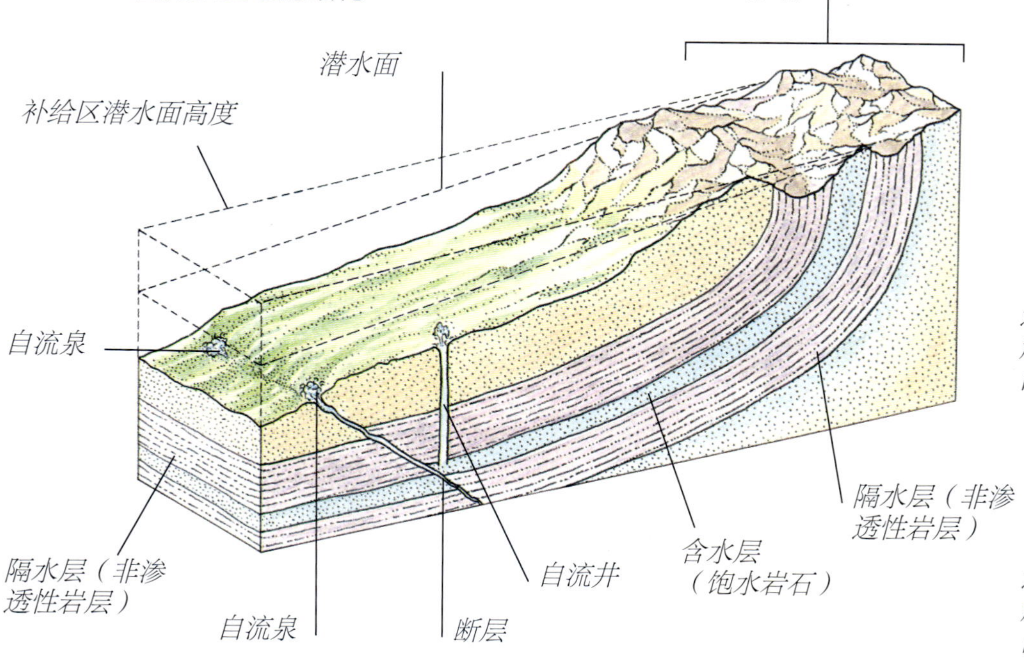

地下水系统的特征

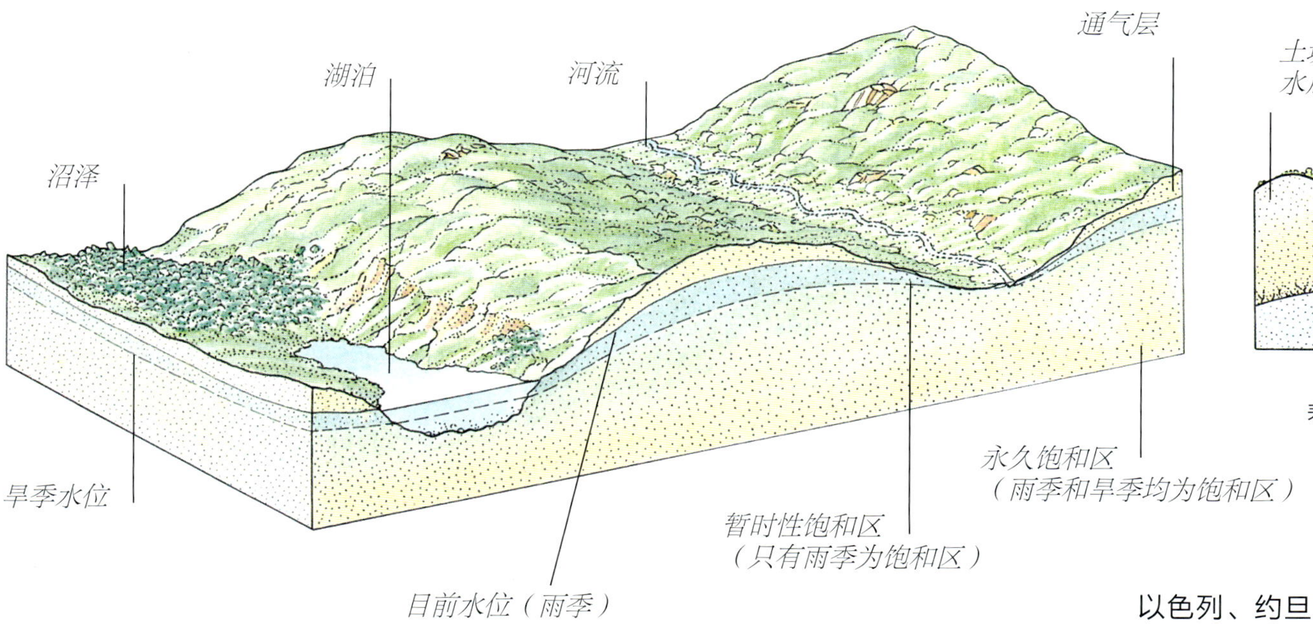

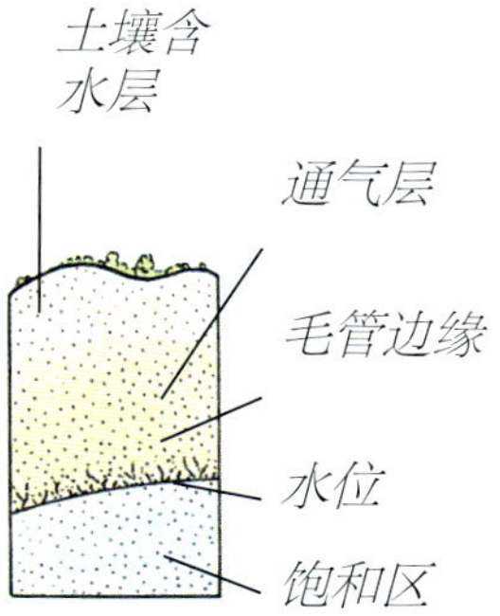

表层特写

湖泊实例

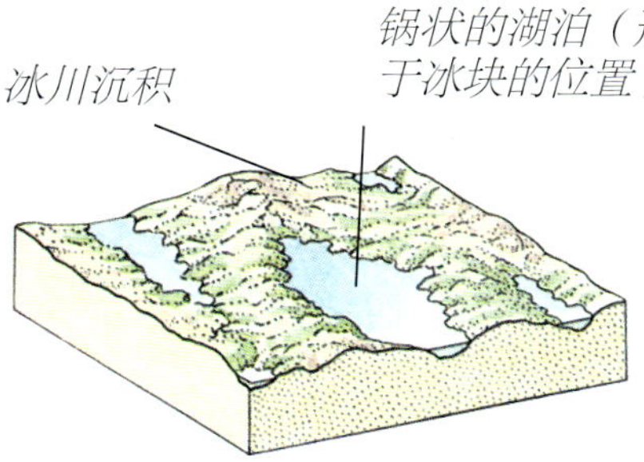

锅状湖

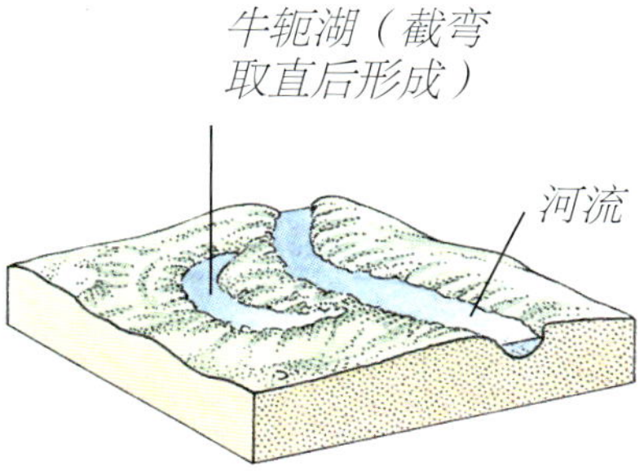

牛轭湖

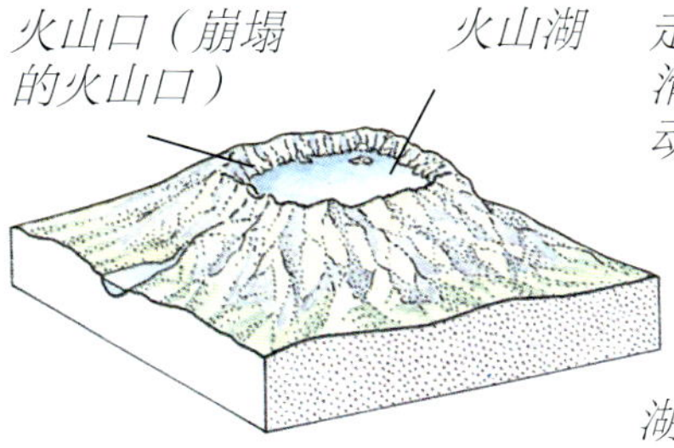

火山湖

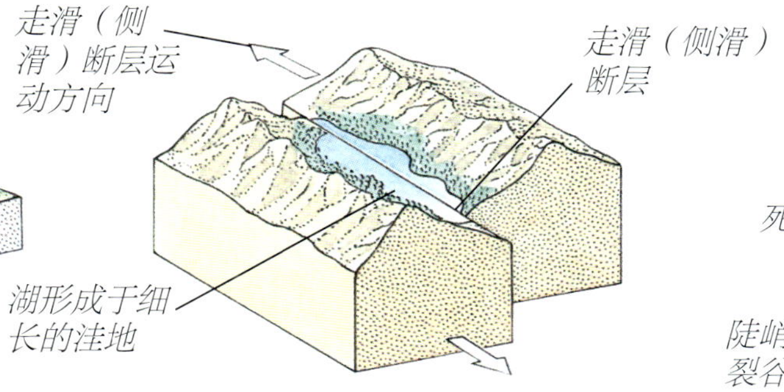

走滑（侧滑）断层湖

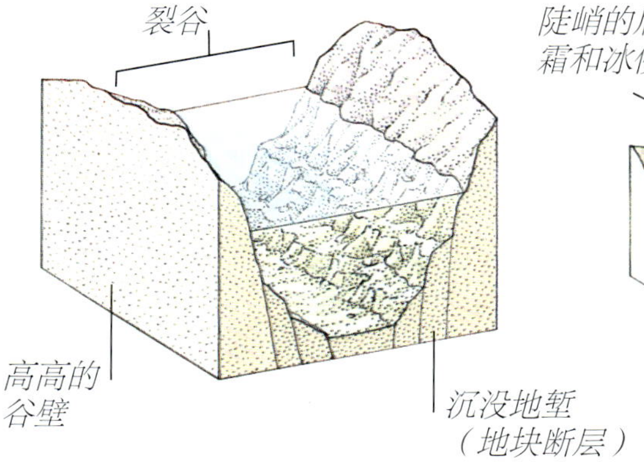

地堑（地块断层）湖

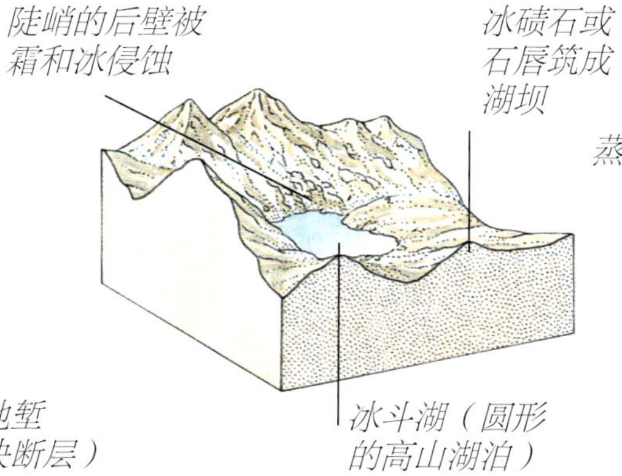

冰斗湖

以色列、约旦边境的死海

海洋

海洋覆盖着地球表面积的71%，占地球上总水量的97%。这些海洋扮演着调节温度变化和决定气候的主导作用。海洋中的水吸收太阳的热量，特别是在热带地区，然后表层流使其散布环绕整个地球，在冬天的时候加热海洋上方的空气团和邻近的陆地，夏天的时候则正好相反。海洋从未平静过，温度和盐度的差异驱动着深水洋流系统，而表层流则是由风吹过海洋驱动的。由于地球自转，所有的洋流都发生偏斜，北半球向右偏，南半球向左偏。这种偏转力称为科里奥利力。开始于海洋表面的洋流很快发生偏转，这种洋流反过来在该水层下面产生另一种洋流，它也发生偏转。当这种运动向下传递时，则形成埃克曼螺旋。海洋中的水也由于潮汐持续的涨落而发生移动，这是由于月亮和太阳的引力引起的，最高潮（涨潮）发生在满月和初月时，最低潮（落潮）发生在上弦月和下弦月时。

表层流

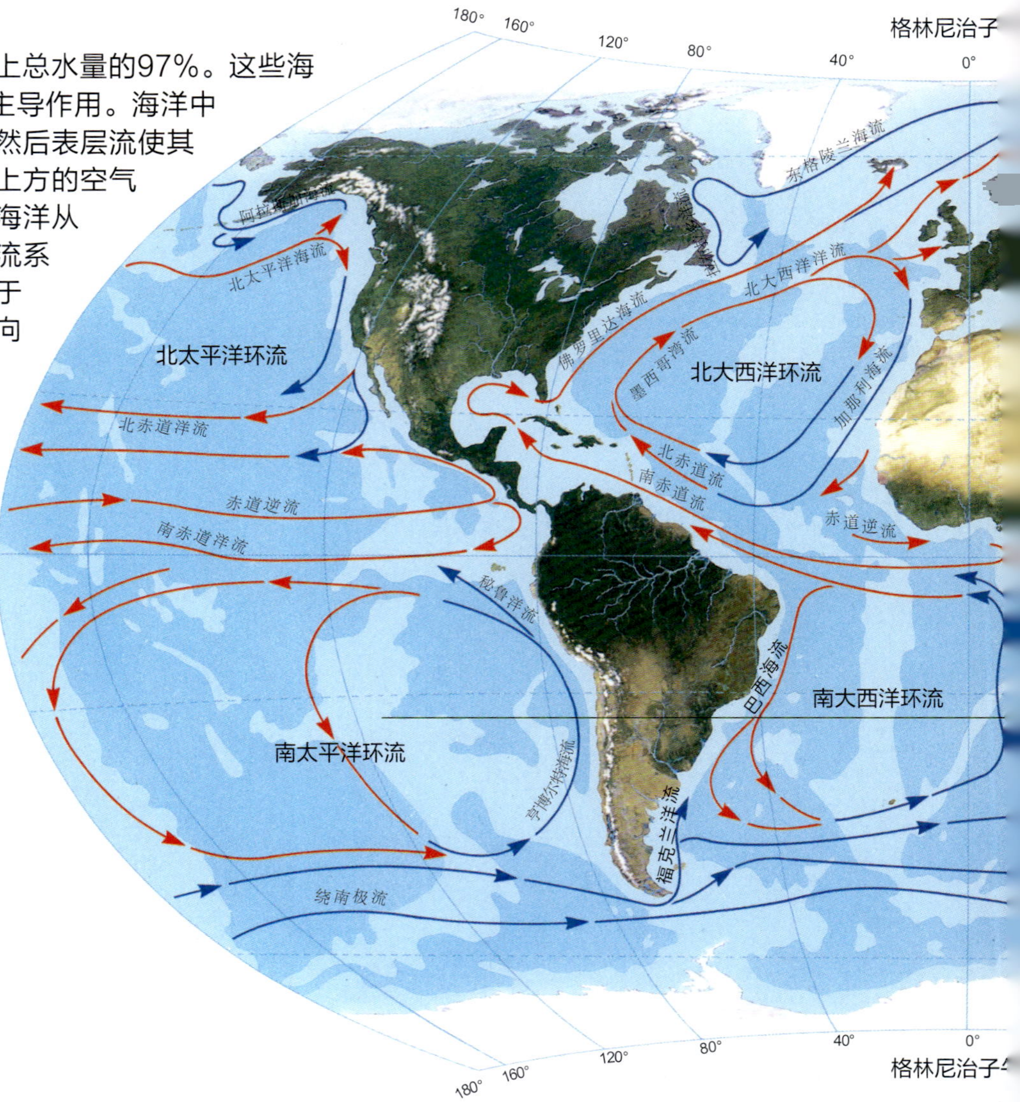

海水的含盐量

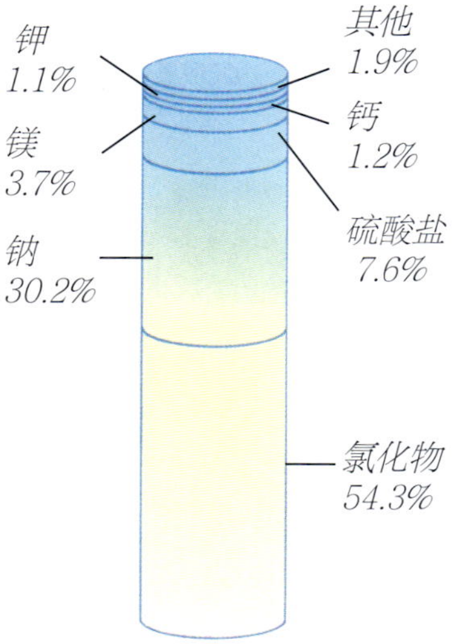

沿岸流

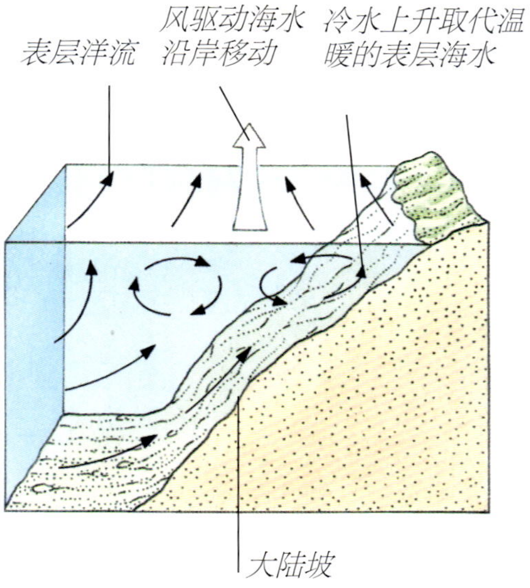

冷水上升（南半球）

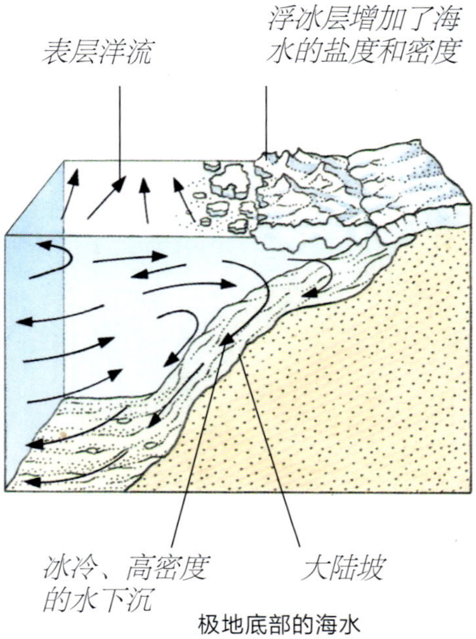

极地底部的海水

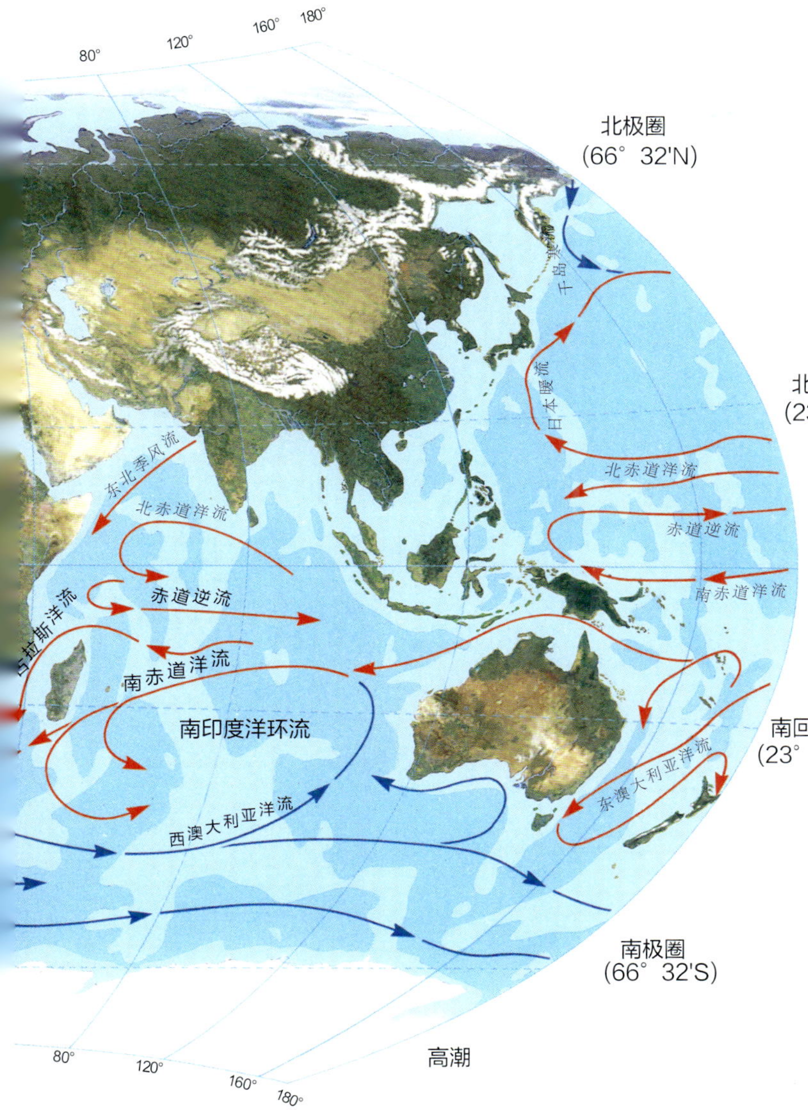

科里奥利力的影响

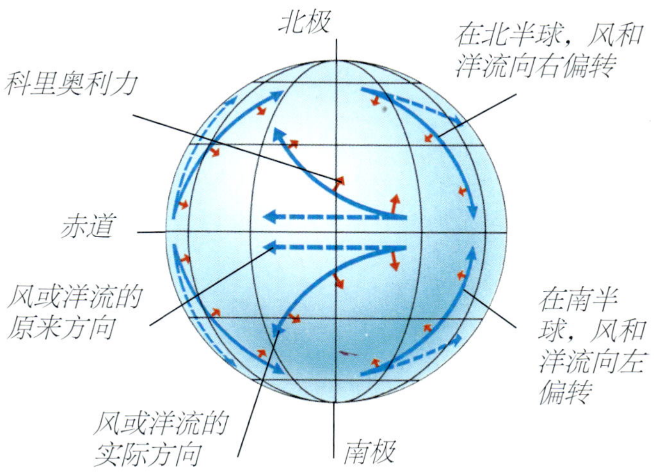

埃克曼螺旋（北半球）

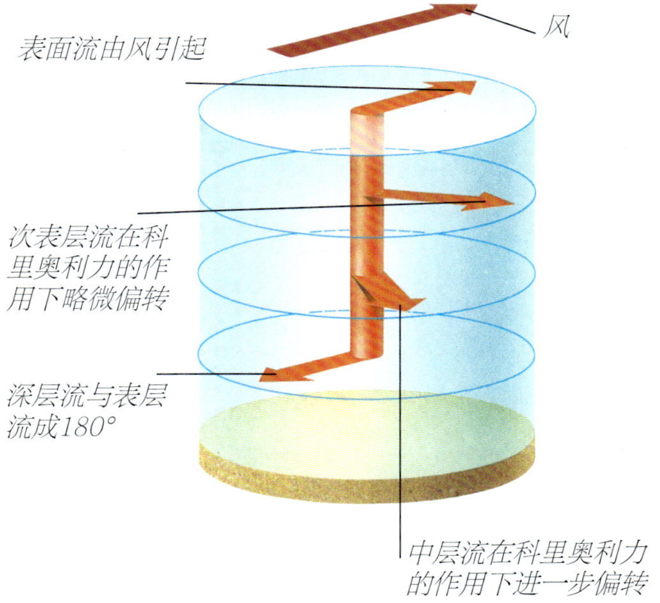

潮汐是如何引起的

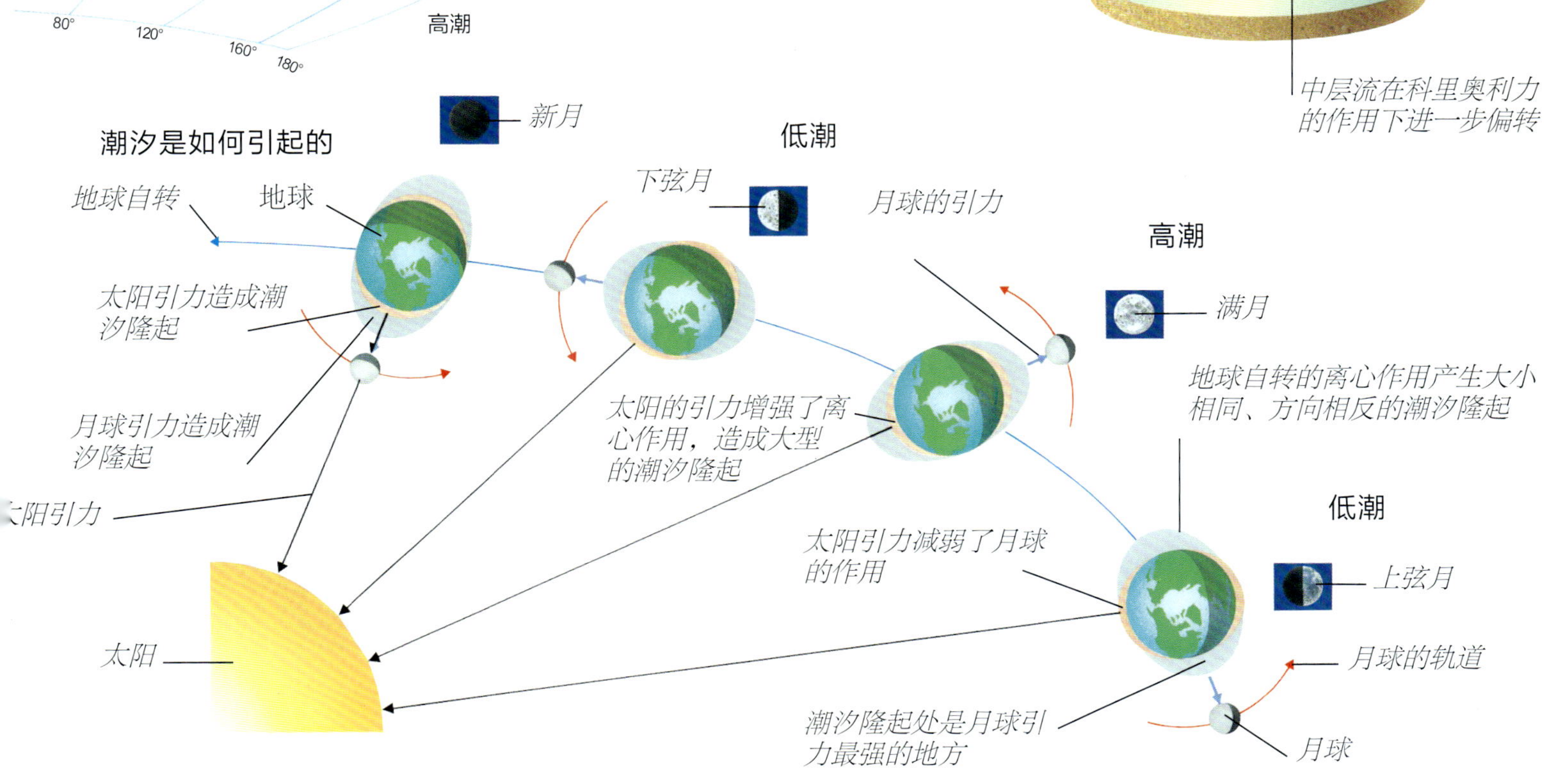

海底

海底包含两部分：大陆架和边坡以及深海底。大陆架是大陆地壳的一部分，但可以延伸到很远的海洋中。大陆架被波浪和潮汐流携带的泥沙沉积物所覆盖，坡度较缓，深度可达140米左右。在大陆架的边缘，海床斜插入海底平原，其位于平均深度大约3800米处。在深海底有一层由黏土和由微小海洋生物遗骸形成的细软泥组成的沉积物，局部富含矿物质。卫星回声探测和遥感显示，深海平原的分水岭——中洋脊，远比陆地上的任何一个山脉都大。在这里，岩浆（熔岩）从地球内部涌出并凝固，形成新的洋壳使得海底扩张。随着海底的扩张，那些在地壳热点上形成的火山被逐渐推离它们的岩浆源，使它们变成死火山并逐渐被淹没并受侵蚀。受侵蚀的火山在海平面以下的残留部分称为海底山。在暖水区，火山露出海面的部分往往形成裾珊瑚礁，随着火山被淹没，其可能发展成为环状珊瑚岛。

大陆架基底

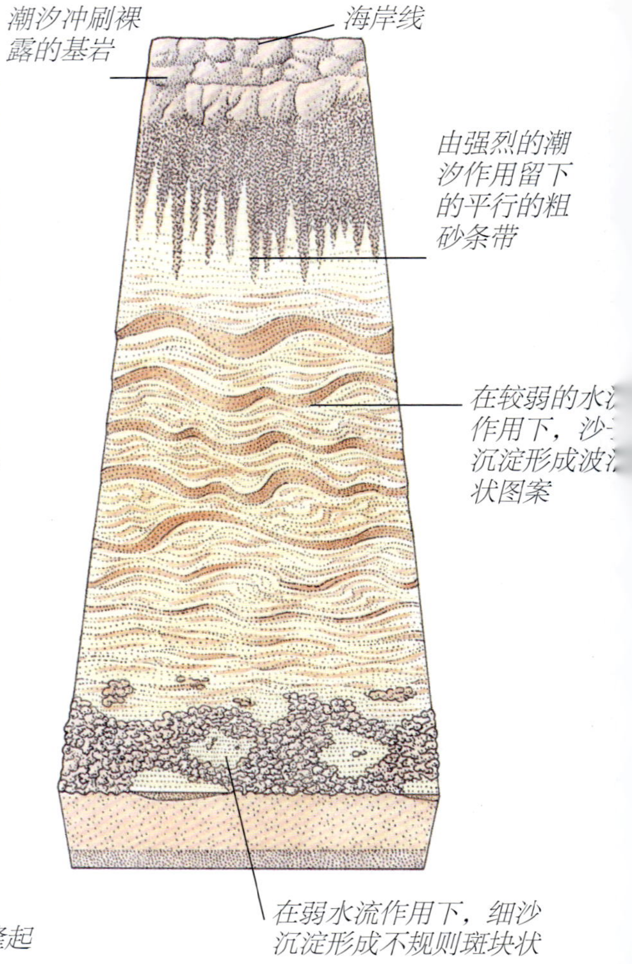

海底地貌

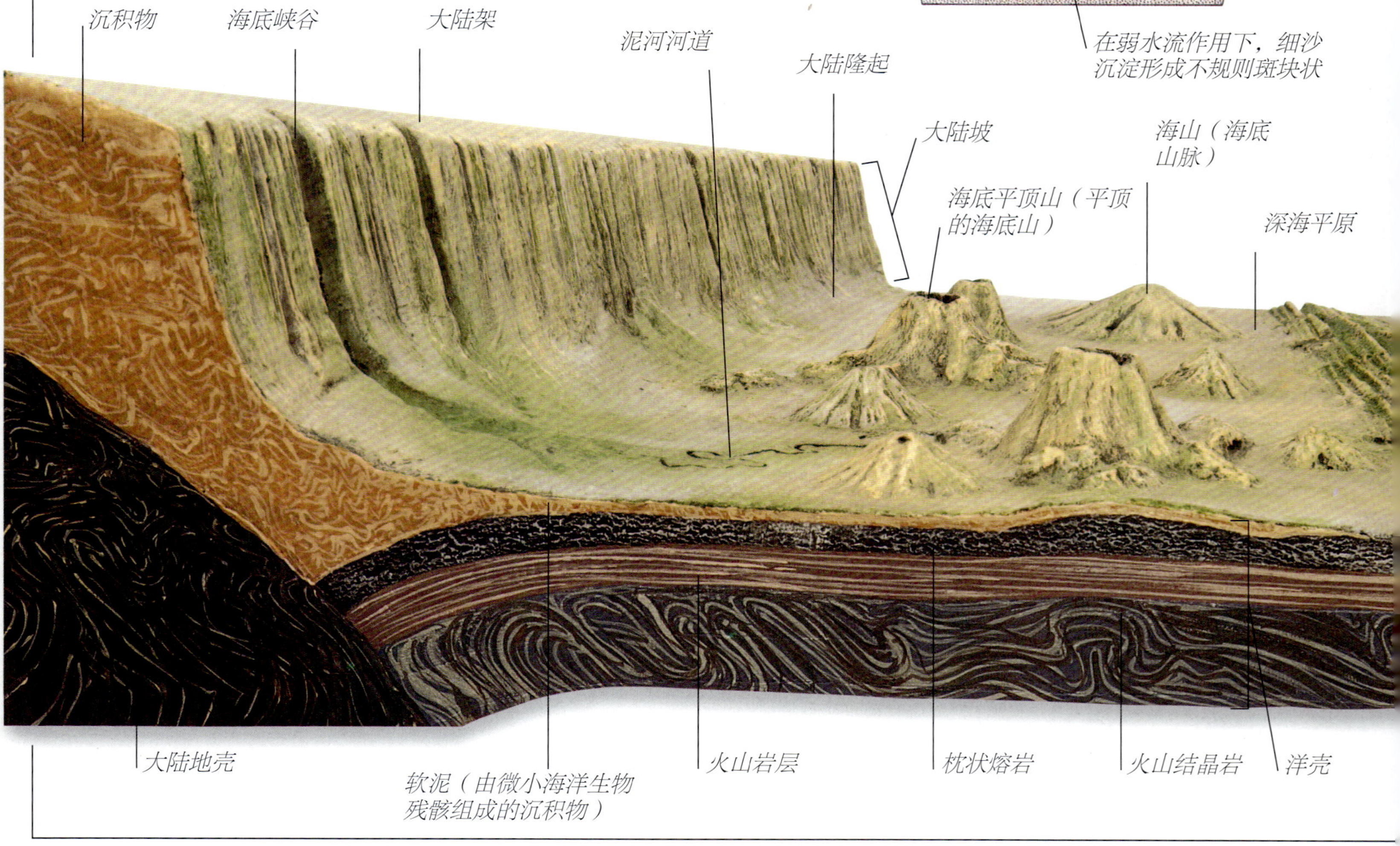

深海底沉积物

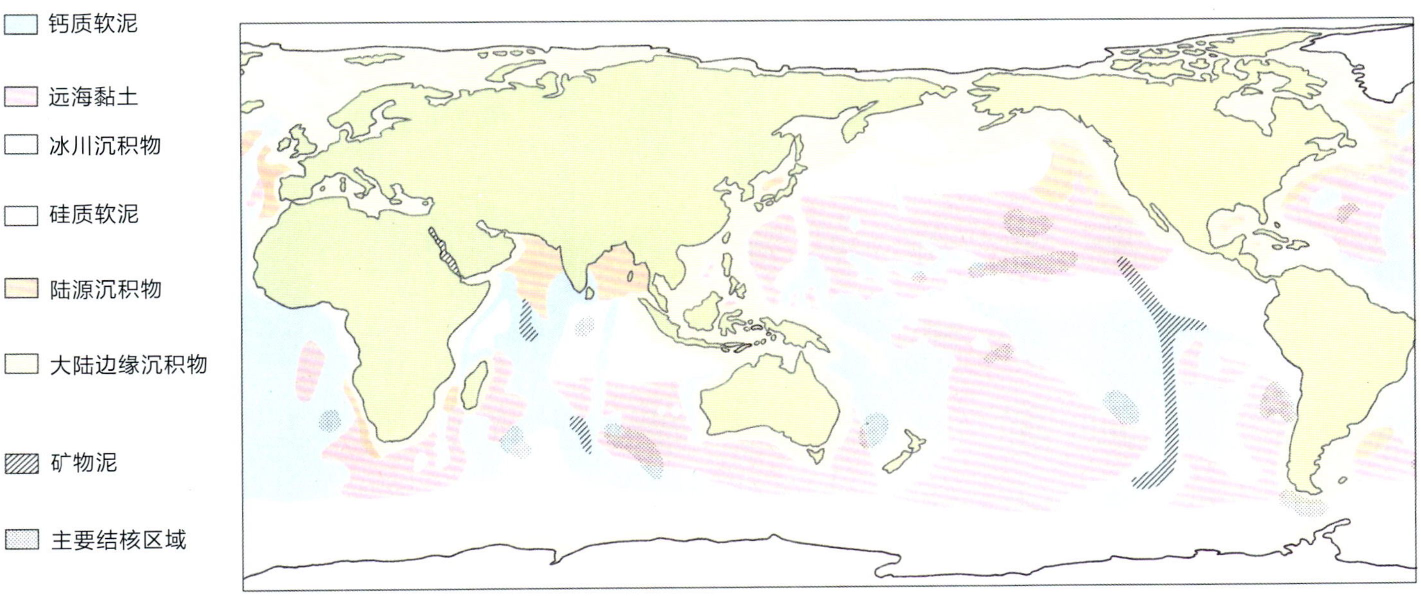

海底的回声探测剖面

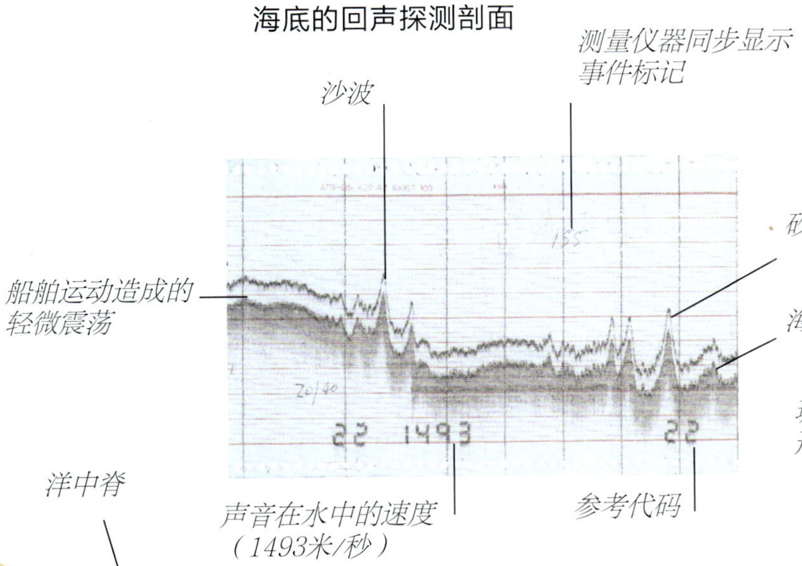

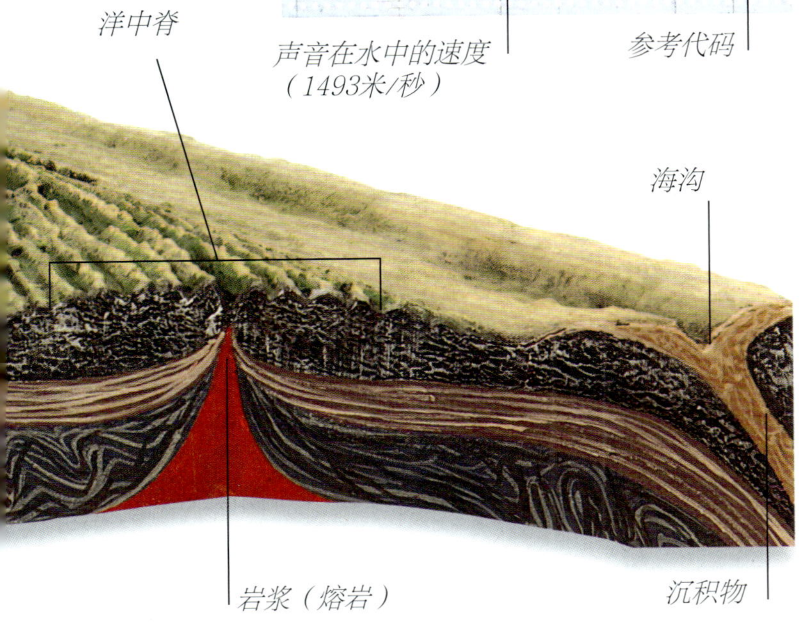

环礁的发展

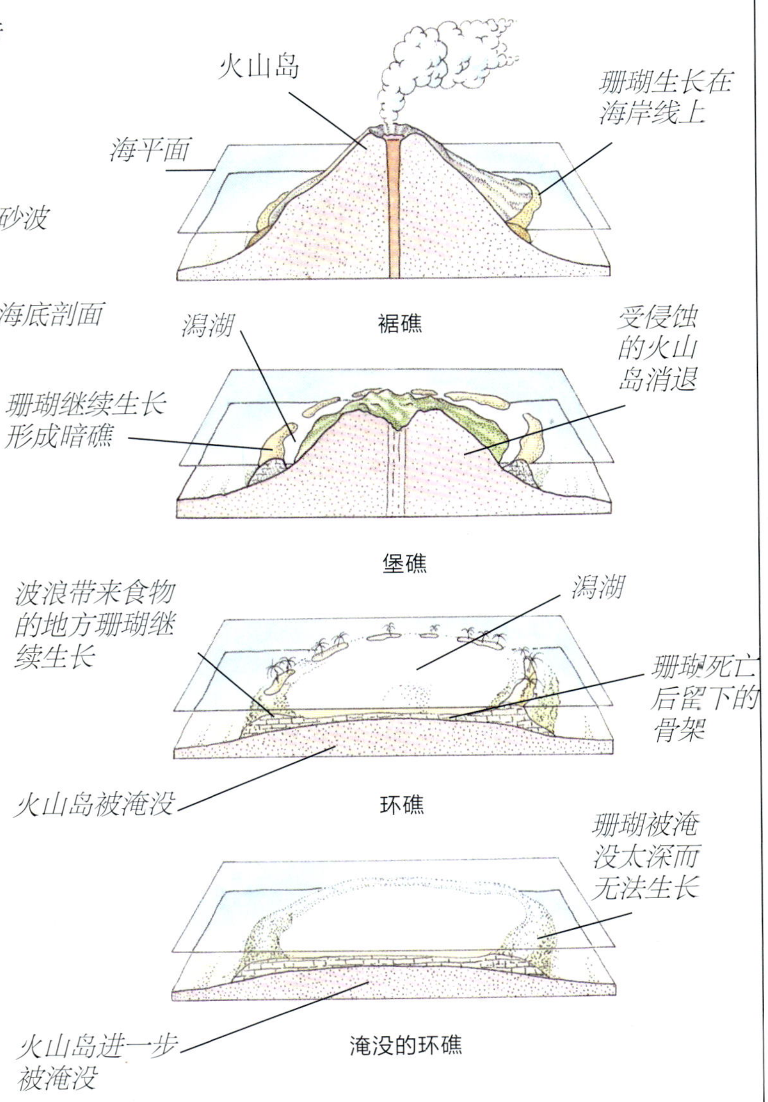

大气层

急流

地球被大气层所包围，大气层是这个行星上使生命能够存活的气体覆盖层。大气层没有明显的外边缘，而是逐渐变得稀薄，直到融入外太空，但在重力的作用下，超过80%的大气处于地球表面20千米内的范围内。大气层阻挡了许多有害的紫外线辐射，通过限制入射的太阳辐射和阻止反射热量进入太空，隔离地球来对抗极端的温度。这种自然平衡可能会被温室效应破坏，当二氧化碳之类的气体积聚在大气中时，吸收了更多的热量。接近地球表面的地方，气体温度和压力之间的差异使大气在地球赤道和两极之间循环。这种循环伴随着科里奥利力，上升为盛行地面风和高层急流。

大气环流和风

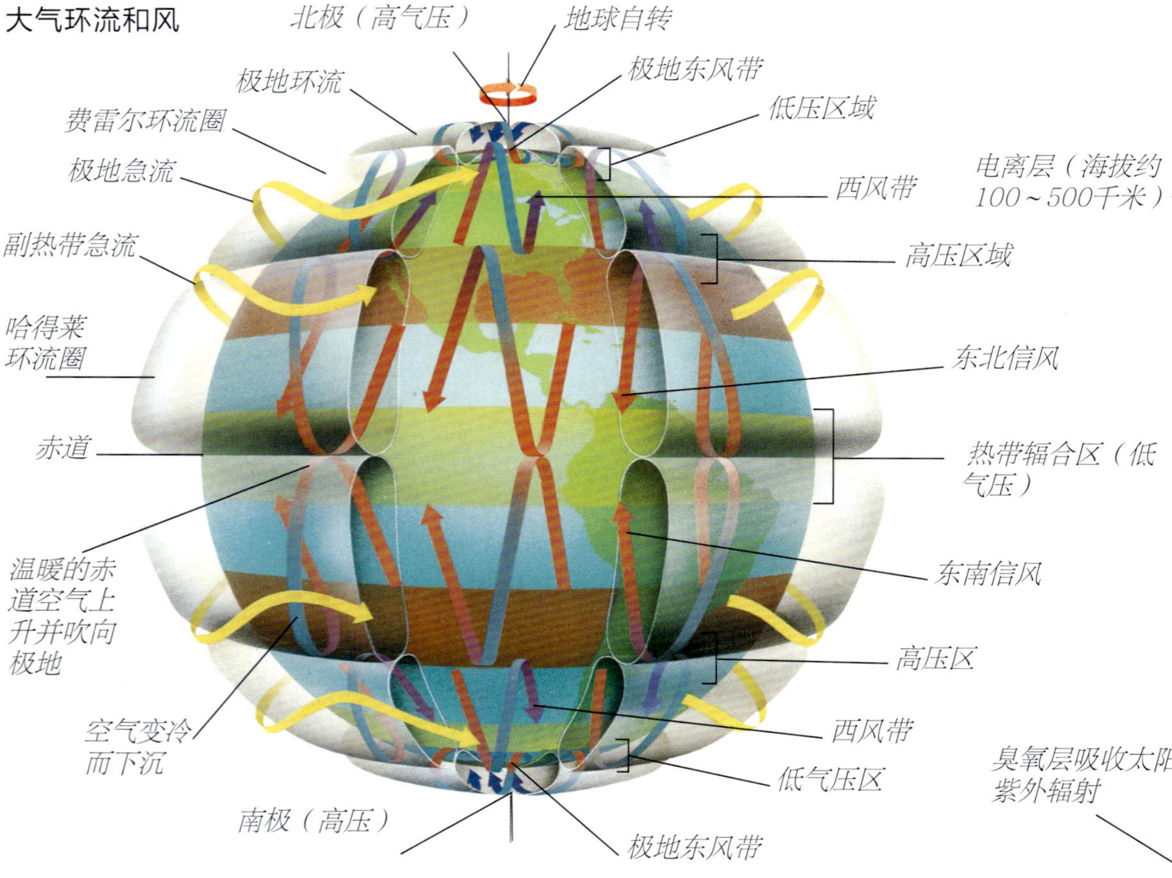

急流中形成罗斯贝波

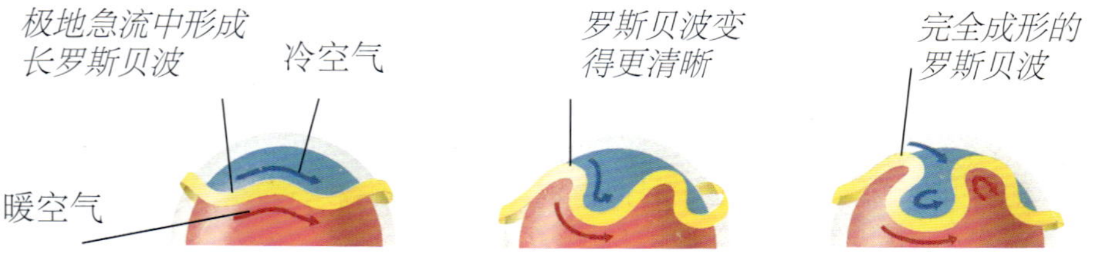

初始波动　　深化波　　成熟的波

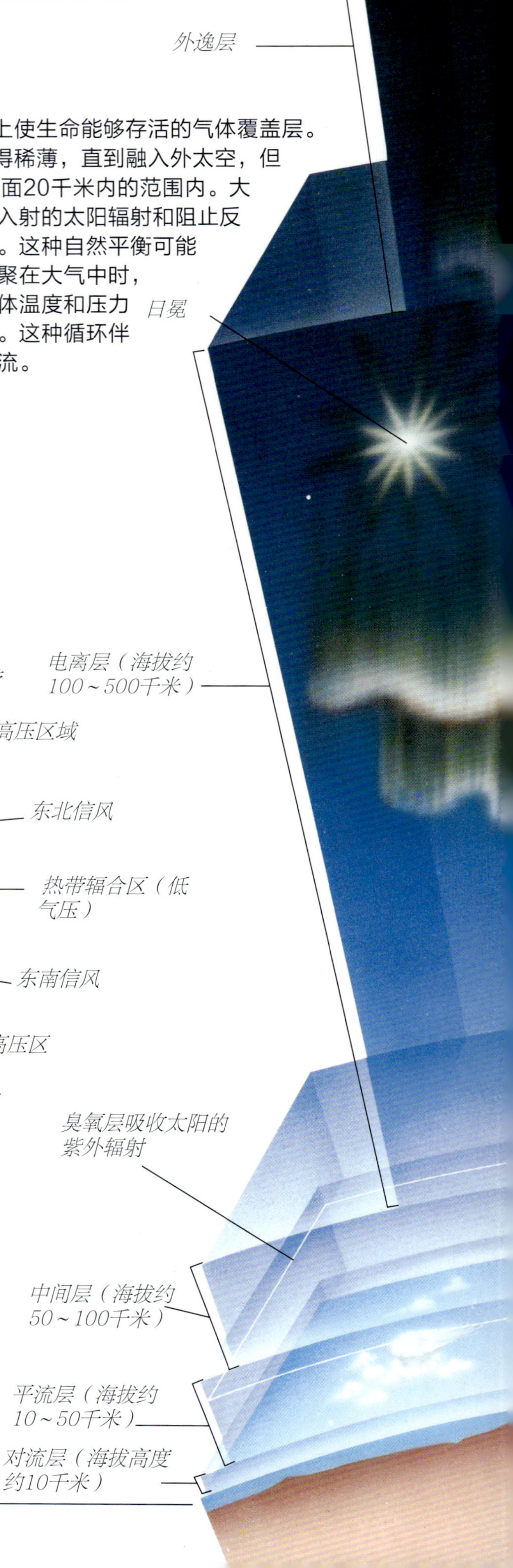

大气的组成结构

全球变暖

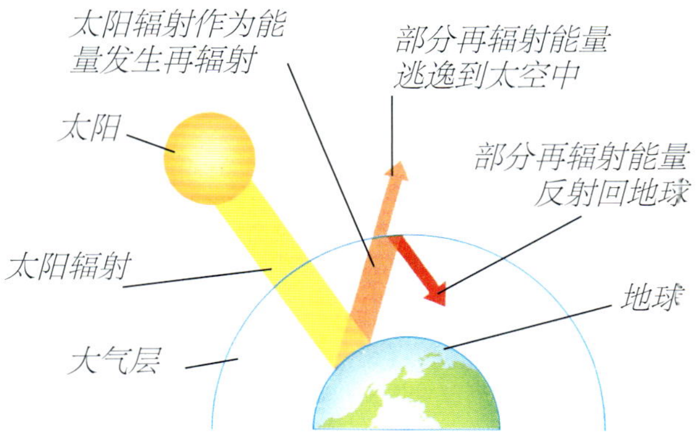

自然调节的温室效应

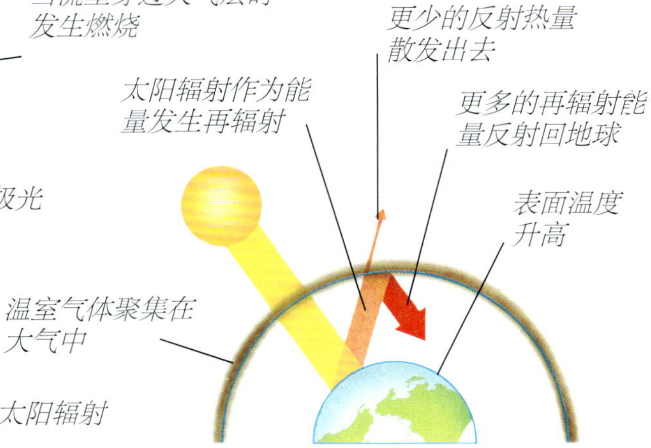

不平衡的温室效应

低层大气的组成

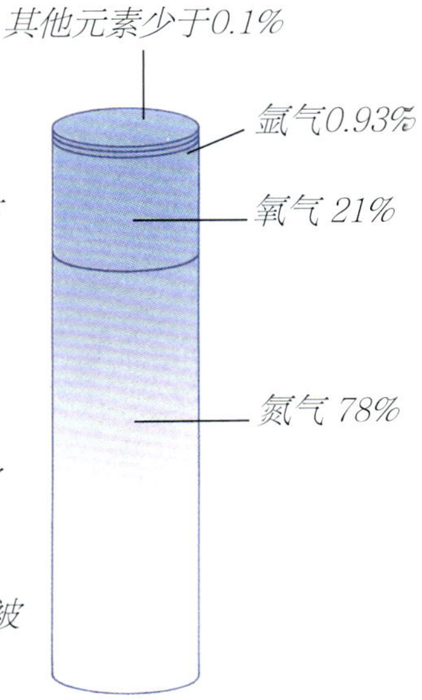

物质的种类

植物与昆虫

物质是任何具有空间、时间或质量的东西，从天然物质（如矿物或生物）到合成材料，包罗万象。物质有三种不同形态——固态、液态和气态。固体具有并保持固定的形状。液体是流体，具有一定体积，形状因容器而定。气体充斥着某个空间，其体积与容器相同。大多数物质能够以固态、液态或气态存在，这取决于物质的温度。但在非常高的温度下，物质变成等离子体，一般认为这是物质的第四态。所有物质均由微观粒子组成，比如原子和分子。这些粒子的排列方式与相互作用决定了物质的物理和化学性质。物质有各种各样，是因为微观粒子排列方式千变万化，或是单质，或是化合物。比如天然玻璃，看起来是固体，实际上是过冷液体：原子并未以固定的形式排列，而且可以流动。纯物质，即元素形成化合物或混合物；混合物，即胶体，是较大的粒子分散于固体、液体或气体之间形成的；溶液是一种物质溶解于另一种物质。

胶体的类型

发胶（固体在液体中）

剃须泡沫（空气在液体中）

雾（液体在气体中）

物质示例

聚乙烯（合成高分子）

纯硅（半导体）

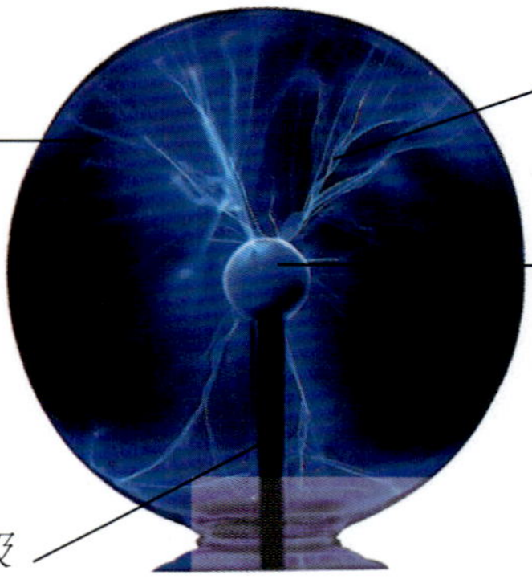

高温气体球（等离子体）

黑曜岩（天然玻璃）

蓝铜矿（结晶矿物）

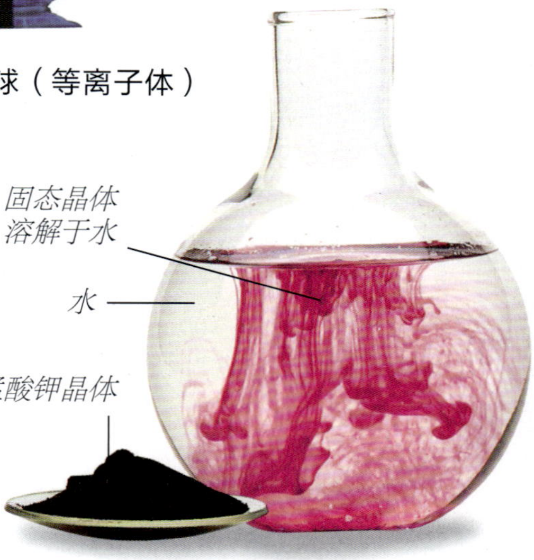

高锰酸钾和水（溶液）

物质的形态

气体
气体粒子间结合力微弱，它们能向各个方向扩散。粒子运动是随机的，运动过程中与容器壁碰撞，偶尔也相互碰撞。

玻璃
过冷液体（玻璃）是固体，但其粒子的分布无规则。

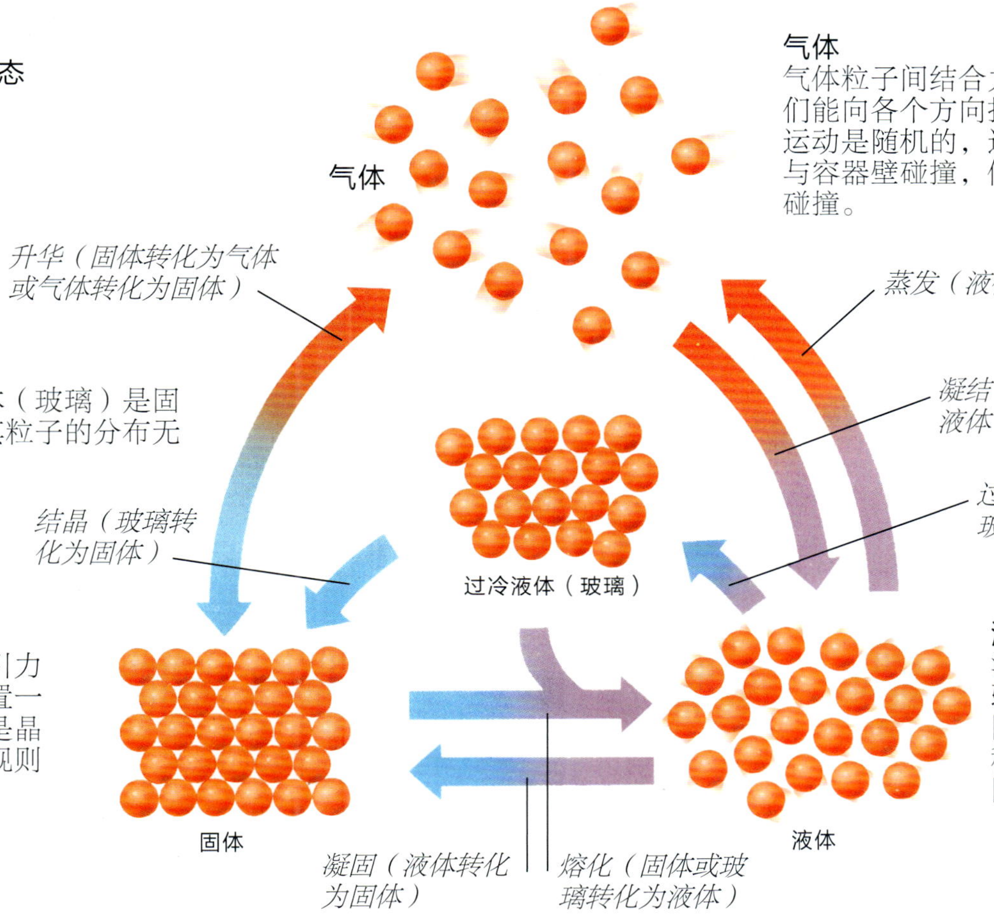

固体
固体粒子间的吸引力强，彼此相对位置一定。大多数固体是晶体，粒子按一定规则重复排列。

液体
液体粒子间的吸引力较弱，但还能结合在一起，因而液体具有一定的体积。粒子间结合不固定，因而液体能流动。

水的形态变化

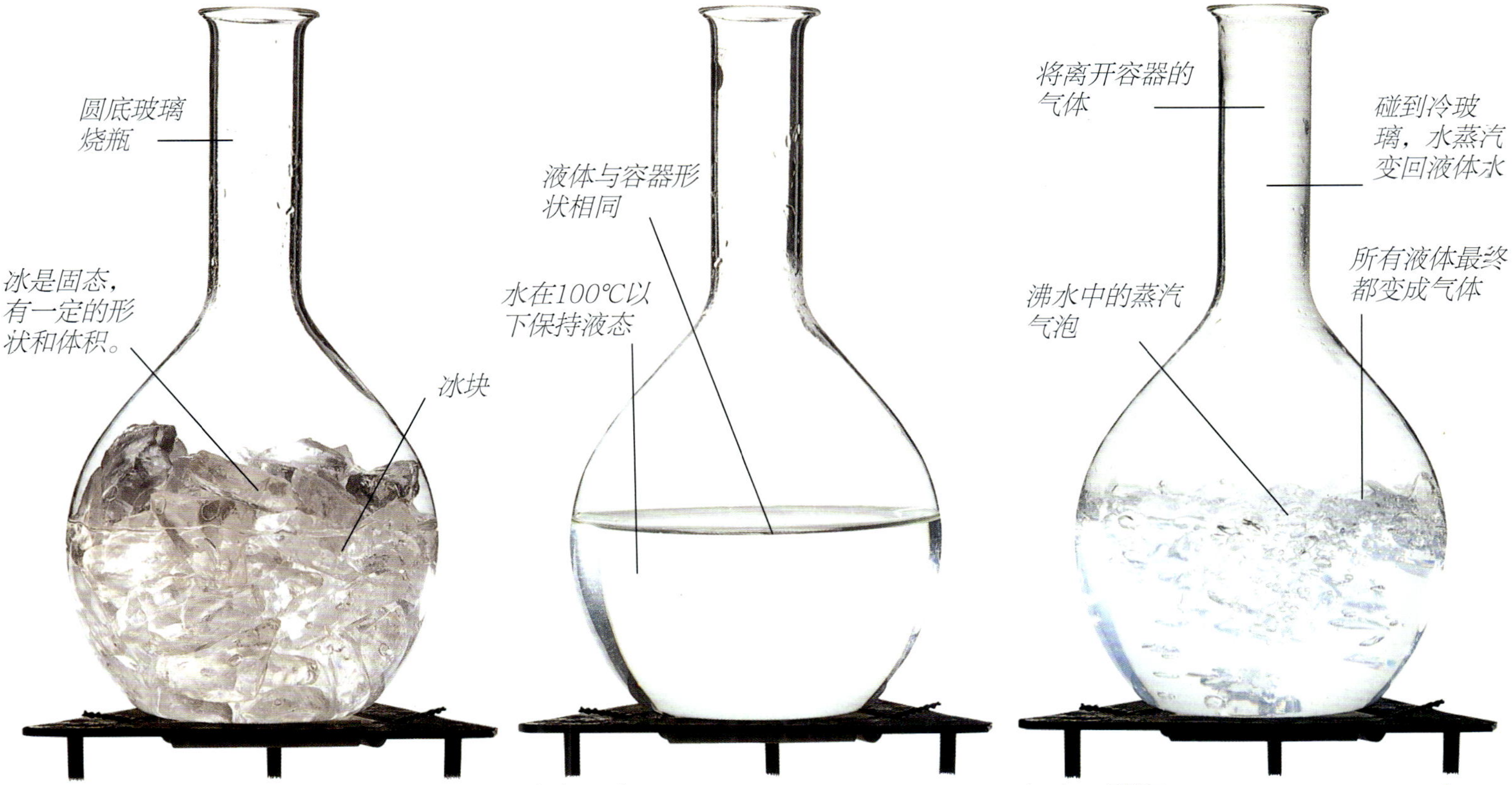

固态：冰
当液态水冷却至足够低的温度时就形成固态冰。

液态：水
固体的温度升至其凝固点以上时，就会融化变为液体。

气态：蒸汽
物质的温度高于其沸点时，就变为气体。当加热到足够高的温度时，液态水变成无色的水蒸气。

原子与分子

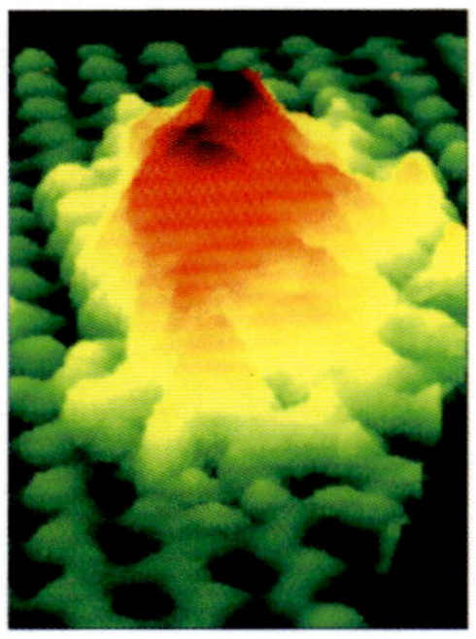
金原子伪彩色图像

原子是元素的最小独立单位。它们直径为100亿分之一米（10^{-10}m）。两个或更多个原子结合（成键）形成一个分子，例如，氢原子和氟原子结合形成氟化氢分子。分子是化合物的最小独立单位。原子并不是不可分割的——它们具有内部结构。原子中心是一个原子核，由带正电荷的质子和不带电荷的中子组成；围绕原子核的是带负电荷的电子，物质绝大部分物理和化学性质是由电子决定的。电子并不是在原子核周围做规律运动，而是在被称作轨道的一定区域内运动。这些轨道在原子核周围形成“壳层”，每一壳层容纳具有特定能量的电子。例如，第1壳层（1）可在S轨道（1s）内容纳2个电子，第2壳层（2）可在S轨道（2s）和P轨道（2p）内容纳8个电子。当1个原子失去1个电子时，就成为1个正离子（阳离子）。当1个原子得到1个电子时，就成为1个负离子（阴离子）。带有相反电荷的离子互相吸引，并以离子键的形式结合。在共价键中，原子通过在分子轨道内共享电子而结合。

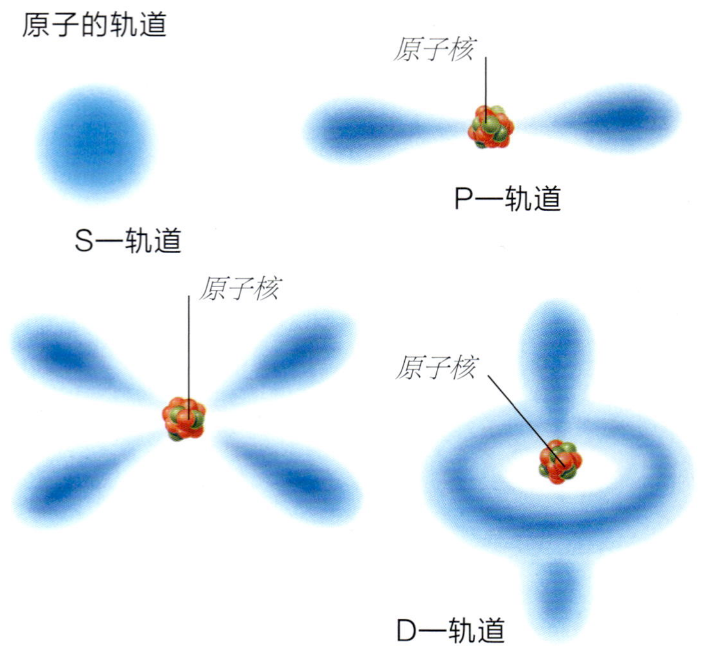

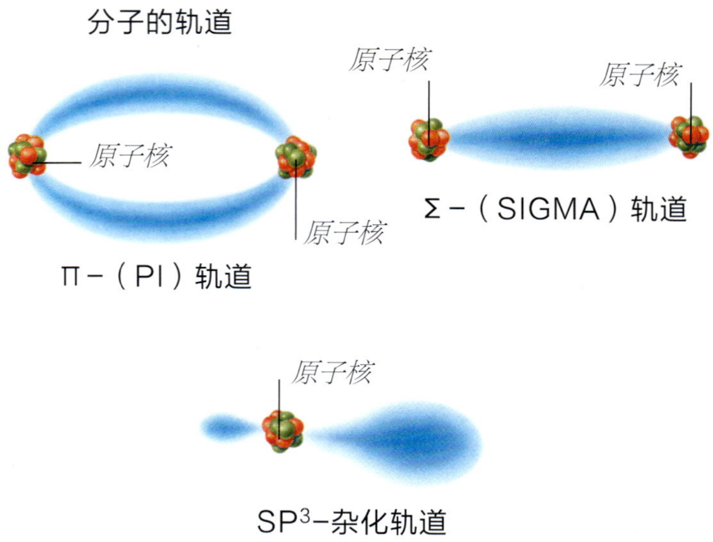

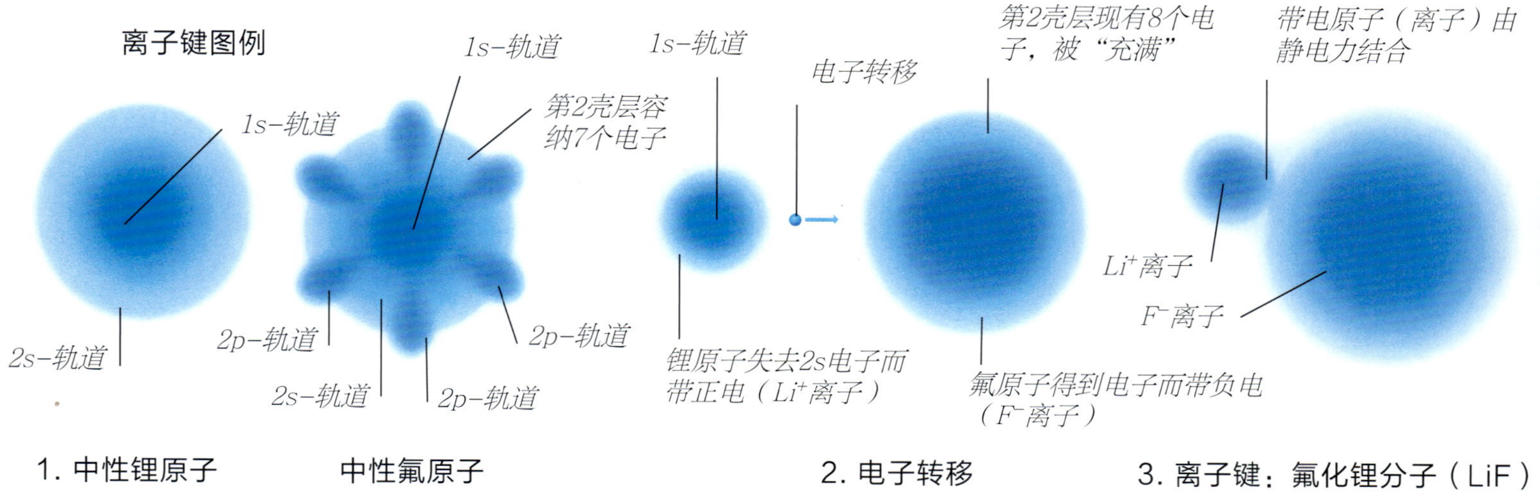

氟-19原子结构

每一种元素都有不同的存在形式（同位素），它们的质子数相同，中子数不同。氟原子的原子核内有9个质子，但中子数不同（8～11个）。氟-19有10个中子。

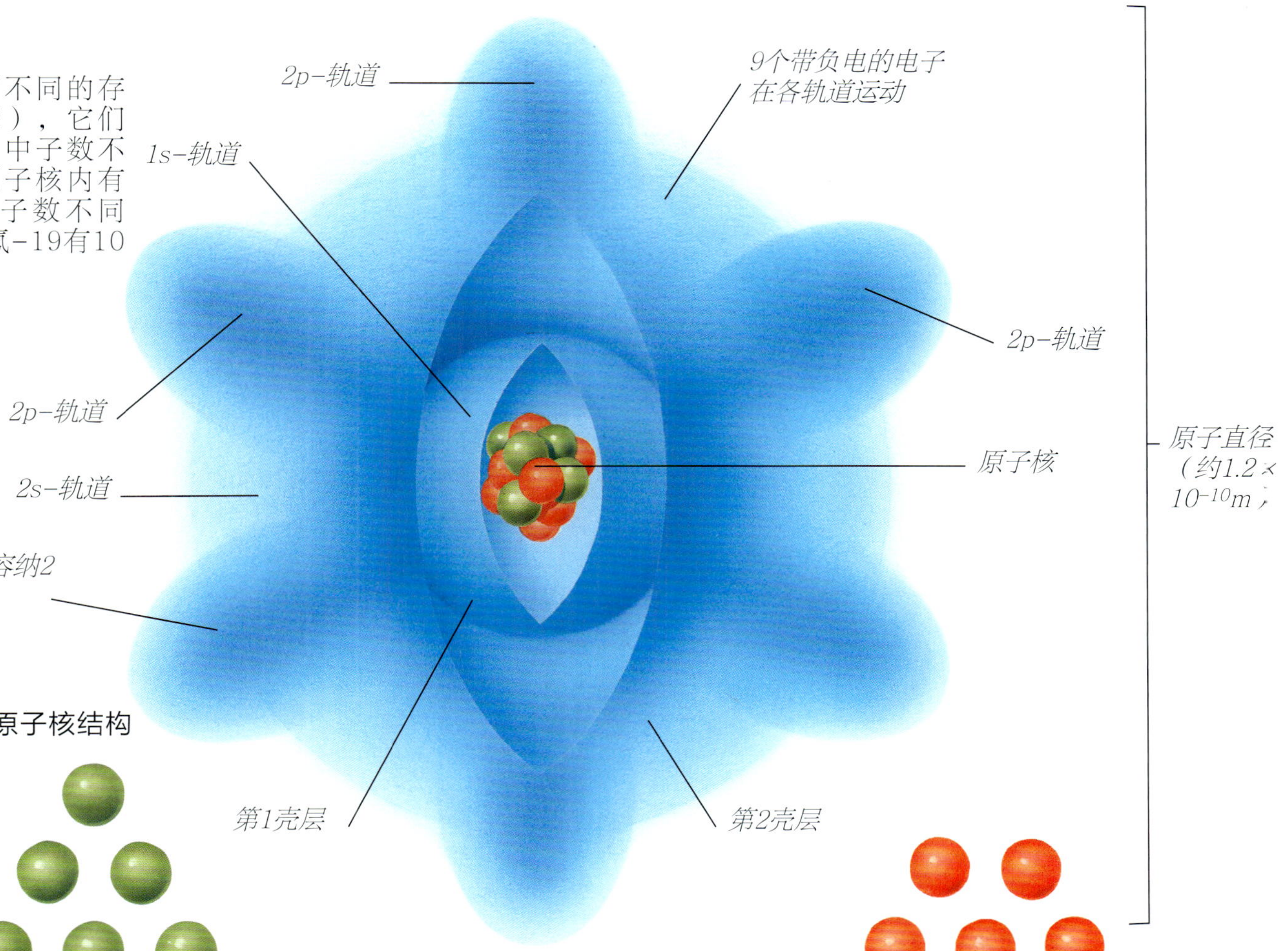

氟-19原子的原子核结构

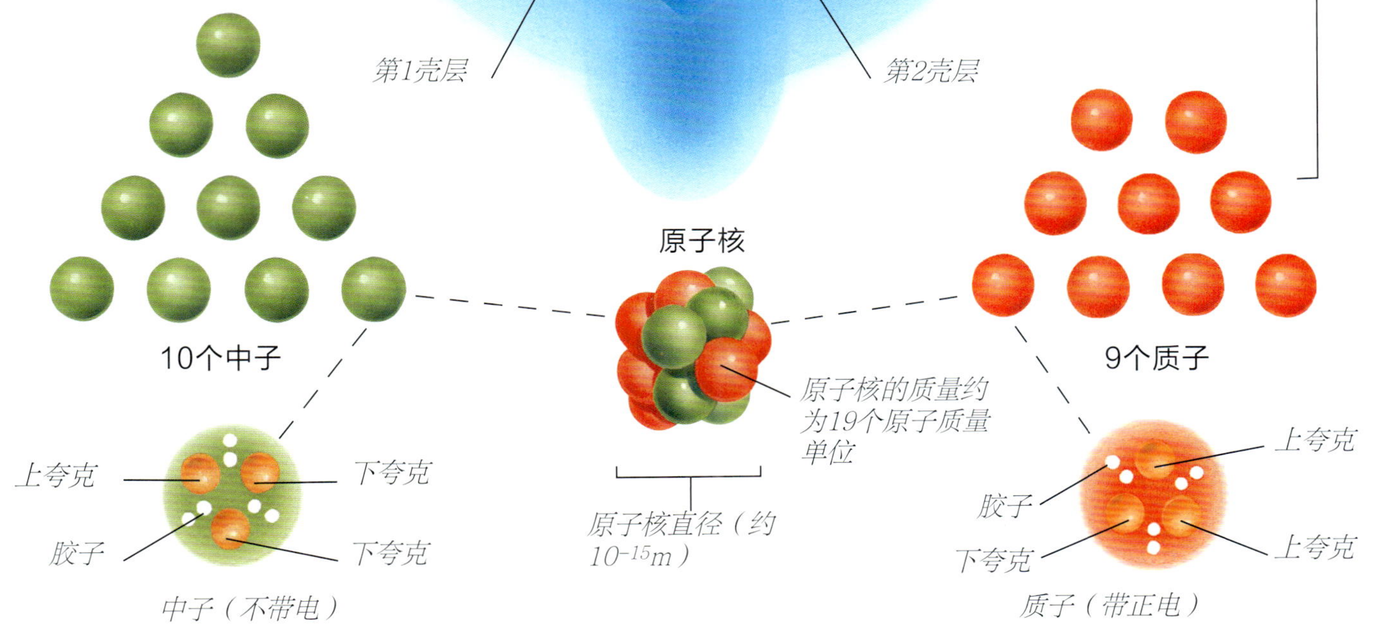

共价键图例

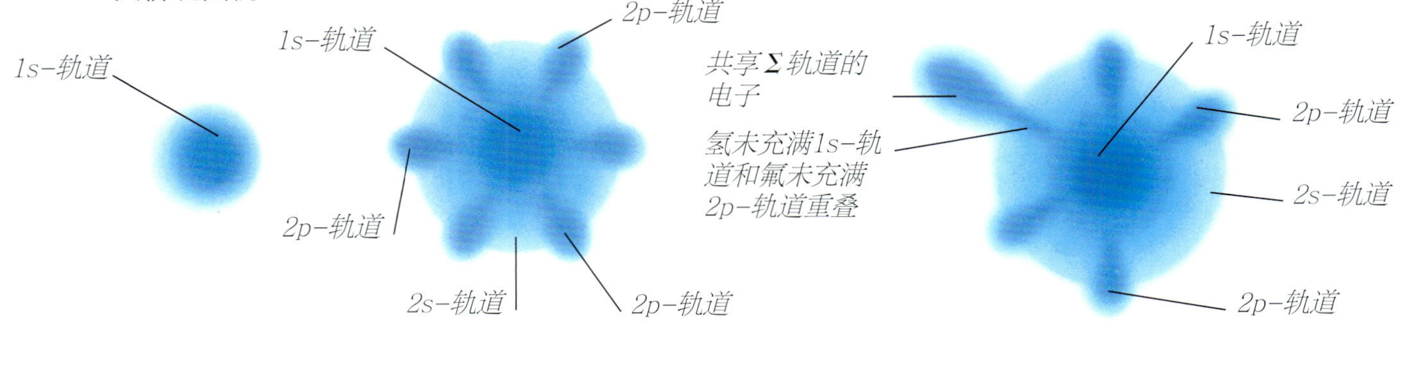

1. 中性氢原子（H）　中性氟原子　2. 共价键：氟化氢分子（HF）

元素周期表

元素是由同一种原子构成的物质。人们把92种天然元素和17种人造元素排列成表，称作元素周期表。元素排序由原子序数——原子核中的质子数（即电子数）确定。原子序数随每行（周期）和每列（族）递增。周期表的形状是由电子围绕原子核的分布方式决定：将元素按原子序数递增排列，电子层数相同的放在同一行，称为同一周期；外电子层数（价电子）相同的放在同一列，称为同一族。外电子层非常重要——它们决定原子的化学性质。同族元素性质相似，因为它们外电子层数相同。零族元素具有“全充满壳层”，外层电子数最大，因而性质稳定。I族元素外层只有1个电子，因而性质不稳定——易与其他物质反应。

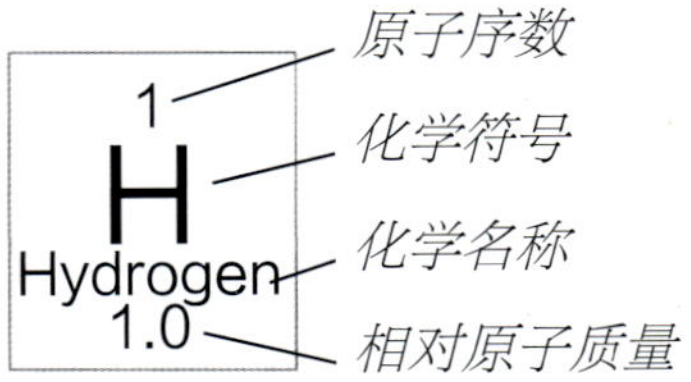

相对原子质量

原子质量（以前叫原子重量）是某种元素的单个原子质量。它等于质子数目加中子数目（电子质量忽略不计）。数值是同一元素所有存在形式（同位素）质量的平均值，是相对C -12的质量而定。

I族：原子序数是每个原子核的质子数

II族：原子序数随周期递增

第1过渡金属

I族	II族					
1 H 氢 Hydrogen 1.0						
3 Li 锂 Lithium 6.9	4 Be 铍 Beryllium 9.0					
11 Na 钠 Sodium 23.0	12 Mg 镁 Magnesium 24.3					
19 K 钾 Potassium 39.1	20 Ca 钙 Calcium 40.1	21 Sc 钪 Scandium 45.0	22 Ti 钛 Titanium 47.9	23 V 钒 Vanadium 50.9	24 Cr 铬 Chromium 52.0	25 Mn 锰 Manganese 54.9
37 Rb 铷 Rubidium 85.5	38 Sr 锶 Strontium 87.6	39 Y 钇 Yttrium 88.9	40 Zr 锆 Zirconium 91.2	41 Nb 铌 Niobium 92.9	42 Mo 钼 Molybdenum 95.9	43 Tc 锝 Technetium (98)
55 Cs 铯 Caesium 132.9	56 Ba 钡 Barium 137.3	57–71	72 Hf 铪 Hafnium 178.5	73 Ta 钽 Tantalum 180.9	74 W 钨 Tungsten 183.8	75 Re 铼 Rhenium 186.2
87 Fr 钫 Francium 223.0	88 Ra 镭 Radium 226.0	89–103	104 Rf 铲 Rutherfordium (267)	105 Db Dubnium (268)	106 Sg Seaborgium (271)	107 Bh Bohrium (270)

s-区　　此两系列元素通常单独列出　　d-区

金属与非金属

每一周期左边的元素是金属。金属易失去电子形成正离子。非金属在每一周期的右边，易形成负离子。半金属介于两者之间，既有金属的性质，又有非金属的性质。

钠：I族金属

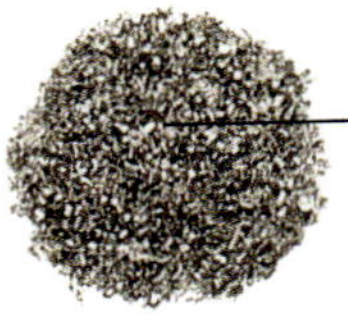

镁：II族金属

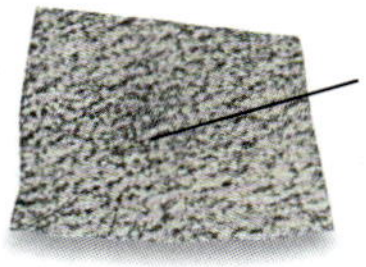

铬：第1过渡金属

元素类型图例

- 碱金属
- 碱土金属
- 过渡金属
- 镧系元素（稀土元素）
- 锕系元素
- 贫金属
- 半金属
- 非金属
- 惰性气体
- 未知化学特性

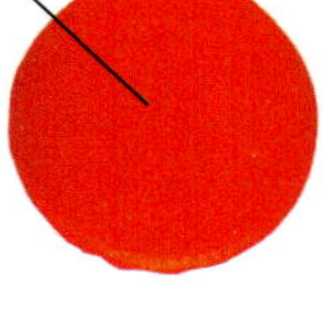

钚：锕系元素

57 La 镧 Lanthanum 138.9	58 Ce 铈 Cerium 140.1	59 Pr 镨 Praseodymium 140.9	60 Nd 钕 Neodymium 144.2
89 Ac 锕 Actinium (227)	90 Th 钍 Thorium 232.0	91 Pa 镤 Protactinium 231.0	92 U 铀 Uranium 238.0

钻石

碳的同素异形体：
有些元素以多种形态存在，称作同素异形体。碳粉、石墨和钻石是碳的同素异形体。它们都是由碳原子组成的，物理性质却明显不同。

石墨

碳粉

硫：VI族固体非金属

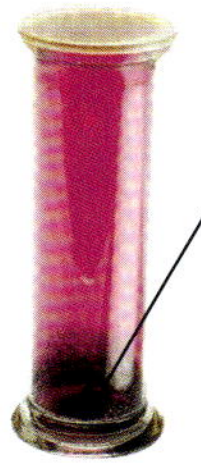

碘：VII族固体非金属

	第2过渡金属			第3过渡金属		硼碳族		氮氧族		卤素	零族	
						III族	IV族	V族	VI族	VII族		
											2 He 氦 Helium 4.0	周期
						5 B 硼 Boron 10.8	6 C 碳 Carbon 12.0	7 N 氮 Nitrogen 14.0	8 O 氧 Oxygen 16.0	9 F 氟 Fluorine 19.0	10 Ne 氖 Neon 20.2	短周期
						13 Al 铝 Aluminium 27.0	14 Si 硅 Silicon 28.1	15 P 磷 Phosphorus 31.0	16 S 硫 Sulphur 32.1	17 Cl 氯 Chlorine 35.5	18 Ar 氩 Argon 40.0	
	26 Fe 铁 Iron 55.8	27 Co 钴 Cobalt 58.9	28 Ni 镍 Nickel 58.7	29 Cu 铜 Copper 63.5	30 Zn 锌 Zinc 65.4	31 Ga 镓 Gallium 69.7	32 Ge 锗 Germanium 72.6	33 As 砷 Arsenic 74.9	34 Se 硒 Selenium 79.0	35 Br 溴 Bromine 79.9	36 Kr 氪 Krypton 83.8	长周期
	44 Ru 钌 Ruthenium 101.1	45 Rh 铑 Rhodium 102.9	46 Pd 钯 Palladium 106.4	47 Ag 银 Silver 107.9	48 Cd 镉 Cadmium 112.4	49 In 铟 Indium 114.8	50 Sn 锡 Tin 118.7	51 Sb 锑 Antimony 121.8	52 Te 碲 Tellurium 127.6	53 I 碘 Iodine 126.9	54 Xe 氙 Xenon 131.3	
	76 Os 锇 Osmium 190.2	77 Ir 铱 Iridium 192.2	78 Pt 铂 Platinum 195.1	79 Au 金 Gold 197.0	80 Hg 汞 Mercury 200.6	81 Tl 铊 Thallium 204.4	82 Pb 铅 Lead 207.2	83 Bi 铋 Bismuth 209.0	84 Po 钋 Polonium (209)	85 At 砹 Astatine (210)	86 Rn 氡 Radon (222)	
	108 Hs Hassium (269)	109 Mt Meitnerium (278)	110 Ds Darmstadtium (281)	111 Rg Roentgenium (281)	112 Cn Copernicium (285)	113 Uut Ununtrium (286)	114 Uuq Ununquadium (289)	115 Uup Ununpentium (289)	116 Uuh Ununhexium (293)	117 Uus Ununseptium (294)	118 Uuo Ununoctium (294)	
	d-区					p-区						

无色惰性气体，在放电管内发出红光

金：第3过渡金属

锡：IV族弱金属

锑：V族半金属

惰性气体：
零族元素具有全充满外电子层，它们不需通过与其他原子成键而失去或得到电子。性质稳定，不易形成离子或与其他元素反应。惰性气体又叫稀有气体。

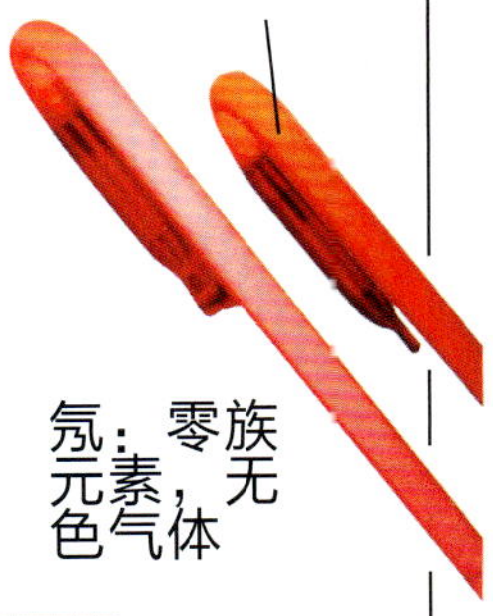

氖：零族元素，无色气体

61 Pm 钷 Promethium (145)	62 Sm 钐 Samarium 150.4	63 Eu 铕 Europium 152.0	64 Gd 钆 Gadolinium 157.3	65 Tb 铽 Terbium 158.9	66 Dy 镝 Dysprosium 162.5	67 Ho 钬 Holmium 164.9	68 Er 铒 Erbium 167.3	69 Tm 铥 Thulium 168.9	70 Yb 镱 Ytterbium 173.0	71 Lu 镥 Lutetium 175.0
93 Np 镎 Neptunium (237)	94 Pu 钚 Plutonium (244)	95 Am 镅 Americium (243)	96 Cm 锔 Curium (247)	97 Bk 锫 Berkelium (247)	98 Cf 锎 Californium (251)	99 Es 锿 Einsteinium (252)	100 Fm 镄 Fermium (257)	101 Md 钔 Mendelevium (258)	102 No 锘 Nobelium (259)	103 Lr 铹 Lawrencium (262)

F-区

化学反应

化学反应发生在原子间的化学键断裂或生成之时。原子或原子团重新组合，初始物质（反应物）生成新物质（产物）。反应或自然发生，或人为发生；一个反应可能持续几年，也可能一瞬间。这里列举一些主要的反应类型。反应通常伴随着能量变化，例如燃烧反应，原子间生成新键的同时释放出热和光。这种释放热量的反应叫放热反应。许多反应是不可逆的，如燃烧；但有些反应却可以发生可逆反应。利用反应可以从溶液中生成固体，例如在双分解反应中，两个化合物分解，生成两种新物质，溶液中常常有沉淀（不溶性固体）产生；置换反应中，一种元素（如铜）从溶液中置换出另一种元素（如银）。反应速率（速度）由许多因素决定，如温度、反应物尺寸和形状。我们用国际上公认的化学符号和方程式来描述和记录化学反应。实验室中也用化学反应来鉴别物质，如实验表明，烛用蜡含有碳和氢。

盐的生成（酸与金属）

反应
盐酸与锌反应，生成氯化锌和氢气。
$Zn+2HCl \rightarrow ZnCl_2+H_2$

置换反应

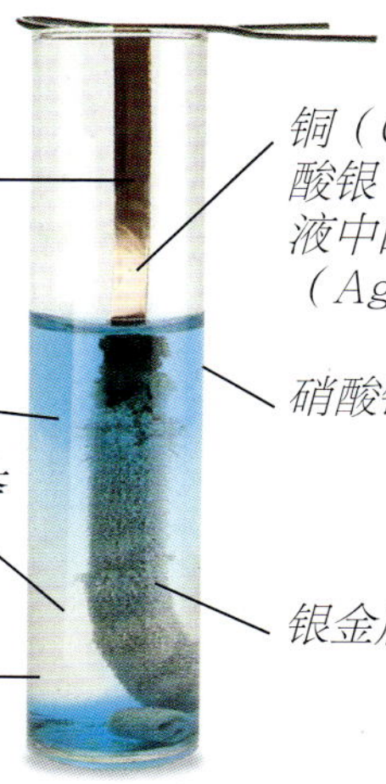

反应：
铜加入硝酸银溶液生成硝酸铜和银金属。
$Cu+2AgNO_3 \rightarrow Cu(NO_3)_2+2Ag$

燃烧物质

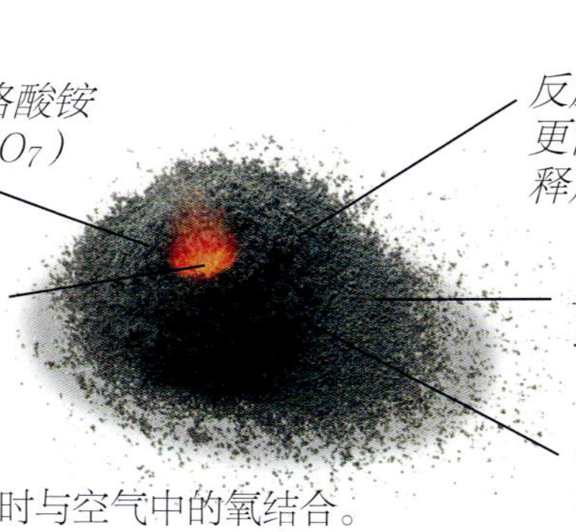

反应：
重铬酸铵被点燃时与空气中的氧结合。
$(NH_4)_2Cr_2O_7+O_2 \rightarrow Cr_2O_3+4H_2O+2NO$

可逆反应

1. 反应物
铬酸钾溶于水生成钾离子和铬酸根离子。
$K_2CrO_4 \rightarrow 2K^+ + CrO_4^{2-}$

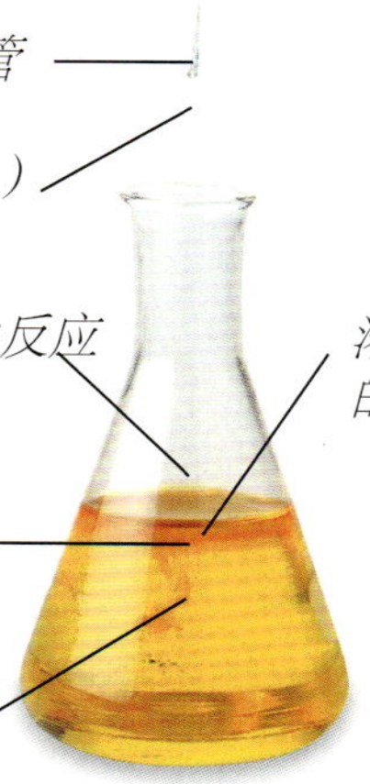

2. 加入盐酸后
铬酸根离子变为重铬酸根离子。
$2CrO_4^{2-} \rightarrow Cr_2O_7^{2-}$

3. 可逆反应
加入氢氧化钠，重铬酸根离子变回铬酸根离子。
$Cr_2O_7^{2-} \rightarrow 2CrO_4^{2-}$

发酵

反应
酵母将糖和温水转变为乙醇和二氧化碳。
$C_6H_{12}O_6 \rightarrow 2C_2H_5OH + 2CO_2$

双分解反应

1. 反应物
碘化钾（KI）和硝酸铅（$Pb(NO_3)_2$）分别溶于水生成无色溶液。

2. 反应
两种溶液混合生成碘化铅沉淀和硝酸钾溶液。
$2KI + Pb(NO_3)_2 \rightarrow PbI_2 + 2KNO_3$

一种有机化合物——烛用蜡实验

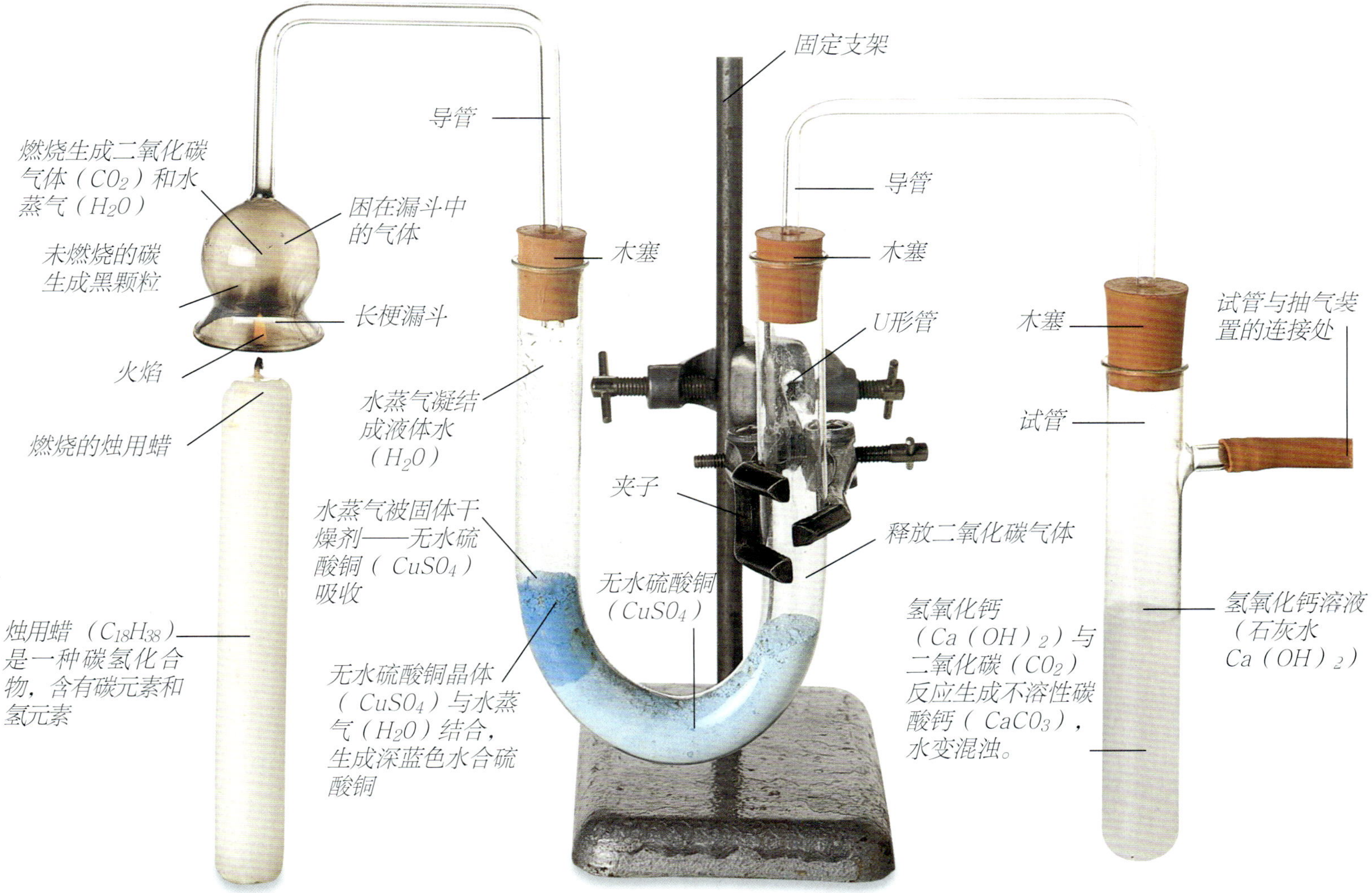

1.燃烧反应
蜡燃烧生成二氧化碳气体和水蒸气
$2C_{18}H_{38} + 55O_2 \rightarrow 36CO_2 + 38H_2O$

2. 证明有水蒸气的实验
固体干燥剂吸收水蒸气，证明烛用蜡中有氢。
$CuSO_4 + 10H_2O \rightarrow CuSO_4.10H_2O$

3. 证明有二氧化碳的实验
溶液中的氢氧化钙与二氧化碳反应，生成碳酸盐，使溶液变混浊。$Ca(OH)_2 + CO_2 \rightarrow CaCO_3 + H_2O$

能量

任何事情的发生——从针落地到爆炸——都需要能量。能量是“做功”的能力。能量有不同的存在形式，包括光、热、声、电、化学能、核能、动能和势能。能量守恒定律指出，宇宙间的总能量是固定的——能量既不能被创造也不能被毁灭。这意味着能量只能由一种形式转变为另一种形式（能量转换）。例如，势能是一种“储存”能量，具有将来做功的能力。当一个物体被升高时，它就获得势能；当放开这个物体时，势能就转变为动能。在转换过程中，一些能量变为热能。地球绝大部分能量来自于太阳的电磁辐射，其中有些能量转换为植物和动物生命，最终以化学形式储存起来，变成矿物燃料。人类从食物中获取人体所需能量，而其他能量，可通过燃烧燃料，或利用自然力，像风或水流——发电来获取。还有一种能源是核动力，能量由原子核内的反应释放出来。能量的国际单位是焦耳（J）。1焦耳约等于把1个苹果升高1米所需的能量。

燃煤发电站能量示意图

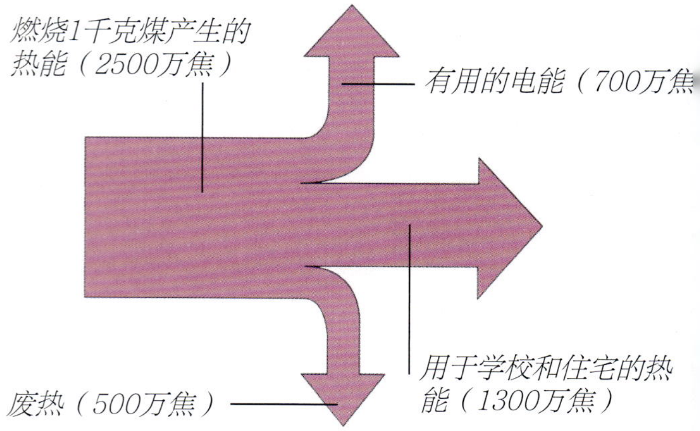

水电站横切面

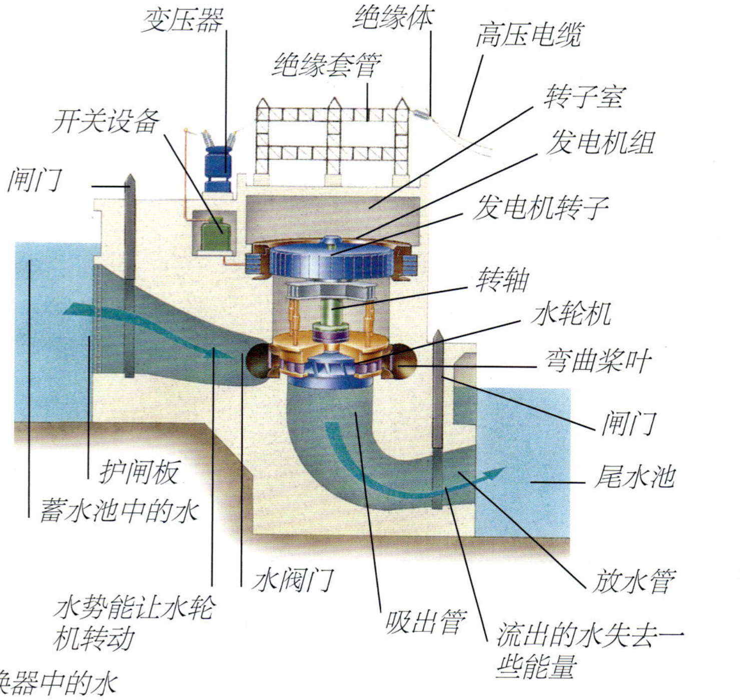

安装压水堆的核电站横切图

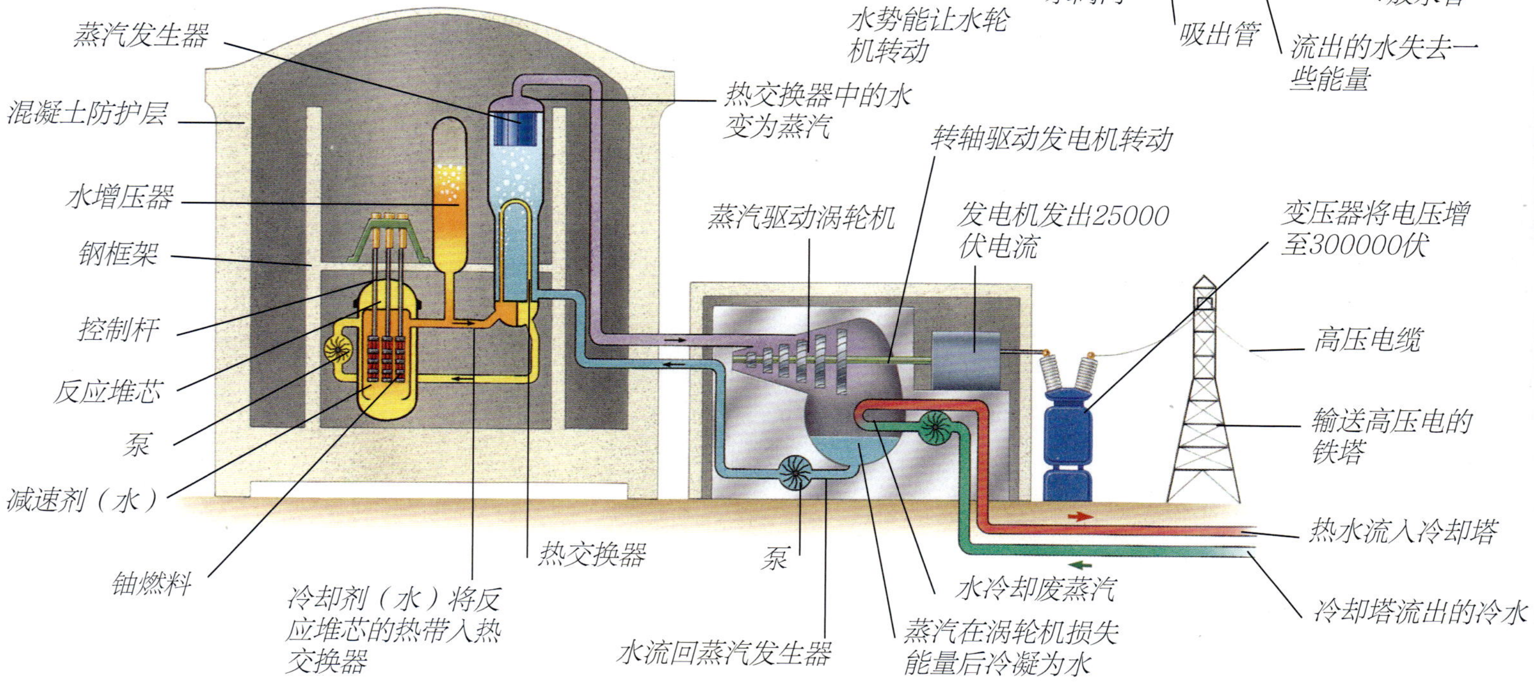

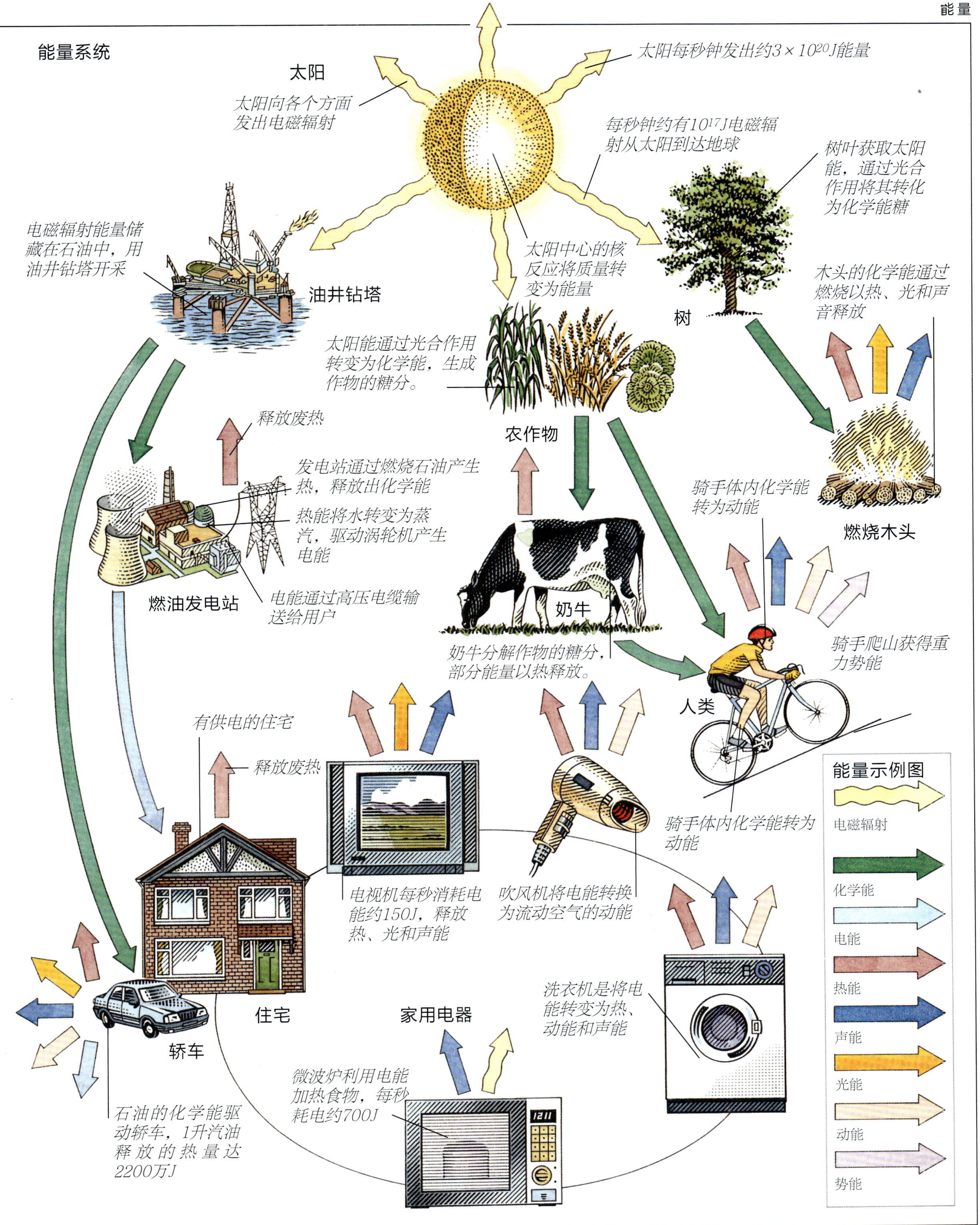
能量系统
太阳
太阳向各个方面发出电磁辐射
太阳每秒钟发出约3×10^20J能量
每秒钟约有10^17J电磁辐射从太阳到达地球
太阳中心的核反应将质量转变为能量
树叶获取太阳能，通过光合作用将其转化为化学能糖
树
木头的化学能通过燃烧以热、光和声音释放
燃烧木头
电磁辐射能量储藏在石油中，用油井钻塔开采
油井钻塔
太阳能通过光合作用转变为化学能，生成作物的糖分。
农作物
释放废热
发电站通过燃烧石油产生热，释放出化学能
热能将水转变为蒸汽，驱动涡轮机产生电能
电能通过高压电缆输送给用户
燃油发电站
奶牛
奶牛分解作物的糖分，部分能量以热释放。
骑手体内化学能转为动能
骑手爬山获得重力势能
人类
骑手体内化学能转为动能
有供电的住宅
释放废热
电视机每秒消耗电能约150J，释放热、光和声能
吹风机将电能转换为流动空气的动能
洗衣机是将电能转变为热、动能和声能
住宅
家用电器
轿车
石油的化学能驱动轿车，1升汽油释放的热量达2200万J
微波炉利用电能加热食物，每秒耗电约700J
能量示例图
电磁辐射
化学能
电能
热能
声能
光能
动能
势能

电与磁

电学效应因电荷的不平衡而产生。电荷有两种类型，正电荷（由质子携带）和负电荷（由电子携带）。如果电荷相反，二者互相吸引；反之则互相排斥。任何两个带电粒子之间都存在引力和斥力（静电力）。物体一般不带电，但若获得电子，物体就带负电；若失去电子，物体带正电。物体带有负电荷或正电荷就处于电荷不平衡态，其具有与单个正负电荷相同的作用力。在这种宏观尺度下，这些作用力将重新获得电荷平衡，由此产生静电作用。比如闪电，是云层释放大量多余负电荷产生的。如果电荷能够“自由流过”物体——这些作用力将引起电荷的流动，形成电流。有些物质具有奇异的磁现象——也产生吸力和斥力。磁性物质具有磁场区域。一般未磁化的物体，若放在磁场中，则将被磁化。磁与电有着紧密的联系，电动机与发电机的应用即是例子。

闪电

范德格拉夫起电机

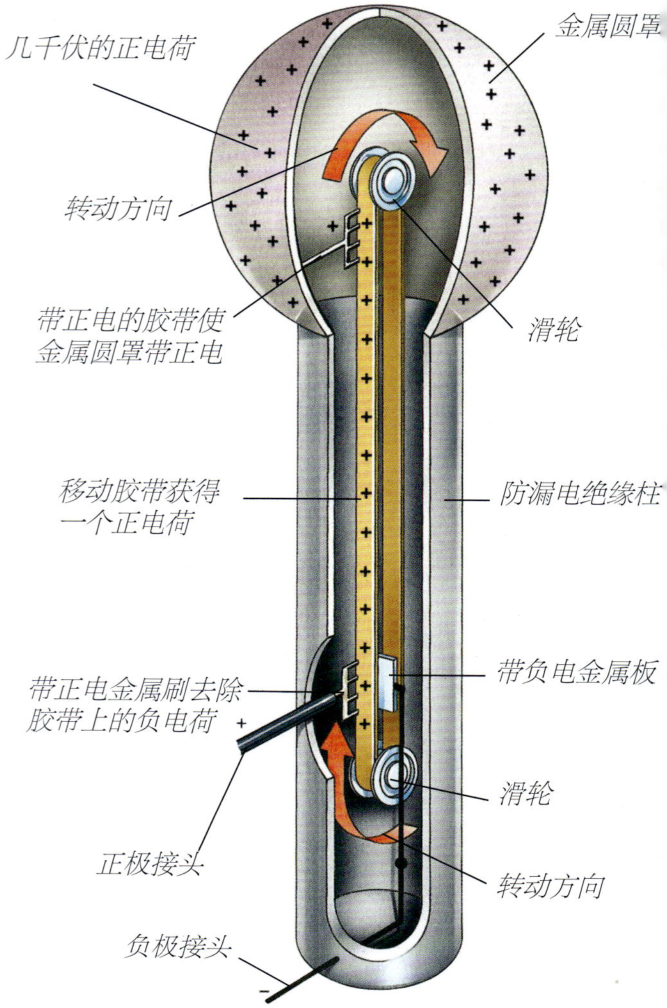

电流

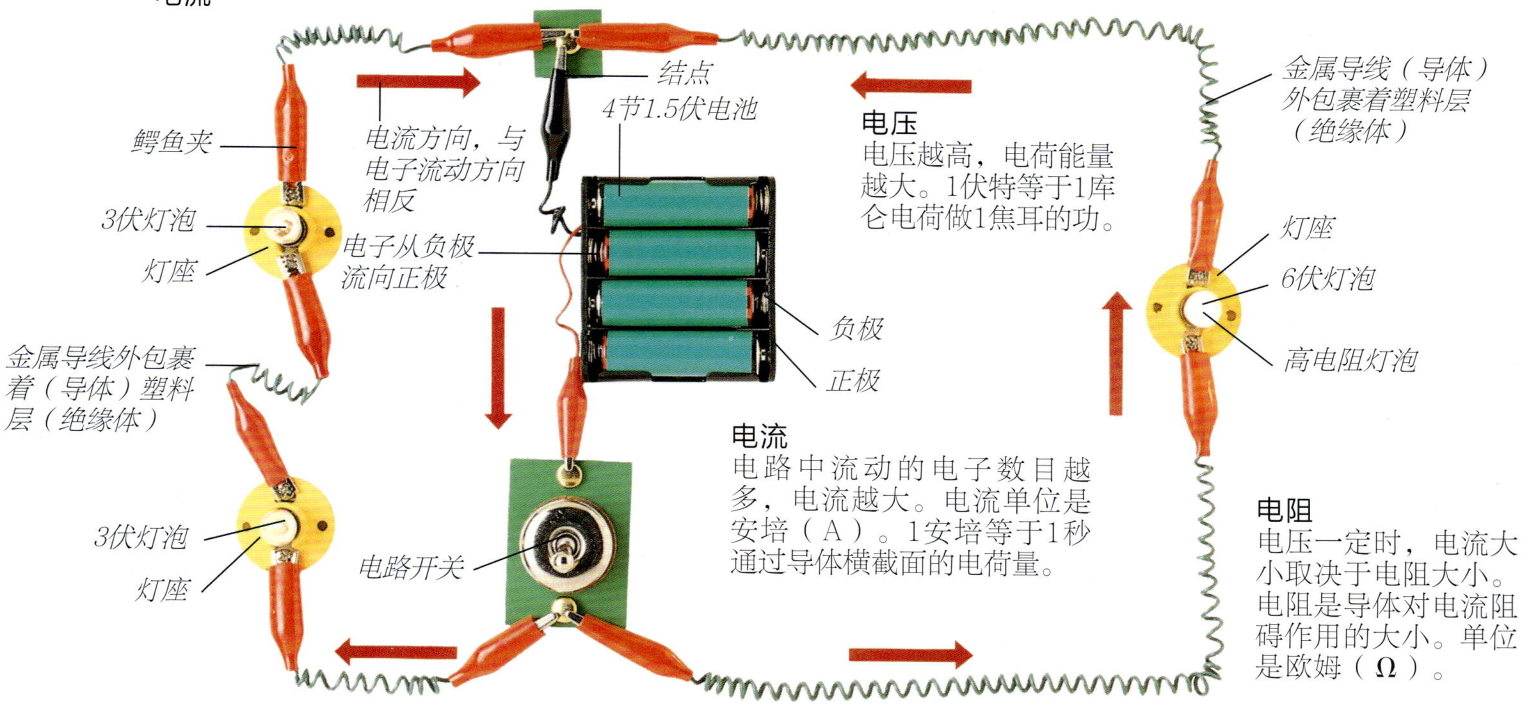

电压
电压越高，电荷能量越大。1伏特等于1库仑电荷做1焦耳的功。

电流
电路中流动的电子数目越多，电流越大。电流单位是安培（A）。1安培等于1秒通过导体横截面的电荷量。

电阻
电压一定时，电流大小取决于电阻大小。电阻是导体对电流阻碍作用的大小。单位是欧姆（Ω）。

串联电路

简单电路

磁场和力

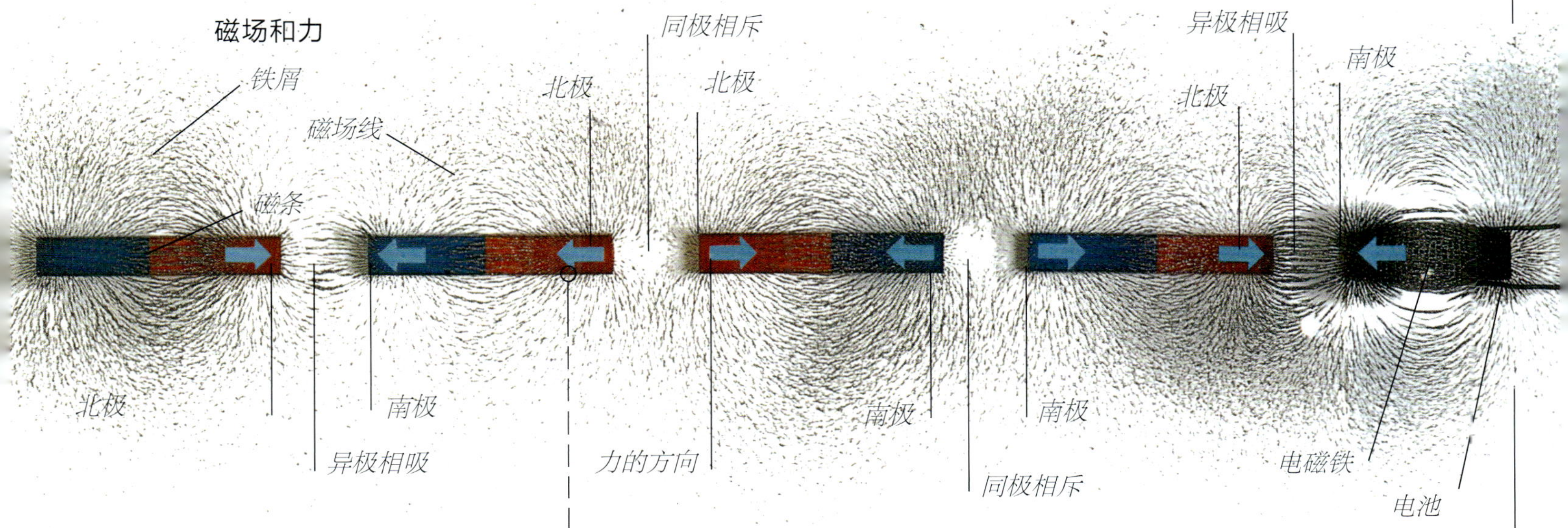

磁畴

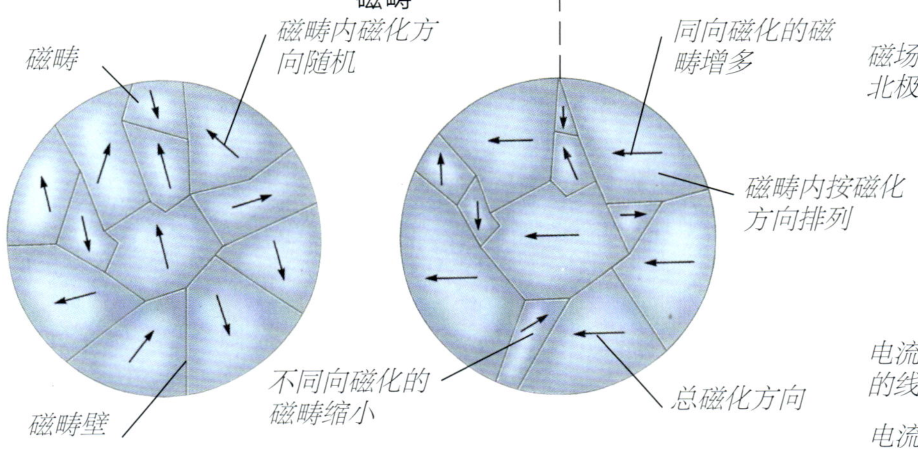

未磁化磁铁

磁场内被磁化磁铁

电生磁

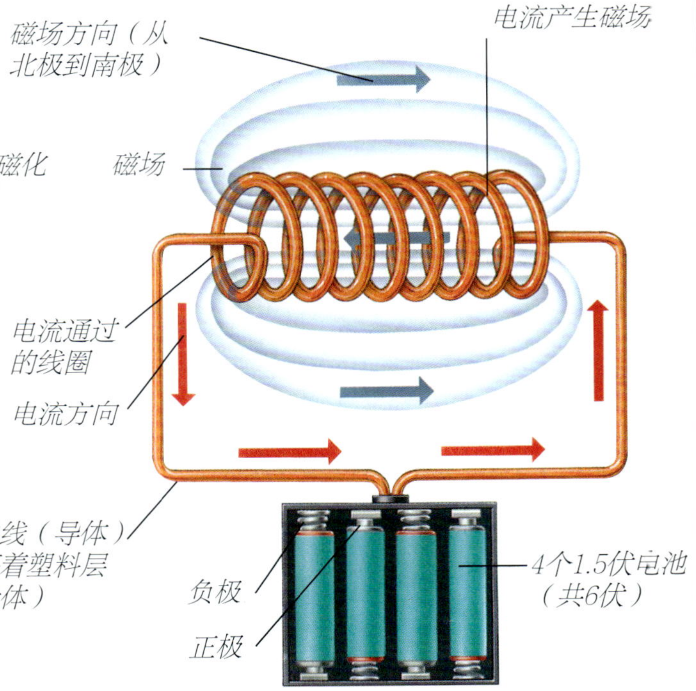

电路与电磁铁

磁生电

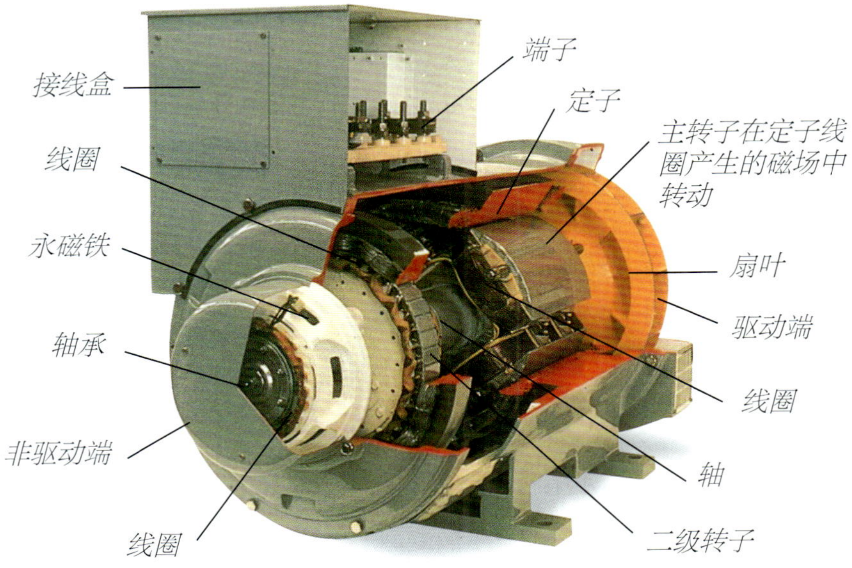

发电机
在发电机内，转子在定子磁场内转动产生电流。

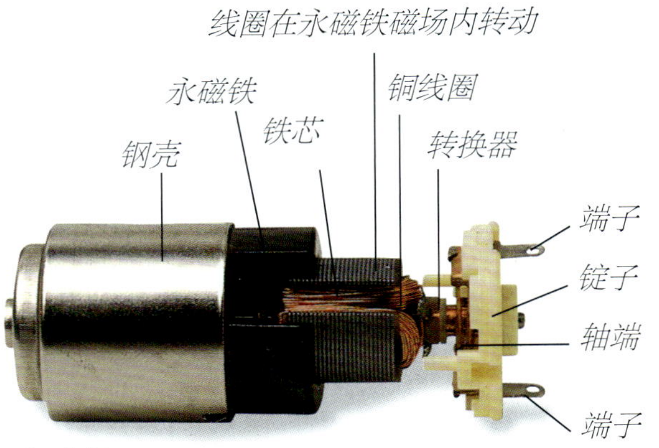

电动机
在电动机内，线圈与永磁铁之间的磁力产生转动。

房子红外图像

光

光是能量的一种存在形式。它像X射线或无线电波一样，是一种电磁辐射。所有电磁辐射均由电荷产生：振荡的电场和磁场在空气中传播而产生。电磁辐射既具波动性又具粒子性。它是一种电磁波，不同类型辐射之间的差别是波长。它是由粒子或能量束，也称光子组成。例如，光与X射线之间的差别是每个光子携带的能量不同。电磁辐射波长或频率按序排列称为电磁波谱，从低能量、长波无线电波，到高能量、短波γ射线。光是电磁波谱中可见的部分。太阳光全部由可见辐射线构成，它们可用棱镜分解并看到。光像所有电磁辐射一样，能够被反射和折射。电磁波谱的各个部分以不同方式产生。有时，可见光以及红外辐射，是由热物体的振动粒子产生。这种方式发出的光叫白炽光。光也可由荧光产生，荧光是电子在原子内获得和失去能量的现象。

电磁辐射麦克斯韦图

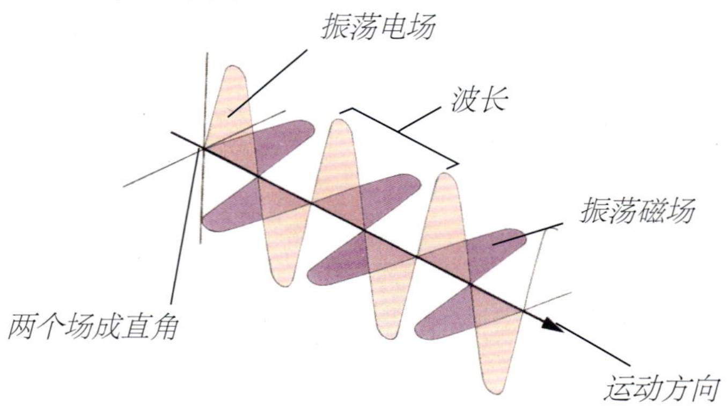

电磁辐射的粒子特性

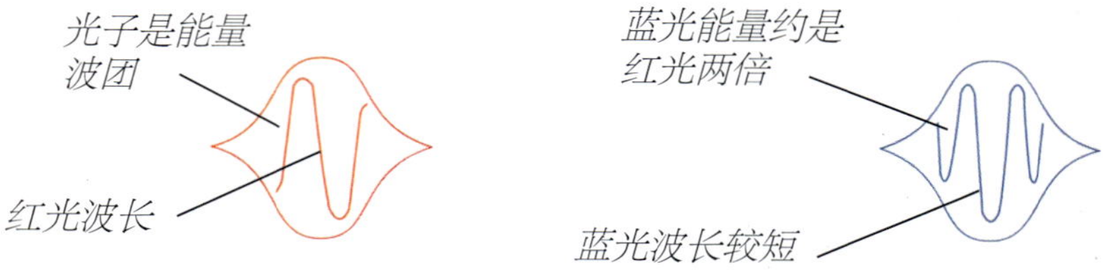

红光光子　　蓝色光子

白光分解成光谱

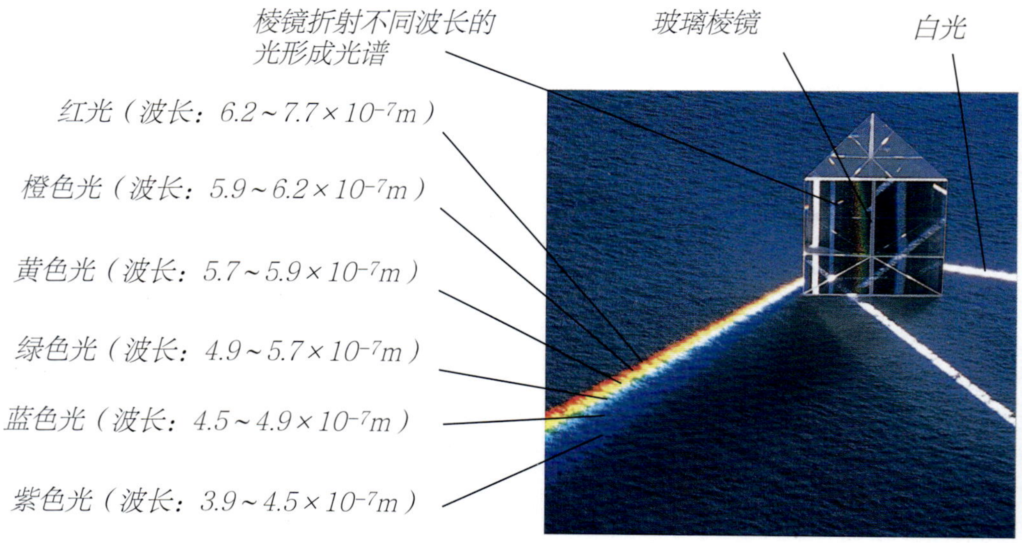

电磁波谱

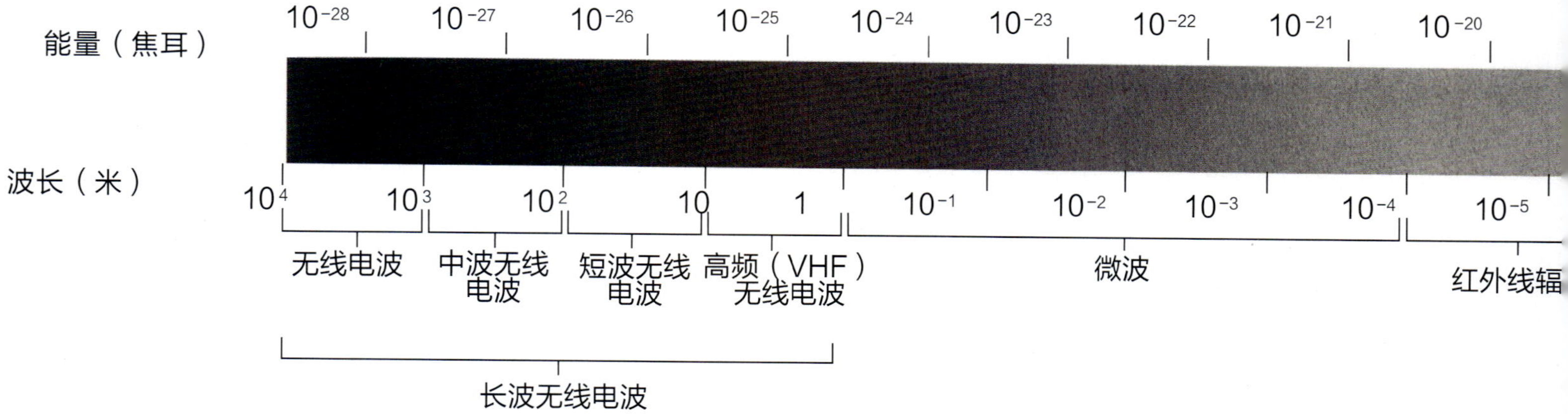

人造光源

荧光管

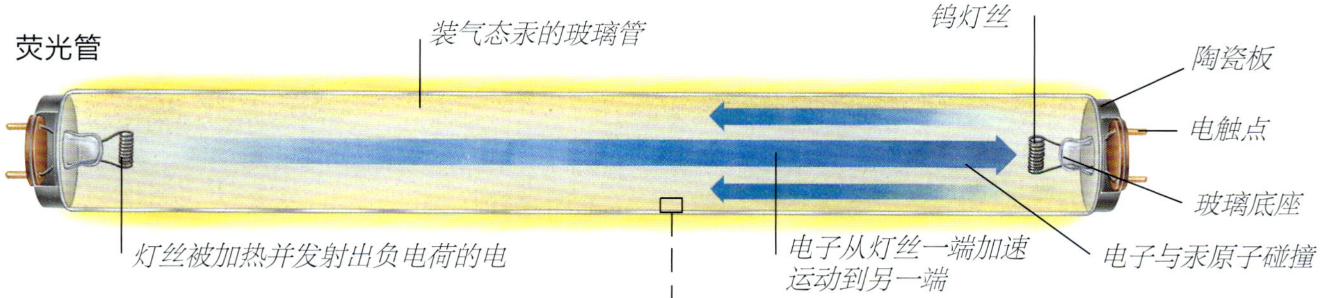

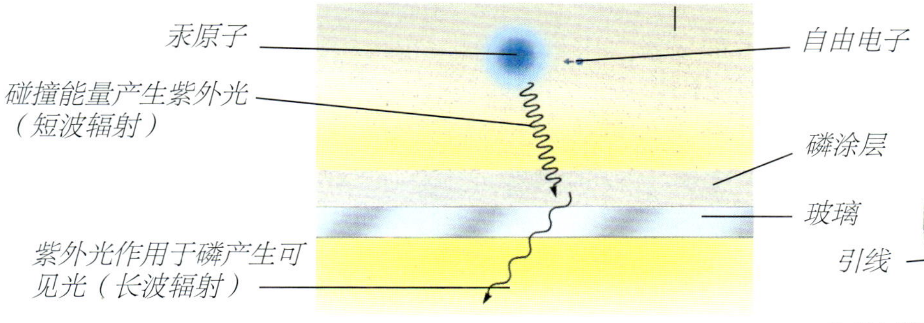

荧光管磷涂层剖面图：荧光的产生

白炽灯泡

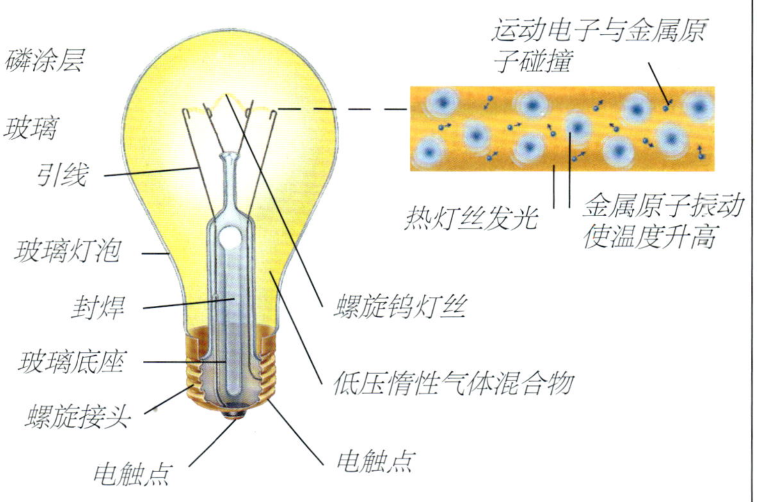

白炽灯灯丝剖面图：白炽光的产生

光的反射

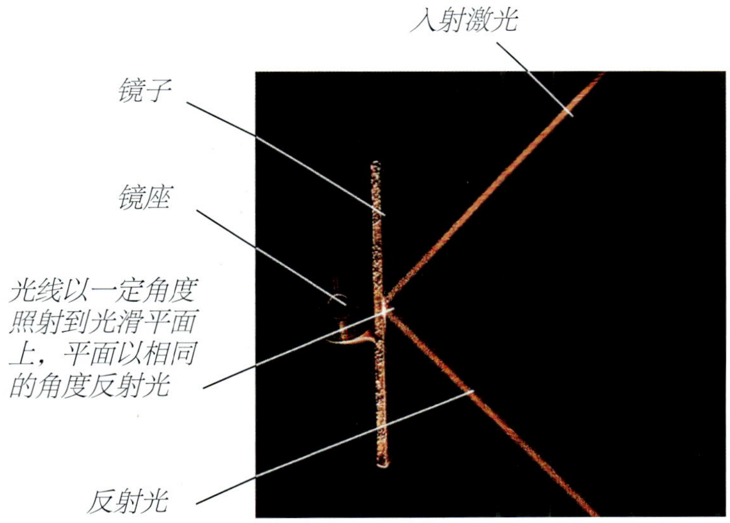

光的折射

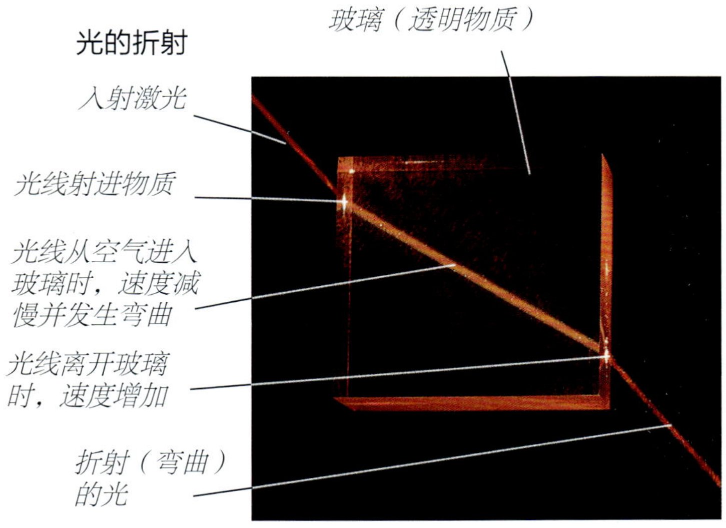

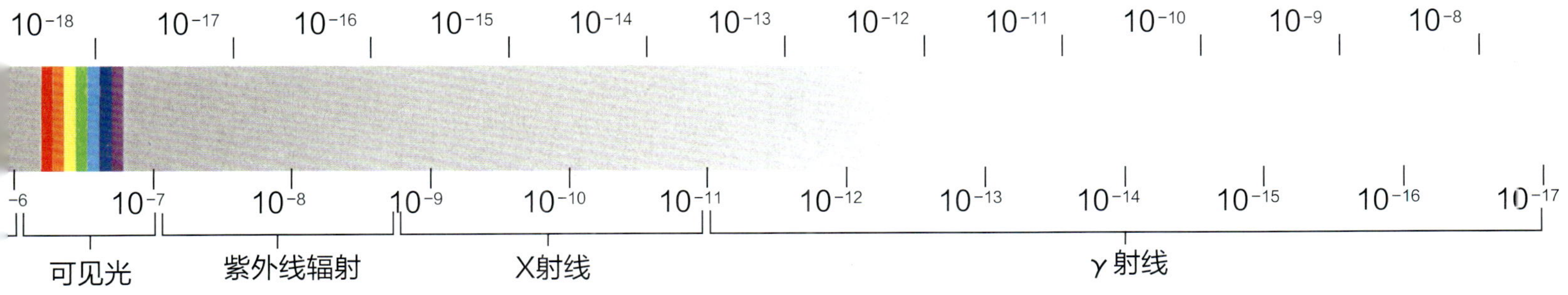

力与运动

力是改变物体运动状态的“推”“拉”作用。静止物体运动或运动物体静止都需要力；物体改变运动速度与方向也需要力。物体速度或方向的改变叫做加速度。加速度取决于力的大小和物体的质量。力的效应首先由艾萨克·牛顿从其运动三定律总结而得。力的国际单位是牛顿（N），约等于一个苹果的重量。引力——任意两个质量间的吸引力——可用牛顿仪（弹簧秤）量度。力在机械运转中广泛地发挥着作用。一个简单机械，如轮轴，就是一种改变作用力大小和方向的装置。杠杆利用一根棍子在支点上转动以施加力。所有简单机械运作过程中，力和距离之间都存在一定关系。一个小力作用于一段长距离将一个重物提升一段短距离，这就是简单机械原理。

简单的机器

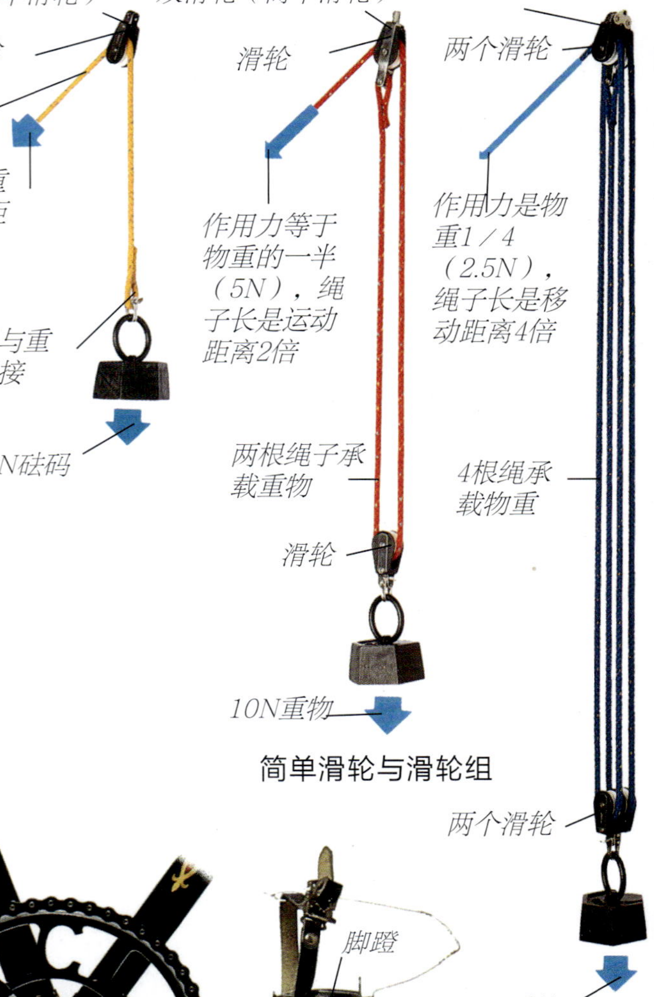

简单滑轮与滑轮组

牛顿仪（弹簧秤）

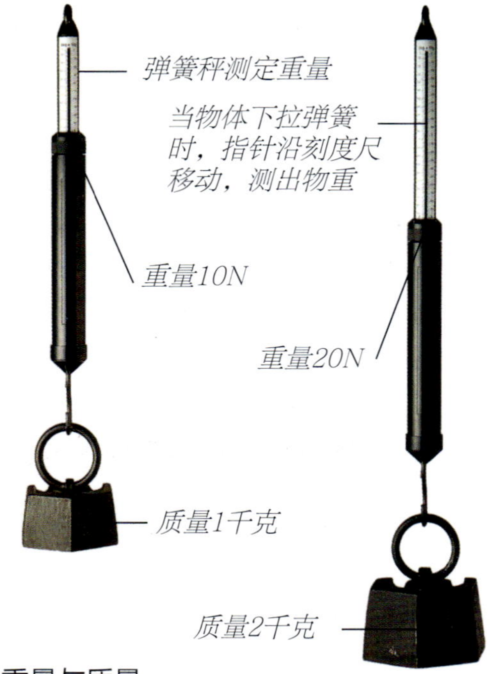

轮轴

重量与质量

“质量”是物体所含物质的多少。质量通常用克（g）或千克（kg）量度。

“重量”是物体受万有引力作用后力的量度。重量单位是牛顿（N）。

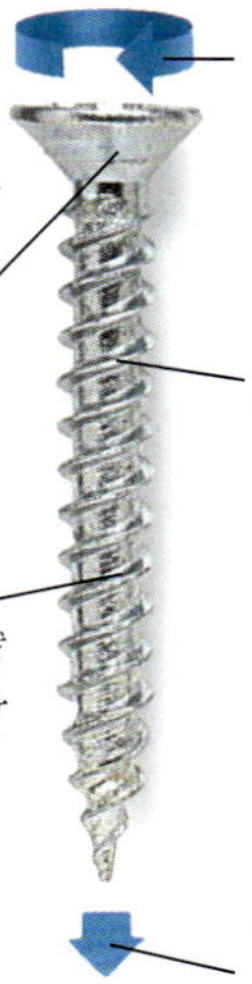

螺丝钉

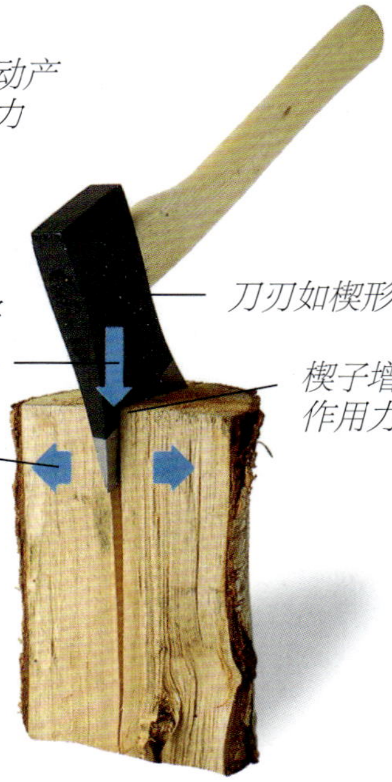

楔子

牛顿运动三大定律

牛顿第一定律
当没有力作用于物体时，物体将保持静止或匀速运动状态。

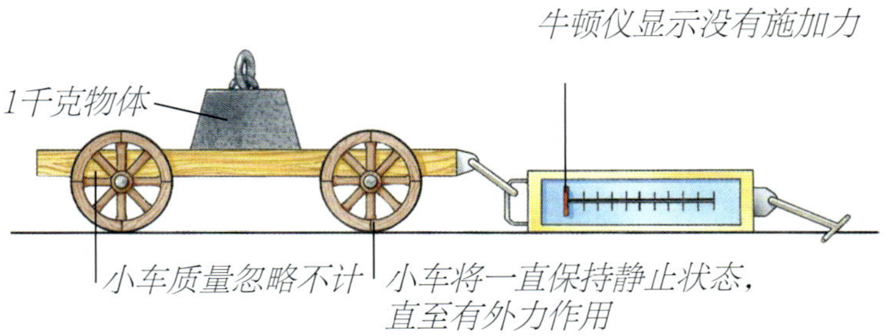

没有力，没有加速度：静止状态

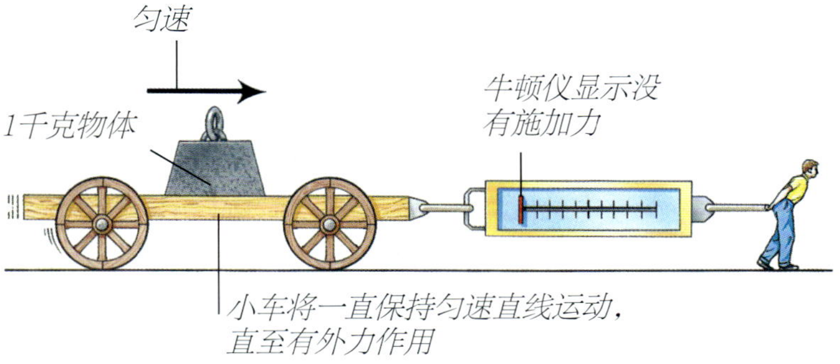

没有力，没有加速度：匀速运动

牛顿第二定律
当一个力作用于物体时，物体的运动会改变。运动变化的程度取决于该物体的质量和施加力的大小。

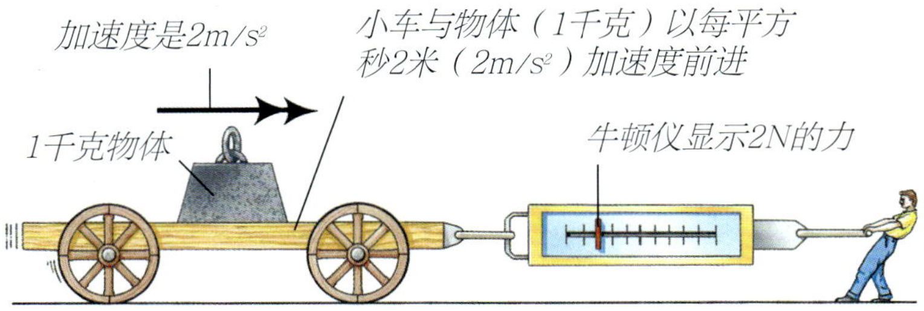

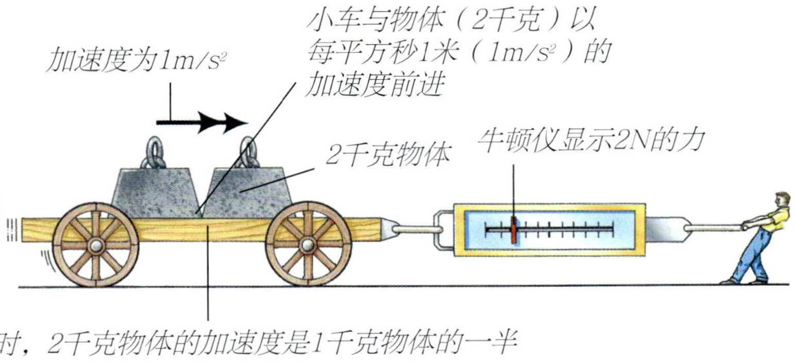

力与加速度：小的质量，大的加速度

力与加速度：大的质量，小的加速度

牛顿第三定律
如果一个物体向另一个物体施加一个作用力，那么第二个物体就向第一个物体施加了一个大小相等，方向相反的力，称为反加速度：

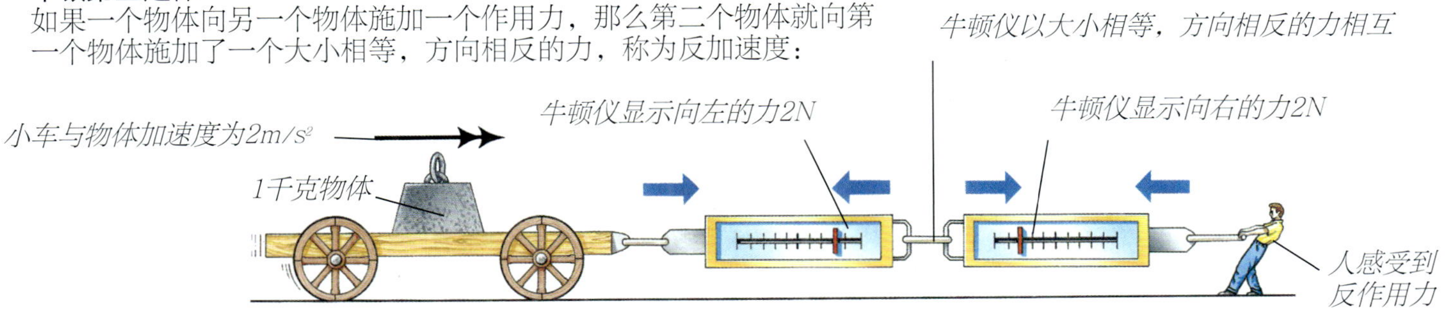

作用与反作用

三类杠杆

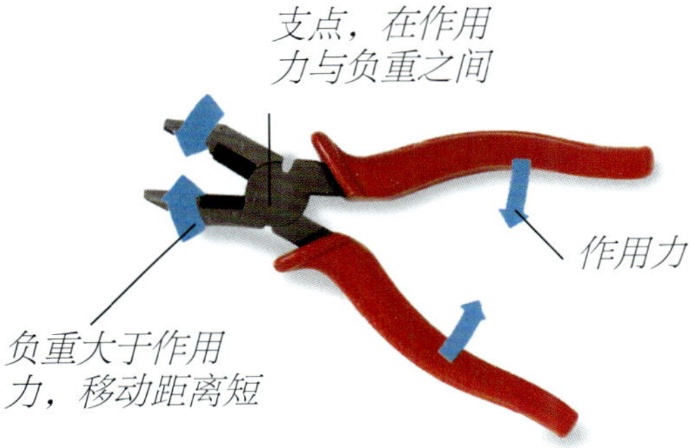

第一类杠杆
手钳由2个第一类杠杆组成。

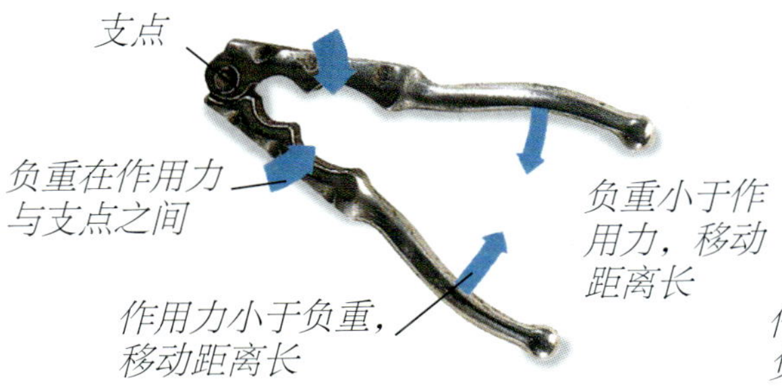

第二类杠杆
坚果钳由2个第二类杠杆组成。

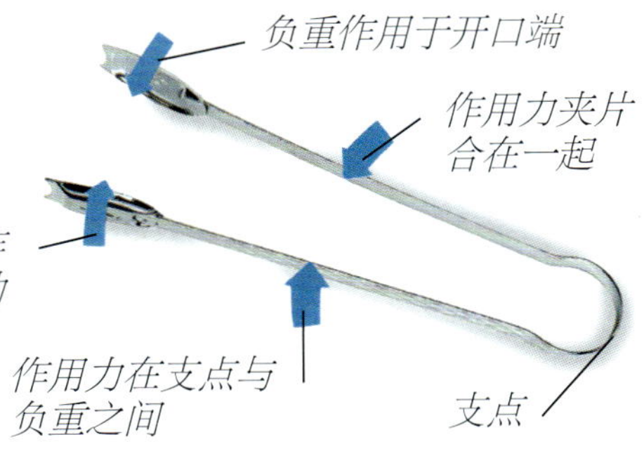

第三类杠杆
夹子由2个第三类杠杆组成。

ELECTRIC

铁路与公路

蒸汽机车

从16世纪开始，人们就已经在轨道上利用货车运输物资，但在蒸汽机车发明之前，这些货车由人力或马匹驱动。蒸汽机车的发明实现了铁路系统的真正潜力。1804年，R.特里维西克制造了首台实用蒸汽机车，并在英国的南威尔士首次运行。尽管它并不完全成功，但却鼓励了其他人开发新设计。1829年，英国工程师G. 斯蒂芬森制造的“火箭”蒸汽机车是现代机车的先驱。“火箭”蒸汽机车是一种完全自给自足的装置，它载着加热锅炉的煤炭和产生蒸汽的水源。锅炉产生的蒸汽推动活塞做往复运动，从而推动车轮转动，列车向前行驶。与此同时，用过的蒸汽排出，发出扑扑的响声。后来的蒸汽机车，如“依尔曼路线”和“马拉德”也以类似的方法工作，但它们的型号要大得多。蒸汽机车设计简单，性能可靠，自开始使用120年里设计几乎没有改变，直到20世纪50年代才被效率更高的内燃机车和电力机车所取代。

“火箭”蒸汽机车，1829年

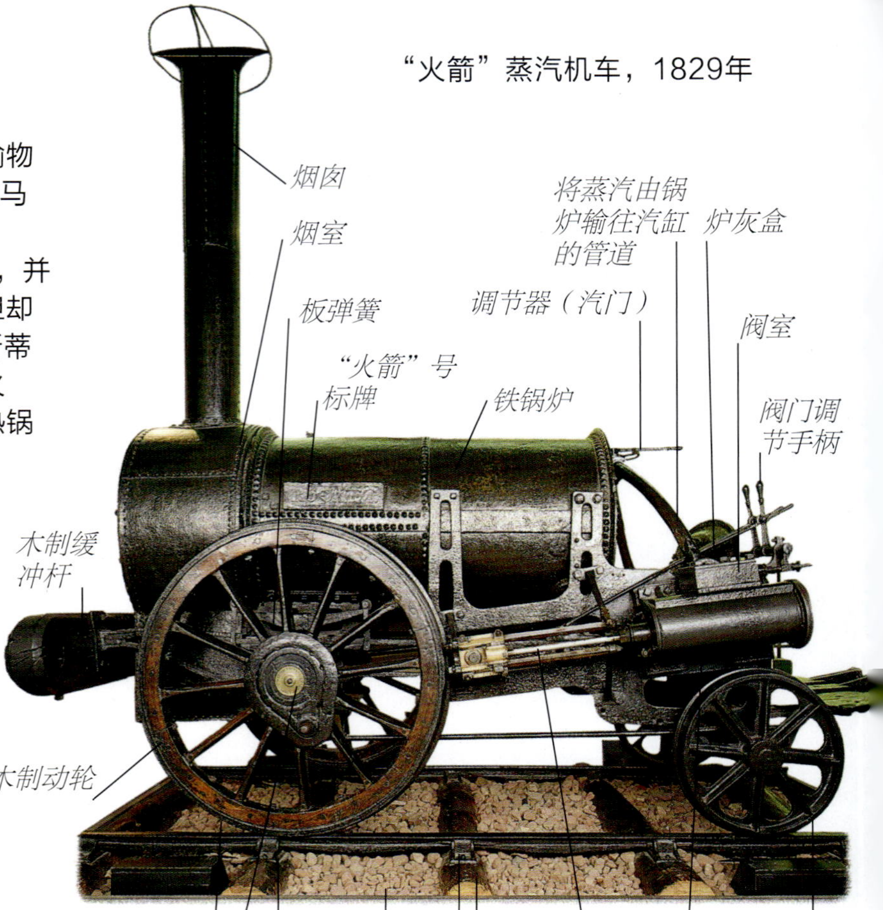

“埃勒曼线”，1949年（剖视图）

煤水车

“马拉德”蒸汽机快车司机室，1938年

蒸汽机车

内燃机车

鲁道夫·狄塞尔于1898年首次在德国展示了柴油机，但直到20世纪40年代内燃机车才在美国客货运输中成功地得到应用。早期的内燃机车，如“太平洋联盟”，制造费用远高于蒸汽机车，但运行效率高、运作费用低，特别是在盛产石油的地方。内燃机车的特点之一是动力不直接从发动机输送到车轮，而是需要传输系统将柴油机产生的机械能进行转换。几乎所有的柴油机车都装有电传动系统，这就是“电传动内燃机车”。柴油机的工作原理是将空气吸入汽缸并进行压缩使其温度升高，然后向汽缸内喷入少量燃油，燃烧做功驱动发电机产生电力，然后将之送到与车轮相连的电动机。电传动内燃机车实质上是自备发电设备的电力机车，目前在世界范围内得到广泛应用。“德尔蒂克”与在此所示的内燃机车相似，取代了传统蒸汽机车，其最快速度可达160千米/小时。

“太平洋联盟”内燃机车，20世纪50年代

“德尔蒂克”内燃机车，1956年

英国铁路20级电传动内燃机车

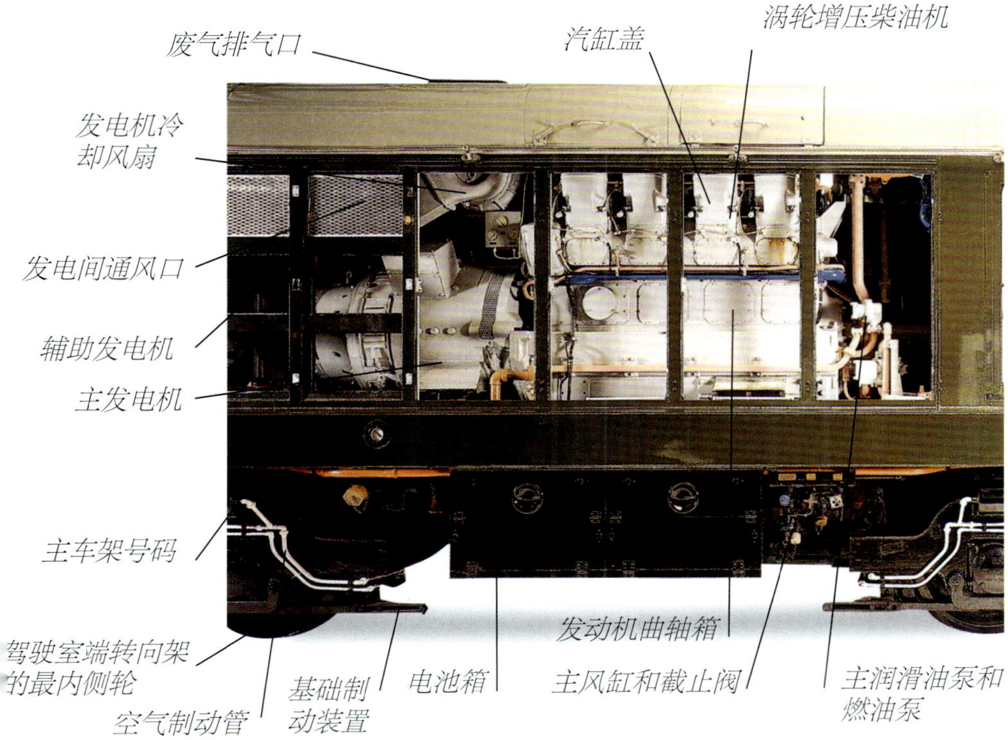

货车示例

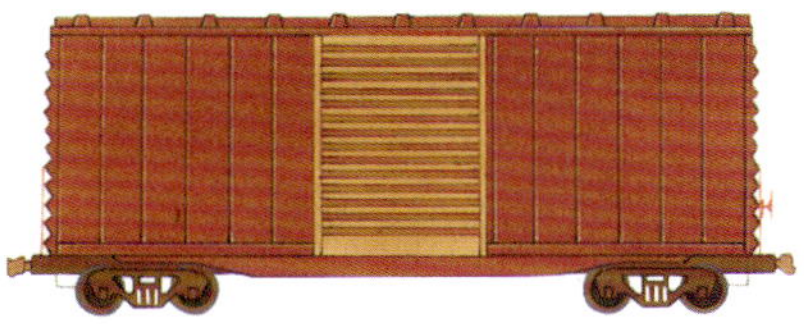

棚车

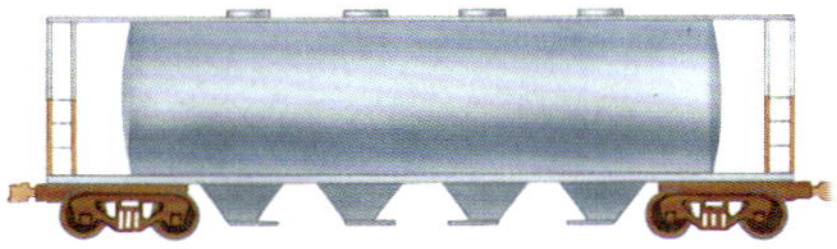

斗车

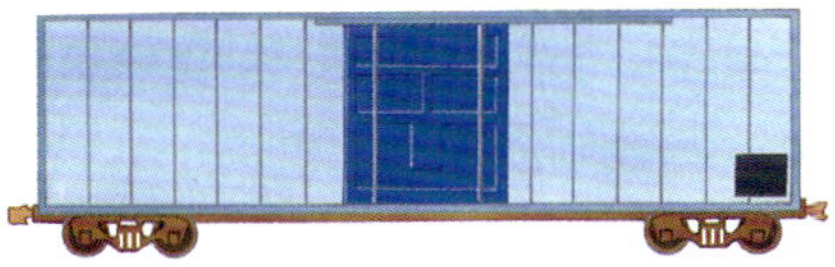

冷藏车

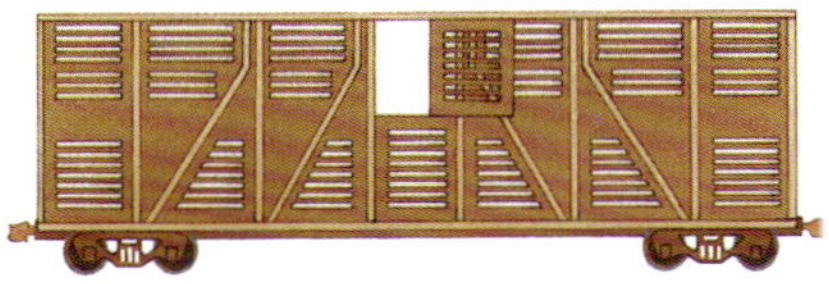

家畜车

平板货车

汽车运输车

电力机车与高速列车

第一台电力机车于1879年在德国柏林首次运行。在欧洲，电力机车有效地代替了蒸汽机车和电传动内燃机车。与内燃机车一样，电力机车采用电动机来驱动车轮，与之不同的是，电力机车的电力是由外部发电厂提供。电力机车所用的电流，或通过架空电缆输入，或通过第三条铁轨输入。电力机车因为本身不装备专用的发电设备，所以功率-重量比率较高，加速性比同级电传动内燃机车好。因此，电力列车更适合于停站多的市区线路使用。同时，电动列车更快，噪声更小，环境污染较少。最新型的法国TGV电动列车时速达到300千米；其他电动列车，如伦敦到巴黎和布鲁塞尔的“欧洲之星”，能采用几种电压、在几个国家内行驶。简单电动列车能执行特殊使命——英国盖特威克机场的“人民运送者”列车，在机场的各集散站之间运营。

交流电动列车运行原理

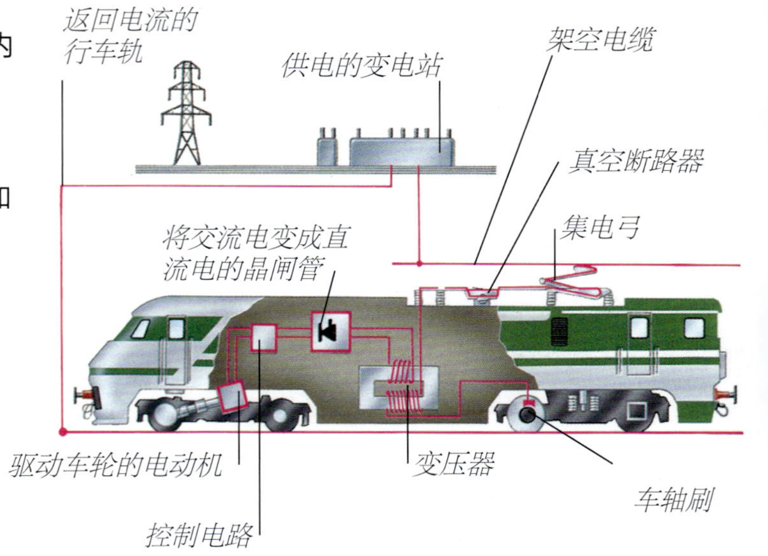

巴黎地铁前视图

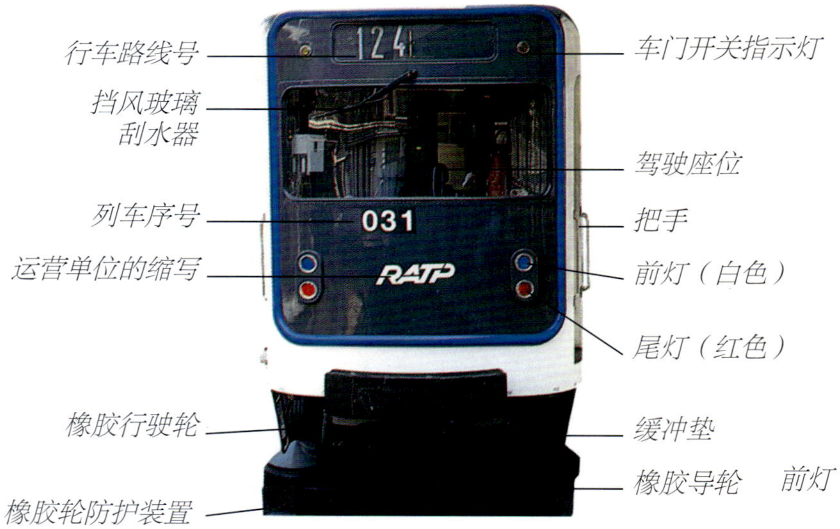

意大利铁路402级电力机车前视图

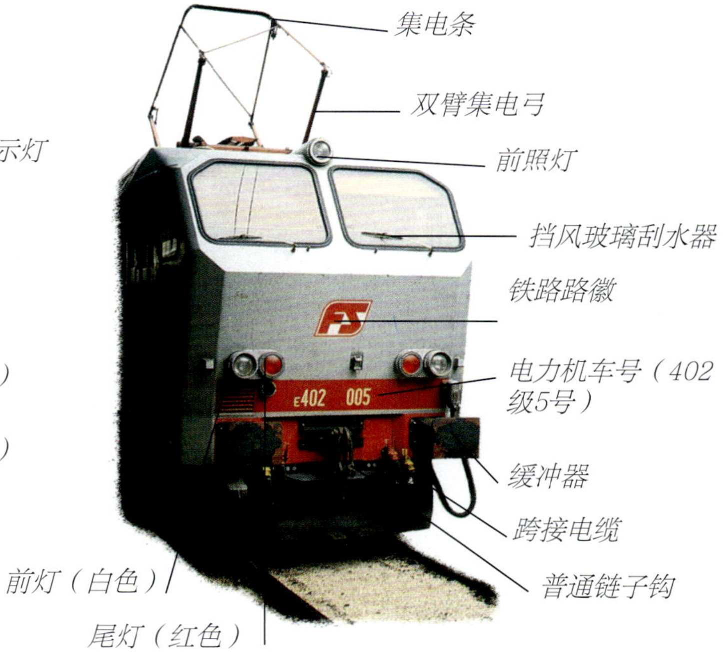

上海悬浮列车侧视图

“欧洲之星”

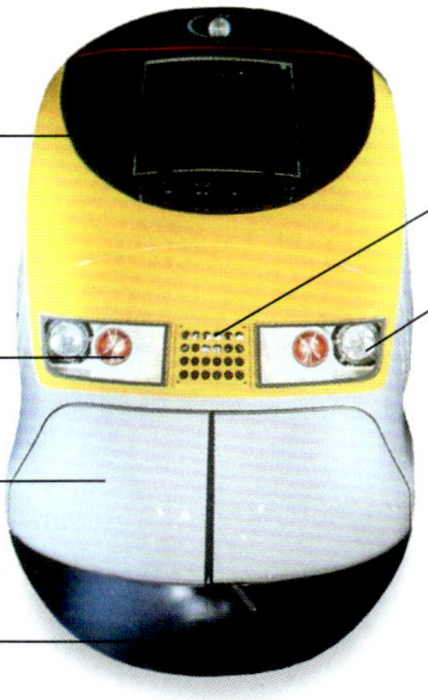

前视图

侧视图

法国TGV

TGV内部设计

TGV侧视图

铁路设施

现代铁轨由两根固定在枕木上的平行钢轨组成。枕木通常由钢筋混凝土制成，也有木制和钢制的枕木。两钢轨内侧的间距叫做轨距。这个参数是由英国发展而来的，英国轨距为1435mm，通常称标准轨距。当工程技术更加精密时，人们也采用窄轨距，因其造价较低。

量载规也是同样重要的参数，它决定列车最大尺寸，以便列车安全通过隧道或桥梁。列车的安全操作依赖于一套信号系统。最初，信号只是单纯按列车之间的时间间隔设定，现在则是保持通向连续列车间的安全距离。许多现代信号机采用有颜色的灯光，但旧式机械臂板信号仍在使用。在最现代的高速铁路上，列车驾驶员接收电子设备发出的控制命令。信号系统依赖有效的制动装置控制列车。现代高速列车动能很大，每节列车均配备由驾驶员或列车系统控制的制动设备，例如列车自动保护装置（ATP）。

机械臂板信号机

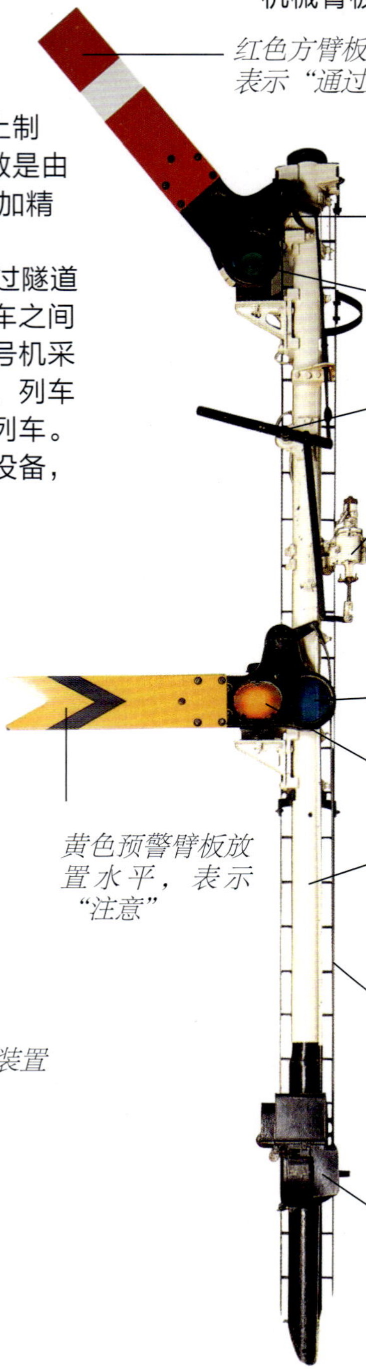

四色信号机

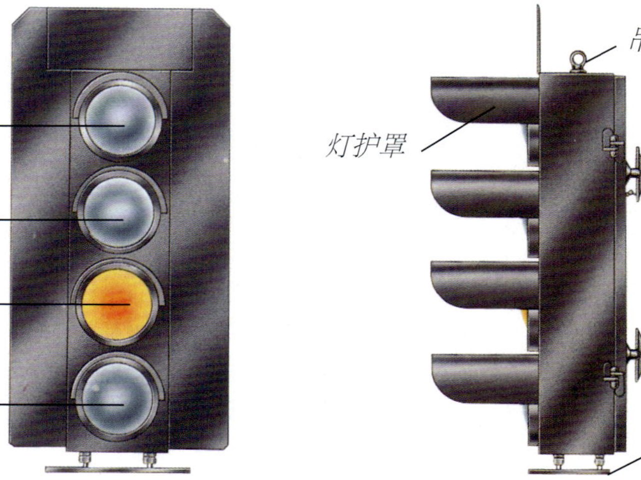

前视图　　侧视图

现代信号系统工作原理

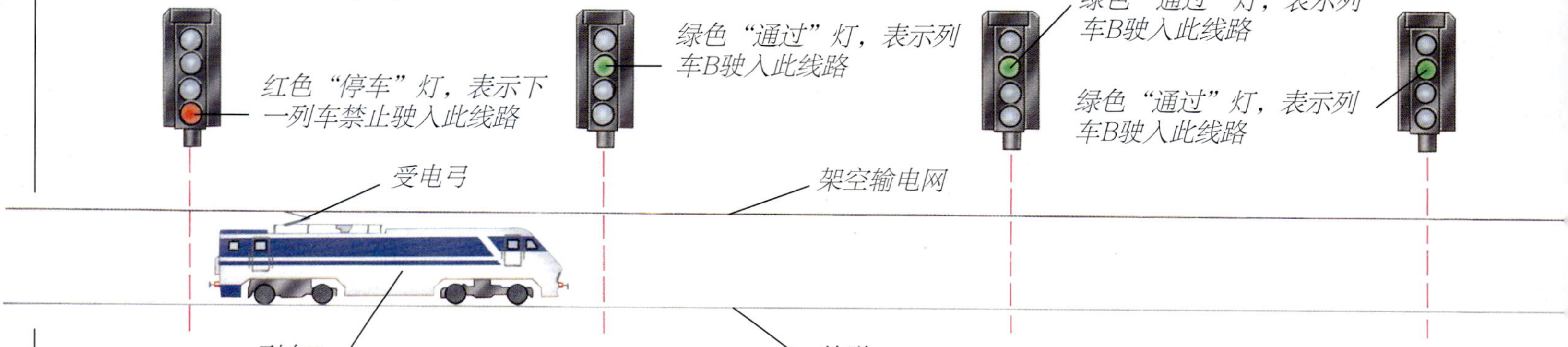

国际轨距举例

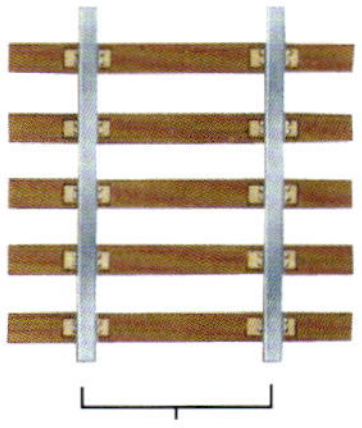

1000mm：东非、印度、马来西亚、智利和阿根廷

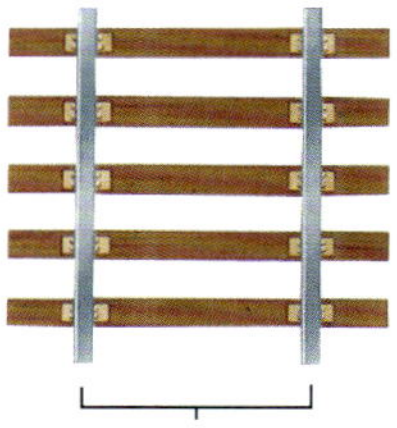

1067mm：日本、澳大利亚、苏丹、西非、南非和新西兰

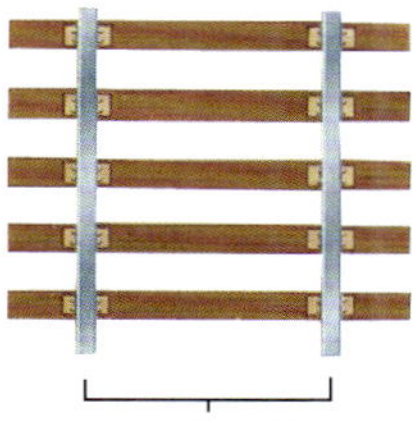

1435mm：美国、加拿大、中国、埃及、土耳其、伊朗、日本、秘鲁、英国、欧洲、澳大利亚、巴西和墨西哥

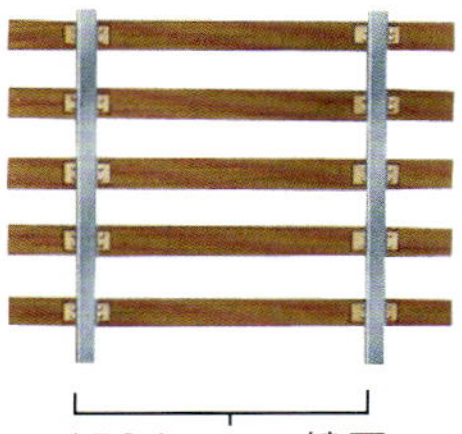

1524mm：俄罗斯、西班牙、葡萄牙和芬兰

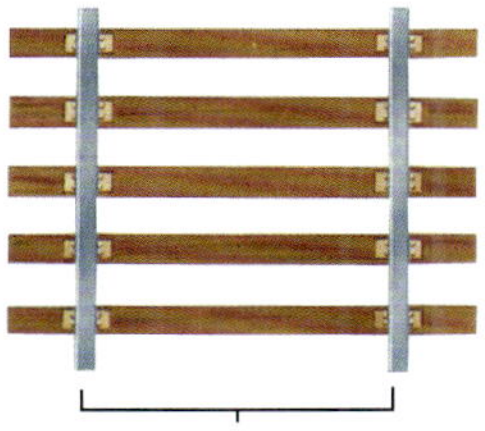

1600mm：爱尔兰、澳大利亚和巴西

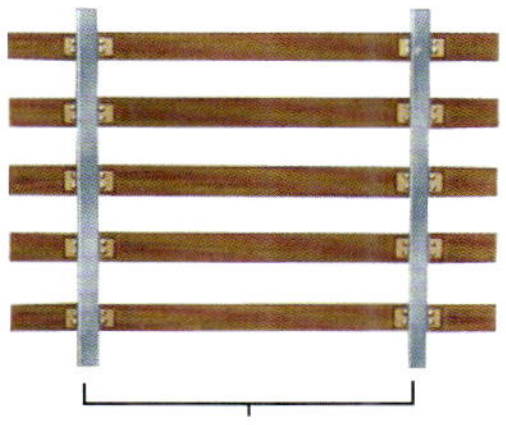

1676mm：印度、巴基斯坦和阿根廷

国际车辆量载规举例

英国：2.75m × 3.95m

欧洲：3.1m × 4.5m

美国：3.3m × 4.9m

俄罗斯：3.4m × 5.3m

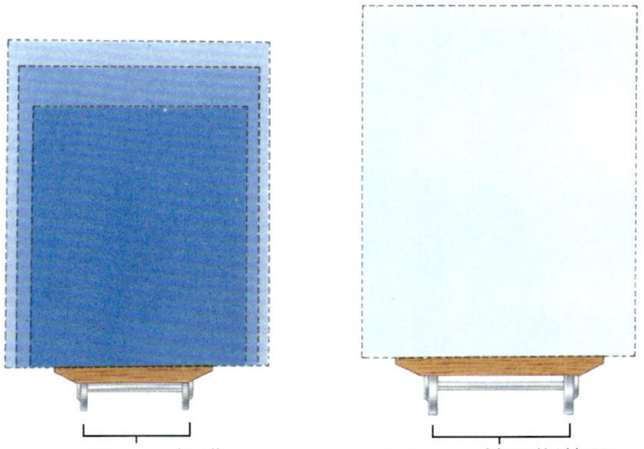

1435mm标准轨距

1524mm俄罗斯轨距，量载规最大

平底轨

双头钢轨

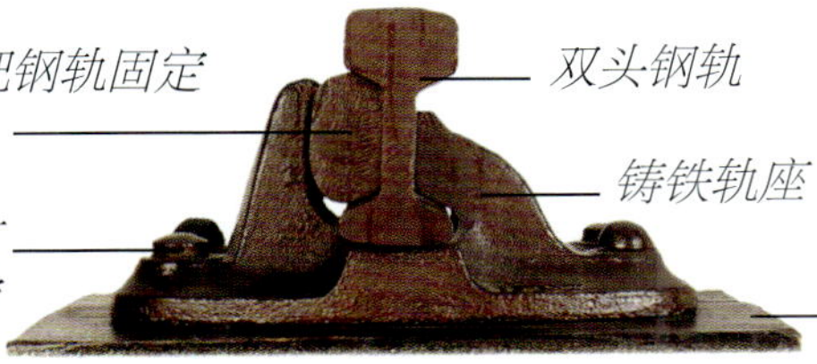

现代车辆转向架上的盘形制动

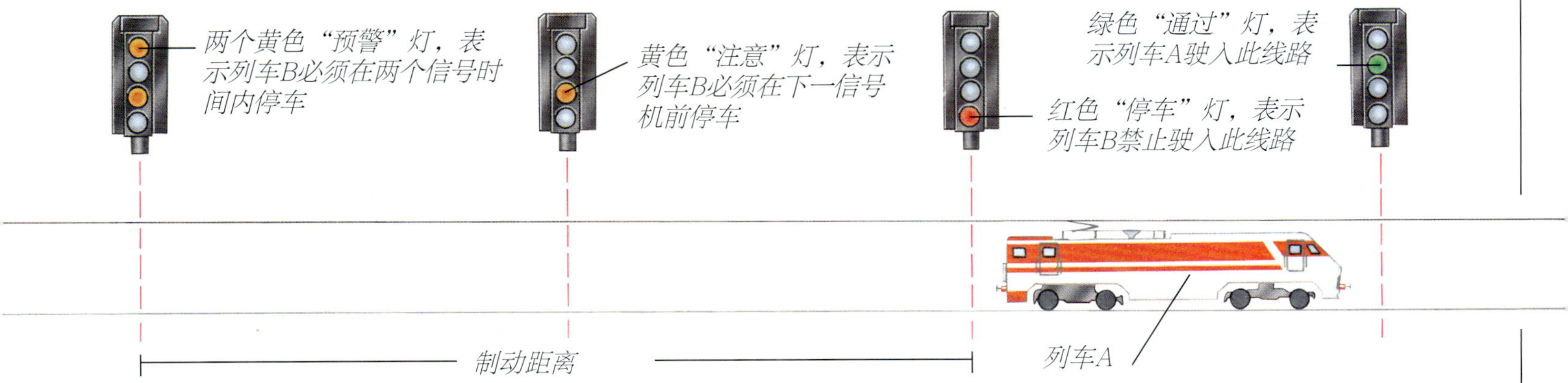

有轨电车与公共汽车

英国曼彻斯特城市环行有轨电车

19世纪城市人口激增，人们急需大量交通工具。有轨电车是最早用于城市的交通工具。最早的有轨电车是用马牵引，直到1881年德国柏林才出现电车。之后，有轨电车在欧洲和北美很快盛行起来。有轨电车沿着既定铁轨行驶，其发动机从车上方电缆获得电力驱动电车。随着道路交通网的发展，除了有轨电车外，用发动机驱动公共汽车也成为选择之一。到了20世纪30年代，公共汽车已在许多城市中取代了有轨电车。城市公共汽车有前门和后门，上下车更方便。双层设计在当时非常流行，因其在占据街道的空间与单层汽车相同，输送人数却是单层汽车的两倍。公共汽车通常也用来进行城市间长途运输和旅游。旅游公共汽车具有斜式靠背的座位、大车窗、放行李的地方和厕所。

早期的有轨电车，1900年

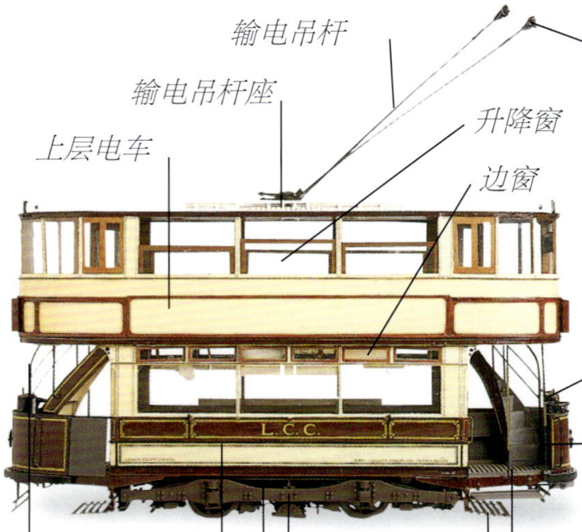

英国伦敦大都市MCW公共汽车

前视图

美国纽约单层公共汽车

侧视图

前视图

法国巴黎双层旅游汽车

侧视图

早期的汽车

最早在道路上行驶的车辆是由蒸汽牵引的，库格纳特蒸汽牵引车制造于1770年。19世纪初期出现比较实用的蒸汽车辆，如伯第诺，不过这种车较笨重，操作又不方便。由于法规限制和铁轨发明，这种蒸汽发动车辆没能发展起来。直到1860年，比利时的埃蒂纳·里诺尔发明内燃机，第一部道路车辆的动力装置才得以实现。1890年左右，德国的卡尔·宾斯和格特伯·戴姆勒，还有法国的亚伯特·德·迪昂和亚曼·标致开始制造汽车向公众出售。这些早期的汽车造型原始、价格昂贵，生产数量有限，但开创了汽车的新纪元。

库格纳特蒸汽汽车，1770年

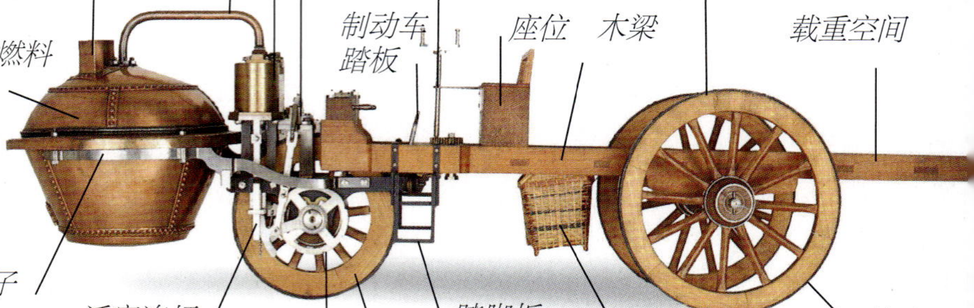

伯第诺蒸汽汽车，1854年

汽油奔驰车侧视图，1886年

奔驰车后视图，1886年

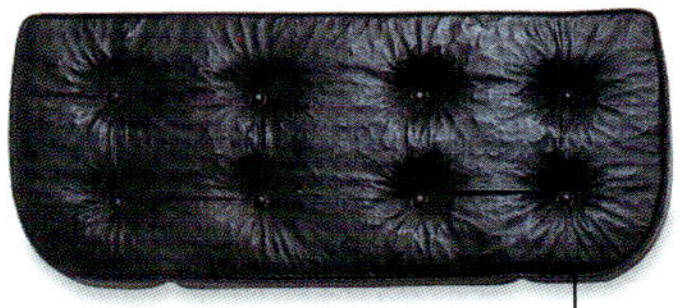

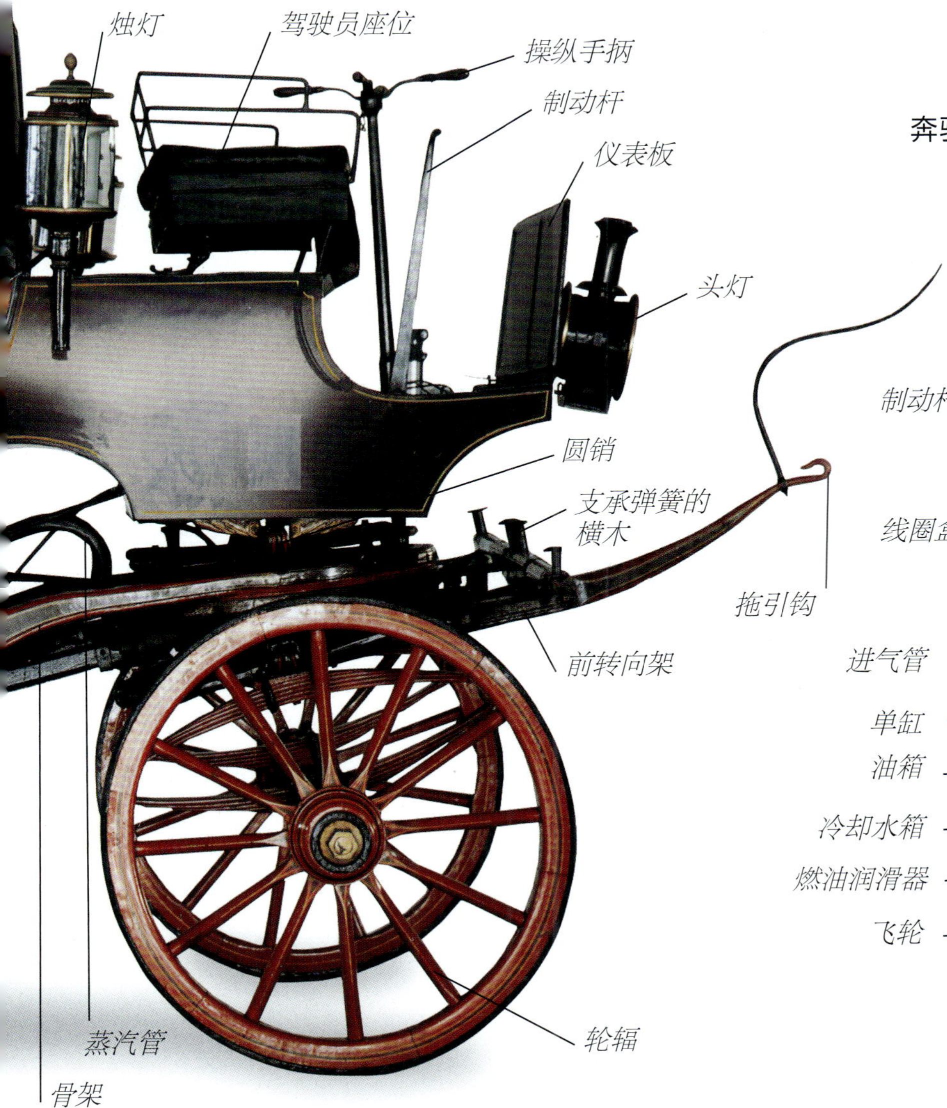

奔驰车俯视图，1886年

美观且实用

在20世纪前十年间，有能力买车的人可以在许多制作精美的汽车中挑选自己所爱。这些手工制作的汽车马力足，选用上好的木材、皮革和布料，又奢华美观，车身根据客户需求制作，有些配置有1.5升六缸发动机。不过，这些车价格是当时一栋房子的数倍，早期运行费也非常高。于是一些实用的大众汽车流行起来。这些车价格只是豪华汽车的十分之一，装饰较少，通常配有单缸发动机。

奥斯莫比尔单缸发动机，1904年

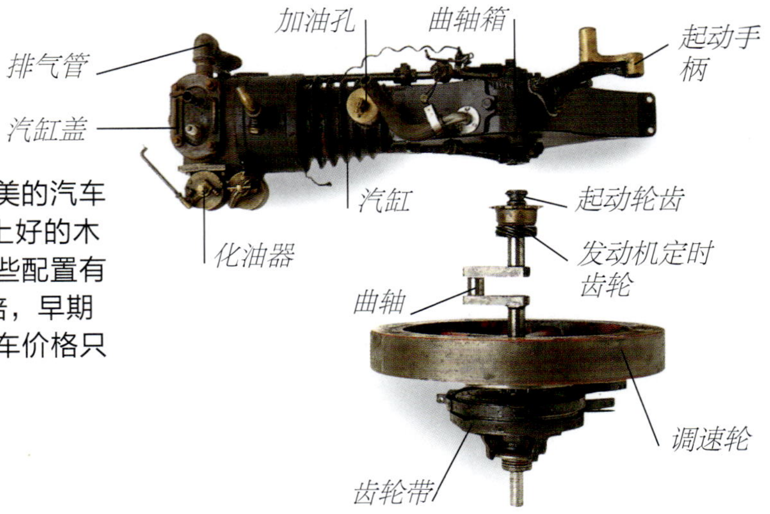

雷诺车前视图，1906年

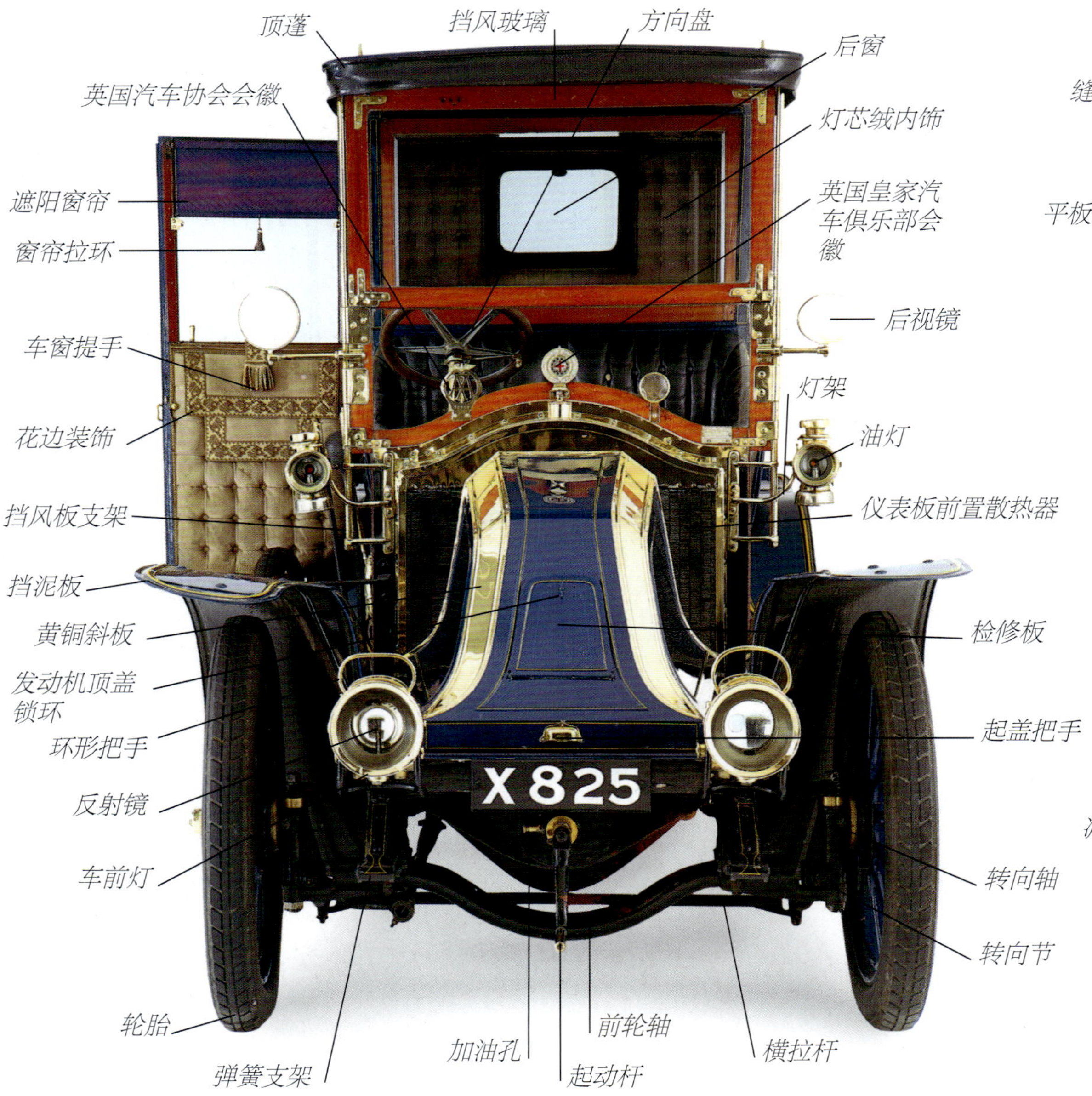

雷诺车侧视图，1906年

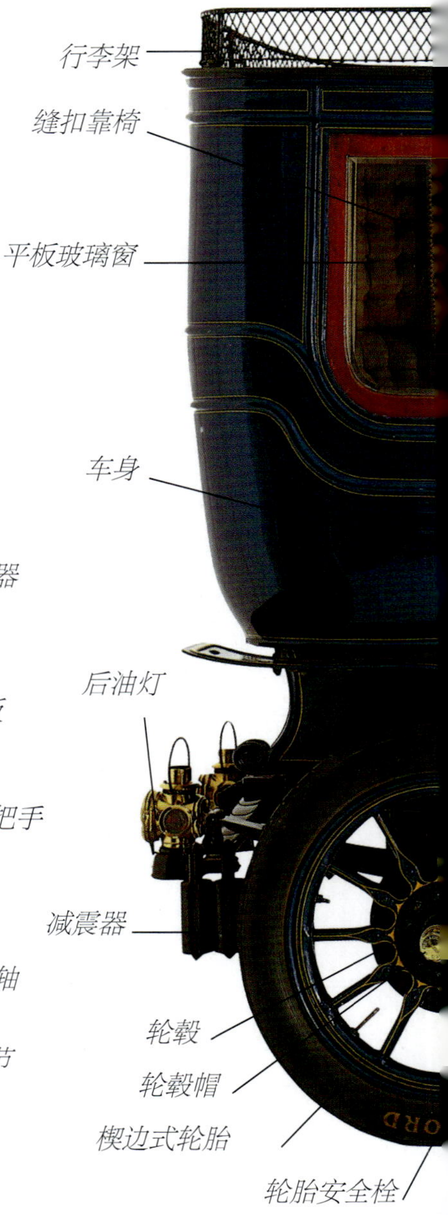

奥兹莫比尔车身，1904年

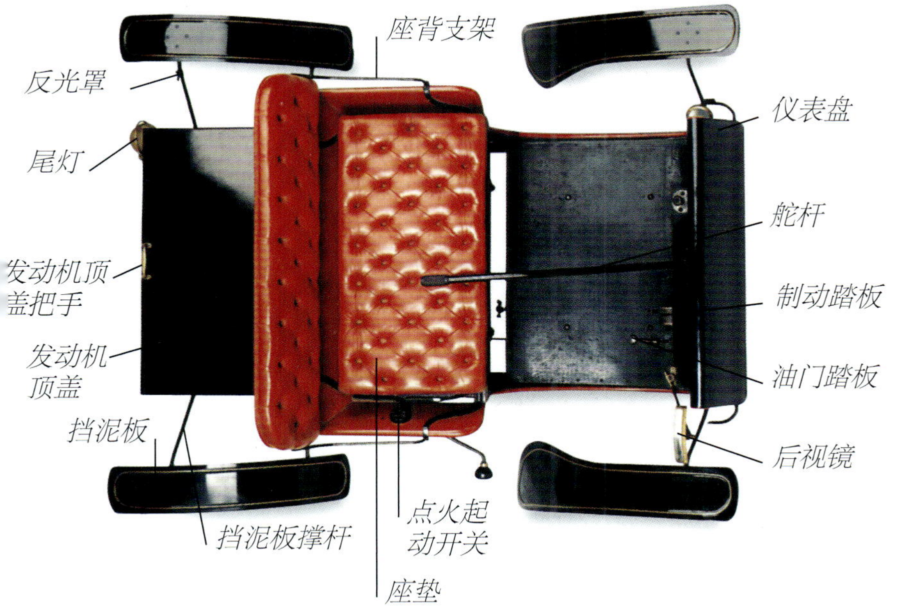

奥兹莫比尔车架，1904年

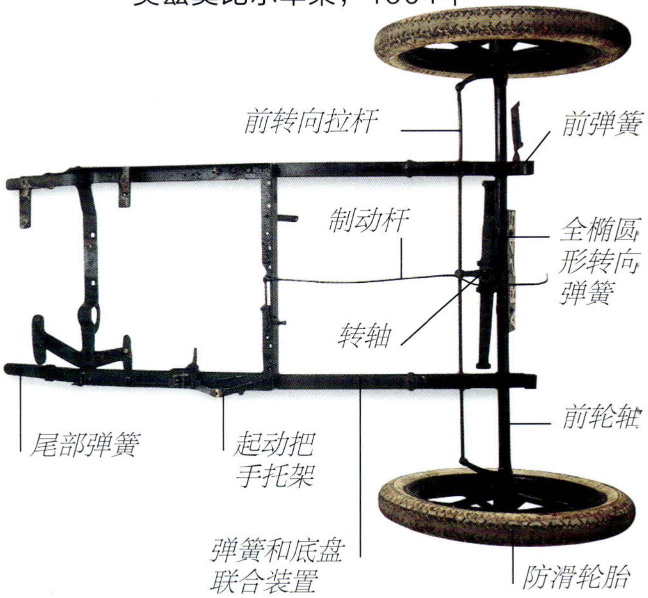

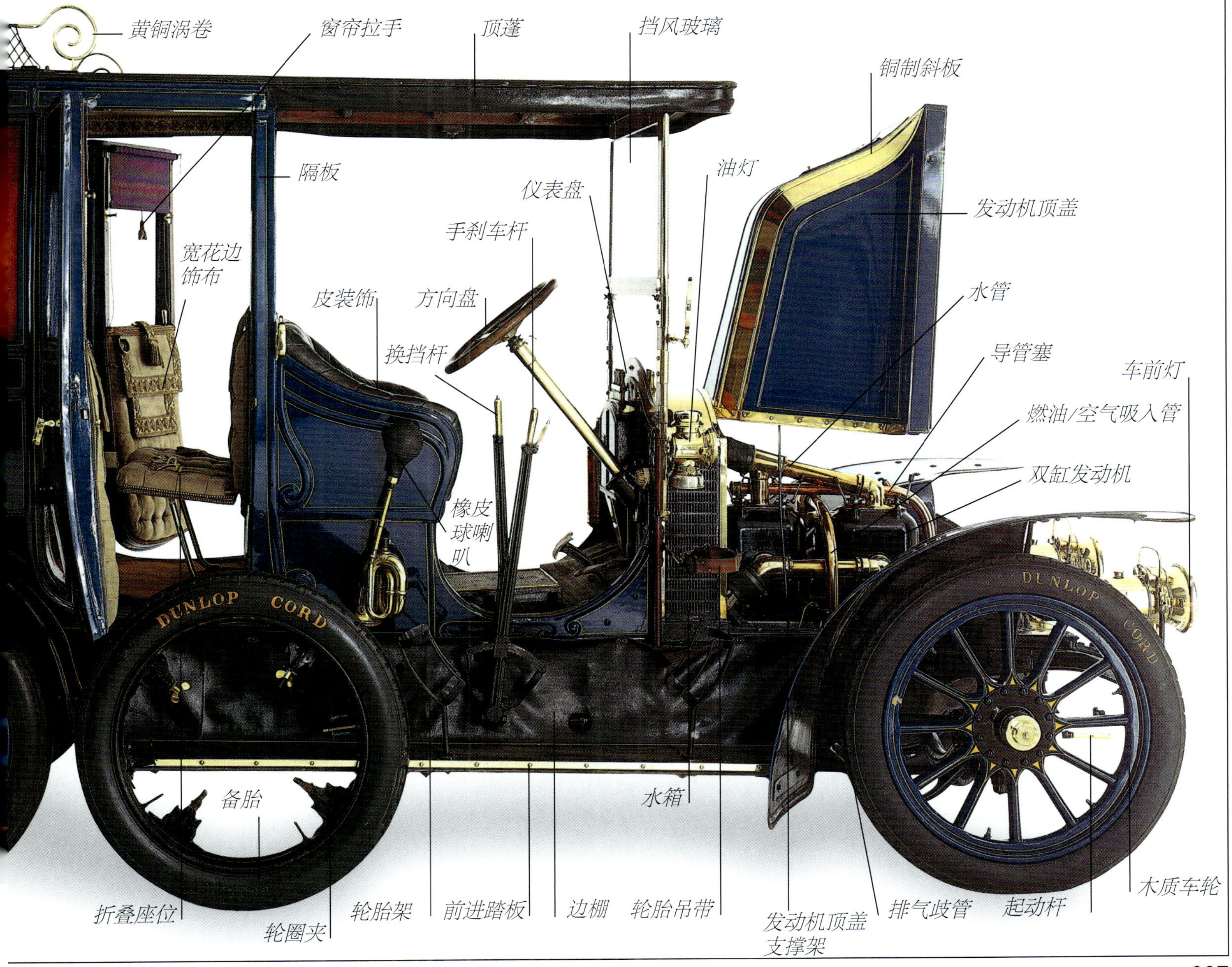

批量生产

早期的汽车都是手工组装各个部分零件，这需要熟练的技术，耗时特别长，因此汽车造价非常高。一位美国底特律的名叫亨利·福特汽车制造商解决了这一问题。他将批量生产的概念引入汽车生产，标注化生产汽车零件，并在生产线上组装零件。生产线移动到工人面前，每个工人只需完成一个简单的工作。第一批批量生产的汽车——福特T形车于1908年出厂，只是车型和色泽的选择范围有限。到1914年，流水线引入后，颜色问题便解决了。正如亨利·福特所说：“你可选到任意一种喜爱的颜色，不只是黑色”。福特把制造一部车的时间从几天缩短到十二个小时，最后缩短到几分钟，从而使汽车价格大幅下降。到1920年，世界上一半的汽车是福特T形车。

福特T形车前视图，1913年

福特T形车制造步骤

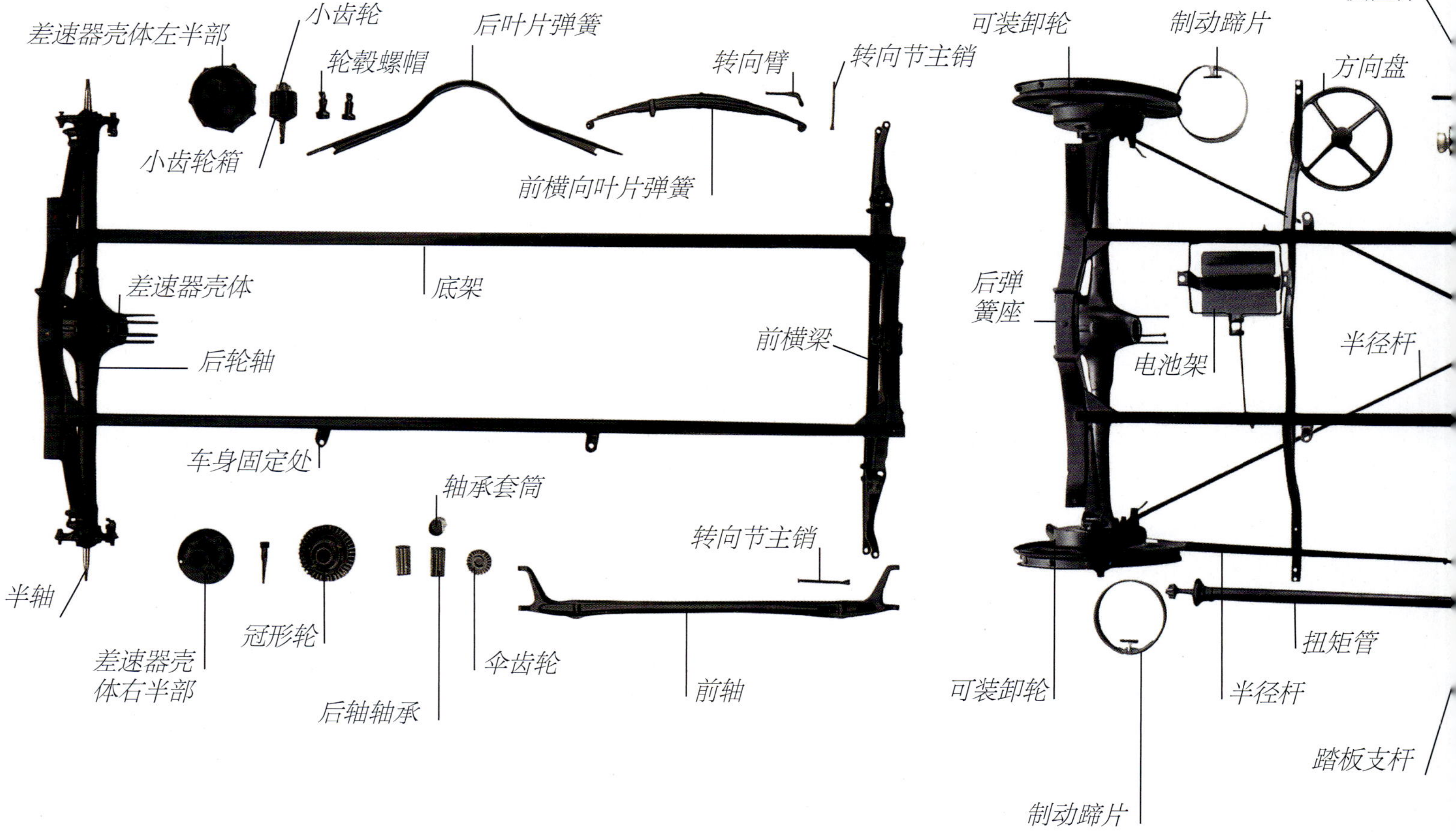

福特T型车侧视图，1913年

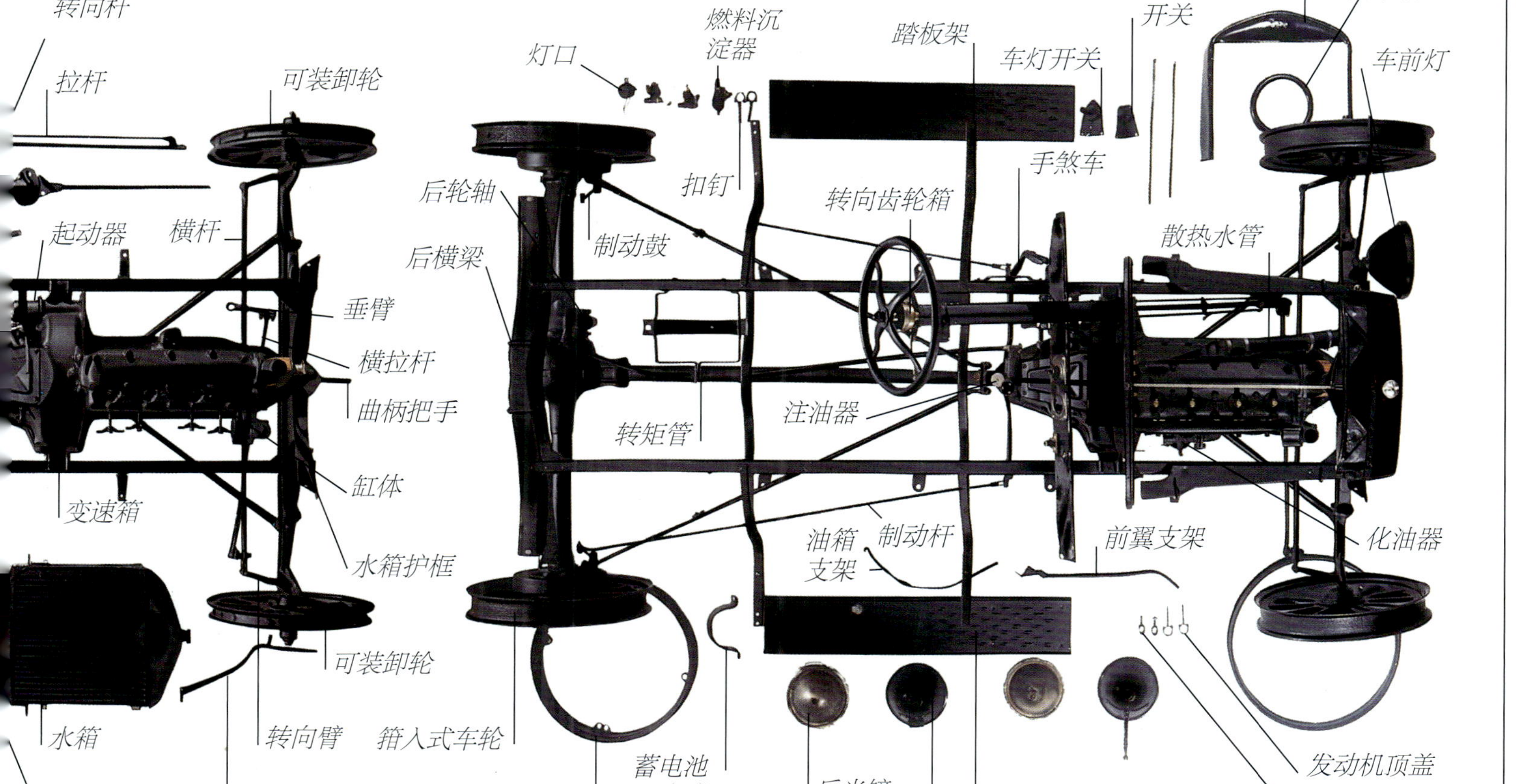

大众汽车

汽车制造史上最受欢迎是“大众甲壳虫”。这种车于20世纪30年代在德国发展起来，由佛迪南·波尔舍博士设计。当时，德国车辆数只有英国或法国的一半，阿道夫·希特勒对发展这种大众牌车很感兴趣。为了发展一种新兴工业，提供新工作，同时制造一般人都买得起的汽车，保斯捷博士设计出价格便宜的汽车，它的后置风冷式发动机大大减少所需零件数，同时减轻了车身的重量。虽然在第二次世界大战爆发前，“甲壳虫”使用者为数不多，但是大战过后，“甲壳虫”极为流行，销售量突破两千万辆。

大众甲壳虫零件

定制大众甲壳虫

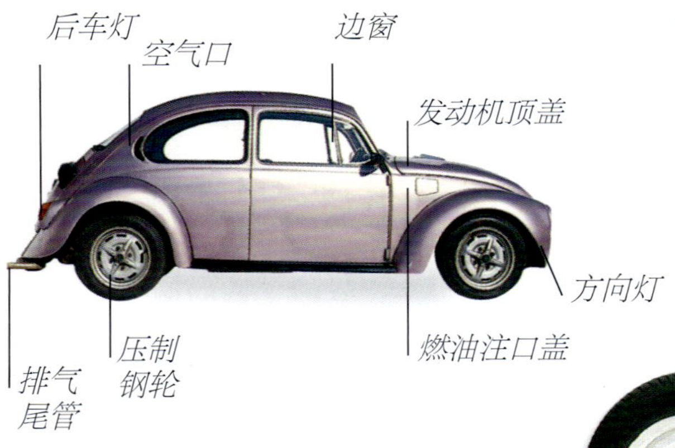

平面4缸发动机组

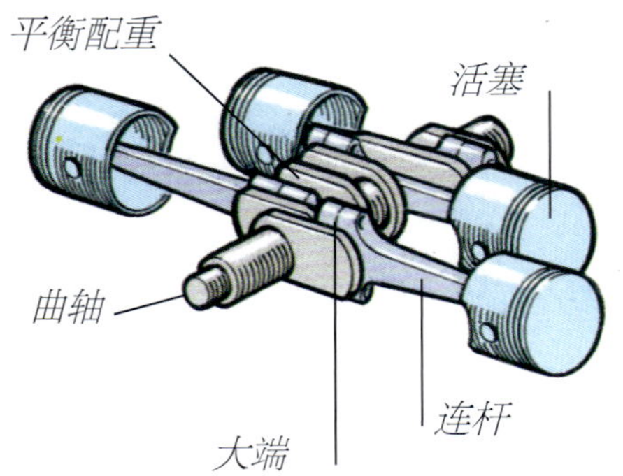

大众甲壳虫车壳

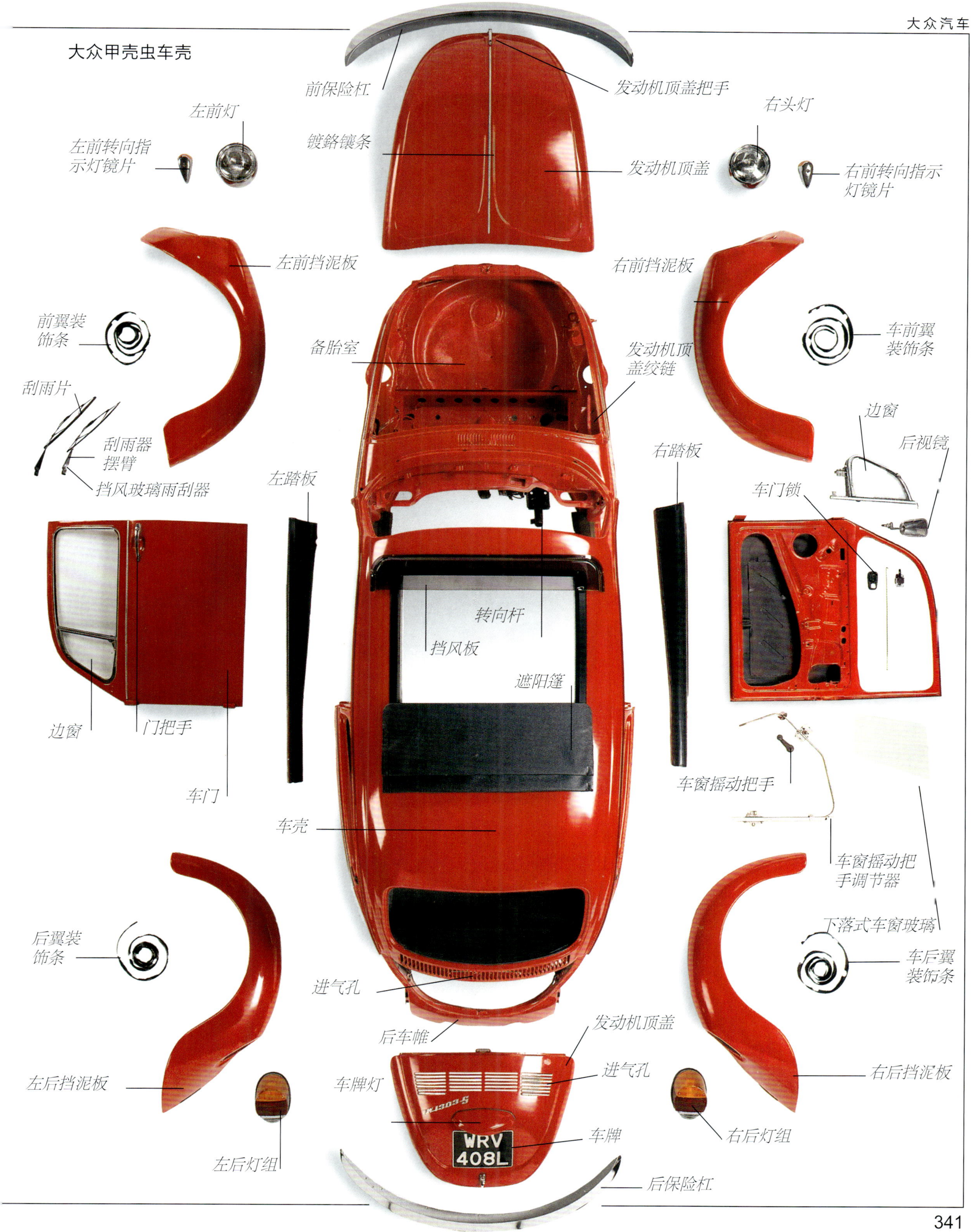
前保险杠
发动机顶盖把手
左前灯
右头灯
左前转向指示灯镜片
镀铬镶条
发动机顶盖
右前转向指示灯镜片
左前挡泥板
右前挡泥板
前翼装饰条
备胎室
发动机顶盖绞链
车前翼装饰条
刮雨片
边窗
刮雨器摆臂
后视镜
挡风玻璃雨刮器
右踏板
左踏板
车门锁
转向杆
挡风板
遮阳篷
边窗
门把手
车窗摇动把手
车门
车壳
车窗摇动把手调节器
下落式车窗玻璃
后翼装饰条
车后翼装饰条
进气孔
后车帷
发动机顶盖
进气孔
左后挡泥板
右后挡泥板
车牌灯
车牌
右后灯组
左后灯组
后保险杠
WRV
408L

现代发动机

现代发动机尽管做过大幅度改良，但是其运作基本原理与一个世纪前的早期发动机一致。
现代发动机多用特殊合金制造，比早期发动机轻得多。计算机控制的点火系统、燃油喷射器、多阀汽缸头，都使燃料和空气的混合气燃烧更有效，因此减少了燃料的浪费。由于燃烧完全，现代发动机的动力和性能增进不少，废气污染的程度也减小。目前一种叫作“触媒转换器”的特殊过滤器，被人们用以吸收废气中的污染物，从而降低了废气污染的程度。

福特考斯沃斯6缸12阀发动机前视图

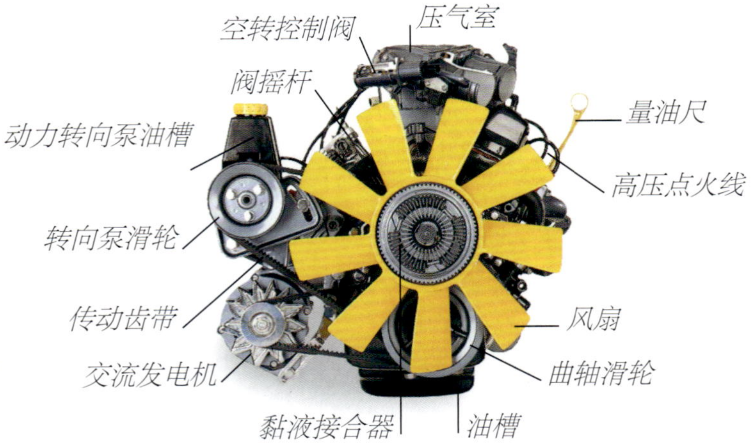

福特考斯沃斯缸24阀发动机前视图

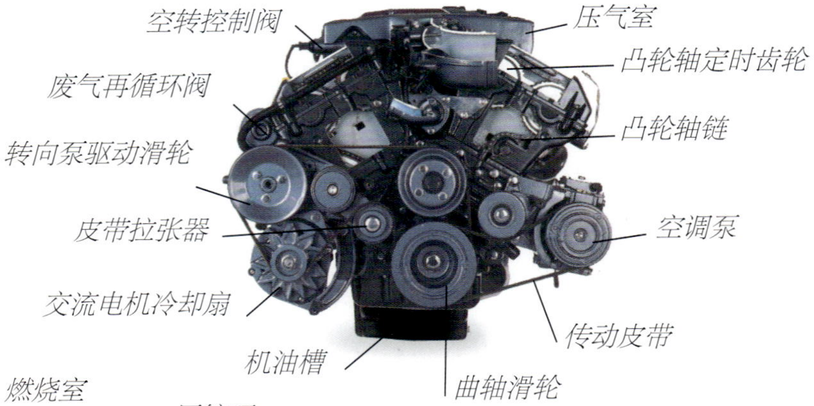

捷豹直列式6缸发动机截面图

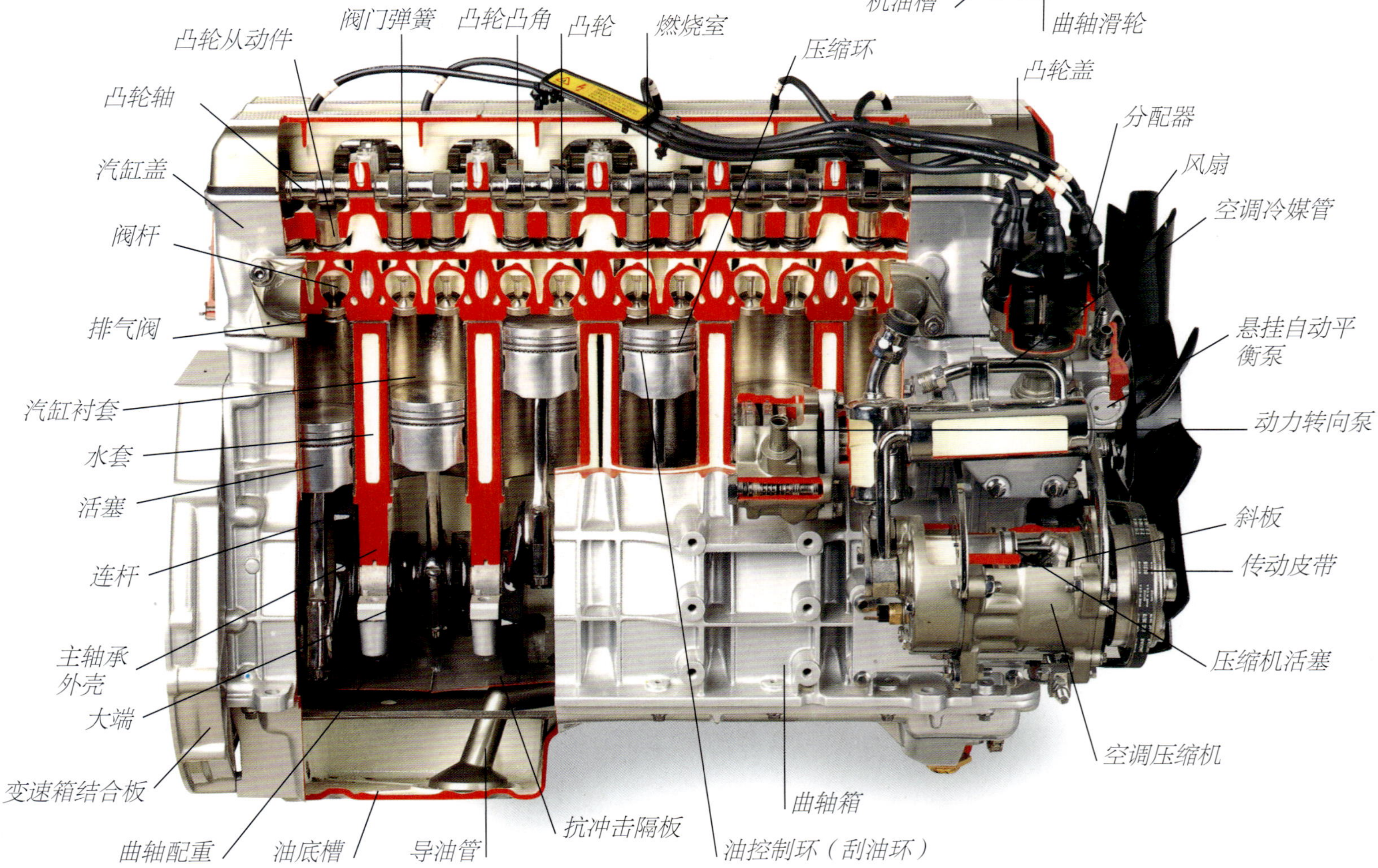

捷豹12缸发动机前视图

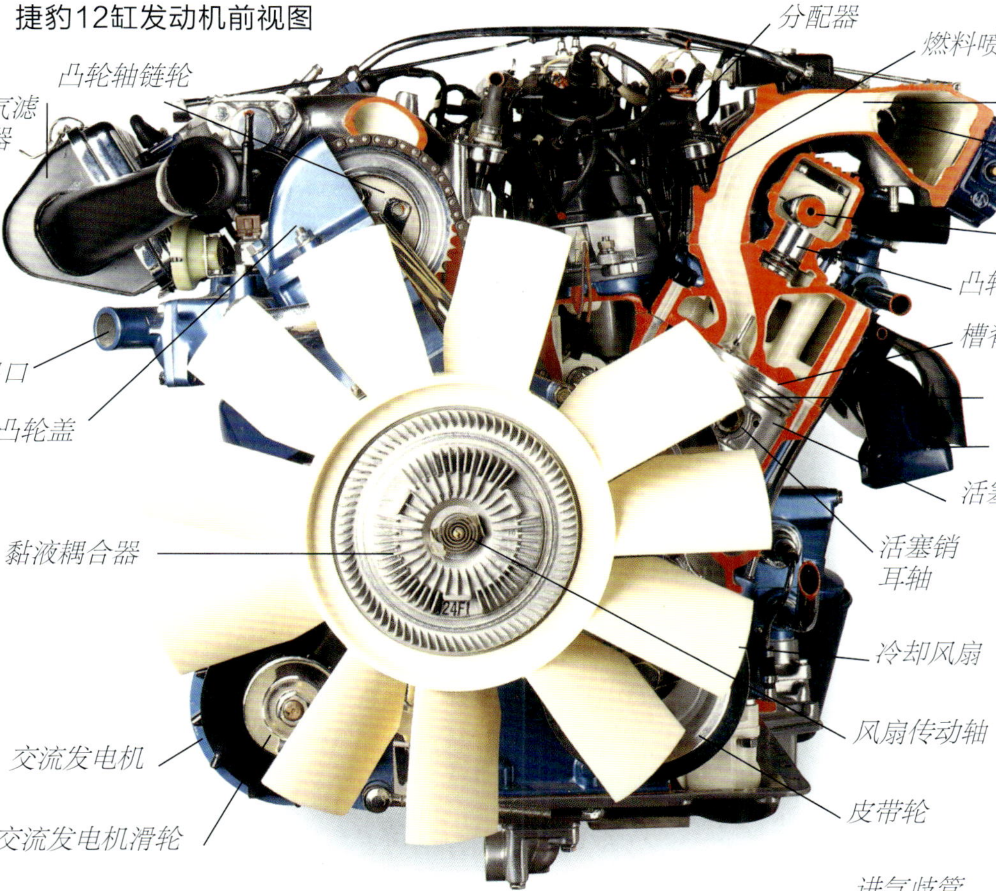

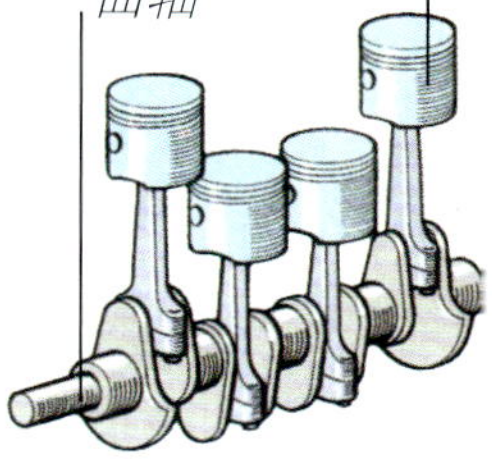

直列式4缸发动机

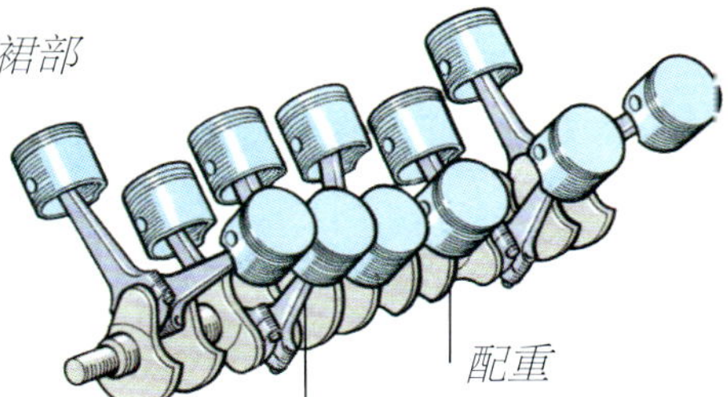

V12发动机

捷豹12缸发动机

其他发动机

除了前述，最常见的就是柴油发动机。它不用火花点燃压缩的燃油和气体混合物，而是靠单纯的压缩，将混合物加热至爆炸点。和同样尺寸的活塞发动机相比，柴油发动机机体较重，燃油量消耗较少。另一种发动机是旋转发动机，是20世纪50年代菲力斯·汪克尔发明的。其工作原理是两个转子在一个8字形的机壳中旋转，活塞发动机的四冲程循环是连续发生的，而转子发动机是同时发生，继而产生连续不断的动力。

转子发动机马自达RX-7

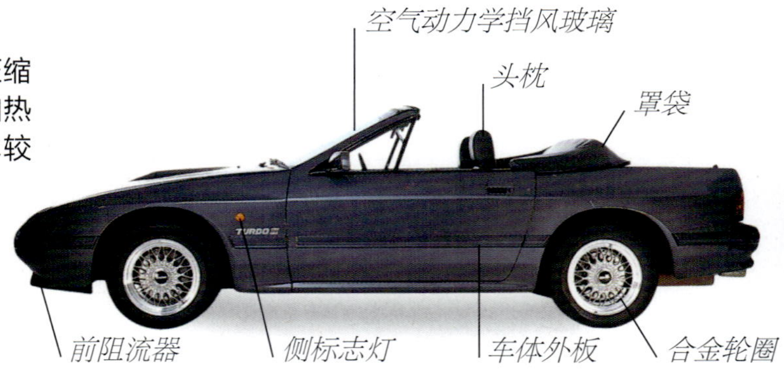

汪克尔转子发动机

汪克尔转子循环

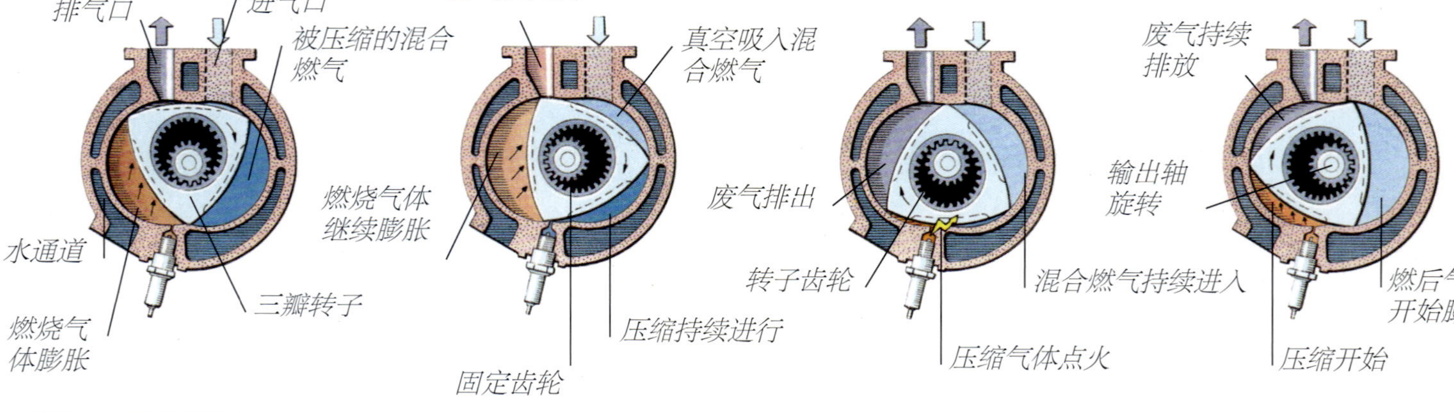

福特涡轮增压柴油发动机

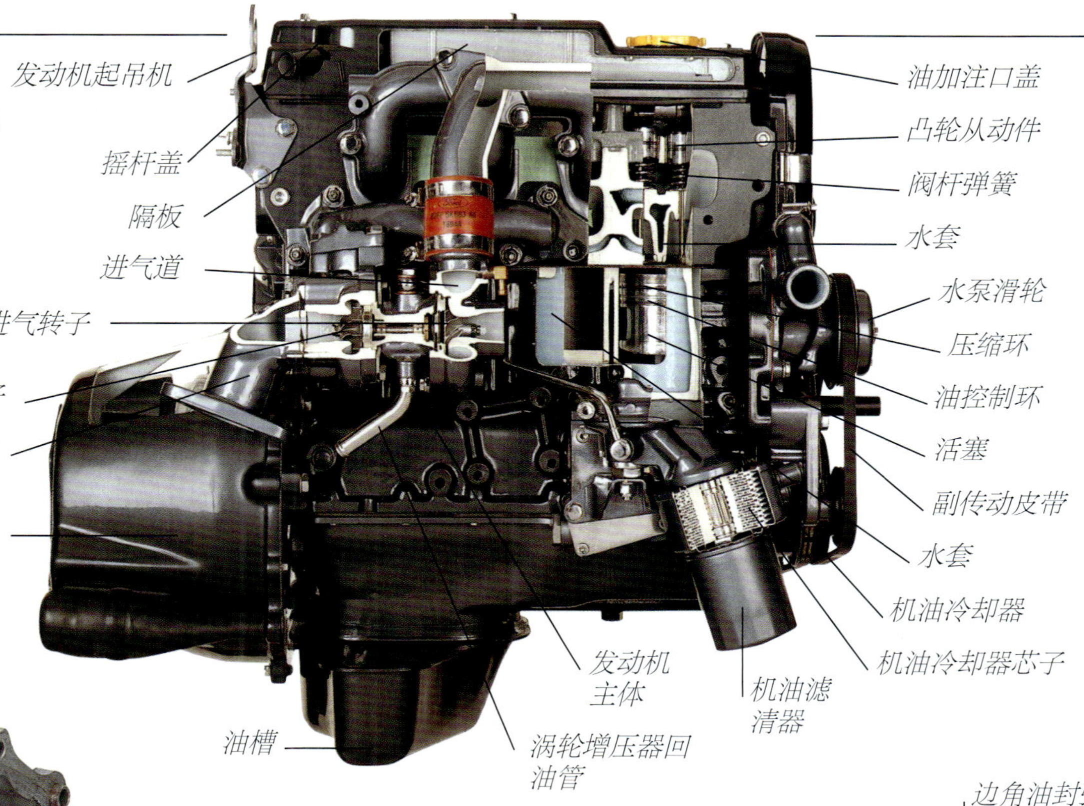

后侧外壳

转子及油封

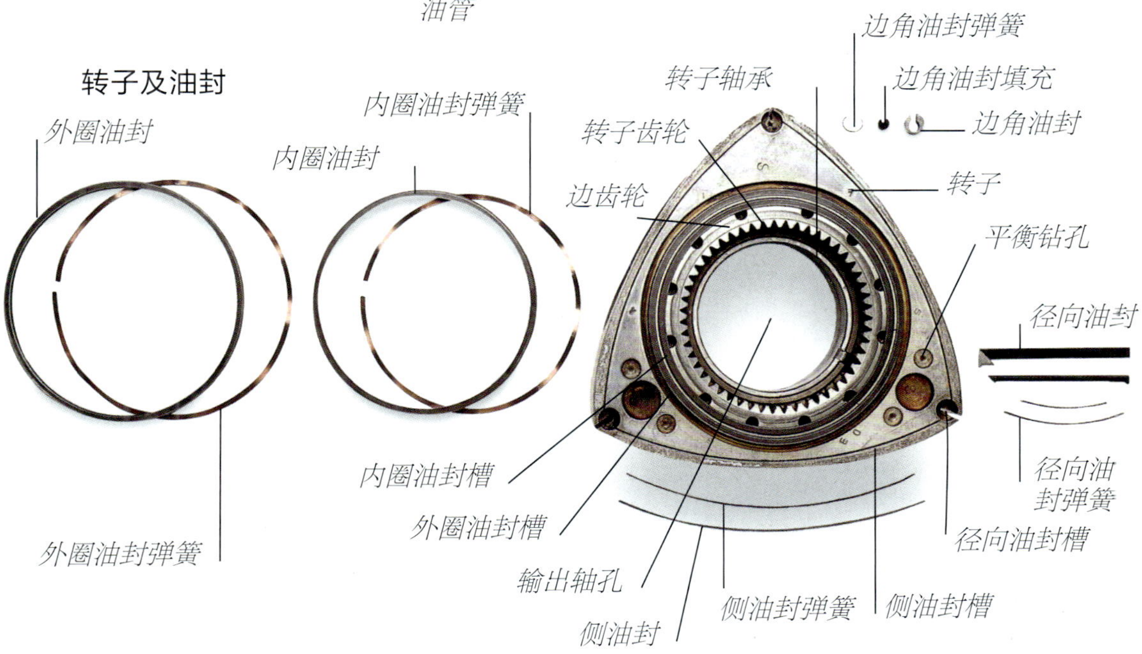

输出轴

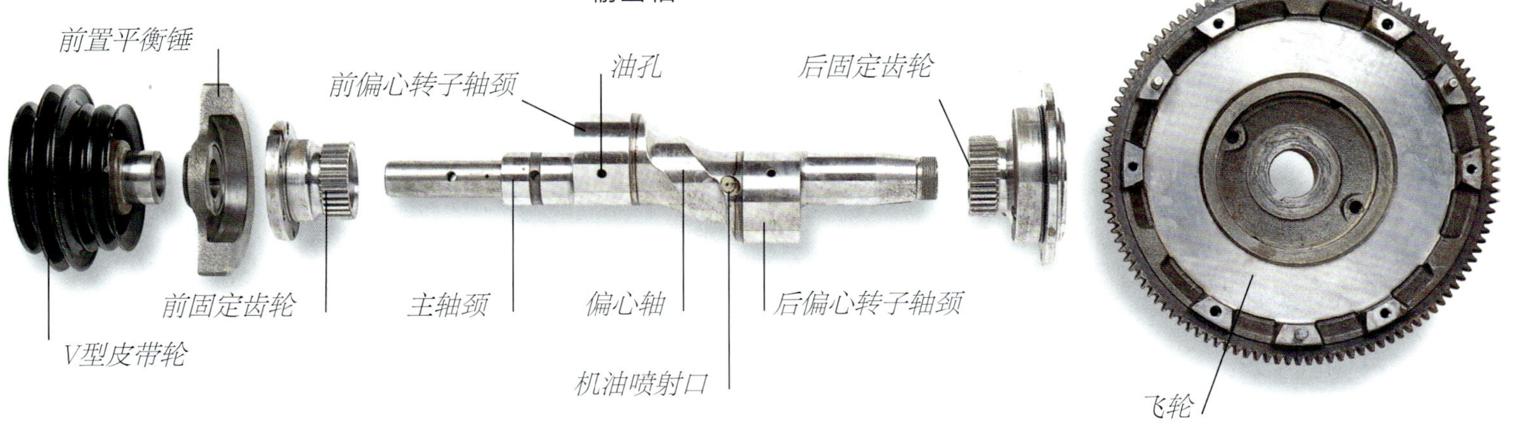

现代车身制造

雷诺标志

现代批量生产的汽车车身都是以单壳方式制造，也就是将车顶、侧板和底板焊接成一个完整的车身。车身外壳用钢和玻璃制成，轻便坚固，轻便可节省能源，坚固可保护乘坐者安全。现代车身制造都借助于电脑来完成。电脑可以预测空气动力学效率、冲撞阻力等因素。高科技也运用于生产线上，如用机器人来组装、焊接和为车身涂漆。

雷诺克里奥组件

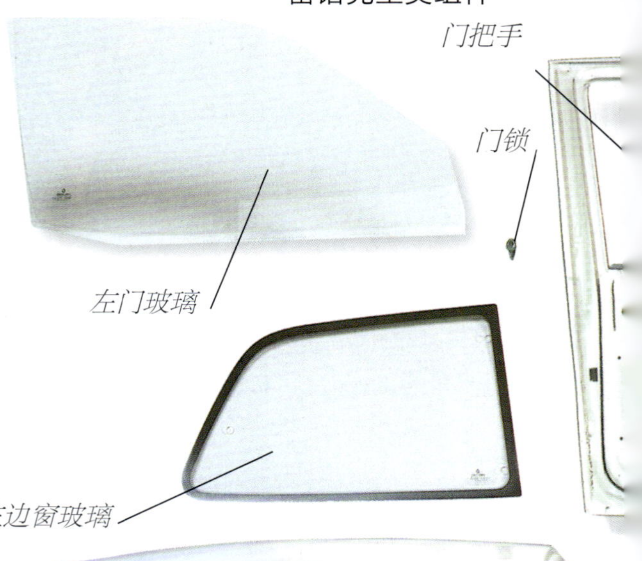

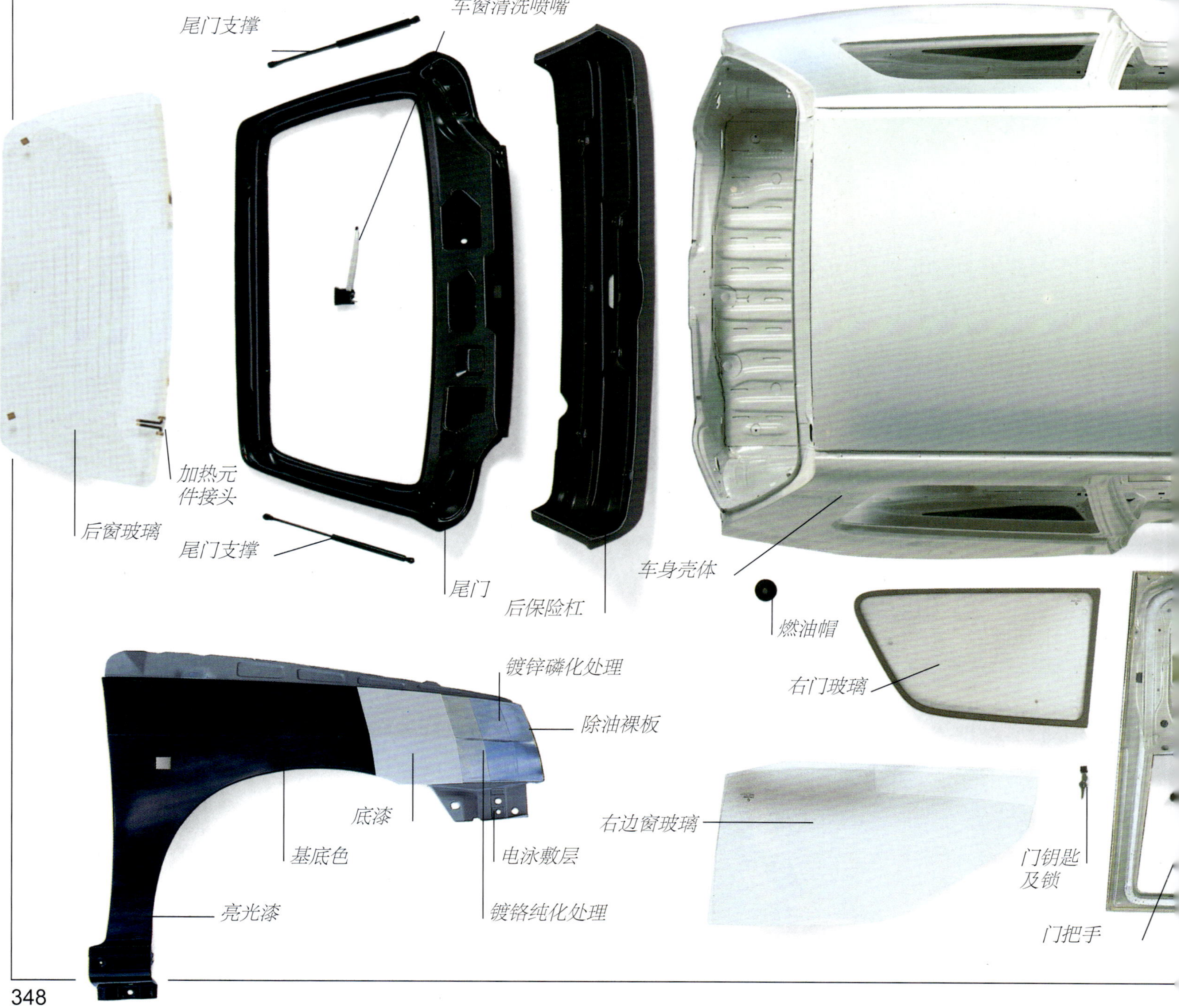

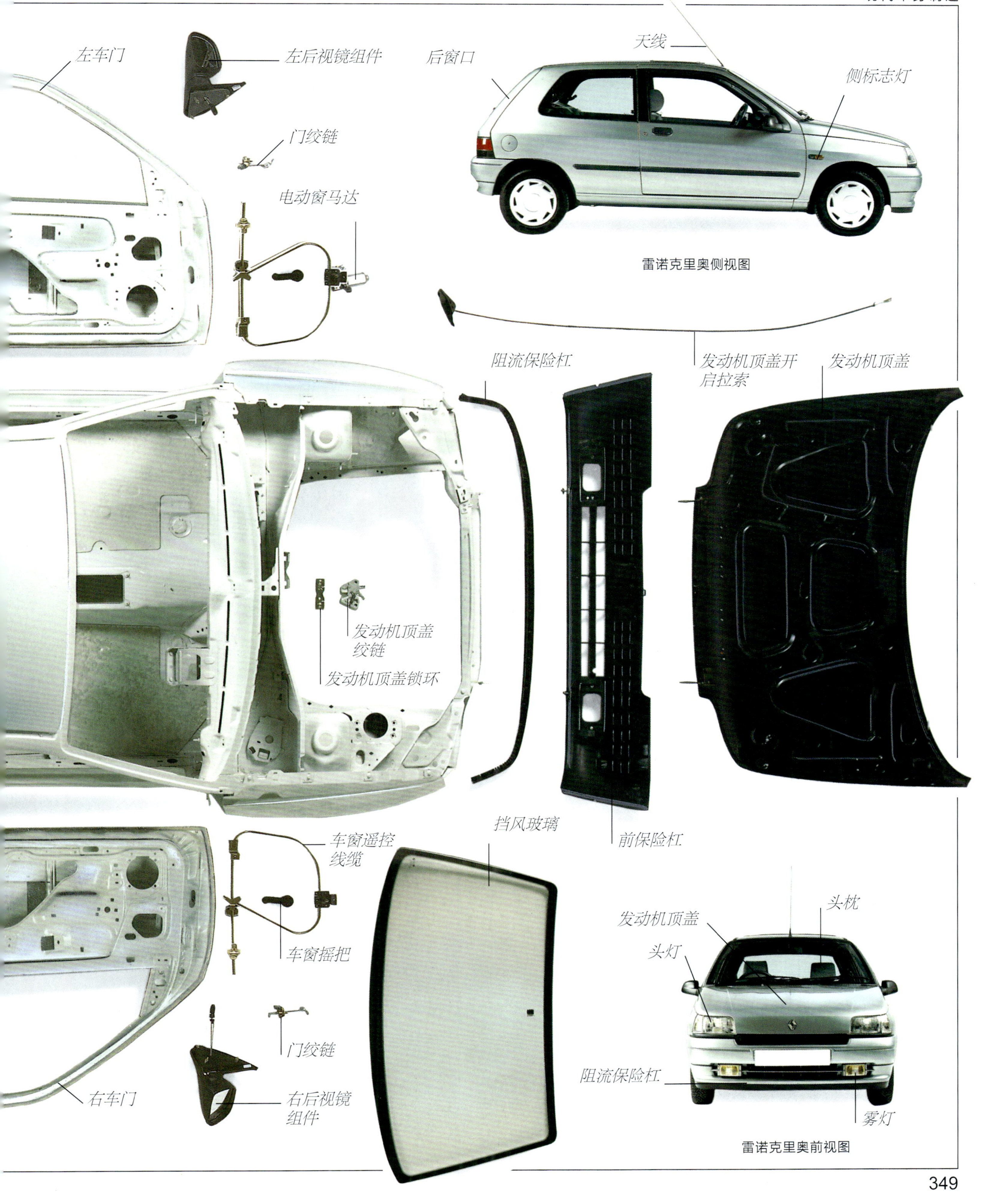

雷诺克里奥侧视图

雷诺克里奥前视图

汽车机件

典型的现代汽车拥有数千个构造不同的机械元件，用来组成汽车的各个运作系统，如发动机、排气管、变速箱、转向、悬挂及制动等。为了确保每个系统正常运转，这些元件制作得极为精密，有时误差严格限制在0.05mm之内。

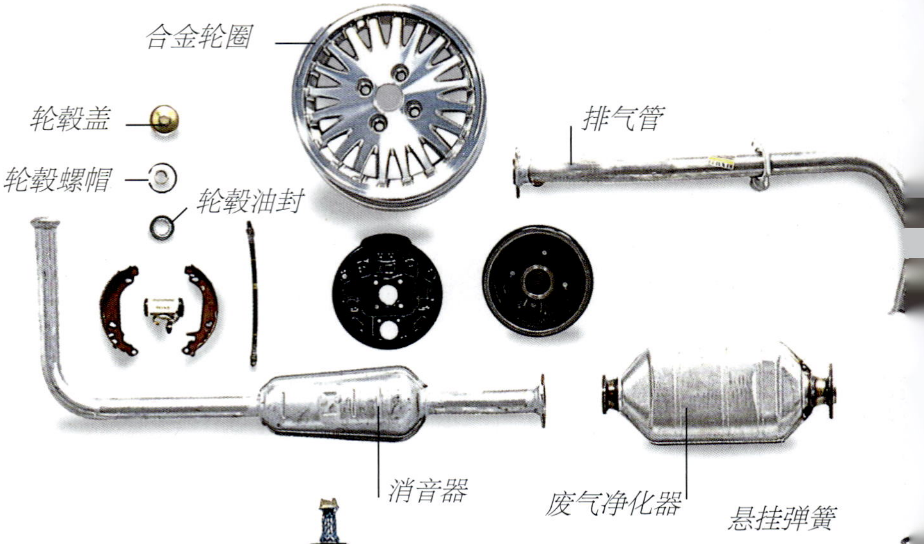

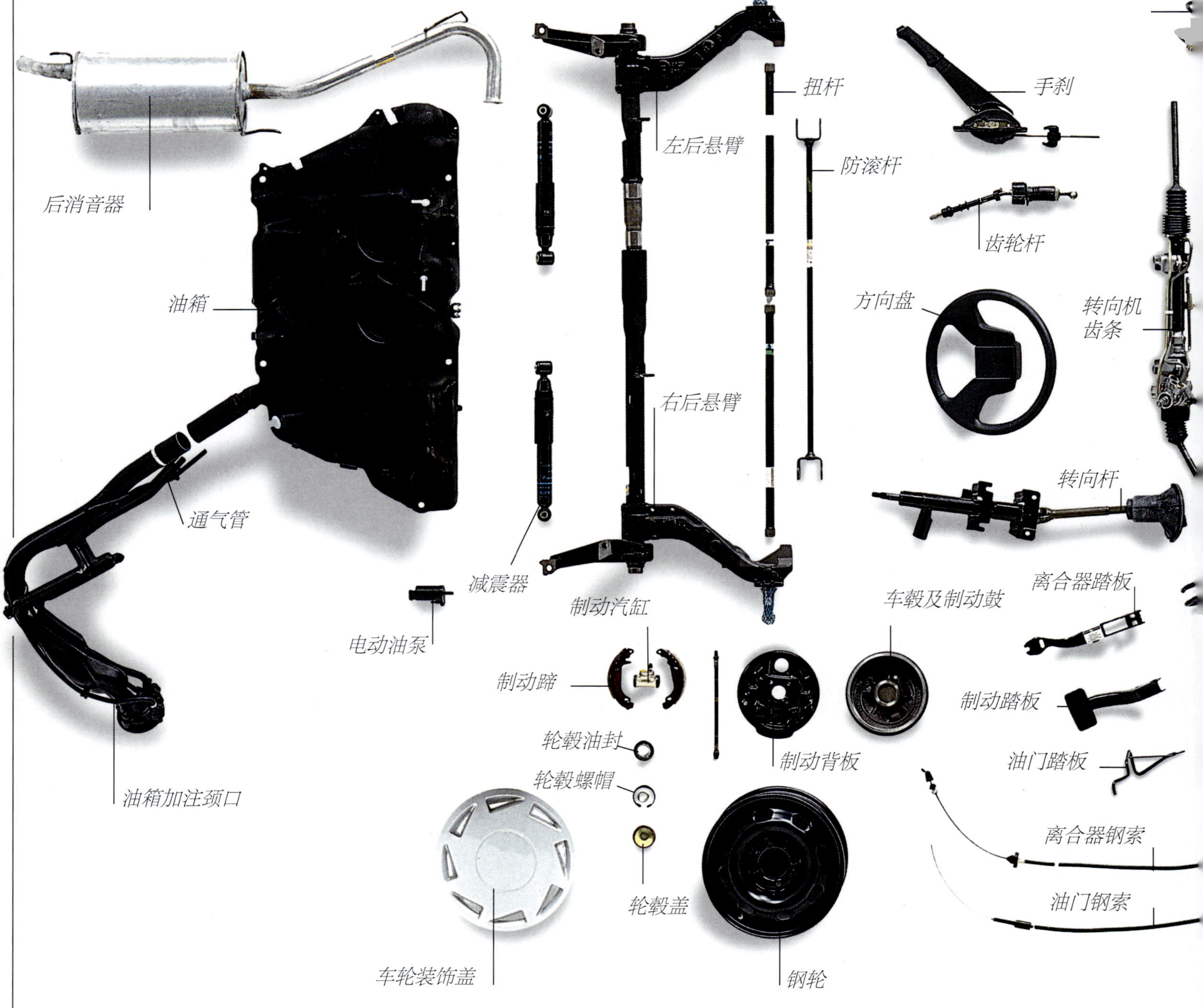

雷诺克里奥机件，1991年

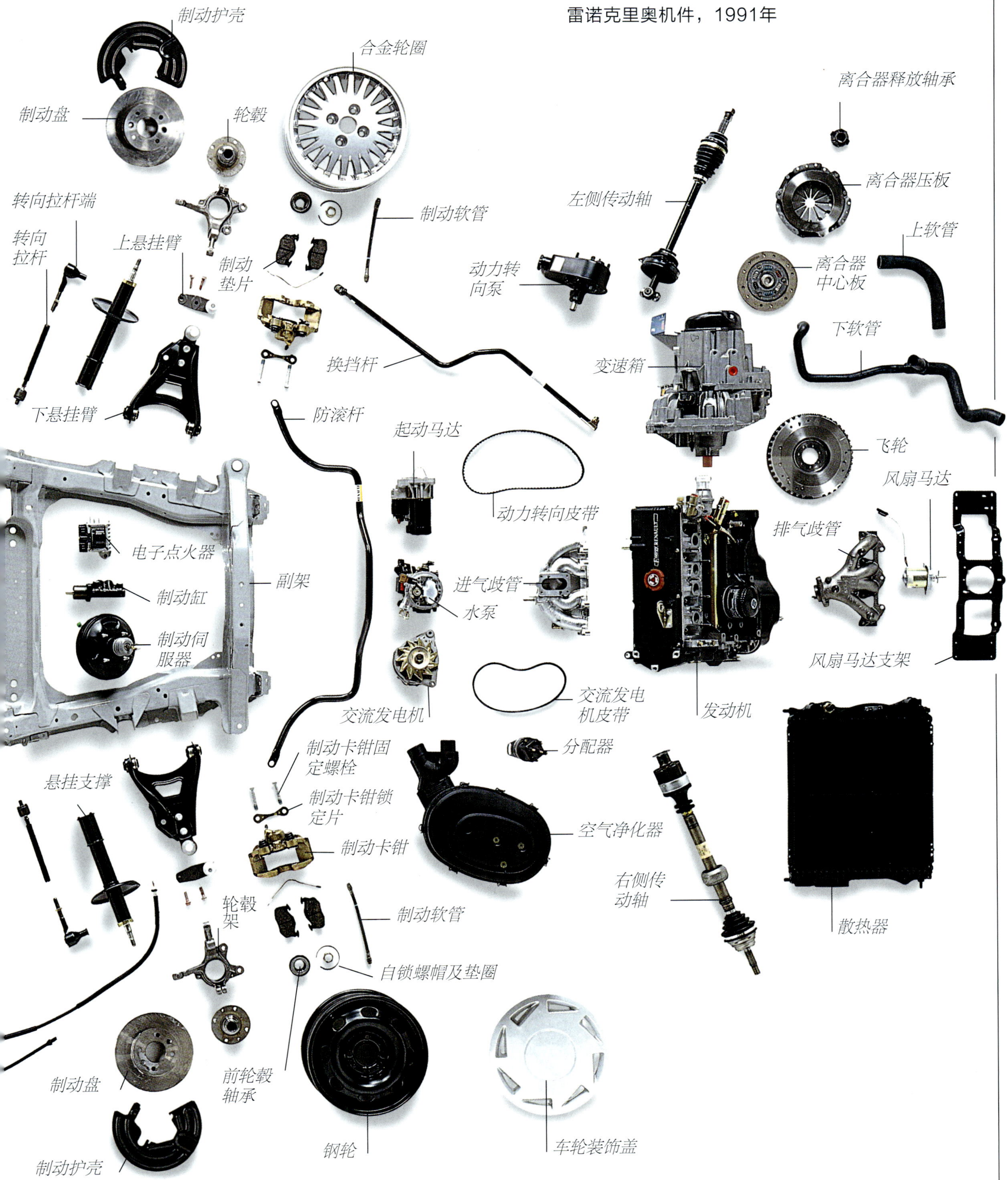

汽车装饰配件

根据使用的材料不同，现代汽车的装饰配件可分为两类：硬质材料和软质材料。安全和舒适是装饰配件的设计重点，如座椅可帮助乘客乘坐舒适，橡皮护条可避免灰尘和湿气进入车内，车头灯则用来照亮路面。老式汽车内部和皮制的面板是人工切割安装。现代汽车则用精密模制的塑料和机器人控制的激光制作安装，可以降低成本和缩短生产时间。车门大都在生产线以外装饰，以便装进复杂的线路。

雷诺克里奥装饰配件，1991年

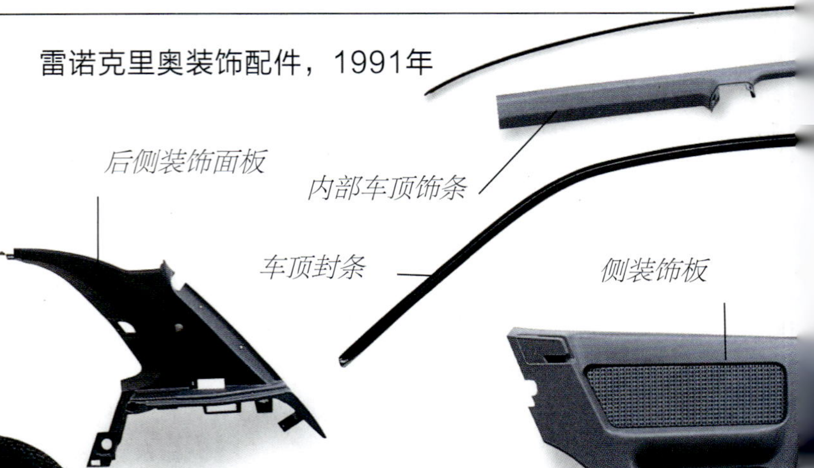

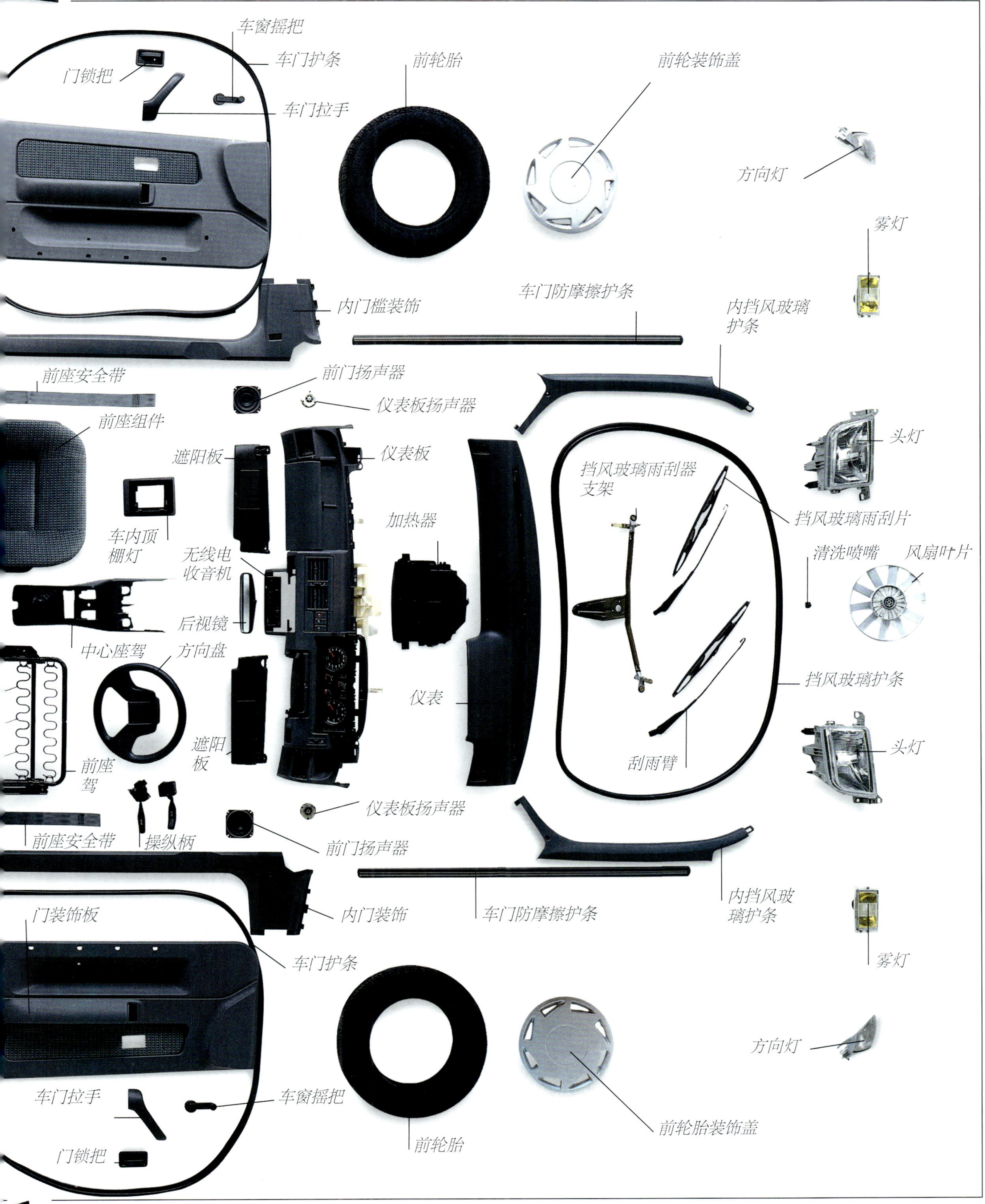
车窗摇把
车门护条
门锁把
车门拉手
前轮胎
前轮装饰盖
方向灯
雾灯
内门槛装饰
车门防摩擦护条
内挡风玻璃
护条
前座安全带
前门扬声器
仪表板扬声器
前座组件
遮阳板
仪表板
头灯
挡风玻璃雨刮器
支架
挡风玻璃雨刮片
加热器
车内顶
棚灯
无线电
收音机
清洗喷嘴
风扇叶片
后视镜
中心座驾
方向盘
仪表
挡风玻璃护条
遮阳
板
前座
驾
刮雨臂
头灯
仪表板扬声器
前座安全带
操纵柄
前门扬声器
门装饰板
内门装饰
车门防摩擦护条
内挡风玻
璃护条
雾灯
车门护条
方向灯
车门拉手
车窗摇把
前轮胎装饰盖
门锁把
前轮胎

赛车

自从有汽车以来，赛车便一直是汽车设计革新的主焦点。一些现在普遍应用的汽车装备，如碟式制动器、涡轮增压器，甚至安全带等最早都应用于赛车。研究赛车让人们对发动机的性能、空气阻力及轮胎的附着力都有新认识，并引发了极轻车身材料——碳纤维车身的发展。现代迈凯轮F1流线型低车身和开放式驾驶座。不同于以往赛车，它有保障车轮稳步前进的前后翼，额外附着力的巨大轮胎和将赛车运行情况适时传动至加油站的电子传感器。

72° V10 发动机

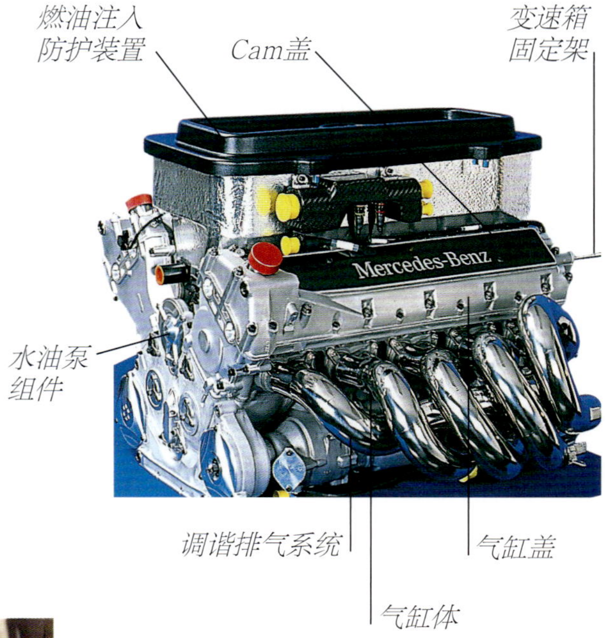

迈凯轮-梅赛德斯MP4-13后视图

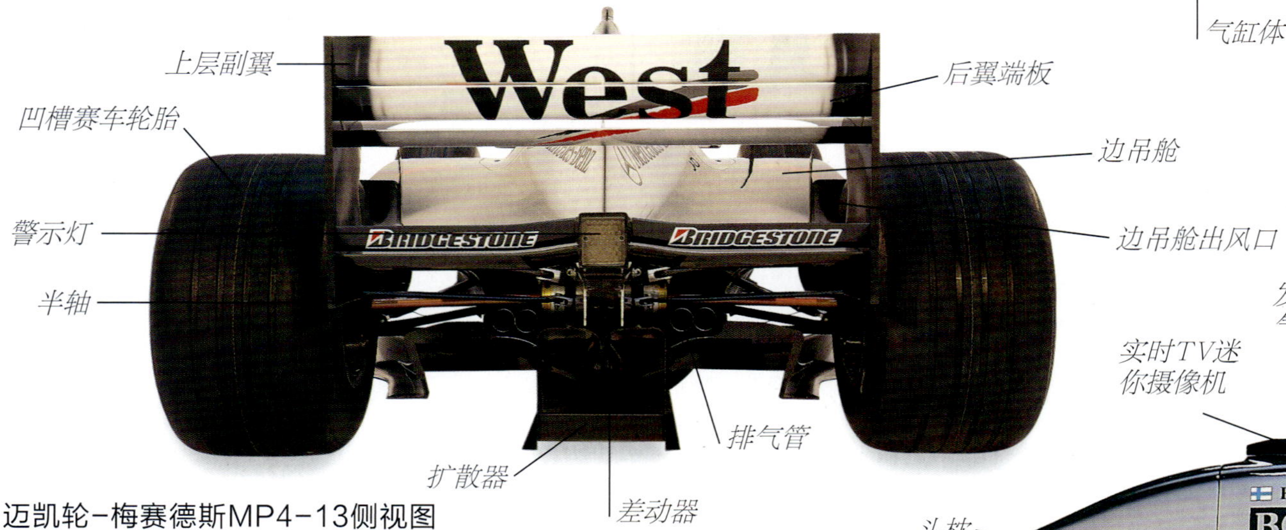

迈凯轮-梅赛德斯MP4-13侧视图

迈凯伦梅赛德斯MP4-13俯视图

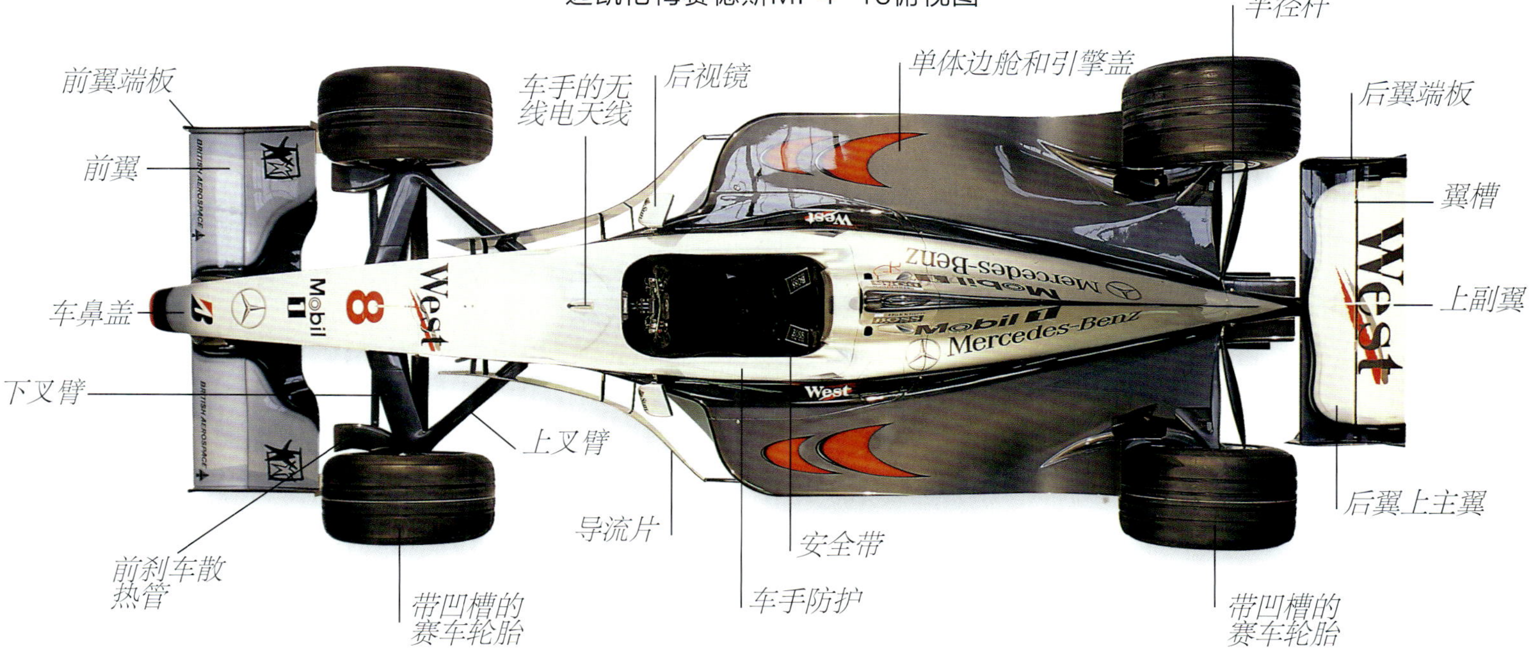

迈凯伦梅赛德斯MP4-13前视图

自行车构造

自行车是一种由人力驱动的重量轻的两轮车辆。它实用、便宜、易于生产，是世界上使用最普遍的交通工具之一。最早的脚踏车是1839年在苏格兰制造的。从那以后，它的基本设计逐步发展，一个车架、两个车轮、车闸、车把和鞍座，再加上车链、变速系统和气胎。最近发明的山地车（适合各种地形的自行车）便是一项重大突破。山地车具有结实、坚固的车架，宽宽的车胎和二十一个齿轮。骑车人骑着它穿越凹凸不平的山地，这是以前的骑车人无法做到的。

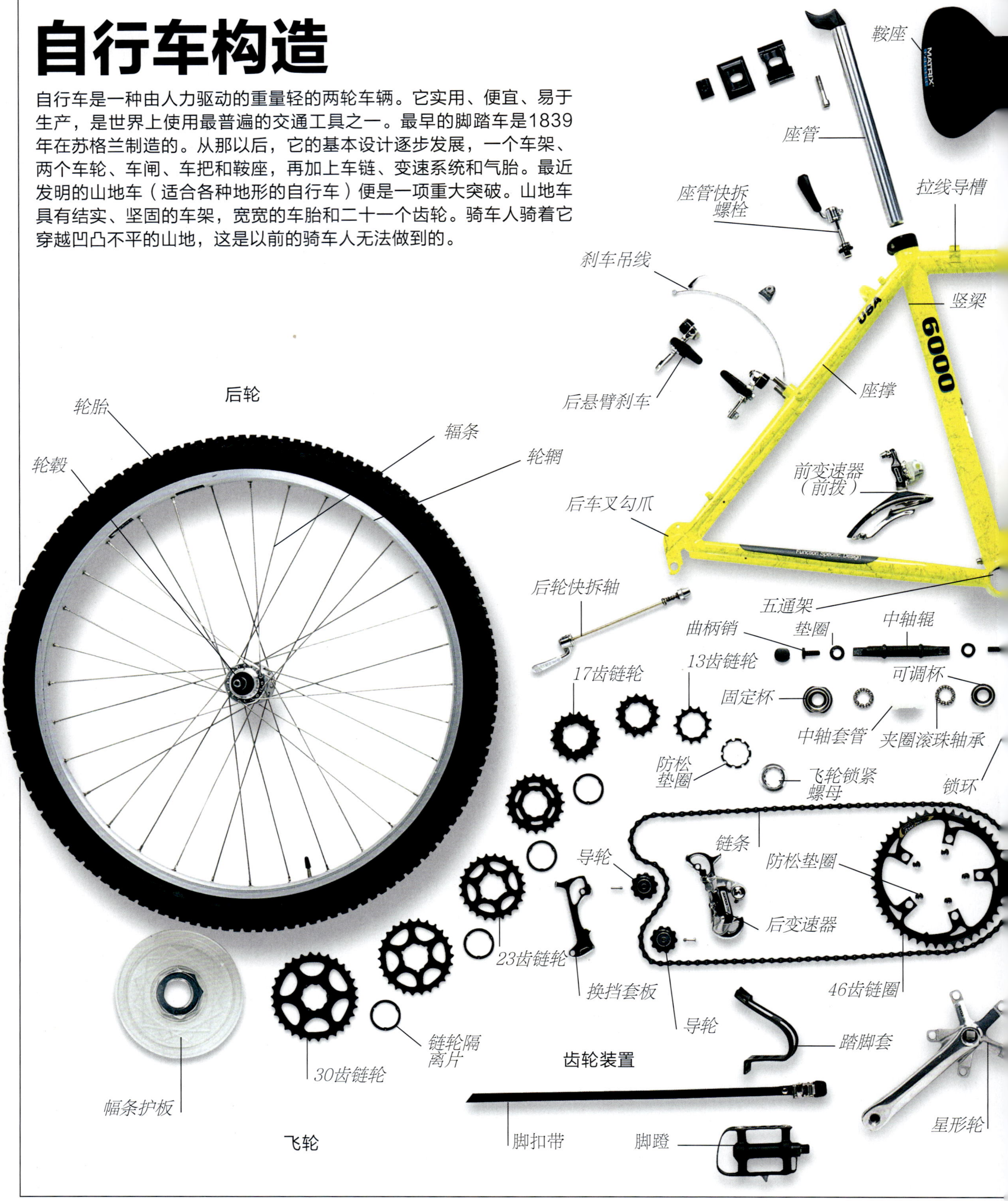

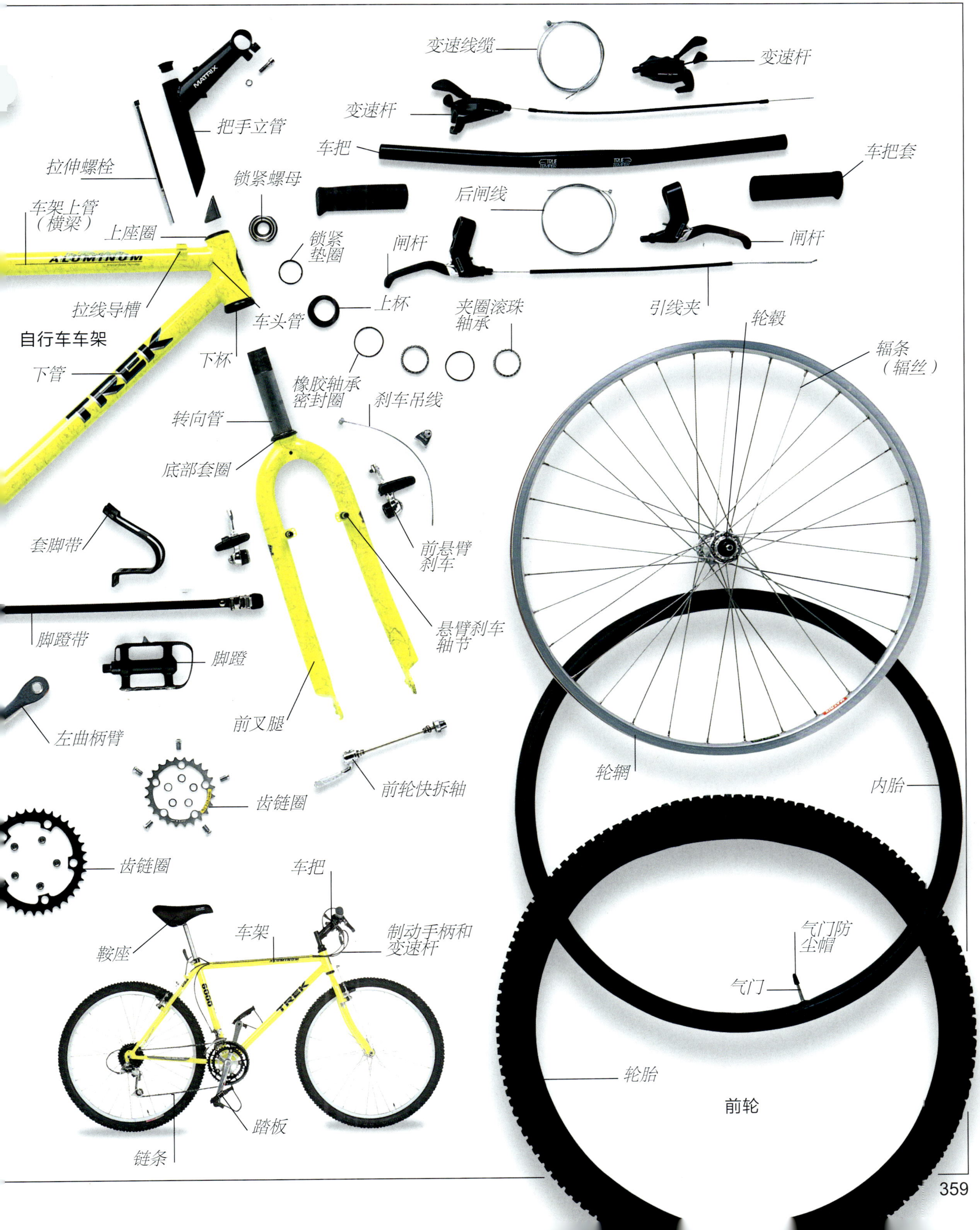
变速线缆
变速杆
变速杆
车把
车把套
把手立管
拉伸螺栓
锁紧螺母
车架上管
（横梁）
上座圈
后闸线
锁紧
垫圈
闸杆
闸杆
拉线导槽
车头管
上杯
夹圈滚珠
轴承
引线夹
轮毂
自行车车架
下杯
辐条
（辐丝）
下管
橡胶轴承
密封圈
刹车吊线
转向管
底部套圈
套脚带
前悬臂
刹车
悬臂刹车
轴节
脚蹬带
脚蹬
左曲柄臂
前叉腿
前轮快拆轴
轮辋
内胎
齿链圈
齿链圈
车把
车架
制动手柄和
变速杆
鞍座
气门防
尘帽
气门
轮胎
前轮
踏板
链条

自行车

各种自行车尽管基本零部件相同，但是设计却大不相同。一种是赛车，比如埃迪•麦尔克斯型赛车，它为竞速而设计了轻型车架、倾斜车把和车座。旅行自行车在许多方面与赛车相同，不过其设计是为旅行的舒适和安稳。它的特点是轻松舒适倾斜车架，很重的后支架支撑车座，轴距长，稳定可靠。多功能自行车即混合型车，它结合运动车轻便、快速和山地车高强耐用的特点。还有一种并不是在普通道路上行驶的计时车，车头管短小，车架横梁倾斜，高翘车把和气动装管。大部分人力自行车都倾斜，因为骑车人处于倾斜姿势，这样动力输出达到最大值，阻力减少到最小值。对所有骑车人而言，最基本的安全设施是头盔、车前灯、尾灯及防盗锁。

车前灯和尾灯

头盔

埃迪•麦尔克斯赛车

钢锁

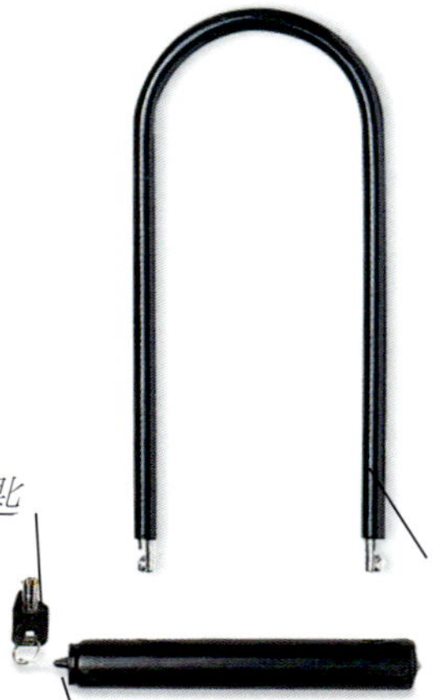

堪能戴尔SH600混合型自行车

堪能戴尔ST100旅行自行车

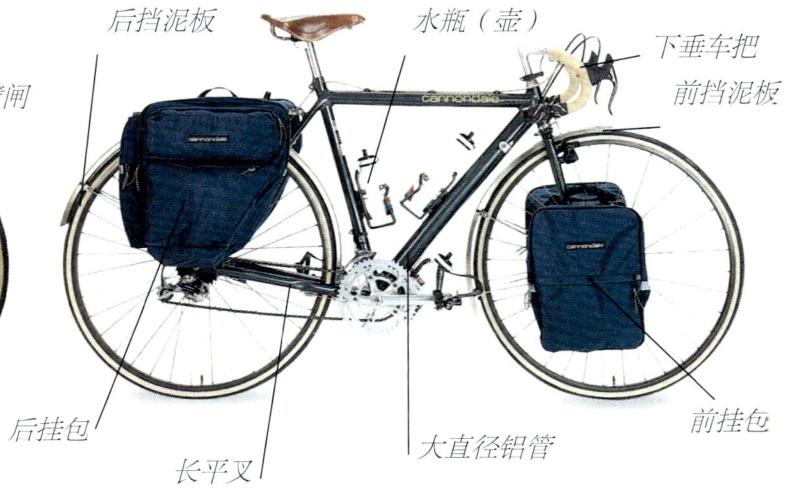

罗辛意大利计时赛车

WINDCHEETAH SL MARK VI“高速”人力赛车

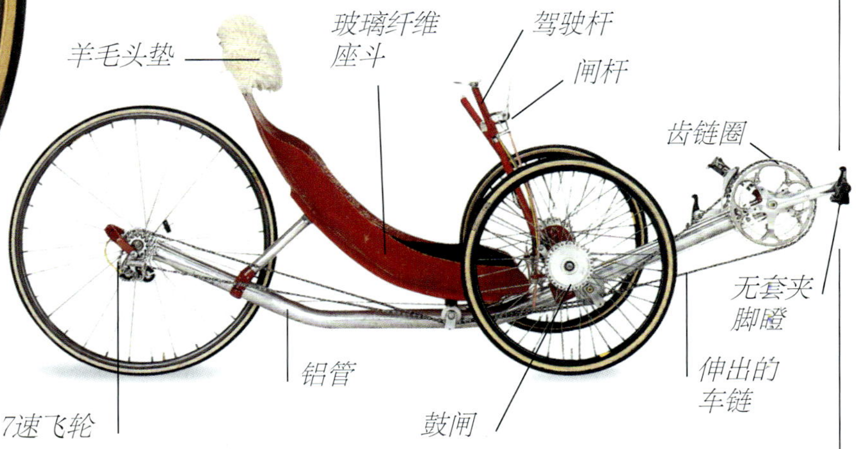

摩托车

摩托车已经从装有一台发动机的摩托式自行车发展成为完善的高性能车辆。1901年，华纳兄弟将发动机装在车架中心线以下，从而确立了用于固定发动机的最佳位置：新的华纳摩托车已成为现代摩托车的基础。摩托车在许多方面得到应用，例如往来交通、提供信息、旅游和比赛等。根据不同类型骑手的要求，已开发出各种不同用途的车型。例如威斯帕轻型摩托车，具有轮子小、经济性好和易骑的特点，是为满足上班族的要求而设计的。在经济型轿车大众化之前，跨斗式摩托车用来作为家庭运输工具。车迷们一般偏爱容量较大的车型，其性能优良并具有很好的舒适性。自从1969年本田CB750面市以来，四缸摩托车已相当普及。尽管摩托车技术有了很大进步，但许多骑手仍然会对像哈雷 · 戴维森这样的双缸传统样式有很大兴趣。是哈利 · 大卫森 · 格莱兹开创了传统的V形双缸发动机，即发动机的汽缸呈V形排列。

华纳摩托车,1901年

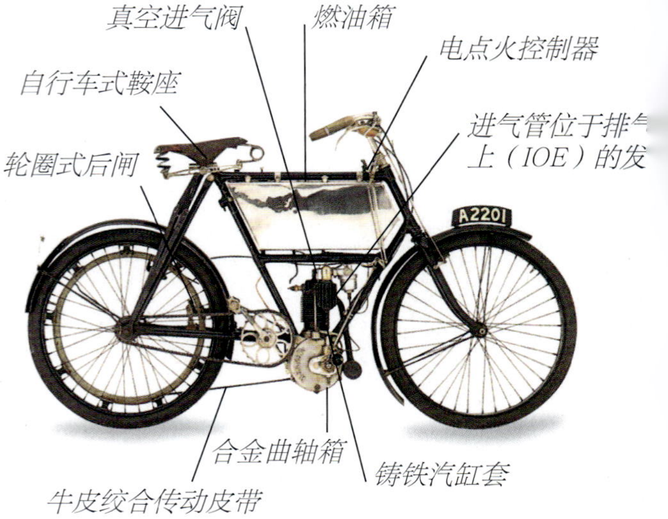

哈利•大卫森•格莱兹FLHS摩托车，1988年

带1952斯太波座椅的BMWR/60跨斗式摩托车，1965年

前视图

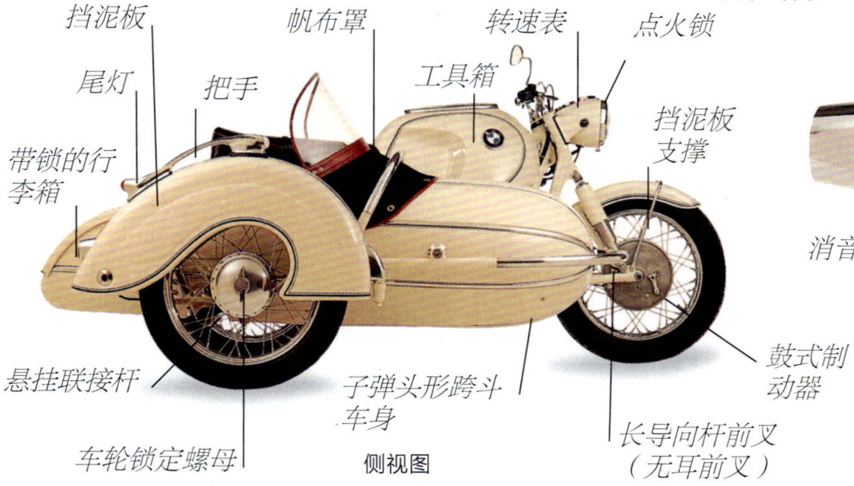

侧视图

本田CB750摩托车，1969年

威斯帕160 – 1型豪华运动车，1963年

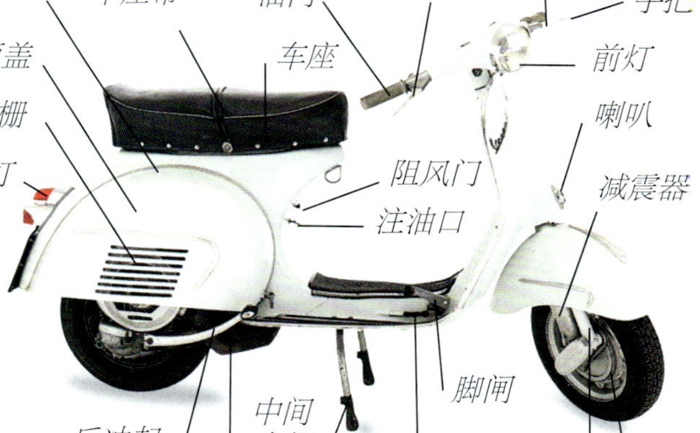

摩托车底盘

摩托车底盘是摩托车的主体，发动机就安装在上面。底盘由车架、车轮、悬挂装置和制动装置构成，用以完成各种功能。车架用钢或合金材料制成，它使车轮保持在一条直线上，以确保对摩托车的控制，同时还用作安装其他零部件的框架。发动机和变速箱用螺栓固定在安装位置上，车座、挡泥板和流线型挡板等零部件都很容易拆装。悬挂装置可以减缓由于道路表面凹凸不平对骑手产生的冲击。大多数悬挂系统是采用由油阻尼器控制的螺旋弹簧，将摩托车的总体与车轮隔离开。在摩托车的前部，弹簧和阻尼器通常是一起装在套筒式前叉中的；后部则采用在枢轴上装悬挂杆。悬挂装置还有助于使车轮和路面之间保持最大的接触，这对于刹车和转向是非常必要的。在20世纪70年代以前，一般采用鼓式制动器，而现代摩托车则采用刹车效果更佳的盘式制动器。

装有车身的本田VF570摩托车，1985年

拆去车身的本田VF570摩托车，1985年

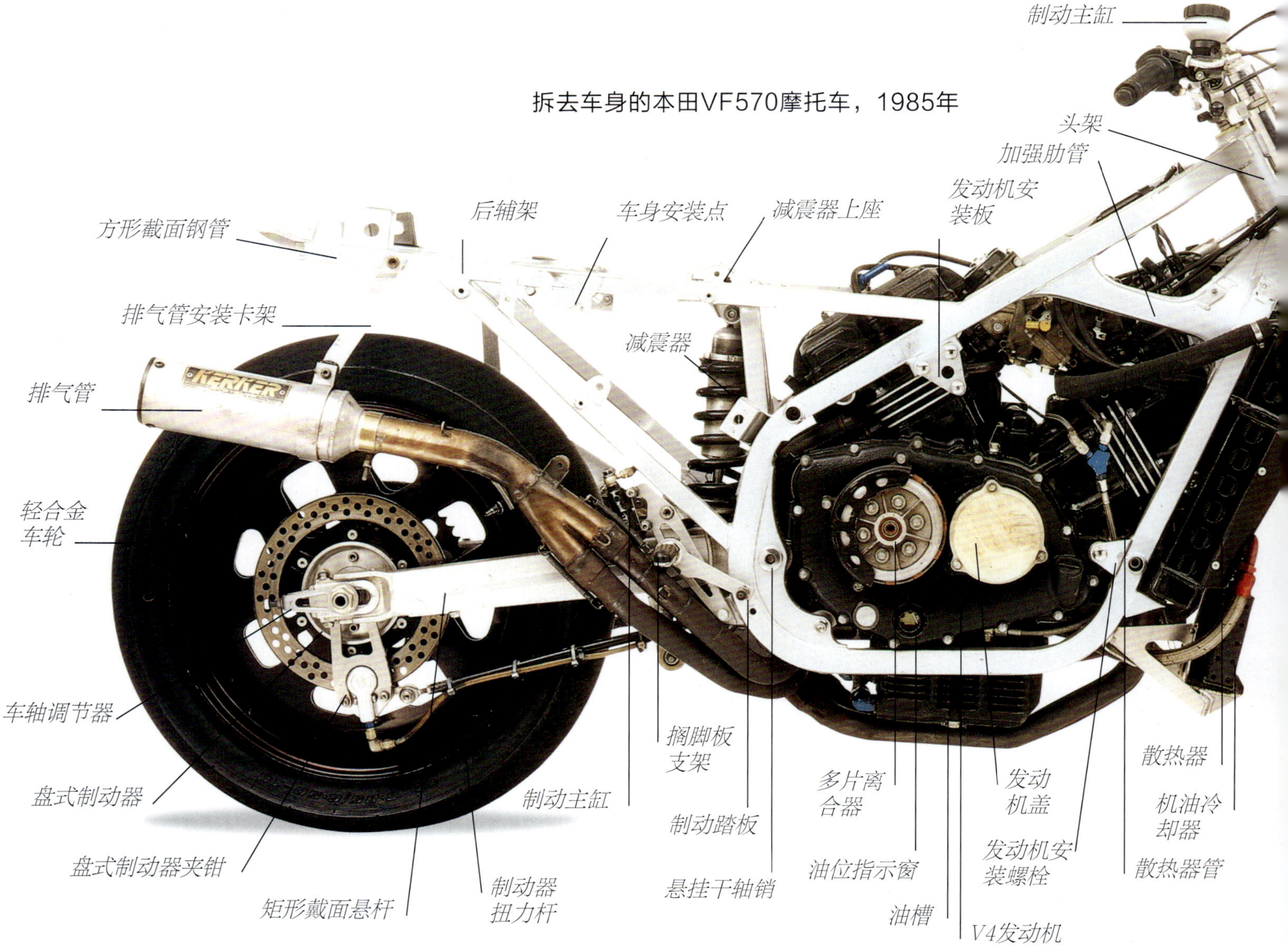

鼓式制动器

鼓式制动器的外部构造

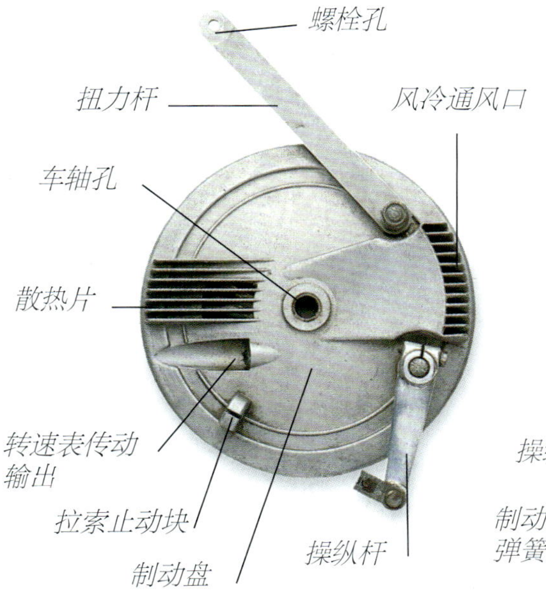

鼓式制动器的内部构造

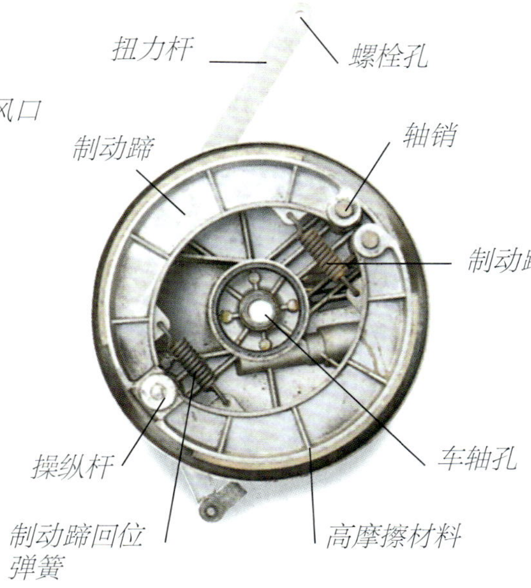

盘式制动系统的工作零件

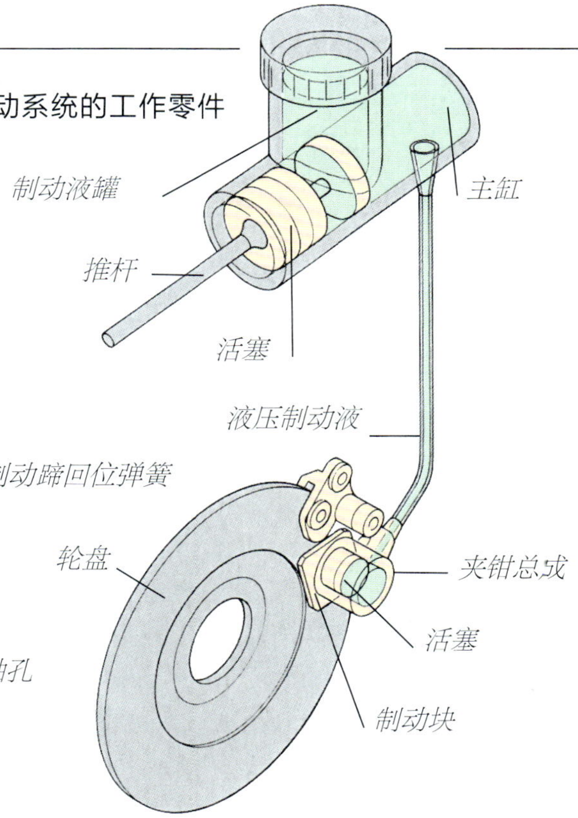

弹簧/阻尼装置

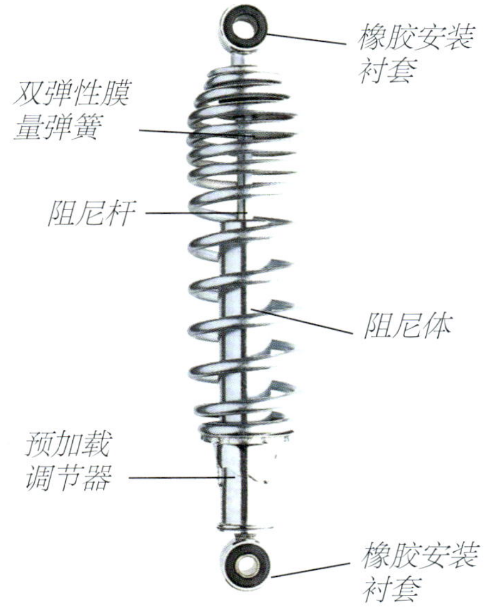

弹簧/阻尼装置工作原理

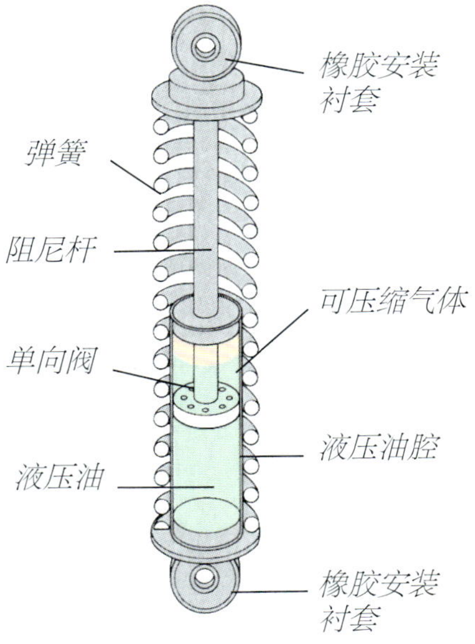

轮胎的种类

摩托车发动机

摩托车发动机要求重量轻、结构紧凑，具有强劲的功率输出。发动机汽缸数目为一至六缸，采用风冷或水冷两种冷却方式，燃烧室的工作容量在49cc（立方厘米）至1500cc之间。常见的两种类型的内燃机有：轿车中使用的四冲程发动机和二冲程发动机。基本的二冲程发动机仅有三个运动件——曲轴、连杆和活塞——但其输出功率很高。发动机每两个冲程点火一次（而不是每四个冲程点火一次），每转一圈做功一次。动力通过变速系统从发动机传送到后轮。传动系统一般由离合器、变速箱和最终传动系统组成。离合器为浸在机油中工作的多片式装置。变速箱有五或六档，由脚踏板控制。在有些场合还使用轴和皮带传动装置，但最为常见的是采用链条来驱动后轮。

标准2冲程发动机的外部结构

传动系统

变速箱

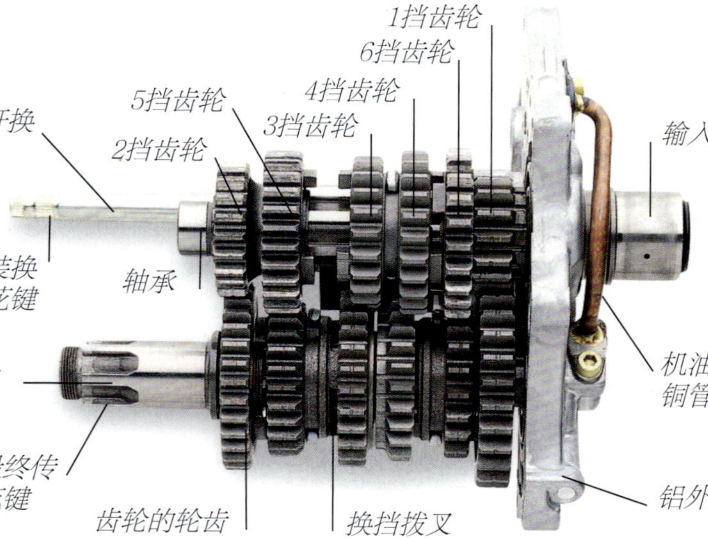

多片离合器

现代"O形环"传动链轮

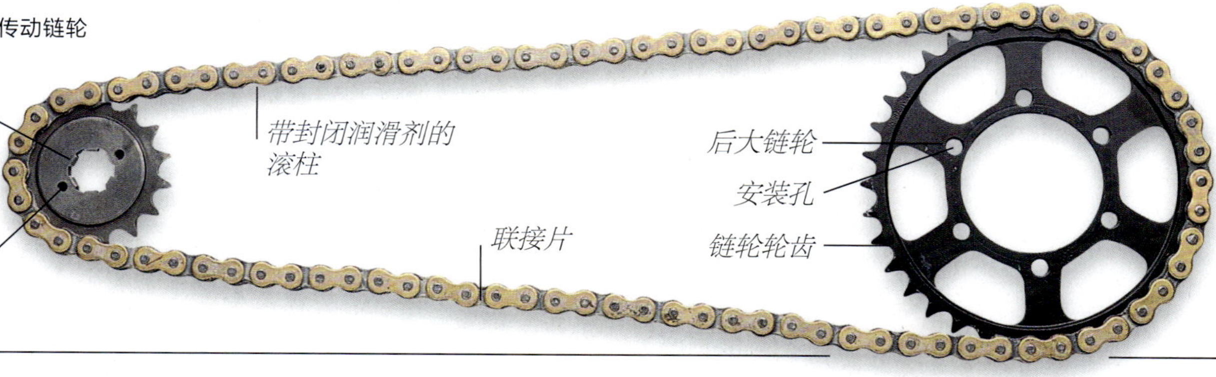

顶置气门（OHV）发动机

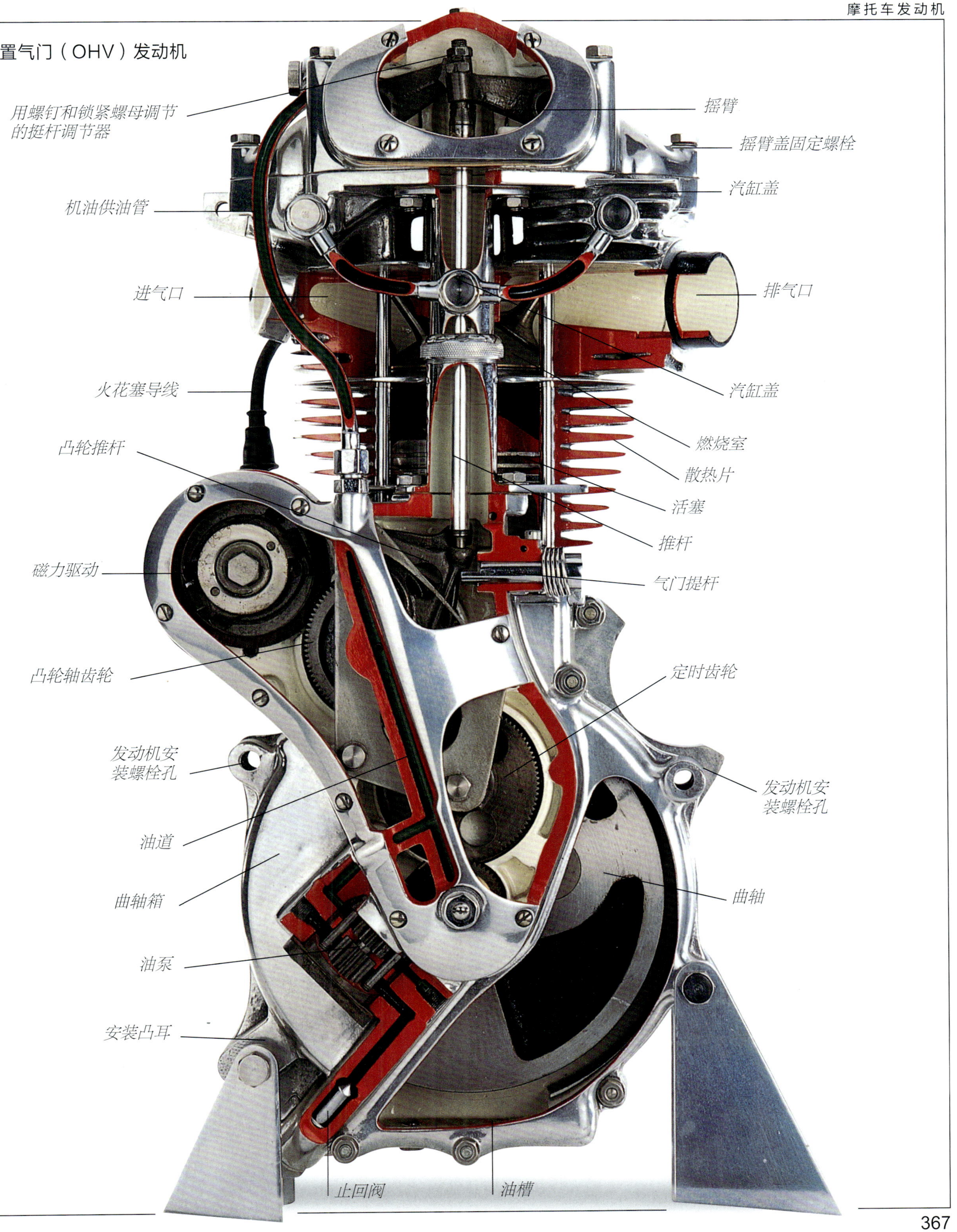

用螺钉和锁紧螺母调节的挺杆调节器
机油供油管
进气口
火花塞导线
凸轮推杆
磁力驱动
凸轮轴齿轮
发动机安装螺栓孔
油道
曲轴箱
油泵
安装凸耳
止回阀
油槽
摇臂
摇臂盖固定螺栓
汽缸盖
排气口
汽缸盖
燃烧室
散热片
活塞
推杆
气门提杆
定时齿轮
发动机安装螺栓孔
曲轴

摩托赛车

摩托车运动种类很多，根据各种赛车运动的特殊要求已开发出各种比赛专用的车型。比赛是在公路、跑道或越野路面上进行的。在越野比赛中，跑道上尘土飞扬，有时甚至赛车是在沙漠中行驶。在公路进行的世界冠军“大奖赛”分为125cc、250cc和500cc级以及跨斗式摩托赛车等几个级别的比赛。最新式的跨斗摩托赛车与摩托车相比，已有很多不同之处，而与赛车却有更多的相同之处。车手和乘员在一个完全封闭的空气动力学流线型壳流罩中进行驾驶。在此所示的铃木RGV500摩托赛车同其他大奖赛车一样带有广告，其目的是宣传制造厂家和补偿摩托车的技术开发费用。在1902年起源于美国的赛车跑道上，摩托车在比赛时不需使用车闸或变速箱，而越野摩托赛车不注重有高的功率输出。例如，摩托越野比赛是在凹凸不平的恶劣路面上举行的，这就要求赛车的车底净空要高，要有长途行驶柔性悬挂装置以及带有结实的凸块图案的轮胎，使其能紧扣住沙子和泥土地面。

HUSQVARNA TC610越野摩托赛车，1992年

铃木RGV500摩托赛车，1992年

侧视图

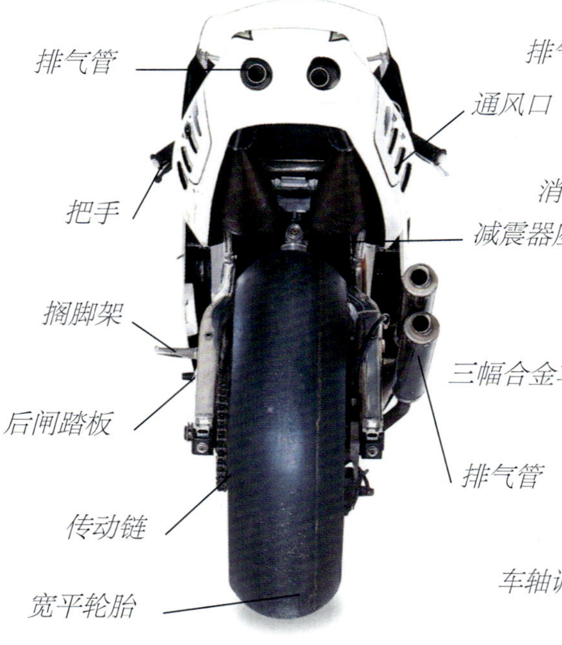

后视图

维斯雷克高速跑道赛车，1981年

KIRBY BSA 跨斗摩托赛车，1968年

前视图

侧视图

前视图

航海与航空

古希腊和古罗马船

古希腊和古罗马帝国扩张期间，为满足战斗、贸易和交流的需求，他们组建了强大的舰队。古希腊桨帆船依赖风帆和数量众多的桨来获取动力，船首添加了新的装备——撞角。撞击战术需要极高的速度和机动性，因此战船增加了桨手数量，最终发展成为三列桨座战船。公元前4世纪和5世纪期间，三列桨座战船称霸地中海。船上包括170名桨手，分成三列，每人一支桨（如模型所示）。三列桨座战船可同时装载弓箭手和士兵，可以登船或登陆作战。为保护船只，战船平时存放在船坞的船棚中。古希腊和古罗马的商船同样庞大。例如，古罗马大型考贝塔（CORBITA）商船的载重量高达400吨，可以携带香料、宝石、丝绸和动物等货物。古希腊和古罗马船只这个时期的船体粗壮结实，外板使用榫卯方式固定，可以长途航行，最远甚至曾到达印度。商船还添加了小前帆，称为“阿特蒙”，可以加快转向速度，改善操作。前帆固定在前倾的桅杆上，这是19世纪快速三桅帆船艏斜桅的雏形。

古罗马船锚

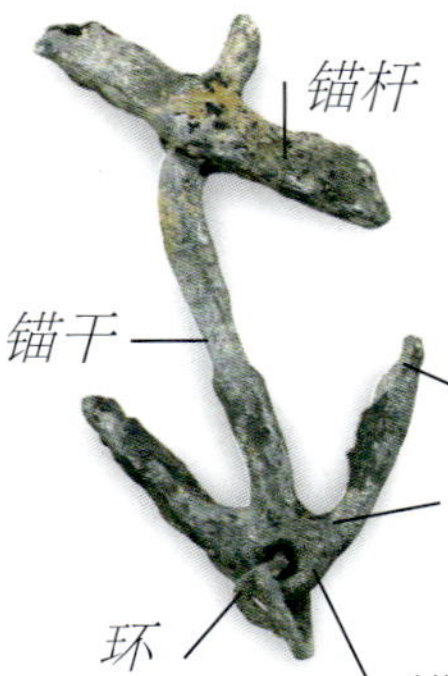

阿提卡花瓶上的帆船

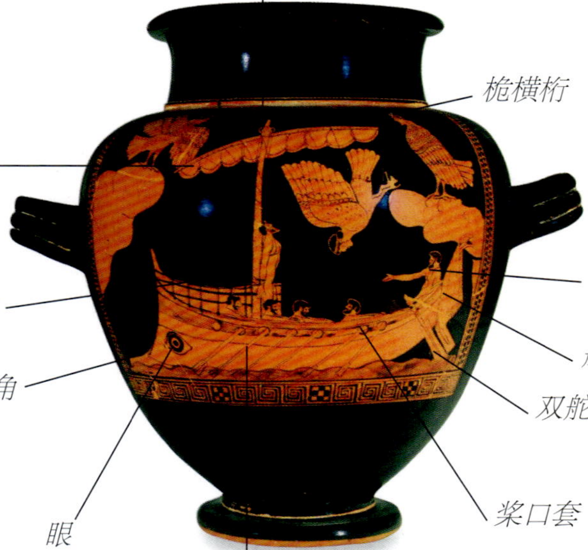

罗马考贝塔

古希腊三列桨座船的桨手排列位置

模型甲板已去除，显示了桨手在船上的位置。

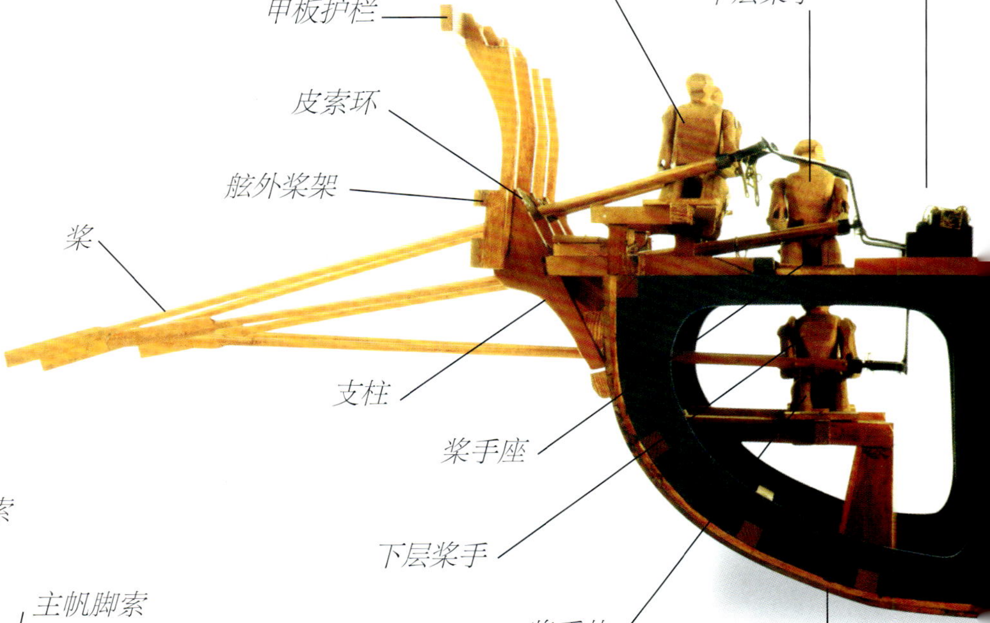

船板榫卯固定

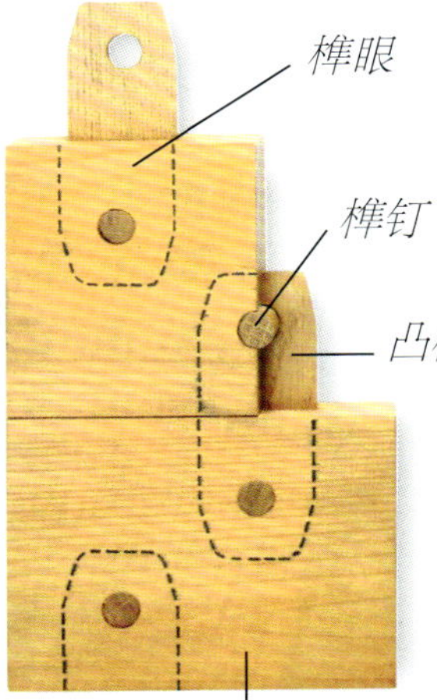

中世纪战船和商船

进入17世纪，采用平铺（边到边）外板的新型船体开始普及，战船开始使用热兵器，以英国亨利八世的玛丽•玫瑰号为代表。玛丽•玫瑰号同时携带针对大型目标的铜制远程火炮和用于杀伤人员的铁质短程火枪。并且，船只的形状趋于多变。作为东非与阿拉伯之间重要的运奴工具，三角帆船因其三角形帆而得命名：船帆的操控角度更大，甚至可以与船的长轴平行，能够逆风航行，并接近印度洋沿岸的陆地。中国人使用平底帆船开辟了至东非和阿拉伯的贸易航线，并设置了水密舱来储藏待交易的货物。随着新的天文工具的出现，中世纪水手们确定航线的工作变得轻松。十字测角器和星盘可以用来测量太阳或星星的高度。选择四根横杆中的一个，沿测角器（带有高度刻度）滑动，直到其顶端与天体并且底端与地平线对齐。星盘使用非常简单：对准已知主体，读取金属盘的高度标记即可。借助日晷，水手也可以通过太阳的影子确定时间。

三角帆船

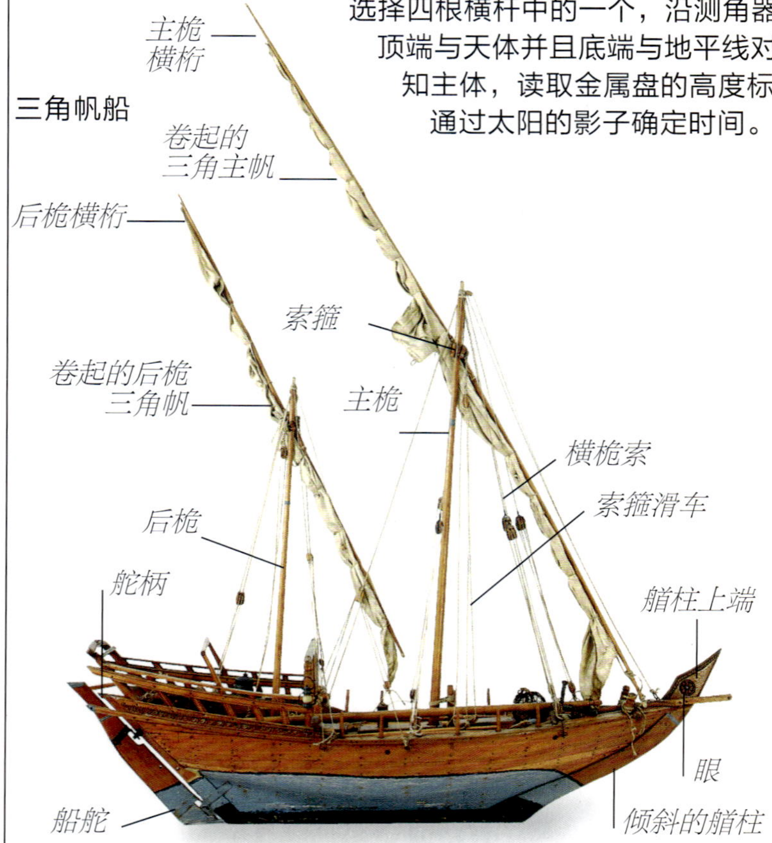

中国平底帆船

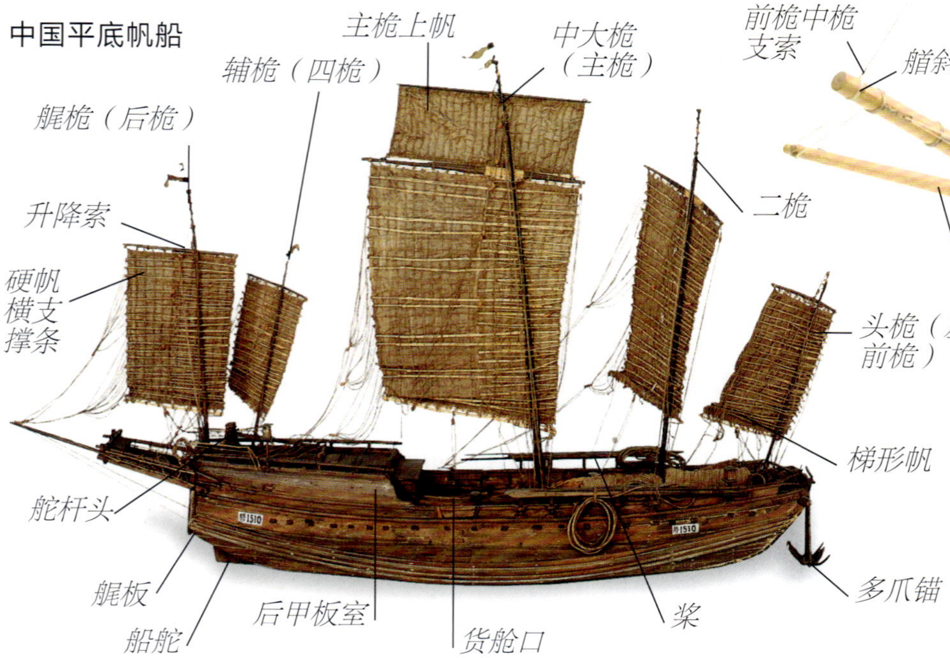

战船

主桅上桅
主桅上桅横桁
主桅中桅瞭望台
主桅上横桁
后桅中桅
主桅中桅支索
后桅中桅横桁
后桅瞭望台
主桅中桅
吊索
主桅瞭望台
四桅上横桁
吊索
主桅横桁
索箍
四桅上桁
上桁升降索具
四桅瞭望台
吊桁索具
转桁索
四桅横桁
主桅前支索
后桅
第四桅
后桅横桁
艉楼
主桅
活动滑车
船尾楼甲板炮门
舷外支架
上甲板炮门
舷外桅支索承板（护桅索承扣板）
炮门盖
通道
三孔滑轮
炮架
艉板
船舵
艉柱
龙骨
掩体（可拆卸挡箭板）
舷板
主甲板炮门
平接船身板
左艏主锚

直角器

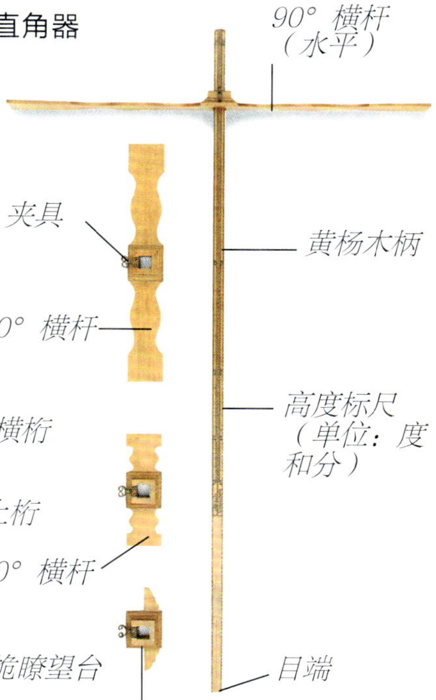
90° 横杆（水平）
夹具
黄杨木柄
60° 横杆
高度标尺（单位：度和分）
30° 横杆
目端
10° 横杆（形似荷兰木屐）

日晷

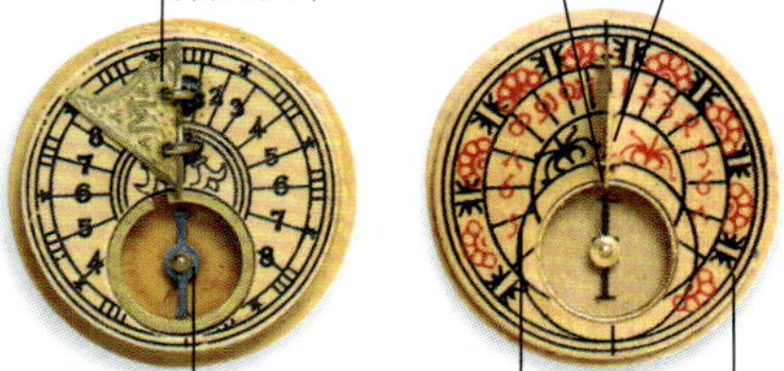
日晷仪的指针
指针
指时针
舷外支架
枢轴
时刻线
刻度盘

星盘

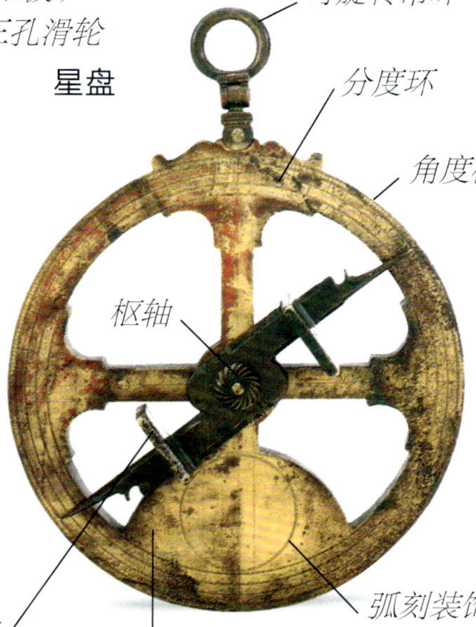
可旋转吊环
分度环
角度标
枢轴
弧刻装饰
照准仪
底部

风帆战列舰

风帆“战列舰”是18世纪末和19世纪初英国和法国舰队的主力舰，配74门火炮，船身为木质，火力强大且不失灵活性，其长度取决于每层甲板炮的火炮数量以及必要的操作空间。炮列甲板长约52米，需要出色的强度来承担火炮的重量。下图是已拆除甲板铺板的模型，我们可以看到支撑船体的密集横梁，船板只选用纹理一致的上等木材。上层甲板在船体腰部开口，开口前后为高级船员的船舱。艏楼和后甲板配载轻质火炮/枪，是操作战舰风帆和观测海情的平台。战舰附载大艇，悬挂在通道中间的吊杆上。

大艇

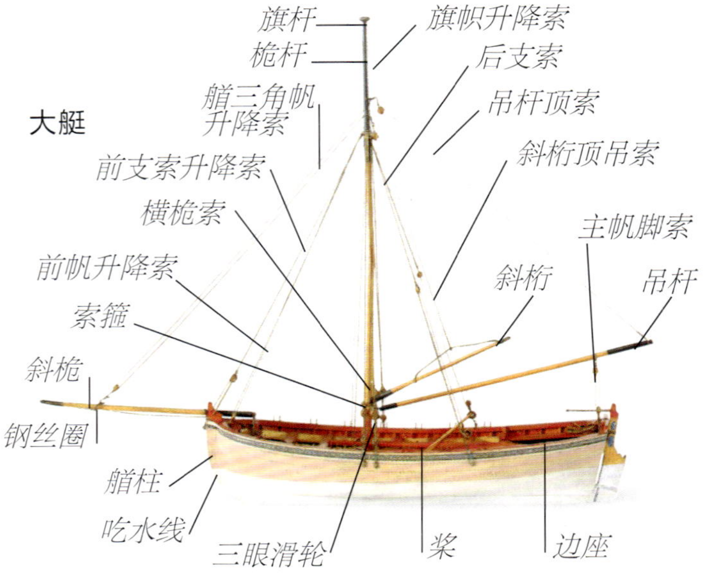

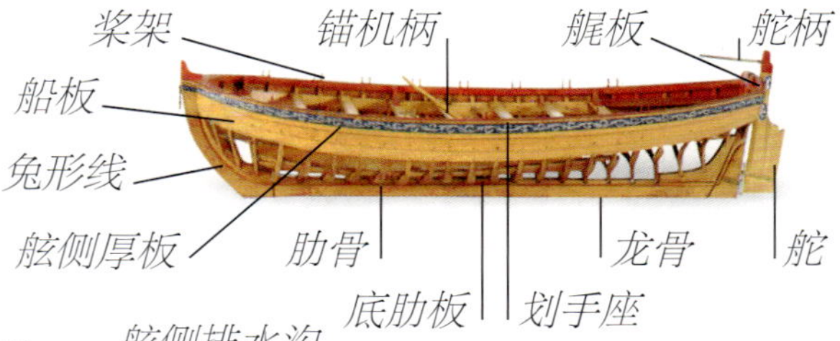

74门火炮战舰上甲板结构

艏部

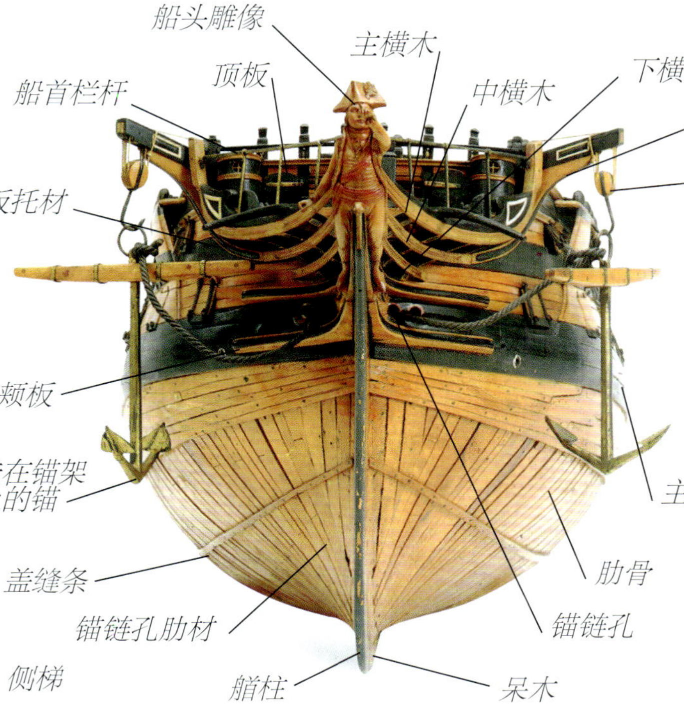
船头雕像
主横木
顶板
中横木
下横木
船首栏杆
支撑架
吊锚滑车
甲板托材
颊板
挂在锚架上的锚
主舷板
盖缝条
肋骨
锚链孔肋材
锚链孔
艏柱
呆木

艉部

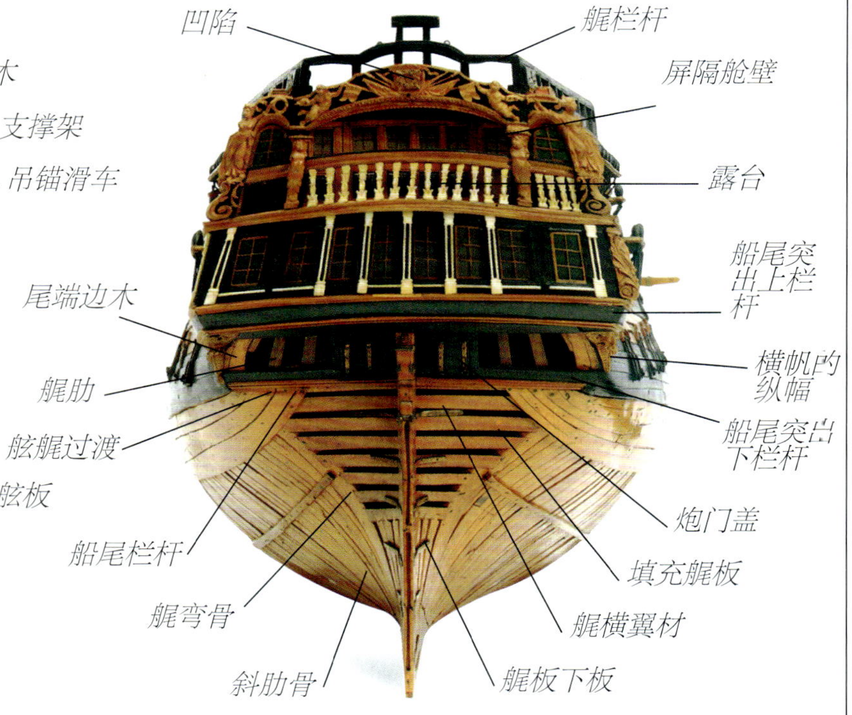
凹陷
艉栏杆
屏隔舱壁
露台
船尾突出上栏杆
尾端边木
横帆的纵幅
艉肋
船尾突出下栏杆
舷艉过渡
炮门盖
船尾栏杆
填充艉板
艉弯骨
艉横翼材
斜肋骨
艉板下板

侧梯
环首螺钉
主桅系缆柱
横档
舱口围板/杂色花环
内部腰板
后牵座
舱室扶梯
船长应急舱
后桅孔
护桅索承扣板
船长室
舱口栏板
板条（封舱）
壁柱
屏隔舱壁
倒装肘板
艉楼栏杆
柱头
炮门滴水挑檐（舷窗遮水檐）
艉雕饰
艉栏杆
军官室
顶部精整
炮门盖
艉楼甲板前端护栏
光栅
后桅系缆柱
主桅孔
桅孔加强结构
横肘材
职员室
艉瞭望台
后甲板
艉楼甲板

索具

大部分帆船都配有两类索具：通过紧索螺钉或传统系索和三孔滑轮紧固的固定索具，例如支撑桅杆和帆桁的绳索、缆绳和锁链；活动索具，包括用于升、降或整理风帆的各类滑车组、升降索和帆脚索。

船首斜桅和第二斜桅

其他索具配件

系索栓

桅箍

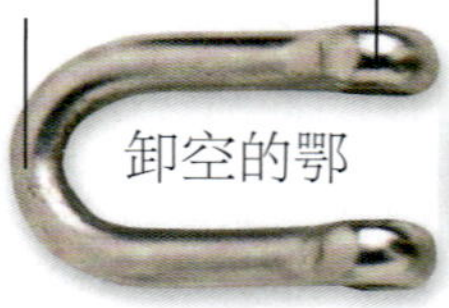

钩环

钩环销

固定滑车

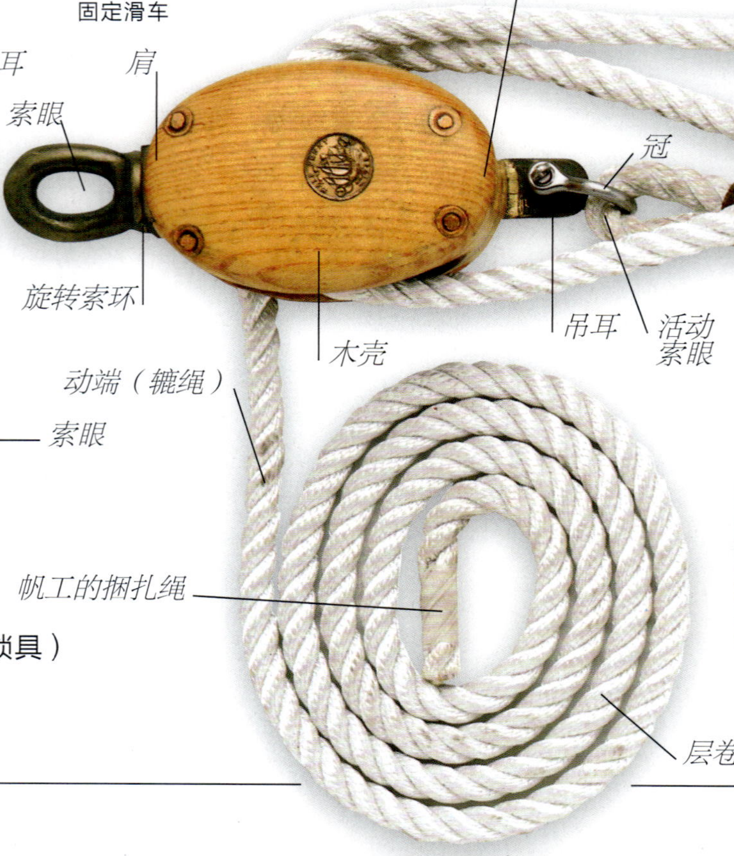

滑车组（滑轮、锁具）

索具工具

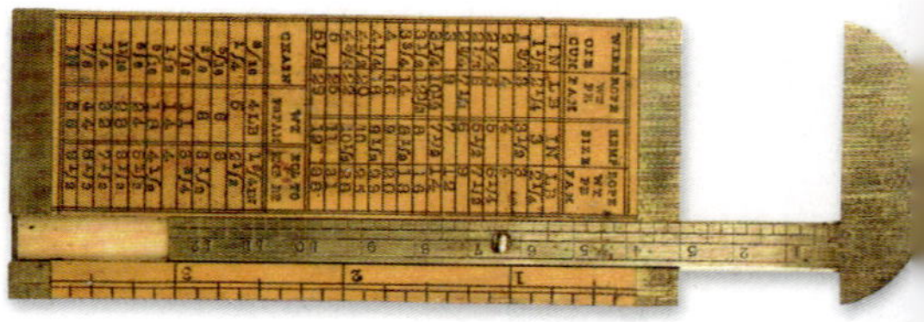

绳缆直径测量工具

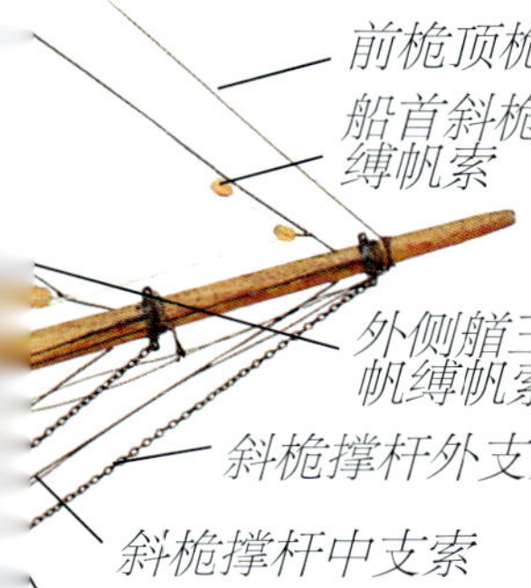

带槽单眼滑车导索孔

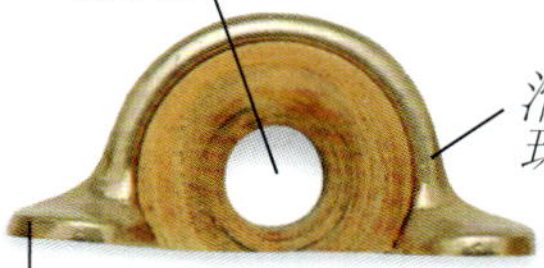

牵引缆索

三个一组重型琴式滑车

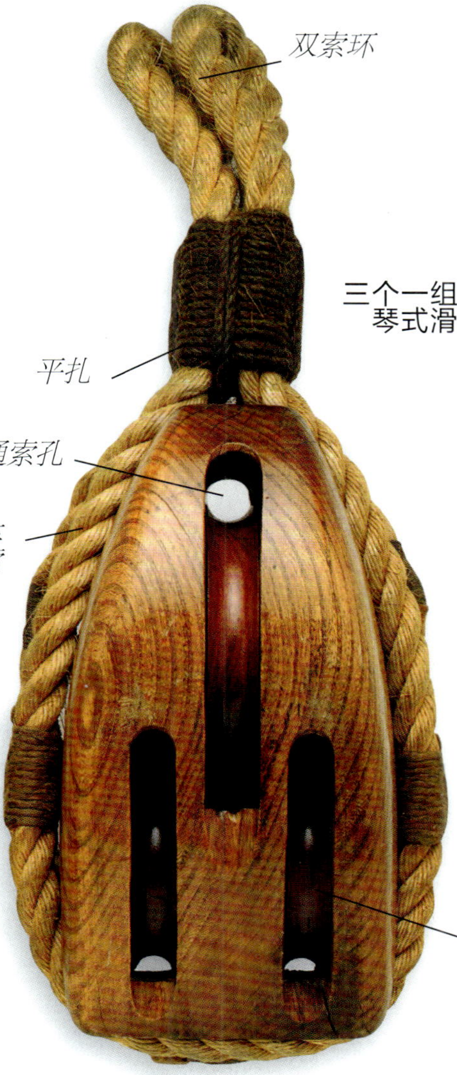

动滑车

挂钩

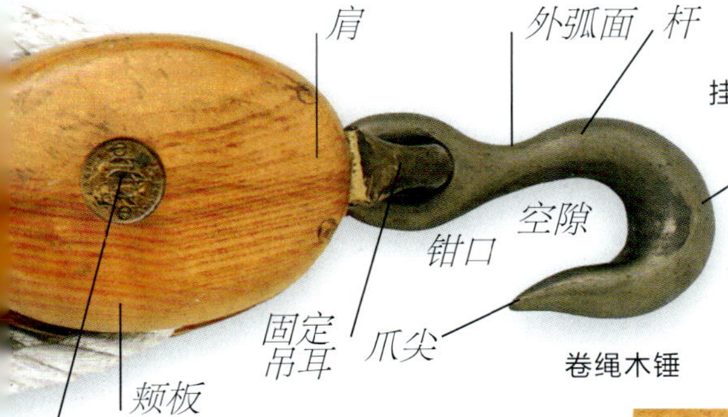

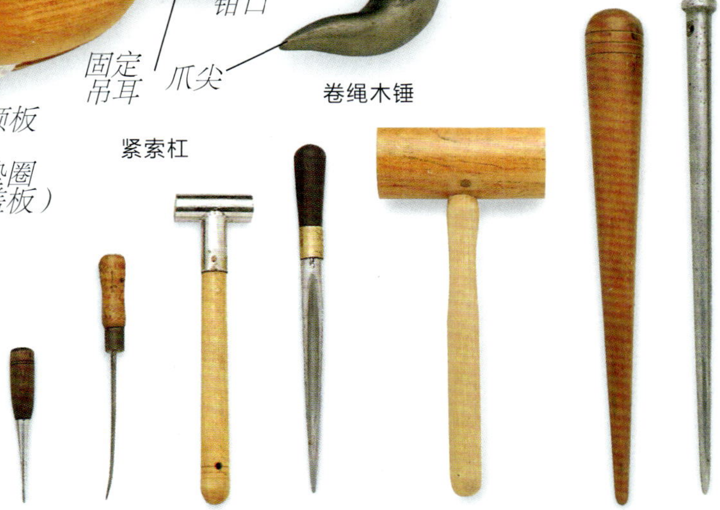

卷绳木锤

紧索杠

插接木笔

刺针

中空索针

索针

短系索和三孔滑轮

紧索螺丝扣（螺丝扣）

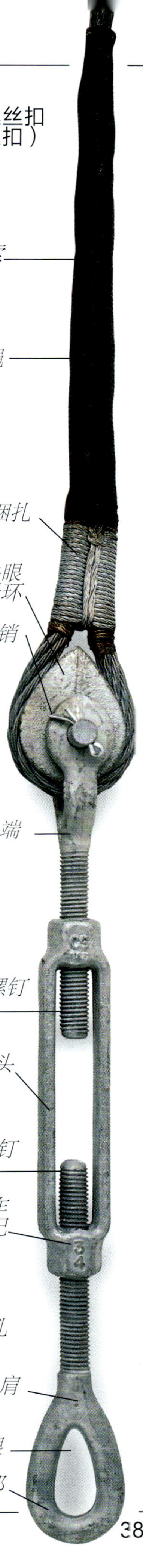

帆

帆主要分为两种，并且经常组合使用。横帆提供动力，主要借助顺风的力量，通常使用索箍固定到横杆上，与桅杆成直角，主要借助顺风的力量。船头帆和船尾帆属于纵帆，例如三角帆和斜桅横帆等。纵帆前缘（最先着风的帆缘）通常紧靠桅杆或支索，上部可能邻接上斜桁，帆脚紧靠下桁。为适应世界各地的不同独特需求，帆船出现了多样化的演变，例如双桅船、斜桁四角帆船和纵帆船。船帆一般为织物材质（例如布制船帆），可以根据需要裁剪尺寸：柔软的材质，使船帆能够顺着风向变形为曲面；结实的材质，则可以承受最猛烈的风。棉和麻都是常见的传统材料，合成纤维则是目前常用的面料。

风帆分段

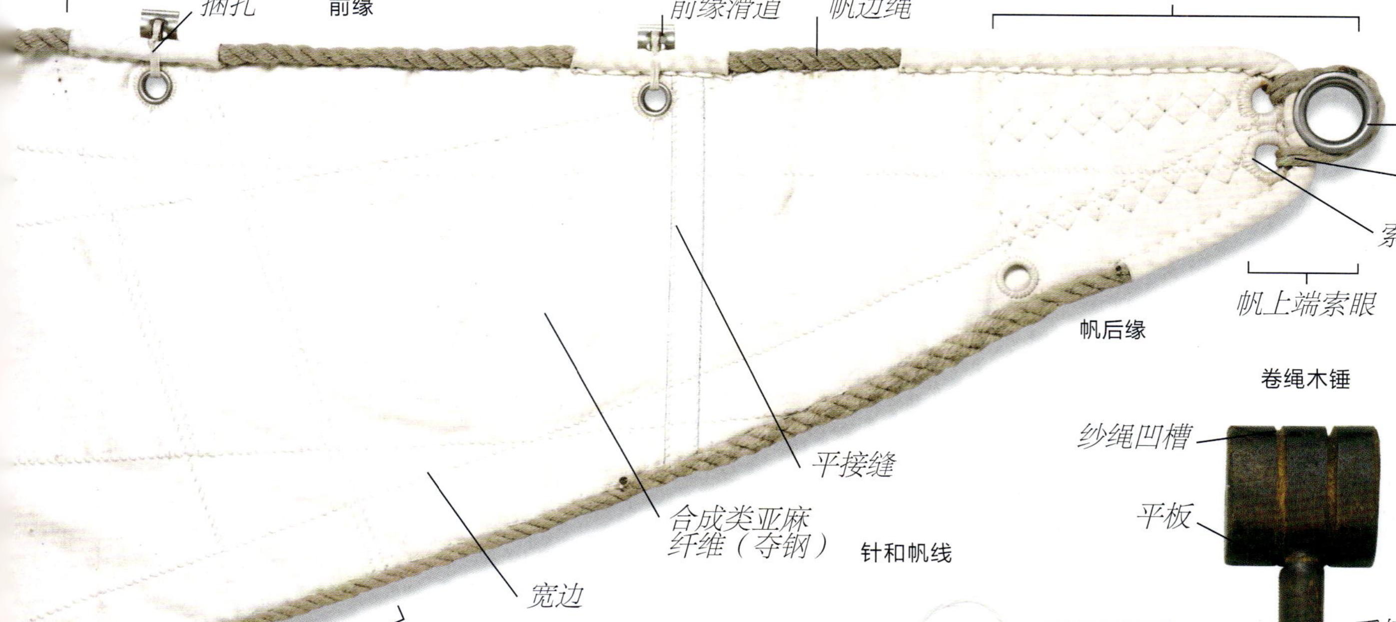

卷绳木锤

修帆工的硬木钉

针和帆线

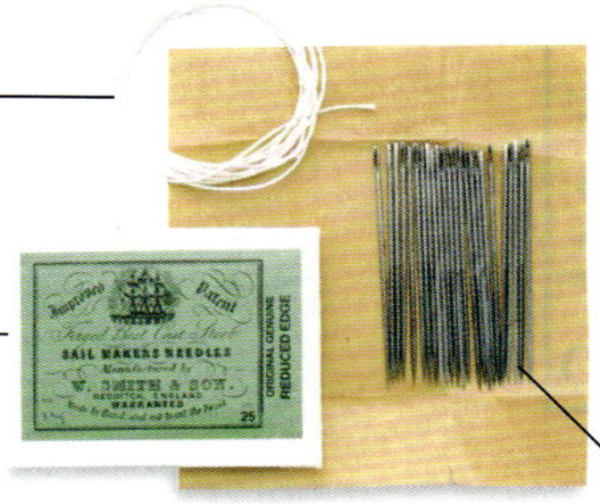

帆布

帆钩

修帆工的托掌

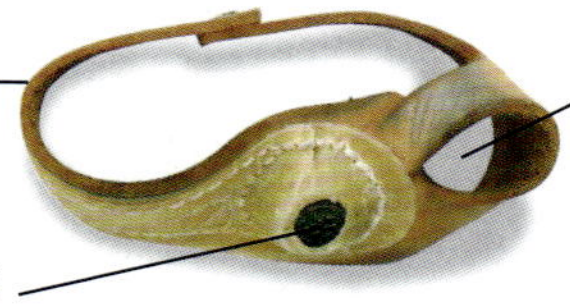

蜜蜡

修帆工的木锤

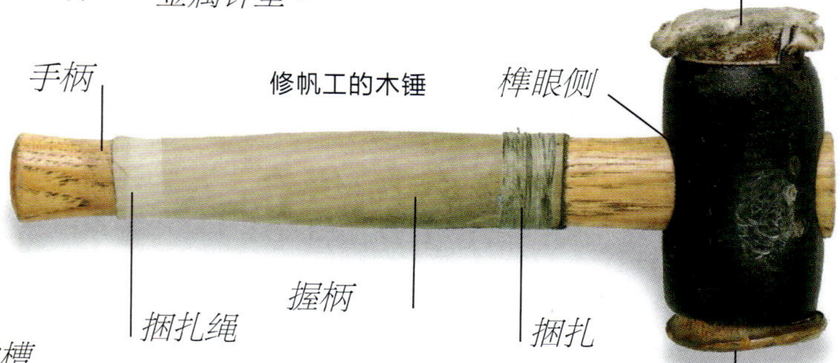

制帆工具

帆装

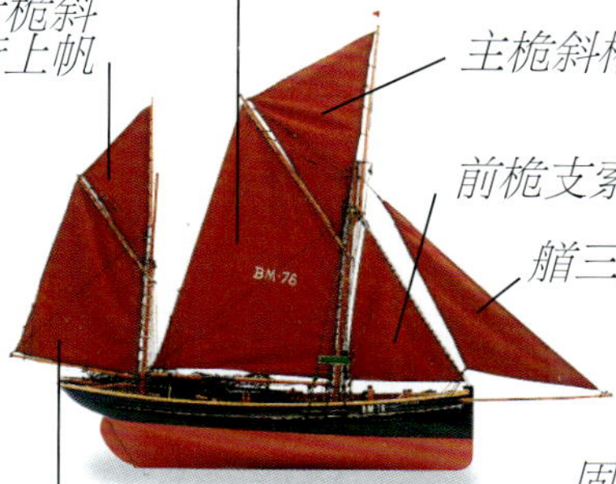

双桅纵帆船

斜桁四角帆船

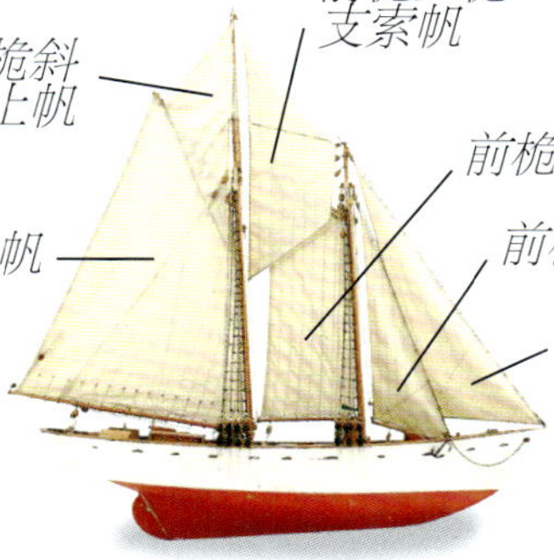

纵帆船

中桅双帆纵帆船的帆和动索

系泊和锚定

大型船舶在开放的水域停留时，锚定十分必要。船锚可以为船只提供海底系泊点，防止其被波浪、潮汐和水流带走。最初的船锚就是石头，但现在大多数船只都使用标准设计的锚，外形类似于本页显示的海军锚。燕尾锚稍有不同：深锚爪可以确保极其出色的抓力。大型帆船需要依靠人力完成锚定：水手一起推动插在锚柱绞盘的木柄，以收起或释放锚链。在平静的港湾和河口，船舶也可以使用缆绳系固，无需下锚：同时将缆绳固定在船上和码头的系缆桩上即可。使用系绳结可以连接两根缆绳，如下页所示。

石锚

不同类型的锚

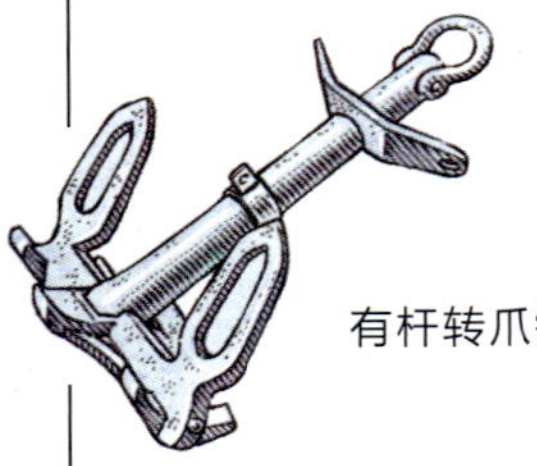

有杆转爪锚

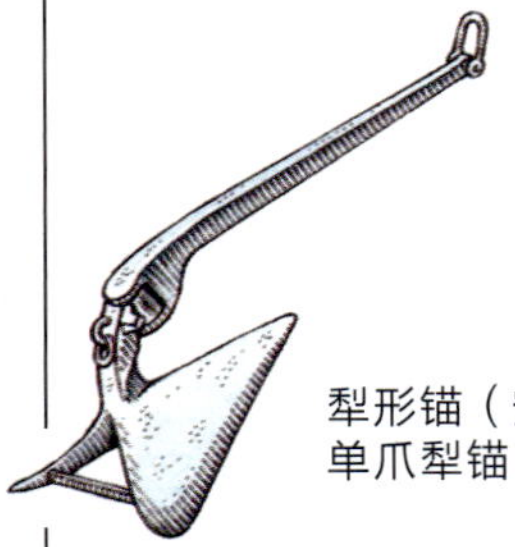

犁形锚（安全锚，单爪犁锚）

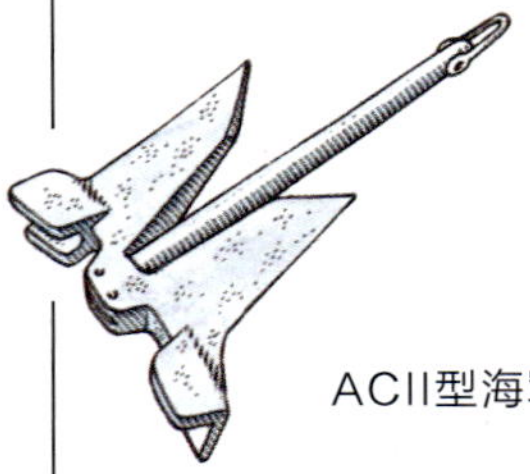

ACII型海军锚

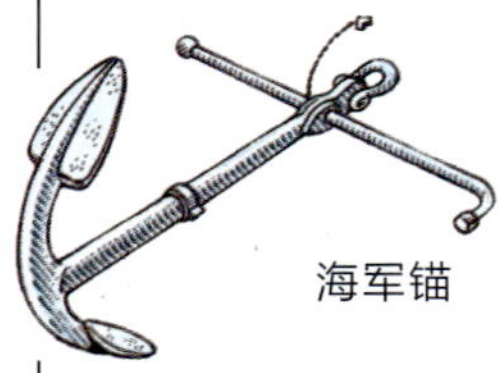

海军锚

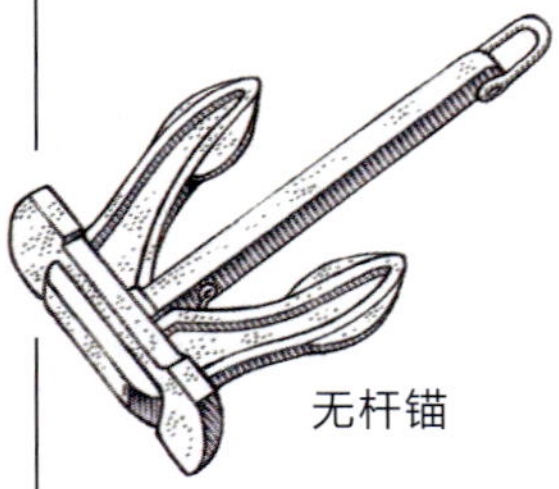

无杆锚

蘑菇状锚（永久系泊锚）

锚链

钩环、转环和链环

镀锌D型钩环　双链转环　锚链转环　螺旋链环

燕尾锚

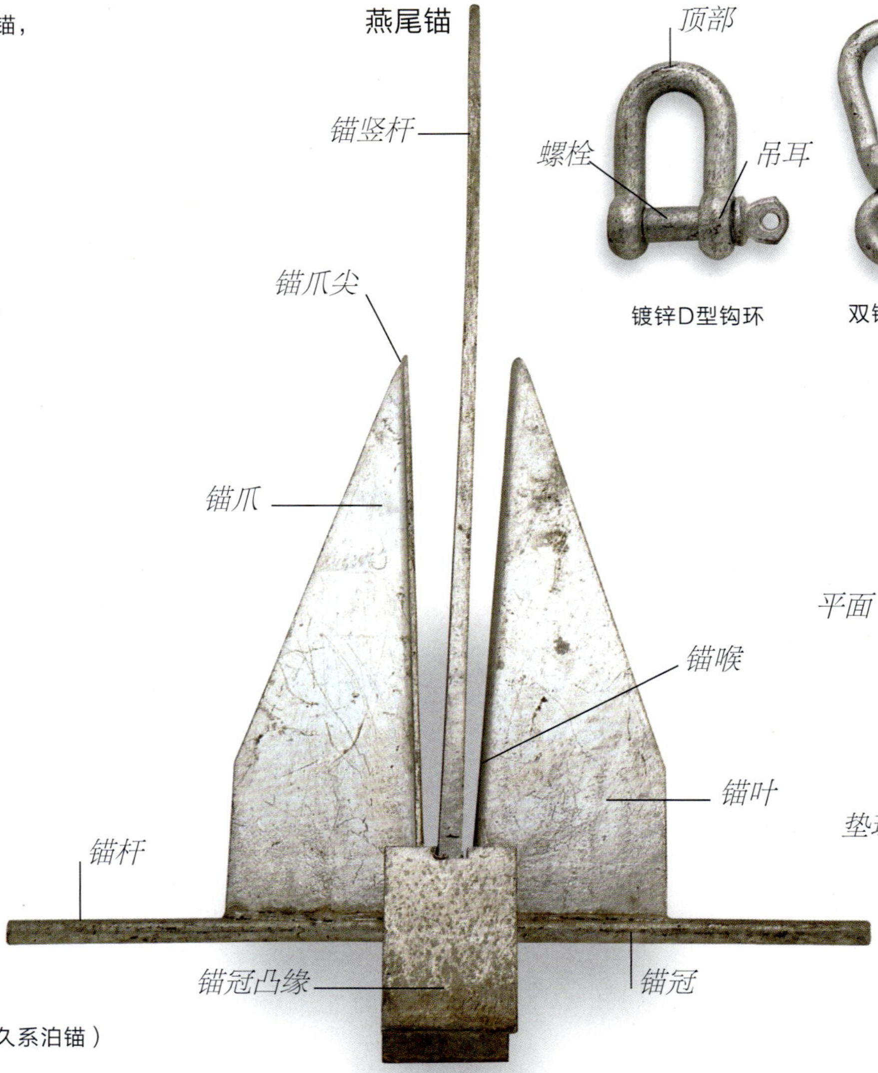

双柱系缆桩和系船索

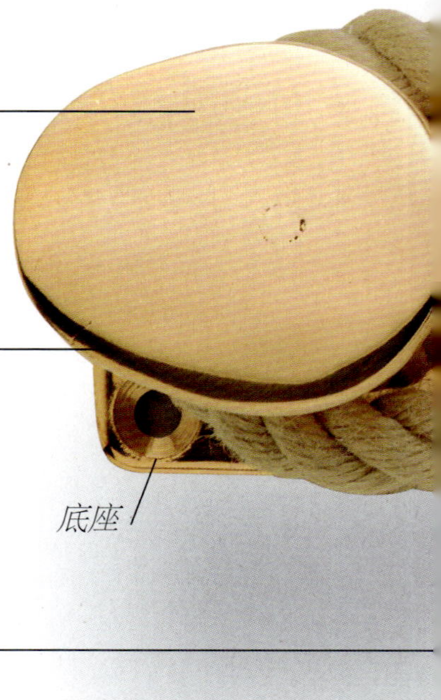

系泊索（系船索）

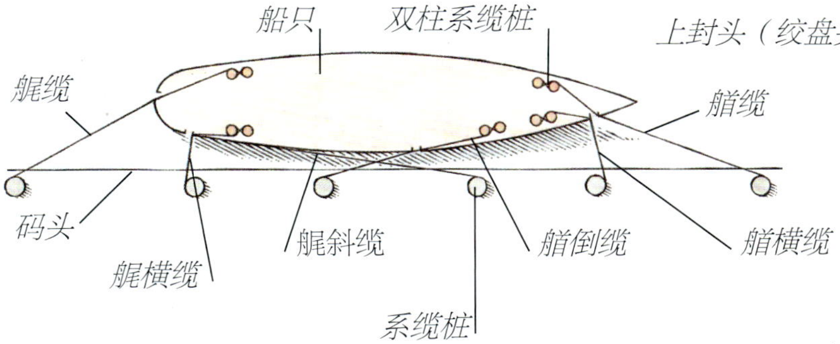

系泊缆绳结

单索花结（两个双圆结和两个半结）

单花大绳接结

单编结（测锤结）

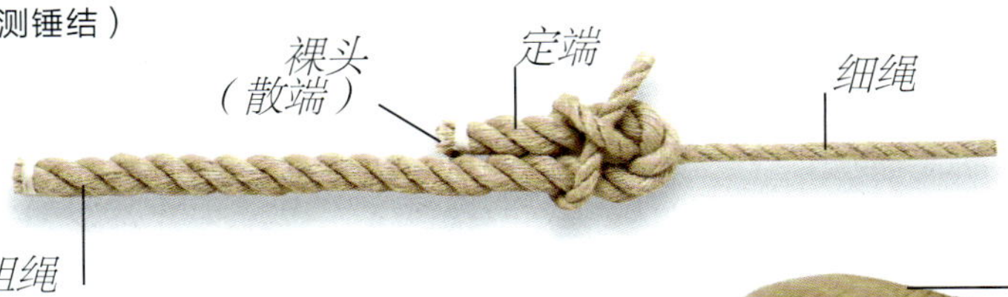

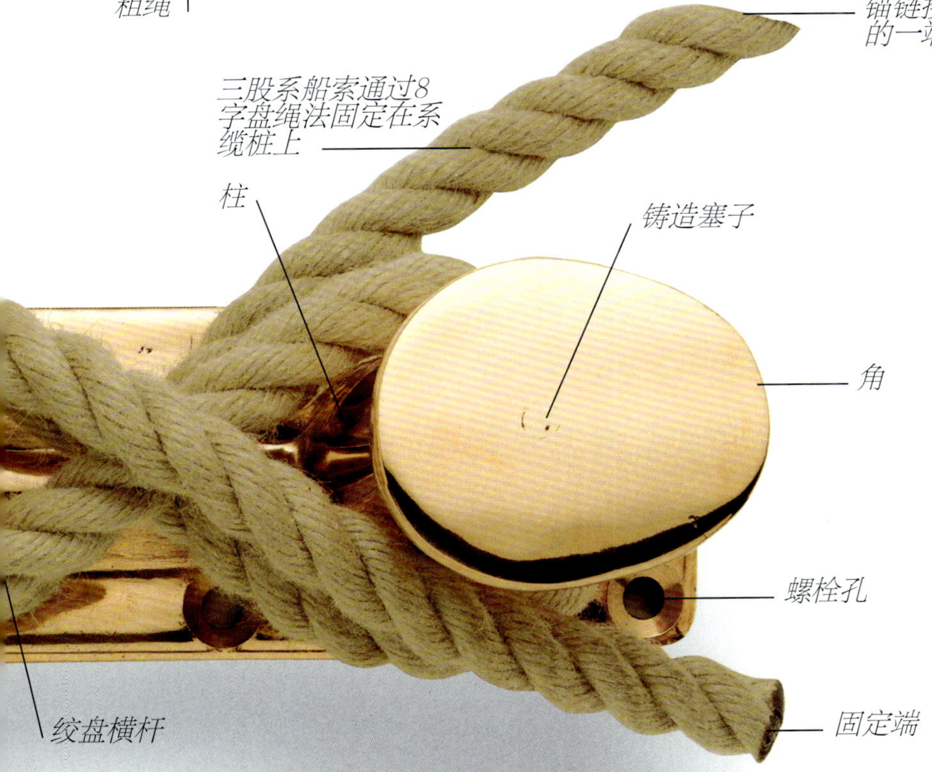

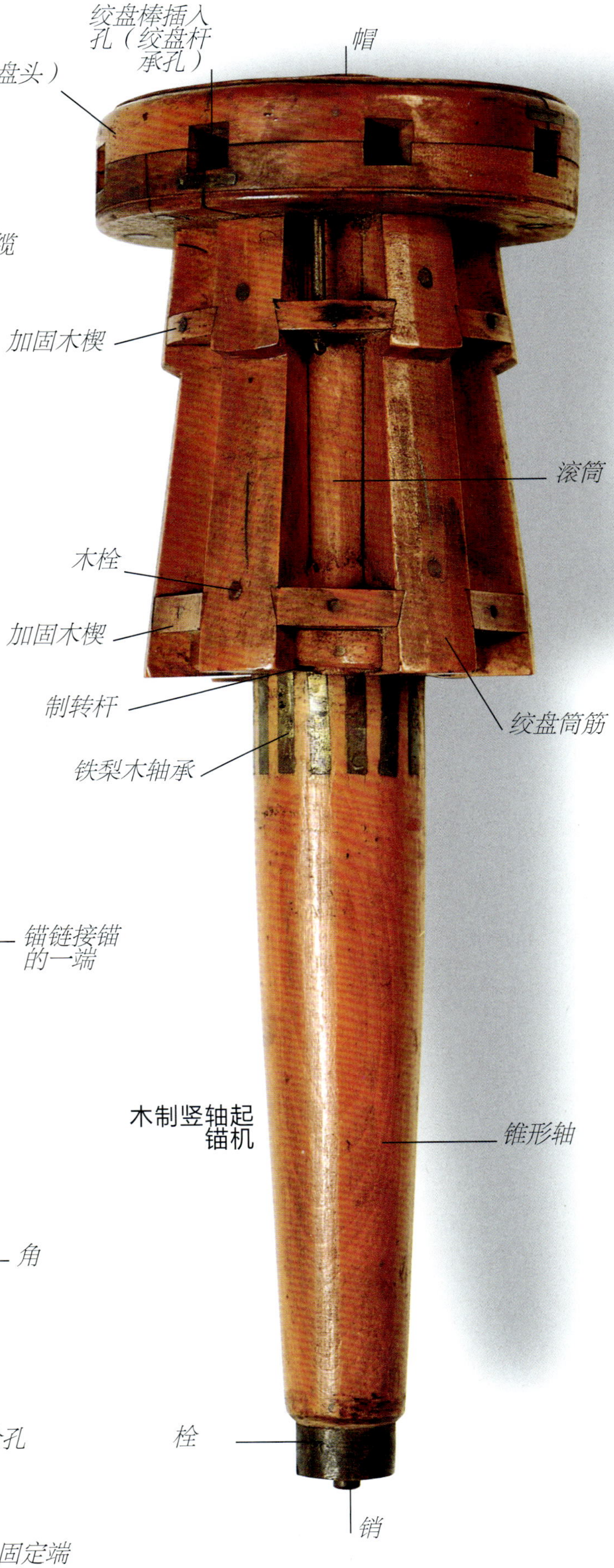

木制竖轴起锚机

绳索与绳结

从细麻线和纱线到粗缆绳，船上可以找到几乎所有类型的绳索，尤其是海上专用的合成纤维。尼龙绳易拉伸，是理想的锚定索具；聚丙烯不易拉伸，非常适合作为升降索和帆脚索。不同的绳结适合不同的用途：接绳结可以连接两条绳索，套结将绳子固定到另一个对象，单套结能够在绳子的一端结环。绳索可以通过拼接（打散两个绳端，然后编织在一起）或捆绑（并排捆扎）的方式连接。

法式称人结（葡式称人结）

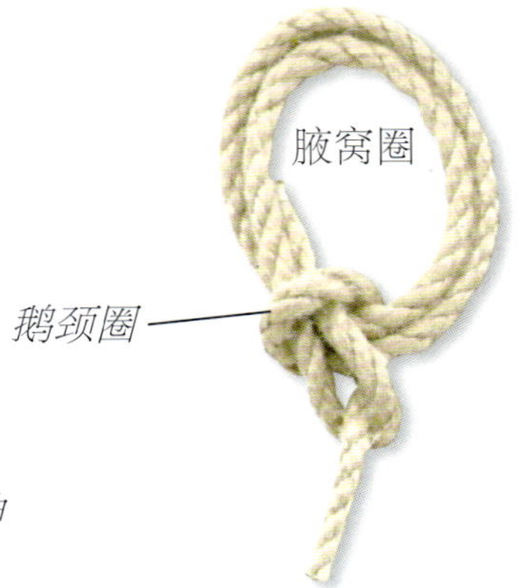

合成纤维绳

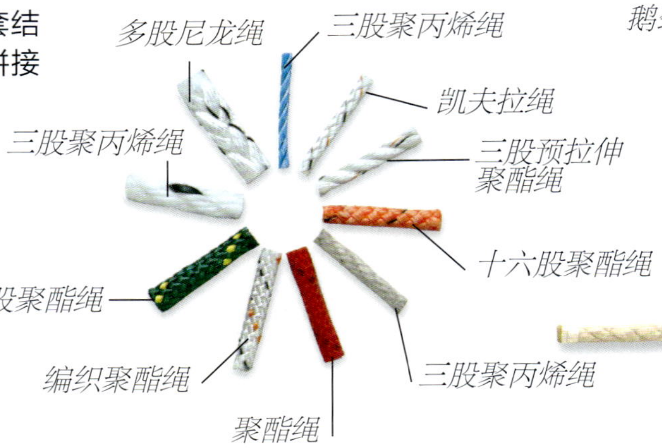

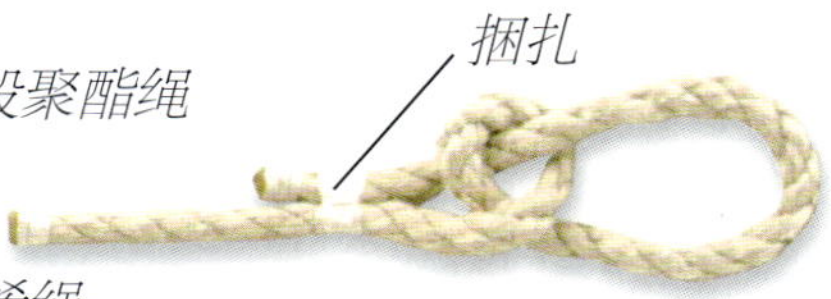

捆扎半结

绳结

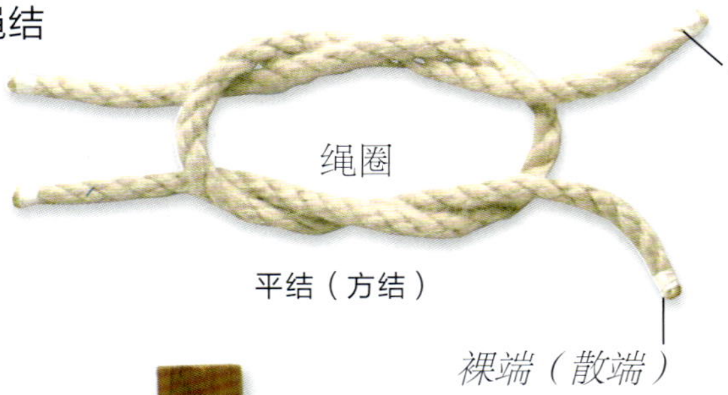

平结（方结）

反手结（半结）

猎人结

轮结

卷结

绳针结

单套结

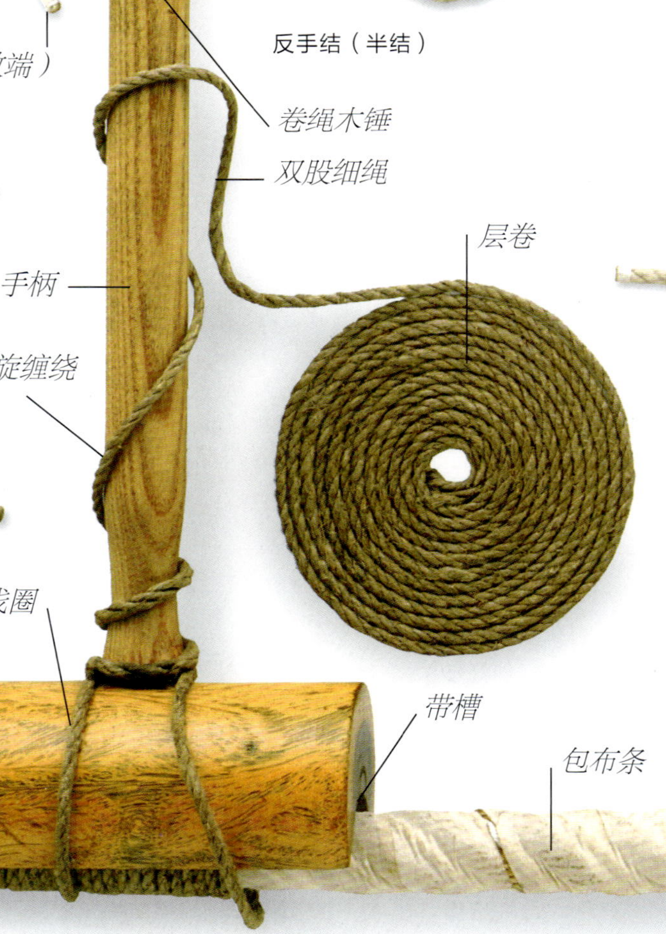

绕线、包布条和卷绳

拇指结

西班牙称人结

平扎（回扎）

双绞花结

驳船结

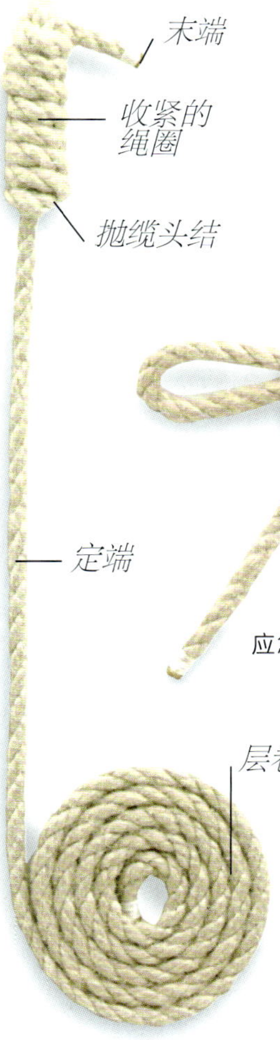

抛缆

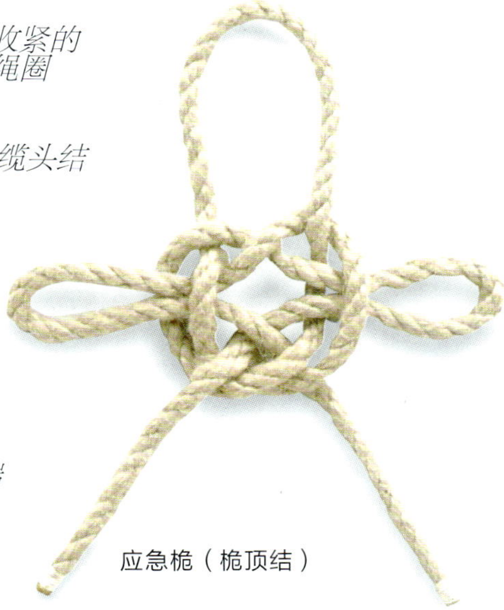

应急桅（桅顶结）

接绳结（测锤结）

抛绳接结

苦力结（蝴蝶结）

固定的缩短结

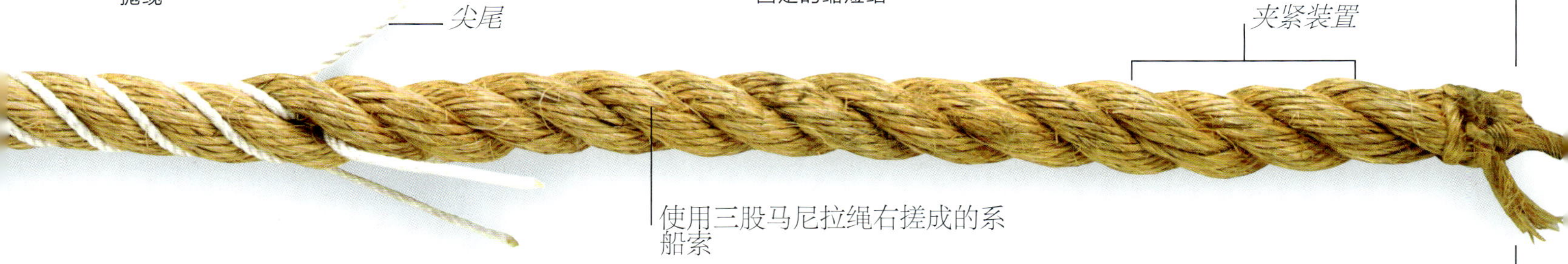

明轮和螺旋桨

蒸汽机是18世纪最伟大的发明之一，与明轮或螺旋桨结合可以为船只提供机械驱动，进而替代风帆。如下图模型所示，明轮分为固定明轮和活动式明轮。活动式明轮的推进功率高于固定明轮，因为前者几乎所有时间都可以在水中保持垂直。19世纪中叶，远洋船舶使用螺旋桨取代了明轮，因为螺旋桨效率更高，能够适应恶劣的水域条件，并且更耐碰撞。螺旋桨最初为两个叶片，后来增加为三叶片和四叶片，形状和螺距也不断优化，可以确保高效的推力。18世纪初，很多大型船只使用舵轮取代了舵柄。

舵轮

三叶螺旋桨

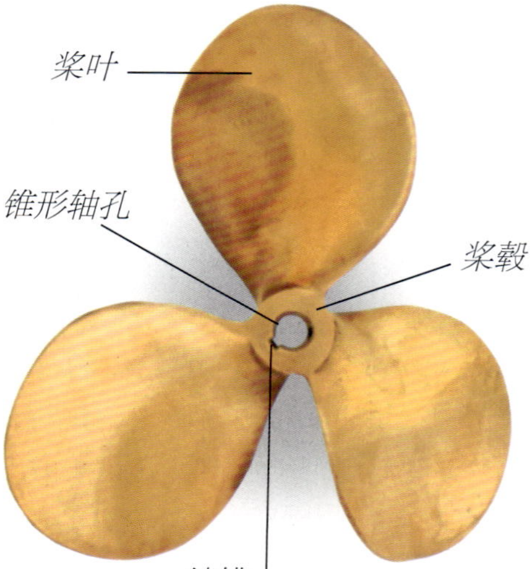

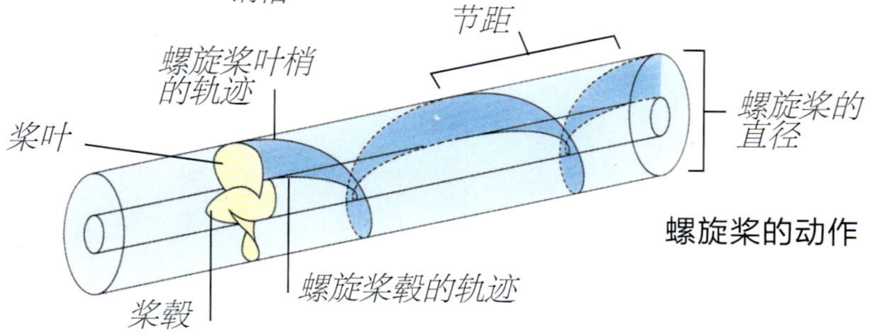

螺旋桨的动作

活动轮叶明轮

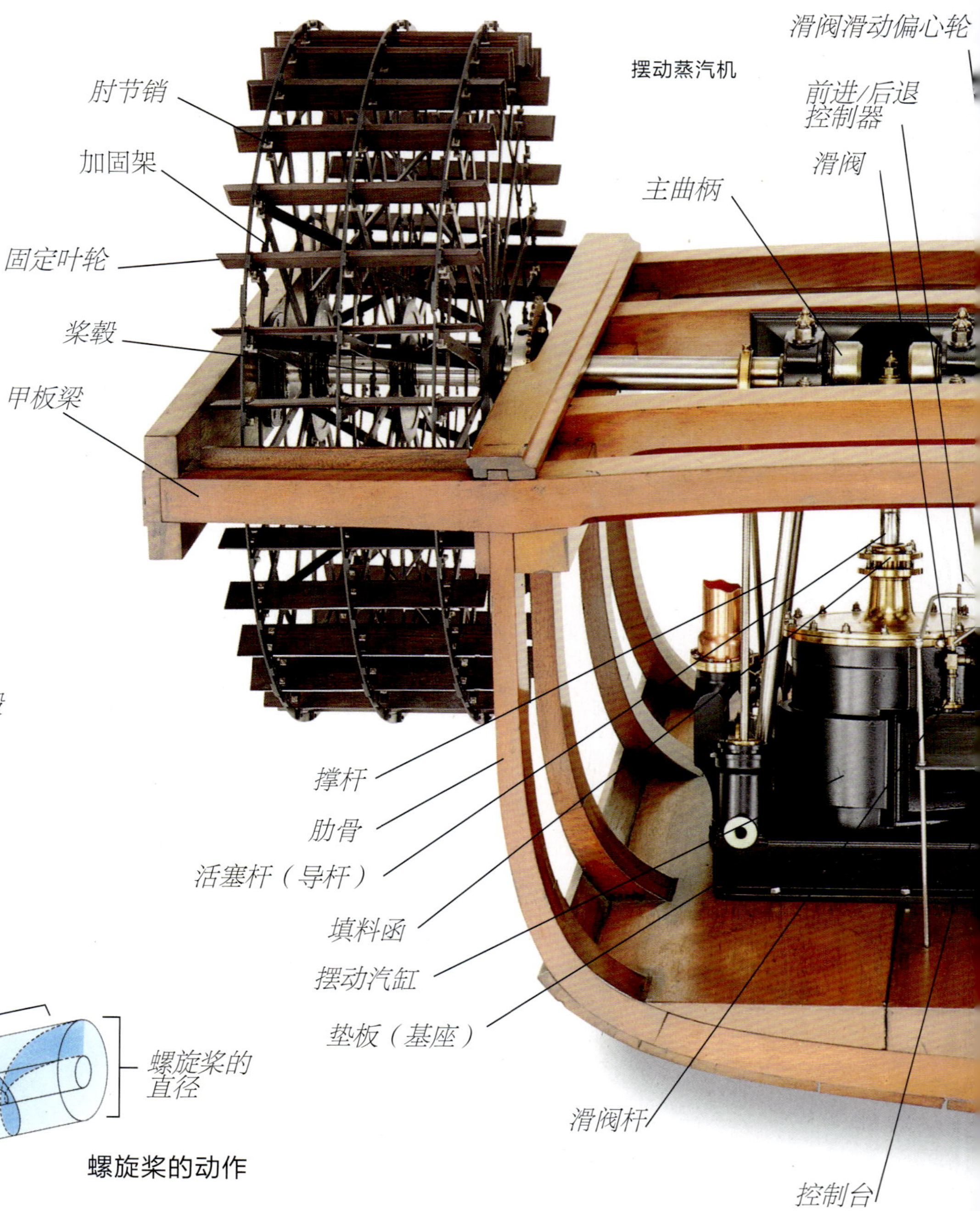

明轮蒸汽船设计

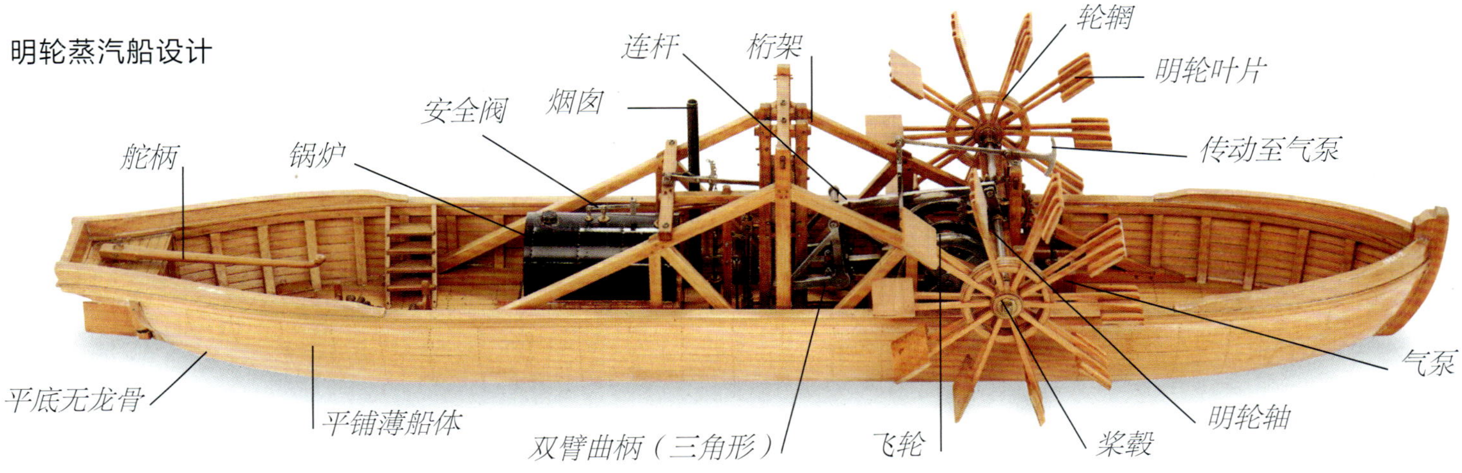

固定轮叶明轮

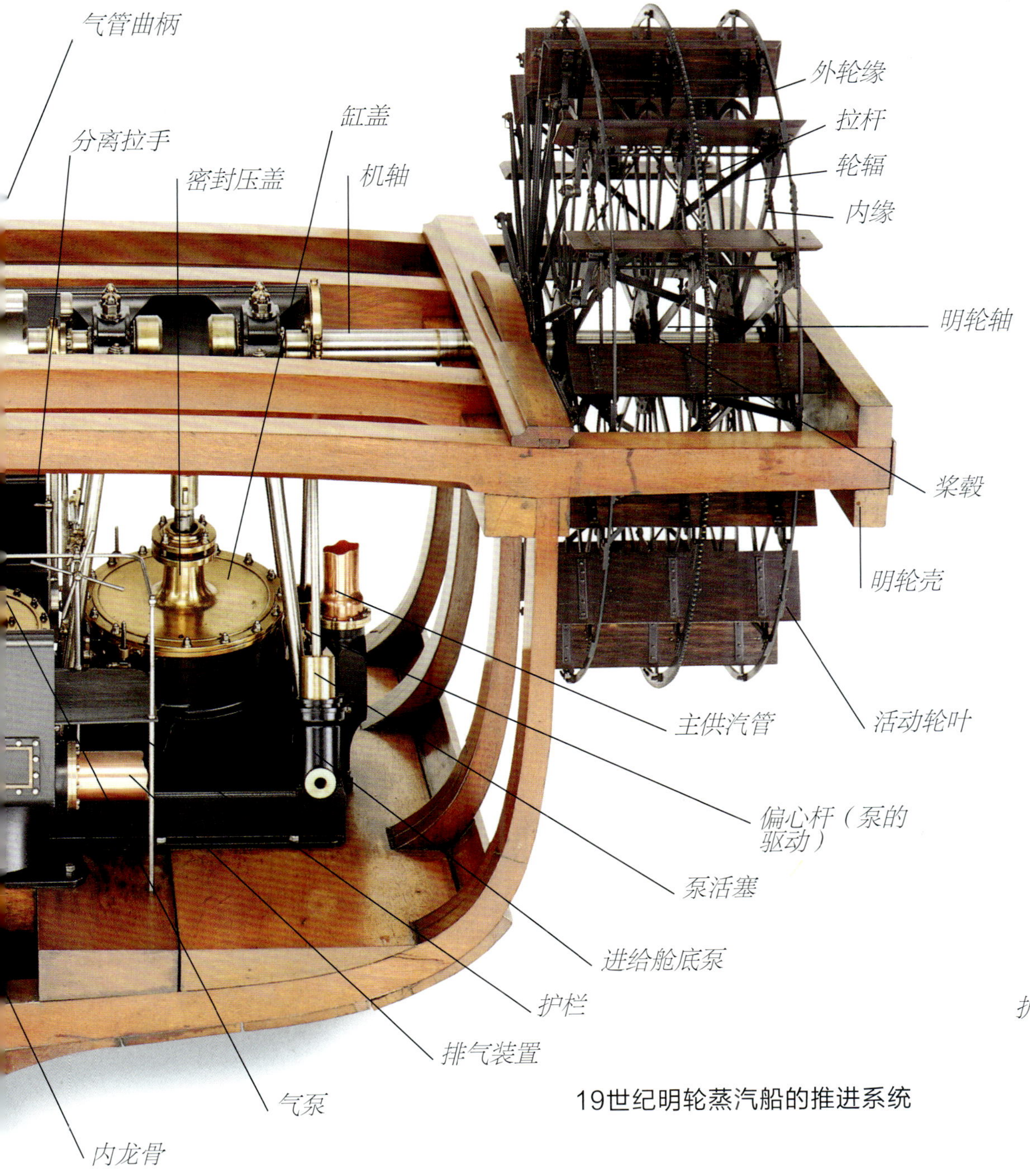

19世纪明轮蒸汽船的推进系统

螺旋桨类型

弗劳德早期测试螺旋桨

拖船螺旋桨

三叶螺旋桨

护环螺旋桨

铁船结构

铁器部件最早于1675年在木质船体上出现，但其与替代的木制部件在外形和功能上并无二致。在运茶船“卡蒂萨克”号（下图）应用更结实的铁索取代传统绳索之后，第一艘木质船体覆盖装甲铁板的“铁甲舰”出现了。随后，铁甲舰拥有了真正的铁质船体。下页的模型以英国“勇士”号战列舰为原型。勇士号于1860年下水，是第一艘完全铁制的战舰。最下方的平面图显示，晚些时候建造的铁明轮船是一艘帆船，而两个侧明轮表明船中部搭载了蒸汽动力装置。早期的铁质船身为铁板铆接工艺，20世纪开始应用焊接技术，可以同时实现完整的船身焊接。第二次世界大战期间，“生产线”船舶产品大量问世，自由轮是其中的代表之一。

运茶快船

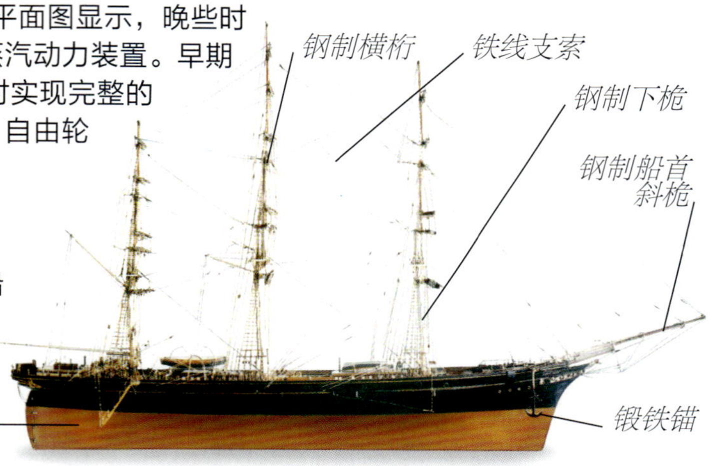

铆接板

自由轮

铁质明轮蒸汽船结构图

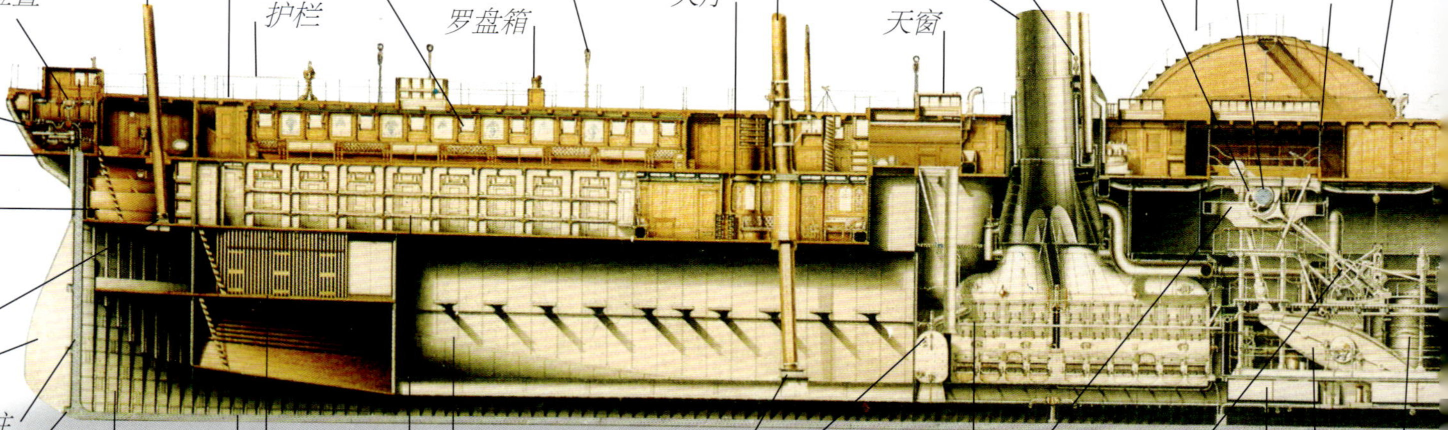

装甲舰剖面图

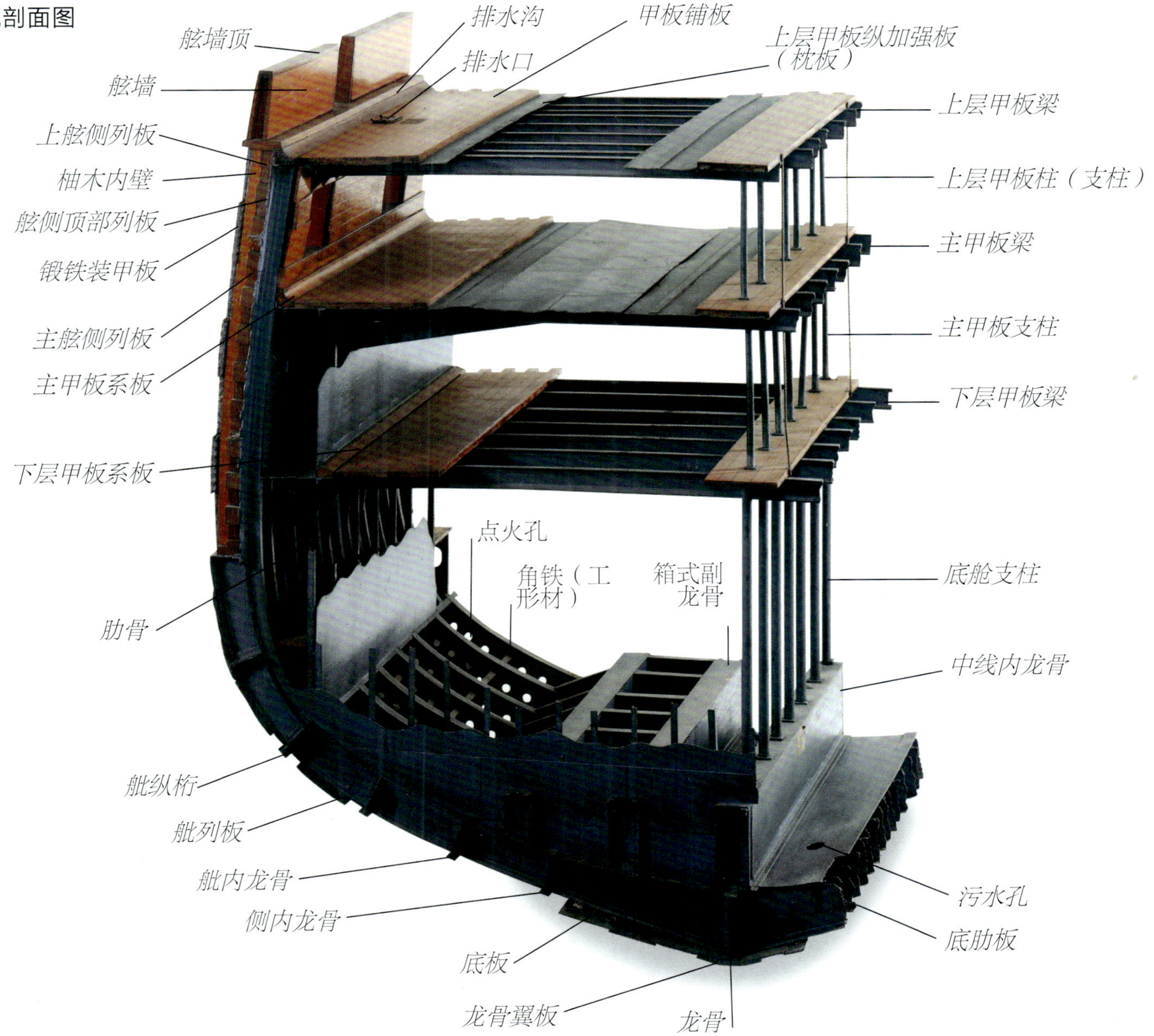
舷墙顶
舷墙
上舷侧列板
柚木内壁
舷侧顶部列板
锻铁装甲板
主舷侧列板
主甲板系板
下层甲板系板
肋骨
舭纵桁
舭列板
舭内龙骨
侧内龙骨
底板
龙骨翼板
龙骨
排水沟
排水口
甲板铺板
上层甲板纵加强板
（枕板）
上层甲板梁
上层甲板柱（支柱）
主甲板梁
主甲板支柱
下层甲板梁
点火孔
角铁（工
形材）
箱式副
龙骨
底舱支柱
中线内龙骨
污水孔
底肋板

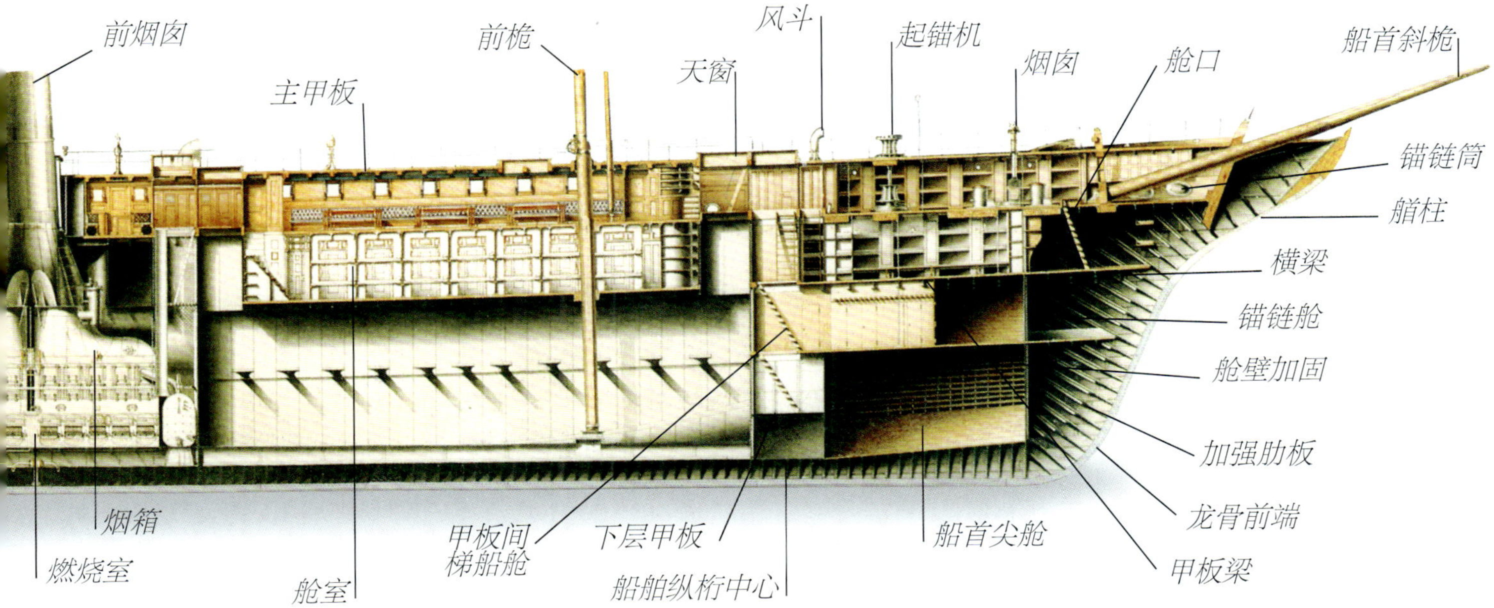
前烟囱
主甲板
前桅
天窗
风斗
起锚机
烟囱
舱口
船首斜桅
锚链筒
艏柱
横梁
锚链舱
舱壁加固
加强肋板
龙骨前端
甲板梁
船首尖舱
船舶纵桁中心
下层甲板
甲板间
梯船舱
舱室
烟箱
燃烧室

战列舰

21世纪初，攻击敌舰或防护敌舰攻击的海战格局因无畏舰的出现而改变。无畏舰集蒸汽动力、重炮和装甲板等当时的最新技术于一身，形似下图中的巴西军舰，炮塔使用重型大口径远程火炮，外覆300毫米厚的防护装甲。火炮口径为内径测量数据，“重型”表示炮弹的重量。如右上方香烟卡所示，鱼雷作为自行式水下导弹通常借助陀螺仪控制方向。深水炸弹在第一次世界大战时面世，目的是应对德国U形潜艇。深水炸弹是一个装满爆炸物的罐状容器，由定深引信引爆，通过抛射器发射，然后经由鱼雷管从船尾投放入海（如下方香烟卡所示）。20世纪后期以来，军舰开始悬挂船徽。右边是以传统舰载火炮为图案的船徽。

21世纪的武器装备

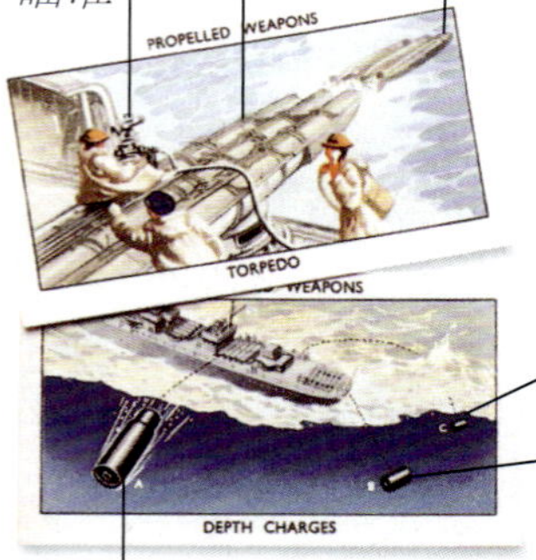

鱼雷

深水炸弹

巴西军舰

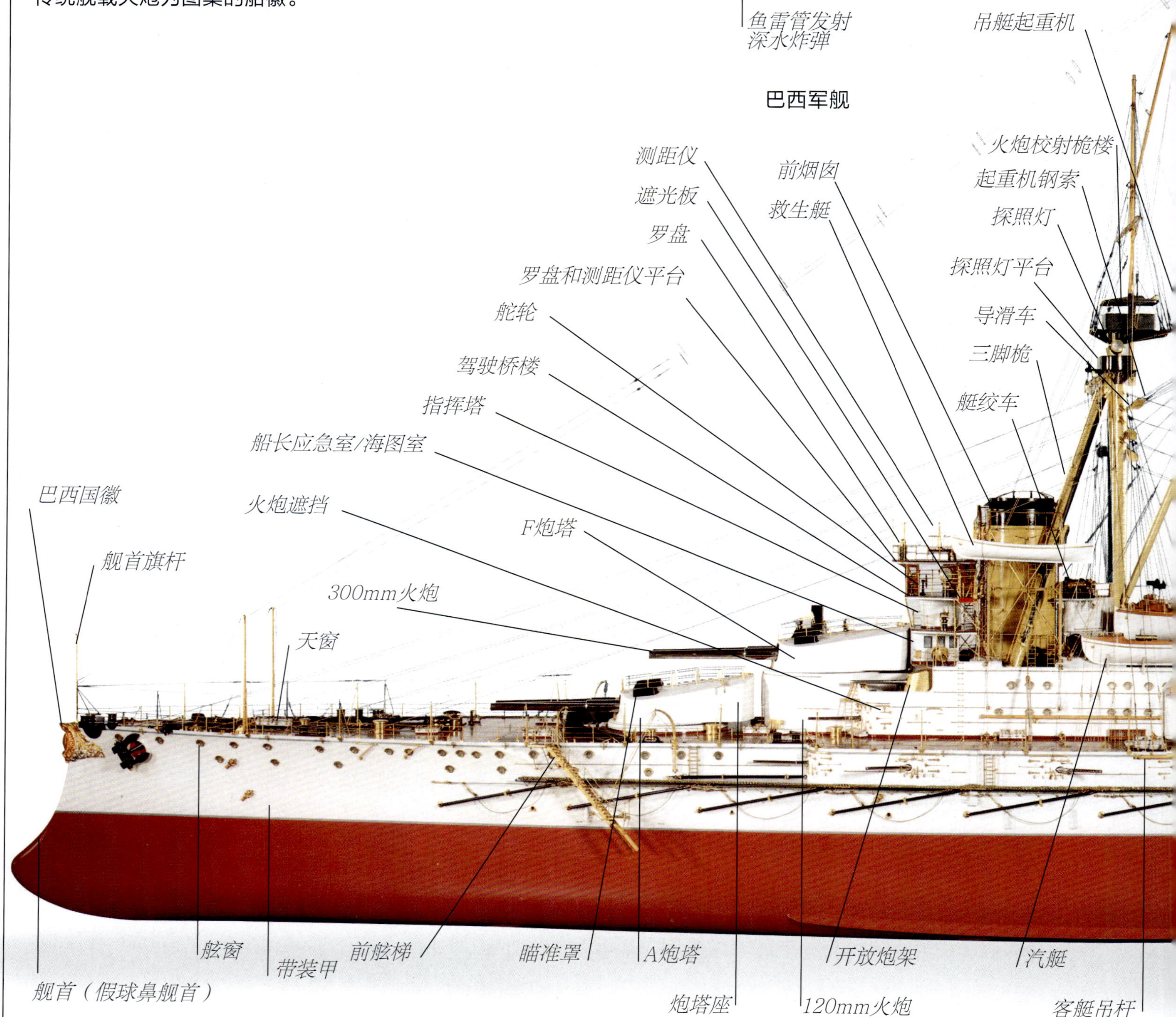

船徽

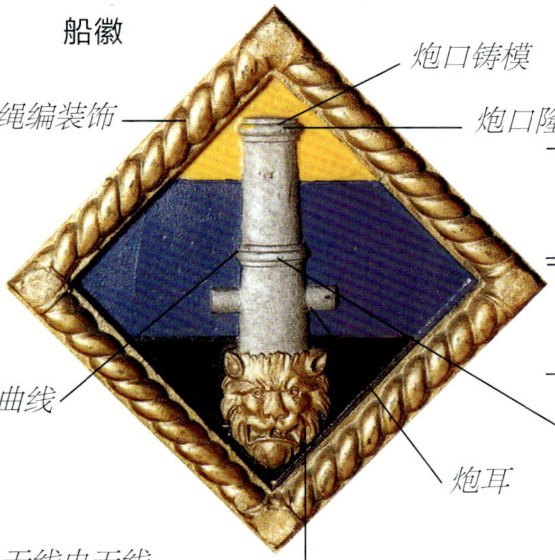
炮口铸模
绳编装饰
炮口隆起
炮前身
加固材料
弯曲线
圈带
炮耳
狮冠饰章

上无线电天线桅桁
（W/T上桅桁）
上桅
无线电天线桅桁
（W/T桅桁）
下横桁
信号装置
梯口
滑差制动
吊艇柱
船首锚架
护栏
系船索导缆孔
副锚
右舷艏锚
救生艇吊柱
防水板
缆索支架
锚链
系缆桩
锚链筒
吊艇杆
船缆导索孔
左舷艏锚

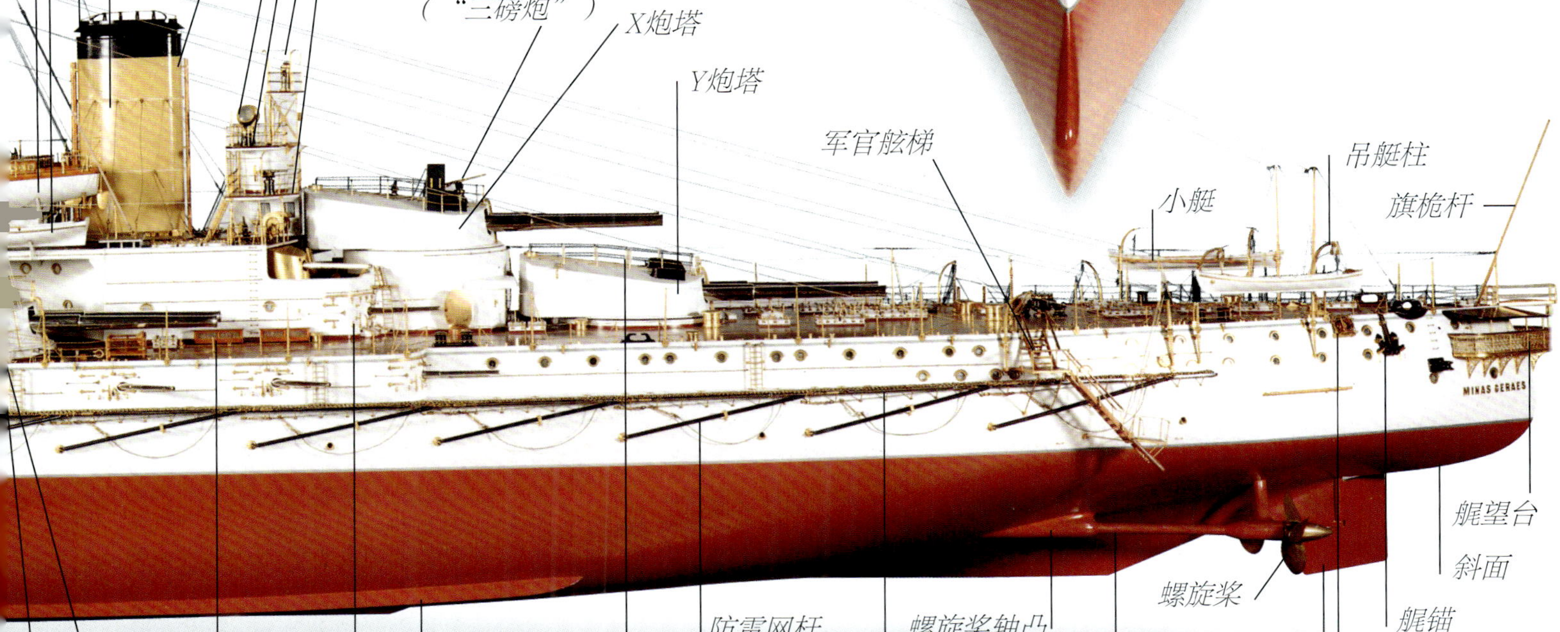
无线电天线
排气管
探照灯
舰载鱼雷艇
轻便快艇
探照灯平台
后烟囱
后罗经观测台
烟囱
支索
尾桥楼
1.3千克速射炮
（“三磅炮”）
X炮塔
Y炮塔
军官舷梯
吊艇柱
小艇
旗桅杆
MINAS GERAES
艉望台
斜面
螺旋桨
艉锚
P炮塔
舭龙骨
防雷网杆
螺旋桨轴凸
螺旋桨轴
煤灰管道
鸡窝
炮位
炮塔顶部护栏
防雷网
船舵
救生圈

护卫舰与潜艇

20世纪中期之后，如何应对装甲船成为新的挑战。因此，巨型旋转炮塔应时而生。旋转炮塔无发射死角，后膛装弹方便快捷，使用爆炸弹。护卫舰等现代军舰是重型舰载武器与轻型直升机装备的结合，潜艇属于在海面以下航行的新型舰艇。高速度和水下发射导弹的能力是潜艇的典型特征，核潜艇甚至可以在无需补充燃料的情况下水下续航数年。

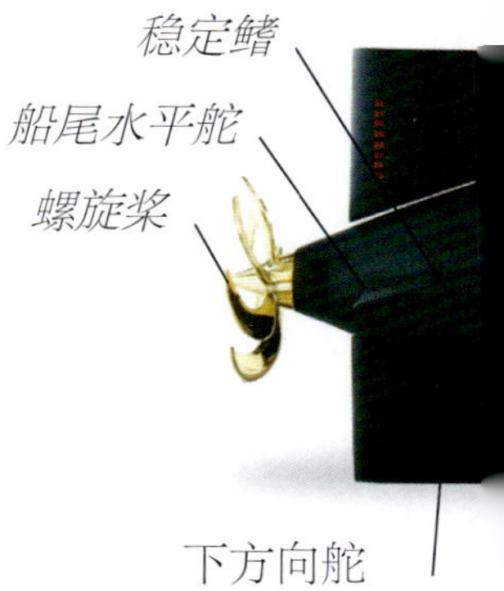

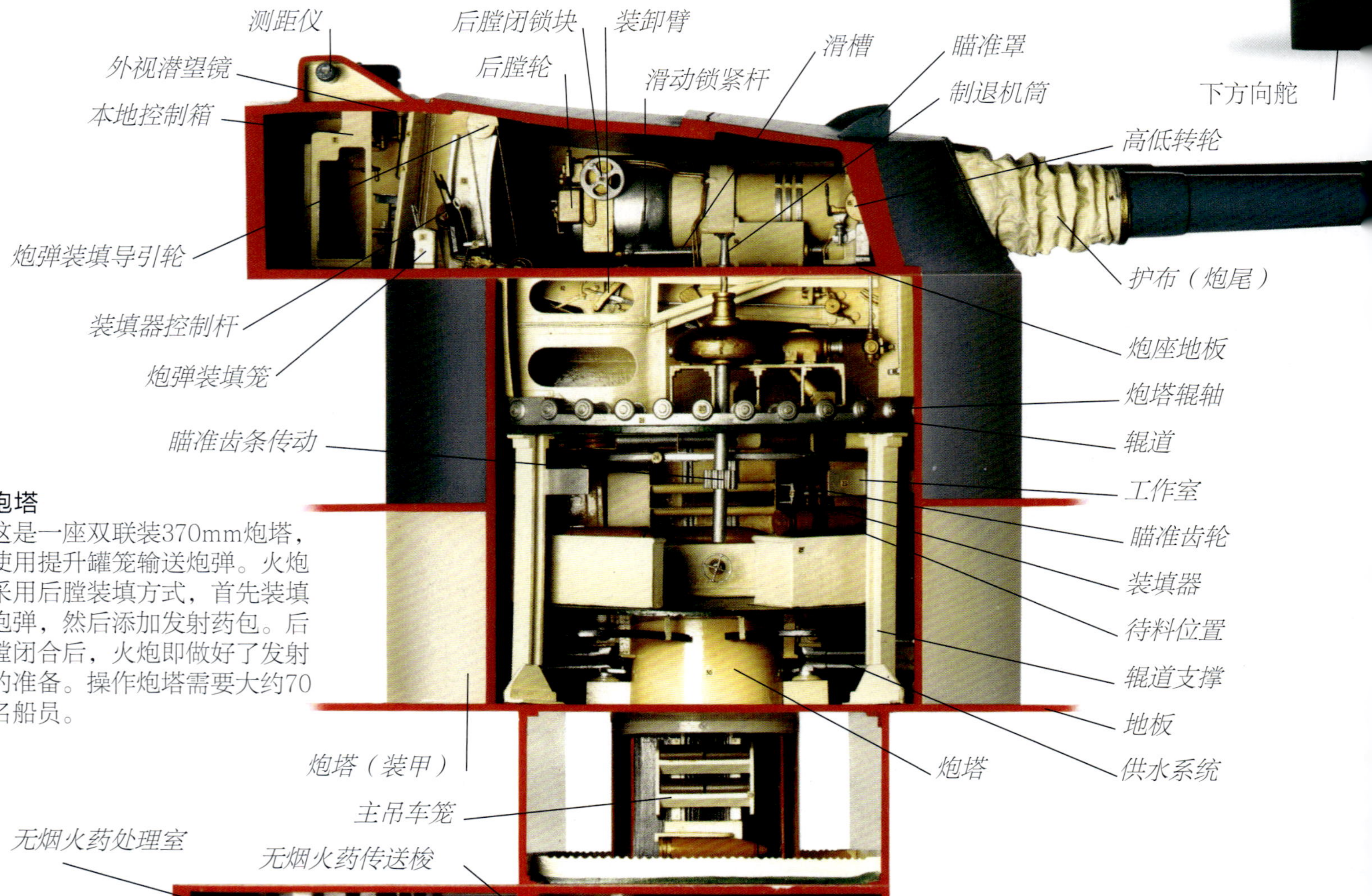

炮塔

这是一座双联装370mm炮塔，使用提升罐笼输送炮弹。火炮采用后膛装填方式，首先装填炮弹，然后添加发射药包。后膛闭合后，火炮即做好了发射的准备。操作炮塔需要大约70名船员。

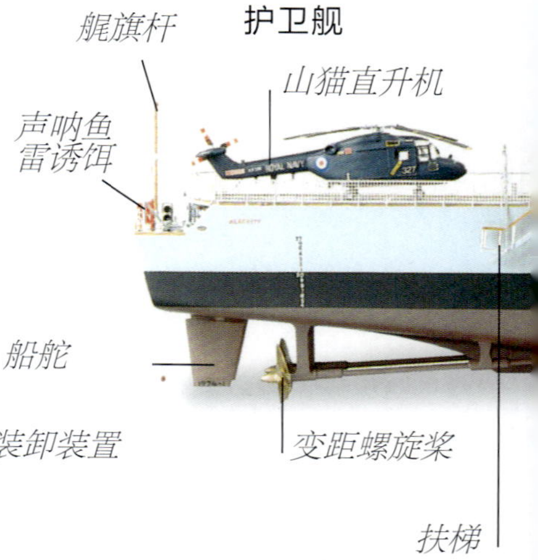

核动力猎潜反潜潜艇

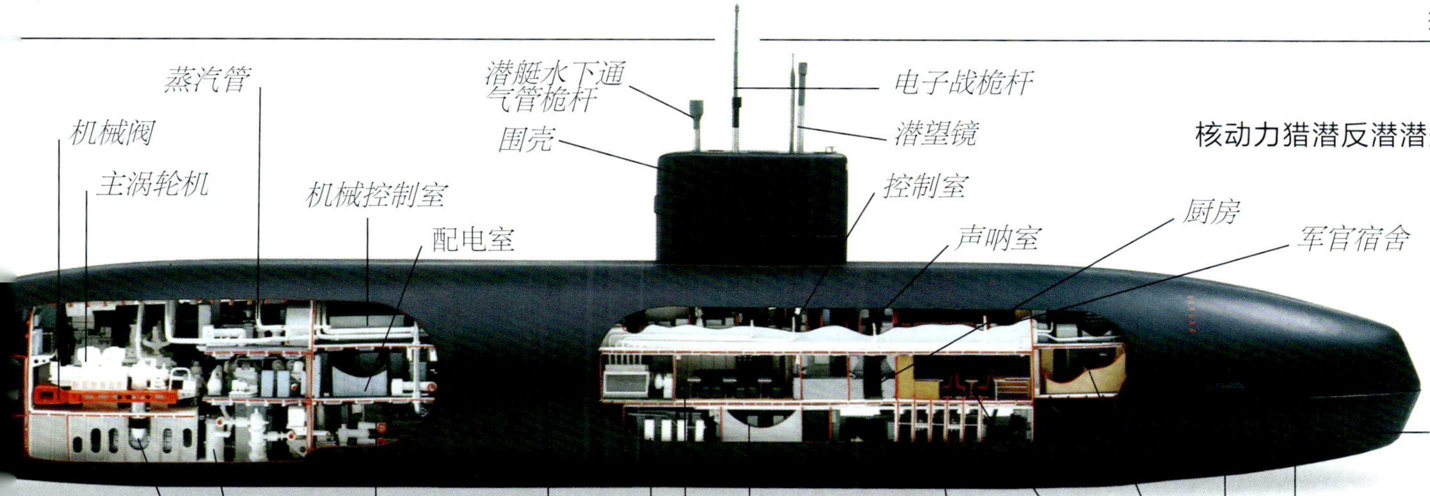

150mm炮弹

炮弹外形可以减小空气阻力。

弹壳

炮弹剖面

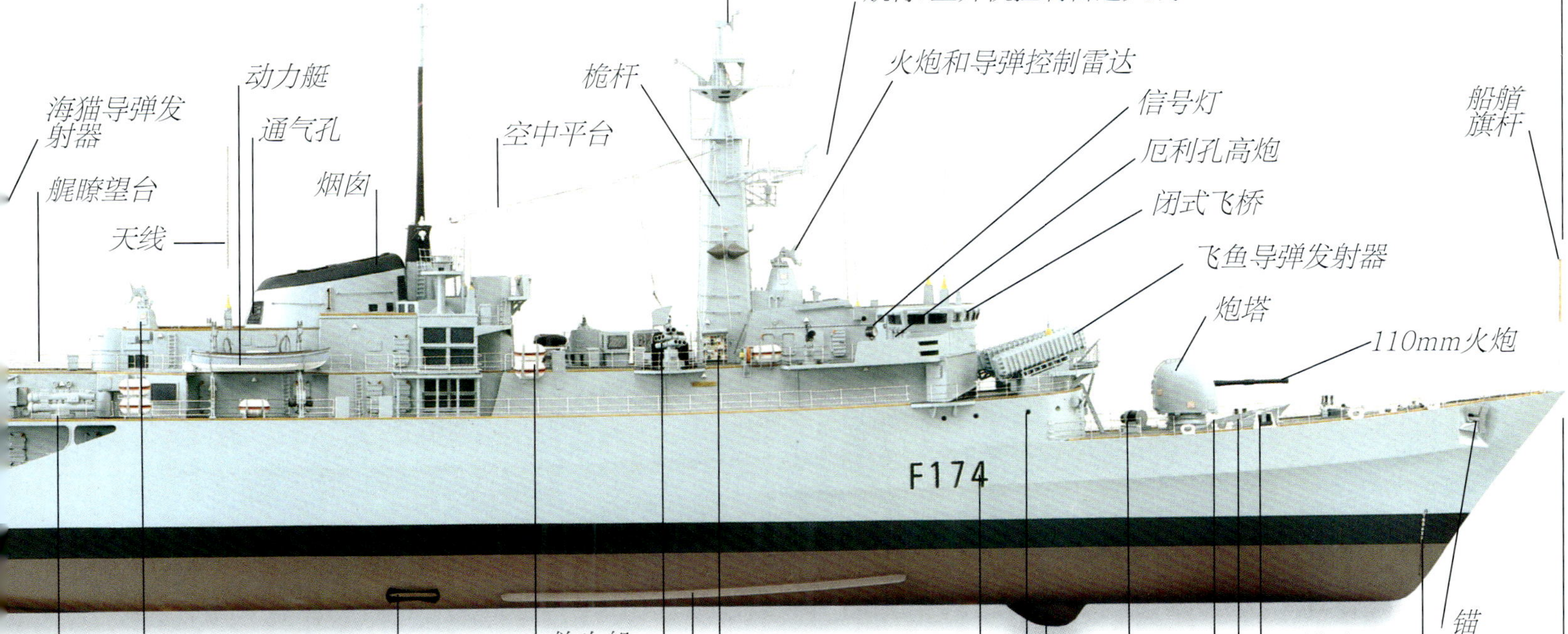

飞行先驱

飞行让人类着迷了好几百年，其间人们设计出不计其数的不成功的飞行器。第一次成功的飞行是在1783年由法国人蒙哥尔费兄弟完成的，那一年他们的气球在巴黎飞上天空。随后的一个重大成就是滑翔机的问世，突出的代表人物一位是英国人乔治·凯利爵士，他设计出第一架能持续飞行的滑翔机；另一位是德国人奥托·李林塔尔，他成功地完成了可以控制的飞行，成为世界上第一位飞行员。但是，一直到19世纪末发明重量轻、汽油驱动的内燃式发动机之前，人类没有实现动力飞行。到了1903年，美国人奥威尔·莱特和威尔伯·莱特俩兄弟驾驶他们的“莱特飞行者”双翼机完成了第一次有动力的飞行，该机装有一台四缸汽油驱动发动机。此后，飞机设计迅猛发展，1909年法国人路易斯·布莱里奥创造性地飞越英吉利海峡。美国人格伦·寇蒂斯也驾驶他的D型推进式飞机和其改进型飞机创造了几个“第一”，其中最成功的是在1909年法国兰斯大会上夺得世界上第一个飞行速度竞赛的桂冠。

1903年美国“莱特飞行者”飞机前视图

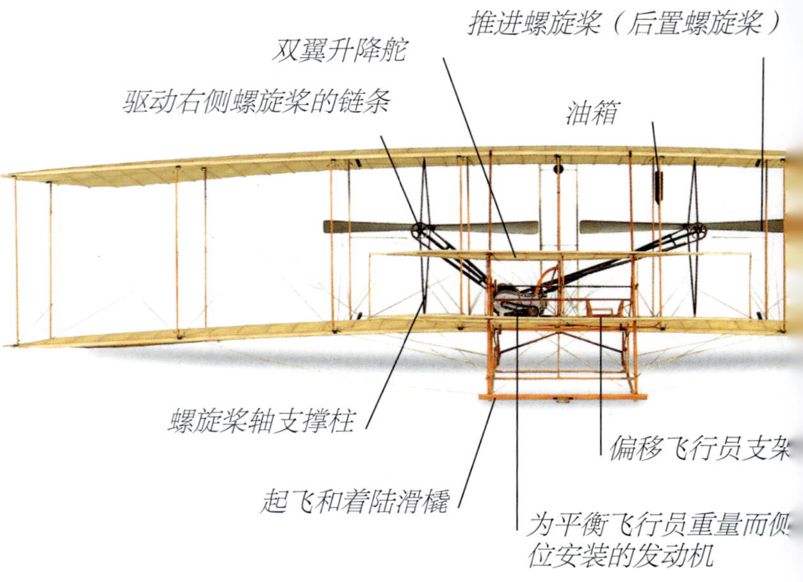

1911年美国寇蒂斯D型推进式飞机侧视图

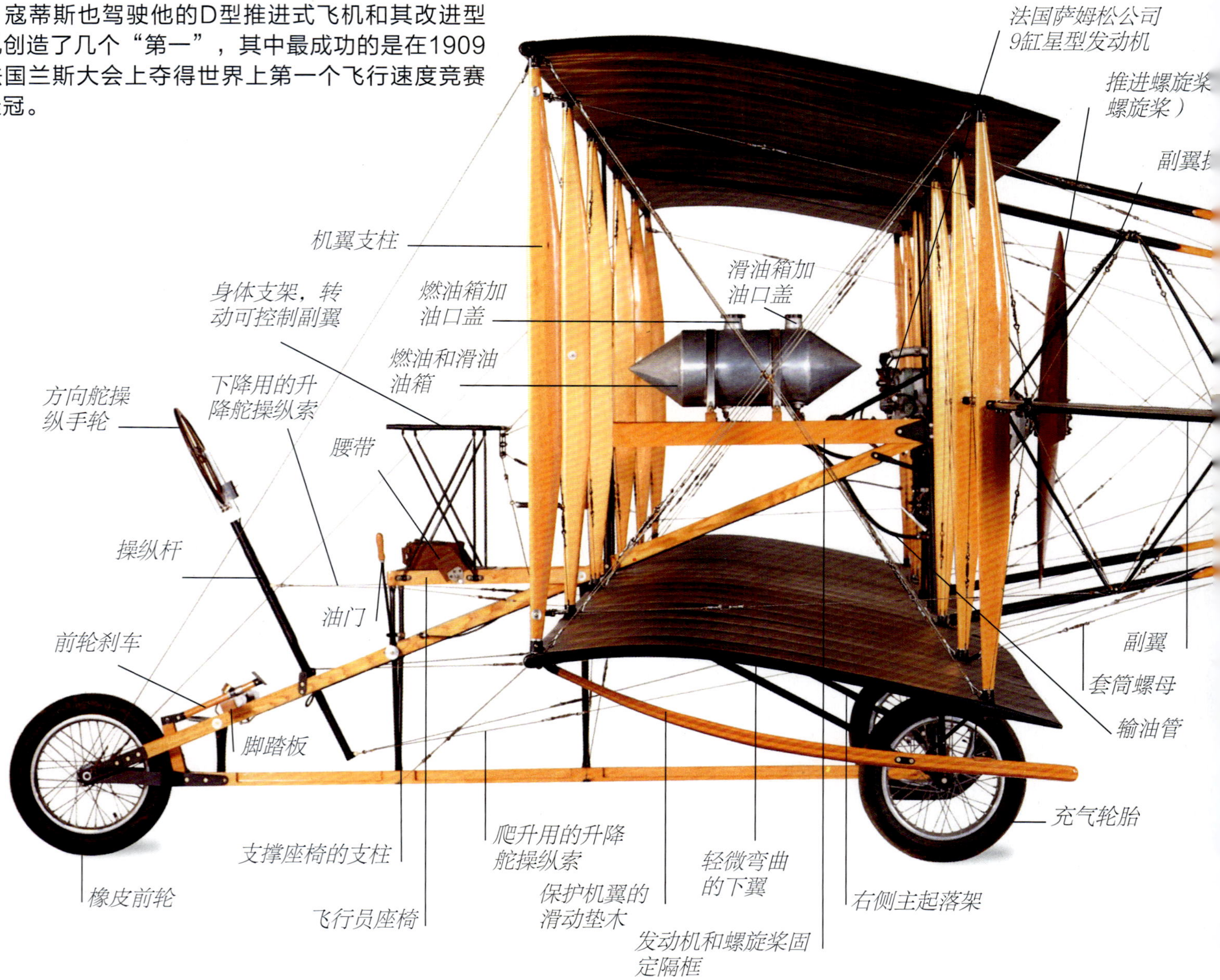

1903年“莱特飞行者”侧视图

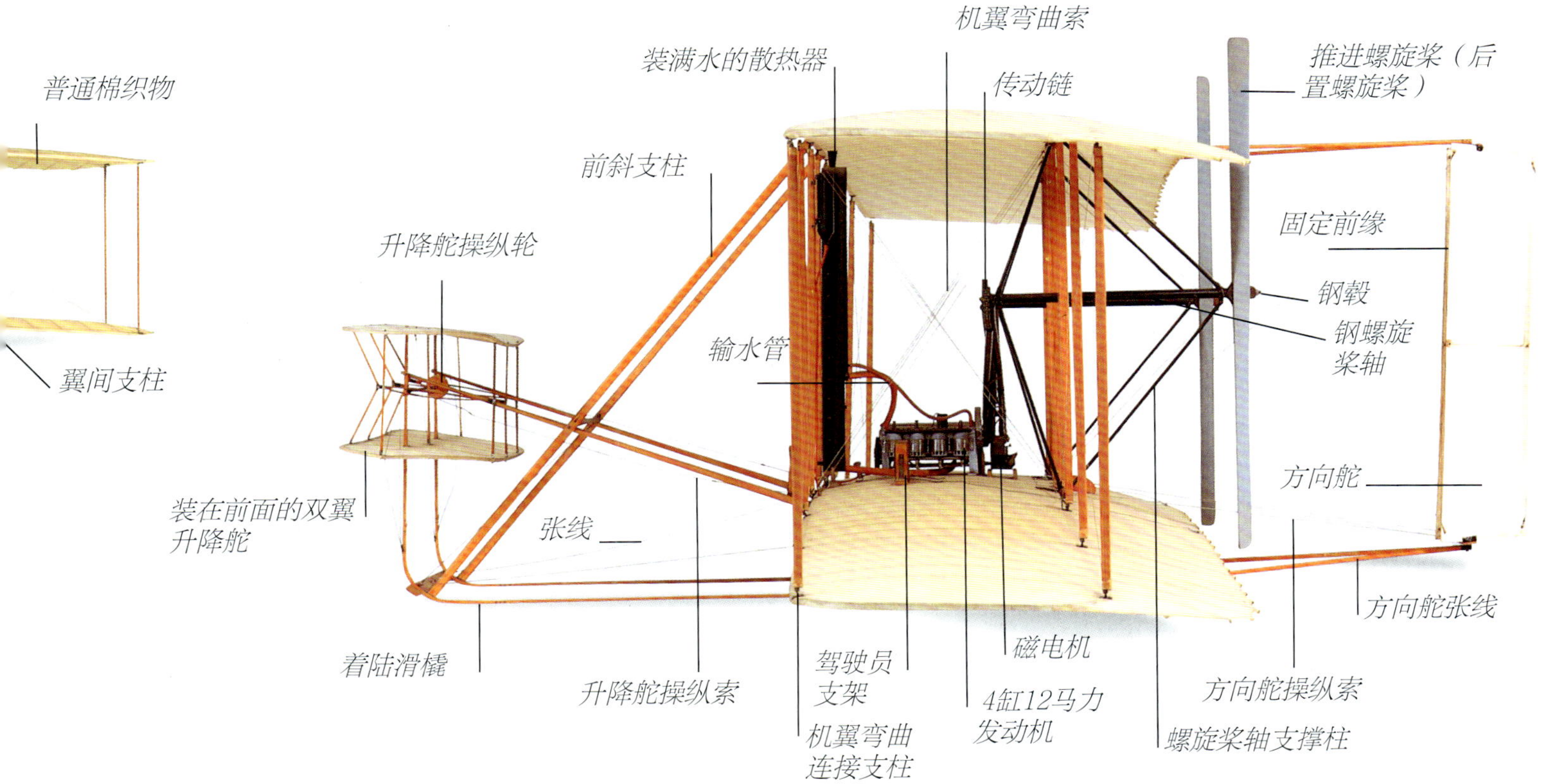

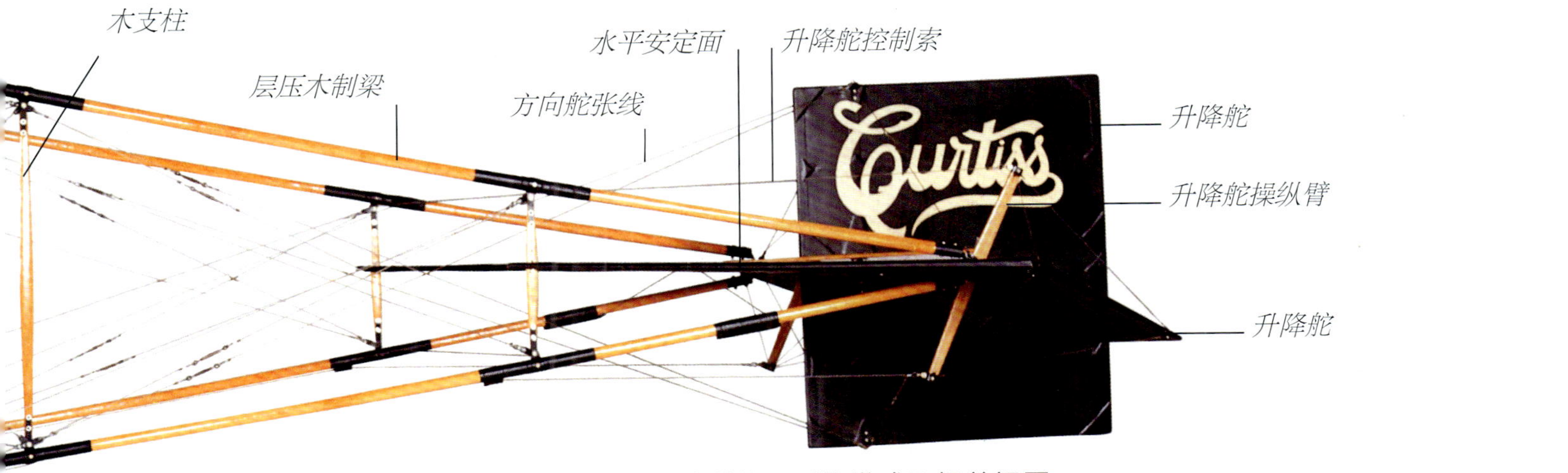

1911年美国寇蒂斯D型推进式飞机前视图

早期单翼机

德国鲁普勒尔1908年的单翼机

单翼机在机身两侧各有一副机翼。在早期的木结构飞机上，这种布局的主要缺点是单个机翼势单力薄，需要用结实的线缆与机身上下的强力支柱连在一起。但是，单个机翼也有优点：与多个机翼相比，单个机翼阻力小，飞行速度快。另外，由于改变单个机翼的弯度比改变双翼的弯度容易，因此单翼机的机动性好，因为改变机翼弯度是当时飞行员控制飞机航向的主要手段。到1912年，法国飞行员路易斯·布莱里奥驾驶一架单翼机完成了人类首次飞越英吉利海峡，英国人罗伯特·布莱克本和法国人阿曼德·德佩迪桑证明了单翼机速度更快。但是，由于机翼折断造成的大量坠机事故使各国没有生产单翼机，除了德国在1917年开发出全金属的单翼机。全金属的单翼机不需要用支柱或张线来加强，但是即便如此，直到30年代，这种飞机也没有被世人所广泛采用。

1912年英国布莱克本单翼机前视图

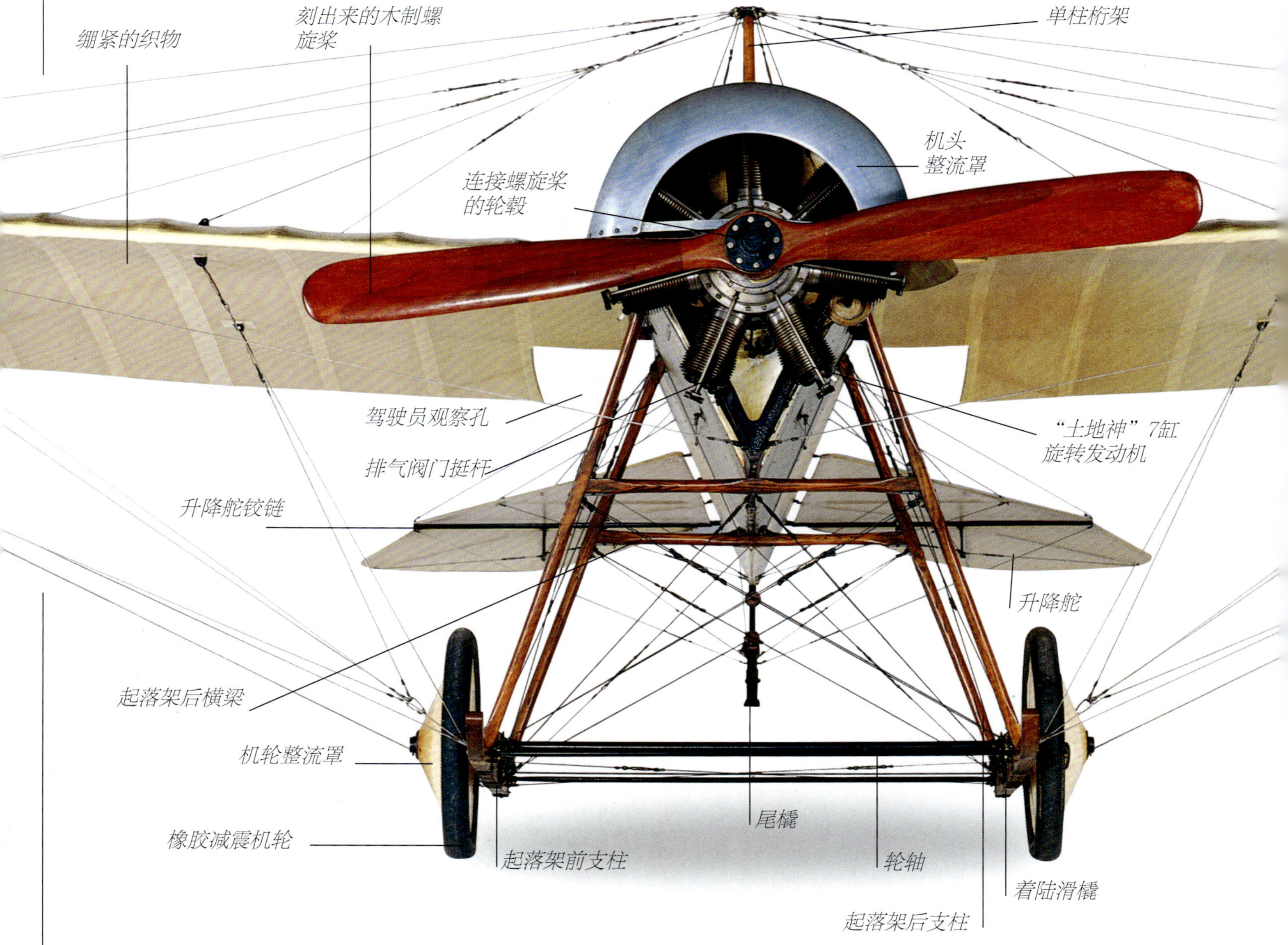

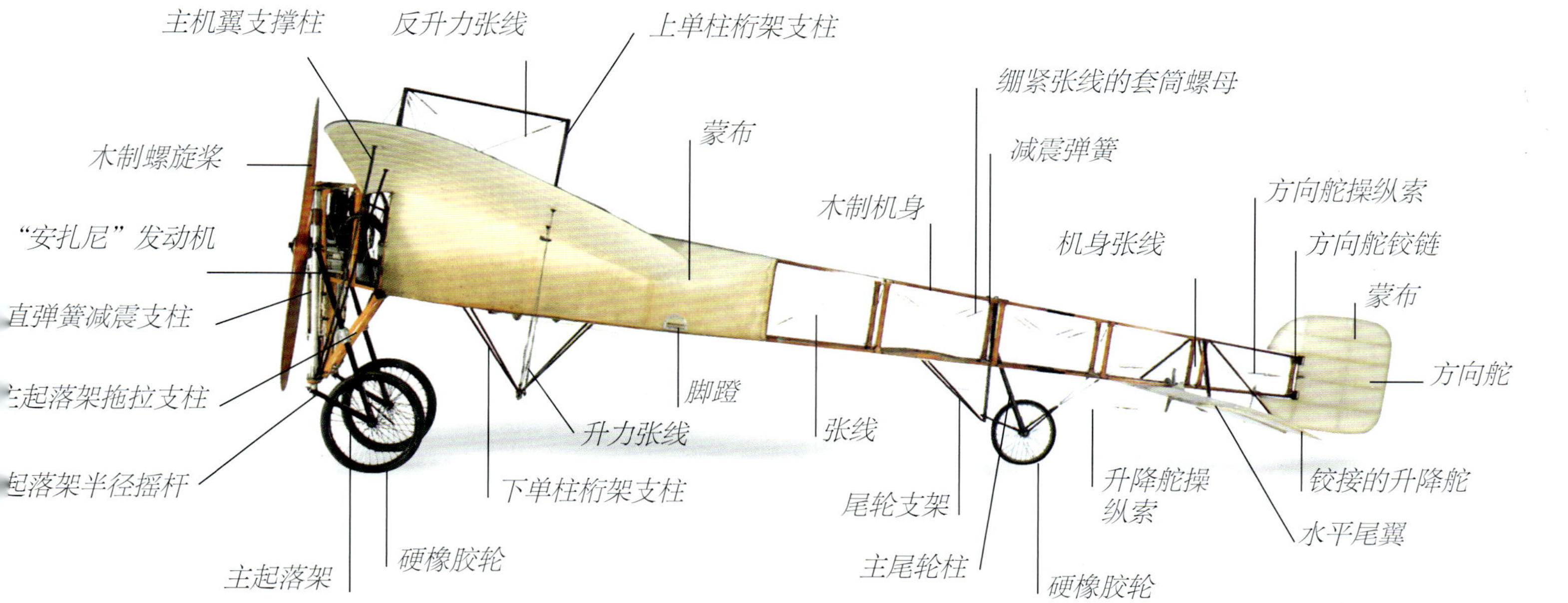

1909年法国布莱里奥XI型侧视图

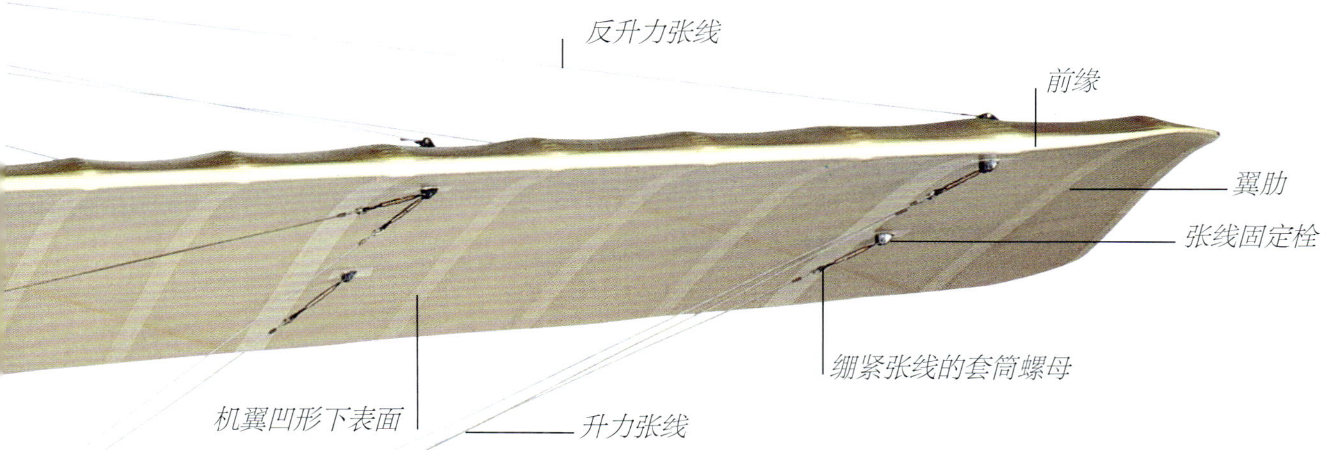

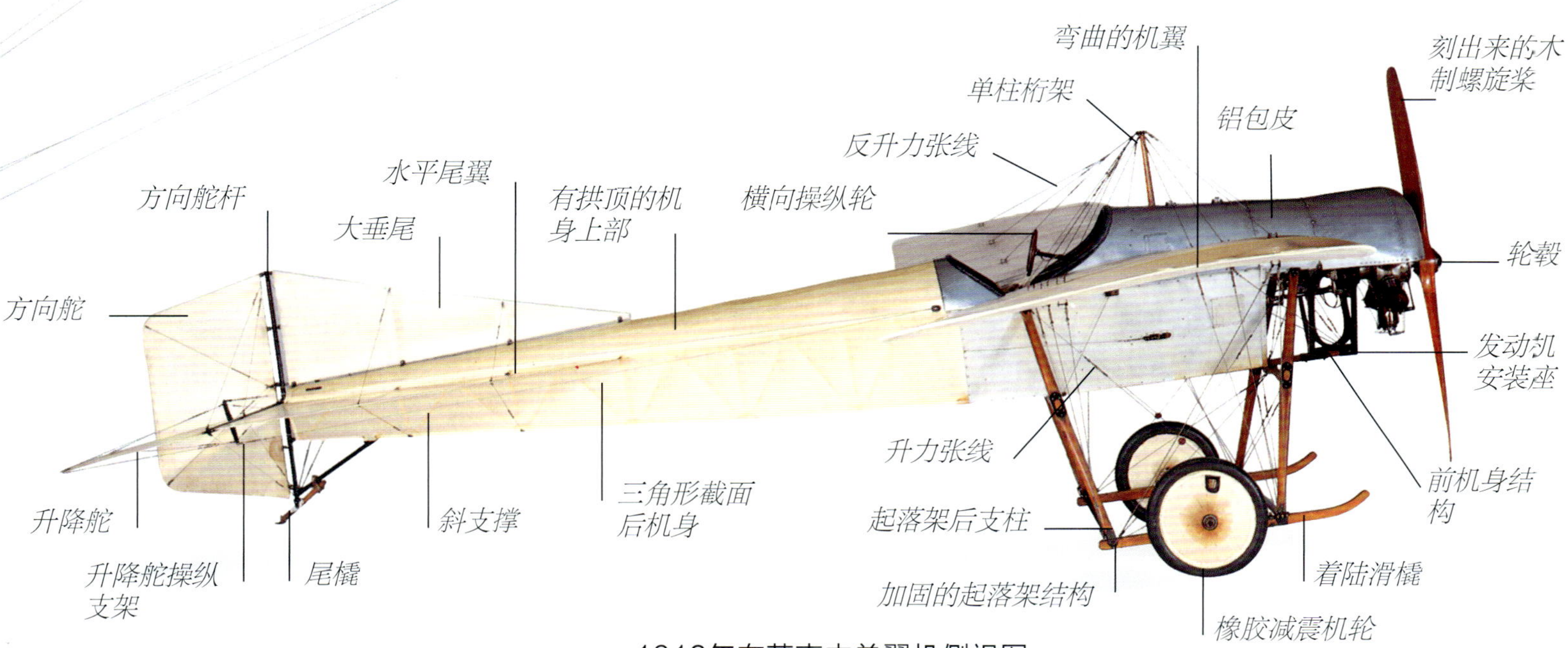

1912年布莱克本单翼机侧视图

双翼机和三翼机

胶木螺旋桨

直到20世纪30年代，双翼机一直主宰着飞机设计，主要原因是早期的单翼机过于脆弱，抗不住飞行中的各种应力。与早期的单翼机相比，尽管双翼机机翼表面面积较大，会增加阻力和减小速度，但双翼机机翼之间的支柱使其机翼坚固得多。很多飞机设计师还研制出三翼机，比起双翼机，它的明显的好处是：多一副机翼可以用较短的翼展达到同样的升力，翼展较短还意味着能获得更大的机动性。在第一次世界大战期间，用三翼机作为战斗机是很成功的，德国的福克飞机就是很好的例子。但是，三翼机的高机动性对于一般飞行来说算不上是什么优点，因此很多厂商仍然继续生产双翼机。与此同时，人们还尝试其他的飞机设计。当时还出现过四翼机（即有四副机翼的飞机）、纵列式机翼的飞机（机身前后各有一副机翼的单翼机）。英国人霍雷肖•菲利普还推出一种十分离奇的设计：它有20副窄窄的机翼，看上去更像是威尼斯百叶窗。

1910年阿芙罗IV型三翼机侧视图

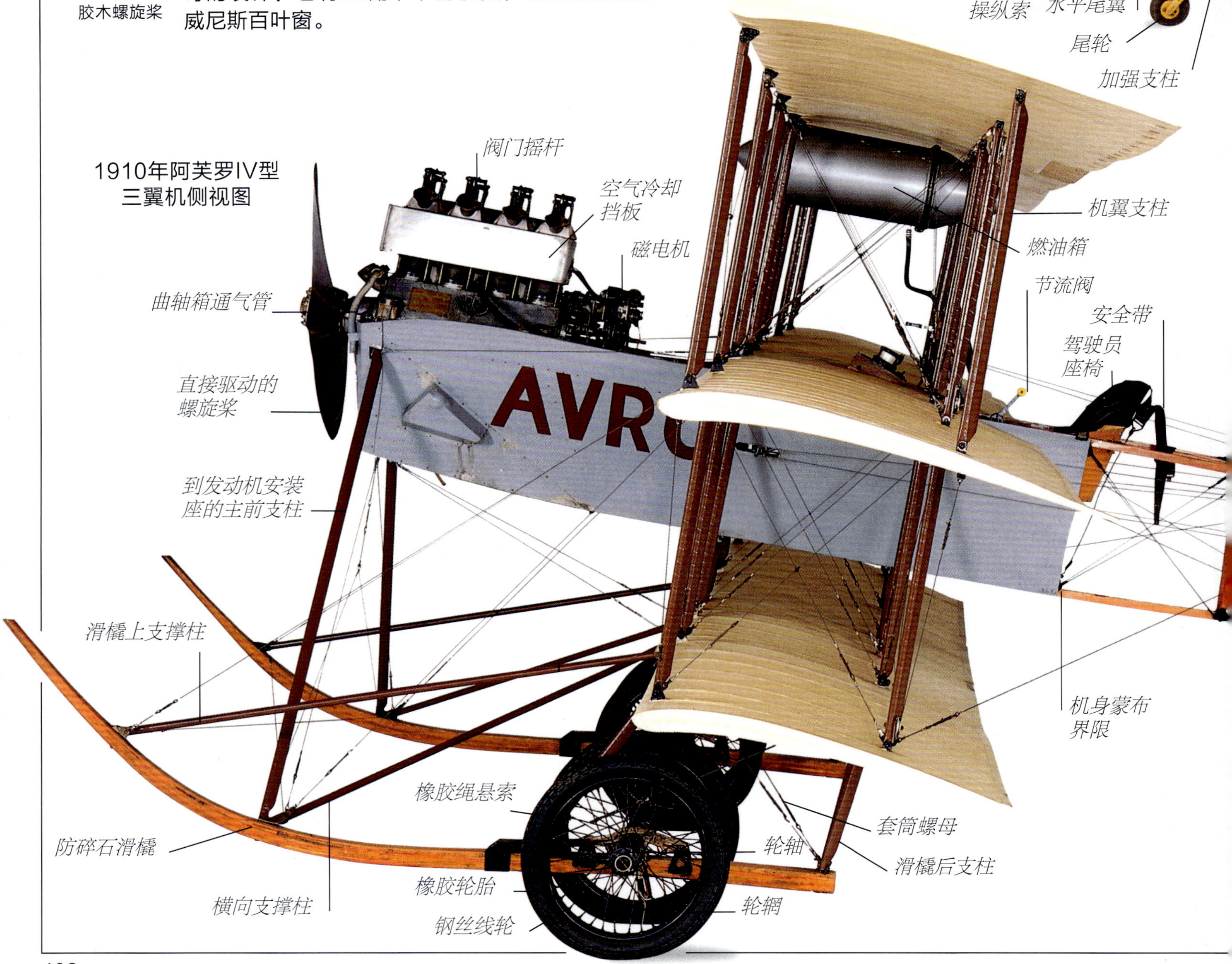

1931年英国阿芙罗公司
“教师”双翼机

1910年阿芙罗IV型三翼机前视图

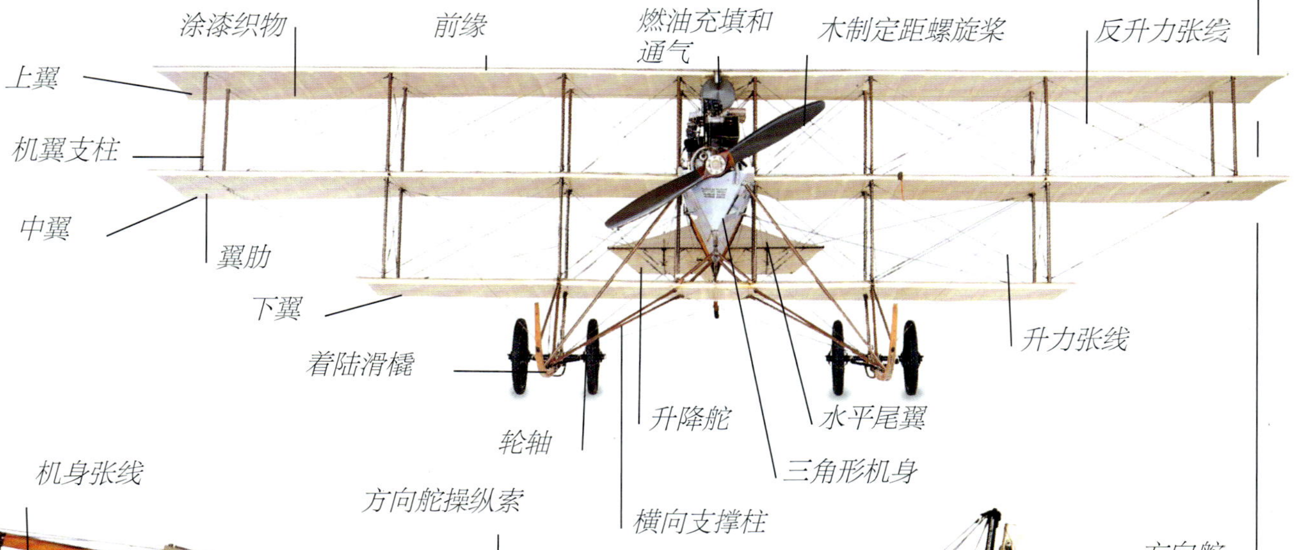

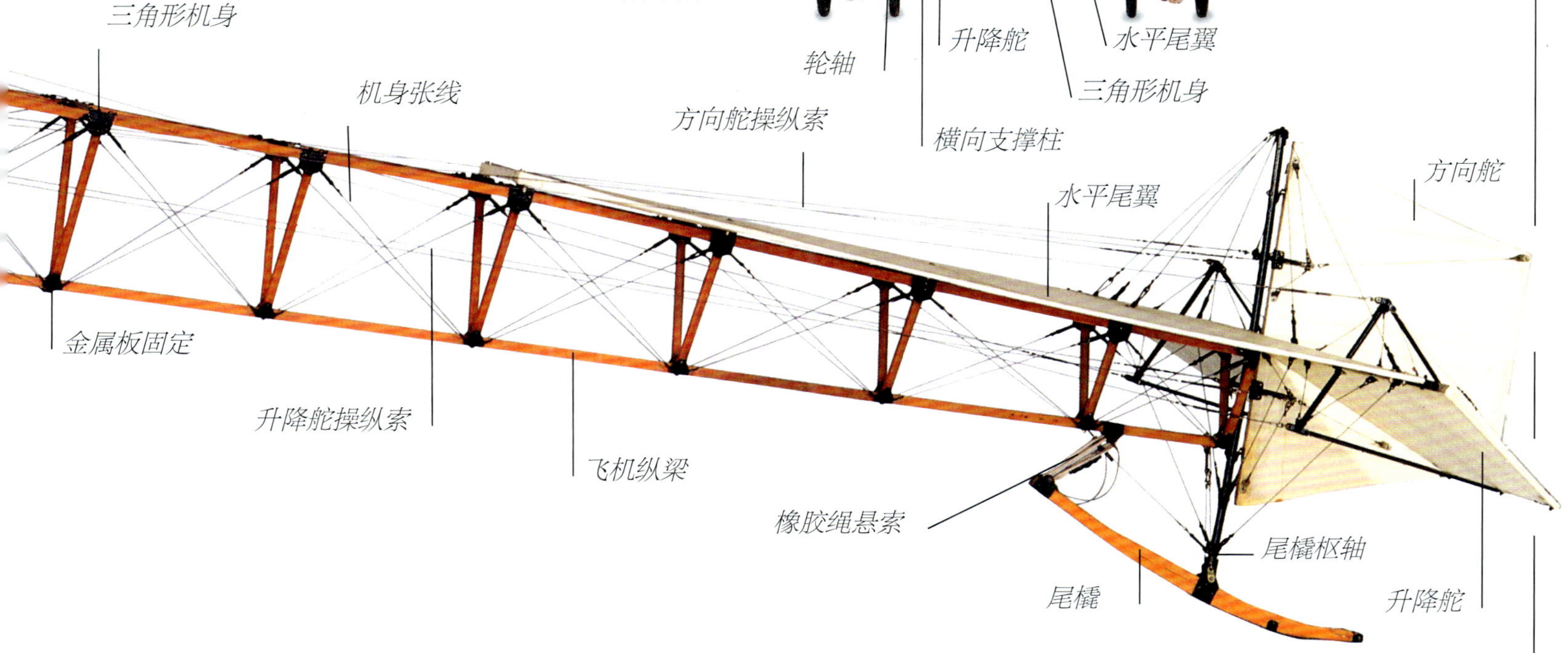

第一次世界大战时期的飞机

飞行帽

第一次世界大战爆发时，军用飞机的主要任务是侦察。英国生产的BE 2(BE 2B是它的一种改进型)很适合执行侦察任务，它在飞行中很平稳，飞机上的人能从容地察看地形、拍照、做记录。BE 2也是第一批能投炸弹的飞机之一。战时，对飞机设计师来说，最大的问题是怎样把机枪装上飞机。螺旋桨位于前面的飞机上，射界受到螺旋桨和飞机其他部件的限制。这个难题在1915年被荷兰人安东尼•福克解决了，他设计出一种射击协调装置，能让机枪在螺旋桨桨叶经过枪筒前方时停止射击。德国LVG公司CV-1有两挺机枪，一挺前射机枪装在发动机右边，另一挺装在后驾驶舱，该机还有轰炸能力，是战时用途最多的飞机之一。

英国BE 2B飞机的左翼

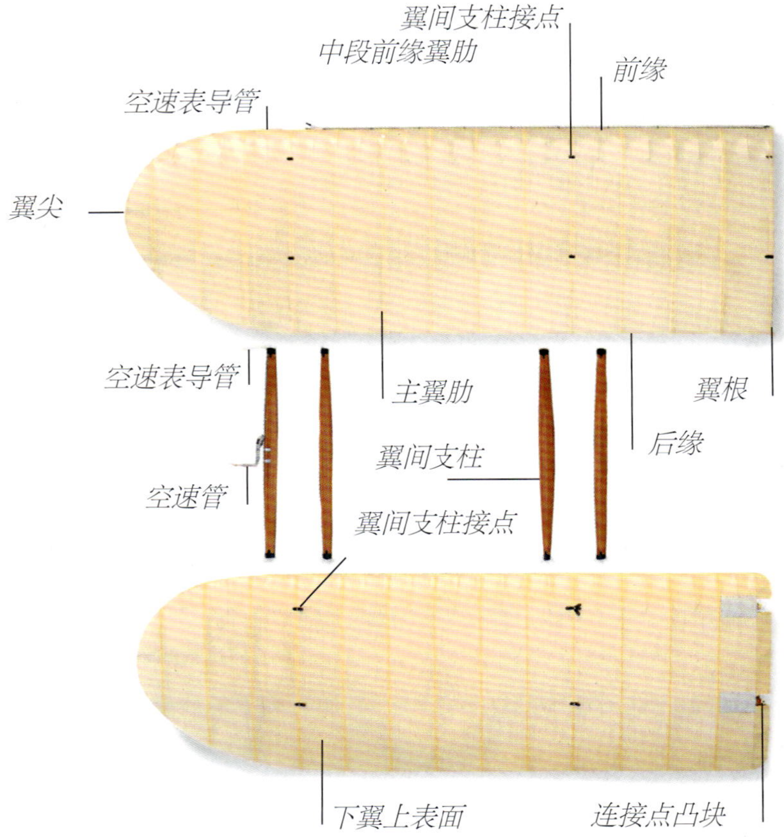

英国1914年BE 2B战斗机

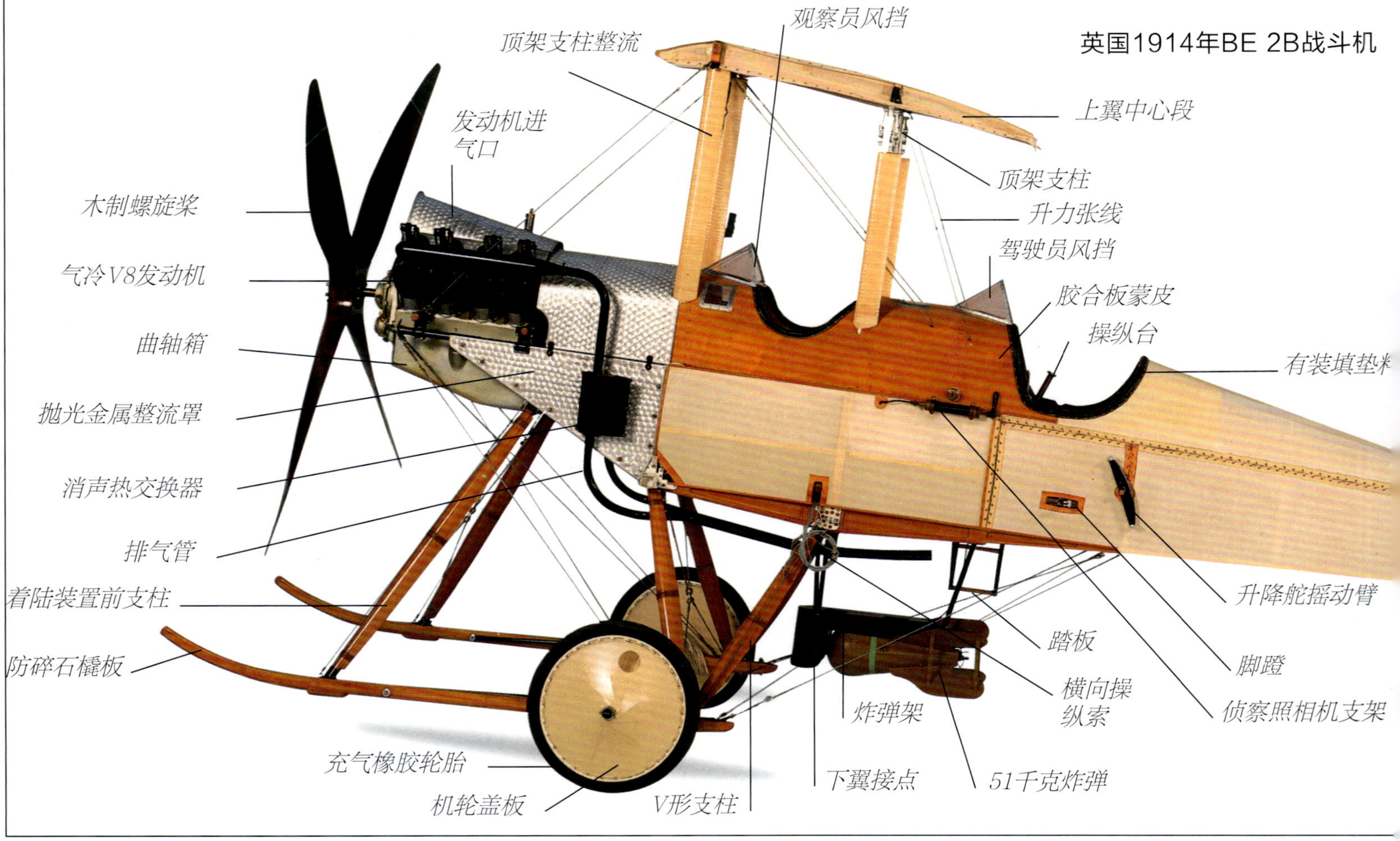

1917年德国LVG公司CVI侦察机侧视图

1917年德国LVG公司CV I侦察机前视图

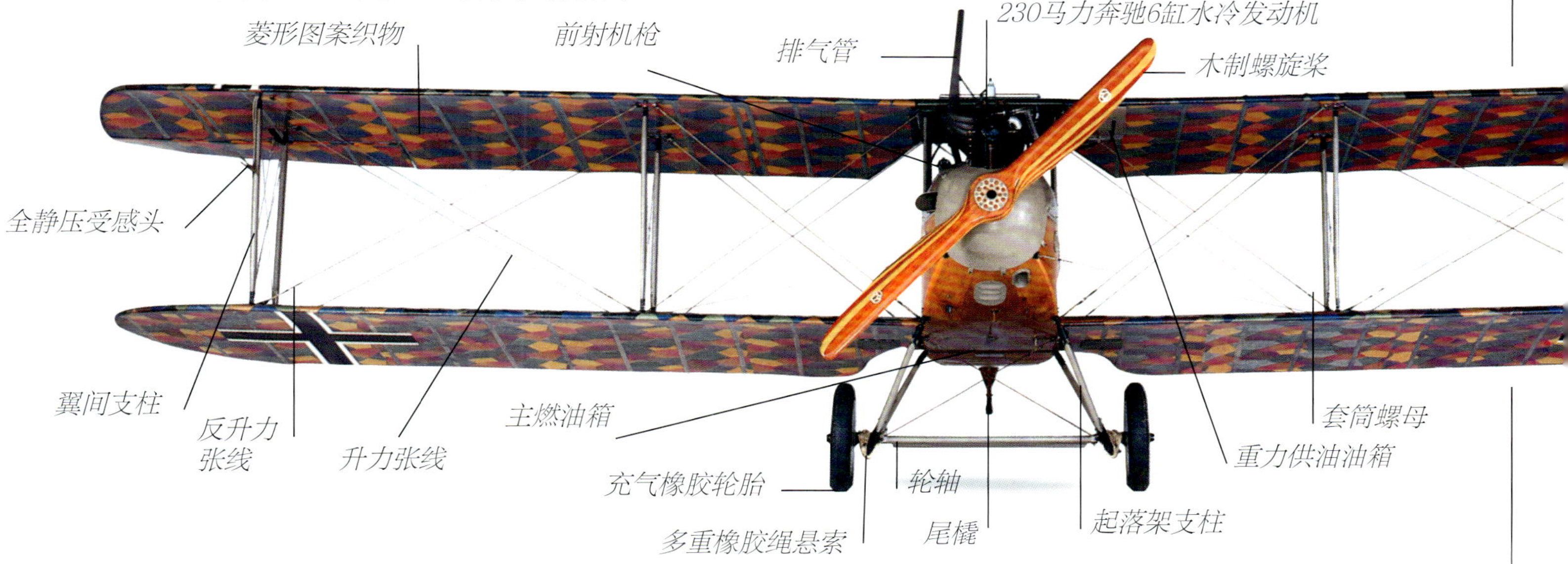

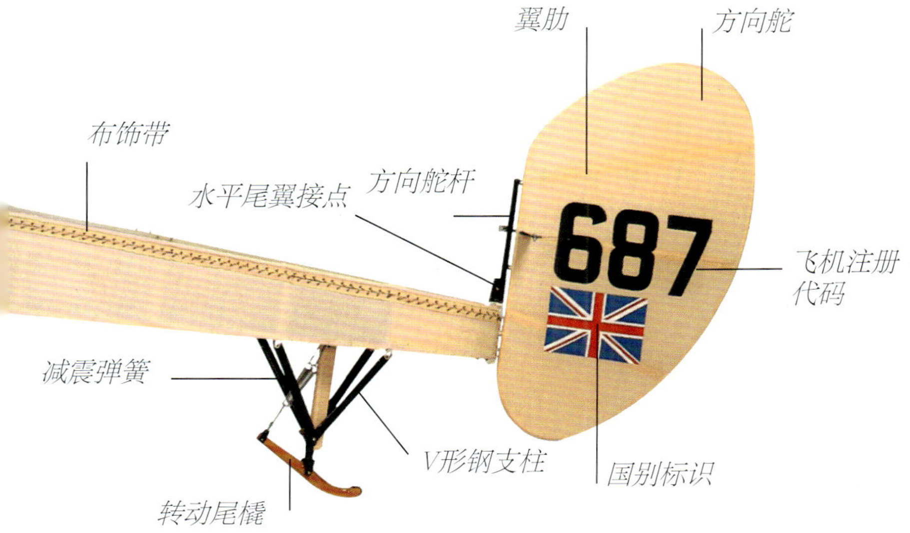

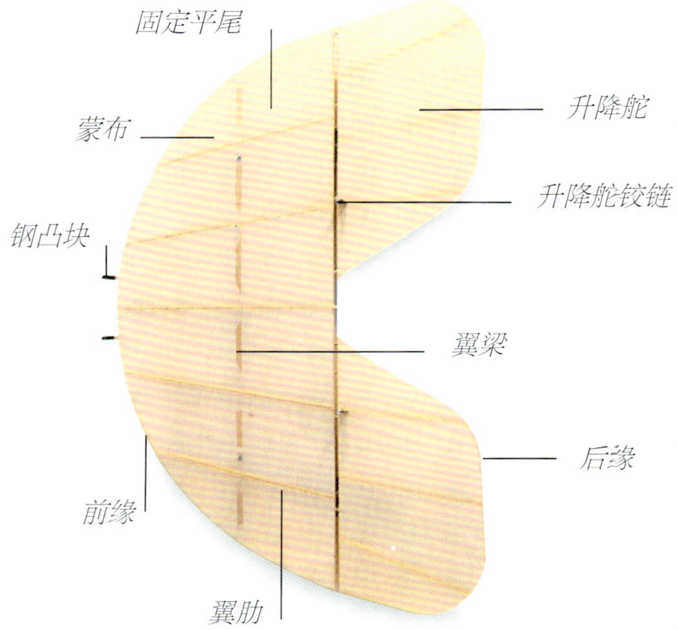

英国BE 2B飞机的水平尾翼

第二次世界大战时期的飞机

第二次世界大战爆发时，各国空军已经淘汰了布蒙皮的双翼机，而代之以全金属、应力蒙皮的单翼机。第二次世界大战期间，飞机在军事行动中发挥着比早先任何时候都更加重要的作用。飞机的广泛应用，以及雷达搜索和引导系统的问世，迫使设计师们想方设法提高飞机的性能。改进的主要方面是速度、航程和发动机功率。轰炸机变得高大、马力更强——从双发过渡到四发，以便携带更重的炸弹载荷。美国的B-17“飞行堡垒”能带6.2吨炸弹飞行3200千米。有些飞机通过装备可投放油箱加大航程，因为抛掉燃油已经用完的空油箱可以减小飞机的阻力。战斗机需要速度和机动性，本书画出的英国霍克公司“暴风雨”战斗机的最大速度达到700千米/小时，是盟军飞机中为数不多的速度能赶上德国喷气推进的V1“巡航导弹”的战斗机。到1944年，英国装备了第一种采用涡轮喷气发动机的飞机——格洛斯特公司的“流星”战斗机；德国则装备了世界上速度最快的、采用涡轮喷气发动机的Me 262，其最大速度达到868千米/小时。

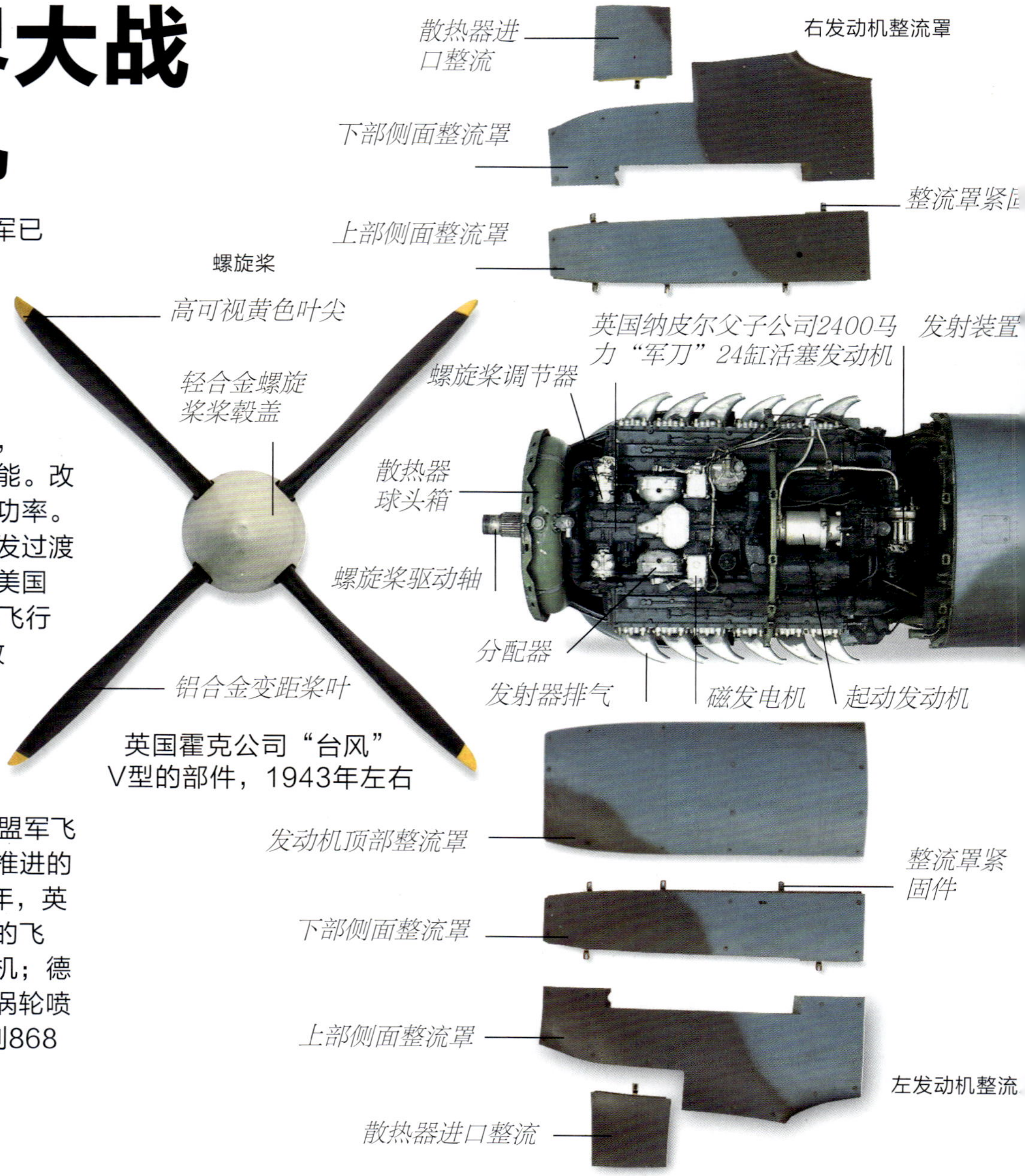

英国霍克公司“台风”V型的部件，1943年左右

B-17G“飞行堡垒”轰炸机断面图，1943年

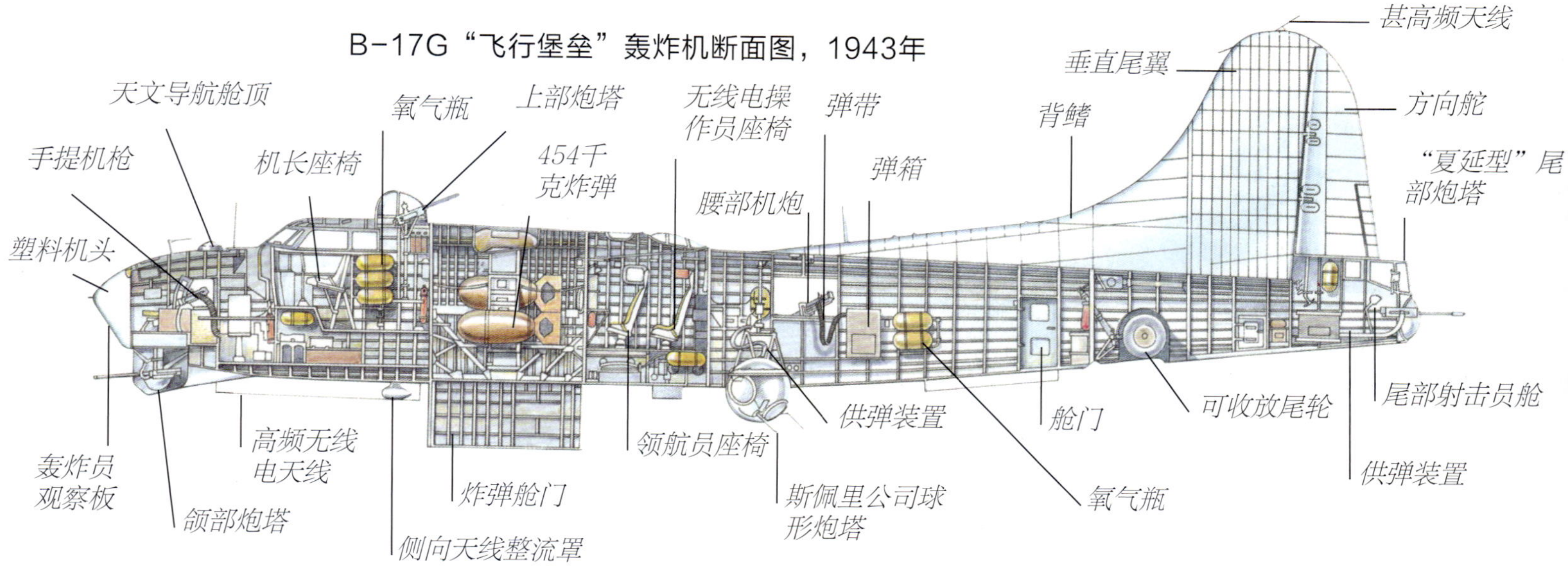

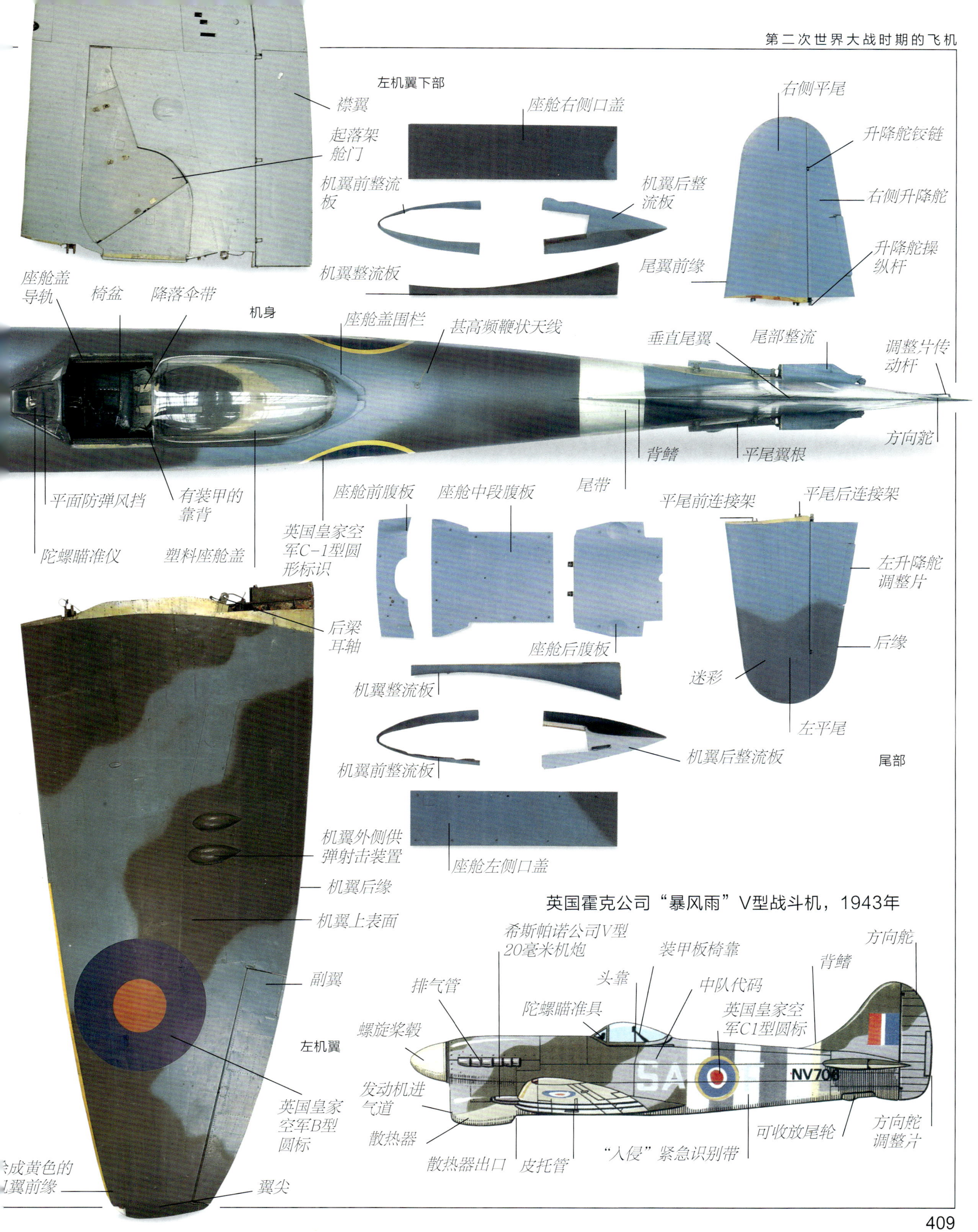
左机翼下部
襟翼
起落架舱门
机翼前整流板
机翼整流板
座舱右侧口盖
机翼后整流板
尾翼前缘
右侧平尾
升降舵铰链
右侧升降舵
升降舵操纵杆
座舱盖导轨
椅盆
降落伞带
机身
座舱盖围栏
甚高频鞭状天线
垂直尾翼
尾部整流
调整片传动杆
方向舵
背鳍
平尾翼根
尾带
平面防弹风挡
有装甲的靠背
陀螺瞄准仪
塑料座舱盖
英国皇家空军C-1型圆形标识
座舱前腹板
座舱中段腹板
座舱后腹板
平尾前连接架
平尾后连接架
左升降舵调整片
后缘
迷彩
左平尾
尾部
后梁耳轴
机翼整流板
机翼前整流板
机翼后整流板
座舱左侧口盖
机翼外侧供弹射击装置
机翼后缘
机翼上表面
副翼
左机翼
英国皇家空军B型圆标
成黄色的
翼前缘
翼尖
英国霍克公司“暴风雨”V型战斗机，1943年
希斯帕诺公司V型20毫米机炮
装甲板椅靠
方向舵
背鳍
头靠
中队代码
排气管
陀螺瞄准具
英国皇家空军C1型圆标
螺旋桨毂
SA
NV70
发动机进气道
散热器
散热器出口
皮托管
“入侵”紧急识别带
可收放尾轮
方向舵调整片

当代喷气客机1

英国的BAE-146喷气客机

当代喷气客机使普通人也能到过去只有富人才负担得起的地方去旅行。与20世纪40年出现的第一批喷气客机相比，现代喷气客机安静得多、燃油效率高得多、排放的废气得多。这些进步主要归功于涡轮风扇发动机取代了涡轮喷气发动机。涡轮风扇发动机在低速更大的推力使得现代喷气客机能比涡轮喷气飞机携带更多的燃油和旅客。一架新型的波747-400（俗称“喷气巨无霸”）能带400名旅客飞行13700千米，不需要补充加油。喷气客机在高空飞行，巡航高度一为8000~11000米，在这个高度上燃油效率比较高，而且通常可以躲开坏天气。飞行员只需在起飞和降落时操纵飞机，而其他时段通常可以依靠自动驾驶仪。自动驾驶仪是一套完整的机载设备，能避免飞机偏离航线，并对飞行控制进行适当的整。驾驶舱里装有雷达，警告飞行员可能出现的危险，诸如山的距离、不良气象和其他飞机。

BAE-146喷气客机的结构件

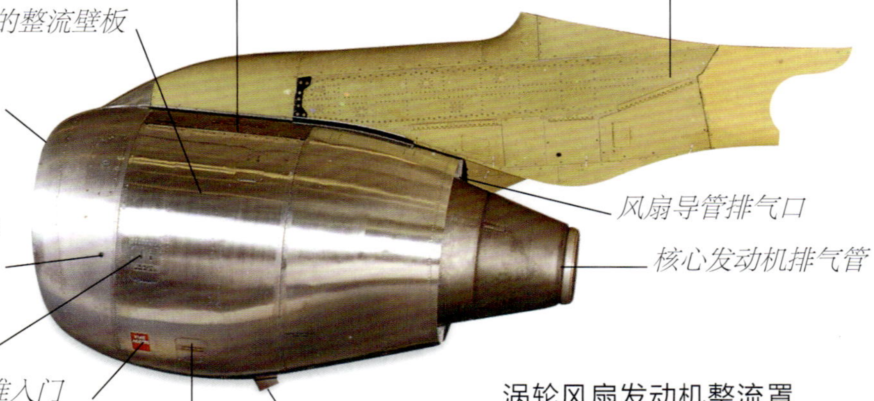

涡轮风扇发动机整流罩

机身头部

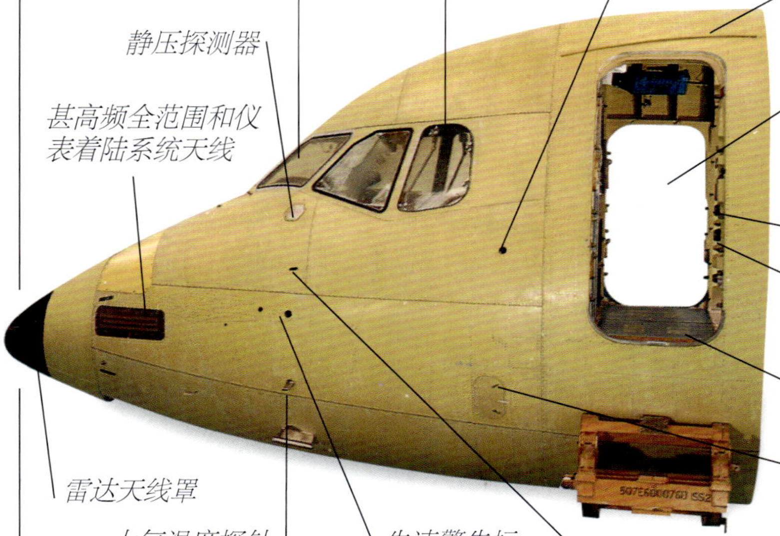

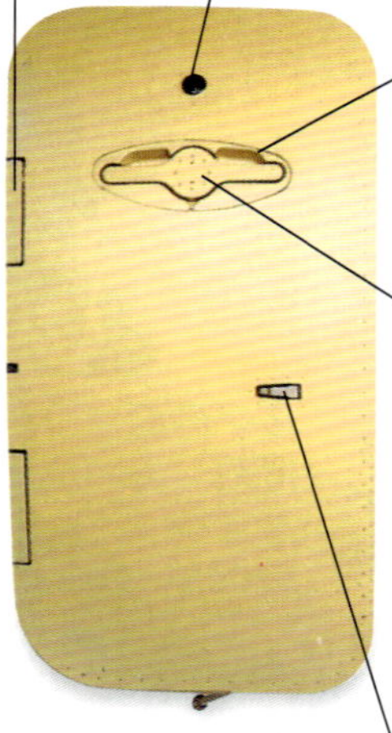

前部主舱门

机身中段

右机翼装配件

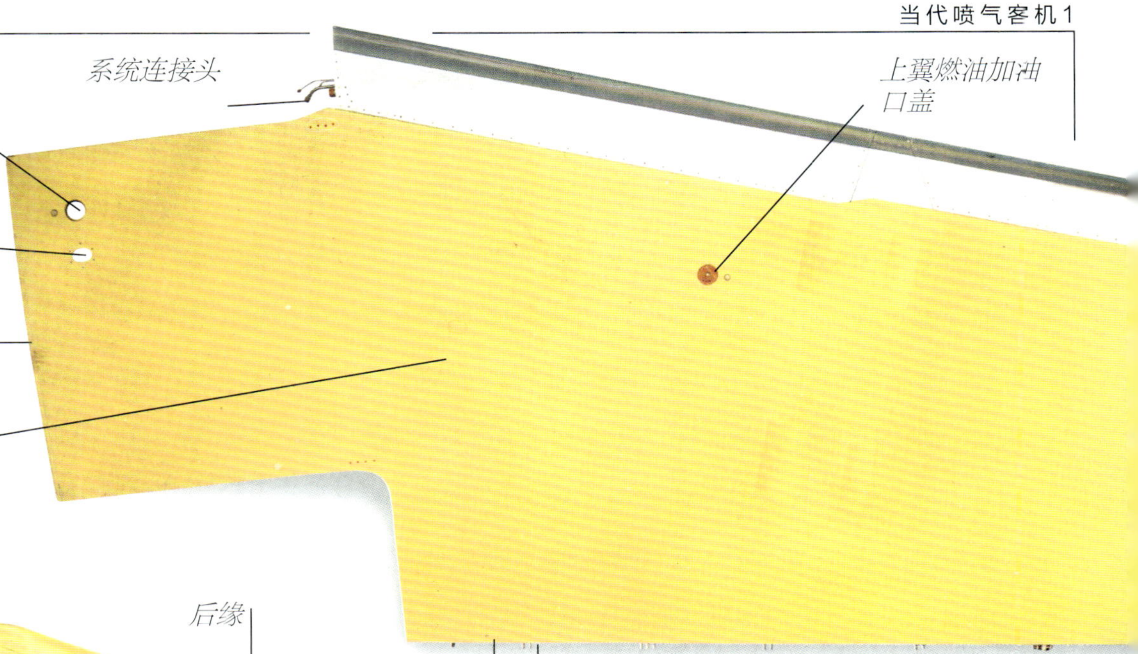

内侧减升板

活动襟翼导轨和整流罩

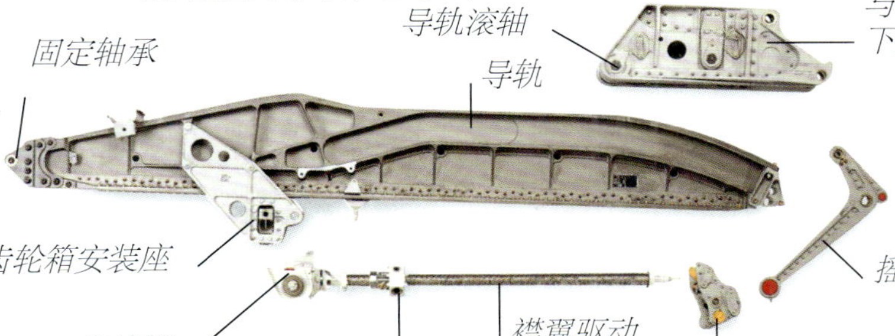

富勒襟翼

当代喷气客机2

右机翼

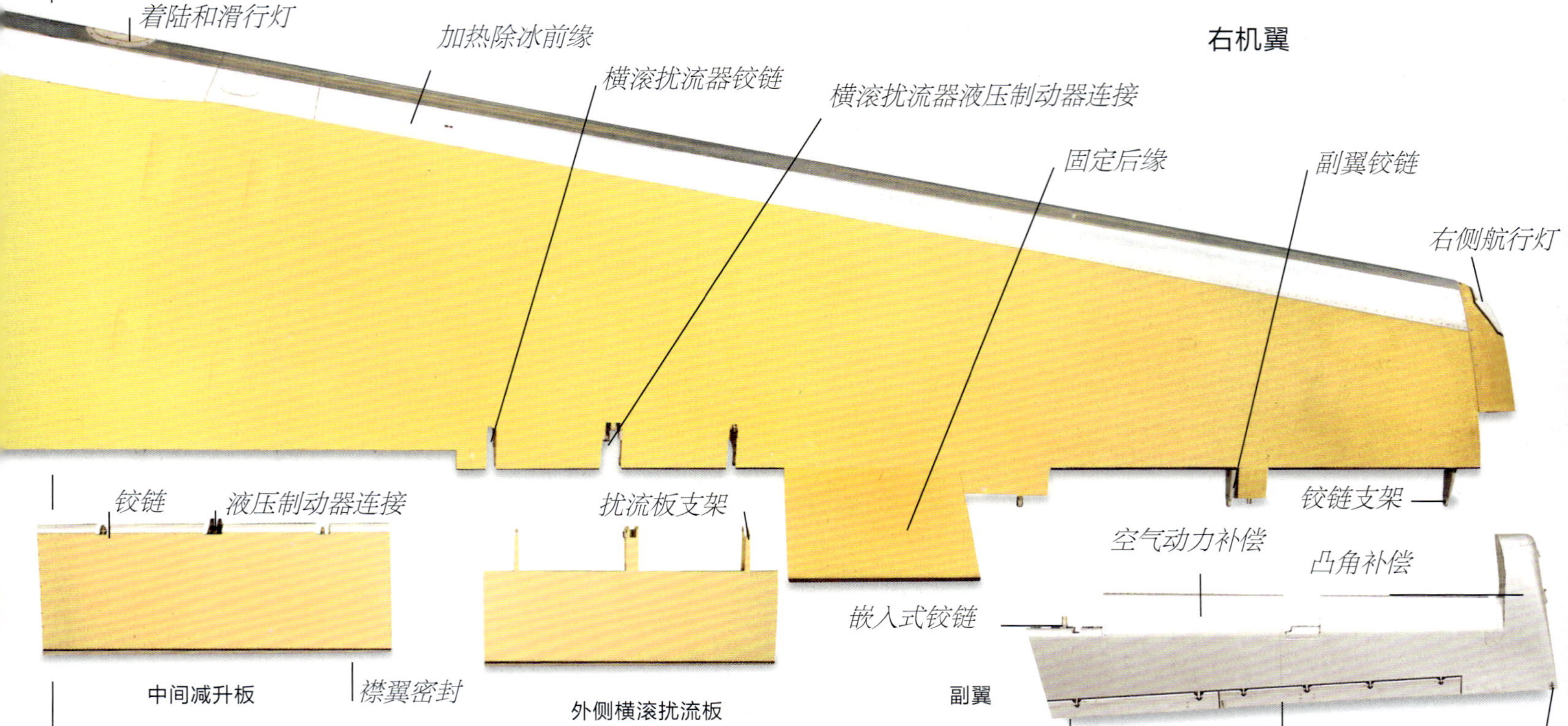

主富勒襟翼

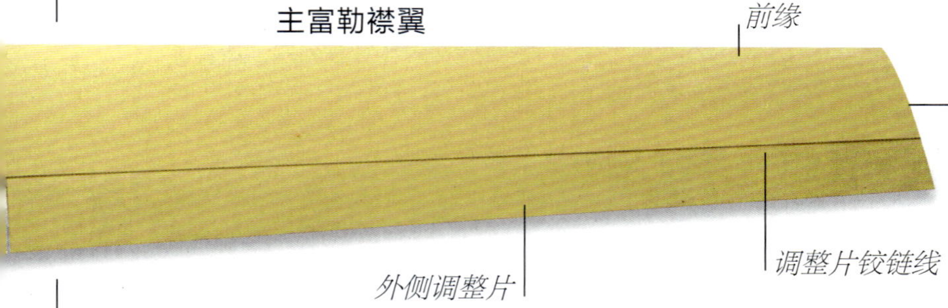

机身背部整流罩

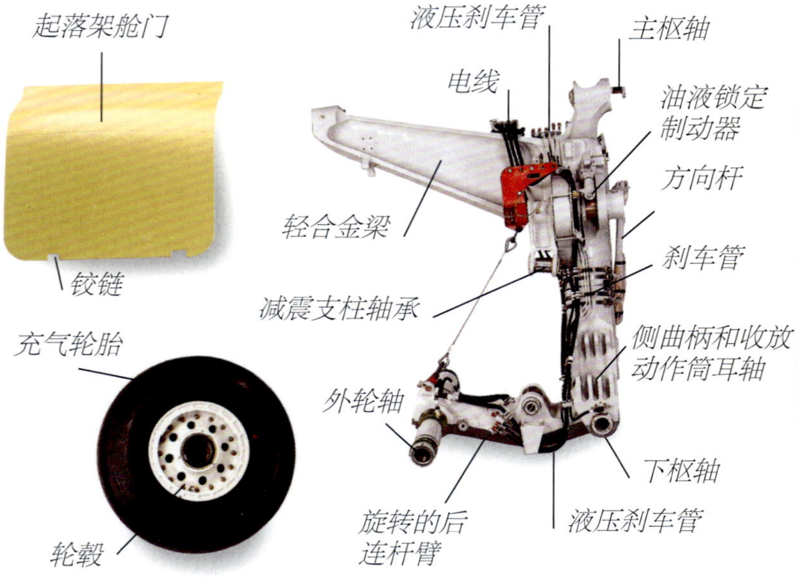

右侧双轮主起落架

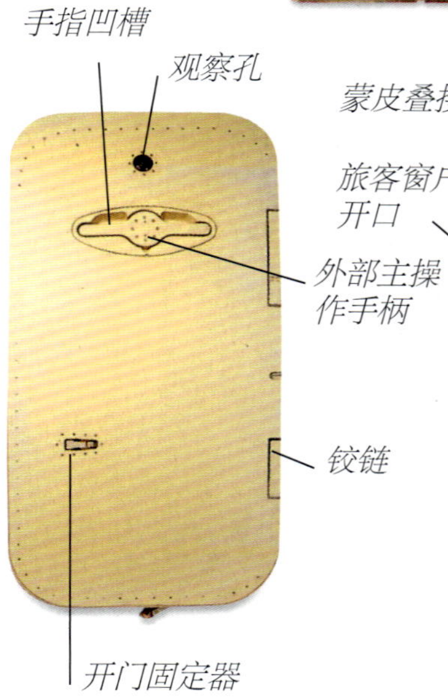

后主舱门

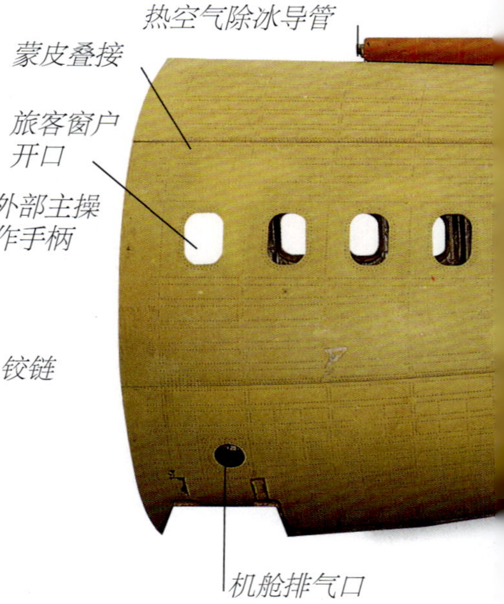

英国BAE-146现代喷气客机

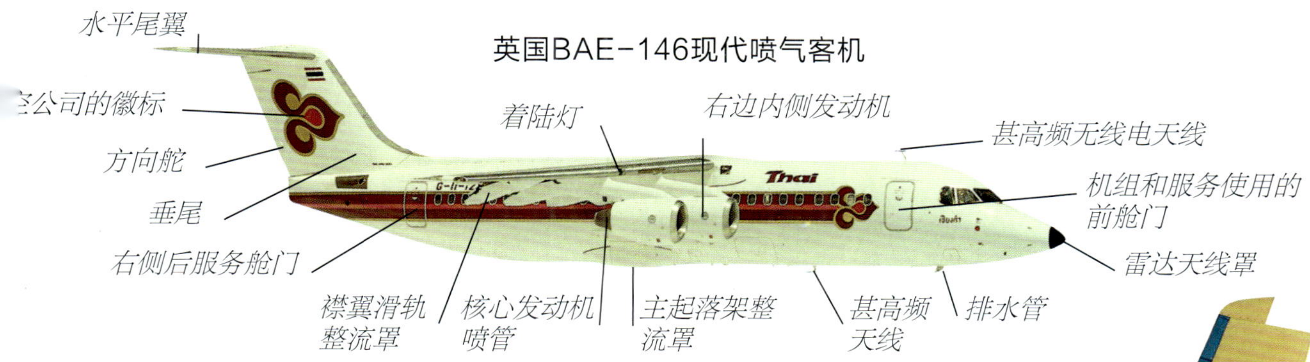

水平尾翼整流罩

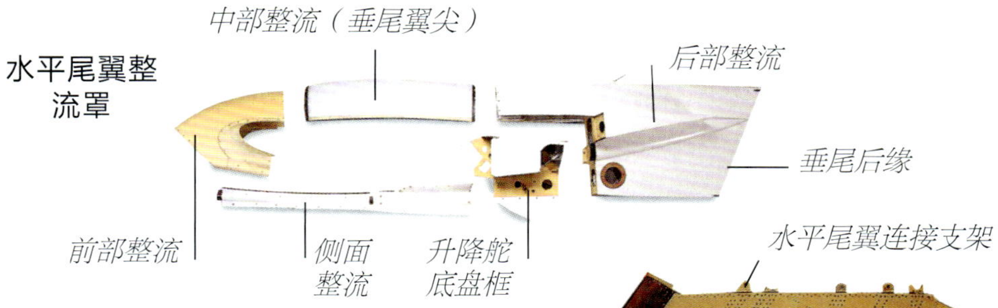

垂直安定面

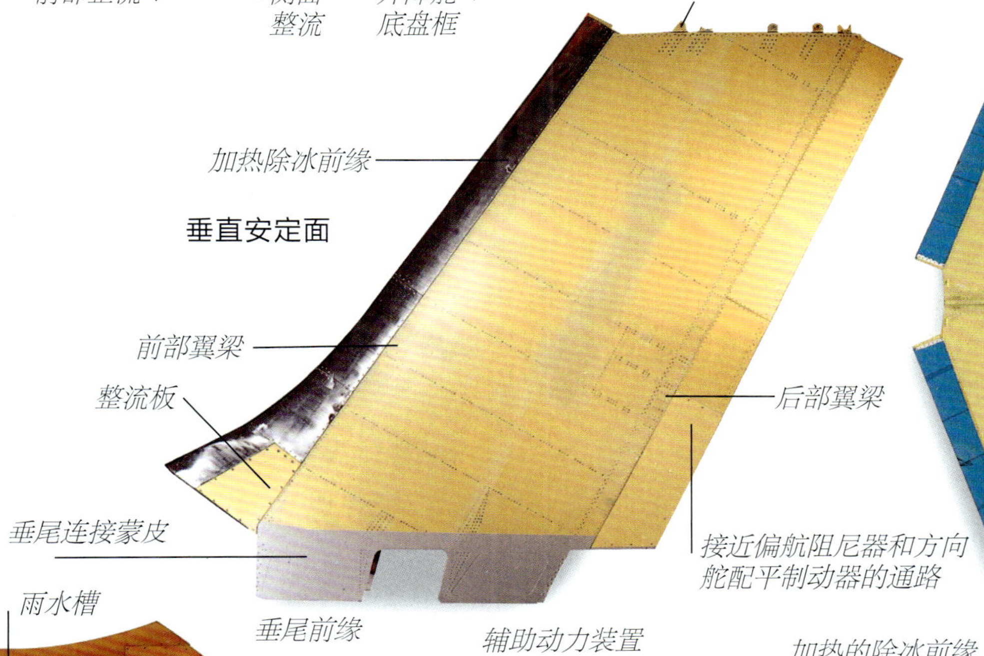

右升降舵

水平安定面

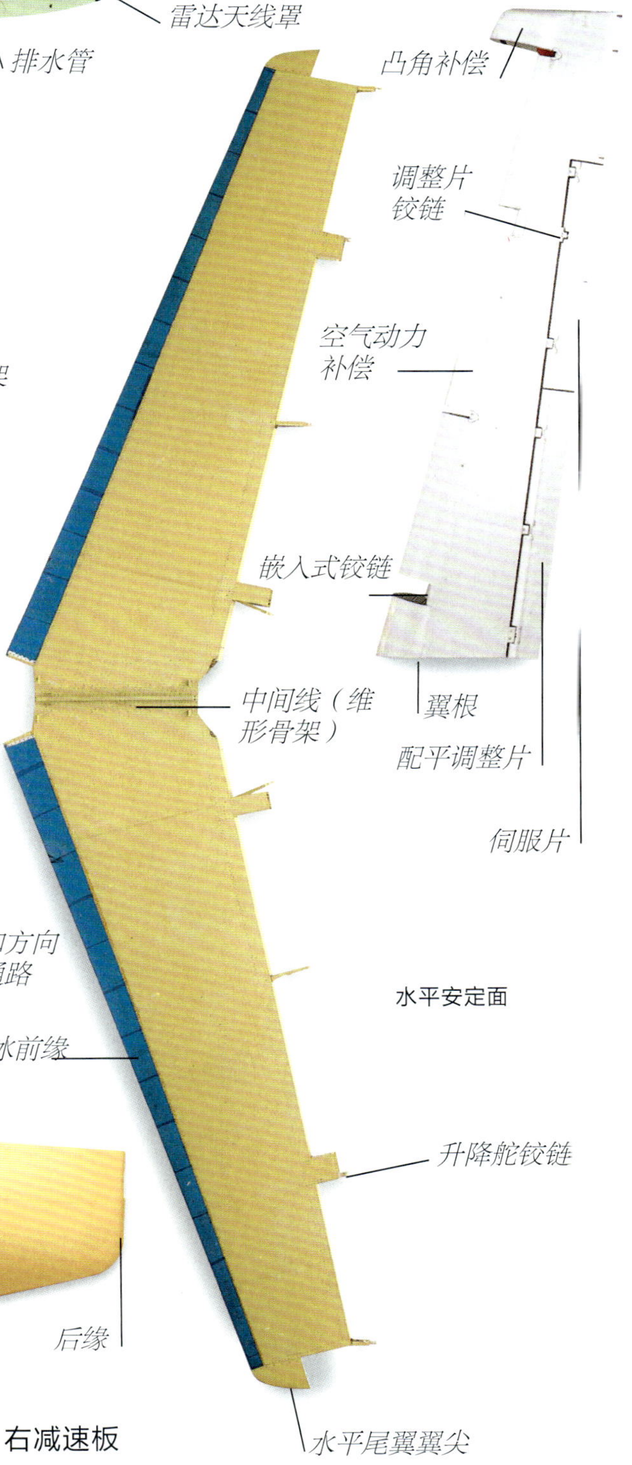

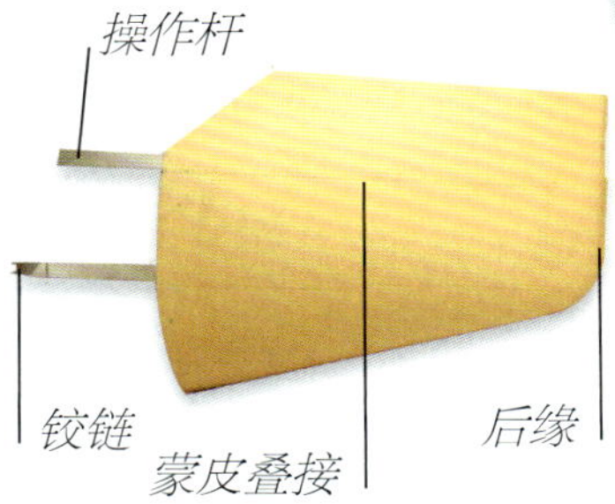

右减速板

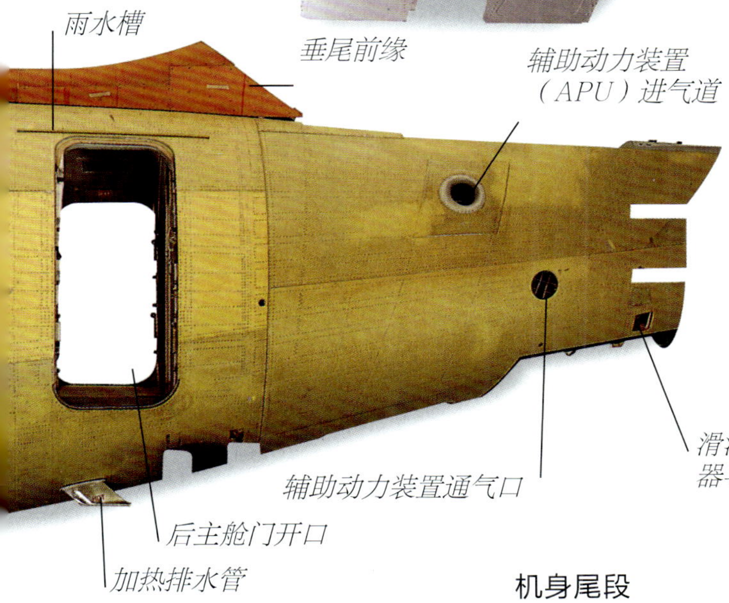

机身尾段

超音速喷气客机

计算机设计的SST

超音速飞机飞得比声音的速度（马赫数1）还要快。现在世界上有很多超音速军用飞机，但是至今只生产过两种载客用的超音速飞机（SST，“超音速运输机”的缩略语）：苏联的图–144和英、法联合研制的“协和”号。图–144在1978年就退役了，只用了7个月。“协和”号从1976年投入航线使用，一直服役到2003年，其中2000年7月到2001年10月因为改进停飞了一段时间。“协和”号的特点包括：可以下垂的机头，在飞机起飞和着陆的时候放低机头以提高驾驶舱的视界；燃油可以在前、后配平油箱之间抽吸，以帮助维持飞机的平衡。“协和”号的机身细长、翼展很短，能减小超声速飞行时的阻力。它装的噪声很大的加力式涡轮喷气发动机使之能载客100人，在15000~18000米高空巡航速度达到马赫数2。当飞机以大于马赫数1的速度飞行时，会产生一种连续的空气冲击波，听起来像“声爆”。

“协和”号前视图

“协和”号顶视图

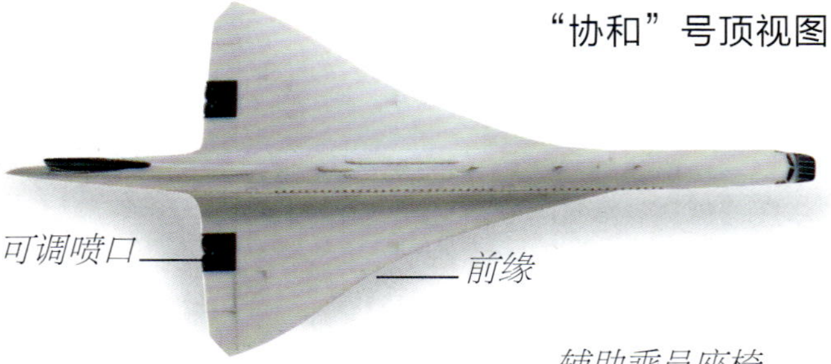

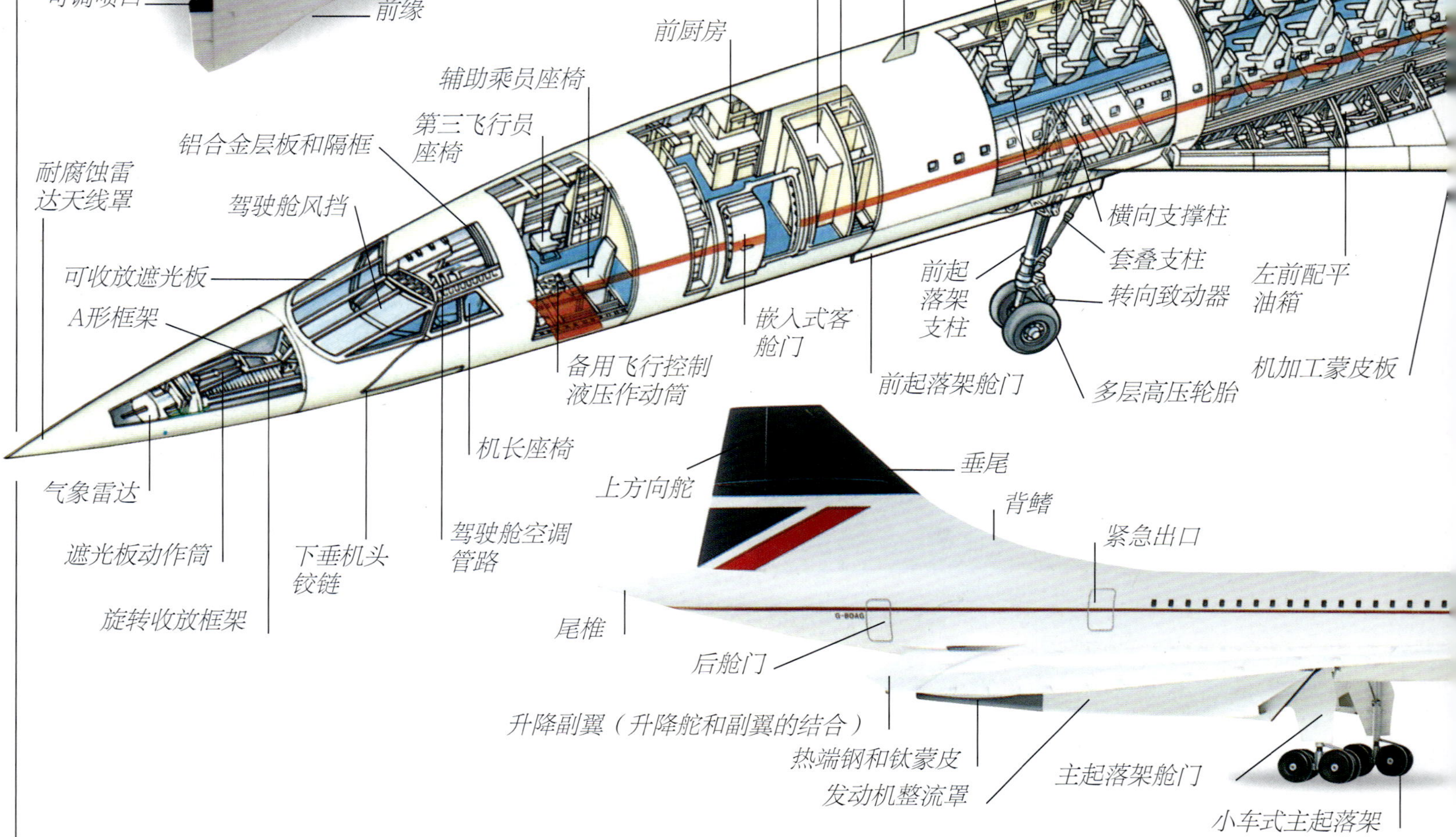

"协和"号结构图

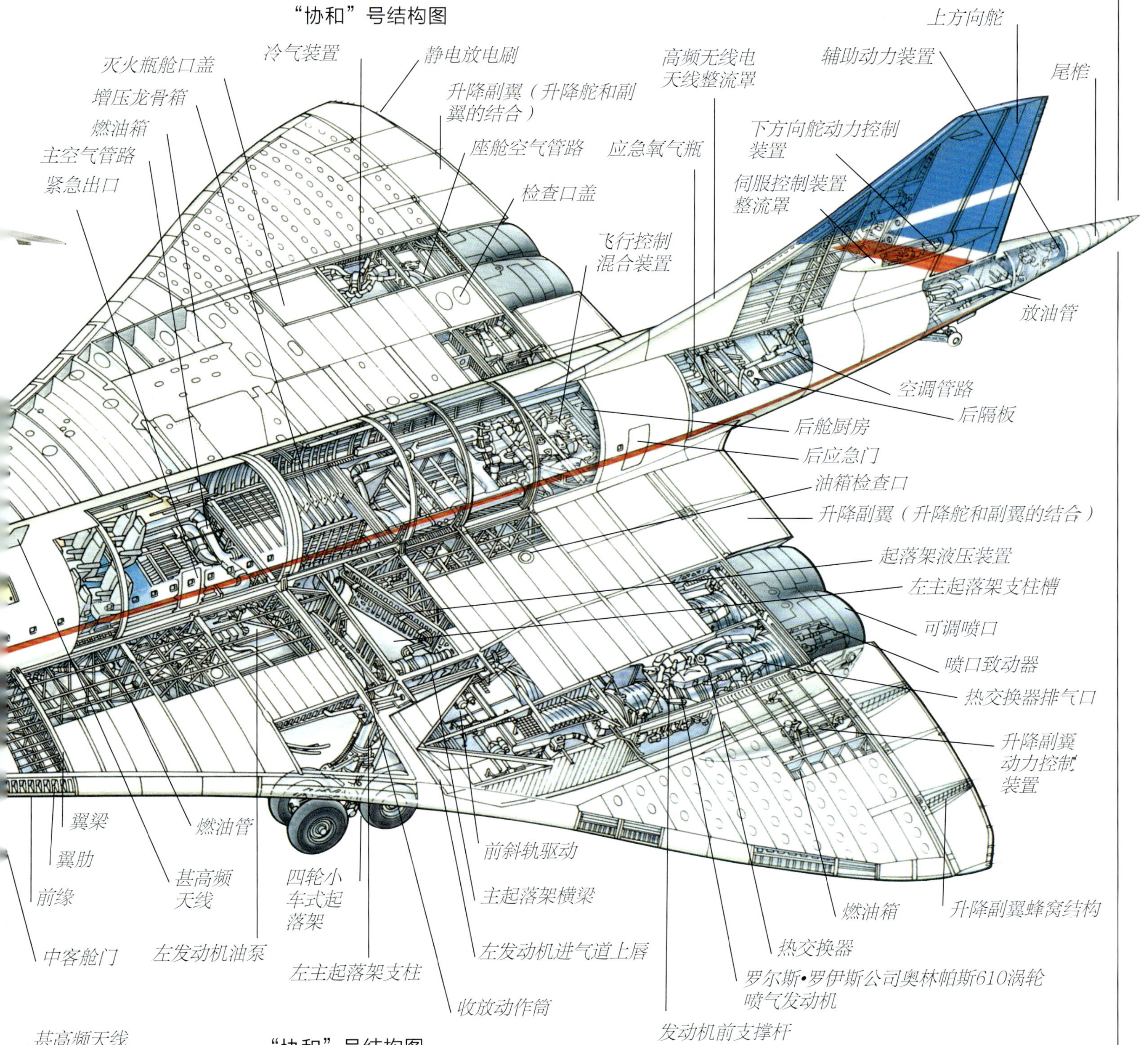

"协和"号结构图

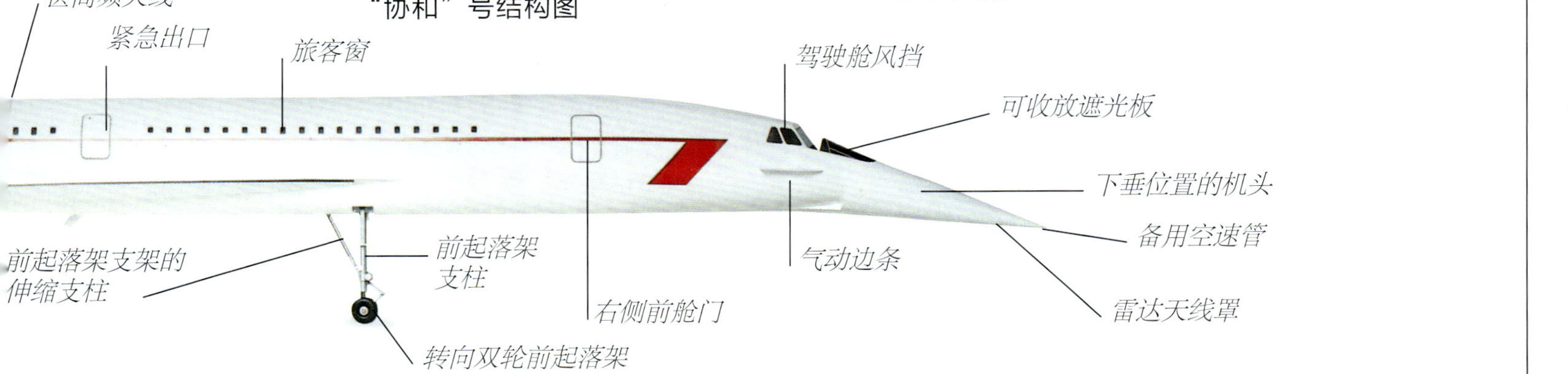

喷气发动机

大部分军用飞机、重型飞机和很多直升机都使用喷气发动机。喷气发动机（或者叫燃气涡轮发动机）的最简单的形式是涡轮喷气发动机，它的工作原理是：燃油和空气的混合体在燃烧室里连续燃烧，产生炽热的燃气流，通过喷管排出，从而产生推力。热燃气还带动涡轮叶片旋转，旋转的涡轮叶片又驱动空气压气机的叶片旋转，压气机把空气赶进燃烧室。很多高速飞行的飞机使用涡轮喷气发动机，它还有称作加力燃烧室的助推装置，但是由于它产生的噪声太大，使其使用受到限制。大多数喷气飞机使用比较安静的涡轮风扇式喷气发动机。由低压涡轮驱动的大型风扇只把一小部分空气送进燃烧室，而大部分空气通过外涵道在尾喷管加入从内涵道排出的燃气流。外涵道气流产生大部分推力。很多较小的、螺旋桨驱动的飞机采用涡轮螺桨式喷气发动机，在这里发动机为螺旋桨提供动力。

英国诺尔·潘尼涡轮公司NPT 301型涡轮喷气发动机

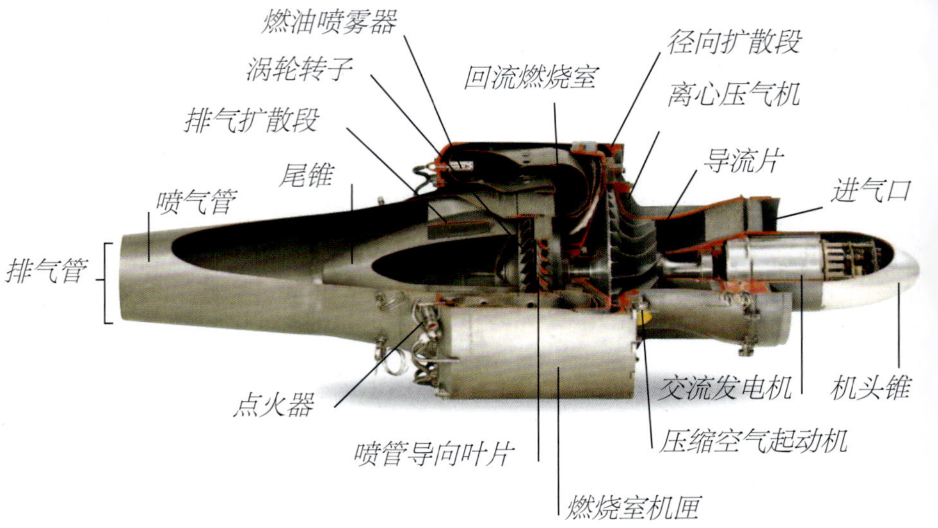

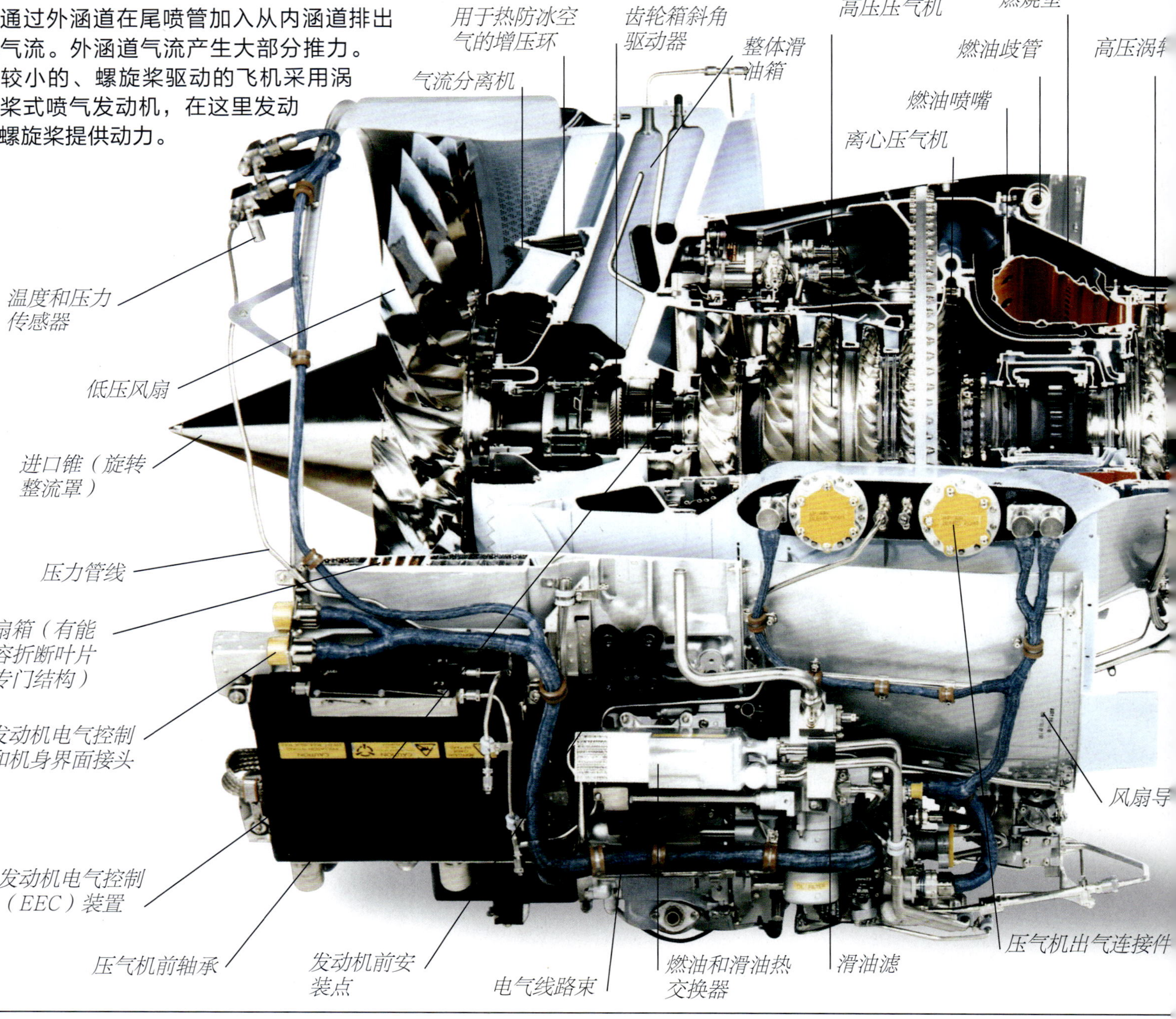

普惠加拿大公司PW 120系列涡轮螺桨发动机

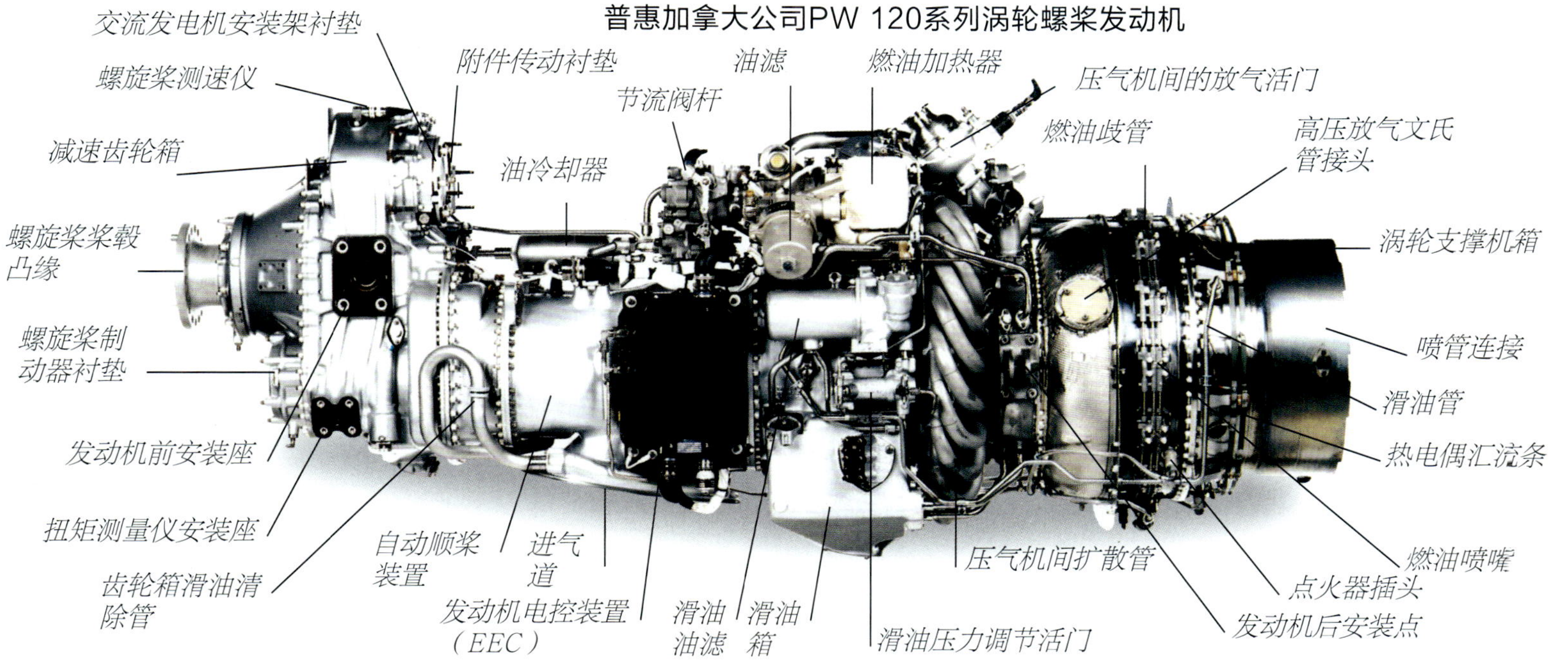

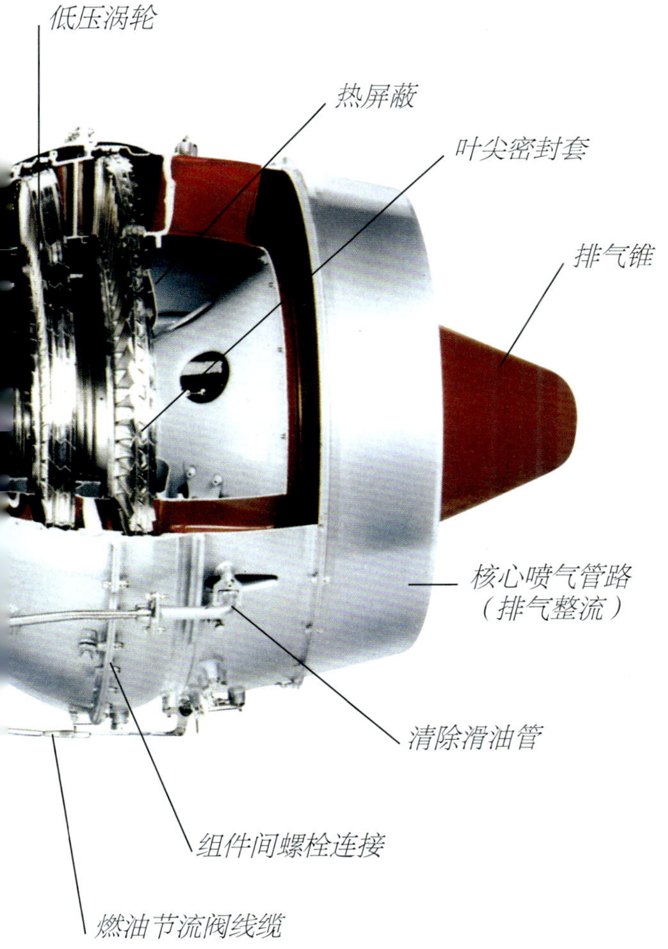

普惠加拿大公司PW305涡轮风扇发动机剖视图

喷气发动机工作原理

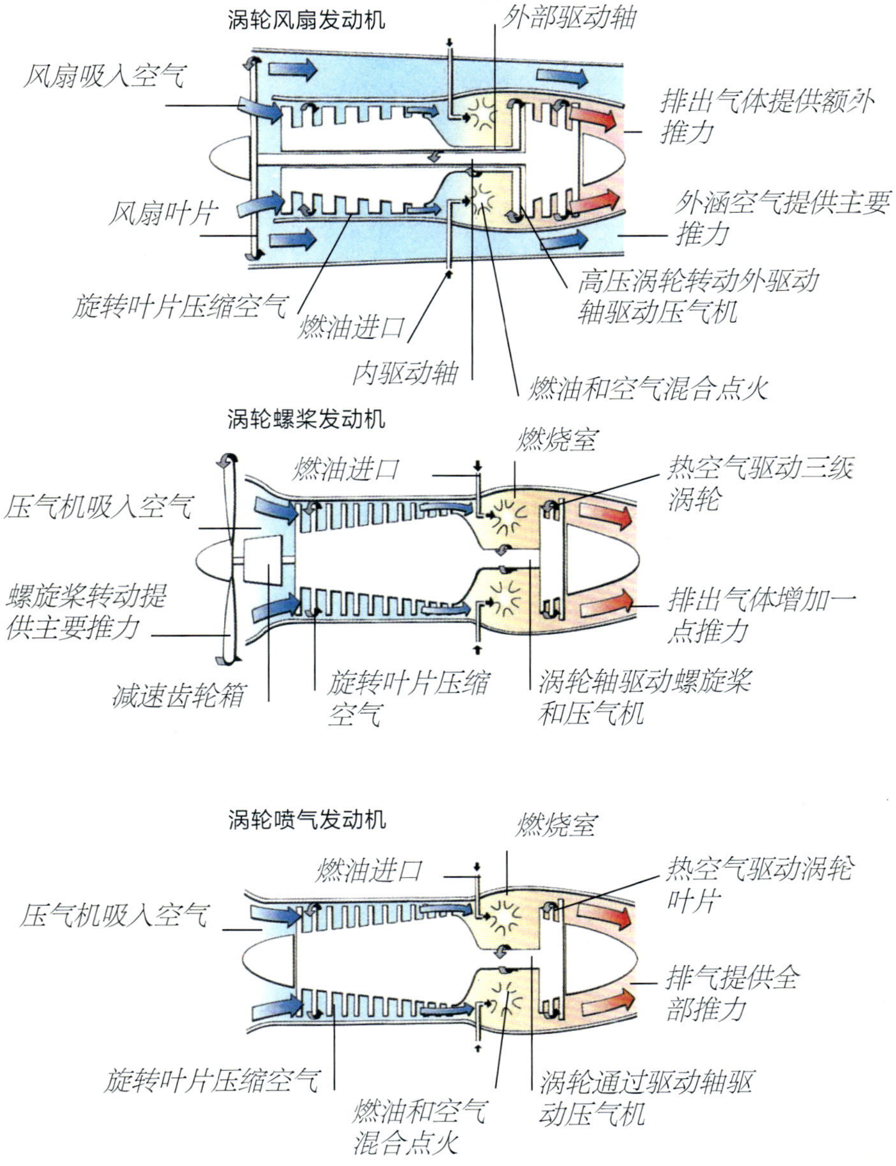

当代军用飞机

现代军用飞机当属21世纪最复杂、最昂贵的产品之列。战斗机需要靠计算机运作的控制系统来达到高机动性、掌控大推力发动机和有效使用空对空武器。大部分战斗机还有导弹、雷达和被动式红外传感器。这些技术进展使得今天的战斗机能够在对手尚在视界之外就与之交战。轰炸机能够携带大量武器载荷和足够的燃油进行远程飞行。有些军用飞机，例如欧洲联合研制的“狂风”和美国的F-14“雄猫”有可以改变后掠角度的机翼（变后掠翼），在飞机起飞和着陆时，机翼最大限度地伸展开来；而在高速飞行和低空攻击时，机翼尽量向后掠。最新的进展是推出一种“隐身”轰炸机，能吸收或改变敌方雷达照射的方向，从而使自己不被发现。而早些时候的轰炸机，如“狂风”是装备地形跟随雷达进行贴地飞行，以避免被敌方雷达发现。

欧洲帕纳维亚公司“狂风”前视

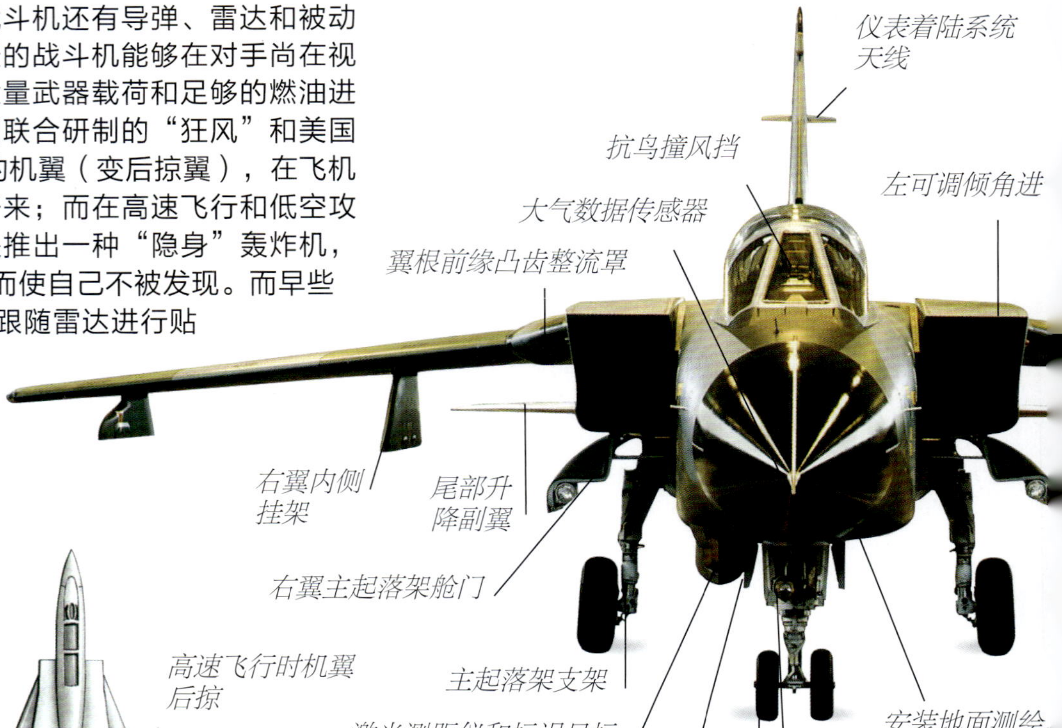

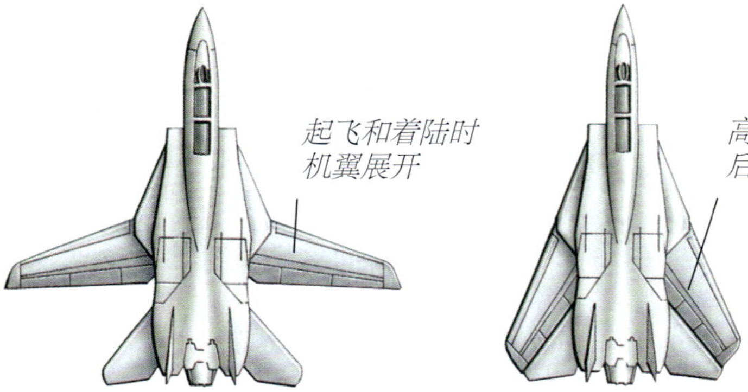

F-14变后掠翼“雄猫”战斗机

1986年“狂风”GR1A侦察型侧视图

1989年美国诺斯罗普公司B-2隐身轰炸机

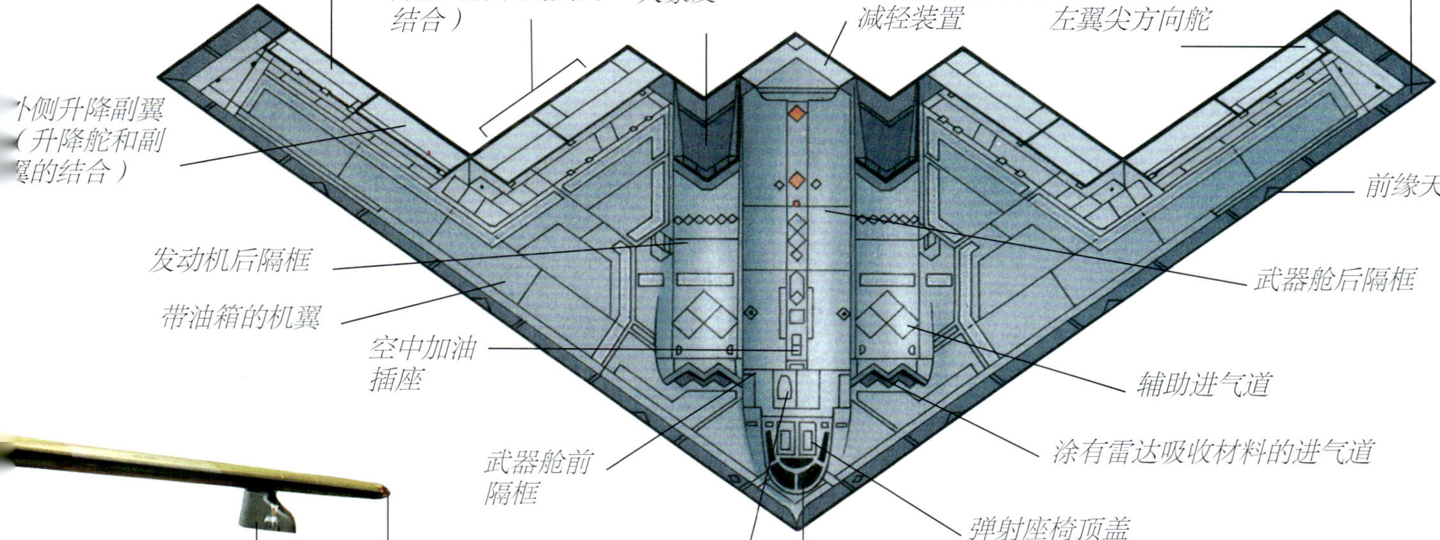

直升机

美国贝尔47G-3B1直升机

直升机靠旋转的桨叶产生升力、推进力和控制方向。使用旋转桨叶实现持续、可控飞行的飞行器是西班牙人胡安·德·拉·切尔瓦在20世纪20年代研制的自转旋翼机。他的旋翼机在机身上方装有无动力的桨叶，要靠旋翼机由常规螺旋桨驱动前进过程中的空气流动使之旋转，进而产生使旋翼机上天的升力。后来，到了1939年，俄裔美国人伊戈尔·西科斯基研制出VS-300，成为现代直升机的开路先锋。现代直升机由发动机驱动的桨叶提供升力、推进力和控制方向。直升机可以垂直起飞、悬停、向任何方向飞行，它还有一个尾桨用来防止直升机机体原地打转。1955年，直升机用的燃气涡轮喷气发动机问世，使直升机飞得更快、更加安全、功率更大。由于用途广泛，今天的直升机可以执行很多任务，包括农业播撒、交通监控、为深海钻井平台运送员工以及用作武器发射平台、空中急救和空中出租车。

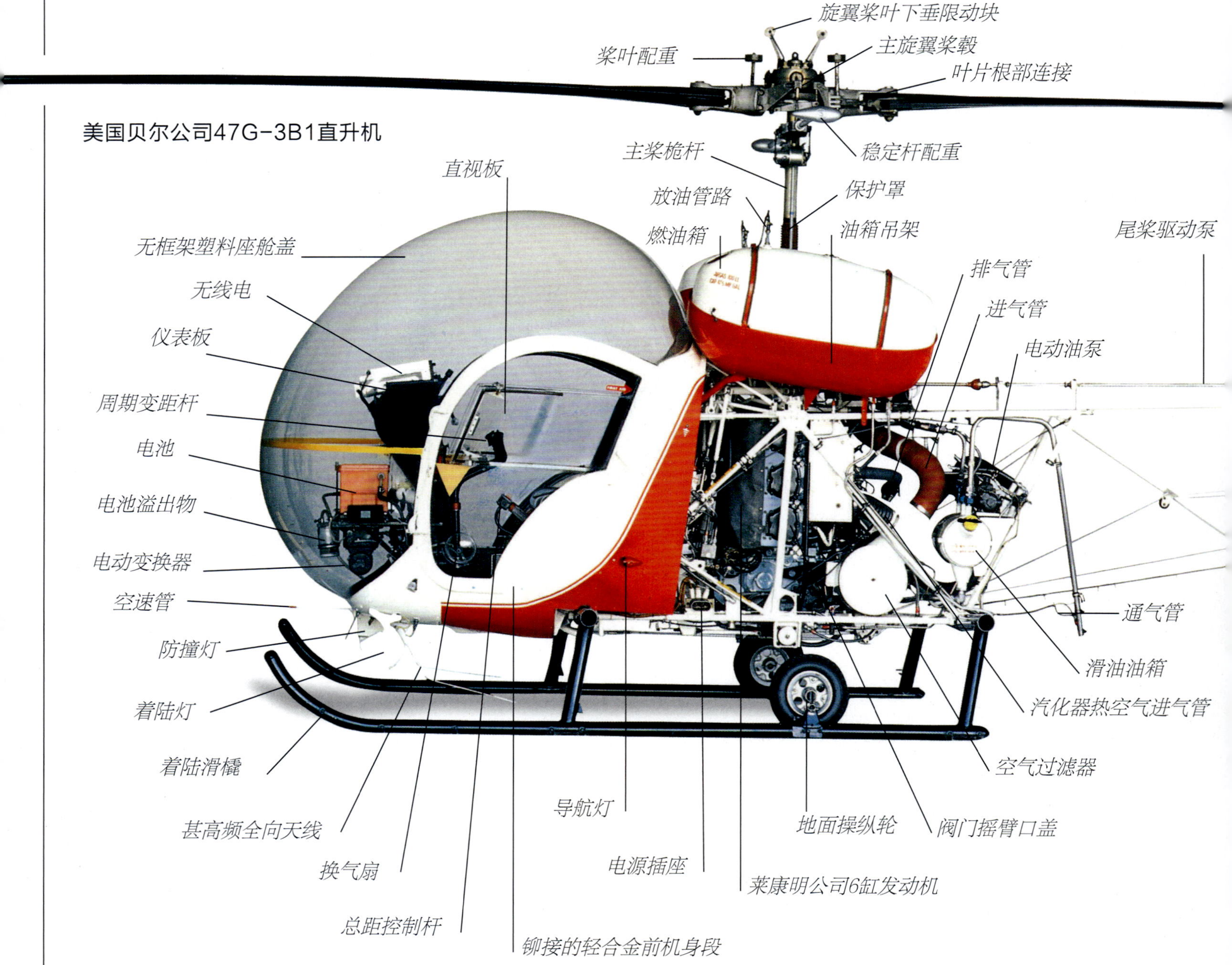

美国贝尔公司47G-3B1直升机

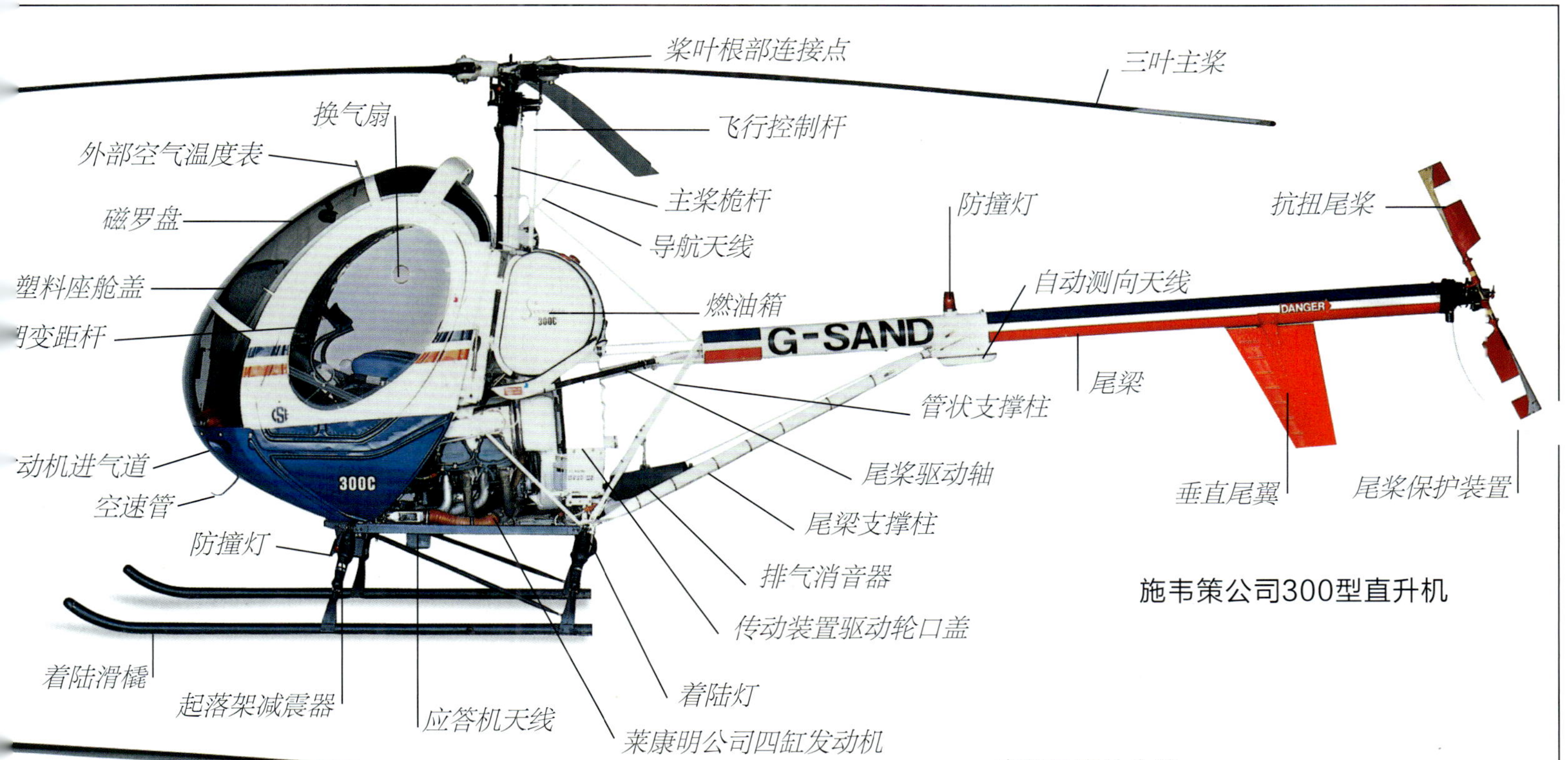

施韦策公司300型直升机

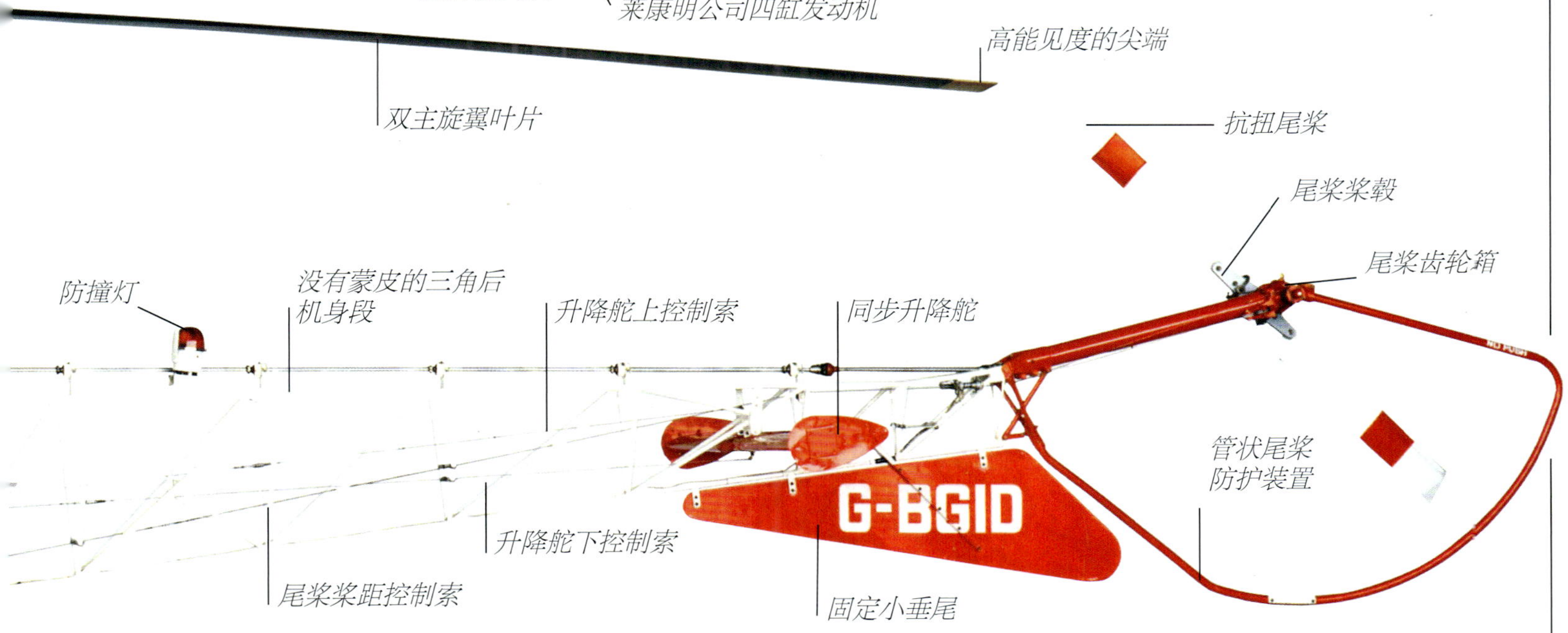

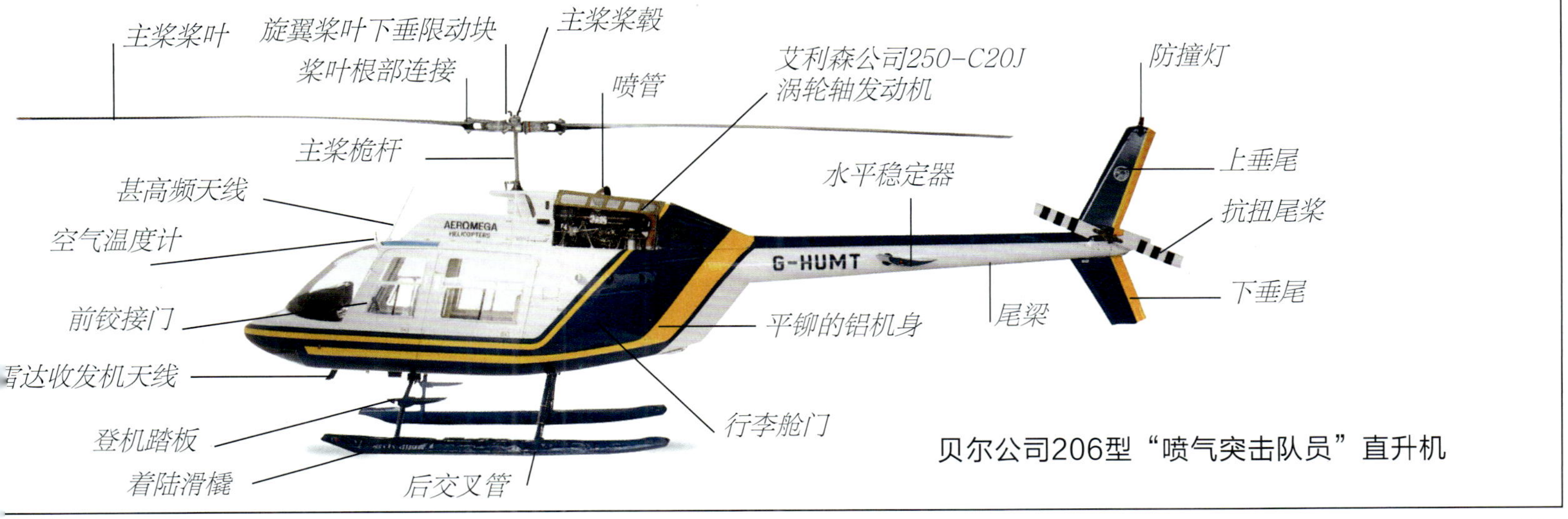

贝尔公司206型“喷气突击队员”直升机

轻型飞机

轻型飞机，如本书画出的英国ARV公司研制的超2，尺寸小、重量轻、结构简单。第一次世界大战以来生产了上百万架这种飞机，主要是私人机主用于休闲娱乐。所有轻型飞机几乎都装有活塞式发动机，大部分是采用空气冷却，也有采用液体冷却的。20世纪20年代，这种飞机的座舱一般都是敞开的，但是今天差不多都采用封闭式座舱了。上单翼飞机的座舱有一个或两个门，而下单翼飞机一般有推拉的或铰接的舱盖。大多数轻型飞机以铝合金为结构材料，也有一些采用木头或纤维增强材料制作。今天的轻型飞机通常安装有导航设备、电气系统、座舱加热装置、机轮刹车和双向无线电。

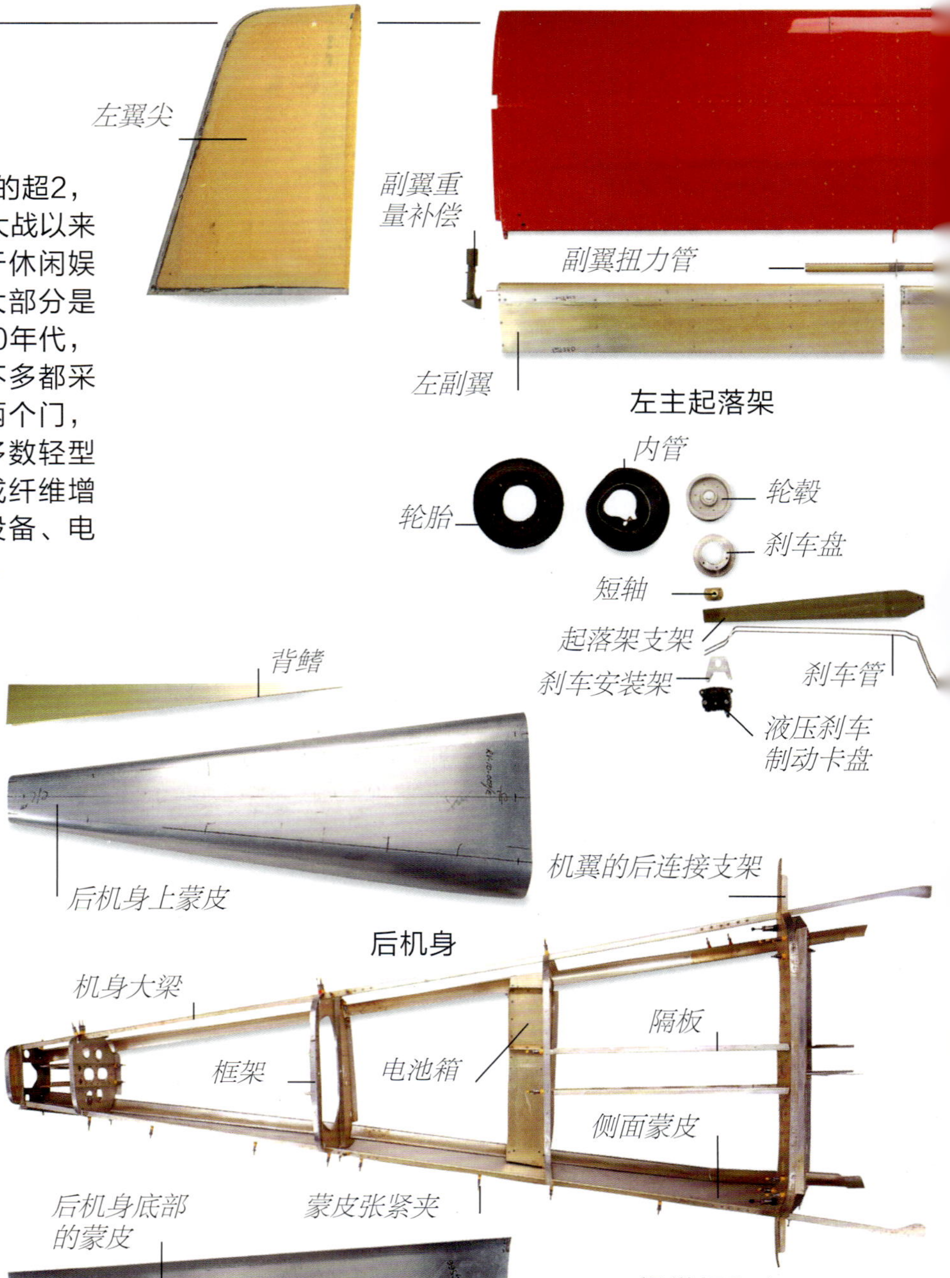

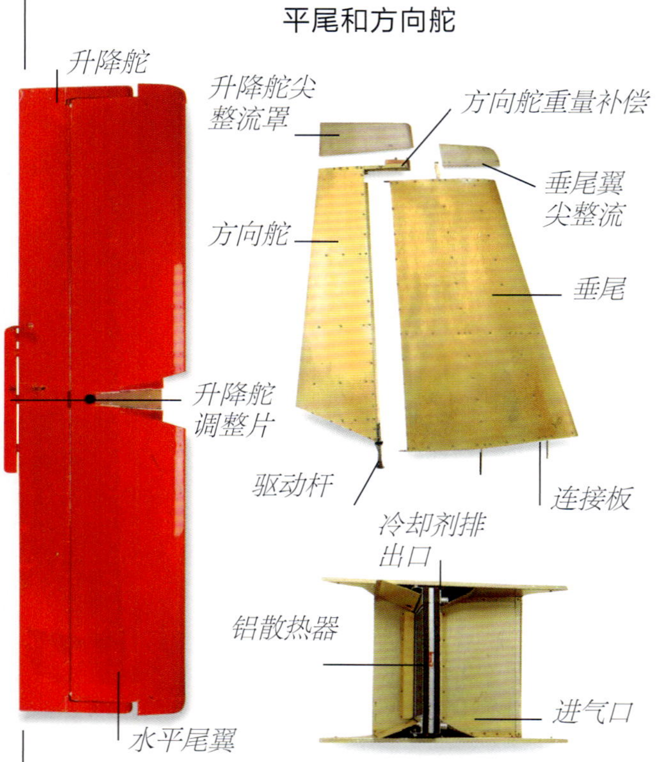

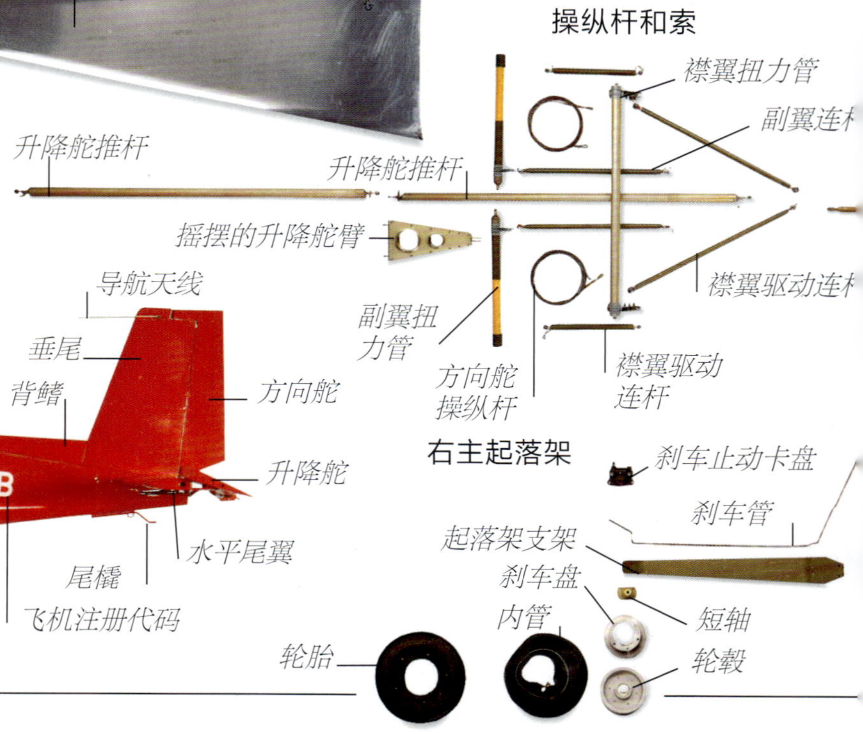

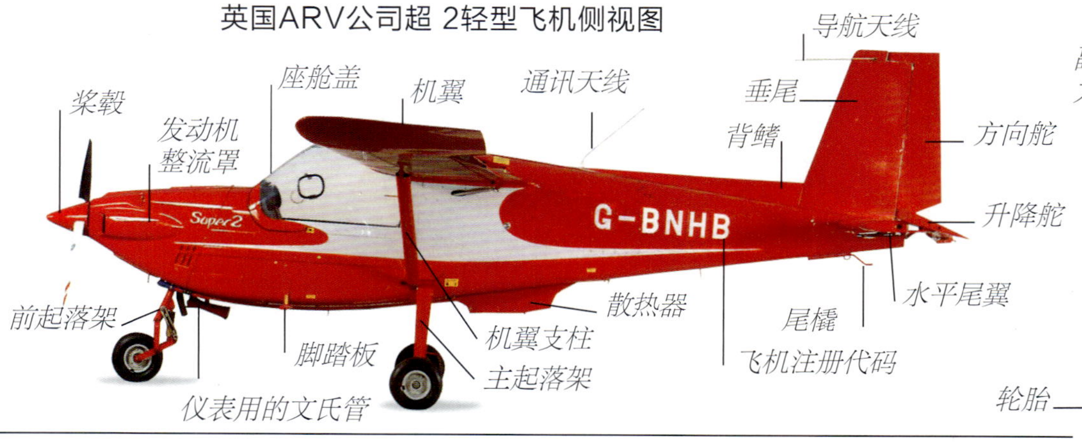

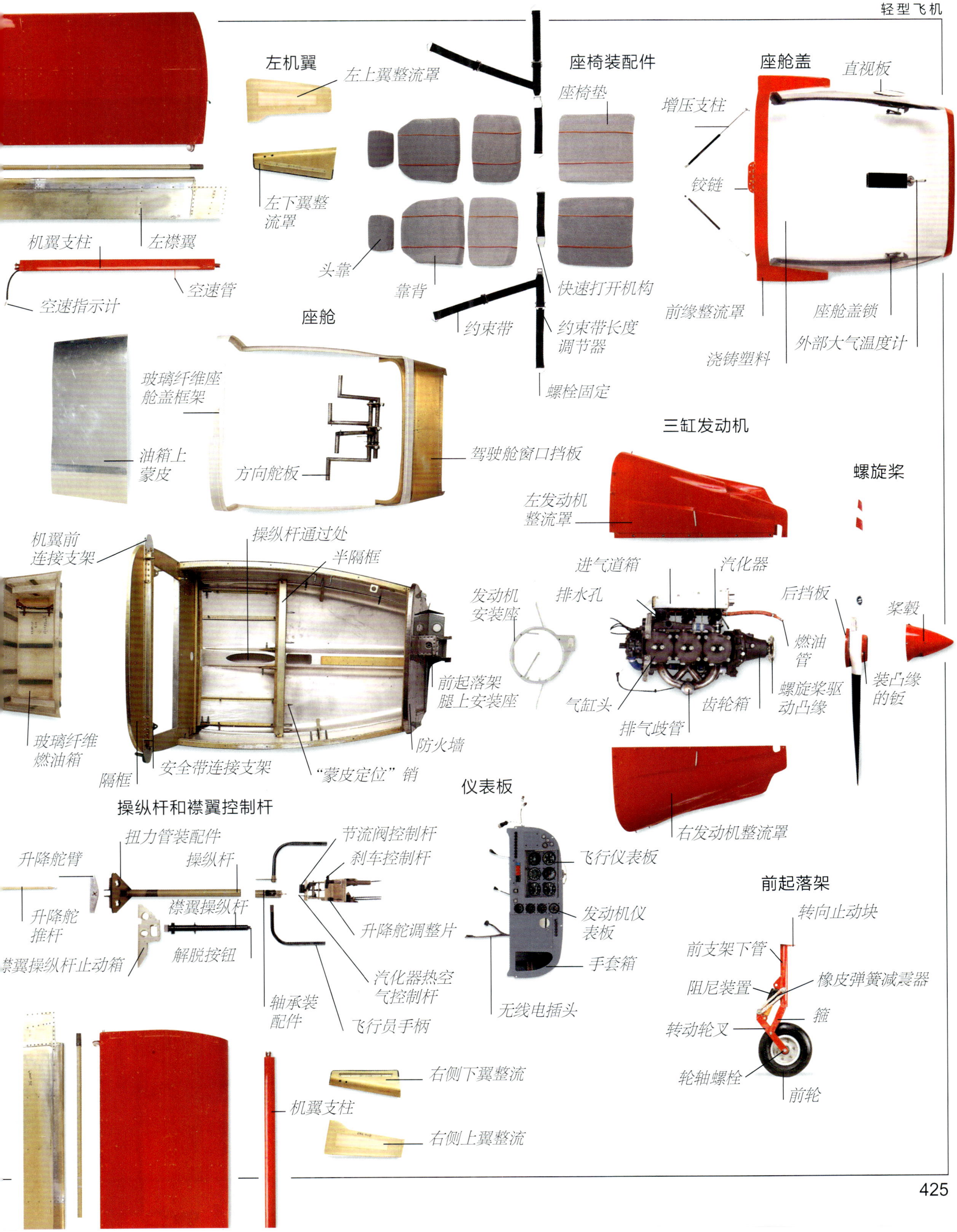
左机翼
左上翼整流罩
左下翼整流罩
机翼支柱
左襟翼
空速管
空速指示计
座椅装配件
座椅垫
头靠
靠背
快速打开机构
约束带
约束带长度调节器
螺栓固定
座舱盖
直视板
增压支柱
铰链
前缘整流罩
座舱盖锁
外部大气温度计
浇铸塑料
座舱
玻璃纤维座舱盖框架
油箱上蒙皮
方向舵板
驾驶舱窗口挡板
机翼前连接支架
操纵杆通过处
半隔框
前起落架腿上安装座
防火墙
玻璃纤维燃油箱
隔框
安全带连接支架
“蒙皮定位”销
三缸发动机
左发动机整流罩
进气道箱
汽化器
发动机安装座
排水孔
后挡板
燃油管
气缸头
排气歧管
齿轮箱
螺旋桨驱动凸缘
右发动机整流罩
螺旋桨
桨毂
装凸缘的钣
仪表板
飞行仪表板
发动机仪表板
手套箱
无线电插头
操纵杆和襟翼控制杆
扭力管装配件
升降舵臂
操纵杆
升降舵推杆
襟翼操纵杆
襟翼操纵杆止动箱
解脱按钮
节流阀控制杆
刹车控制杆
升降舵调整片
汽化器热空气控制杆
轴承装配件
飞行员手柄
前起落架
转向止动块
前支架下管
阻尼装置
橡皮弹簧减震器
箍
转动轮叉
轮轴螺栓
前轮
机翼支柱
右侧下翼整流
右侧上翼整流

蛋彩画

手抄书上的金色装饰

蛋彩画这个词常被应用在某一类绘画作品中，这类绘画作品的颜料是以水性媒材（通常是蛋黄）调和出来的。蛋彩画常被画在一些光滑的平面上，比如手抄本所用的牛皮纸上。它们更多是被画在敷有石膏平面的硬木板上，这里的石膏是粉笔和胶混合在一起的产物。在石膏上要用猪鬃笔来画。石膏底子是先铺一层粗石膏涂料，接下来再铺上几层细石膏涂料，细石膏涂料层需要被反复打磨使得底子平滑并具有吸水力。于是，就可以用小号的细貂毛笔画在这种很薄的石膏底层上，笔法需要轻薄。蛋彩画会干得很快,从而形成一个粗糙的带有缎面光泽的表面。这种带有白色光泽的表面，加上层层重叠的涂绘，制造出一种明亮清爽、色彩丰富的画面效果，这也是这种材质的特点。蛋彩画经常被镀上金子——把细金箔树叶包在一种红色黏土的底子上，再用抛光工具进行抛光。

镀金的材料

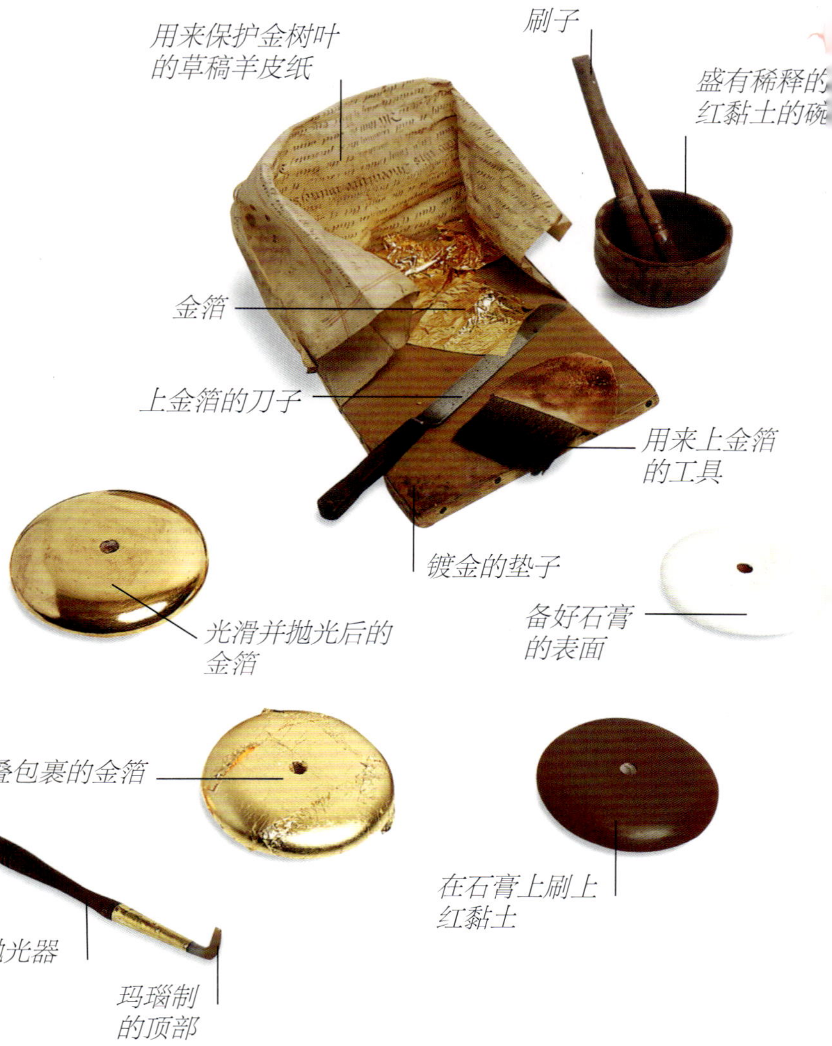

蛋彩画的材料

结合了蛋黄的媒材

笔刷的例子

一幅蛋彩画的例子

神殿里的讲演，洛伦泽蒂，1342

木板上的蛋彩画，257cm × 168cm

用于绘制肤色的颜料

棕绿色的底色

朱红色和铅白色

朱红色

大地红（铁氧化物）

颜料的例子

孔雀石

青金石

葡萄黑

锡黄

“神殿里的讲演”的细节

湿壁画

湿壁画是墙壁绘画的方法之一。在BUON湿壁画（意大利真正湿壁画）中，颜料混上水被铺在“细石灰”层上，“细石灰”层是最后一层潮湿的新泥灰。这一层可以吸住颜料，并将颜料与墙永久地融合在一起。“细石灰”层涂的面积以一日的工作量为限。每日工作量的面积取决于艺术家的预估，即在石膏干之前能够画多大的面积。在完成的湿壁画中，每日所画的区域中间的衔接部分经常轻易可见。在BUON湿壁画中，所用颜色的范围被限制在抗碱性颜料之内，比如一些大地色系。混有水的熟石灰以及部分暴露在空气中的熟石灰和粉笔，可以用来制造湿壁画中的白颜料。如果在已干的湿壁画上铺上颜料，由于颜料没有完全被吸到石膏中，经过一段时间就会变成薄片状。

湿壁画涂层的横断面

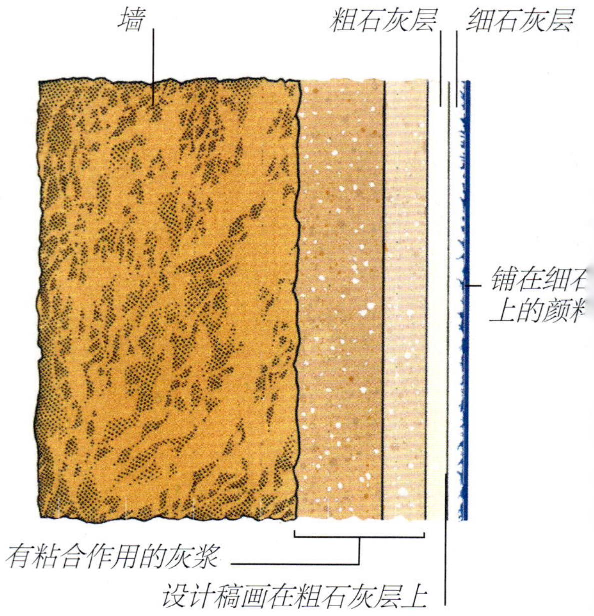

大地色颜料的例子

湿壁画白颜料的成分

湿壁画笔刷的例子

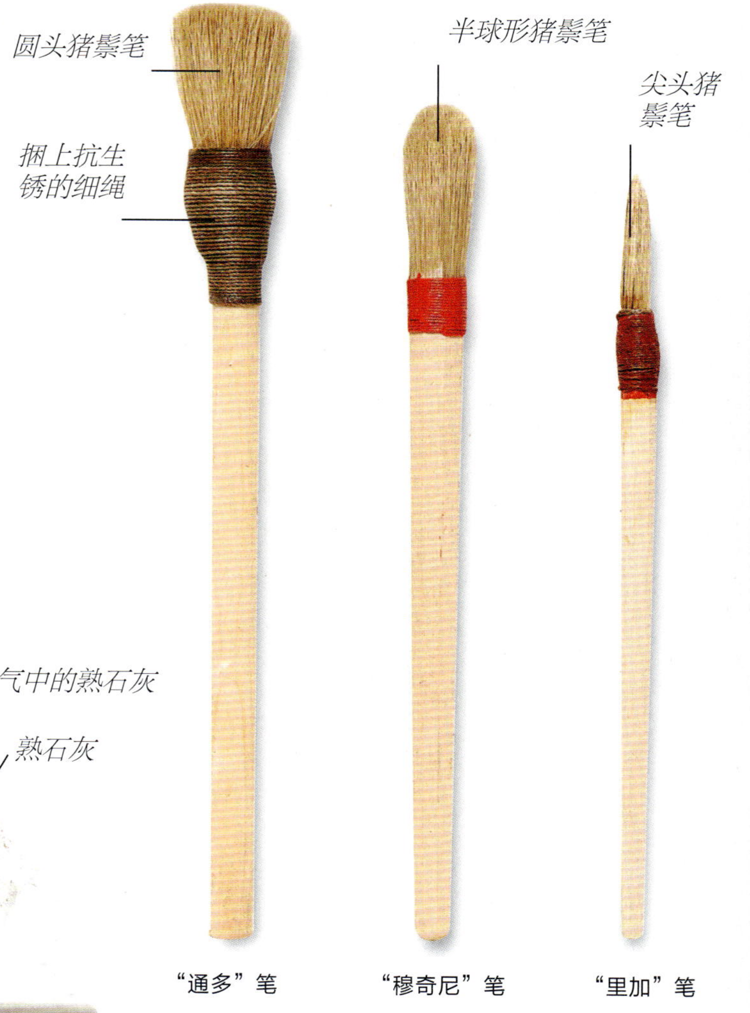

一幅湿壁画的例子

将商人从圣殿中驱除，乔托，C. 1306

湿壁画，200cm × 185cm

《将商人驱出神庙》局部图

“驱除”中，一天工作的量

油画

肾形的调色板

油画颜料是用干性蔬菜油（比如亚麻籽油）对已有的色料进行调合和研磨而制成的。这种颜料可以画在很多种不同材质的平面上，最常见的是帆布。在绘画之前，先要把帆布绷在木框上，并且在表面涂上几层乳胶。在油画中最常用的两种笔，一是硬鬃毛笔（猪鬃）——主要用于覆盖大面积的区域；二是由貂毛或者人造毛制成的软毛笔——主要用于刻画细节。其他的工具，包括油画刀，也可以用来实现各种不同的效果。油画可以被画得很厚，比如一种被称为“厚涂法”的技法；同时也可以用溶解剂比如松节油、挥发油等把油画画得很薄。增光剂（清漆）有时会用在油画中以保护画面，并且使画面呈现出一种光泽。

酚醛树脂清漆

商业油画颜料

亚麻籽油

颜料色素的样例

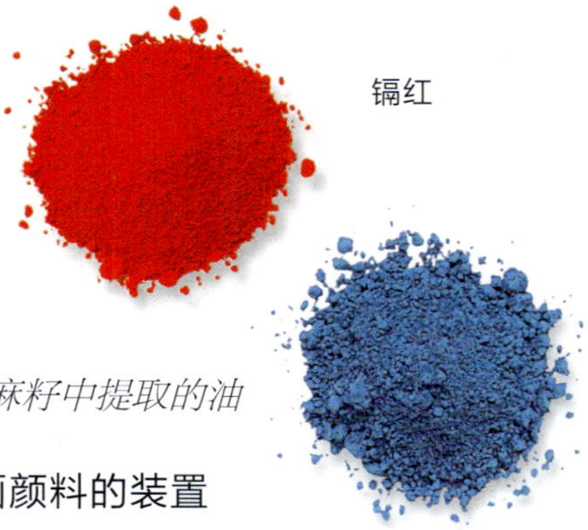

双只油斗（调色板的附属品）

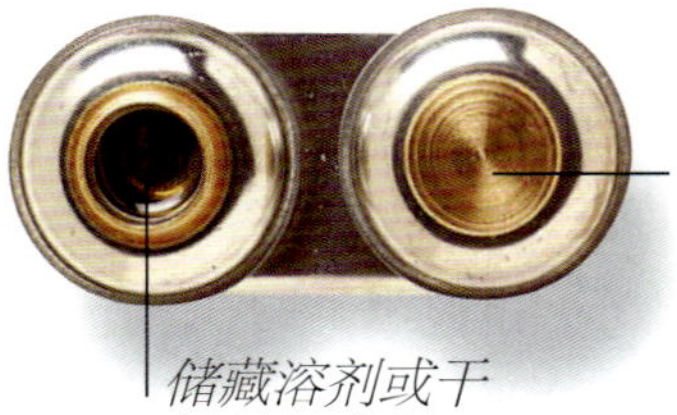

制作油画颜料的装置

画刀

笔刷的样例

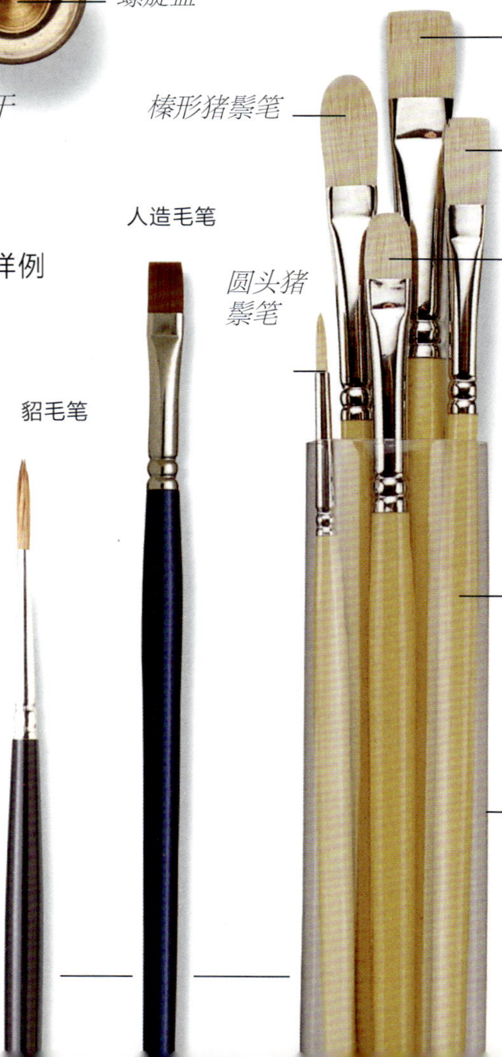

一幅油画的例子

贝母花，文森·凡高，1886

油画，帆布，73.5cm × 60.5cm

画室的画架

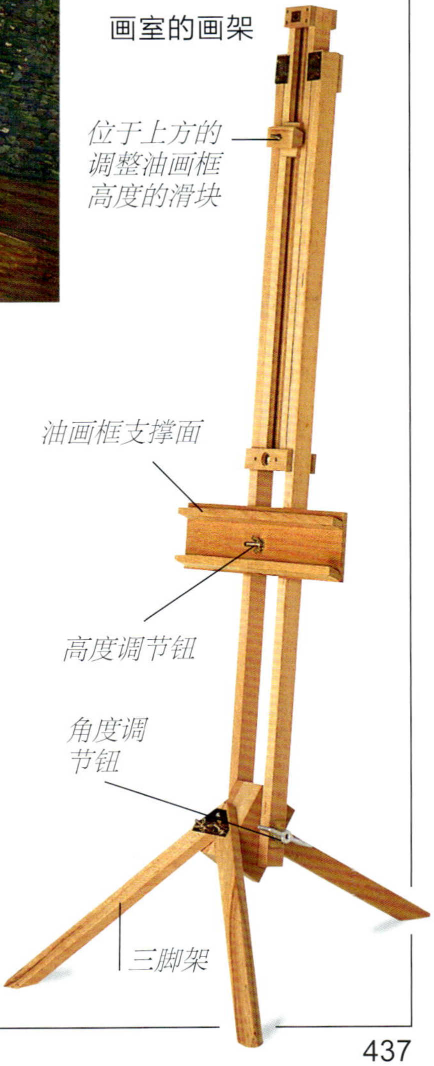

帆布被拉伸订到木框上（从背面看）

帆布的样例

棉质细帆布

细亚麻布

粗亚麻布

水彩画

水彩颜料是由磨碎的色素混合了水溶性的有黏合力的媒材（通常是阿拉伯树胶）而制成的。水彩画通常使用一些软毛笔，如貂毛、山羊毛、松鼠毛和人造毛等在纸上作画。水彩常被稀释，并被一层一层地覆盖使得颜色越来越深，虽然每层都是薄而透明的。用湿画法可以制造出不同的效果。例如湿的接色的方法就是把一个湿颜色画在另一个湿颜色的上边，这两个湿颜色混合在一起，产生一种相溶的效果。海绵也被用来调整画面，它通过对颜色的吸收，使得有颜色的区域变浅了，或者干脆把颜色从纸上吸走，来改变画面的色彩。水彩也可以不经过稀释而使用。还有一种被称作“干画法”的技法，可以画出残破的色彩效果。一般来说，水彩都是透明的，并且可以允许光从纸的表面透过层层颜料而反射出来，形成一种明亮的效果。水彩画也可以画得很厚而且不透明，这通常要添加一些固体颜料，如中国白。

阿拉伯树胶

天然海绵

貂毛笔的解剖图

软毛笔

圆头貂毛笔（6号）

圆头貂毛笔（1号）

人造毛笔

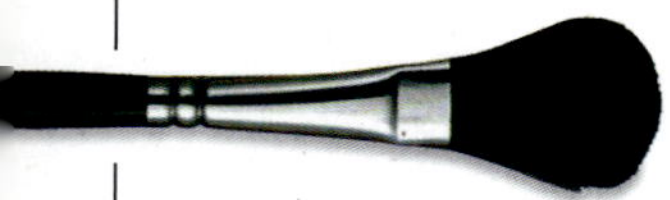

松鼠毛笔

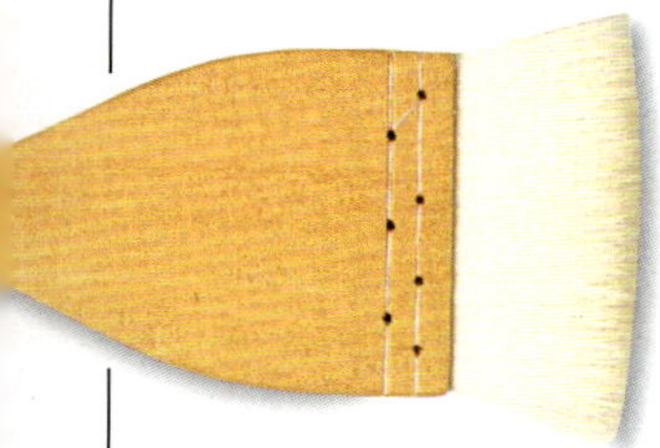

大号山羊毛笔

管装水彩颜料

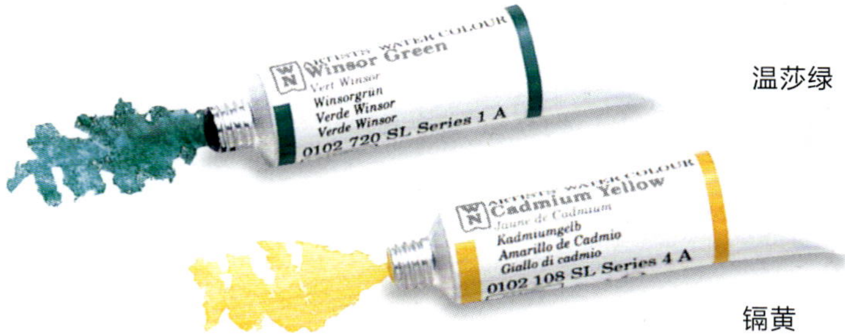

便携式水彩颜料盒

一个水彩画的例子

议会厅的燃烧， 特纳，1834

水彩，纸本，29.2cm × 44.5cm

冲水效果举例

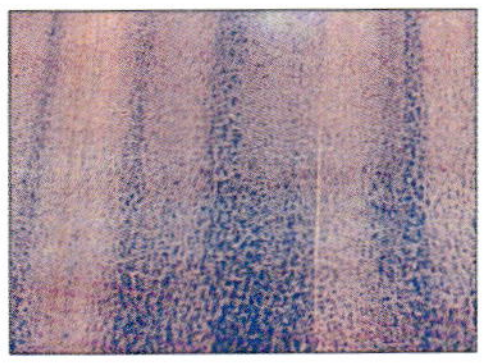

以湿冲干法

用干的笔刷在已画好的颜色上一扫，形成了两种色调

渐变冲水法

在倾斜的纸张上冲洗形成渐变的效果

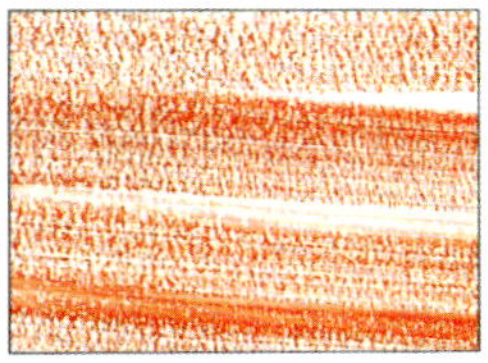

干画法

未经稀释的颜色在纸上拖蹭，形成一种残破感的效果

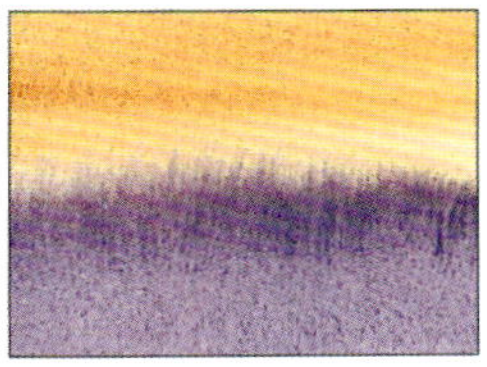

湿的接色法

两种被稀释的颜色溶到一起形成一种相溶的效果

水彩颜色的色环

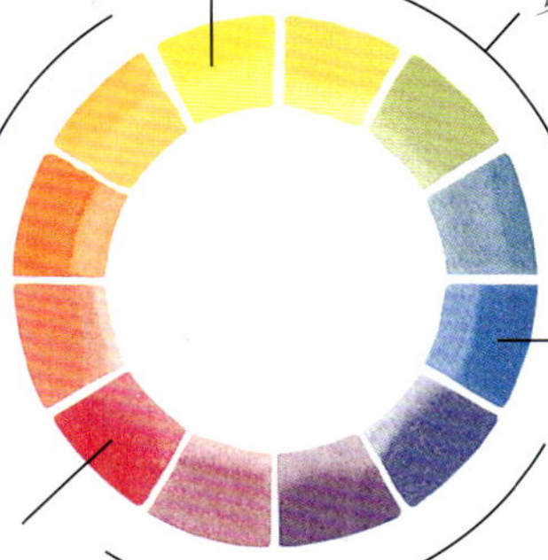

水彩纸的样例

色粉笔画

色粉笔是一种颜料棒，它是由磨碎的颜料和粉笔以及有粘合力的媒材（如阿拉伯树胶）混合而成。它们在硬度方面有差异，依据粘合剂在粉笔中比例的不同而变化。最常见的色粉笔形式是软质色粉笔，它的粘合剂的量仅够保留住色素。色粉笔能够被直接画在有足够纹理的东西的表面。当使用一直色粉笔在一个有纹理的平面上作画时，颜料的色素就会崩碎，并且嵌入到这个平面的纤维中去。色粉笔画出的痕迹质地软而无光泽，并且适合于混合、渐淡和羽化的绘画技法。这些效果通常用手指、纸屑、软毛笔、可塑橡皮、软面包等工具来完成。渐淡画法是一种增进颜色层次的画法。小的或者钝的软色粉笔笔头被轻轻地画在原有的颜色之上，这样在底下的颜色就会反上来，形成一种颜色混合的效果。羽化是这样一种技法：色粉笔的笔尖在已有的颜色上再画上一层平行的色彩线条，这样，罩上的一层颜色看上去会有色彩融合的朦胧效果。一种稀薄的定画剂通常用喷雾器喷在已完成的画面中，或者被使用在不同的色彩层之间，以防止画面被蹭脏。

制作色粉笔的装备

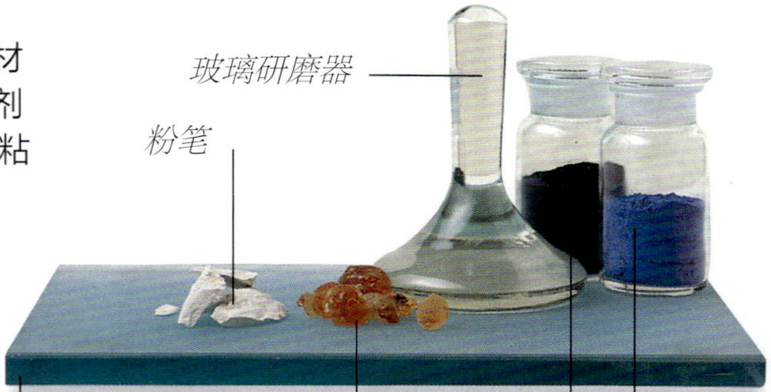

软色粉笔的例子

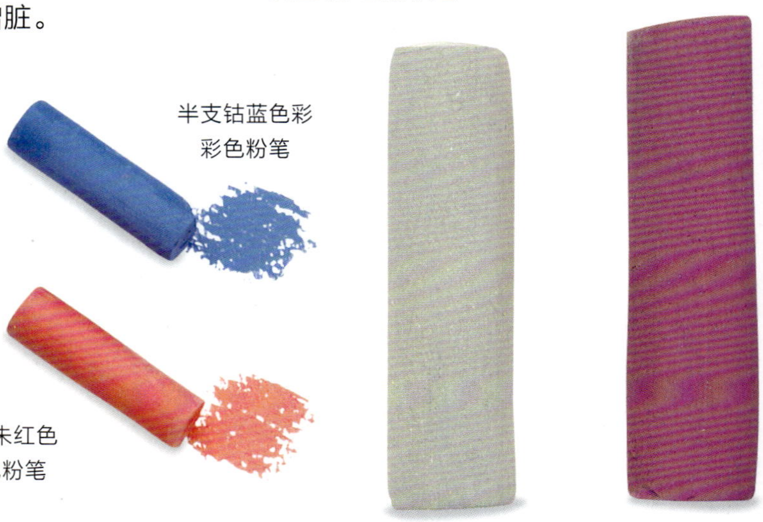

色粉笔盒

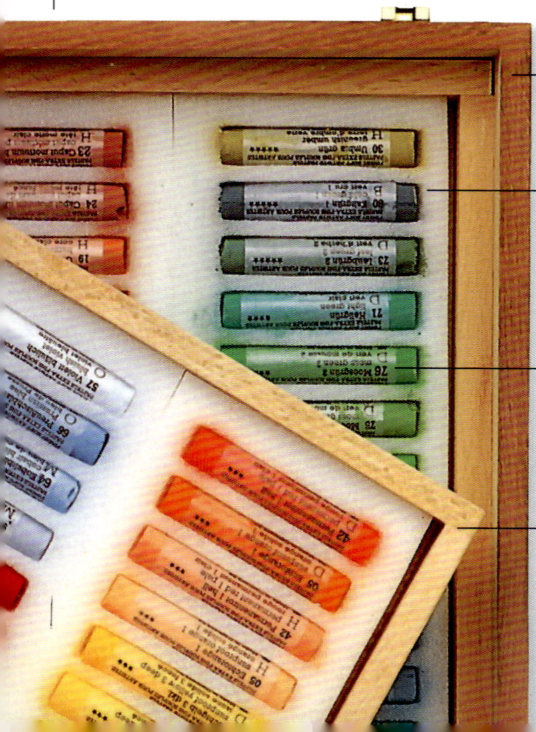

色粉笔画的工具

喷雾定画剂

软毛笔

纸制擦笔

一个色粉笔画的例子

洗脖子的女人 艾德加 · 德加，C. 1898
彩色粉笔，硬纸板，62.5cm × 65.5cm

《洗脖子的女人》的细节

有肌理的纸张和粉色纸板的样子

水彩纸（粗糙纹理）

玻璃纸

水彩纸（中等纹理）

安格尔纸

植绒色纸板

康颂纸

彩色纸的样例

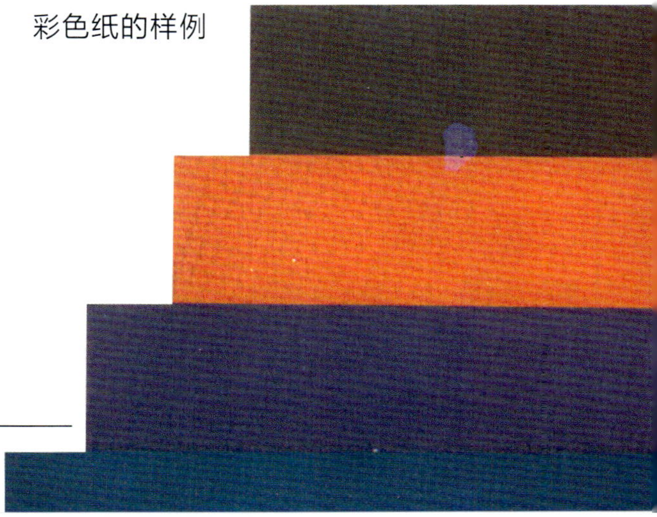

书法

书法是一种富有美感的写字形式，多被用在手写文稿和一些彩饰上，彩饰主要是指用金箔和颜色对手稿的装饰。练习书法最主要的材料是一些书写工具、墨汁和用于书写的媒材平面。羽毛笔属最古老的书写工具之列。它们通常是由鹅毛和土鸡毛制成的,并且因其自身的柔韧性和能够写出纤细的线条而著名。但是，羽毛笔的笔尖并不十分耐用，也不能被反复修剪。在西方最常用的书写工具是一种置于钢笔杆内的可分开的金属笔尖。这种金属笔尖非常耐用，并且种类繁多。不同形式的笔尖能够用来书写独特风格的字体，比如红铜板制笔尖、安士笔尖和圆体字笔尖。有些笔尖和墨水槽是一个整体，而另一些笔尖和墨水槽则是分开的。毛笔也会用在书写当中，同时也用于填充字的轮廓和装饰性的涂色。其他的书写工具还有自来水笔、记号笔、红环钢笔和芦苇笔等。写书法用的墨汁可以是液体的也可以是一种固体的墨棒。墨棒通常被碾碎并被水蒸馏提炼成液体墨汁。最普遍的书法用纸是质量好的表面平滑的纸张。为了实现最完美的书写角度，书法家把纸张按一定角度放在画板上。

软笔书法的装备

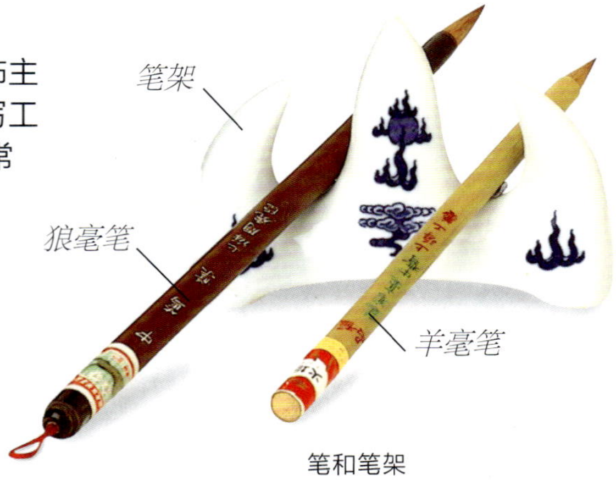
笔架
狼毫笔
羊毫笔

笔和笔架

经研磨并被水蒸馏提炼的液体墨
固体碳墨
砚台

墨和砚台

用于书法的钢笔、笔尖和毛笔

笔杆

铜板笔尖
急速球笔尖

记号笔

圆体字笔尖及与其配套的墨水槽

自动笔

芦苇笔

扁头貂毛笔

尖头貂毛笔

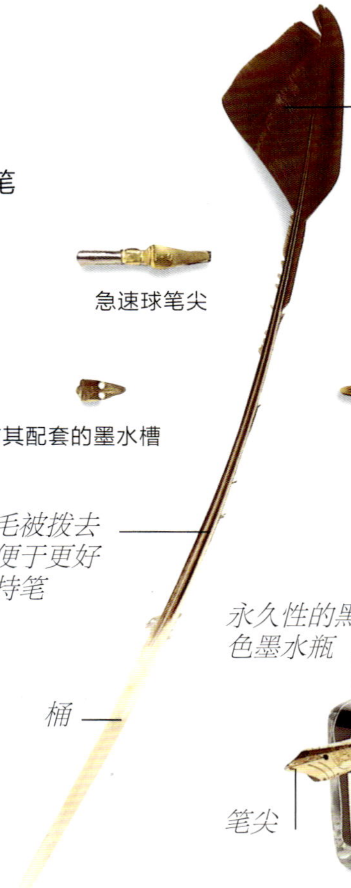
羽毛
羽毛被拔去以便于更好地持笔
桶
被剪去的笔头

鹅毛笔

羊毫笔

狼毫笔

自来水笔和墨水

永久性的黑色墨水瓶
笔管
笔的卡子
笔尖
漂亮的笔帽

不同字母风格的样例

罗马体大写字母

意大利罗马体

中国书法

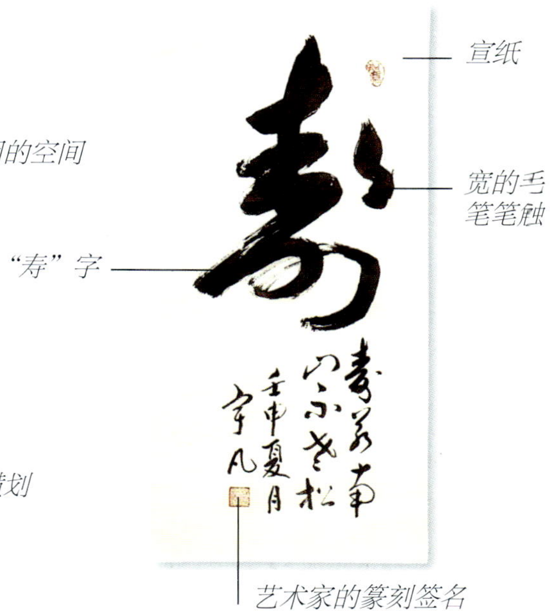

艺术家的刻章

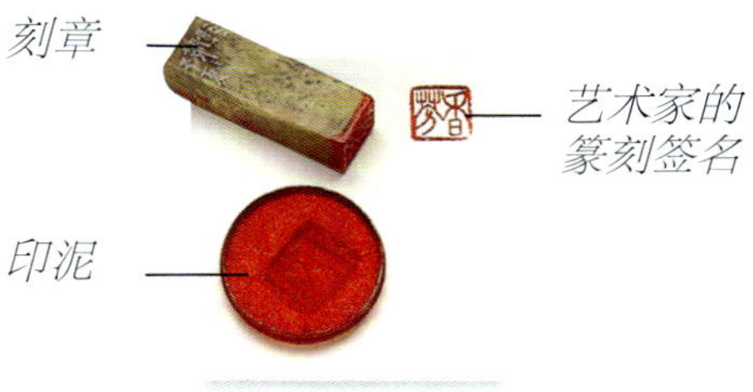

画板

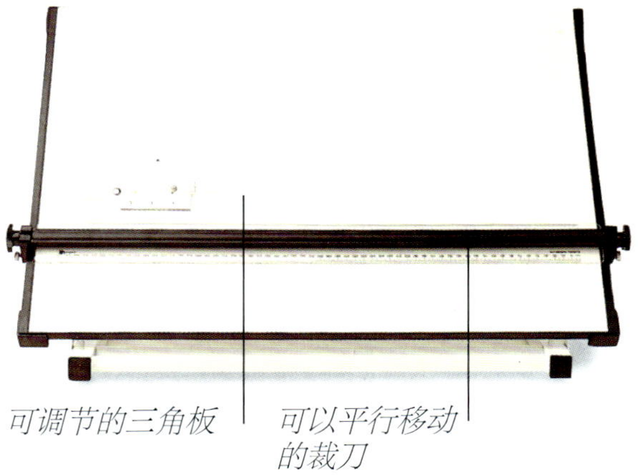

一个手抄本的例子

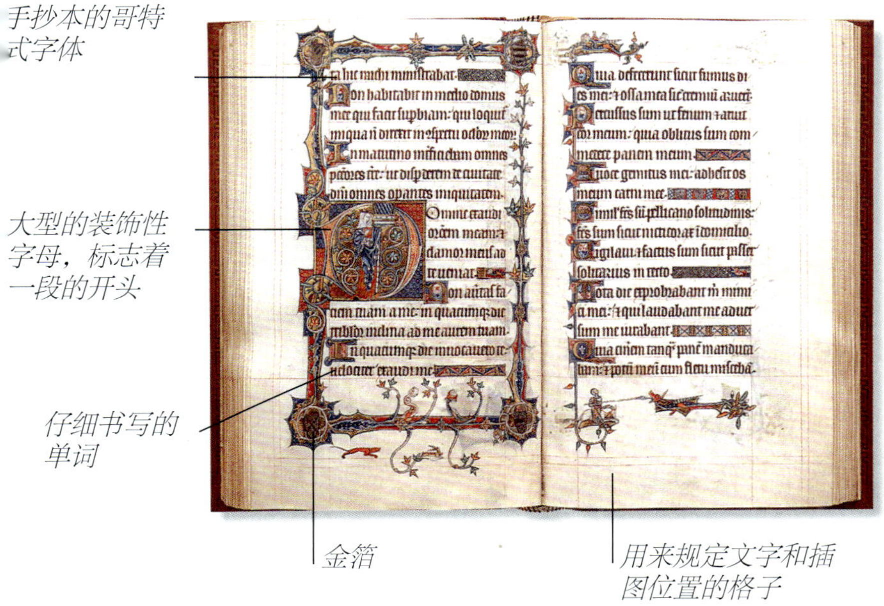

书法用纸的例子

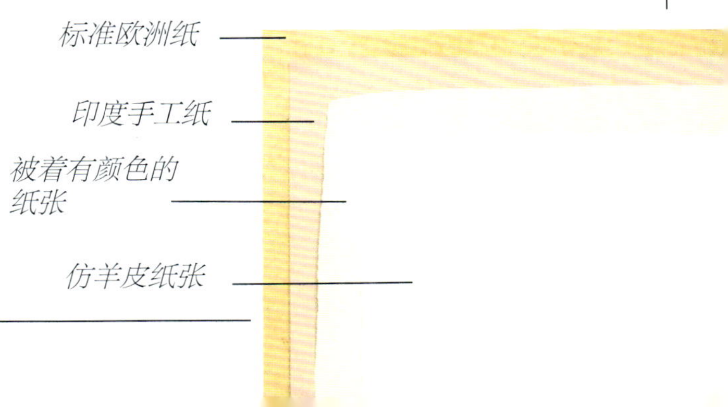

版画1

版画有四种基本的制作方式，它们是凹刻版画、平版版画、凸版版画和丝网版画。在凹刻版画中，线条可以是被雕刻出来的，也可以是在金属板的表面上被腐蚀而形成的。艺术家利用锋利的金属工具把线条雕刻出来，也可以使用蚀刻的办法，也就是说，金属板上的线条是由酸类化学品在金属板上的腐蚀而形成的，而没有线条的地方则是因为被刷上了抗酸性的底液而受到了保护。当蚀刻完成后，需要把油墨铺在金属板上并进行反复地擦抹，使得被蚀刻出来的线槽被墨填住，而其他地方则被清理干净。然后，把被浸湿的纸放在金属板的上边，再把它们同时拿到铜板印刷机上进行滚压。经过印刷机的滚子的挤压，纸张被压进被蚀刻了的细槽里，于是就把墨带了出来，图像就被保留在纸上了。而平版版画的原理则是基于水与油的不相容性。艺术家通常把图像画在一块石头或者金属板上，当画好之后用阿拉伯的一种酸性树胶对石板表面进行处理，利用油和水不兼容的原理形成石版印刷面。在凸版版画中，没有出现在纸上的部分是由圆凿、刀子或者其他工具从木板上或者橡胶板上刻掉的。被印出来的地方则是由于这部分是突起的，并被滚上了油墨所致。纸张被放在上了墨的板子上，并通过印刷机的挤压或者在纸张背面的反复摩擦，把图像印在纸上的。最常见的凸版画形式是木刻、木雕和橡胶版画。丝网版画所用的印刷平面是绷在一个木框上的网状物。丝网模版把网上不需要印的地方封了起来，颜色通过丝网的网孔被刮下来，图像就漏在纸张上了。

四种主要的版画印制方法

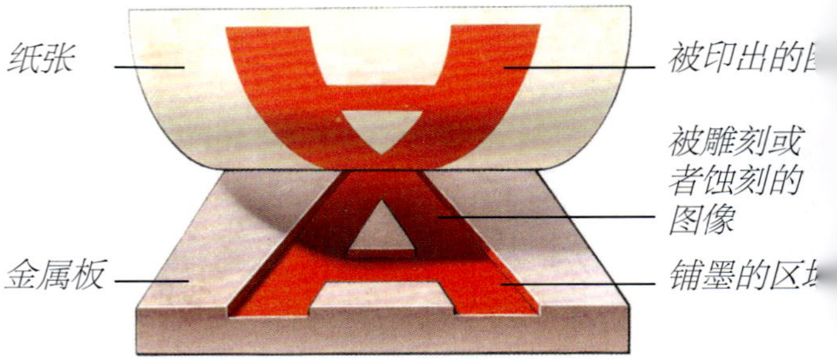

凹版版画

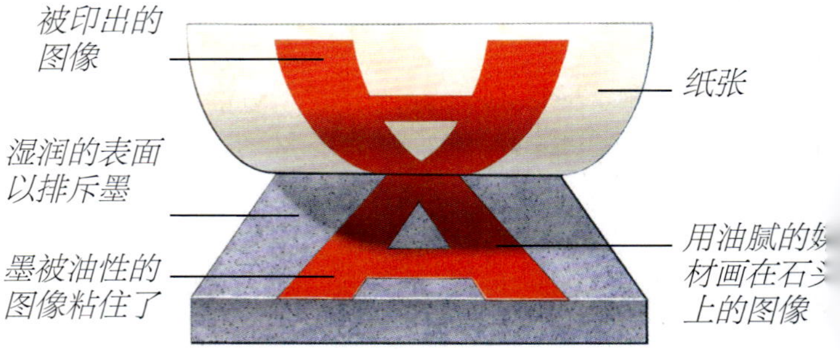

平版版画

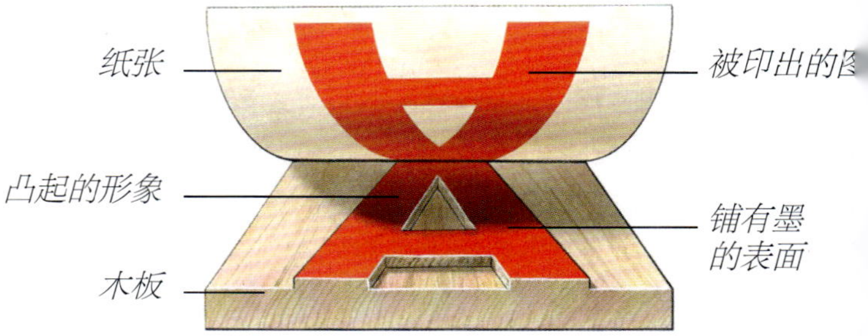

凸版版画

丝网版画

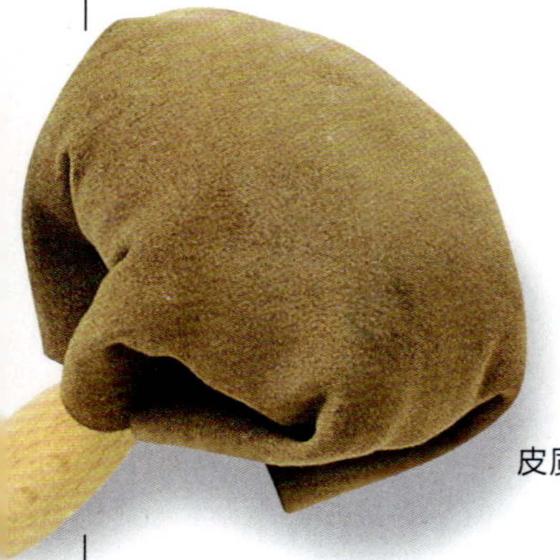

皮质上墨涂料棒

凹版版画的工具

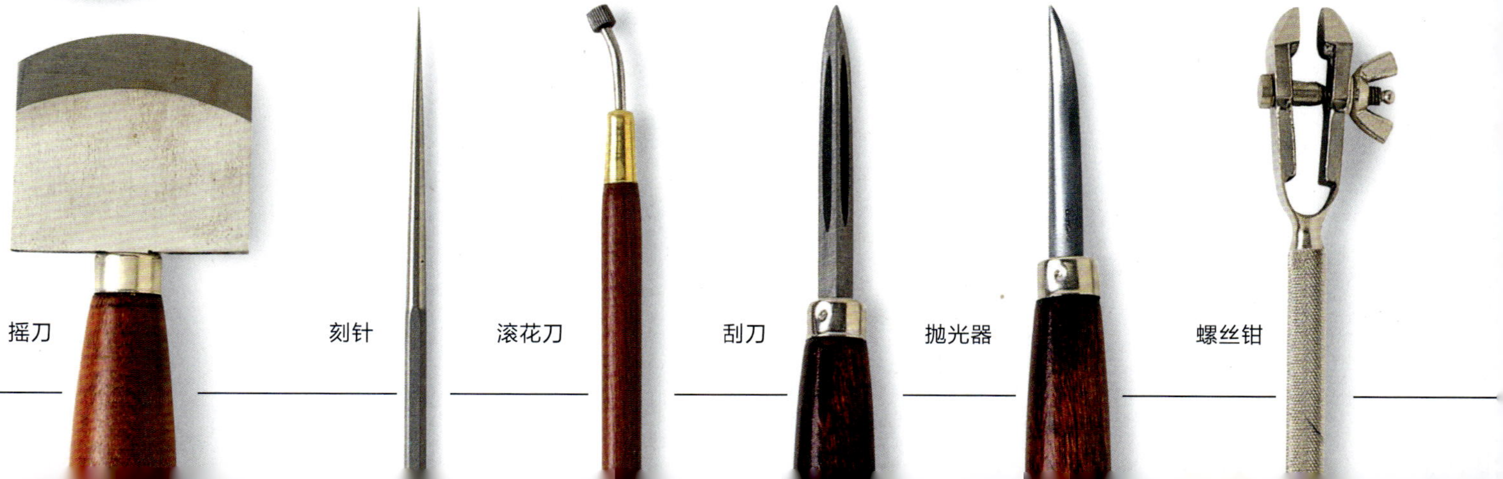

用于凹版版画的铜版印刷机

底液

版画纸张的样子

底液滚子

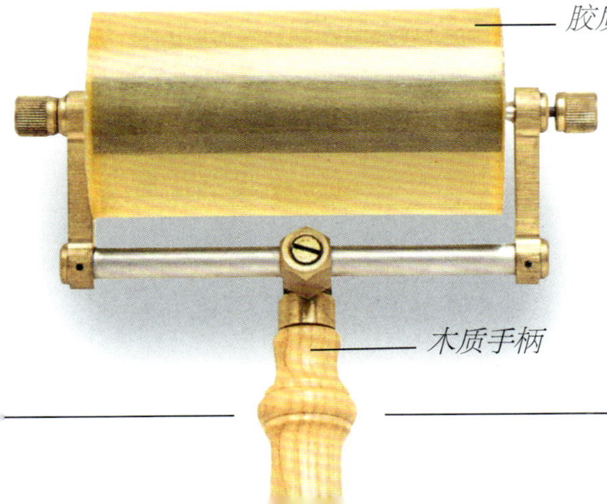

一幅石板画

戴着太阳帽的安妮，乔克·麦法殿，1993

铜板蚀刻，41×40cm

版画2

石版画中的石头与画

皇家门廊2，曼蒂·邦内尔，1987

石版画，50cm × 40cm

画在石头上的图像

印好的石版画

丝网版画的例子

海洋之变，帕特里克·休斯，1992

丝网印刷，77cm × 94.5cm

丝网和刮板

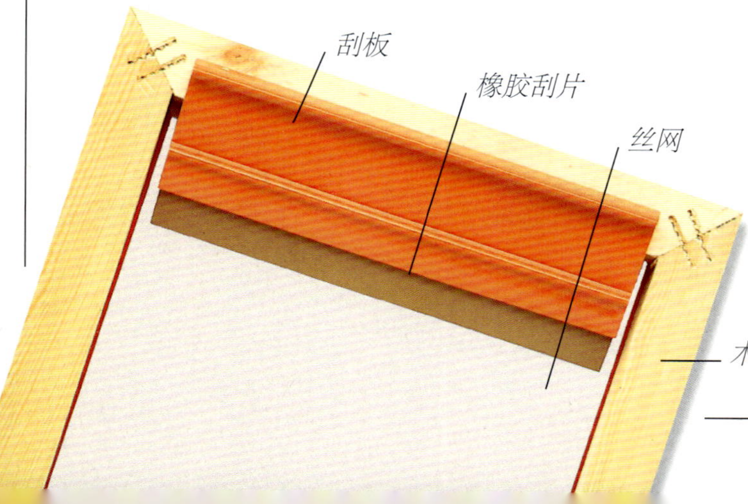

石版画用笔

蜡笔和执笔器

石版铅笔

石版钢笔

橡皮棒

海绵

石版油墨制的墨棒

研磨的墨

墨滚

温和的酸性溶解液

树胶溶解液

水性丝网颜料

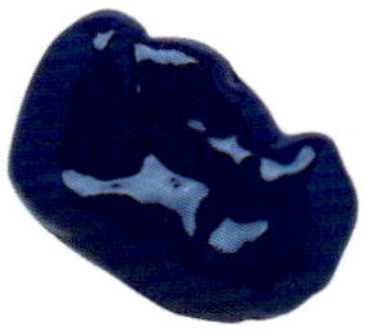

蓝色丙烯颜料

红色丙烯颜料

棕色纺织颜料

凸版版画的工具

V型三角刻刀

墨滚

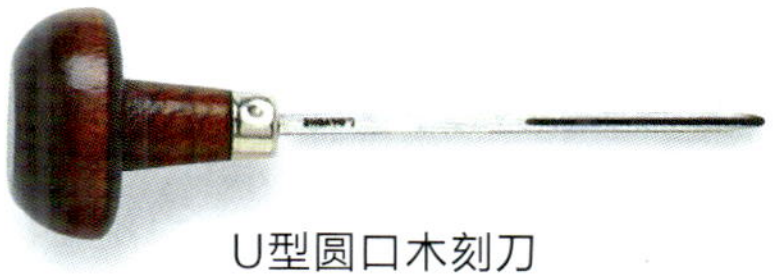

U型圆口木刻刀

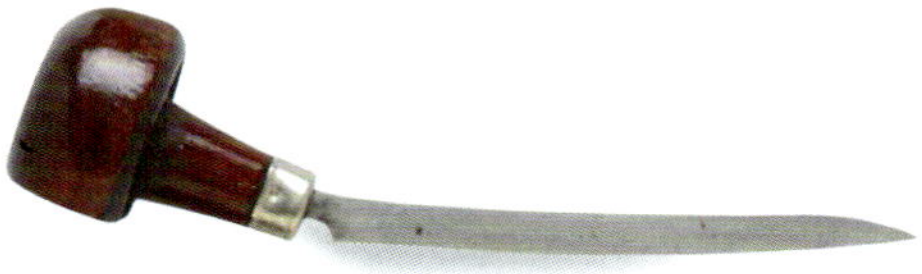

木刻刀

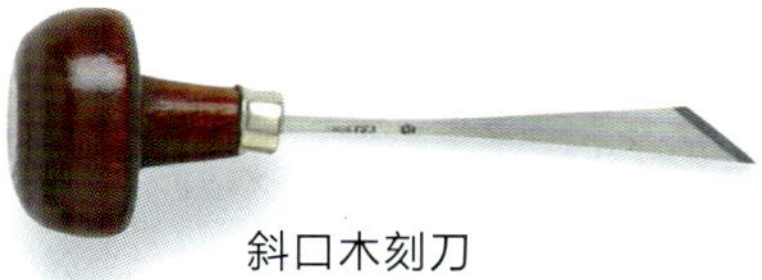

斜口木刻刀

大面积切削木刻刀

油毡和木板

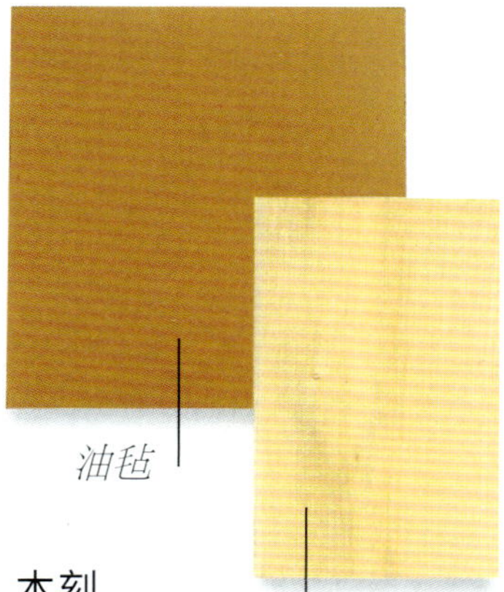

木刻

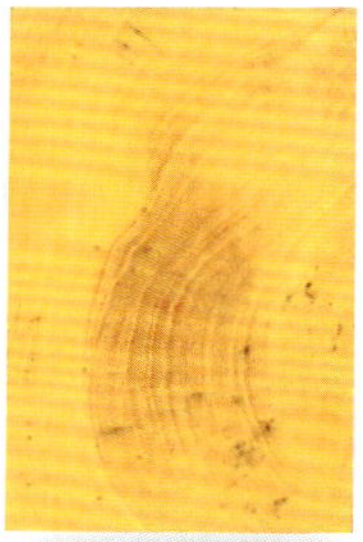

双面木板

铺有油墨的木刻板

印出的木刻版画

凸版印刷机

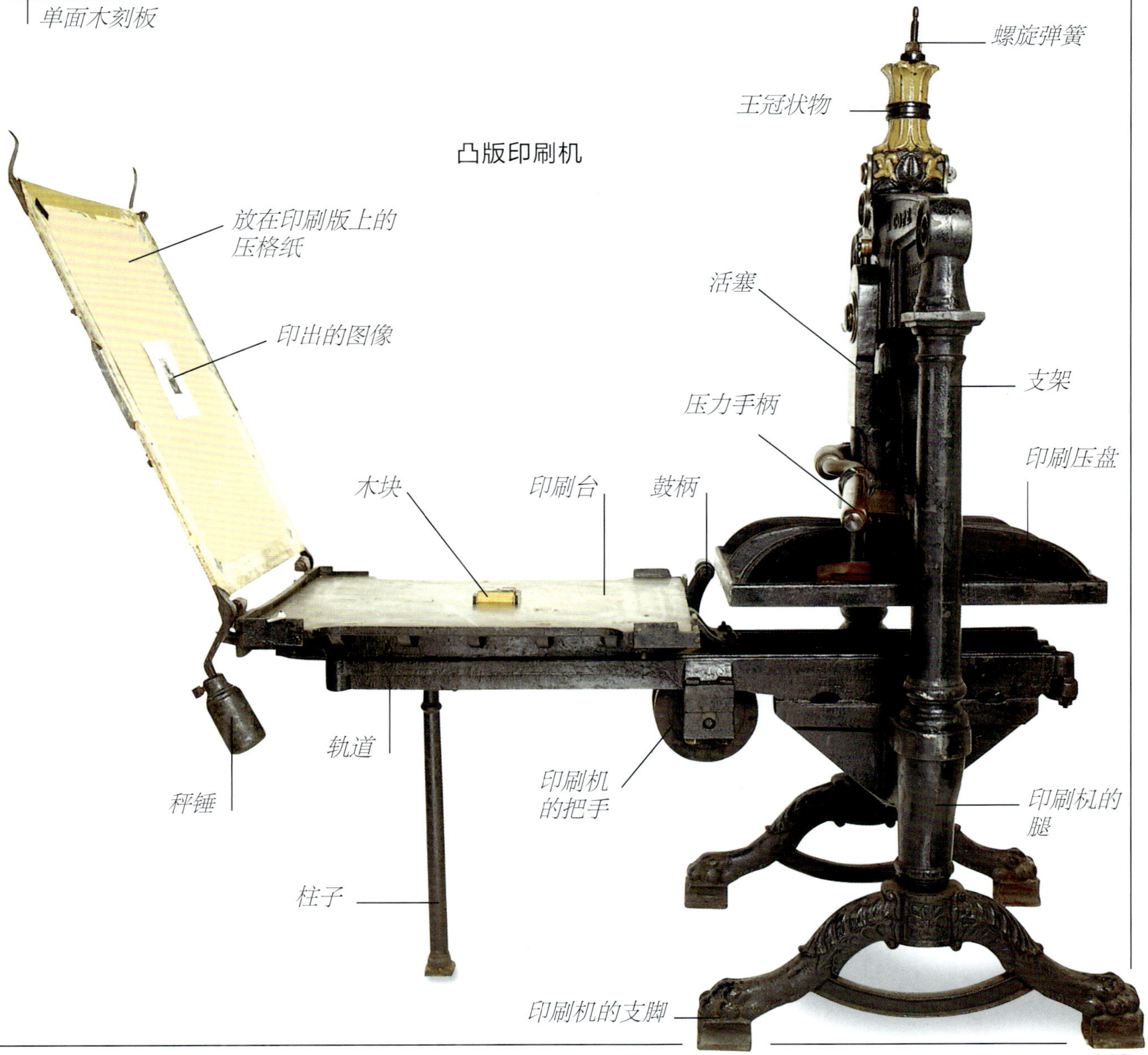

马赛克

马赛克镶嵌画是一种通过镶嵌石来制作图案和画面的画。这种镶嵌石通常是小的有颜色的玻璃、大理石或者一些其他的材料。不同的材料通过不同的工具被裁成镶嵌石。彩色珐琅或者大理石被锤子和被插入圆木的锻凿凿成碎片，而玻璃则是被钳子夹成碎片的。马赛克镶嵌画可以由直接或者间接的方法制成。在直接的方法中，镶嵌石是被直接码放在一块涂有胶粘剂的水泥板上的。而在间接的方法中，设计稿被反向地画在纸或布上。然后镶嵌石被水溶性的胶水面朝下粘在纸或布上。再用小铲子把胶粘剂抹在固体的平面上——比如墙面，接着把马赛克的背面码放在胶粘剂上。最后，将浸湿的纸或者布取掉，马赛克就被显示了出来。镶嵌石当中的间隙需要填上水泥浆。将水泥浆填入缝隙的是一种橡胶的清洁器，它在马赛克的上面抹来抹去从而将水泥浆填进去。马赛克经常用来装饰墙面或者地板，然而它们也可以被用在小的器物上。

打碎大理石的工具

钳子

马赛克工具

用于水泥的胶粘剂

水泥浆

一个马赛克镶嵌画的例子（直接的方法）

海景画，苔莎·亨金，1993年
珐琅马赛克，硬板
直径80cm

珐琅

红色珐琅

黄色珐琅

蓝色珐琅

修平刀

水泥浆的橡胶清洁器

马赛克创作的阶段步骤（间接方法）

彩色草稿
用油画棒画的彩色草稿，我们可以清晰地看到马赛克作品完成的样子。

反向的图像
镶嵌物面朝下，按照反向的图像贴在纸上。然后，马赛克被贴在牢固的平面上，再把纸撤走。

马赛克罐子

清真寺的马赛克设计

完成的马赛克作品
金鱼，苔莎·亨金，1993
板子上的玻璃马赛克片
35.5cm × 25.5cm

玻璃

镶有金箔的绿色玻璃

红色玻璃马赛克

蓝色玻璃马赛克

一整板玻璃马赛克

雕塑1

雕塑的两种传统方法是雕刻和塑造。雕刻是在一块硬质材料上，比如石头、大理石、木头，通过去掉多余的部分来实现的。雕刻的工具依材料的不同而改变。由锤子打造的有重量的钢制尖形器具、爪形锤、凿子等通常用于石头和大理石。由大头锤打造的锋利的凿子通常用于木质材料。硬质材料制成的雕塑通常需要锉、沉沙锤或者其他有研磨功能的工具来完成。塑造是用有延展性的材料，如黏土、灰泥浆和蜡来塑造形体的过程。这些材料需要用引线型工具来切割以及用手来塑造，或者需要各种各样的硬木和金属工具来完成。对于大型的或者错综复杂的塑造型作品来说，一个由金属或者木头做成的支架就会被用在雕塑内部以起到支撑的作用。较软的材料做成的雕塑会自然的硬化，或者需要放在窑炉里烘烤以变得更加耐用。塑造型雕塑作品常常首先用蜡或者其他材料来设计，然后再用金属材料，比如红铜来浇铸成较大的作品。在20世纪，许多新型材料的发展使得雕塑家去实验新的技术，比如构成型雕塑（把一些现成的材料加到雕塑中去，比如机械元件、镜子和家具）和移动式雕塑。

大理石雕刻工具

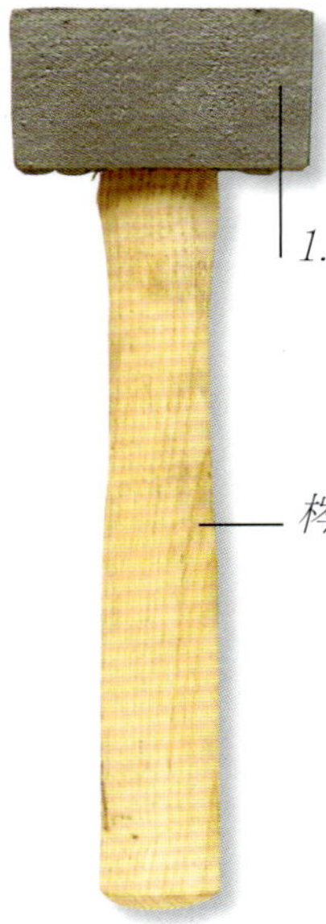

大槌

宽的爪形器具

窄的爪形器具

尖凿

扁凿

牛鼻形凿子

两脚规

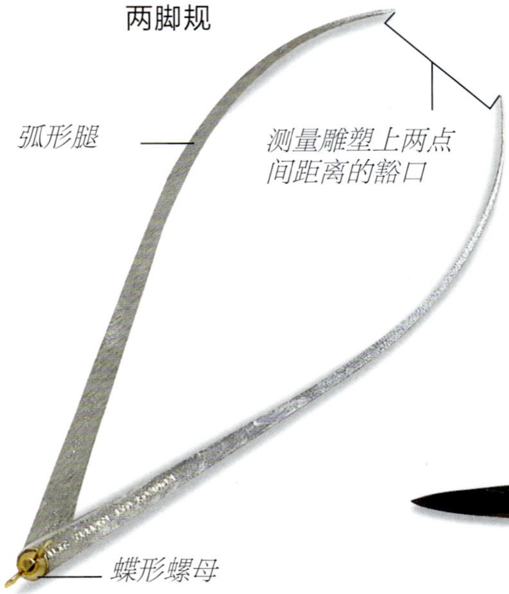

木雕工具

木锉

直形圆凿

曲形圆凿

扁凿

阿肯色磨刀石

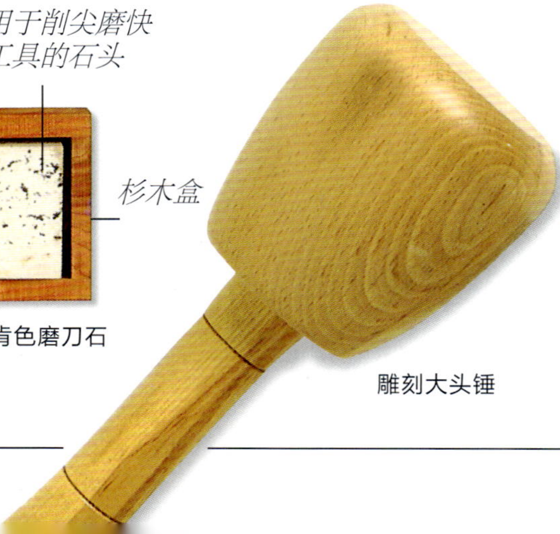

雕刻大头锤

修模锉的工具（用于石头、大理石和木头）

30cm

15cm

金刚钻磨刀石

一个大理石雕刻的例子

反抗的奴隶，米开朗基罗，1513—1516

大理石，高213cm

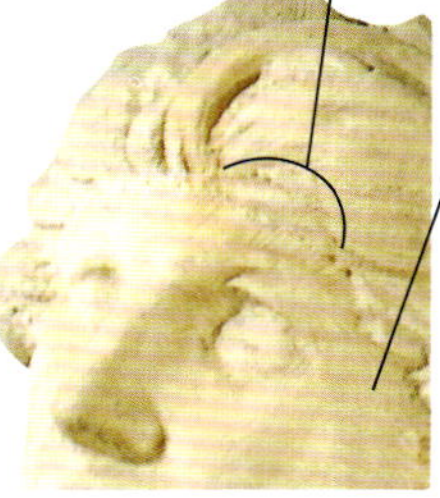

《奴隶》的头部细节

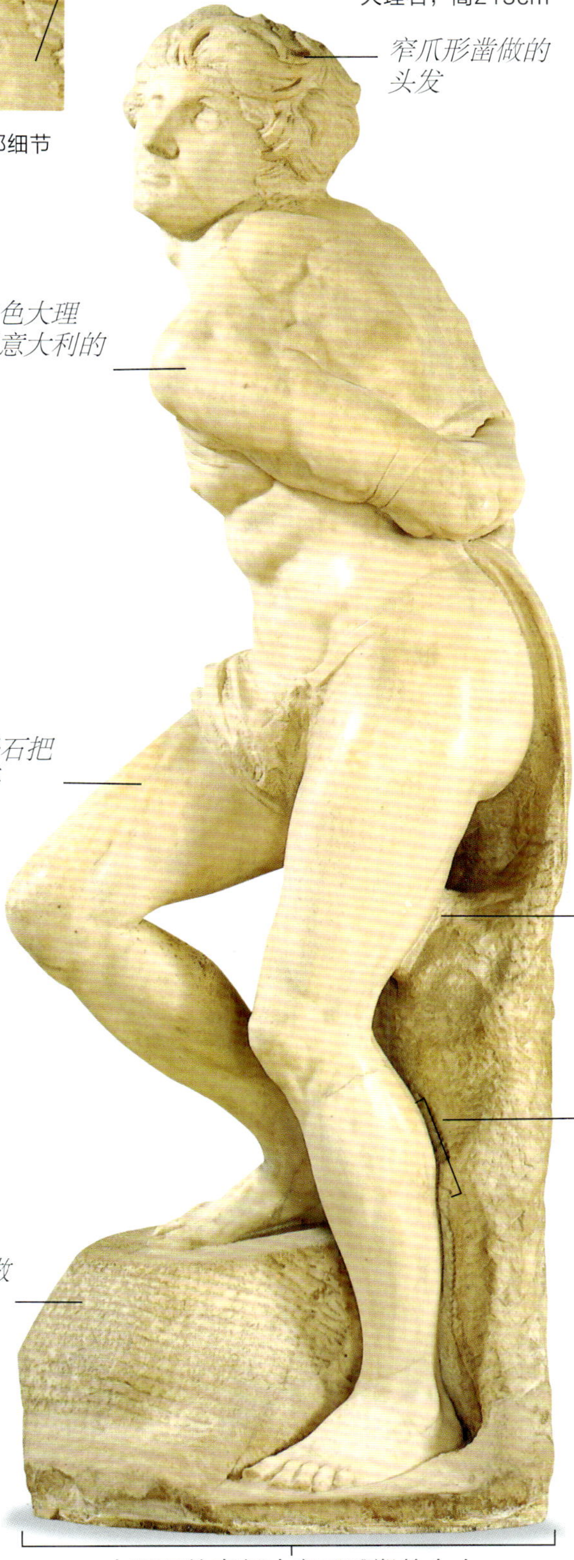

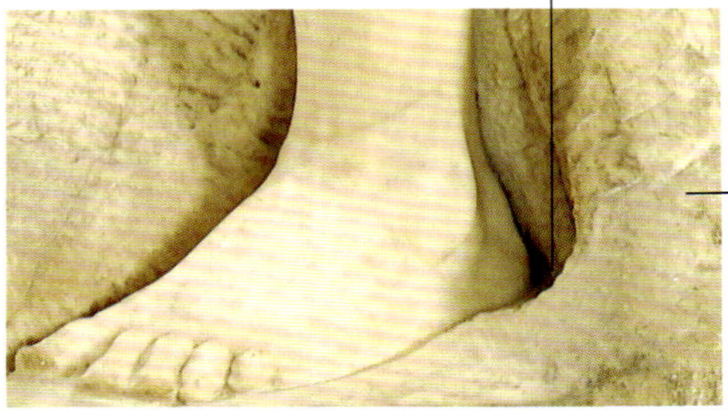

奴隶脚部的细节

一个木雕的样例，1454—1455

老妓，多纳泰洛

杨木，高188cm

雕塑2

塑造工具

引线型切割工具（刮刀）

曲线型模塑工具

铲形蜡雕模塑工具

圆形蜡的建模工具

青铜整理工具

钩形修模锉

尖形修模锉

酒精灯（用来给蜡雕工具加热）

脱蜡方法的浇铸雕塑的步骤

战神，波罗尼亚，C.1546

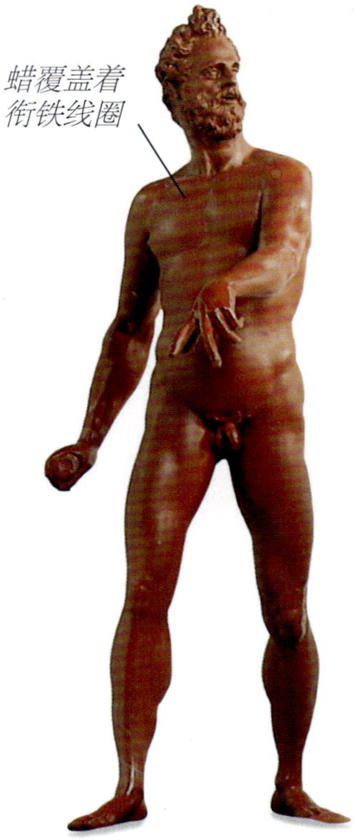

原始模型

制作并保存一个原始、稳固的蜡像模型，这样更多的复制品就可以被浇铸出来

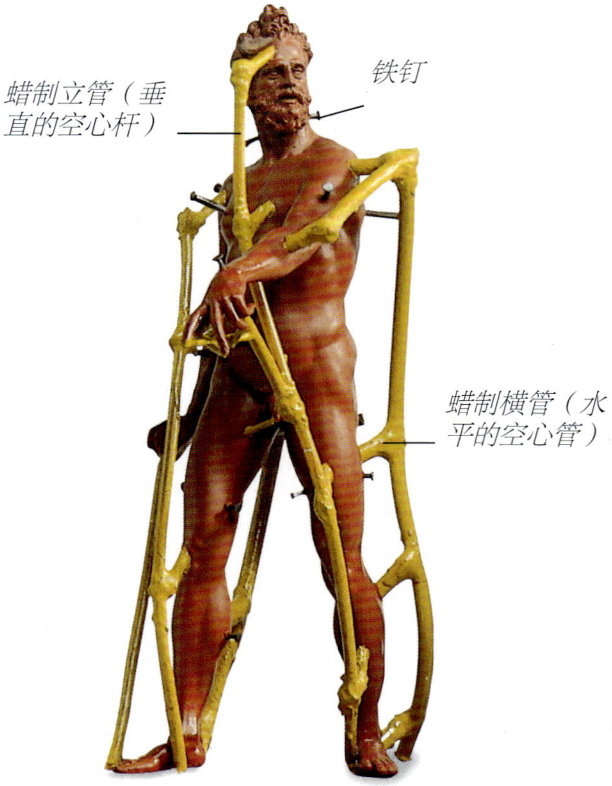

浇铸出空心的蜡像

一个新的空心蜡像已经从原始模型中被浇铸出来。中间被石膏填充并用钉子固定。并附着蜡制的立管和横管。

雕像在浇铸模中被烧制而成

雕塑台和结构支架

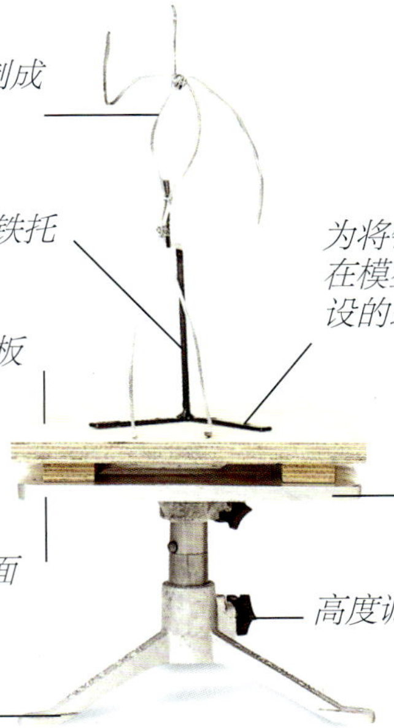

一个泥雕的雏形的样例

夫人与孩子，亨利·摩尔，1943
红土，高18.4cm

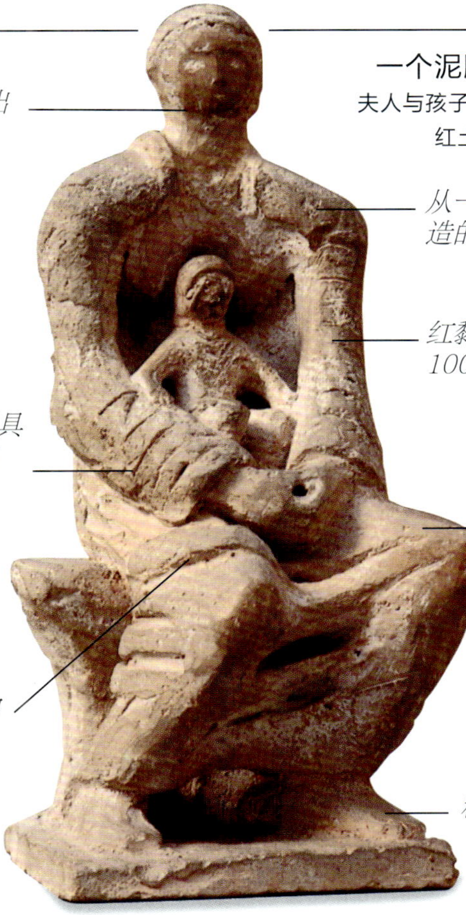

剥掉黏土的雕像
当青铜冷却，黏土模子裂开，露出带有牢固金属支架的青铜雕像

完成后的雕像
钉子被拔掉后会留下一些大洞，用来移动石膏内芯。当金属支架杆被锯掉，雕像的表面会被进一步加工整理。

被清理干净的雕像
最终雕像会被清理干净和抛光。通过对表面的化学处理，雕像展现出一种铜绿色泽。

建筑

古埃及

古埃及文明开始于公元前3100年，直到公元前30年被古罗马人征服，它主要以庙宇和陵墓而著称于世。古埃及人的庙宇往往规模巨大，具有几何性，例如卡纳克阿蒙神庙（下图、右图）。这些庙宇用象形文字（指利用图形来作文字使用，这些文字与所代表的物体在形状上相像）来做装饰，逼真地描述出众神、法老王和王后的事迹。

古埃及人相信人死后可以重生，所以特别重视陵墓的建造。为了让死者觉得舒适，他们对陵墓进行装饰，例如，在陵墓内装饰一圈正面向外的假门等。古埃及最有名的陵墓是金字塔，它象征着太阳的光线。

古埃及人采用的很多建筑形式被之后的其他文明吸纳，例如，柱子和柱头被古希腊人和古罗马人采用。

柱厅的前视图，卡纳克阿蒙•瑞神庙

柱厅的侧视图，卡纳克阿蒙•瑞神庙，埃及，建于约公元前1290年

刻有象形文字的石灰岩假门，特捷特吉王墓，吉萨，埃及，建于约公元前2400年

托勒密王朝时期的植物式样的柱头，埃及，建于公元前332年—公元前30年

古埃及的建筑装饰

窗饰，哈布城，埃及，建于约公元前1198年

绳状和圆盘花饰

用天空之神哈索尔头像做装饰的柱头，伊希斯神庙，菲莱岛，埃及，建于公元前283年—公元前47年

莲花、纸莎草装饰带

古希腊

古希腊人相信，存在一种能够取悦神的形式和比例，他们怀着这种信念，建造了那些举世闻名的庙宇。古希腊主要有三种柱式（风格），它们的柱身、柱头和檐部都有着各不相同的装饰和比例。其中，多立克柱式于公元前7世纪最早出现，主要在希腊本土和西部的殖民地使用，例如西西里、意大利南部等。如下图所示的海神殿，是运用多立克柱式的典型例子。它没有屋顶，采用列柱围廊式（建筑周圈设单排柱廊）。

大约一个世纪以后，在爱琴群岛，有着更多装饰的爱奥尼克柱式也逐渐发展成熟，它的特点是柱头和山花上的卷涡装饰。

公元前5世纪，在雅典产生了科林斯柱式，它的柱头宛如一棵旺盛的忍冬草。科林斯柱式后来被古罗马人继承。

古希腊建筑3种柱式的柱头

希腊雅典卫城山门的多立克式柱头，公元前449年

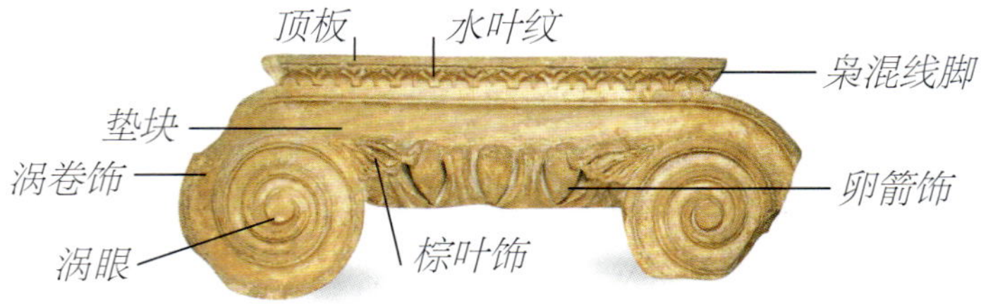

希腊普林恩雅典娜神庙大门的爱奥尼柱头，约公元前334年

柱廊中的科林斯式柱头，很可能源自小亚细亚

海神殿，帕埃斯图姆，意大利，建于公元前460年

海神殿平面，帕埃斯图姆

古希腊建筑装饰

希腊迈锡尼城的阿特柔斯国库立面，建于公元前1350年—公元前1250年

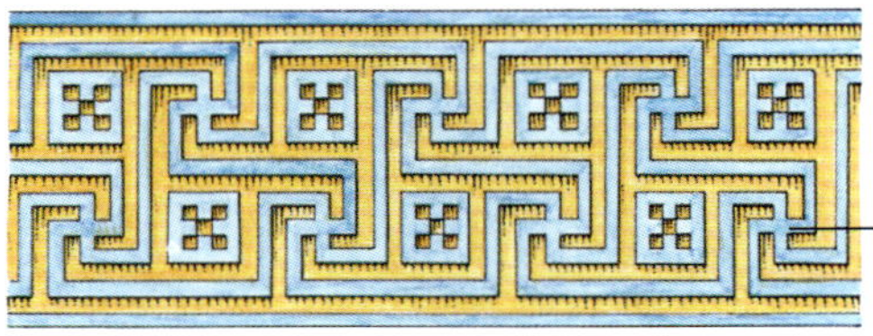

镂空装饰，希腊雅典的帕提农神庙，建于公元前447年—公元前436年

阿菲亚神庙的山墙顶部雕像装饰，希腊埃伊纳岛，建于公元前490年

阿菲亚神庙的屋瓦装饰，希腊埃伊纳岛，建于公元前490年

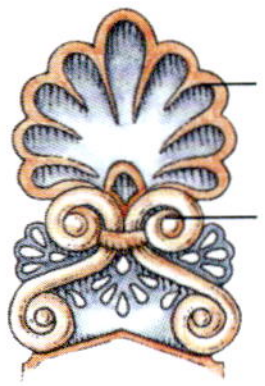

古罗马 1

早期罗马帝国的建筑仍然广泛沿袭了古希腊建筑风格，尤其表现为科林斯柱式在罗马早期建筑中的盛行。因此许多早期的罗马建筑——如维斯塔圆庙，在风格上十分接近希腊建筑。

公元一世纪，一种独特的罗马风格开始衍生。这种建筑风格不同于希腊建筑偏重关注建筑的外部，而开始使用拱券、拱顶、穹顶和装饰建筑内墙的形式来发展内部空间。这些特征几乎都可以在万神庙中得到体现。建筑外部的柱子被用作装饰而非结构，类似的设计也出现在罗马斗兽场和尼格拉城门。而在一些类似作坊的小型建筑中出现了木构架结构和抹灰篱笆墙的形式。

古罗马风格对后世建筑的影响持续了多个世纪，包括11世纪的罗马风建筑和15、16世纪的文艺复兴风格建筑。

古罗马建筑装饰

垂花雕饰，维斯塔圆庙，意大利蒂沃利，建于公元前80年

丰富装饰的罗马卵形饰

意大利罗马万神庙内部

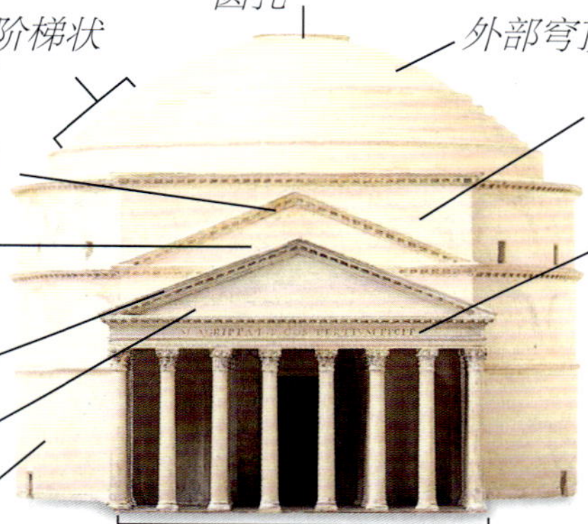

万神庙正立面

万神庙侧立面

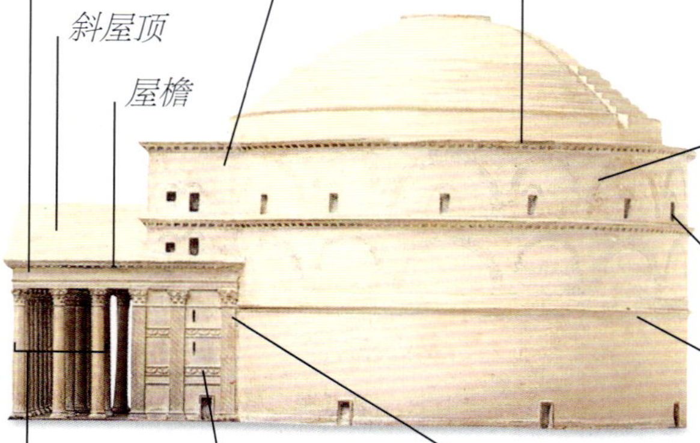

横向装饰，意大利罗马图拉真广场，
建于公元前98年-113年

拱顶石，意大利罗马提图斯
凯旋门，建于公元81年

维斯塔庙意大利蒂沃利，建于公元前80年

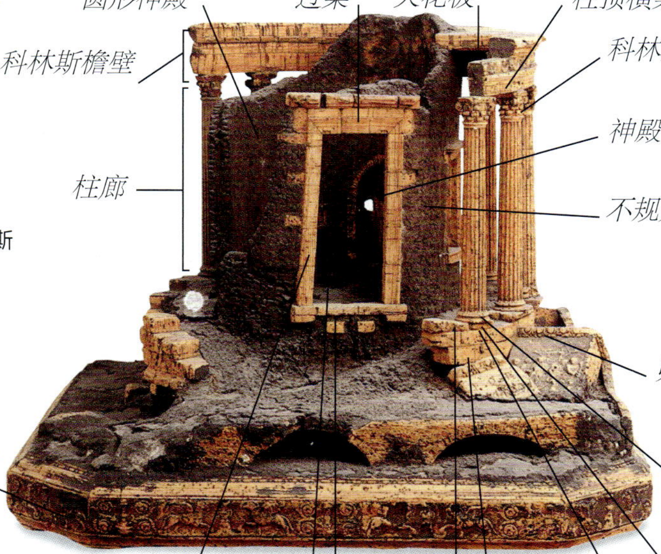

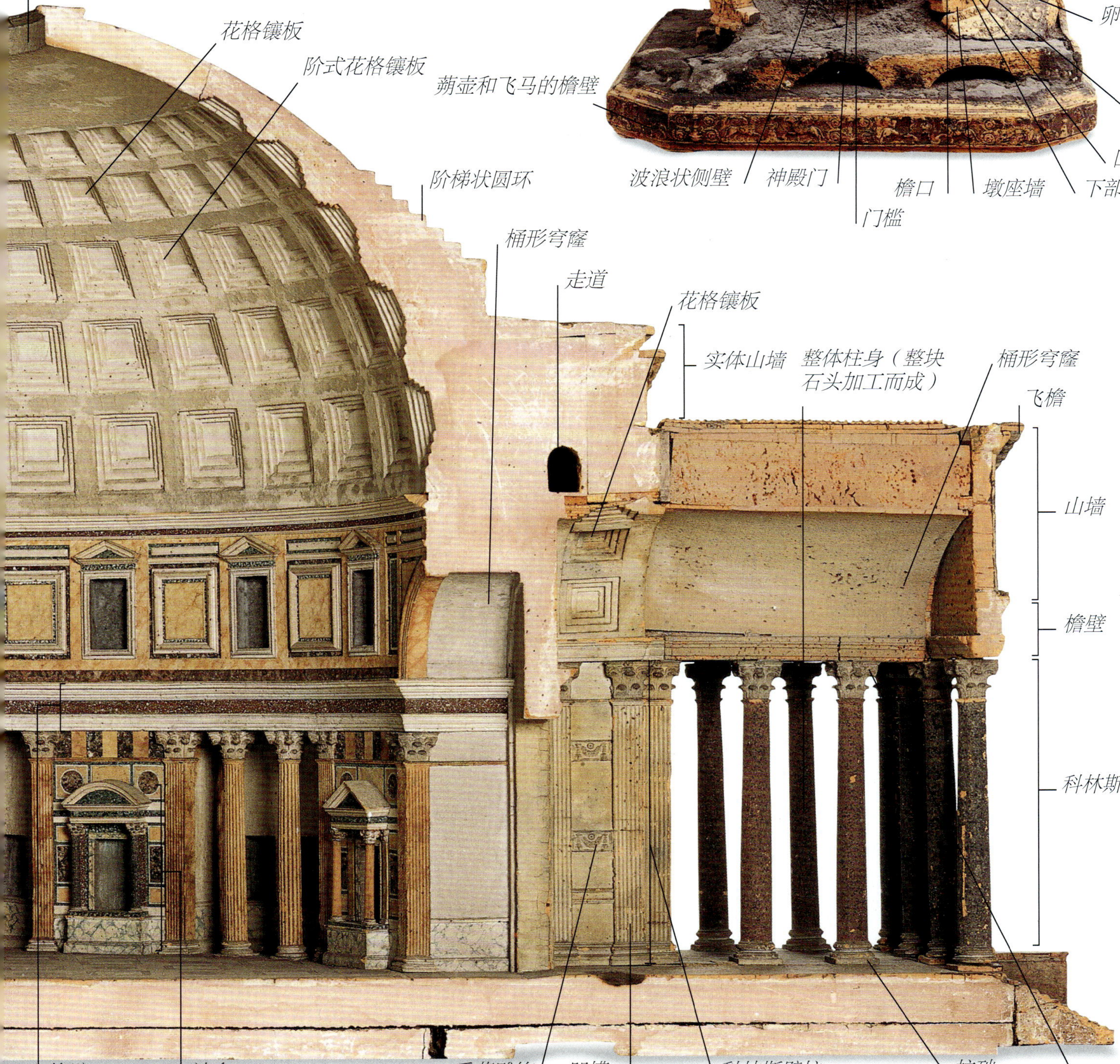

古罗马 2

一个罗马磨坊的侧立面

一个罗马磨坊的正立面，建于公元前1世纪

罗马斗兽场（原名弗莱文圆形剧场），意大利罗马，建于公元70年—82年

尼格拉城门，特里尔，德国西部城市， 建于公元240年—260年

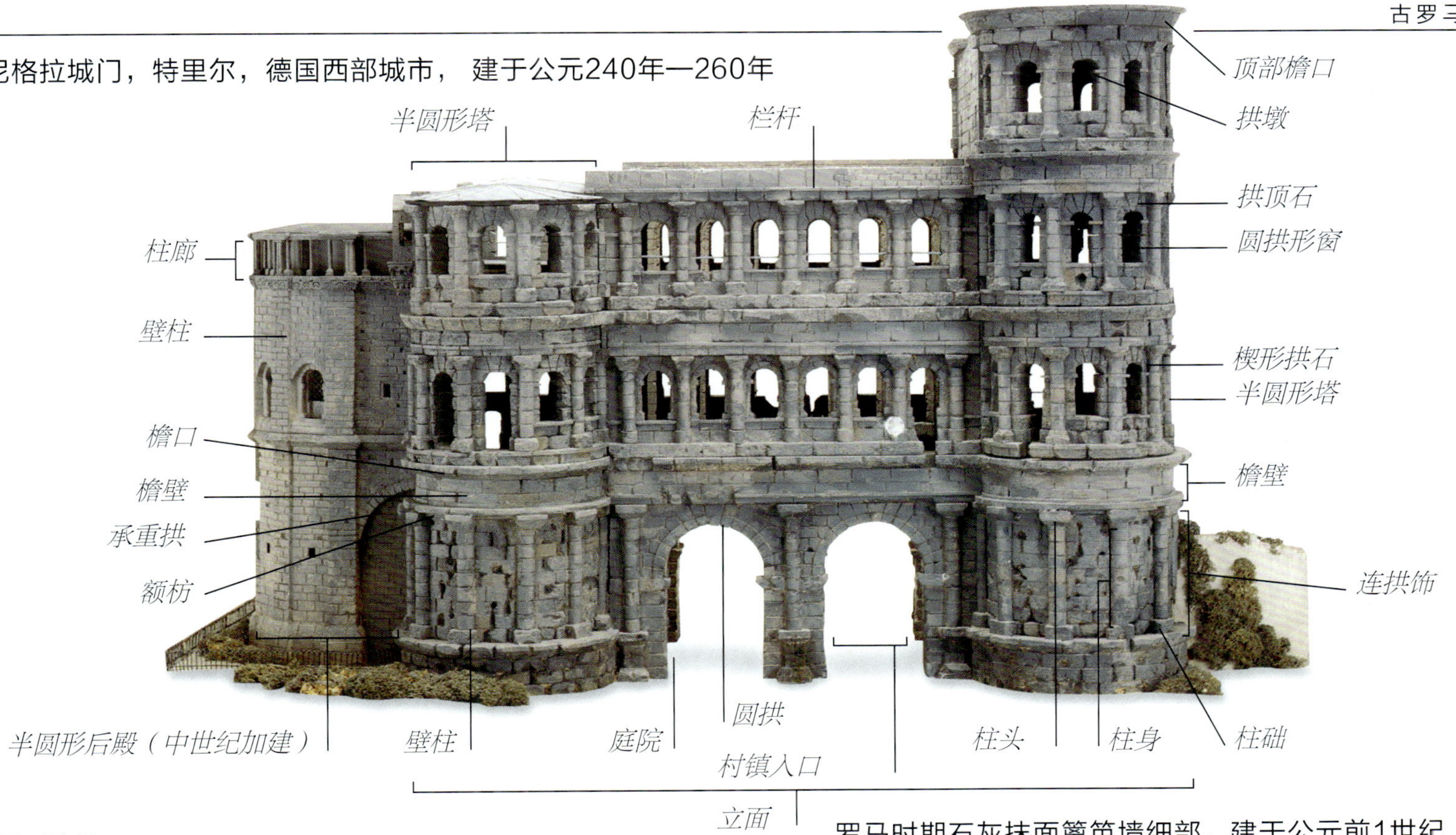

罗马时期石灰抹面篱笆墙细部，建于公元前1世纪

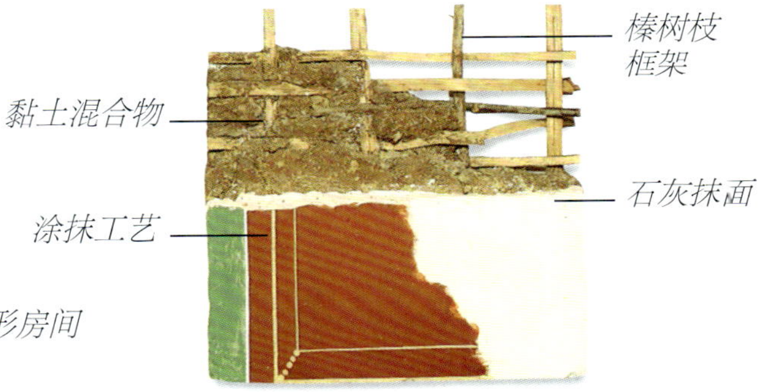

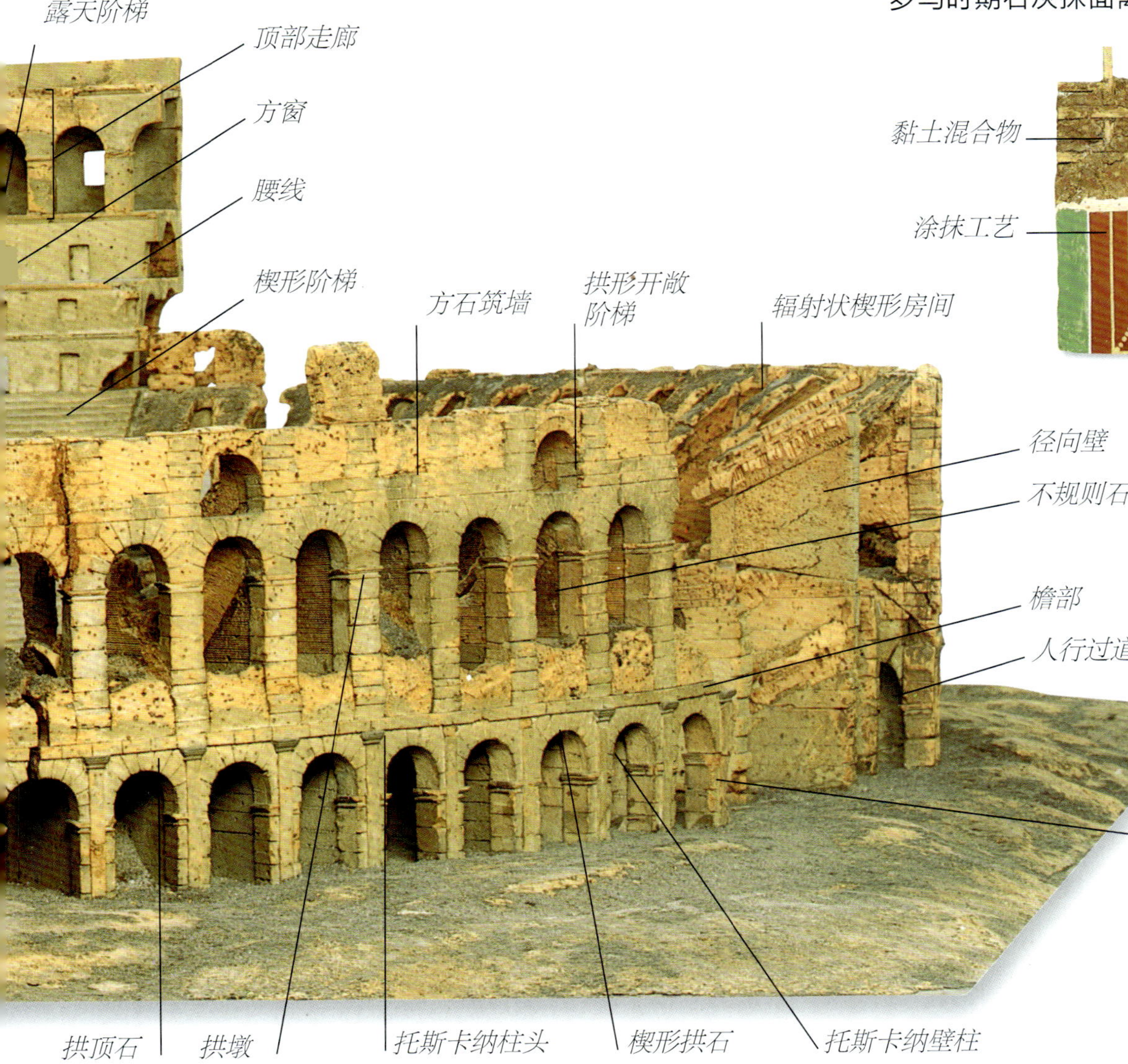

中世纪城堡与住宅

战争在中世纪频频发生，这迫使许多君王和贵族建造城堡来防御敌人。典型的中世纪城堡的外墙外都环绕着护城河，在护城河内是一个被厚厚的外墙保护起来的内部庭院。

对于中世纪城堡来说，最核心和最强的部分是堡垒。堡垒的形式有两种，一种是在恺撒塔和库西堡中作为城堡主楼形式存在的堡垒，另一种是方形堡垒，例如伦敦塔的堡垒。城堡通常由高耸凸出的堡垒守卫，就像一些监狱建筑那样。

中世纪住宅的典型特点是采用曲木架结构、石灰抹面和斜尖屋顶，例如中世纪的伦敦桥。

城堡主楼，恺撒塔，法国普罗万，12世纪

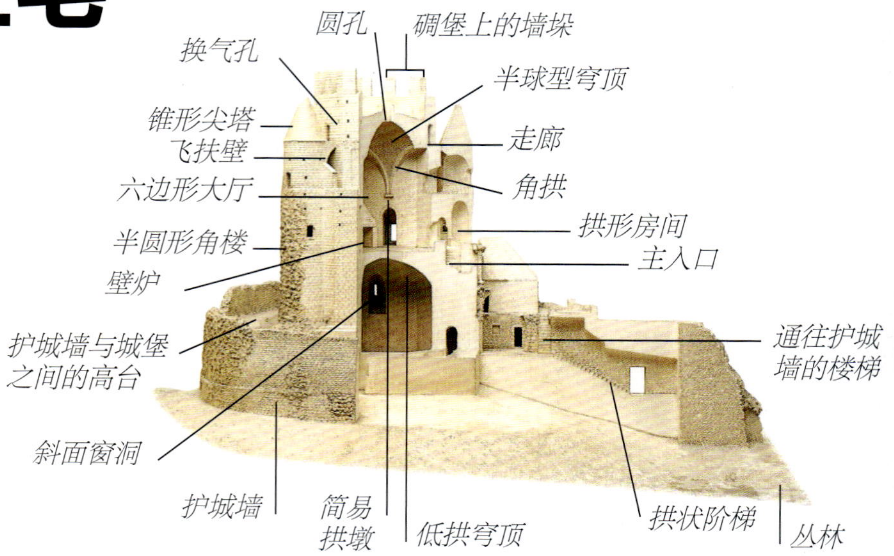

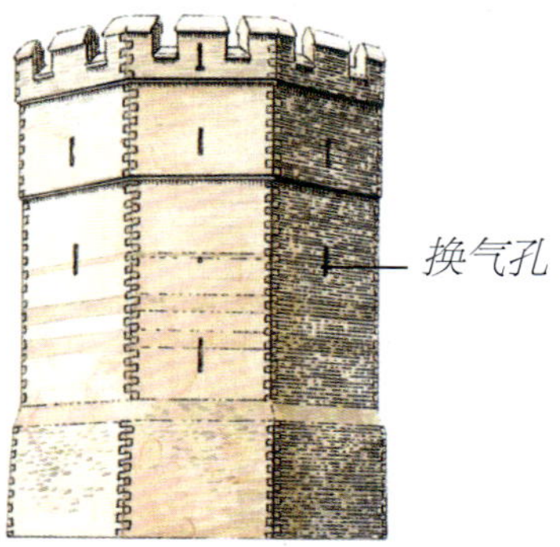

角楼，英国卡那封城堡，建于1283—1323年

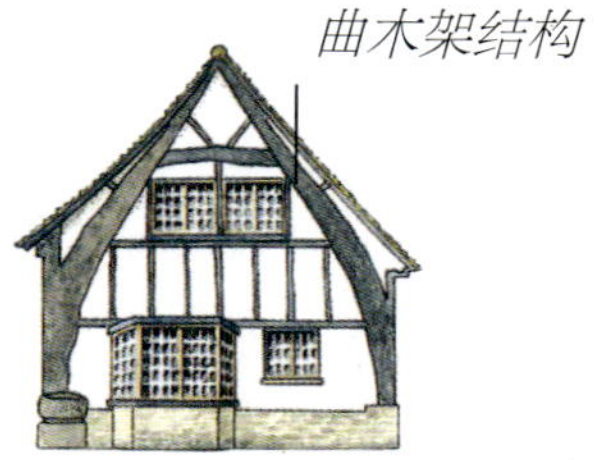

曲木架结构住宅，英国，约建于1200年

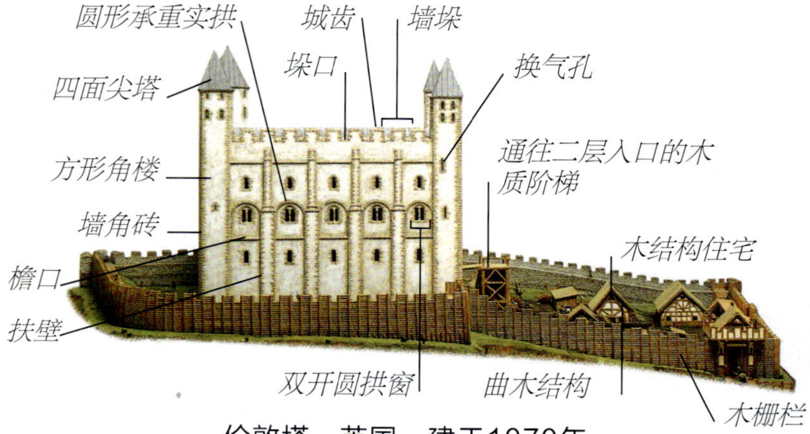

伦敦塔，英国，建于1070年

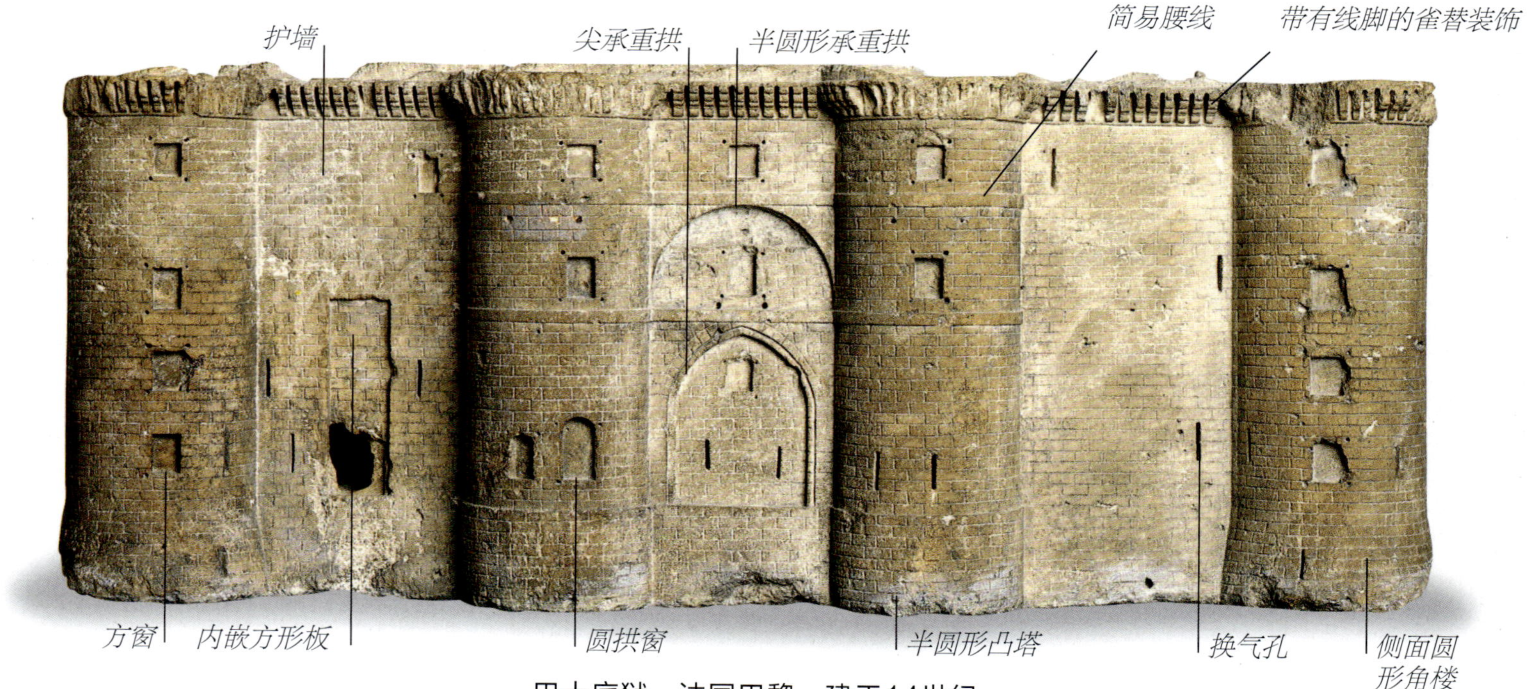

巴士底狱，法国巴黎，建于14世纪

中世纪伦敦桥，英国，建于1176年（包括14世纪城垛建筑、无敌住宅和双塔城门）

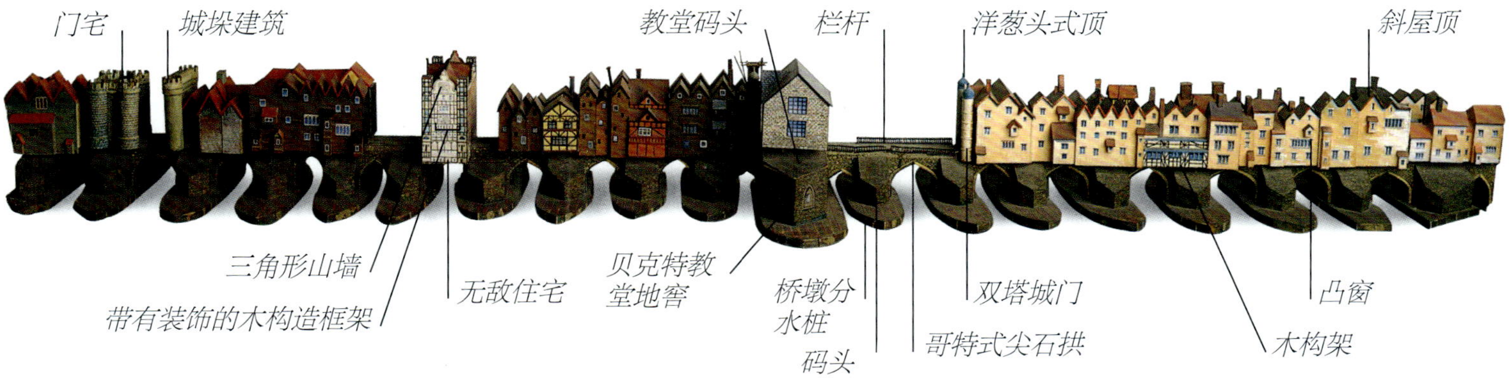

城堡主楼，库西堡，法国埃纳，建于1225-1245年

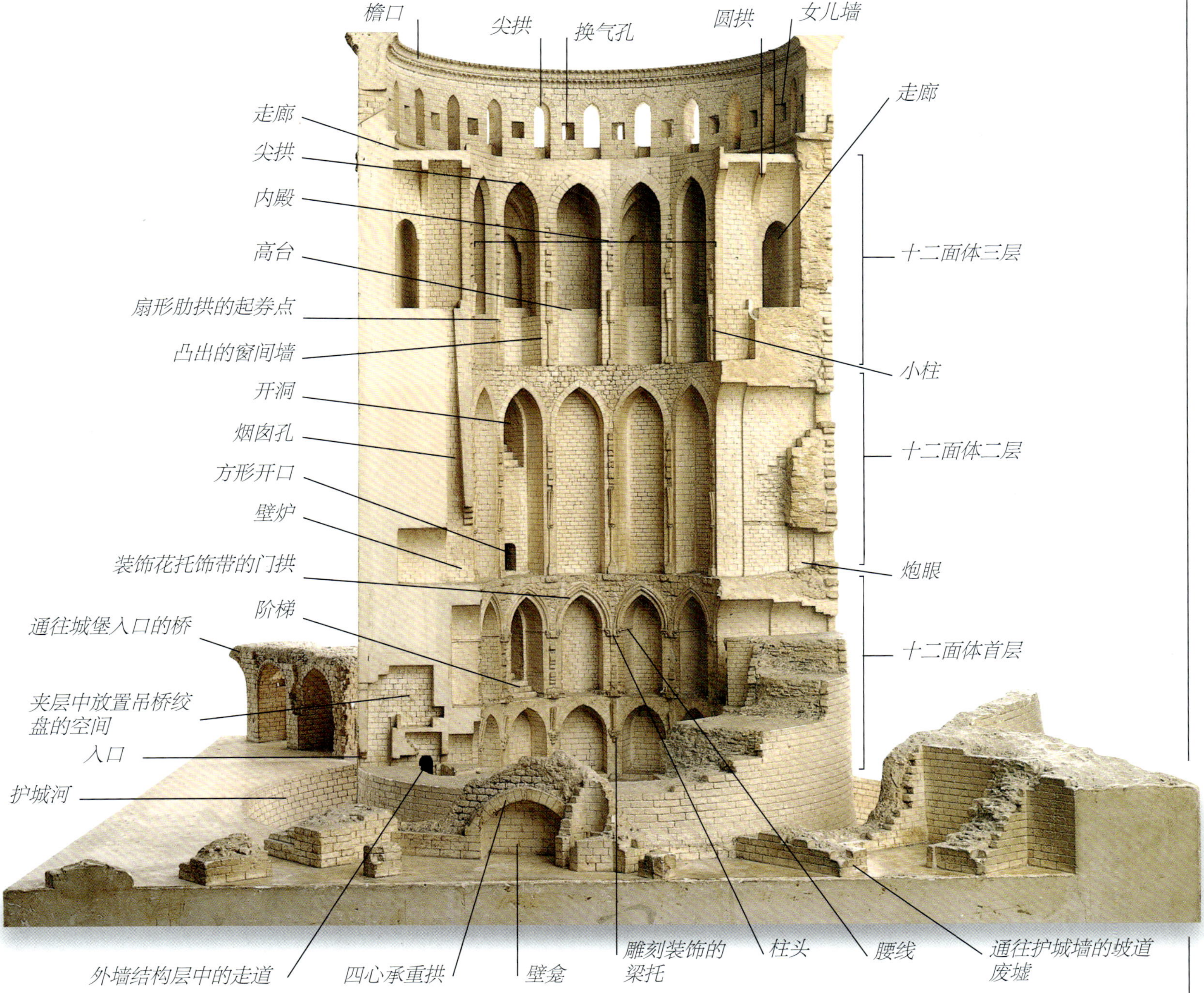

中世纪教堂

在中世纪，欧洲兴建了大量教堂建筑。这时期的欧洲教堂都有一个由大量支撑和立柱架起的高耸穹顶。

10世纪，罗马风建筑开始盛行。罗马风建筑吸收了许多古典罗马建筑和基督教建筑风格，于是出现了像安格拉姆教堂这样的十字交叉平面和巴西利卡式平面。巴西利卡是指中央为一条长方形中堂，而两边为低矮的侧廊。

12世纪中叶，出现了飞扶壁和尖拱。这些结构特征在后来哥特建筑中大为盛行。巴涅教堂综合了两者的风格：罗马式塔楼和哥特式中殿与圣堂。

教堂屋顶，英国

罗马风柱头

“去往埃及的飞行”柱头，圣拉扎尔教堂，法国欧丹，建于1120—1130年

“基督圣像”柱头，圣玛德琳巴西利卡，法国维泽列，建于1120—1140年

圣蒂弗伊修道院，法国孔克，约建于1050–1130年

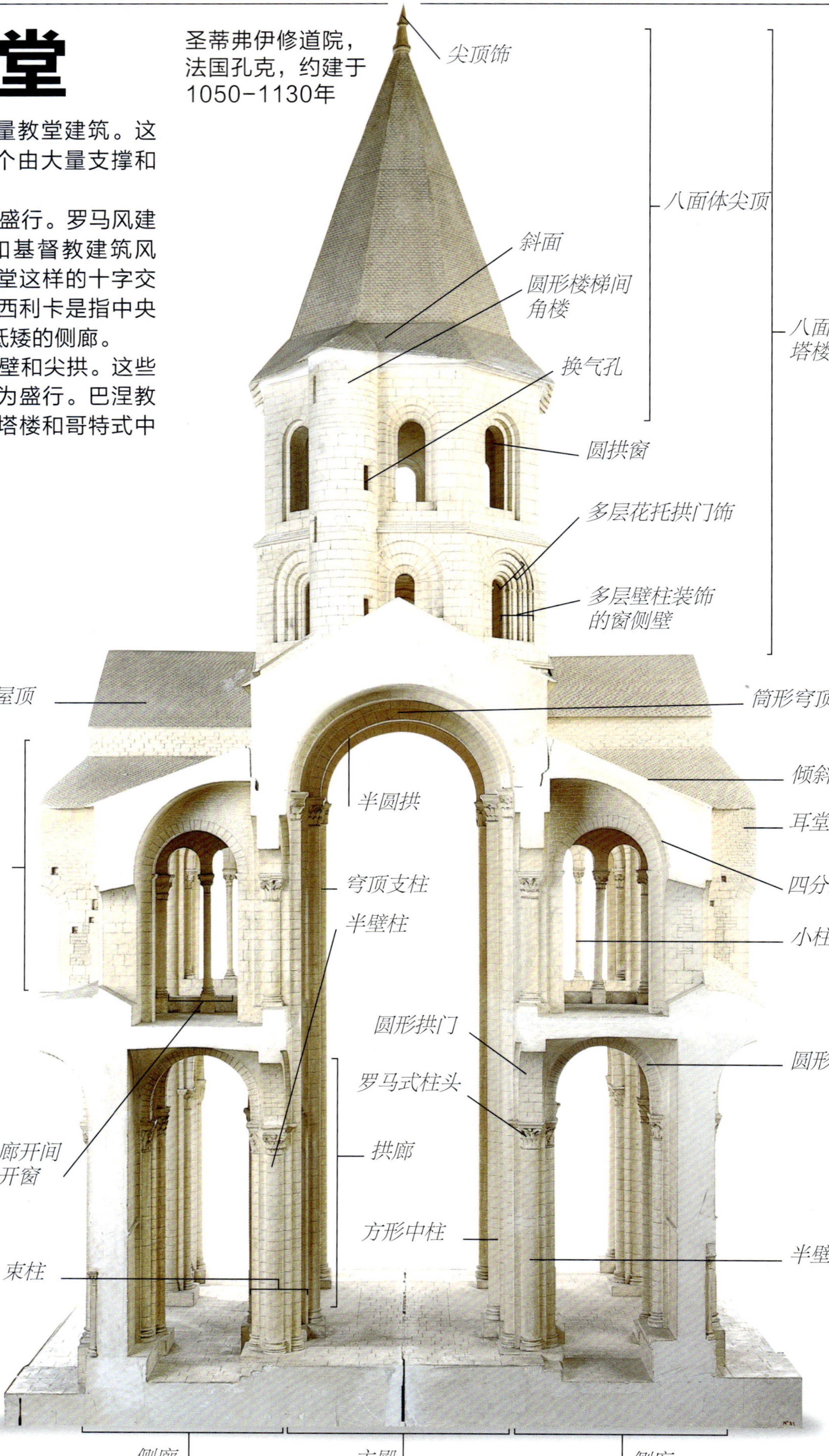

安格拉姆教堂首层平面，法国，约始建于1105年

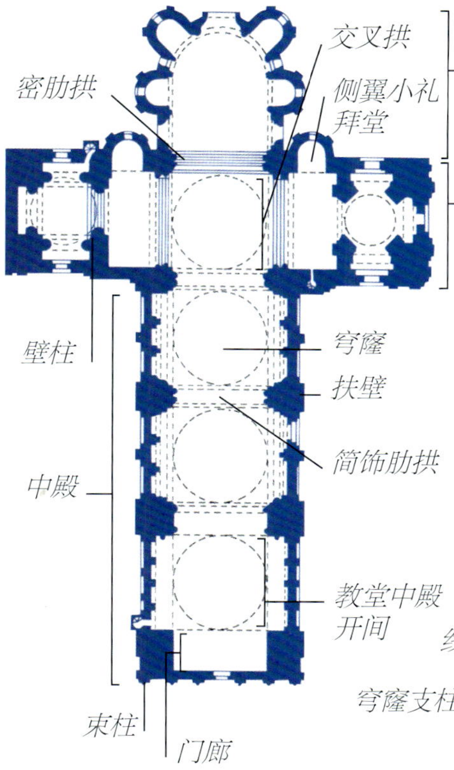

圣坛，圣赛格教堂，法国昂热，约建于1215—1220年

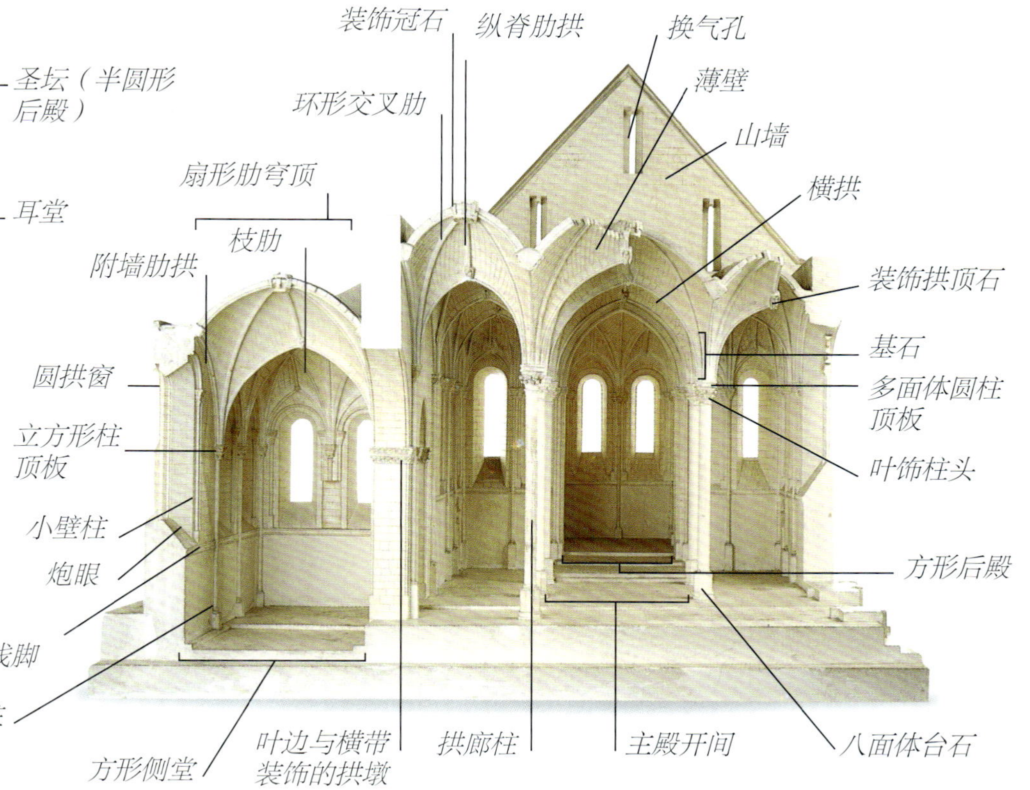

巴涅教堂，法国，建于1170—1190年

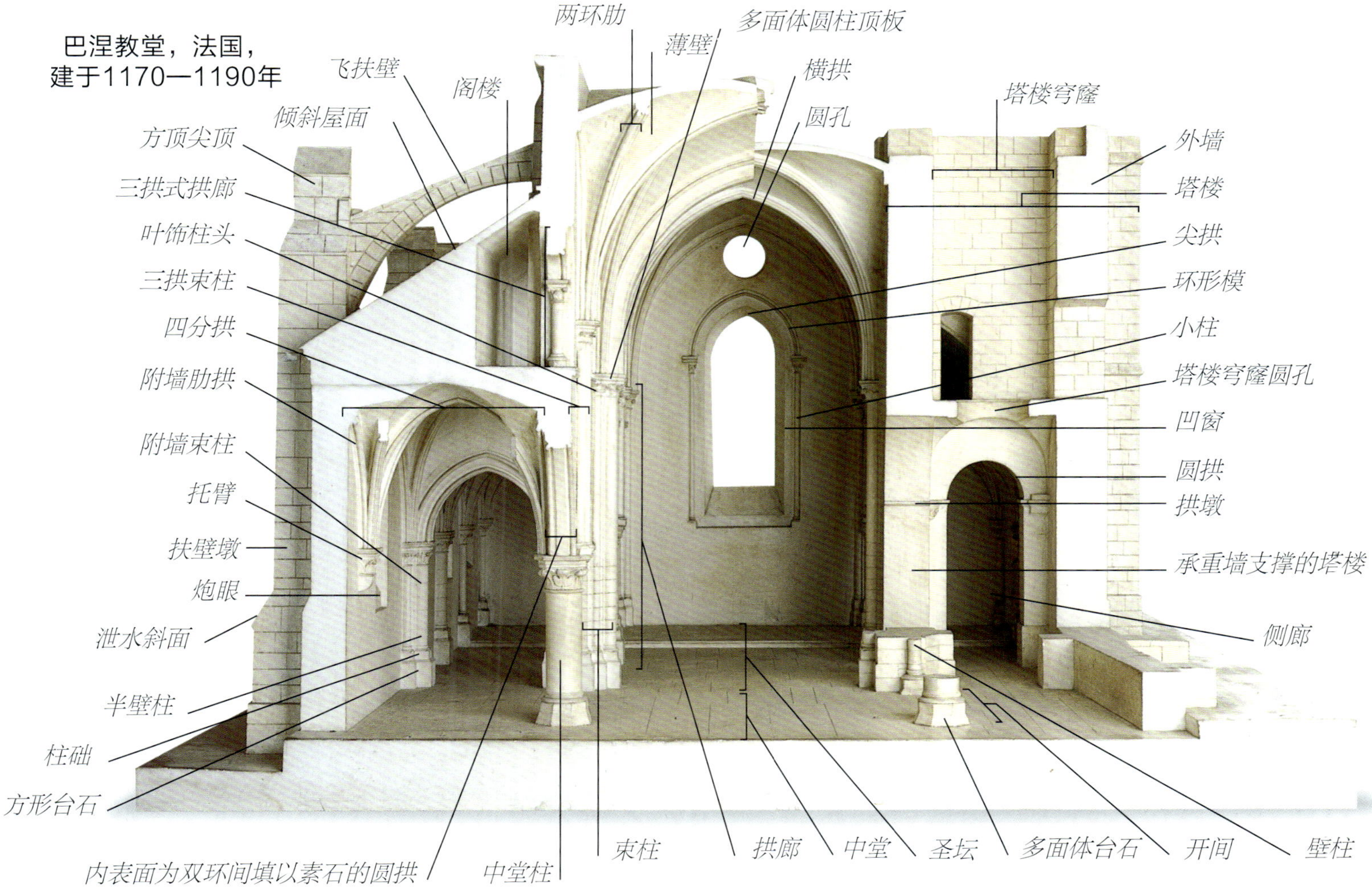

哥特建筑 1

哥特式彩色与叶状滚动图案玻璃，木制的形式

哥特建筑以使用肋拱穹窿、尖拱或桃尖拱、飞扶壁、雕饰花格窗或山墙面与彩色玻璃为特征。索尔兹伯里教堂、英国旧圣保罗大教堂、巴黎圣母院都是典型的哥特建筑。12世纪中叶，哥特建筑风格起源于法国，从罗马风建筑风格中衍变而来并迅速遍及整个欧洲。13至14世纪后期,在英国装饰主义和法国火焰式风格中，哥特建筑中的装饰元素得到了高度发展。这两种风格可以分别在索尔兹伯里教堂与圣马可卢教堂的阶梯设计中得到印证，它们大量使用了球形花饰和曲线花格窗。14到15世纪晚期，从装饰主义发展而来的英国垂直式风格开始在建筑中强调垂直与水平元素的使用。这种风格的另外一个特征是采用悬臂托梁的屋顶。

索尔兹伯里教堂首层平面

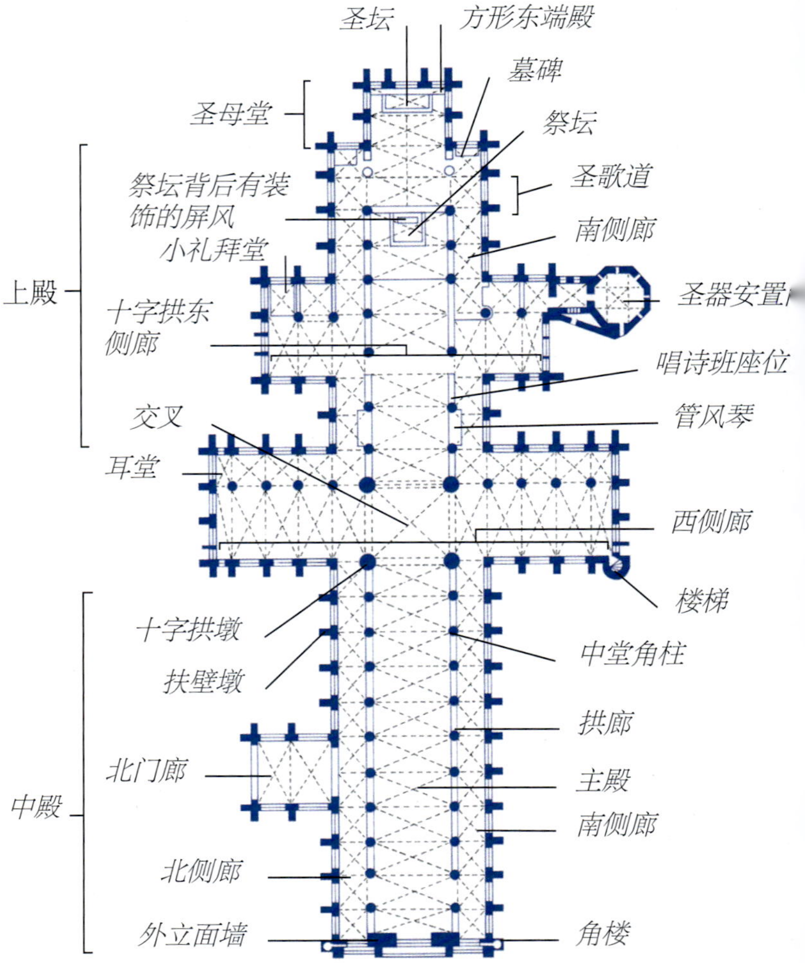

哥特球状花线脚装饰

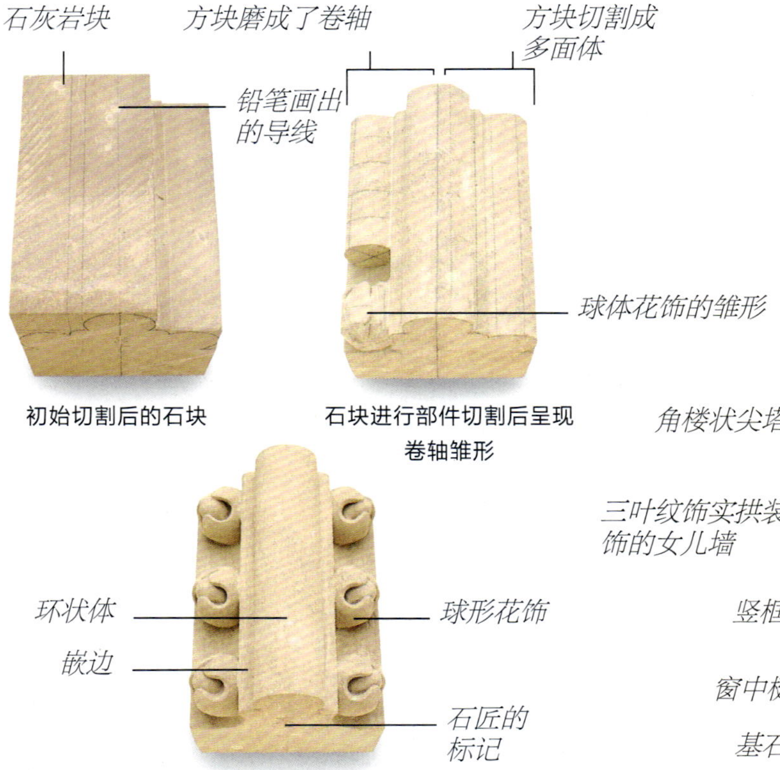

初始切割后的石块

石块进行部件切割后呈现卷轴雏形

切割完成后的石块

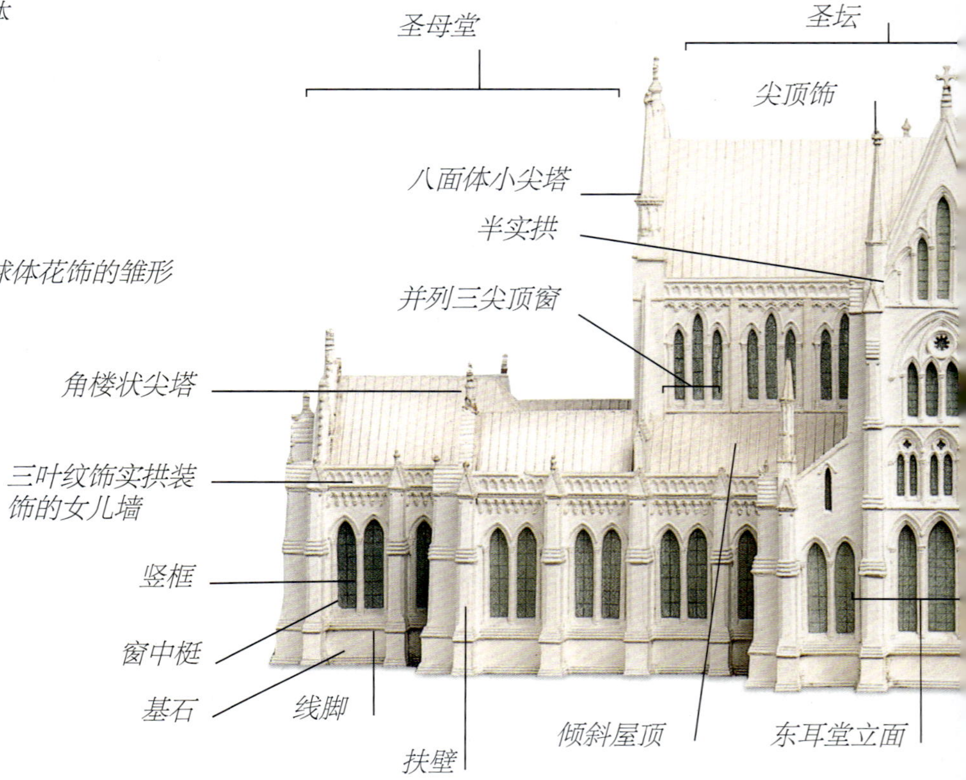

索尔兹伯里教堂北面，英国，建于1220—1280年
（尖塔和尖顶加建于14世纪）

索尔兹伯里教堂西立面

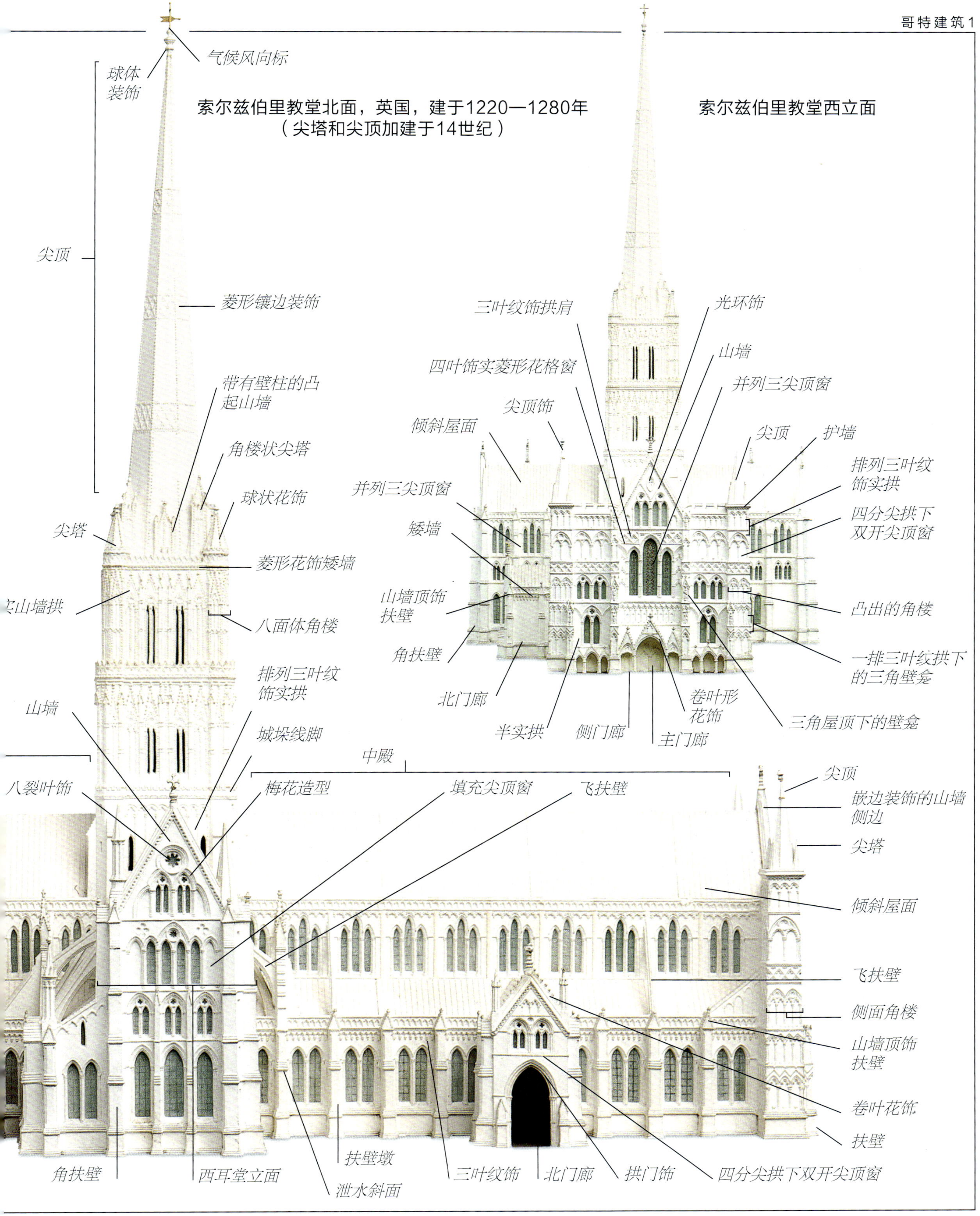

哥特建筑 2

一个栏杆上的曲线花格饰

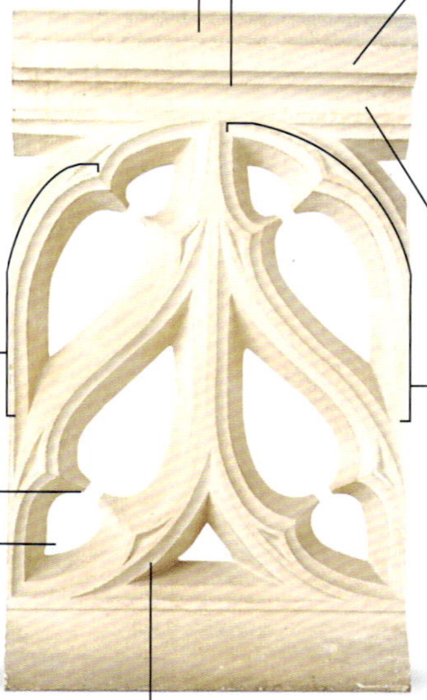

通往教堂风琴的螺旋楼梯，圣马可卢教堂，
法国鲁恩，约建于1519年

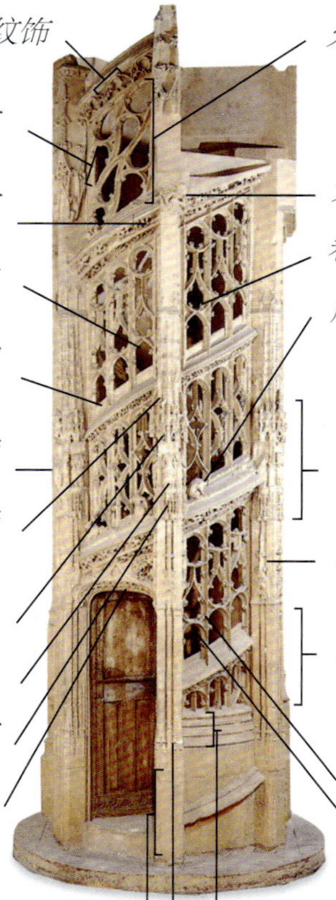

塔和中殿的结合部分
古老的圣保罗大教堂，英国伦敦，
建于1087—1666

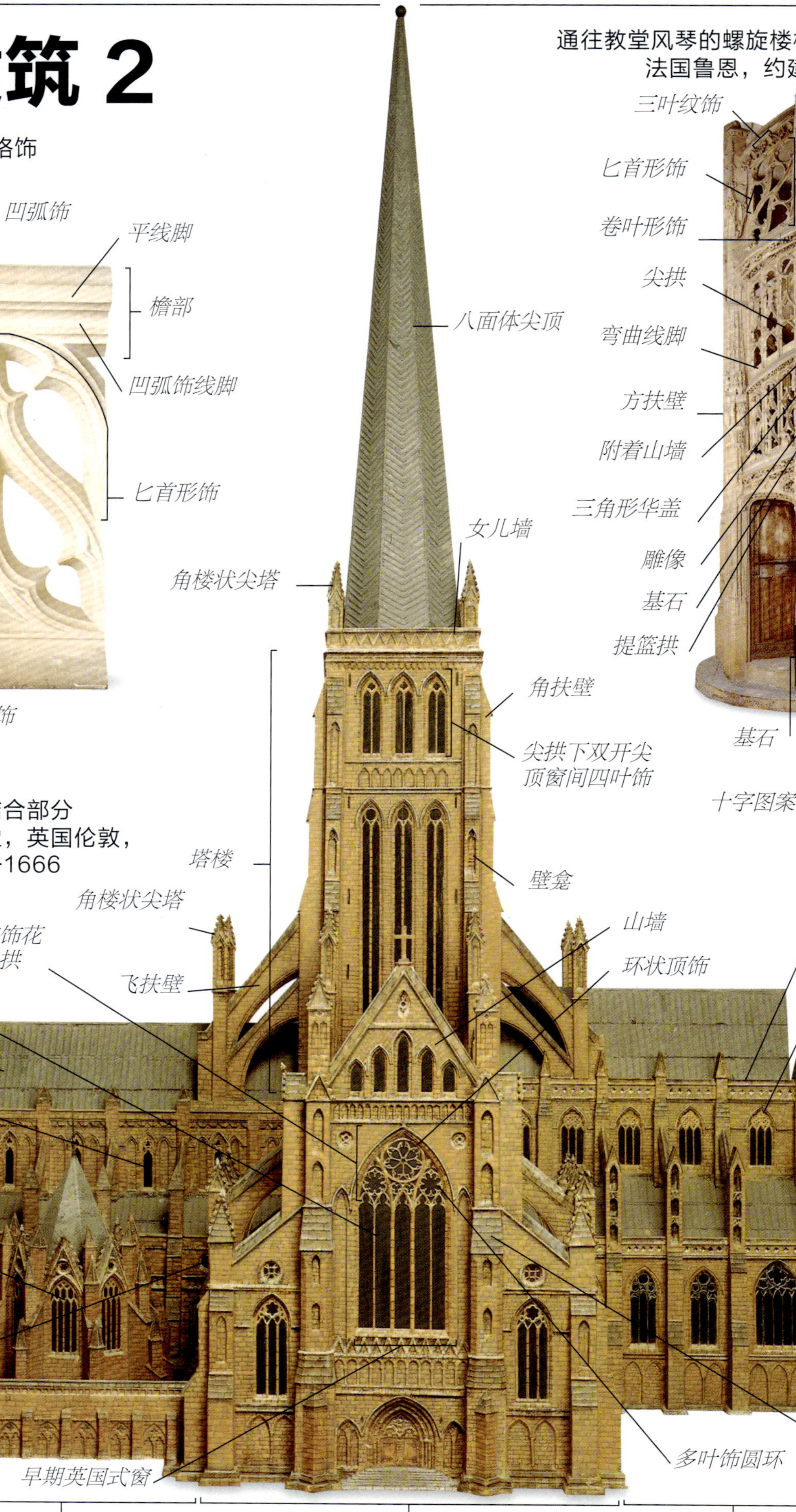

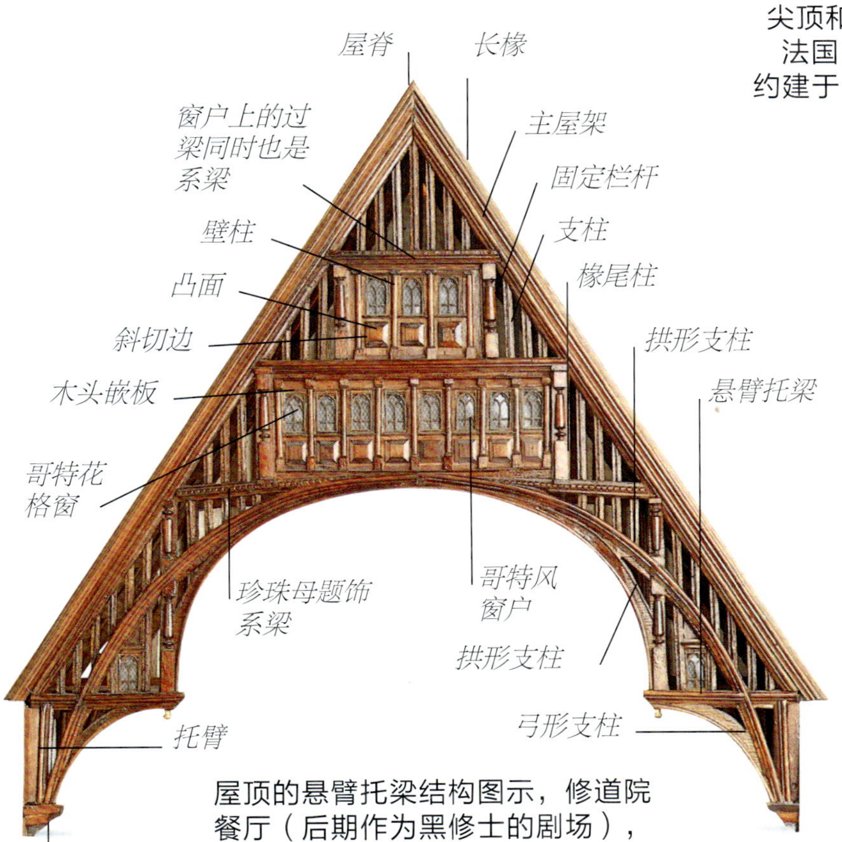

屋顶的悬臂托梁结构图示，修道院餐厅（后期作为黑修士的剧场），英国伦敦，约建于14世纪

尖顶和耳堂的屋顶，法国巴黎圣母院，约建于1163—1250年

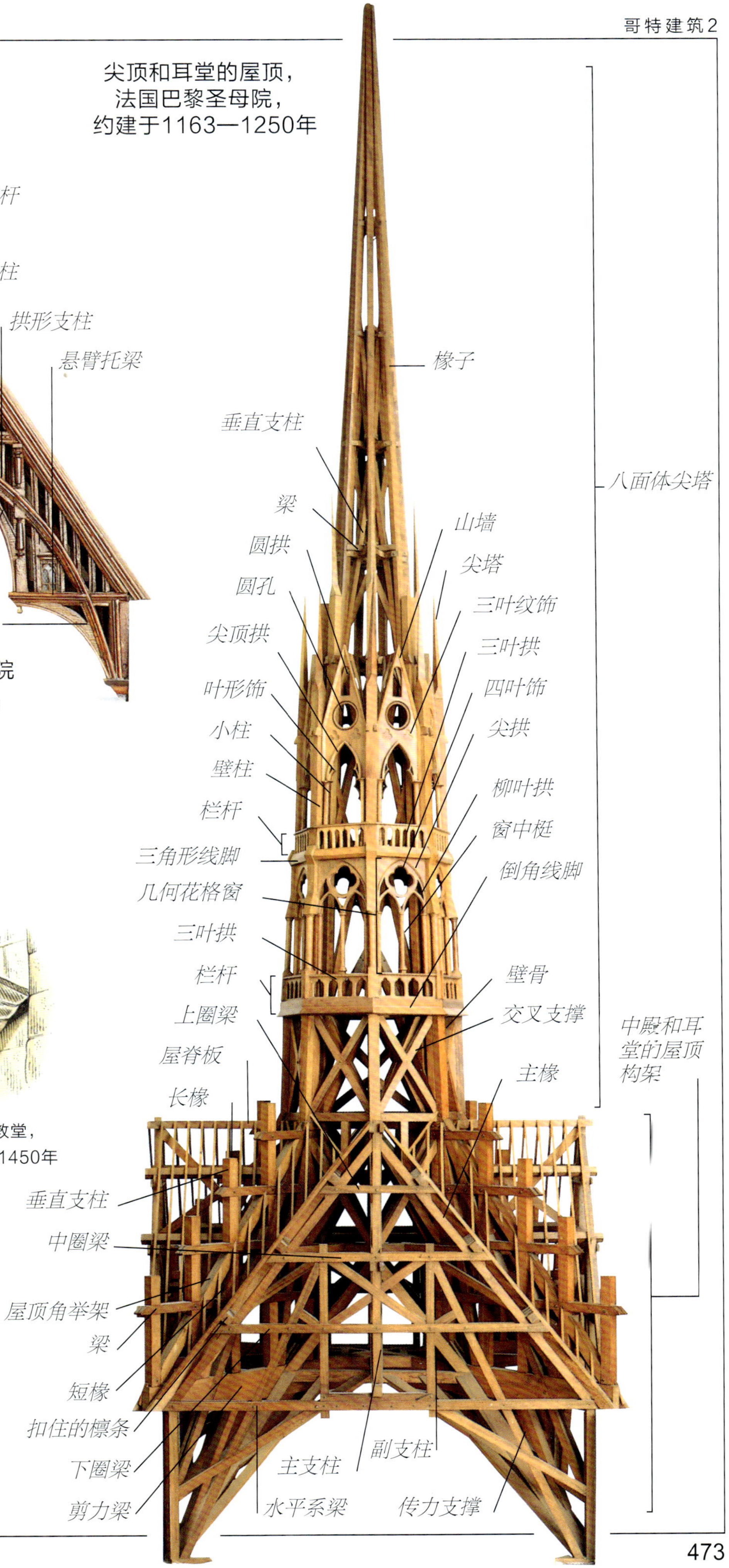

典型哥特风格细部

侧廊的飞扶壁，米兰大教堂，意大利，约建于1385—1485年

滴水嘴兽，霍斯利教堂，英国德比郡，约建于1450年

悬臂托梁结构屋顶，圣博托尔夫教堂，英国诺福克郡县，建于1360—1380年

巴洛克和新古典主义 2

蔓藤花纹

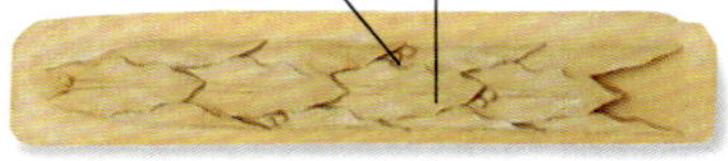

月桂叶花环

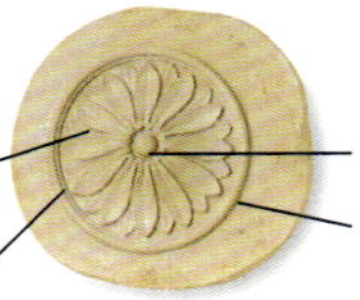

圆盘饰

英国新古典主义建筑中的装饰构件

西立面山上，圣保罗大教堂

建于1674年的圣保罗大教堂的外立面设计模型（英国巴洛克），英国伦敦（由C.雷恩设计）

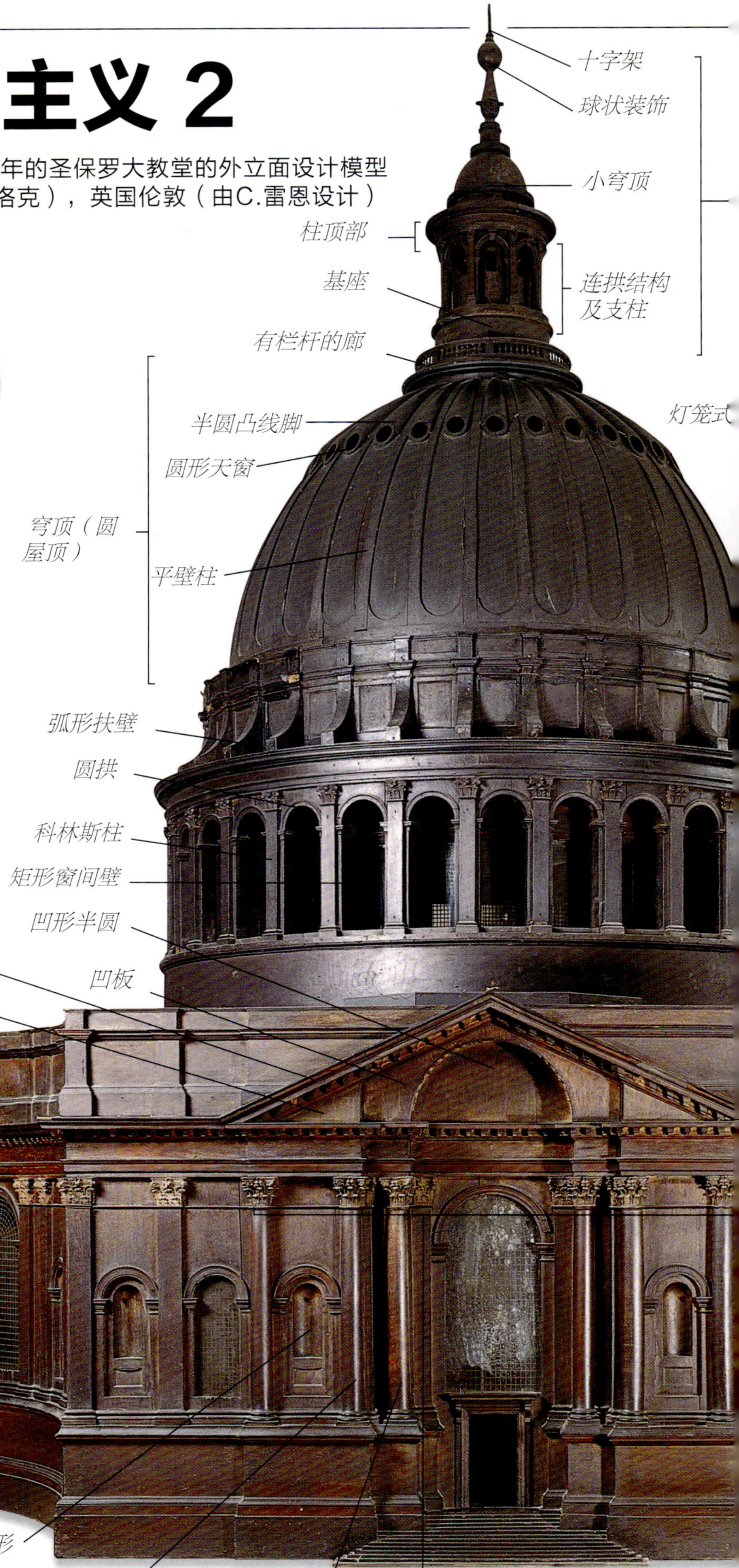

圣乔治教堂（英国巴洛克），英国伦敦，建于1714—1734年
（由尼古拉斯·霍克斯莫尔设计）

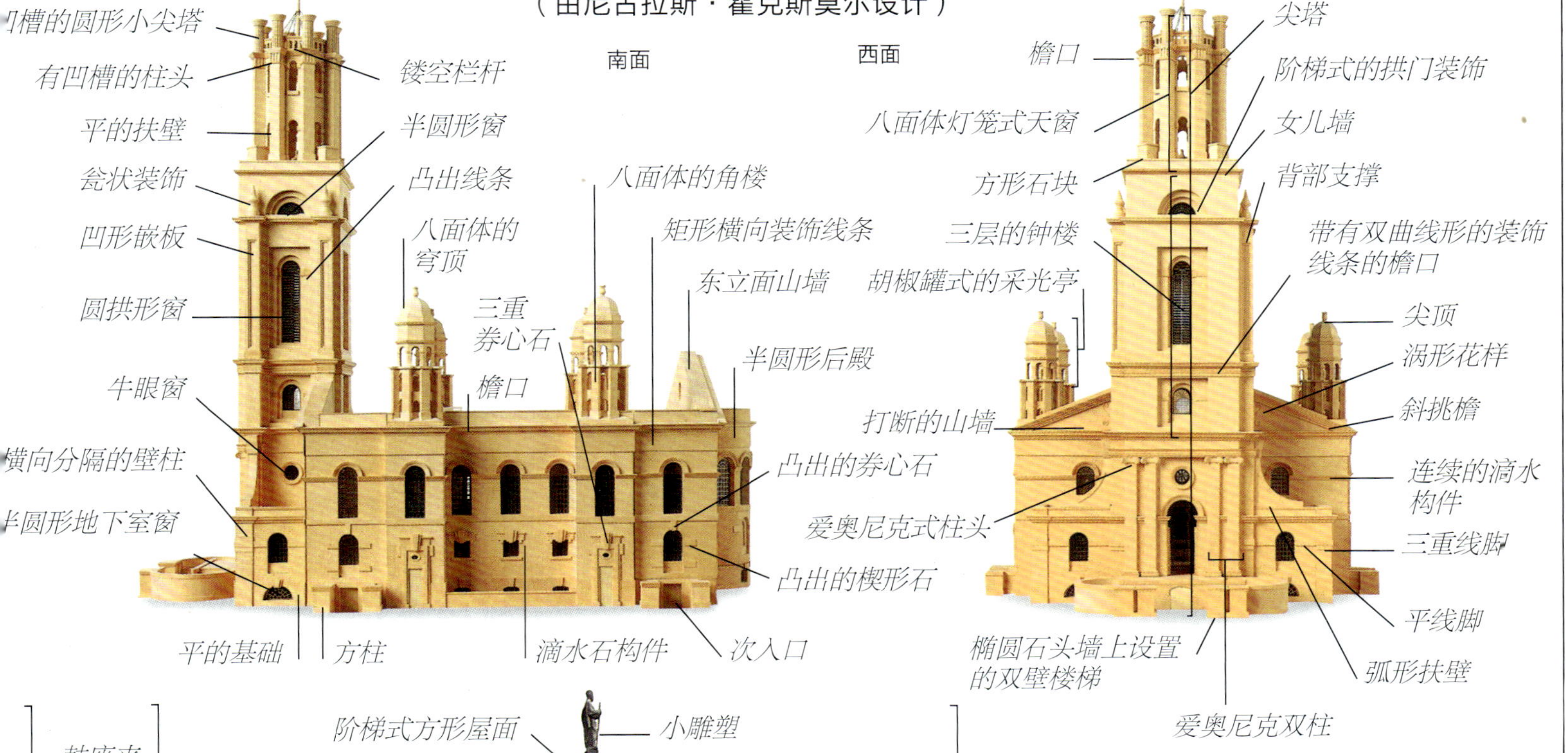

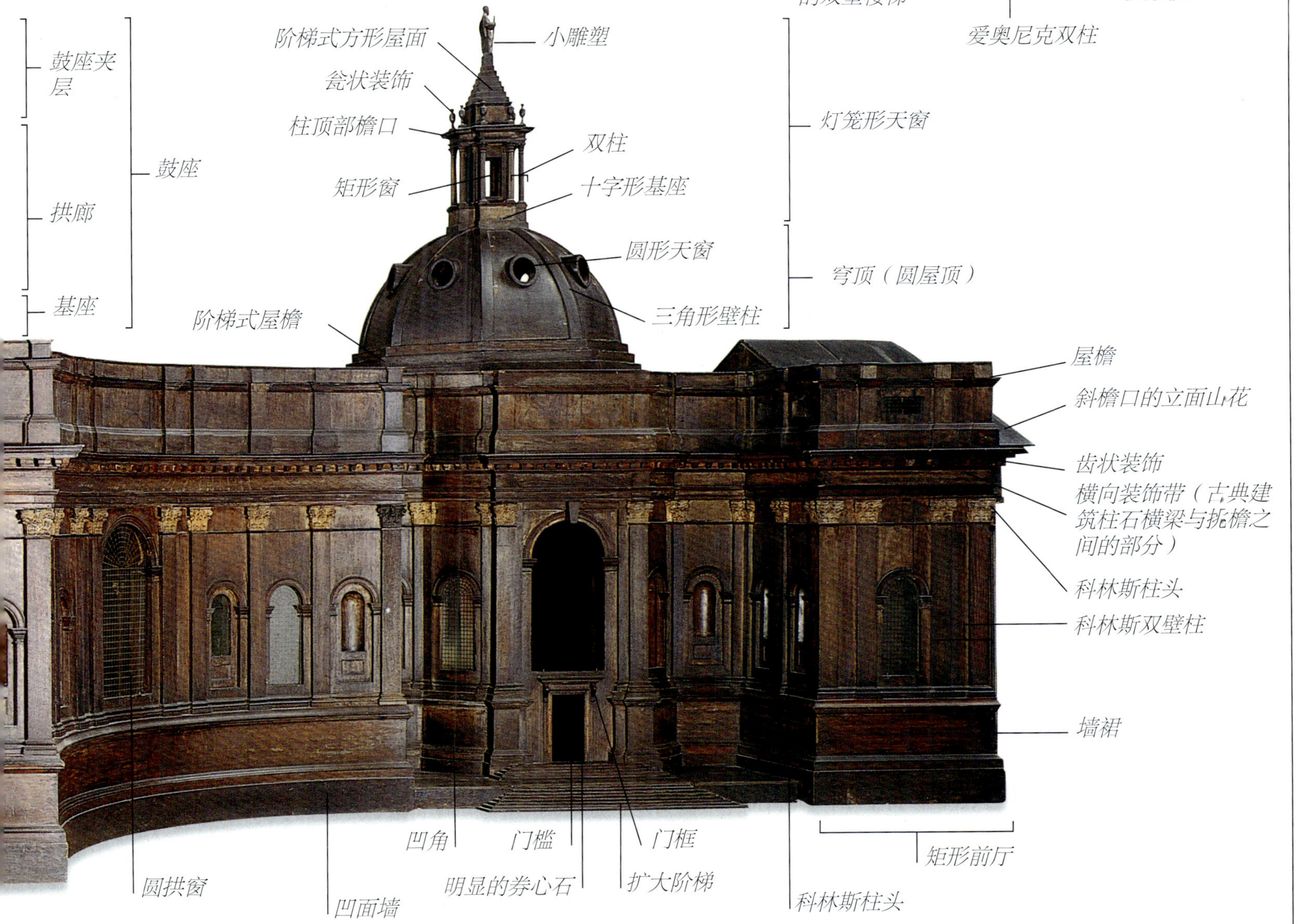

巴洛克和新古典主义 3

来自巴洛克、新古典主义和洛可可建筑中的细部

门廊，瓦因宅第，汉普郡，英国，1654年（新古典主义建筑）

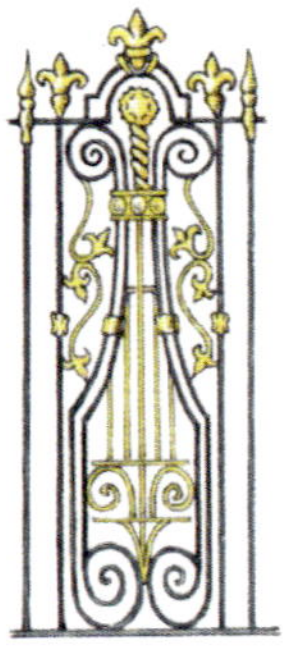

镀金铁艺隔断，凡尔赛宫，法国，1669—1674（法国式巴洛克风格）

窗，斯坦加府邸，克雷莫纳，意大利，18世纪早期（洛可可风格）

男像柱（相对于女雕像的男性雕像柱），上宫，维也纳，奥地利，1724年（德国式巴洛克）

阳台，南锡，法国，1730—1740年（洛可可风格）

圆形大厅中的石砌壁龛（新古典主义），英国银行，英国伦敦，建于1794年（由J.索恩设计）

新的国家纸业办公楼的墙角（新古典主义）伦敦，英国，1830—1831（由J.索恩设计

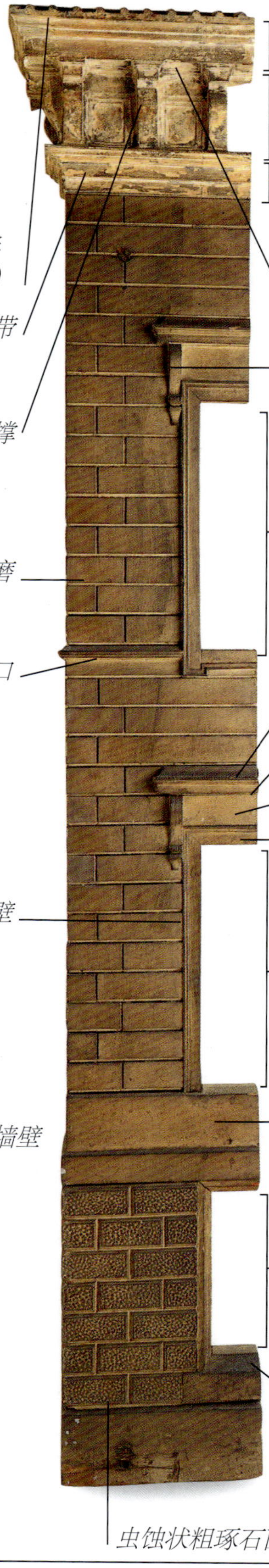

帝林厄姆楼（新古典主义），白金汉郡，英国1793—1797（由J.索恩设计）

屋顶层（阁楼层）

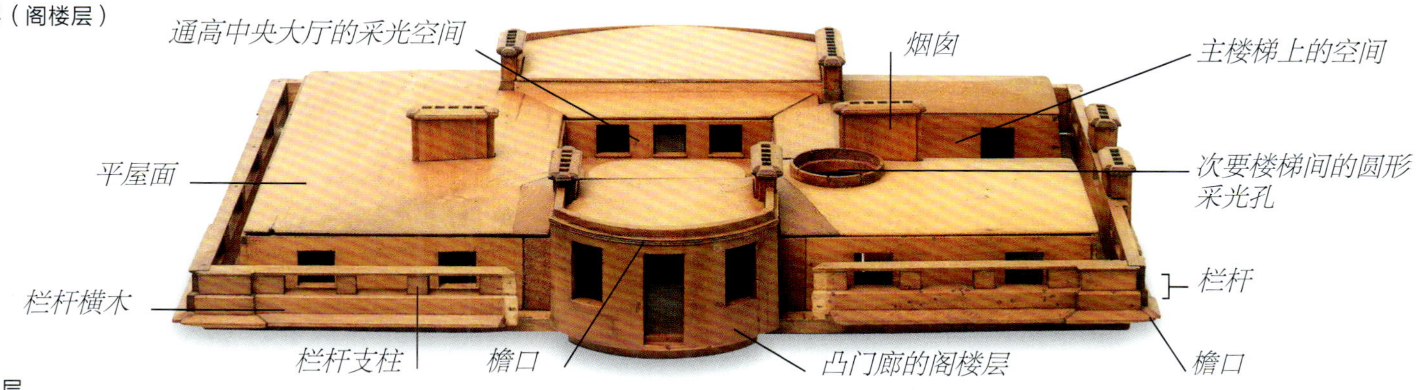

建筑二层

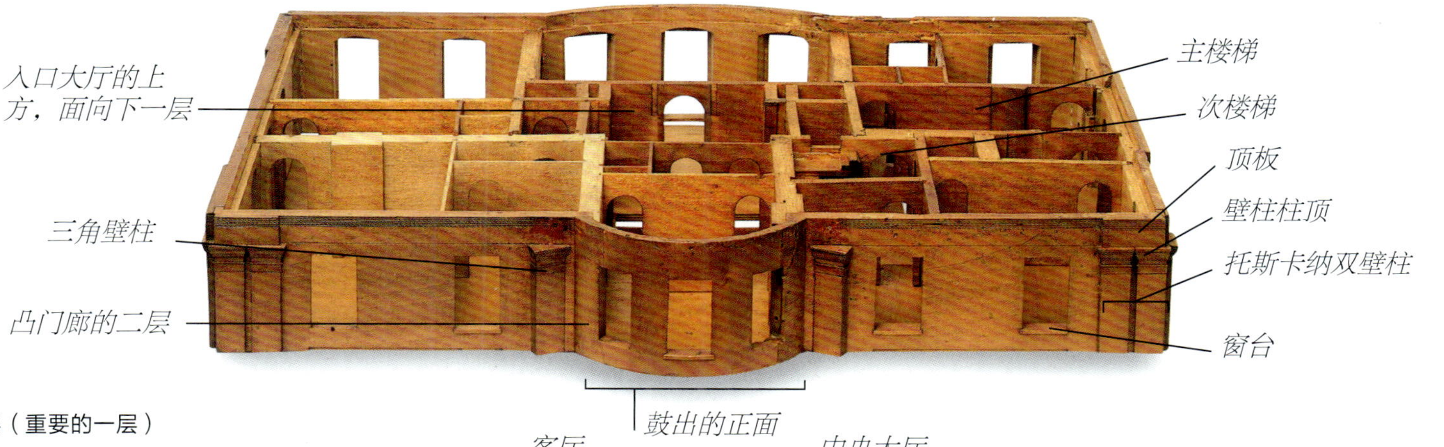

一层（重要的一层）

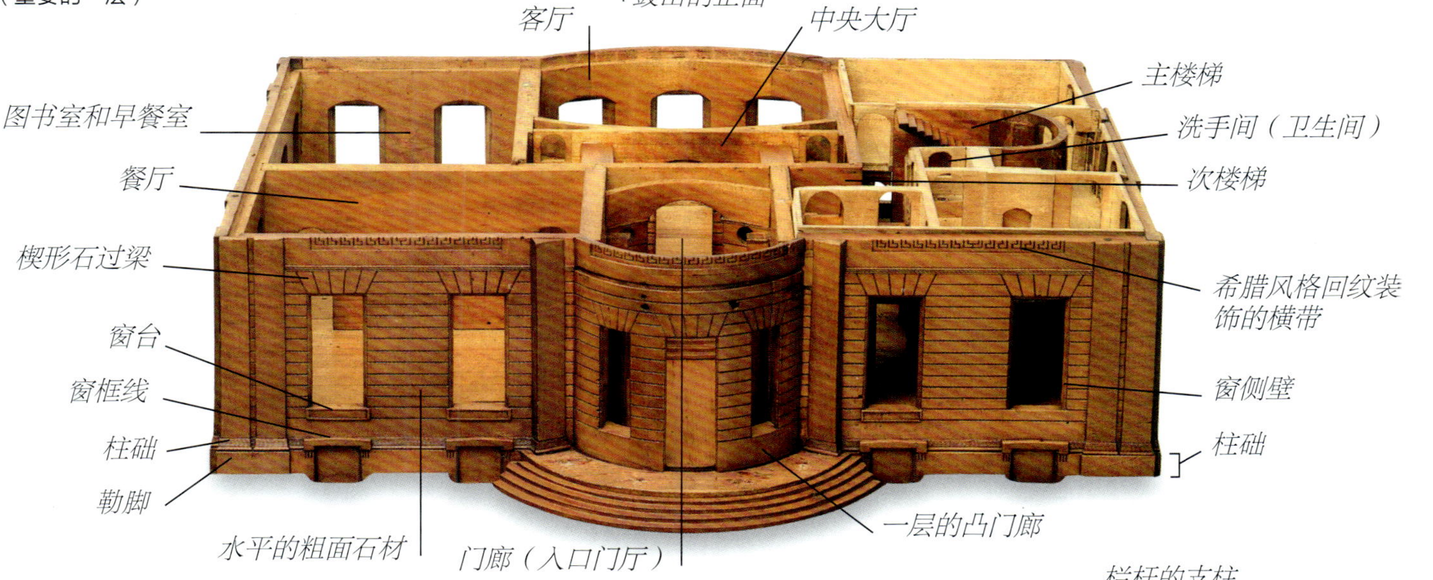

正面

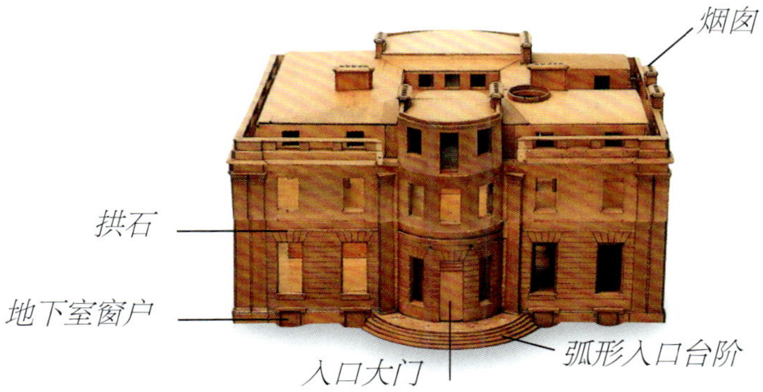

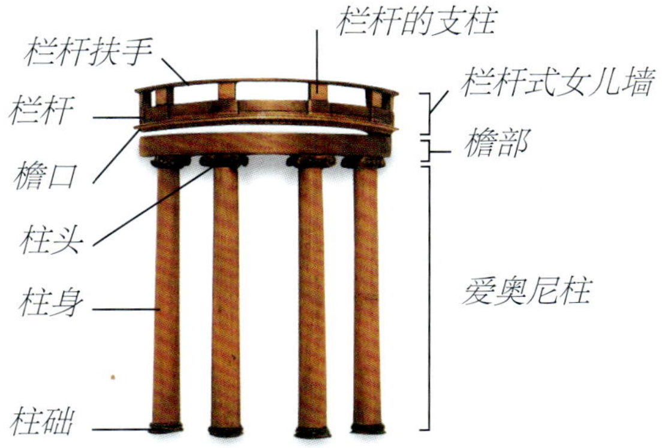

外廊式柱廊

拱和拱顶

拱是一种弧形结构，用于有一定跨度构件的连接,并且支撑起建筑上部的重量，比如在圣保罗大教堂（本页下图）和古代神庙（下页图示）的穹顶。形成拱（如右图）的拱石（楔形状的石块）相互支撑，并将建筑重量向下的力转化为一种向外的力。这种向外的力反过来传递给拱壁、支墩或者扶壁。

拱顶是一种拱形成的屋面或者天花板，这里有四种类型的拱顶（下页图示）。筒形拱顶是一种半圆形截面的简单的拱顶。第二种是棱拱顶，是由两个筒拱成直角相切所组成。第三种是肋骨拱，是由多个肋所加强的棱拱。最后一种是由开始起拱的点进行发散形式的骨肋所组成的肋骨拱顶，形状像扇形，所以称之为扇形拱顶。

局部的拱

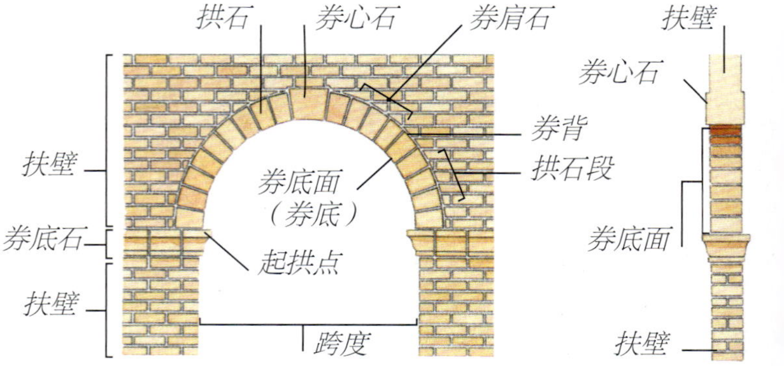

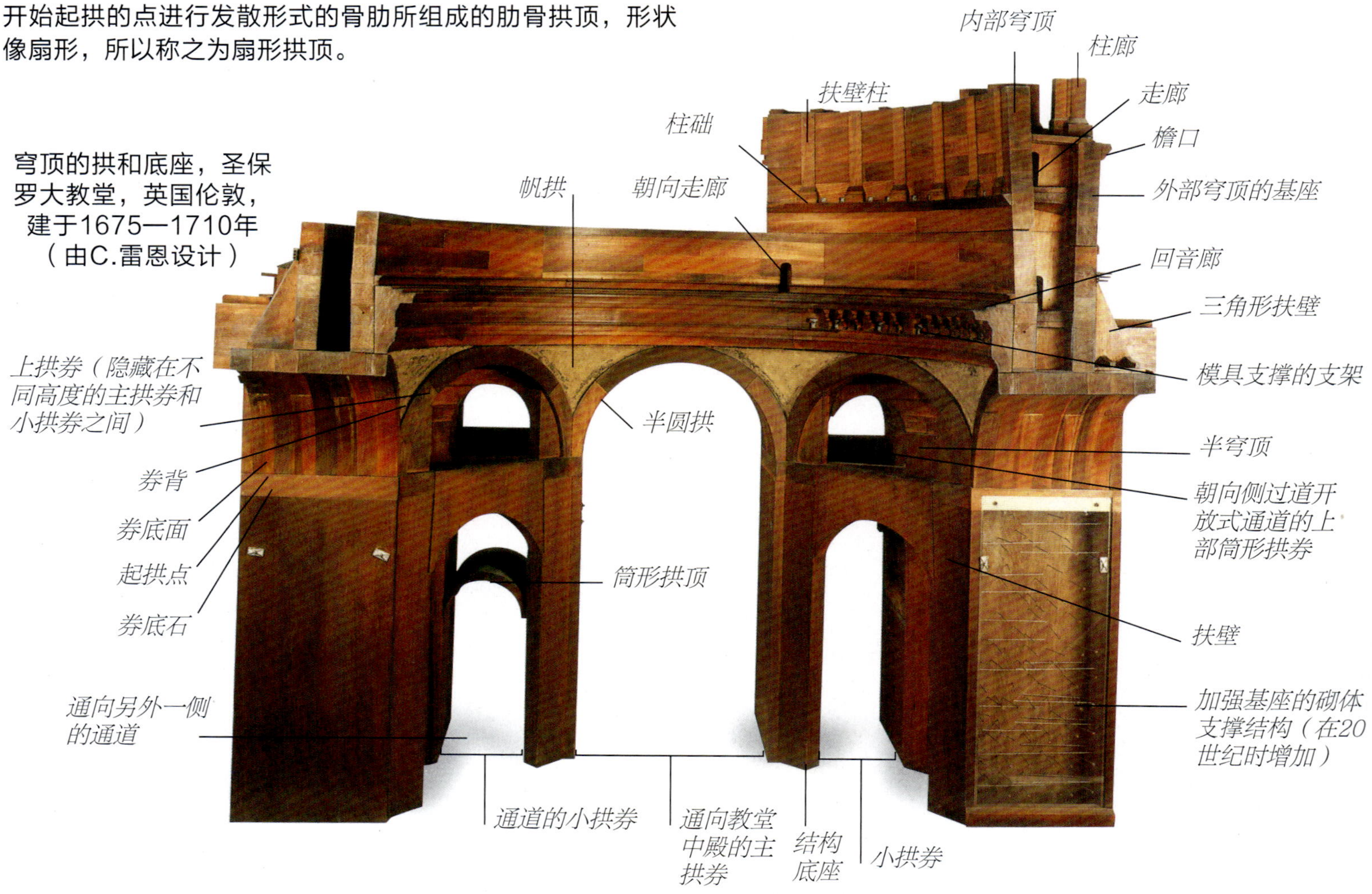

穹顶的拱和底座，圣保罗大教堂，英国伦敦，建于1675—1710年（由C.雷恩设计）

拱的类型

马蹄形拱券（摩尔式拱券），大清真寺，哥多华，西班牙，785年

花蓝形拱（半椭圆形拱），帕勒泰恩礼拜堂，亚琛，法国，790—798年

都铎式拱（四心拱），伦敦塔，英国，1086—1097年

尖顶拱，西敏寺教堂，伦敦，英国，1503—1519年

三叶拱，贝弗利大教堂，约克郡，英国，1300年

拱顶的类型

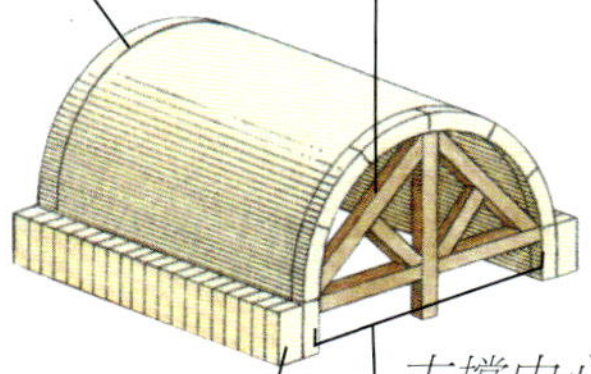

筒形拱顶

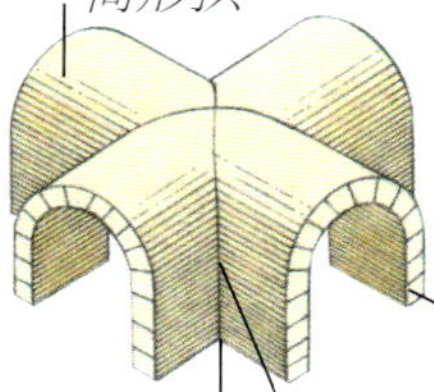

棱拱顶

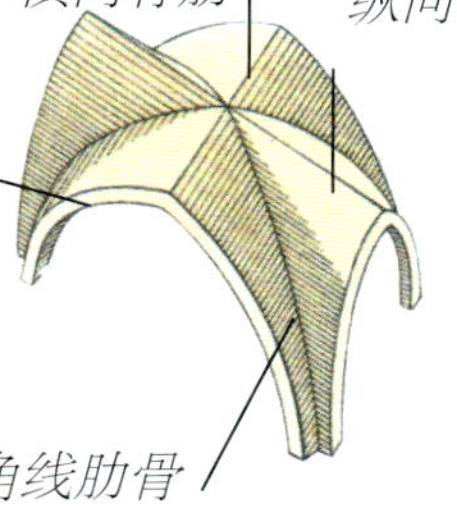

肋骨拱

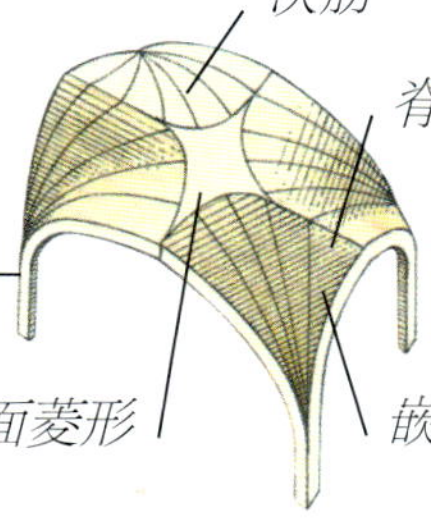

扇形拱

英式砖砌棱拱和肋骨拱

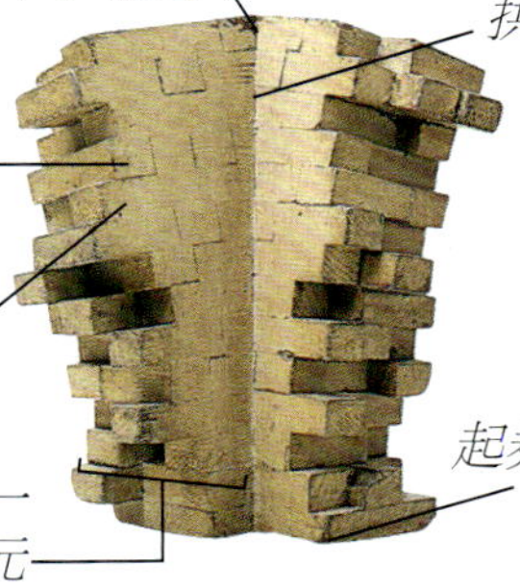

棱拱的券背

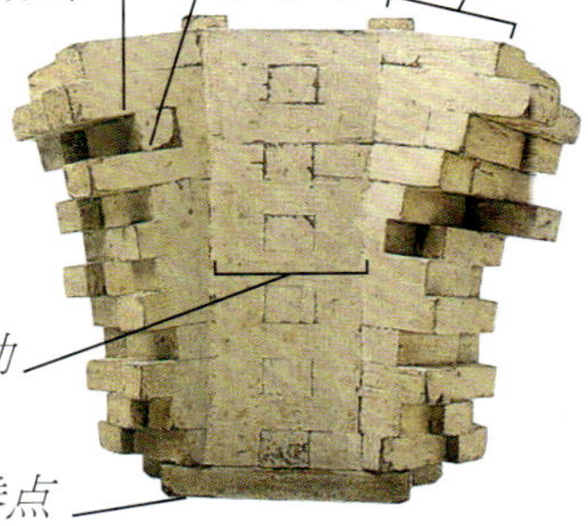

肋骨拱的券背

古代法国神庙的复合模型

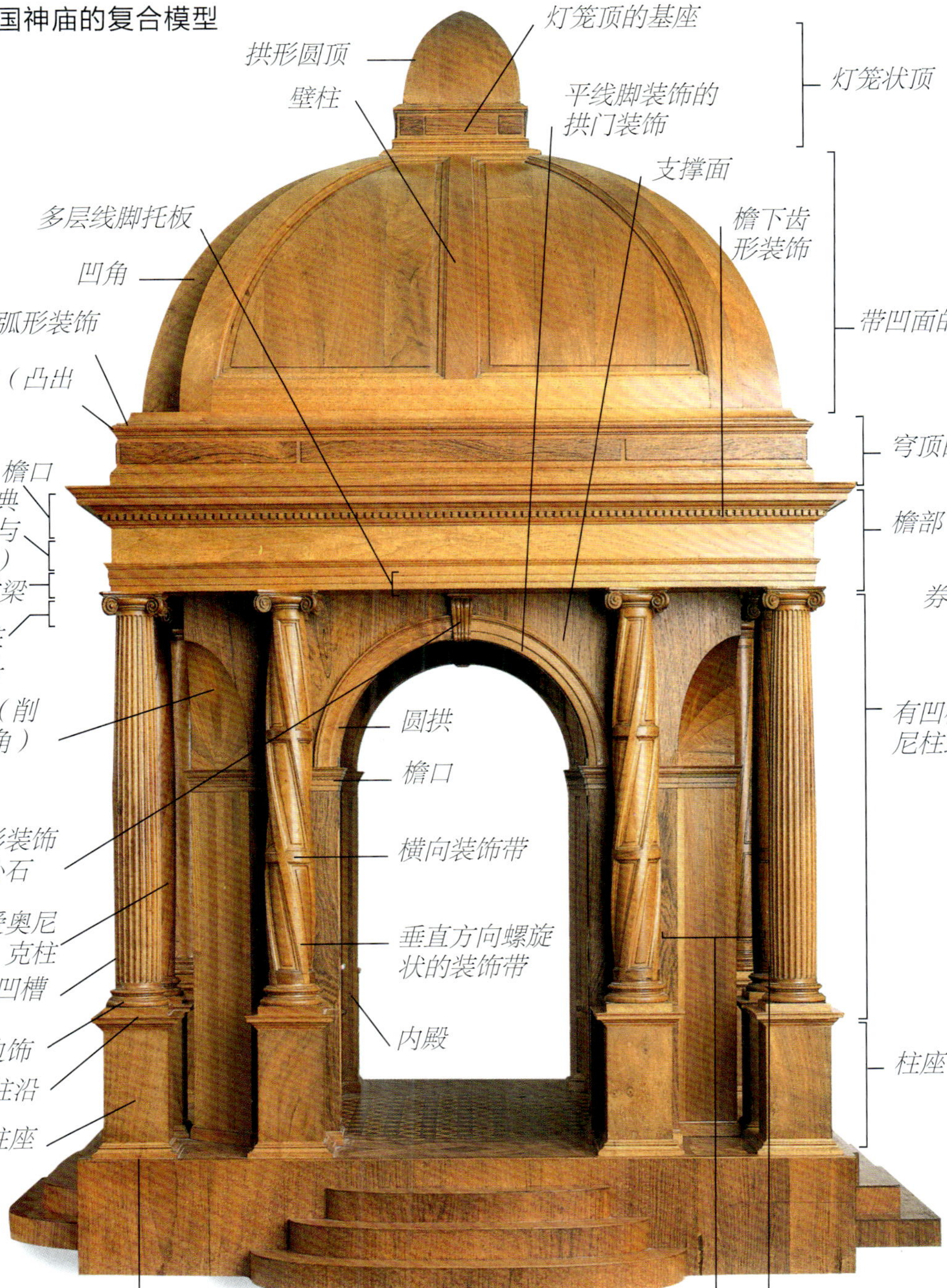

方格拱顶装的券底面

穹顶

穹顶是一种凸起的屋面。穹顶可以按照它的基座形状或通过穹顶中心的截面形状来分类。穹顶的基座形状取决于穹顶下鼓座（即支撑穹顶的墙）的平面，有可能是圆的、方形或者是多边形（就是有多个边组成的形状）。穹顶的剖面也有可能是任何一种拱的形式（详见484-485页）。这里将会介绍几种类型的穹顶：第一种是有圆形鼓座和半圆形的剖面的半球形穹顶；第二种是有圆形鼓座和弓形（即比半球形少一些的形状）剖面；第三种是穹顶在多边形的鼓座上，并且多边形的边最后汇聚到穹顶的顶点，这类穹顶称为多边形穹顶。第四种叫做洋葱头式穹顶，这类穹顶以圆形或者多边形为鼓座和双曲线形成的剖面为特点。许多穹顶的顶部都有一个灯笼式天窗（一种带窗户的小塔楼）可以为建筑内部提供光线。

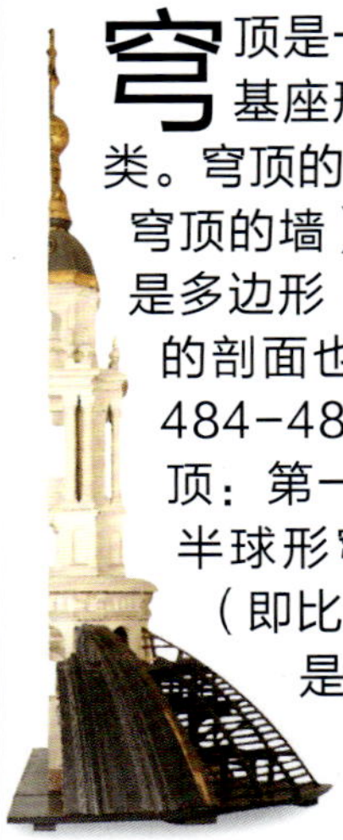

灯笼式天窗和木结构的上部穹顶，圣保罗大教堂

穹顶木结构支架，索邦教堂，法国，巴黎，1633—1462年（由J.勒梅西埃设计）

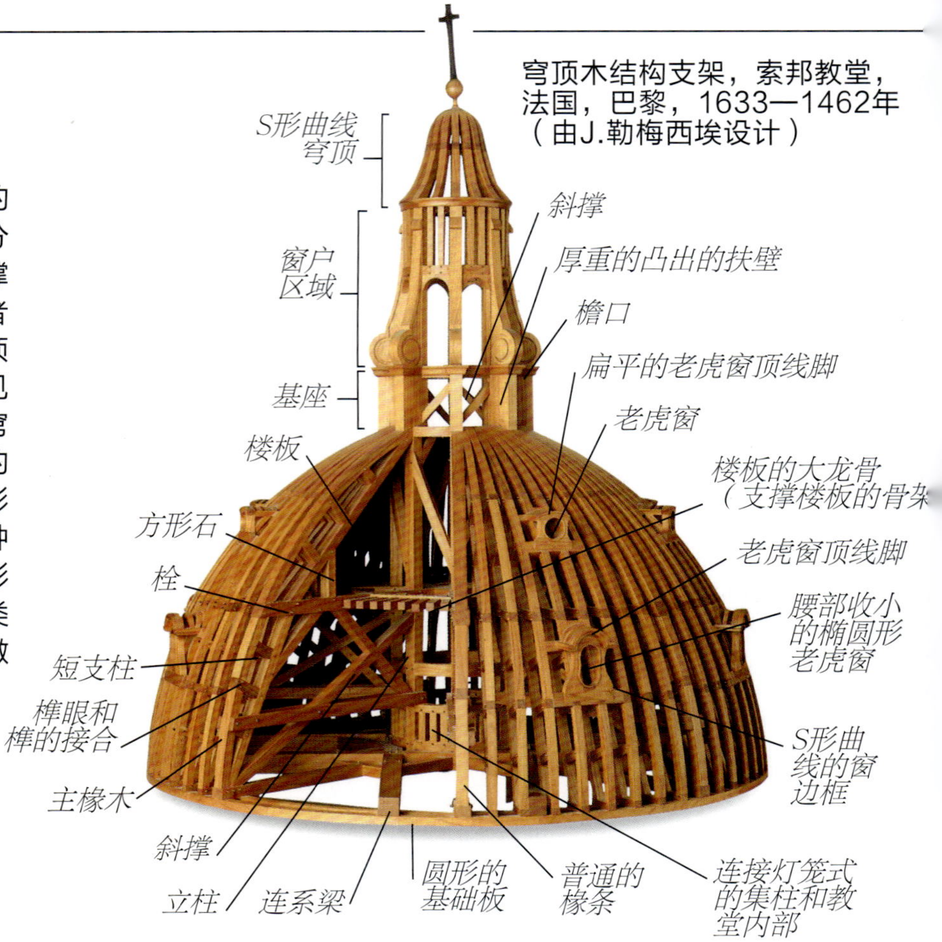

洋葱头式穹顶和灯笼式天窗的屋顶

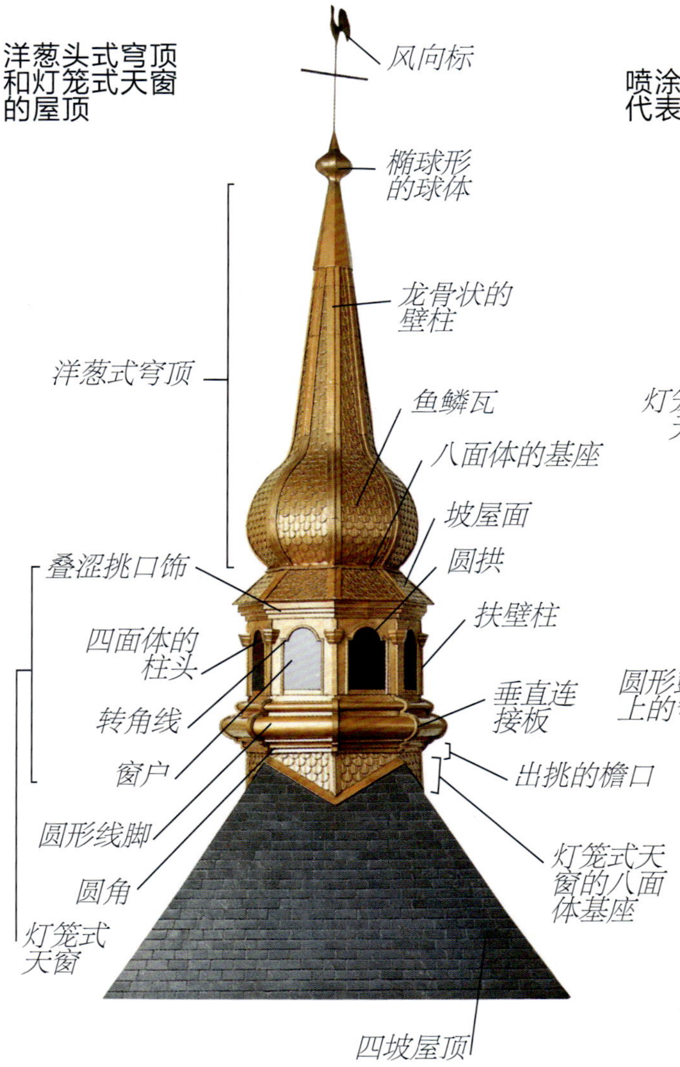

喷涂金属粉穹顶的代表，索邦教堂

不同形式的穹顶

金顶圣殿，以色列耶路撒冷，约建于684年（半球形穹顶）

圣索菲亚大教堂，土耳其伊斯坦布尔，532—537年（弓形穹顶）

佛罗伦萨主教堂，意大利，1420—1436年（多面体穹顶）

圣巴索大教堂，俄国莫斯科，1555—1561年（洋葱头式穹顶）

穹顶，圣保罗大教堂，英国伦敦，1675—1710年（C·雷恩设计）

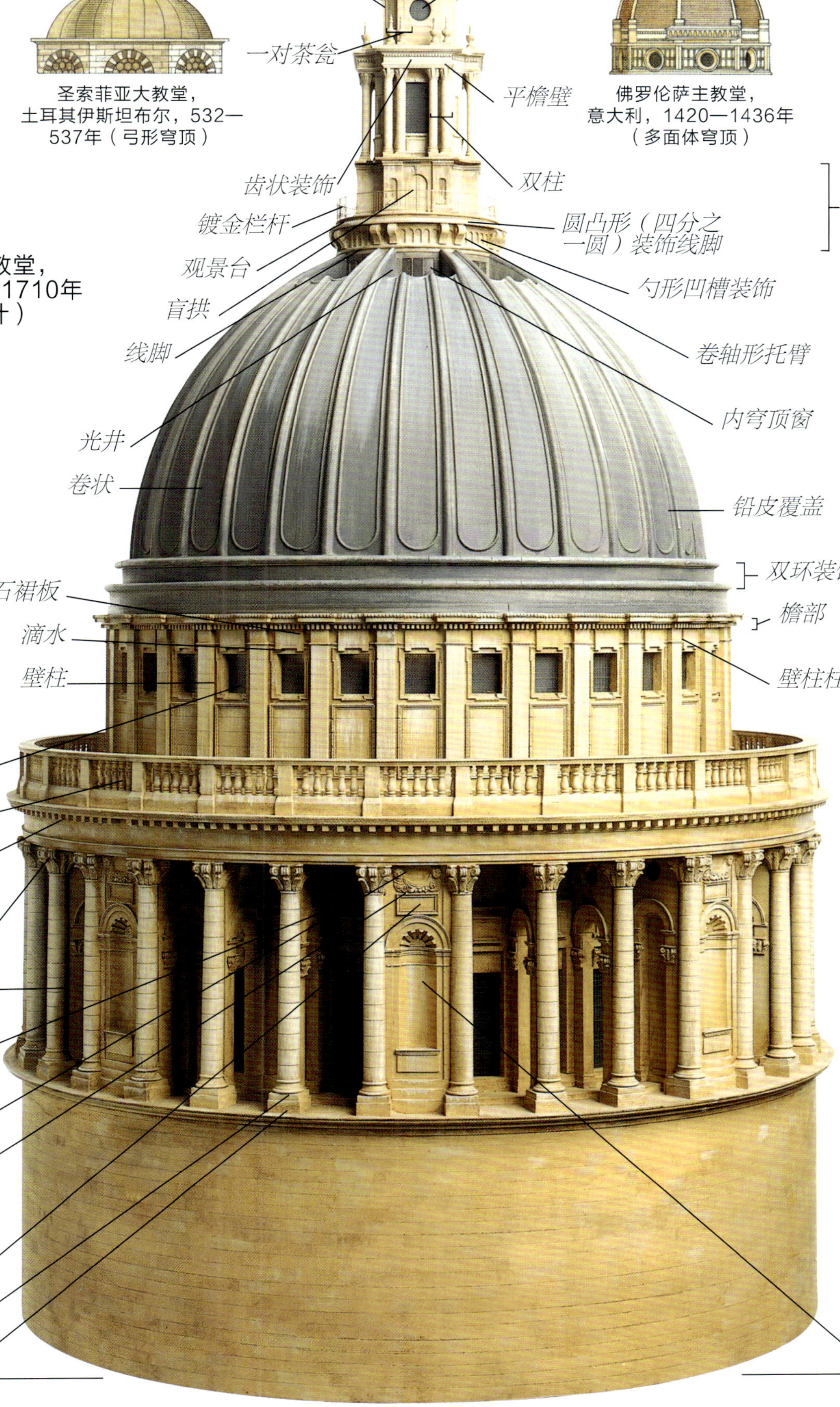

伊斯兰建筑

马赛克镶嵌设计

伊斯兰教是由先知穆罕默德创立的，他约于570年出生在麦加（现在的沙特阿拉伯）。在接下来的三个世纪，伊斯兰教从阿拉伯半岛传播到了北非和西班牙，同时也影响了西班牙和大部分亚洲国家的宗教信仰。伊斯兰教在世界范围内的深刻影响延续至今。伊斯兰建筑的普遍特点是使用葱形拱和屋顶、洋葱头式穹顶和一些带有雕刻、彩绘、镶嵌或者马赛克装饰的墙体。伊斯兰建筑最重要的类型就是清真寺——穆斯林做礼拜的地方。这些清真寺通常都有一个宣礼塔，报告祷告时刻的人站在宣礼塔上呼唤穆斯林教徒们来做礼拜。而大多数清真寺都有米哈拉布（一种装饰壁龛）用来指示麦加的方向。带有喻义的艺术在伊斯兰教中是不被允许的，所以建筑都以几何图案、蔓藤花纹或者经文（通常是古兰经文）来装饰。

米哈拉布，迦密清真寺（首要清真寺），印度比贾布尔，约建于1636年

拱门，阿尔罕布拉宫，西班牙格拉纳达，建于1333—1354年

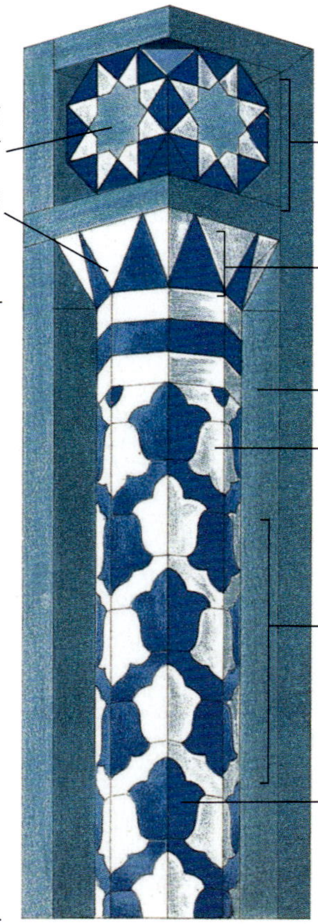

带有柱子的米哈拉布，爱兹哈尔清真寺，
埃及开罗，建于15世纪

伊斯兰马赛克图例，埃及和叙利亚

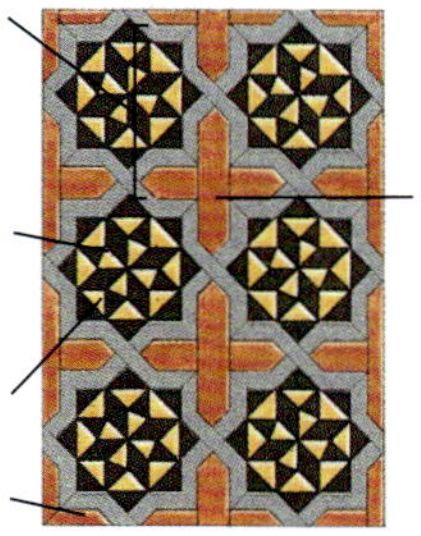

星形和希腊十字马赛克

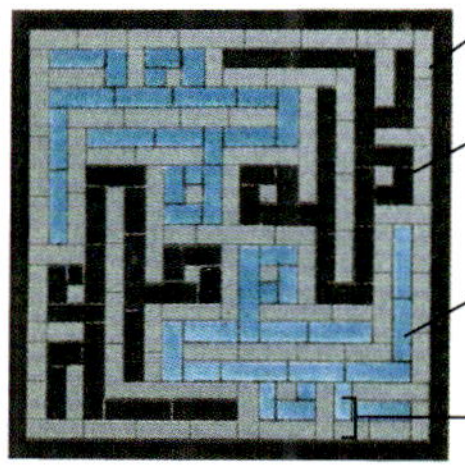

线形图案马赛克

星形和希腊十字马赛克

六边形和条状大理石

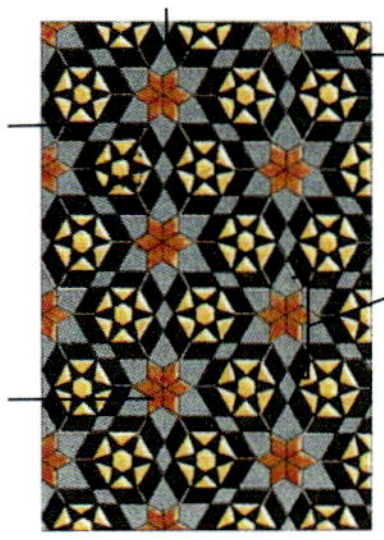

六边形、三角形和对称四边形马赛克

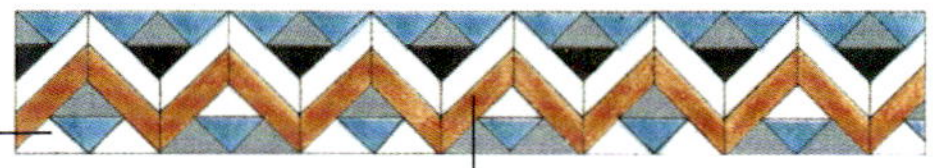

锯齿形马赛克

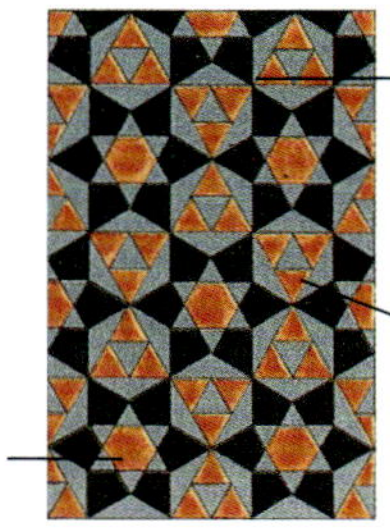

六边形、三角形和对称四边形马赛克

伊蒂默德尤多拉大理石墓，印度阿格拉，约建于1622—1628年

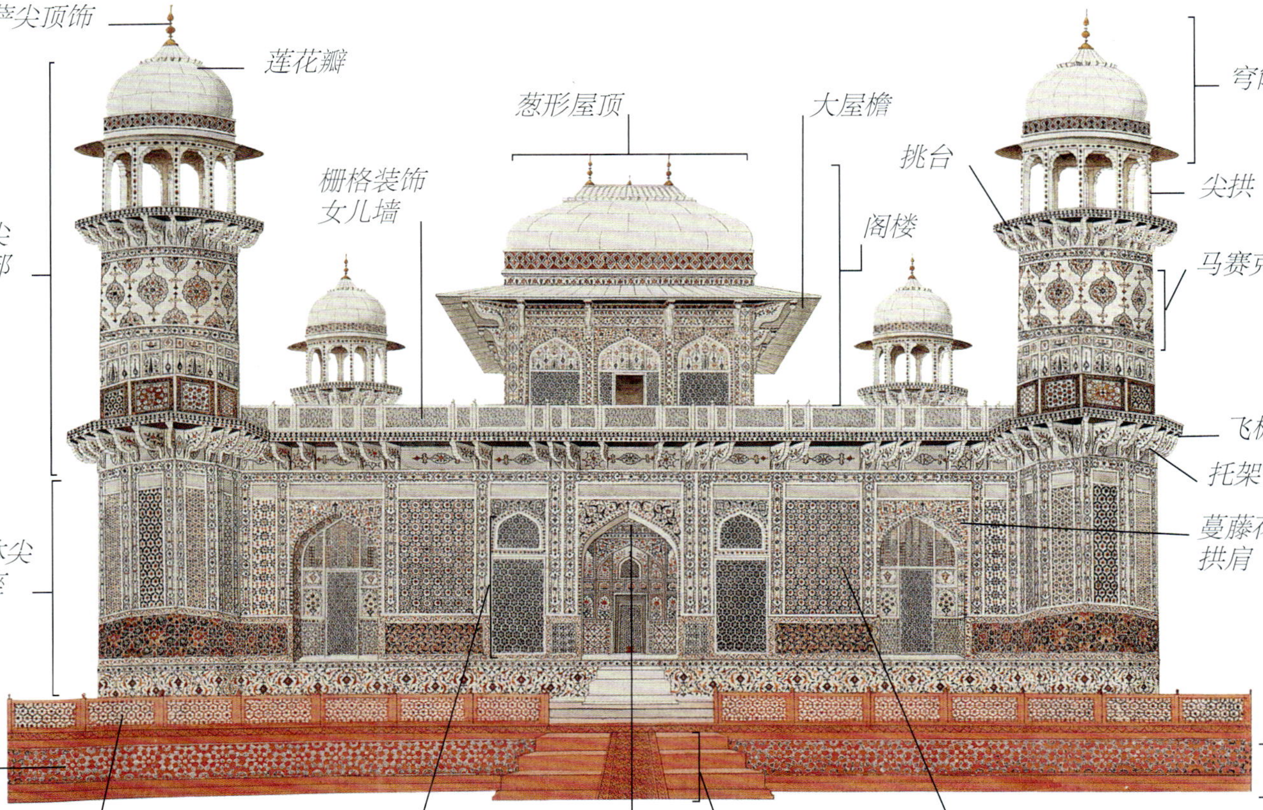

东南亚建筑

东南亚的传统建筑受到了印度佛教和印度教的深刻影响。这种影响可以从东南亚地区的寺庙、圣祠的数量及它们的建筑风格中体现出来。许多早期的印度教寺庙是由从石壁上雕刻出的房间所组成的。大约从8世纪开始，拥有独立结构的建筑才开始在印度南部出现。许多寺庙采用达罗毗荼风格建造，例如维鲁巴克沙庙（详见后页）采用了极富特点的多层塔楼、孔窗以及大量的拱券、壁柱和雕刻。
最早的佛塔是印度窣堵波，它由单个带基座的半圆穹窿和一圈设有华丽塔门的围栏组成。而后期建造的、或在其他地区建造的佛塔有时会进行改良。举例来说，斯里兰卡的佛塔穹窿呈现为钟形，并被称为舍利塔。佛教舍利塔，在缅甸通常是多层塔（如右图），每层都有挑出的屋檐。这种形式的建筑很有可能是从窣堵波的尖顶衍变而来。东南亚传统建筑的另一个特征是它们富有创造力的屋顶形式，例如复折屋顶和角椽构架屋顶（详见下图）。

缅甸风格的七层佛塔，约建于9—10世纪

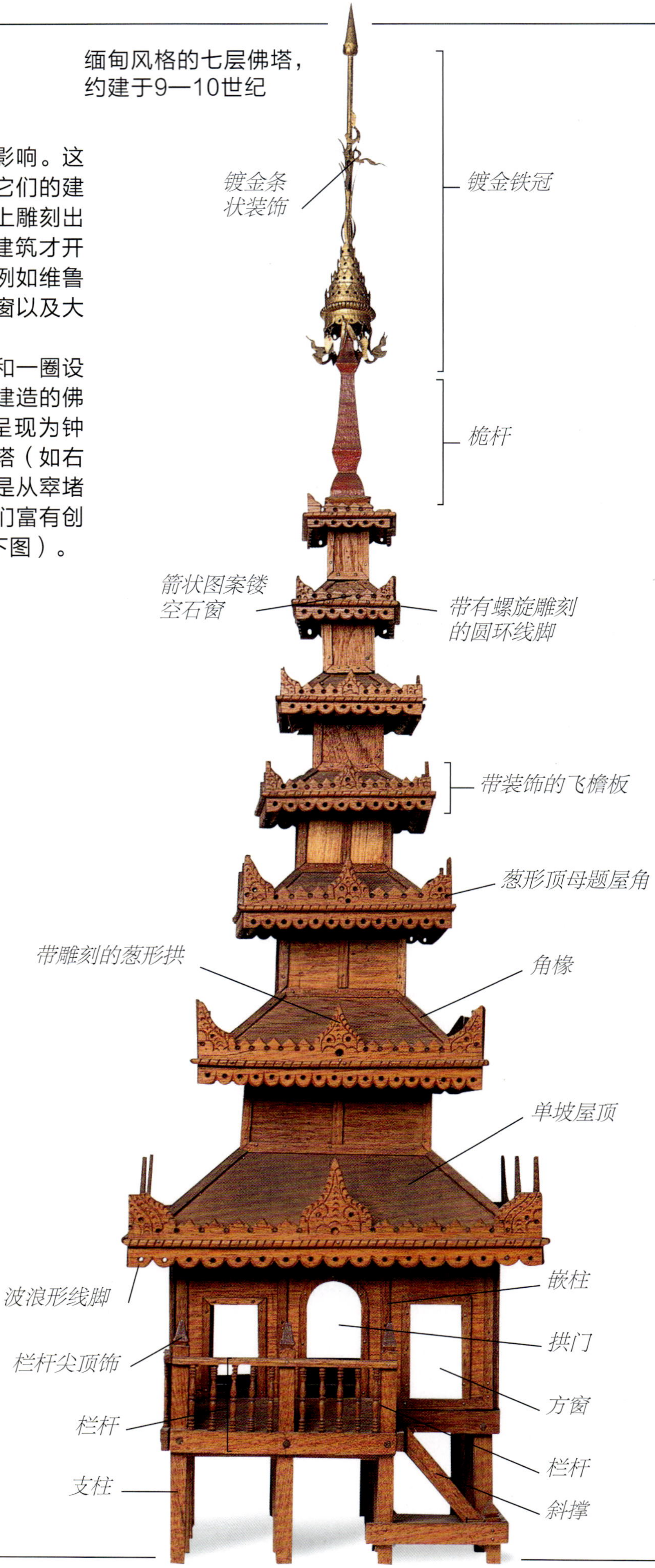

东南亚建筑细部

带有角椽的春日风格屋顶，円成寺春日堂，日本奈良，12—14世纪

多层塔，中国北京天坛，15世纪

上挑屋檐与起伏山墙面的复折屋顶，姬路城，日本姬路，1608—1609年

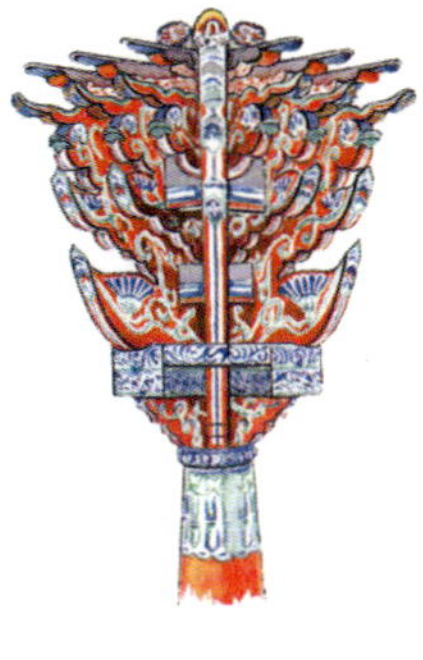

带有屋顶结构的角柱柱头，法住寺，韩国法住区，17世纪

维鲁巴克沙寺和玛丽卡朱娜寺，印度帕德达卡尔，建于8世纪

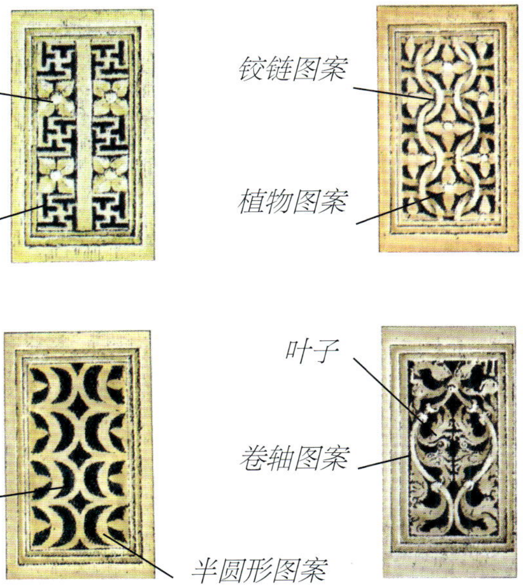

窣堵波，斯里兰卡康提，约建于公元前2世纪—公元7世纪

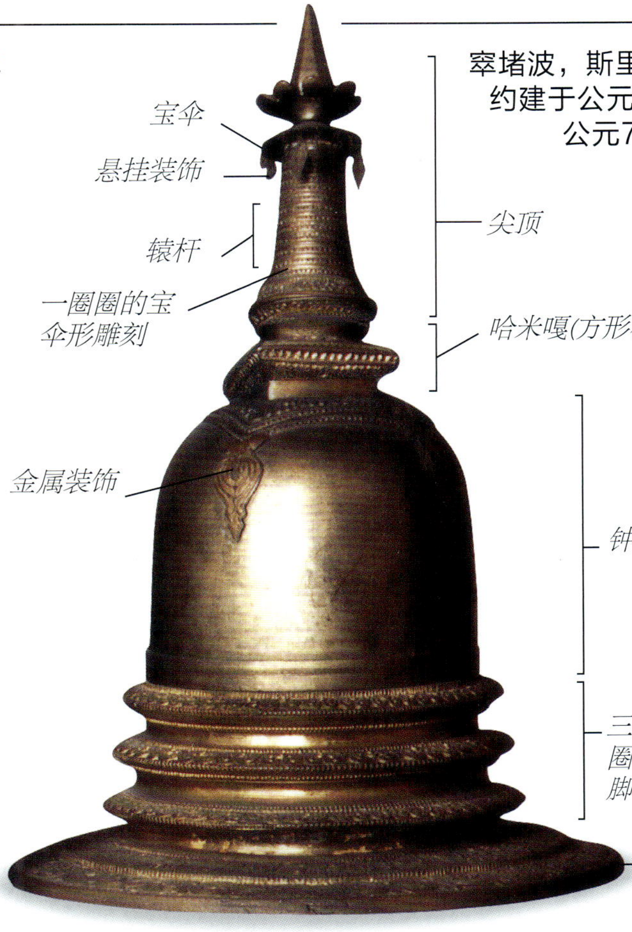

侧立面与平面，维鲁巴克沙寺，印度帕德达卡尔，约建于746年

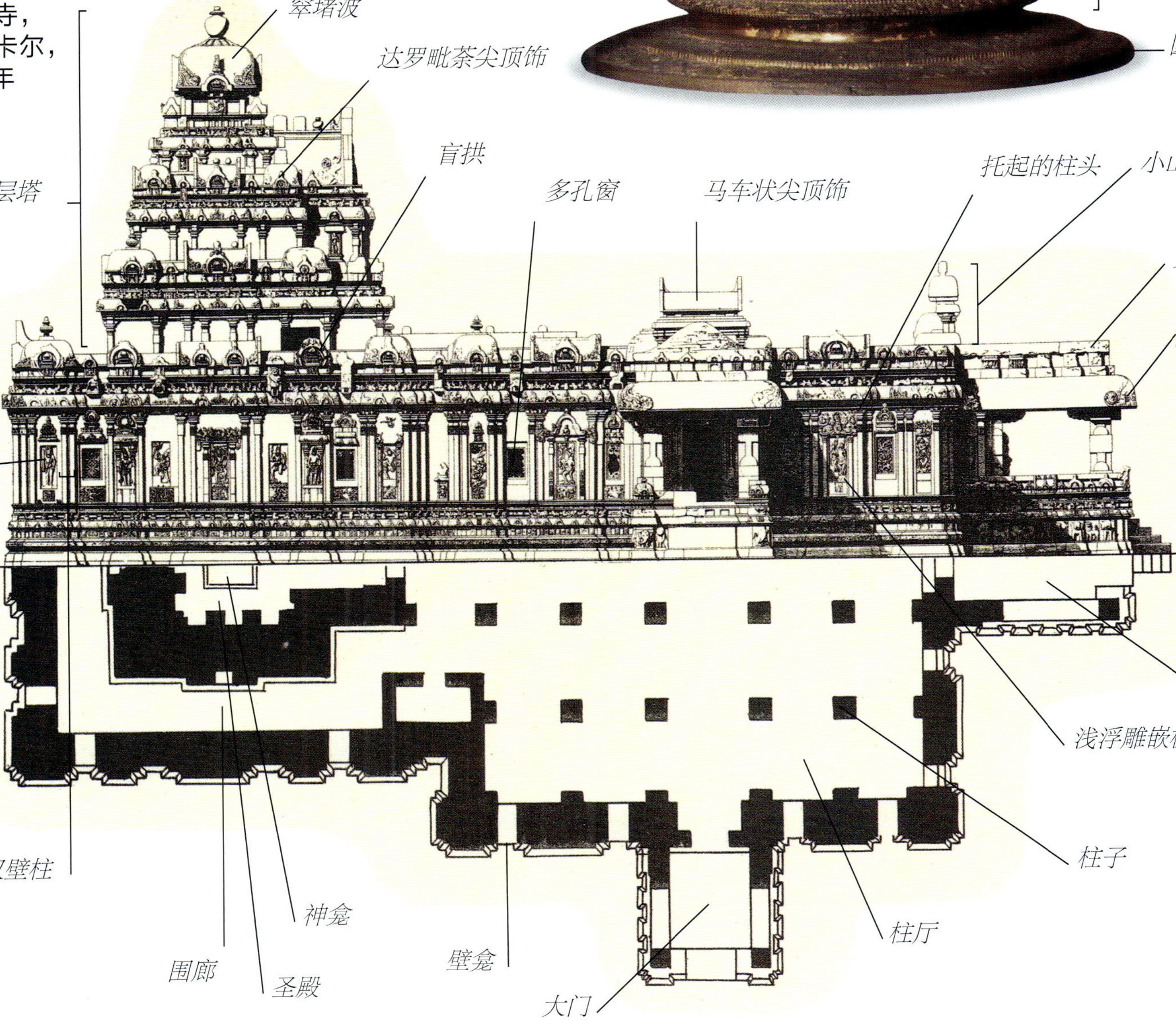

19世纪建筑

19世纪的建筑以新材料的使用和多彩纷呈的建筑风格为特点。从18世纪晚期开始，钢铁代替木材被广泛使用在建筑结构中，比如这里提到的亚麻纺织厂。这座英国的工厂建筑建于1796年，它很好地诠释了一种建筑风格，这种风格在接下去的一个多世纪内的工业化城市里最为流行。

工业革命期间，大量建筑零件开始投入生产，这种变革让英国建筑师约瑟夫·帕克斯顿能在9个月内为1851年的世博会建造出伦敦水晶宫。

在19世纪，古典建筑风格也大范围地复苏。举例来说，新希腊风格在美国和德国十分流行。而在英国和法国，新巴洛克、新拜占庭和新哥特风格（以威斯敏斯特宫和伦敦塔桥为例）都是占据了统治地位。

亚麻纺织厂剖面

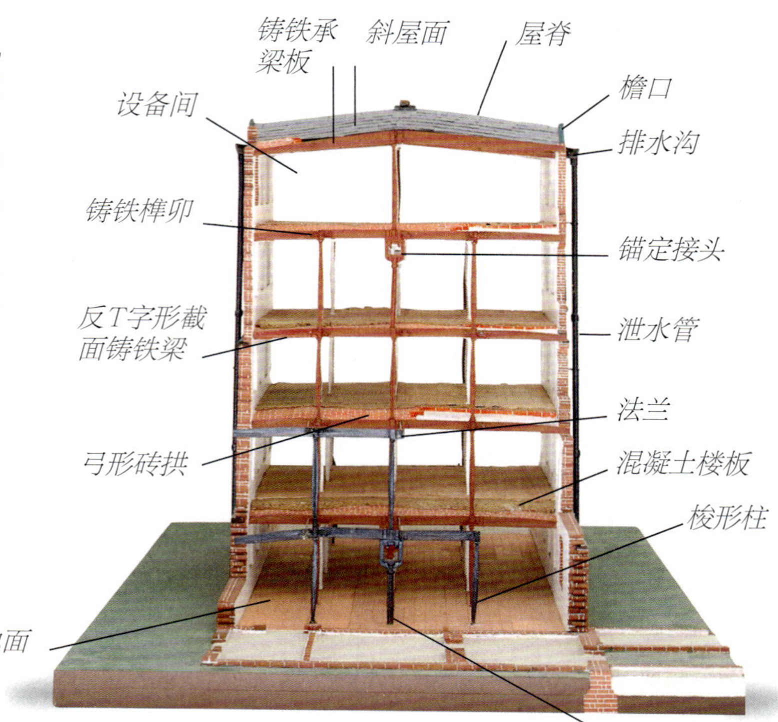

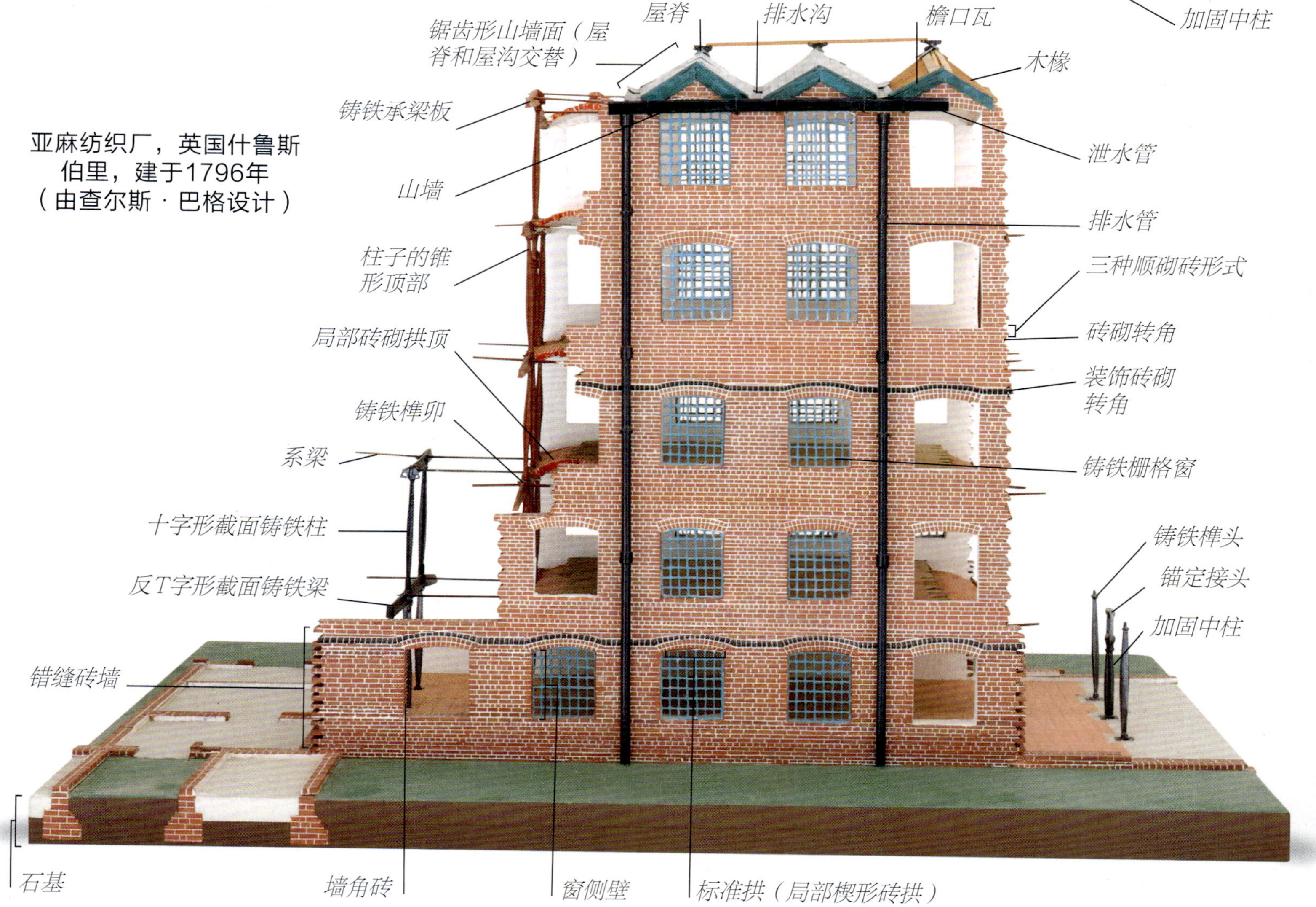

亚麻纺织厂，英国什鲁斯伯里，建于1796年（由查尔斯·巴格设计）

钟楼（“大本钟”），威斯敏斯特宫，英国伦敦，建于1836—1868年（由查尔斯·巴格和A.W.M.普京设计）

新古典建筑细部

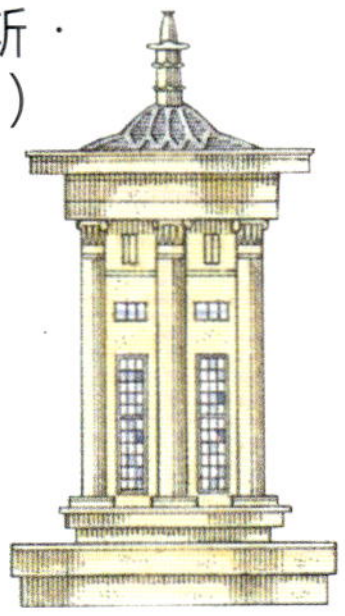

圆顶，证券交易所，美国费城，1832—1834年（新希腊风格）

山墙与雕像，歌剧院，法国巴黎，1861—1874年（新巴洛克风格）

穹顶角楼，威斯敏斯特教堂，英国伦敦，1894—1903年（新拜占庭风格）

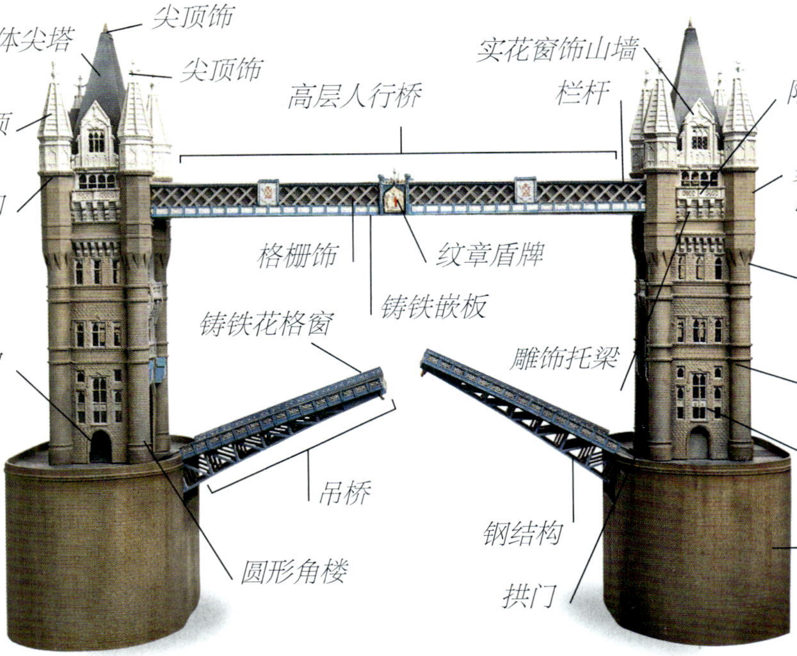

塔桥，英国伦敦，建于1886—1894年（由贺瑞斯·琼斯设计）

水晶宫，英国伦敦，建于1851年（由约瑟夫·帕克斯顿设计）

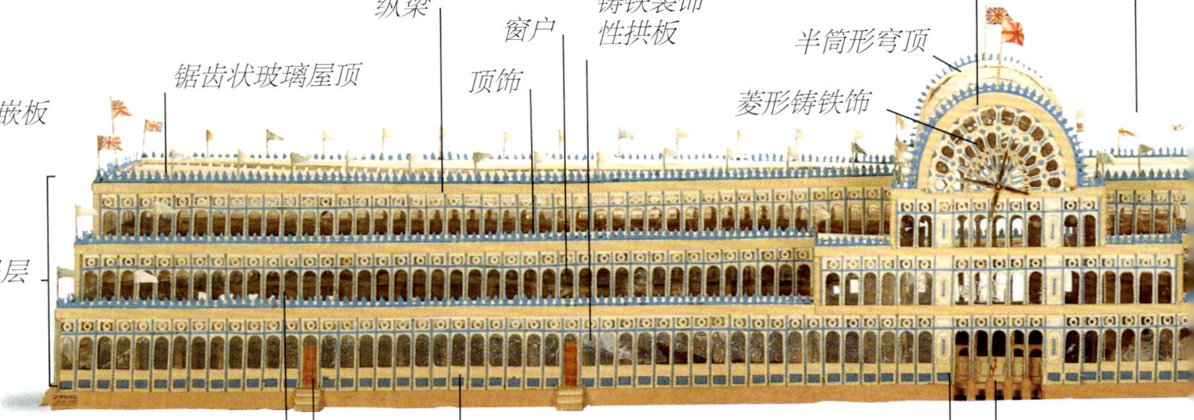

20世纪早期建筑

20世纪早期的建筑有两大发展特点：一是玻璃和钢的建筑——尤其是摩天大楼的发展；二是钢筋混凝土的使用。钢结构摩天楼最早出现在19世纪80年代的芝加哥，但这种建筑形式直到20世纪才开始广泛建造。随着建造水平的不断提升，建筑的高度不断攀升。例如建于1929—1931年的帝国大厦有102层高。这个时期的大多数建筑都使用了悬臂梁和架空柱可以承载的轻质混凝土板，例如萨伏伊别墅（见下图）。

20世纪早期孕育了大量的、不同的建筑流派，我们在后页列举了一些。但是不管如何的多样化，这个时期的建筑有一个共同点：建筑基本上摆脱了古典主义的束缚，它进行了彻底的革新。相对于19世纪对古典建筑的复述，20世纪的建筑显现出惊人的创造力。

1976年，为纪念美国成立200周年，帝国大厦在塔顶30层第一次应用了色彩灯光秀，自此开启了通过色彩与灯光组合庆祝不同活动或节日的传统。上图中，帝国大厦塔顶亮起了蓝色、白色和红色，以纪念美国独立日。

帝国大厦，美国纽约，建于1929—1931年（Ｉ
R.H. 什里夫、威廉 · 兰
和A.L.哈蒙设计）

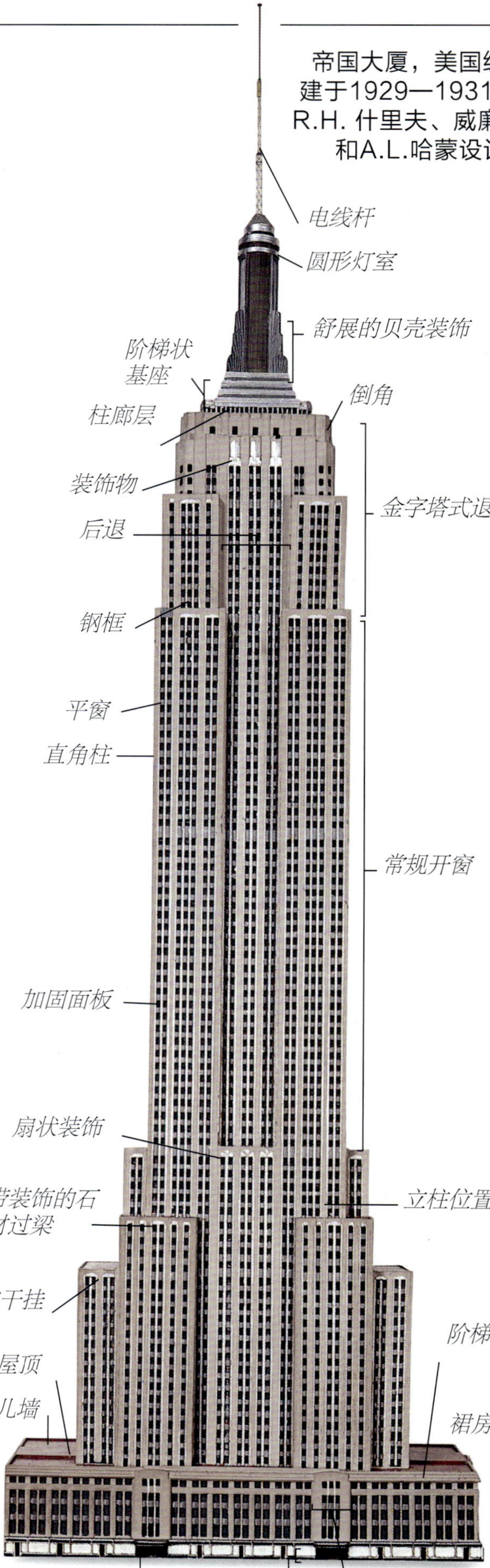

米德威游乐场，美国芝加哥，建于1914年（由弗兰克·劳埃德·赖特设计）

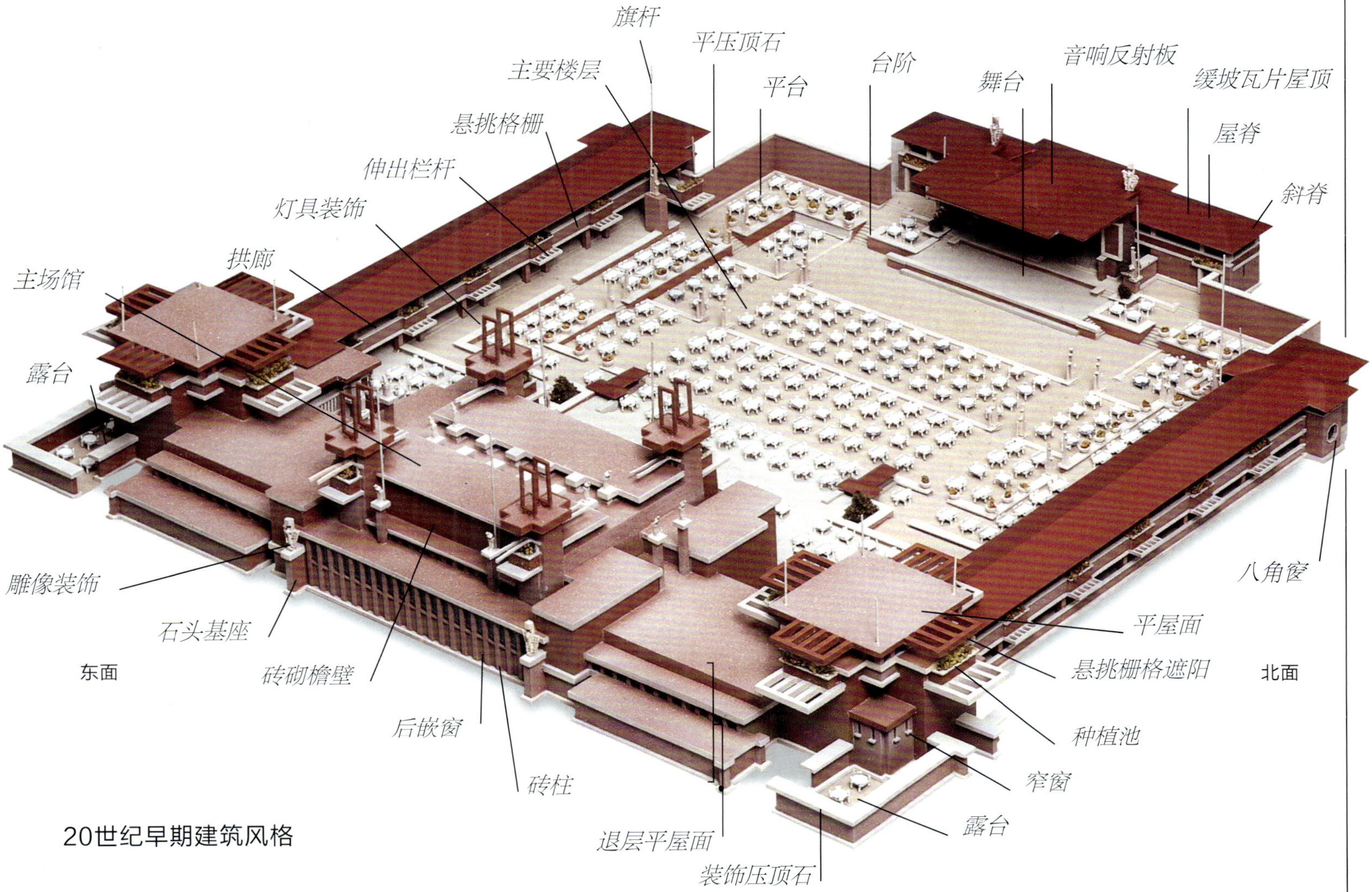

20世纪早期建筑风格

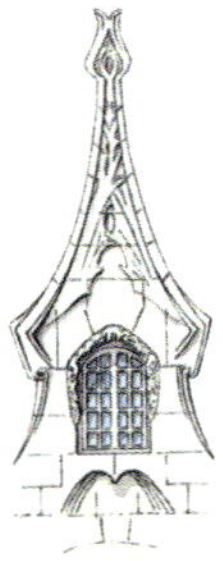

老虎窗，埃尔韦拉工作室，德国慕尼黑，1902年（新艺术主义风格）

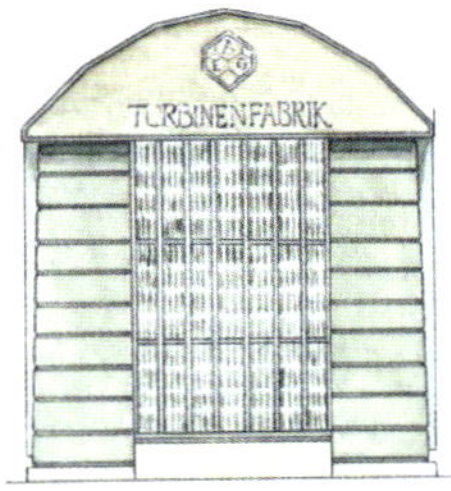

透平机车间，德国柏林，1909年（德意志制造联盟）

罗宾别墅,美国芝加哥，1909—1910年（草原式住宅）

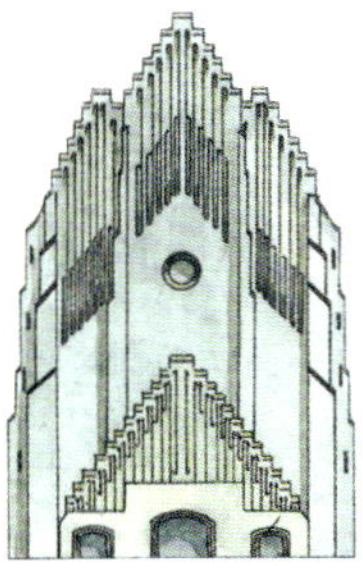

格鲁特威大教堂，丹麦哥本哈根， 1920年（表现主义风格）

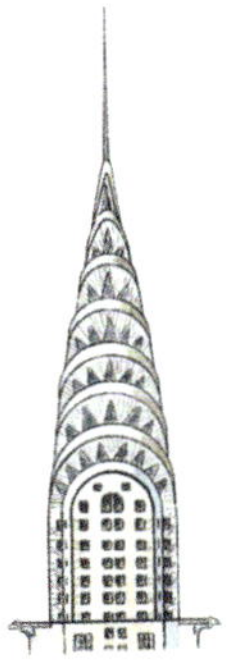

顶部，克莱斯勒大厦，美国纽约，1928—1930年（装饰主义风格）

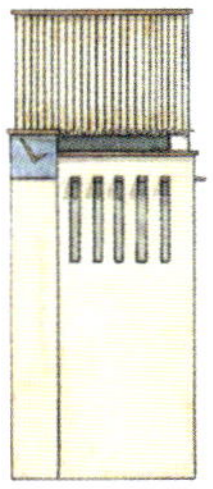

塔楼，市政厅，荷兰希尔维苏姆，1930年（荷兰立体派）

法西斯党部大楼，意大利科摩， 1932—1936年（立体派七人组）

门口的装饰，胡佛工厂，英国伦敦， 1933年（装饰主义风格）

现代建筑 1

从1950年开始之后的建筑被称为现代建筑。它偏爱功能主义的表达，并坚信建筑形式能反映出建筑的使用功能。从蓬皮杜艺术中心到香港汇丰银行都是功能主义的代表，两者都把结构、设备的元素暴露在外面。到了1980年代，一些偏爱后现代主义风格的建筑师开始抵制功能主义，并开始尝试用现代建筑的材料和技术来演绎新古典主义风格。在一些现代建筑中，玻璃和混凝土墙有时候被悬挂在结构外部，就像川奈住宅（右图）中所呈现的，这种墙体结构被称为幕墙系统。其他新型结构技术包括在悉尼歌剧院上使用了钢索拉结的混凝土预制拱，在圣皮埃尔·德·利伯维尔教堂中使用了高张力梁创造出了复杂的双曲面屋顶。

川奈住宅，日本，建于1987年（由诺曼·福斯特设计）

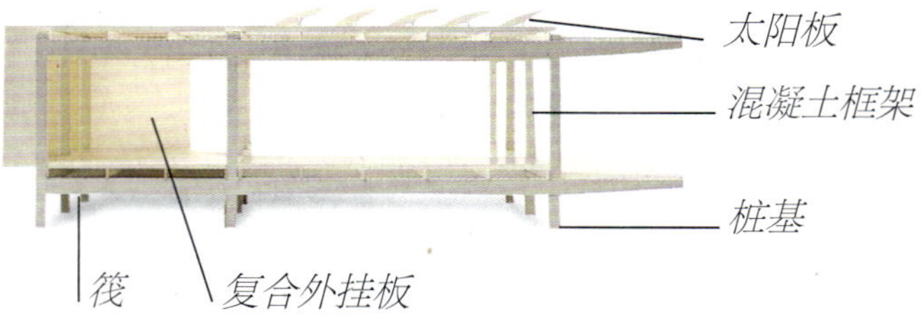

侧景

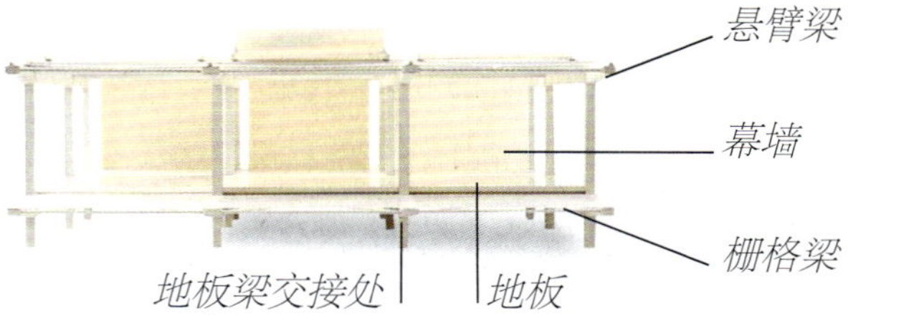

正面图

设备管道立面，蓬皮杜艺术中心，法国巴黎，建于1977年（由伦佐·皮亚诺和理查德·罗杰斯设计）

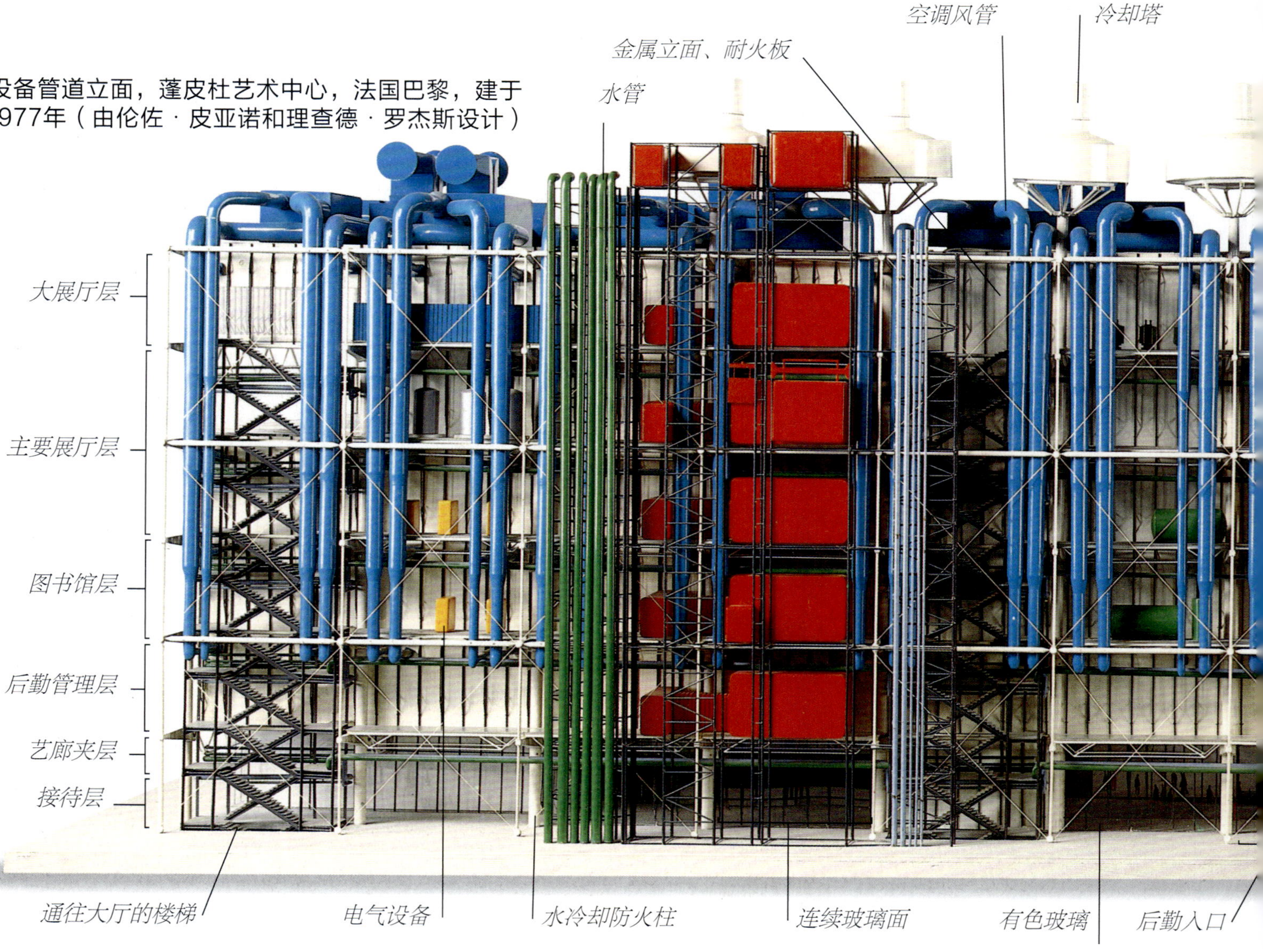

主立面，蓬皮杜艺术中心

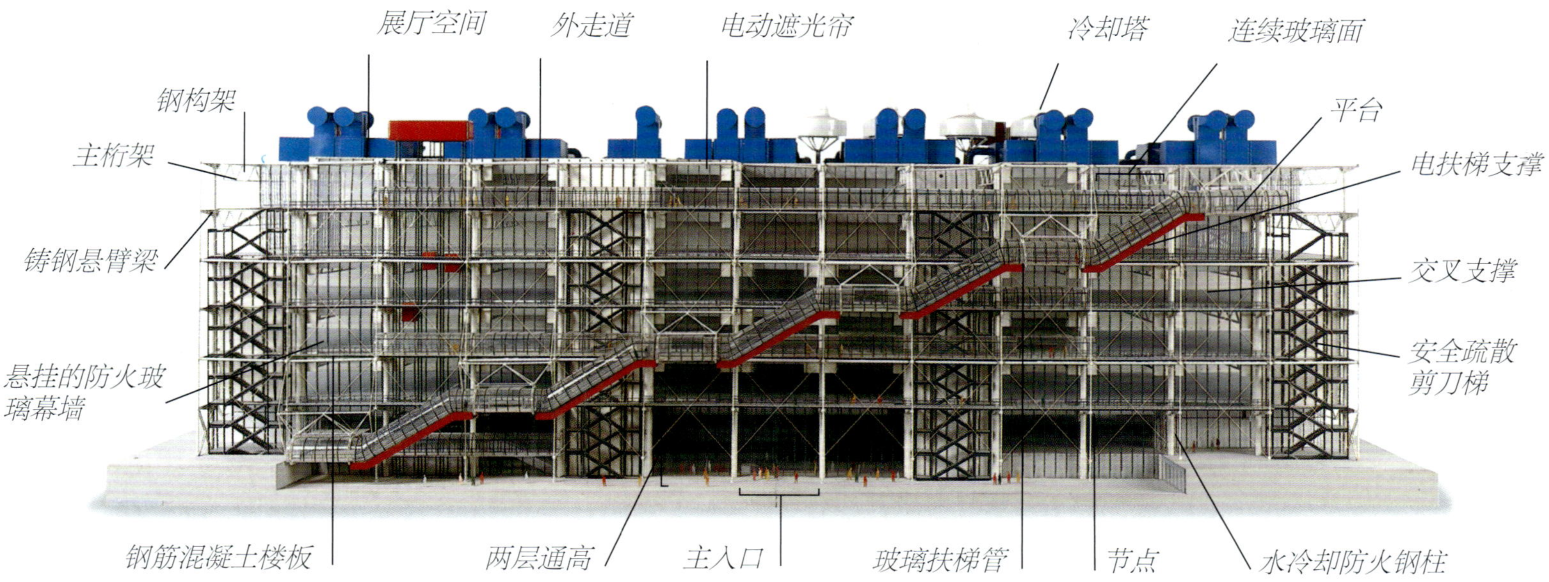
展厅空间
外走道
电动遮光帘
冷却塔
连续玻璃面
钢构架
主桁架
平台
电扶梯支撑
铸钢悬臂梁
交叉支撑
悬挂的防火玻璃幕墙
安全疏散剪刀梯
钢筋混凝土楼板
两层通高
主入口
玻璃扶梯管
节点
水冷却防火钢柱

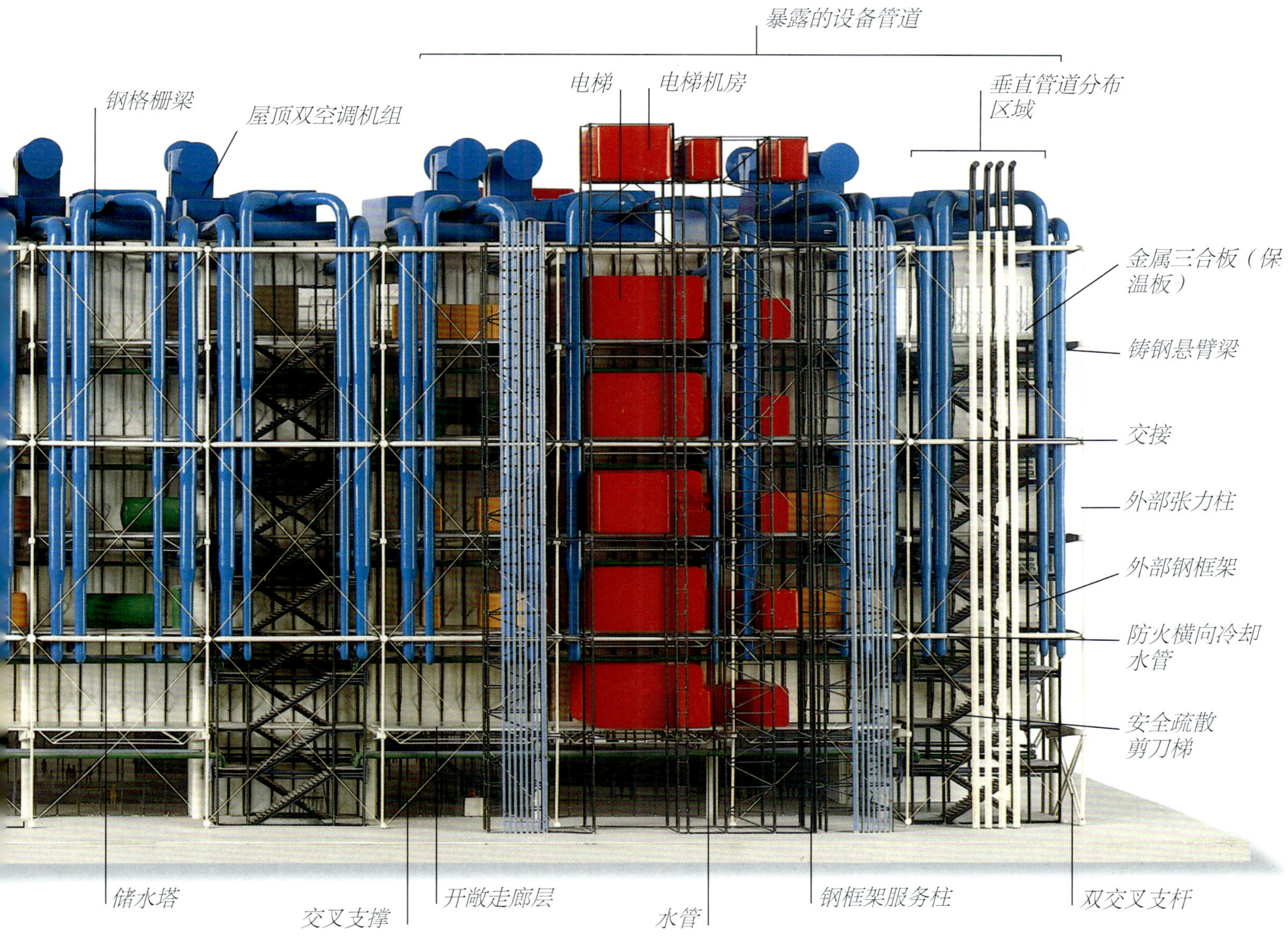
暴露的设备管道
钢格栅梁
屋顶双空调机组
电梯
电梯机房
垂直管道分布区域
金属三合板（保温板）
铸钢悬臂梁
交接
外部张力柱
外部钢框架
防火横向冷却水管
安全疏散剪刀梯
储水塔
交叉支撑
开敞走廊层
水管
钢框架服务柱
双交叉支杆

现代建筑 2

香港汇丰银行，香港，建于1981—1985年（由诺曼·福斯特设计）

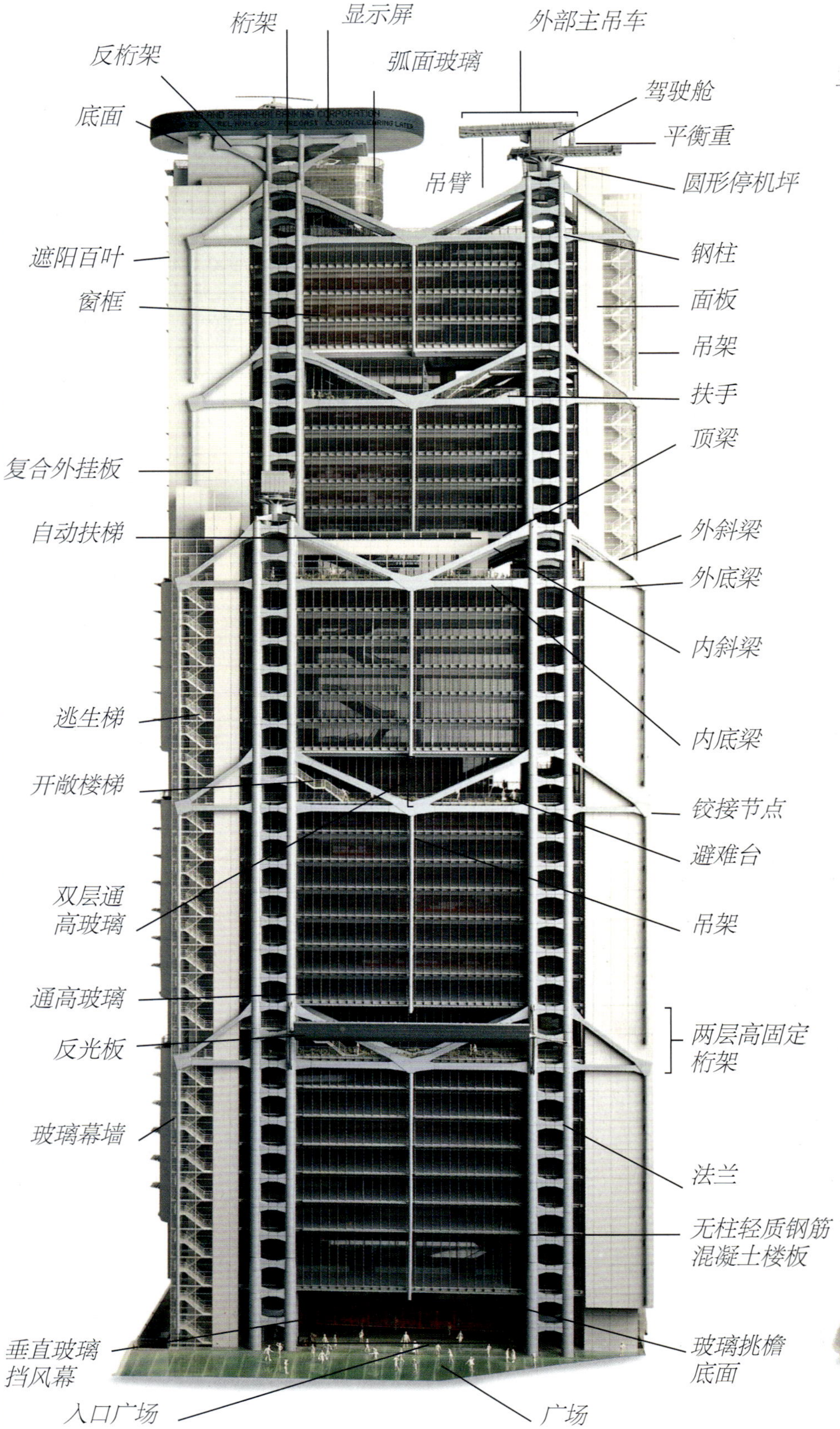

南立面

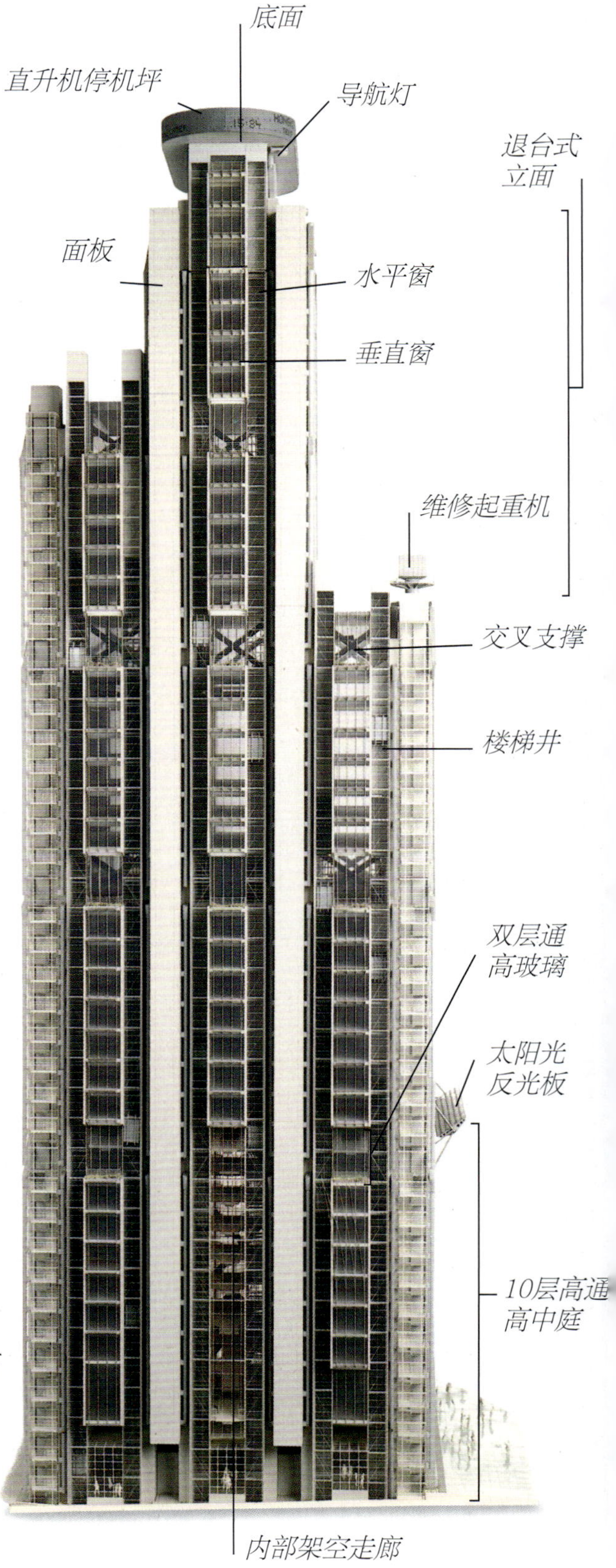

东立面

圣皮埃尔教堂，加蓬利伯维尔，建于1990年

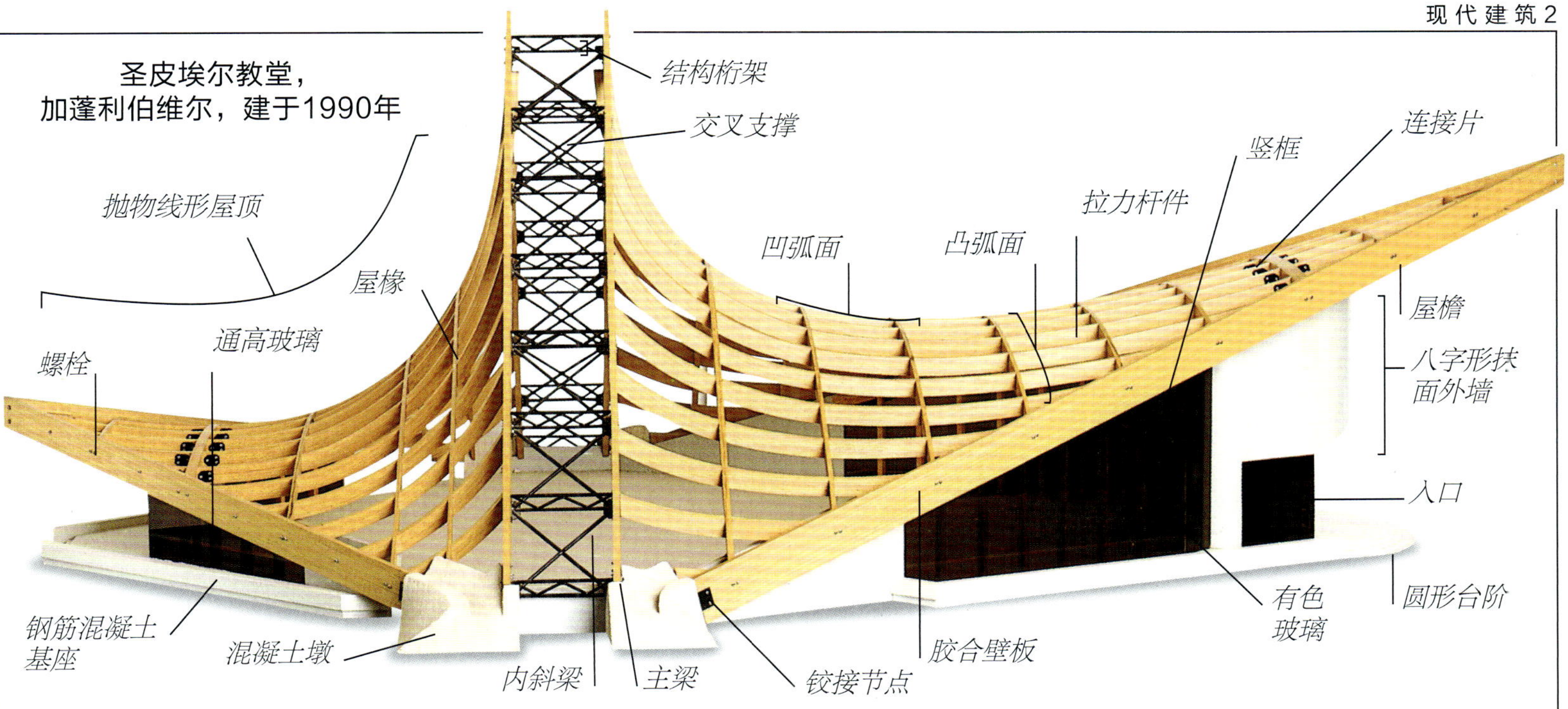

悉尼歌剧院，澳大利亚悉尼，建于1959—1973年（由约翰•伍重设计）

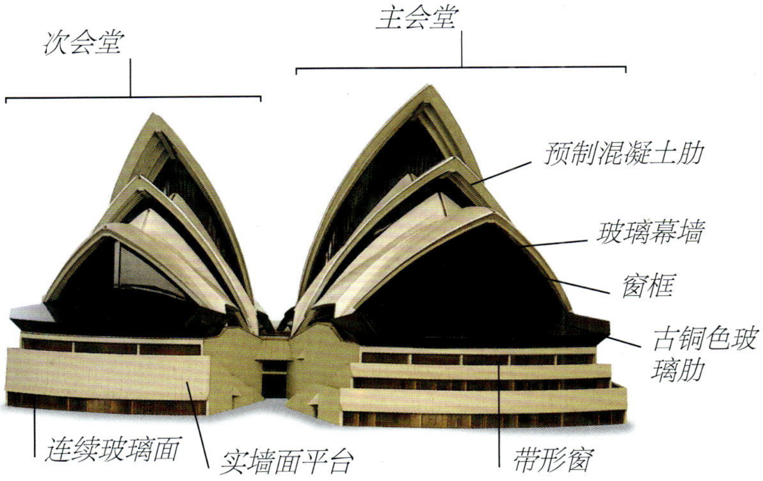

港口外立面

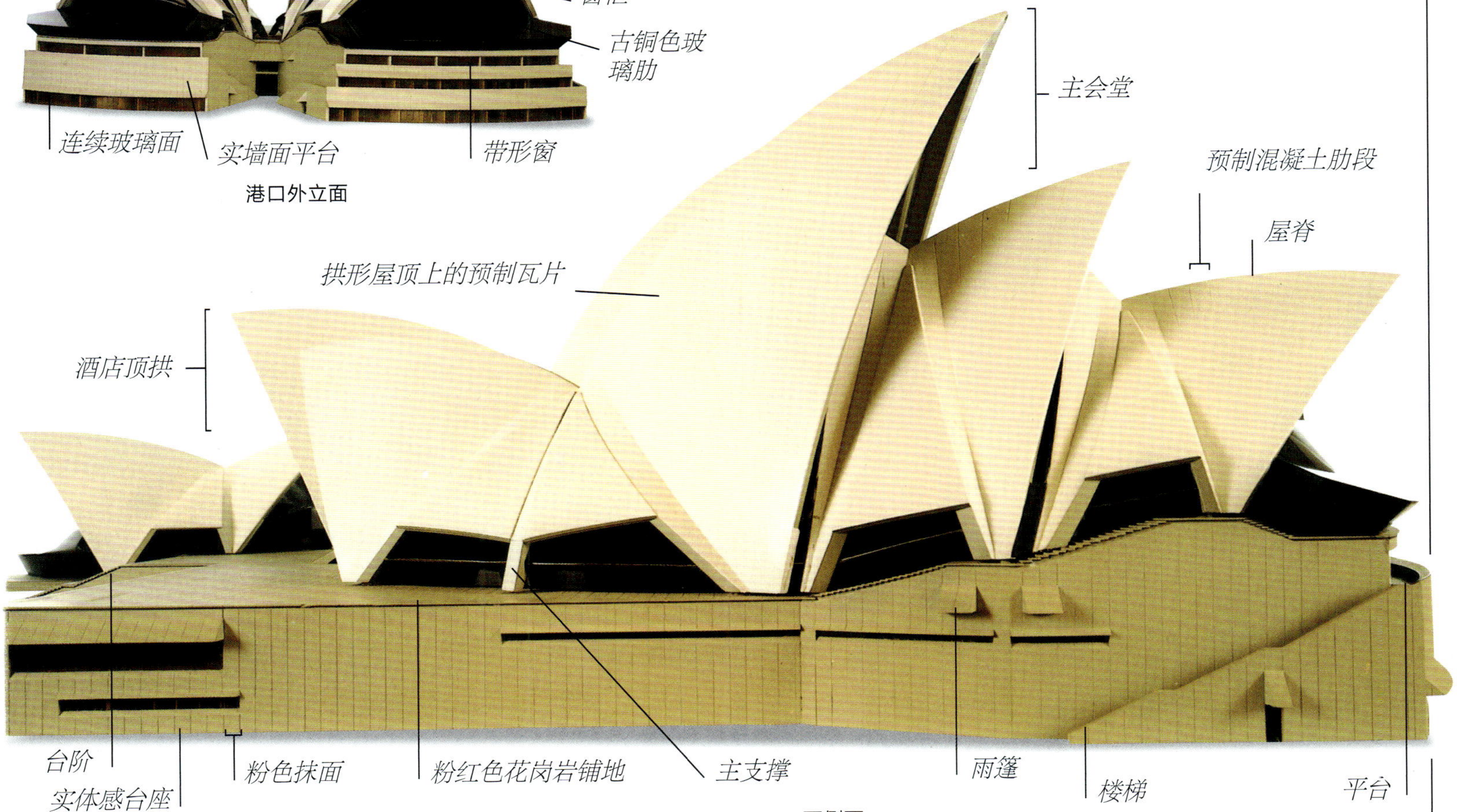

西侧面

B
518422

音乐

管弦乐队

如果一部音乐作品规定了要用哪些乐器来演奏，而我们又找了一群会演奏这些乐器的音乐家，准备奏响这部作品，那么这群音乐家就可以叫做一个管弦乐队。（译者注：欧洲的音乐基本都是管弦乐，即管乐、弦乐的合称，因此才有“管弦乐队”一说，而我们中国的传统乐器系统与他们完全不同，我国传统音乐的这类合奏乐队可以叫做“民族乐队”。）音乐作品的时代与风格不同，其所用乐器的种类、每种乐器的数量等也会不尽相同。现代管弦乐队也叫“交响乐队”，主要由四个“乐器组”构成——弦乐器组、木管乐器组、铜管乐器组、打击乐器组。具体地，弦乐器组主要包括小提琴、中提琴、大提琴、低音提琴，有时还包括竖琴；木管组主要包括长笛、双簧管、单簧管、大管，如果作品需要，有时也会出现短笛、英国管、低音单簧管、萨克斯管、低音大管等；铜管组的乐器一般是圆号、小号、长号、大号；打击乐组最主要的乐器是定音鼓，其他可能出现的打击乐器还有小军鼓、大鼓、钹、铃鼓、三角铁、管钟、木琴、钢片琴（或称颤音琴）、锣、响板、沙锤等。所有这些乐器一般都会排成近似半圆形的队伍，各种弦乐器在前排坐定，木管组和铜管组在他们后面排开，最后排则是打击乐器组。乐队指挥站在前排最中央，背对观众，面向演奏员，用各种手势、体态和眼神给演奏员传达信息，保证各声部速度的协调，掌控各种乐器之间的音量平衡。如果某件乐器破坏了整体声音效果，乐队指挥是要负责的。

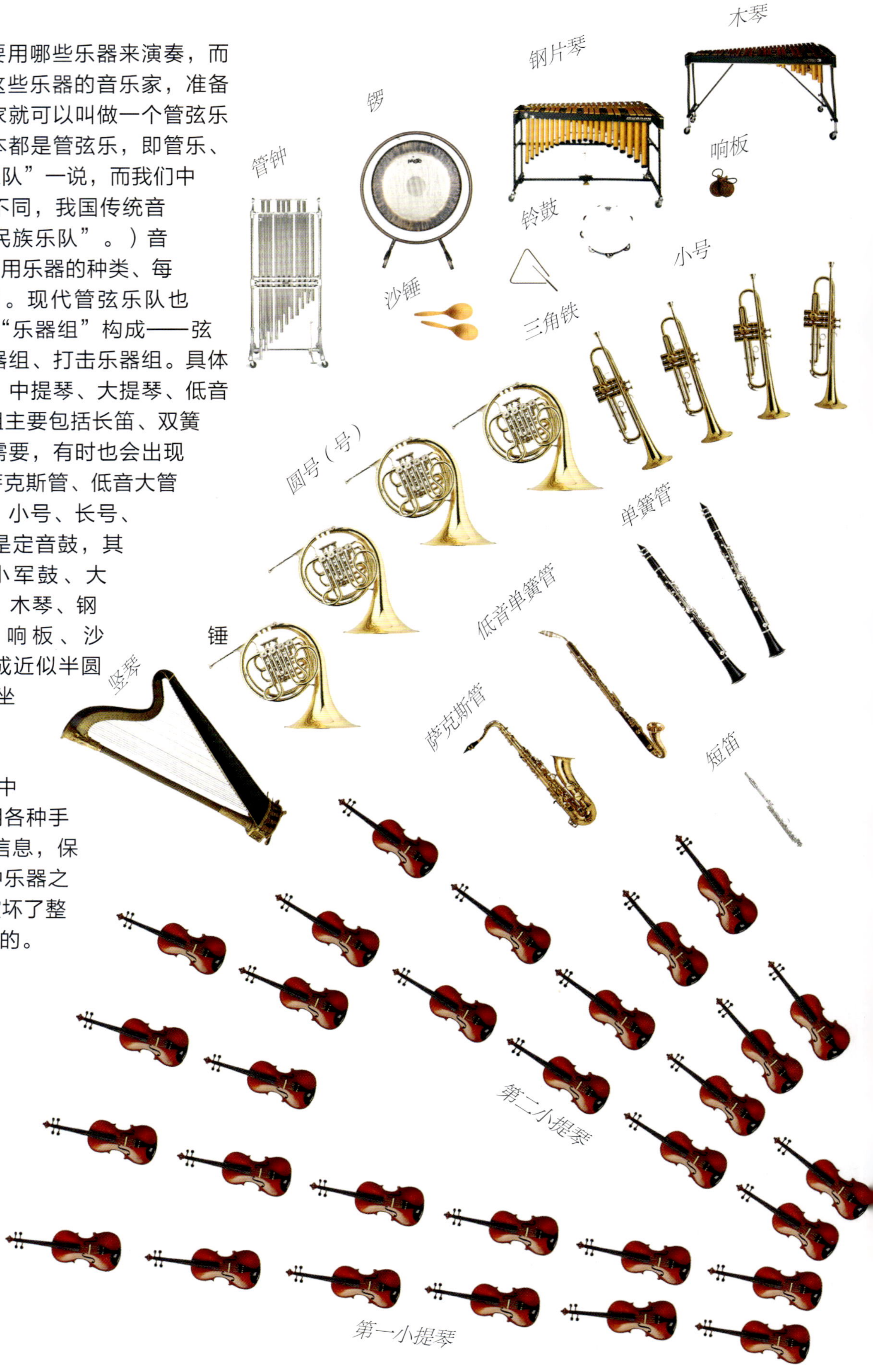

现代交响乐所用的管弦乐队乐器排列的一种示例

铜管乐器

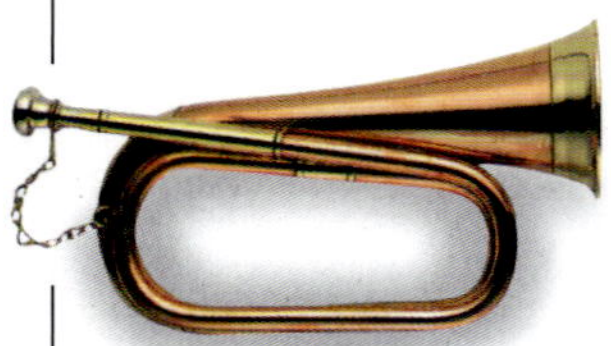

军号

铜管乐器属于“气鸣类乐器”，通过向管道中吹气来发出声音。铜管乐器的主要部分都用金属制作，一般来说是铜。各种铜管乐器在大小和形状上相差很多，但都有一个吹嘴、一个相对较长的号管以及一个喇叭口。吹嘴的形状往往像个半球形的小酒杯（例如小号吹嘴），但也可能是圆锥形的（例如圆号吹嘴）。至于号管的粗细更是各有差异，例如小号和长号的号管从头到尾基本都一样粗，只是到了喇叭口处才更粗，而圆号和大号的号管整体都是圆锥形的，从吹嘴到喇叭口是逐渐从细变粗的趋势。当演奏者拿起铜管乐器，用嘴唇从吹嘴往号管内送气时，嘴唇处的微小振动就会引起号管里的空气柱振动，发出声音。演奏者可以控制嘴唇的松紧程度，从而改变嘴唇的振动频率，这样就可能吹出高低不同的音符。铜管乐器的“音域”（指它能发出的声音的高低范围）还可以通过阀门结构系统来扩展，以便奏出更高或更低的音：绝大多数铜管组乐器都拥有几个活塞阀门，当阀门键被按下时，空气在号管内的流动路线就会改变，流入一段附加的管身（可称为“阀管”或“活塞管”），这等于临时增加了号管的总长度，音高也就随之改变。管子越长，发声也越低沉。常见的铜管乐器中，唯独长号没有活塞阀门，它是由演奏者推拉一个活动套管来改变号管长度的。另外，铜管乐器还有一种常用的附件——弱音器，这种半透气的塞子状附件可以塞在喇叭口，减小音量并适度改变音色。

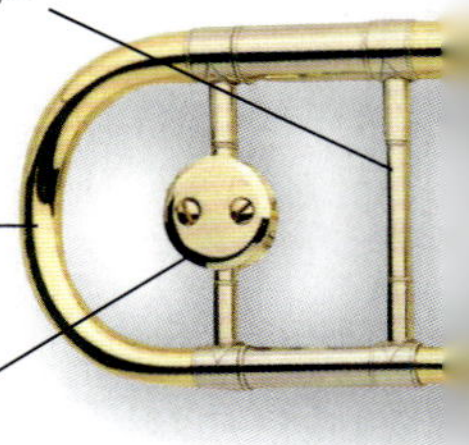

活塞阀系统工作原理简明示意图

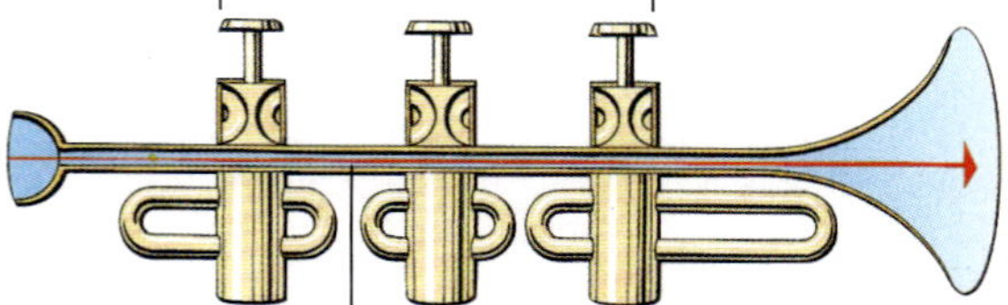

活塞放松时

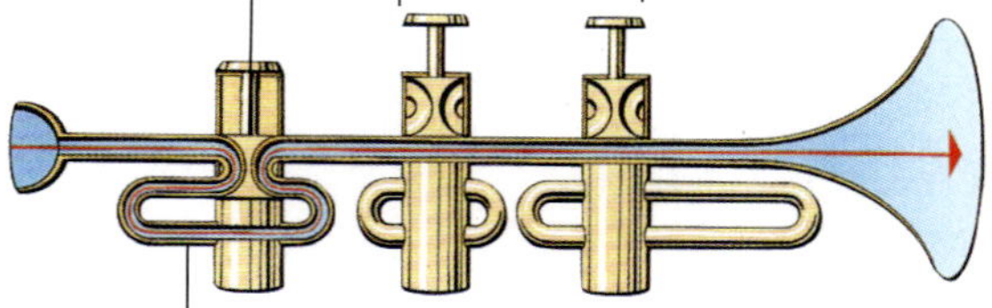

活塞压紧时

小号

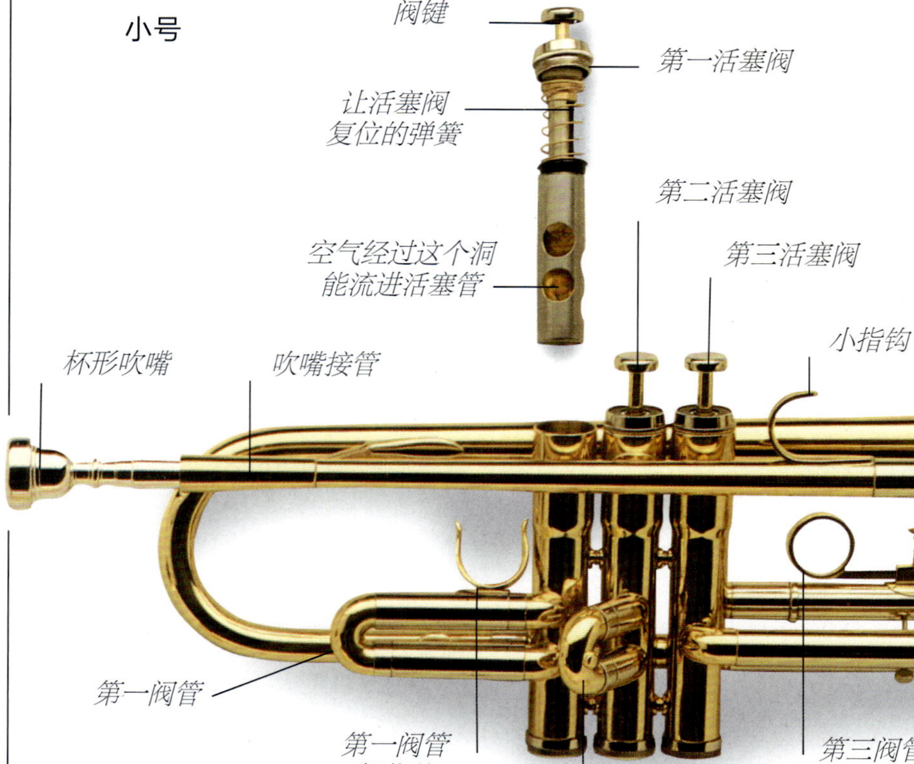

长号部件分解图

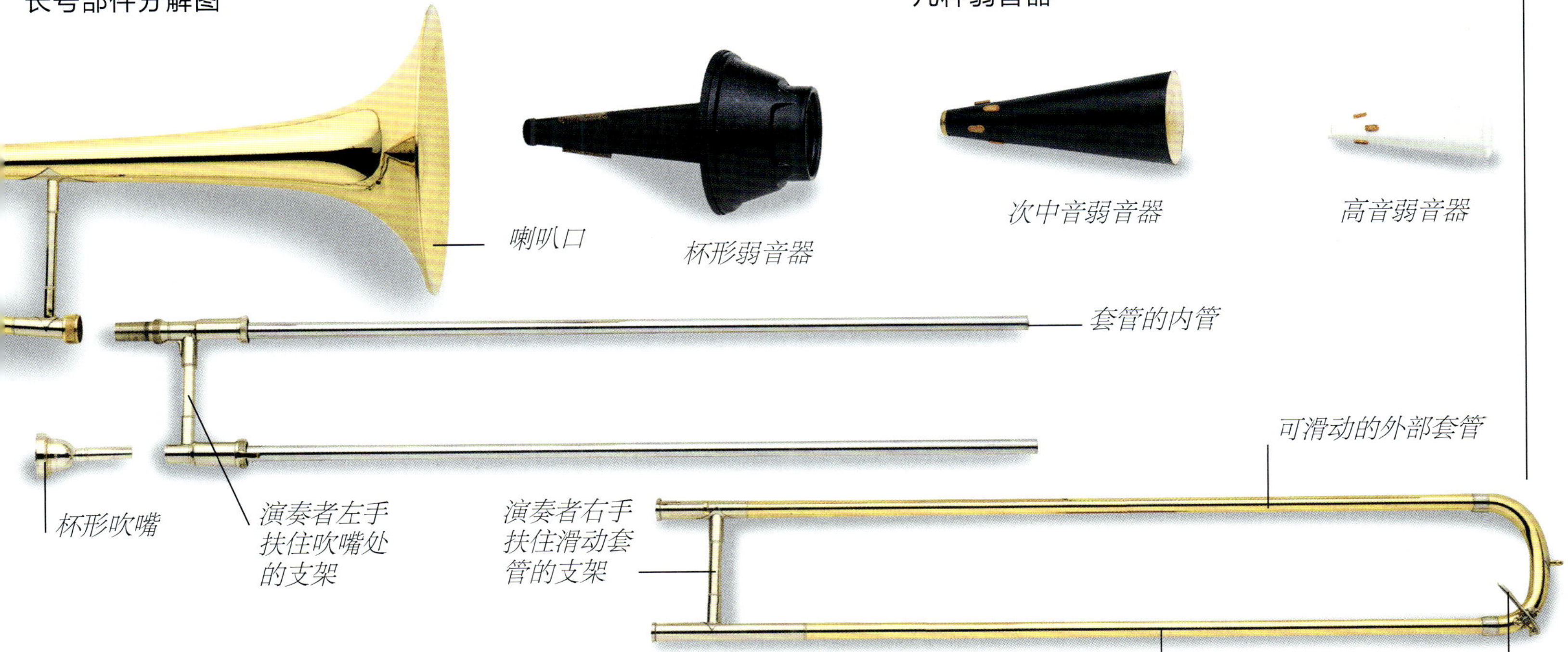

几种弱音器

长号

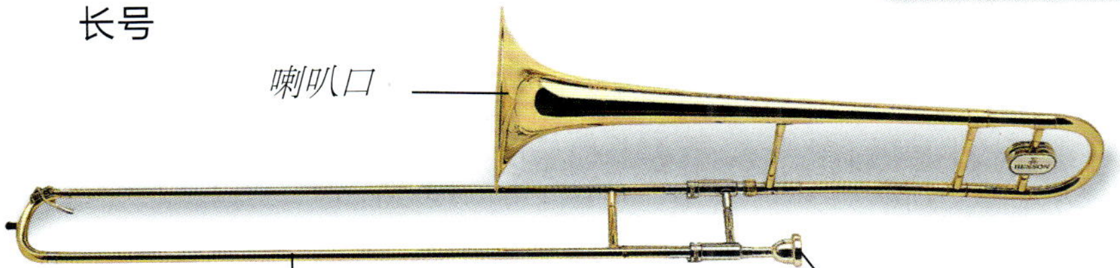

大号

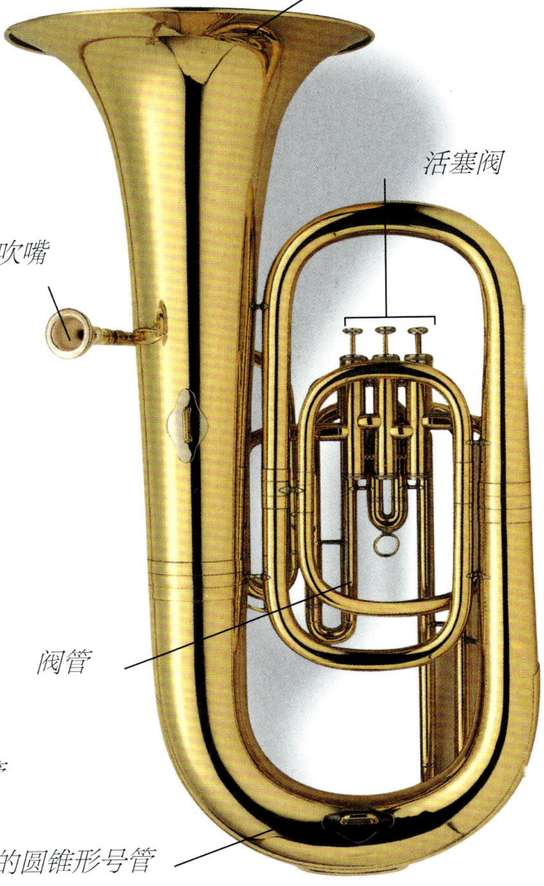

粗管短号

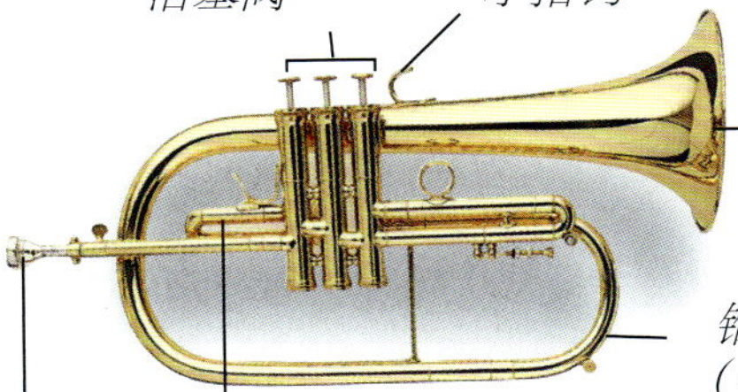

圆号

短号(似小号的铜管乐器)

木管乐器

木管乐器也属于气鸣类的乐器，但与铜管乐器不同的是，木管乐器主要使用木头制造，还有一些是用金属材料和塑料联合制成的。木管乐器依赖空气柱在空管中的振动发声，这一点与铜管乐器类似。用于振动的空气可能是从专门的吹洞吹进去的（例如长笛和短笛），也可能是经过一个簧片吹进去的（例如单簧管和萨克斯管），甚至可能是经过两个簧片（例如双簧管、大管和英国管）。木管乐器的管身上开有很多洞，演奏者按下或松开按键，就能堵住或松开这些洞口，这可以改变管身的物理结构，从而控制乐器发出高低不同的音符。

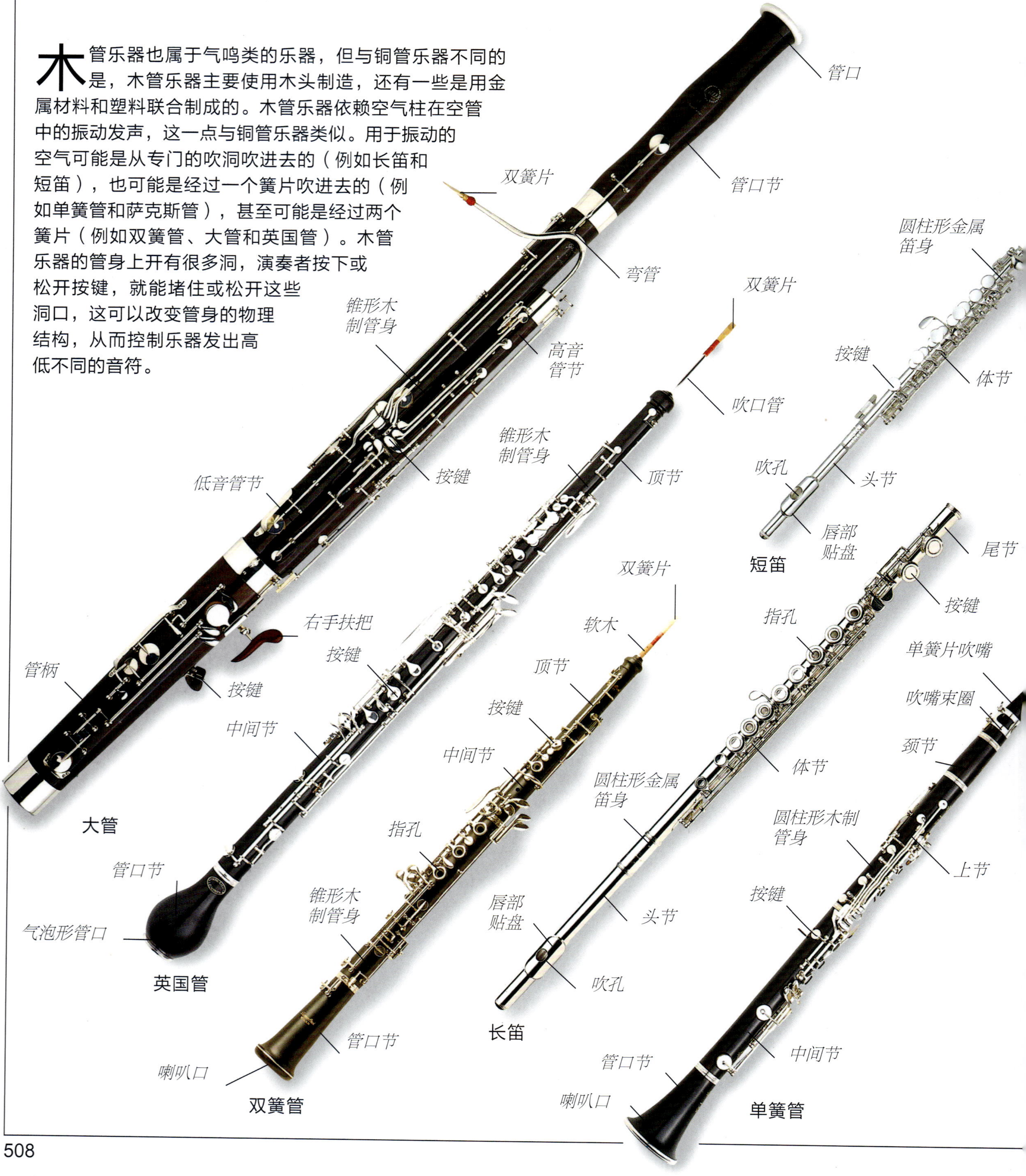

次中音萨克斯管

次中音萨克斯管部件分解图

弦乐器

弦乐器上都有一些被拉紧的弦线，使这些弦线振动，就可以发声。振动弦线的方式主要有两种：第一种是用弓子划弦，例如各类提琴；第二种是用手拨弦，以吉他和竖琴为主要代表。凡是第一种，都可以称为“弓弦乐器”或“拉弦乐器”。小提琴、中提琴、大提琴和低音提琴都是弓弦乐器，它们都具有现代弓弦乐器家族的典型特征：琴身是个木制的空箱，有一个长长的琴颈，从琴颈到琴身之间安装四根琴弦。提琴的弓子以木棍为主体，棍子一侧装有一束绷紧的马鬃。演奏者手持弓子，让马鬃以适当的方式擦过琴弦，琴弦就会振动发声，但这种声音很弱，因此要让琴身“共鸣箱”来跟着振动，以放大音量，并美化音色。竖琴则是用一个木框来绷紧许多长短不等的弦，演奏者用手指拨弦时（常用的是除小指外的八根手指），琴弦就振动发声，但这个声音也不够强，因此竖琴下侧有一块音板（soundboard）用于共振扩声。弦乐器的音高取决于弦长、弦重、弦的松紧程度。弦线越轻、越短、被绷得越紧，其振动发出的声音就越高。

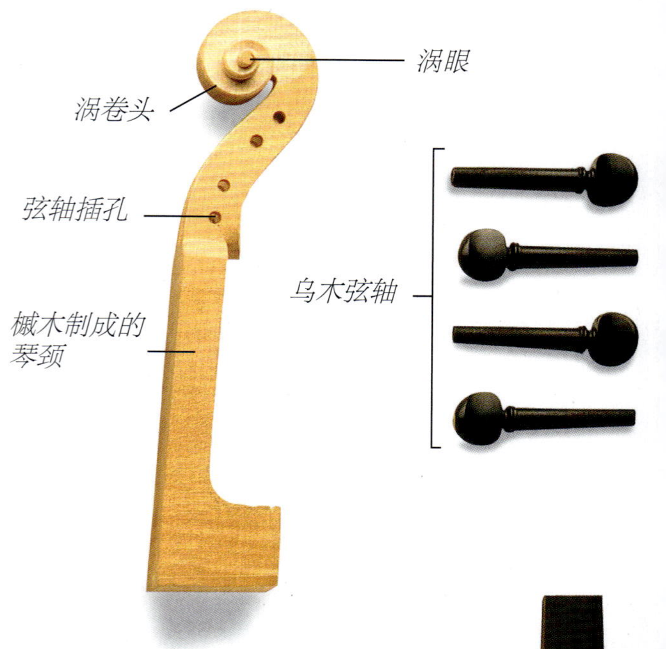

小提琴部件分解图

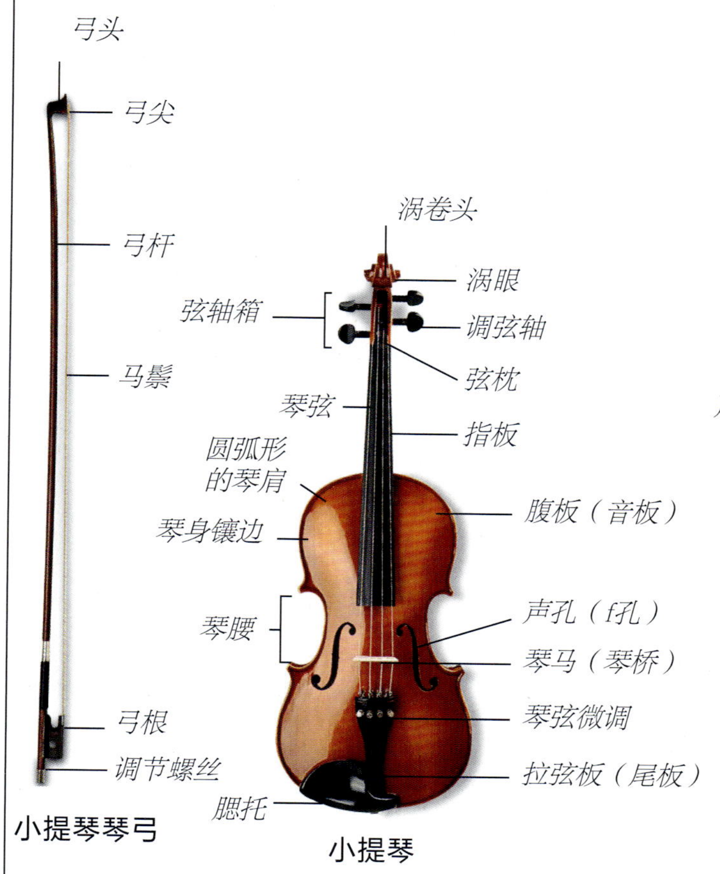

小提琴琴弓　　小提琴

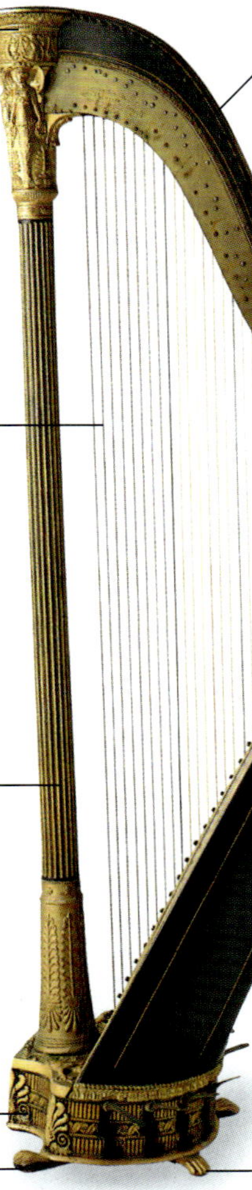

竖琴

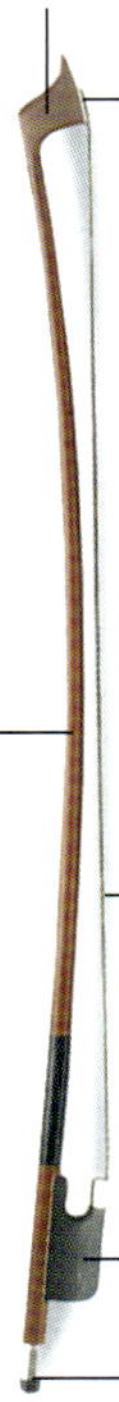

低音提琴琴弓

低音提琴

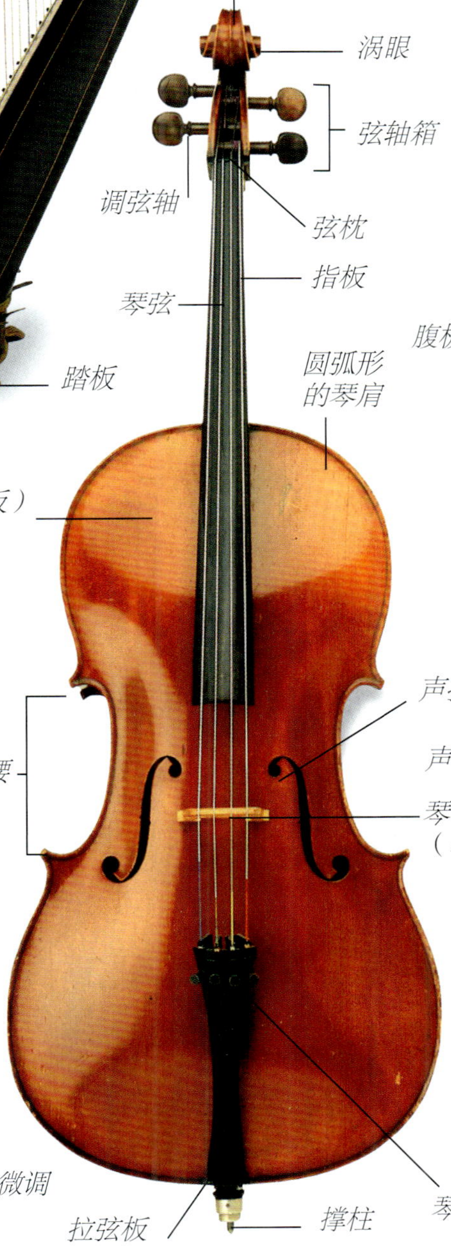

大提琴

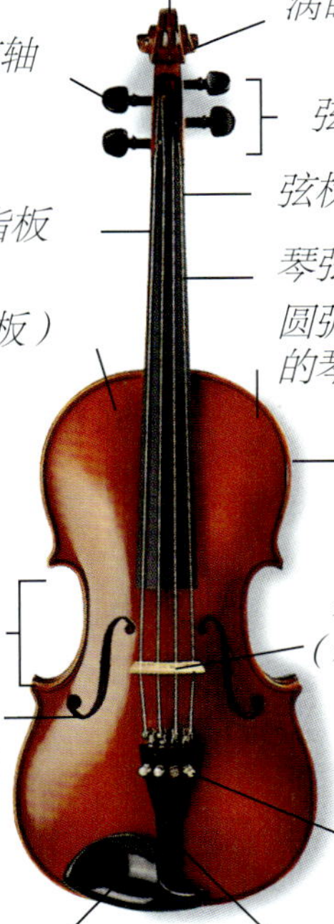

中提琴

吉他

吉他在弦乐器家族中属于“拨弦乐器”，目前常见的吉他有两大类——木吉他和电吉他。木吉他有一个木制的空心共鸣箱，琴弦一般是六根，也有十二根的，拨动琴弦即可发声，共鸣箱负责放大声音；电吉他的琴身较薄，而且是实心的，琴弦均为六根，琴弦下安装有拾音器，能将琴弦的振动转化为电子信号，信号经过放大电路增强之后，通过线路传递到扬声器（也就是音箱）重新变成声波，播放出来。还有一种与电吉他很相似的乐器，那就是电贝司，它的发声原理与电吉他一样，但只有四根弦，而且主要用于演奏低音。

木吉他

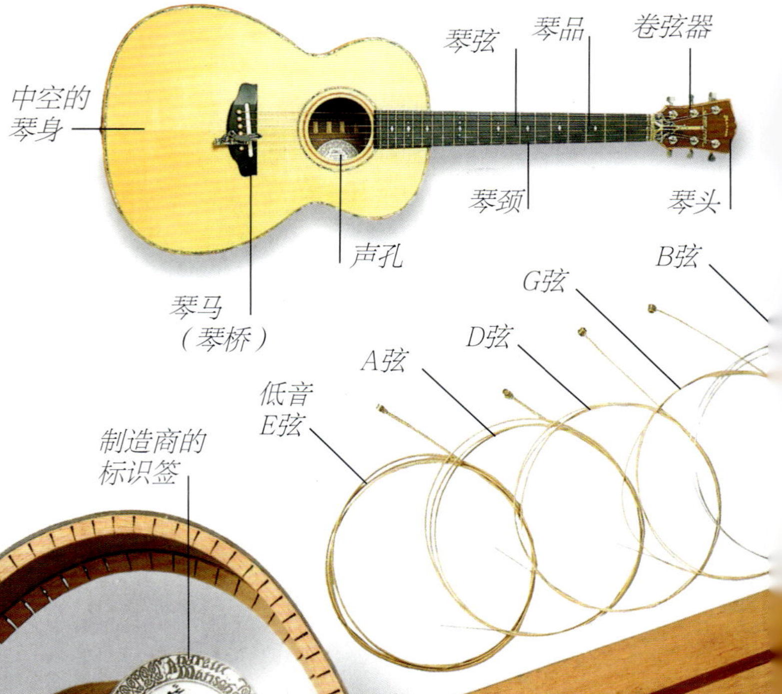

木吉他部件分解图

两款木吉他示例

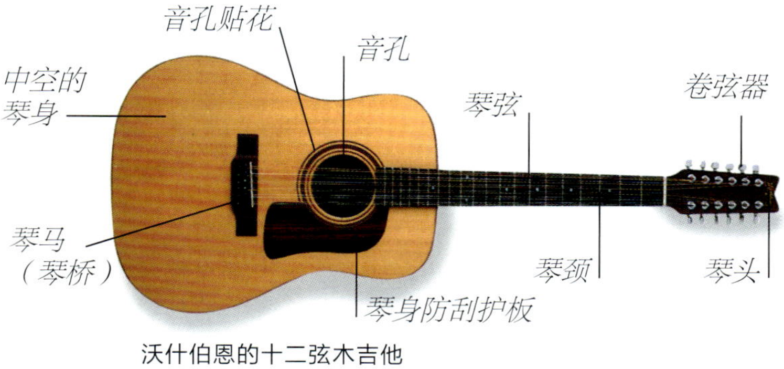

沃什伯恩的十二弦木吉他

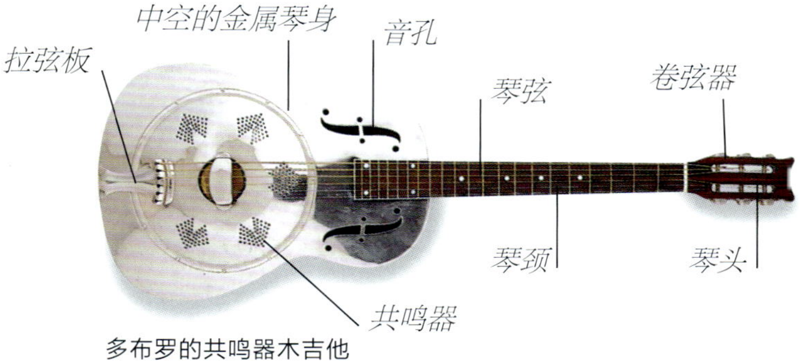

多布罗的共鸣器木吉他

三款电吉他示例

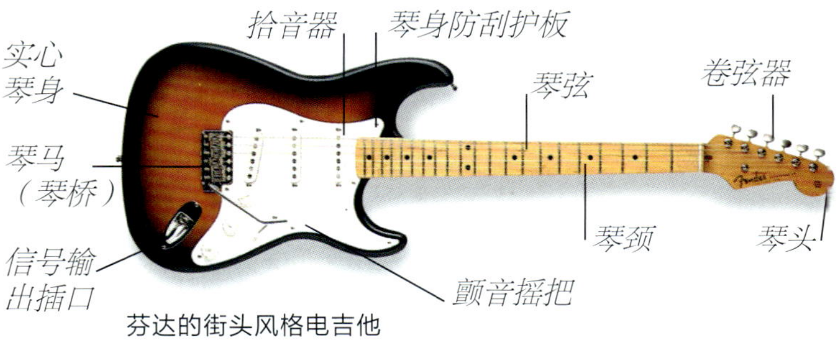

芬达的街头风格电吉他

吉布森的莱斯保罗电吉他

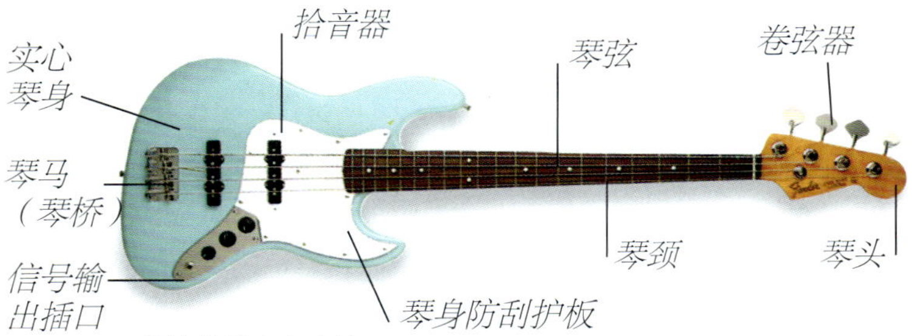

芬达的爵士电吉他

键盘乐器

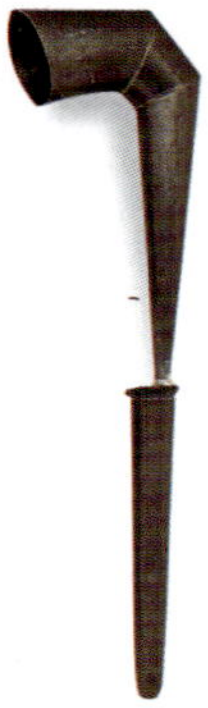

管风琴

键盘乐器，顾名思义是以按动键盘的方式发出音符的。管风琴和钢琴是键盘乐器家族中最著名的代表。管风琴的直接发声装置是一些“音管”，但这些音管都是靠键盘和踏板来控制的，有的管风琴还拥有多排键盘。在一个木制风箱顶端，众多音管排成行列，当演奏者按下键盘或踩下踏板时，对应的音管下的活塞就被打开，于是空气穿过风箱进入音管，发出声音。钢琴则是用钢丝做琴弦，绷紧在琴身内的一个金属框上。这个框立着放就是立式钢琴，平着放就是三角钢琴。当琴键被按下时，就会牵动一套机械装置（这套装置叫做击弦机，有多少琴键就有多少套击弦机）带动一个毡槌来敲弦，使之发声；当演奏者松开琴键后，会有一块贴着呢绒的“止音木”接触琴弦，让琴弦停止振动。钢琴也有踏板，不过它不直接敲动琴弦，而是用来调整音量和音质的，例如“弱音踏板”会牵动一块毡垫，挡在琴弦和毡槌之间来减弱声音；而“延音踏板”会让所有止音木都远离琴弦，这样即使按键动作结束，琴弦也会继续振动，使声响更持久。

立式钢琴

立式钢琴击弦动作

未按琴键时

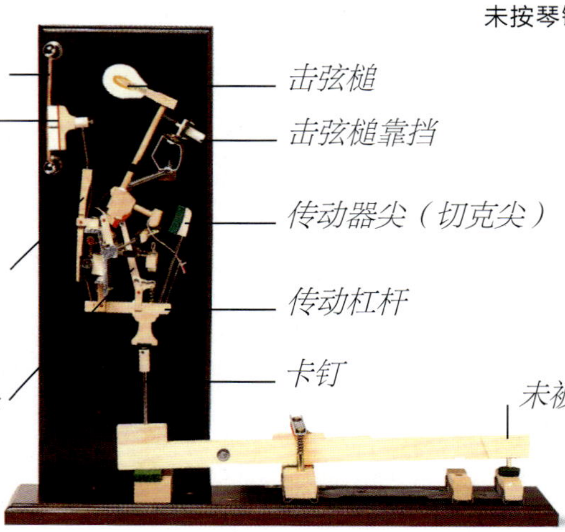

按下琴键时

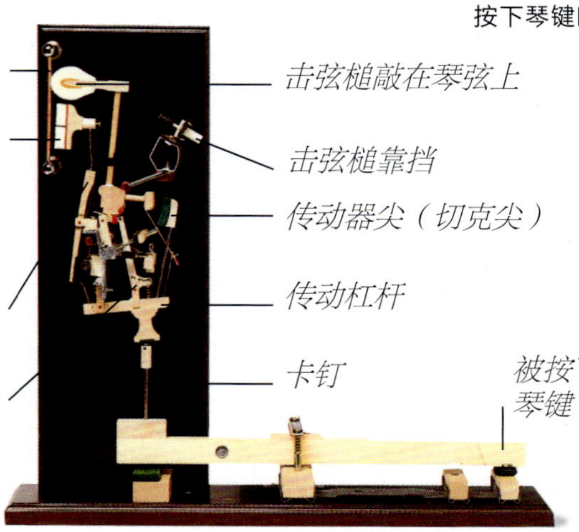

管风琴演奏台

三角钢琴（俯视图）

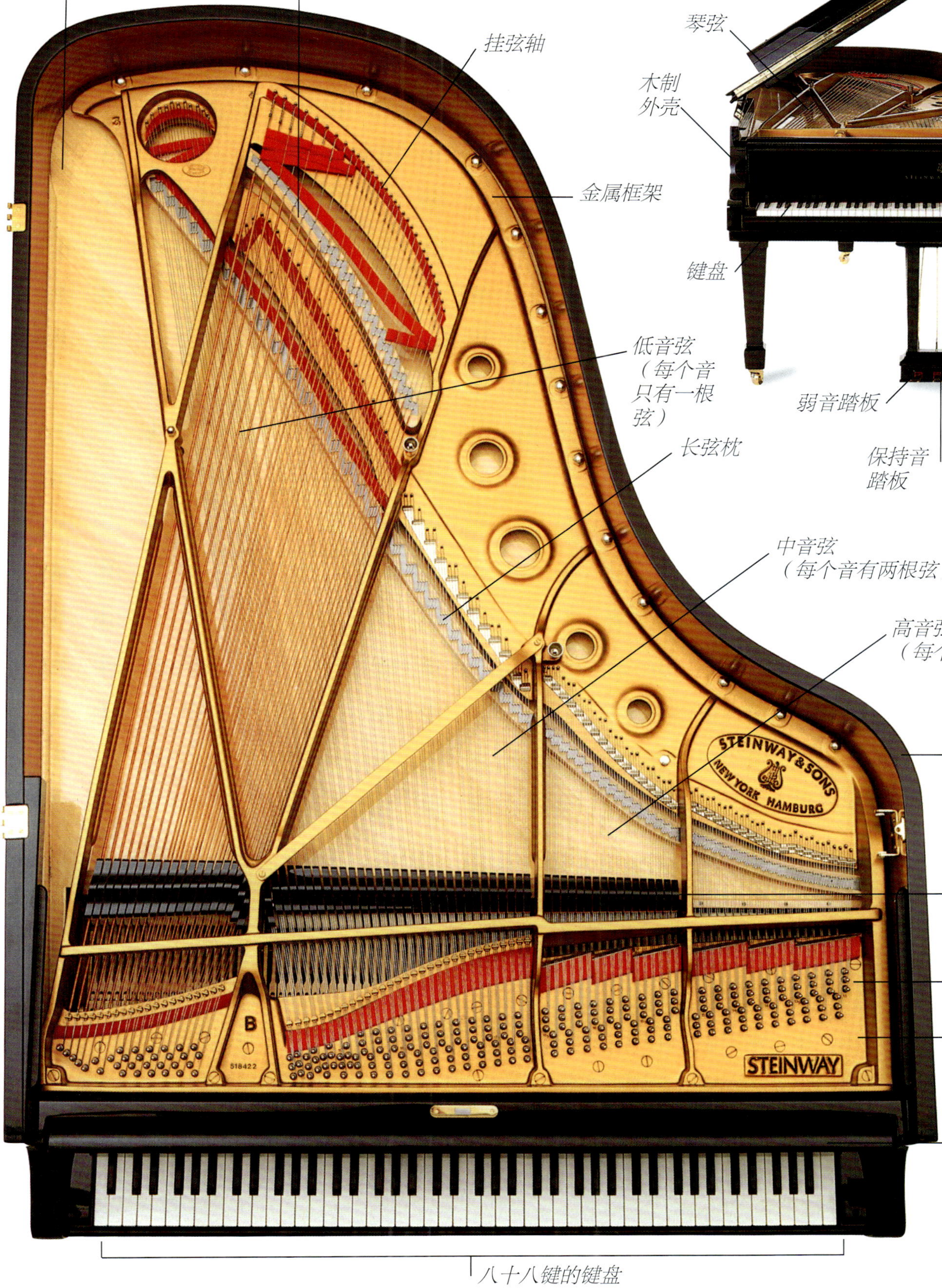

三角钢琴（前视图）

打击乐器

木鱼

打击乐器家族的成员规模最为庞大，依靠敲打、摇晃、刮擦、彼此碰撞的方式发声的乐器都属于打击乐器。大部分打击乐器发出的声音都没有一个明确的音高，例如锣、钹、沙锤之类，因此主要用于敲打节奏，或是以它们独特的音色来制造单纯的听觉刺激，渲染气氛。还有一些打击乐器是有固定音高的，例如木琴、钢片琴和管钟等，它们不但可以敲击节奏，也能演奏出旋律乃至多声部的“和声”。其中，木琴上有两排发声木条，钢片琴上也有两排钢片，其具体排列规律很像钢琴键盘上的黑键和白键，这样就更便于演奏旋律与和声了；而管钟的金属发声管们都被悬挂在一根横杠上，这样可以保证敲击时的声音洪亮。另外，钢片琴下部垂直的金属管里有时还装有电动风扇，这些风扇搅动了管里的空气，可以让敲击钢片的声音具有颤音效果（因此钢片琴又叫做颤音琴，所谓颤音，即音高在微小的幅度内有上下反复的波动）。

管钟

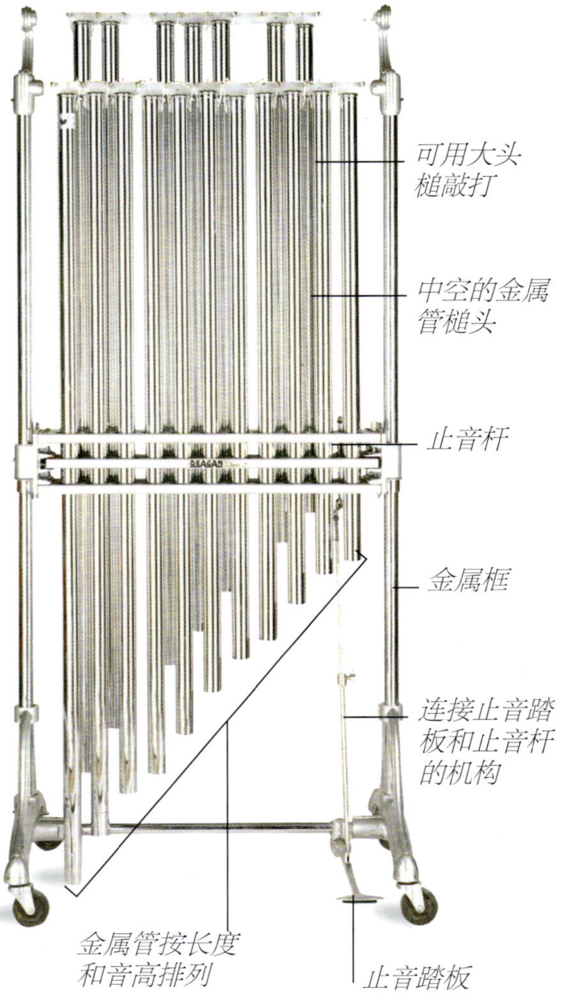

几种击槌

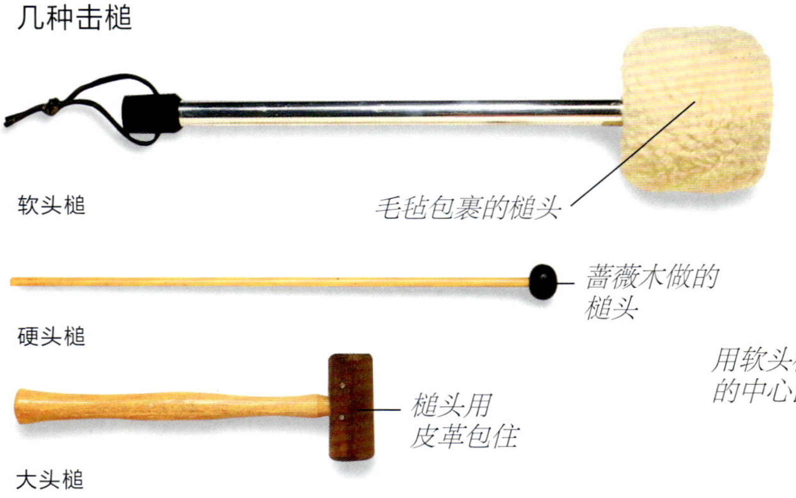

木琴

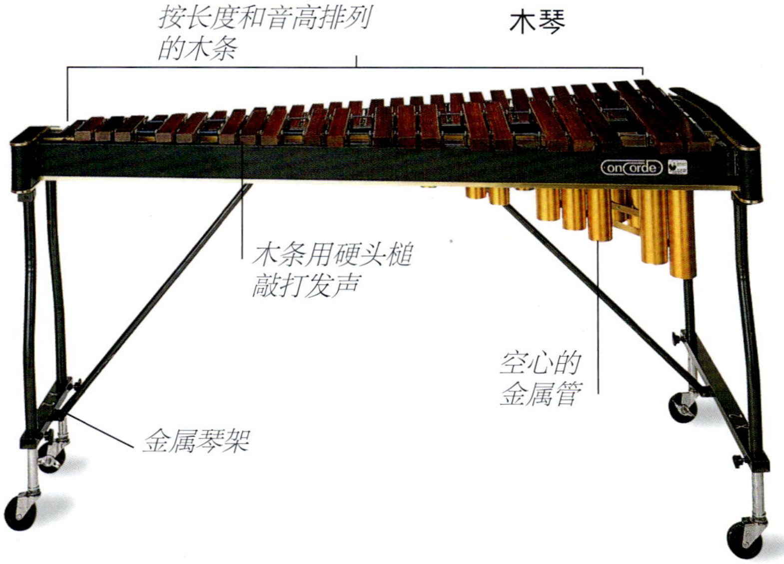

锣

钹

沙锤部件分解图

三角铁

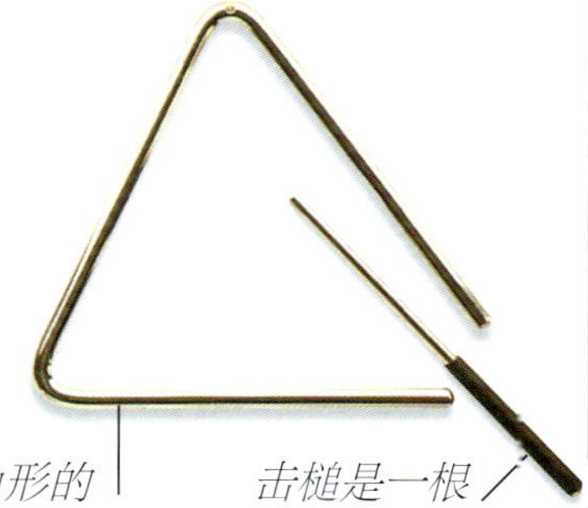

响棒（梆子）

响板

钢片琴

鼓

铃鼓

鼓是一种打击乐器，其外形特点是由一张皮革或塑料制成的硬膜（称为鼓面或鼓皮），绷紧在一个空筒形的容器之上（这个容器叫做鼓身或鼓壳）。鼓也是一种在世界各民族文明中分布最广泛的乐器，各种不同形状和大小的鼓数不胜数。不过，根据鼓身的形状特点，仍然可以分为三大类——框状鼓（例如铃鼓）、碗状鼓（例如定音鼓）、筒状鼓（例如康加鼓）。鼓的演奏通常就是用手或鼓槌来敲击鼓面，鼓槌可能是硬棍，也可能在敲击端包有软物。鼓皮发生振动，振动又被鼓身的空腔所增强，就形成了鼓声。小军鼓一般带有响弦（snare），这是在距离小军鼓的下方鼓面很近的地方，平行地绷紧着的几根金属弦，当鼓敲响时，响弦的颤动会让它们与下方的鼓面不断地轻轻接触，从而在鼓声中加入一些“沙沙”声。大部分的鼓发出的鼓声都没有明确的音高（比如康加鼓），这就决定了它们只能用于敲打节奏，但定音鼓例外，它有明确的音高，所以除了打节奏也能演奏旋律，乃至多声部的“和声”（需要多只定音鼓来完成）。定音鼓的鼓皮松紧是可以调整的，不同的松紧度会带来不同的音高。对鼓手来说，可以把多种鼓放在面前同时演奏，再加上其他一些打击乐器，就成了“架子鼓”（drum kit）。架子鼓的基本成员有底鼓（bass drum）、通鼓（tom-tom）、低音通鼓（floor tom，也叫tenor　tom，相当于“次中音鼓”）、军鼓（snare drum）和钹（cymbal）。

小军鼓（底视图）

架子鼓

节奏镲
镲面张力
调节钮
通鼓
高度
调节扣
鼓面
拉紧杆
把手
次中音鼓
（低通鼓）
鼓面
拉紧杆
把手
木制鼓身
外壳
高度
调节扣
支脚
底鼓
橡胶鼓架脚

鼓槌示例

橡子形的头部
硬头鼓槌
渐细
软头鼓槌
头部包
有毛毡
钢丝刷
钢丝丛

康加鼓

金属箍环
鼓面
鼓面
拉紧杆
木制鼓身
外壳
三脚架
支脚

定音鼓

鼓面
鼓面
拉紧杆
金属箍环
调音
显示表
铜制鼓
身外壳
支杆
鼓底冠
鼓面
拉紧杆
调音踏板
脚轮

电子乐器

电子乐器并不直接发出声波，它们只产生一些电子信号，这些信号经过放大器（功率放大电路）传到扬声器之后，才转化为可以听到的声音。今天，以合成器（synthesizer）为代表的各种电子乐器不但能模仿各种乐器的音色特征，而且还能提供很多前所未有的新音色、新效果。大部分电子乐器的形制都模仿键盘乐器，不过电子鼓和电子吹管乐器如今也已经渐渐流行了。数字采样器（digital sampler）是特别值得一提的，它不仅可以录制并保存各种乐器的声音以及其他任何声音素材，还能够在回放时改变这些素材的音高。而电子音乐键盘可以连接到数字采样器上，控制采样器的音高，这意味着你只要弹奏键盘，就可以虚拟出一些乐器的演奏。而MIDI技术标准（全称为Musical Instrument Digital Interface，即“音乐设备数字接口”）让我们得以把计算机与电子鼓、电子音乐键盘等其他电子音乐设备连成一套完整的系统，通过计算机音乐软件的操作，实现数字化编曲与合成，让各种音色素材按我们的要求排列起来。这也就意味着，我们只要熟悉了电子音乐的软件和硬件，就可以在家里组建强大的“私人乐队”来试奏新作品，并制作录音。

电子鼓

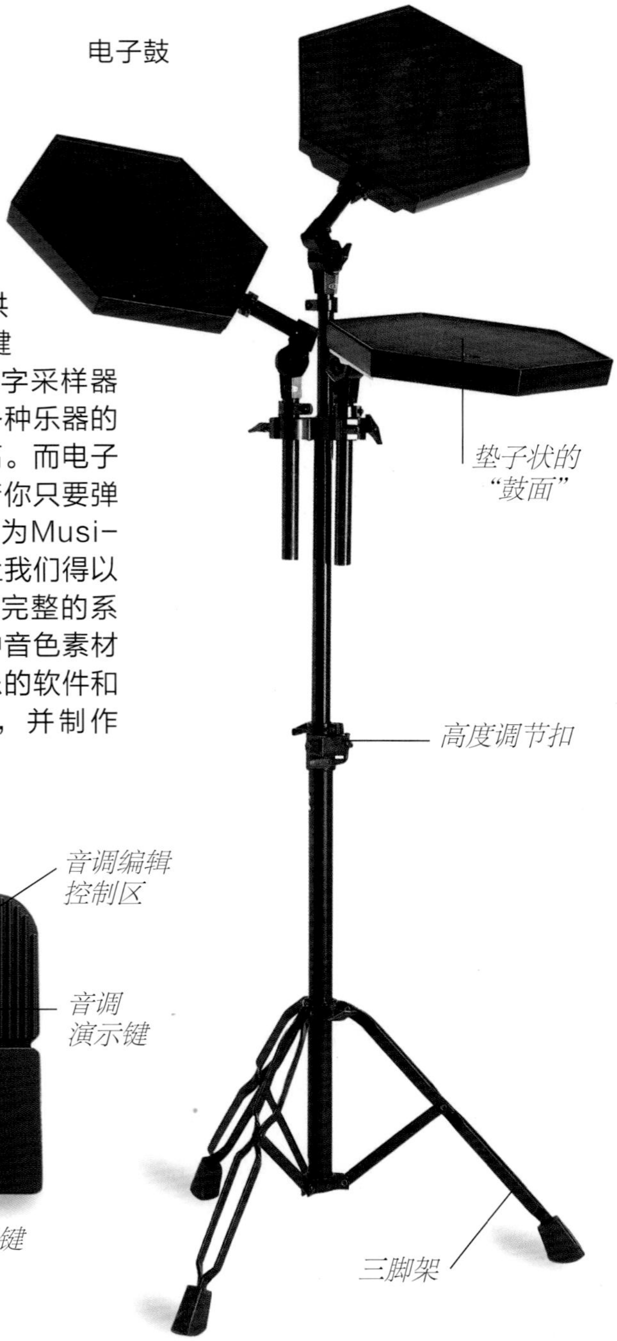

家用电子音乐键盘

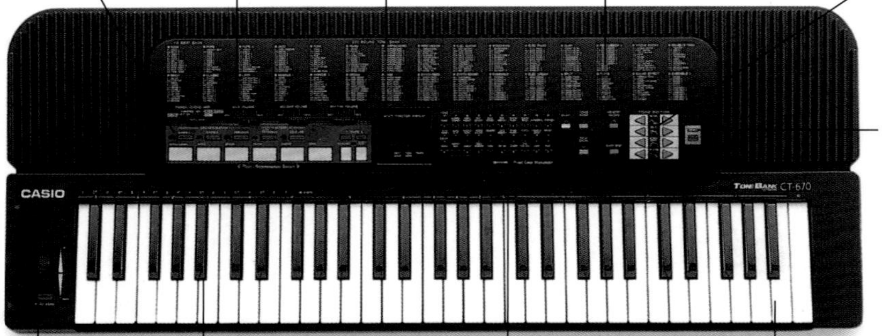

合成器

数字采样器

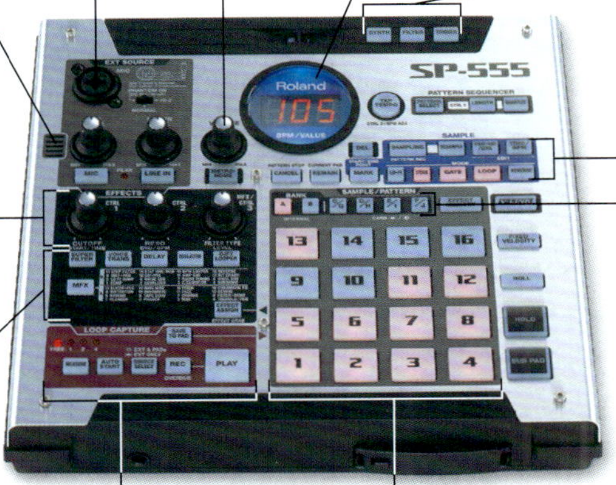

木管乐器式合成器

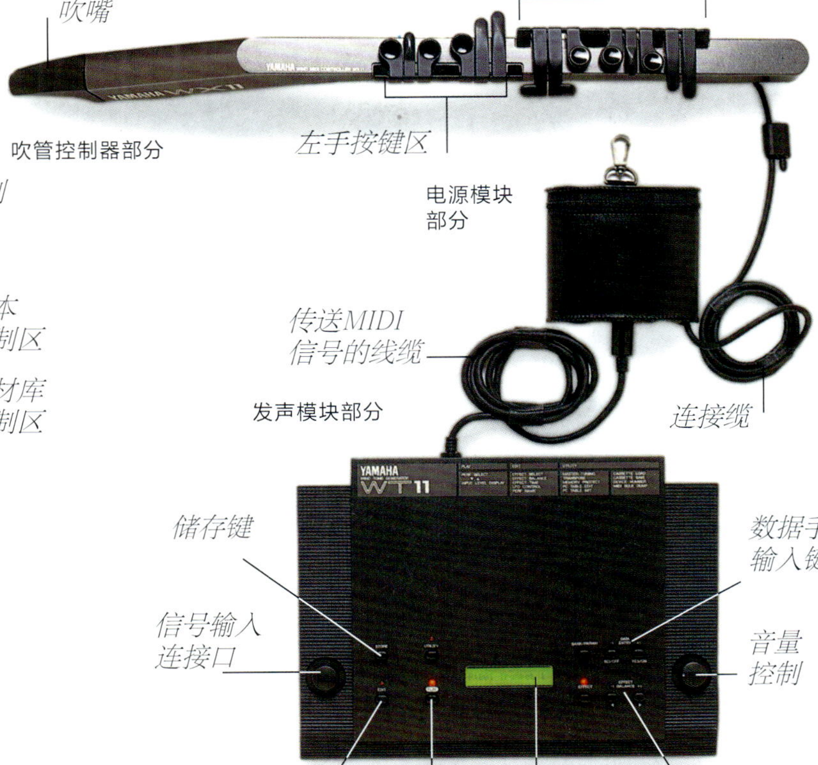

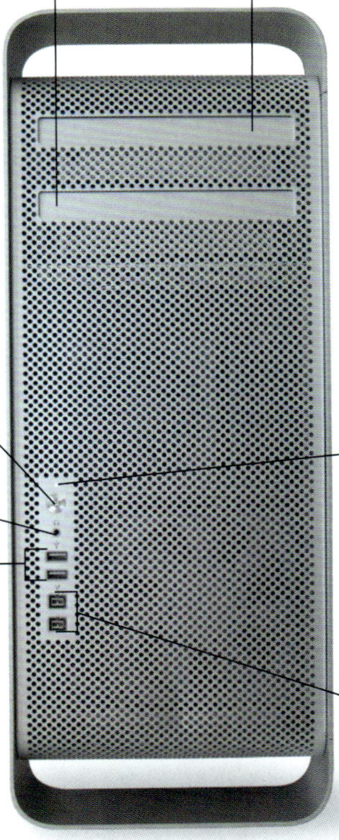

机箱（处理系统）

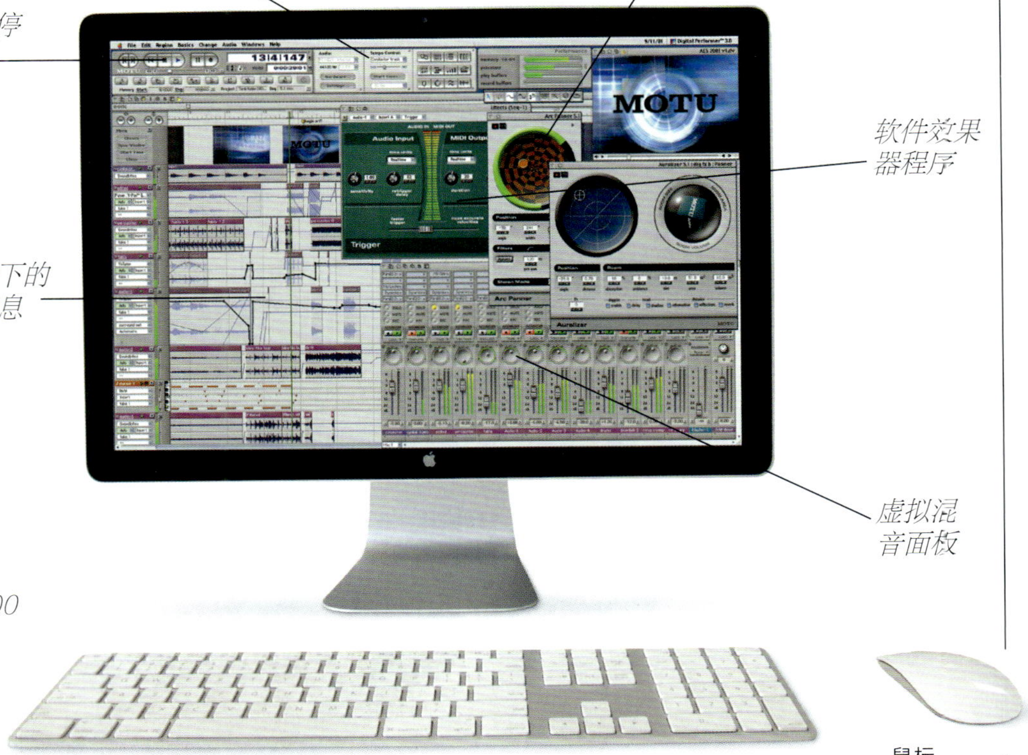

键盘

鼠标

带音序器软件、支持MIDI和音频信号的计算机

澳大利亚式橄榄球和盖尔式橄榄球

在全世界范围内发展起来的各种各样的橄榄球运动中，澳大利亚式橄榄球被认为是对抗最激烈的种类之一，因为参赛者在没有护具保护的情况下依然可以进行全身的擒抱摔倒。比赛的两支队伍各有18名球员。比赛在一个巨大的椭圆形球场上进行，比赛用球宛如橄榄球状。球员可以手握拳击球或者用脚踢球，但不能掷球。持球者可以自行带球前进，只要每前进10米至少将球击地一次。后卫们要阻止球越过身后的球门。球队要争取将球踢过中间的球门，记为进一球（一球6分）；或者将球踢过两侧的球门，记为得1分。比赛分为4节，每节25分钟，在指定时间内得分最多的队伍即为获胜者。

盖尔式橄榄球是爱尔兰化的足球，比赛中用到的是5号足球，每支队伍在场上各有15名球员。球员可以接球、用手握拳击球、用脚踢球，还可以用手或脚来运球，但不能掷球。把球踢进或用拳打进球网可得3分，球从横梁上越过可得1分。在爱尔兰以外的地区，几乎没有人玩盖尔式橄榄球。

比赛开始

得分

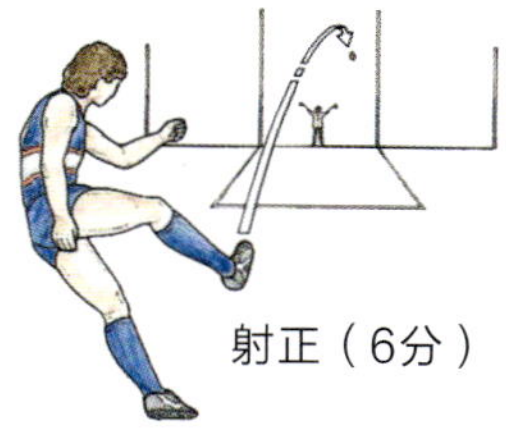

射正（6分）

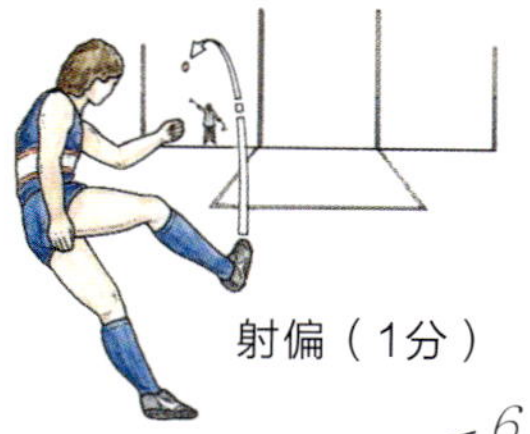

射偏（1分）

澳大利亚式橄榄球球场

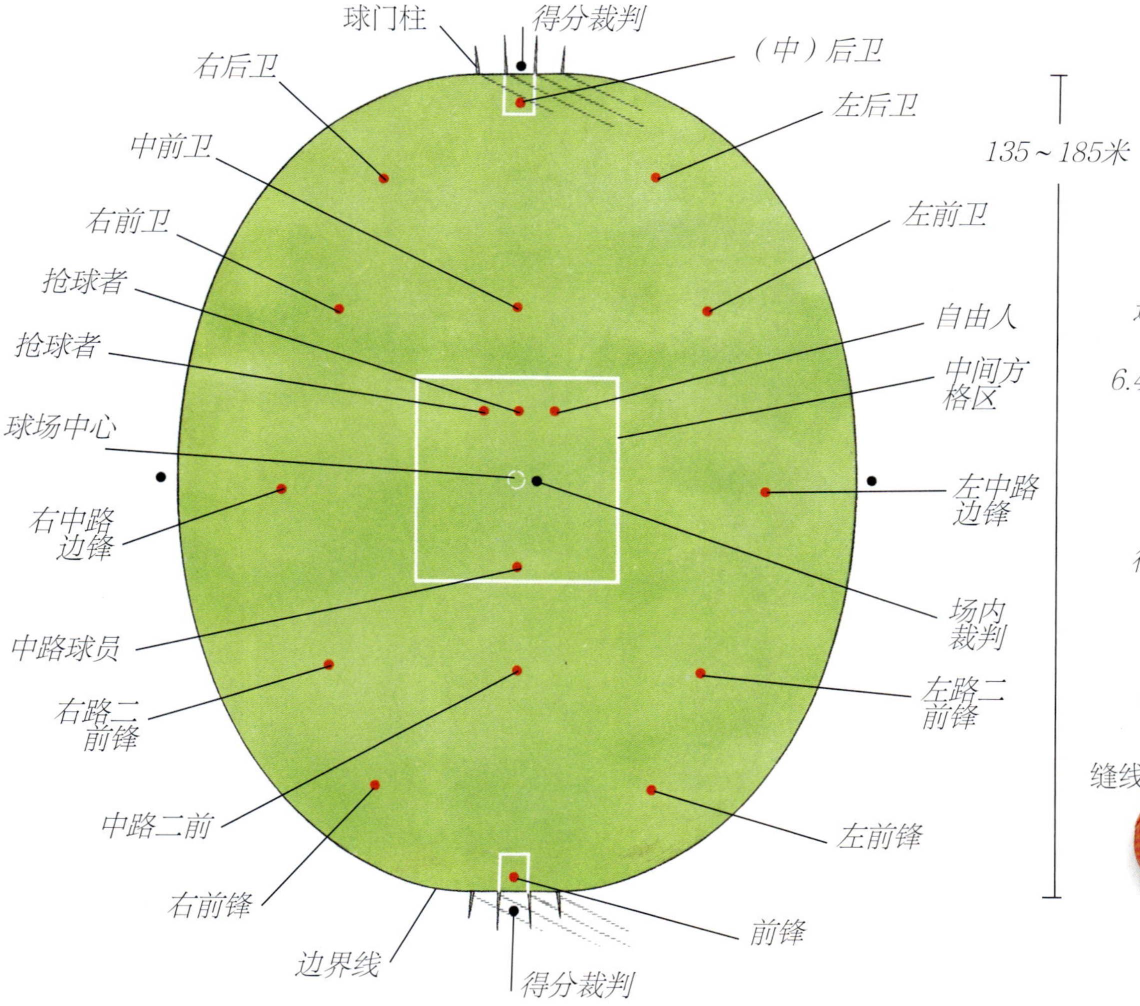

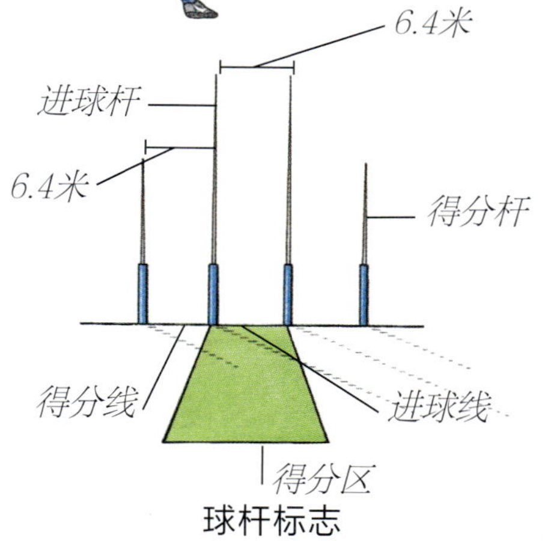

球杆标志

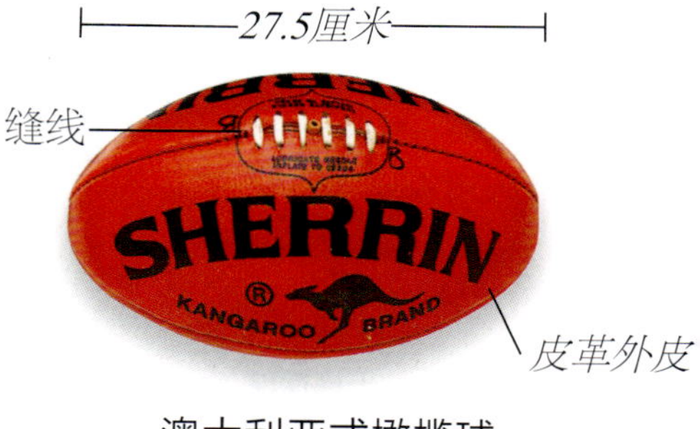

澳大利亚式橄榄球

澳大利亚式橄榄球的技巧

澳大利亚式橄榄球比赛队服

盖尔式橄榄球球场

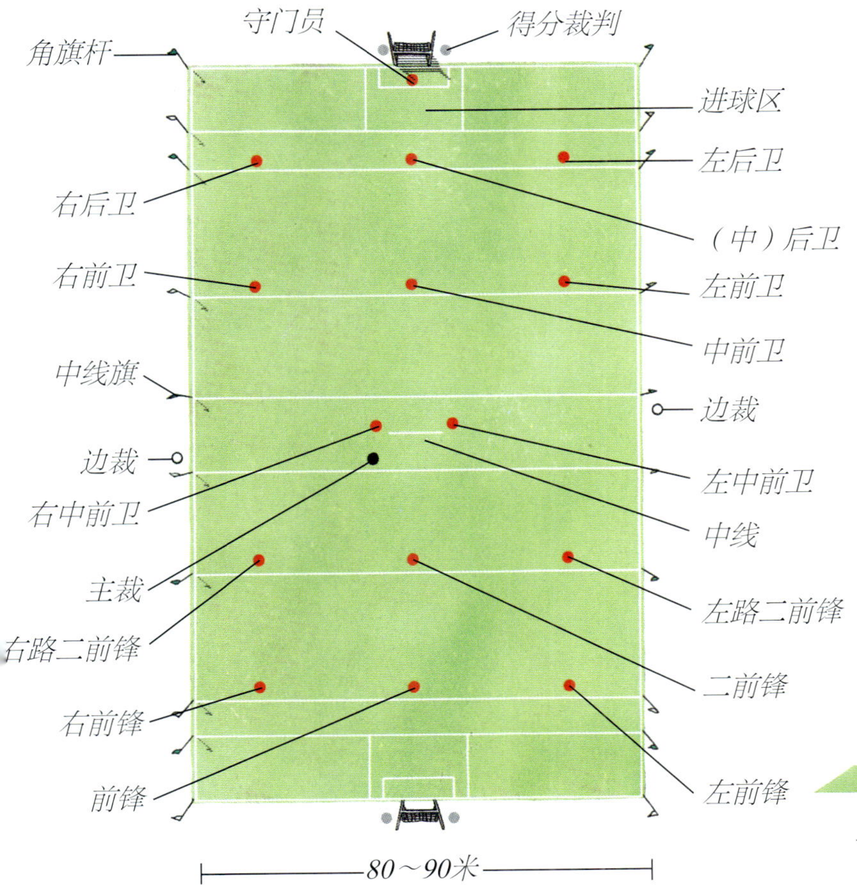

控制球

盖尔式橄榄球中的得分

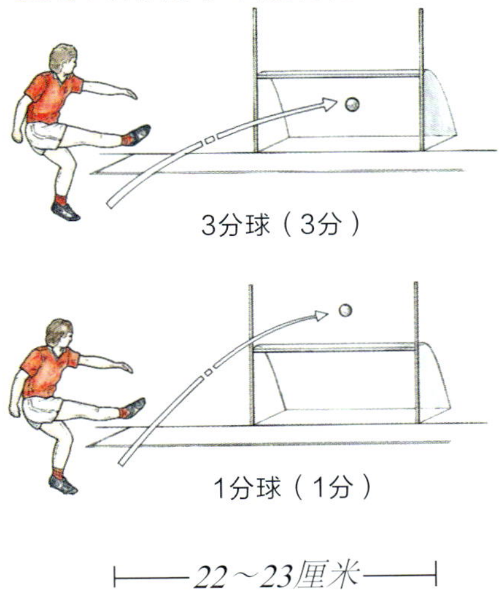

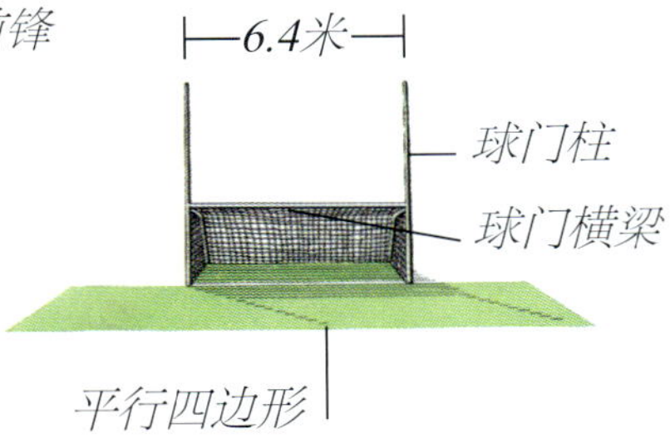

球门

盖尔式橄榄球

英式橄榄球

英式橄榄球用一颗椭圆形的球来比赛，可以带球、抛球或者踢球。英式橄榄球可分为两大形式，这两大形式都有业余水平和专业水平的联赛。一支联合会式橄榄球的队伍中有15名球员。他们可以通过两种方式得分：直接攻入对手的得分区内持球触地（达阵，得4分）或者用脚将球踢过对手的球门横梁（追加射门，得2分；罚踢射门，得3分；落踢射门，得3分）。联盟式橄榄球由联合会式橄榄球发展而来，但是联盟式橄榄球的球队有13名球员。在联盟式橄榄球赛中：达阵得4分；追加射门得2分；落踢射门得1分；罚踢射门得2分。在两种形式的比赛中，如发生犯规，则会进行列队争球（又叫作“司克兰”）。

联盟式橄榄球列队争球

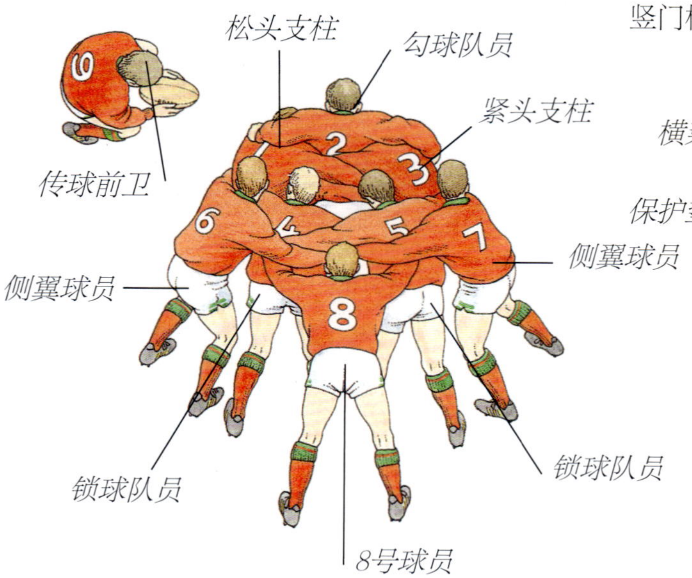

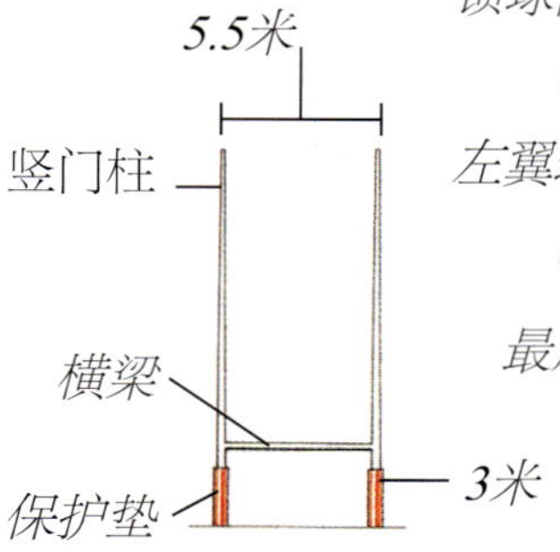

联盟式橄榄球
球门柱

联合会式橄榄球列队争球

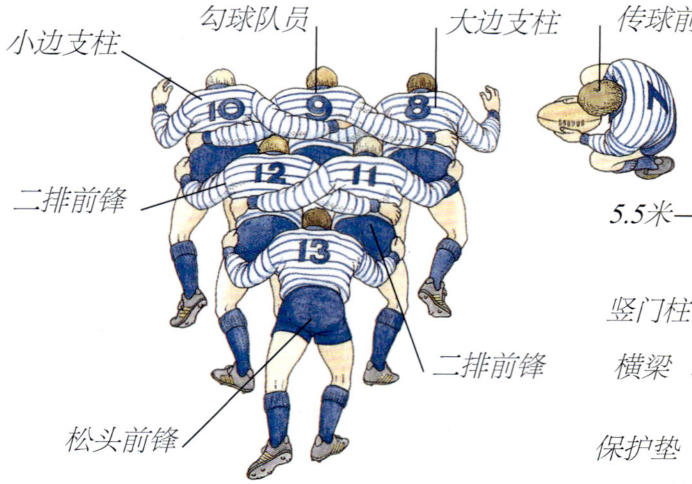

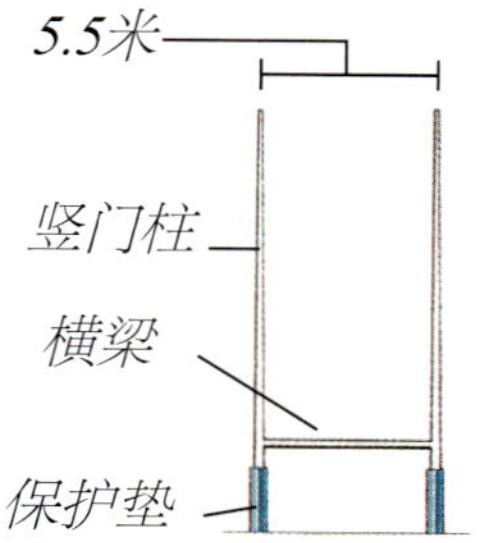

联合会式橄榄球
球门柱

联盟式橄榄球场地

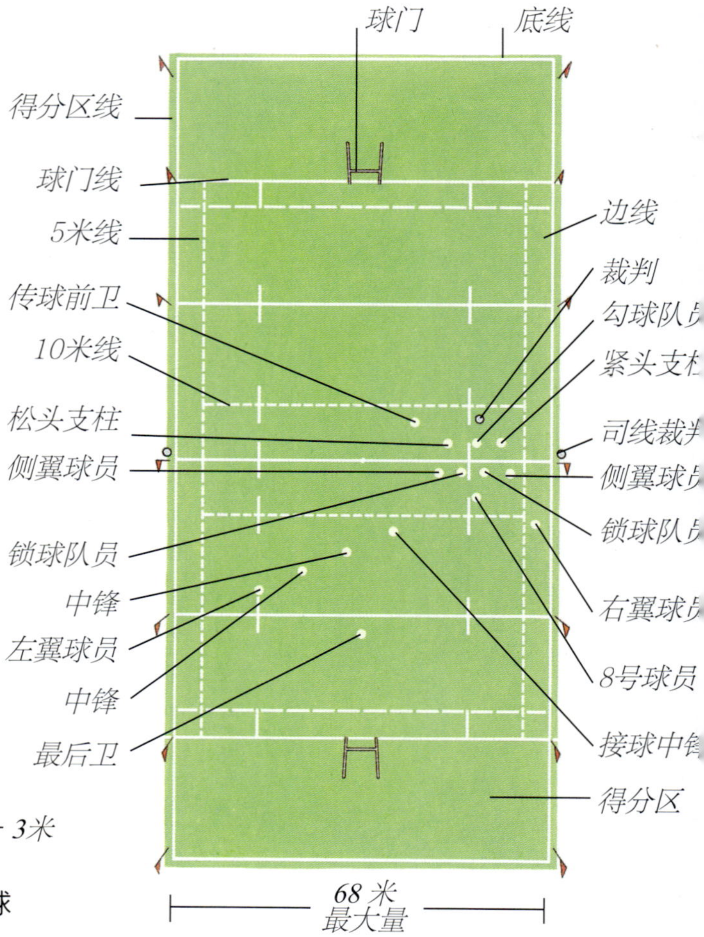

联合会式橄榄球场地

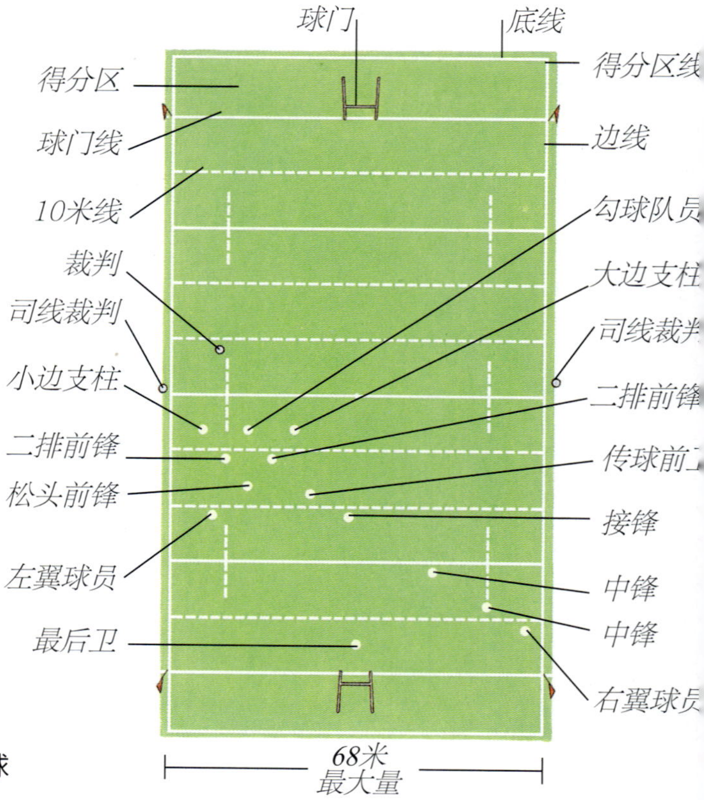

英式橄榄球射门得分和技巧

射门

达阵

传球

定踢

鱼跃扑搂

联盟式橄榄球球员

联盟式橄榄球用球

联合会式橄榄球用球

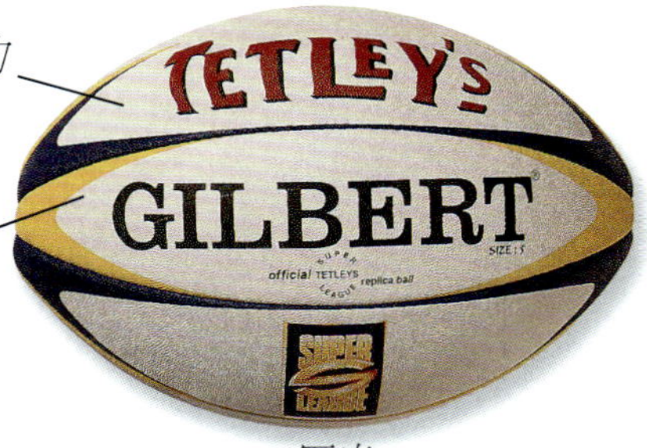

橄榄球球衫

英式橄榄球球靴

篮球

篮球是一项由两队参与的球类运动，每队出场5名球员，最初为美国马萨诸塞州斯普林菲尔德基督教青年会训练学校教师詹姆斯·奈史密斯在1890年所创。比赛的目的是控球并将球投入对方的篮筐来得分。球员借助于球在地上反弹或者连续击球而在场地上上下运球移动；球员之间可以通过投、拍或滚的方式来传球。球员不可以持球跑或踢球，然而单脚盘球是可以的。比赛开始由两队各推出一名球员至中央跳球区，由主裁判将球抛入空中，双方跳球争取将球“点”给队友，开始比赛。比赛的长短和场节的数量因比赛级别不同而不同。通常有业余级别、专业级别和国际级别的相关规则。比赛不能以平局结束，如平局就要进行一节5分钟的加时赛，也可能继续进行更多加时场节来打破平局。除了场上的5名球员外，每队还可以有最多7名替补球员，但是球员只有在裁判的允许下才能被替换下场。篮球是一项非接触性运动，进攻队球员犯规会判罚给对手界外球，在投篮球员身上犯规则会判给被犯球员罚球。篮球是一项竞速运动，要求身体和意识的协同配合。有技巧、有战术地进行比单纯的身体对抗更为重要，同时球员们的灵活机敏使得这项运动成为一项受人瞩目的体育运动。

国际篮球比赛场地

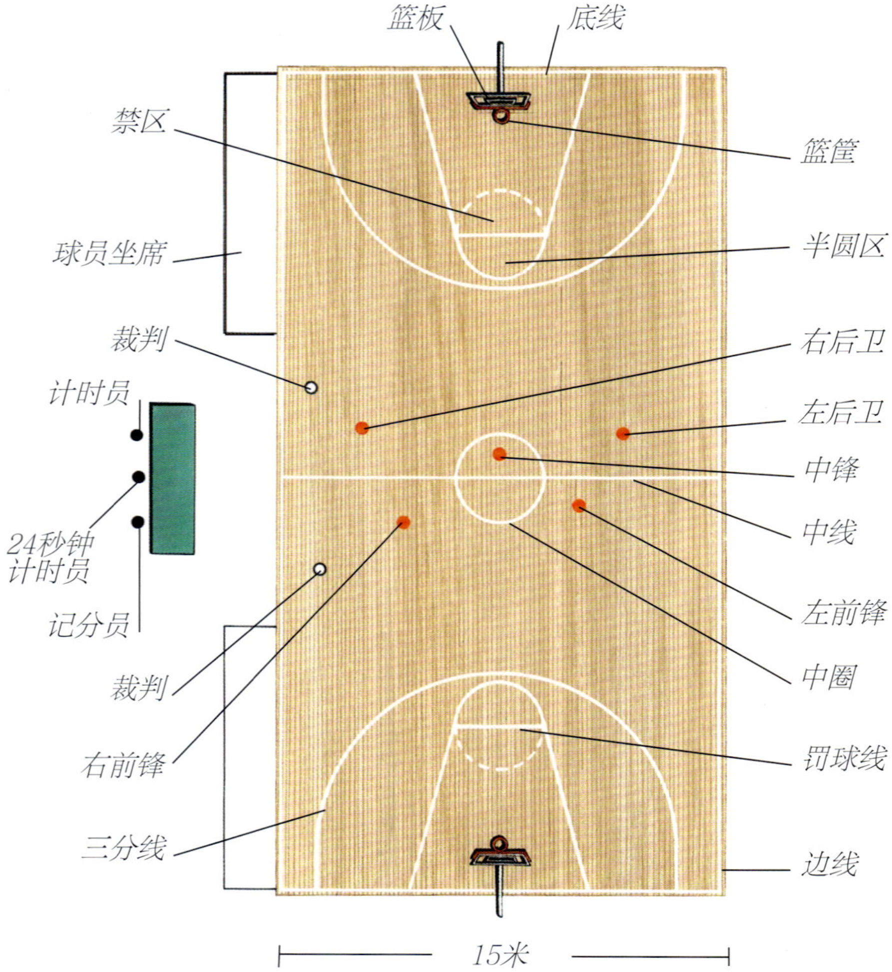

篮筐和篮板

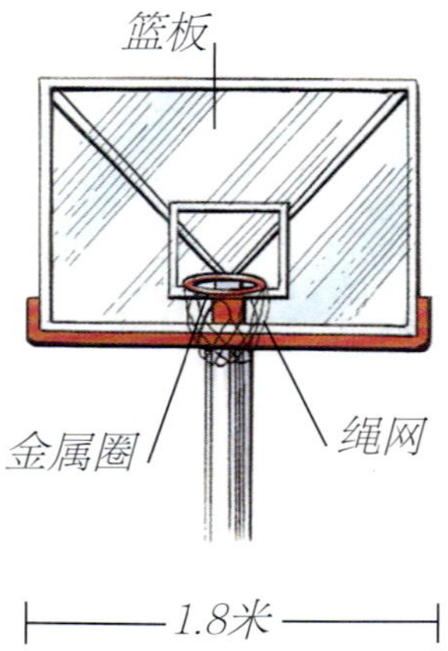

篮筐和篮板结构

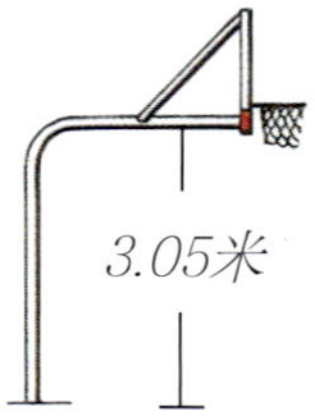

篮球技巧

胸前传球

运球

双手头上传球

上篮

跳投

长传

区域防守

1-2-2区域防守

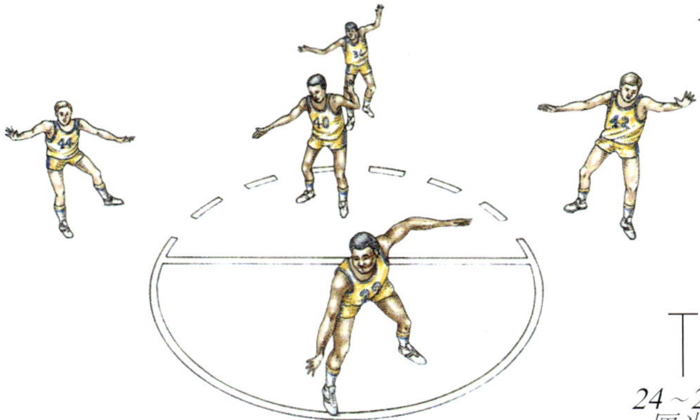

1-3-1区域防守

2-3区域防守

美国职业篮球背心

篮球

篮球鞋

国际裁判手势

技术犯规

故意犯规

跳球

犯规停表

换人

个人犯规：没有罚球

走步

运球违例

带球撞人

罚球

停表

排球、篮网球和手球

排球、篮网球和手球都是高速度的团队体育运动，并且都为在硬场地上进行的球类运动。在排球中，比赛的目的是击打排球使其越过绑在场地中间的球网并让球接触到对方的场地地面。全队6名球员可以击打3次使球越过球网，然而同一名球员却不能连续击打排球2次。球员可以使用他们的胳膊、手或者上肢的任何其他部位击球。一般采取五局三胜制。前四局中，首先取得25分的队伍，并且超过对手2分，将获得本局胜利。如需进行第五局（决胜局），则先得15分且净胜球2球为胜。篮网球是为数不多的只有女性进行的几个运动之一。与篮球相似，篮网球是在一块略微大些的场地上进行的，并且以7名球员代替篮球中的5名球员。球队通过投、传和用胳膊拿球让球向球门移动，目的是将球投进对方的球网。球员们根据他们各自的位置被限制在场上的特定区域内。手球是世界上速度最快的运动之一。每队有7名选手。整个队伍通过盘球、传球或者跑动时反弹球。球员可以用膝盖以上身体的任何部位来截、抓、投、弹、击球。每队都尽力将球直接越过对方守门员送入球网来得分，手球的球网与足球的球网十分相似。

排球击球方法

排球装备

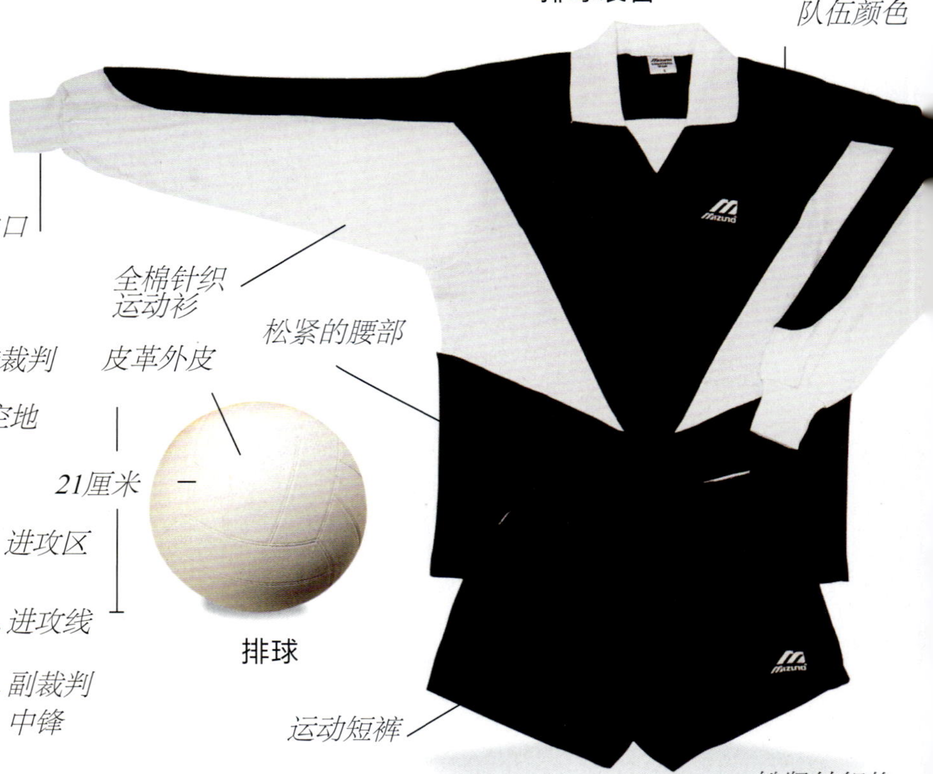

排球

排球场地

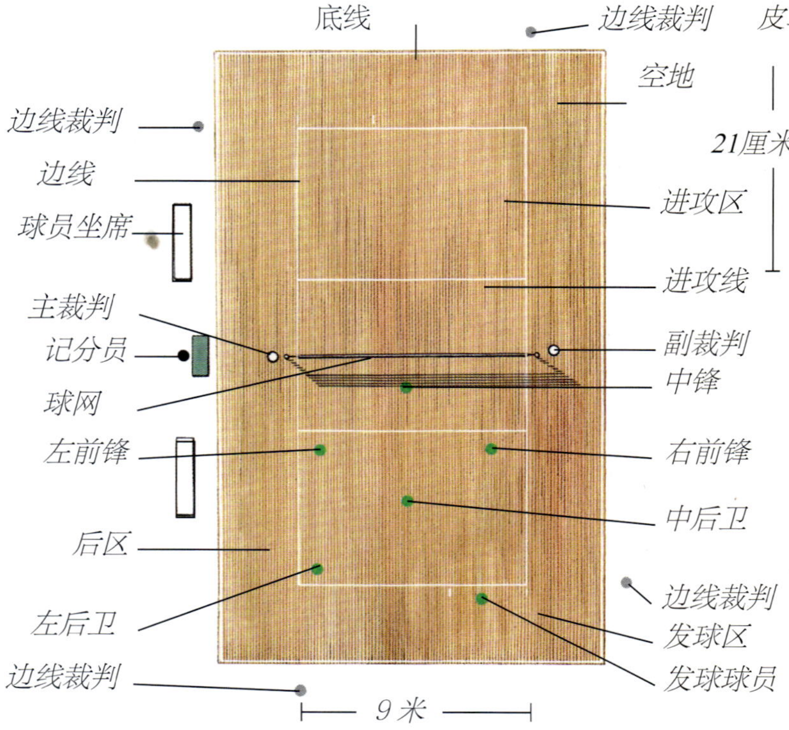

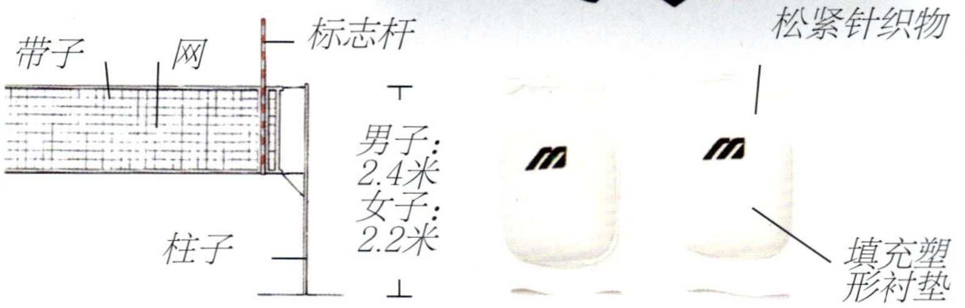

篮球球网

护膝

篮网球场地

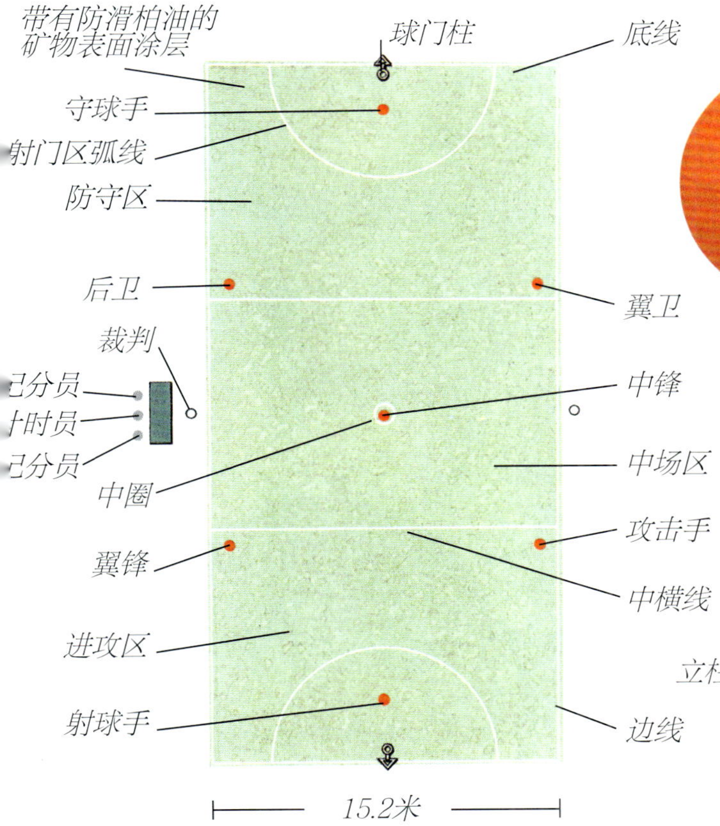

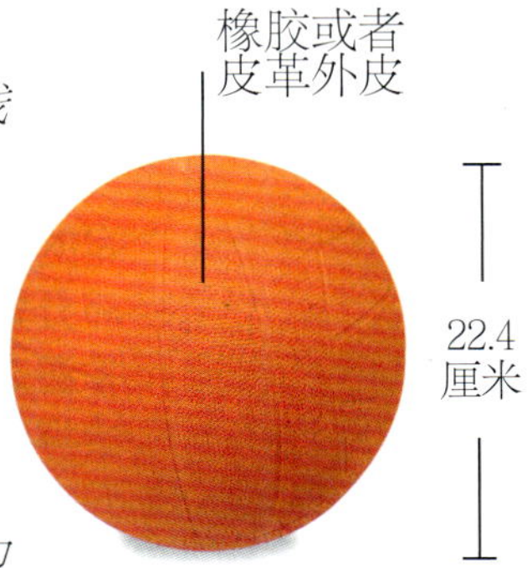

篮网球

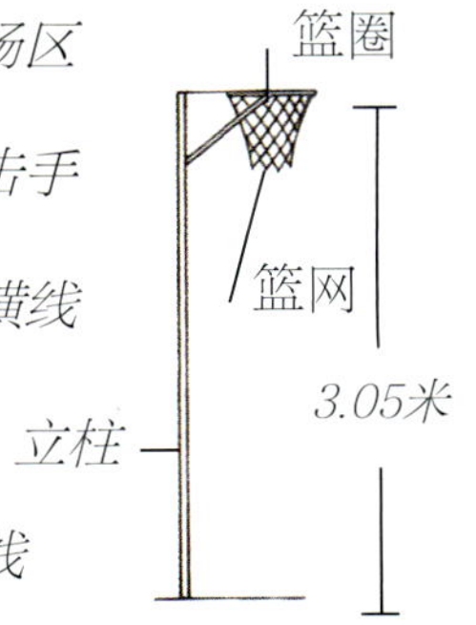

篮网球球柱和球网

篮网球传球

胸前传球

下手传球

肩上传球

击地传球

手球场地

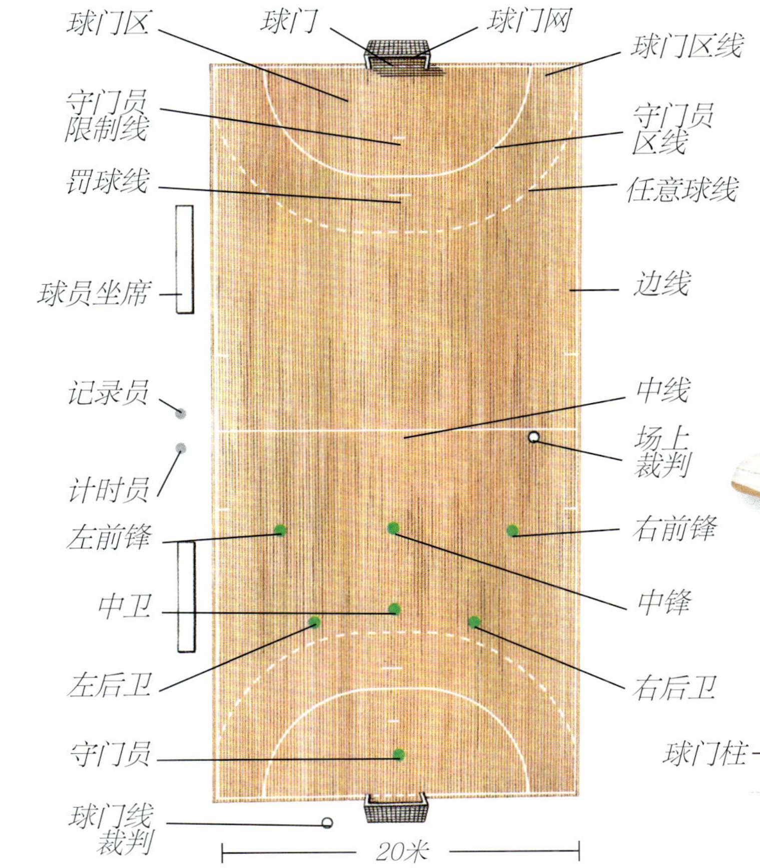

男子：18.8厘米
女子：17.5厘米

手球运动鞋

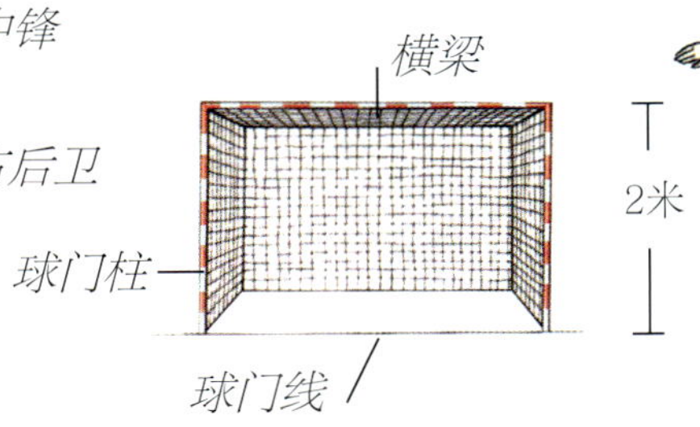

手球球网

手球技巧

上手传球

盘球

击地传球

跳射

体育运动

曲棍球、长曲棍球和爱尔兰式曲棍球

全世界很多团队体育运动涉及到这样的玩法：击球或者带球，然后再用一根球棍将球投掷出去。早期的这类运动包括爱尔兰式曲棍球、简式曲棍球、早期曲棍球和回力球。曲棍球既有男子又有女子参与：两支各有11人的队伍努力得球并控球，最后用曲棍球棍将球推进对方球队的球门网内来得分。其中的技巧有：传球、推球、在运动中推击球使球弹起或者飞起、至关重要的门前射门。曲棍球可以在室内进行，也可以在室外的草地或者人造场地上进行。国际上，长曲棍球女子比赛中一队有12人，男子比赛中一队有9人。女子比赛场地没有绝对的边界，而男子比赛场地则有明确的边线和底线。在比赛中，可以运球、抛球、用球棍击球、以任意方向滚动球或者踢球。在男子或者女子长曲棍球比赛中，在球门区之后的区域也是进行比赛的区域。长曲棍球有着与曲棍球相似的技巧——是一项在与盖尔式橄榄球相同场地上进行的盖尔式运动，使用与其相同的门柱和球网。在爱尔兰式曲棍球中，可以击球、用球棍运球，并且球在离地时可以用手击球或者用脚踢球。当球越过门柱之间、横梁之下的区域时称作射门得分（3分），从横梁之上越过则得1分。

守门员装备

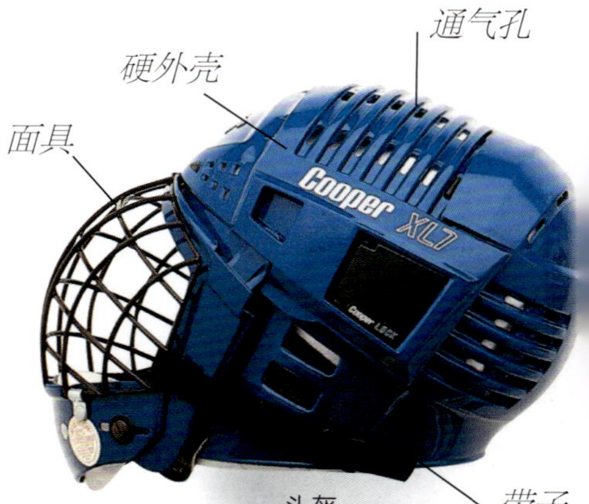

头盔

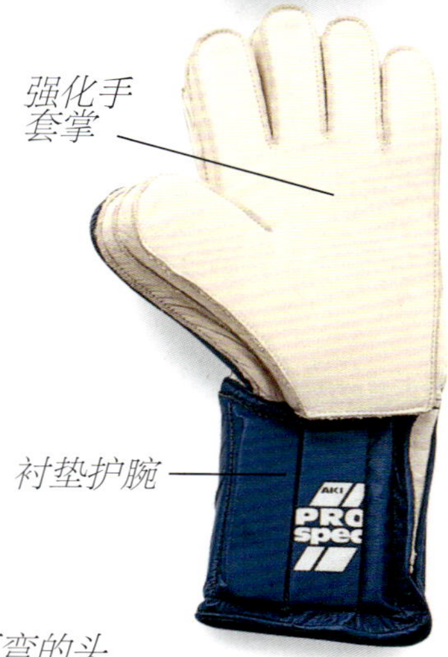

长手套

曲棍球球棍和用球

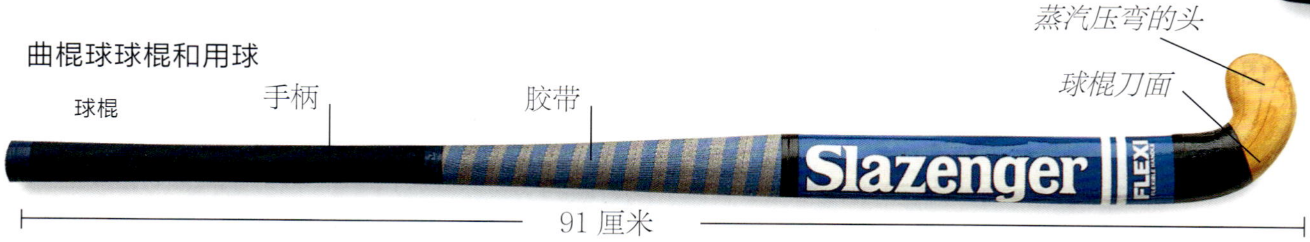

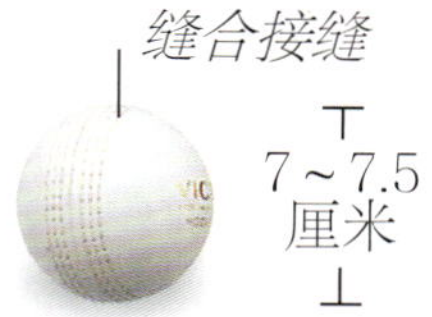

曲棍球

曲棍球球场

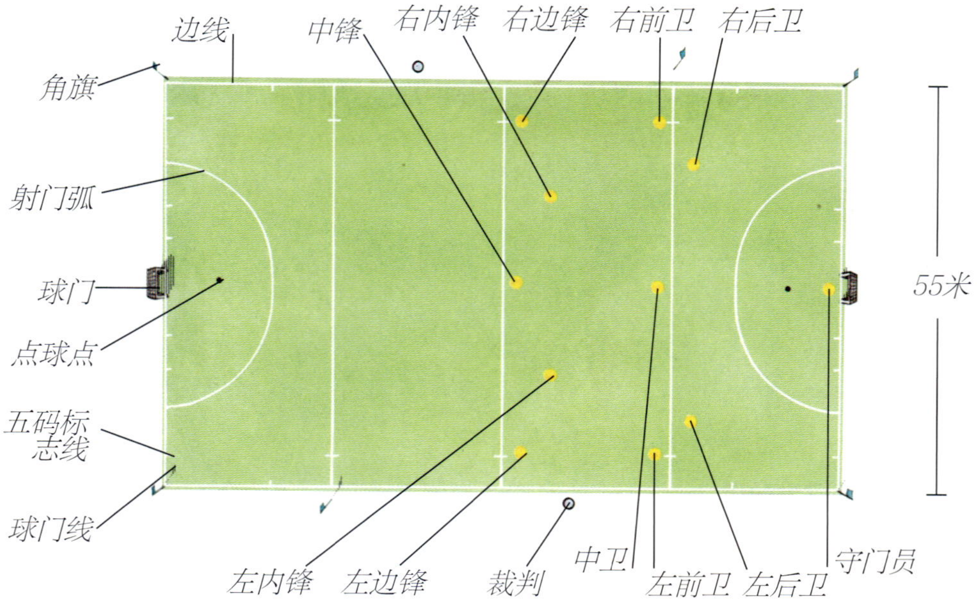

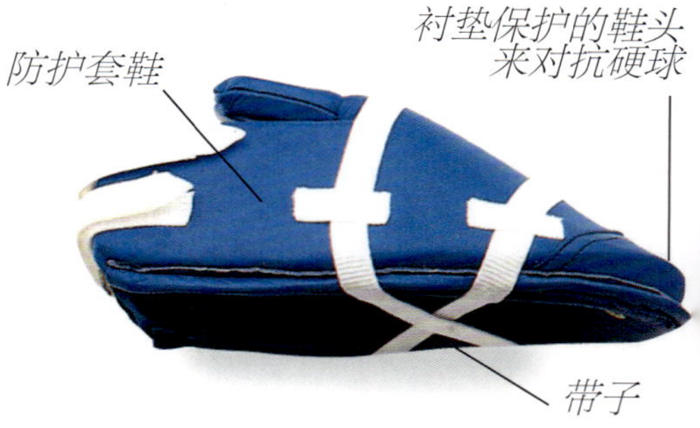

守门员球鞋

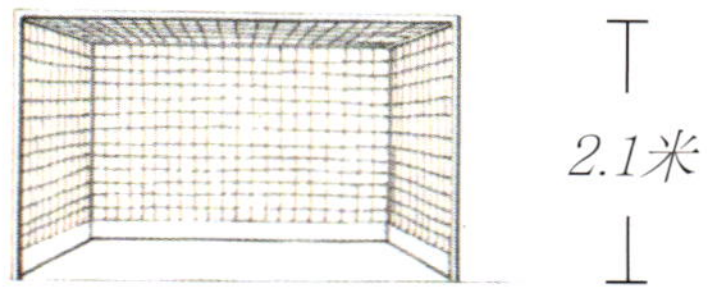

曲棍球球门

男子长曲棍球场地

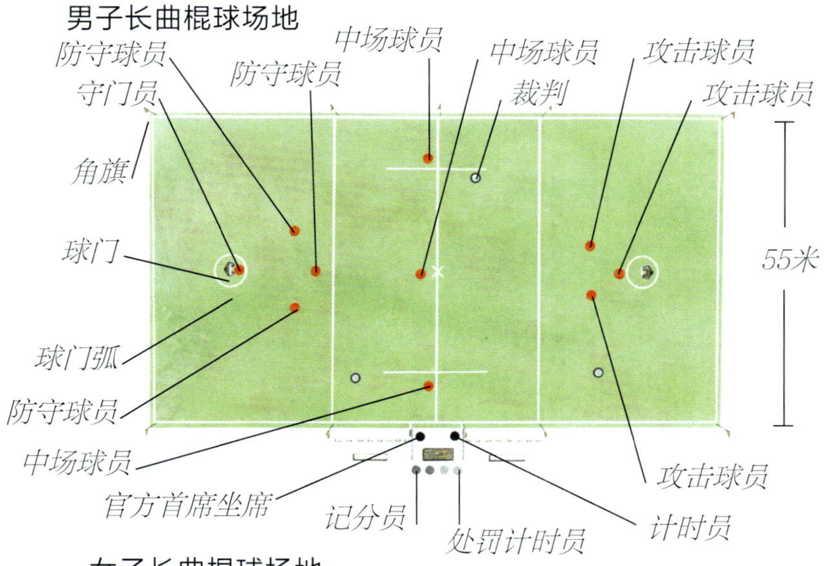

长曲棍球技巧

运球　　传球　　侧向射门

长曲棍球守门员

女子长曲棍球场地

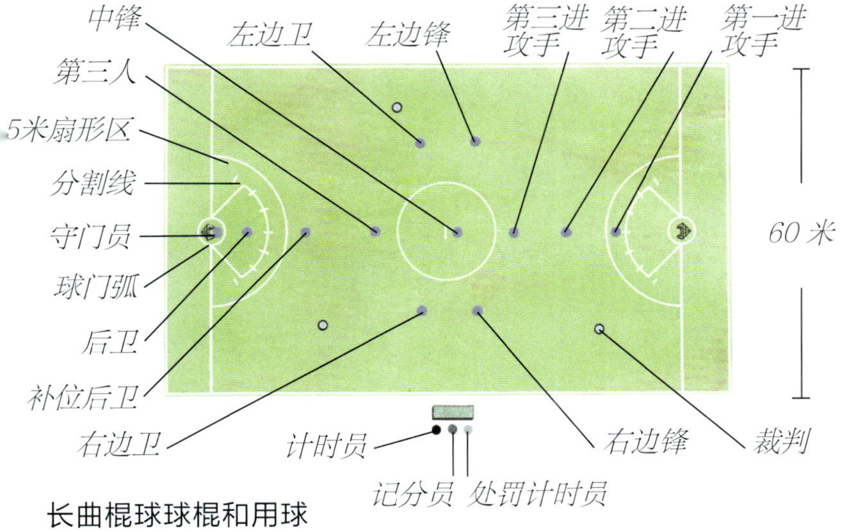

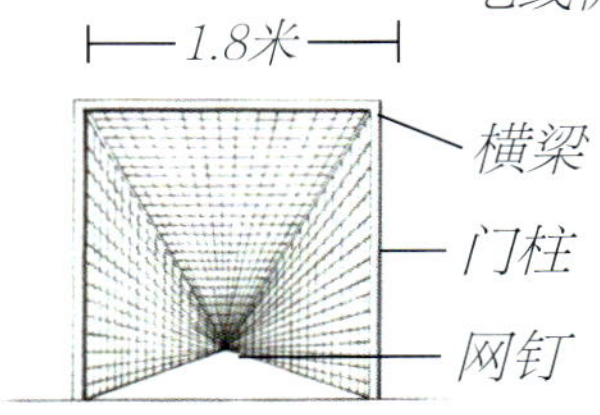

长曲棍球网

长曲棍球球棍和用球

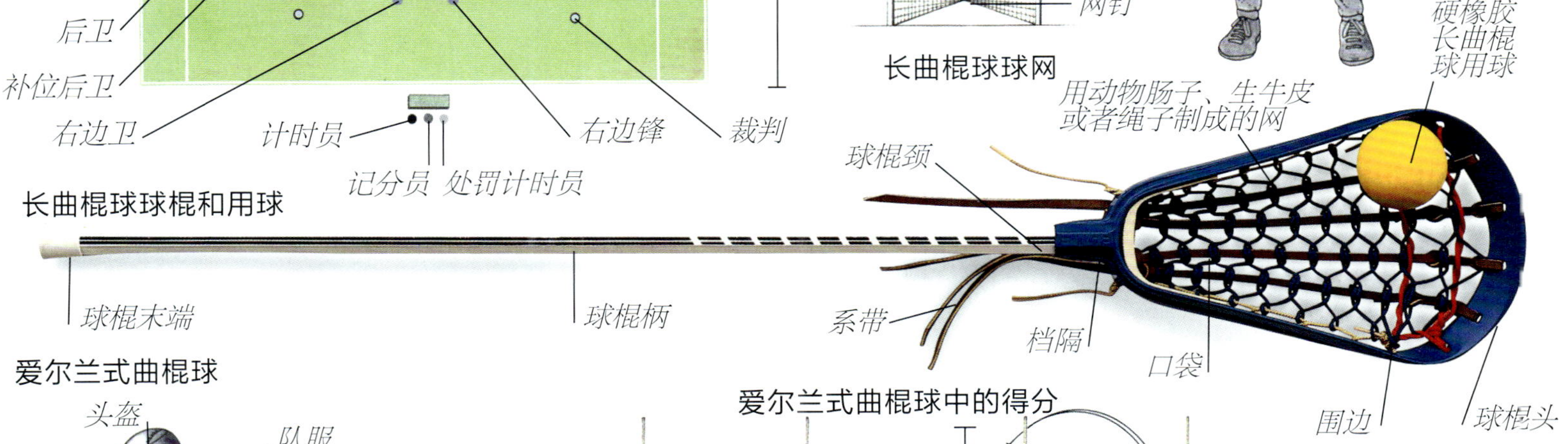

爱尔兰式曲棍球

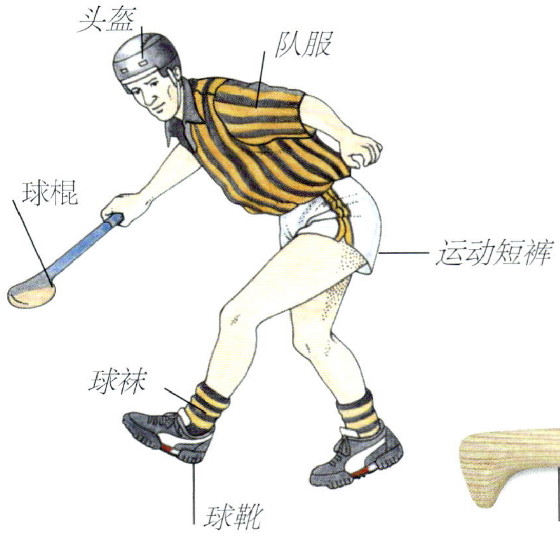

爱尔兰式曲棍球中的得分

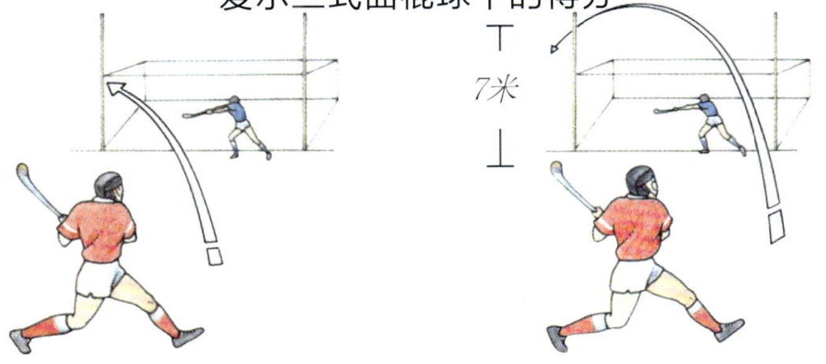

进球得分（3分）　　得分（1分）

爱尔兰式曲棍球用球

爱尔兰式曲棍球球棍和球

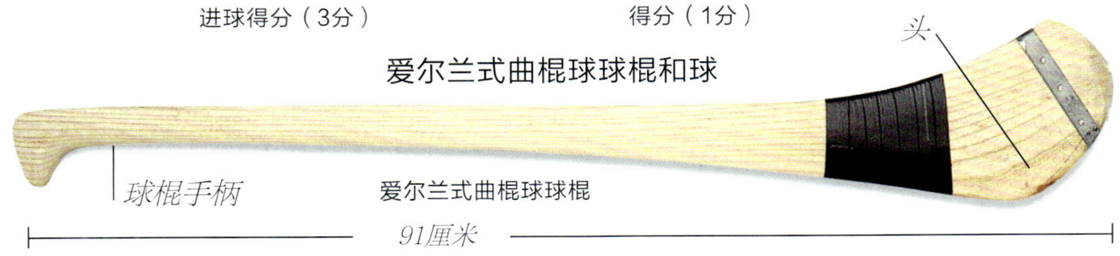

爱尔兰式曲棍球球棍

田径运动

组成田径运动的所有项目主要可以分为两个部分:径赛项目(包括短跑、中长跑、接力跑、跨栏跑和竞走)以及需要跳跃和投掷技巧的田赛项目。4000多年前，古希腊人创造了一系列比赛，用于检验运动员的速度、力量、敏捷性和耐力。然而，由于人们对田径运动不关注，奥林匹克比赛在公元393年被废止，直到19 世纪中叶，大型的竞技比赛才得以复兴。现代的体育场为跳远、三级跳远、撑杆跳提供了场地，通常位于径赛区域的外面。标枪、铅球、链球、铁饼在径赛区域里面进行。大多数运动员专长于一项或者两项比赛，但是在七项全能中，女子运动员要在7项比赛中角逐，比赛要进行两天以上，这些项目是：200米和800米跑、100米跨栏、标枪、铅球、跳高、跳远。在十项全能中，男子运动员要在两天多的比赛中进行10种比赛：100米跑、400米跑、1500米跑、110米跨栏、标枪、铁饼、铅球、撑杆跳、跳高、跳远。

田赛项目装备

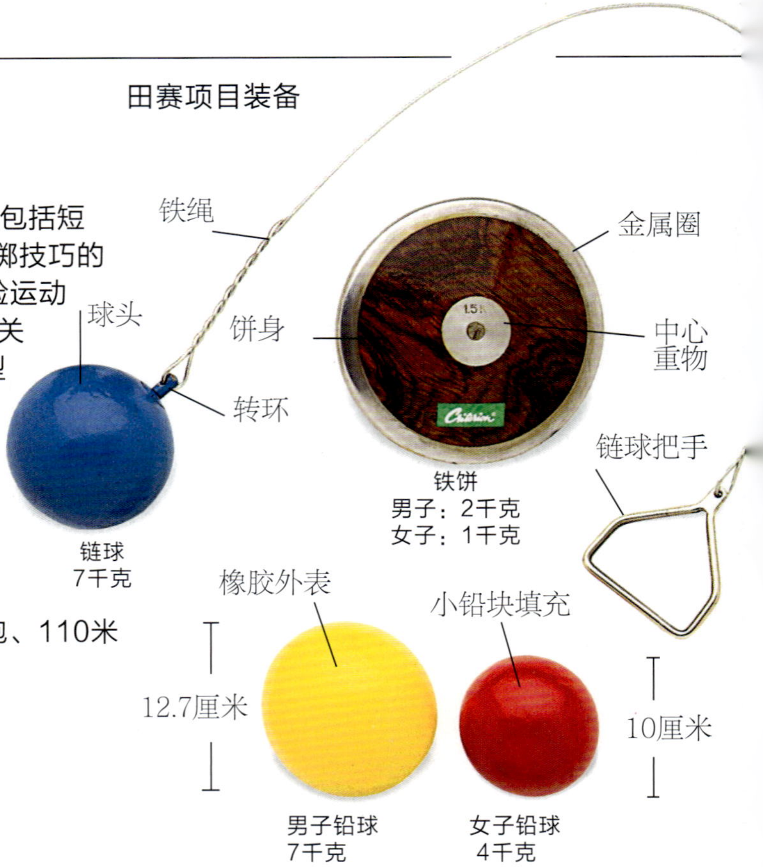

标枪

田径运动场地

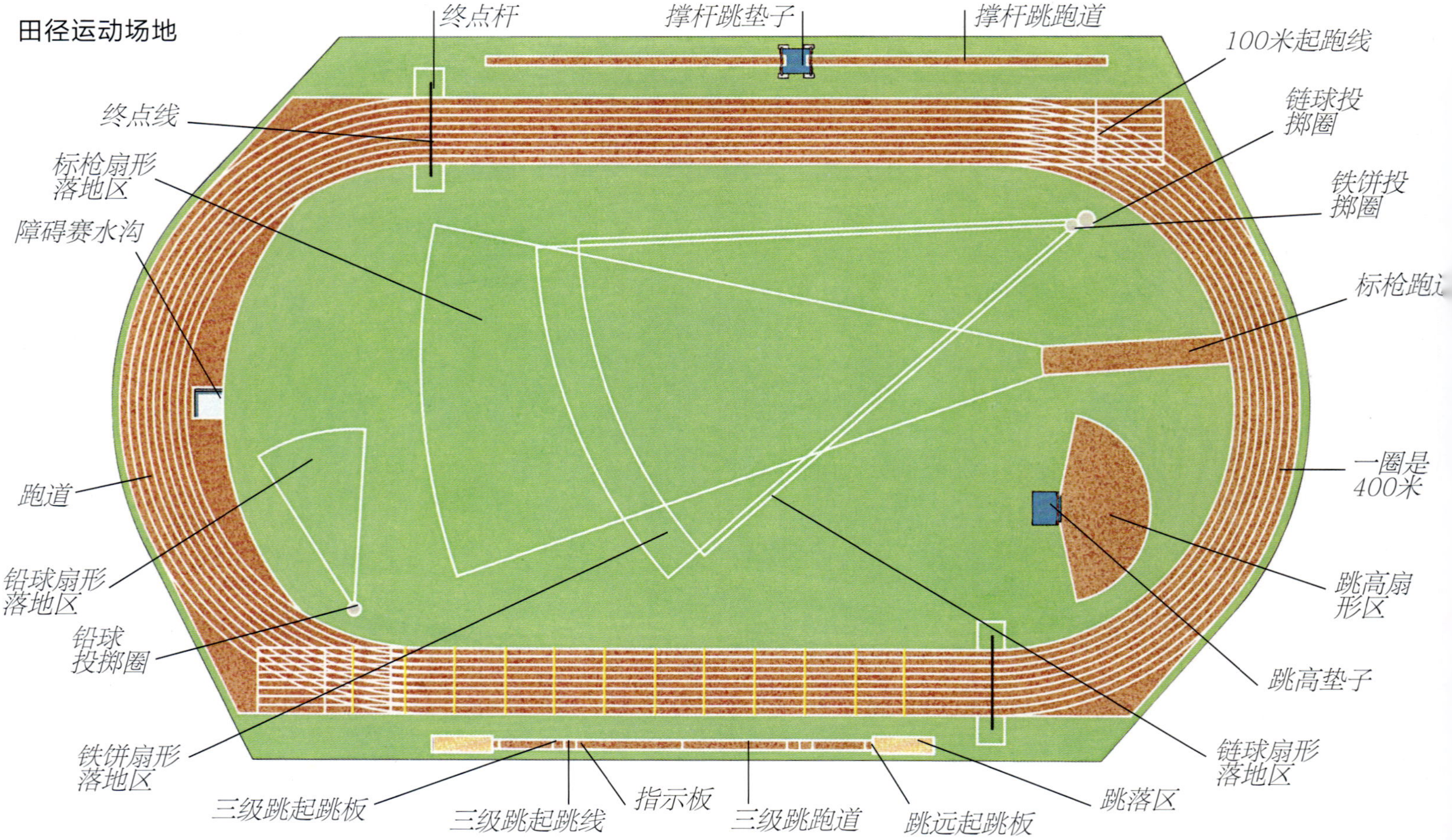

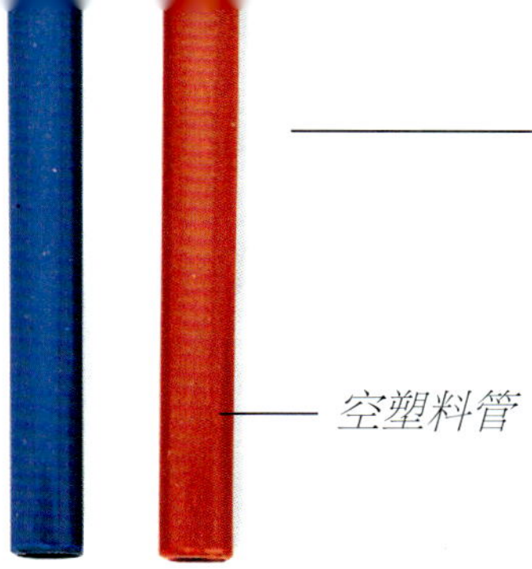

接力棒

几种类型的田径鞋

田径钉鞋

跑步鞋

铁饼的投掷

铅球的投掷

链球的投掷

标枪的投掷

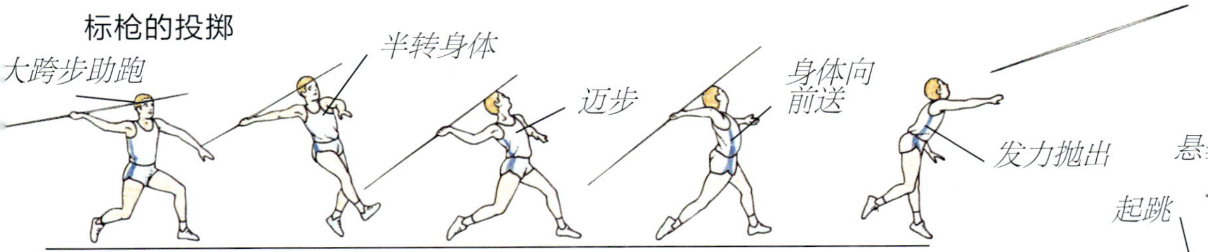

跳远

三级跳远

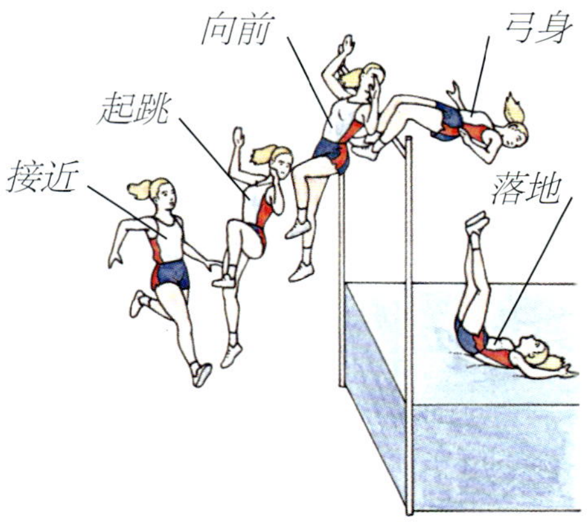

跳高

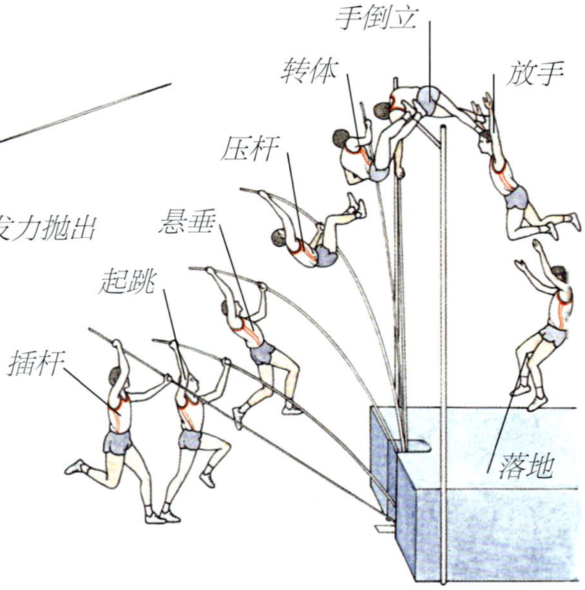

撑杆跳高

球拍类运动

防护眼镜

所有网拍类运动的目的是将球打到对手一侧并使对手无法打回。比赛有两人进行的（单打），也有四人进行的（双打）。球拍的形状和大小为各类运动而量身定做，但所有球拍都是由木头、塑料、铝合金以及类似于玻璃纤维和碳石墨的高性能材料制成。球拍线通常是合成物，然而也有仍旧使用天然肠线的。网球是在一块被一张较低的球网一分为二的场地上进行的。对方球员在比赛中轮流发球。拿下一盘要至少赢得6局比赛，而且赢得一场比赛需要拿下两盘或者有时三盘比赛。网球场地材质可以是混凝土、草地、黏土或者合成物，每种地面都有不同形式的进行方式。羽毛球是一项室内运动，使用的是轻的、有弹性的球拍和羽毛制成的羽毛球，场地上有一张较高的球网。第一个得到21分的一方赢得一局。拿下两局才能赢得整场比赛。壁球和美式壁球都是在封闭的场地内进行的。一名球员将球击向前方的墙壁，另一名球员则要在球从场地上第二次弹起之前将球击回。壁球球拍有比羽毛球球拍更小、更圆的头以及更坚硬的框。在美国，壁球运动是在一个比国际壁球赛场更狭窄的场地内进行的，而且墙面也更加硬实。壁球比赛以9分取胜（国际上）或者15分取胜（美国）。在美式壁球中，选手使用的球比普通壁球更大、更有弹性，球拍又厚又硬，大头，短把，有一条皮带可以用来缠在手腕上。只有有发球权时才能得分，第一个得到21分的选手获胜。

网球球拍

网球场地

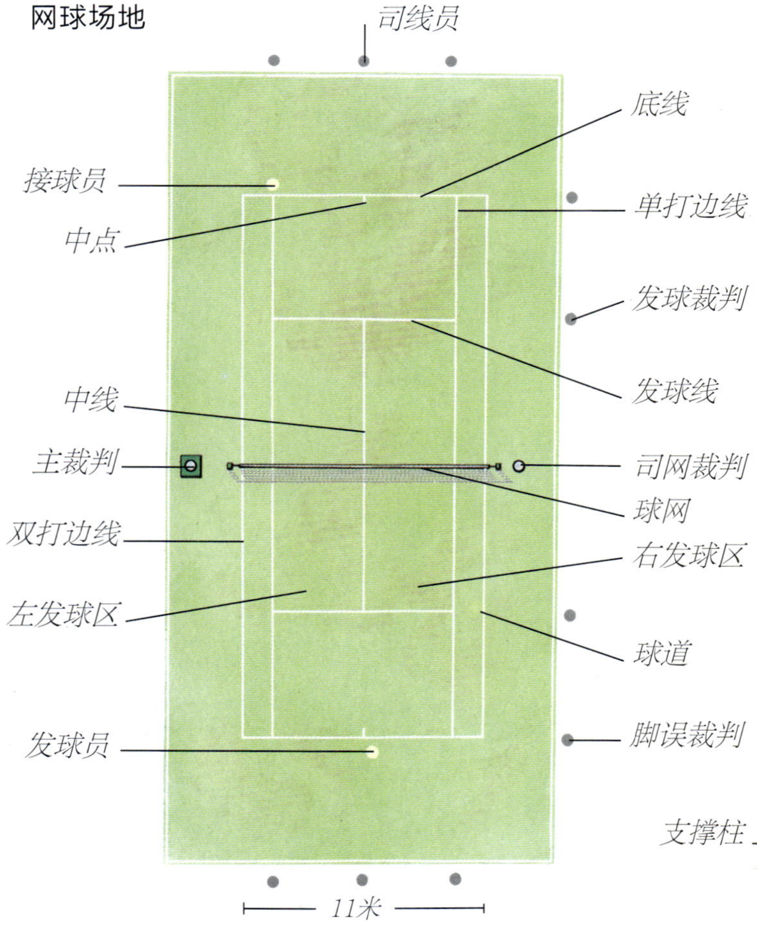

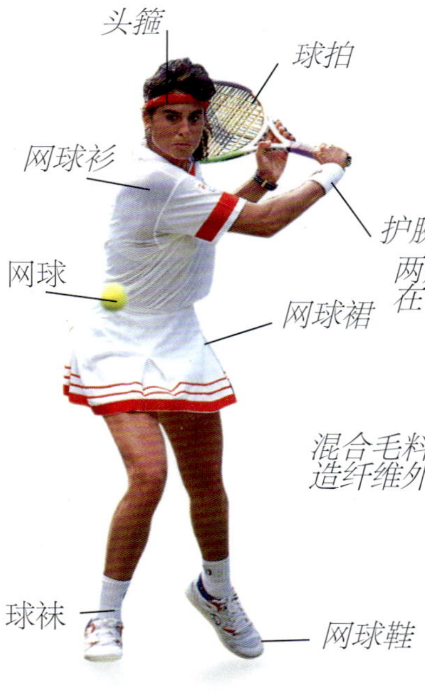

网球运动员

网球的组成制作

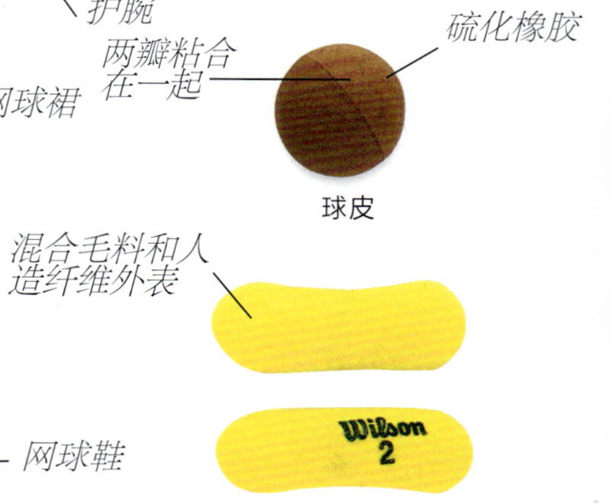

球皮

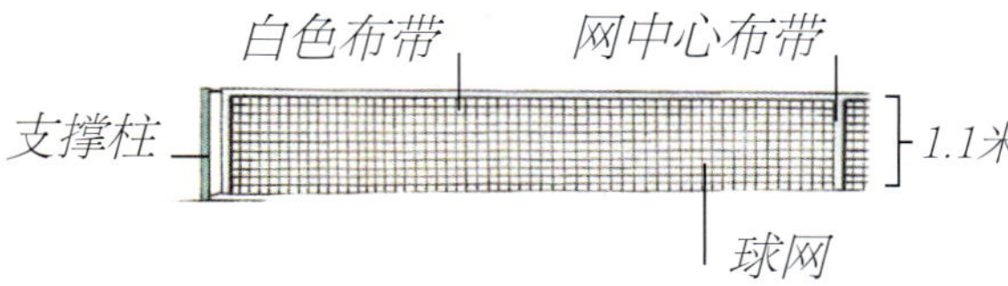

网球球网

制作完成的网球

羽毛球球拍和羽毛球

壁球球拍和壁球

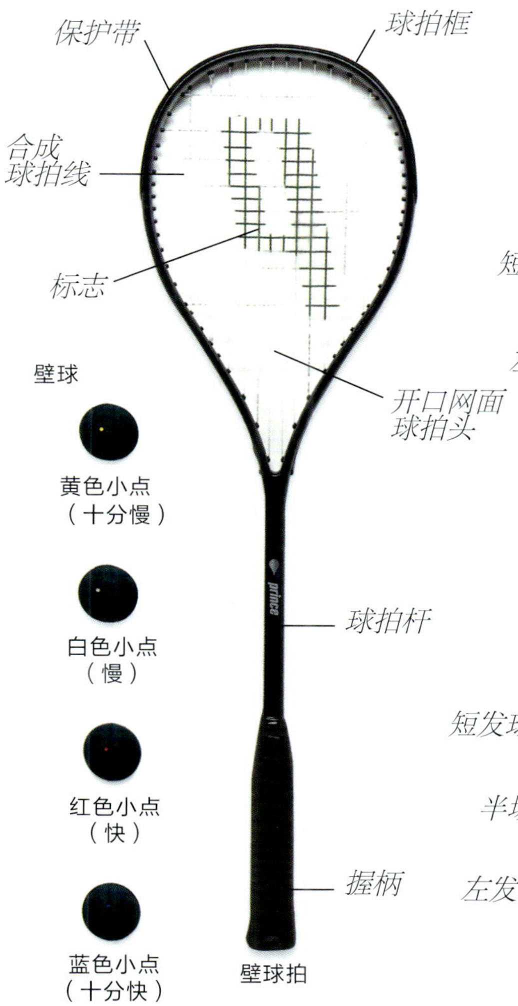

美国的壁球场地

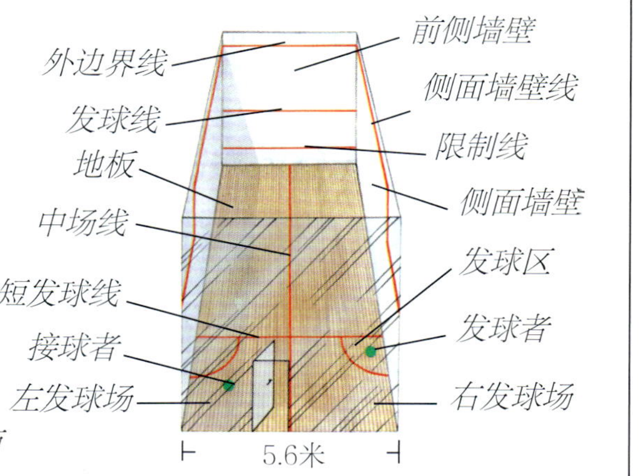

国际上的壁球场地

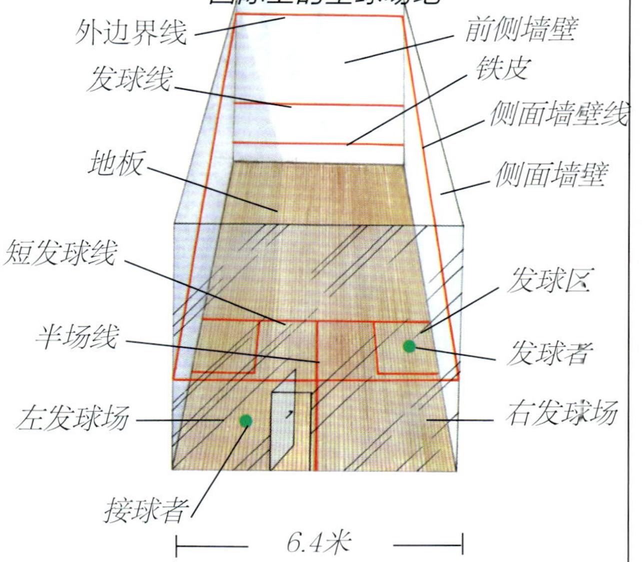

羽毛球场地

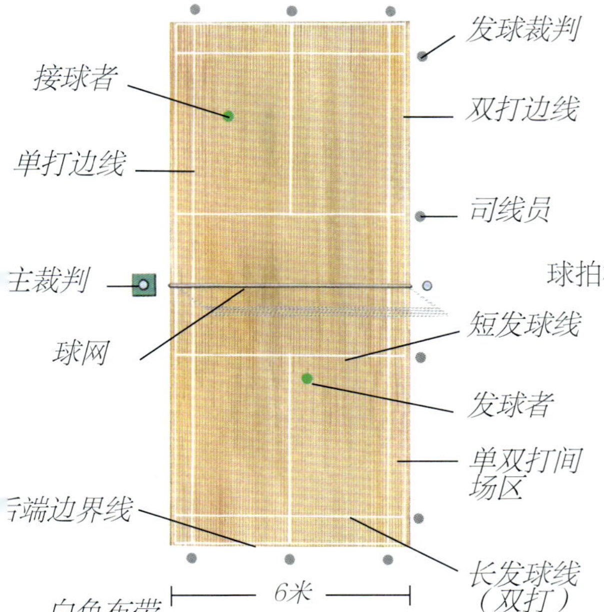

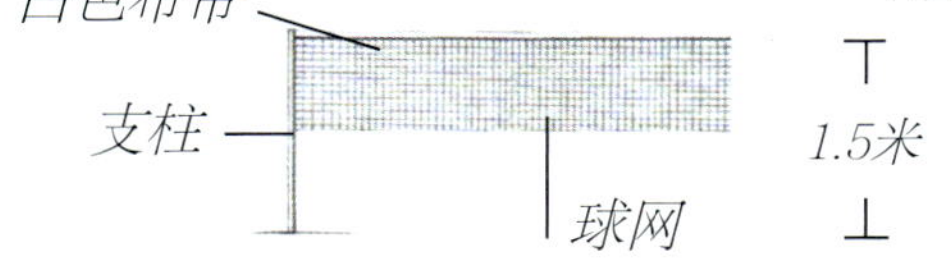

羽毛球球网

美式壁球球拍、壁球、手套

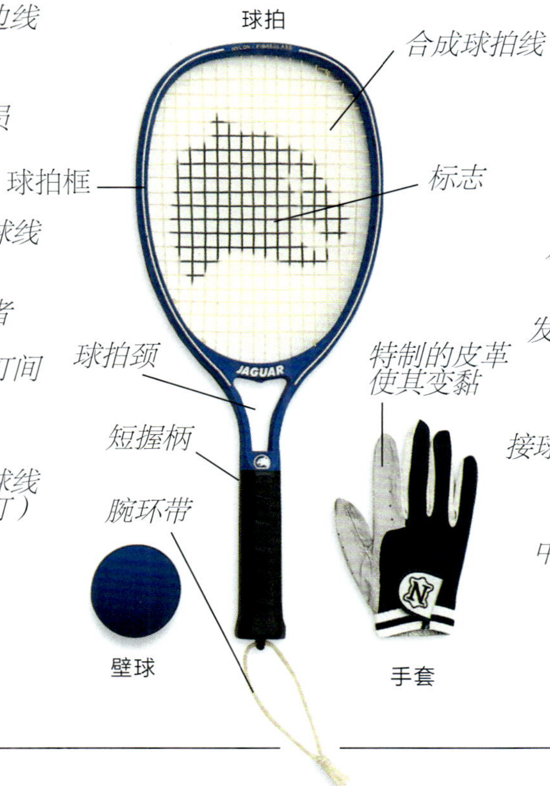

美式壁球场地

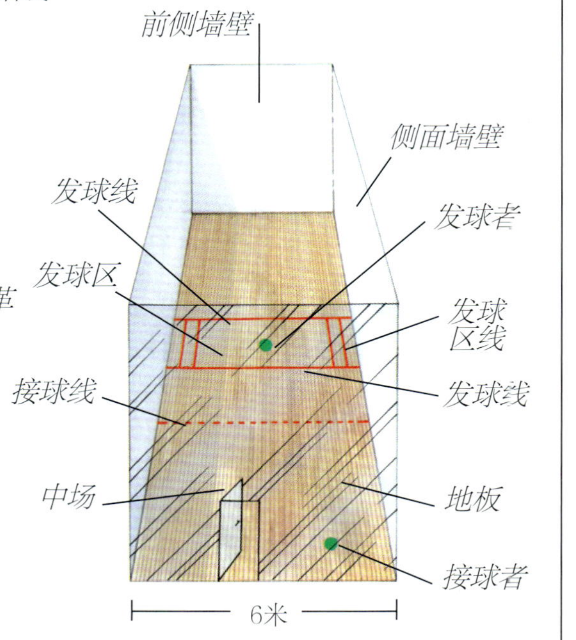

高尔夫

高尔夫球和球托

高尔夫运动起源于400多年前的苏格兰。选手要使用木制或者铁制的球杆击打一个小球，使其从一个平坦区域或者称为“发球台”的地方沿着“球道”直到目标球洞所在的果岭。球道是一条开阔陆地带，两边布满自然障碍物——例如水塘和小溪，人造障碍物——例如沙坑（填满沙子的凹陷）和粗草区（未经修剪的杂草区域）。高尔夫锦标赛球场有18个球洞。比赛的目的是以尽可能少的杆数将球轮流打入每一个洞中。选手可以单独完成比赛，也可以以组队的形式完成，即以2人、3人或4人为一组共同在场地上比赛。比洞赛和比杆赛是两种最基本的比赛方式。在比洞赛中，获胜者为取得最多洞数的一方，而不是完成一定回合来赢得比赛。在比杆赛中，以最少杆数完成一定回合的选手将获胜。

外皮为橡胶的高尔夫球

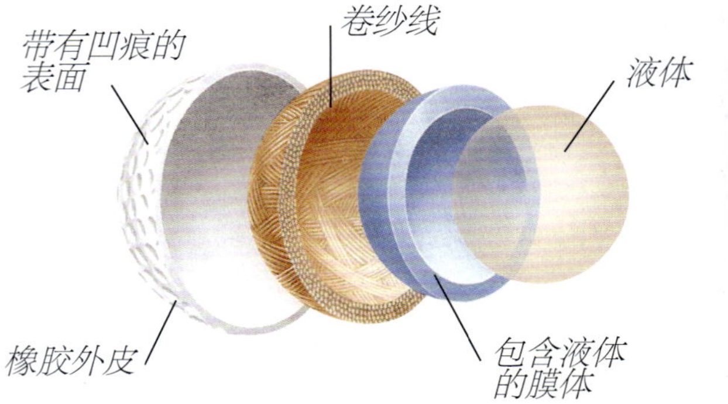

美国佐治亚州奥古斯塔市
奥古斯塔国家高尔夫球场

一种典型球洞

木制球杆的制作

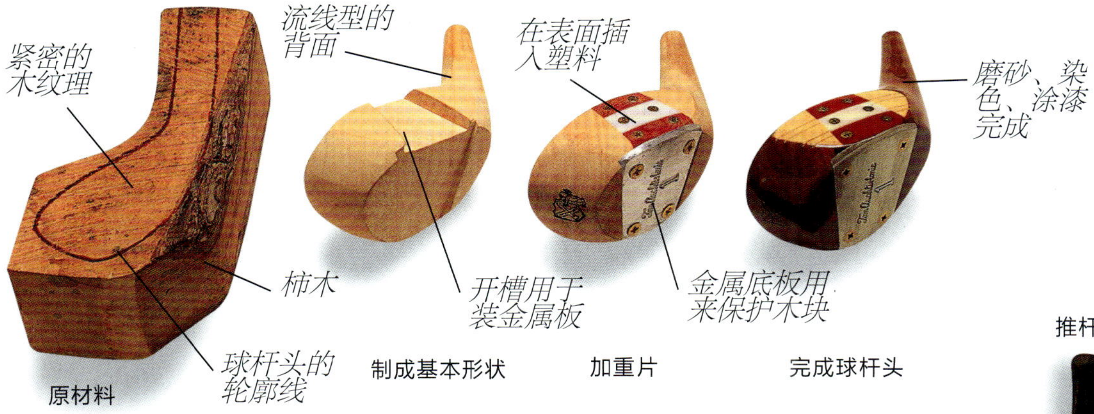

木制球杆的尺寸

铁制球杆的尺寸

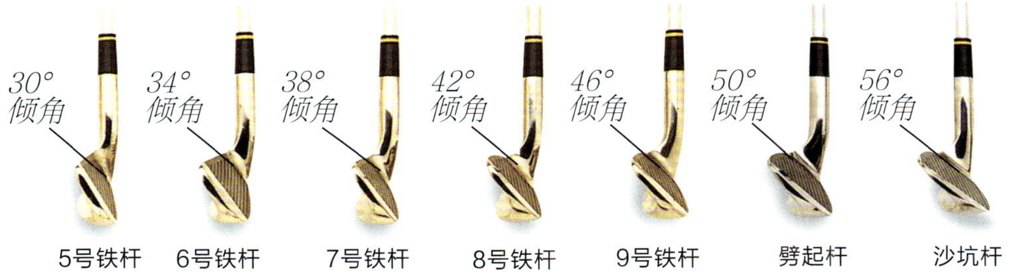

高尔夫配件

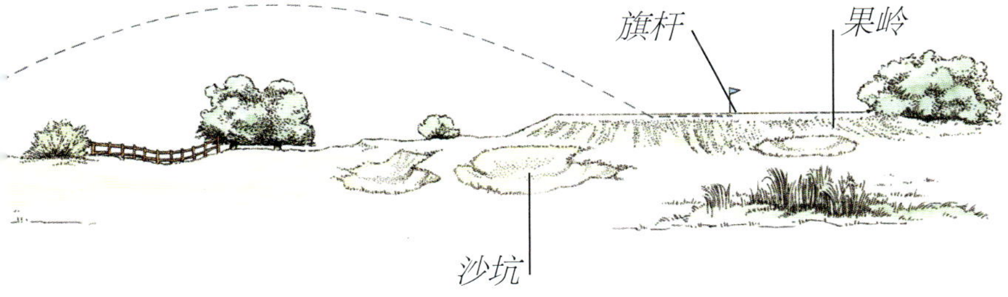

推杆、木杆和铁杆

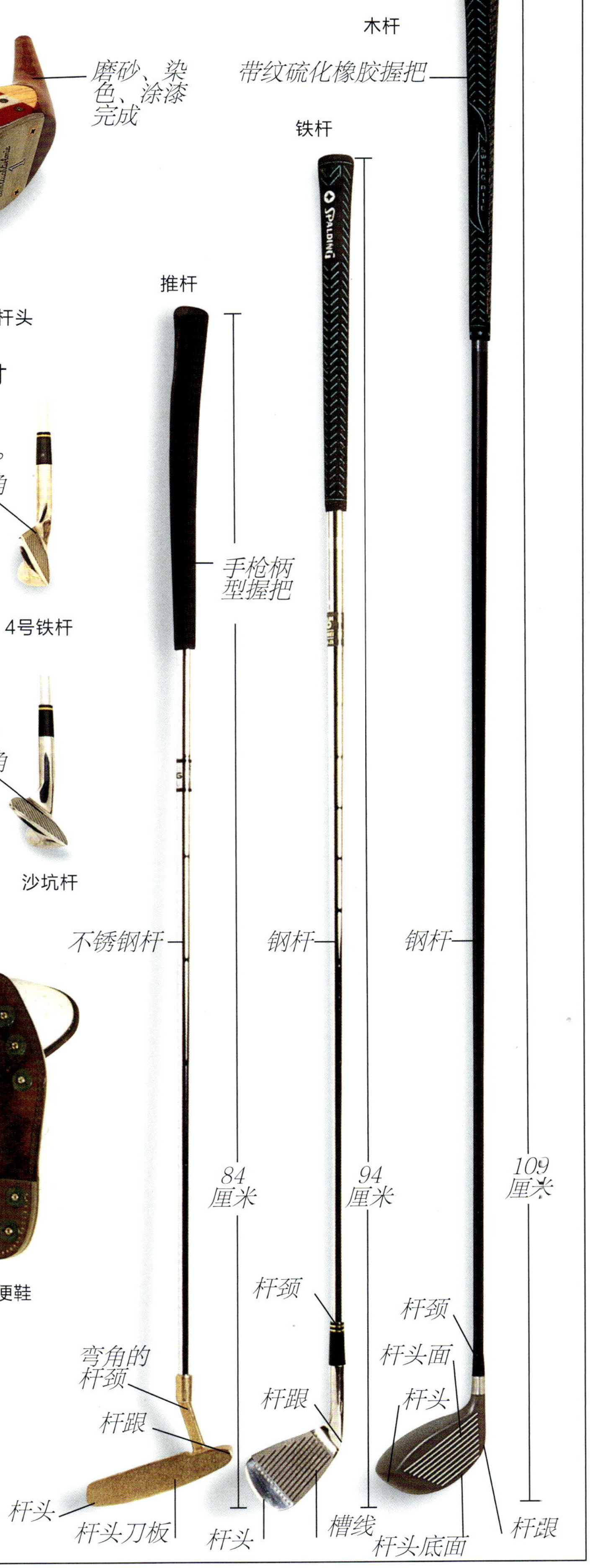

射箭和射击

标靶射击和射箭作为狩猎和战争技能的练习方式一直演化着。现代弓，根据早期狩猎用弓的理念设计而来，使用层合板、玻璃纤维、涤纶和碳纤维制成，配备了瞄准和稳定装置。在射箭比赛中，男选手的射程分别为30米、50米、70米和90米，女选手的射程分别为30米、50米、60米和70米。命中靶的箭越靠近靶心得分越高。每次得分相加，总分最高的箭手赢得比赛。弩被用在射程分别为10米和30米的比赛中。步枪射击分为三个类别：小口径步枪、大口径步枪和气步枪。比赛的形式包含有多种射程，并根据射击使用的姿势进一步被细分为：卧式、跪式、站式。奥林匹克冬季两项将越野滑雪和步枪射击联合，在将近20千米长的场地内进行。在步枪尾部有个装满弹药的弹药箱。大口径步枪装有远程瞄准镜适用于射击和移动靶射击比赛。手枪射击赛事使用的有速射手枪、打靶手枪和气手枪，其射程分为10米、25米和50米。在速射手枪比赛中，在25米的射程上共要发射60发子弹。

弩和弩箭

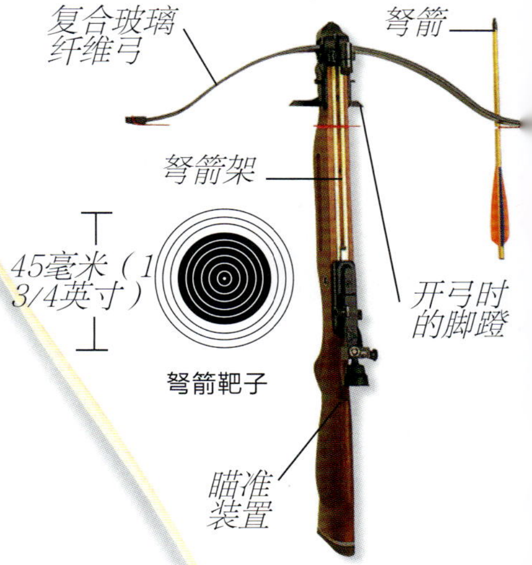

弩箭靶子

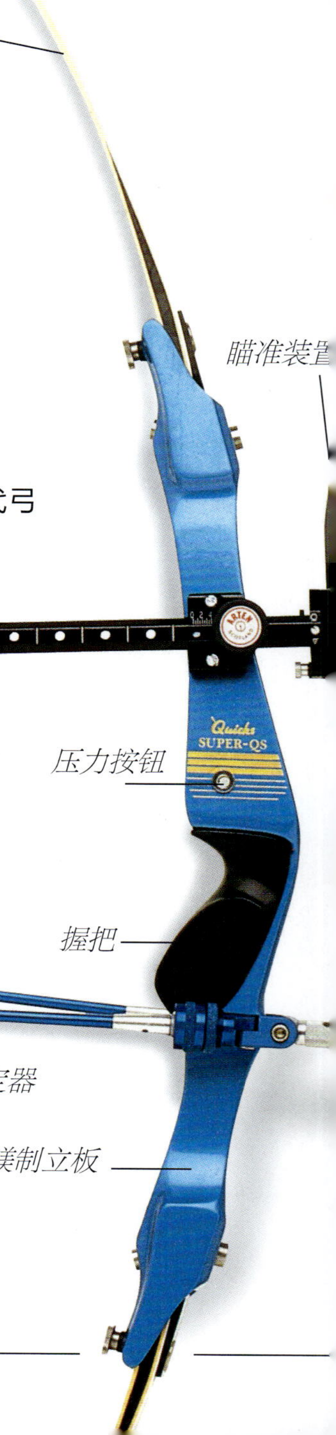

现代弓

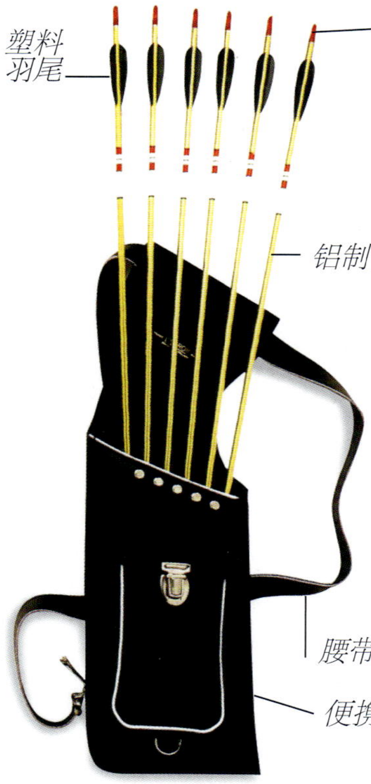

箭袋

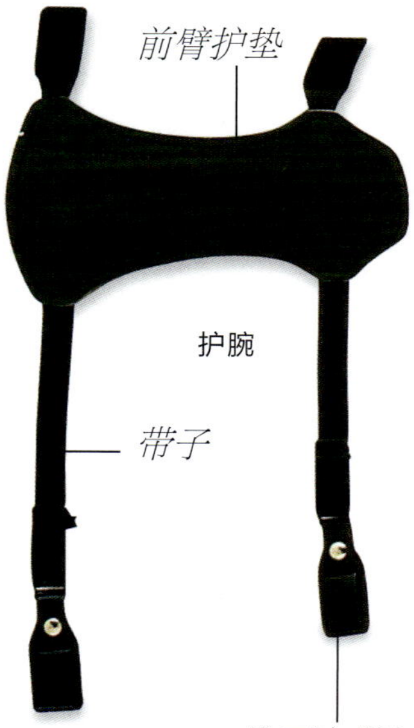

护腕

指套

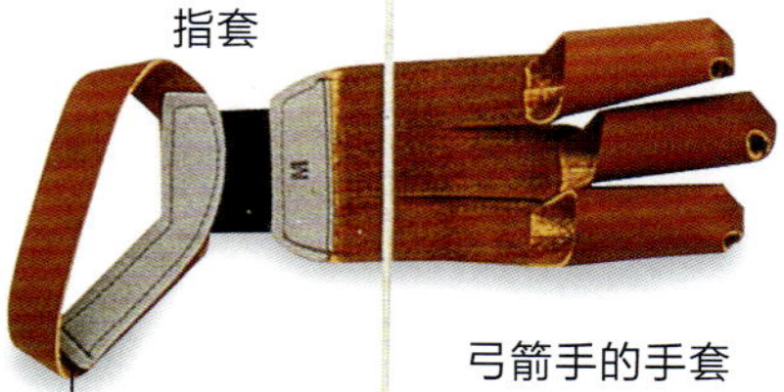

弓箭手的手套

射箭装备

小口径冬季两项用步枪

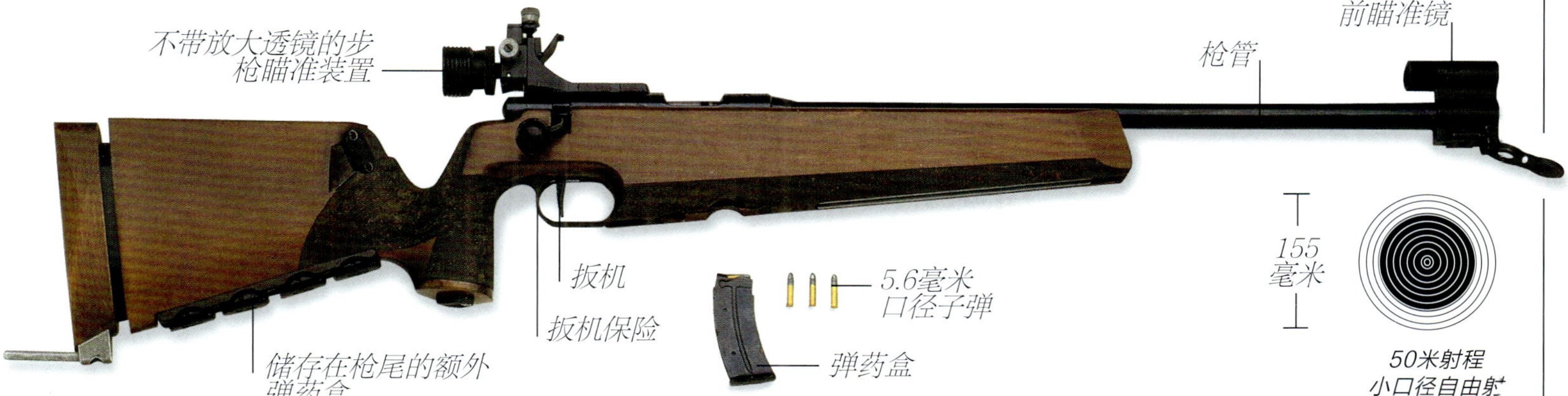

50米射程小口径自由射击枪靶

大口径射击步枪

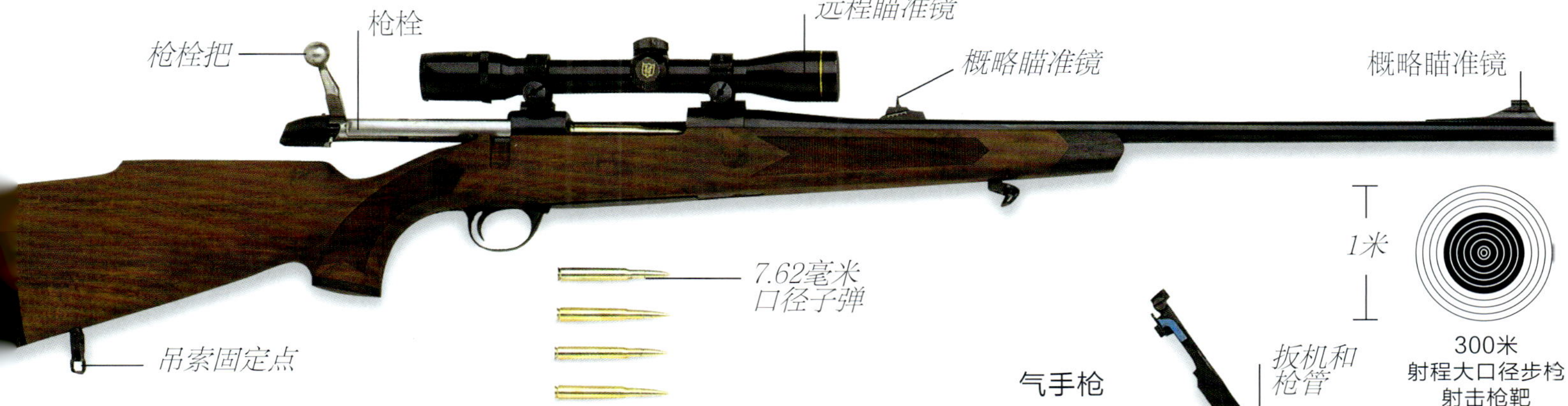

300米射程大口径步枪射击枪靶

打靶手枪

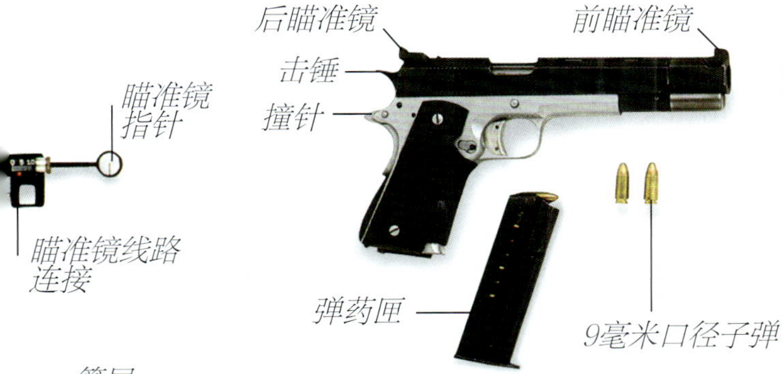

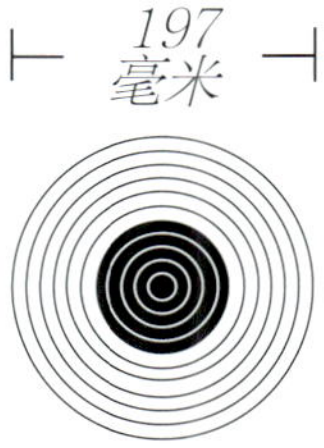

18米射程

气手枪

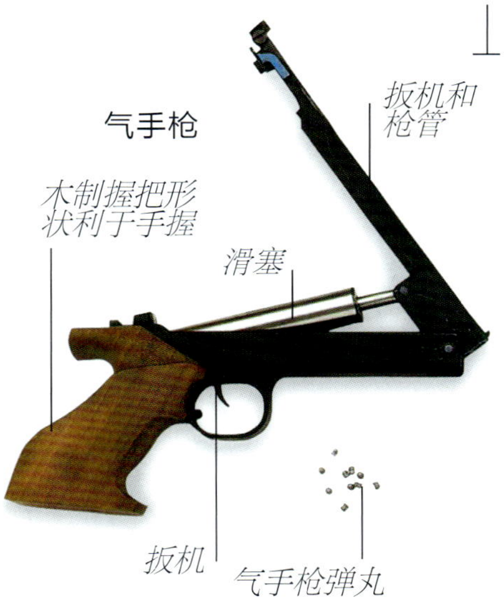

10米射程气手枪枪靶

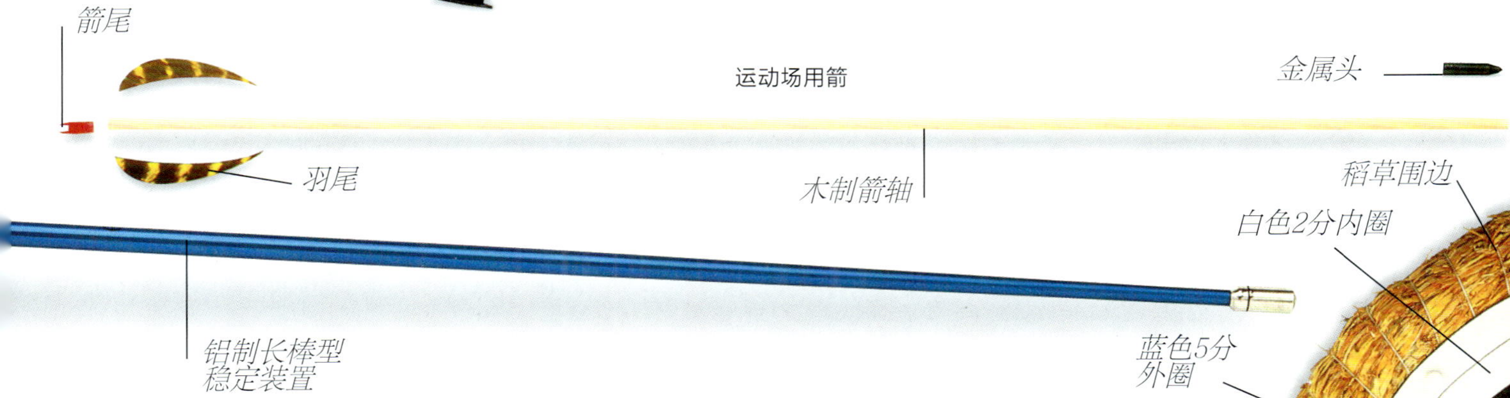

运动场用箭

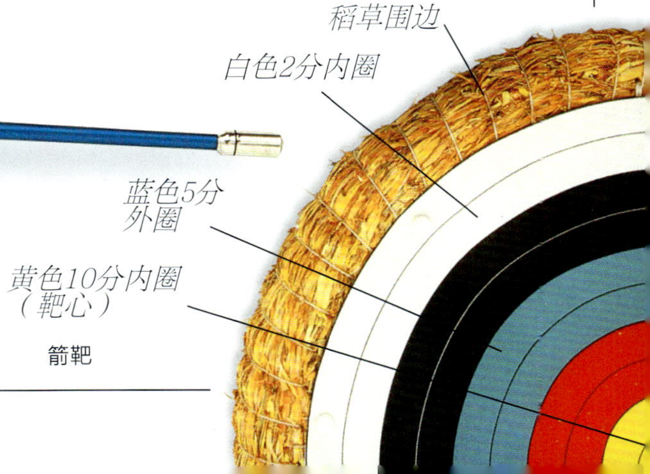

箭靶

冰球

冰球是一项团体运动，有两队，每队各有6名球员，球场两端各有一个球门网。此项快速甚至有些危险的运动旨在用冰球球棍击打一枚橡胶制成的冰球并将其送入对方球队的球网内。比赛开始时，裁判将球投向两名球员球棍间的地面上，这两名代表双方各队的球员进行“开球”争夺。冰球场分为三个部分：防守区、中场区、进攻区。球员可以带球移动或者顺着冰面将球传给另一名球员，但不能传球穿过场地标线越过两个场区。只有在球整体越过两门柱间的球门线并在球门横梁以下时才算进球得分。每队可有多达20人，然而允许同时上场6人，比赛过程球队时常换人。一场比赛由3局组成，每局20分钟，每局间有15分钟休息。

守门员

冰球场地

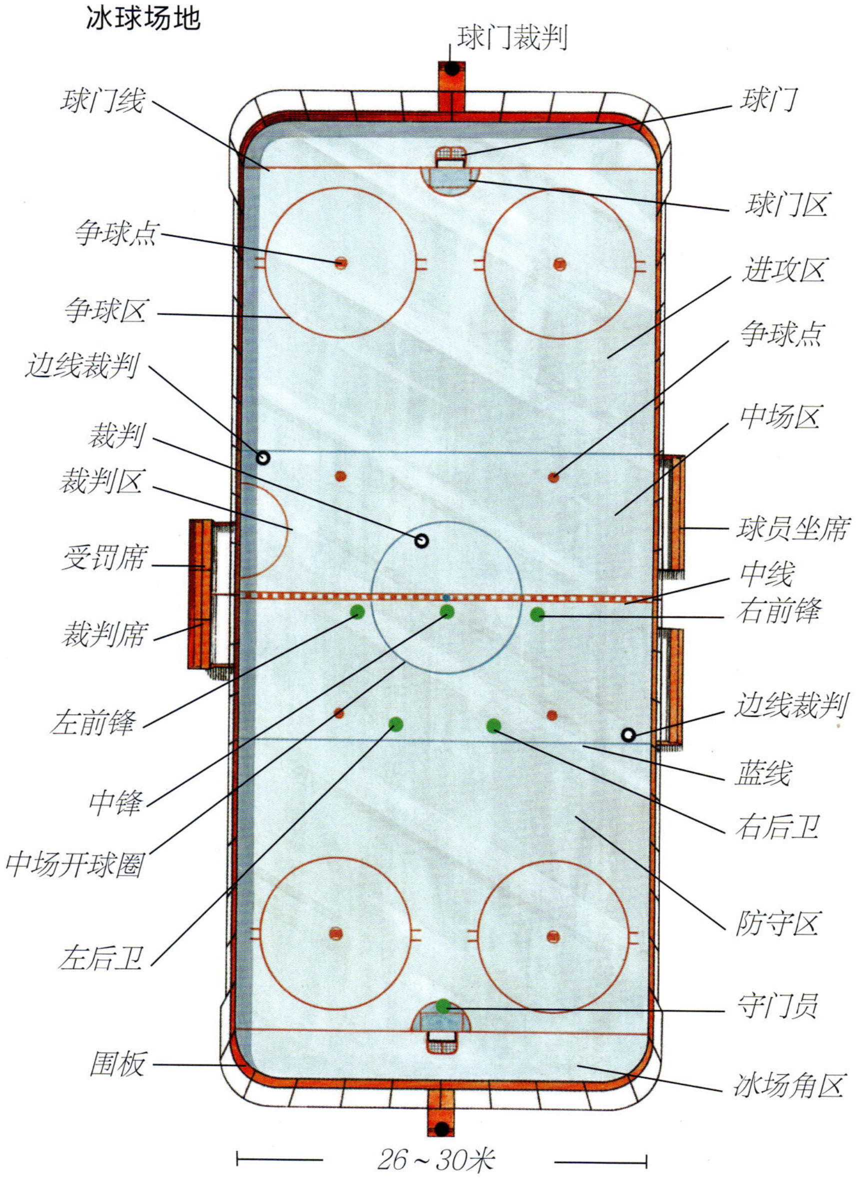

争球

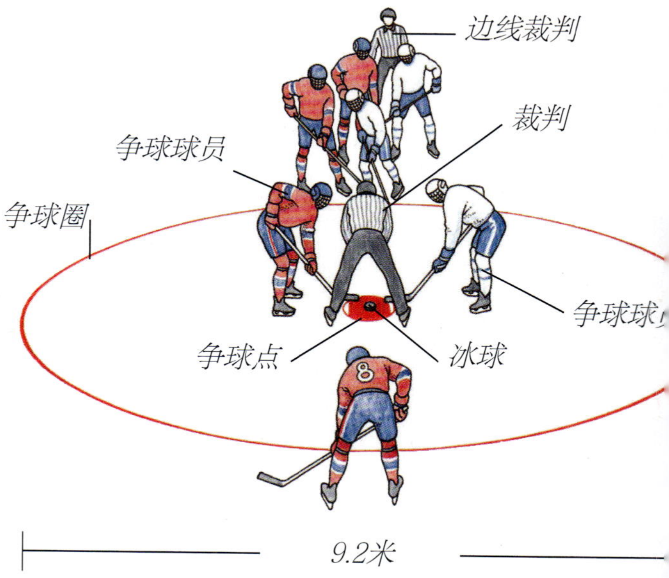

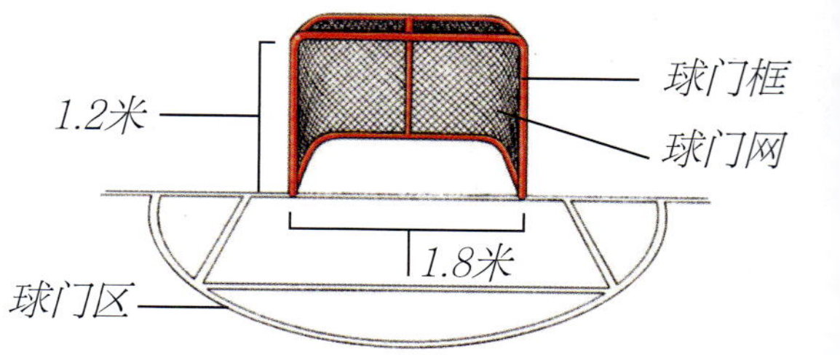

冰球球门

守门员头盔
自己绘画的图案
面部护网
护颌
JOFA
球员的身体护甲
透气孔
刚性塑料外壳
制造商标志
CANADIEN
泡沫护垫
系带
球员头盔
护肩
护肘
系带
护胸
护肩和护胸
护腕
TORSPO
厚护垫
有弹性的护板
手套
坚硬的指套
护踝
安全的鞋跟尖
刀叶
冰鞋
护腿板
刚性塑料外壳
护膝
Daignault · Rolland
CENTURION
后泡沫背面
护腿
停球挡
冰球球棍
守门员球棍
外场球员球棍
147厘米
MADE IN FINLAND
TORSPO
Pro 5000
Pro 500
宽的下球棍轴
细球棍轴
硫化橡胶
7.6 厘米
冰球
39厘米
32厘米
厚刀面
弯头

高山滑雪

富有竞技性的高山滑雪运动分为四个类别：滑降、回转、大回转、超级大回转（超级-G）。每个项目测试的是不同的技巧。在滑降滑雪中，运动员从用标志旗标明的山坡上滑下（这些旗就是俗称的“旗门”），并只需以一个单程计时作为成绩。运动员们需要配备防撞头盔、连体的莱卡运动服、为减少空气阻力而制成扁平头的长滑雪板。回转和大回转项目的滑雪者要滑过一条曲折多碍的线路，考验的是他们的平衡性、敏捷性和快速反应能力。这些线路由许多成对的旗门组成。竞赛选手必须逐一穿过每一对旗门来成功完成线路。选手们在两条不同的线路上各滑一次并计时，完成线路且用时最短的滑雪者赢得比赛。在超级大回转比赛中，选手们融合了回转中的技术挑战和滑降中的速度进行一场滑雪竞赛。该项目要求滑雪者在高速中完成中到大半径的转弯并包含两次跳跃。其衣着和滑降中的穿戴一样，不同的是使用的为稍微短些的滑雪板。

滑降选手

高山滑雪山坡赛道线路

滑雪靴

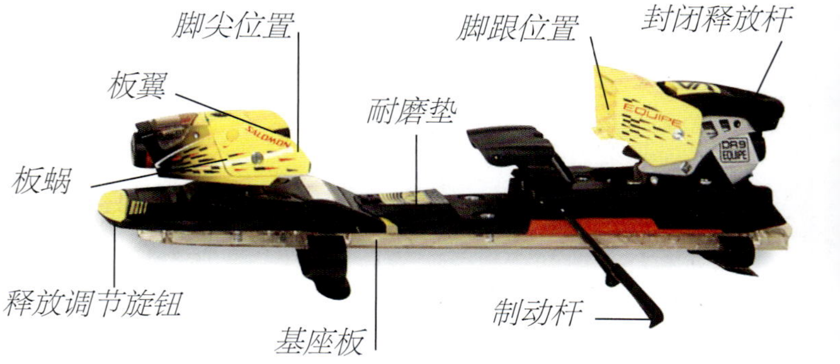

安全捆绑座

回转滑雪服装和装备

防眩光镜片
松紧带
雪镜
坚硬的尼龙外壳
护垫
系带
护颌
回转滑雪头盔
加长的套口
腕带
保护手的刚性衬垫
滑雪手套
橇尾
高领
双针毛线和聚酯纤维
可调节肩带
有罗纹的袖口
拉链式口袋
前部拉链开合
防水纤维
扎在滑雪靴内的裤腿
带衬垫的滑雪裤
带衬垫的毛衣
腕带
抓柄
在滑雪靴下面的减震雪橇板
模制聚丙烯材料
手护具
边缘
188～203厘米
硬聚丙烯外壳来弹开回转门旗的旗杆
杖轴
维可牢系带
雪轮
护腿板
回转滑雪杖
回转滑雪雪橇
板尖

马术运动

马术运动几世纪以来一直都在全世界各地进行着：据记载，在公元前642年的奥林匹克比赛中已设有马车比赛。然而，超越障碍马术比赛则是一项现代赛事，其第一届比赛于19世纪初举办。在这项运动中，骑手及其马匹需要穿越一条各种各样、不固定的障碍，并尽可能地少犯错误。超越障碍赛的障碍栏由木制支柱组成，俗称障碍支柱或障碍翼，其作用是放置挡板或者挡杆。障碍栏被设计为受到冲击后就散架以此来保护骑手和马匹防止他们受伤。选手撞倒障碍、马匹拒跳以及偏离线路都要受到裁判的罚分。在这样的比赛中，骑手要以最少的失误、最多的得分以及最快的速度取得胜利。赛马则有两种基本赛事：平地赛马和跳跃赛马（例如越野障碍赛马和跳栏赛马）。纯种马被用于此项赛事，因为它们有着极强的力量和耐力，并且速度能达到高达65千米/时。骑师们穿着“丝制品”——设计成独特颜色和款式的帽子和夹克，便于马匹的识别。在轻驾马车赛中，马拉着一台轻重量的双轮马车。马匹训练后可以小跑和踱步前行，并以这两种不同的步伐举行有多种赛事。在慢步马车赛中，马匹套着束套防止它们跑起来。诸如标准种马和法国快步马这样的品种，专为这项运动提供马匹。

障碍马术马鞍

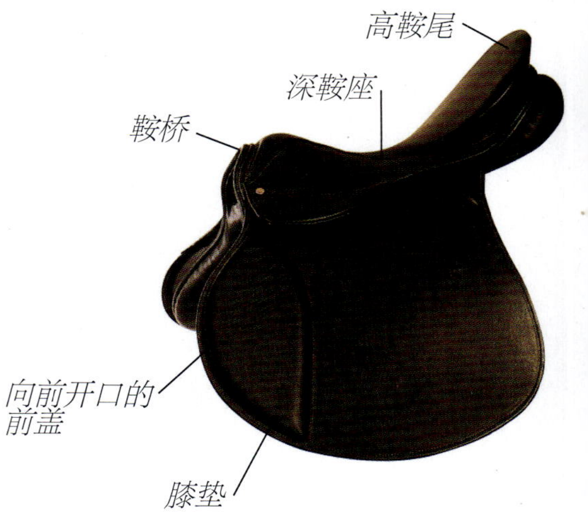

障碍马术障碍栏

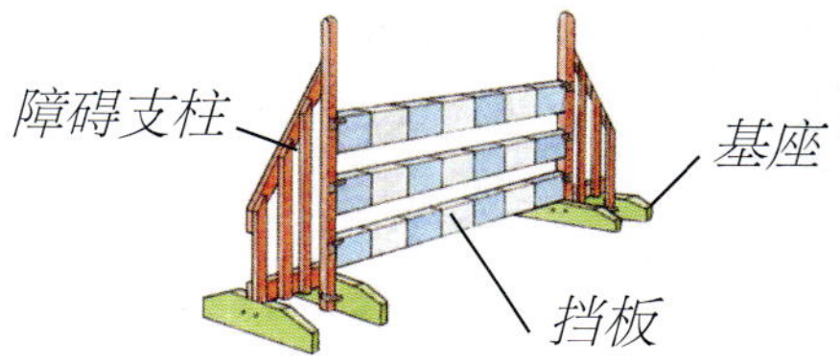

垂直挡板

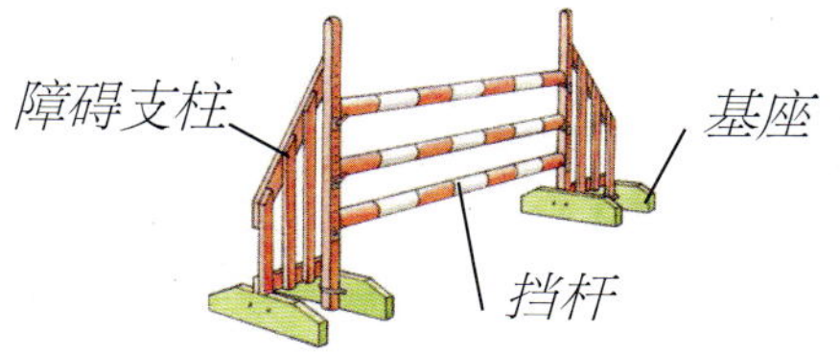

垂直挡杆

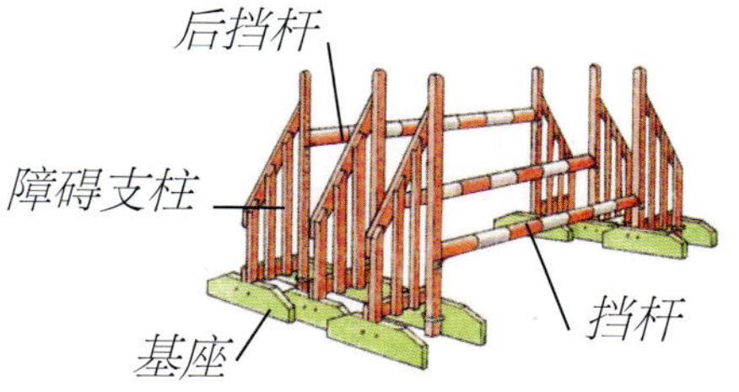

三杆障碍（阶梯障碍）

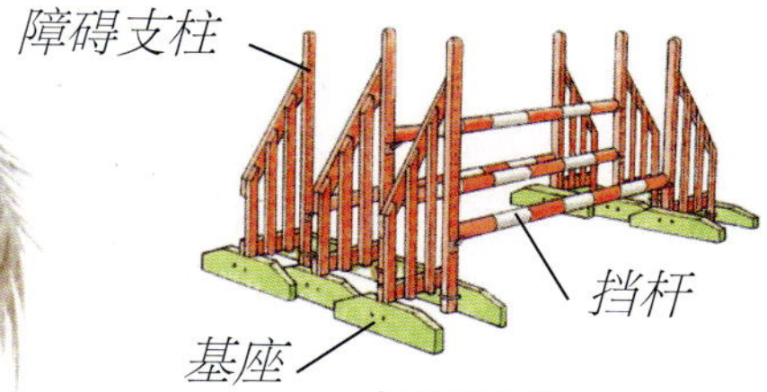

猪背型障碍

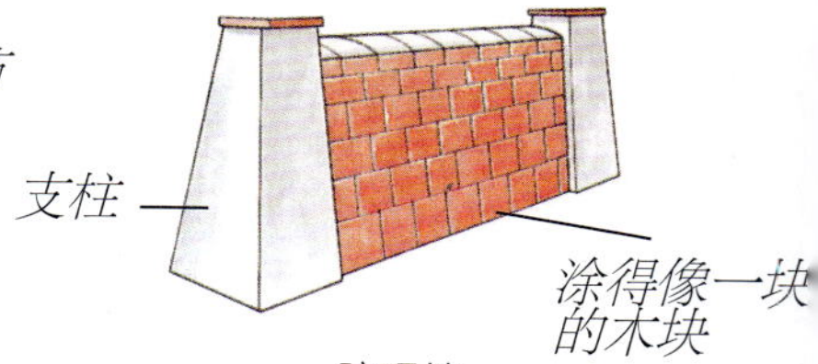

障碍墙

障碍马术骑手和赛马

赛马比赛马鞍

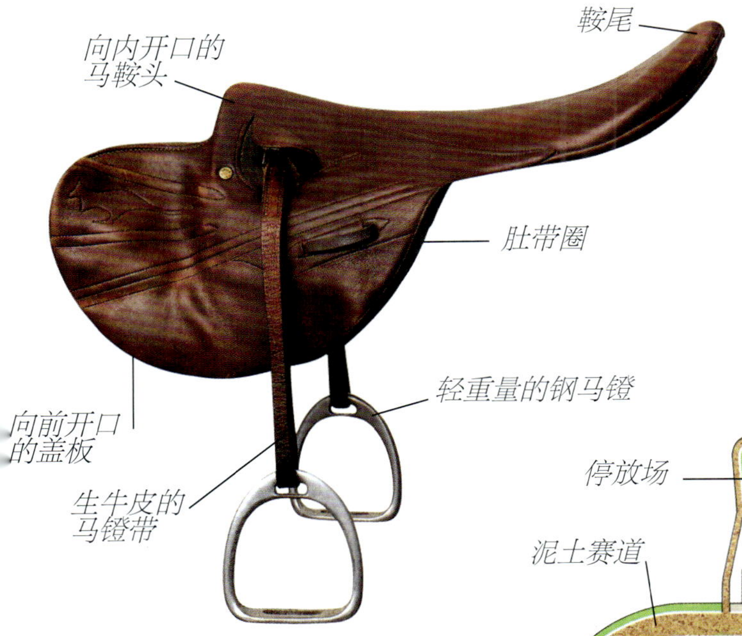

赛马骑师服

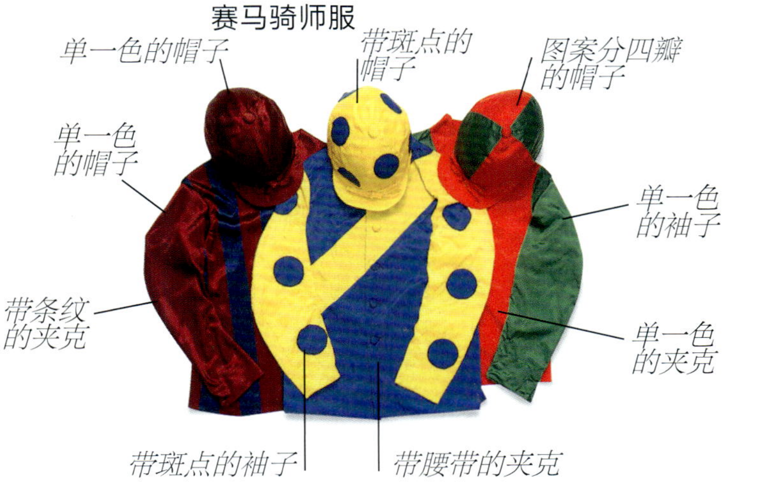

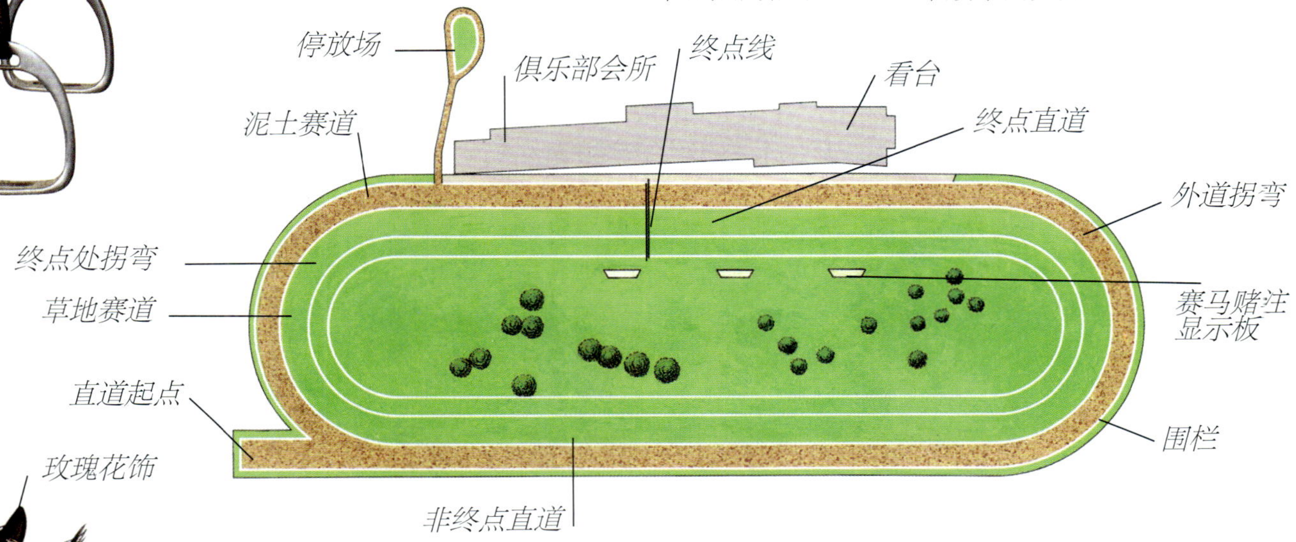

美国纽约萨拉托加萨拉托加赛马场地

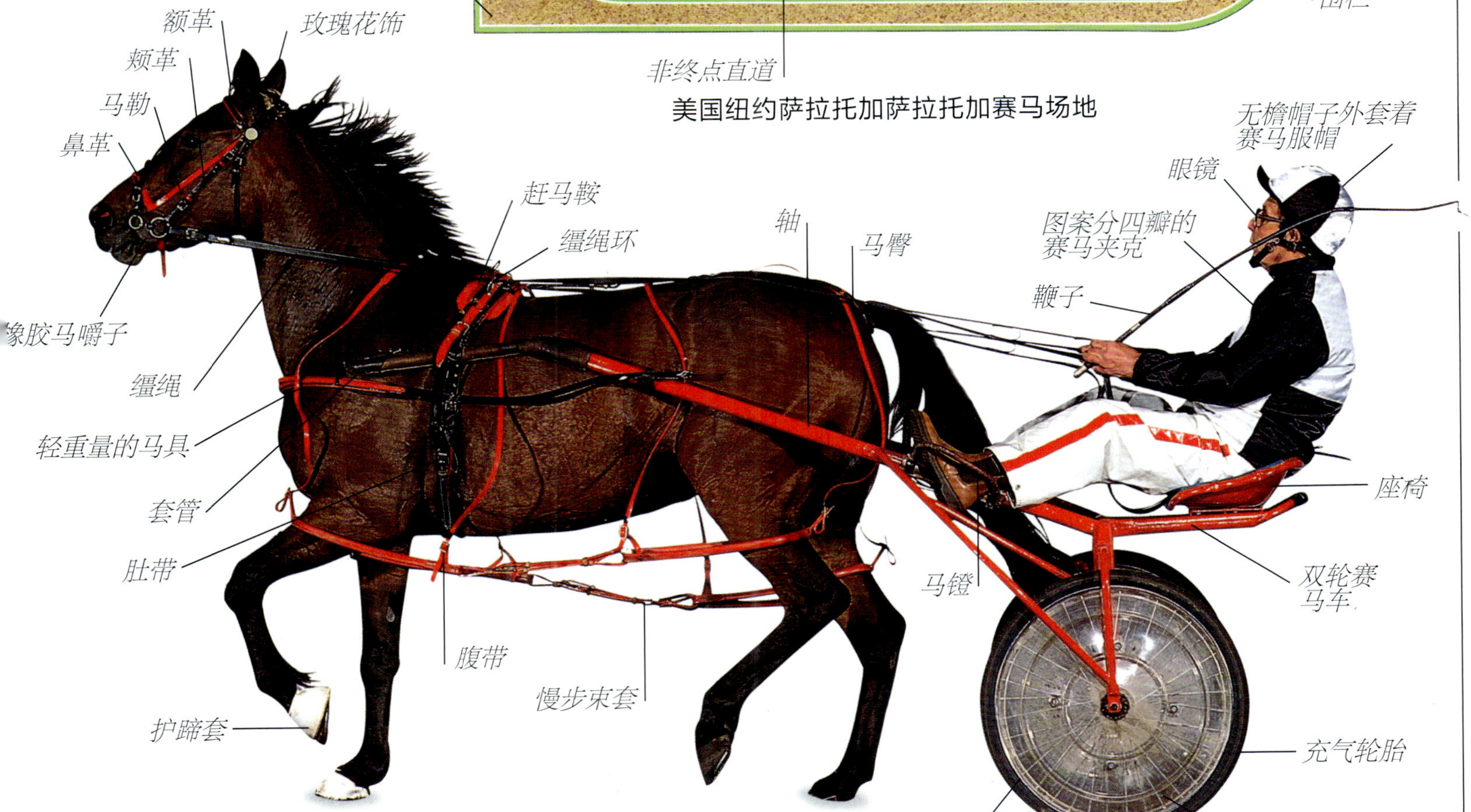

在轻驾马车赛中的
一匹标准竞赛用马

柔道和击剑

格斗类运动是以搏斗中所用到的技巧为基础的。在这类运动中，选手们可能是徒手的（例如柔道和拳击）或者是有装备的（例如击剑和日本剑道）。柔道是从东方发展而来的一项徒手格斗体系。日语中其名字意为“温柔的方式”。学员学习如何将对手的力量转化为自己的优势。柔道的服饰通常为一条宽松的裤子和一件上衣，扎着一条腰带。腰带的颜色表明学员能力经验的级别，从初学者的白带直到专家级的黑带。柔道比赛在一张垫子上或者一块“比赛场地”上进行，面积为9或者10平方米，有界限划分为“危险区”和“安全区”以防受伤。选手们通过向对手的手臂关节或者脖颈处施加压力，实现投摔、钳制或者控制住对手。柔道比赛受到严格的监督，选手们靠高超的技艺获得分数，而不是通过致伤他们的对手。击剑是一项使用剑具的格斗运动，在一块仅有14米长的狭窄场地上进行。选手们力图用他们的剑刺向对手身上的有效目标区域并避免自身被击中。击中对方数最多的一方获得胜利。击剑选手们穿着由坚硬的白色材料制成的服装，这在他们自由移动时提供最大限度的保护，钢制网面面具下有带衬垫的护颈来保护他们的脖颈部位，持剑手则戴着长长的白色手套。为防止受伤，击剑用剑没有锋利的刀刃，剑尖也包在一个钝的防护帽里。共有三种类型用剑：花剑、重剑和佩剑。官方花剑和重剑的比赛中常常用到一套电子计分系统。剑头通过在每位击剑选手夹克下的一条长导线被连到信号灯上。如果击中对手则会有灯亮起。

柔道固技与投技

横四方固

片羽绞

体落

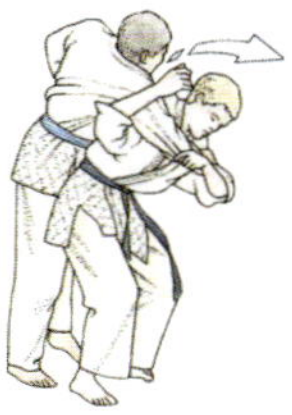
单手背负投

肩车

扫腰

巴投

膝车

柔道垫

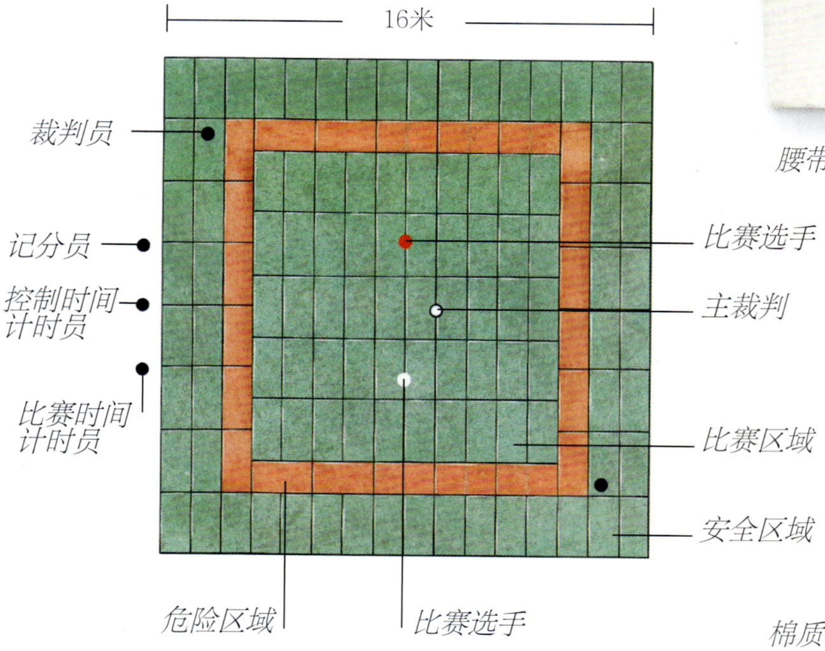

柔道服

击剑场地

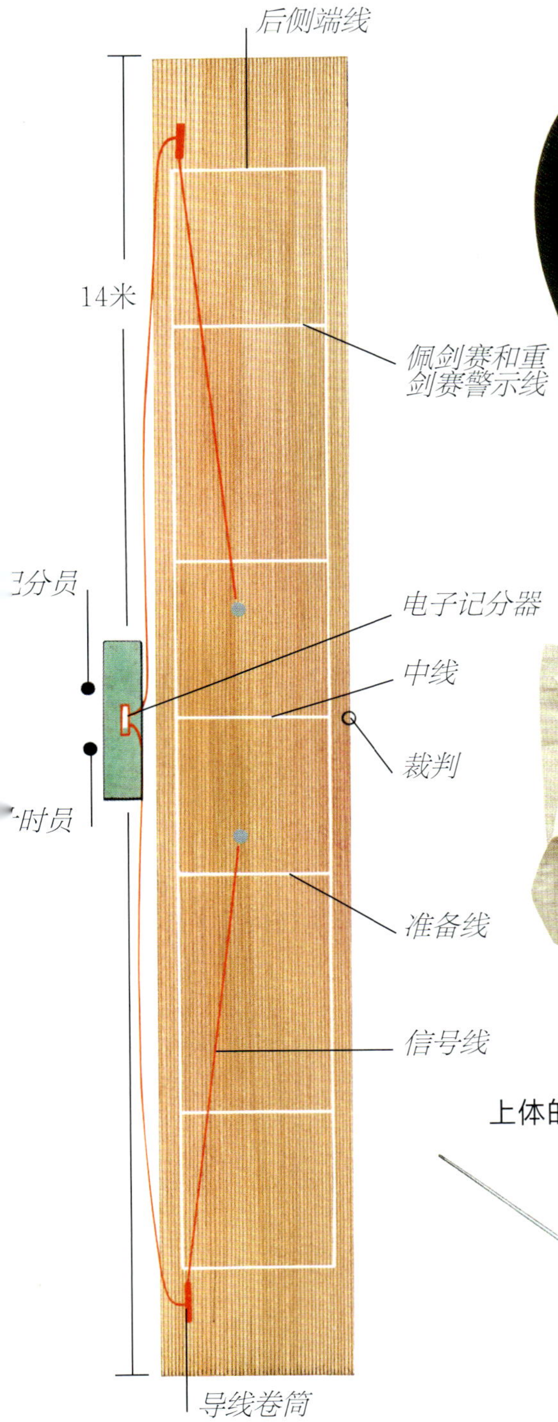

击剑装备

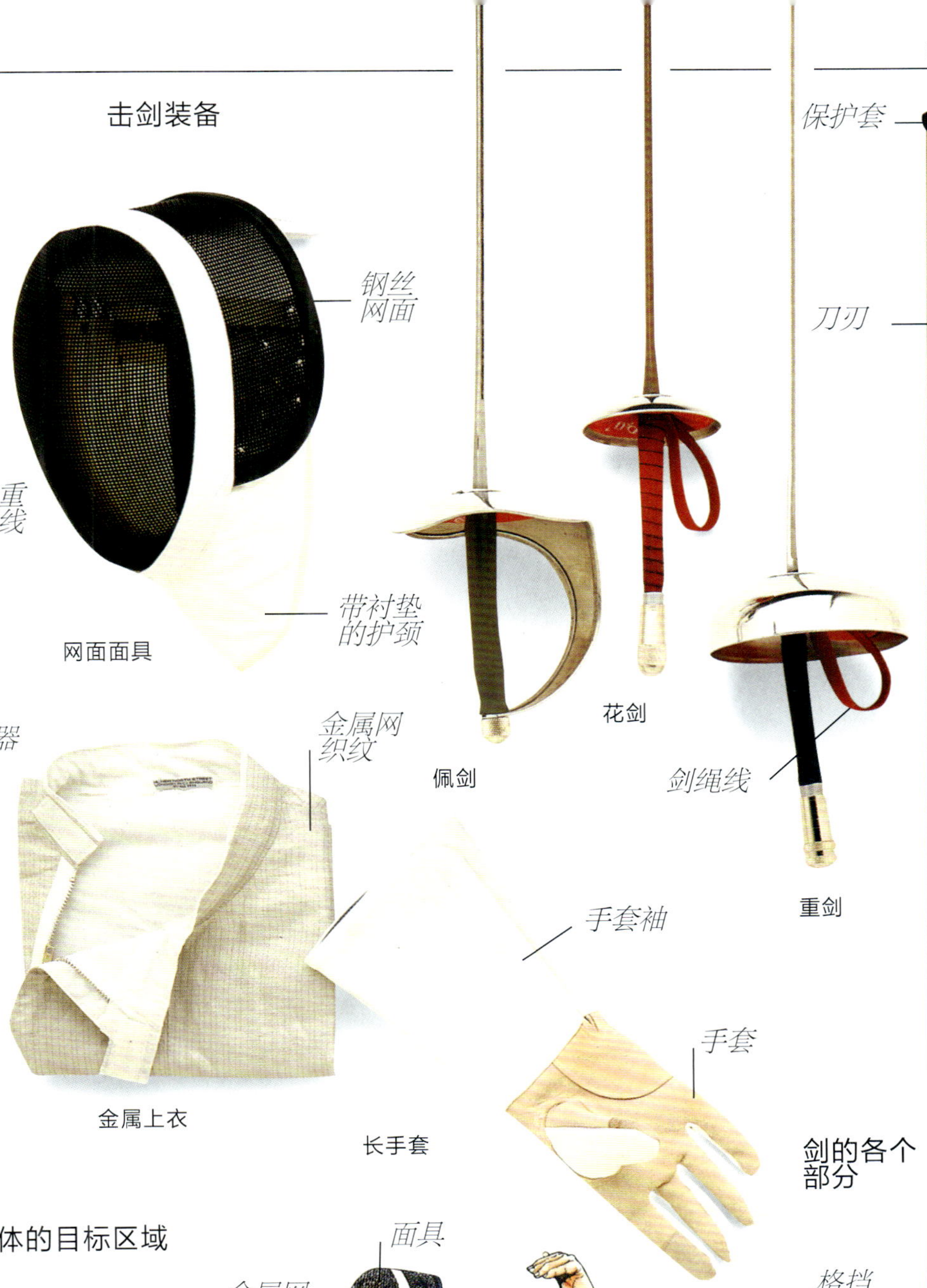

剑的各个部分

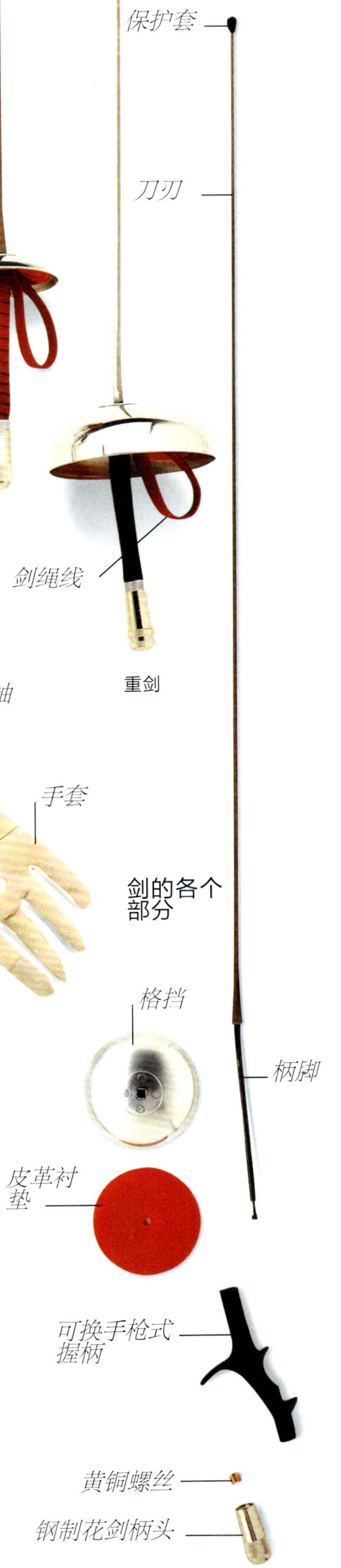

上体的目标区域

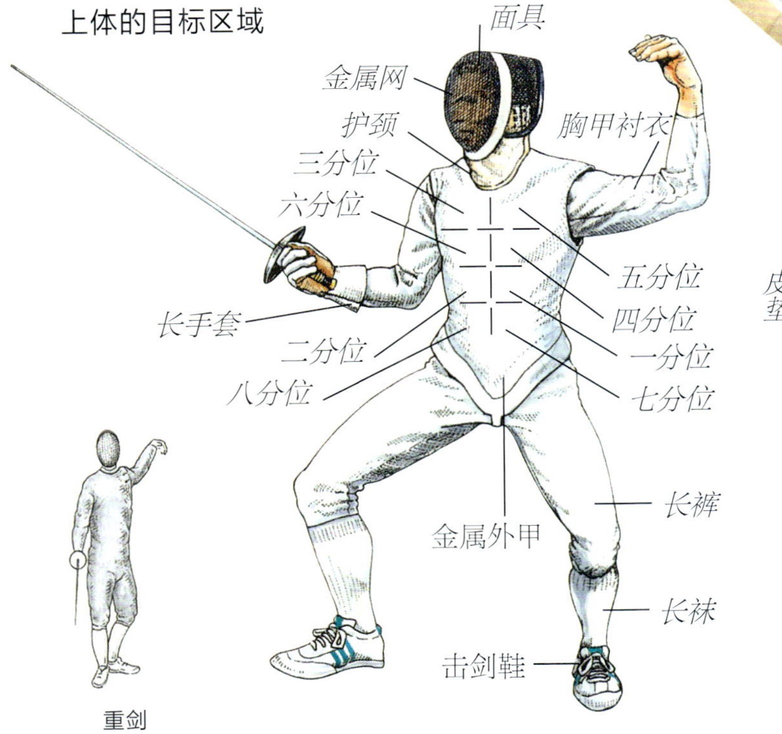

击剑比赛目标区域

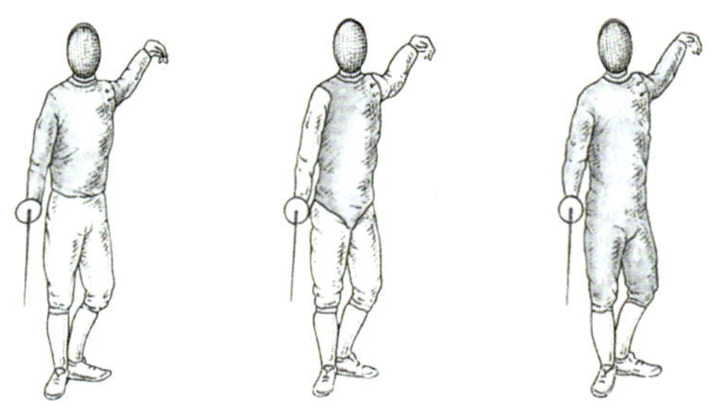

佩剑　　花剑　　重剑

游泳和跳水

泳镜

在1896年第一届现代奥林匹克运动会中就已经有游泳比赛了，跳水这项运动也在1904加入到了其中。游泳比赛既有个人竞赛也有团体竞赛，在既定的距离上进行比赛，主要有四种游泳姿势：自由泳（通常为爬泳）、蝶泳、蛙泳和仰泳。比赛用泳池中有明确的赛道标志，还有可减流的分道线用来分隔游泳选手并减弱水的振荡。第一个完成整个赛程的个人或者团体为胜利者。竞技跳水分为男子比赛和女子比赛，比赛项目有跳板跳水和跳台跳水（高台跳水）。共有六组正式的跳水动作：向前跳水、向后跳水、臂立跳水、转身跳水、反身跳水和向内跳水。比赛选手们呈现一连串的跳水动作，之后全体评审员将根据选手的动作质量和动作难度进行打分评判。

各类跳水动作

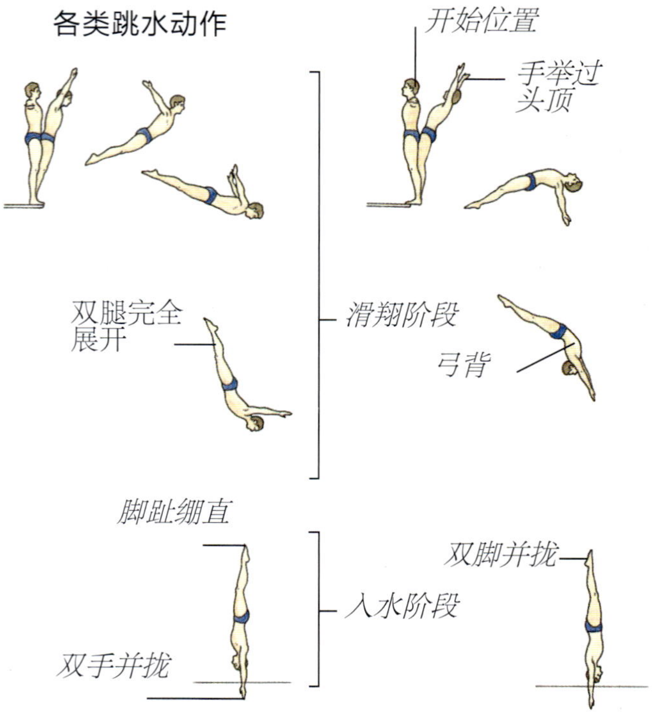

向前跳水　向后跳水

游泳池

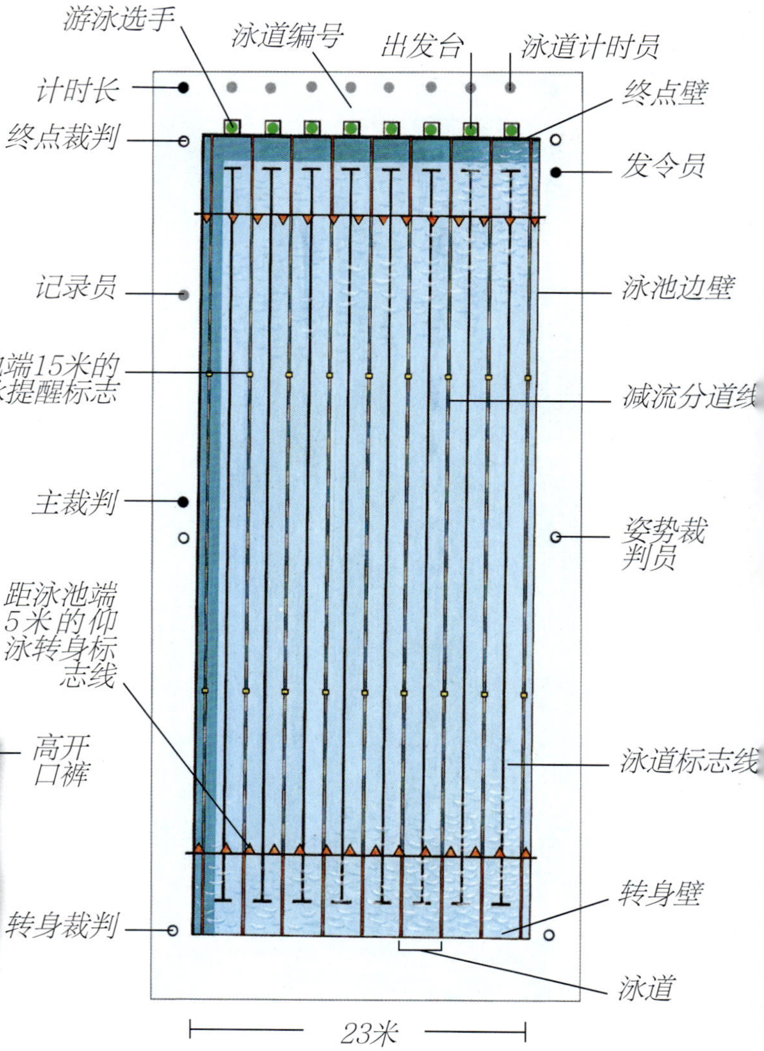

泳帽

泳衣

鼻夹

耳塞

女士泳衣　男士泳裤

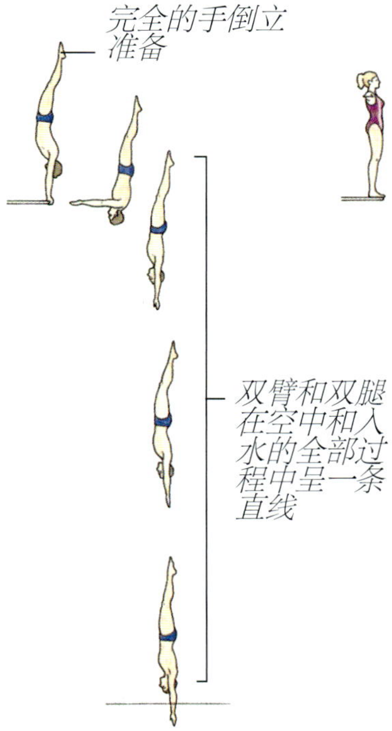

臂立跳水

转身跳水

反身跳水屈体

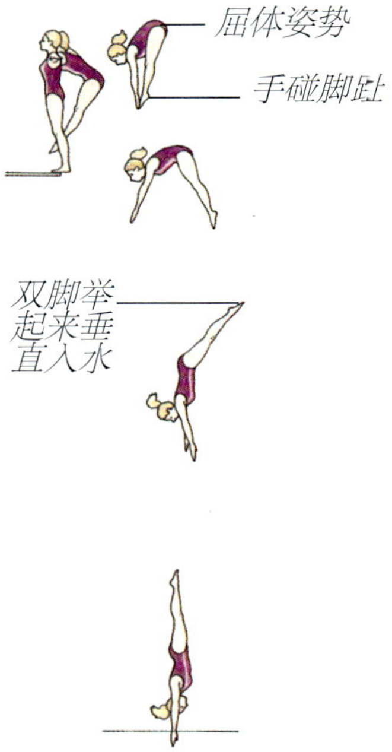

向内跳水屈体

自由泳

全身舒展

手臂向下划水

手臂呈流线型入水

身体左右前向移动

蛙泳

身体向前滑行

双臂划水

压水出水面

蛙泳蹬腿

仰泳

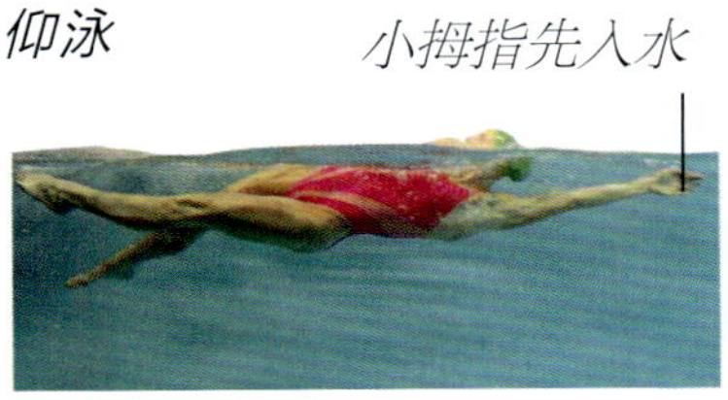

身体前行

手臂前后划水

平直地出水

抬肩

蝶泳

控制住水流

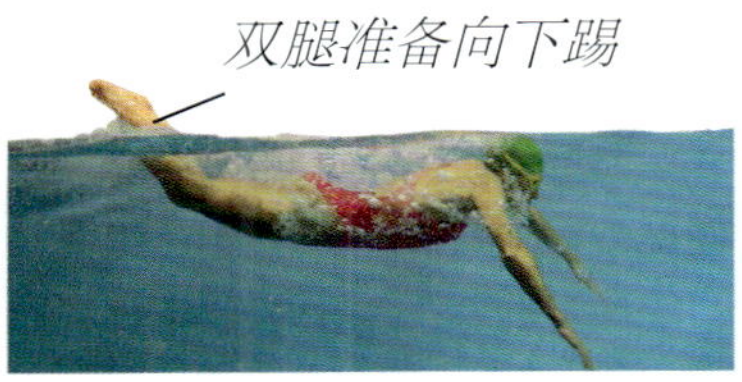

双臂划水

向下踢腿

整个身体成波形

皮划艇、赛艇和帆船运动

水上运动的种类和其所用到的艇筏种类一样繁多。赛艇运动有两大类型，一种是单桨赛艇比赛，其中每位桨手有一支桨；另一种是双桨赛艇比赛，其中每位桨手有两支桨。现如今有各式各样的奥林匹克和竞技赛艇比赛，并都分别设有男子组和女子组。桨手的数量和重量也相应不同。在一些赛艇赛事中，赛艇上会有一名舵手，舵手并不划桨而是指挥全体船员。皮划艇和独木舟用在直线静水冲刺比赛和急流回转比赛中。急流回转比赛在一条由20至25个水门组成的赛道上进行，其中应至少有6个逆水门。在帆船比赛中，选手们必须完成规定的赛程，比赛由竞赛委员会组织，选手需在最短的时间内完成比赛，并且只能使用帆动力行进。奥运会帆船比赛中有龙骨帆船、小型艇和双体艇的多种级别的比赛。

航海用具

手套

靴子

单人皮划艇和桨

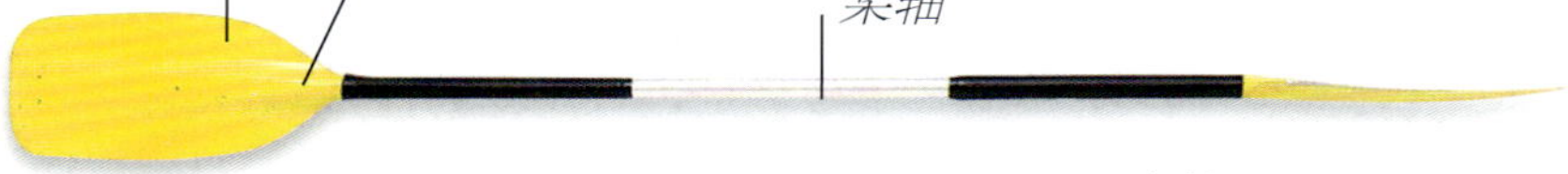

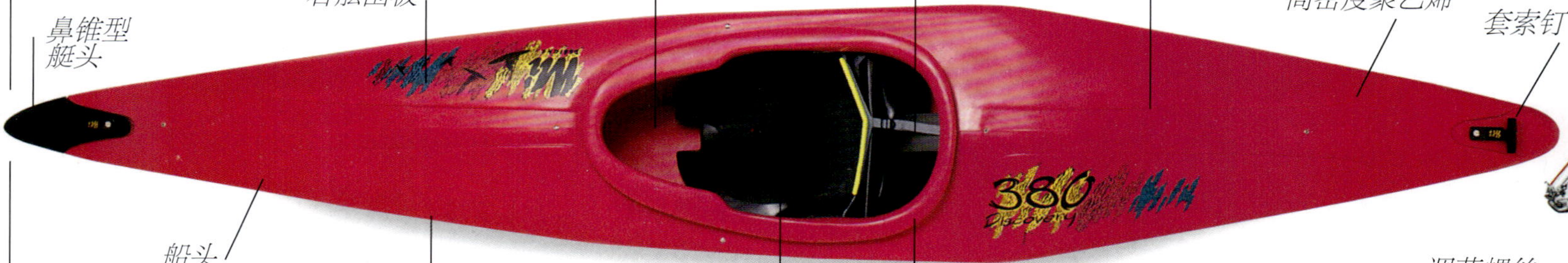

单人双桨赛艇（去除表面甲板后）和桨

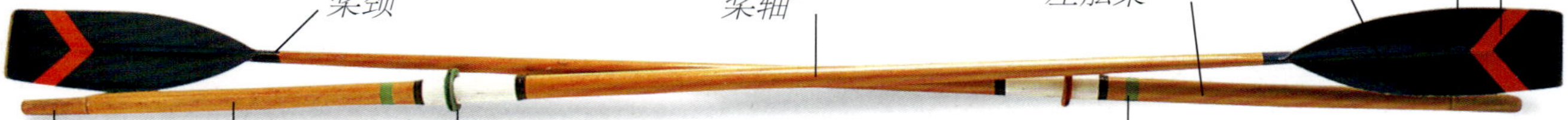

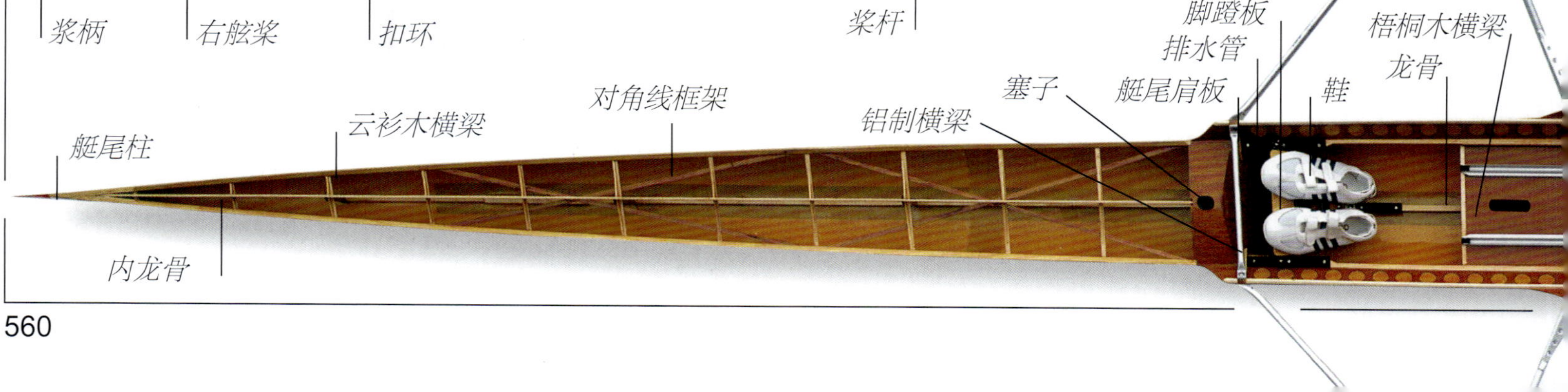

救生衣

帆船艇

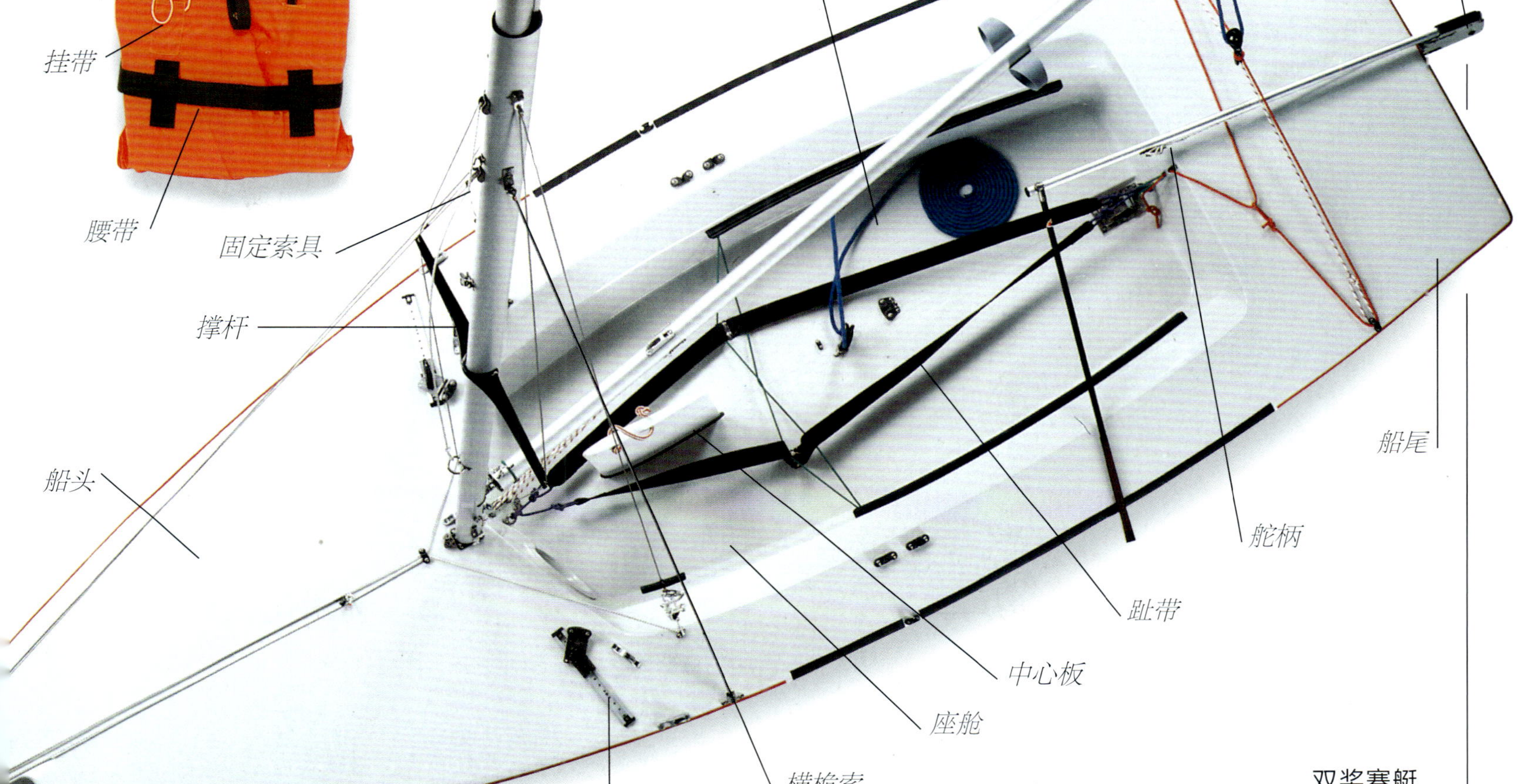

双桨赛艇

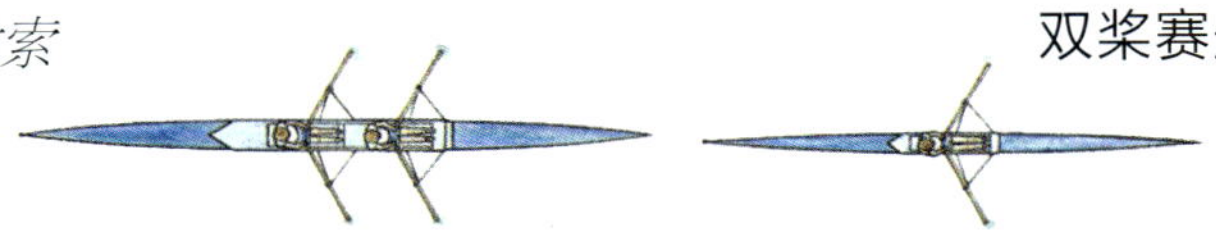

双人双桨赛艇　单人双桨赛艇

单桨赛艇

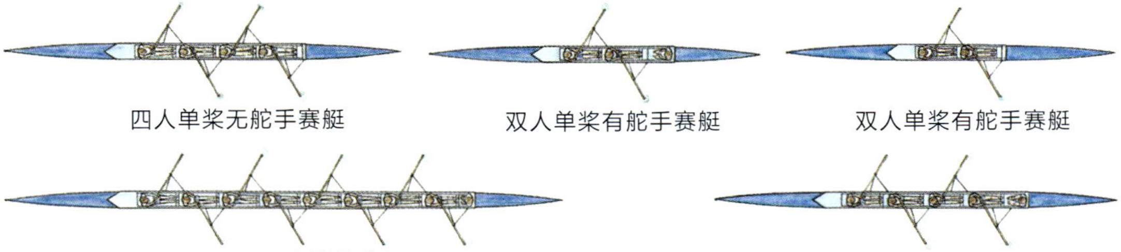

四人单桨无舵手赛艇　双人单桨有舵手赛艇　双人单桨有舵手赛艇

八人单桨赛艇　四人单桨有舵手赛艇

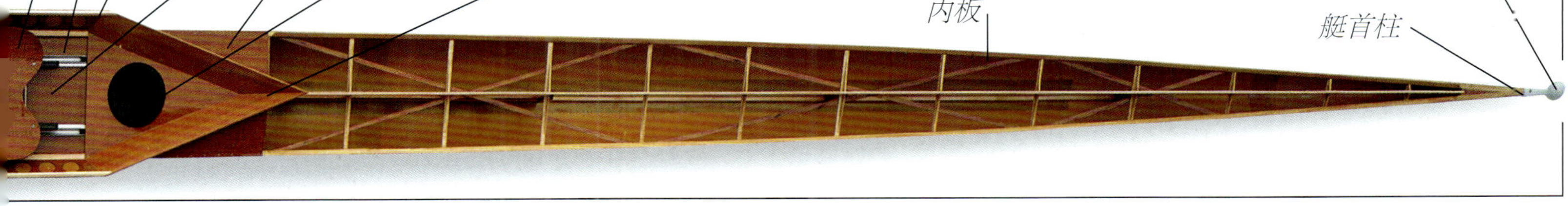

钓鱼

钓鱼即为用渔竿、绕线轮、鱼线和鱼饵这些东西来比赛钓鱼。钓鱼有多种方式：淡水杂鱼垂钓，为捕捉鲤鱼族群和梭子鱼；淡水钓鱼比赛，为捕捉鲑鱼和鳟鱼；海上垂钓，为捕捉像比目鱼、鲈鱼和鲭鱼这样的海鱼。钓手会运用各种各样的手段去捕鱼。这些手段包括：鱼饵钓法，即把鱼饵（用于引诱鱼只的食物）挂在鱼钩上并将其投入水中；飞蝇钓法，在这种方法中钓手用野生的或者人造的飞虫来引诱鱼；旋式饵钓鱼法，这种方法用到的鱼饵被拉动时看上去就像一只小鱼在水中旋转。钓手用渔竿、绕线轮和鱼线将鱼饵投到水里去。绕线轮控制着鱼线使其从线轴上或是滑出或是绕回。在鱼线上会拴上重物使鱼线下沉。鱼线上还装有转环防止鱼线扭缠。当有鱼咬钩时，鱼钩必须能死死地嵌入鱼嘴直到猎物被钓上来。

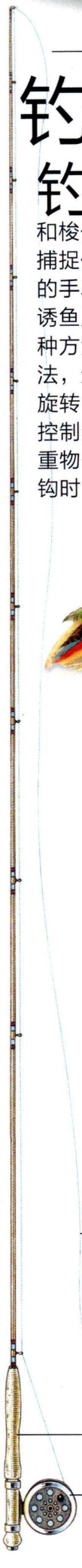

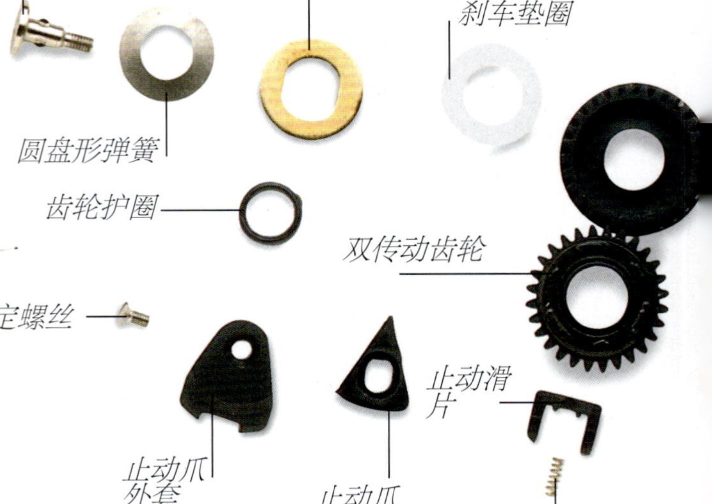

绕线轮

双轴承绕线轮

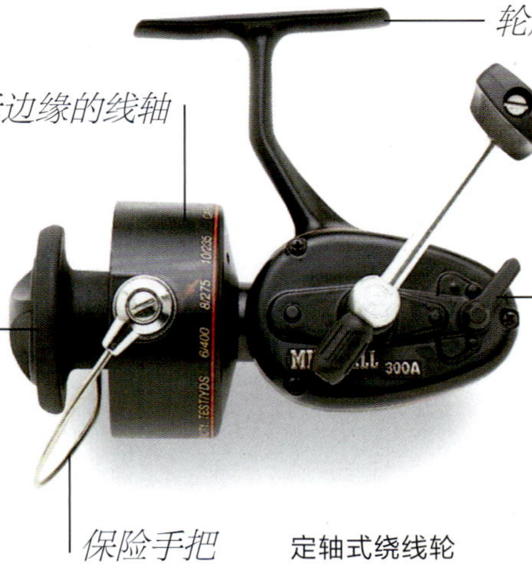

定轴式绕线轮

鱼钩、转环和重锤

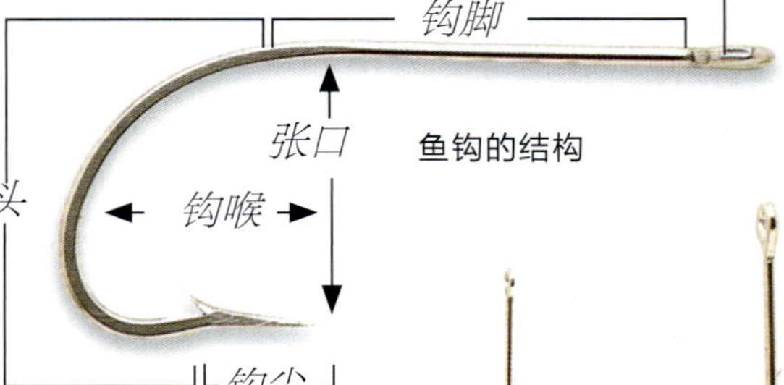

鱼钩的结构

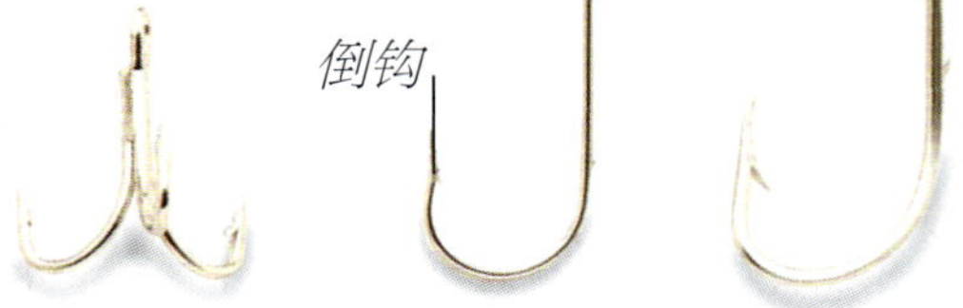

三爪鱼钩 阿伯丁钩 反弯头钩

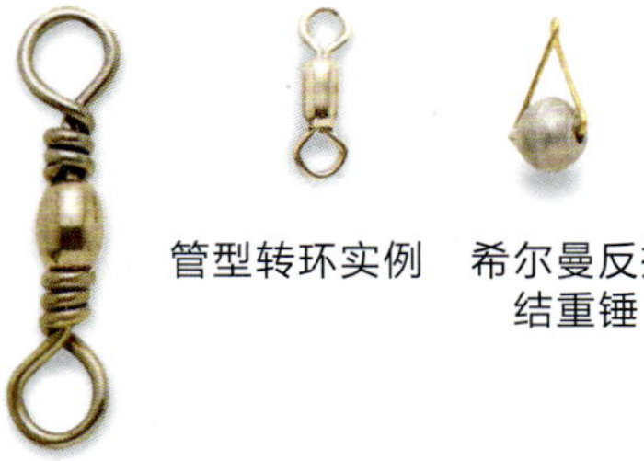

管型转环实例 希尔曼反扭结重锤

飞蝇钓竿和绕线轮
中间连环
钓竿头部
绕线轮座
旋转锁紧螺母
竿头挂环
圆盘形刹车室
轮脚（轮勺）
鱼线
竿头帽
刹车把螺丝
竿柄
棘爪盘
刹车把
DragonFly 100
Disc Drag
释放杆
线轴螺丝
线轴盖
释放弹簧
手柄
线轴释放按钮
人造飞蝇
鱼线导口
邓凯尔德湿飞蝇
身体
尾巴
蝇颊
蝇头
鱼线导口盖
颈毛
固定螺丝
肋骨
人造鱼饵
德文郡小鱼
鱼鳍
鱼眼
三爪钩
转环
郁金香节
鹿之跳者干飞蝇
链接鱼饵
前颈毛
眼睛
尾巴
可调叶片
接合
三爪钩
鱼钩
翅膀
头

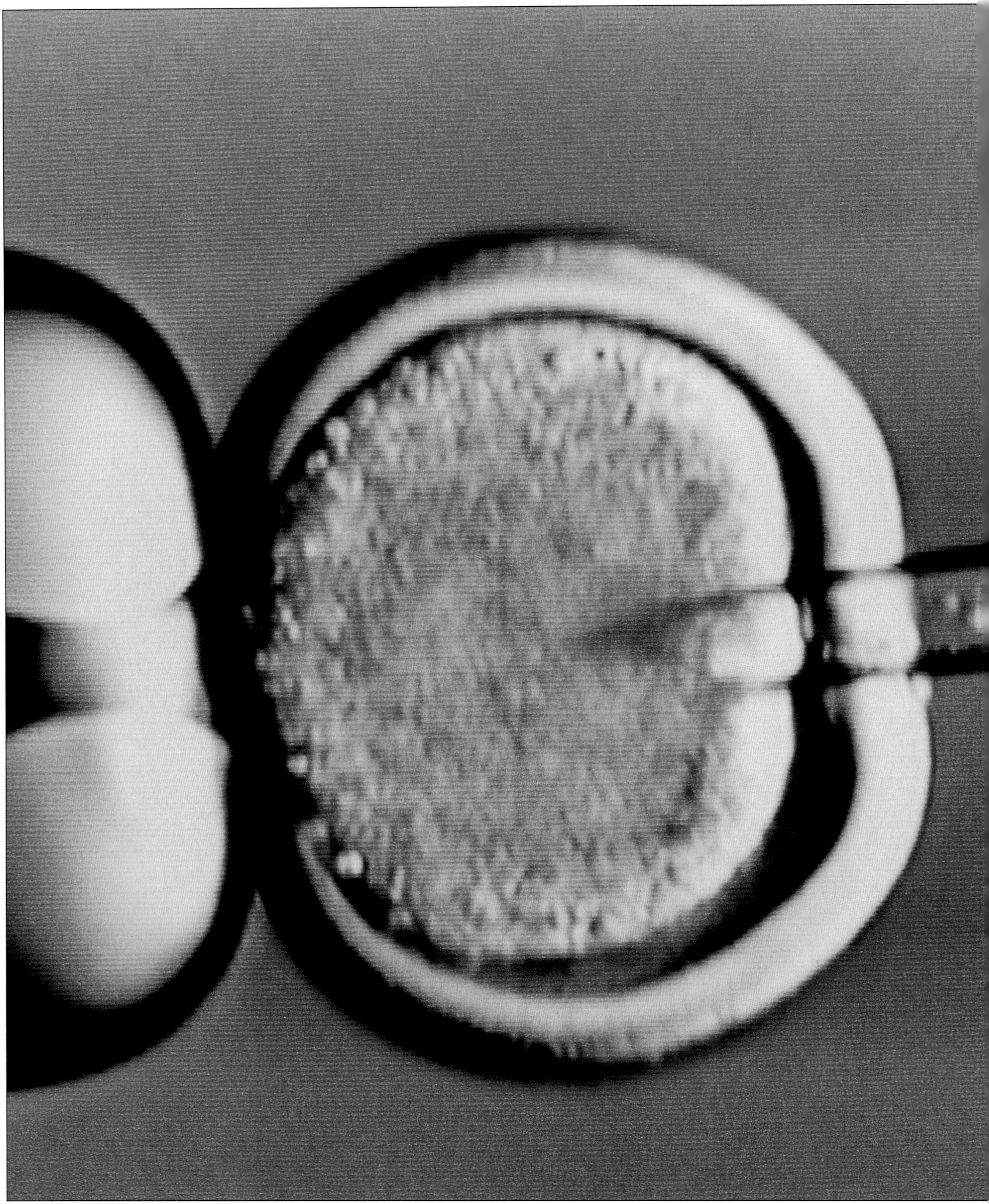

当代世界

个人电脑

个人电脑（PC）主要分为两类：兼容IBM的个人电脑，称为个人电脑；苹果麦金塔（APPLE MACINTOSH）个人电脑，称为苹果电脑（MAC）。两类电脑的程序无法兼容，文件和程序以及文件与程序的组织方式和访问方式是其主要区别。不过，两类个人电脑的共同之处更多。例如，所有个人电脑都使用微芯片组或集成电路存储和处理数据，其“大脑”都是称为中央处理器（CPU）的芯片，用于执行数学运算以运行程序指令，进而接收、存储和输出数据。目前，最先进的个人电脑CPU可以在一秒内执行十亿次运算。现在，CD、USB存储卡和其他存储媒介都可以用于传输数据，便携的笔记本电脑和上网本也为移动办公提供了更多便利。大多数个人电脑都可以与其他设备互连，包括数码相机和智能电话。

iMAC

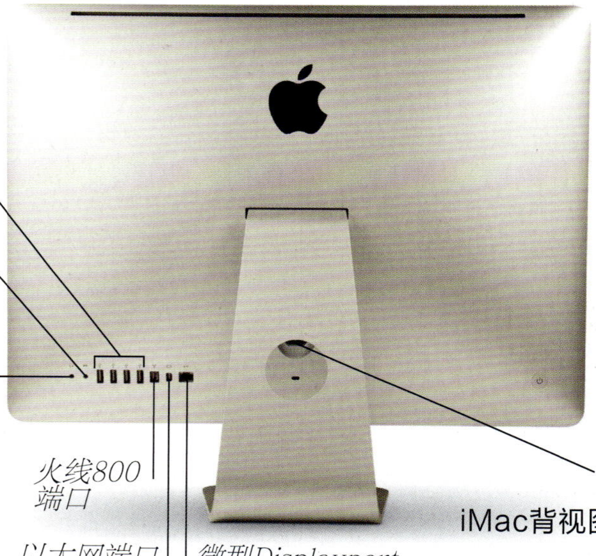

iMac背视图

惠普PAVILION DV4笔记本电脑

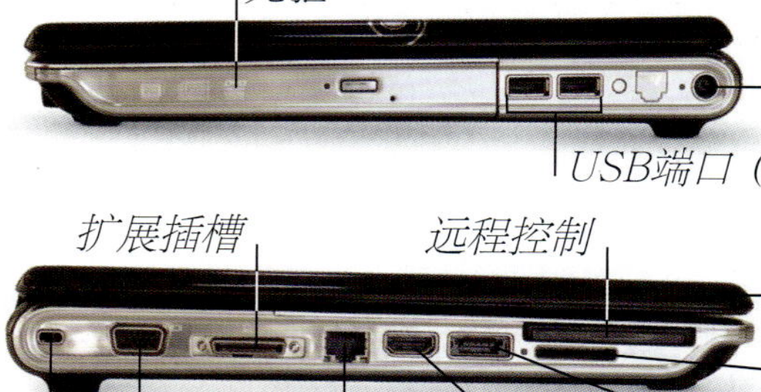

惠普PAVILION DV4笔记本电脑侧视图

电脑主机部件

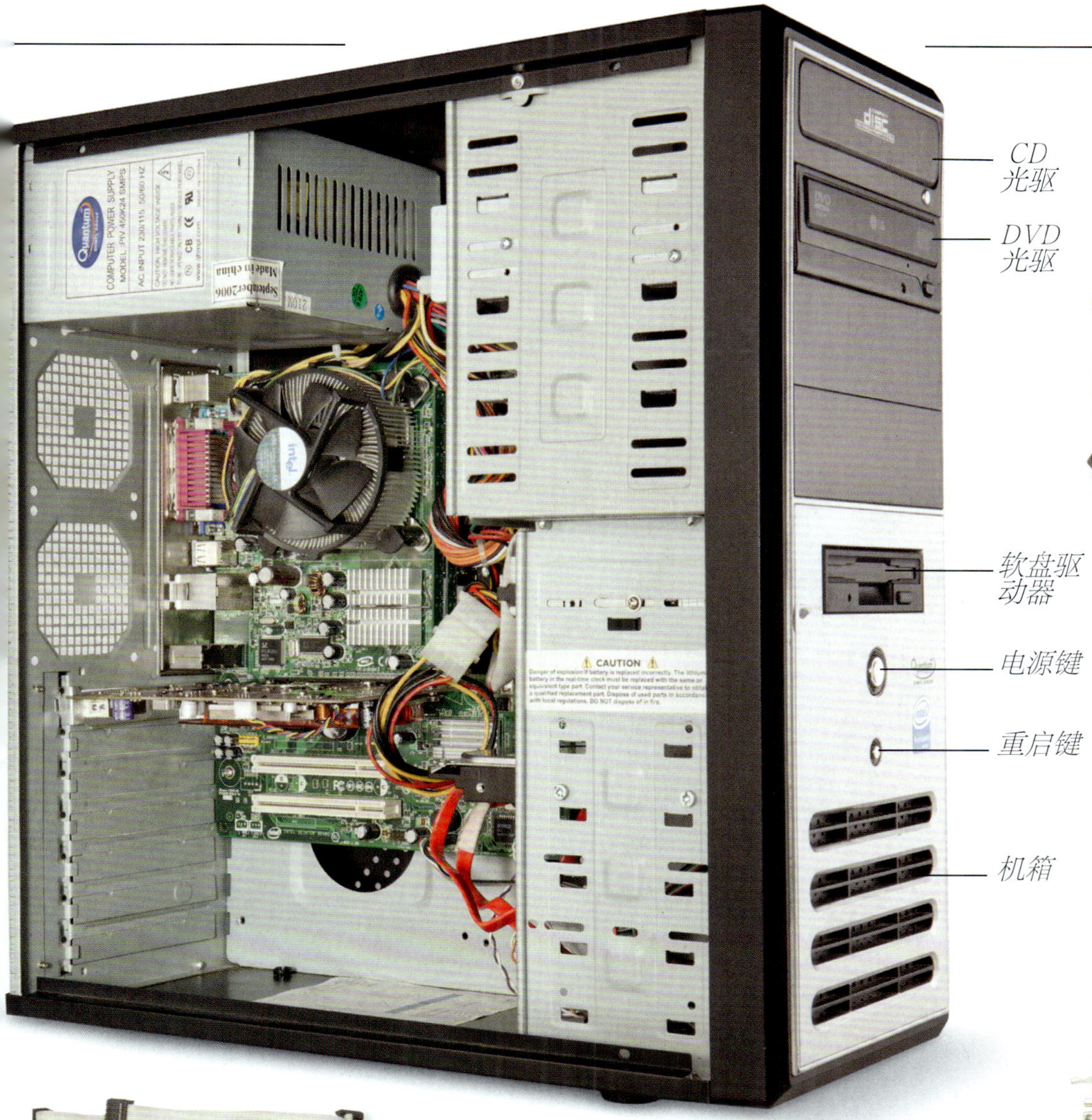

个人电脑主机

冷却风扇

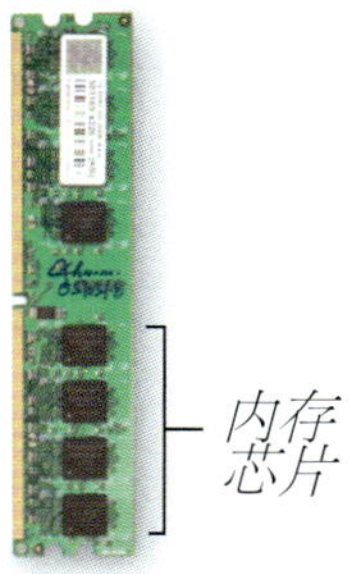

内存电路板

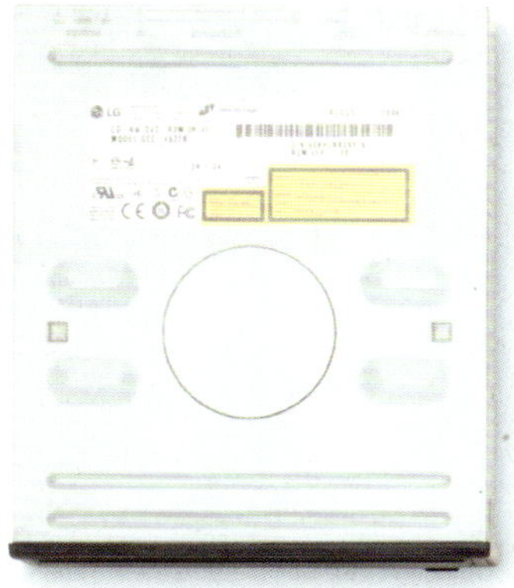

CD光驱

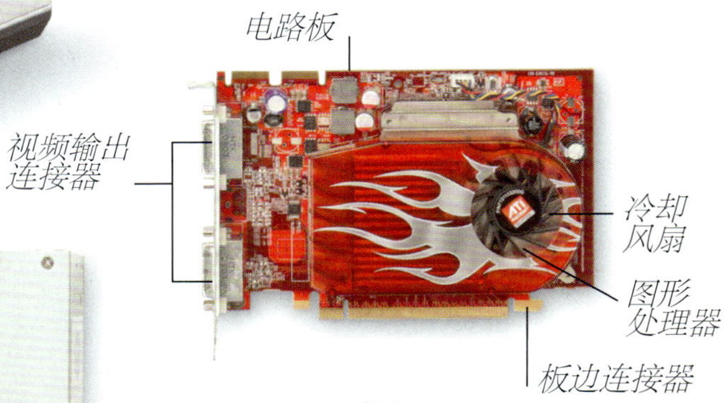

显卡

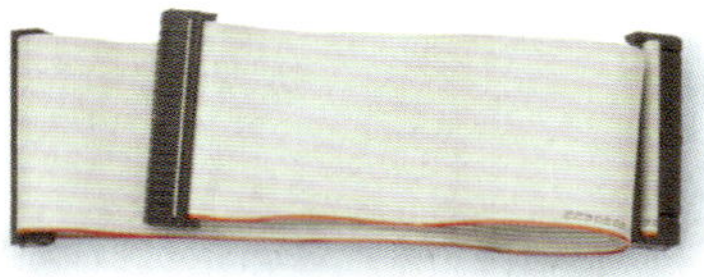

附带电缆

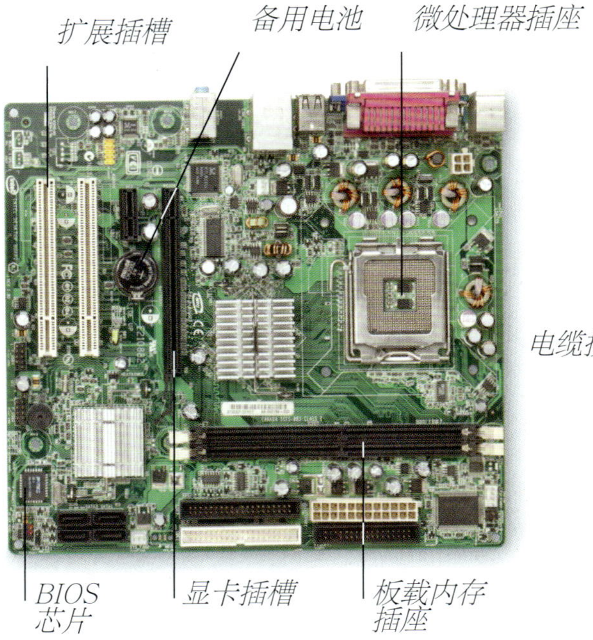

主板

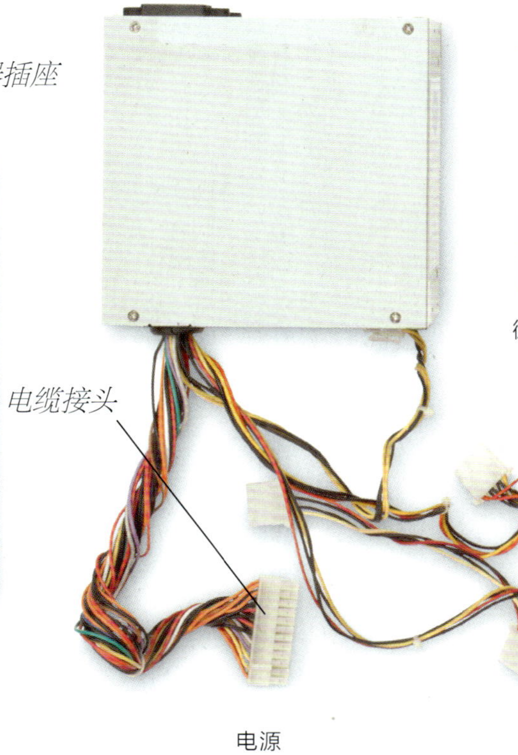

电源

微处理器

硬盘

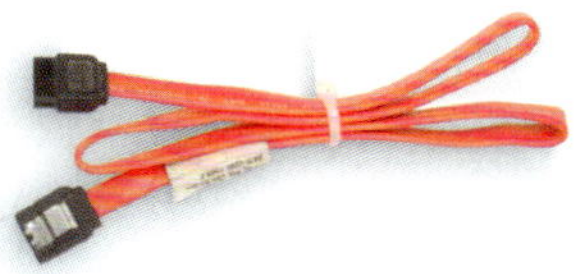

数据电缆

平板电脑

20世纪90年代初，电子电路微型化取得了巨大的进步，为小型手持计算设备提供了可能。具有地址簿、日历和笔记本功能的个人数字助理（PDA）是第一款此类手持设备。近年来，PDA已经被支持互联网和电子邮件功能的智能手机所取代。电子书阅读器也是一款风行的当代电子产品。它能够以数字形式存储书籍，并提供类似纸质书的阅读体验。电子书阅读器与纸质平装书大小类似，但能够容纳数千本电子书于一身。平板电脑是最新一代手持计算设备。看起来像是一个扁平的显示屏，但平板电脑其实是一台完整的电脑：触摸屏提供了直观的控制方式，无线链路能够连接其他电脑和互联网，并且可以运行从互联网下载的软件和应用程序。苹果IPAD是目前最受欢迎的平板电脑，便捷的多点触控界面支持手势控制：轻触屏幕可以选中选项和应用程序，手指在屏幕上的合拢或分离移动可以缩小或放大图片。

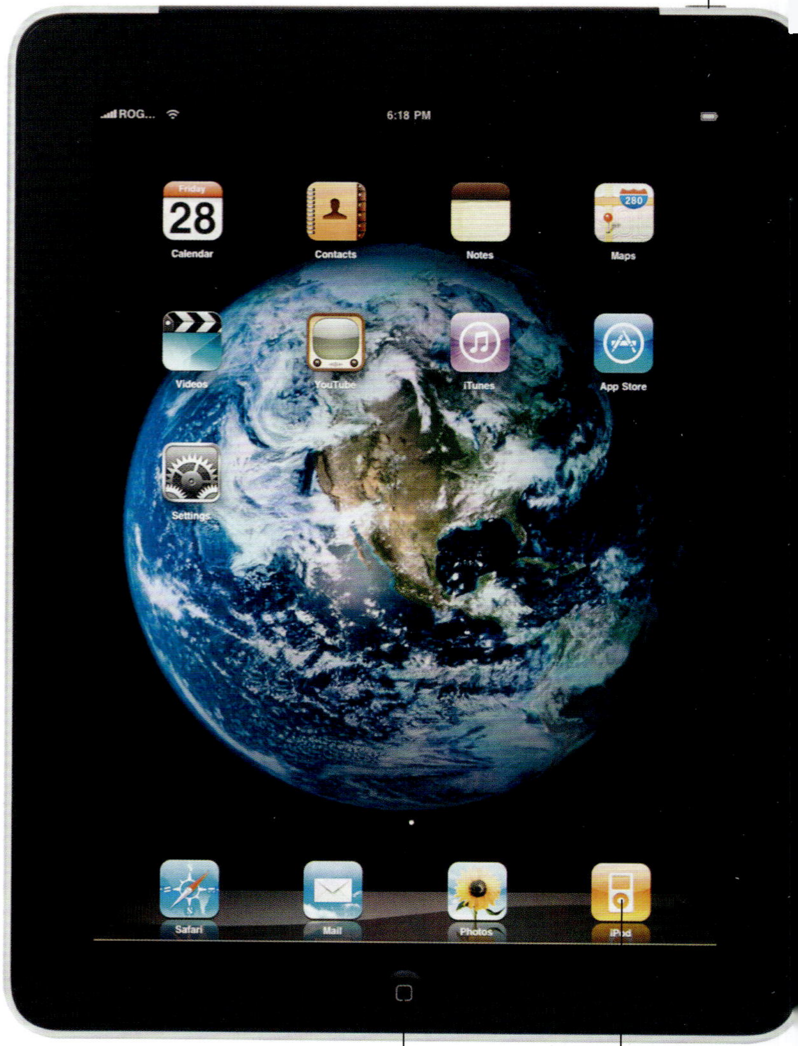

苹果IPAD

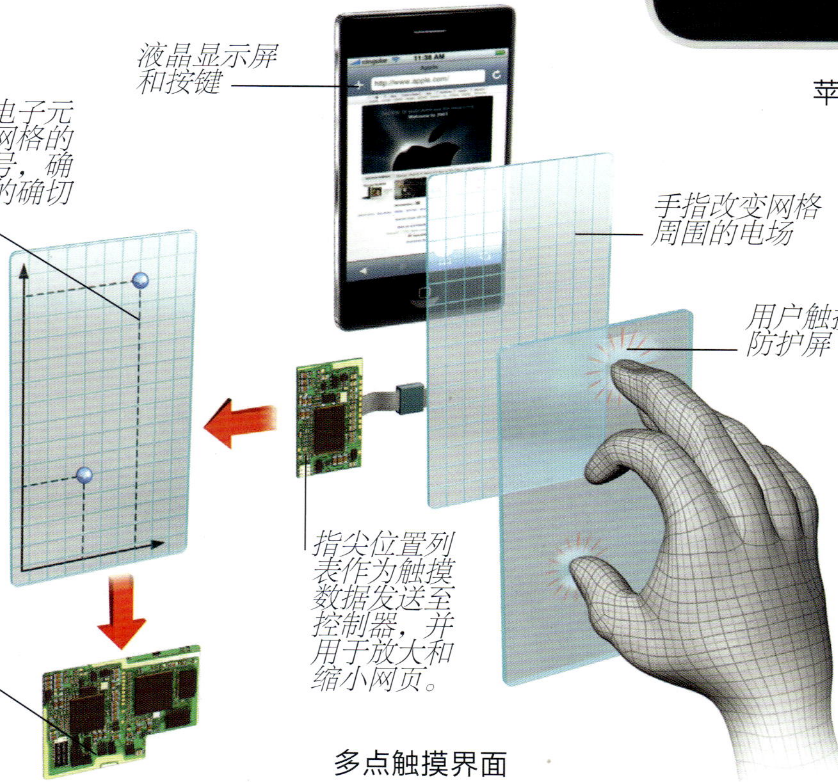

多点触摸界面

宏基LUMIREAD电子阅读器

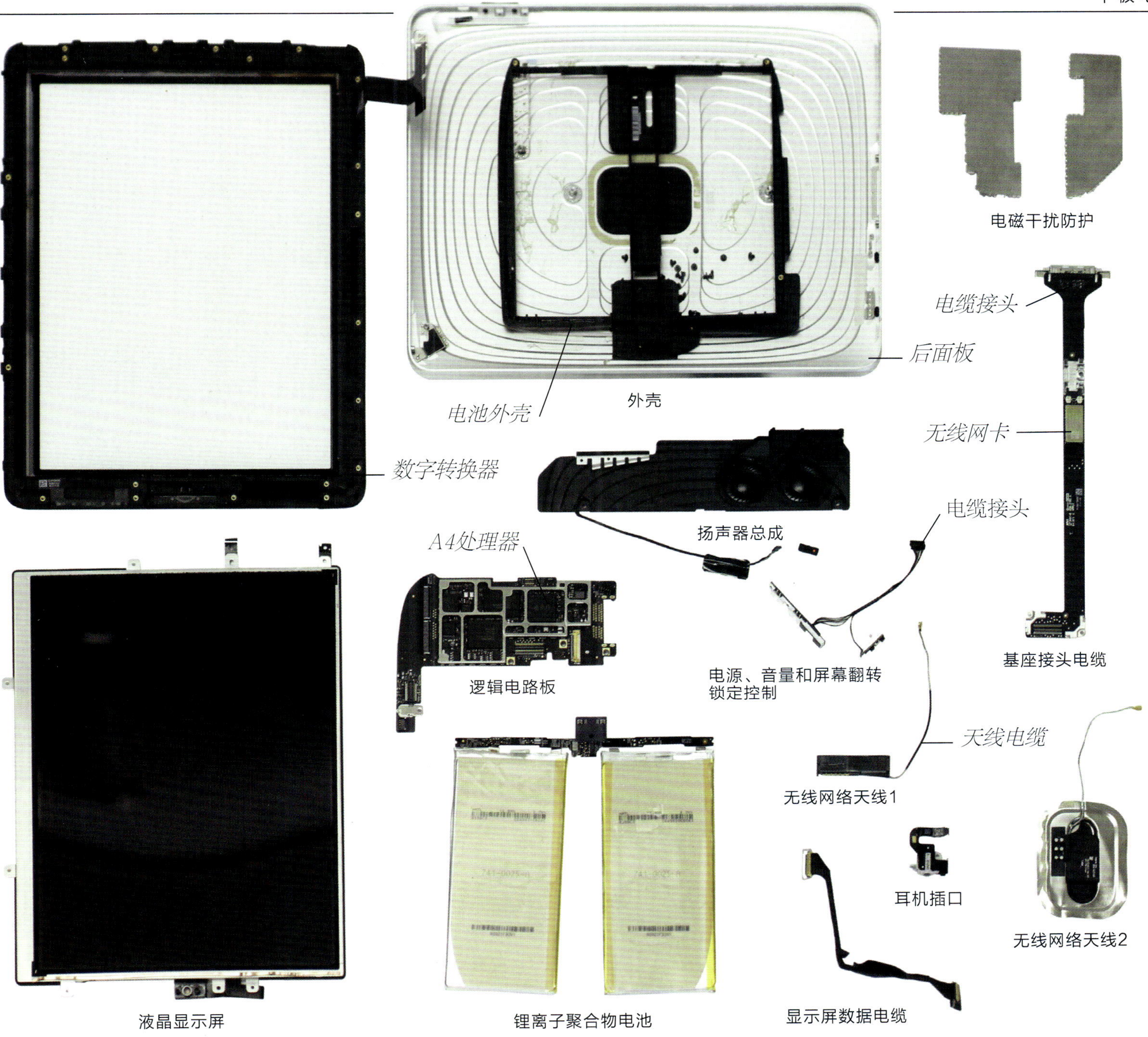

苹果IPAD组件

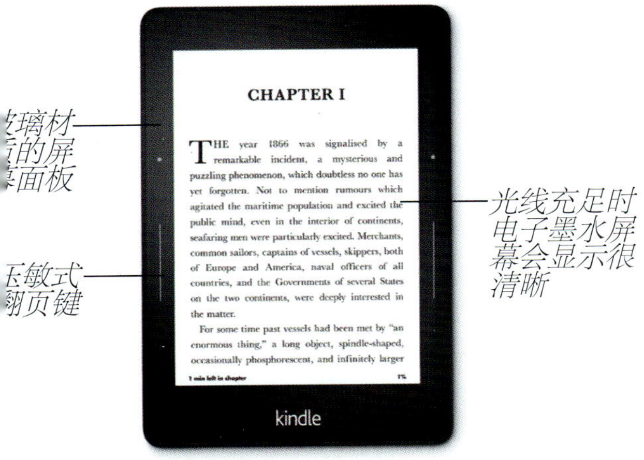

亚马逊电子书阅读器KINDLE YOYAGE

黑莓PASSPORT

苹果IPAD AIR 2

其他品牌的平板电脑

平板式扫描仪

扫描仪可以将物理图像转变为电子图像，以便通过互联网传输，添加到网站，存储到计算机中并使用专业软件编辑。扫描仪可以探测和分析影印等不透明图像的反射光线，也可以分析通过透明图像的光线，以扫描成像。平板式扫描仪包括一个称为扫描头的元件，该元件由灯、反射镜、透镜和CCD（电荷耦合器件）阵列组成。扫描头托架在被扫描图像下方移动，扫描灯的光线照射或穿过原始图像，然后光线经反射镜反射到透镜，透镜将光线聚焦到CCD阵列。每个CCD都可以探测水平带状照亮区域的一个特定像素（图像基本单元）的光线亮度，并将测量数据转变为电子信号。对于彩色图像，反射光线将经过红色、绿色和蓝色滤镜，然后进入CCD阵列，以便分解为颜色分量。之后，扫描仪将测量信息转变为数字数据。扫描图像的质量取决于扫描仪的分辨率，单位DPI（每英寸点数）。

扫描器

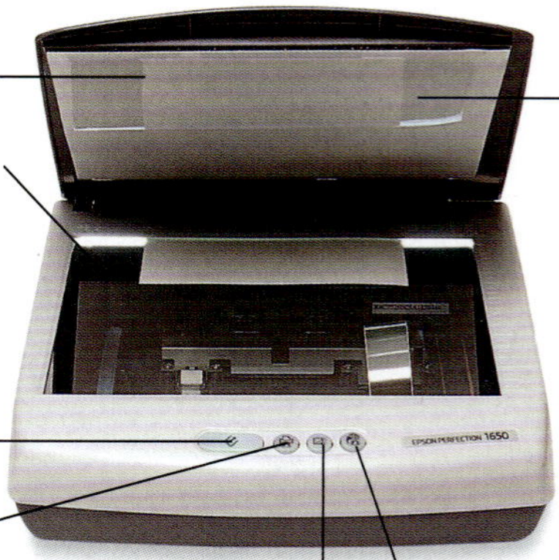

胶卷和幻灯片固定装置

平板式扫描仪的工作原理

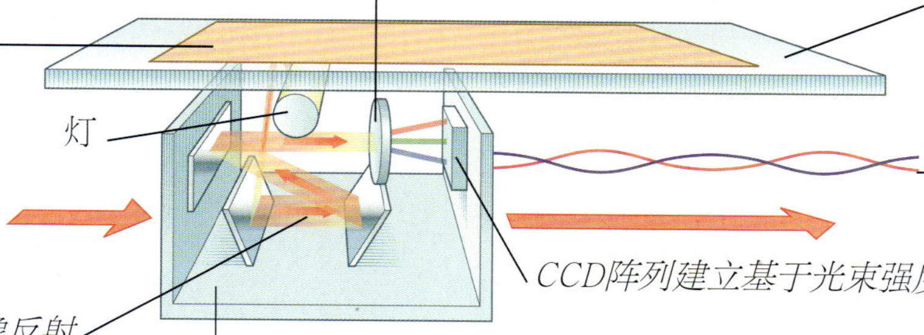

扫描仪组件

扫描头盖板底面

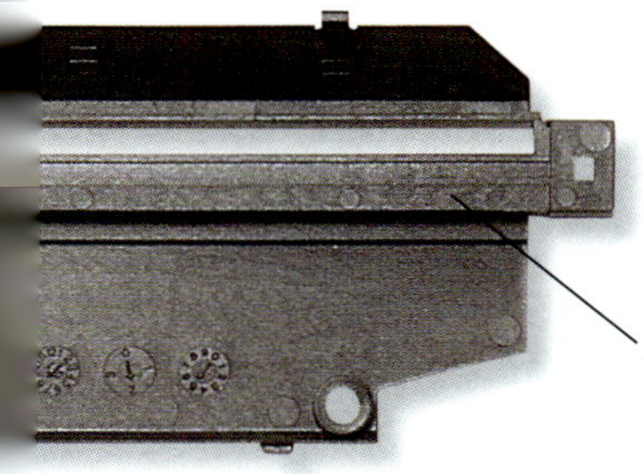

俯视图

盖板底面

不同分辨率的扫描效果

15 DPI
最低扫描分辨率

72 DPI
适用于网站和屏幕图像

300 DPI
用于打印书籍和杂志

空客380

机身横截面

空中客车A380的构想始于20世纪90年代初，目的是与波音747竞争，可能的话甚至取而代之。1994年，空中客车公司开始研发代号A3XX的大型客机，并于2005年4月完成了处女航。A380精致的卵形机身能够最大限度地减少阻力，并且大量地采用了复合材料，包括热塑塑料和GLARE（铝和玻璃纤维）。此外，A380的引擎动力强劲，并且高效。空中客车公司宣称，A380满载550名乘客时，每名乘客的百公里平均燃油消耗量仅为2.9升。

商务舱内景

正视图

侧视图

厨房内景

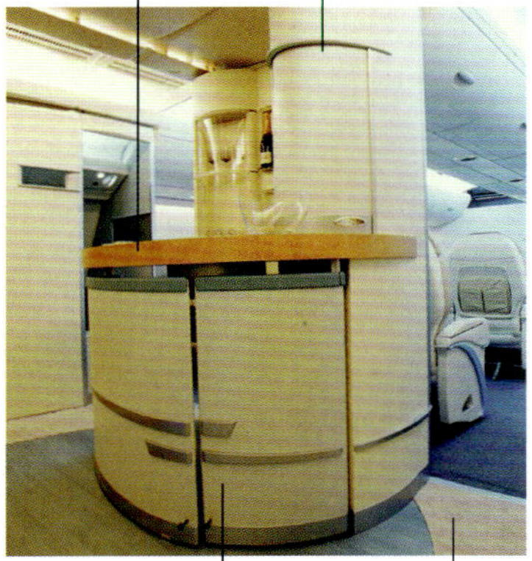
柜台
吧台区
存贮器
防滑地板

座舱

引擎告警显示屏
头顶控制面板
遮阳挡
挡风玻璃
附带键盘的折叠桌
主飞行显示器
导航显示屏
机上信息终端
方向舵脚踏
飞行控制系统侧杆
飞行员座椅
头靠
座椅安全带结合点
光标控制装置（CCD）
多功能显示屏
系统显示屏
引擎控制杆

吊架前整流罩
机翼前缘
襟翼滑轨整流罩
进气道
航行灯

天线
机身
上甲板客舱门
主甲板客舱门
驾驶舱门
驾驶舱风挡玻璃
A380 AIRBUS
翼下起落架
发动机整流罩
隆起的翼根整流罩
主甲板窗户
前起落架

喷墨打印机

喷墨打印机通过数百个喷嘴或喷孔在打印纸或其他媒介上喷洒墨滴，进而打印图像。每个墨滴对应一个像素。黑白打印机仅使用黑色墨水，彩色打印机可以套印多种印刷颜色（蓝绿色、黄色、品红和黑色）的组合，以打印全彩图像。打印头包含众多侧向移动的喷嘴，能够一次在纸面打印一行像素，然后纸张小幅向前移动，以便打印下一行像素。喷墨一般分为两种方法：加热法，即加热墨水形成气泡以产生压力，促使喷嘴喷洒墨滴；压电法，即通过电流影响压电晶体，进而喷洒墨滴。下面的示例打印机可以直接打印存储卡中的数字相片。

爱普生STYLUS 895彩色喷墨照片打印机

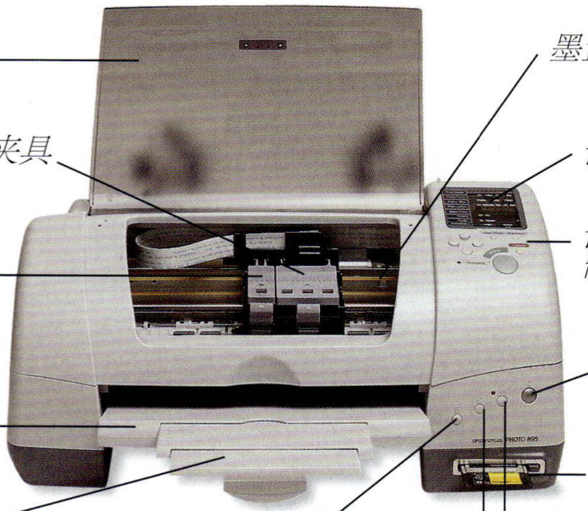

移除外壳的俯视图

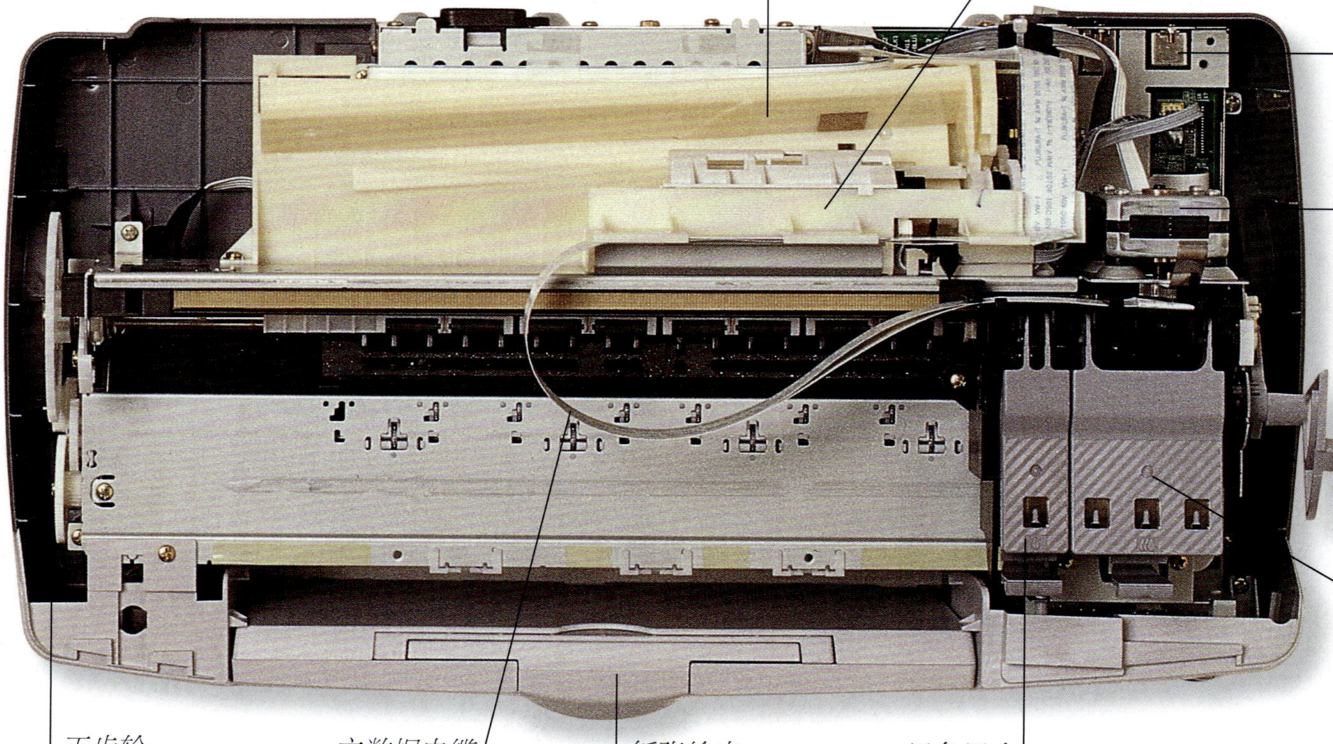

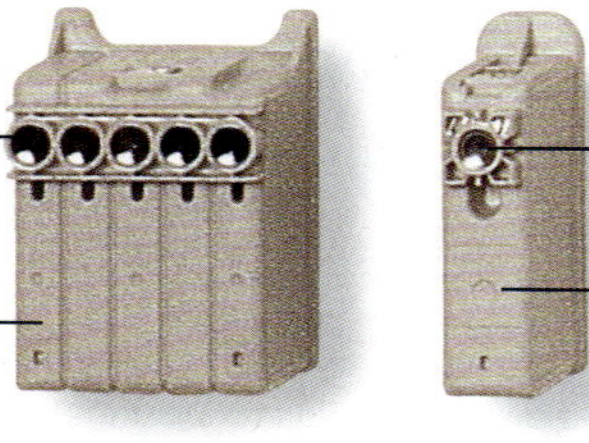

墨盒

PC卡适配器

送纸组件

卷纸架适配器

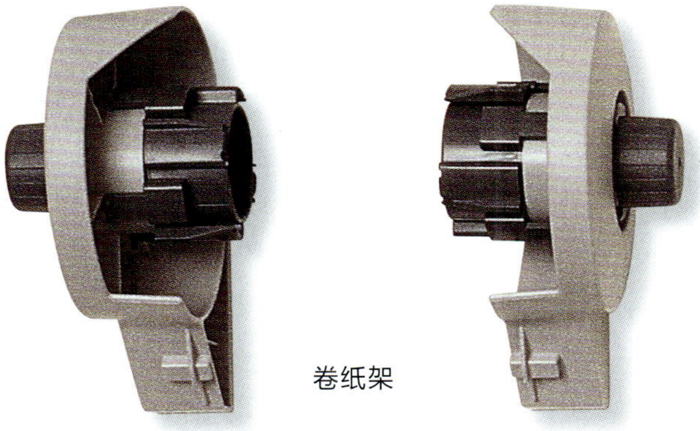

卷纸架

纸张支撑

外包装俯视图

压电式喷墨打印机的工作原理

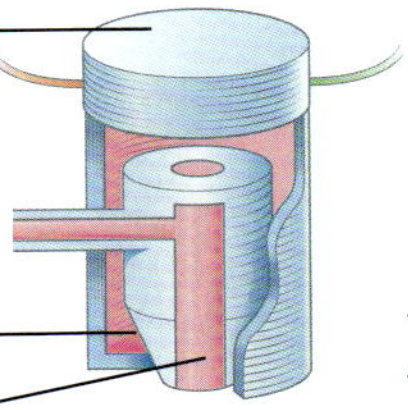

喷孔

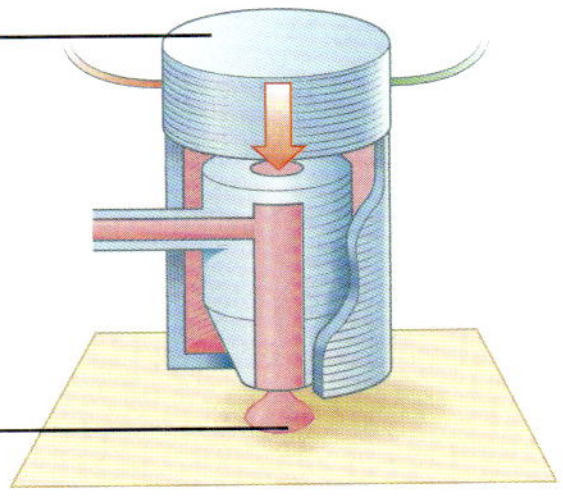

喷射墨滴

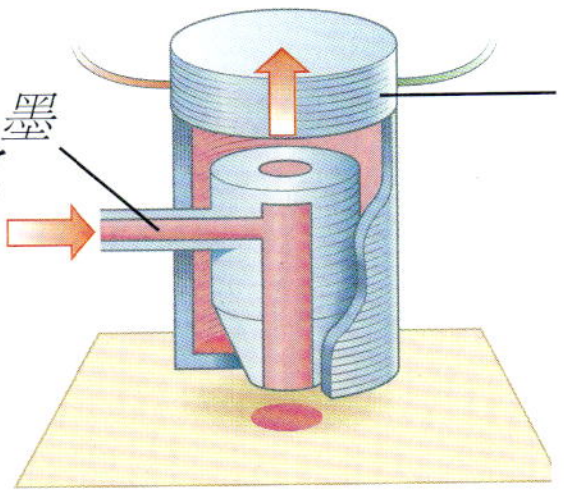

墨水重新填满喷墨室

互联网

互联网是一个庞大的全球网络，包含数万个互联的计算机网络，支持任意网络的一台计算机与另一个网络的计算机通信。电子邮件和万维网（WORLD WIDE WEB）是互联网的两个主要服务。通过电子邮件，我们可以向连接互联网的其他计算机发送文字信息，并附加计算机文件、图片或视频片段。万维网由数以亿计的页面组成，这些页面以数字文件的形式存储在全球各地的计算机中，可以通过网页浏览器向用户呈现丰富多彩的内容。此外，网络也可以提供交互式服务，例如银行业务和购物。

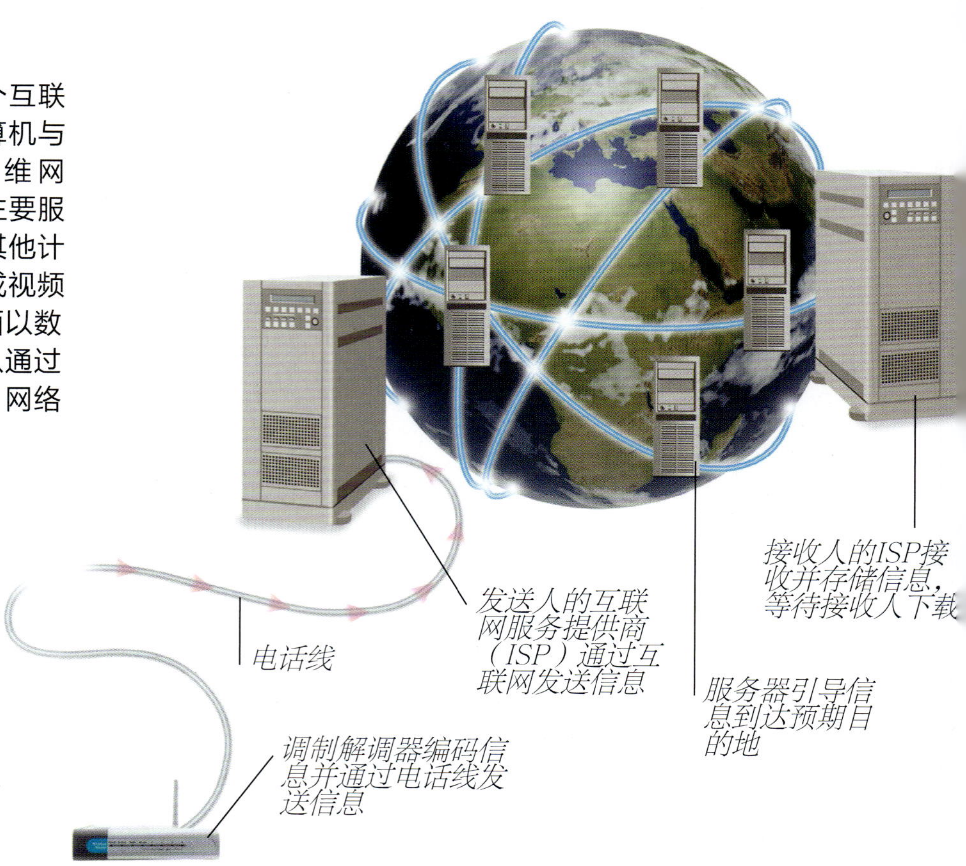

电子邮件

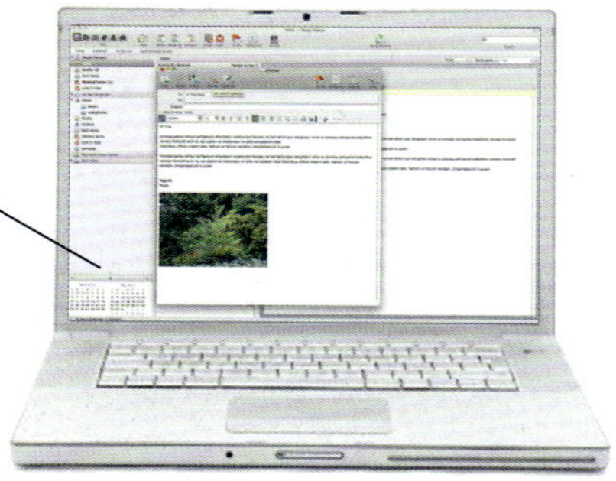

电子邮件发送人

电子邮件地址

用户名　域名

anna@merlin. provider.co.uk

分隔符　国家和地区代码

电子邮件程序

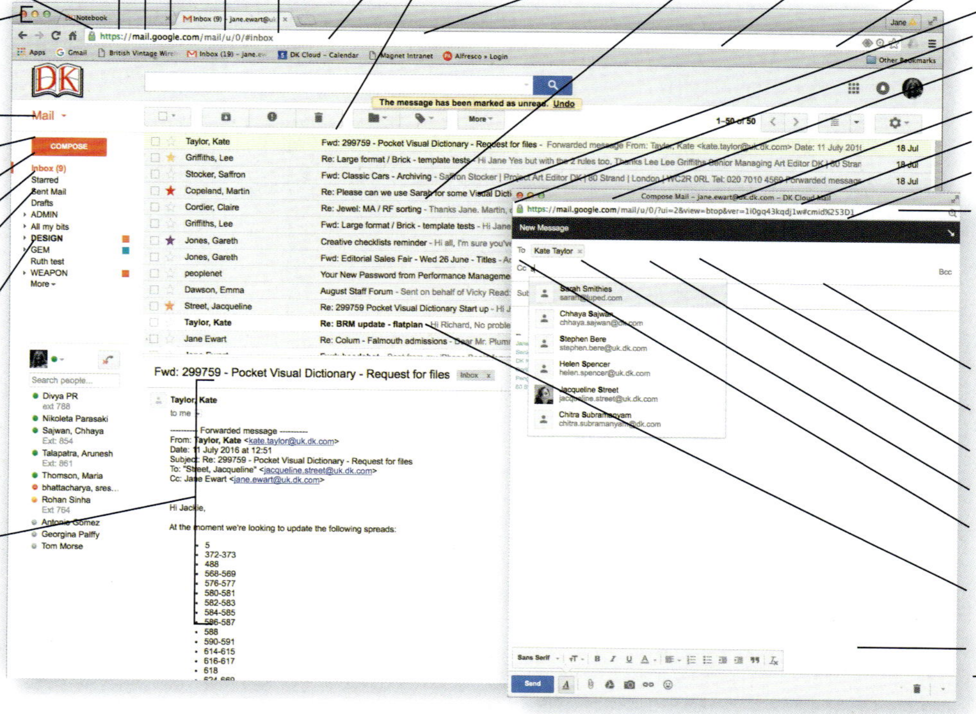

电子邮件接收人

屏幕播放的互联网视频流

RSS（真正简易聚合）源

屏幕播放的互联网广播流

网页

统一资源定位符（URL）地址

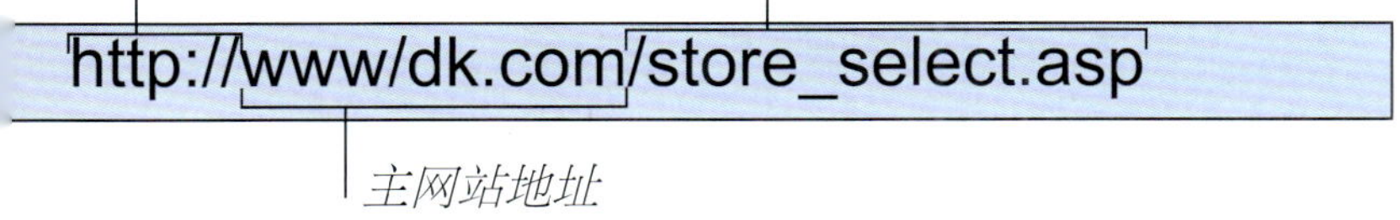

电子游戏

马里奥体育健将 WII

视频游戏兴起于20世纪70年代初，自面世以来就受到了广泛欢迎：不仅衍生出了电脑游戏和台式游戏机，并且凭借与电视（使用家用游戏机）的结合风靡众多家庭，甚至发展出了便携游戏机。玩家使用控制杆和带按键的控制板控制游戏目标的移动和动作。最新一代游戏机采用了动作感知技术，能够通过移动控制器方便地操纵目标。最先进的游戏系统能够识别游戏者的手势和语音命令，无需使用手动控制器。电子游戏机通常使用CD与DVD等外部媒介或者微芯片与内部硬盘内部集成硬件存储游戏，使用中央处理单元（CPU）处理玩家的命令，并借助专门的图形芯片处理复杂的地图和纹理特征，以构建与现实接近的真实的游戏环境。

微软体感游戏机与XBOX

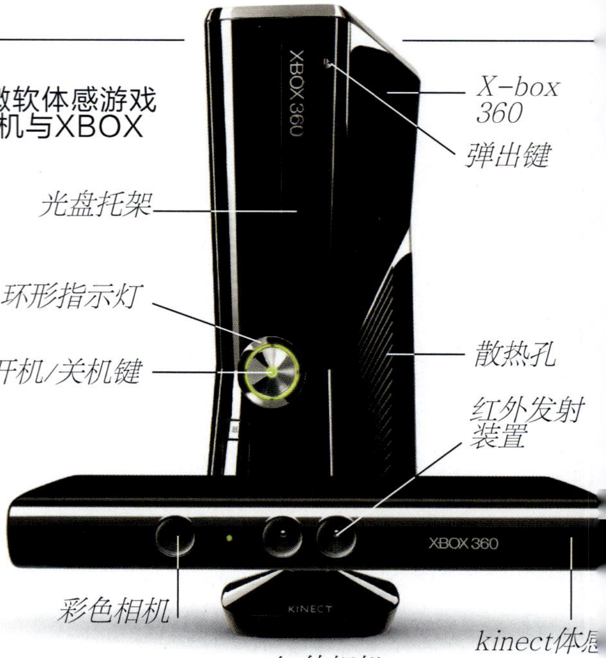

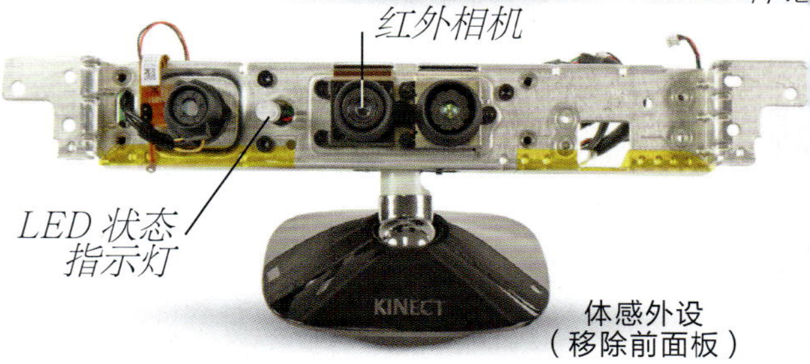

体感外设（移除前面板）

任天堂3DS

任天堂3DS（打开）

任天堂3DS组件

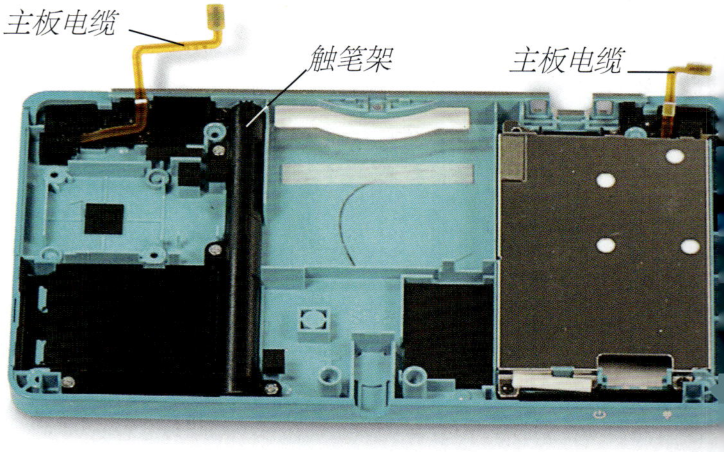

下半段底壳

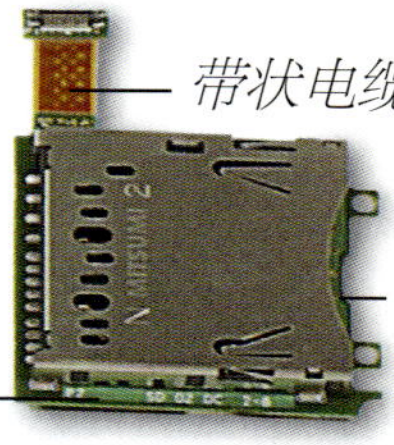

SD卡阅读器

任天堂3DS主板

WII FIT PLUS平衡游戏

任天堂WII FIT PLUS

平衡板动作

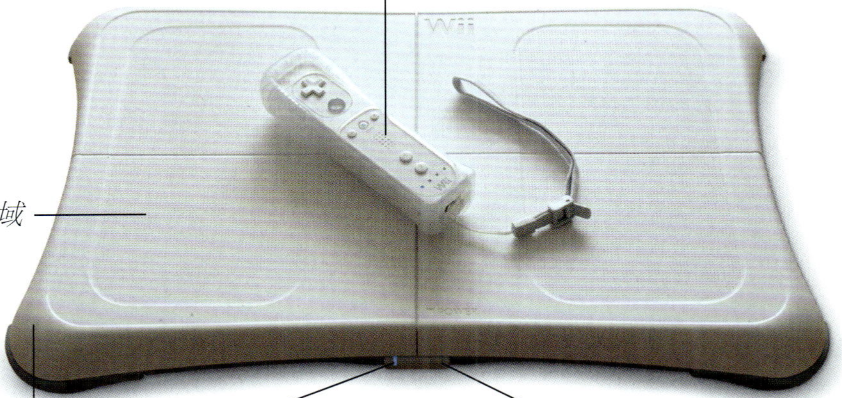

WII平衡板

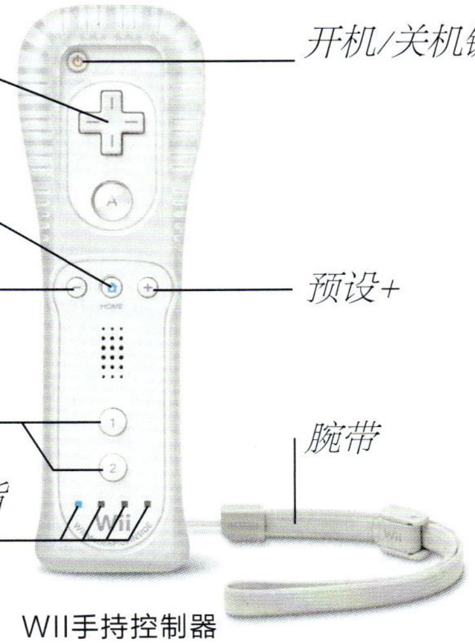

WII手持控制器

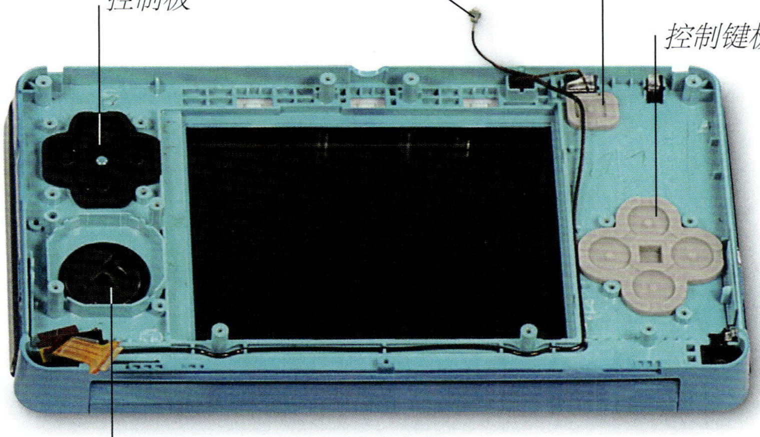

下半段上壳

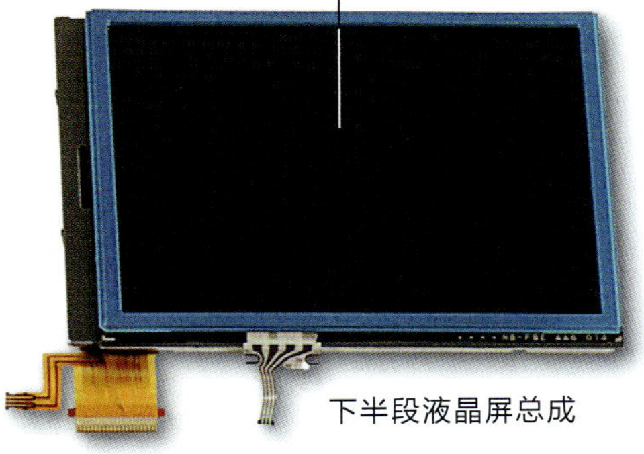

下半段液晶屏总成

无线网络电路板

红外电路板

电池盖

充电电池

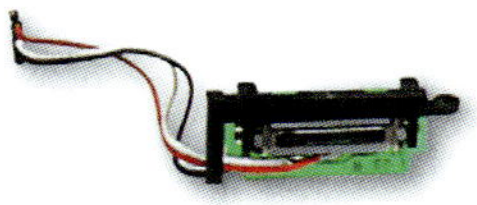

音量控制

旋转键

数码相机

200多年以来，相机一直通过软性赛璐珞胶卷含银基片的化学变化来记录图像。数码相机则能够记录电子格式的图像，其核心是称为电荷耦合器件（CCD）的特殊集成电路，包含数百万个微型像素单元。数码相机的原理与使用电信号点亮像素的微型计算机或电视屏幕相反，光线照射像素单元将产生微弱的电信号，光线的颜色和亮度不同产生的电信号也会有所区别。数百万个CCD像素单元产生的电信号属于模拟数据，表现为持续变化的类似波浪的曲线，然后经由微芯片转变为数字代码，表现为开关电子脉冲。处理后的数字信号传输至内部存储器或数据卡等外部可移动存储器中，也可以通过电缆或无线链路连接数码相机与计算机，以便下载照片至计算机。有些数码相机可以自动减轻相机抖动或快速移动产生的模糊，有些相机可以图片的形式拍摄视频短片。

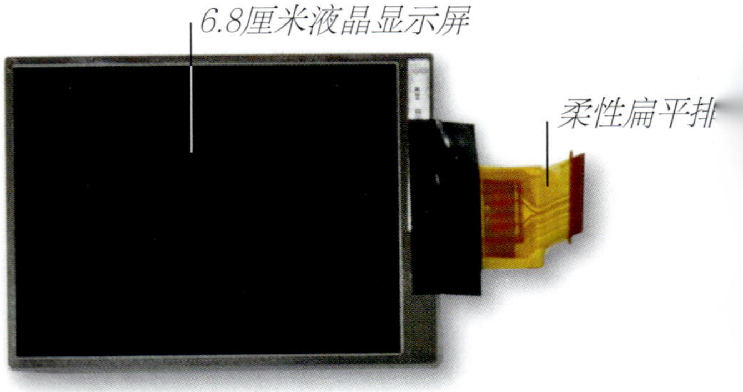

监视器

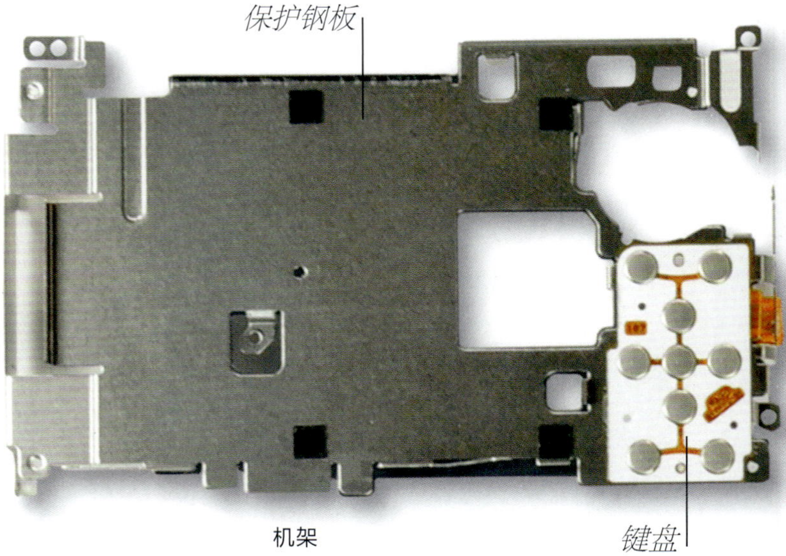

机架

镀铬塑料侧盖

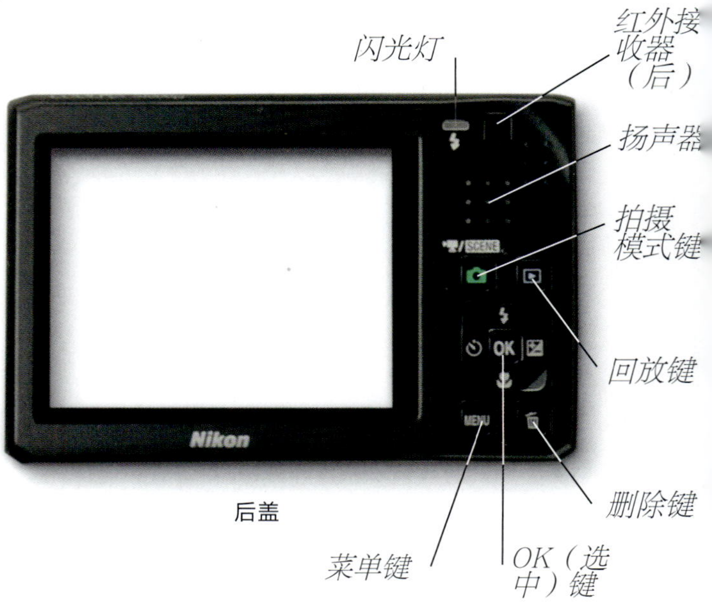

后盖

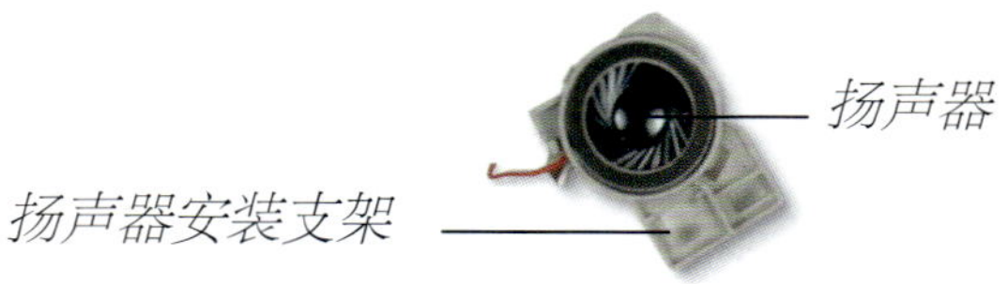

扬声器总成

数码相机的原理

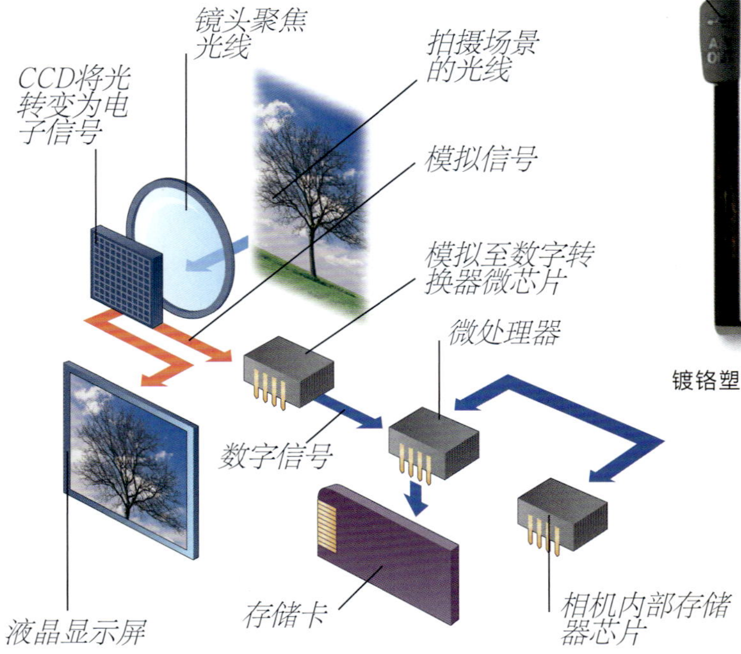

尼康COOLPIX S1000PJ组件

上面板

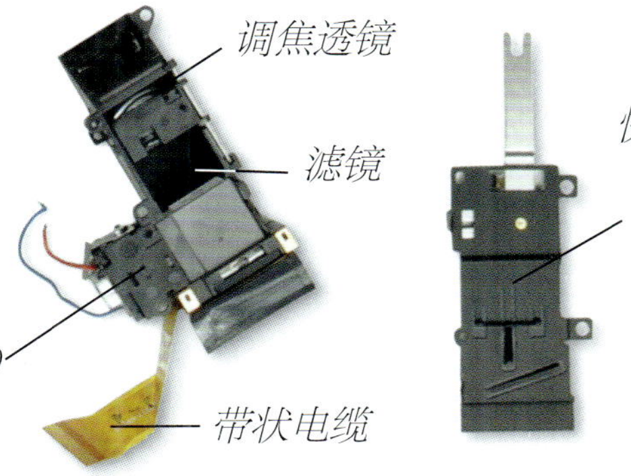

投影仪总成

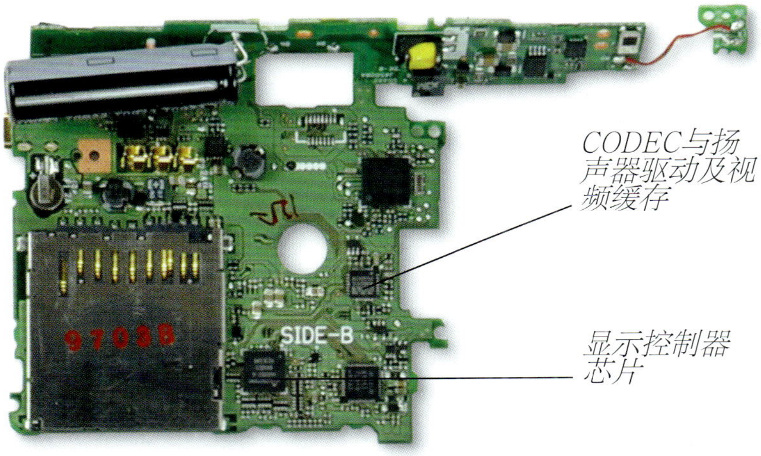

逻辑电路板

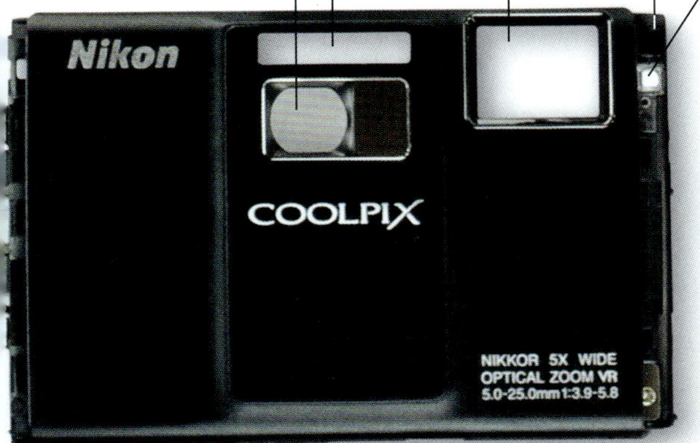

前壳

相机模块

EN-EL12充电电池

镜头盖

数码相机类型

数码单反相机

可换镜头数码相机（微单相机）

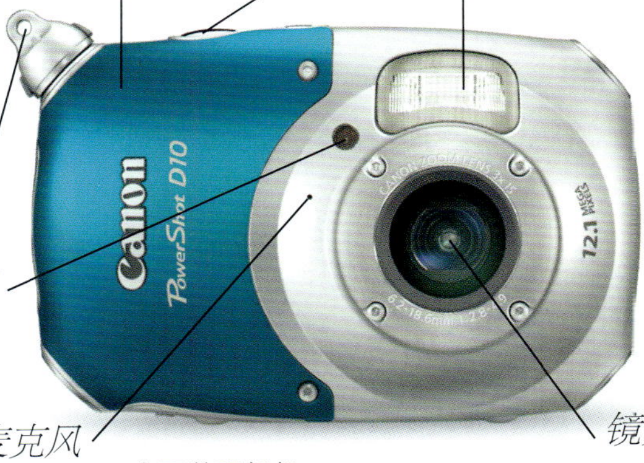

水下数码相机

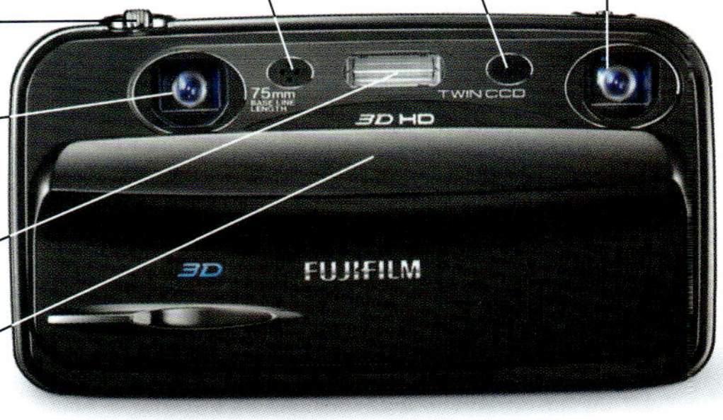

3D数码相机

数码摄像机

数码摄像机能够以每秒25或30帧静态图像的方式记录视频影像以及声音。摄像机包括采集外界光线的摄像机、可以观察拍摄场景的取景器、回看拍摄视频的屏幕、将视频数据转变为电信号的电荷耦合器件（CCD）以及存储信号的介质。数码摄像机可以将信号转变为数字信号，即一系列独立的初始模拟（持续变化的）信号测量数据，并使用芯片或硬盘记录数字信号。摄像机通常配有卡槽，以便插入存储卡，进而扩展存储容量，存储更长时间的视频或更多静态图片。

JVC EVERIO摄像机的组件

监视器外壳

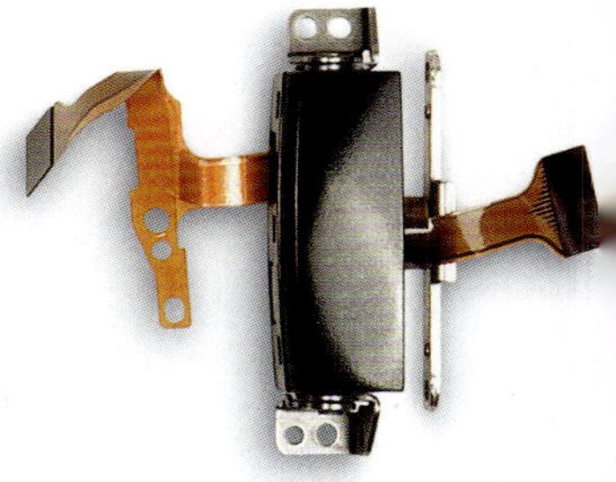
监视器底座

监视器框架

监视器屏幕

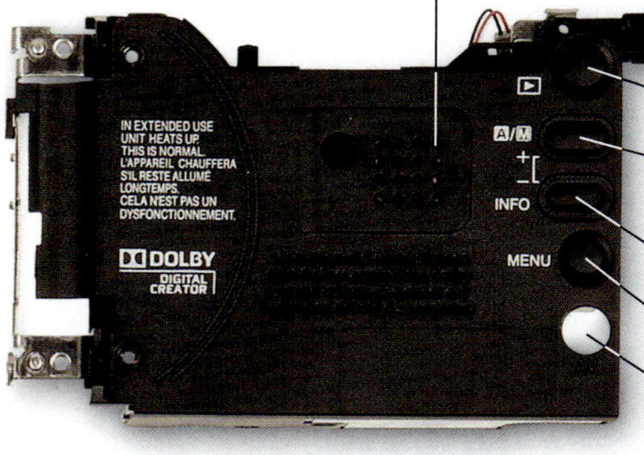

左侧

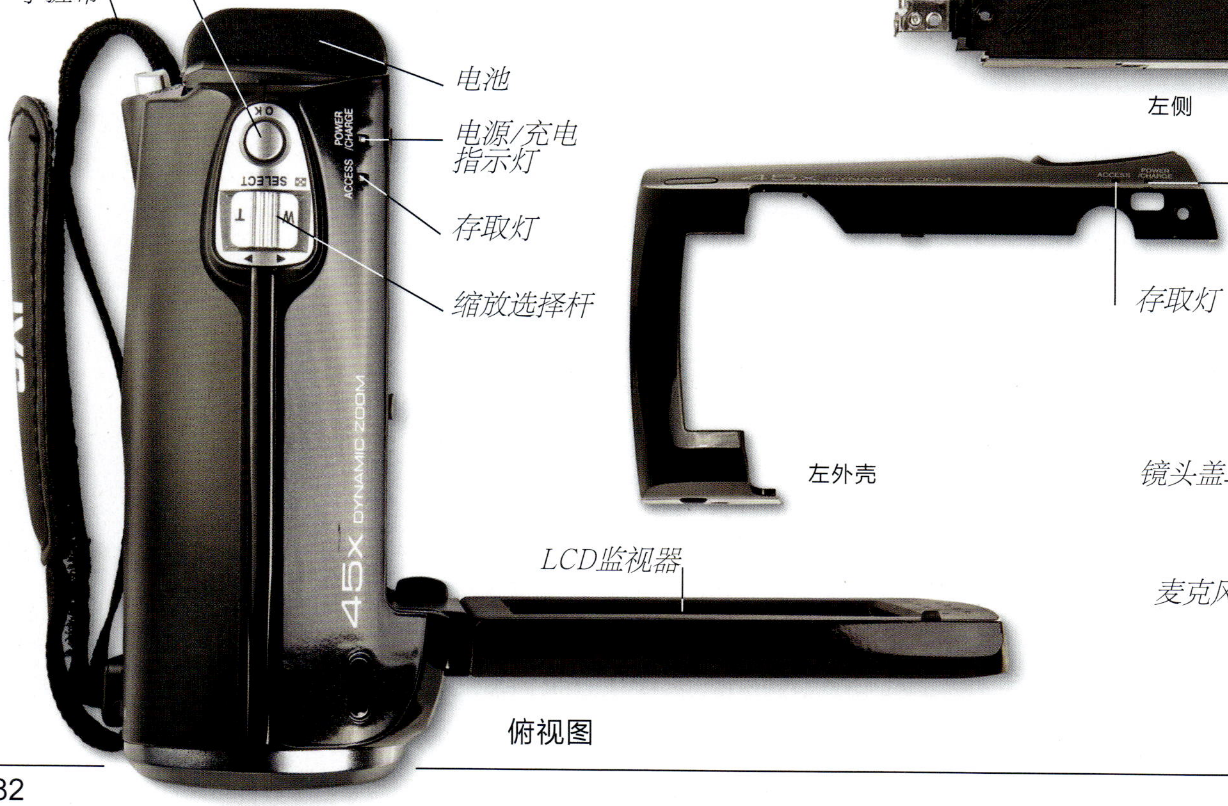

俯视图

左外壳

镜头盖总成

记忆电池
扬声器电路板
主板
监视器框架
USB端口
直流输入
开始/停止键
液晶屏监视器
电池
后视图
手握带
镜头盖开关
右侧外壳
手握带分离杆
机架
SanDisk
SDHC Card
32GB
SDHC卡
镜头
CCD安装脚
CCD芯片
感应器电路板
镜头单元
镜头单元底座
手握带扣
开始/停止键
3.6伏锂离子电池
缩放选择杆
OK键
JVC
手握带
后面板
控制单元
充电电池

家庭影院

家庭影院能够在家中实现影剧院的效果，通常包括一台高清宽屏电视机（例如等离子电视机）和多台用于营造环绕音响效果的扬声器，使用DVD（数码多功能光碟）作为影音源。播放器采用标准CD（激光碟片）数字技术，但具有更高的激光读取微凹点密度——多级螺旋轨道能够容纳超过200亿的此类凹点，连起来的距离可以达到接近40千米。蓝光属于高质量DVD系统，相比标准DVD能够在光盘中容纳更多的数据，适合存储高清晰度的视频文件。人耳很难分辨低音调声音的方向，因此播放低音的中置低音扬声器可以置于显示屏内部或下方。人耳对高音调声音的方向较为敏感，因此中低音扬声器需要环绕放置。等离子显示屏采用荧光管（长条形灯）技术，每个像素单元的直径为1毫米左右，包括三个荧光管，其中包含红色、绿色和蓝色荧光化学物质和混合气体。在十字交叉电极矩阵同时存在电脉冲的瞬间，气体通电，发出紫外光，并促使荧光物质发光。

蓝光播放器

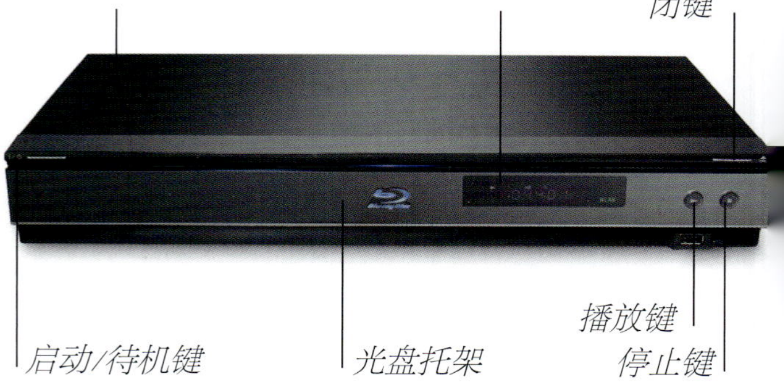

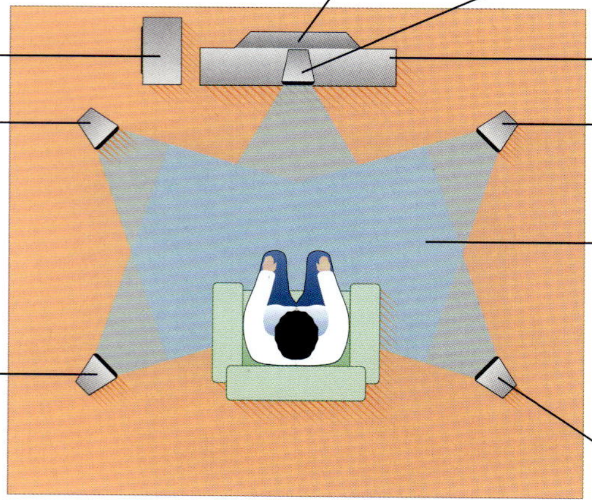

OLED屏幕的工作原理

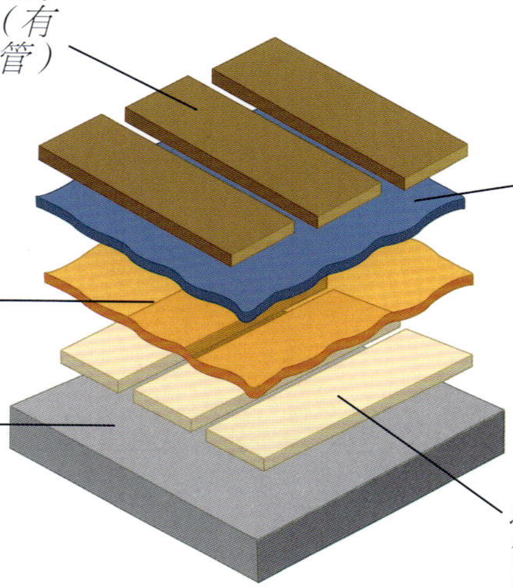

宽屏LED电视机

索尼DAV-S300内部视图

前视图

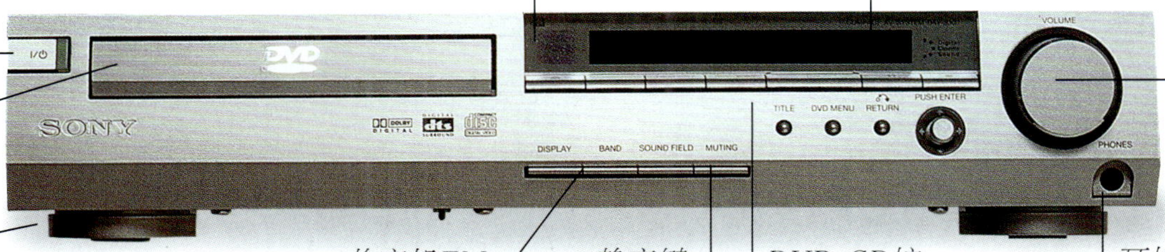

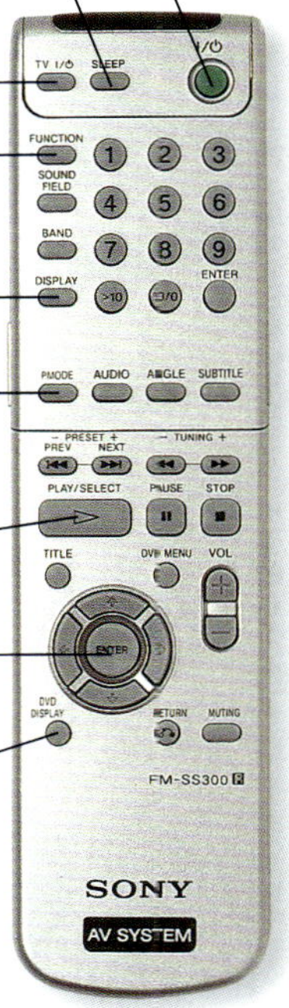

遥控

移动电话

20世纪90年代初，移动电话（或称手机）仍属于罕见的奢侈品，但近些年来它们已经超越所有其它电子产品，作为专业工具、家庭必备甚至时尚配饰成为了人们的必需品。随着充电电池技术的进步——更小的尺寸但更高的电量储备，以及电子产品能效的提升和耗电量的减少，移动电话的尺寸同样发生了显著变化。“移动”电话的核心是低功率无线收发信机，以及转换语音为电信号的麦克风和转换电信号为语音的微型扬声器。移动电话启动时会发射一个无线电信号，然后接收附近的收发信机基站的回应。移动电话将锁定最清晰的信号，并在基站辐射范围（每台发射机的辐射范围称为信元）内使用这个信号。移动电话会持续监测信号强度，并在必要时切换基站。液晶显示屏（LCD）可以显示数字、文字、符号和彩色图片，新款移动电话的屏幕尺寸正在增大，以满足复杂图片和附加功能的需求，包括相机、无线电和MP3等。目前正在迅速普及智能手机通常支持互联网和电子邮件功能，可以安装和运行用户自行下载的软件，并且能够提供类似PDA的功能，甚至GPS导航功能。

IPHONE 6

移动电话的工作原理

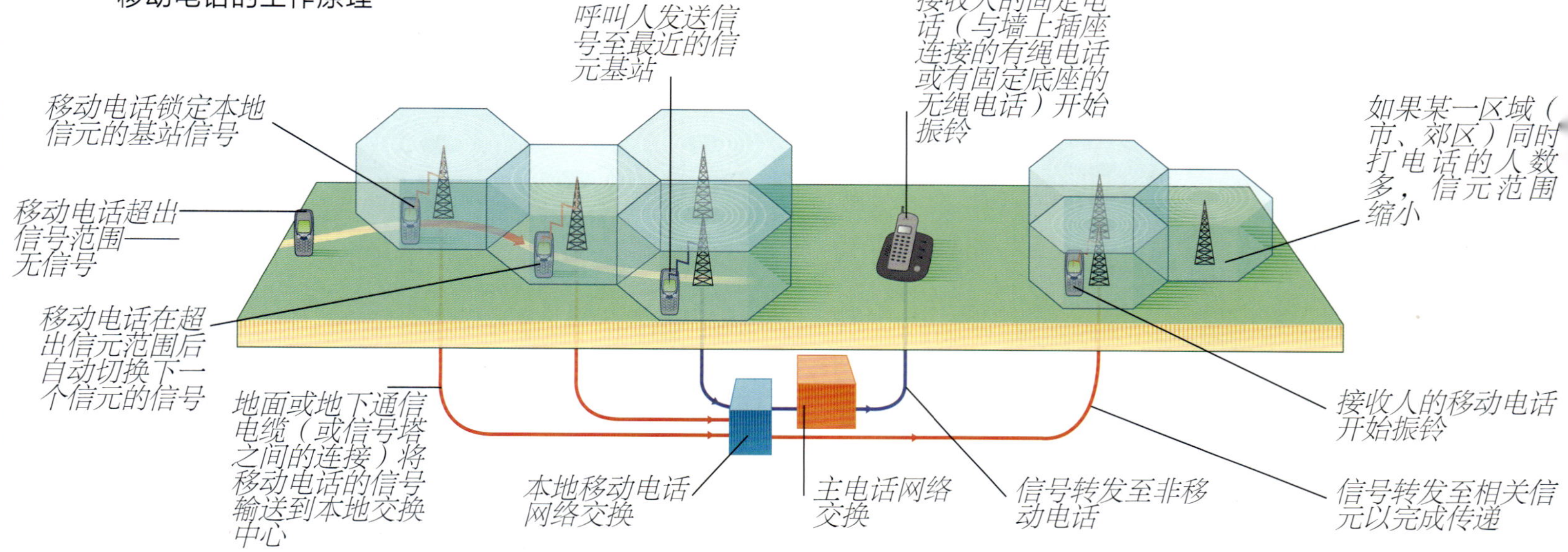

黑莓CURVE8520手机的组件

黑莓CURVE 8520

可穿戴技术

可穿戴设备是设计中包含联网设备的饰品、眼镜等配件或服饰。此类设备通常配置了多个传感器，并且能够通过互联网或蓝牙等无线方式与智能手机等设备连接，以传输和记录可穿戴设备收集的信息。可穿戴技术在20世纪70年代末出现，但当时的产品功能单一，例如配备计算器功能的手表和数字助听器等。不过，随着传感器和芯片组的普及和价格的走低，21世纪初可穿戴技术迅猛发展，功能也随之变得丰富：部分设备可以用于追踪医疗数据，例如心跳速率、呼吸方式和体温；有些可以监测健康状况，例如结合GPS（全球定位系统，参见下图）追踪用户行走步数，或者跑步距离等；还有的设备意图通过创新设计实现数字世界与真实世界的融合，例如谷歌眼镜可以在眼镜的屏幕上投射地图和文字通知，同时不会影响用户的真实视野。

PEBBLE

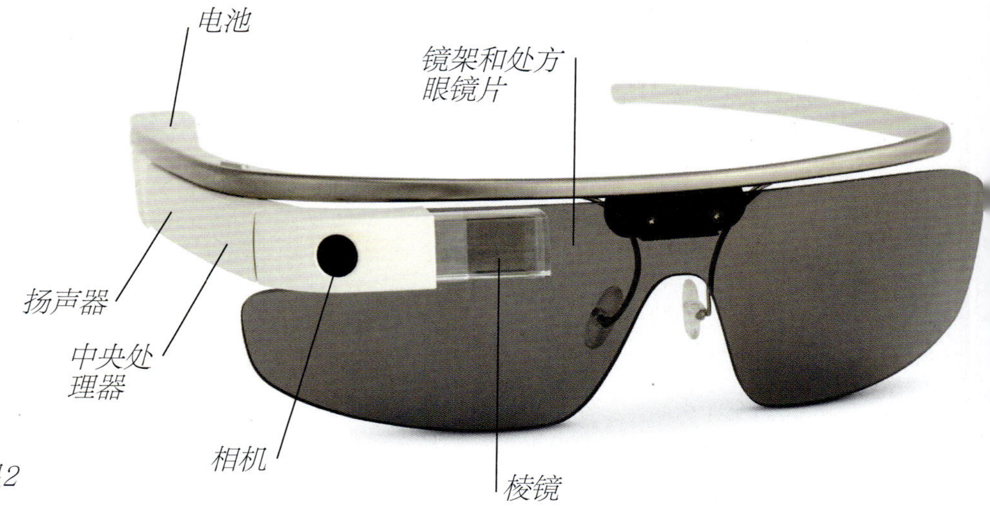

谷歌眼镜

GPS的工作原理

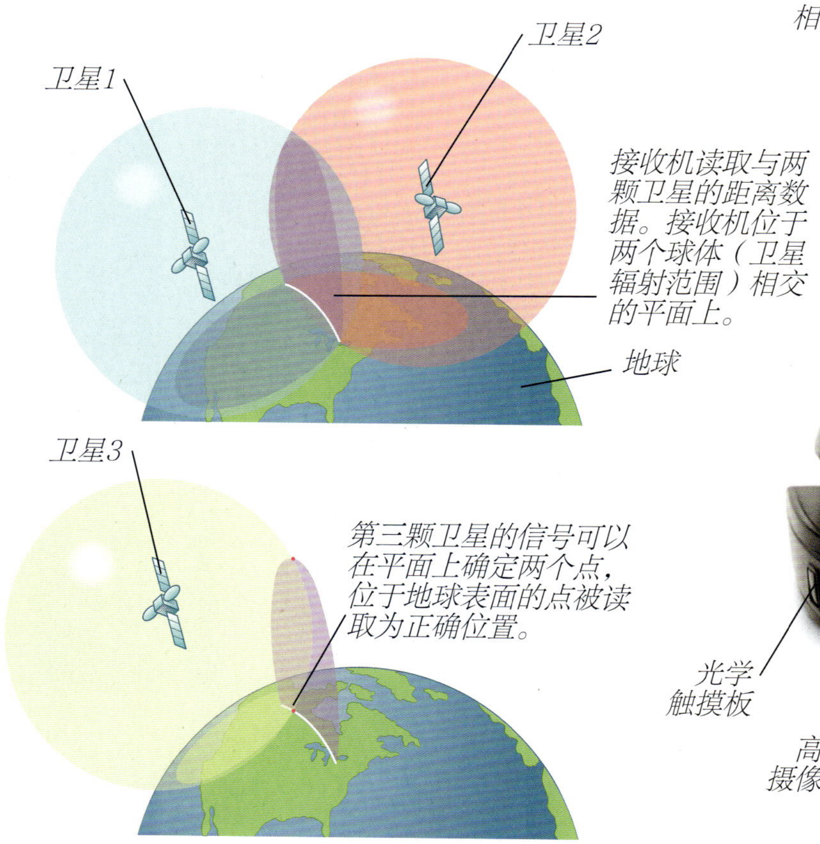

RECON JET

FITBIT ALTA

苹果手表

真空吸尘器

常见的真空吸尘器使用电动机驱动风扇，以吸入包含灰尘和杂物碎屑的空气，气流随后经过尘袋的微细小孔排出，过滤掉其中包含的垃圾。20世纪90年代，詹姆斯·戴森双涡旋无袋式吸尘器宣告了尘袋的没落，而密闭式设计能够减弱气流的 冲击。电驱动风扇能够在机器内部制造区域真空环境，以吸入空气，并借助旋转的毛刷清除灰尘。随后，气流进入柱形容器（集尘筒），像小型旋风一样在容器中盘旋，大的碎屑甩落到容器底部。之后，空气通过小孔进入锥形内容器，分解成小的旋风，旋转速度更快，甩落更小的碎屑。基本干净的空气通过微孔滤膜，以清除最细小的碎屑，然后排出机器。某些型号的戴森真空吸尘器采用了万向球，而不是滚轮，可以更方便地转向。

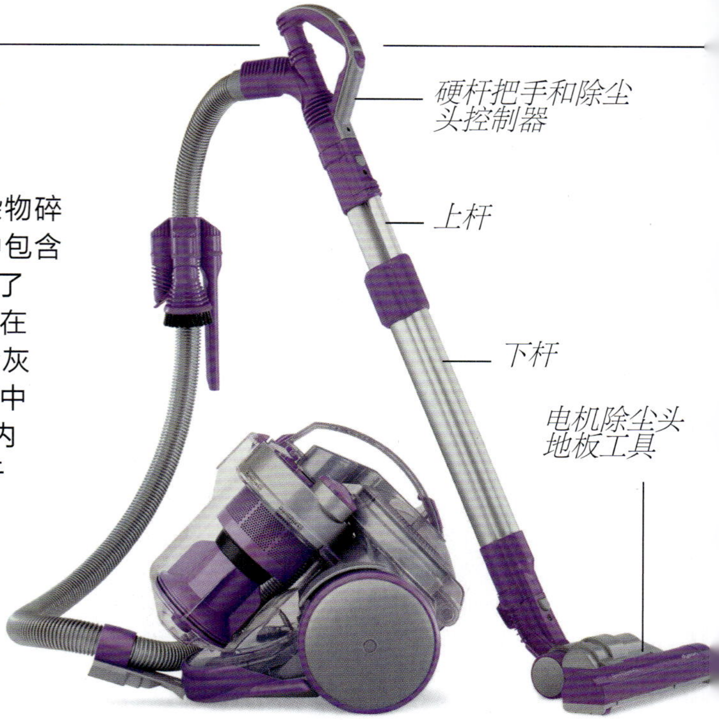

戴森DC05电机除尘头吸尘器

离尘器总成

可清洗的电机前置过滤器

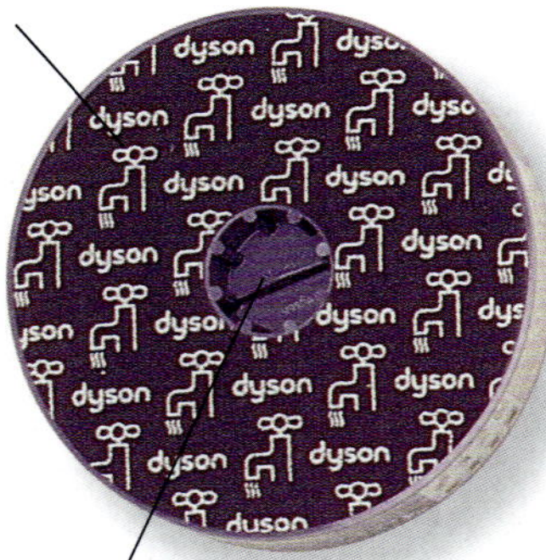

集尘桶

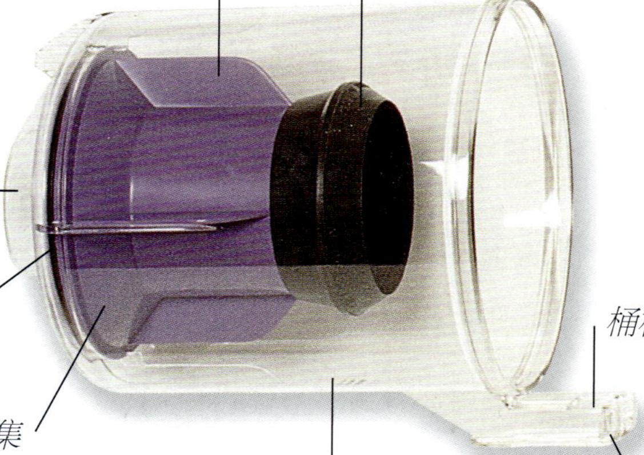

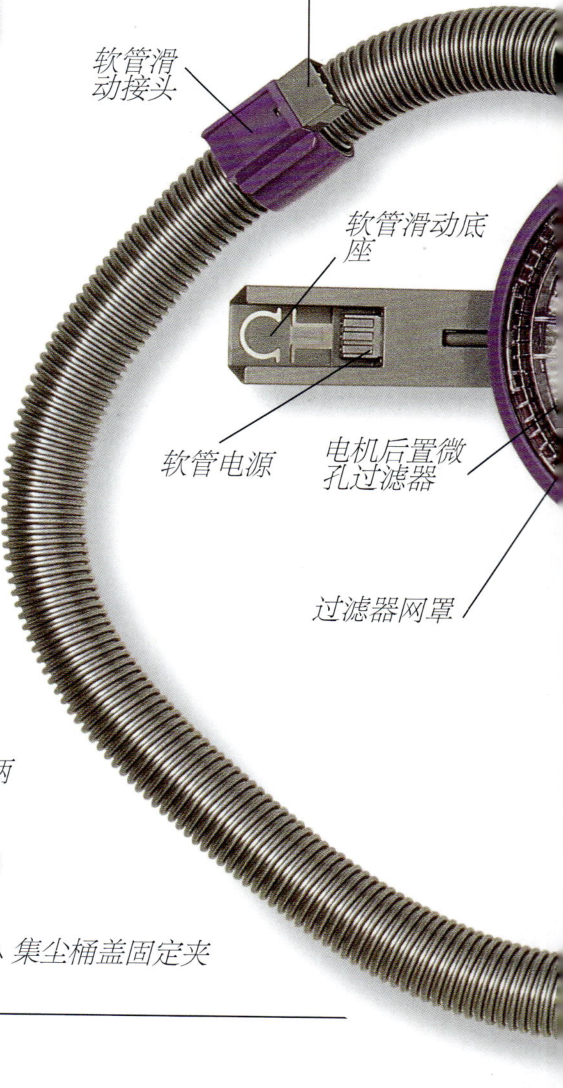

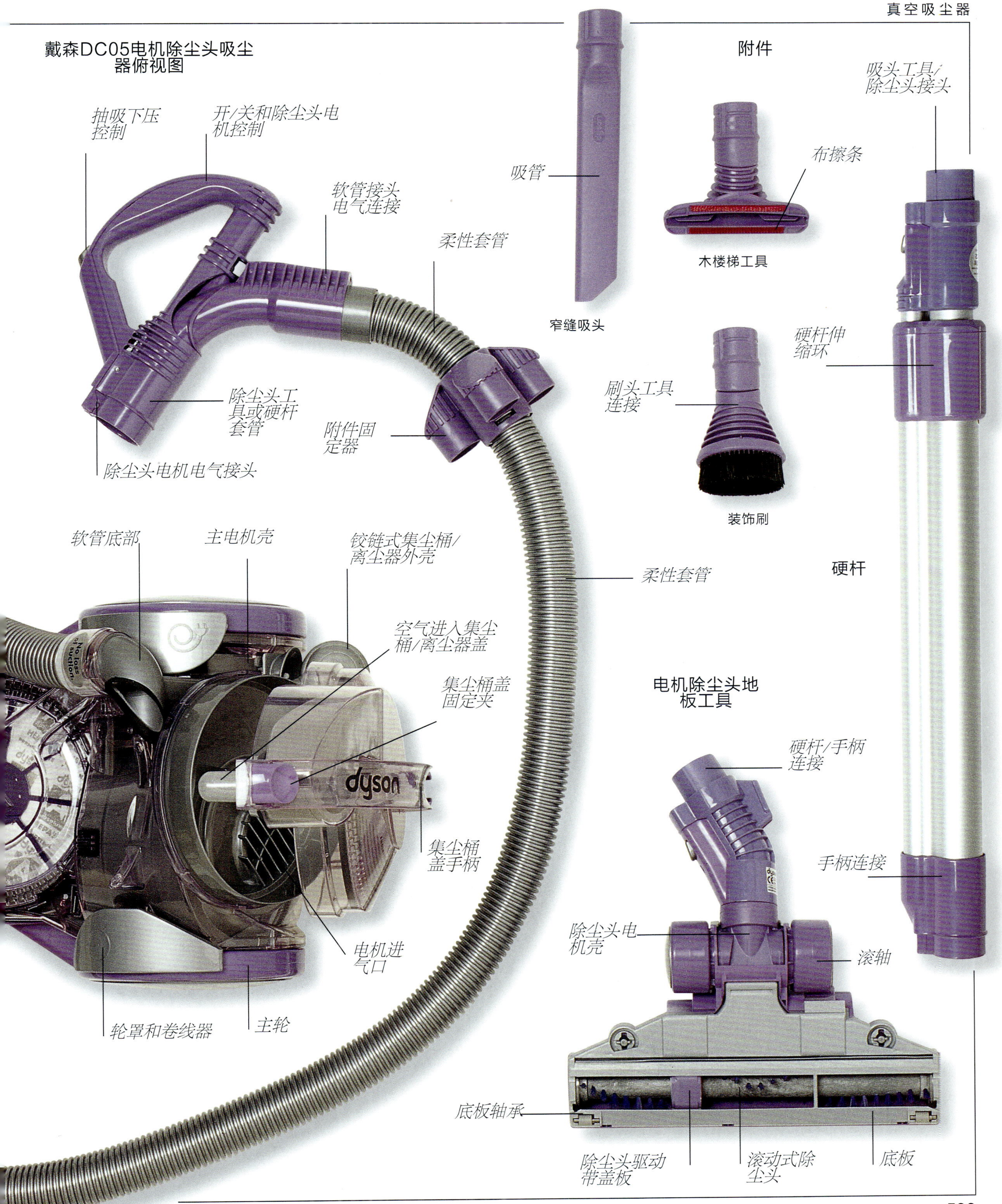
戴森DC05电机除尘头吸尘器俯视图
抽吸下压控制
开/关和除尘头电机控制
软管接头电气连接
柔性套管
除尘头工具或硬杆套管
附件固定器
除尘头电机电气接头
软管底部
主电机壳
铰链式集尘桶/离尘器外壳
柔性套管
空气进入集尘桶/离尘器盖
集尘桶盖固定夹
集尘桶盖手柄
电机进气口
轮罩和卷线器
主轮
附件
吸管
窄缝吸头
布擦条
木楼梯工具
刷头工具连接
装饰刷
吸头工具/除尘头接头
硬杆伸缩环
硬杆
手柄连接
电机除尘头地板工具
硬杆/手柄连接
除尘头电机壳
滚轴
底板轴承
除尘头驱动带盖板
滚动式除尘头
底板

熨斗与洗衣烘干机

洗衣机发明之前，衣物只能用木桶手洗，通过滚轧的方法拧干水分，然后挂在绳子上晾干，并使用在炭火或者炉火上加热的烙铁熨平。19世纪80年代，电加热熨斗成为第一件家用电器。现在，熨斗仍然通过加热的方法，或者蒸汽方法，湿润并熨平衣物。1910年之后，电加热熨斗和电动机的应用解放了大量的人力。但是，直到20世纪60年代，人们仍然需要三台设备来完成衣物的洗涤、甩干和干燥。现在，一台带烘干功能的洗衣机即可独立完成所有工作：棱纹的滚筒搅动热水形成旋涡并搅动衣物摩擦，然后快速旋转甩掉大部分的水，随后缓慢翻滚以便衣物在电加热空气中逐步干燥。

德国美诺洗衣烘干机前视图

蒸汽熨斗组件

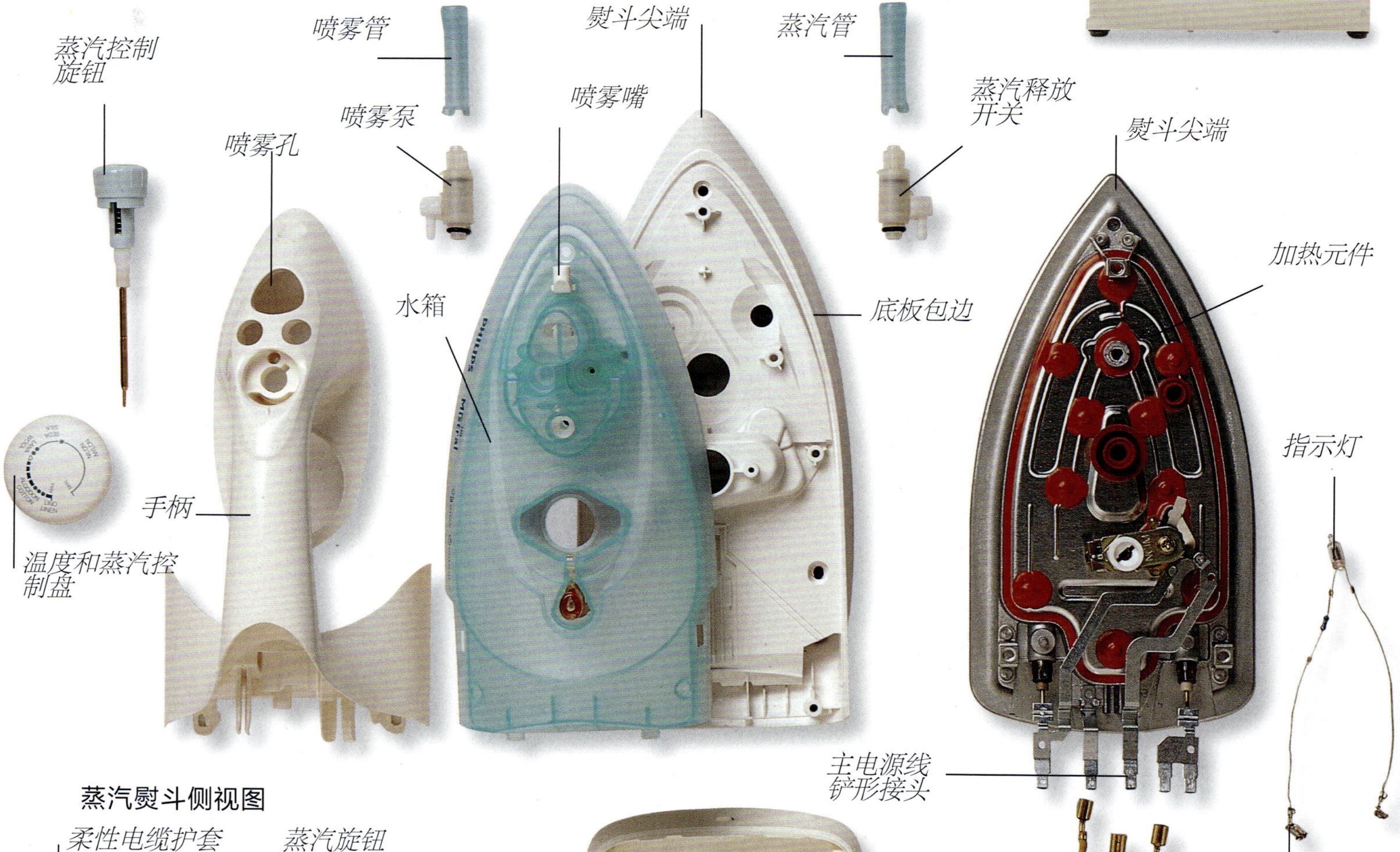

蒸汽熨斗侧视图

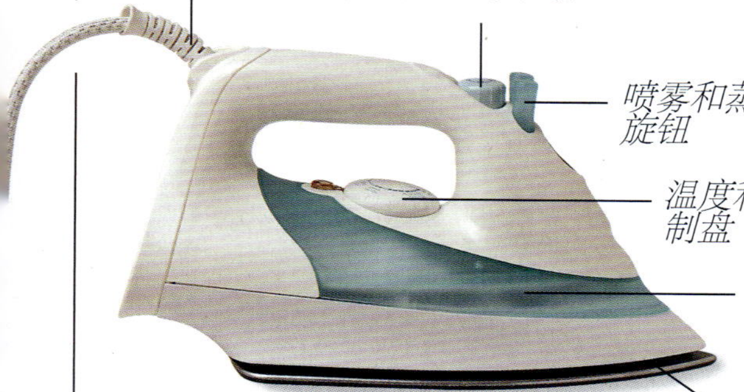

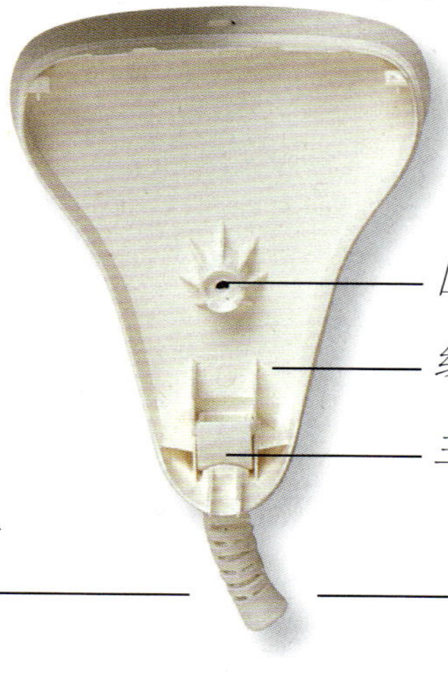

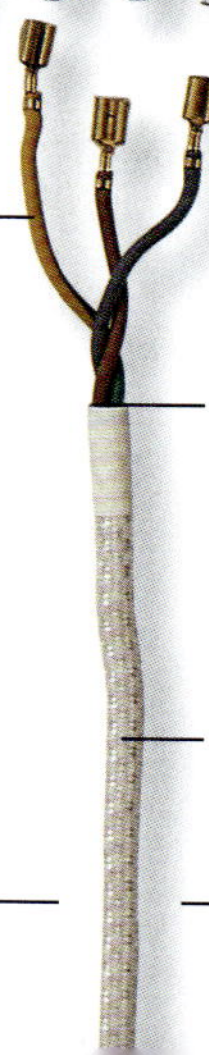

德国美诺洗衣烘干机的组件

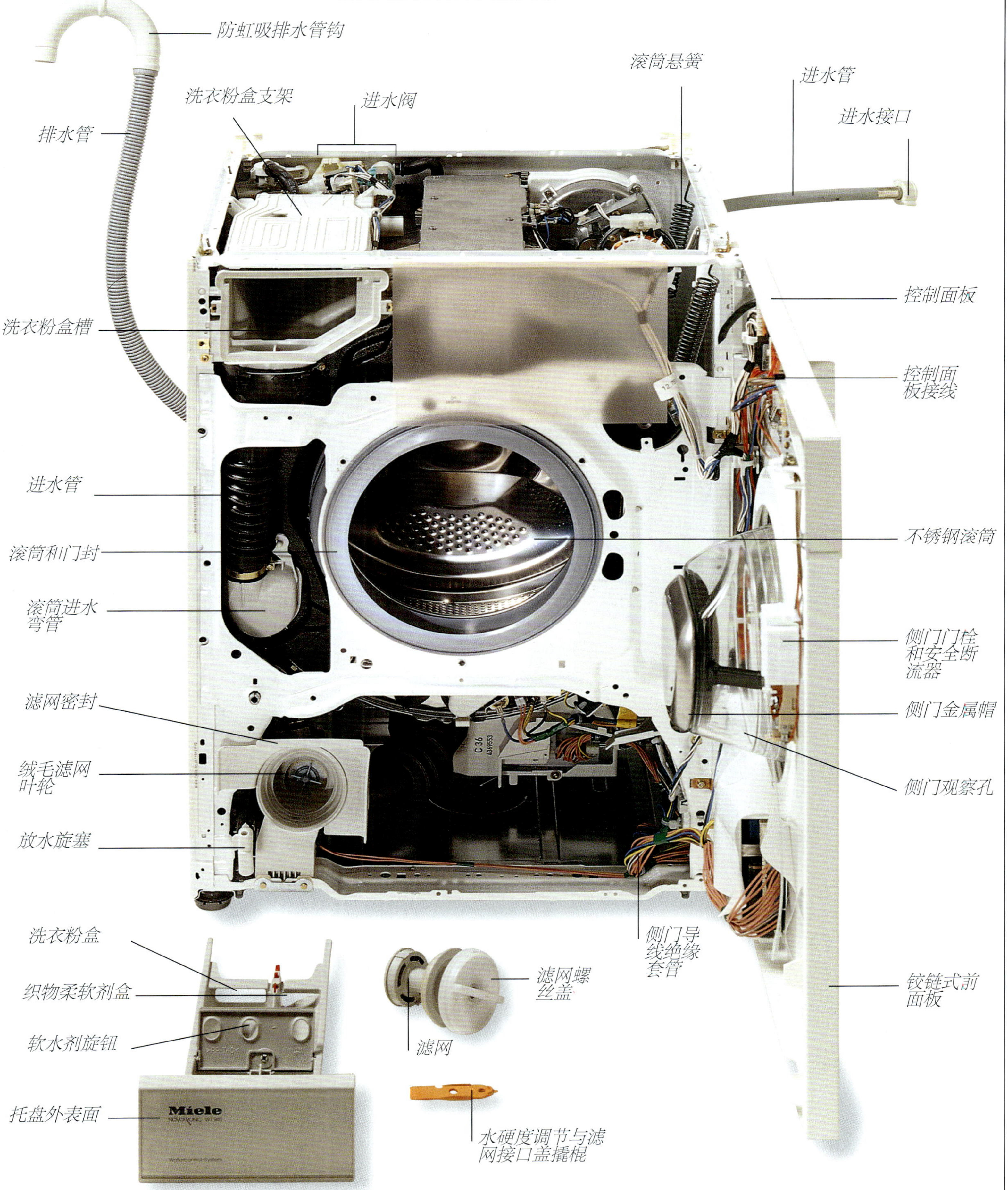

微波组合炉

传统炉子使用电热元件或者火焰来加热食物。微波炉通电后，磁控管发出电磁波并通过波导管输送到炉腔，以产生热能。这些微波无法穿透炉腔的金属屏蔽，内置金属风扇可以让微波在炉腔内反射并均匀分布。微波可以穿过大多数塑料、陶瓷和玻璃，因此这些材料制成的盘子或容器能够在微波炉内使用。组合炉同样包含传统加热元件，能够以传统的烘烤或煎炒方式烹饪食物，也可以作为独立或组合微波炉来进行使用。

微波组合炉

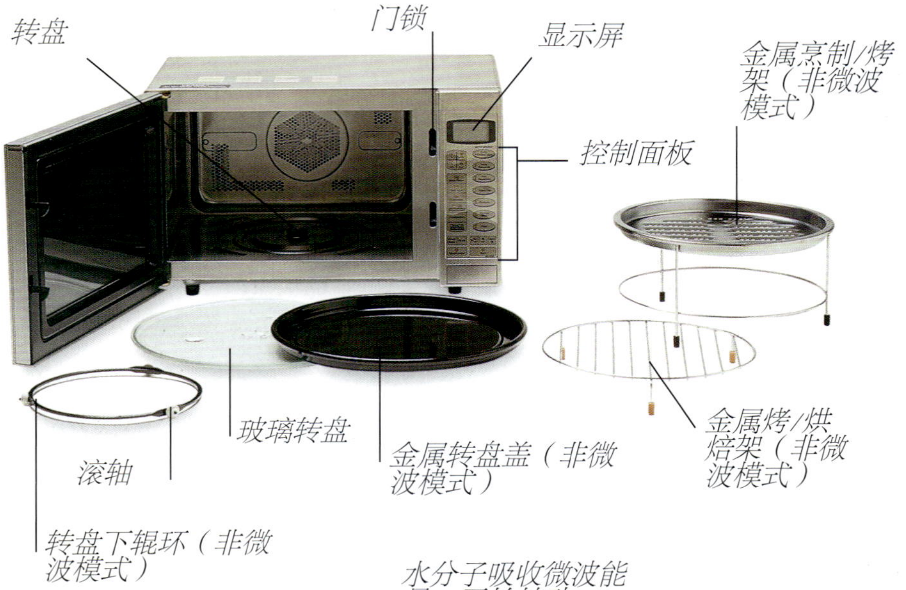

微波加热食物的原理

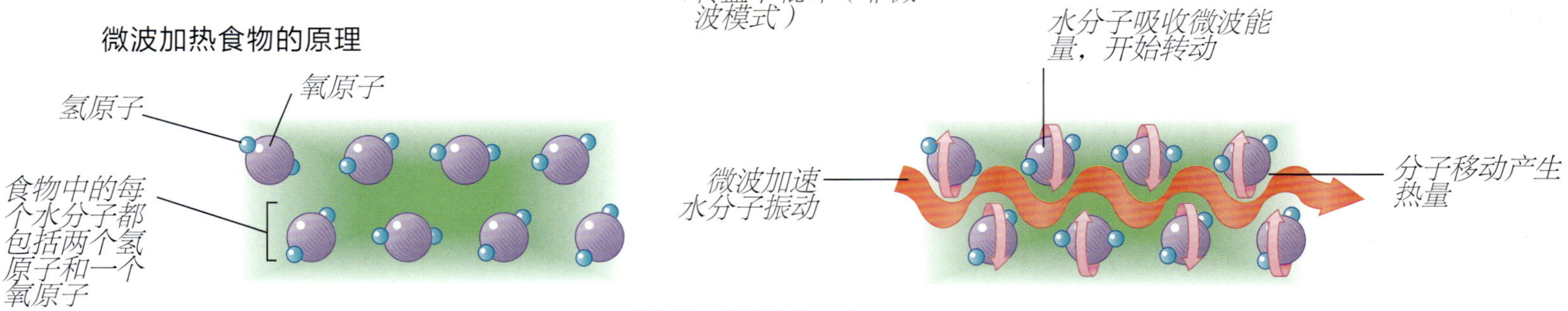

微波组合炉侧视图

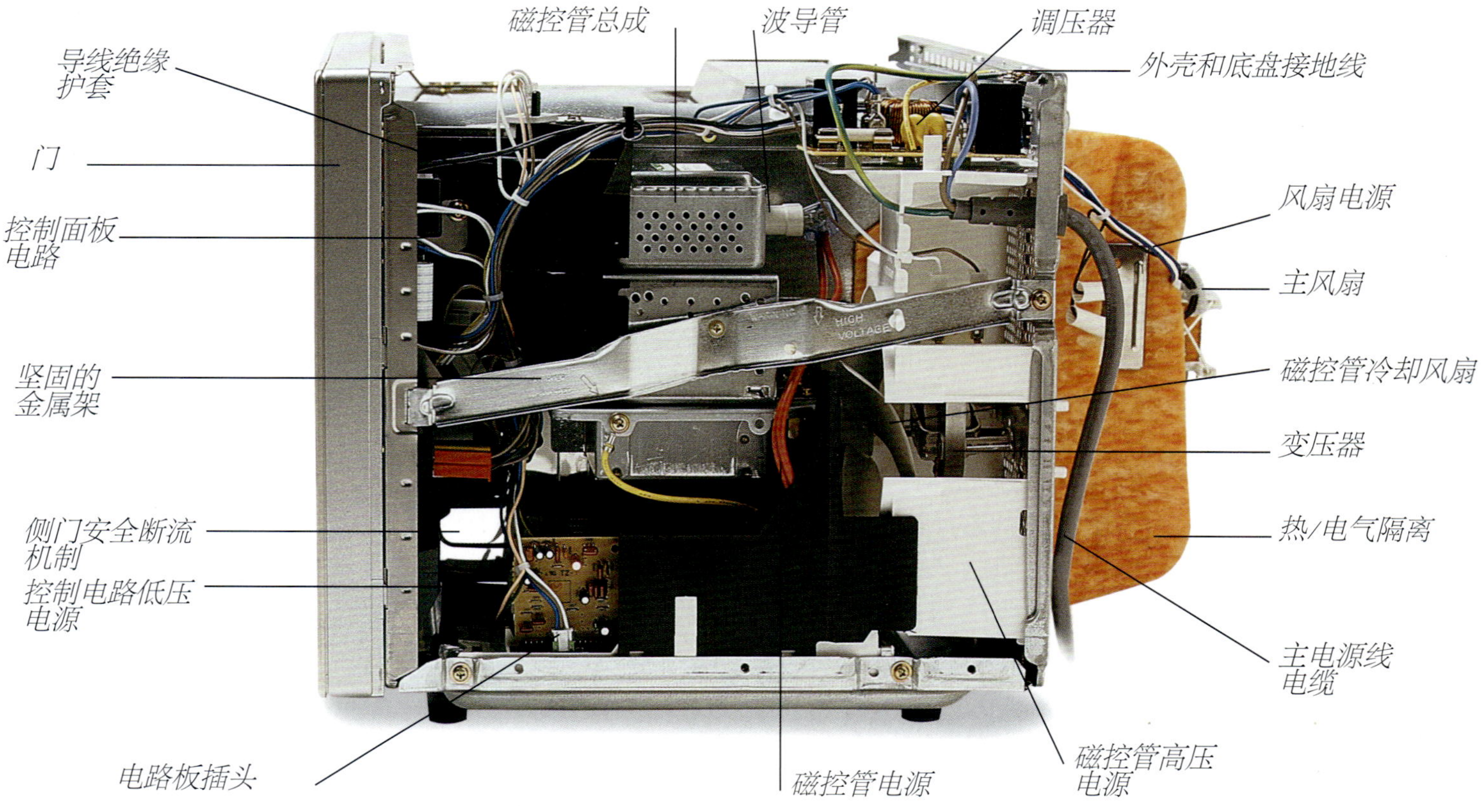

微波组合炉俯视图

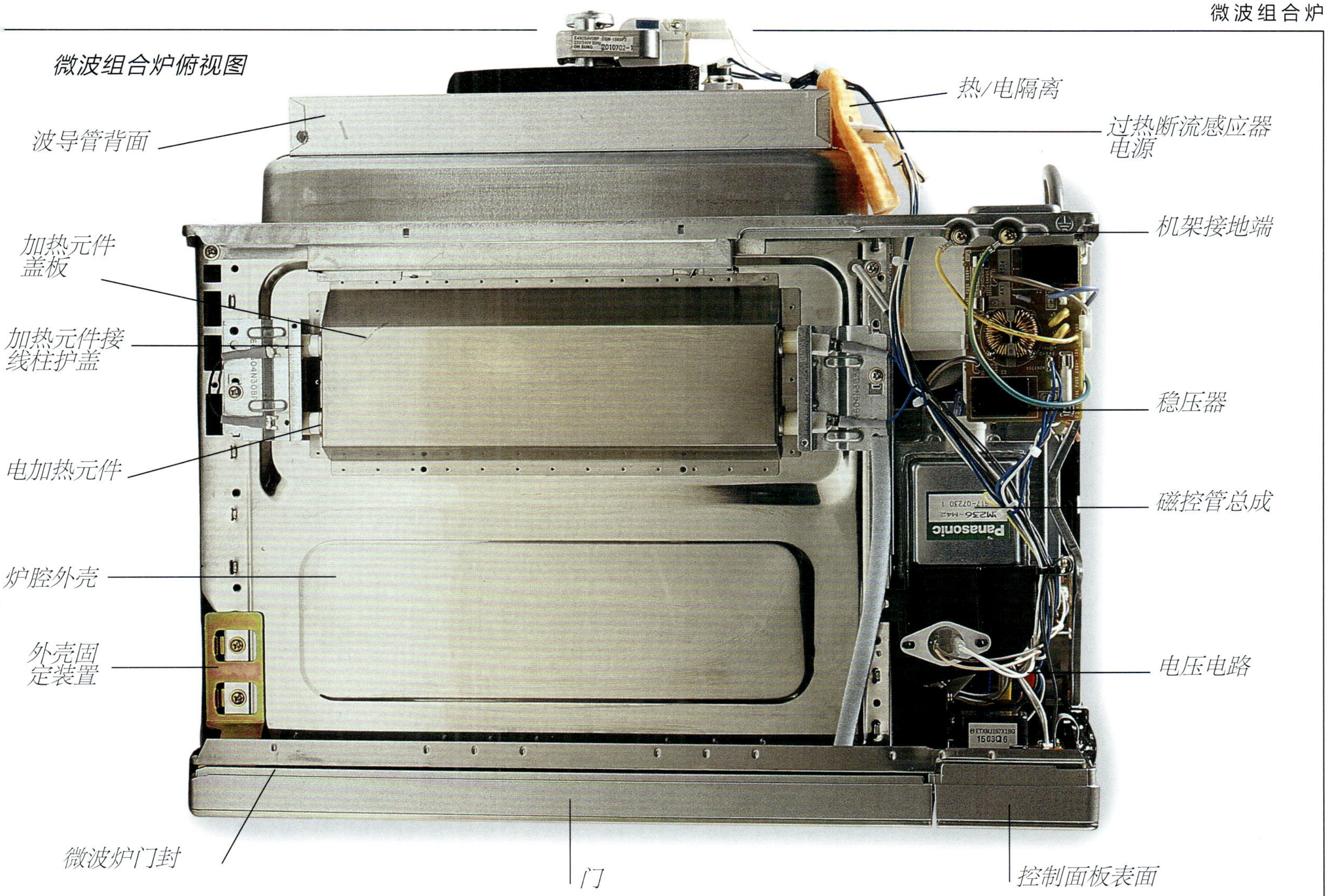

微波组合炉背视图

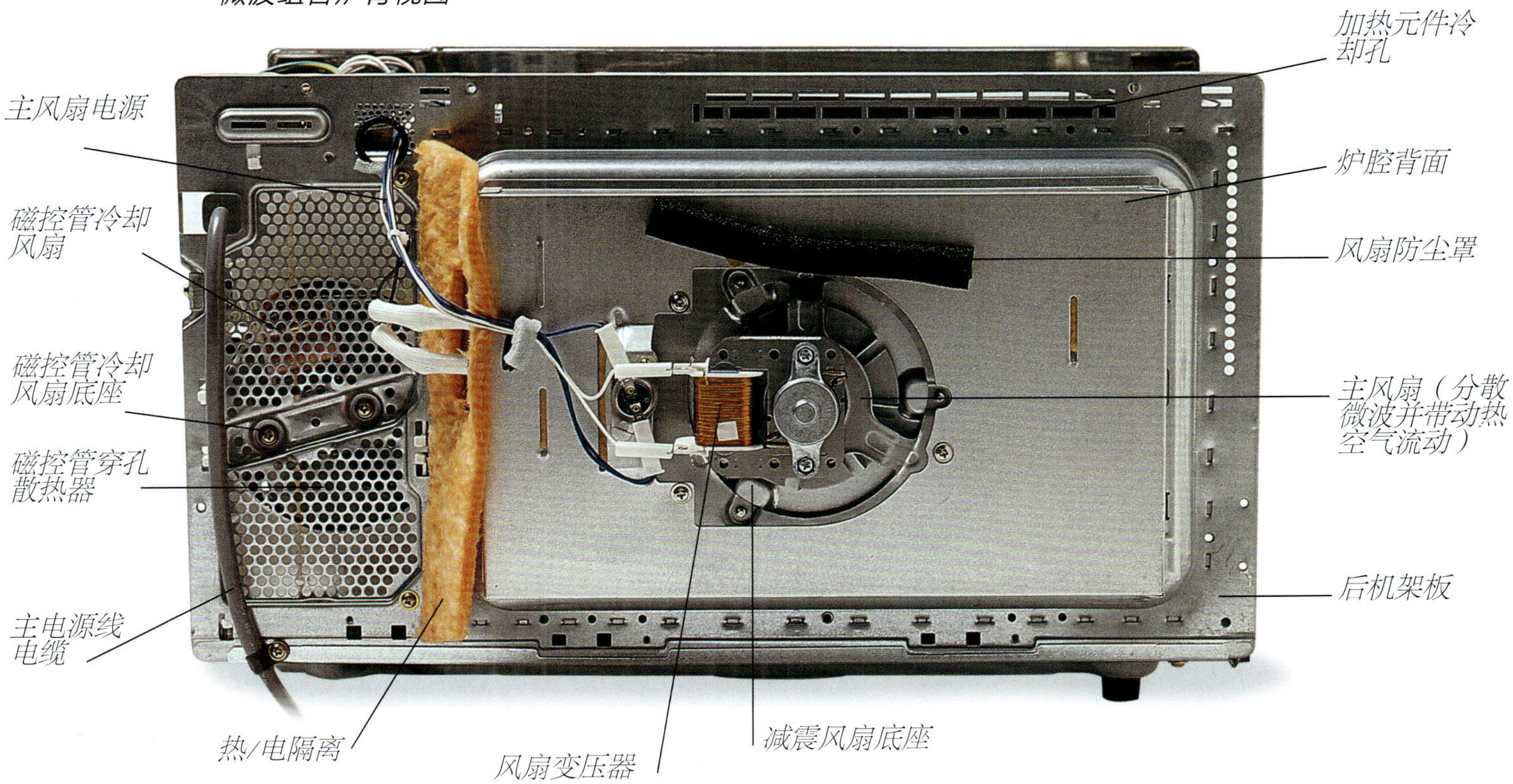

多士炉

大多数多士炉不仅可以烤面包片，而且能够在烤制完成后将面包片弹出。将面包片放置在弹簧牵引的托架上，按下托架，电加热元件开始烘烤面包。同时，双金属条开始发热并膨胀，其中一个金属条的膨胀速率较高，导致金属条开始弯曲。弯曲的金属条形成完整的电路，启动电磁铁。磁铁吸引挂钩，释放托架弹簧，托架向上弹出，并同时关闭电加热元件。

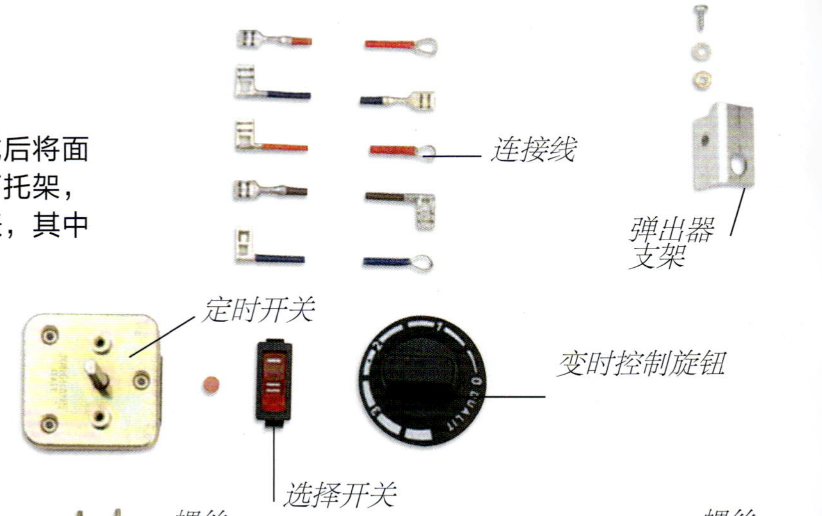

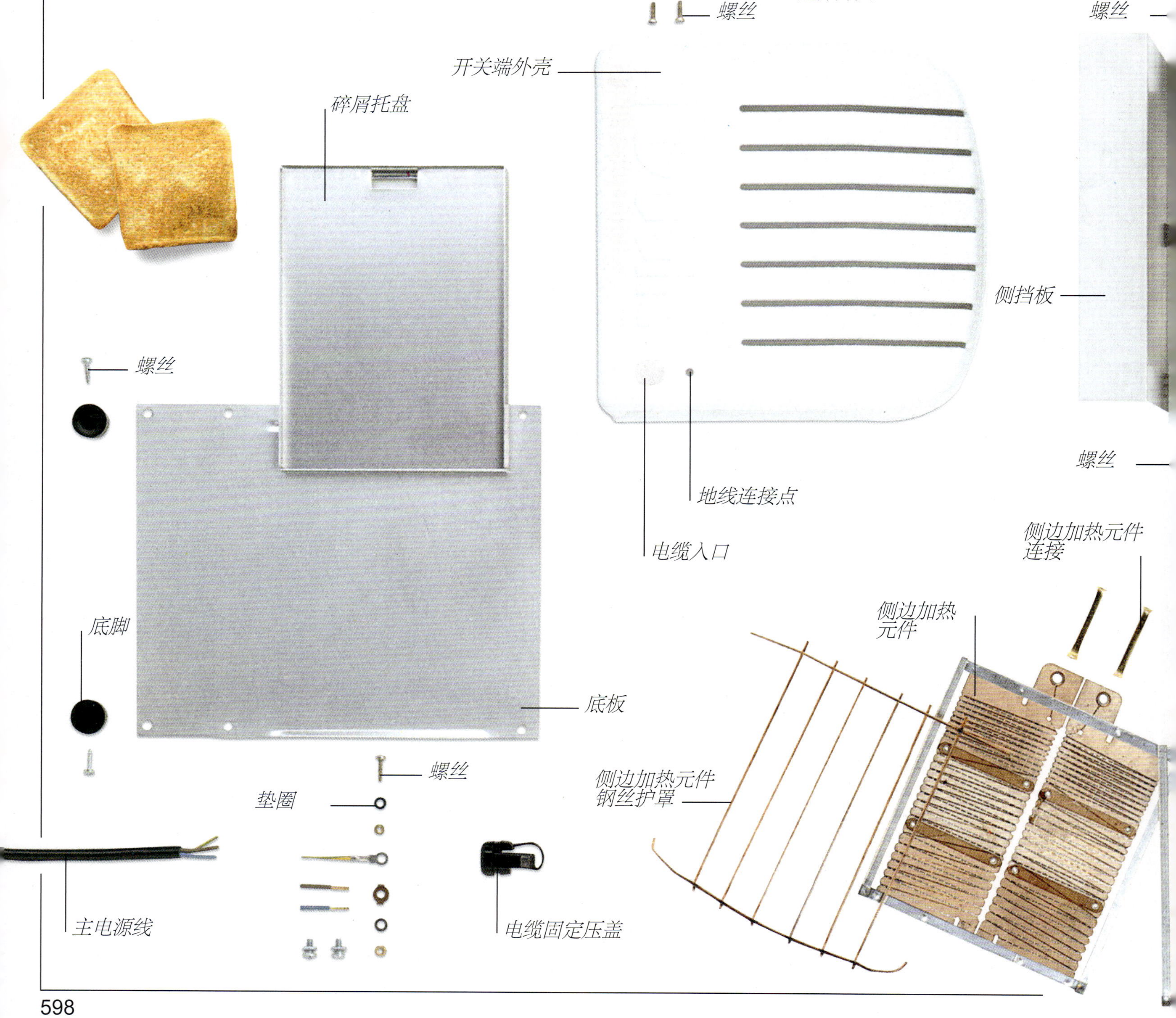

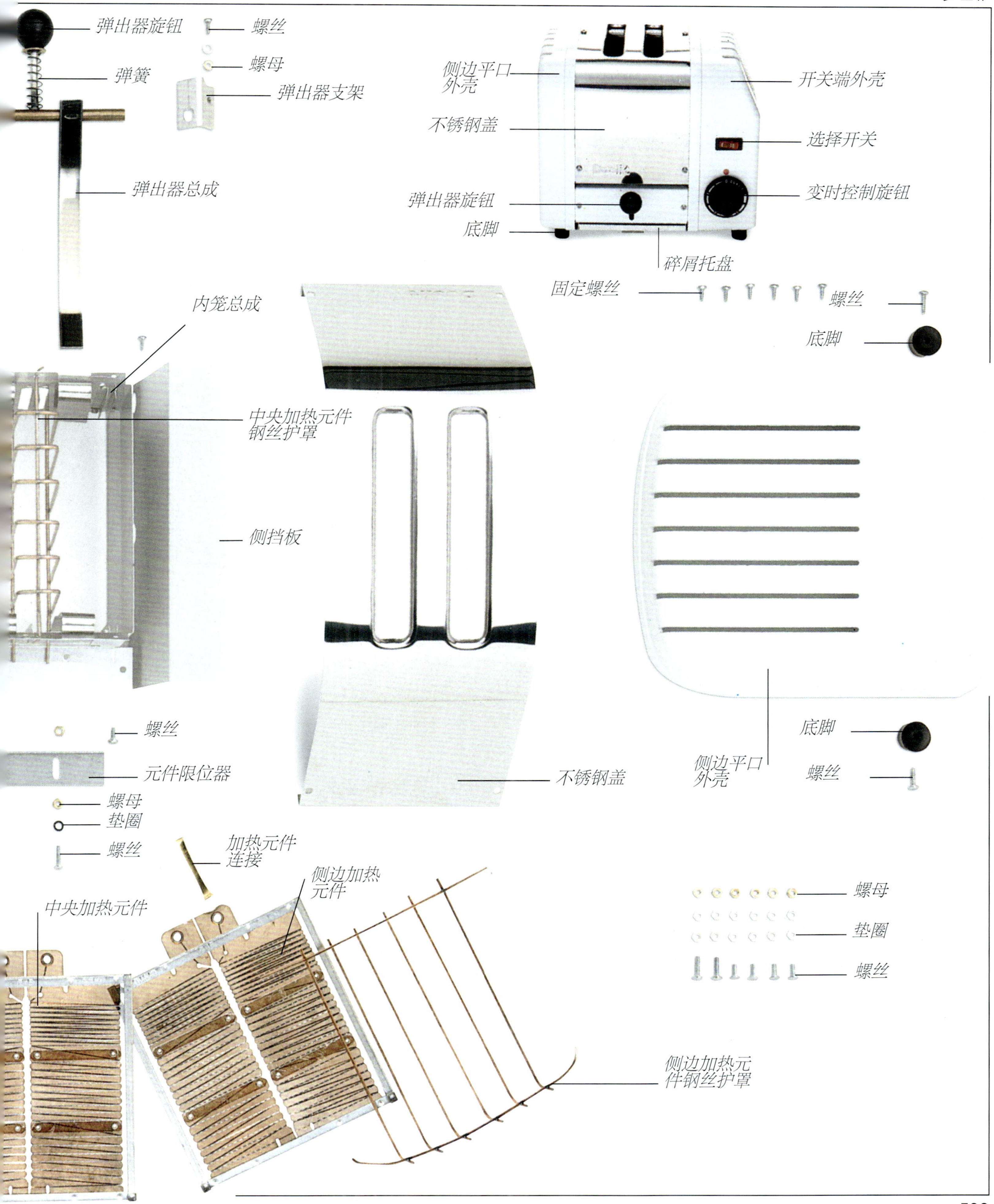
弹出器旋钮
螺丝
螺母
弹簧
弹出器支架
弹出器总成
侧边平口外壳
开关端外壳
不锈钢盖
选择开关
弹出器旋钮
变时控制旋钮
底脚
碎屑托盘
固定螺丝
螺丝
底脚
内笼总成
中央加热元件钢丝护罩
侧挡板
螺丝
元件限位器
螺母
垫圈
螺丝
不锈钢盖
底脚
侧边平口外壳
螺丝
加热元件连接
侧边加热元件
中央加热元件
螺母
垫圈
螺丝
侧边加热元件钢丝护罩

电钻

电钻通过风扇为电机降温，电机带动中轴高速旋转。中轴连接齿轮系统，可以驱动钻头夹盘以更高的速度旋转，进而推动锋利的钻头打孔。与此同时，钻头的螺旋形齿槽可以将打孔产生的碎屑带出孔洞。很多电钻也会采用电锤机构，以便在硬质材料上打孔：齿轮箱的棘轮驱动卡盘和钻头像锤子一样砸开硬物的表面。手钻的钻头转速和冲击力相对较弱，但控制更方便。木匠在切割时经常使用手摇曲柄钻。曲柄钻利用了杠杆原理：弓形手柄的移动距离大于钻头，因此可以施加更大的转动力量。

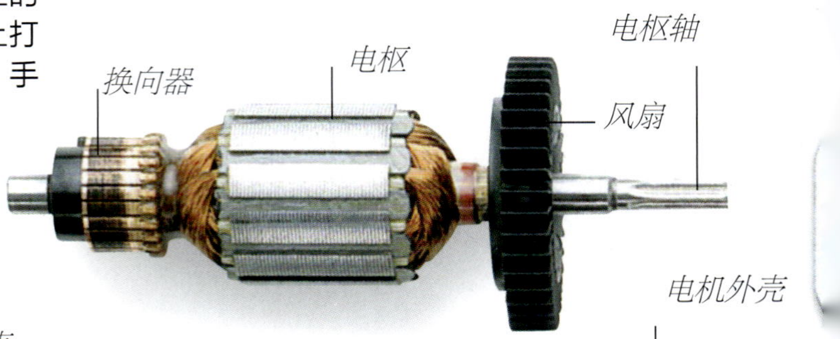

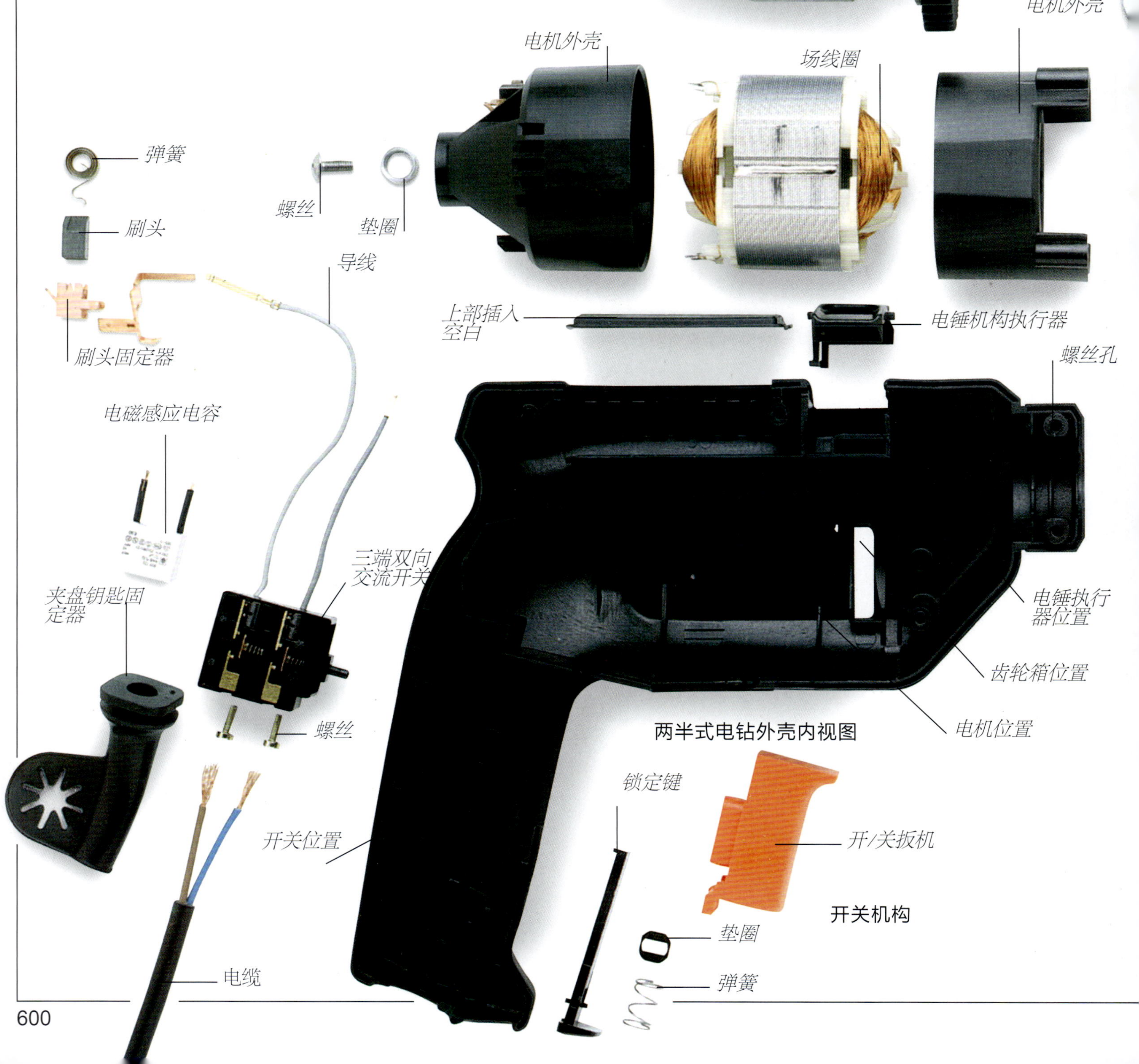

齿轮

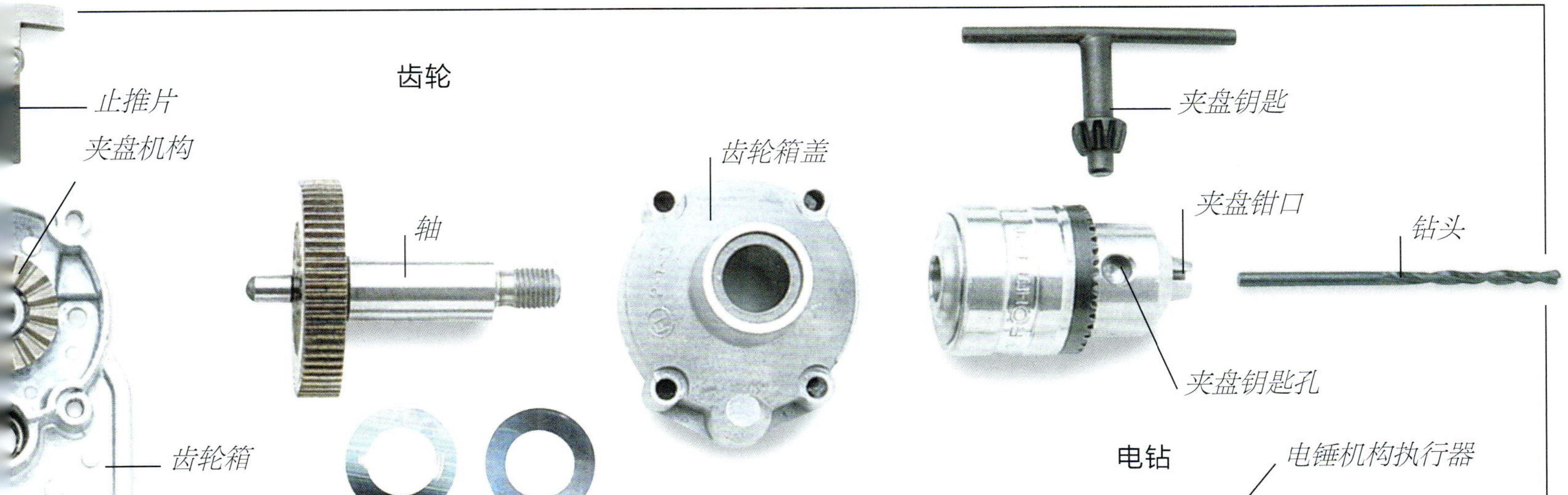

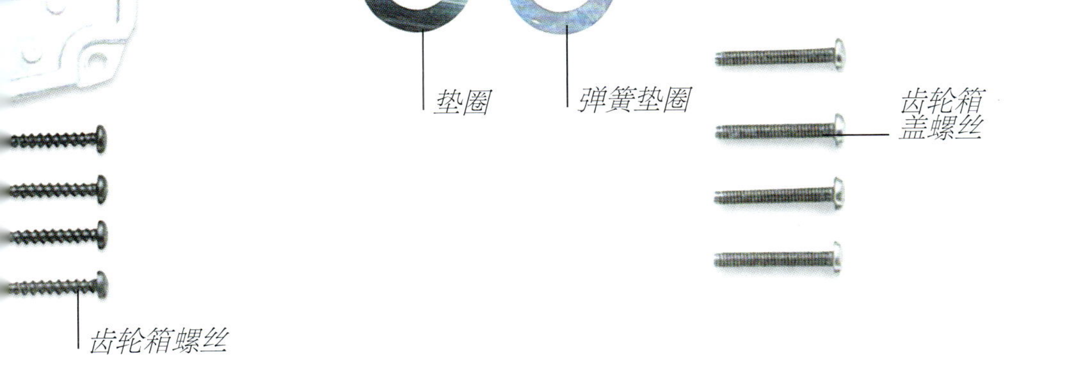

电钻

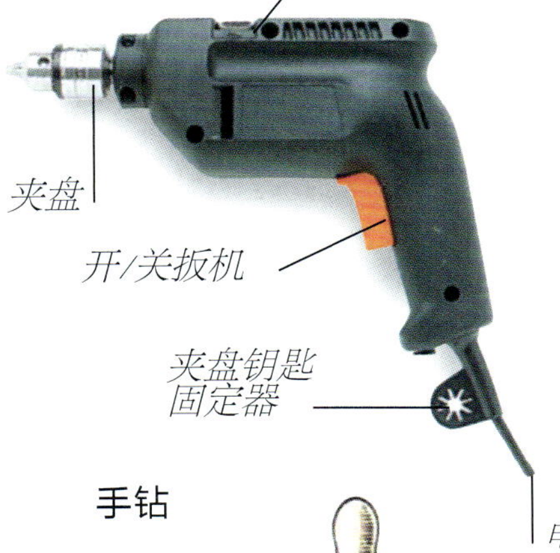

手钻

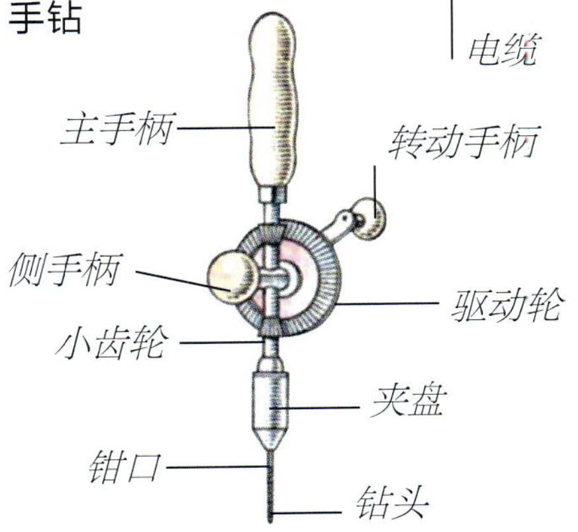

手摇曲柄钻

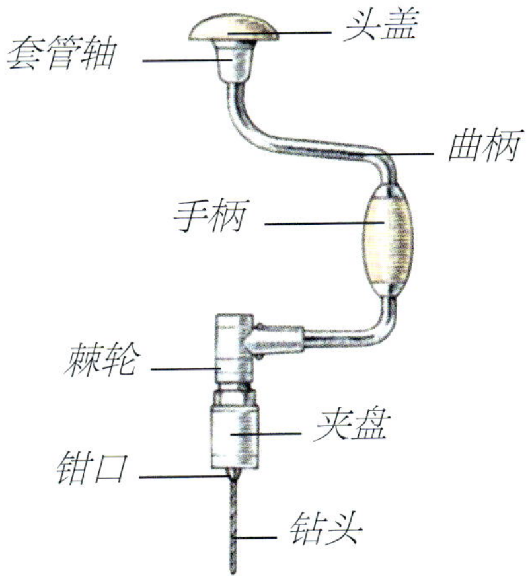

两半式电钻外壳外视图

未来房屋

未来，建筑材料使用更加高效合理，房屋将更环保、更节能，并采用更丰富的智能控制系统。科尔·汤普森联合公司（Cole Thompson Associates）、布里·戴合伙公司（Bree Day Partnership）和保罗·霍奇金森联合公司（Paul Hodgkins Associates）合作设计并联合英国建筑研究院（Building Research Establishment，BRE）制作的整体房屋（the Integer house）可能是未来房屋的一个代表：广泛应用了回收可再生自然材料与能源，异常醒目的侧面巨大温室负责供暖，回收报纸的天线纤维作为木制墙壁的保温层，浴室产生的废水用来冲洗马桶，风力发电机和太阳能面板能够满足部分电力需求。同时，整体房屋采用了很多预制件，能够加快并简化建造过程。相比传统房屋，整体房屋能耗将减少一半，用水量可以减少1/3。

墙壁结构

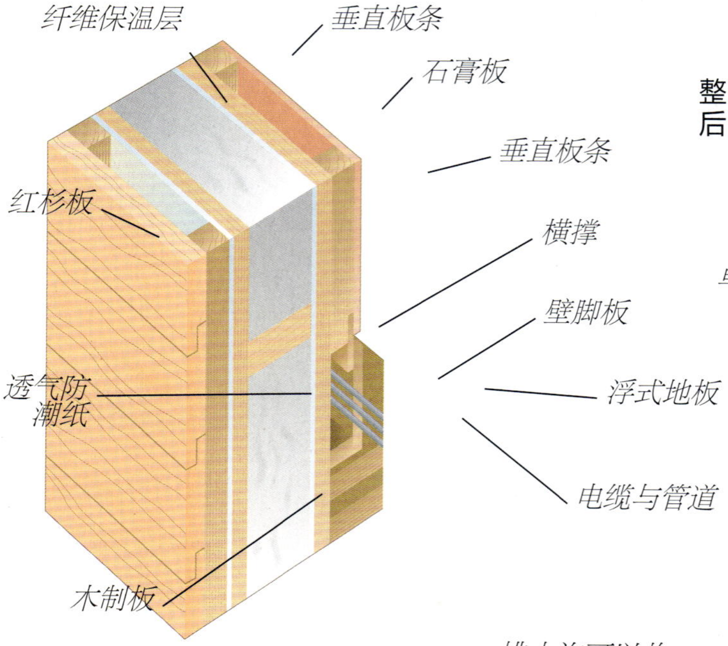

整体房屋侧视图和后视图

整体房屋前视图

包含收音机和电视天线的集成多媒体网络
光伏板用于发电
太阳能集热器可以用于提供热水
安全灯
冷室自动百叶窗
顶层办公室窗户
起居室和餐厅木制飘窗
土堰帮助低层隔热保温
根据光照自动开阖的百叶窗

屋顶结构

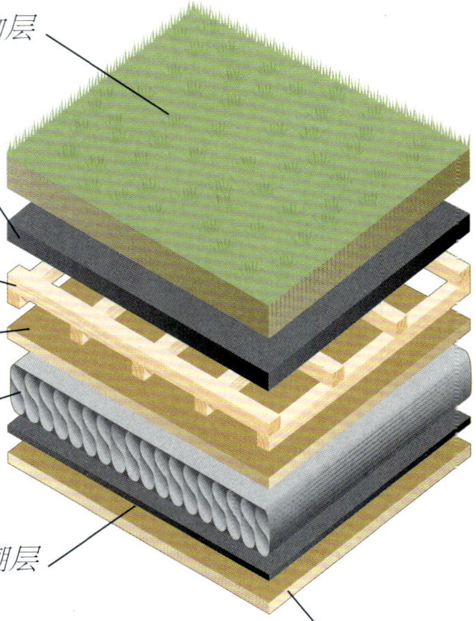
景天植物层
矿物棉
木制框架
防止植物根茎破坏的隔膜
聚氨酯保温层
防潮层
胶合屋顶板

温室内景

可再生能源

与烧完之后彻底枯竭的煤炭等化石燃料不同，可再生能源属于用之不竭的能源。潮汐、海浪、流水、阳光和风等都属于可再生能源。我们借助涡轮机获取自然界的风能和水能，通过涡轮机旋转驱动发电机产生电能。太阳光的能量，称之为太阳能，也可以通过两种方式转变为电能。一种方法是使用镜子汇集太阳能并增强其加热效果，以便产生水蒸汽推动汽涡轮机发电。另一种方法是通过光伏电池直接发电。光伏电池包括两层硅，一层发射电子（负离子），另一层接收电子。在阳光照射下，两个硅层接触面的原子会释放出电子，与正离子分离。电子汇集到其中一个硅层，正离子则汇集到另一层。由于正负相吸的天然特性，电子会再次与正离子汇合。但是，汇合过程中，电子必须经过电池外部的电路或负载，这会形成电荷。因此，光伏电池能够在光照条件下持续产生电流。

维斯塔斯V47风力涡轮机

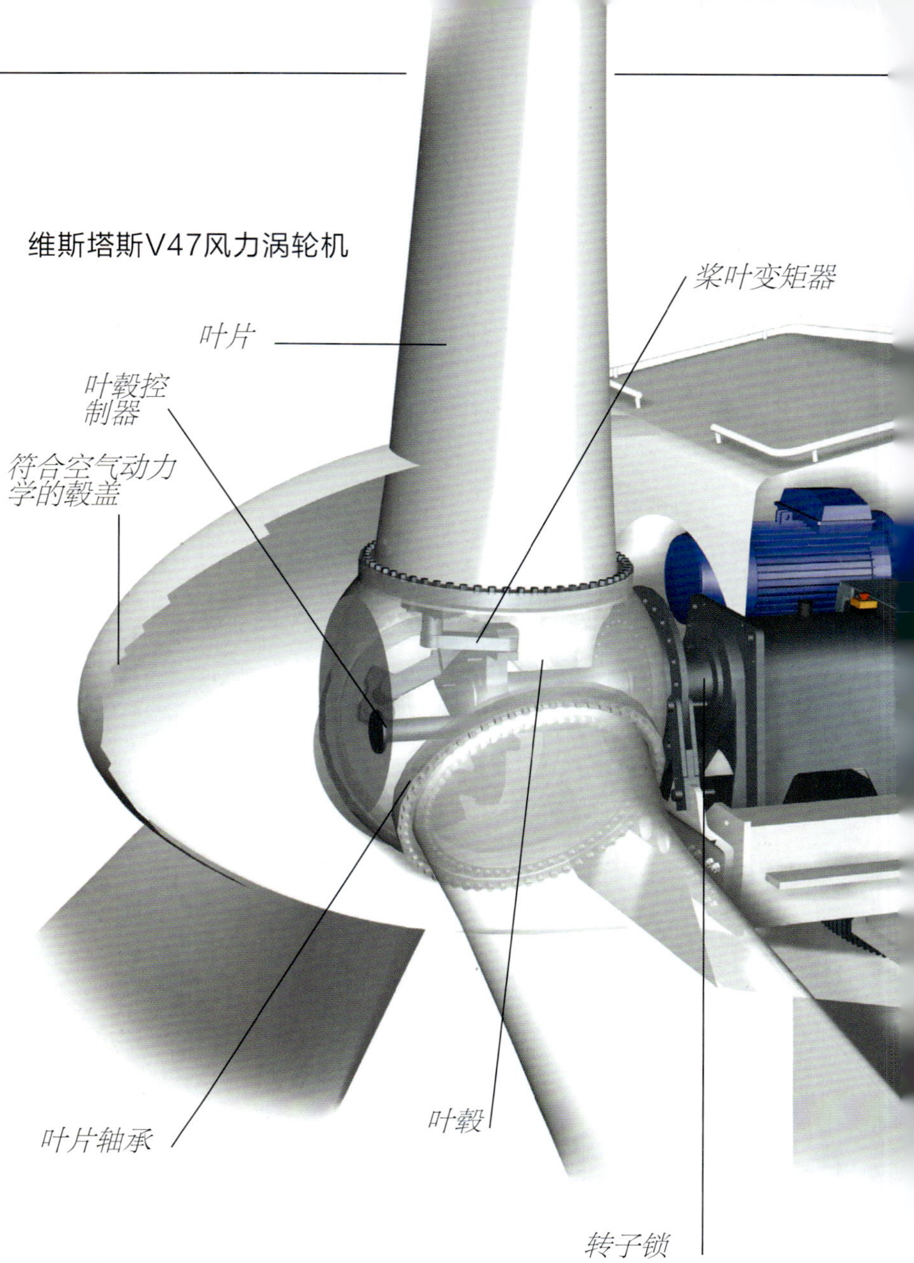

潮汐能

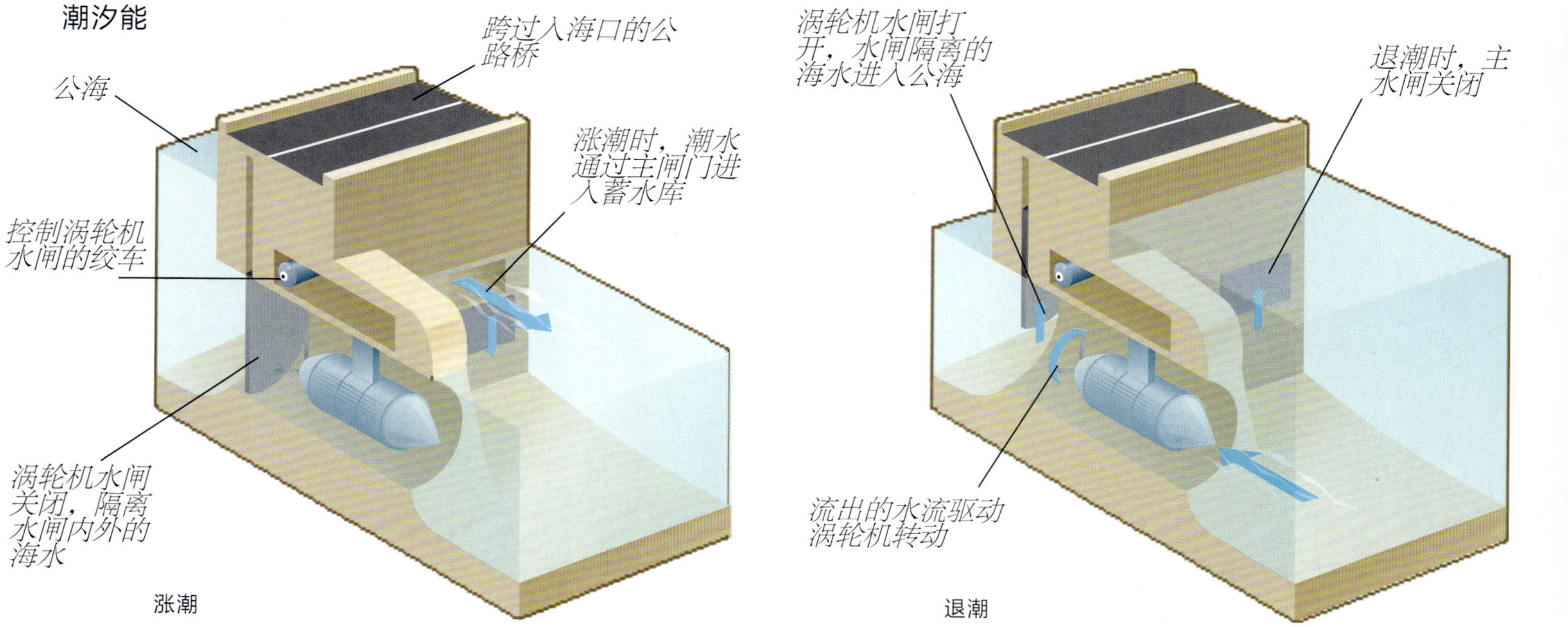

涨潮　　退潮

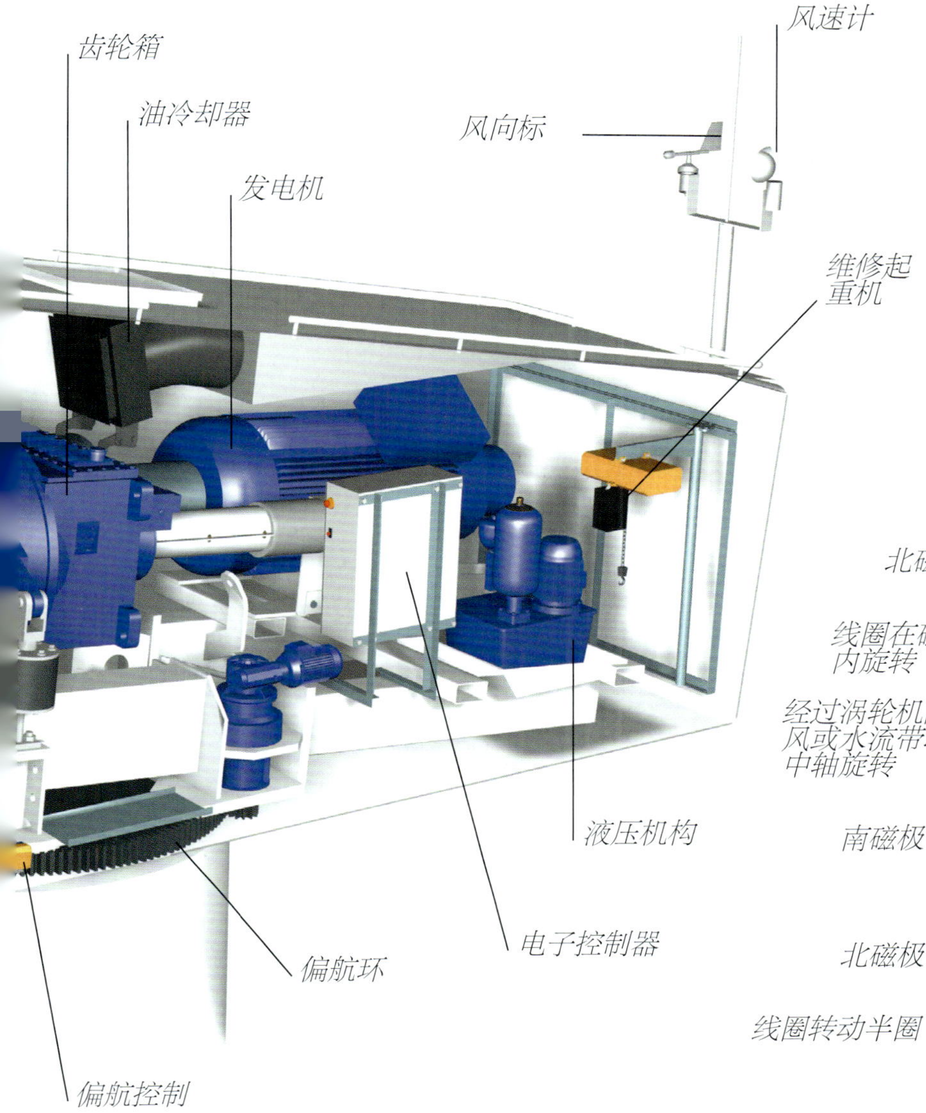

风电场的风力涡轮机

发电机工作原理

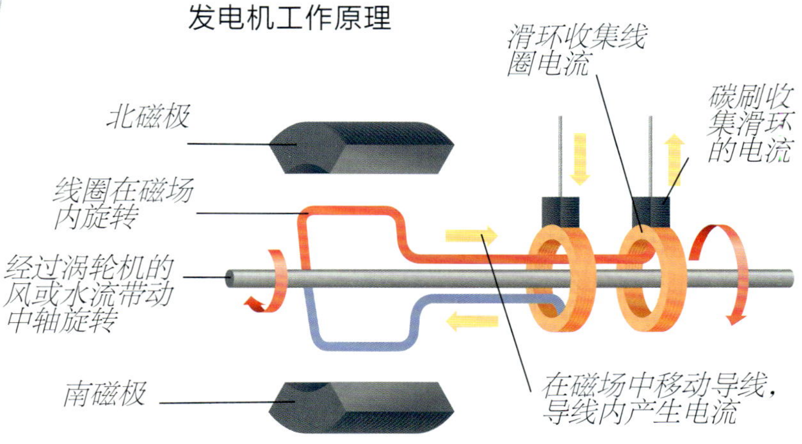

第一个半圈

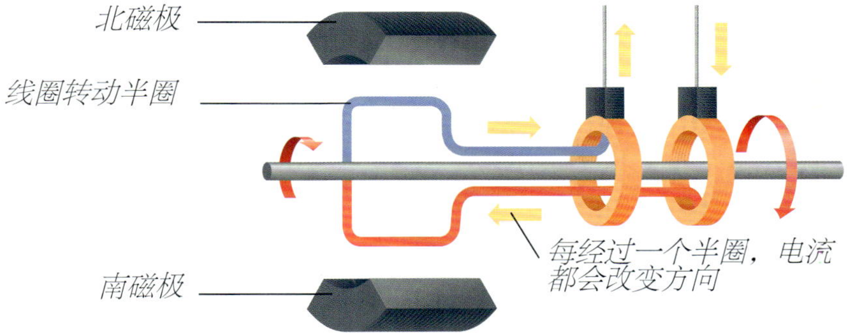

第二个半圈

太阳能发电

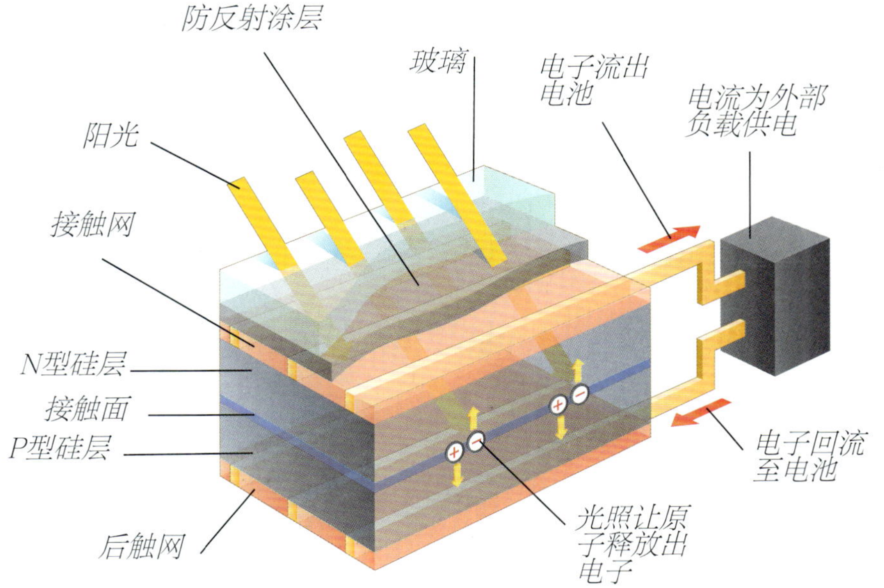

光伏电池的工作原理

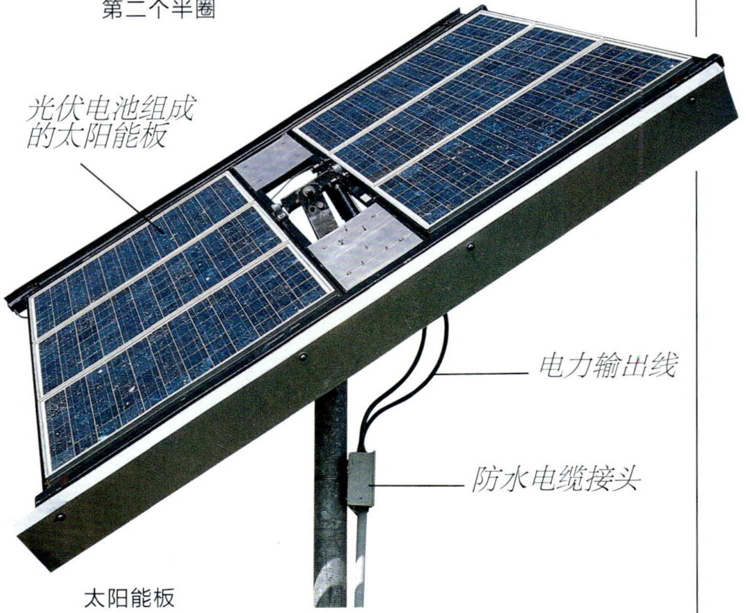

太阳能板

克隆技术

活细胞中的基因物质，DNA（脱氧核糖核酸），包括数千个基因单元，携带着生命体生长、发育和修补指令。正常繁殖过程中，卵细胞中包含的一半母体基因物质会与精子细胞中的一半父体基因物质结合，组成独特的全新基因组。胚胎发育的早期阶段，受精卵分裂为干细胞，干细胞有可能分化发育为数百种具有专门功能的细胞。治疗性克隆技术可以在实验室培育干细胞，并且有望在未来用于培育新的组织，以便移植回捐献者，实现治疗的目的，避免因移植组织包含的不同基因导致人体产生排异反应。应用动物实施的其他克隆技术试验显示，采集某种动物的基因物质，并将其植入另一种移除原始基因物质的动物卵中，发育形成的动物与采集者一致。

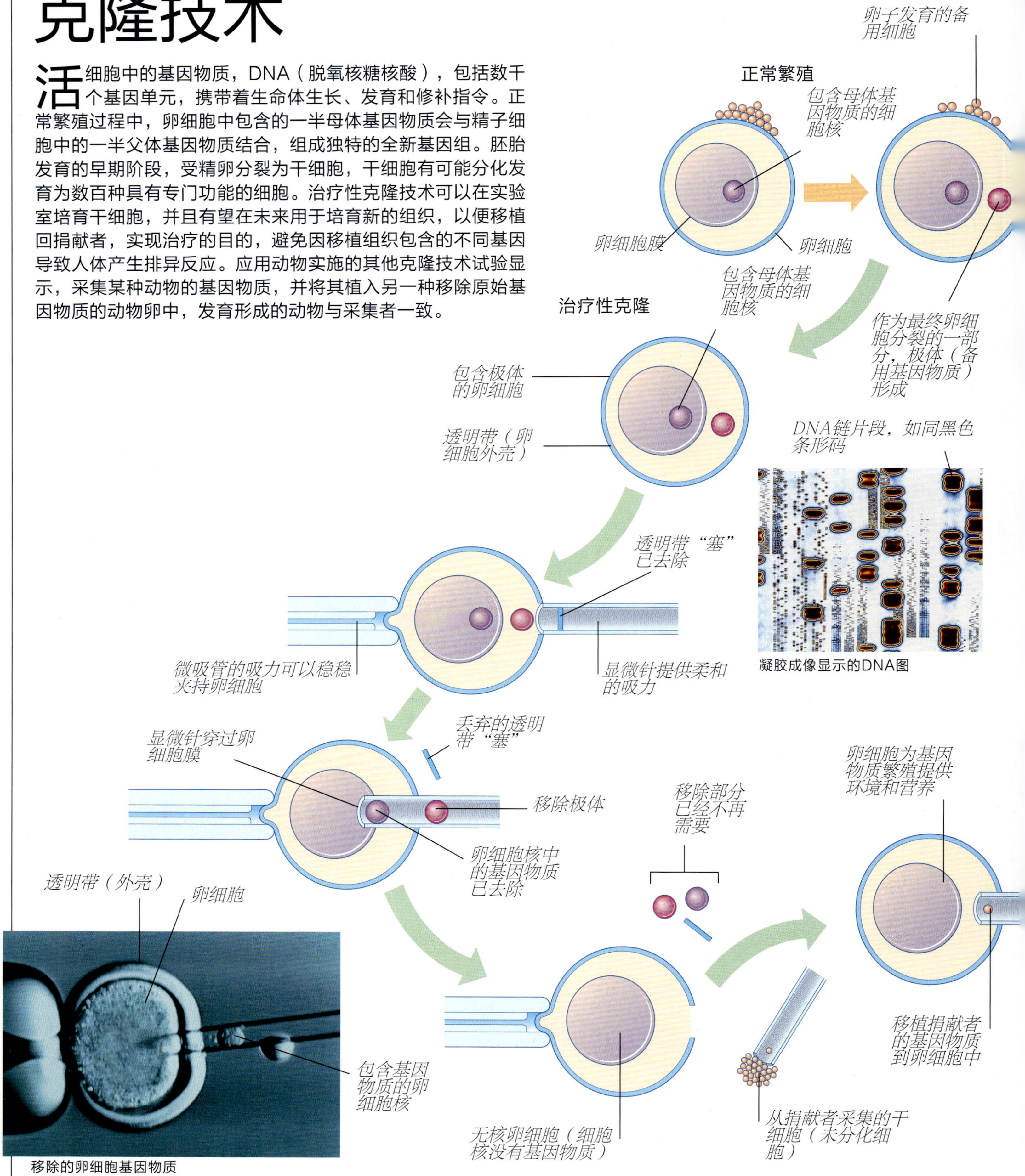

凝胶成像显示的DNA图

移除的卵细胞基因物质

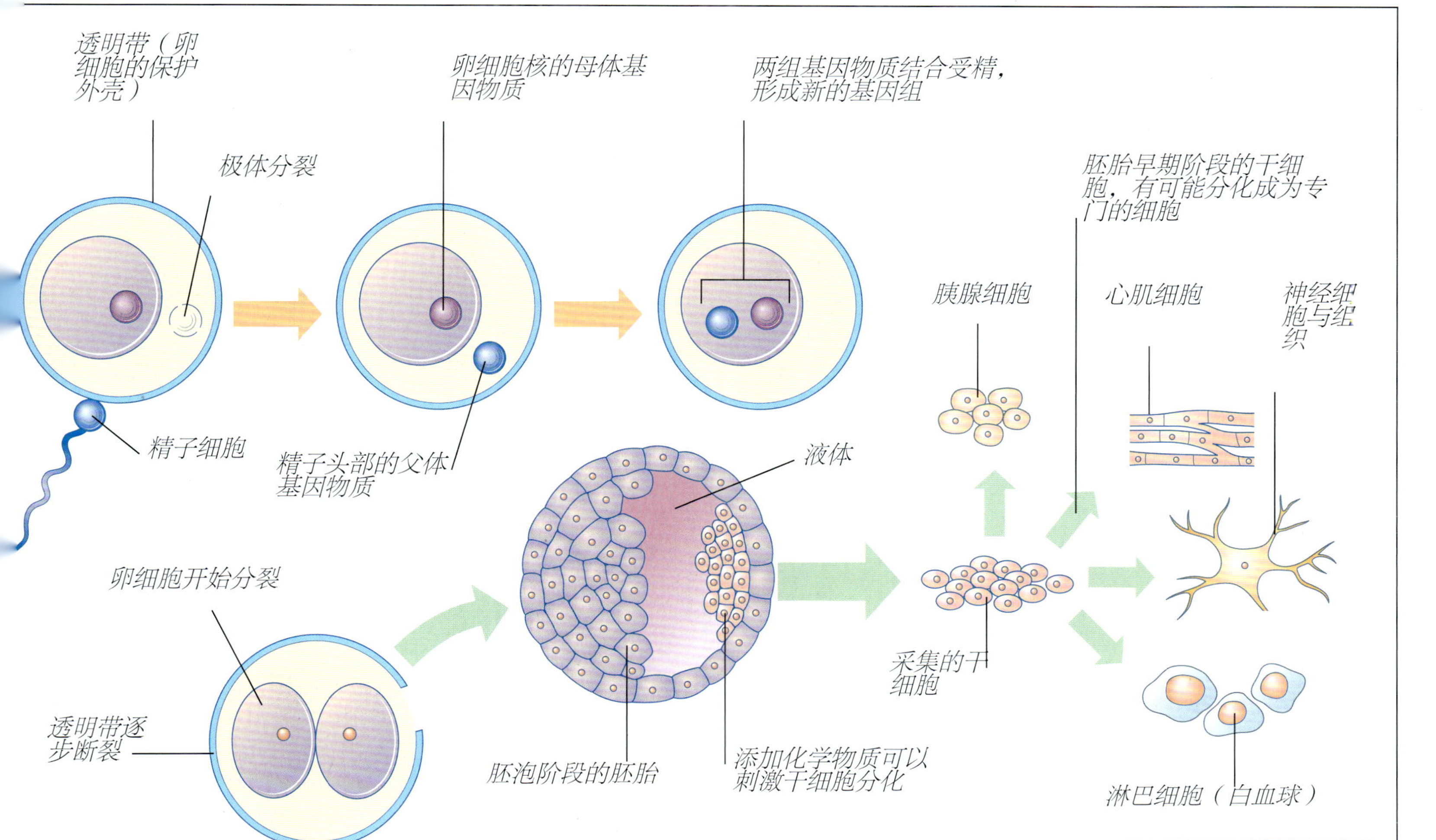
透明带（卵细胞的保护外壳）
极体分裂
精子细胞
卵细胞核的母体基因物质
精子头部的父体基因物质
两组基因物质结合受精，形成新的基因组
胚胎早期阶段的干细胞，有可能分化成为专门的细胞
胰腺细胞
心肌细胞
神经细胞与组织
液体
卵细胞开始分裂
透明带逐步断裂
胚泡阶段的胚胎
添加化学物质可以刺激干细胞分化
采集的干细胞
淋巴细胞（白血球）

分裂的干细胞层
基层
胚胎干细胞

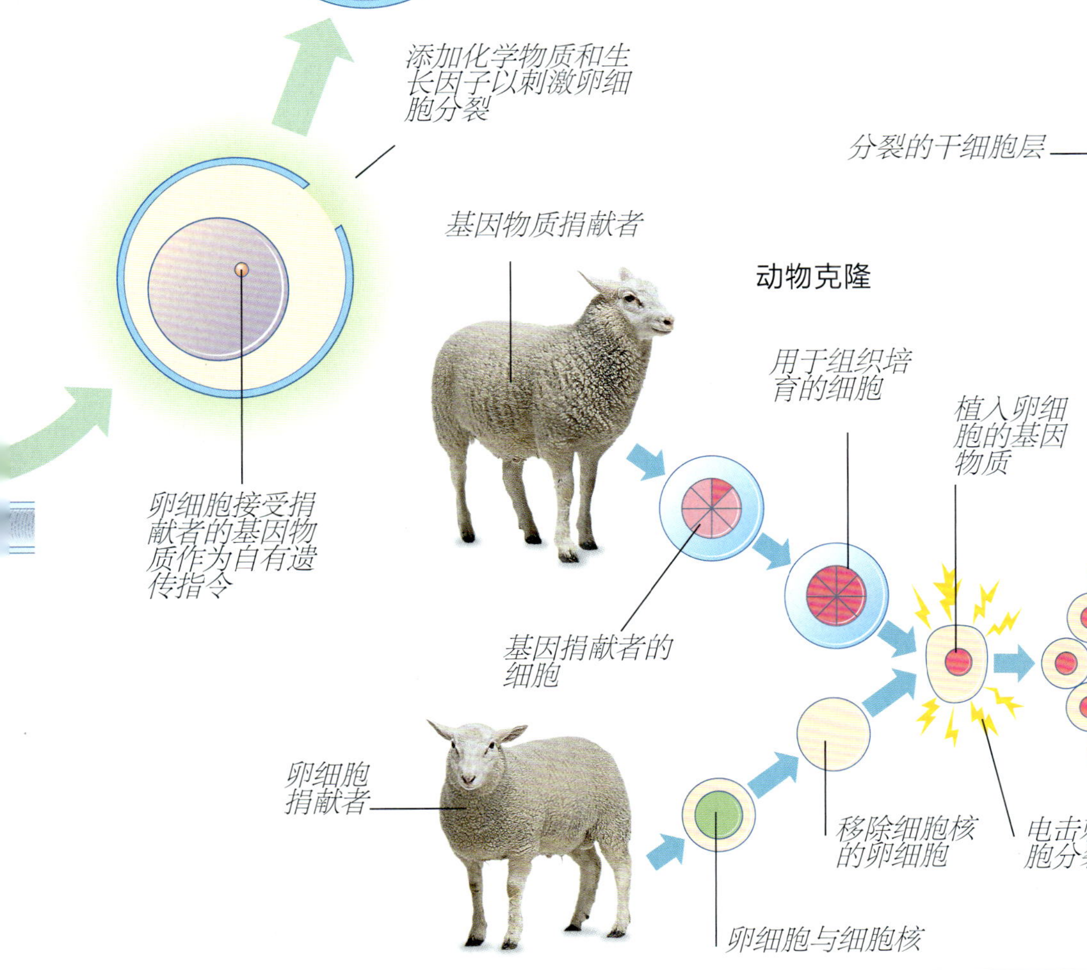
添加化学物质和生长因子以刺激卵细胞分裂
卵细胞接受捐献者的基因物质作为自有遗传指令
基因物质捐献者
动物克隆
用于组织培育的细胞
植入卵细胞的基因物质
基因捐献者的细胞
卵细胞捐献者
移除细胞核的卵细胞
电击刺激卵细胞分裂
卵细胞与细胞核

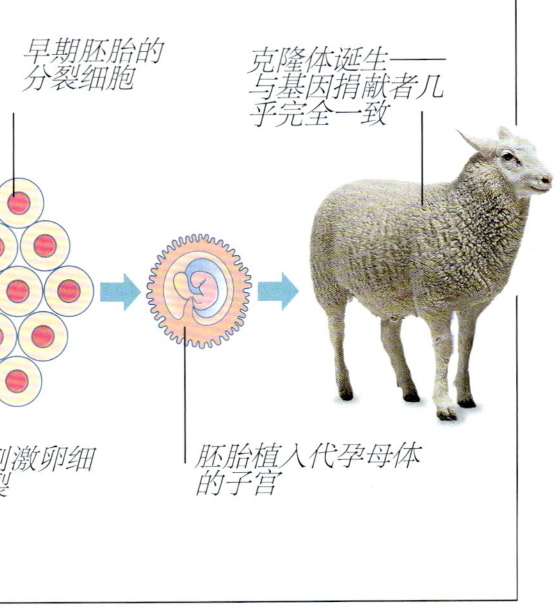
早期胚胎的分裂细胞
克隆体诞生——与基因捐献者几乎完全一致
胚胎植入代孕母体的子宫

机器人

机器人是一种机械，能够完成众多不同的任务，并且无需人员值守，或者只需极少的人为操作。工厂机械臂是最常见的机器人，机械臂末端可以搭配不同的工具，以便完成抓握、打孔、切割、焊接和喷涂等操作。机器人玩具同样非常流行。这些玩具安装了感应器，可以针对声音和触碰做出反应，有的甚至可以理解语音指令。科学家正在努力开发更先进的能够看、听、学习甚至自己做出决定的人形机器人。阿西莫（ASIMO）是日本汽车制造商——本田公司开发的一款机器人，属于全球最先进的机器人之一，意思是高级步行创新移动机器人。外形类似背着背包的小小宇航员，阿西莫可以走路、说话、拿东西、识别熟悉的面孔并在叫到名字时做出回应。这是第一款能够独立行走和爬楼梯的机器人。此外，市场上也有很多具有简单人工智能的动物形象机器人玩具。

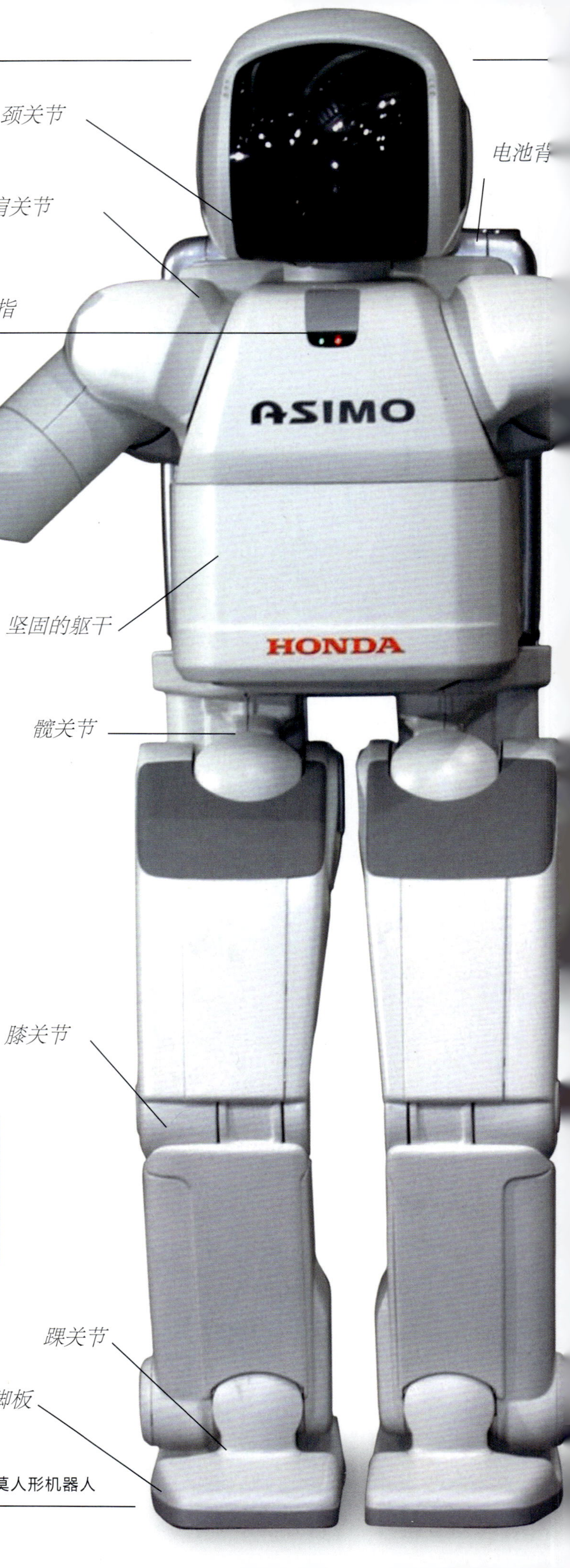

阿西莫人形机器人

机器人行动步骤

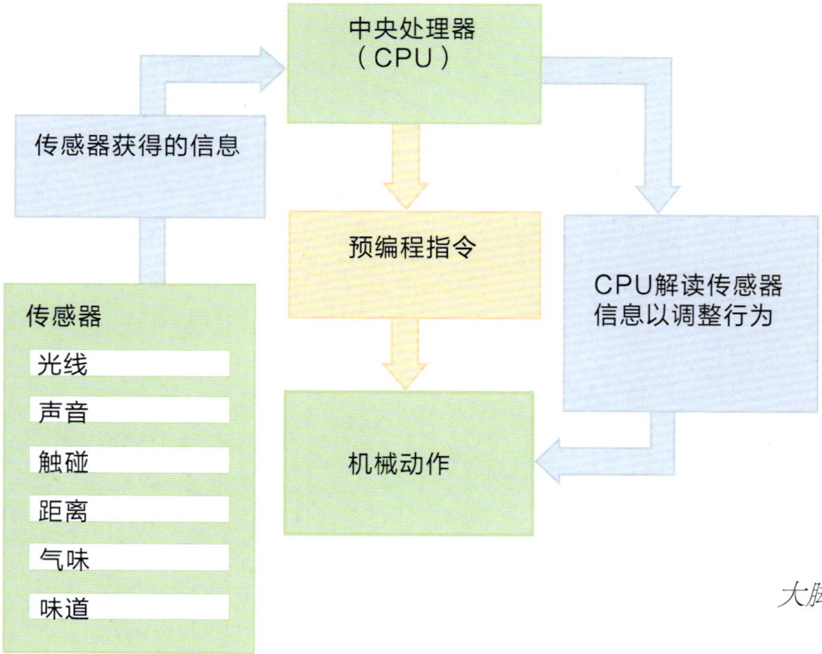

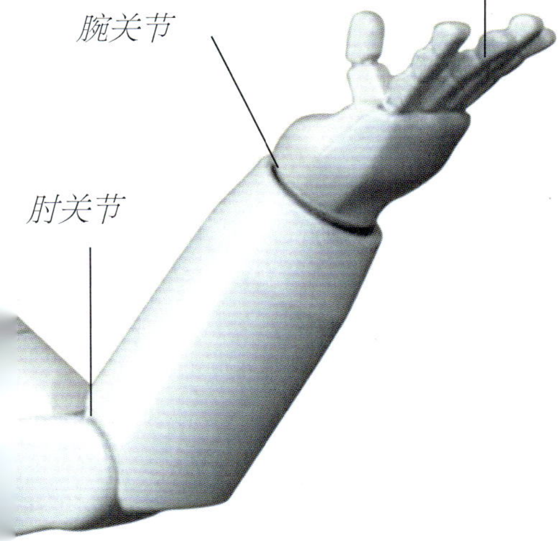

汽车制造机器人

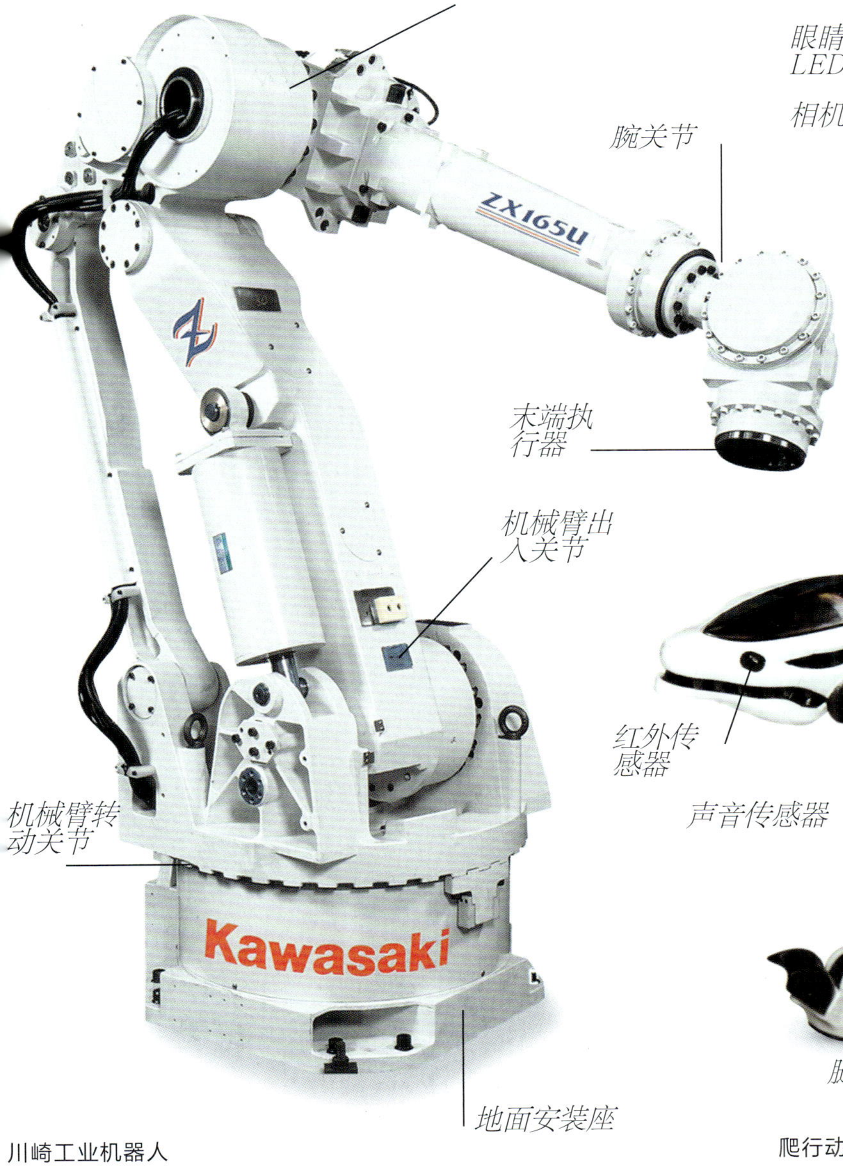

川崎工业机器人

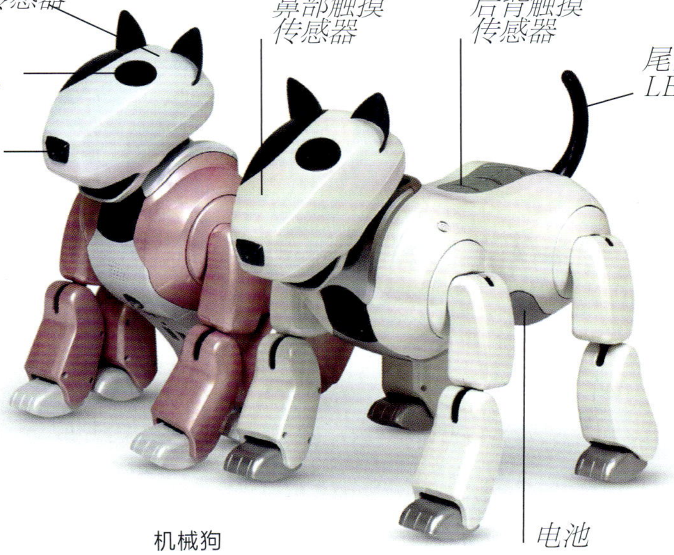

机械狗

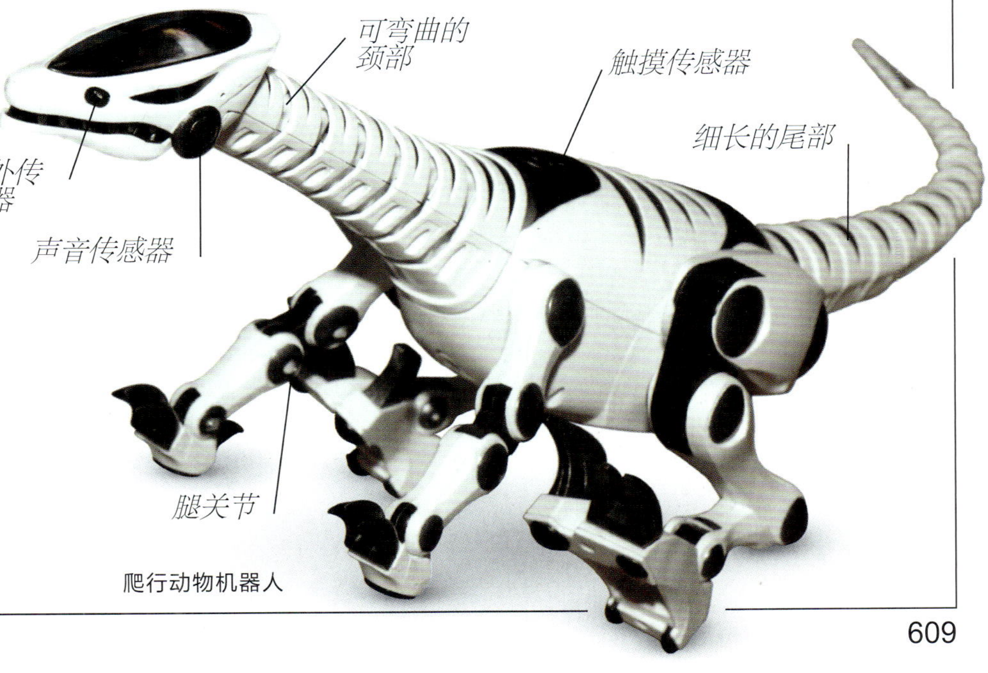

爬行动物机器人

高能显微镜

光学显微镜通过透镜折射光线的方式放大图像，行业用光学显微镜和研究专用光学显微镜可以观察活细胞等微小物质。光学显微镜的放大倍数可以达到2000倍左右，电子显微镜能够获得5000万倍的放大效果，但200万的放大倍数最为常见。电子显微镜通过磁透镜调整电子焦距的方式成像，主要分为两类：扫描电子显微镜（SEM），可以扫描样本表面的电子往复运动；透射电子显微镜（TEM），通过向薄薄的样本切片投射电子的方式成像。

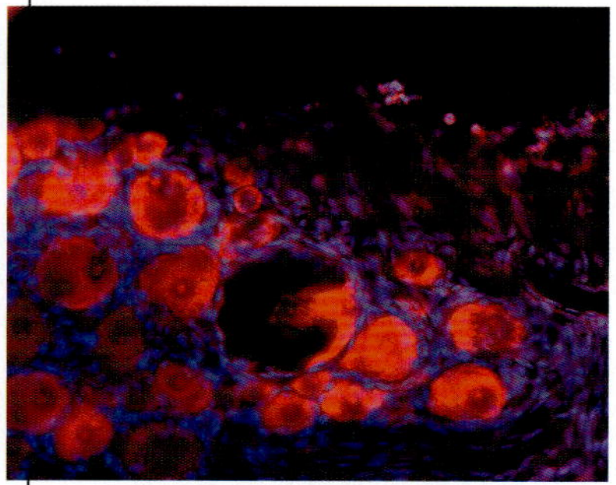

光学显微镜的死亡神经细胞成像

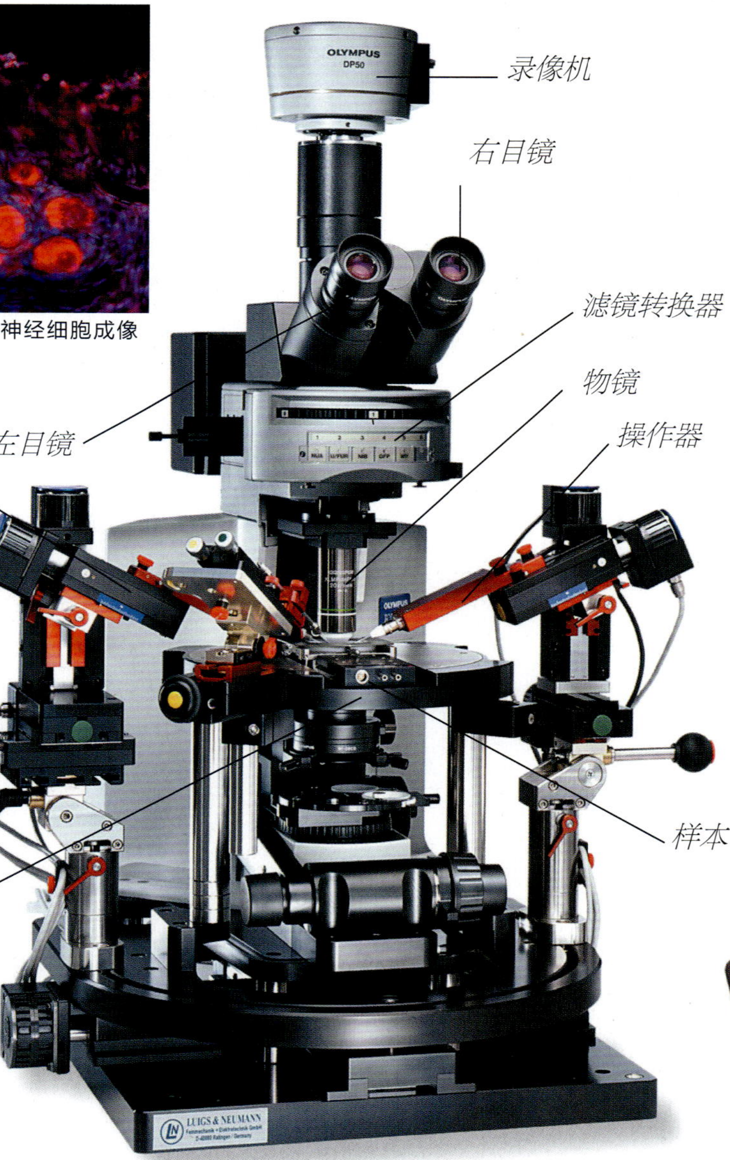

奥林巴斯BX51W1光学显微镜

FEI TECNAI G2透射电子显微镜

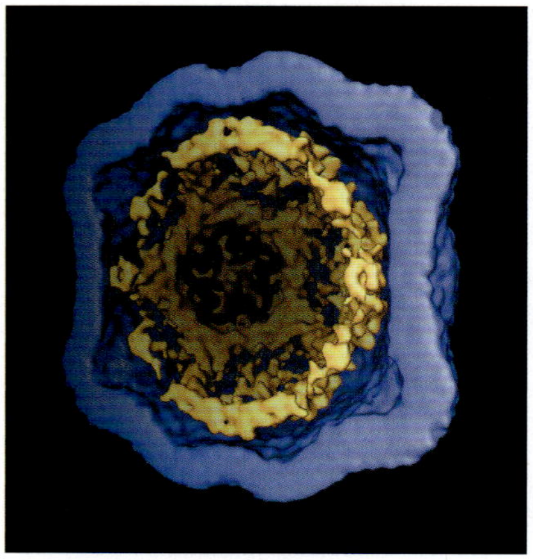

病毒的透射电子显微镜成像

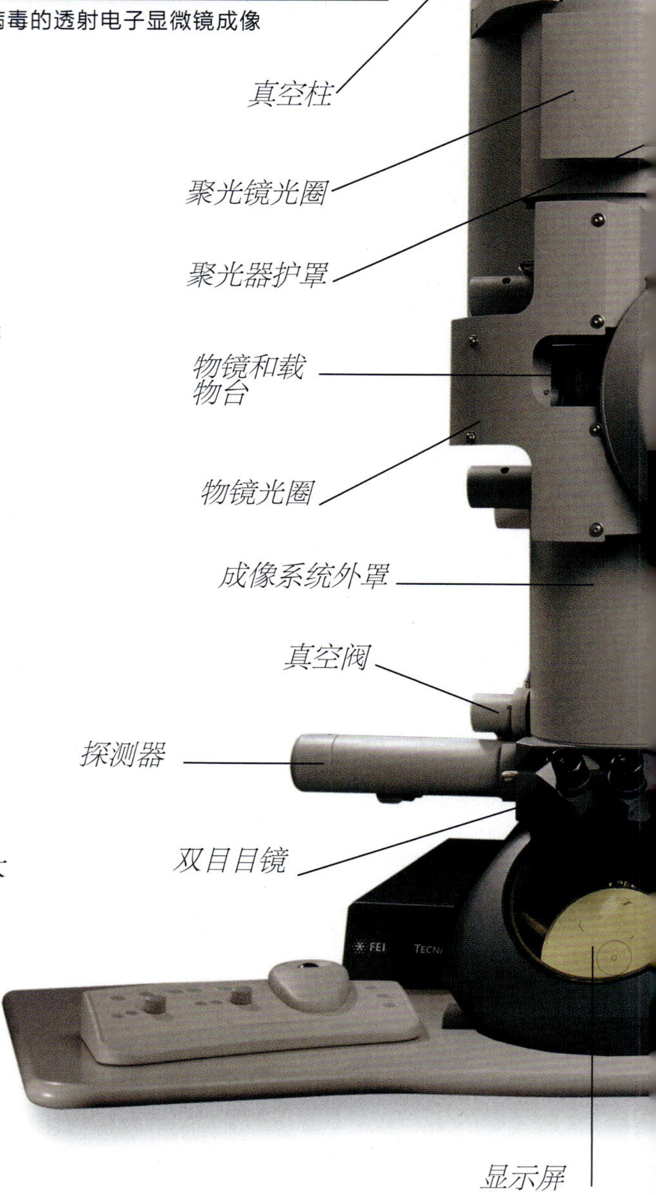

透射电子显微镜的工作原理

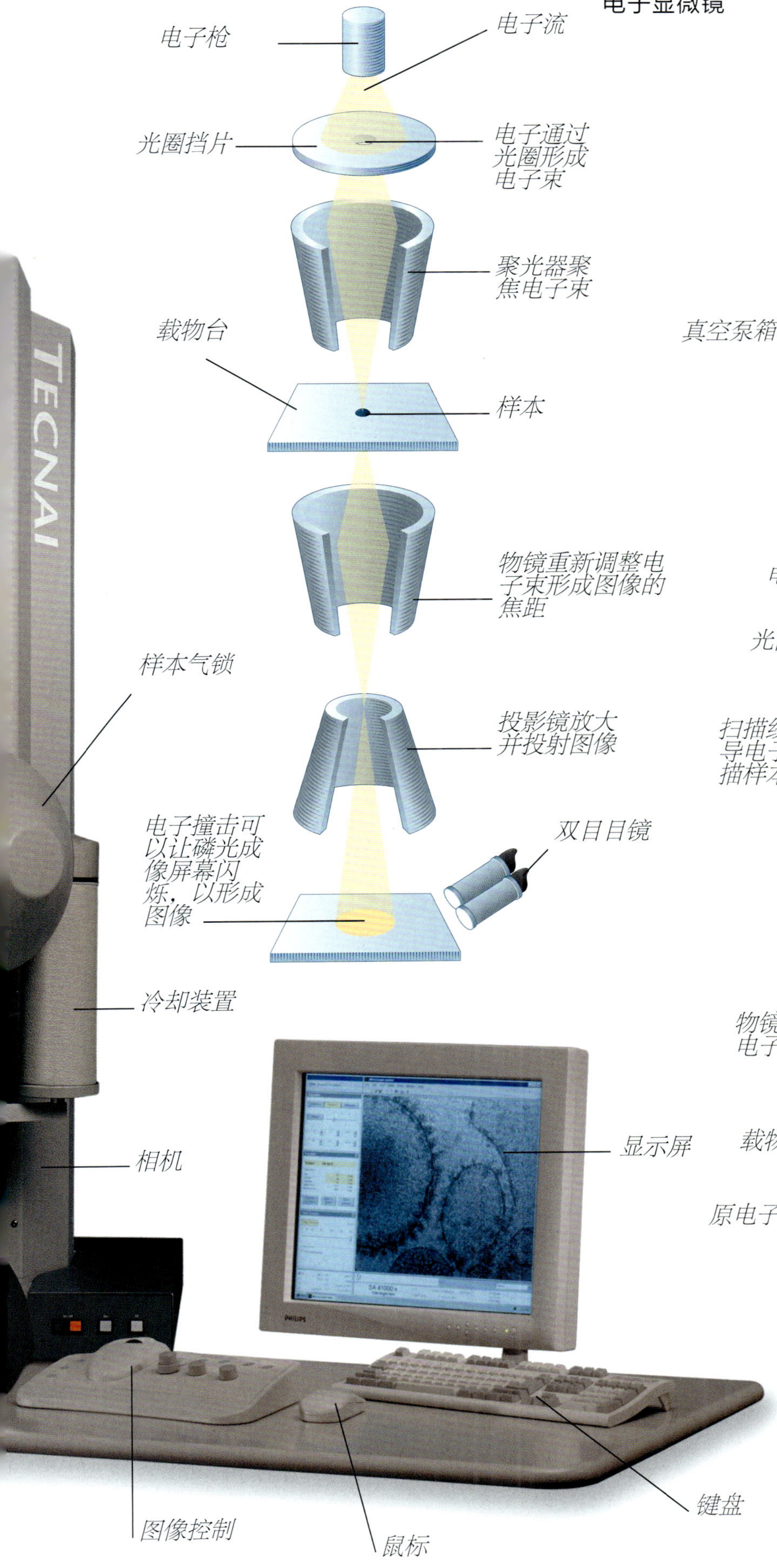

日立S-3500H扫描电子显微镜

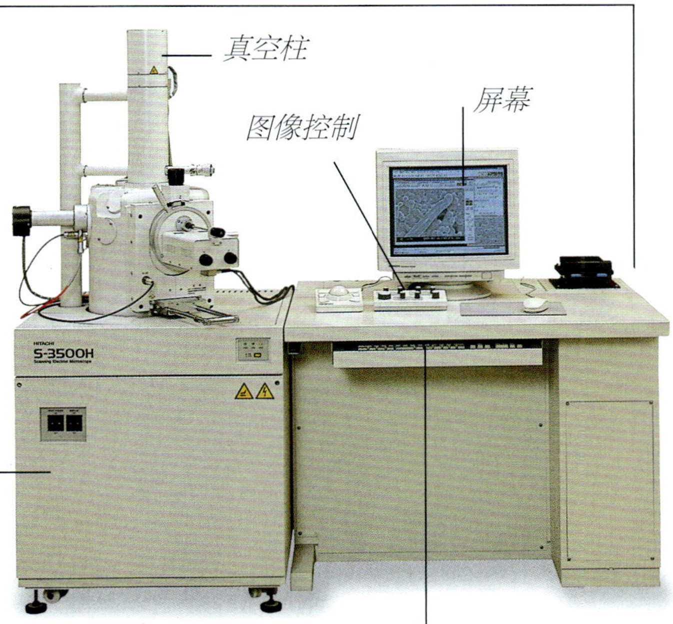

扫描电子显微镜的原理

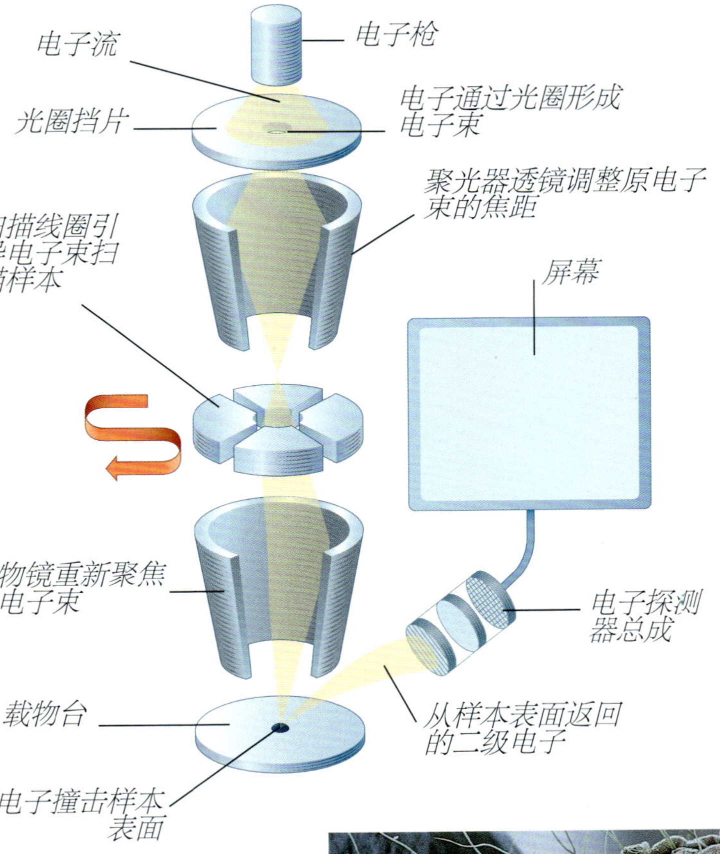

毛虫的扫描电子显微镜成像

太空望远镜

太空望远镜在距离地球表面数百千米的轨道上运行，可以收集来自恒星和星系的光线。相比地面，望远镜在太空中能够获得更清晰的视野，因为它们能够避免地球大气层的干扰。大气层会吸收或导致大部分辐射失真。太空望远镜分为很多种类，可以观察不同的光。哈勃太空望远镜可以观测红外光、紫外线和可见光，能够探测光线暗淡100倍的目标（相比地面望远镜）。1990年，太空飞船将这个重1.1万千克、长15米的望远镜送入太空，结果发现其主镜存在故障，成像十分模糊。1993年，宇航员为其添加了光学元件，解决了这个问题。

哈勃望远镜的成像

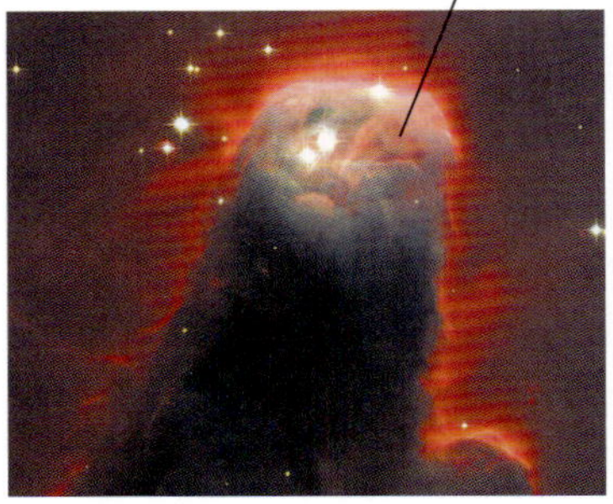

锥状星云

从哥伦比亚号航天飞机拍摄的望远镜相片

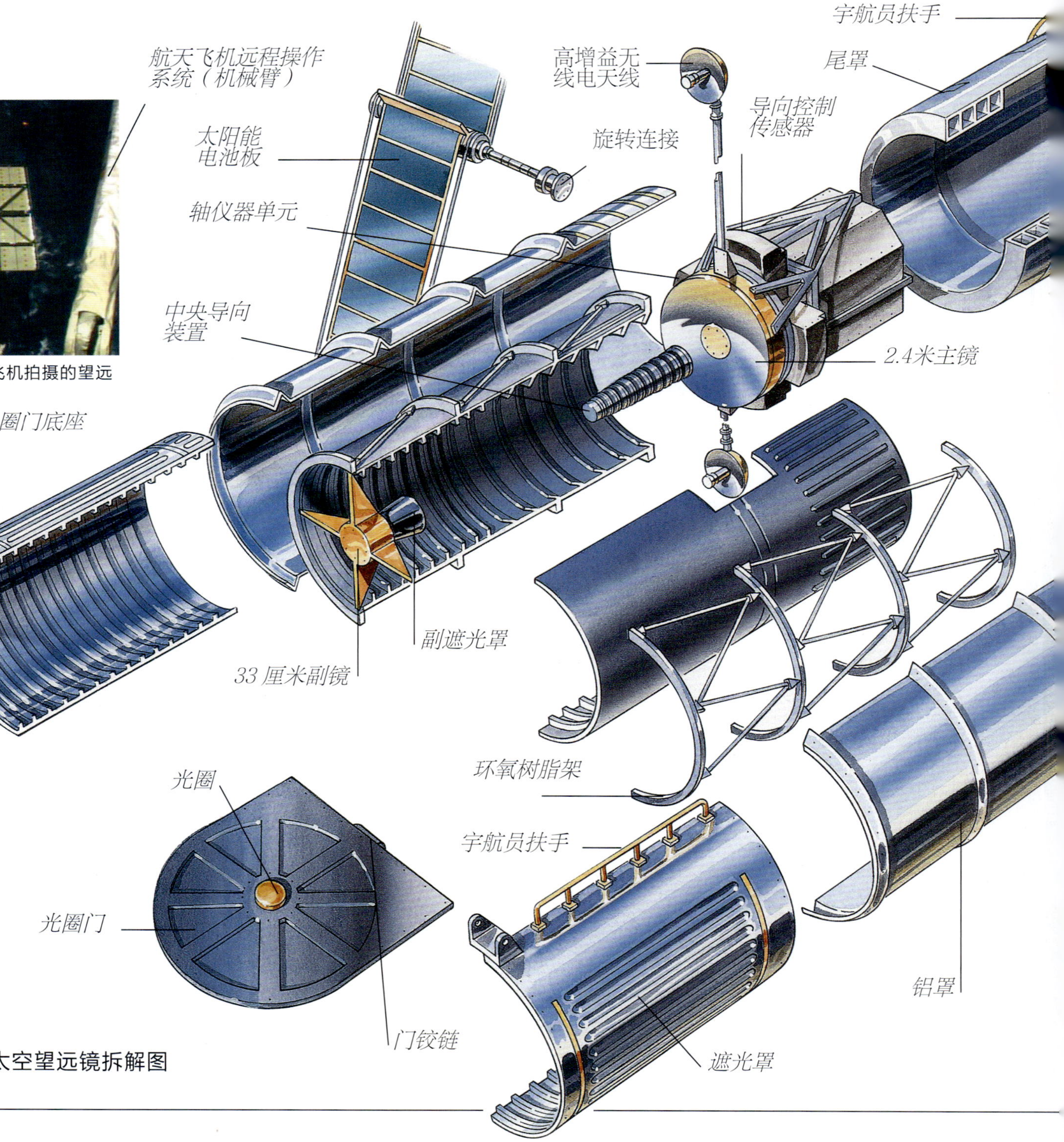

哈勃太空望远镜拆解图

旋涡星系

天龙星座

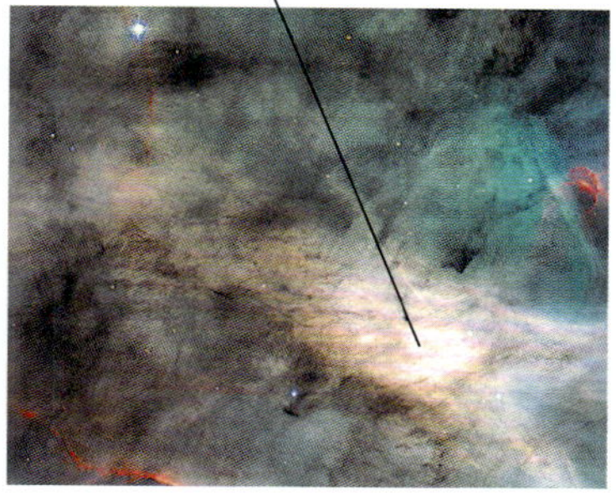

奥米伽星云

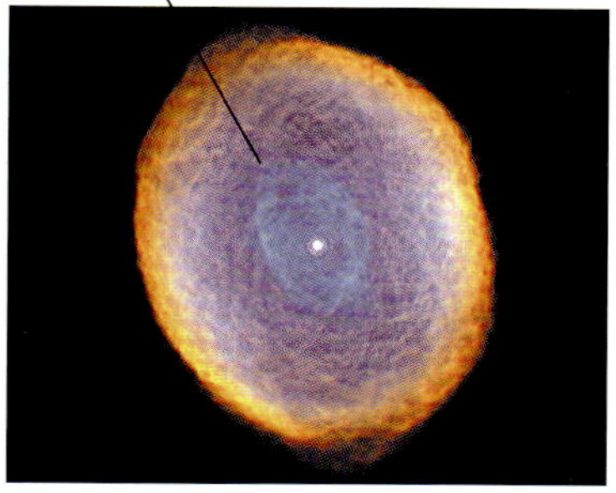

天兔座

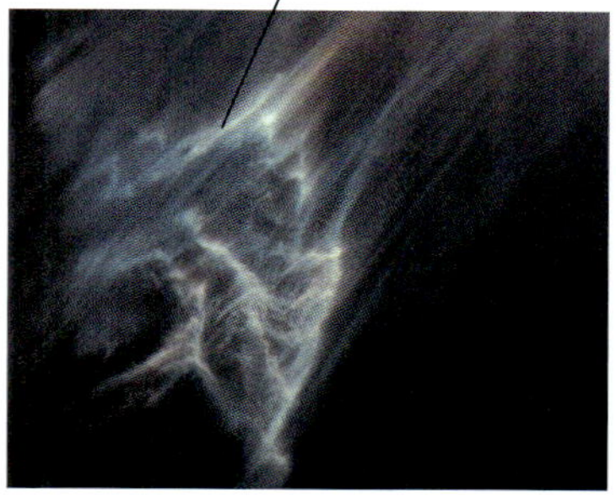

昴宿星团

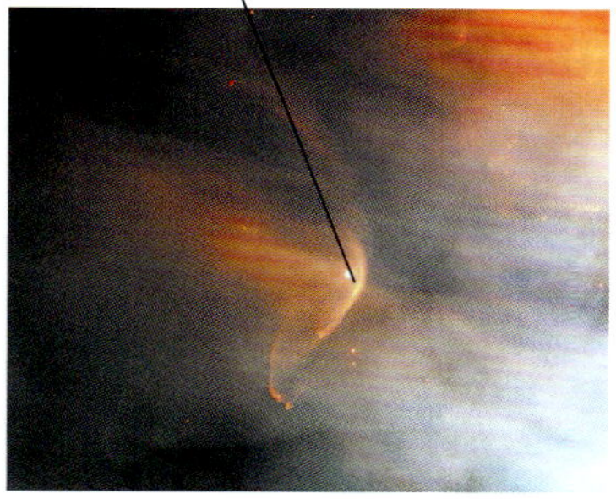

猎户座大星云

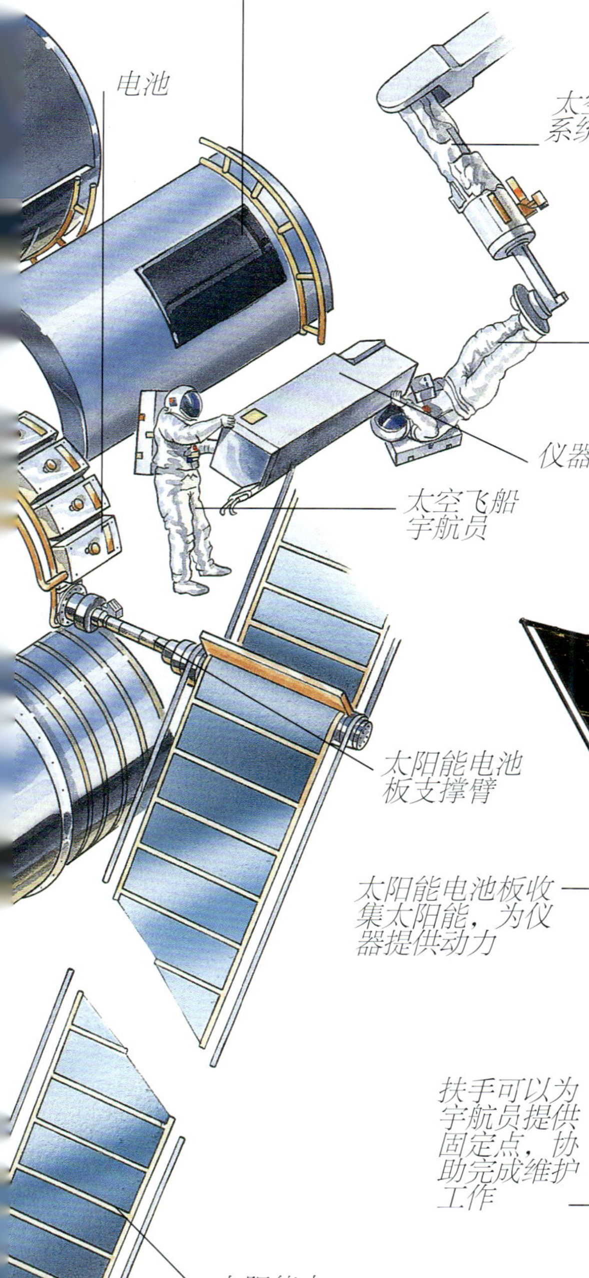

哈勃太空望远镜

探索太阳系

航天探测器的足迹已经遍及太阳系的所有行星，带回了大量无法通过地面仪器获得的珍贵照片和数据。部分探测器会飞掠或者环绕行星或卫星轨道飞行，有些则会降落到行星或卫星表面。两架航海家号太空探测飞船分别于上世纪70年代和80年代飞往外星球，两架海盗号太空船在1976年登陆火星。1989年，麦哲伦号探测器开始在绕金星轨道上运行，并绘制了金星的表面地图。1997年，探路者号登陆火星，并派出了探测车来探索火星表面。2003年，美国火星探测漫游者计划向火星发射了两辆登陆探测车。2004年，卡西尼号太空探测器抵达土星；2005年，其微型探测器——惠更斯号登陆土星卫星——土卫六，成为第一架登陆另一颗行星卫星的探测器。

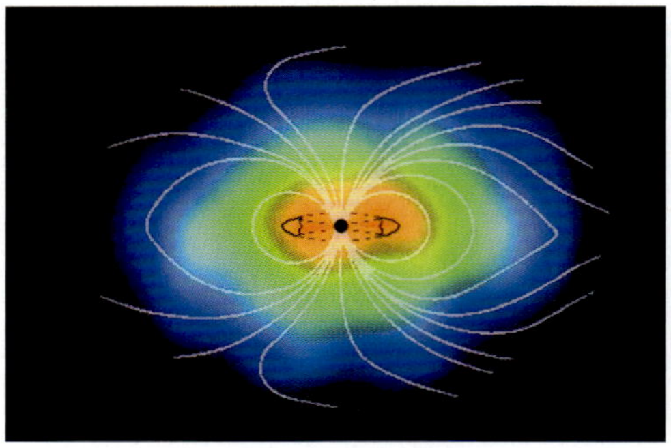
卡西尼号飞船仪器绘制的木星磁场图

在A环轨道上运行的土卫四

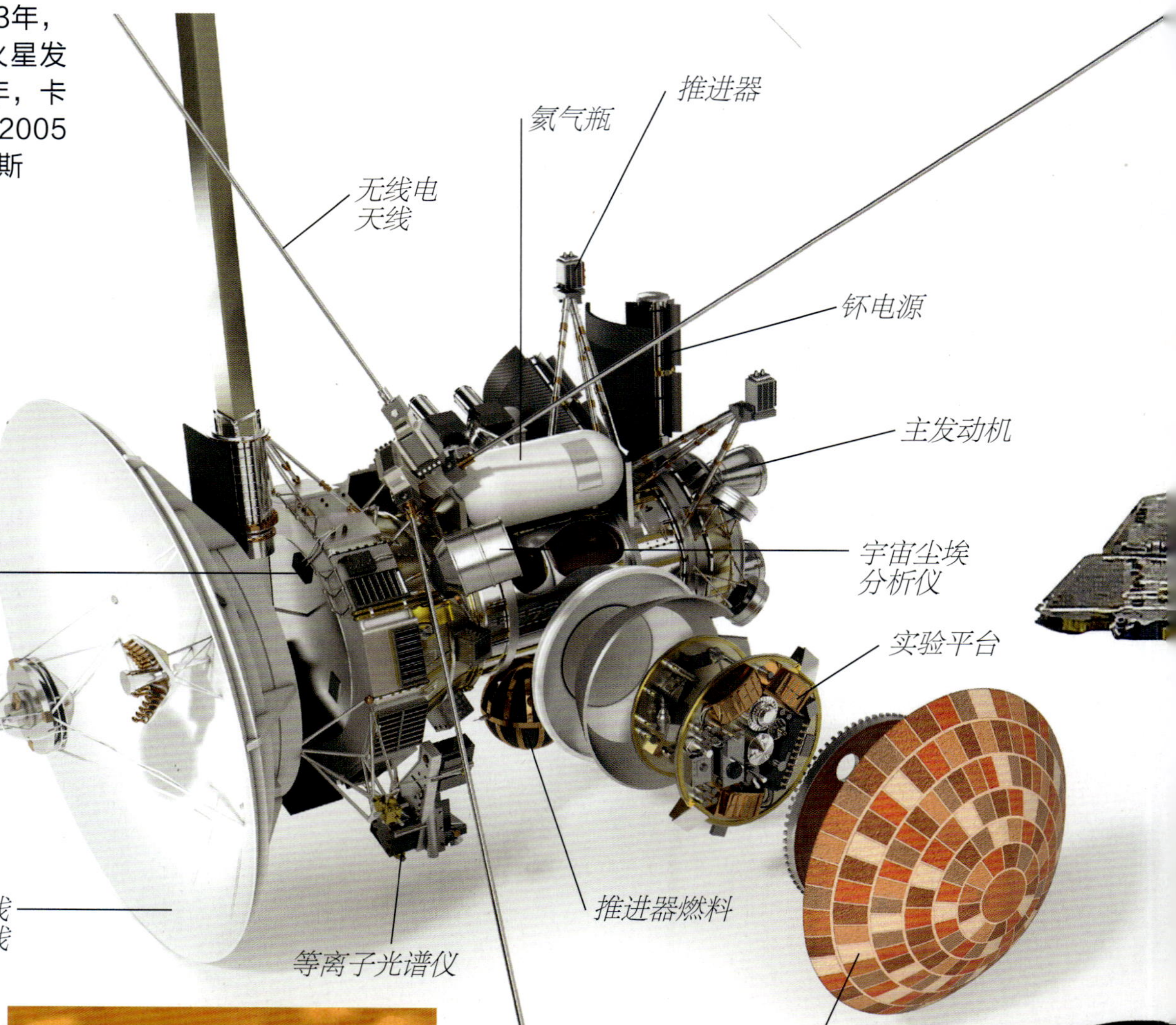

卡西尼号空间探测器和惠更斯号微型探测器

惠更斯号下降时拍摄的土卫六全景图

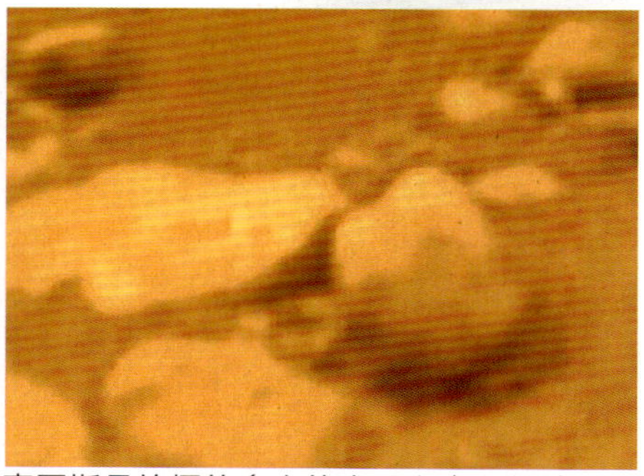
惠更斯号拍摄的多山的土卫六表面照片

机遇号火星车拍摄的火星表面照片，中砾石位于起伏的沙丘中间

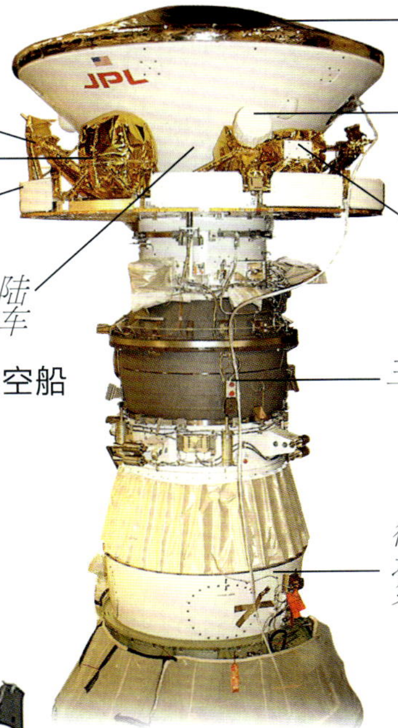

火星探测漫游者太空船

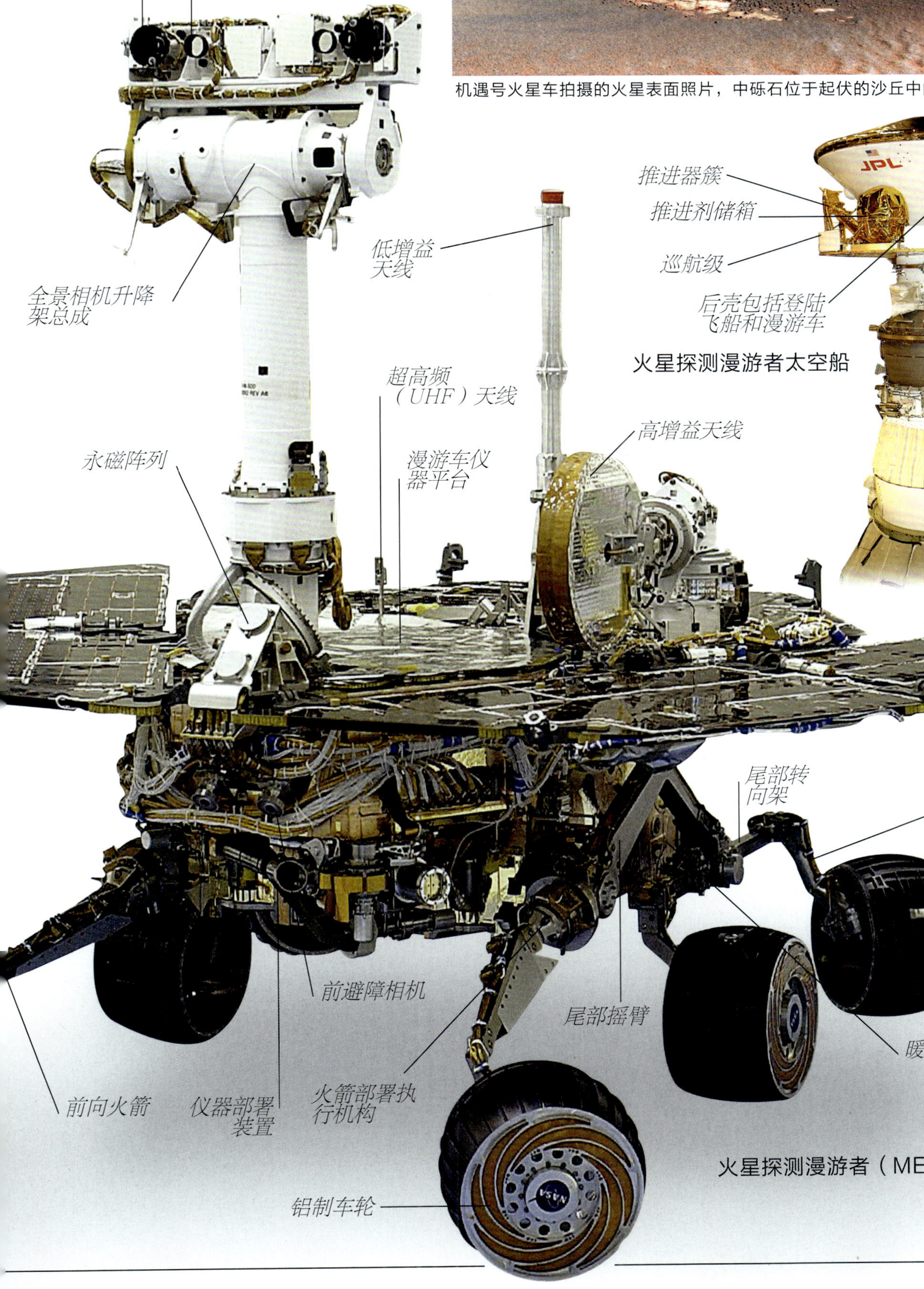

火星探测漫游者（MER）

有用的数据

度量衡单位

公制单位	等值
长度	
1 厘米（cm）	10 毫米（mm）
1 米（m）	100 厘米
1 千米（km）	1000 米
重量	
1 千克（kg）	1000 克（g）
1 吨（t）	1000 千克
面积	
1 平方厘米（cm^2）	100 平方毫米（mm^2）
1 平方米（m^2）	10000 平方厘米
1 公顷	10000 平方米
1 平方千米（km^2）	1000000 平方米
体积	
1 立方厘米（cc）	1 毫升（ml）
1 升（l）	1000 毫升
1 立方米（m^3）	1000 升
容量（液体和干量）	
1 厘升（cl）	10 毫升（ml）
1 分升	10 厘升
1 升（l）	10分升
1 十升（dal）	10升
1 百升（hl）	10十升
1 千升（kl）	10百升

英制单位	等值
长度	
1 英尺（ft）	12 英寸（in）
1 码（yd）	3 英尺
1 杆（rd）	5.5 码
1 英里（mi）	1760 码
重量	
1 打兰（dr）	27344 格令（gr）
1 盎司（oz）	16 打兰
1 磅（lb）	16 盎司
1 英担（cwt）（长担）	112 磅
1 英担（cwt）（短担）	100 磅
1 英吨（长吨）	2240 磅
1 英吨（短吨）	2000 磅
面积	
1 平方英尺（ft2）	144 平方英寸
平方英寸（in2）	1 平方码（yd2）
9 平方英尺	
1 英亩	4,840平方码
1 平方英里	640 英亩
体积	
1 立方英尺	1728 立方英寸
1 立方码	27 立方英尺
容量（液体和干量）	
1 液量打兰（fl dr）	60 量滴（min）
1 液量盎司（fl oz）	8 液量打兰
1 及耳（gi）	5 液量盎司
1 品脱（pt）	4 及耳
1 夸脱（qt）	2 品脱
1 加仑（gal）	4 夸脱
1 配克（pk）	2 加仑
1 蒲式耳（bu）	4 配克

数字

罗马数字	阿拉伯数字
I	1
II	2
III	3
IV	4
V	5
VI	6
VII	7
VIII	8
IX	9
X	10
XI	11
XII	12
XIII	13
XIV	14
XV	15
XX	20
XXI	21
XXX	30
XL	40
L	50
LX	60
LXX	70
LXXX	80
XC	90
C	100
CI	101
CC	200
CCC	300
CD	400
D	500
DC	600
DCC	700
DCCC	800
CM	900
M	1000
MM	2000

公制 – 英制换算

公制	英制	换算倍数
长度		
厘米	英寸	0.3937
米	英尺	3.2810
千米	英里	0.6214
米	码	1.0940
重量		
克	盎司	0.0352
千克	磅	2.2050
吨	长吨	0.9843
吨	短吨	1.1025
面积		
平方厘米	平方英寸	0.1550
平方米	平方英尺	10.7600
公顷	英亩	2.4710
平方千米	平方英里	0.3861
平方米	平方码	1.1960
体积		
立方厘米	立方英寸	0.0610
立方米	立方英尺	35.3100
容量		
升	品脱	1.7600
升	加仑	0.2200

英制–公制换算

英制	公制	换算倍数
长度		
英寸	厘米	2.5400
英尺	米	0.3048
英里	千米	1.6090
码	米	0.9144
重量		
盎司	克	28.3500
磅	千克	0.4536
长吨	吨	1.0160
短吨	吨	0.9070
面积		
平方英寸	平方厘米	6.4520
平方英尺	平方米	0.0929
英亩	公顷	0.4047
平方英里	平方千米	2.5900
平方码	平方米	0.8361
体积		
立方英寸	立方厘米	16.3900
立方英尺	立方米	0.0283
容量		
品脱	升	0.5683
加仑	升	4.5460

代数公式

表达式	说明	表达式结果
a + a	简单相加	2a
a + b = c + d	两边分别减去 b	a = c + d - b
ab = cd	两边同时除以 b	a = cd ÷ b
(a + b) (c + d)	括号项相乘	ac + ad + be + bd
a^2 + ab	使用括号	a(a + b)
$(a + b)^2$	打开括号	$a^2 + 2ab + b^2$
$a^2 – b^2$	两个数的平方差	(a + b)(a-b)
1/a + 1/b	求公约数	(a + b)/ab
a/b ÷ c/d	同分数相除与同其倒数相乘的结果一致	a/b × d/c

十次方的科学单位

因数	名称	词冠	符号
10^{18}	百万的三次方	exa-	E
10^{15}	千的五次方	peta-	P
10^{12}	万亿	tera-	T
10^{9}	十亿	giga-	G
10^{6}	百万	mega-	M
10^{3}	千	kilo-	k
10^{2}	百	hecto-	h
10^{1}	十	deca-	da
10^{-1}	十分之一	deci-	d
10^{-2}	百分之一	centi-	c
10^{-3}	千分之一	milli-	m
10^{-6}	百万分之一	micro-	u
10^{-9}	十亿分之一	nano-	n
10^{-12}	万亿分之一	pico-	p
10^{-15}	千万亿分之一	femto-	f
10^{-18}	十的18次幂分之一	atto-	a

注：本书中，百万以上的数字采用了美国计数体系，其中十亿（1000　百万）以上的数值单位采用 1000 进制。

生物学符号

符号	含义
o	女性个体（用于遗传图表）
□	男性个体（用于遗传图表）
♀	雌性
♂	雄性
×	杂交
+	野生型
F_1	子一代
F_2	子二代

温度标

摄氏度（C）换算成华氏度（F）：F = (C × 9 ÷ 5) +32

华氏度换算成摄氏度：C = (F − 32) × 5 ÷ 9

摄氏度（C）换算成开氏温度（K）：K = C + 273

开氏温度换算成摄氏度：C = K − 273

摄氏度	-20	-10	0	10	20	30	40	50	60	70	80	90	100
华氏度	-4	14	32	50	68	86	104	122	140	158	176	194	212
开氏温度	253	263	273	283	293	305	313	325	333	343	353	363	373

物理符号

符号	说明
α	阿尔法粒子
β	贝塔射线
γ	伽马射线；光量子
ε	电动势
η	效率；黏性
λ	波长
μ	微；渗透率，导磁率
ν	频率，中微子
ρ	密度，电阻率
σ	传导性
c	光速
e	电子电荷

数学符号

符号	说明
+	加
–	减
×	乘
÷	除
=	等于
≠	不等于
>	大于
<	小于
≥	大于或等于
≤	小于或等于
∞	无穷大
%	百分数
π	圆周率（π）
°	度
≈	约等于
∠	角
//	平行于 / 平行线
Σ	总和
u, *v*	向量
f(*x*)	函数
!	阶乘
√‾	平方根
U	全集
A ∩ B	交集
A ∪ B	并集
A ⊂ B	子集
Ø	空集

化学符号

符号	说明
+	加，和
–	单键
•	单键；单一不成对电子；两个松散连接的单独部分或化合物
=	双键
≡	三键
R	基
X	卤素原子
Z	原子序数

科学计数法

数	1和10 之间的数	10的幂	科学计数法
10	1	10^1	1 3 10^1
150	1.5	10^2 (= 100)	1.5 3 10^2
274000000	2.74	10^8 (= 100000000)	2.74 3 10^8
0.0023	2.3	10^{-3} (= 0.001)	2.3 3 10^{-3}

三角学

角 *A*（度数）	sin *A*	cos *A*	tan *A*
0	0	1	0
30	1/2	$\sqrt{3/2}$	$1/\sqrt{3}$
45	$1/\sqrt{2}$	$1/\sqrt{2}$	1
60	$\sqrt{3/2}$	1/2	$\sqrt{3}$
90	1	0	∞

形状：平面

二维形状称为平面（或扁平）形状。如图所示，由直线边构成的平面形状称为多边形。多边形可以根据边的数量划分类别。例如，三条边的多边形称为三角形。如果一个多边形所有边的长度相同，所有内角都相等，例如正方形，该多边形称为规则多边形。

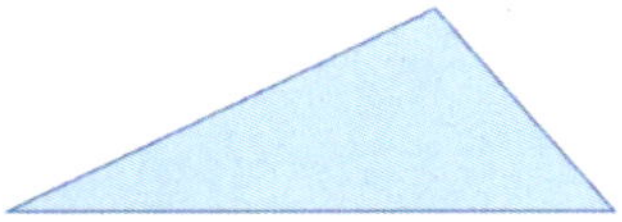

不等边三角形
三条边或三个角都不相同的三角形。

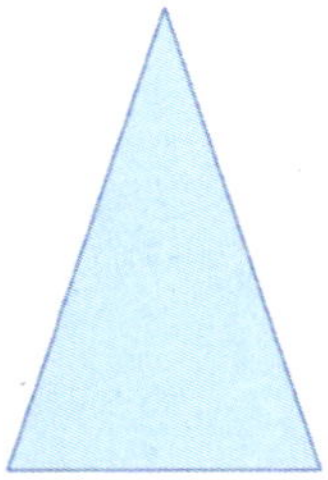

等腰三角形
两条边和两个角相等的三角形。

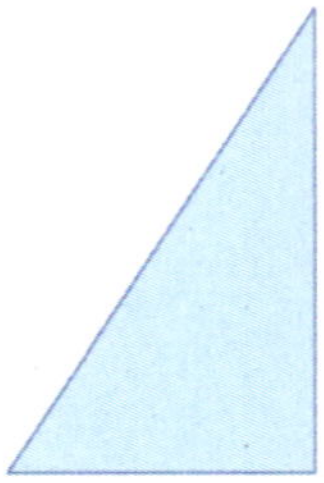

直角三角形
一个角为直角（90°）的三角形。

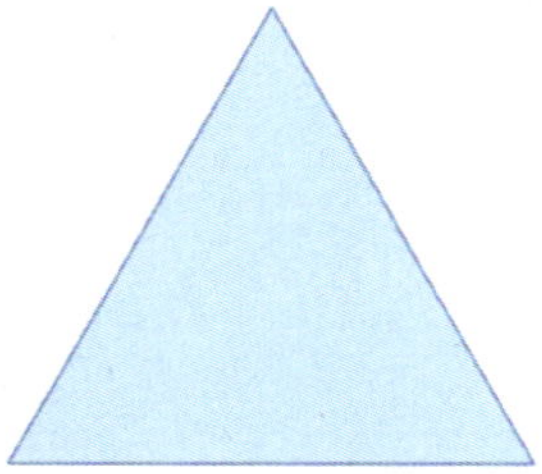

等边三角形
规则三角形，所有角都是60°。

正方形
规则四边形，所有角都是90°。

菱形
所有边都等长并且有两组等角的四边形。

长方形
有四个直角并且对边相等的四边形。

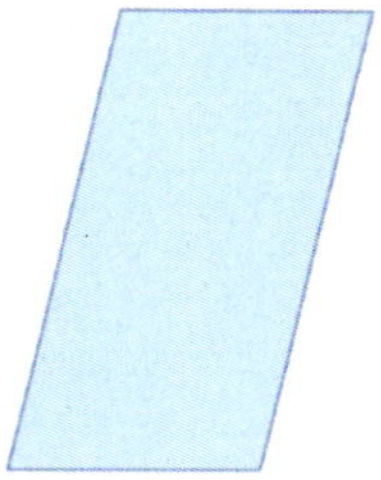

平行四边形
有两组平行对边的四边形。

梯形
有一组平行对边的四边形。

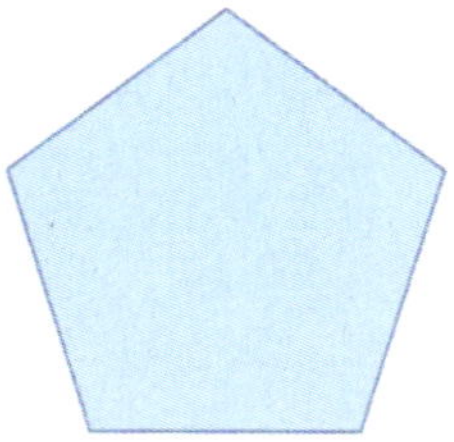

五边形
有五条边的多边形。上图是一个规则五边形。

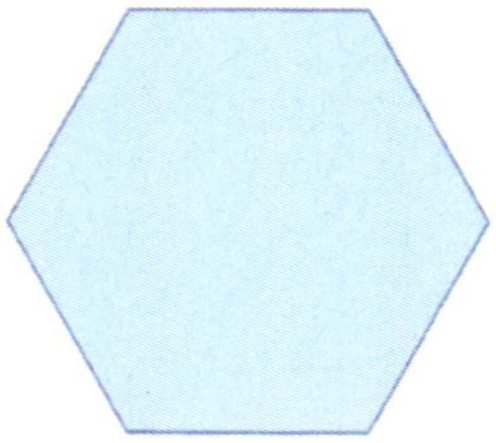

六边形
有六条边的多边形。上图是一个规则六边形。

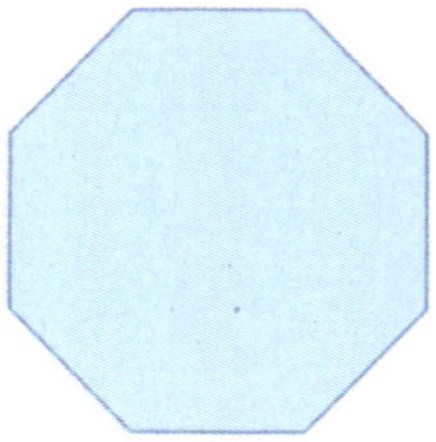

八边形
有八条边的多边形。上图是一个规则八边形。

面积和周长

简单平面图形的面积和周长计算公式是古希腊数学家的重要遗产。

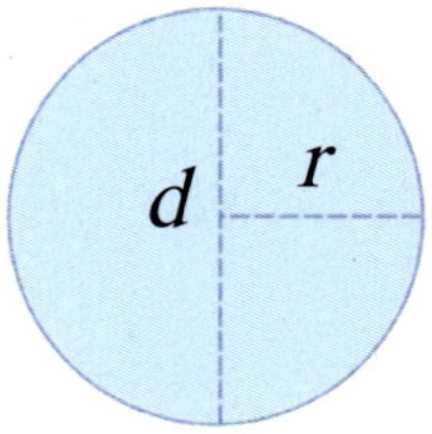

圆
r = 半径
d = 直径 = $2 \times r$

圆周 = $2 \times \pi \times r$
面积 = $\pi \times r^2$
($\pi = 3.1416$)

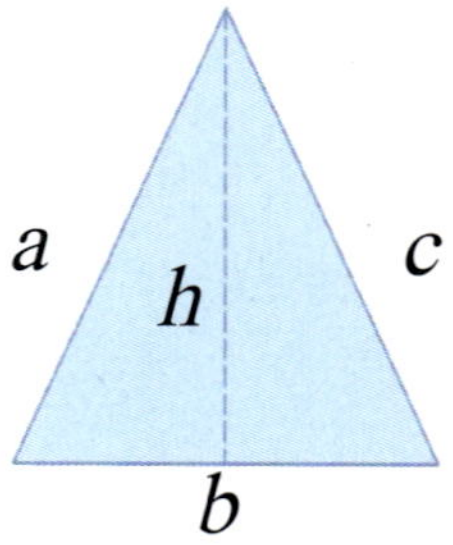

三角形
高度 = h
边 = a, b, c

周长 = $a + b + c$
面积 = $½ \times b \times h$

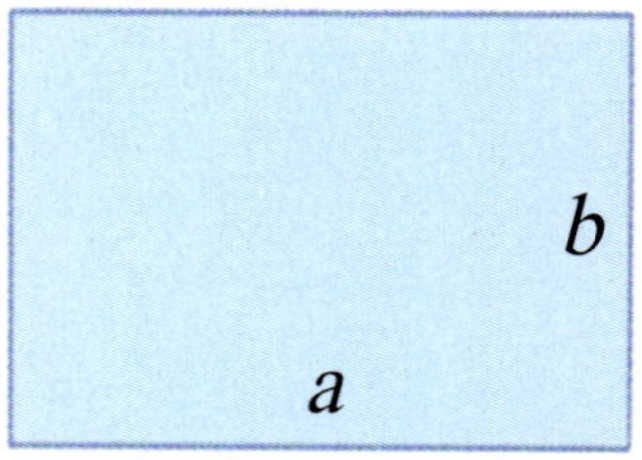

长方形
边 = a, b

周长 = $2 \times (a + b)$
面积 = $a \times b$

形状：固体

三维形状称为立体形状，包括球体、立方体和棱锥体。每个面都是多边形的立体形状称为多面体。

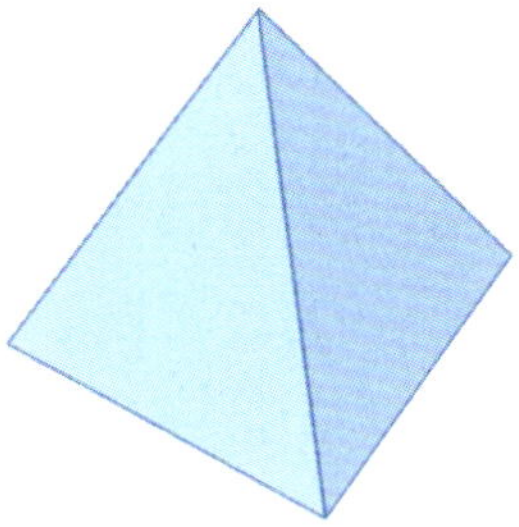

四面体
有四个面的多面体。图示为规则四面体。

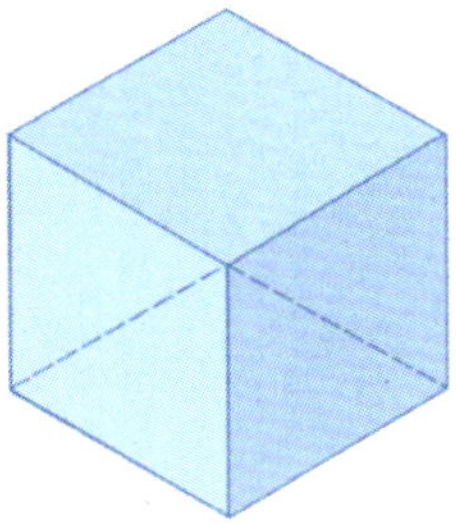

立方体
规则立方体，所有边都等长并且所有角都为 90° 。

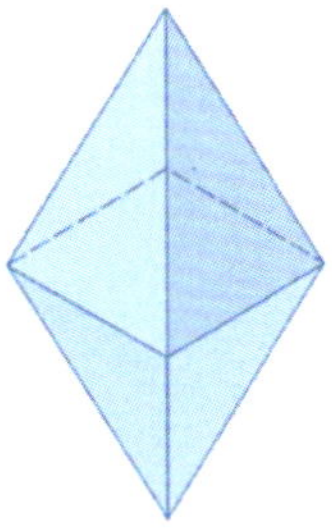

八面体
有八个面的多面体。

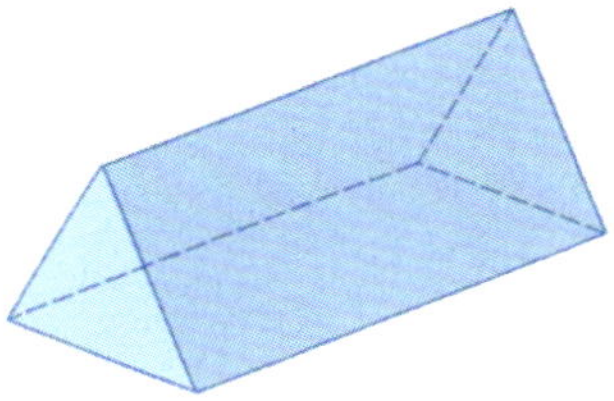

棱柱体
平面等截面垂直于纵向轴的多面体。

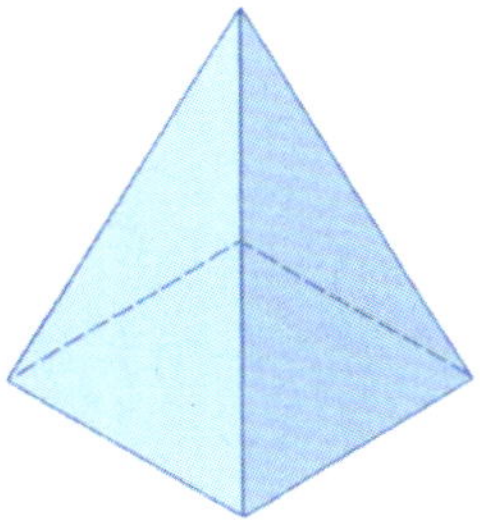

棱锥体
多边形底面和三角形边在一个点相交的多面体。

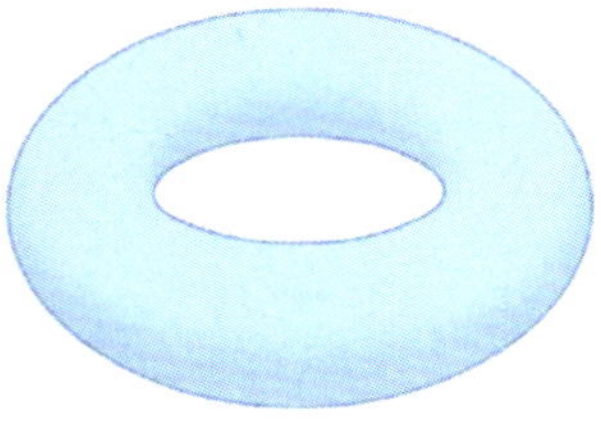

圆环体
类似甜甜圈的环形多面体。

球体
类似球或者橘子的圆形多面体。

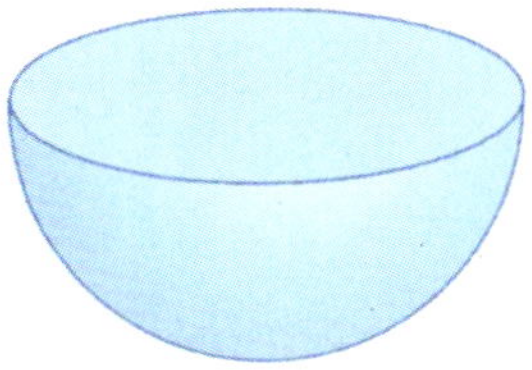

半球
从正中间切开的球体。

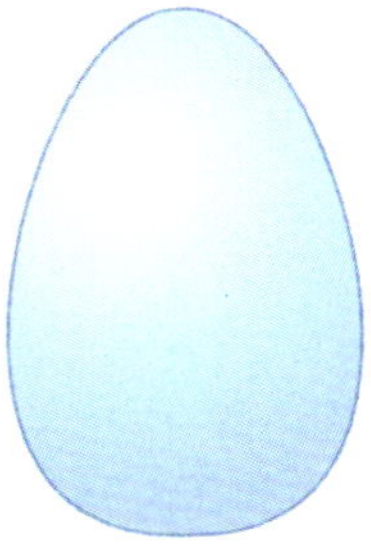

椭圆体
类似蛋形的立体形状，横截面为圆形或椭圆。

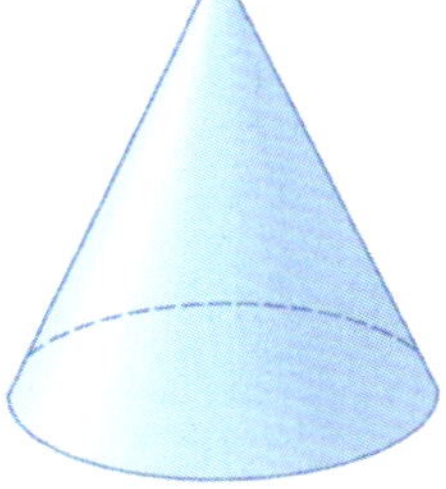

圆锥体
圆形或椭圆形底面、所有边在同一顶点相交的多面体。

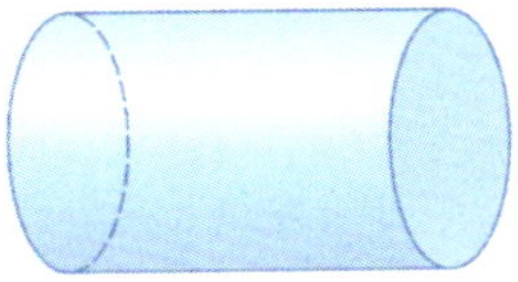

直圆柱体
管形立体形状。直圆柱体有平行面。

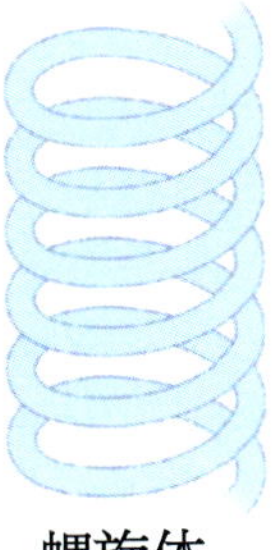

螺旋体
空间曲线，一次旋转的移动距离称为螺距。

表面面积和体积

体积是立体物品所占用的空间，表面面积是所有面的面积总和。

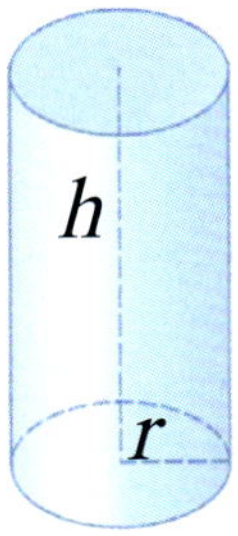

圆柱体
表面面积 =
$2 \times \pi \times r \times h + 2\pi r^2$
体积 = $\pi \times r^2 \times h$

高度 = h
半径 = r

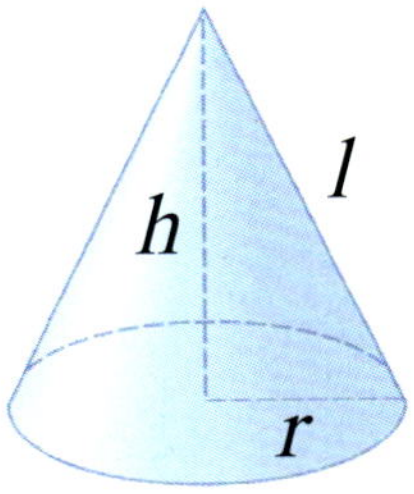

圆锥体
表面面积 =
$\pi \times r \times l + \pi r^2$
体积 = $1/3 \times \pi \times r^2 \times l$

高 = h
半径 = r
边长 = l

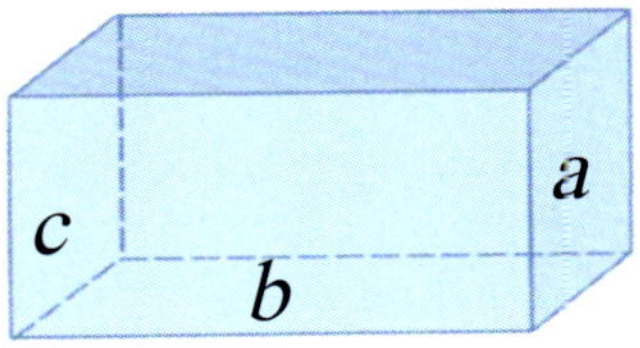

长方体
表面面积 =
$2(a \times b + b \times c + a \times c)$
体积 = $a \times b \times c$

边长 = a, b, c

绿色印刷　保护环境　爱护健康

亲爱的读者朋友：

本书已入选“北京市绿色印刷工程——优秀出版物绿色印刷示范项目”。它采用绿色印刷标准印制，在封底印有“绿色印刷产品”标志。

按照国家环境标准（HJ2503-2011）《环境标志产品技术要求 印刷 第一部分：平版印刷》，本书选用环保型纸张、油墨、胶水等原辅材料，生产过程注重节能减排，印刷产品符合人体健康要求。

选择绿色印刷图书，畅享环保健康阅读！

北京市绿色印刷工程

致谢

英国DK出版社特别感谢以下人员和机构对本书的大力支持和帮助：

The Universe
(consultant editors – Sue Becklake, Gevorkyan Tatyana Alekseyevna):
John Becklake; the Memorial Museum of Cosmonautics, Moscow; The Cosmos Pavilion, Moscow; The United States Space and Rocket Centre, Alabama; Broadhurst, Clarkson and Fuller Ltd; Susannah Massey

Prehistoric Earth
(consultant editors – William Lindsay, Martyn Bramwell, Dr Ralph E. Molnar, David Lambert):
Dr Monty Reid, Andrew Neuman, and the staff of the Royal Tyrrell Museum of Palaeontology, Drumheller, Alberta; Dr Angela Milner and the staff of the Department of Palaeontology, the Natural History Museum, London; Professor W. Ziegler and the staff, in particular Michael Loderstaedt, of the Naturmuseum Senckenburg, Frankfurt; Dr Alexander Liebau, Axel Hunghrebüller, Reiner Schoch, and the staff of the Institut und Museum für Geologie und Paläontologie der Universität, Tübingen; Rupert Wild of the Institut für Paläontologie, Staatliches Museum für Naturkunde, Stuttgart; Dr Scheiber of the Stadtmuseum, Nördlingen; Professor Dr Dietrich Herm of Staatssammlung für Paläontologie und Historische Geologie, München; Dr Michael Keith-Lucas of the Department of Botany, University of Reading; Richard Walker; American Museum of Natural History, New York

Plants
(consultant editor – Richard Walker):
Diana Miller; Lawrie Springate; Karen Sidwell; Chris Thody; Michelle End; Susan Barnes and Chris Jones of the EMU Unit of the Natural History Museum, London; Jenny Evans of Kew Gardens, London; Kate Biggs of the Royal Horticultural Society Gardens, Wisley, Surrey; Spike Walker of Microworld Services; Neil Fletcher; John Bryant of Bedgebury Pinetum, Kent; Dean Franklin

Animals
(consultant editor – Richard Walker):
David Manning's Animal Ark; Intellectual Animals; Howletts Zoo, Canterbury; John Dunlop; Alexander O'Donnell; Sue Evans of the Royal Veterinary College, London; Dr Geoff Potts and Fred Frettsome of the Marine Biological Association of the United Kingdom, Plymouth; Jeremy Adams of the Booth Museum of Natural History, Brighton; Derek Telling of the Department of Anatomy, University of Bristol; the Natural History Museum, London; Andy Highfield of the Tortoise Trust; Brian Harris of the Aquarium, London Zoo; the Invertebrate Department, London Zoo; Dr Harold McClure of the Yerkes Regional Primate Research Center, Emory University, Atlanta, Georgia; Nielson Lausen of the Harvard Medical School, New England Regional Primates Research Centre, Southborough, Massachusetts; Dr Paul Hopwood of the Department of Veterinary Anatomy, University of Sydney; Dean Franklin

The Human Body
(consultant editors – Dr Frances Williams, Dr Fiona Payne, Richard Cummins FRCS):
Derek Edwards and Dr Martin Collins, British School of Osteopathy; Dr M.C.E. Hutchinson of the Department of Anatomy, United Medical and Dental Schools of Guy's and St Thomas' Hospitals, London. Models – Barry O'Rorke (Bodyline Agency) and Pauline Swaine (MOT Model Agency)

Geology, Geography, and Meteorology
(consultant editor – Martyn Bramwell):
Dr John Nudds of the Manchester Museum, Manchester; Dr Alan Wooley and Dr Andrew Clark of the Natural History Museum, London; Graham Bartlett of the National Meteorological Library and Archive, Bracknell; Tony Drake of BP Exploration, Uxbridge; Jane Davies of the Royal Society of Chemistry, Cambridge; Dr Tony Waltham of Nottingham Trent University, Nottingham; staff of the Smithsonian Institute, Washington; staff of the United States Geological Survey, Washington; staff of the National Geographic Society, Washington; staff of Edward Lawrence Associates (Export Ltd), Midhurst; John Farndon; David Lambert

Rail and Road
***Rail* (consultant editor – John Coiley)**
Michael Ashworth of the London Transport Museum

***Road* (consultant editors – David Burgess-Wise, Hugo Wilson)**
The National Motor Museum, Beaulieu; Alf Newell of Renault UK Ltd; David Suter of Cheltenham Cutaway Exhibits Ltd; Francesca Riccini of the Science Museum, London. Signore Amadelli of the Museo dell' Automobile Carlo Biscaretti di Ruffia; Paul Bolton of the Mazda MCL Group; Duncan Bradford of Reg Mills Wire Wheels; John and Leslie Brewster of Autocavan; David Burgess-Wise; Trevor Cass of Garrett Turbo Service; John Corbett of The Patrick Collection; Gary Crumpler of Williams Grand Prix Engineering Ltd; Mollie Easterbrooke and Duncan Gough of Overland Ltd; Arthur Fairley of the Vauxhall Motor Company; Paul Foulkes-Halbard of Filching Manor Motor Museum; Frank Gilbert of I. Wilkinson and Son Ltd; Paolo Gratton of Gratton Museum; Colvin Gunn of Gunn and Son; Judy Hogg of Ecurie Bertelli; Milton Holman of Dream Cars; Ian Matthews of IMAT Electronics; Eric Neal of Jaguar Cars Ltd; Paul Niblett, Keith Davidson, Mark Reumel, and David Woolf of Michelin Tyre plc; Doug Nye; Kevin O'Keefe of O'Keefe Cars; Seat UK; Ian Whitley, Raj Johal and Andy Faiers of the Honda Institute; Roger Smith; Jim Stirling of Ironbridge Gorge Museum, Staffordshire; Jon Taylor; Doug Thompson; Martyn Watkins of Ford Motor Company Ltd; John Cattermole, Customer Services Manager at London Northern Buses; F. W. Evans Cycles Ltd; Trek UK Ltd (Bicycle); Sam Grimmer; Colin Uttley

Physics and Chemistry
(consultant editor – Jack Challoner)

Sea and Air
***Sea* (consultant editors – Geoff Hales and Harvey B. Loomis):**
David Spence, Gillian Hutchinson, David Topliss, Simon Stephens, Robert Baldwin, Jonathan Betts, all of the National Maritime Museum, London; Ian Friel; Simon Turnage of Captain O.M. Watts of London Ltd; Davey and Company Ltd, Great Dunmow; Avon Inflatables Ltd, Llanelli; Musto Ltd, Benfleet; Peter Martin of Spencer Rigging Ltd, Southampton; Peter Rowson of Ratseys Sailmakers, Southampton; Swiftech Ltd, Wallingford; Colin Scattergood of the Barrow Boat Company Ltd, Colchester; Professor J.S. Morrison of the Trireme Trust, Cambridge; The Cutty Sark Maritime Trust; Adrian Daniels of Kelvin Hughes Marine Instruments, London; Arthur Credland of Hull City Council Museums and Art Galleries; The Hull Maritime Society; Gerald Clark; Peter Fitzgerald of the Science Museum, London; Alec Michael of HMB Subwork Ltd, Great Yarmouth, and Ray Ward of the OSEL Group, Great Yarmouth; Richard Bird of UWI, Weybridge; Walker Marine Instruments, Birmingham; The International Sailing Craft Association; The Exeter Maritime Museum; Jane Wilson of the Trinity Lighthouse Company, London; The Imperial War Museum Collections; Thorn Security Ltd; Michael Bach

***Air* (consultant editor – Bill Gunston):**
Aeromega Helicopters, Stapleford; Aero Shopping, London; Avionics Mobile Services Ltd, Watford; Roy Barber and John Chapman of the RAF Museum, Hendon; Mitch Barnes Aviation, London; Mike Beach; British Caledonian Flight Training Ltd; Fred Coates of Helitech (Luton) Ltd; Michael Cuttell and CSE Aviation Ltd, Oxford; Dowty Aerospace Landing Gear, Gloucester; Guy Hartcup of the Airship Association; Anthony Hooley, Chris Walsh, and David Cord of British Aerospace Regional Aircraft Ltd; Ken Huntley of Mid-West Aero Engines Ltd; Imperial War Museum, Duxford; The London Gliding Club, Dunstable; Musée des Ballons, Calvados; Noel Penny Turbines Ltd; Andy Pavey of Aviation Scotland Ltd; Tony Pavey of Thermal Aircraft Developments, London; the Commanding Officer and personnel of RAF St Athan; the Commanding Officer and personnel of RAF Wittering; The Science Museum, London; Ross Sharp of the Science Museum, Wroughton; The Shuttleworth Collection; Skysport Engineering; Mike Smith; Solar Wings Ltd, Marlborough; Julian Temple of Brooklands Museum Trust Ltd; Kelvin Wilson of Flying Start

Architecture
(consultant editor – Alexandra Kennedy):
Stephen Cutler for advice and text; Gavin Morgan of the Museum of London, London; Chris Zeuner of the Weald and Downland Museum, Singleton, Sussex; Alan Hills and James Putnam of the British Museum, London; Dr Simon Penn and Michael Thomas of the Avoncroft Museum of Buildings, Bromsgrove,

Worcestershire; Christina Scull of Sir John Soane's Museum, London; Paul Kennedy and John Williamson of the London Door Company, London; Lou Davis of The Original Box Sash Window Company, Windsor; Goddard and Gibbs Studios Ltd, London, for access to stained glass windows; The Royal Courts of Justice, Strand, London; Charles Brooking and Peter Dalton for access to the doors and windows in the Charles Brooking Collection, University of Greenwich, Dartford, Kent; Clare O'Brien of the Shakespeare Globe Trust, Shakespeare's Globe Museum, Bear Gardens, Southwark, London; Ken Teague of the Horniman Museum, London; Canon Haliburton, Mike Payton, Ken Stones, and Anthony Webb of St Paul's Cathedral, London; Roy Spring of Salisbury Cathedral; Reverend Gillean Craig of the Church of St George in the East, London; the Science Museum, London; Dr Neil Bingham; Lin Kennedy of Historic Royal Palaces; Katy Harris of Sir Norman Foster and Partners; Production Design, Thames Television plc, London; Dominique Reynier of Le Centre Georges Pompidou, Paris; Denis Roche of Le Musée National des Monuments Français, Paris; Franck Gioria and students of Les Compagnons du Devoir, Paris, for access to construction models; Frank Folliot of Le Musée Carnavalet, Paris; Dr Martina Harms of Hessische Landesmuseums, Darmstadt; Jefferson Chapman of the University of Tennessee, Knoxville, for access to the model of the Hypostyle Hall, Temple of Amon-Re; staff of the Palazzo Strozzi, Florence; staff of the Sydney Opera House, Sydney; staff of the Empire State Building, New York; Nick Jackson; Ann Terrell

The Visual Arts
(consultant editor – Pip Seymour):
Rosemary Simmons; Michael Taylor of Paupers Press, London; Tessa Hunkin and Emma Biggs of Mosaic Workshop, London; John Tiranti, Jonathan Lyons of Alec Tiranti Ltd, London; Chris Hough; Dr Ashok Roy; Satwinder Sehmi of Alphabet Soup, London; Phillip Poole of Cornelissens, London; George Weil and Sons Ltd, London; The National Gallery, London; Chris Webster of the Tate Gallery, London; China Art Cultural Centre, London; London Graphic Centre, London; A.P. Fitzpatrick, London; Flowers Graphics, London; Intaglio Printmaker, London; Falkiner Papers, London; Edgar Udny and Co, London; John Green

Music
(consultant editor – Susan Sturrock):
Boosey and Hawkes Music Publishers Ltd, London, for permission to reproduce extract from The Prodigal Son by Arthur Sullivan; The Bass and Drum Cellar, London; Empire Drums and Percussion, London; Argents (part of World of Music), London; Bill Lewington Ltd, London; Frobenius organ at Kingston Parish Church, Surrey; Yamaha-Kemble Music (UK) Ltd, Tilbrook, Milton Keynes; Yamaha Atelier, London; Akai (UK) Ltd, Hounslow, Middlesex; Casio Electronics Co. Ltd, London; Roland (UK) Ltd, Fleet, Hampshire; Richard Schulman; Andy Brown of Musictrack

Sports
The Sports Council Information Centre, London; The British Olympic Games Committee; Brian Crennell of Black's Leisure Group (First Sport); Lillywhites of Piccadilly, London; Mitre Sports International Ltd, Huddersfield; David Bloomfield of the Football Association; Denver Athletics Ltd, Norfolk; Greg Everest and Keith Birley of the British League of Australian Rules Football; Peter McNally of the Gaelic Athletic Association; Jeremy Garman of James Gilbert Ltd.; Rex King of the Rugby Football Union, Twickenham; Neil Tunnicliffe and John Huxley of the Rugby Football League, Leeds; Wayne Patterson of the Basketball Hall of Fame, Springfield, Connecticut; Brian Coleman of the English Basketball Association; All American Imports, Northampton; George Bulman of the English Volleyball Association; Julie Longdon of Mizuno Mallory (UK) Ltd; Juliet Stanford of the All-England Netball Association; Jeff Rowland of the British Handball Association; Cally Melin of Adidas UK Ltd; Patrick Donnely of the Baseball Hall of Fame, Cooperstown, New York; Ian Lepage and Stephen Barlow of the Hockey Association, Milton Keynes; Alison Taylor and Anita Mason of the All England Women's Lacrosse Association, Birmingham; David Shuttleworth of the English Lacrosse Union; Les Barnett and Jock Bentley of the British Athletic Federation Ltd, Birmingham; Mike Gilks of the Badminton Association of England; Gurinder Purewall for advice on archery; Chris McCartney of the US Archery Association; Geoff Doe of the National Smallbore Rifle Association, Bisley, Surrey, for information and reference material on shooting; Fagan Sports Goods Distributors, Surrey; Konrad Bartelski for advice on skiing; The British Ski Federation, Edinburgh; Mike Barnett of Snow and Rock of London; Sally Spurway of Mast-Co. Ltd, Reading; Sarah Morgan for advice on equestrian sports; Steve Brown and the New York Racing Association Inc, New York; Danrho of London; Alan Skipp and James Chambers of the Amateur Fencing Association, London; Carla Richards of the US Fencing Association; Hamilton Bland and John Dryer of the Amateur Swimming Association, Loughborough; Cotswold Camping Ltd, London; Tim Spalton of Glyn Locke (Racing Shells) Ltd, Chalgrove; Terry Friel of the US Rowing Association; House of Hardy; Leeda Fishing Tackle

The Modern World
John Lewis, Brent Cross, for the loan of products for photography; Apple Computers UK; Palm Inc.; Epson UK; Naynesh Mistry of Brother UK; Nintendo; Sony UK; Nokia Mobile Phones Ltd; Sony Ericsson; Tony Broad of Garmin Europe; Dualit Ltd; Black and Decker Ltd; James Honour of the Buildings Research Establishment; Craig Anders of Cole Thompson Associates; Vestas Wind Systems; Bryan Adams of MIT; Dr Julian Heath of *Microscopy and Analysis*; Fei UK Ltd; Steve Parker; Ian Graham

PHOTOGRAPHY:
M. Alexander; Peter Anderson; Colin Bowling; Charles Brooks; Jane Burton; Peter Chadwick; Simon Clay; Gordon Clayton; John Coiley; Andy Crawford; Geoff Dann; Philip Dowell; John Downs; Mike Dunning; Torla Evans; David Exton; Paul Forrester; Robert and Anthony Fretwell of Fretwell Photography Ltd.; Philip Gatward; Steve Gorton; Anna Hodgson; Gary Kevin; J. Heseltine; Cyril Laubscher; John Lepine; Lynton Gardiner (American Museum of Natural History, New York); Steve Gorton; Michelangelo Gratton; Judith Harrington; Peter Hayman; Anna Hodgson; Colin Keates; Gary Kevin; Dave King; Bob Langrish; Brian D.Morgan; Nick Nicholls; Nick Parfitt; Tim Parmenter and Colin Keates (Natural History Museum, London); Tim Ridley; Dave Rudkin; Philippe Sebert; James Stevenson; Clive Streeter; Harry Taylor; Matthew Ward; Jerry Young

PHOTOGRAPHIC ASSISTANCE:
Kevin Zak; Gary Ombler; Govind Mittal

ILLUSTRATORS:
Julian Baum; Rick Blakeley; Kuo Rang Chen; Karen Cochrane; Simone End; Ian Fleming; Roy Flooks; Mark Franklin; David Gardner; Will Giles; Mick Gillah; David Hopkins; Selwyn Hutchinson; Mei Lim; Linden Artists; Nick Loates; Chris Lyon; Kathleen McDougall; Coral Mula; Sandra Pond; Dave Pugh; Colin Rose; Graham Rosewarne; John Temperton; Halli Verrinder; John Woodcock; Chris Woolmer

MODEL MAKERS:
Roby Braun; David Donkin; Morrison Frederick; Gordon Models; John Holmes; Graham High and Jeremy Hunt of Centaur Studios; Richard Kemp; Kelvin Thatcher; Paul Wilkinson

ADDITIONAL DESIGN ASSISTANCE:
Stefan Morris; Ulysses Santos; Suchada Smith; Niyati Gosain; Jomin Johny; Ridhi Khanna; Amit Malhotra; Payal Rosalind Malik; Anamica Roy; Ira Sharma; Balwant Singh

ADDITIONAL EDITORIAL ASSISTANCE:
Helen Castle; Colette Connolly; Camela Decaire; Nick Harris; Andrea Horth; Stewart McEwen; Damien Moore; Melanie Tham; Pragati Nagpal; Suparna Sengupta; Anita Kakar; Divya Chandhok

INDEX: Kay Wright; Lynn Bresler

致谢：
本书出版商也要对以下人员或机构表示感谢，感谢他们允许我们使用他们的图片：

2011 Research In Motion Limited 589tr; Action Plus 530tc; Alamy images David Kilpatrick 581tr, 581cra; Nikreates 586ca; NordicImages 591tr; Oleksiy Maksymenko Photography 568cra; Arthur Turner 579cla; Martin Williams 569bl; Anglo Australian Telescope Board 11cl, 11cra, 11cbl, 12tr, 12bc, 13tl, 13bl, 14tl, 16b, 17tc, 17bl, 22tl/D.Malin 16tl, 26tr, 27tl; Austin Brown and the Aviation Picture Library 426tl; Baptistery, Florence/ Alison Harris 453r; Biophoto Associates 217ca, 217cra, 228cbc, 228cbc 230tr; BRE Imaging 602bl, 602r, 603tr, 603br; Paul Brierley 311bra; Bowers & Wilkins: B&W Group Ltd 586b; British Aerospace/Anthony Hooley 412tl, 415tl; British Aerospace (Commercial Aircraft) Ltd 416tl; By prmission of the British Library 432tl, 445bl; British Museum 459tl, 459tr, 460tr, 460tc, 460tb, 489b; BP Exploration 299; Duncan Brown 25tl; Frank Lloyd Wright, American, 1867-1959, Model of Midway Gardens, 1914, executed by Richard Tickner, mixed media, 1987, 41.9 x 81.3 x 76.2, 1989.48. view 1. Photography courtesy of the Art Intitute of Chicago 495t; J.A. Coiley 331cr; Bruce Coleman Ltd/Andy Price 272tl; Canon Europe 581crb; Corbis Jon Stokes/Science Photo Library 576cl; Paul Sounders/Terra 328b; Wu Ching-teng/Xinhua Press 568br; Haruyoshi Yamaguchi/Sygma 608r; Courtesy of the Board of Trustees of the Victoria and Albert Museum, London 454-455b; Creative Labs, Inc. 586tc; Dorling Kindersley Owen Peyton Jones 566cr, 582-583, 589; Dyson 592tr; European Passenger Services 329tl; ESA /PLV 11bl; European Southern Observatory (ESO) 53tl; Fei Co. 610tc, 610r; French Railways 329c; FUJIFILM UK 581br; Garmin Europe 590c; Geoscience Features 311cla; Robert Harding Picture Library 62tl; Getty Images Bloomberg 569bc, 569br; Tony Cordoza 584tr; Hannah Johnston 588ca; Photodisc/Ryan McVay 577tl; Harman International Industries, Incorporated JBL 586cl; Hitachi High-Technologies Co. Ltd 61 1tr; Michael Holford/British Museum 372bl, Michael Holford 374tr; Honda 354tr, 355b; Hutchison Picture Library 60cl; iFixit Miroslav Djuric 580-581 (Nikon Coolpix S1000PJ), 587 (Components of Microsoft Zune HD); Brett Hartt 578cra; The Image Bank/Edward Bower 306tr; Jet Propulsion Laboratory 11cbr; 30bc; 31bc; 31bcr; 38tl; 42crb; 44cb; 44cbr; 44bc; 46tl; 46cr; 46cb; 46bc; 46br; 50tl; 50cra; 50cl; 50c; 50cr; 50br; Kawasaki (UK) 609bl; KeyMed Ltd 248bl, 249bl, 249bcl; Department of Prints and Drawings, Uffizi, Florence/Philip Gatward 431tc/Uffizi, Florence/Philip Gatward 433tl; Robin Kerrod/Spacecharts 615br; Dr D.N. Landon (Institute of Neurology) 228bl,br; LG Electronics 588cr; Life Science Images/Ron Boardman 244bl, 244br; The Lund Observatory 15bc; Brian Morrison 329tl, 329tr; © The Henry Moore Foundation 455tr; Used with permission from Microsoft 578tr, 587br; Musée d'Orsay, Paris/Philippe Sebert 437tc, 441tc; Musée du Louvre, Paris/Philippe Sebert 453tl, 453l, 453br; Musictrack/MOTU Digital performer 521bcl; NASA/AUI 13tr; NASA and The Hubble Heritage Team (AURA/STScl) 44tl; NASA Dr. R. Albrecht, ESA/ESO Space Telescope European Coordinating Facility 31fbr; CXC/ASU/J. Hester et al 28cra; JPL/ DLR 44br; JPL JHUAPL 42br; JPL-Caltech/ University of Arizona 42fbr; NASA/JPL 11 cbr, 11br, 30tl, 30bl, 30br, 30bc, 31bc, 31bcr, 31bl, 34cr, 38tl, 40tl, 40cr, 42cr, 44cb, 44cbr, 44bc, 44cr, 46crb, 46tl, 46cr, 46cb, 46bc, 46br, 48tl, 48cra, 48bca, 48bc, 48br, 50tl, 50bc, 50bc, 50cbr, 50br, 50cr, 52cr, 612cr, 612tr, 613tl, 613tcl, 613tcr, 613tr, 613c, 613cr, 614tl, 614tr 614cl, 614bl, 614c, 615tr, 615cr, 615c; National Maritime Museum 373br, 392-393b; National Medical Slide Bank 217cr; Nature Photographers/Paul Sterry 286tl; Newage International 317bl; Nintendo 578tl, 578clb, 579tl, 579tr, 579cra; Olympus 610cl, 61 0bi; Oxford Scientific Films/Breck P. Kent 166tl; Planet Earth 274tr; Press Association Images AP 609cr; Quadrant 326tr; Margaret Robinson 332tl; Giotto The Expulsion of the Merchants from the Temple Scala 435tc, 435bl, 435br; RapidRepair.com Ben Levy 569ca (iPad Components); Rex Features Jonathan Hordle 609br; Roland UK 521tl; Science Photo Library 10bl, 13tr, 214bcr, 214bl, 236tr/Michael Abbey 225tc/Agema Infrared Systems 318tl/AGFA 220tl/Alex Barte 605tr/David Becker 607cr/ Biophoto Associates: 217crb/Dr Jeremy Burgess/ Science Photo Library 132tr; Dr Jeremy Burgess 235bcl/CNRI 214tl, 214cl, 214c, 214cr, 214bl, 214clb, 214crb, 214blc, 214br, 217cb, 235bcr, 238tl, 249bcr, 253tr, 253cra, 256tl; Science Photo library /Earth Satellite Corporation 288cl, 293br/Dr Brian Eyden 228cbr/Professor C. Ferlaud 245bl/Vaughan Fleming 311tl/ Simon Fraser/U.S. Dept.of Energy 214bcl, 266tl/Eric Grave 217br/Hale Observatories 32br/Max Planck Institute for Radio Astronomy 15tl/Jan Hinsch 225tc/Jodrell Bank 11tr, 13c /Manfred Kage 217c, 235br, 237br/Dr William C. Keel 13br/Keith Kent 564c/James King-Holmes 316tl, 606bl/Russ Lappa 310bra/ John Mead 605br/Astrid & Hans-Freider Michler 217tr/ Dennis Milon 52bl/NASA 11cla, 12tl, 15tr, 30c, 32tl, 35tl, 36tl, 36cl, 36cr, 36bc, 42tr, 52tl, 291tr, 300tl/National Optical Astro Observatory 52tr/NIBSC 253crb/Omikron 244bc/David Parker 63bl, 304-305, 308br/ Alfred Pasieka 606cr/Philippe Plailly 308tl/ Quest 611br/Roussel-UCLAF/CNRI 217tc/Rev Ronald Royer 32cr/Royal Observatory, Edinburgh/D Malin 11tl, 11cr,12c, 16cl, 16cr, 17br/David Scharf 235bl/Dr Kaus Schiller 248bcl, 248bcr, 248br/Secchi-Lecaque/Koussel-UCLAF/CNRI 253br/H. Sochurek 214cb/ Stammers/Thompson 230tl/Sheila Terry 234tl/ US Department of Energy 310bc/US Geological Survey/Science Photo Library 8-9, 30bcr, 42tl, 42bl/Tom Van Sant/Geosphere Project, Santa Monica/Science Photo Library 273tr, 281tr, 296tr, 297tl/Dr Christopher B. Williams/(Saint Marks Hospital) 249br; Oxford Scientific Films/Animals/ Breck P. Kent 167tl; Pratt & Whitney Canada 418-419b, 419t; Science Museum 306bl, 306bcl; 306 bcr, 324t, 326-327b), 330tr, 331ct, 331 cb; Sony Corporation 586tr, 586cr; Sporting Pictures 524tl, 544cr; TechRepublic Bill Detwiler 578-579b; Tony Stone Worldwide 280tl; David Bomberg St Pauls and River 1945/Dinora Davies-Rees/Tate Gallery 431bc; David Hockney A Bigger Splash 1967/ © David Hockney/ Tate Gallery 443tc; J.M.W. Turner The Burning of the Houses of Parliament Tate Gallery 439tc; Vision 26tr, 27c; Jerry Young 306tl; Dr Robert Youngson 241cr; courtesy of Vestas Wind Systems 604t; Zefa 217bc/Janicek 276tl/H. Sochurek 210tl, 250tl, 254tl/G. Steenmans 292tl

(t=top, b=below/bottom, a=above, l-left, r=right, c=centre, f=far)

所有其他图片 © Dorling Kindersley
更多信息请见：www.dkimages.com

封面及封底帆船的图片使用，衷心感谢
National Maritime Museum, London
封底太空望远镜图片的使用，衷心感谢
Dorling Kindersley: Andy Crawford

Some pages in this book previously appeared in the Visual Dictionary series published by Dorling Kindersley. Contributors to this series include:

Project Art Editors: Duncan Brown, Ross George, Nicola Liddiard, Andrew Nash, Clare Shedden, Bryn Walls

Designers: Lesley Betts, Paul Calver, Simone End, Ellen Woodward

Additional design assistance: Sandra Archer, Christina Betts, Alexandra Brown, Nick Jackson, Susan Knight

Project Editors: Fiona Courtney-Thompson, Paul Docherty, Tim Fraser, Stephanie Jackson, Mary Lindsay

Editorial Assistant: Emily Hill

Additional editorial assistance: Susan Bosanko, Edward Bunting, Candace Burch, Deirdre Clark, Jeanette Cossar, Danièle Guitton, Jacqui Hand, David Harding, Nicholas Jackson, Edwina Johnson, David Lambert, Gail Lawther, David Learmount, Paul Jackson, Christine Murdock, Bob Ogden, Cathy Rubinstein, Louise Tucker, Dr Robert Youngson

Picture Researchers: Vere Dodds, Danièle Guitton, Anna Lord, Catherine O'Rourke, Christine Rista, Sandra Schneider, Vanessa Smith, Clive Webster

Series Editor: Martyn Page

Series Art Editor: Paul Wilkinson

Managing Art Editors: Philip Gilderdale, Steve Knowlden

Art Director: Chez Picthall

Managing Editor: Ruth Midgley

Production: Jayne Simpson